리즈에게,
필과 레이든을 기억하며

만 개의 말마다
하나의 행동이
머리를 숙이고, 태어나지 않은 채
어딘가 떠다닌다

환영받지 못한 채로
다만 쫓아낼 뿐
말이 무언가를 이뤄낼 수는 없다.
하지만 얘야, 꼭 필요한 너 말이다
네가 내 손으로 돌아오지 않는다면
손이 무슨 필요가 있을까?
너의 때, 너의 울음
말의 기술
말의 이유

-다니엘 베리건 Daniel Berrigan

Twentieth Anniversary Edition

Binding the Strong Man

A Political Reading of Mark's Story of Jesus

Ched Myers

평화의 나라 *Peaceable Kingdom, Kozo*
종이에 목판화, 9 x 12", 2020, • 작가: 송혜윤

이 작품은 아시아화해센터(ReconciliAsian)와 공동으로 희년(Jubilee)이라는 성경적 비전을 구현한 것이다. 작가는 에드워드 힉스의 *Peaceable Kingdom* 시리즈에서 영감을 받아 한국 민담의 친숙한 이미지로 재해석하였다.
한국인의 눈으로 본 평화의 나라에는 이리와 어린양 대신 호랑이와 토끼와 두루미, 물고기와 새들이 등장하고, 한복을 입은 여인과 한국의 야생 꽃들이 피어난다. 작가는 함께 더불어 좋은 이웃으로 사는 삶과 이사야의 비전, 무엇보다 예수가 삶으로 보여준 메시지의 핵심인 샬롬(peace and justice)의 세상을 표현하고 있다.
이 작품은 재현 가능한 특성 때문에 의사소통에 주로 사용되었던 가장 오래된 형식인 목판화를 재료로 선택했다. 판화는 인간이 소통하는 가장 오래된 형태일 뿐만 아니라 한국의 서사를 대변하는 이미지로 폭넓게 청중에게 말을 거는 매체이다.

성경과 제국 시리즈를 간행하며

기독교계 안팎에서 "신은 죽었다", "성경은 죽었다", "기독교는 죽었다"는 주장이 대두되었다. 포스트모던 시대를 맞이하여 세상은 급변하는데 기독교는 달라지지 않는다는 것을 빗대어 하는 비평으로 들린다. 사실, 이러한 비평은 매우 심각하고 치명적인 지적들이다. 신학자 존 쉘비 스퐁은 『기독교, 변하지 않으면 죽는다』는 책을 출간한 적이 있다. 철학자 슬라보예 지젝은 '기독교는 무신론이다'라고까지 말했다. 사태는 그만큼 엄중하다. 하지만 한국교계의 주류는 변화에 그리 큰 관심을 가지고 있지 않다. 아직까지는 한국 교회의 정사와 권세는 건재하다고 믿기 때문일 것이다. 그러나 한국 교회가 이대로 가다가는 자동 소멸할 것이라는 걱정도 허투루 다룰 전망은 아니다. 한국 교회에 종교개혁이 절실한 사정은 부지기수이다.

2017년 10월이 종교개혁 500주년이다. 종교개혁을 우려먹는 일도 반 천년에 이르렀다. 이제 500년 동안 종교개혁을 기념해온 일을 그치고 종교개혁을 비판해야 할 때이다. 종교개혁에 관한 낡은 이야기를 기계적으로 반복하는 일은 삼가야 할 시점에 도달했다. 종교개혁은 근대의 역사적 사건이었고 지금은 탈근대 사회, 포스트휴먼 시대이기에 종교개혁은 그 현재적 의미를 우리 시대에 다시 고쳐 쓰지 않는 이상 기념할 가치가 더는 없을 것이다. 뿐만 아니라 지금은 생태적 혁명도 동시에 이루어가야 하는 시대이다.

현대 기독교는 이집트 제국을 위시한 로마 제국의 예속과 억압과 불의에 대해 반역하고 저항할 수 있는 본원적 야성의 신앙을 회복하지 않으면 현대의 콘스탄티누스주의와 미국 패권의 새로운 세계 제국의 질서에 굴복하고 말 것이다. 팍스 아메리카나의 제국적 질서가 전지구화하는 현대 세계 상황에서 기독교는 저항과 반역의 기독교를 복직하게 하는 과업에 복무해야 하는 사명과 소명을 가지고 있다.

이러한 기독교는 성경 즉 텍스트와 상황 즉 콘텍스트를 분리하지 않는다. 하나님이 남긴 텍스트는 항상 세계 제국의 지배와 질서를 근원적 실재로 보고 이 콘텍스트와 관련해서 역사한다. 텍스트는 항상 세계 제국의 지배와 질서를 실재계로 파악하고 이와 대결 의식을 벌이는 가운데서 그 생명력을 발휘한다. 따라서 하나님은 성경의 문자 속에서 갇혀 있는 분이 아니다.

이러한 시각에서 성경과 제국 시리즈가 기획되었다. 이 시리즈는 일반학계의 제국 연구와 성경학계의 수용과 적용의 최근 성과를 널리 공유하는 목적에서 간행된다. 그러나 그 근본 취지는 한국 사회에 기독교의 혁명적 성격의 회복을 촉진하고 자본주의 제국의 현실을 콘텍스트로 하는 성경 연구의 변혁과 성경 읽기의 혁신을 꾀하고자 하는 것이다.

성경과 제국 시리즈 편집위원회
김근주 류의근 배덕만 이국운 장윤재 가나다순

20주년 기념판

강한 자 결박하기

마가복음 주석

체드 마이어스

황의무 옮김

또 누가 힘센 사람의 집에 들어가서 그 세간을 털어가려면 그는 먼저 그 힘센 사람을 묶어놓아야 하지 않겠느냐? 그래야 그 집을 털 수 있을 것이다.

〈마가복음 3장 27절. 공동번역〉

Originally published in English under the title ;
BINDING THE STRONG MAN - A Political Reading of Mark's Story of Jesus
by Ched Myers
Published by ORBIS BOOKS.
Catholic Foreign Mission Society of America, Inc. PO Box 302, Maryknoll, New York 10545-0302, USA.

20주년 기념판
강한 자 결박하기

지은이 체드 마이어스
옮긴이 황의무
초판1쇄 2022년 4월 19일

펴낸이 배용하
편집 배용하
교열 교정 김정현 윤찬란
등록 제364-2008-000013호
펴낸곳 도서출판 대장간
www.daejanggan.org
등록한곳 충남 논산시 매죽헌로 1176번길 8-54, 101호
대표전화 전화 : 041-742-1424 전송 : 0303-0959-1424

분류 기독교 | 성경 | 제국 | 마가복음

ISBN 978-89-7071-582-7 03230

값 40,000원

차례

제3부 • 마가복음 후반부 해석

제4부 • 마가와 급진적 제자도

약어표

A.M.	*Assumption of Moses*
Ant.	Josephus, *Antiquities of the Jews*
BibTheoBul	*Biblical Theology Bulletin*
BJRL	*Bulletin of the John Rylands Library*
CBQ	*Catholic Biblical Quarterly*
HTR	*Harvard Theological Review*
JAAR	*Journal of the American Academy of Religion*
JBL	*Journal of Biblical Literature*
JSNT	*Journal for the Study of the New Testament*
JSOT	*Journal for the Study of the Old Testament*
JSSR	*Journal for the Scientific Study of Religion*
LXX	Septuagint: Greek translation of Hebrew Bible
NedTheoTijd	*Nederlands Theologisch Tijdschrift*
NovTest	*Novum Testamentum*
NTS	*New Testament Studies*
SBL	Society of Biblical Literature
TDNT	*Theological Dictionary of the New Testament: 10 vols. G.* Kittel and G. Friedrich, eds.; Grand Rapids: Eerdmans
TheoZeit	*Theologische Zeitschrift*
War	Josephus, *War of the Jews*
ZAW	*Zeitschrift für die Alttestamentliche Wissenschaft*
ZDPV	*Zeitschrift des Deutschen Palästina-Vereins*
ZeitNTWiss	*Zeitschrift für die Neutestamentliche Wissenschaft*

20주년 기념판 한국어판 서문

체드 마이어스

도서출판 대장간의 동료들이 『강한 자 결박하기』를 한국어로 번역해주어서 영광입니다. 이 책을 내기 위해 그들이 쏟아부은 꾸준한 노력과 헌신에 깊은 감사를 표합니다. 마가의 예수님 이야기를 읽으며 한반도와 전 세계 한인 디아스포라 가운데 복음적 정의가 살아나기를 기도합니다!

『강한 자 결박하기』가 만들어진 과정은 제가 예수를 따라온 여정과 맞물려 있습니다. 제가 어릴 때 약 10년간 활동하고 공부했던 결과가 이 책의 초고였으며, 출판되기 전까지 몇 년간 동료 크리스천 활동가들이 그 원고를 돌려보곤 했습니다. 지금은 하늘에 계신 두 분의 은사님들께서 적극적으로 알리고 힘써주시지 않았다면 이 원고가 책으로 나올 일은 없었을 것입니다. 한 분은 이 글을 쓰는 현재 시점 기준으로 바로 지난 주에 돌아가신 저명한 히브리 성서 연구자 노먼 고트월드 교수님이고 또 한 분은 시인이자 운동가였던 존경받는 다니엘 베리건 신부님입니다.[1] 이분들은 제 삶과 일의 두 가지 측면

1) '성서/사회 정의를 위한 센터/도서관' (https://clbsj.org/about/leadership/norman-gottwald/) 설립에 함께했던 고트월드 교수님의 저작을 꼭 읽어보기를 추천합니다. 베리건 신부님이 써주신 아름다운 『강한 자 결박하기』 초판(1988) 서문을 읽어보고 싶다면 다음을 참조하십시오. (https://chedmyers.org/1988/05/01/btsmforeword1988/; https://chedmyers.org/2016/05/01/blog-2016-05-01-all-words-scroll-eulogy-daniel-berrigan-ched-myers)

인 '대중을 위한 학문 연구'와 '평화와 정의를 위한 운동과 교육'을 각각 상징하는 어른들이기도 하셨습니다. 그분들에게 진 빚을 영원히 기억할 것이며, 이름도 없는 나이 어린 저자의 두꺼운 원고를 출판해준 오르비스북스에도 평생 감사하는 마음을 가지고 갈 것입니다.

책이 출간되던 1988년에 저는 학문이 아닌 운동의 길을 가기로 하고 LA의 '퀘이커봉사위원회'American Friends Service Committee [2]에서 전임 활동가로 일하고 있었습니다. 하지만 1991년과 92년 사이 벌어진 세 개의 충격적인 사건-미국의 이라크 침공, 크리스토퍼 콜럼버스 500주년 행사, 로드니 킹 판결과 LA 폭동-을 겪으며 저는 신앙에 기반한 사회 운동이 자기 고유의 소리를 내는 신학으로 성장하고 확대될 필요가 있다고 생각하게 되었습니다. 저는 자유주의 신학에 대한 지도를 그리는 동시에 마가복음과 대화하며 "제국의 안에서부터"의 실천을 시도하는 책을 『강한 자 결박하기』의 후속작으로 집필하기 시작했습니다.[3] 그리고 저는 동료들과 함께 "신학교, 교회, 거리, 땅"의 소명과 능력들이 통합될 수 있는 공간을 만들어보려는 실험을 시작했습니다.[4] 90년대 후반 우리는 '활동가 신학'의 플랫폼으로서 '바디메오협력사역' Bartimaeus Cooperative Ministries을 시작했고, 이 사역은 마가복음에서 제자의 원형이라고 볼 수 있는 분의 영감과 안내를 지금도 받고 있습니다.

이 모든 여정 속에서 저는 한국의 신앙과 운동으로부터 배우고 영감을 얻어왔습니다. 샌프란시스코의 크리스천 공동체에서 살던 70년대 후반 인권

---

2) 평화와 정의를 위해 일하는 퀘이커 조직인 퀘이커봉사위원회는 한반도 문제를 위해서도 오랫동안 애써왔습니다. 그 역사가 궁금하다면 다음 링크를 참조하십시오. (https://www.afsc.org/office/north-korea#:~:text=AFSC%20has%20a%20long%20history,North%20Korea)%20raise%20farm%20productivity)

3) 『누가 돌을 옮길까? 제1세계 기독교인들의 제자도에 대한 질문들』 (오르비스북스, 1994)

4) 『강한 자 결박하기』 20주년 기념판 서문(31-50쪽)에서 이 작업을 다시 한번 돌아보며 최근의 마가복음 연구 동향과 사회정치적 해석학을 개괄하였습니다

운동을 하던 분들을 통해 한국을 처음 접했습니다. 남한에서 민주화 운동을 하던 분들이었는데 당시 정치범으로 감옥에 있던 김지하 시인에 연대하는 일을 하고 계셨습니다. 이 가톨릭 반정부 시인의 삶과 작품은 제게 깊은 영향을 미쳤습니다.[5] 그로부터 10년 후에는 LA에서 '한국의 간디'라고 불리는 함석헌 선생의 퀘이커 제자들을 만나게 되었고, 또 한 번 큰 감동을 받았습니다.[6] 캘리포니아 남부의 아시아계 지역사회들을 조직하며 여러 한국 이민 그룹들과 함께 일하기도 했습니다. 그중에는 재일동포들의 지문날인거부운동이나 도시의 인종 문제를 둘러싼 흑인-한인 간 대화를 다루는 단체들, 그리고 당시만 하더라도 돌아가고 있던 한인이민노동자연합 등이 있었습니다.[7] 무엇보다도 4.29 1992년 봄의 LA 폭동의 강렬한 경험을 통해 내가 살던 동네의 한인 이민자들이 가진 소외와 고통이 내 안에 깊숙이 각인되었습니다.[8]

지난 10년간 아내 일레인과 저는 아시안화해센터 www.reconciliasian.org를 통해 놀라운 일을 하고 있는 허현·박성희 부부와 아주 깊은 교제를 나누고 있습니다. 저희 4명은 모두 메노나이트 교단에 몸담고 있으며, 성서를 사랑하고, 통전적이고 회복적인 제자도에 헌신하고 있습니다. 그러던 중 현과 성희가 교제하는 한인 아나뱁티스트 형제들이 미국메노나이트 총회에 참석하였고, 2013년 여름 미국 피닉스에서 도서출판 대장간의 배용하 대표를 만났습니다. 그때 만남이 계기가 되어 제가 동료들과 1996년에 출간한 대중적 마가

---

5) "김지하, 피와 불의 시인",(고원) *Bulletin of Concerned Asian Scholars*, 9:2 (1977), pp. 20–25를 보십시오. www.tandfonline.com/doi/full/10.1080/14672715.1977.10406411.

6) 다음을 보십시오. www.quakersintheworld.org/quakers-in-action/193/Ham-Sok-Hon

7) "일본의 소수민족과 시위: 지문날인거부운동의 정치학"(마이클 스트라우츠), *Pacific Affairs*, 79:4 (Winter, 2006/2007), pp. 641–656 (www.jstor.org/stable/40023775); Eui-Young Yu,[흑인과 한인의 만남: 이해와 동맹을 향해](유의영, 레지나북스, 1994); https://kiwa.org/ 를 보십시오.

8) 이에 대한 제 생각이 궁금하시다면 다음을 보십시오. "흑과 백 안에 갇히다: 천사의 도시에서 살고 죽는다는 것", *Sojourners*, July 1992; "평화를 유지하고 정의를 찾기: LA, 반란 4개월 후" Sojourners, October 1992; 아시안화해센터가 주관한 2017 25주년 컨퍼런스 녹음 파일. (www.reconciliasian.org/resources/429la-uprising)

복음 주석인 『오늘, 마가복음을 살다』가 임진아 님의 번역으로 2018년에 한국 독자들에게 선보일 수 있었습니다. 그리고 이제 대장간이 제 "두꺼운 책"을 번역하고 출간하는 엄청난 수고를 한다고 하니 오랜 세월에 걸쳐 맺어진 수많은 관계의 실타래들이 이 모든 것을 가능하게 했다는 생각에 깊이 감사하는 마음이 생겨납니다.

이 모든 협력의 기반에는 아주 개인적인 연결고리가 하나 더 있습니다. 저는 개인적으로 지금까지 한 번도 한반도를 방문할 기회가 없었으나, 제 아버지사진께서는 미 육군 중위로 한국에 다녀오셨습니다. 1944-45년 이미 복무하셨지만, 멕시코계 서민층으로서 예비역 장교 훈련단 장학금으로 대학을 다니셨던 아버지는 다시 국가의 부름을 받아 1950년 여름 부산에 내리셨습니다. 미군 부대 중 유일하게 남한 군인들이 함께 소속되었던 제2보병사단에서 아버지는 낙동강, 청천강, 원주, 군우리, 단장의 능선 등 치열하고 피비린내 나는 전투들에 모두 다 보병으로 참전하셨습니다. 너무 많은 죽음을 보신 나머지 아버지는 수많은 참전 용사들과 마찬가지로 외상후스트레스장애로 인해 이와 관련된 아무런 이야기도 하실 수 없었습니다. 한국은 아버지를 완전히 바꾸어놓았지만, 저는 자라면서 한국에 대해 아무것도 배우지 못했습니다.

『강한 자 결박하기』는 이제 곧 서른다섯 살이 됩니다. 얄궂게도 제 아버지가 한국에서 전쟁을 치르신 지 35년이 되던 해에 책이 나왔습니다. 그리고 제가 서른다섯이 되었을 때 아버지는 너무 빨리, 예순 여덟에 돌아가셨고, 마침 그때에도 또 다른 전쟁이라크 전쟁, 1991년이 진행 중이었습니다. 한국전쟁이 제 아버지와 한반도에 입힌 상처는 지금도 아물지 않았습니다. 그래서 저는 평화의 왕을 따르는 사람들의 오래된 이야기에 대한 주해인 이 책의 한국어판을 사랑하는 아버지를 포함해 한국 전쟁과 그로부터 이어지는 분열과 적대감으로 인해 고통받았고 지금도 고통받고 있는 모든 이들에게 바칩니다. 이 책이 잊히지 않는 아픈 기억들을 치유하는데 아주 작은 도움이라도 될 수 있기를 바랍니다.[9)]

2022년 3월

9) 이 개념에 대해 조금 더 알고 싶다면 우리의 최신작, "잊히지 않는 아픔의 역사 치유하기: 정착민의 탈식민화 제자도"(Cascade, 2021), pp 36-41 을 보십시오.(https://healinghaunted-histories.org/)

서문

오베리 핸드릭스 주니어Obery M. Hendricks, Jr
드류대학 교수, 콜롬비아대학, 프린스턴신학대, 뉴욕신학대 객원교수
Christians Against Christianity, 2021, *The Universe Bends Toward Justice*, 2011 저자

우리는 누구나 자신의 삶을 영원히 바꾼 사건을 기억한다. 이 책은 나에게 그런 사건에 해당한다. 이 책은 나의 사고에 일대 전환을 가져왔으며 삶의 방향을 전적으로 바꾸었다.

그 해는 1988년이었다. 당시 신학교 2학년이던 나는 점차 신학에 대한 환상에서 벗어나고 있었다. 가장 실망스러웠던 것은 성경 연구의 효율성에 대한 것이었다. 나는 고등비평에 매료되었으며 다양한 주석과 경건 서적을 통해 유익한 정보와 위로를 얻었다. 그러나 무엇인가 부족했다. 신학교는 나에게 예수께서 로마제국에 맞서 선동을 일으켰다는 정치적 혐의로 처형당했다고 가르쳤다. 그러나 이런 혐의에 불을 지핀 것은 무엇인가? 나는 복음서를 통해 예수께서 제국의 분노를 불러일으킨 정치적 갈등의 일면을 볼 수 있었으나 내가 아는 한 그것은 별개의 사건이었다. 내가 말할 수 있는 것은 예수의 사역에 있어서 근원적이고 일관성 있는 정치 활동은 없었다는 것이다. 복음서는 예수는 단지 오해를 받은 종교개혁가일 뿐, 그에 대한 처형은 비극적인 오해로 빚어진 결과라고 말하는 것처럼 보인다. 그러나 내가 궁금하게 생각

한 것은 세상을 바꾼 엄청난 힘이 어디서 나왔느냐는 것이다. 그리고 그런 힘이 실제로 존재한다면, 복음서 기자는 왜 그렇게 말하지 않았느냐는 것이다. 나는 신학 공부가 참된 평화와 사랑과 공의의 세상을 위한 선한 싸움을 싸우게 하기보다 현실에 안주하며 하늘의 약속만 기다리는 반개혁가가 될 준비를 시킨다는 생각이 들었다. 그것은 내가 원하는 방향이 아니었다. 나는 지금까지 행동주의자로 살아오지 못하였으며, 백성에게 상처를 주는 조직적인 힘을 무너뜨리기 위해 싸우기보다 정치적 압제와 착취로 인해 생긴 상처에 바를 연고를 주는 정도가 전부였다.

그 무렵에 읽은 것이 이 책이다. 참으로 하나님의 은혜가 아닐 수 없다! 이 책은 나의 눈에서 비늘을 벗겨냈다. 체드 마이어스의 혁명적 마가복음 읽기가 나에게 보여준 예수의 메시지와 사역의 정치적 깊이와 넓이는 상상을 초월하는 것이었다. 무엇보다도 나는 예수께서 전하신 복음이 실제적이고 현실적이라는 사실을 처음으로 깨달았다. 무엇보다도 마이어스의 해석은 마가가 분명한 정치적 의도를 가지고 있었음을 보여준다. 마가는 보는 눈이 있는 자들에게 의도적으로 예수의 메시지의 급진성을 전하는 방식으로 기록했다. 나는 마이어스를 통해 마가복음의 새로운 의미를 깨닫게 하시고 복음서 전체에 대한 새로운 안목을 주신 하나님께 영원한 감사를 드린다. 나는 단지 체드의 탁월한 사회 문학적 해석에 대해서만 언급하고 있는 것이 아니다. 그것은 광범위하게 사용되지는 않았으나 새로운 해석 방법이라고 말하기는 어렵다. 새롭다면, 예수처럼 헌신된 조직적 그리스도인 행동주의자가 어렵게 얻은 통찰력에 이 해석 방법을 접목했다는 것이다. 『강한 자 결박하기』*Binding the Strong Man*는 당시의 권력에 맞선 예수의 정치적 의미를 서술한 마가복음을 통해 오늘날의 정치 권력에 맞서 날마다 능력 있는 증인의 삶을 사는 그리스도인 목회자와 학자와 행동주의자 공동체의 통찰력으로 가득하다.

나는 이 책을 통해 모든 성경, 특히 복음서에서 정치적 의미를 찾는 법을 배웠다. 물론 모든 구절이 정치적 의미를 가지는 것은 아니지만 여러분이 찾아보기 전에는 그런 의미가 있다는 사실조차 모를 것이다. 왜냐하면, 체드 마이어스는 우리에게 정치적으로 급진적인 진리와 도전이 우리가 전혀 예상치 못한 본문에도 나타날 수 있다는 사실을 보여주기 때문이다. 마가복음 1:40-45의 나병환자를 고치신 예수에 대한 내레이션은 좋은 사례가 된다. 이것은 단순한 치유 기사 이상이다. 본문은 제사장의 철저한 배타주의에 대한 명백한 책망이다. 마찬가지로, 과부의 헌금에 대한 마가의 기사13:41-44에 나타난 어법과 배열에 대한 마이어스의 통찰력은 가난한 여자의 신앙적 희생을 칭찬하기보다 자신의 이익을 위해 가난한 자의 신앙을 이용하는 예루살렘 제사장 귀족의 이데올로기적 헤게모니에 대한 책망으로, 오늘날 교회를 위해 특별히 중요한 통찰력이다. 또한 마가복음 5장에서 자기의 몸을 해치는 자를 부정한 이방인의 점령으로 인해 자기혐오를 보이는 공동체를 나타내는 집합적 인물로 본 마이어스의 통찰력은 아프리카계 미국인에게 특별한 공감을 불러일으킨다. 이것은 남성의 날Men's Day 설교에 적합한 본문이 되었다. 나도 그 설교를 했다!

예수의 급진적 복음을 충실히 드러낸 체드 마이어스에게 감사드리며, 이 책을 통해 많은 사람에게 많은 것을 허락하신 하나님께 영광을 돌려드린다. 이 거룩한 목적에 우리의 삶을 바쳐 이바지할 날이 오기를 간절히 바라며.

뉴욕 신학교에서 2008년 6월 25일

1988년판 서문

이 책은 히브리 성경학자 노만 가트월드Norman Gottwald를 중심으로 1970년대에 새롭게 부상한 북미의 해석학적 전통을 배경으로 한다. 이 새로운 성경 연구 방식은 "정치적 해석", "성경 사회학", "성경에 대한 해방신학적 해석" 등 다양한 이름으로 불린다. 가트월드Gottwald는 이 새로운 사조에 대해 다음과 같이 요약한다.

> 이것은 지금까지 학계나 교계에서 상호 관련성이 없거나 심지어 대립적이라고 생각하여 분리해서 다루어 온 성경연구의 요소들을 결합하려는 근본적인 노력이다.… 정치적 해석과 사회적 해석의 통합적 요소들을 갈라놓은 거대한 틈은 비판적 사색과 실천을 통해 메워야 하며, 이러한 연결 작업은 얼마든지 가능하다.1983. 2

『강한 자 결박하기』는 마가복음 해석을 통한 "교량"작업을 수행함으로써 이 전통을 이어가고자 한다.

가트월드는 우리가 메워야 할 중요한 틈으로, (1) 이데올로기와 실천 사이의 틈, (2) 학문적 성경연구와 대중적 성경연구 사이의 틈, (3) 신앙과 나머지 삶 사이의 틈, (4) "죽은 역사"로서 과거와 "실제적 삶"으로서 현재 사이의 틈을 제시한다. 첫 번째 틈과 관련하여, 이 책은 동시대 급진적 제자도의 실천과 이러한 실천에 대한 마가복음의 입장에 초점을 맞추며 학문적 주석과는 거리를 둘 것이다. 나는 사색의 양편에는 실천이 있어야 한다는 해방신학의 원리를 받아들인다. 나는 "해석학계"의 모델을 채택하면서[1. A] 우리 시대의 중요한 문제들에 대한 내 생각을 분명히 밝혔다. 이러한 요소들은 마가복음을 들여다보는 "렌즈"를 형성하며, 텍스트는 자체의 복잡한 문제들에 대해 즉시 대답한다. 나는 칼 바르트처럼 성경과 신문, 말씀과 세상이라는 두 가지 요소를 동시에 진지하게 받아들이고 싶다.

나는 두 번째 틈을 연결하는 작업이 가장 힘들었다. 이 책은 철저히 격리된 전문적 성경학계와 "평신도"성경연구 사이의 중간 지점에 위치한다. 나는 후자의 영역에 속한 많은 사람이 이 책이 어렵다고 생각하는 반면, 전자의 학자들은 이 책이 객관적 정확성이나 정교함이 부족하다고 생각할 것이라는 사실을 잘 알고 있다. 그러나 성경 해석 분야는 특정 문학에 익숙하지 않은 일반 독자가 쉽게 낙심할 수밖에 없을 만큼 전문적인 영역이 되었다. 적어도 학계는 성경을 어려운 책이 아니라 더욱 이해하기 쉬운 책으로 만들어야 할 책임을 포기했다.

이 고대 텍스트는 역사적, 문화적 도구 없이는 쉽게 해석하거나 정확하게 해석할 수 없는 문화적 인공물이라는 것은 사실이다. 그러나 성경으로서 텍스트는 살아 있는 이데올로기와 실천의 문헌으로서 계속해서 세상을 형성한다는 점에서 단순한 인공물이 아니다. 더구나 성경은 학자들의 것이 아니라 하나님의 백성의 문헌임을 자체적으로 증거한다. 마가 자신도 서기관 계층에 대해 가장 신랄한 비판을 제시한다. 그러나 이것은 텍스트로부터 즉흥적 "타당성"을 끌어내는 기발한 방식을 인정한다는 것은 아니다. 미디어에 물든 우리 북미인은 즉각적 만족이라는 문화적 성향에 특히 약한 편이다. 우리는 성경 텍스트에 대한 해석이라는 어려운 작업에 더욱 열심을 내어야 한다.[1장 B]

그러나 이처럼 더욱 진지한 주석 작업의 초점은 자기 확신에 빠진 학계보다 일반 청중에게 맞추어져야 한다. 성경 교육기관에서 훈련을 받은 행동주의자로서, 나는 그곳에 비축된 통찰력이 행동주의자가 결코 무시할 수 없을 만큼 엄청나다는 사실을 알고 있다. 그러나 이것은 우리가 몰두하고 있는 중요한 사색에 대한 노력을 초라하게 만들 뿐이다. 따라서 나는 진부한 내용에 관한 대중적 연구를 포기하는 것보다 복잡하지만 중요한 개념에 대한 지나친 단순화가 낫다고 생각한다. 물론 대중을 위해 학자들의 집을 약탈하려는 나의 시도가 성공했는지는 양쪽, 특히 후자의 판단에 달려 있다.

나는 세 번째 이분법을 극복하기 위해, "신앙적" 담론과 "정치적" 담론을 구분하는 전형적 방식을 따르지 않기로 했다. 그렇게 한 이유는 두 가지이다. 첫째로, 이 구분은 성경의 고대성 연구에 적합하지 않으며 사실상 대부분의 전근대적 문화와 맞지 않기 때문이다.[2장 A, 3] 둘째로, 오늘날 신학과 정치에 대한 분리는 결국 전자에 대한 대중화와 후자에 대한 신성화로 나타났기 때문이다. 북미의 상황에서 이런 사실은 고 윌리엄 스트링펠로우William Stringfellow의 저서에 잘 드러난다. 이 책은 신학적 담론의 정치적 특징과 정치적 담론의 신학적 요소를 드러낸 그의 위대한 작업을 담기 위해 노력할 것이다. 따라서 나는 해방적이거나 압제적인 사회적 역할을 밝히기 위해 비판적 검증을 거친 "이데올로기"라는 통합적 개념을 사용할 것이다.[1장 C]

네 번째 틈은 성경을 배우는 학생에게 가장 이율배반적이다. 역사적 의미와 현재적 의미가 엄격히 구분된 사례는 대부분 성경 묵시서에 대한 해석에서 찾아볼 수 있다. 캐제만E. Käsemann이 "묵시 사상은 기독교 신학의 어머니"라는 사실을 재발견한 후, 이 고대 장르에 대한 역사-비평적 연구에 일종의 르네상스가 도래했다. 그러나 묵시적 이데올로기를 자신의 시대로 "전환"하겠다고 나선 학자는 거의 없다. "고대의 묵시라는 화폐가 낮은 환율로 다양한 형태의 현대 신학으로 환전되어 유통되고 있다는 것은 의심의 여지가 없는 사실이다."Braaten, 1971:482 성경에 대한 정치적 해석을 시도한 자들예를 들면, 해방신학자와 마르크스주의 해석자도 묵시적 강화를 피하려는 경향이 있다. 실제로 묵시적 상징에서 타당성을 찾으려 했던 자는 근거 없는 미래적 시간표를 외치고 다니는 대중적 모리배들이 유일하다.

나는 묵시 사상이 마가복음사실상 대부분의 신약성경에 대한 정확한 정치적 해석의 열쇠를 쥐고 있다고 믿는다. 이 사상이데올로기을 의미 있는 용어로 바꾸기 위해 나는 "아힘사"비폭력, "스와라이"해방와 "사티아그라하"참된 힘라는 간디의 개념을 "발견적"해석학의 열쇠로 사용할 것이다.2장 A, 3에 설명된다 이것은 예수를 비폭력적 혁명가로 서술하려는 시도들Yoder, 1972; Trocmé, 1962; 아래 부록 A을 훨씬 넘어서지만 전적으로 새로운 방법은 아니며, 이미 성경학자들J. and A. Y. Collins가 인용한 저서들을 보라과 신학자들J. Douglass가 인용한 저서들을 보라이 시험적으로 제시한 바 있다. 그러나 묵시 사상이나 비폭력적 혁명과 관련된 주제에 대한 완전한 설명은 이곳에 암시된 다른 해석학적 연결과 마찬가지로 이 책의 범위를 넘어선다.

나의 마가복음 해석은 이 복음서가 당시의 사회-역사적 상황에서 가지는 의미와 오늘날 우리에게 주는 의미에 대해 공관적 관점을 유지하겠지만, 이 두 가지 필수적인 해석 작업은 동일하지 않으며 언제나 동시에 수행될 수 있는 작업도 아니다. 따라서 독자는 이 주석이 마가복음과 급진적 제자도에 대한 2단계 프로젝트 가운데 첫 번째 프로젝트에 해당한다는 사실을 알아야 할 것이다. 이 책은 후자에 대한 조망을 벗어나지 않는 선에서 전자의 작업에 초점을 맞출 것이다. 오늘날의 상황에서 마가복음이 요구하는 급진적 제자도에 대한 나의 사색은 제한된 지면 때문에 이곳에서는 개괄적이고 요약적인 방식으로 제시될 것이다. 그러나 마가복음에 대한 정치적 해석의 두 번째 단계로 조만간 제시될 저서에서는 나의 사색이 심도 있게 다루어질 것이다.

이 주석의 내용 전개는 순서에 따라 질서 있게 이루어질 것이다. 의도와 상관없이, 백악관으로부터 수정교회에 이르기까지 모든 곳에서 비정상적인 기독교 이데올로기를 정당화하기 위해 사용하는 단순한 성경 해석을 피하고 바로잡기 위해서는 방법론에 대한 다양한 절차상의 문제를 다루지 않을 수 없다. 해석의 필요성을 부인하고 "성경을 무조건 믿는 자"는 가장 수상한 해석자이다. 한편으로 오늘날 성경에 대한 사회-정치적 연구는 방법론적 도구예를 들면, 기호론 이론이나 생산 양식로 독자를 압도함으로써 예비단계조차 통과하지 못하게 하는 것으로 악명높다. 그러나 방법론을 완전히 제거하는 것은 독자에게 저자의 말을 그들의 해석으로 받아들이게 함으로써 "의존"해석학을 영속화할 뿐이다.

확실히 나의 연구는 이 문제에서 벗어나지 못하고 있다. 1장은 나의 "사회-문학적 해석 전략"의 두드러진 용어와 특징을 대중적 방식으로 규명한다. 이와 관련된 방법론적 이슈들에 대한 전문적 내용은 특히 사회학과 문학비평 분야에 익숙하지 않은 자들이 읽기에는 난해할 수 있다. "이데올로기적 담론으로서 텍스트"에 대한 나의 일반화는 독자가 조속히 도달해 주기 바라는 마가복음을 읽는 목적으로 충분할 것이라고 믿는다. 나는 이러한 이슈들에 대해 상세히 다룬 다른 학문적 저서들에 대해서도 언급했으므로, 독자가 원한다면 자유롭게 탐구할 수 있을 것이다. 나는 방법론보다 결과에 관심이 많은 자들이 그렇게라도 해서 이 주석에 대해 가지고 있는 심리적 거부감을 제거할 수 있기를 바란다. 1부의 진행이 늦다고 생각하는 독자는 3장 중간부터 시작되는 주석편부터 시작한 후 방법론에 대한 의문이 생기면 서론으로 돌아와도 좋다.

내가 생각하는 전략적 독법은 오늘날 성경 비평의 두 가지 오류를 피하는 것이다. 내러티브 텍스트를 해체하는 역사비평의 스킬라Scylla그리스 신화에 나오는 머리가 6개인 괴물/역주를 피하고 내러티브의 의미를 역사 세계와 분리시키는 새로운 문학비평의 카리브디스Charybdis그리스 신화에 나오는 바다의 소용돌이를 의인화한 괴물를 우회하기 위해서는아래, 1. D, 텍스트 전체의 문학적 온전성과 함께 사회-역사적 온전성이 필요하다. 나는 이 접근 방식을 오늘날 학계의 세 가지 비평과 구분하기 위해 "사회-문학"방법으로 부를 것이다. 사회학적 주석, 서사론narratology, 그리고 유물론적 비평이라는 학계의 세 가지 방법에 대해서는 부분적으로 소개하겠지만 어느 것도 전적으로 지지하지 않는다.아래, 1. E, 3

이 주석의 분량길이은 내용의 깊이와 폭에 비례한다. 사회-문학적 방법은 특정 부분에 대한 해석이 아니라 마가복음 전체에 대한 해석을 요구한다. 정치적 해석의 경우, 해석학적 일반화에 의존하거나 특정 텍스트에 대한 연구로 한정하는 경향이 있다. 그러나 자유하게 하는 성경을 개간하는 방대한 작업이라면 외견상 정치적 해석처럼 보이는 특정 본문이 아니라 텍스트 전체에 대한 체계적 주석을 제시해야 할 것이다.

이 책은 한 절씩 해석해나가는 "절별"verse-by-verse 주석이 아니라, 각 문학적 단위의 의미를 해석하고 그것과 다른 단위와의 관계나 마가복음 전체의 이데올로기와의 관계를 다루는 "에피소드별"episode-by-episode 주석이다. 나는 흔히 범하기 쉬운 지나치게 디테일한 주석이나 내러티브의 구조에 빠지는 일이 없도록 최선을 다했으며, 본의 아니게 매끄럽지 못한 부분이 있다면 미리 양해를 구하고자 한다. 또한 이 책에서는 산문체 주석과 달리 내러티브의 형식을 보존하기 위해 노력했다. 그럼에도 불구하고 이 책은 성경연구를 위한 책이며, 따라서 도구이자 참고서이다. 이 책에는 마가복음 본문을 별도로 싣지 않았기 때문에 마가복음을 곁에 두고 함께 읽어야 한다는 것은 두말할 필요도 없다. 이곳에 인용된 성경은 별도의 언급이 없는 한 RSV 본문에 가깝다. RSV는 영역 성경 가운데 가장 탁월한 책이다. 나는 명확한 규명이 필요한 경우 헬라어 음역도 함께 실었다.

마가복음에 관한 저서는 많이 나와 있으므로 잘 알려진 식견은 피했으며, 그 대신 정당한 평가를 받지 못했다고 생각하는 본문이나 주제 또는 사회-문학적 특징에 집중했다. 마가복음 전체에 대한 나의 논증은 특정 부분에 관한 어떤 연구보다 중요하며, 따라서 독자는 이슈를 다룰 때 두 가지 영역 모두 염두에 두어야 한다. 나의 방법은 절충적이며 몇 가지 학문 분야가 제휴하는 방식이기 때문에 그에 따른 학문적 자산과 부채를 모두 가지고 있다. 나의 결론은 대부분 독창적인 내용이지만, 새로운 사회학과 문학적 분야는 물론 광범위한 전통적 주석으로부터 많은 자료를 자유롭게 활용했다. 사실 나는 오늘날 마가복음 연구에 나타난 놀라운 주석 가운데 일부를 독자에게 소개하고 싶은 마음도 있었다. 그러나 이런 부수적 언급이 이 책의 전체적 흐름에 혼선을 초래할 것을 우려하여 모두 제외하고 각주만 몇 개 실었다. 대신에 독자가 계속해서 연구를 이어가고 싶어 할 경우 가장 도움이 될만한 자료를 소개했다.

부디 이 책이 마가복음이나 다른 성경에 대한 유사한 맥락의 연구를 지속할 수 있는 자극제가 되기를 바란다. 그러나 무엇보다도 이 책은 어려운 시기에 예수의 길을 따르는 싸움에서 새로운 방향과 소망을 찾기 위한 노력의 하나로, 복음서와 마찬가지로 낙심하고 지쳐있는 제자 공동체에 주어진 책이다. 마가복음에 대한 참된 이해는 우리에게 자신의 신앙을 새롭게 가다듬게 하고 부족한 믿음을 돌아보게 한다.[막 9:24] 끝으로, 이 책이 세상의 지배 구조를 뒤엎을 것을 약속하는 마가의 복음을 들려주고, 독자가 그것을 "듣는 귀"를 가지는 데 도움이 되기를 기도한다.

20주년 판 서문

지금으로부터 정확히 40년 전인 1968년 4월 4일, 마틴 루터 킹Martin Luther King Jr.박사는 테네시주 멤피스에서 총에 맞아 숨졌다. 킹은 환경미화원들의 파업을 격려하기 위해 그곳을 찾았다. 이 사건은 궁극적으로 이 저임금 공동체에 승리를 가져다주었으나 보다 넓은 안목에서 보면 역사의 비극이었다.[1)] 킹의 죽음으로 도시와 시민운동과 온 나라는 큰 충격을 받았다. 우리는 결코 되돌릴 수 없으며, 어떻게 정부가 이 위대한 선지자를 죽일 생각을 했는지 이해할 수도, 이해하고 싶지도 않다.[2)] 최근 킹의 동료인 버질 우드Virgil Wood박사가 말한 것처럼, 이 충격적 사건 이후 미국인은 사랑의 공동체에 대한 꿈을 이루기는커녕 방랑자로 "광야 40년"을 보내고 있다.

빈센트 하딩Vincent Harding의 말처럼2008년, 킹은 국가와 교회 모두에 "불편한 영웅"이었다. 오랜 정치적 갈등 끝에 1983년에 그를 기념하여 지정된 국경일은 예상대로 킹의 업적을 기리기보다 평범한 공휴일이 되고 말았다. 우리는 킹의 근본적 비전을 가리는 정치인의 조찬 기도회와 그를 성인으로 추앙하려는 대중적 움직임을 용납해서는 안 된다. 이러한 움직임은 정확히 킹이 살해되기 1년 전 1967년, 그가 뉴욕의 리버사이드 교회에서 행한 "베트남을 넘어서: 침묵을 깰 시간"이라는 제목의 연설과 배치된다.[3)]

남부기독교지도자협회 동료들의 반대와 십 년 이상 이어진 시민권 운동으로 기진맥진한 상태였음에도 불구하고 이 노벨평화상 수상자는 공적으로 베트남 전쟁을 반대하는 연설을 시작했다. 그날 있었던 킹의 연설은 두 가지 의미에서 참으로 예언적이었다. 그의 연설은 권력을 향해 진실을 말하는 동시에, 우리의 집단적 선택의 역사적 결과에 대해 예견했다. 그는 베트남 전쟁을 "세계사에서 유례를 찾아볼 수 없는 부당한 전쟁 가운데 하나"라고 불렀으며, 모험적 제국주의의 앞날에 대한 날카로운 통찰력을 보여주었다.

> 베트남 전쟁은 아메리카 정신의 심각한 병폐를 보여주는 징후에 불과하며, 만일 우리가 이 준엄한 현실을 망각한다면 다음 세대를 위한 성직자와 평신도 위원회를 조직해야 할 것이다. 그들은 태국과 캄보디아를 염려해야 할 것이다. 그들은 모잠비크와 남아프리카를 염려해야 할 것이다. 미국의 삶과 정책에 중요하고 근본적인 변화가 없는 한 이 목록은 끝없이 늘어날 것이다.

콜롬비아와 베네수엘라를 그의 목록에 추가한 킹은 1967년부터 미국의 군사적 간섭을 직간접적으로 받고 있는 나라들을 거명했다.

그러나 "침묵을 깰 시간"은 미국의 인도차이나 정책에 대한 대담한 비판 이상의 연설이다. 그것은 우리의 문화와 정체성에 대한 심오한 고고학이며, "미국의 정신"을 위한 킹의 한평생 투쟁의 절정이다. 그는 인종주의, 군국주의, 가난이라는 "세쌍둥이 거인"을 하나로 연결한 후 독자에게 "자비가 없는 권력, 도덕성이 없는 세력, 안목이 없는 힘"을 가진 자들로부터 세상을 되찾아오라고 도전한다. 킹의 연설은 자신의 운명을 권력의 손에 넘겨주는 결과를 초래했으나, 현실주의와 소망에 대한 변증법적 이해의 정점을 보여준다. 나는 그의 연설이 미국 역사상 가장 용기 있고 중요한 대중 연설이라고 생각한다.

그리고 그의 연설의 힘은 오늘날까지 이어진다. 2003년 3월, 미국은 부시 정권하에서 두 번째로 이라크를 침공했다. 당시 나와 아내 일레인Elaine은 멤피스신학교의 외래교수로 있었다. 옛 남부 문화에 물들어 있는 멤피스는 아직도 킹의 죽음의 여파 및 인종적-경제적 차별과 싸우는 중이다. 시민권 운동에도 불구하고 멤피스에는 이런 것들이 부분적으로만 극복되었다 따라서 이런 상황은 킹이 말한 "세쌍둥이 거인"이 우리 시대에도 여전히 강력한 영향력을 발휘하고 있다는 사실을 잘 보여준다. 우리는 신학교와 교회와 길거리에서 전쟁을 반대하는 동안 킹의 리버사이드 연설이 가장 설득력 있는 도구임을 알았다. 멤피스의 백인 교회와 흑인 교회는 킹의 메시지를 다른 의미로 받아들였지만, 그의 연설은 모두에게 깊은 반향을 일으켰다.

우리는 그 후 줄곧 이 텍스트를 사용해왔으며 앞서 인도차이나 "사태"에 필적할만한 이라크 전쟁 15주년에도 사용했다. 우리의 경험은 오래된 예언적 텍스트가 재상황화 될 경우, 시공을 초월하여 잠재된 저항력을 되살아나게 할 뿐만 아니라, 새로운 제자도를 고무시킨다는 사실을 강력히 인식시켜주었다.

이것은 이 책의 20주년 판과도 밀접한 관계가 있다. 킹의 리버사이드 연설에 대한 재음미는 20년 전 이 주석에 힘을 불어넣었던 바로 그 정신에서 나온 것이기 때문이다. 이반 일리치Ivan Illich는 "나는 우리에게 재앙을 대항할 힘으로 남아 있는 것은 오직 역사로부터 회복된 말뿐이라는 사실에 참을 수 없는 비통함을 느낀다."1973 고 했다. 나는 이러한 일리치의 고뇌는 물론, "비록 열악한 상황 가운데서라도 말은 폭력이 불가피한 상황에서 공생적 관계 구축으로의 혁명적 전환을 가능하게 하는 유일한 수단"이라는 그의 고백에도 공감한다.

복음서 기자 마가와 설교자/행동주의자 킹은 공통점이 많다. 그들은 둘 다 예수의 제자로, 압제 가운데 신앙에서 우러나온 사회적, 영적 부흥 운동을 위한 글을 썼다. 두 사람은 각각 목회적, 선지자적 차원에서 국내외적 대립과 전쟁, 정치적 테러, 근본적인 사회적 불의에 대해 진술한다. 두 사람의 증언은 역사적으로 인간다운 삶을 위해 투쟁하면서 바로 왕에게 저항한다는 것이 어떤 의미인지를 잘 아는 억압받는 양심 공동체로부터 나온다. 나는 솔직히 킹의 선포는 마가처럼, 지배적 제국의 질서 밖에 계시면서 제자도를 요구하시는 분의 신적 영감을 받았을 것이라고 생각한다.

이런 사실을 염두에 두면서, 나는 역사로부터 말씀을 회복하여 재앙에 대처하기 위한 시도로서 "강한 자 결박하기"에 대한 두 가지 성찰을 제시하고자 한다. 하나는 이 책이 출간되고 지금까지 20년 동안 이 책의 제자도가 나를 어디까지 데려갔느냐에 대한 요약이다. 또 하나는 이 책이 얼마나 "사람들에게 공생적 관계를 구축하도록" 도움을 주었느냐에 대한 평가이다.

I.

> 마가복음은 제자 공동체에게 주어진, 또한 그들을 위해 기록된 책이다. 이 책도 마찬가지다. 이 책은 그리스도인으로서 새로운 인간의 삶을 꿈꾸며 구현하기를 애쓰는 나라 안팎의 형제자매와 함께 생활하고 연합하며 활동하는 상상이 아니라 실제적 삶을 통해 우러나온 실천적 사색이다.
>
> — 초판 감사의 글에서

이 책은 마가복음 해석자로서 나의 사회적 지위와 정치적 행위에 대해 투명하다. 해석학의 정직성이 언제나 그것을 요구해왔기 때문이다. 이러한 투명성은 시대적 요구에 부응하기를 원하는 자에게도 필요하다. 같은 생각을 가진 나는 1988년 이후 여정에 대해 함께 나누고자 한다.

나는 이 책이 발간된 후 왜 박사 공부를 계속해서 교단에 서지 않았느냐는 말을 수없이 들었다. 당시 33세였던 나는 사실상 기로에 있었다. 초판 서문에 언급한 계획 공동체는 와해되고 그와 함께 나의 첫 번째 결혼도 끝났다. 따라서 당시 내가 받은 개인적 충격과 혼란은 그처럼 중요한 시기에 내려야 할 결단에 큰 영향을 미쳤다. 그러나 나의 최종적 결정은 '어떻게 하면 해석학적 영역에 충실할 것인가'였다. 신앙과 정의의 공동체에 대한 그리고 그들을 위한 글을 쓴 나는 더욱 강력한 전문적 자격을 갖추거나 "다음 책"을 쓰기보다 나의 제자도를 통해 성경의 급진주의 내러티브를 실천하며 사는 것이 가장 급선무라고 생각했다.

정치적 분위기 역시 나의 소명 의식을 무겁게 했다. 당시는 두 차례에 걸친 레이건 정부가 끝날 무렵으로, 신보수주의의 구조 조정과 다시 살아난 미국의 제국주의가 정치적 경제적 지형도를 급속히 바꾸는 중이었다. 국제적으로는 중앙아메리카에서 10여 년간 지속된 은밀한 전쟁, 그레나다와 파나마에 대한 명백한 침공, 그리고 이란-콘트라 무기 거래 스캔들이 있었다. 국내적으로는 사회-경제적 불균형의 심화, 이주민에 대한 반발의 재점화, 차별철폐 정책, 그리고 환경에 대한 책임 등이 이슈로 떠올랐다.

나는 목사 직분에 대한 소명을 느끼지 못하였으며, 우리의 신학교가 사회적 관심의 중심에 자리 잡을 것이라는 징후도 거의 발견하지 못했다. 따라서 나는 다시 정치적 조직에 몰두하는 한편 로스앤젤레스에 있는 미국 퀘이커 봉사위원회American Friends Service Committee와 함께 10년 간의 사역을 시작하기로 했다.

『강한 자 결박하기』가 학계의 조명을 받기 시작하면서 나는 비판적 대화를 위해 성경 문학 협회Society of Biblical Literature의 연례 모임에 참석했다. 나는 내가 쓴 주석에 대해 논하고 있는 그곳 세미나에서 전문적 학자가 아니라는 이유로 아무런 존재감 없이 앉아 있는 매우 낯설고 이색적인 경험을 했다. 무엇보다 중요한 것은 그곳에서 토론 중인 대부분의 학자들이 내가 AFSC에서 몰두한 이슈 -예를 들면 이민자의 인권, 공정한 주택 거래, 농촌의 빈곤, 생득적 주권- 와 동떨어진 논의를 하는 것처럼 보였다는 것이다.

나는 조직 사역에 착수했으며 서서히 정치적 성장을 이루었다. 헌신적인 동료 가운데 나에게 도움을 준 사람은 많으나, 특히 나와 인종, 신분, 성별이 다른 사람들의 조언에 깊은 감사를 드린다. 1991-1992년에 있었던 세 가지 사건인 1차 걸프전, 콜럼버스의 대륙 발견 500주년, LA 폭동의 전개는 소명과 관련된 나의 결정이 옳았음을 확인시켜주었다. 이 요란한 사건들은 내가 약속한 마가복음 프로젝트의 "두 번째 단계"를 위한 해석학적 렌즈가 되었다. 두 번째 책에 대한 저술 작업은 사역이 끝난 밤이나 주말에 이루어졌다.

1994년 오르비스Orbis 출판사를 통해 『누가 돌을 굴려주리요?』*Who Will Roll Away the Stone? Discipleship Queries for First World Christians*가 나왔다. 그러나 이처럼 북미의 상황에 맞는 해방신학의 윤곽을 그리려는 시도에 대한 반응은 실망스러웠다. 사람들은 팍스 아메리카나 상황에서 예수를 따름에 대한 묵상보다 팍스 로마나를 배경으로 한 마가복음 주석에 더 많은 관심을 보임으로써, 내가 이 속편에서 우리가 거부해야 할 다양한 지배 문화적 메카니즘에 대해 그처럼 많은 시간을 쏟아부은 이유를 확인시켜주었다. 그러나 속편에 대한 나의 저술 경험은 생생히 살아 있으며, 나의 신학과 정체성과 신앙에 대한 가장 개인적인 진술로 남아 있다.

북아메리카 주변또는 해외의 행동주의자와 교회 단체와 함께 성경연구와 사회 분석 작업을 하는 일이 잦아지면서 각종 요구가 쇄도하기 시작했다. 나의 학문적 연구를 전문적인 신학 공부를 하지 않은 일반인을 위해 사용하라는 도전은 나를 점차 프레이리Paulo Freire의 전통에 따른 훈련과 대중교육 방식으로 이끌었다.Stone, pp. 64 이하 그 결과 탁월한 공동 저자들과 함께 저술한 두 개의 합작품이 출간되었다. 하나는 『미국의 여정, 1492-1992: 회심으로의 촉구』*The American Journey, 1492-1992: A Call to Conversion 1992* 4)라는 제목의 500주년 기념서이다. 또 하나는 1996년에 오르비스 출판사에서 나온 『오늘, 마가복음을 살다』*Say to This Mountain: Mark's Story of Discipleship* 대장간 역간라는 책이다. 후자의 책으로 나의 마가복음 읽기-마가복음이 우리를 읽기- 프로젝트가 완성되었다고 생각한다.

1997년, 나는 신앙 공동체에게 지구상의 채무 위기에 대처할 것을 촉구하기 위한 2000년 희년 운동 조직을 준비하는 단체의 방문을 받았다. 그들은 자신의 사역이 더욱 깊은 성경적 토대 위에 구축되기를 원했으며, 나에게 도움이 될만한 자료를 제공해줄 수 없는지 물었다. 이 요구는 압제와 소외와 폭력의 뿌리를 탐구하기 위한 경제적 인류학에 대한 나의 점증하는 관심과 맞닿았다. 그 후 수년간 나는 일련의 논문을 발표했으며, 이 논문들은 나중에 『안식일의 경제학에 대한 성경적 관점』*The Biblical Vision of Sabbath Economics* 2001b 이라는 제목의 대중적 소책자로 만들어졌다. 이 책자는 학습 도구로 광범위하게 사용되었다. 상세한 내용은 www.sabbatheconomics.org 참조

나의 대중 교육과 관련된 여행은 조직 사역으로 말미암아 점차 일정을 잡기 어려웠다. 그러나 지역이나 전국적 활동을 하는 행동주의자 친구들은 순회 사역의 필요성을 주장했다. 결국 나는 AFSC를 떠나 "신학적 애니메이터" theological animator에 대해서는 http://bcm-net.org/wordpress/theoloical-animation을 참조하라 로서의 사역을 전담했다. 나는 교파를 초월하여 큰 단체와 작은 단체, 풀뿌리 민중과 제도권, 행동주의자와 성직자를 오가는 광범위한 순회 사역을 받아들였다. 이 사역은 나에게 균열과 연약성에도 불구하고 풍성하고 고무적인 다양성을 가진 영어권 사회의 정의와 평화를 위한 신앙적 조직에 대한 매력적인 전망을 제공했다. 그러나 얼마 있지 않아 여정이 어려워지면서 육체적 쇠약이 찾아왔다. 각종 심각한 신체적 질병은 의료보험의 필요성을 일깨워주었으며, 나는 그해 1997년 동료들과 함께 비영리조합을 세웠다. 바디매오 협력 사역 Bartimaeus Cooperative Ministries, www.bcm-net.org 은 나의 교육과 조직 사역의 플랫폼이 되었다.

나의 사역의 목적은 개인과 사회를 변화시키는 운동으로서 교회의 회복이

다. 나의 전략은 공동체 형성의 교육학과 사회-정치적 의식화 운동과 역량 강화 등의 방식을 통해 신학적 사색을 유기적전문적이 아니라 상황에 돌려주는 것이다. 실제로 이 접근 방식은 전도, 교육, 설비, 네트워킹, 그리고 목회적 차원의 지원 등으로 이루어진다. 우리 시대의 복잡한 의사소통 기술에도 불구하고 개인적 관계를 대체할 만한 것은 없으며, 정치적-신학적 사운드 바이트를 능가하는 비판적 사색은 계속해서 필요하다. 요나의 집Jonah House 친구들이 나에게 가르쳐준 "서로 용기를 북돋워 주는 행동"이야말로 "가장 사도적인 임무"에 해당한다.

이 비전은 초교파 다문화 협력 사역을 위해 2001년에 세워진나도 힘을 보탰다 "말씀과 세계"Word and World: People's School를 통해 가장 잘 구현되었다.www.wordandworld.org 다음은 우리의 교육 과정을 보여주는 다섯 가지 역사적 지류의 해방신학 교육이다.

1. 무엇보다도 시민권 운동 기간 중 발전된 흑인 교회의 "자유 학교"Freedom School 전통
2. 제1세계 평화와 급진적 제자도 운동의 "지하 신학교"와 "선지자 학교"실험, 의식적으로 본회퍼의 고백교회 전통에 의존한다.
3. 성소수자의 성직 참여를 위한 투쟁과 함께 여성 운동의 페미니스트 교육
4. 2/3세계, 특히 라틴 아메리카와 필리핀의 해방신학에 영감을 받은 기초 공동체 운동
5. 노동 학교Labor School와 고지인 센터Highlander Center 사역

"말씀과 세계"Word and World는 전국 각지에 여덟 개의 학교를 운영했다. 각 학교는 지역과 국가 단체로 조직되고 수업은 주 단위로 진행했다. 우리의 교과 과정은 성경 공부와 사회적 변화의 역사를 중심으로 광범위하게 구성했으

며, 교육 실습은 상황적, 포괄적, 적용적, 전체적인 방식이 될 수 있도록 최선을 다했다.Myers, 2001a 참조

실망스럽게도 이러한 대안적 신학 교육에 대한 실험은 어떤 교단이나 단체로부터도 충분한 재정적 지원을 받지 못했으며, 따라서 계속해서 유지하기 어려웠다. 다행히 저임금 노동자와의 연대에 힘을 쏟았던 마틴 루터 킹의 유산을 지키려 애썼던 마지막 두 학교2006년의 멤피스와 2007년의 노스캐롤라이나는 "남부의 신앙 및 노동 공동체 연맹"Southern Faith, Labor and Community Alliance www.wordandworld.org/FaithLaborCommunityAlliance.shtml을 결성하는 작업을 주도했다. 노스캐롤라이나 그린스보로Greensboro에 있는 사랑의 공동체Beloved Community Center의 동료들에 의해 견고한 닻을 내린 이 단체는 흑인 교회와 노조운동의 전략적 관계를 재구축하는 중이다.

우리는 최근 복음서와 사회 정의에 대해 5일간 집중 강의를 하는 "바디매오 학교"Bartimaeus Institute를 시작했다. 이 기관은 "말씀과 세계"사역을 지속하고 있다. 요즈음 나의 연구와 저술은 하나님의 공의를 오늘날의 다양한 상황과 연결하는 작업에 집중하고 있다.5) 수년간 "분주하게 돌아다니며"저술 작업을 병행해왔던 나는 적어도 매년 절반을 집에 머물면서 글을 쓰는 중이다.

『강한 자 결박하기』가 출간되고 20년이 지나는 동안 나는 사랑하는 멘토와 친구들을 잃었다. 그들 가운데는 본 20주년 판 감사의 글에 언급된 사람들도 있다. 나는 이들을 떠나보내면서 지금이야말로 내가 새로운 곳에 정착해야 할 시기라는 분명한 인식을 가지고 있다. 첫째로, 나에게는 나의 진정한 교회인 흩어져 있는 급진적 제자도 모임을 위한 "전통을 지키는 자"로서의 역할이 있음을 잘 알고 있다. 둘째로, 나는 오랫동안 아나뱁티스트재세례파와 비전을 공유했으며, 서스캐처원Saskatchewan에 있는 일레인Elaine의 아름답고 강력한 윤리적 메노나이트 가족을 존중하기 때문에 메노나이트 교회에 동참하고 있다.

셋째로, 나는 마침내 오랫동안 헌신해온 나의 생태적 지역bioregion에 대한 더욱 깊은 통찰력을 가지게 되었다.Stone, 11장 참조 우리는 도심에서 30년간 생활한 후 2005년에 캘리포니아 남부 로스 파드레스Los Padres 사막 가장자리에 있는 노동자 마을에 작은 계획 공동체를 공동으로 설립했다. 우리는 인간 문명의 트라우마만큼 하나님이 창조하신 세계의 환희에 대해 배우고자 했다. 가난한 자를 위한 정의와 자연보호는 우리가 생각하는 것처럼 별개의 문제가 아니다. 화이트E. B. White는 "우리는 세상의 매력에 반응해야 할 때와 세상의 도전에 반응해야 할 때를 알 수 없다. 나는 아침마다 세상을 바꾸고 세상을 즐기고 싶다는 두 가지 희망을 품고 일어난다"고 말한다.

나는 이 모든 과정에서 바디매오의 방식처럼 예수를 따르기를 원한다.막 10:46-52 마가의 원형적 제자는 나의 북극성으로 남아 있다.

II.

『강한 자 결박하기』는 이 새 판이 나오기 전까지 모두 17판이 나왔다. 다음은 이 책이 신학교와 성소와 거리라는 다른그리고 단절된 상황에서 어떤 역할을 수행했는지에 대한 평가이다.

신학교

이 책의 목적 가운데 하나는 마가복음을 사용하는 전통적 방식을 하나의 "실험장"으로 받아들여 복음서에 대한 새로운 방법론적 접근을 찾는 것이다. 이 주석은 신약학계에서 대체로 긍정적인 반응을 얻었다. 예상대로 당시의 가장 큰 불만은 너무 "정치적"이라는 것이었다. 그러나 다음 사례에서 볼 수 있듯이 이어지는 20년 동안 나의 접근 방식이 균형적임을 보여주는 여러 요소들이 입증되었다.

1. 애초에 나의 사회적 위치와 정치적 헌신은 자신이 중립적 해석자가 될 수 있으며 또한 되어야 한다고 생각하는 성경학자들로부터 "텍스트를 편파적으로 해석한다"는 악의적 비난을 받게 했다. 그러나 소위 포스트모던 성향은 이미 영향을 미치기 시작했으며 오늘날에는 독자의 상황을 중시하는 방식을 받아들이고 있다. 기대하는 그룹도 있다 6) 나의 가장 큰 확신은 코스타리카에 있는 아프리카계 브라질인 신약학자 실비아 레지나Silvia Regina de Lima의 편지에서 나온 것이다. 그는 이렇게 썼다.

『강한 자 결박하기』는 아직도 "객관적 연구"가 가능하다고 주장하는 자들 때문에 혼란을 겪고 상처를 받은 자들에게 매우 유익한 도구가 되었습니다.… 나는 당신의 분노에 공감합니다. 관계가 단절된 사회, 해방, 급진적 제자도에 대한 당신의 꿈은 나의 꿈이 되었습니다. 강한 자의 집에 들어가 그를 결박하고 박탈당한 세간-이 나라의 백성은 물론, 아프리카계 라틴 아메리카인, 여자, 어린이, 가난한 자의 생명과 존엄- 을 되찾아와야 한다는 도전은 날이 갈수록 더욱 절박한 사명이 되었습니다. "끊임없이 꿈꾸는 자들"의 공동체라는 표현에 감사드립니다.7)

2. 내가 이 책을 쓸 당시인 1980년대 중반에는 형식주의자의 문학비평 방식이 공관복음에 대한 지배적 역사-비평적 패러다임에 영향을 주기 시작한 시점이었다. 내가 신학교에 다닐 때에는 문학 이론에 대한 과목이 아예 없었다 오늘날에는 다양한 형태의 내러티브 읽기 방식이 선호되고 있다. Powell, 1990; Anderson and Moore, 2008 참조 나는 이런 추세가 건전한 상식의 회복이라고 생각한다. 이야기는 인간의 공통어이기 때문이다. 내러티브 접근은 성경에 대한 학문적 읽기와 일상적 읽기 사이의 괴리를 좁히기 위한 긴 여정에 돌입할 수 있다.

불행히도 내가 이 책을 통해 메우려 했던 문학적 방식과 사회-역사적 방식사이의 틈은 여전히 넓다. 역사주의와 후기 구조주의의 다툼은 계속되고 있으며 내가 주장하는 문학의 사회학 방식을 인정하고 받아들이는 신약성경 연구는 거의 없다. 그럼에도 불구하고 일부 내러티브와 사회 역사적 분석을 결합한 몇 가지 주목할만한 저서가 나왔다.[8] 1990년대에는 나의 방식과 많은 부분에서 유사한 "이데올로기적 분석"이라는 영역도 나타났다.[9]

3. 정치적 해석학은 언제나 학계의 변방에 머물러 있었다. 그러나 지난 20년간 많은 변화가 있었다. "냉전 종식"의 여파로 마르크스주의 연구에 대한 사용은 점차 줄어들었으나, 대신에 마르크스의 제국주의 비판에 의존한 "탈식민주의"해석 방법론이 급증했다. 이런 탈식민주의가 강력한 정치적 실천을 자극할 수 있는 훨씬 다양하고 덜 교조적인 접근을 보여줄 것인지는 앞으로 두고 볼 일이다.[10]

최근 많은 학자가 예수 이야기를 푸는 해석학적 열쇠로 "제국"을 사용하는 방법도 마찬가지다. 이것은 바람직한 경향이라고 할 수 있다. 왜냐하면 『강한 자 결박하기』는 20년 전에 정확히 이 방법을 사용했다는 이유로 정치적인 책으로 간주되었기 때문이다. 일부 학계의 제국주의에 대한 분석은 고대에서 멈추었지만예를 들면, Malina, 2001 다른 학자들의 경우 이 분석은 과거와 현재에 대한 정보를 제공한다.Horsley, 2003, Hendricks, 2006; Crossan, 2007 후자는 두 번째 부시 정권 아래에서 미국의 제국주의적 수사학 및 정책의 재건에 대해 적절히 대응한다. 그러나 이러한 분석이 구체적인 개입과 연결되지 않는 한 제국에 초점을 맞춘 해석학은 다시 한번 일시적으로 유행하는 성경연구가 되고 말 것이다.

4. 아마도 지난 20년간 가장 극적인 학문적 발전은 지중해 유물에 대한 사회사적, 사회 인류학적 모델링이 훨씬 정교해졌다는 사실일 것이다.[11] 광범

위한 고대 텍스트 전승에 관한 비교 연구에서 볼 수 있듯이, 오늘날에는 유물론적 역사를 재구성하는 작업에 고고학적 정보가 훨씬 많이 사용되고 있다. 이런 노력은 『강한 자 결박하기』의 방법론과 결론을 강화했으며, 문학의 사회학 접근 방식에 대한 광범위하고 깊이 있는 기초를 제공함으로써 정치적 성경 해석에 유익한 자산이 된다.

변방 공동체에서 볼 수 있는 고대 구전의 사회적 상황에 대한 연구는 특별히 언급할 만한 가치가 있다. 리차드 호슬리Richard Horsley는 "반 헤게모니" 문화적 기억cultural memory에 기초한 예수 운동에 대한 대중의 구전이 텍스트에 대한 특권층의 인식과 어떻게 상충하는지를 보여준다.Horsley et al., 2006:172ff 마가의 성경 인용이 언제나 논쟁적인 이유도 바로 이 때문이다.[12] 앤 와이어Antoinette Wire2005는 예수에 대한 구전의 책임은 일차적으로 여자들에게 있으며, 마가복음의 저자는 여성일 가능성이 있다고 생각한다. 반가운 주장이 아닐 수 없다.

나의 주석 가운데 비정통이라고 생각했던 다른 요소들은 그 후에 나온 신학책이나 주석을 통해 강화되었다. 예를 들면, Douglass, 1968에 따라 예수의 십자가는 궁극적인 비폭력적 저항이라는 나의 주장은 "비폭력적 속죄"신학을 다룬 최근의 저서들예를 들면, Weaver, 2001에서 강조되었다. 또한 마가의 재판 내러티브에 대한 나의 풍자적 해석은 성경의 해학에 대한 다른 연구들에서 다시 강조되고 있다.예를 들면, Weisman, 1998

물론, 돌이켜보면 『강한 자 결박하기』에는 사소한 오류와 약점들이 나타난다. 나는 인도 마두라이Madurai에 있는 거대한 힌두교 성전 주변을 돌아보게 해 준 타밀나두Tamilnadu 신학교의 바스 비엘렝가Bas Wielenga에게 감사한다. 그는 예루살렘에 있는 제2성전의 정치 경제에 대한 나의 엄격한 비판에 대해, 그런 제도가 여러 면에서 평범한 사람들의 일상에 긍정적인 역할을 할 수 있다는 사실을 확인하지 않은 지나치게 편향된 주장이라고 부드럽게 지적한다.

또한 일부 행동주의 그리스도인은 내가 예수께서 자신의 유대 문화적 요소들을 대부분 거부하신 것으로 해석했다고 생각하지만 이것은 전혀 사실과 다르다. 기독교 대체 신학의 유산에 대한 집착은 끈질기다. 만일 내가 이 책을 수정해야 한다면, 마가복음의 예수께서 그의 유산, 무엇보다도 8세기 선지자들의 전승에 의존한 모든 방식을 강조하는데 심혈을 기울일 것이다.

이러한 수정과 업데이트는 이 책의 내용을 개선하겠지만, 마가복음 연구에서 나의 기본적 전제를 뒤엎은 발전이 있었는지는 알 수 없다. 확실히 마가복음의 기원과 문학적 구조 및 특정 본문에 대한 논쟁은 지금도 계속되고 있다. 그것은 성경연구의 본분이다. 그러나 이 책은 성경학계에서 20년 동안 버텨왔으며, 따라서 아무리 생각해도 수정 없이 재출판하는 것이 옳다고 생각한다.

성소

요즘 신학교의 요청으로 강의하다 보면 1988년에 비해 신학교가 사회를 변화시키는 운동에서 멀어졌다는 인상을 강하게 받는다. 따라서 나는 이 책을 쓸 당시에 염두에 두었던 원래의 청중, 곧 교인들과 사회적 행동주의 그리스도인에게로 향한다.

이 책의 두 번째 목적은 제자도를 결정론복음주의적 성향이나 분파주의해방주의적 성향 대신 그리스도인의 신앙의 핵심으로 봄으로써, 제1세계 교회의 복음서에 대한 전통적 영성화 또는 교조적 해석에 도전하는 것이다. 부시 시대 문화와 정치의 보수적 회귀는 점차 해방신학을 북미 신학교의 변방으로 몰아내었지만 많은 신학생은 여전히 이 주석을 접하고 있다.[13] 나는 종종 자신은 공부할 때 해방신학을 접하였으며 이 신학이 그들의 신앙과 소명에 중요하다는 사실을 알았다고 말하는 목회자들을 만나보았다. 많은 설교자는 나에게 3년 주기 성서 일과의 두 번째 해에 전적으로 그것에 의존했으며 "부끄럼 없이 도용했다"고 고백했다. 나는 그들에게 복음서는 공유 재산이라는 사실을 상기시켜 주었다.

1987년 "소저너스"Sejourners 나그네라는 잡지는 나의 마가복음 해석에 대한 요약을 연재함으로써 이 책의 확산에 도움을 주었다. 이 자료는 교구 안의 많은 연구 단체와 성인 교육에 사용된 『오늘, 마가복음을 살다』의 기초가 되었다. 그러나 나는 많은 평신도가 이 방대한 주석을 통해 연구한다는 사실에 만족한다. 무엇보다도 많은 사람이 마가의 제자도가 어떻게 도전을 주고 자신의 삶을 변화시켰는지 말해준 것에 대해 감사드린다.

나는 처음에 많은 가톨릭 신자가 이 책이나 이 책의 주제에 대한 나의 설명에 이끌렸다는 사실에 놀랐다. 제2차 바티칸 공의회의 가장 큰 업적은 평신도의 성경연구를 허락하고 그로 말미암아 가톨릭 학문의 르네상스가 도래했다는 것이다. 지금처럼 퇴보하는 환경에서 이런 추세가 지속되기를 바랄 뿐이다. 또한 주류 개신교의 강력한 반응도 있었다. 그들은 제자도의 갱신에 대한 간절함은 대부분의 교단 지도자들이 생각하는 것보다 훨씬 크다고 말한다. 오늘날 주류 교회 성도들은 콘스탄틴 이후 시대의 현실에 직면하고 있기에 더욱 절실할 것이다. 무엇보다도 호주 연합 교회와 캐나다 연합 교회의 지도자들은 이 책을 통해 많은 도전을 받았다. 그들은 회중에게 믿음으로 제국에 대항하는 삶의 의미를 깨닫기를 촉구했다.

한편으로, 복음주의자들은-한때 나는 복음주의 계통으로부터 환영을 받기도 했다- 점차 정치적 해석, 무엇보다도 이 책에 대해 의구심을 가졌다. 내가 동질성을 느끼는 재세례파도 비슷한 이유로 이 책을 광범위하게 사용하지 않은 것으로 보인다. 그런데도 나는 복음적 사회 정의 행동주의자 가운데 일부 젊은 지도자들이 이 책을 발견하기 시작한 것에 만족한다.

지난 15년 동안 나는 백만 마일 이상을 돌아다니며 고교회예전 중심의 교회:역주, 저교회탈예전 중심의 교회 :역주, 무교회 등 다양한 스펙트럼의 그룹과 함께 일해왔다. 나는 교단 지도자들로부터 평신도에 이르기까지 많은 사람으로부터 이 책의 성경 연구와 사회 분석이 개인적, 교회적, 정치적 갱신에 중요하다는 말을 들었다.[14)] 우리의 성경은 강력하고 대중적인 회복이 필요하다는 나의 확신Myers, 2000은 그동안 만난 수많은 사람을 통해 확인한 바 있다. 나이 많은 한 수녀의 신랄한 증언은 지금도 머리에서 떠나지 않는다. 1994년 한 주간 동안 진행된 마가복음 세미나에 참석한 그는 산소통에 의지하여 힘겹게 호흡하며 뒷 좌석에 앉아 있었다. 그는 강의가 끝나자 나에게 다가왔다. 질책할 것이라는 나의 생각과 달리 그는 나의 손을 붙들고 눈물을 글썽이며 조용히 말했다. "나는 오랜 교회 생활 끝에 드디어 온전한 복음을 들었습니다. 이제 평안히 눈을 감을 수 있습니다."

거리

나는 비판적 분석의 핵심은 "세상에 대한 단순한 이해가 아니라 그것을 바꾸는 것"이라는 마르크스의 유명한 말을 기억한다. 또한 나는 많은 신앙적 행동주의자들이 이 주석을 이용한다는 사실에 만족한다. 이 사람들은 사역의 이유와 방법에 대해 끊임없이 읽고 말하는 것 외에는 달리 시간을 사용하지 않으려 한다. 그러나 이런 성찰 없이 복음서에 영감을 얻어 자비, 변호, 조직하는 사역에 뛰어들었다가 영적인 닻을 잃어버리고 소진된 사람이 얼마나 많은지 모른다. 자신을 지탱해주지 못하는 교회에 실망한 사람도 많다. 나의 가장 큰 기쁨은 지치고 냉소적인 행동주의자가 이 책을 통해 새롭게 믿음과 행위를 회복하는 것이다.

또한 기쁘게 생각하는 것은 이 책이나 유사한 내용의 책들이 행동주의 그리스도인에게 성경연구 훈련을 받아들이게 했다는 것이다. 로스앤젤레스의 가톨릭 노동자 공동체를 예로 들 수 있다. 근면하고 성실한 그들은 빈민굴에 사는 가난한 자를 숙소로 초대하여 섬기고 길거리 노숙자의 권익을 위해 투쟁하며 전쟁 문화를 반대한다. 그들은 20년 동안 매주 성경 본문에 대한 진지한 연구를 시행해왔으며 나도 주기적으로 모임을 인도했다. 그들은 내가 만난 가톨릭 노동자 단체 가운데 가장 엄격한 연구 리듬을 발전시켰으며, 인상적인 성경 지식을 보여주었다. 일부는 자체적으로 헬라어나 히브리어를 가르치기까지 했다. 그들이 이처럼 명확한 형태로 사상을 받아들였다는 것은 이 책의 가치를 더욱 높여준다.

또한 나는 다른 사역을 하는 학자들이 자신의 신학적 사색을 책으로 낼 수 있도록 격려하고 도와줄 기회가 있었다. 나는 1986년 당시 노만 가트월드 박사가 어떻게 나를 도와주었는지 잘 알기 때문에 매우 진지한 마음으로 이 일에 임하고 있다. 지금은 감당할 수 없을 만큼 많은 원고가 들어오고 있다. 평화와 정의를 위해 싸우고 있는 그들은 성경 텍스트와 신학적 윤리적 이슈에 대해 매우 중요한 관점을 가지고 있음을 확신한다.

그러나 대체로 우리 같은 비전문적 신학자가 행동주의자 사역에 요구되는 "유기적 지식"형태의 사역을 유지하기는 어렵다. 목회와 예언 사역에 억눌린 가운데 비판적 대화를 위해 다른 사람과 함께 모여 읽고 사색할 시간과 장소를 찾는다는 것은 간단한 일이 아니다. 또 하나의 문제는 우리의 일이 종교 기관및 그들을 뒷받침하는 승인 기관이 보기에는 지나치게 정치적이며 세속적 기관의 눈에는 지나치게 종교적으로 보인다는 사실이다. 결과적으로 특권적 학문 영역 밖에서 탁월한 책이 나오기는 어렵다. 그러나 더욱 실망스러운 것은 책이 출판된다고 해도 대학이나 신학교에서 진지하게 받아들이지 않는다는 것이다. 이론 세계와 실제 세계의 소국 분할은 반드시 극복되어야 한다. 두 세계는 온전함을 위해 서로를 절대적으로 필요로 하기 때문이다.

* * * * * *

마틴 루터 킹은 암살되기 전날 멤피스 메이슨 템플에서의 연설을 통해 다음과 같이 내다보았다.

> 그것은 더 이상 이 땅에서의 폭력과 비폭력 사이의 선택이 아니라 비폭력과 비존재 사이의 선택입니다.… 인권 회복을 위한 혁명에 있어서 유색인종을 오랜 가난과 상처와 무관심으로부터 구원하는 일이 미진하거나 제대로 이루어지지 않는다면 세상은 암담한 미래를 맞게 될 것입니다.

40년이 지난 지금, 그의 예측은 어느 때보다 적중하고 있다. 앞서 1년 전에 그가 리버사이드교회에서 말했던 인종주의, 군국주의, 가난이라는 세쌍둥이 거인은 여전히 우리의 역사를 볼모로 잡고 있다.

안타깝지만 지난 20년 동안 이 책이 제기한 비판도 계속되고 있다. 제국주의의 품속에서 안락하게 사는 우리 그리스도인은 여전히 마가복음의 요지를 놓치고 있다. 따라서 나는 아직도 해야 할 일이 남아 있다고 믿는다. 우리는 제자도의 회복을 위해 마가복음그리고 다른 성경을 읽고 마틴그리고 오늘날의 예언자을 다시 읽으며 시대의 징조를 보아야 한다.

킹이 암살을 당한 장소인 로레인 모텔은 이 고통스러운 사건을 기념하기 위해 애쓴 공동체 덕분에 지금은 국립 인권박물관으로 바뀌었다. 마틴이 마지막 숨을 거둔 발코니 바로 밑에는 기념비가 있으며 이곳에는 고대 요셉 이야기에 나오는 한 구절이 새겨져 있다. "서로 이르되 꿈 꾸는 자가 오는도다.… 그를 죽여 한 구덩이에 던지고… 그의 꿈이 어떻게 되는지를 우리가 볼 것이니라."창 37:19-20 이 비문은 일시적 불협화음처럼 국가와 교회에 드리운 도전을 보여준다.

부디 새로운 세대의 제자들이 신학교와 성소와 거리에서 이 책을 통해 마틴이 좇았던 그분을 따르며 하나님의 꿈을 깨닫기를 간절히 바란다.

체드 마이어스, 2008년 4월 4일

후주

1. 킹이 죽기 전 마지막으로 환경미화원들과 함께 했던 삶에 대한 감동적인 이야기는 다큐멘터리 수상작 "At the River I Stand"(www.newsreel.org)와 Honey, 2007에 상세히 제시된다.
2. 킹의 가족이 제기한 민사소송을 담당한 멤피스의 배심원은 불과 한 시간 반 만에 킹을 암살하려는 음모가 실제로 존재했고 이 음모에 시와 국가와 연방 정부가 개입되었다는 사실을 밝혀냈다. 이 놀라운 판결에 대한 기사는 Pepper, 2003에 실려 있으며, http://thekingcenter.com/news/trial.html.에는 재판 기록을 찾아볼 수 있다.
3. Washington, 1986:231 이하를 보라. 연설 내용이 담긴 텍스트와 음성 파일은 www.dramatinlutherkingjr.com/beyondvietnam.htm와 여러 웹사이트를 참조하라.
4. 비무장과 주권을 위한 생득적 투쟁은 내가 채택한 1980년대의 핵심적인 조직 원리였다. 이 내용은 Robert Aldridge와 함께 저술한 Residisting, the Serpent: Palau's Struggle for Self-Determination(1990)에도 잘 나타난다.
5. 최근의 사례로는 레바논의 백향목에 대한 이사야의 관심을 오늘날의 노숙림 보존 운동의 관점에서 해석한 작업(2007년)을 비롯하여 킹의 암살에 비추어 본 누가복음의 엠마오 기사(2006a), 미국 이주자의 권리 옹호라는 관점에서 살펴본 이사야 56장(2006b) 등이 있다. 또한 나는 Elain과 함께 점증하고 있는 정의 회복 운동에 대해 신학적 실천적 차원에서 살펴보고 있으며, 무엇보다도 아내는 중재자로서 깊이 관여하고 있다. 『강한 자 결박하기』 이후 나의 저서 목록에 대해서는 http://bem-net.org/wordpress/theological-animation/bibliography/를 참조하라.
6. Kah-Jin Kuan(2003)은 "성경 해석은 해방신학의 도입으로 말미암아 패러다임의 전환기를 맞았다"고 말한다. "나는 성경학자로서 더 이상 성경 해석이 객관적이며 보편적이었다거나 그렇게 될 수 있다고 생각하지 않는다. 오히려 모든 독법과 해석은 본질적으로 종속적이며 부분적일 수밖에 없다. 성경이든 다른 자료이든, 텍스트를 읽고 해석하는 자로서 우리는 읽을 때마다 의미를 해석해야 한다. 텍스트 안에는 의미가 들어 있지 않다. 오히려 의미는 독자와 텍스트의 상호작용의 결과이다."이 주제에 대해서는 Segovia and Tolbert, 1998; and Callahan, 2006을 참조하고 마가복음 연구는 Blount, 2004, 1998을 참조하라.
7. 개인적 서신이다. 이 편지를 번역해준 Ross and Gloria Kinsler에게 감사드린다. Silvia는 코스타리카의 Universidad Biblica Latinoamericana에서 신약을 가르치고 있다.
8. 다음과 같은 자료를 예로 들 수 있다. Howard-Brook on John (1994); Howard-Brook and Gwyther on Revelation (1999); Carter on Matthew (2000); Horsley (1997) and Elliott (1994) on Paul; Walsh and Keesmaat on Colossians (2004); and Elsa Tamez on 1 Timothy (2007). Specific

to Mark, see Tolbert, 1989; Beck, 1996; and Horsley, 2001.

9. 예를 들면, Jobling, Day, and Sheppard, 1991; and the Bible and Culture Collective, 1997

10. 대표적 연구로는 Sugirtharajah, 2001, 2003과 Dube, 2000을 참조하라. 변방 그룹과 함께 성경을 읽는 전형적 프로젝트로는 Ekblad, 2005와 West, 1990, 1998이 있다. 탈식민주의의 약속에도 불구하고 이 해석학에 대한 두 가지 염려를 제시하고자 한다. 콘스탄틴 이후 성경이 기독교 역사를 통해 정복과 식민지 건설을 위해 무차별적으로 사용되었으며, 따라서 이 과정에 해석학이 적극적인 역할을 했다는 사실에는 의심의 여지가 없다. 그러나 그것이 이 고대 텍스트가 제국의 변방에 있는 백성에 의해(그리고 그들을 위해) 생산되었다는 "대위법적"사실을 가려서는 안 된다. 실제로 신약성경 저자들은 자신의 사회적 실천보다 텍스트를 통해 "순응"하려는 오늘날의 탈식민주의 학자들보다 훨씬 반문화적이었다. 의심의 해석학은 양방향으로 추구되어야 한다. 더구나 오늘날 탈식민주의 강화는 지나치게 현학적이며, 따라서 신식민주의에 맞서 싸우는 오늘날의 단체나 교회는 접근하기 어렵다. 해방주의적 관점에서 이 방식에 대한 시험대는 삶의 현장에서의 변화를 위한 사회 운동에 대해 어느 정도의 책임감으로 얼마나 개입하는가이다.(Gottwald and Horsley, 1993; Rowland and Corner, 1989 참조)

11. 가령, 다음 자료를 보라. Stegemann, Malina, and Theissen, 2002; and Hanson and Oakman, 1998. Specifi c readings of texts include J. Elliott on 1 Peter (1990); Malina and Rohrbaugh on the Synoptics (1992); Herzog on Jesus' parables (1994); and Pilch on healing in the New Testament (2000).

12. 예를 들면, "기록하였으되"(막 1:2; 7:6; 9:12f.; 10:4f.; 11:17; 12:19; 14:21, 27)나 "읽지 못하였느냐"(2:25; 12:10, 26; 13:14)를 참조하라. 뿐만 아니라 마가는 모세(막 9:2 이하)나 엘리야(예를 들면 1:6) 또는 엘리사(6:35)와 같은, 무지한 이스라엘의 문화적 영웅에 대한 대중의 구전을 상기시키는 방식으로 행위를 서술하지만 서기관 부류는 예수의 엄격한 비판을 받는다.

13. 반면에 해방신학은 이 흥미로운 자료가 제1세계 출판업자의 마음을 움직이지 못함에도 불구하고 제3세계를 통해 풍성한 성경연구를 지속하고 있다. Kinsler and Kinsler, 2005와 De La Torre, 2002를 참조하라.

14. 나의 교육학적 방식에 대한 가장 바람직한 설명은 저술뿐만 아니라 내가 영국 교회에서 행한 교육 사역에 대한 분석에 기초한 Barrow, 2002에 잘 나타난다. 이 책에 도움을 준 그에게 감사드린다.

참고문헌

Anderson, Janice Capel, and Stephen D. Moore, eds.
2008 *Mark and Method: New Approaches in Biblical Studies*. Second edition. Minneapolis: Fortress.

Barrow, Simon
2002 "Unleashing the Vulnerable Word: Refl ections on Ched Myers as a *Provocateur for a Healing Church*." *The British Journal of Theological Education*, 12, no. 2, pp. 95-107.

Bible and Culture Collective
1997 *The Postmodern Bible*. New Haven: Yale University Press.

Beck, Robert
1996 *Nonviolent Story: Narrative Confl ict Resolution in the Gospel of Mark*. Maryknoll, NY: Orbis Books.

Blount, Brian
2004 *Cultural Interpretation: Reorienting New Testament Criticism*. Eugene, OR: Wipf & Stock.
1998 *Go Preach! Mark's Kingdom Message and the Black Church Today*. Maryknoll, NY: Orbis Books.

Carter, Warren
2000 *Matthew and the Margins: A Sociopolitical and Religious Reading*. Maryknoll, NY: Orbis Books.

Callahan, Allen D.
2006 *The Talking Book: African Americans and the Bible*. New Haven: Yale University Press.

Crossan, John Dominic
2007 *God & Empire: Jesus Against Rome, Then and Now*. San Francisco: HarperSanFrancisco.

De La Torre, Miguel
2002 *Reading the Bible from the Margins*. Maryknoll, NY: Orbis Books.

Douglass, James W.
1968 *The Nonviolent Cross: A Theology of Revolution and Peace*. London: Chapman. (reprinted by Wipf & Stock, 2006.)

Dube, Musa W.
2000 *Postcolonial Feminist Interpretation of the Bible*. St. Louis: Chalice.
Ekblad, Bob
2005 *Reading the Bible with the Damned*. Louisville: Westminster John Knox.
Elliott, John
1990 *A Home for the Homeless: A Social-Scientific Criticism of I Peter, Its Situation and Strategy*. Minneapolis: Fortress.
Elliott, Neil
1994 *Liberating Paul: The Justice of God and the Politics of the Apostle*. Maryknoll, NY: Orbis Books.
Gottwald, Norman, and Richard Horsley, eds.
1993 *The Bible and Liberation: Political and Social Hermeneutics*. Maryknoll, NY: Orbis Books.
Hanson, K. C., and Douglas Oakman
1998 *Palestine in the Time of Jesus: Social Structures and Social Conflicts*. Minneapolis: Fortress.
Harding, Vincent
2008 *Martin Luther King: The Inconvenient Hero*. Maryknoll, NY: Orbis Books.
Hendricks, Obery M.
2006 *The Politics of Jesus: Rediscovering the True Revolutionary Nature of Jesus' Teachings and How They Have Been Corrupted*. New York: Doubleday.
Herzog, William
1994 *Parables as Subversive Speech: Jesus as Pedagogue of the Oppressed*. Louisville: Westminster John Knox.
Honey, Michael
2007 *Going Down Jericho Road: The Memphis Strike, Martin Luther King's Last Campaign*. New York: Norton.
Horsley, Richard
2001 *Hearing the Whole Story: The Politics of Plot in Mark's Gospel*. Louisville: Westminster John Knox.
Horsley, Richard, ed.
1997 *Paul and Empire: Religion and Power in Roman Imperial Society*. Philadelphia:
Trinity Press International.
2003 *Jesus and Empire: The Kingdom of God and the New World Disorder*. Minneapolis: Fortress.
Horsley, Richard, Jonathan Draper, John Miles Foley, and Werner Kelber, eds.
2006 *Performing the Gospel: Orality, Memory, and Mark*. Minneapolis: Fortress.
Howard-Brook, Wes
1994 *Becoming Children of God: John's Gospel and Radical Discipleship*. Maryknoll, NY: Orbis Books.
Howard-Brook, Wes and Anthony Gwyther

1999 *Unveiling Empire: Reading Revelation Then and Now*. Maryknoll, NY: Orbis Books.

Illich, Ivan

1973 *Tools for Conviviality*. London: Marion Boyars Publishers (new edition, 2001)

Jobling, David, Peggy Day, and Gerald Sheppard, eds.

1991 *The Bible and the Politics of Exegesis*. Cleveland: Pilgrim.

Kinsler, Ross, and Gloria Kinsler, eds.

2005 *God's Economy: Biblical Studies from Latin America*. Maryknoll, NY: Orbis Books.

Kuan, Kah-Jin Jeffrey

2003 "Reading with New Eyes: Social Location and the Bible." *Pacific School of Religion Bulletin* 82, no. 1.

Malina, Bruce J.

2001 *The Social Gospel of Jesus: The Kingdom of God in Mediterranean Perspective*. Minneapolis: Fortress.

Malina, Bruce J., and Richard Rohrbaugh

1992 *Social-Science Commentary on the Synoptic Gospels*. Minneapolis: Fortress.

Myers, Ched

2007 "'The Cedar has fallen!' The Prophetic Word vs. Imperial Clear-cutting." In *Earth and Word: Classic Sermons on Saving the Planet*, ed. David Rhoads. New York: Continuum.

2006a "Easter Faith and Empire: Recovering the Prophetic Tradition on the Emmaus Road." In *Getting on Message: Challenging the Christian Right form the Heart of the Gospel*, ed. Peter Laarman, Boston: Beacon Press.

2006b "'A House for All Peoples'? Embracing the Immigrant." Sojourners (March)

2001a "Between the Seminary, the Sanctuary and the Streets: Reflections on Alternative Education." *Ministerial Formation* (July) (Geneva: WCC)

2001b "… *and distributed it to whoever had need*." The Biblical Vision of Sabbath Economics. Washington, DC: Tell the Word Press.

2000 "Stories to Live By: Reading the Bible in the New Millennium." *Sojourners* (March-April)

1996 "*Say to This Mountain*": *Mark's Story of Jesus*. Maryknoll, NY: Orbis Books. 『오늘 마가복음을 살다』(대장간 역간

1994 *Who Will Roll Away the Stone? Discipleship Queries for First World Christians*. Maryknoll, NY: Orbis Books.

1991 *The American Journey, 1492-1992: A Call to Conversion*. With Stuart Taylor, Cindy Moe-Lobeda, and Marie Dennis. Erie, PA: Pax Christi.

1990 *Resisting the Serpent: Palau's Struggle for Self-Determination*. With Robert Aldridge. Baltimore: Fortkamp Press.

Pepper, William F.

2003 *An Act of State: The Execution of Martin Luther King*. New York: Verso.

Pilch, John J.

2000 *Healing in the New Testament: Insights from Medical and Mediterranean Anthropology*. Minneapolis: Fortress.
Powell, Mark Allan
1990 *What Is Narrative Criticism*? Minneapolis: Fortress.
Rowland, Christopher, and Mark Corner
1989 *Liberating Exegesis: The Challenge of Liberation Theology to Biblical Studies*. Louisville: Westminster John Knox.
Segovia, Fernando, and Mary Ann Tolbert
1998 *Teaching the Bible: The Discourses and Politics of Biblical Pedagogy*. Maryknoll, NY: Orbis Books.
Stegemann, Wolfgang, Bruce Malina, and Gerd Theissen, eds.
2002 *The Social Setting of Jesus and the Gospels*. Trans. O. Dean. Minneapolis: Fortress. Sugirtharajah, R. S.
2001 *The Bible in the Third World: Precolonial, Colonial, Postcolonial Encounters*. Cambridge: Cambridge University Press.
2003 *Postcolonial Reconfi gurations: An Alternative Way of Reading the Bible and Doing Theology*. St. Louis: Chalice.
Tamez, Elsa
2007 *Struggles for Power in Early Christianity: A Study in the First Letter to Timothy*. Maryknoll, NY: Orbis Books.
Tolbert, Mary Anne
1989 *Sowing the Gospel: Mark's World in Literary-Historical Perspective*. Minneapolis: Fortress.
Walsh, Brian J., and Sylvia C. Keesmaat
2004 *Colossians Remixed: Subverting the Empire. Downer's Grove*, IL: Inter-Varsity.
Washington, James, ed.
1986 *Testament of Hope: The Essential Writings and Speeches of Martin Luther King, Jr*. San Francisco: Harper San Francisco.
Weaver, Denny
2001 *The Nonviolent Atonement*. Grand Rapids: Eerdmans.
Weisman, Ze'ev
1998 *Political Satire in the Bible*. Atlanta: Scholars Press.
West, Gerald
1990 *Biblical Hermeneutics of Liberation: Modes of Reading the Bible in the South African Context*. Maryknoll, NY: Orbis Books.
1998 *Academy of the Poor: Towards a Dialogical Reading of the Bible*. Sheffield: Sheffield Academic Press.
Wire, Antoinette
2005 "Women's History from Birth Prophecy Stories." In Richard Horsley, ed., A *People's History of Christian Origins*, vol. 1: Christian Origins. Minneapolis: Fortress, pp. 71-93

20주년 기념판 머리말

샘 웰스 Sam Wells

누군가 나에게 "유기적 지성"이 무엇이냐고 묻는다면 나는 곧바로 체드 마이어스를 상기할 것이다.

Christopher rowland[1)]

나는 실천과 함께 시작하고 끝나지 않는 학문은 관여할 가치가 없다고 생각한다.

Osvaldo Vena[2)]

"우리가 이런 일을 도무지 보지 못하였다 하더라" 막 2:12

나는 지금의 화려한 사무실로 오기 전, 지저분하고 짜증 나는 거리에서 풍자만화를 전시하곤 했다. 그중에는 해변 휴양지 바닷가에 정신과 의사들이 모여 있는 그림도 있었다. 그들은 해변에서 멀지 않은 곳에서 수영을 못하는 한 사람이 양팔을 허우적거리며 아마도 고통스러운 부르짖음과 함께 해면 아래로 가라앉는 모습을 바라보고 있다. 만화 아래 해설에는 정신과 의사들이 심사숙고한 결론이 적혀 있었다. "드디어 우리는 결론에 도달했다. 저것은 도와달라는 외침이 분명하다."

체드 마이어스는 이 풍자만화가 보여준 역설을 자신의 주석을 통해 보여준다. 전통적 성경 학자들은 과학적 연구가 원하는 사심 없는 주석을 계승하여 끊임없이 감질나게 하는 결론에 이른다. 즉, 복음서 기자들은 예수께서 세속적 묘사를 넘어서는 놀랄만한 약속을 하시고, 약속에 상응하는, 또는 그 이상의 행동을 하시며, 영감을 받은 자들에게 개인적, 사회적, 우주적 존재의 모든 요소들을 변화시키는 방식으로 반응하기를 바라시는 분으로 묘사한다는 것이다. 우리도 그렇게 생각한다. 그것은 개인과 사회의 완전한 변화를 위한 몸과 마음과 정신의 부르짖음이 분명하다.

대화가 제자리걸음하고 있는 곳은 바로 이 부분이다. 물론 당시나 지금이나 "변화"가 무엇을 의미하며, "개인적", "사회적"또는 "우주적"이라는 표현이 정확히 무슨 뜻인지에 대해서는 계속해서 탐구해야 할 여지가 있다. 또한 다양한 해석과 새로운 번역 및 당황스러운 구절은 언제나 존재한다. 그러나 복음서 주석가들은 예수께서 실제로 무엇을 요구하셨으며 예수의 다른 점과 메시지의 정확한 의미는 무엇인지 규명하는 동안 독자가 이미 이 땅에서 이러한 변화들을 삶의 중심에 두기 시작했다는 사실을 인지하지 못했다. 결과적으로 그들은 더 이상 사심 없는 독자가 될 수 없으며, 텍스트가 표면상 요구하는 '전적인 변화'를 받아들이지 않을 수 없게 되었다.

"『강한 자 결박하기』는 예수께서 나병환자를 고치셨을 때 사회적 문화적 정치적 관습에 대한 더 많은 도전을 하셨다는 사실을 깨닫게 한다. 이 책은 우리로 하여금 예수께서 요구하시는 변화는 그때나 지금이나 개인적 구원의 차원을 넘어 전적으로 새로운 질서로 심화되어야 한다는 것이라는 사실을 깨닫게 한다"라는 짐 라이스Jim Rice [3]의 말은 그가 이러한 사실을 명확히 이해하고 있음을 보여준다. 『강한 자 결박하기』는 "개인적, 사회적 부르짖음처럼 보인다"고 말하고 펜을 놓는 것으로 끝나지 않는다. 이 책은 끊임없이그리고 엄격하게 1세기 팔레스타인의 죄와 압제의 본질, 하나님의 백성의 숨통을 죄고 있는 자들의 인격적, 정치적 정체성과 관심사, 예수께서 문제의 근원과 원천을 드러내어 제시하시는 방식, 명백히 이질적인 것처럼 보이는 예수의 행위와 말씀 속에 나타난 논리와 일관성, 십자가와 부활의 결정적 의미를 제시한다. 이 책은 독자에게 첫 번째 제자들에게 요구했던 변화를 촉구하는 것이 당연하다고 생각한다. 피터 프라이스Peter Price 4)의 말처럼 "이런 식의 마가복음 읽기가 요구하는 제자도는 정치적으로 필요하며 영적으로 권위가 있다."또한 이러한 변화를 구현하기 위한 오랜 노력으로부터 나온 통찰력은 독자 공동체로 하여금 무관심한 독자에게는 보이지 않는 텍스트의 요소들에 대한 주의를 촉구한다. 체드 마이어스의 책은 텍스트의 원래적 의미를 발견하는 작업과 오늘날 자신과 사회에 의미를 새기도록 허락하는 작업의 해석학적 괴리를 확실히 제거한다.

하워드 브룩Wes Howard-Brook 5)은 이처럼 놀라운 변화에 대해 보다 정확한 용어로 표현한다. "지난 20년간의 관점에서 볼 때, 체드 마이어스의 『강한 자 결박하기』는 세 가지 면에서 획기적인 책이었다. 첫째로 체드는 자신의 사회적 위치에 대해 '객관적' 학자라는 중립적 입장 대신 행동하는 제자라고 말한다.6) 둘째로, 그는 텍스트와 독자의 문맥적 접점을 절대적 영역locus imperium으로 간주한다. 끝으로, 그는 스승인 노만 가트월드가 말한 소위 '사회-문학적 방법'7)을 따라 해석하는 능력을 보여주었다. 세 가지 요소 모두 나의 해석과 저술 작업의 기초가 되었다. 『강한 자 결박하기』가 없었다면, 누가 이러한 기본적 '기지의 사실들'이 그처럼 강력하고 명료하게 부상해서 십자가에 달려 돌아가시고 부활하신 예수의 길을 따라 살도록 영감과 능력을 주는 성경 고유의 목적을 드러낼 수 있을 것으로 생각할 수 있겠는가?" 마찬가지로, 울리히 두크로Ulrich Duchrow 8), 존 허트John Hirt 9), 브라이언 블라운트Brian Blount 10)는 체드 마이어스의 책이 주는 생생하고 급진적인 제자도의 영감에 대해 언급한다. 울리히 두크로는 『강한 자 결박하기』가 많은 사람으로 하여금 예수의 급진적 제자도를 따르도록 영감을 준다고 말한다. 존 허트는 "체드는 사회 변화를 위한 운동과 신학적 사색은 자신의 주이신 그리스도에 대한 전적인 헌신의 삶을 사는 양심적 그리스도인에 의해 수행되지 않는 한 성경적 순수성을 잃어버리게 될 것이라는 사실을 교회가 잊지 않도록 저서와 가르침을 통해 끊임없이 상기시킨다"고 말한다. 그는 예수에 대한 깊은 헌신으로부터 글을 쓰고 가르치기 때문에 오늘날 참된 그리스도인의 실존에 근본적인 영향을 미치는 자 가운데 하나다. 또한 브라이언 블라운트는 "『강한 자 결박하기』는 20년 후에도 여전히 우리의 사회적, 역사적, 영적, 정치적 영역에서 하나님의 통치를 구현하시는 그분과 함께하는 제자도에 대한 새로운 관점으로 독자를 이끌 것이다"고 주장한다.

크리스토퍼 롤랜드는 체드 마이어스의 책에 나타난 어조와 유사한 용어를 사용한다. "체드 마이어스의 『강한 자 결박하기』에 대해 매우 놀랐던 것은 치열한 삶을 통해 나온 통찰력을 적용하여 예수를 따르는 삶이 무엇인지 알며 그런 맥락에서 성경을 이해하는 사람에 의해 이 책의 모든 페이지가 기록되었다는 사실이다. 체드의 텍스트에 대한 이해는 특별하다. 그는 예수의 제자가 된다는 것은 관행을 따르지 않는 행동주의자가 된다는 것임을 알고 있다. 그렇게 생각하지 않는 자가 있다면 텍스트에 관한 중요한 사실을 놓치는 것이며 우리가 마가복음으로 알고 있는 변방 유대인의 낯선 이야기 속에 감춰진 지혜와 통찰력을 파악할 수 없게 된다."

체드 마이어스의 책의 독특한 특징은 다음 두 가지 관점에 잘 나타난다. 하나는 1980년대에 마이어스의 멘토였던 노만 가트월드[11]의 관점이다. "무엇보다도 그것은 문학과 사회 비판적 방법을 접근하기 쉽고 지적으로 흥미로운 방식으로 결합한 복잡한 해석법이다. 체드가 마가복음을 오늘날의 사회적 종교적 실천에 적용한 것도 중요하다.[12] 이 책의 힘은 엄격한 학문적 분석과 교회 안팎의 사회변화 운동에 성경 텍스트를 연 사회적 열정의 결합에서 나온다. 나의 『여호와의 족속』*Tribes of Yahweh*은 구약성경 연구에 있어서 학문적 객관성에 대한 집착을 타파한다. 체드의 『강한 자 결박하기』는 신약성경 연구에 있어서 동일한 역할을 한다. 그의 책은 아직도 학문적 중립성의 허구에 집착하는 학자들의 시기 어린 존경을 포함하여 다수의 독자층을 확보했다." 또 하나는 급진주의 사제인 존 디어John Dear **13**의 관점이다. "나는 전쟁과 불의와 제국에 반대하는 비폭력 시민 불복종에 사로잡힌 다른 성경학자나 신학자를 알지 못한다. 나의 친구 체드는 다른 학자들과 달리 그런 극적인 경험을 통해 예수의 이야기, 복음서를 이해한다."

너희에게 무엇을 하여주기를 원하느냐막 10:36, 51

마이어스는 그의 주석의 탁월한 서론 끝부분에서 내러티브의 세 가지 특징적인 지류 또는 하부 구조에 대해 서술한다. 첫째로, 예수는 그가 전한 메시아 소망을 중심으로 새로운 공동체를 만드셨다. 예수는 열두 제자를 불러 모으시고 하나님 나라의 불을 확산시키게 하셨다. 제자들은 십자가에 대한 두려움, 상상력의 부족, 냉혹한 배신으로 망설이며 주저했다. 그러나 마가의 부활 기사에는 갈릴리에서 회복된 공동체가 나타난다.

두 번째 이야기는 마가복음에 서른여덟 차례나 언급된 가난하고 압제 받는 무리에 대한 예수의 전도이다. 세인 클레이본Shane Claiborne **14)**은 무엇보다도 마이어스가 이 내러티브 지류에 초점을 맞춘 방식에 주목한다. "『강한 자 결박하기』는 1세기 하층민의 귀로 하나님의 혁명에 합류하라는 초청에 귀를 기울이게 만든 첫 번째 책 가운데 하나다. 나는 체드 마이어스의 책 때문에덕분에 영원히 붕괴될 것이다." 예수는 이야기와 선포와 행위를 통해 무리를 치유하고 귀신을 쫓아내며 그들을 해방시키셨다. 예수께서 예루살렘에 입성하실 때 무리는 해방의 명분을 받아들인 것처럼 보이지만 성금요일에 있었던 그들의 선택은 예수가 아니라 테러리스트 바라바였다.

세 번째 지류의 이야기는 예수와 이스라엘을 지배하고 있던 권력과의 대결이다. 예수는 바리새인, 서기관, 헤롯당, 사두개인과 차례로 맞서신다. 예수는 그들의 권위를 벗기고 그들의 지배에 도전하지만, 마침내 숨어 있던 진정한 권력이 가면을 벗고 나타난다. 그것은 다른 모든 권력을 마음대로 주무르는 로마의 철권이다. 결국 예수를 파괴한 것은 로마의 사형 집행에 사용된 못과 나무였다. 그러나 생사의 결정권을 가진 로마조차 해체되었다.

마가복음에는 제자, 무리, 권력 세 가지 이야기가 세 가닥으로 이루어진 밧줄처럼 얽혀 있다. 각 이야기는 예수의 수난 기사에서 절정에 이른다. 세 이야기는 마침내 하나의 이야기로 모인다. 그리고 이 이야기의 내용은 성부 하나님이 예수를 보내셨다는 것으로, 예수께서 세례받으실 때 "너는 내 사랑하는 아들이라"는 아버지의 말씀을 통해 구체화 되고, 변화산에서 "이는 내 사랑하는 아들이니"라는 아버지의 말씀을 통해 전형화되며, "이 사람은 진실로 하나님의 아들이었도다"라는 백부장의 말을 통해 절정에 달한다. 예수께서 제자들을 사귀시고 무리에게 말씀을 전하시며 권력과 맞서신 것은 모두 하나님의 마음으로부터 나온 영역이다.

『강한 자 결박하기』는 독자에게 예수와 함께 하는 삶이란 이 세 가지 규범적 상황에서 유사한 삶을 사는 것이라는 사실을 보게 한다. 첫째로, 우리는 제자들 그룹의 일원으로서 마가복음을 재현한다. 우리는 그리스도인이 될 때, 친밀한 관계로 부르심을 받는다. 우리는 이미 가족과 밀접한 유대관계를 이룬 상태일 수 있으며, 따라서 나사렛 사람을 따르라는 부르심은 이 기존의 관계를 더욱 강조하고 강화하거나 그것을 검증하고 도전하는 상황이 될 수 있다. 그러나 어느 쪽이든, 우리는 그리스도의 교회의 지체들과 새롭고 밀접하며 책임 있는 관계를 형성하라는 부르심을 받았다. 이 관계는 교제라는 이름으로 부를 수 있다. 그러나 한편으로는 이 관계는 결코 교제가 될 수 없으며, 단지 주일날 나타나 십일조를 내고 원수를 위해 기도하는 행위를 상기시키는 사람들과의 완고하고 다루기 어려우며 때로는 짜증스러운 관계일 뿐이다. 그리스도인으로서 우리의 삶을 점검할 때 우리는 "나는 책임이 주어진 그룹이나 관계망의 한 부분인가? 나는 진정한 의미에서 '제자 그룹'의 일원인가?"라고 물어보아야 한다.

둘째로, 우리는 무리에 대한 관심을 가지고 가난한 자와 압제당하는 자와의 관계를 형성함으로써 마가복음을 재현한다. 우리는 다양한 방법으로 이 일을 할 수 있다. 마이어스는 독자들이 노스캐롤라이나 농촌에서 일하는 이주민 노동자의 지위에 영향을 주는 법을 바꾸고 싶어 한다고 생각한다. 그는 독자가 자원하여 무료급식 일을 지원하거나 생활 임금을 위한 운동에 참여하거나 총기법과 사형제도에 맞서 싸우는 것을 당연하게 생각한다. 적어도 마이어스는 독자가 새로운 형태의 교제를 형성하기를 원한다. 친구가 된다는 것은 "당신을 앎으로써 나 자신이 변화하는 것을 받아들이겠다"고 말하는 것이기 때문이다. 가난한 자 및 압제당하는 자와의 관계를 점검할 때 우리는 마가복음의 관점에서 이렇게 물어보아야 한다. "나는 나와 전혀 다른 부류의 사람으로서 내가 '나는 당신을 앎으로써 나 자신이 변화하는 것을 받아들이겠다'고 말한 사람과 사귀고 있는가?"

셋째로, 우리는 예수께서 당시 예루살렘 권력과 맞서신 것에 초점을 맞춤으로써 마가복음을 재현한다. 우리는 거룩함을 마법의 양탄자를 타본 경험이 있는 재주꾼과 관련된 꿈같은 의미의 행복과 평안이라는 생각을 가지고 있는 것처럼 보인다. 이러한 모습의 거룩함이 어디서 온 것이든, 확실히 마가복음에서 온 것은 아니다. 오늘날 모든 사람이 동의하는 것처럼 보이는 한 가지는 세상에는 잘못된 것이 많다는 것이다. 이러한 사실에 대한 반응은 두 가지뿐이다. 직접 가서 바로 잡거나, 그렇게 할 수 없다면 바로잡을 수 있는 사람들이 그렇게 할 때까지 그들을 불편하게 만드는 것이다. 권력과의 관계를 점검할 때 우리는 "나의 삶의 모습은 하나님이 백성을 놓아주시기를 바라는 마음을 반영하며 다른 사람을 노예로 삼는 자들과 맞서고 있는가?"라고 물어야 한다. 제프 디트리히Jeff Dietrich 15)의 언급은 이런 사실을 잘 이해하고 있음을 보여준다. "나는 체드와의 만남과 『강한 자 결박하기』를 통해 복음서가 지배문화를 통해 거의 2백 년간 철저하게 길든 방식에 대해 눈을 뜨게 되었다. 오히려 복음서는 가난한 자를 위로하고 선지자를 격려하며 '독재자들을 두려움에 떨게 하는' 하나님의 해방에 대한 급진적 말씀을 구현한다." 마찬가지로, 마크 맥반Mark McVann 16)은 "『강한 자 결박하기』는 처음 나온지 20년이 지났으나 여전히 -무엇보다도 아프가니스탄 사태와 이라크 전쟁을 상기할 때- 제국에 대한 적절하고 강력하며 설득력 있는 증거를 한다"고 말한다.

마가복음의 세 가지 지류와 마찬가지로 책임 있는 공동체, 가난한 자와의 교제, 권력에 대한 도전이라는 세 가지 지류는 우리의 세례를 통한 하나님의 사명 위임, 우리의 섬김의 삶이라는 변화산에서 나누는 하나님의 신비, 우리의 죽음과 부활을 통한 하나님의 영광에 들어감이라는 근본적인 이야기로 결합한다. 그러나 마가복음은 우리에게 이 근본적인 이야기는 책임 있는 공동체, 가난한 자와의 교제, 권력에 대한 도전이라는 세 가지 지류의 이야기가 없으면 불가능하다고 말한다. 이것이 바로 『강한 자 결박하기』가 우리를 초청하는 급진적 제자도이다.

권위 있는 새 교훈이로다. 막 1:27

텍스트의 문학적, 수사학적, 정치적 구조에 대한 마이어스의 접근은 탁월하고 포괄적이지만 그의 독해는 특정 내러티브와 개별적 가르침을 다룰 때 더욱 활기를 띤다.[17] 나는 여기서 마이어스가 특정 독자들에게 중요한 영향

을 미친 본문에 초점을 맞추고자 한다.[18)]

1. 첫 번째 제자도로 부르심막 1:16-20

여기서 마이어스는 "사람을 낚는 어부" 에피소드에 대해 서술한다. "이곳의 요지는 예수를 따르기 위해서는 단순한 마음의 동의뿐만 아니라 사회-경제적 관계에 대한 근본적인 재정립이 필요하다는 것이다.…이것은 세상으로부터 '나오라'는 것이 아니라 대안적 사회적 실천으로 들어가라는 것이다."이 책 289-90쪽 오스왈도 베나Osvaldo Vena는 이 본문에 대해 다음과 같이 언급한다. "내가 마이어스의 책을 통해 얻은 많은 통찰력 가운데 제자도를 이해하는데 참으로 영향을 미친 것이 있다. 그것은 마가복음 1:17에서 예수께서 첫 번째 제자들을 부르신 장면에 대한 묘사다. 즉, 구약성경에는 그물로 고기를 잡는다는 개념이 부자와 권력자에 대한 신적 심판을 나타내는 비유로 사용되었기 때문에 '사람을 낚는 어부'가 되라는 부르심은 사람을 죄에서 구원하라는 것이 아니라 예수의 '권력과 특권층의 기존 질서를 뒤엎는 투쟁'에 합류하라는 초청이라는 것이다.이책 289쪽 사람들을 적대적인 세상에서 건져내어야 한다는 식의 전통적 방식의 제자도 이해는 이런 통찰력에 의해 근본적으로 바뀌었다. 예수는 우리에게 하나님의 통치를 위한 길을 구축함으로써 세상이 더 이상 적대적인 장소가 되지 않게 변화시킬 것을 촉구한다."

2. 거라사의 귀신 들린 사람막 5:1-20

이것은 체드 마이어스의 주석 방식의 전형적 사례라고 할 수 있다. 마이어스는 이렇게 언급한다. 5:9에서 예수는 이 강력한 귀신 무리의 이름이 '군대'Legion임을 밝히신다. 라틴 어투의 이 용어는 마가의 사회적 세계에서 로마의 군단이라는 한 가지 의미만 가진다. 우린 이러한 단서를 통해 이 이야기의 나머지 부분이 '군사적' 이미지로 가득할 것임을 알 수 있다.… 이제 귀신은 로마 군대를 가리킨다. 귀신을 쫓아내는 상징적 행위에서 군대 귀신은 '자기를 그 지방에서 내보내지 마시기를 간구'한다. 파레칼레이 아우톤5:10, 이책 384-6쪽 라츨라프Vern Ratzlaff **19)**는 본문에 대한 마이어스의 접근이 어떤 의미를 가지는지에 대해 다음과 같이 강조한다. "나는 수년 동안 신약성경 어휘의 정치적 어조에 깊은 인상을 받고 설교와 강의를 할 때 - Bruce Malina, Gerd Theissen, J. D. Crossan과 함께- 이러한 관점에서 선택적 주석을 했으며, 사회적, 정치적 영역은 이러한 인식을 더욱 심화시켰다. 그러나 나를 더욱 체계적인 정치적 해석으로 옮기도록 자극한 것은『강한 자 결박하기』에서 체드 마이어스가 보여준 이 영역에 대한 광범위한 접근이다. 예를 들면 거라사의 귀신 들린 사람막 5:1-21에 대한 그의 접근은 군사적 용어에 대해 규명하고, 예수께서 귀신의 '군대'와 맞서신 장면에 초점을 맞추며, 이 대결은 나중에 빌라도의 군대에 의해 맞게 될 비극적 결말을 예시한다 귀신을 쫓아내는 장면에서는 제국에 대한 정치적 거부와 선동적이고 반역적인 행위에 주목한다."

3. 예수와 수로보니게 여자막 7:24-30

마이어스는 예수의 사생활을 침해한 이방 여자의 무례함에 초점을 맞춘다. 그는 계속해서 다음과 같이 지적한다. "예수께서 여자의 요구를 들어주신 것은 그의 믿음 때문이 아니라 그가 한 말 때문이다. 복음서에서 예수께서 대적을 언어적으로 제압하셨다는 사실을 생각해볼 때 이것은 놀라운 사태 변화이다.… 예수는 이 이방 여자를 하나님 나라의 새로운 공동체에 포함시키기 위해 '무안함'을 자초하셨다.작아지셨다 따라서 유대교도 자존심을 내려놓고 자신의 영역의 경계집단적 영예를 재설정함으로써 이방인이 자신과 동등하다는 사실을 받아들여야 한다." 이책 405-6쪽 하텐Ted Lyddon Hatten **20)**은 본문의 미묘함에 대해 인정한다. "예수와 수로보니게 여자의 만남은 내가 좋아하는 본문 가운데 하나다. 예수는 당대 최고 지성의 논쟁을 내려놓으시고 이 예외적

인물과 마주하신다. 여자는 여러 차례 권력과 특권으로부터 밀려났다. 체드가 철저히 밝힌 대로 가장자리로 밀려난 여자는 권력에게 진실을 말한다. 그러나 여자의 진실을 받아들인 권력은 이 이야기의 주인공이기도 하다. 그는 예수시다. 확실히 여기서 필요한 질문은 마가는 왜 이처럼 놀라운 전환을 포함했느냐는 것이다. 나는 마가가 가까이 다가온 하나님 나라의 특징인 반전을 보여주기 위한 것이라고 생각한다. 마가는 무엇인가를 생각하고 있으며 체드는 그의 생각을 간파하고 있다." 본문에 대한 마이어스의 해석은 실비아 레지나 Silvia Regina de Lima 21)에게도 영향을 주었다. 레지나는 브라질과 코스타리카에 있는 아프로-라틴계 미국인으로서의 현실적 질문과 함께 본문에 대한 주석을 시작한다. 그는 자신이 "전통적 형식주의의 한계를 뛰어넘는 생각을 할 자유"를 발견했다고 말한다. 그것은 "갈등 속에서 형성된 사고방식으로 소위 공정함을 극복할 수 있으며, 국경을 초월하여 질서를 바꾸고 예수의 의미에 대한 새로운 사색, 새로운 발견을 향한 길을 여는 또 하나의 영역으로부터 나온 해석"이다.

4. 오천 명을 먹이심 막 6:30-44

우리는 여기서 텍스트가 전달하는 명백한 정보에 대한 마이어스의 단호함을 본다.22 "제자들은 예수께 두 차례나 무리의 굶주림을 해결하는 방법은 '사 먹게' 하는 것이라고 건의한다.… 그러나 예수의 해법은 지배적인 경제 질서에 동참하는 것과 거리가 멀다. 대신에 예수는 가능한 자원을 이용하신다. 그는 소비자를 그룹으로 나눈 후 감사하시고 수중에 있는 것을 나누신다.… 이곳에 나타난 유일한 기적은 소비자 공동체 내의 나눔의 경제학이 익명의 시장의 자율적 소비 경제를 이겼다는 것이다." 이 책 408-9쪽 메리 데니스 Marie Dennis 23는 다음과 같이 말한다. "나는 예수께서 반대하신 대부 제도와 정결법 및 빈들에 대한 체드의 설명을 오늘날의 정치-경제적 연구에 이용했다. 무리를 먹이신 첫 번째 기사6:30 이하에 대한 체드의 주석에 분명히 나타나는 '배부름'의 대안적 세계 경제에 대한 비전은 나의 작업 -무엇보다도 희년의 채무면제의 일부로서 세계적 경제 정의 연구- 에 큰 도움이 되었다." 윌 오브라이언O'Brien **24**도 유사한 주제에 대해 언급한다. "체드의 은사 가운데 하나는 복음서를 히브리 성경과 이스라엘 백성에 대한 광범위한 내러티브와 전승에 철저히 뿌리내리게 한 능력이다. 예를 들면 안식일의 경제학과 희년의 전승이 어떻게 예수께서 선포한 하나님의 통치의 배경이 되는지에 대한 체드의 설명은 나에게 많은 영향을 미쳤다."

5. 예수와 아이들

여기서 마이어스는 오늘날 정신분석학을 광범위하게 이용하여 현대적 정신 장애를 통한 고대의 정신 장애를 찾아낸다. "우리는 복음서 어디에서 아이들을 만나는가? 그것은 전적으로 압제적 상황을 통해서다."이책 507-8쪽 마이어스는 스위스의 철학자이자 심리분석가인 알리스 밀러Allice MIller의 말을 인용한다. 그는 "누구든지 하나님의 나라를 어린아이와 같이 받들지 않는 자는 결단코 그곳에 들어가지 못하리라"는 말씀을 밀러의 관점에서 해석한다. "구조적 불의를 밝히려는 급진적 실천의 한 부분으로서 비폭력은 가정으로부터 시작되어야 한다.… 새로운 사회 질서는 압제의 근원을 처리하지 않는 한 형성될 수 없다."이책 510-11쪽 그러나 사람들은 자신의 세계를 형성하던 어린 시절의 원치 않는 상황을 어쩔 수 없이 반복한다. 크리스토퍼 롤랜드Christopher Rowland는 이 분석의 통렬함에 대해 언급한다. "『강한 자 결박하기』에는 내가 좋아하는 글이 많지만, 존재론적으로나 지적으로 아직까지 나의 뇌리에 박혀 있는 구절은 마가복음 10장의 예수와 어린아이들에 대한 설명이다. 예수의 제자들은 어른들이 자신의 압제 받은 과거를 바꾸기 위해 어린아이를 우선해야 한다는 사실을 배워야 한다. 바르트가 로마서 주석 서론에서 언급한 것처럼 본질적 지혜를 이해하고 설명할 수 있을 때까지 텍스트와 씨름해야 한다."

6. 과부의 헌금막 12:38-44

마이어스는 예수와 성전에 있던 일련의 부류와의 교류의 절정에 대해 다음과 같이 진술한다. "그는 마침내 사회적, 정치적 대적을 침묵시켰으며, 이 일은 그들의 본거지인 성전에서 이루어졌다. 다시 말하면 예수는 '강한 자를 결박'하고 그들의 세간을 강탈한 것으로 보인다."[318] 이어서 예수께서 헌금함을 대하여 앉았을 때 "여러 부자는 많이 넣는데 한 가난한 과부는 와서 두 렙돈 곧 한 고드란트를 넣는지라"막 12:41b-42라는 대조적인 구절이 제시된다. 마이어스는 이 에피소드의 의미를 이렇게 요약한다. "성전은 여자에게서 생계 수단을 박탈했다. 서기관들과 마찬가지로, 성전은 더 이상 과부를 보호하는 것이 아니라 착취한 것이다."이책 591-2쪽 이 주석은 무엇보다도 켄 세헤스테드 Ken Sehested **25**에게 충격을 주었다. "오늘날에도 회자되고 있는 '과부의 헌금'에 대한 이야기막 12:41-44는 대체로 온전한 헌신과 자기 희생의 표본으로 알려진다. 체드는 이런 해석이 어떻게 잘못되었으며 어떻게 여자를 소외시키고 있는지, 그리고 이런 해석이 어떻게 주류 신앙과 일상적 약탈 행위의 부정한 결합에 대한 더욱 통렬한 비판을 외면하는지 보여준다."

그들이 예수께 그 지방에서 떠나시기를 간구하더라막 5:17

체드 마이어스는 독자가 예수 이야기의 상황뿐만 아니라 그 이야기를 읽는 자신의 상황도 고려할 것을 촉구한다. 아마도 마이어스의 마가복음 해석을 가장 존중하고 지지하며 가장 많은 영향과 도전을 받은 자는 자신을 교회의 급진적 분파로 불리는 대중 운동을 하는 자로 생각하는 사람들일 것이다. 다음의 사색은 마이어스의 주석이 가장 많은 영감을 주고 열매를 맺은 상황을 보여주는 사례들이다.

엘리자베스 맥알리스터Elizabeth McAlister 26)는 감옥에서 『강한 자 결박하기』를 읽은 경험에 대해 언급한다. "체드는 1976년 요나의 집 공동체Jonah House Community와 함께 3개월간 훈련했다. 그는 당시에또는 직후에 『강한 자 결박하기』를 집필하기 시작했다. 그는 우리 공동체에 초안을 보냈으며 우리는 체드의 자료로 마가복음 연구를 시작했다. 이 작업은 적어도 3년간 이어졌다. 우리는 그 기간 중 매주 모여 연구했으며 그의 자료는 백성을 압제하는 모든 제도에 대한 그리스도의 저항27)을 볼 수 있는 눈을 열어주었다.또한 우리는 가정을 포함한 모든 제도에 대해 새롭게, 더욱 깊이 이해하게 되었다 나는 당시 웨스트 버지니아 앨더슨Alderson의 감옥에 있었다. 나는 뉴욕주 롬 그리피스 공군 기지에 있는 B-52 폭격기를 없애려 한 행위로 갇혔다. 요나의 집 공동체는 나에게 초안을 보냈으며 나는 무엇보다도 그리피스 사건에 함께 했던 자들과 미국 제국에 항거한 자들인 그곳의 여자 수감원들과 함께 자료를 읽고 연구했다. 우리가 복음서를 받는 지형은 중요하다. 체드는 우리의 감옥생활이 거룩하며 복음서로 말미암은 결과임을 깨닫게 했다. 나는 그보다 나은 선물을 생각할 수 없다."

이 지형에 대한 주제는 카지 여호수아Kazi Joshua에 의해 강조되었다.28) "내가 『강한 자 결박하기』를 통해 체드 마이어스의 사역을 처음 접한 것은 1990년대 초였다. 마가복음 내러티브의 지형에 대한 체드의 관심은 교육자, 목회자, 조직자로서 나에게 큰 영향을 미쳤다. 체드는 가장자리로부터 중심으로의 이동이 중요하며, 따라서 신실한 제자도와 사회 정의에 헌신한 공동체에서 텍스트를 읽을 때 독자의 특정 위치지리적, 사회적에 관심을 기울여야 한다는 사실을 보여준다. 제임스 퍼킨슨James Perkinson 29)은 마가복음 1:2-3에 대한 체드의 설명을 지형의 핵심에 해당하는 일종의 '충격요법'이라고 묘사한다. 앞으로 올 자는 성전이 아니라 식민지화 된 팔레스타인의 광야 주변에 나타나실 것이다."

마이어스의 책은 스티브 테일러Steve Taylor 30)에게 깊은 떨림을 주었다. 90년대 후반, 나는 지인으로부터 『강한 자 결박하기』라는 책을 받았다. 당시 나는 미공군 특수부대 소속 병사라는 신분과 '원수를 사랑하라'는 요구를 받는 그리스도인의 신분 사이에서 갈등하기 시작했다. 물론 나는 위험한 일을 했다. 나는 책을 들고 읽기 시작했으며 전례 없는 방식으로 생각하기 시작했다. 체드의 책은 근본적으로 나를 새로운 영역과 새로운 가능성으로 인도했다. 문학적으로는 체드의 역사적 상황화와 오늘날 세상에 적용한 그의 성경 해석과 성령의 지속적 사역을 통해 나는 참으로 새로운 안목을 가지게 되었으며, 보다 깊은 신앙의 세계로 들어갔다. 나는 얼마 있지 않아 다리 밑에서 고아와 함께하고, 난민 수용소에서 전쟁으로 폐허가 된 사람들과 함께하며, 주일학교에서 내가 그처럼 확신하는 진리를 함께 나누었다. 또한 지금까지 했던 일 가운데 가장 힘든 일이었지만, 나는 이 새로운 관점이 전쟁을 수행하는 자의 삶과 일치할 수 없음을 알았다. 따라서 나는 성인으로서 나의 삶의 대부분을 보내었던 군대를 떠났다.

"체드는 마가복음의 말씀을 열 때 예수의 삶도 열었다. 그는 이야기에 새로운 반향과 긴급성을 불어넣었다. 내가 이 책으로 가르칠 때, 1세기의 정치적 경제적 관계적 긴장이 우리 사회와 교회에 스며들면서 나는 다음과 같은 말을 들을 수 있었다. '이것은 나의 삶을 완전히 바꾸었다. 나는 왜 이전에 이런 가르침을 듣지 못했는가?' 평생 교회를 다닌 나이 많은 사람들이 강의가 끝난 후, 또는 학기를 마친 후 눈물을 흘리며 찾아오기도 했다. 나는 '무엇인가가 더 있다는 생각이 든 순간, 내가 미치지 않았다는 것을 알았습니다'라는 한 부인의 고백을 기억한다. 단순한 정신적 양식 이상의 것, 한 번도 숨을 쉬거나 싸우거나 울거나 제국과 대립해본 적이 없는 상징적iconic 예수 이상의 무엇이 있다는 것이다. 그때나 지금이나, 담대히 불의에 도전하고 아무도 기억해주지 않는 사람들을 품는 희생적 사랑이 존재한다.31) 『강한 자 결박하기』는 나의 삶을 바꾸었다. 이 책은 지금도 계속해서 많은 사람을 바꾸고 있다. 우리는 자신의 문화적 신화와 불신의 목소리를 결박함으로써 마침내 자유를 얻을 수 있다."

매튜 콜웰Matthew Colwell 32)은 이 화제의 책을 통해 자신의 사회적 위치와, 그것을 바꿔야 할 필요성을 발견한 이야기를 들려준다. "체드의 '사회-정치적 해석'은 마가복음을 살아 숨 쉬게 하고 노래하게 했으며 나를 붙들어 제자도 내러티브 속으로 끌어들임으로써 결국 핵심적인 질문에 이르게 했다. 나는 이야기 속으로 직접 뛰어들 것인가, 아니면 이 이야기를 책 속에 그대로 남겨둘 것인가? 나는 유대인으로부터 이방인 영역으로 향하는 사회적 언급의 '다른 면'을 보았다. 나는 이곳 로스앤젤레스의 변두리로 내가 그들과 함께 하는 여정을 통해 가난한 자와 압제당하는 자와 함께 하시는 그리스도를 발견해야 한다. 그리스도께서 부자 청년에게 촉구하신 말씀은 나를 향한 말씀이 되었다. '한 덩어리'를 품으라는 도전은 나에게 포괄적인 다문화 교회에 대한 비전으로 주어졌다. 맹인을 치유한 기사는 세상의 불의와 폭력과 가난을 보는 눈을 뜨게 하는 이야기이자 더욱 정의롭고 평화로운 세상을 향한 싸움에 동참하는 제자가 되라는 부르심이었다."

미국 남부 사회는 체드 마이어스의 책이 도전과 확신을 준 또 하나의 상황이다. 에드 로링Ed Loring 33)은 다음과 같이 기록한다. "열린 문 공동체Open Door Community에 속한 우리의 대부분에게 『강한 자 결박하기』는 없어서는 안 될 중요한 교재이다. 1990년 무렵, 우리는 남아프리카와 라틴 아메리카의 해방신학에 결정적인 영향을 받아 제자 공동체를 형성했다. 그러나 역사적으로 백인 남성 우월주의라는 악한 유산이 남아 있는 이곳의 혼합인종 공동체에서 우리는 우리-압제자와 압제당하는 자 모두-의 정치적 자유에 은혜로운 초점을 맞추어줄 수 있는 북아메리카의 해방신학을 간절히 원했다. 체드 마이어스의 『강한 자 결박하기』는 거룩한 자의 명령이 확실하다. 이 책에는 해석학, 교육학, 급진적 제자도의 삶과 행위를 위한 급진적 학문이 담겨 있다. 또한 이 책에는 아직도 압제가 '바람과 같이 사라지지' 않은 옛 남부에서 우리의 사역을 위한 성경적 믿음과 갱신과 심오한 신학적 통찰력을 위한 도움의 손길이 있다. 마틴 루터 킹도 열린 문 공동체에서 신앙과 정치적 행위에 대해 연설한 적이 있다. 마이어스는 하나님이 가난한 자, 사형수, 여자, 동성애자를 통해 권력에게 진실을 말씀하시는 공동체에서 함께하는 삶을 포함하지 않는 리더십 모델과 여성 문제를 중심으로 킹의 말을 바로 잡는다. 『강한 자 결박하기』는 우리를 십자가에 달려 돌아가시고 부활하신 예수께로, 인자에게로, 길거리로, 감옥으로, 다리 아래로 이끈다. 이 책은 우리 가운데 계신 성령께서 하나님이 사랑하시는 천상 공동체를 이 땅에서 구축하기 위해 사용하시는 도구이다."

레이 가스톤Ray Gaston **34)**에게 결정적 상황은 비폭력적 직접 행동이었다. 『강한 자 결박하기』는 무엇보다도 9/11 이후 제국에 대한 저항과 '테러와의 전쟁'에 대한 대응, 그리고 비폭력적 관점에서의 복음서 이해를 형성하는데 중요한 기여를 했다. 이 책은 당시 나의 기독교 공동체All Hallows Leeds가 2001년 이후 소위 '테러와의 전쟁'에 대한 군사적 비폭력을 주장하도록 영향을 미쳤다. 마가의 공동체가 예수의 요구를 비폭력적 직접 행동에 대한 촉구로 보았으나 한편으로는 대적을 악하게 묘사하는 것에 대해 반대하고 저항의 역사적 효력에 부정적이었다는 관점은 두 가지 의미를 가진다. 하나는 교회 공동체로서 우리가 아프가니스탄 전쟁에 대한 공적인 저항에서 경험한 소외와 공동체 안에 조성된 분열에 대해 보여준다는 것이며, 또 하나는 이라크 전쟁에 대한 저항이 실패했다는 점에서 '지속적'이라는 것이다. 이라크 침공 이후 내가 공동체에게 반전 운동을 촉구한 것은 예수 그리스도께서 촉구하신 특정 저항에 대한 체드의 '혁명적 인내'라는 관점에서의 해석에 많은 영향을 받았다." 빌 윌리 켈러만Bill Wylie-Kellermann **35**은 유사한 상황에 대해 언급한다. "넓은 의미에서, 미국이라는 제국과 세계 경제가 흔들리고 있는 이 시대만큼 제국이라는 이슈에 대한 마가복음의 끊임없는 관심이 시의적절한 때도 없다. 이러한 관심의 이면에는 예수께서 치유와 귀신을 쫓아내는 일로부터 성전의 돈 바꾸는 곳에서의 직접적인 행동에 이르기까지 모든 비폭력적 행동에 나타난 엄격함을 찾아볼 수 있다. 『강한 자 결박하기』는 비폭력적 행위와 저항에 대한 나의 책을 크게 바꾸어 놓았다."

마티 콜만Marty Coleman **36**에게 이 여정은 파사데나Pasadena로부터 중앙아메리카로 이어진다. "체드는 1989년 1월 파사데나의 올 세인츠All Saints 교회에서 평화와 정의 사역부Peace and Justce Ministries 일을 시작한 나에게 『강한 자 결박하기』라는 책 한 권을 주었다. 그것은 특별한 회중을 위한 엄청난 과제를 안겨주었다. 나는 1장 '마가복음 해석의 현장과 전략'A Reading Site and Strategy for Mark을 다 읽기도 전에 전통적 성경 해석의 모순과 나를 그토록 혼란에 빠트렸던 실체realidad에 대한 새로운 눈이 열렸음을 알았다. 체드가 해석의 현장으로서 제국locus imperium에 대해 언급할 때 그가 수집한 모든 것은 전적으로 나를 위한 것이 되었으며, 이어서 '평화와 정의 사역부'의 모든 지체와 수많은 모임을 위한 것이 되었다. '북아메리카의 백인 그리스도인, 특히 우리 가운데 사회 특권층은 마가복음을 읽는 현장이 제국이라는 사실locus imperium을 알아야 한다.… 제국이라는 용어에 담긴 돌이킬 수 없는 의미는 변방에 대한 중심의 지정학적 지배이다.… 변방의 사람들은 중심에 있는 우리가 보지 못하는 것을 더 많이 보는 눈을 가지고 있다는 것은 사실이다. 그러나 이것은 우리가 마가복음을 읽고 그것에 반응하며…변방 사람들의 관점에 귀를 기울여야 할 책임에서 벗어나게 해주지 않는다.…'이책 91-3쪽 따라서 나는 사람들을 안락한 지대로부터 인도하여 주변의 목소리에 귀를 기울이게 하겠다는 결심을 시작했다. 우리가 엘살바도르, 에콰도르, 과테말라, 아구아 베르데멕시코, 로스앤젤레스 동부, 북서 파사데나로 가서 노동자들을 만났을 때 우리의 삶에는 큰 변화가 있었으며 새로운 사역이 시작되었다. 주변에 귀를 기울이고 제국의 유혹을 인식함으로써 나의 올 세인츠 사역은 전적으로 바뀌었으며 새로운 제자도의 핵심에 근본적인 영향을 미쳤다."

카터 에콜스Carter Echols **37**에게 이 상황은 현실에 안주하고 있는 주류 회중에게 큰 도전이 되었다. "나는 오늘날 주류 개신교가 직면한 가장 큰 도전은 우리의 사역에 대한 명확한 이유의 부족이라고 확신한다. 『강한 자 결박하기』는 우리를 핵심적인 목적으로 인도했으며, 다양한 제도권 교회의 혼란을 제거하고 진정한 정체성을 되찾아 주는 탁월한 도구이다. 『강한 자 결박하기』는 예수를 따르는 '구도자'에게 활력을 주고, 전통적 그리스도인으로 하여금 진정한 신앙적 유산은 새로운 사회 질서와의 연결임을 깨닫도록 돕는다."

한 가지 부족한 것이 있으니막 10:21

『강한 자 결박하기』와 나의 첫 번째 만남은 극적이지 않았다. 나는 당시 영국 노포크Norfolk의 가톨릭 국립 성지Roman Catholic National Shrine of Our Lady of Walsingham를 방문 중이었다. 이곳은 "영국의 나사렛"으로 잘 알려진 곳이다. 나는 서점을 돌아보다가 『강한 자 결박하기』를 발견했다. 이 책은 즉시 내가 가장 자주 찾는 주석이 되었다. 나는 서품을 받는 모든 사람에게 이 책을 선물로 주었다. 존 하워드 요더와 스탠리 하우어워스가 나의 신학에 영향을 미쳤다면 체드 마이어스는 나의 주석에 영향을 미쳤다. 다시 말하면, 하워러스와 요더는 나에게 교리와 정의는 신학적 양자택일이 아니며, 세상에서 가장 해방적인 요소는 예수 그리스도이며, 그리스도의 인성을 무시하는 선택적 영지주의를 피하는 유일한 길은 교회의 갱신을 믿고 사랑하며 기대하는 것이며, 복음서를 연구하는 유일한 방법은 내장을 해부하는 것이 아니라 말씀의 궤적을 따라 사는 삶이라는 사실을 확신하게 했다는 것이다. 반면에 마이어스는 나에게 복음서를 어떻게 해석하고, 숨어 있는 신비는 어디서 찾으며, 역사적 학문과 문학적 학문은 어떻게 종합하며, 제자도의 형식과 기도에 대한 학문적 연구는 어떻게 이루어지는지에 대해 보여주었다. 나는 지금까지 하워러스와 요더가 나에게 영감을 준 내용으로 책을 저술해온 것처럼, 『권력과 수난』 *Power and Passion*이라는 책 속에 체드 마이어스가 영감을 준 내용을 실었다.

나는 사회적 갱신을 추구하고 있는 분노에 찬 250명의 이웃이 모인 공적인 자리에서, 교회의 전통적 방식을 넘어서는 하나님 나라에 대한 마이어스의 말에 영감을 받아 가난에 대해 연설했던 순간을 생생히 기억한다. 모임을 주도했던 한 지역주민은 나중에 "당신이 주일날에도 그런 설교를 한다면 나는 당신 교회에 출석하겠습니다"라고 말했다. 나는 "나는 그렇게 하겠지만 당신은 굳이 그럴 필요가 없습니다"라고 말하고 싶은 충동을 억지로 눌렀다. 대신에 체드 마이어스가 나에게 보여준 것을 보여주려 했다. 내가 그 주민과 함께한다면 결코 성공할 수 없을 것이다. 그러나 나는 예수께서 이런 사람들로 둘러싸여 있었으며 지금도 그럴 것이라고 믿는다. 그때나 지금이나 예수는 나보다 더 곤혹스러워했을 것이다. 또한 마이어스는 우리에게 그런 자를 귀하게 여기시는 예수를 보여준다.

끝으로, 테드 리돈 하텐은 이렇게 말한다. "교회가 오늘날 세상이 예수 그리스도의 복음을 환영할 것이라는 오해에 사로잡혀 있다고 말한 사람은 윌리엄 스트링펠로우 William Stringfellow이다. 신학교에서 『강한 자 결박하기』를 읽은 후, 나는 스트링펠로우가 한 말의 의미를 알게 되었다. 나는 마이어스의 책을 읽기 전에는 길들인 복음만 들었다. 내가 듣고 자란 유순하고 따분한 복음은 결코 위협적이지 않았으며 매우 온화한 내용으로 받아들였다. 『강한 자 결박하기』는 당시나 지금이나 예수 그리스도의 복음은 내가 아는 것보다 훨씬 강력하고 위협적이라는 사실을 보는 눈을 열어주었다. 복음은 제국과 압제와 편안한 잠자리를 위협한다. 『강한 자 결박하기』는 자연주의자가 온실에서 재배하던 식물을 원래의 생태계로 되돌려줄 때 한 일을 나에게 했다. 그들은 그것을 생태계 복원또는 포획동물을 서식지로 돌려보냄이라고 부른다. 『강한 자 결박하기』는 길든 마가복음 이야기를 되돌려준다. 그것은 더 이상 자장가가 아니며 유순하지도 않다. 그것은 길들인 동물을 다시 야생으로 보내는 일이다. 나는 마이어스가 『강한 자 결박하기』에서 파괴하고 건설하는 두 가지 일을 해냈다고 평가한다. 해체와 구축을 동시에 진행하는 작업은 몹시 귀한 일이다. 마이어스가 그 일을 할 수 있었던 것은 마가가 그렇게 했기 때문이라고 생각한다. 나는 두 사람 모두 십자가에 못 박히신 그분을 따름으로써 이 거룩한 영역을 향한 길을 찾았다고 믿는다."

체드 마이어스는 『강한 자 결박하기』를 통해 교회를 회복하기 위한 야심찬 계획에 돌입했다. 그가 이 책을 쓸 당시 신학과 성경연구는 여전히 Jim Rice가 지적한 대로 대중적 신학자가 되기 위한 확실한 방법은 라인홀드 니버처럼 신학이 기존의 정치 세력의 균형에 동의하는 길을 모색하던 시대였다. 오늘날 대중적 신학은 제국에 대한 비판과 예수께서 어떻게 포로를 되돌리셨는지에 가장 역동적인 초점을 맞추고 있으며, 신학의 사회적 현장은 권력의 우편에서 광야와 예루살렘의 황폐한 곳들사 52:9로 옮겼다. 이런 전환에 마이어스와 『강한 자 결박하기』보다 많은 영향을 끼친 저자나 책은 없다.

후주

나는 이 머리말에서 체드 마이어스와 그의 책을 통해 영향을 받고 고민하며 변화를 경험한 수많은 학자, 행동주의자, 목회자 및 제자들의 말을 들려주고자 했다. 나는 60명 정도에게 편지를 썼으며 많은 사람으로부터 답장을 받았다. 나는 이곳에 그들의 대답을 실었다. 이 모든 과정에 리베카 에크룬드 Rebekah Eklund의 사려 깊은 관심과 통찰력과 지혜가 큰 힘이 되었다.

1. Dr. Christopher Rowland is the Dean Ireland Professor of the Exegesis of Holy Scripture at the Queen's College, University of Oxford.
2. Dr. Osvaldo Vena는 시카고의 Garrett-Evangelical Theological Seminary에서 신약학 조교수로 섬기고 있다.
3. Jim Rice는 Sojourners magazine의 편집자이다.
4. The Rt. Rev. Peter B. Price는 Bath and Wells, Church of England의 주교다.
5. Wes Howard-Brook는 워싱턴의 시애틀에 있는 the Intercommunity Peace and Justice Center에서 사역하는 교육자이다.
6. 성공회 사제이자 저자인 Neil Elliott 박사는 학자이자 행동주의자인 체드 마이어스의 책에서 같은 성향을 발견한다. "1991년, 사람들은 잡지 '소저너스'(Sojourners) 발간 20주년을 기념하기 위해 체드 마이어스의 워크숍을 포함한 전국적 모임을 개최했다.… 성경 학문과 행동주의에 모두 정통한 그는 자신의 삶의 부분들인 영적 훈련에 대한 분리를 단호히 거부했다."
7. 시카고의 루터 신학교 신약학 교수인 David Rhoads 박사 역시 『강한 자 결박하기』의 이런 점에 초점을 맞춘다. "확실히 이 책은 사회과학을 주석에 적용하고 식민지 이후 연구를 활용했으며 마가복음과 로마-유대 전쟁의 관계에 대해 탐구한 선구적 저서로, 마가복음 연구에 대한 매우 신선한 접근이다."
8. Dr. Ulrich Duchrow is Professor of Theology at the University of Heidelberg, Germany.
9. The Rev. Dr. John Hirt is minister of the Ultimo Uniting Church and the Uniting Church Chaplain at the University of Sydney in Australia.
10. 설교자이자 교사이며 작가인 Brian K. Blount는 유니온 신학교 교수이다.

11. Old Testament scholar Dr. Norman Gottwald는 Biblical Studies at New York Theological Seminary의 성경학 명예교수다.
12. Maryknoll MIssion Institue의 책임자인 Maria A. Homberg는 체드 마이어스의 마가복음 워크숍에 참석한 자들의 언급을 통해 복음서를 오늘날 주제에 적용한 사실에 대해 지적한다. “그는 복음서 기사를 오늘날 사회적 현상과 연결했다.” “그는 오늘날 삶의 정황에 생명을 불어넣었다.”
13. Father John Dear, S.J.는 저자, 강사, 평화주의자다.
14. 행동주의자 Shane Claiborne는 필라델피아에 소재한 Simple Way 공동체의 창립 멤버이다.
15. Activist Jeff Dietrich는 Los Angeles Catholic Worker community의 오랜 회원이다.
16. Brother Mark McVann, F.S.C는 Saint Mary's College of California의 종교학 교수다.
17. 예를 들면, 디트로이트의 에큐메니칼 신학교 윤리학 및 조직신학 부교수인 James W. Perkinson은 특정 텍스트에 대한 마이어스의 주석을 이용하여 학생들에게 도전한다. “마가복음 10장에서 부자 청년에게 제시된 명령의 목록 가운데 어울리지 않게 포함된 ‘속여 빼앗지 말라’에 대한 체드의 해석은 지금까지 많은 학생의 다양한 질문을 끌어내는 ‘놀라운 수수께끼’의 역할을 하고 있다.”
18. Father Brendon Byrne S. J.은 호주의 예수회 신학교 신약학 교수이자 마이어스의 주석 방법으로 학생들의 복음서 해석에 영향을 미치려는 사람 가운데 하나다. “나는 마가복음 과정의 중간 지점에서 학생들에게 『강한 자 결박하기』를 소개함으로써 그들이 들은 것의 해석학적 함축에 대해 근본적으로 생각해보게 했다. 이 책은 그들의 상상력에 불을 지피고 자극을 주는 최상의 자료다.”
19. The Rev. Dr. Vern Ratzlaff는 캐나다의 Saskatoon, Saskatchewan, Canada에 있는 메노나이트 목회자다.
20. 예술가이자 목회자인 Ted Lyddon Hatten은 아이오와주 Des Moines에 있는 Drake University의 웨슬리 제단 이사장이다.
21. Silvia Regina de Lima는 코스타리카에서 신약성경 교수이자 신학자로 사역하고 있다.
22. Ted Lyddon Hatten은 “체드는 나에게 세부적인 내용에 귀를 기울인 후 분명한 질문을 던짐으로써 이야기를 존중하는 법을 가르쳤다”는 고백을 통해 마이어스의 책의 이러한 일면에 대해 지적한다.
23. Marie Dennis는 Maryknoll Office for Global Concerns 책임자다.
24. The Other Side magazine의 전직 편집자인 Will O'Brien은 필라델피아의 Alternative Semi-

nary에서 협력 사역 중이다.

25. Rev. Ken Sehested는 Baptist Peace Fellowship of North America에서 가르쳤으며, 현재 Circle of Mercy church in Asheville, North Carolina에서 협력 목사로 섬기고 있다.

26. 평화운동가 Elizabeth McAlister는 메릴랜드주 볼티모어에 있는 the Jonah House Community의 공동 설립자다.

27. 마이어스의 책에 나타난 저항이라는 주제는 많은 사람의 가슴 깊이 와 닿았다. 뉴욕 오번(Auburn) 신학교의 성경해석학 교수인 월터 윙크(Walter Wink) 박사는 "나는 마이어스의 책이 북아메리카의 저항 교회 시대의 도래를 알리는 일종의 대륙 분수계이자 신학적 르네상스의 선구자로 생각한다"고 말한다.

28. Rev. Kazi Joshua는 시카고에서 목회자, 공동체 설립자, 교육자로 섬기고 있다.

29. Dr. James W. Perkinson는 Ecumenical Theological Seminary in Detroit에서 사회윤리학 조교수로 섬기고 있다.

30. Steve Taylor는 North Carolina Conference of the United Methodist Church의 선교국장이다.

31. 캐나다 Scarboro MIssions의 책임자였던 Father Gerald Crry, S.F.M.에게도 예수에 대한 마이어스의 서술은 중요한 의미를 가진다. "체드 마이어스의 주석 『강한 자 결박하기』는 마가복음과 마가복음에 제시된 예수에 대해 새로운 방식으로 깨닫도록 도와주었다. 나는 자신의 운명과 삶과 싸우신 인간 예수… 당시의 문화와 종교에 도전한 긍휼이 풍성하신 예수에 대해 처음 깨달았다."

32. Rev. Matthew Colwell은 Pasadena, California에서 장로교 목사로 섬기고 있다.

33. Eduard-The-Agitator Loring은 Open Door Community in Atlanta, Georgia의 설립자다.

34. Rev. Ray Gaston은 Leeds, United Kingdom의 국교회 목회자이자 사회 행동주의자다..

35. Rev. Bill Wylie-Kellermann은 Graduate Theological Urban Studies for the Seminary Consortium for Urban Pastoral Education of Chicago에서 가르쳤으며, 지금은 Episcopal Church in Detroit의 목회자로 섬기고 있다.

36. Marty Coleman은 Pasadena, California에 있는 감독교회에서 평화와 정의를 위한 행동주의자로 섬기고 있다.

37. 참사회원인 Canon R. Carter Echols는 Newark 감독교구의 Ordinary and Congregational Development Director다.

감사의 글

마가복음은 제자 공동체에 주어진, 또한 그들을 위해 기록된 책이다. 이 책도 마찬가지다. 이 책은 새 사람, 그리스도인으로서 새로운 인간의 삶을 꿈꾸며 구현하기를 애쓰는 나라 안팎의 형제자매와 십 년 동안 함께 생활하고 연합하며 활동하는 실제적 삶을 통해 우러나온 상상이 아니라 실천적 사색이다. 시작은 캘리포니아 버클리의 공동체에서 보낸 8년간의 생활이 발판이 되었다. 공동체의 이름은 마가복음에 나오는 맹인 거지-제자의 이름인 바디매오에서 따왔다. 『강한 자 결박하기』의 원자료는 먼저 그곳에서의 교육과 설교를 통해 검증을 받았다. 이어서 다른 공동체를 통해 검증을 받았다. 이런 현장들은 가장 중요한 도가니로 남아 있다.

이 연구를 위한 대부분의 주석과 방법론은 원래 연합신학대학원Graduate Theological Union의 석사 논문을 위한 것이었다. 대학원생은 조언과 격려를 위해 교수들을 찾았다. 당시 교수로는 나에게 신학을 가르친 제임스 맥클랜던James McClendon, 성경에 대한 문학적 비평을 소개해 준 윌리엄 헤르조그William Herzog, 여러 세대의 급진적 제자들에게 마가복음을 신실하게 가르친 아돌 길Athol Gill, 무엇보다도 사회-정치학적 해석 분야의 선구자이자 대중 신학자의 모델이며 이 논문의 핵심 후원자인 노만 가트월드가 있다. 그럼에도 불구하고 이 책의 주석이나 판단에 오류가 있다면 그 책임은 전적으로 나에게 있다.

이 원고는 내가 버클리를 떠난 후 두 대륙을 거치며 3년 동안 다듬어졌다.

이 기간은 나에게 순례, 사색, 자기 분석, 그리고 치유의 시간이었다. 융Jung의 말처럼 "온전함에 이르는 바른 길은 치명적 우회로와 잘못된 모퉁이로 형성된다." 여러 공동체가 따뜻한 환대와 지원으로 그 길을 도왔다. 미국 동부 해안에 워싱턴 체류자들과 볼티모어의 요나의 집과 뉴헤이번의 '언약 평화 공동체'Covenant Peace Community가 모였다. 호주의 동부 해안에는 멜버른의 '온순한 버닙의 집'House of the Gentle Bunyip과 시드니의 '아발론 침례 평화기념교회' Avalon Baptist Peace Memorial Church, 브리스번의 자유의 집House of Freedom이 모였다. 저술 작업의 상당 부분은 나의 부모와 스펄젼 가족으로부터 많은 정서적, 재정적 지원을 받았던 남부 캘리포니아에서 이루어졌다.

태평양의 많은 섬사람은 자신도 알지 못하는 사이에 이 책에 등장한다. 쥴리안Julian, 달린Darlene, 로만Roman, 힐다Hilda, 벨레파네 목사Rev. Welepane, 특히 카보칼Kabokal이라는 노인은-다시는 이 책을 읽을 기회가 없겠지만- 1985년 수난주간 밀림의 밤을 뜨겁게 달구었던 그의 말은 지금도 나의 뇌리에 깊이 남아 있다. 그 외에도 세상의 정의와 평화를 위해 싸우며 복음을 신실하게 따르기 위해 최선을 다하는 많은 사람이 이 책의 가치에 이바지했다. 사랑의 교제를 나누었던 많은 사람의 얼굴이 스쳐 지나간다. John과 Carol, Sandy, Jeanette, Libby, George와 Jocelyn, Chris, Skip과 Margarret, Katy와 Dean, Dan, Bill과 Jeanie, Jim과 Joyce, Danny, Gene와 Faith, Richard, Neil과 Denise, Scott, Bob과 Janet, Giff, Jim과 Shelly, 태평양과 대서양 공동체에서 함께 한 친구들…. 무엇보다 이 모든 여정에 동행했던 매기Maggi에게 감사를 드린다.

비록 그대의 입술은 이제
그 모든 기쁨과 고통을
기억하지 못할지라도…
꿈이라도 꾸시게

꿈꾸는 자여.…

피터 캠벨 Peter Campbell

해방은 말로 하는 것이 아니다. 이 연구가 해석이나 영감을 제공한다면 그것은 전적으로 골리앗 제국에 맞서 증거하다 옥살이 중인 비폭력적 저항자들 때문이다. "우리가 원하는 것은 다가오는 폭풍의 진로를 바꾸는 바람이 되는 것이다." 버나드 나로코비 Benard Narakobi

나는 『강한 자 결박하기』를 날씨가 몹시 추웠던 1976년 감사절 아침 펜타곤에서 나와 함께 했던 세 사람에게 바친다. 당시는 내가 두 번째로 제자로 부르심을 받은 때이다. 그들은 나를 도와주었으며 지금도 돕고 있다. 우리는 빈부격차, 영구적 전쟁 경제, 제도화된 인종 차별, 그리고 제국주의 미국의 실체를 드러낸 현실적 교리문답에 대해 머리를 맞대었다.

나는 이 책을 이 시대의 묵시적 급진주의의 의미를 알려준 필립 베리건Phil Berrigan과 엘리자베스 맥알리스터Liz Mcallister에게 헌정한다. 또한 나에게다른 사람들에게도 예수를 따르라고 권면하며, 베드로처럼 나 자신과 동료의 배신 앞에 낙심하여 울고 있을 때 언제나 그 자리에 있어 준 라도 시스Ladon Sheats에게 이 책을 바친다. 나는 이 모든 분에게 감사를 드린다. 그들의 제자도는 곧 나의 제자도를 판단하는 척도가 된다.

20주년 기념판 감사의 글

초판 감사의 글에서 책을 헌정한 세 사람 가운데 두 사람은 이미 세상을 떠나 구름같이 둘러싼 허다한 증인들 가운데 있다. 아내 일레인Elaine과 나는 2002년 1/3을 Guadalupe Catholic Worker에 있는 호스피스 공동체에서 보냈다. 나는 그곳에서 존경하는 멘토 라도 시스를 먼저 떠나보냈다. 그가 가자마자 필립 베리건 Phil Berrigan이 요나의 집에서 부름을 받았다. 이제 우리 곁에는 필립의 아내인 엘리자베스 맥알리스터만 변함없는 우정과 영감의 원천으로 남아 있다.

1988년 초판에서 감사를 표했던 다른 사람들도 우리 곁을 떠났다. 나의 신학교수였던 제임스 맥클랜던과 우리 운동의 대표적 지성이자 모범적 비폭력 실천가였던 짐 코빗Jim Corbett, 호주의 급진적 제자도 운동의 지도자이자 우리에게 큰 영향을 미쳤던 마가복음 학자 아돌 길Athol Gill, 같은 호주의 용감한 여전사 리비 래드클리프Libby Radcliffe와 자멧 리틀Jeanette Little, 마샬 군도에서 있었던 미국 핵실험의 피해자이자 격렬한 비판가인 달린 케주Darlene Keju, 급진적 성공회 저널리스트이자 용감한 여성인 캘러만Jeannie Wylie Kellermann도 그의 부르심에 "여기 있습니다"라고 대답했다.

반면에 이 책이 나오기 직전 몇 해 동안 태어난 여러 명의 자녀가 우리 모임에 들어와 어엿한 청년으로 성장했다. 버클리 공동체의 Amber, Tessa Baker, Sierra, Sydney, Jonathan Hirt와, 디트로이트 평화 공동체의 Lydia Lucy

Wylie Kellermnn, 요나의 집의 Frida Jerry Kate McAlister Berrgan이 그들이다.

나는 20주년 판 출간을 허락해준 오르비스 출판사의 로버츠 엘즈버그 Robert Ellsberg, 초판 서문을 써준 Danie Berrgank S.J, 새로운 서문을 써준 오베리 핸드릭스 Obery Hendricks, 새로운 머리말을 써준 샘 웰 Sam Wells, 이 책이 자신에게 어떤 영향을 미쳤는지 증언해준 많은 친구와 동료, 그리고 지난 2008년 5월, 성대한 20주년 기념 학회와 함께 출판 장학금을 제공해준 Duke Chaple에 깊은 감사의 말씀을 드린다. 무엇보다도 노스캐롤라이나 그린스보로의 Beloved Community Center의 넬슨 Nelson과 조이스 존슨 Joyce Johnson의 조언과 우정에 감사드린다.

초판에서도 인용했지만,

> 해방은 말로 하는 것이 아니다. 이 연구가 해석이나 영감을 제공한다면 그것은 전적으로 골리앗 제국에 맞서 증거하다 옥살이 중인 비폭력적 저항자들 때문이다. "우리가 원하는 것은 다가오는 폭풍의 진로를 바꾸는 바람이 되는 것이다." 버나드 나로코비 Benard Narakobi

제1부

텍스트와 콘텍스트

제1장

마가복음 해석의 현장과 전략

> 해석학의 생명은 의심하는 마음과 들으려는 의지다. 그러므로 우리는 한편으로는 엄정하고 정밀한 태도로, 다른 한편으로는 순종하는 마음으로 해석에 임해야 한다. 이 시대는 아직 우상에서 완전히 벗어나지 못했으며, 이제 겨우 상징에 귀 기울이기 시작했을 뿐이다.
>
> -폴 리쾨르(Paul Ricoer, 1970:27)

1984년, 미국 대통령 선거에서 로널드 레이건은 역사적 시점에 대한 자신의 유일한 해석"미국이 돌아왔다"고 하는을 반복했다. 그는 "미국은 활보하고 있는 중이다"라고 자화자찬했다. 현직 대통령의 선거전략은 단순했다. 그것은 순진한 국민과 언론에게 미국이 신의 가호를 받은 세계의 지배국이라는 헛된 망상을 꾸준히 주입하고, 그에 반대되는 사회적 정치적 증거들을 가차 없이 일축하는 것이었다. 레이건은 심각한 수준에 도달한 제국의 모순을 은폐하고 싶어 하는 상당수 유권자들의 심리적 성향을 다시 한번 확인하고, 이를 성공적으로 이용했다.

물론 대통령의 판단에 격렬히 반대하는 사람들도 있었다. 선거운동 기간 마지막 두 주 동안 그들 중 일부는 날마다 백악관 앞에 모여 강력하게 항의했다. 그들은 레이건처럼 은유와 상징을 사용했지만, 그들의 언어는 레이건의 언어와 완전히 달랐다. 일부 시위대는 백악관 건너편 라파예트 공원에 텐트촌을 세움으로써, 급증하는 미국 노숙자의 실상을 생생하게 보여주었다. 다른 사람들은 "빵 대신 폭탄"을 택한 행정부의 뻔뻔한 정책의 직간접적인 결과로 수백만 명이 굶주리고 있음을 상기시키기 위해 단식투쟁에 돌입했다. 날마다 백악관 마당에 들어가 현관에 피를 뿌린 후 무릎을 꿇고 기도하는 사람들도 있었다. 그들은 히브리서를 인용하여 남미로부터 남아프리카와 한국에 이르기까지 레이건의 정책에 희생당한 무죄한 자들의 피가 백악관의 하얀 기둥에서 소리 지르고 있다고 주장했다.

그러나 제국의 자부심과 신앙에 대한 교묘한 이미지로 도배한 대통령의 연설이 더 많은 지지를 끌어냈다. 그는 재임에 성공했고 반대자들은 소란을 일으킨 죄로 수감되었다. 그러나 1984년 선거 전야에 백악관 정원의 반대편에서 있었던 격렬한 메타포 논쟁은 이 책의 관심을 사로잡게 될 현상을 보여준다. 그것은 바로 "신화 전쟁"a war of myths이다.

복음서 기자인 마가 역시 동시대의 신화 전쟁에 뛰어들었다. 그는 복음서를 기록하고, 나사렛 예수와 그가 팔레스타인-로마 "권력"과 싸웠던 이야기를 다시 들려주었다. 오늘날 이 복음서에 대한 우리의 해석은, 지금도 계속되고 있는 신화 전쟁에 대해 우리가 어떤 해석학적 입장과 행동을 취할 것인가에 달려 있다.

1A. 정치적 해석의 필요성

1. 해석학적 순환

성경 텍스트에 대한 어떤 진지한 연구도 "해석학"에 대한 논의로부터 시작해야 한다. "해석학"이라는 용어는 전문적인 신학자와 철학자가 사용하는 대부분의 전문용어와 마찬가지로, 평신도 독자를 위축시킨다. 해석학은 무엇보다도 기록된 텍스트에 대한 해석의 기술또는 과학을 가리킨다. 폴 리쾨르Paul Ricoeur는 어떤 텍스트도 "스스로 말할 수 없다"고 주장한다. 텍스트는 언제나 취약하며, 자신의 목소리를 되살리기 위해 해석자에게 의존할 수밖에 없다는 것이다.

> 기록된 강화는 선포된 강화가 이해를 돕기 위해 사용하는 억양, 말투, 표정, 제스처와 같은 것으로는 다시 살릴 수 없다.… 따라서 저자의 신체적, 정신적 임재가 없는 한, 의미를 살릴 수 있는 것은 의미뿐이다. 그러나 의미가 의미를 구한다는 것은 해석만이 "해법"이 될 수 있다는 말이다.1977:320

마가복음처럼 해석자로부터 시간적, 공간적으로 멀리 떨어진 세계의 문화적 산물이라면, 텍스트는 더욱 취약할 수밖에 없다.

"해석학"hermeneutics의 어원은 텍스트의 취약성과 밀접한 관련이 있다. 헤르메스Hermes는 그리스 신화에서 "신들의 메신저"로 등장한다. 이 신의 이름으로부터 "해석자"라는 단어가 생겨났다는 것은 쉽게 알 수 있다. 그러나 한편으로 헤르메스는 발명과 교활함과 도둑질의 수호신이기도 하다.Kealy, 1982:236 이것이 해석자가 되려는 자에게 주는 교훈은 분명하다. "복원"이라는 이 중요한 작업이 자칫하면 강도질로 돌변할 수 있다는 것이다. 따라서 오늘날 해석학이 "의심"을 받는 데에는 그만한 이유가 있다.

역사비평에서 해석학적 의심이란, 텍스트와 해석자 사이에 비판적임계 거리critical distance 를 둔다는 의미다. 독자는 자신의 가정을 중단하고 텍스트의 세계와 목소리를 가능한 한 본문 자체의 언어적, 문화적, 역사적 용어를 통해 이해 하려고 한다. 문제는 사람들이 비판적 "거리두기"를 텍스트에 대한 객관적 평가를 위한 "분리"로 이해한다는 것이다. 그러나 해석자가 모든 선입견을 버리는 것은 가능하지도 않고 바람직하지도 않기 때문이다. 따라서 우리는 해석자가 텍스트에서 "의미"를 찾아내기 위해서는 그가 가진 성향과 사전지식의 사용이 불가피하다는 사실을 고려하여 "해석자를 해석"해야 한다. 이런 의심은 해석자의 사상뿐만 아니라 그들의 실제 세계에서의 사회적 지위 및 정치적 책임에도 적용할 수 있다.

이 복잡한 의심의 미로가 오늘날 해석학의 장이 되었다. 텍스트의 의미가 해석이 필요 없을 만큼 "명확"하다거나, 누군가가 아무런 편견 없이 해석을 한다는 주장은 더 이상 믿을 것이 못 된다. 해석학은 두 개의 전혀 다른 세계를 연결하려는 "번역자"로서 해석자가 가진 책임과 부담감을 진지하게 받아들인다. 그뿐만 아니라 해석은 텍스트와 독자 사이의 대화로서, 분리가 아니라 동참을 요구한다. 이 대화는 종종 "해석학적 순환"hermeneutic circle이라고 불린다. 우리가 처한 삶의 정황은 우리가 텍스트로 가져가려는 질문을 결정할 수밖에 없으며, 따라서 텍스트가 우리에게 말하려는 것과 의미에 지대한 영향을 미친다. 동시에 텍스트는 자신의 순수성을 유지한다. 따라서 우리는 자신과 텍스트에 의존하여 가능한 한 텍스트의 세계로 깊이 들어간다. 우리가 진지한 태도로 텍스트에 귀를 기울이기 위해서는 텍스트가 우리의 해석 방식 및 삶과 행위에 영향을 미칠 수 있게, 즉 텍스트가 우리를 해석할 수 있게 해야 한다. 콘텍스트로부터 텍스트로 들어갔다가 다시 콘텍스트로 나오는 과정이 끝날 때까지는 텍스트를 진정으로 해석했다고 할 수 없다. 이 과정의 상세한 내용에 대해서는 윙크W. Wink의 명확한 설명이 도움이 될 것이다.1973:19 이하

해석학적 신학은 다른 전통적 신학 담론의 많은 요소와 마찬가지로 해방신학의 도전을 받았다. "실천은 신학적 사색에 기초해야 한다"는 원리를 성경 해석학에 적용하면, 다소 다른 버전의 해석학적 순환으로 나타난다. 후안 루이스 세군도Juan Luis Segundo에 따르면 이러한 순환은 "헌신된 그리스도인의

실천"에 대한 우리의 경험이, 우리가 사는 세상을 형성하는 지배적 이데올로기와 사회 구조에 대한 비판적 인식으로 이어질 때 시작된다. 이런 인식은 지배적인 성경 해석 방식에 대한 의심으로 이어지며, 우리는 "근본적이고 풍성한 질문"을 텍스트로 가져간다. 이런 상호작용을 통해 우리는 성경에 대한 새로운 해석 작업에 돌입하게 된다.[1986:66]

이 장의 나머지 내용은 세군도의 해석학적 순환을 중심으로, 나의 해석학적 순환을 단계별로 간략하게 추적할 것이다. 이 순환은 나의 역사적 상황과 책임내가 말하는 "해석 현장," 아래 2, 3 참조에 대한 인식으로부터 시작된다. 이 현장에서 일어나는 핵심 관심사는 전통적인 성경 해석에서는 언급되지 않는다. 여기서 필요한 것은 보다 분명한 정치적 "해석 전략"이다.[1장 B 참조] 나는 이러한 해석 전략을 위한 기초에 대해 간단히 설명한 후[1장 C 및 D 참조] 필자의 대안적 "사회-문학적" 해석 방식에 대해 간략히 제시할 것이다.[1장 E 참조] 이어서 2장에서는 마가복음의 사회-역사적 현장에 대해 살펴봄으로써 텍스트에 대한 해석을 준비할 것이다. 물론 실제의 삶 속에서 이러한 순환은 역동적으로 이루어진다. 즉, 실천은 우리를 텍스트로 데려가고, 텍스트에 대한 해석은 우리를 실천으로 인도한다. 이 책은 이 과정의 모든 단계를 활성화하도록 도울 것이다.

2. 해석의 현장으로서의 제국

북아메리카의 백인 그리스도인, 특히 우리 가운데 있는 사회의 특권계층은 마가복음을 읽는 현장이 제국이라는 사실locus imperium을 알아야만 한다. "제국이나 제국주의라는 단어는 대부분의 현대 미국인의 생각과 마음에 결코 쉽게 받아들일 수 있는 용어가 아니다."[1981:viii]라는 역사학자 윌리엄스W. A.mWilliams의 말은 사실일지도 모른다. 그러나 이것은 "우리는 단지 제국의 역사, 제국의 윤리, 제국의 심리와의 대결을 시작했을 뿐이다."[앞의 책, xi]라는 윌리엄스 자신의 주장을 재확인한 것에 지나지 않는다.

인종이나 성 또는 신분에 있어서 제국의 "합법적 후계자들"-또는 우리와 정치적으로 함께 하는 대신 적어도 메트로폴리탄의 안락한 삶을 보장받은 자들- 은 이러한 사실을 직시하기가 쉽지 않다.

> 결국 20세기의 미국인은 18-19세기의 조상들이 제국을 좋아했던 것과 동일한 이유에서 제국을 좋아한다. 제국은 그들에게 새로운 기회와 부, 그리고 행복감과 권력 의식을 포함한 만족과 유익을 제공한다.앞의 책, 13

그러나 제국에 대해 이해하지 못한다면, 우리는 우리의 문화즉, 우리 자신에 대한 망상 속으로 더욱 깊이 빠져들게 될 것이다. 물론 우리는 레이건 시대의 제국적 환상에 대한 부흥의 열기에서 볼 수 있듯이, 얼마든지 자기기만에 빠져들 수 있다. 그러나 우리의 환상으로 인한 인적 피해는 놀라울 정도다. 그것은 더욱 잔인한 국내의 "극우적 파시즘"과 미국의 세계 제일주의를 유지하는 구조로 나타나기 때문이다.Gross, 1980

나는 제국의 실상에 대해 논하고 싶은 것이 아니다. 다만 나는 하나의 전제로서의 제국에 대해 분명하게 진술하고자 한다. 나는 제국이라는 용어에 담긴 "확고부동한 의미"는 변방에 대한 중심의 지정학적 지배를 가리킨다는 윌리엄스의 말에 동의한다.

> 아담 스미스는 이런 말을 한 적이 있다. "도시는 구조적인 이점을 이용하여 농촌을 경제적으로 착취한다.… 제국주의의 본질은 대도시가 경제적 이득을 목적으로 약한 경제및 정치적/사회적 상층부를 장악하는 것이다."W. A. Williams, 1980:7 이하

"메트로폴리스"대도시는 사실상 현대적 테크노크라시, 즉 오늘날의 미국을 가리키는 이미지다. 물론 중심과 변방을 나누는 경계선이 반드시 지리적인 것은 아니라는 사실을 잊어서는 안 된다. 대도시 안에도 여전히 변방에 속한 자들이 많이 있으며, 밖에도 제국의 특권과 권력을 누리는 소수의 사람이 있다는 사실을 잊어서는 안 된다.

이 해석의 현장에는 본서를 읽는 독자가 염두에 두어야 할 중요한 사실이 있다. 그것은 "중심-변방"모델은 많은 점에서 마가의 세상, 즉 현장과 관련이 있다는 것이다. 고대 지중해 세계는 제국주의 로마의 지배를 받았다. 그러나 내가 중심에서부터 해석해 나가기 시작하는 것과 달리, 마가는 팔레스타인의 변방에서부터 해석해 나가기 시작한다.2장 A, 1 마가의 청중은 식민주의적 착취에 일상적으로 시달리고 있는 사람들이었던 반면, 나의 청중은 식민주의의 특권을 누리는 위치에 있는 사람들이다. 이런 면에서 오늘날 식민지가 된 변방의 관점에서 글을 쓰고 있는 제3세계의 해방신학자들은 복음서를 해석할 때 "현장의 유사성"이라는 이점을 안고 접근할 수 있다.

> 확실히 이곳 라틴 아메리카의 상황과 예수 시대의 상황 사이에는 상당한 유사성이 존재한다.… 그러나 이것은 가난과 착취라는 객관적 상황 때문만이 아니라… 이러한 상황에 대한 인식에서도 그렇다는 것이다.1978:12

이런 유사성에 대해서는 할 말이 많다. 사실, 고대 로마의 제국주의는 오늘날 미국의 제국주의와 여러 면에서 다르다.2장 A, 3 참조 그러나 적어도 변방에 있는 사람들이 중심에 있는 우리가 보지 못하는 많은 것을 볼 수 있다는 것은 분명한 사실이다. 그렇다고해도 이것은 우리를 마가복음을 읽고 그것에 반응해야 할 책임에서 벗어나게 해주지 않는다. 사실상, 마가 시대나 오늘날의 변방이 가지고 있는 관점에 귀를 기울이는 것은 제국이라는 현장에서 제자도에 대한 부르심이 무엇을 의미하는지를 인식하는 데 매우 중요하다.

3. 급진적 제자도

변방의 관점에서 신학적 사색을 하는 사람이라면 누구라도 출애굽 기사를 해석할 때 해방이라는 주제에 초점을 맞추어야 한다.Gutiérrez, 1973: 153 이하 그러나 중심부에 있는 우리는 "바로의 집에서 신학 하는 법"Sölle, 1979을 배울 수밖에 없다. 즉, 애굽의 시민이지만 히브리인의 편을 들 수밖에 없다는 것이다. 미국을 비롯한 제1세계 국가들에는 바로 그런 일을 위한 삶과 정치를 위해 분투하고 있는 소수의 정예 그리스도인들이 있다. 이 운동 역시 필자가 마가복음을 해석하는 현장을 구성하는 한 요소다.

소위 좌파 그리스도인은 다른 부류의 반대자들과 마찬가지로 인도차이나 전쟁 및 민권운동이 활발하던 당시 제국 문화에 대한 신뢰도가 위기에 처하면서 생겨났다. 이 시기에는 교회, 즉 자유주의적인 교회와 보수적인 교회, 가톨릭 교회와 개신교 교회를 막론한 모든 교회에 대한 환멸도 함께 찾아왔다. 교회는 전쟁에 대해 침묵을 지킴으로써 복음이 역사와 무관한 것처럼 행동했다. 이에 대해 배신감을 느낀 많은 수의 깨어 있는 사람들은 교회를 떠났다. 그들은 세속화와 신좌파 운동New Left을 통해 제공된 새롭고 강력한 신화를 추구했다. 다른 사람들도 유사한 불만을 품었으나, 그들은 오히려 근원라틴어 radix, "근본적"에 대한 재성찰을 통해 배신감의 뿌리를 찾고자 했다. 많은 사람이 자신의 전통 안에서 비제국주의적 유산을 재발견했다. 루터파는 본회퍼를 찾아냈고, 침례교도는 재세례파를 기억했으며, 감리교는 웨슬리와 노예제 폐지론자들을 재해석했고, 가톨릭은 프란시스와 순교자들과 성인을 찾아냈다.Gish, 1973

이 흐름에는 많은 지류가 존재한다. 가장 중요한 지류 가운데 하나는 제3세계 및 해방신학 교회의 증거로서, 1970년대 북미에서 더욱 광범위하게 감지되기 시작했다. 여성 신학, 흑인 신학, 히스패닉 신학, 아시아-태평양 신학 및 아메리칸 인디언 신학은 교회의 지배적 이데올로기에 도전했다. 1980년대에는 불법 입국자 보호 운동, 남아공의 흑인 해방 운동, 중앙아메리카와 한국과 필리핀에서 있었던 미국의 정책에 대한 반대 운동을 통해 중앙 교회와 변방 교회의 실제적 결속이 시작되었다. 한편으로 국내의 평화 운동 및 반핵 운동에 대한 그리스도인들의 동참이 점차 확산되고 비폭력 저항의 실천도 더욱 심화되었다.

그러나 무엇보다도 갱신의 원천이 되었던 것은 시대를 초월하여 제자도를 촉구하는 비도시적nonmetropolitan 예수에 관한 복음서 기사의 재발견이었다. 소브리노Sobrino의 말처럼 "신앙적 그리스도에 대한 접근은 역사적 예수를 따를 때만 가능하다."1978:305 앞으로 나의 책에서는 이 운동을 "급진적 제자도"라고 부를 것이다. 그들 가운데 이 명칭을 기꺼이 사용하는 사람도 있지만 거부하는 사람도 존재한다. 더욱이 오늘날 "급진적"이라는 용어는 대중문화에서 유행이 지난 지 오래다. 그러나 이 용어는 유행어가 아니라 이 운동을 이끌어갈 비제국주의적 복음에 뿌리를 내리고 있으므로 지금보다 더 적극적으로 받아들여야 할 것으로 보인다.

나는 여기서 오늘날의 급진적 제자도에 대해 서술하려는 것이 아니다. 급진적 제자도에 관해서는 다른 책에서도 나타나며예를 들면, Wallis, 1976; D Brown 1971, 이 프로젝트의 두 번째 부분을 수행할 나의 다음 책에서도 상세히 다룰 것이다. 여기에서는 우리의 신학적 사색의 특징이자, 동시에 제국이라는 현장에서 우리의 실천을 인도해 줄 것이라고 믿는 두 가지 핵심 주제에 대해 간략하게 제시할 것이다. 첫 번째는 회개다. 이것은 마음의 회심뿐만 아니라 제국과 제국의 정신 및 제국의 유혹으로부터 확실히 돌아서는 과정을 포함한다. 두 번째는 저항이다. 이것은 우리의 역사적 시점에서 분명하고 분별력 있는 입장을 취하고 "제국의 행보를 저지하기 위한" 의미 있는 방법을 찾아냄으로써, 무지를 장려하고 정치적인 모든 사안을 하찮은 것으로 만들어버려 온 이 사회의 노골적인 조치를 떨쳐내는 과정을 포함한다. 두 가지 주제 모두 비폭력을 요구하며, 이러한 비폭력은 개인적/사회적 삶의 방식인 동시에 군대나 혁명의 정치적 실천 수단이 되어야 한다. 이 두 가지 주제는 이 책에서 마가복음 해석의 배경이 될 것이다. 이 두 주제에 대해서는 나중에 다시 한번 간략하게 소개할 것이다.2장 A, 3

우리는 권력과 질서, 부의 분배, 전 세계로 확산된 군국주의 등 모든 것과 관련된 제국의 현재적 위기를 인지하고 있기 때문에, 우리의 급진적 제자도는 사회적, 정치적, 경제적 질문을 염두에 두고 성경에 접근해야만 한다. 마가는 인종주의의 극복을 위한 우리의 투쟁에 대해 무엇을 말하고자 하는가? 정의를 위해 일하면서 가난한 자들과 밀접하게 결속하기 위한 방법을 찾는 우리에게 마가는 무엇을 말하고자 하는가? 더욱 효과적이고 비폭력적인 행동 방식을 찾는 우리에게 마가는 무엇을 말하고자 하는가? 이런 질문들은 대부분의 북아메리카인이 내게 의심의 눈길을 보낼 것을 알면서도 이 책에 "정치적 해석"이라는 부제를 붙인 이유를 설명해준다. 그러나 이 용어를 사용한 데에는 또 하나의 이유가 있다. 그것은 내가 처음부터 북대서양의 지배적 성경 해석과 거리를 두고 싶었기 때문이라는 것이다.

1B. 왜 마가복음인가?

1. "성경 전쟁"

성경에 대한 정치적 해석을 주장한다는 것은, 곧 해석학계 전체와 논쟁을 하겠다는 것과 같은 의미다. 예를 들면, 아직도 19세기 후반과 20세기 초에 있었던 옛 근본주의자들과 모더니스트들 사이의 논쟁을 통해 규명된 것들이 성경 해석에 있어서 가장 중요한 이슈라고 생각하는 사람들이 있다. 그들은 지금도 실제적이거나 가상의 상대인 세속적 자유주의에 맞서 "성경의 권위"에 대한 교리를 옹호한다. 그러나 신학적 우파와 좌파가 이념적으로 아무리 많은 차이점이 있다고 해도, 제국에 대한 충성이라는 면에 있어서 그들의 정치적 실천은 차이점보다 유사성이 많다. 하지만 급진적 제자도의 관점에서 "성경의 권위"는 우리를 회개와 저항으로 이끌어갈 때만 의미가 있다.

학자와 경건파의 신학적 해석학은 확고한 경쟁의식이라는 공통적 전통을 가지고 있다. 이 전통은 복음서를 보석을 캐는 것과 비슷한 방식으로 설명해왔다. 즉, 영원하며 보편적인 신학적 원리나 교회의 교리와 같은 "황금"은 역사적/사회적 특수성이라는 "광물"로부터 조심스럽게 추출된 광석을 세광하여물로 씻어 얻는다는 것이다. 이런 식으로 역사와 실천으로부터 추출한 케리그마는 추상적 사상이나 "영적" 사색으로, 즉 '신학자의 영역'으로 바뀌게 된다. "이미 부르주아적인 해석과정에서 작동하고 있는 이 신학적 이데올로기"는 텍스트를 "외면의 신체적 현장"이 아니라 "내면의 이상주의적 현장"에서 해석한다.Belo, 1981:259 그러나 전적으로 인간적이고 사회-역사적인 복음서의 특징을 억누르는 이 같은 일은 가현설 이단을 영속화할 뿐이다.

대중적인 기독교에서 더 많이 볼 수 있는 것은 개인주의적 해석이다. 근본주의자와 현대 실존주의자는 철학적으로 상호 대립하지만, 본질적으로는 "거룩함"근본주의자과 "진정한 실존"현대 실존주의자이라는 개인적 관심사에 따라 텍스트에 접근한다는 공통점이 있다. 물론 회심은 근본적으로 개인적인 일이다. 그러나 미국 복음주의가 말하는 "개인의 구주"는 더 이상 세상의 주가 아니라 그를 마음에 영접한 자의 개인적 구주로 길들여졌다. 마찬가지로, 불안감에 사로잡혀 전전긍긍하며 개인적 온전함을 추구하는 현대 신학도 "상호주관성의 미로"에 갇혀버렸다.Hunter, 1982:40 두 가지 요소 모두 불안감이 점증하고 있는 갈등의 역사로부터 자기도취의 피난처로, 또는 크리스토퍼 래시Christopher Lasch가 말한 "나르시시즘자기애의 문화"1979년로 달아나려는 오늘날의 경향을 반영한다. 복음이 철저히 개인적 영역에 머물 때 정치 권력이 더욱 많은 이익을 얻는다는 것은 두말할 필요조차 없다. 나치의 파시즘이 그랬고, 오늘날에도 한국과 과테말라, 칠레의 군사 정권이 그렇게 하고 있다.

그 후로는 고고학자가 고대의 도기 파편을 조사하듯이 텍스트에 접근하려는 성경학자들이 나타났다. 나는 이 고대 텍스트는 텍스트 자체의 내러티브와 사회-역사적 콘텍스트 안에서 접근해야 하며, 이 과정에서 언어학으로부터 철학에 이르는 학문적 정밀함이 큰 역할을 했다고 주장한 바 있다. 이러한 학문적 접근이 실패한 이유는 자신이 이데올로기에 몰입해 있다는 사실을 인정하지 않았기 때문이다. 많은 사람이 속고 있지만, 텍스트를 해석하는 현장에 "중립"지대 같은 것은 존재하지 않는다.Segundo, 1986:80 이하 역사비평 이후의 해석사를 통해, 과거에는 과학적이라고 생각했던 연구가 지적인 풍토의 변화로 말미암아 사실은 문화에 예속된 편향적 연구였다는 사실이 드러났다. 나는 객관주의의 학문적 이데올로기에 대한 체계적 비판을 위해, 윙크의 성경 해석에 대한 탁월한 논문1973년을 다시 한번 추천한다. 설상가상으로, 전문적인 주석가는 텍스트를 자신의 역사적 상황과 연계하지 않으며, 연계할 수도 없다. 이와 같은 이유로 학자들의 신학적 정립은 -아무리 무의식중에 이루어진 것이라 할지라도- 제국이라는 현장의 이데올로기적 주장에 깊이 연루될 수밖에 없다.

사실상 오늘날 "성경 전쟁"의 관심은 각각의 신학적 영역으로부터 점차 정치적/경제적 영역으로 초점을 옮겨가고 있다. 이런 현상은 교회가 계층과 이데올로기에 따라 양극화되어가고 있는 제3세계 국가에서 두드러지게 나타난다. 예를 들면, 라틴 아메리카에서는 대중적 모델의 교회를 통해 가난한 자들에게 힘을 더해주고 있는 공동체를 볼 수 있다. 대체로 가톨릭이 추진하는 이 운동은 거의 개신교적으로 보일 만한 열정을 가지고 대중 사회에 대한 분석과 함께 성경연구를 공동체의 삶의 핵심적 지위로 회복하기 위해 노력하고 있다. 그러나 1979년 푸에블라 주교회의에서 행한 요한 바오르 II세의 개회사는 극명한 대조를 보인다.

> 우리는 예수를 정치적 행동주의자, 로마의 통치와 권력에 맞서 싸우는 전사, 심지어 계급투쟁에 관련된 인물로 서술한 복음서에 대해 "재해석"해야 합니다. 그리스도가 정치적 인물, 혁명가, 나사렛의 파괴자라는 개념은 교회의 신조와 일치하지 않습니다.Segudo, 1985:199

교회 권력은 예수 이야기가 정치와 무관하다고 지속적으로 주장하지만 브라질, 파라과이 및 엘살바도르의 농부들은 복음을 공부하기 위해 함께 모였을 뿐인데도 파괴적 행위를 했다는 혐의로 잡혀가고 있다. 이것은 오늘날 "성경의 권위"에 대한 전쟁의 실상을 잘 보여준다.

그러나 이곳 대도시에서는 변화의 조짐도 발견된다. 예를 들면, 얼마 전까지 미국의 근본주의는 종교가 정치와 무관하다고 주장했으나, 최근 미국의 우파 기독교의 정치화는 레이건주의의 기치 아래 모든 지형을 완전히 바꿔 버렸다. 한때 확고한 개인주의를 지지했던 기독교 단체들이 이제는 제리 팔웰Jerry Falwell과 패트 로벗슨Pat Robertson과 같은 인물들의 주도 아래 공공연하게 "믿음은 사실상 공적인 삶과 직결된다"고 주장하면서 반공산주의 게릴라에 대한 군사적 지원을 아끼지 않고 있다. 그들은 낙태 수술을 감시하고, 국방예산의 증대를 적극적으로 지지하고 있다. 피에라드R. Pierard 1982와 린더R. Linder 1982가 주장했듯이, 그들이 보여주는 새로운 이데올로기적 통합은 제3제국나치이 부상할 당시 종교적 우파가 채택했던 아젠다와 충격적인 유사성을 보여줌으로써, 파시스트의 전형적인 행태를 답습하고 있다. 어쨌든 모든 논쟁의 성격이 바뀐 것은 사실이다. 이제는 실천의 성격이 문제일 뿐, 성경이 정치적 실천을 요구하느냐의 여부에 대해서는 더 이상 왈가왈부할 필요가 없다. 나는 교회가 지금은 성경을 정치적으로 어떻게 해석하고 사용할 것인지에 대한 새로운 이데올로기적 투쟁을 기꺼이 받아들여야 할 때라고 생각한다.

이 주석은 자신의 정치적 입장을 거리낌 없이 드러내면서 이 논쟁에 뛰어든다. 그러나 이러한 편향적 해석은 기존의 가정을 통해 의식적으로 텍스트를 조작하고 통제하겠다는 것이 아니다. 진정한 "비판적" 해석이라면 늘 이러한 위험성에 대해 인식하고 있어야 한다. 해석학적 순환은 다른 해석자는 물론 복음서조차 자신해석자을 비판할 수 있는 공개된 자리에서 자신의 전제나 관심사를 공개적으로 진술할 것을 해석자의 의무로 삼는다. 마가의 이야기는 독자의 헌신을 분명하게 요구한다. 그러므로 우리는 이러한 텍스트의 의도에 부합하는 해석 전략을 사용하지 않을 수 없다. 텍스트의 근원적인 편향적 요소를 억제하는 것은 텍스트에 대한 가장 나쁜 배신이다.

2. 선언으로서 마가복음

원래 마가복음은 제국의 백성이 자신과 자신의 세계에 대한 냉엄한 현실을 깨닫도록 하려고 기록되었다. 마가는 하나님의 말씀이 부자와 가난한 자 모두에게 똑같이 제시되는 보편적 호소인 것처럼 감정에 치우치지 않고 공평하게 제시하는 체하지 않는다. 그의 이야기는 세상의 정의와 긍휼과 해방을 위한 하나님의 사역에 헌신한 자들에 의해, 그들에 대해, 그리고 그들을 위해 기록한 이야기다. 마가는 바리새인과 같은 오늘날 신학자들에게 "하늘로부터 오는 표적"막 8:11 이하을 주지 않는다.막 11:30-33 마가는 대제사장처럼 헌신을 거부하는 학자들에게도 대답하지 않는다. 하지만 제국의 분노를 일으키는 자들에게는 제자도를 보여준다.8:34 이하

마가복음 해석은 오늘날 급진적 제자도 운동의 탄생에 매우 중요한 역할을 했다. 개인적 구원은 약속하지만 사회적 책임은 지지 않으려고 하는 복음

주의 개신교 전통으로부터 뛰쳐나온 사람들은 "온전한 세상, 온전한 사람을 위한 온전한 복음"에 목말라했다. 헌신에 대한 마가복음의 강력한 요구의 발견은 우리에게 "제2의 회심"과도 같았다. 우리는 슈바이처E. Schweizer 1960년와 같은 편집비평가의 도움을 받아 마가복음을 연구했다. 그가 마가복음의 주제를 개관하면서 언급했던 "제자도는 예수에 대한 믿음이 존재할 수 있는 유일한 형태"라는 말은 사회화된 기독교에 맞서 싸우기 시작한 우리의 가슴에 뜨거운 불을 지펴주었다. 이것은 옛 수도사들로부터 고백교회에 이르기까지, 교회 역사를 통해 이어진 전복적 제자도 전승을 회복하도록 촉구했다. 그러나 우리는 언제나 마가복음으로 돌아왔다. 우리는 마가복음을 일종의 선언으로 보았다.

'마가복음은 여전히 급진적 제자도를 위한 선언으로 남아 있다'는 것이 이 책의 주장이다. 불행하게도 우리의 운동은 더욱 심화된 정치적 실천에 상응하는 새로운 해석 전략을 찾는 일에 있어서는 그다지 성공적이지 못했다. 우리의 성경연구는 대부분 엄격한 경건주의로 남아 있으며, 솔직히 말해서 위선적일 때도 있다. 우리는 의심의 해석학을 추구하기보다 해석학의 의심을 추구한다. 몇 가지 이유로 인해, 오늘날 역사의 의미를 분별하는 데에는 정치적 분석이나 이데올로기적 비판이나 사회학적 방법에 호소하는 것이 용납되지만, 성경의 의미를 분별하는데는 이런 것들이 용납되지 않는다. 한마디로 말해서, 우리는 성경을 "읽는"것보다 오늘날의 역사를 "읽는"것을 더 잘하고 있다는 것이다.

이런 모순은 우리의 실천을 성경적 기초로부터 멀어지게 할 위험이 있으며, 우리 가운데 많은 사람이 성경에 대해 무관심하다는 것은 이러한 사실을 잘 보여준다. 그들 가운데 일부는 너무 많은 잘못된 설교와 가르침으로 인해 우리와 소원한 관계에 있다. 나는 그들에게 강단과 학교의 배신을 극복할 수 있는 해석 전략을 제공할 수 있기를 소망한다. 성급한 사람들은 여전히 성경이 자신의 상황과 직접적인 관련이 있다고 주장한다. 나는 이 책이 그들에게 더욱 진지한 성경연구를 할 수 있도록 도전하고 격려하며 영감을 주게 되기를 바란다. 정치적 분별과 마찬가지로 성경연구도 대답보다 질문거리를 더 많이 만들어내는 어려운 작업이다.

우리의 실천이 우리의 해석을 통해 더욱 강화되어야 할 필요가 있다는 사실을 보여주는 사례는 이것만이 아니다. 예를 들어 우리는 종종 우리의 비폭력적 직접 행동의 실천이 히브리 선지자들과 예수의 상징적 행위에 기초한다고 주장한다. 그러나 성경 연구는 그것이 얼마나 정확한 주장인지에 대해 좀처럼 입증해주지 않는다. 우리가 우리의 관점을 텍스트에 투사할 수 있다면, 우리의 이데올로기적 상대도 그렇게 할 수 있다는 사실을 기억해야 한다. 그렇다면 우리는 어떤 근거에 기초해서 그들에게 도전해야 하는가? 이런 걱정은 해방신학이 제시하는 대부분의 주석에도 동일하게 적용된다. 그들의 해석은 종종 흥미롭고 도발적이지만, 체계적이라기보다는 매우 주관적이고 단지 인상에 의한 해석처럼 보인다.Sobrino, 1978 오늘날 급진적 기독교 운동들이 걸핏하면 성경의 해방 내러티브에 호소하면서도 이러한 텍스트들에 대한 심도 있는 주석을 거의 내어놓지 못했다는 사실은 이상하지 않은가?

우리는 성경에 길듦으로써 스스로에게 더 이상 곤란한 질문을 제기하지 못하게 되는 위험에 처할 수도 있다. 우리는 이 운동이 훌륭한 급진적 개신교의 방식으로 성경에 대한 새로운 해석에 기초했음을 잊지 말아야 한다. 이 운동은 이런 방식을 유지할 때만 계속해서 새로워질 수 있다. 우리는 멘토들의 개념적 작업을 넘어서는 것을 꺼려서는 안 된다. 다행한 것은 성경을 해석하는 보다 유익한 방법을 찾는 우리의 작업에서 마가복음이 가장 좋은 실험장이라는 것이다.

3. 새로운 해석 전략

회의론자들은 성경이 모든 모순되는 주장들을 정당화하는 데 사용되어 왔다고 주장한다. 그들은 마치 텍스트가 자기 자신의 말은 없이 오직 대변자로서의 말만 하는 것처럼 생각하는 것같다. 그들은 내가 이 장의 서두에서 인용한 리쾨르의 말을 확인해줄 뿐이다. 텍스트는 해석자에게 취약할 수밖에 없다는 것이다. 제임슨F. Jameson은 다음과 같이 주장한다.

> 해석은 고립된 행위가 아니다. 해석은 많은 해석학적 대안이 공개적으로, 또는 암시적으로 상호 대립하며 갈등하는 호머의 전장에서 일어난다.… 중국 속담 중 하나처럼, "우리는 하나의 도끼로 다른 도끼를 베어야 한다." 우리의 상황에서는 더욱 강력한 또 하나의 해석만이 기존의 해석을 뒤집고 실제적으로 논박할 수 있다.1981:13

마가복음만큼 대중적 주석 및 학문적 연구의 주제로 많이 사용된 성경은 없다. 마가복음은 흥미롭고 오랜 해석의 역사를 가지고 있다.Kealy, 1982 최초의 복음서에 해당하는 마가복음은 예수의 생애또는 원시 공동체의 역사를 재구성하려는 비평가에게 언제나 판단의 준거가 되는 핵심적인 위치를 차지해왔다. 시대가 바뀔 때마다 성경 비평은 새로운 해석 전략을 시험하고 정립하며 폐기하는 시험장으로서 마가복음을 사용했다.

금세기를 지배했던 형식비평과 편집비평의 역사 비평적 분석 방식은 마가복음 연구부터 시작했으며Telford, 1980; D. Harrington, 1985, 최근에는 마가복음에 대한 연구 결과에 따라 영향력을 상실했다.Perrin, 1976 따라서 마가복음은 "비판적 연구의 중심에서 잡힐 듯 잡히지 않는 신기루처럼 남아 있다.… 이 복음서는 마치 신데렐라처럼 결국에는 발견되겠지만, 아직은 충분히 설명되지 않았다."Bilezikian, 1977:11 1970년대 후반 이후 공관복음 연구에 사회적 주석과 문학적 비평이라는 두 가지의 중요하고도 새로운 경향이 자리를 잡았다. 이 두 가지 새로운 방법론을 종합하기에 마가복음만큼 좋은 텍스트가 있겠는가?

지난 사반세기 동안 복음서를 정치적으로 읽으려는 노력은 적지 않았다. 하지만 이러한 노력이 세련된 방법론이나 정교한 주석으로 이어진 경우는 거의 없었다. 부록에 제시된 나의 개관을 참조하라 그러나 탁월한 저서도 있다. 이 책은 마가복음에 대한 주석일 뿐만 아니라, 사회학적 주석과 서사학narratology과 정치적 해석의 통찰력을 결합한 첫 번째 시도라는 점에서 특별히 돋보인다. 나는 지금 포르투갈의 그리스도인이며 마르크스주의자인 페르난도 벨로Fernando Belo의 "유물론" 비평에 대해 말하고 있다. 그의 『마가복음의 유물론 강의』*Lecture materialiste de l'evangile de Marc: Recit-Practique-Ideologie*는 1975년에 출간되었다. 영어 번역: 1981년 이 책은 온전한 성경 텍스트에 대한 가장 프로그램에 입각한 정치적 해석 가운데 하나로 남아 있다. 그러나 우리는 이 획기적인 저서및 이어진 M. Clevenot의 대중적 영향가 앵글로-아메리칸 사회에서는 대단치 않게 받아들여졌다는 사실을 기억해야 한다.

이러한 "전달 실패"의 원인은 부분적으로 전문용어 때문이다. 벨로와 그의 제자들은 구조주의와 언어기호론에 대한 신문학비평의 이데올로기에 지나치게 의존했다. 그래서 그들이 아무리 유럽의 지식인들 사이에서 인기가 있었다고 하더라도, 미국에서는 대중적으로 받아들여지지 않았다. 그들의 해석 전략과 관련된 중요한 방법론적 도구는 고압적이었고, 미국의 독자는 문학과 사회적 "코드"가 섞여 있는 벨로의 글을 끝까지 읽지 않았다. 그의 접근 방식에는 개선이 요구되는 중요한 주석학적, 문학적, 정치적 오류가 나타난다. 부록 참조 그럼에도 불구하고 벨로의 전통적인 신학 해석 전략에 대한 도전은 충분히 가치 있는 일이었다. 보다 광범위한 독자층을 확보하기 위해서는 그의 통찰력을 제대로 번역하면서도, 그의 방법론을 쉽게 이해할 수 있도록 소개해 줄 필요가 있었다. 그러나 이처럼 독자와 소통하게 하는 설명은 성경학자로부터는 나오지 않는다. 왜냐하면 그들은 정치적 해석을 두려워하기 때문이다. 따라서 벨로의 말처럼 이 대화를 진전시키는 일은 "열정과 순수함"을 기꺼이 감수할 누군가가 감당해야 할 의무로 보인다.1982:1

성경 해석의 "정치적" 영역에 대한 이 모든 강조가 "영적" 또는 "개인적" 영역을 부인한다고 생각하는가? 나는 그렇지 않다고 생각한다. 그리스도인이 경험하는 "초월적"matasymbolic 요소들은 결코 부인될 수 없다. 내러티브와 상징과 신화는 사실상 나의 해석에 있어서 핵심적 위치를 차지한다. 그러나 마가는 예수의 모든 강화를 그것이 정당화하는 사회적/정치적 실천이라는 관점에서 해석해야 한다고 주장한다.1장 C 참조 또한 나는 개인과 공동체의 삶에 필요한 성경의 신앙적, 제의적 용례에 대해서도 의미를 축소할 생각이 없다. 오늘날 인기를 끌고 있는 성경에 대한 "심리학적 접근"에 대해서도 마찬가지다. 분석 심리학과 심리 요법 훈련은 자기 인식과 치유에 중요한 역할을 할 수 있을 뿐만 아니라 실제로 그렇게 하고 있으며, 진정한 정치적 비판에도 필요하다는 것이 나의 생각이다. "내적 여정"이 없는 정치적 실천은 자유롭지 못하다. 우리는 우리가 사는 사회 구조의 특징인 악한 힘을 어느 정도 내면화하기 때문이다.

나는 마가복음을 융의 관점에서 읽어보려고 했던 한 가지 흥미로운 시도에 대해 알고 있다.McGann, 1985 그는 내가 정치적으로 해석한 상징들을 원형적으로archetypically 해석한다. 나는 몇 가지 주석학적인 입장에서 맥간McGann의 주장에 동의하지 않지만, 그의 프로젝트는 대체로 가치 있고, 내가 생각하는 구조와 전적으로 양립한다고 생각한다. 그러나 오늘날 개인에 초점을 맞춘 성경 해석은 많지만, 정치적 관점의 해석은 부족하다는 문제는 여전히 남는다. 그것은 우선순위의 문제다. 반복되는 말이지만, 제국이라는 현장의 복음이 이 시대에 전하는 근본적인 메시지는 정치적이다. 그리스도인의 성경연구가 철저한 개인적 고뇌와 "영적인" 문제에 사로잡혀 있는 동안, 우리의 세계는 폭력과 압제라는 제국의 고통 속에 위기를 맞고 있다.

1C. 정치적 담론과 "신화 전쟁"

1. 상징과 사회적 실천

마가복음에 대한 정치적 해석 방법의 기초를 놓기 위해 이 장 서두의 언급으로 되돌아가 보자. 짧은 서두의 핵심 "논제"는 "미국이 제 자리로 돌아와 크게 활보하고 있다"는 레이건 대통령의 말이었다. 아마도 역사적 문화적으로 먼 미래의 고고학자들은 이 "지배적 메타포"가 구체적인 사회-역사적 의미가 없는, 단지 비유적 표현일 뿐이라는 결론을 내리게 될 것이다. 물론 그들의 판단은 잘못된 것으로 드러날 뿐만 아니라, 이처럼 특별한 상징적 담론의 "지시성"은 절대로 "의미론적 영역" 언어에 함축된 명시적, 암시적 의미의 체계 이나 그 말을 한 사회적/역사적 상황 밖에서 해석하려 해서는 안 된다는 사실만 보여줄 것이다. 그러나 레이건의 메타포가 가정하는 사회적 세계에서 사회화된 나는 그 말을 큰 어려움 없이 해석할 수 있다.

나는 "미국이 돌아왔다"라는 말이 실제로 온 나라가 휴가를 다녀왔다거나, 풋볼 경기에서 뒤에 있던 국가대표팀이 혜성같이 등장해서 점수를 냈다는 의미가 아니라는 것을 안다. 이 이미지는 실제로 스포츠 영웅을 상기시킬 수도 있지만, 정치적 담론으로서 이 말이 가지는 이미지는 제국의 회복에 대한 뉴라이트의 승리적 신화에 기초하고 있는 "함축적 내러티브"를 제공한다. 이 신화의 플롯은 단순하다. 미국홈팀은 일련의 대외정책의 실패해석: 제국의 헤게모니에 대한 인도네시아, 이란, 니카라과와 같은 주변국들의 도전 및 경기 침체해석: 인플레이션, 저조한 생산성, 무역수지 악화로 말미암아 "몰락"했다. 그러나 레이건 정부하에서 미국은 "불편함"해석: 제국의 프로젝트에 대한 국내의 반대과 "무기력함"해석: 지정학적 모험주의에 대한 제약을 떨쳐버렸다는 것이다.

그 결과 우리는 “활보하고 있는 중”이다. 이 두 번째 이미지는 고전적 카우보이 영화나 해병대 모집 광고를 본 사람이라면 바로 이해할 수 있다. 그것은 마초적인 이미지로서, 미국의 강력한 힘에 대한 신화를 되살려내어 국가적 자신감을 강화하는 역할을 한다. 이 이미지에 함축된 정치적 의도가 제국주의 국가의 완전한 재건을 포함한다는, 따라서 레이건의 담화에 나타난 또 하나의 핵심 주제인 “정부의 간섭에서 벗어나는 일”에 아무런 도움이 되지 않았다는 사실은 앞서 말한 그 신화에 의해 숨겨졌다. 미국이 다시 세계를 활보하고 있다는 희망찬 개념은 정보활동의 재개, 명시적이거나그라나다 묵시적인니카라과 군사 개입, 재래식 무기와 전략 무기의 증강 등 구체적인 역사적 정책이 시행되고 있음을 보여주는 증거로 “해석할 수 있다.”

인기 있는 정치적 담론은 언제나 문화적 메타포 및 상징과 함께 제시된다. 한 경제 분석가는 여러 건의 호재가 하루 만에 악재로 바뀌는 뉴욕 증권 거래소의 당일치기 거래에 대해 설명하면서 “월 스트리트에서는 시작부터 너도 나도 매수에 나서지만 결국에는 약세로 마감한다”고 말한다. 우리 문화 그 어디에도 광고 산업의 허구만큼 강력한 힘을 가진 상징이나 내러티브는 존재하지 않는다. 세상의 상품은 마력을 가지고, 새로운 이미지로의 변신을 약속하며, 얼마나 소유하고 소비하느냐가 그 사람의 가치를 결정한다는 자본주의의 함축적 의미를 더욱 견고하게 구축한다.

또한 사회적 상황에서의 신화에 대한 정치적 담론은 보다 복잡한 내러티브의 형식을 취한다. 이런 담론은 대체로 충고적이거나점증하는 “소비에트 연방으로부터의 위협”에 대한 경고, 역사적이거나게티즈버그 연설, 제의적이다.“공화국의 전승가” 어번과 맥클루어Urban and McClure 1983년는 경제 동향을 분석한 소비에트 연방 당국의 상황이 어떻게 “국가적 신화”의 내러티브적 특징을 반영하는지를 보여준다.

신화는 언어적 형식에도 얽매이지 않는다. 그것은 이미지두 나라 정상이 악수하는 신문 속 사진, 한 대학 총장의 엄숙한 초상화, 치카노의 벽화나 아이콘부족 토템, 판사의 법복, 불끈 쥔 주먹으로 표현될 수 있다. 가장 중요한 것은 신화 전쟁이 상징적 행위로 표현된다는 것이다. 미국 시민은 왜 가슴에 손을 얹고 국기에 대해 맹세를 하는가? 그들은 왜 투표를 통해 민주적 절차에 참여하고 있다고 믿는가? 사회주의 국가는 왜 매년 노동절에 군사 퍼레이드를 하는가? 그리고 유대인은 왜 서서 기도하고 그리스도인은 왜 무릎을 꿇고 기도하며 이슬람은 왜 메카를 향해 기도하는가?

계속해서 진행하기 전에 몇 가지 용어에 대해 미리 규명하고자 한다. 나는 확실히 "신화"를 "전합리적prerational 개념 체계"에 대한 민족학적 의미나 경멸적 의미로 사용하지 않는다.Elliade, 1963:1 나는 신화를 주어진 문화적 정치적 제도 안에 있는 일종의 의미 있는 상징적 담론이라는, 가장 넓은 의미로 이해한다.Barthes, 1972:109 이하 "정치적"이라는 용어도 포괄적 의미로 사용한다. 그것은 주어진 사회 안의 모든 구체적인 관계경제, 정부, 군사, 문화 등와 관련이 있다. "담론"은 인간의 의사소통에 사용되는 다양한 상징/언어 체계와, 미술, 영화, 이야기, 농담, 노래, 연설, 신문 기사, 학술 논문과 같은 내러티브를 가리킨다.

나의 접근 방법은 인간이 사회적 실재를 직접적으로는 이해할 수 없으며 언제나 문화적 의미 체계, 무엇보다도 언어적 본능의 "인식 필터"를 통해 이해한다는 인류학적 원리를 수용한다.Sykes, 1980: 170; cf. Lenski, 1978 따라서 "문화적 행위, 건설, 이해, 상징적 형식의 사용은 모두 사회적 사건이다. 이러한 것들은 결혼식처럼 공식적이며, 농사를 짓는 것처럼 관측할 수 있다."Geertz, 1973:91 제임슨F. Jameson은 레비-스트라우스Levi-Strauss의 구조적 인류학을 인용하여, 모든 문화는 사회적 실재에 대한 신화적 담론을 생산하며 이러한 담론은 그가 말하는 소위 "정치적 무의식"을 표현한다고 주장한다.1981:79

따라서 그룹 간의 사회적, 정치적 투쟁은 내가 말하는 소위 "신화 전쟁"의 관점에서 진술된다. 유럽의 아메리카 정복을 예로 들어보자. 한편에는 토착민에 관한 이야기가 있다. 창조 설화, 족보, 그들이 섬기는 신과 그들이 받아들이는 제의와 같은 것들은 모두 그들의 생활양식, 구체적 관념, 문화적 구조, 사회 조직 및 자연과 문명에 대한 관계를 보여준다. 다른 한편에는 유럽인들의 이야기가 있다. 그들의 "발견" 신화, 정복에 대한 이데올로기, "소유권"의 상징인 국기가 있다. 그렇다면 아담 스미스가 주장하는 시장의 "보이지 않는 손"과 마르크스의 공산적 사회주의가 말하는 "프롤레타리아 독재" 사이의 투쟁은 신화 전쟁이 아니고 무엇인가? "철의 장막"을 통해 지구를 "자유 진영"과 "공산 진영"으로 나누는 것은 신화의 "냉전"이 아니고 무엇이란 말인가?

나는 신약성경에 대한 문학적 비평의 선구자인 아모스 와일더Amos Wilder에게서 신화 전쟁이라는 표현을 빌렸다. 그는 "상징주의가 아니라 예수의 상징 … 상징의 사회심리학적 영역과 문화적 역동성의 모든 영역"1982:103에 대한 연구를 주장한다. 와일더Wilder는 소위 신약성경 기자들의 "신학"은 로마 제국주의와 팔레스타인 유대교의 지배적인 상징체계에 대한 도전이라고 말한다. 그것은 "이야기는 물론 모든 삶의 양식과 행위와 윤리를 포함하는 제의 대 제의의 대결"이다.1982:37 와일더는 성경 텍스트에서 문화적 담론의 장식을 벗겨내려 했던 불트만의 "탈신화화"프로젝트가 오히려 그들이 말하는 사회적 갈등과 분리된 추상적 개념을 만들어내었다는 사실을 잘 보여준다. 나는 탈신화화 프로젝트가 잘못되었다는 관점에 동의한다. 따라서 우리는 탈신화화에 초점을 맞추기보다 신화가 정치적 담론으로서 어떤 기능을 하는지에 초점을 맞추어야 한다.

2. 정당화 및 전복에 대한 이데올로기 전략

사회적 실재와 갈등에 대한 상징적 담론을 가리키는 또 하나의 용어는 이데올로기다. 나는 이것이 관심의 초점을 흩트릴 수도 있는 문제적 용어라는 사실을 알고 있다. 이데올로기는 오늘날 대부분의 사회과학자가 사용하는 전문용어 가운데 하나지만 용어에 대한 정의는 특별히 마르크스주의자 가운데서 논쟁이 되고 있다. 북아메리카에서 이데올로기는 정치적, 철학적 반대자의 이론을 경멸적으로 묘사할 때 사용된다. 그러나 이 단어는 이 책에서 핵심적인 역할을 한다. 따라서 나는 "이데올로기"라는 단어를 사용한 이유 및 방법에 대해 명확히 제시하고자 한다.

나는 프랑스 혁명 기간에 처음 나타난 이데올로기라는 단어의 역사에 대한 켈너D. Kellner 1978의 명석하고 유익한 개요를 추천하고자 한다. 그러나 역사적 유물론에 대한 자신의 철학 때문에 이 단어를 재규명한 사람은 칼 막스다. "의식이 삶을 결정하는 것이 아니라 삶이 의식을 결정한다."Kellner, 1978:40 따라서 "Ide-ology"는 사회적 산물인 이념idea에 대한 연구를 의미하게 되었다. 막스는 이데올로기를 "거짓 의식", 즉 사회적 지배 그룹이 그들의 계급적 특권을 강화하고 혼란을 야기하기 위해 만들어낸 망상에 대한 담론으로 규정하려는 경향이 있다. 레닌은 이데올로기가 계급적 용어라고 주장한다. 노동자계급은 진보적이고 혁명적인 이데올로기를 발전시키며, 지배계급은 반동적이고 보수적인 이데올로기를 발전시킨다는 것이다. 켈너에 따르면 이 용어가 모든 사상을 오직 경제적 부수현상으로만 보았던 엄격한 유물론에 점차 가까워진 것은 레닌의 영향 때문이었다.ibid.:47 코르쉬Korsch, 그램지Gramsci, 루카스Lukacs와 같은 후기 마르크스주의자들은 보다 변증법적인 방법을 사용함으로써 사상과 유물론적 기초 사이의 "상호 작용"을 수용했다.

이것은 "지식의 사회학"sociology of knowledge으로 알려진 학문 분야를 낳았으며, 만하임K. Mannheim의 『이데올로기와 유토피아』*Ideology and Utopia* 1929에 의해 대중화되었다. 지식의 사회학은 "사회의 구조적 제도와 문화적 제도 사이의 상호작용"을 연구하고Carlton, 1977:19, 이데올로기를 "실재하는 사회 구조"에 대한 인식 과정에서 가장 고차원적인 추상적 개념이라고 규명한다. 홀츠너B. Holzner는 이데올로기를 "최고의 상징"master symbol으로 정했다.1972:145 베르거Berger와 루크만Luckmann에게 이 상징적 세계는 "진정한 주관적 의미와 사회적으로 객관화된 모든 것…역사를 가진 사회적 산물의 모체"로 인식되었다.1967:95 이하 따라서 사회적 실재에 대한 상징적 담론은 보편적인 문화 현상이다.상세한 내용은 앞서 인용한 저서 외에도 Geertz, 1973 및 Schutz, 1967을 참조하라

나는 상징과 사회가 항상 상호 작용한다는 생각을 지지하며Sykes, 1980, 웹스터의 국제 사전Webster's Third International Dictionary 3a에 나오는 정의를 취한다. 즉, 이데올로기는 "인간의 삶과 문화에 대한 사상이나 개념의 체계적, 통합적 구조"라는 것이다. 나는 가트월드의 견해를 지지한다.1979:65 그러나 만일 독자에게 이데올로기라는 용어가 수사학적인 문제를 야기한다면 "세계관"이나 "준거의 틀"또는 "사회적 전략"이나 "구체적 관념 이론"이라는 용어로 대체해도 좋다. 이런 용어들은 대체로 동의어에 해당한다. 카살리스Georges Casalis가 마오쩌둥을 따라 말한 것처럼, 우리가 잊지 말아야 할 것은 "사상은 하늘에서 떨어지는 것이 아니라 사회적 실재로부터 나온다."1984:vii라는 사실이다. 이것은 특히 신학교육을 받고 이상주의적 전통에 물든 자들이 상기해야 할 내용이다. 마르크스 전통과 관련하여 또 한 가지 알아두어야 할 것은 이데올로기에 관한 연구는 상징적 담론이 사회적으로 어떤 역할을 하는가에 대한 것뿐만 아니라, 누구를 위한 것인가에 대해서도 판단한다는 것이다.

마르크스주의 학자와 반마르크스주의 학자들 사이에는 이데올로기적 담론이 두 개의 기본적 방식 가운데 어느 한 가지 방식을 따라 기능한다는 공감대가 형성되어 있다. 그것은 지배적 사회 질서를 정당화하거나, 아니면 전복한다. 베르거는 이 두 가지 기능에 대해 "세계를 유지하는"world maintenance 기

능과 "세계를 흔드는"world shaking 기능이라고 부른다.1969년 정당화 기능은 사회적 실재의 정당성을 찾으며, "그것이 추구하는 것들에 대해 규범적 권위를 부여한다."Berger and Luckmann, 1967:93 이것이 바로 켈너가 그램지를 따라 주장한 "패권적hegemony 이데올로기"다.

> 이것은 대중에게 자신의 사회와 생활양식이 당연하고 유익하며 정당하다고 생각하도록 사람들을 이끌어가는 '현상황'을 가리키는 말로 광범위하게 수용되었다. 패권적 이데올로기는 이런 식으로 일상적인 의식으로 바뀌며, 사회적인 유대감과 안정을 위한 강력한 힘이라고 할 수 있는 "간접적 통치"의 수단으로 사용된다.… 그들은 특정 지배 제도와 사상을 정당화하는 경제적, 국가적, 교육적 이론을 제공하며 순응자가 되어 수용할 것을 지시한다.1978:50

특별히 신학적인 담론은 지배적 질서를 베르거가 말하는 "거룩한 차양"으로 가린다. "종교적 정당화의 중요한 비책은 인간적 산물을 초월적 또는 비인간적 실재로 바꾸는 것이다."1969:89 이것은 신적 신분을 인정하는 신학을 통해 계급 구분이 정당화되는 라틴 가톨릭의 "유기적 조직"이라는 개념에서도 나타나지만, "명백한 섭리"나 사회적 다원주의, 또는 계급투쟁의 "역사적 필요"에 대한 호소와 같은 세속적 원리에서도 찾아볼 수 있다.

또한 이데올로기는 두 개의 논증적 전략 가운데 하나를 따라 지배적 질서를 무너뜨리는 기능도 한다. 개혁적 전략은 대체로 지배적 질서 안에 있는 준거점으로부터 시작하며, 기존의 상징에 새로운 의미를 부여하려 한다. 이러한 호소는 "미국을 건국한 조상들의 전통"으로 돌아가야 한다는 뉴라이트의 향수 어린 촉구에서 볼 수 있듯이, 이전으로 돌아가는 역행적 변화를 추구한다. 또한 개혁적 전략은 자신의 이데올로기를 시현하지 못한 체제라는 점에서, 아직 진행 중이라고 할 수 있다. 마틴 루터 킹의 권리 장전에 대한 호소는 대표적인 사례다.

반면에, 혁명적 전략은 일반적으로 지배적 상징 제도를 전적으로 거부하고, 지금까지의 관계를 근본적으로 재설정하거나 완전히 다른 새로운 관계를 맺을 것을 호소한다. 이러한 이데올로기적 프로젝트는 새로운 상징을 도입하는 동시에 그것을 정당화해야 하며, 옛 상징의 "권위를 실추시키는" 행위도 불사한다. 여호와의 증인이나 후터라이트에게서 볼 수 있듯이, 지배적 질서를 변화시키거나 무너뜨릴 생각을 하지 않는 경우도 있다. 이것은 뒤로 물러나 "반대 문화"를 형성하는 전략이다. 관용적이거나 다원적인 환경 속에서 이러한 활동은 지배적 질서에 사소한 위협이 될 뿐이다. 전복적 이데올로기가 대중의 "마음과 생각"을 얻기 위해 용감히 싸울 때, 갈등은 "신화 전쟁"에 돌입하게 된다. 이 경우, "전복세력"들은 이데올로기적 반격의 표적이 되며, "실재를 '공식적으로' 정의하는 상대는 … 이러한 이단적 도전에 맞서 '공식적' 사회를 유지하기 위해 만든 다양한 개념적 장치를 가동한다."Berger and Luckmann, 1967: 107

당연한 말이지만, 혁명적 이데올로기는 일단 지지자들이 정치 권력을 손에 넣은 후에는 즉각적으로 패권적 이데올로기로 변질될 수 있으며, 실제로 그렇게 하고 있다. 우리는 콘스탄틴 이후 기독교, 봉건제를 무너뜨리는 데에 성공한 부르주아 혁명프랑스 및 미국 혁명, 그리고 오늘날의 마르크스주의로부터 이런 사례를 발견할 수 있다. 무엇보다도 마르크스적 공산주의는 "부상하는 사회주의 사회 제도를 정당화함으로써 새로운 사회주의 엘리트 지배층의 이익을 정당화하는 '논리적 근거'가 되었다."Kellner, 1978:47 그러나 이 경우, 혁명에서 시작해서 패권으로 변질된 이데올로기는 해방신학자들이 주장하는 소위 "파괴적 기억"을 가지고 있으며Welch, 1985:32 이하, 이러한 파괴적 기억은 같은 전통 안에서 새로운 운동의 씨앗이 될 수 있다. 이것은 기독교, 자유 자본주의, 마르크스주의, 그리고 마가복음 해석과 직접적인 관계가 있는 유대교

등의 이데올로기 체계에서 발견된다.

한 마디로, 이데올로기적 담론과 관련해서 정해진 공식은 없다. 사회적, 역사적으로 주어진 상황 속에서 이데올로기는 전복적이거나 패권적인 역할을 할 수 있지만, 특정 상황에서 해방적이었던 주제일지라도 그와 다른 상황 속에서는 압제적인 주제가 될 수 있다. 특정 이데올로기의 사회적 기능은 확실하게 자리 잡은 정치적 경제적 권력 질서와의 구체적인 관계를 떠나서는 파악하기 어렵다. 예를 들어 보편적이고 상징적인 세계에 대한 논의가 이루어지고 있는 곳에서의 신화 전쟁은 분별하기 어렵다. 겉으로는 합의된 것처럼 보여도 실제로는 전혀 다른 생각을 하는 경우도 있기 때문이다. 따라서 사회-정치적 분석은 상징적 담론으로서의 이데올로기에 관한 연구에 매우 중요하다. 그런 분석이 빠진 지식의 사회학은 비평가들이 염려하는 상황에 직면할 수밖에 없다. 그것은 단지 사상의 역사에서 찾아볼 수 있는 또 하나의 교묘한 지적 활동일 뿐이다. 전복적이거나 정당화하는 이데올로기적 담론을 "해석"함으로써 그들이 표방하는 구체적인 사회적 전략을 분별하는 작업은 나의 마가복음에 대한 정치적 접근에 있어서 중요한 전제를 이룬다.

3. 이데올로기적 지식으로서 신학

이데올로기적 담론에 대한 "해석"은 새로운 것이 아니다. 그것은 월터 벤자민Walter Genjamin과 에른스트 블로흐Ernst Bloch와 같은 전후 비평 이론가들에게까지 거슬러 올라간다.Lamb, 1930 프랑크프루트학파는 "현실의 난폭한 칼날을 감추고 이상적인 관점을 제공하며… 복잡한 사회적 절차와 실천을 단순하고 자연스러우며 안정적인 상황으로 바꾸려는" 패권적 이데올로기의 성향에 초점을 맞춘다.Kellner, 1978:54 조지 오웰의Orwellian "이중 화법"double speak은 미국의 행정부에서도 여전히 볼 수 있다. 그들은 제3세계의 게릴라예를 들면, 앙골라나 니카라과들을 "자유의 전사"라고 부르면서, 또 다른 이웃 나라가령, 나미비아나 엘살바도르의 게릴라들에 대해서는 "테러리스트"라고 부른다. 전략 무기 분야, "미니트맨"Minutman, "평화 수호자"peace-keeper, "핵우산"과 같은 전략 무기 분야만큼 언어가 신화화 된 곳은 없다.

오늘날 세속적 사회의 합리주의에 대한 온갖 자부심에도 불구하고, "역사적으로 오늘날처럼 다양한 방식으로 속았던 시대는 없었다."1981:60 이하는 제임슨의 말은 옳다. 우리는 일상의 정치에서 만나는 다양한 문화적 텍스트를 "해독"하는 법을 배워야 한다. 그것은 사실상 "최면제"와 같은 역할을 하기 때문이다. 경찰 고문실, 군사 무기 거래, 여성 강간, IMF의 경제적 협박, 암살단, 엘리트사회의 가격 담합, 그리고 대륙간탄도미사일ICBM의 배후에는 평범한 사람들의 마음 속에 살인을 정당화하고 아름답게 치장하며 재생산하는 이데올로기적 시스템이 존재한다. 따라서 제국의 인프라에 도전하고 싶다면 마가복음의 이데올로기적 담론을 해석할 때 사용하는 것과 동일한 방식을 적극적으로 활용해야 한다.

이데올로기적 담론을 비이데올로기적 현장에서 해석할 수 있는가? 1960년대 말과 70년대 초, 북대서양 신학자들 가운데 자신을 "정치 신학자"라고 불렀던 한 단체는 그렇게 할 수 있다고 믿었다.Richardson, 1974 그중에는 다음과 같이 주장했던 저자도 있다.

> 이데올로기적 왜곡은 어떤 이데올로기적 입장도 전제하지 않는 신학을 통해 밝혀져야 한다. 이 작업이 이데올로기에 대한 신학적 비판을 통해 일어난다면, 두 이데올로기 사이에 또 하나의 이데올로기 다툼만 불러일으키게 될 것이다
> Obayashi, 1975:392

예상된 일이지만, 신화 전쟁에 뛰어들기보다 그보다 "높은 곳에" 서고자 했던 시도는 해방신학자들의 표적이 되었다.Segundo, 1986:80 세군도에게 있어

서 라틴 아메리카의 구체적인 상황에서의 십자가 신학은 자본주의와 사회주의 가운데 하나의 이데올로기만 선택하라고 요구한다. 1979:247; Moltmann, 1975 참조 정치 신학이 제대로 보지 못했던 것은 이 패권적 이데올로기는 오직 전복적 이데올로기를 통해서만 맞서 싸울 수 있다는 것이었다. 그뿐만 아니라 정치 신학은 복음서 기자들이 당시 이데올로기 다툼에 있어서 단순한 관찰자가 아니라 신화 전쟁에 깊숙이 개입한 사실을 알지 못했다.

이 전쟁은 교회와 대적들 사이에서뿐만 아니라 히틀러 치하의 고백교회의 경우, 비기독교 이데올로기들 이란과 이라크의 무슬림 사회 체제의 다양한 관점들 사이에서도 일어난다. 그러나 기독교의 역사적 유산을 생각할 때 기독교의 이데올로기적 문맹 퇴치는 반드시 기독교 안에서 시작되어야 한다. "진정한 신학 작업은 교회를 거짓 신학으로부터 해방하는 것이다." Comblin, 1979:63 그리스도인의 신화 전쟁은 제의와 성상, 설교와 정치, 신학교와 도시의 한 구역 사이에서도 벌어진다. 사회적 갈등이 깊어질수록 교회 안의 이데올로기 다툼은 더욱 심화된다.

이 다툼은 불가피하게 기독론에 집중될 수밖에 없다. "라틴 아메리카의 가까운 미래에 대한 우리의 전망은 우리가 혁명가들과 보수주의자들의 양쪽 진영으로부터 '그리스도들'을 계속해서 발견하게 되리라는 것이다." Assman, 1979:138 이하.: Bussman, 1985; Bonino, 1984; Trinidad, 1984 한국에 있는 미국 복음주의자들은 '자본주의 기적'을 이루어낸 이 아시아 국가에서 증가세에 있는 도시 거주 경영자 계급의 사회화를 위해 군사 정권과 협력하여 부흥을 지원하고 중산층에게 도덕적 그리스도를 전하고 있다. 한편으로 착취당한 산업 근로자들을 돌보고 있는 그리스도인들은 압제당하고 있는 자들이나 민중의 그리스도에 대해 말한다. Suh, 1983:155 이하 이 기독론적 신화 전쟁은 시인이자 극작가인 김지하Kim Chi-Ha의 글에 나타난다. 앞의 책, 60 이하

우리는 미국의 과거와 현재에서도 똑같은 투쟁을 발견할 수 있다. 우리는

19세기 중반 노예 해방 전쟁 과정에서 백인 노예 소유주가 따랐던 강력한 성찰적, 훈계적 그리스도를 발견한다.억압적 가부장제에 관한 연구 노예제 폐지를 주장하는 백인들의 예수는 주로 내면의 양심을 부드럽게 어루만지는 퀘이커교로부터 사회 정화에 앞장서서 헌신했던 감리교에 이르기까지 발견된다. 농장소유주들은 경건한 흑인 선교사 존스C. C. Jones의 수동적이고 순종적인 예수를 따랐으며, 냇 터너Nat Turner의 설교에 나타난 반체제적이고 보복적인 그리스도를 두려워했다. 아마도 그들은 흑인 영가에 나타난 사회-정치적 상징들을 결코 이해하지 못할 것이다.Witvliet, 1984:62 앞서 언급했듯이1장 B, 1, 오늘날 니카라과에서 싸우고 있는 미국 용병과, 해방 전선의 일원인 산디니스타Sandinista는 둘 다 그리스도를 찾고 있다. 베트남전 당시 국내의 혼란이 가중된 상황에서 볼 수 있듯이, 구체적인 역사적 사건에는 언제나 슬픔과 고통이 따르며, 신학적 다툼은 교회의 분열로 이어진다. 그렇다면 대안은 무엇인가? 우리는 정치적 침묵을 대가로 그리스도인의 연합을 추구하는 화목의 신학에 대해 의심하지 않을 수 없다.

지금까지의 내용을 요약하면, 신학의 마땅한 소임은 정치적 해석학의 중요한 분야인 "이데올로기에 대한 분석"의 실천이라는 것이다. 이것은 기독교 신학을 포함한 해방적 이데올로기가 압제적인 패권적 이데올로기로 변질되는 시점에 대한 분별력을 요구한다. 이 작업은 중립적 현장에서는 결코 이루어질 수 없으며, 이데올로기에 길들여지는 것을 반대하는 동시에 다른 이데올로기적 체제에 대한 절대화에 맞서라고 경고하는 "절대적으로 전복적인" 특징을 견지하는 복음의 관점에서 이루어져야 한다.

1D. 이데올로기적 내러티브로서 복음서

교회에서 기독론 및 정치학에 대한 엇갈린 주장들을 분별하는 출발점은 예수 이야기를 다시금 새롭게 읽는 것이다. 그러나 역사적, 의미론적-문화적으로 멀리 떨어져 있는 세계에서 나온 내러티브 텍스트인 복음서의 이데올로기적 담론을 어떻게 읽어야 할까? 이것은 곧바로 주석학적 방법론에 대한 문제를 제기한다. 나는 다음의 짧은 논의에서 가장 최근에 나온 두 가지 성경 비평 방법론이 마가복음에 대한 정치적 해석에 있어서 "필요는 하지만 충분하지는 않다"는 사실을 보여줄 것이다. 이러한 방법론적 이슈에 관해 관심이 있는 독자는 이 책에 인용된 참고문헌을 참조하기 바란다.

1. "창문": 역사비평과 사회학적 주석

피터슨N. Petersen은 다음과 같이 기록한다.

> 오늘날, 성경 연구 지도는 십여 년 전의 지도와 다르다. 차이점은 오늘날의 지도에 두 개의 새로운 길이 추가되었다는 것이다. 크게 나누면, 하나는 문학비평적 방법이고 다른 하나는 사회학적 방법이다.1985:1

두 개의 길이 많은 유익을 주었다는 것은 분명하지만, 양자는 여전히 의견의 일치를 보지 못하고 있다. 그 이유를 알기 위해서는 역사비평 방법이 처한 위기를 들여다보아야 한다.

정치적 해석은 복음서와 복음서에 나타난 구체적인 역사적 상황과의 분명한 관계를 찾는 것이지만, 이 관계의 정확한 본질을 결정하는 것은 결코 간단하지 않다. "역사적 예수에 대한 탐구"와 관련된 많은 과제를 무시하는 경향이 있는 일부 해방신학자들은 외견적 텍스트로부터 사회-정치적 실천의 증거를 직접 추론하고 싶어 한다. 그러나 우리는 비록 '역사비평이 복음서를 역사화하고문자적 해석 조화하려는사복음서 간의 통합 노력을 하지 않았음'에도 불구하고, 한 세기 이상 이어온 역사비평을 무시해서는 안 된다.

역사비평은 텍스트와 텍스트가 말하는 역사적 인물 및 사건과의 관계를 정립하는 문제에 초점을 맞춘다. 우리는 복음서에 대한 비교 연구를 통해, 복음서의 각 권이 책을 회람한 초기 공동체의 필요와 태도에 상당한 영향을 받았음을 알 수 있다. 즉, 복음서는 예수의 삶에 "대한" 책일 뿐만 아니라 초기 교회의 삶에 "대한" 책이기도 하다는 것이다. 이 사실을 받아들인 형식비평은 텍스트에 포함된 다양한 층의 원시 전승을 밝히는 작업을 시작했다. "차이점의 기준"Perrin, 1967과 같은 방법론을 사용한 형식비평은 그들이 초기 교회 전승으로부터 "진정한" 층의 전승즉, 예수의 직접적 말씀을 떼어낼 수 있을 것으로 믿었다.

편집비평은 복음서 기자가 이러한 전승을 어떻게 배열하고 편집하였는지에 초점을 맞추었다.Marxsen, 1969 이 편집적 분석은 예수의 신학까지는 바라지 않았으며 복음서 기자의 "신학"으로 만족했다.J. M. Robinson, 1982 그러나 "새로운" 탐구가 불가피했다.

> 칼러Kahler는 초기 교회가 예수에 대해 믿었던 역사게쉬히테와 실제로 일어났던 역사히스토리를 구분한다. 적어도 부분적으로나마 불트만의 회의론에서 갈라져 나왔다고 할 수 있는 이 케리그마 신학은 게쉬히테에 대해 우리가 도달할 수 없는 영역이기 때문에 중요하지 않다고 생각한다.Baird, 1969: 154

이처럼 역사비평은 실존주의 해석학의 역사적 양면성을 도피처로 삼는다.

새로운 사회학적 접근 방식은 이상주의적 성향을 거부하고 사회과학으로 돌아섬으로써 역사비평의 프로젝트를 구원하고자 한다.Scroggs, 1980; Kee, 1980 한편으로, 이 접근 방식은 신약성경 시대의 경제적 정치적 실물데이터을 확보하기 위해 비교 역사적 자료를 추출해 내는, 전통적으로 "비본질적 비평"이라고 불리던 방식에 대해 새로운 관심을 높였다.J. Smith, 1975:19 이하 다른 한편으로, 사회학적 주석은 텍스트와 텍스트가 반영하는 "사회적 세계" 안에서 사회적 지표와의 상호관계를 찾는 "본질적 비평"을 수행한다. Elliott, 1981:1 이하

역사비평의 사회학적 방향 전환은 환영할만한 발전이지만, 정치적 해석학의 관점에서 볼 때는 두 가지 중요한 퇴보가 나타난다. 첫째로, 북대서양 학자들은 마르크스주의 모델과 달리 사회적 갈등의 역할을 축소하려는 베버와 뒤르케임 Weberian and Durkheimian 의 사회학적 모델 특히 오늘날의 구조적 기능주의와 같은 을 사용하는 경향이 있다는 것이다. Mosala, 1986; 이 분야의 대표적 연구는 Elliott, 1986이다 결국 이러한 경향은 초기 기독교 운동을 정적주의 quietist 와 사회적 보수주의로 규정해버린다. Theissen, 1978과 그의 반대자 Stegemann, 1984:148 이하; Elliott, 1986:10 이하 마찬가지로, 텍스트의 사회적 세계를 조사하기 위해 지식의 사회학을 이용하는 사람들 "상징적 상호작용주의자"로도 불린다 도 신화적 담론에 대한 정치적 해석에 관심을 보이지 않고 분파주의 운동을 경멸하는 사회학적 풍자에 동조함으로써 제한적인 관점을 보여준다. Gager, 1975:2 이하; Remus, 1982: D. Peterson, 1977; 아래, 2장 A, F; 14장 A 참조

둘째로, 오늘날 사회학적 주석의 대부분은 역사비평의 도구와 가정을 받아들이며, 삶의 정황 Sitz im Leben 을 재구성하기 위해 전승을 조각내는 형식적이고 편집적인 분석을 사용한다는 것이다. Buss, 1978 이곳에 함축된 중요한 전제는 텍스트 안에 "실제 역사"로 침전된, 전승 발전의 "배후"에 도달하는 것이 가능하다는 것이다. Freyne, 1985 피터슨의 주장처럼, 역사비평가는 "텍스트와 텍스트의 원자료 사이의 관계에 초점을 맞춤으로써 텍스트를 무시한다." 그들은 마치 텍스트가 역사적 사건을 들여다보기 위한 "창문"이라도 되는 것처럼, 목적지로 가기 위한 하나의 수단으로만 생각한다. 1978:19 그들은 텍스트보다 문자로 기록되기 전의 가설적 전승에 더 높은 가치를 부여하지만, 이것은 방법론적으로 문제가 있는 접근 방식이다. 앞의 책, 1-20

역사비평가는 텍스트를 역사적 지식의 핵심이 아니라 방해물로 봄으로써

독자와 텍스트의 직접적인 관계를 분리한다.Wink, 1973:29,35 또한 예수는 선지자의 전승을 해석하고, 초기 기독교 구전은 예수를 해석하며, 마가는 구전을 해석하고, 우리는 마가를 해석하는 식의 해석학적 과정의 지속성을 부인한다.

> 텍스트는 언제나 이미 해석된 채로 우리 앞에 제시된다. 우리는 누적된 기존의 해석을 통해… 물려받은 해석학적 전승에 의해 발전되고 누적되어 온 해석의 습관과 카테고리를 통해… 텍스트를 이해한다.Jameson, 1981:9

사실상 역사비평가는 이 과정에서 벗어날 수 없다. 와이만Weimann은 "해석이 없는 역사"에 대한 탐구는 잘못된 것이며, 반드시 "받아들임의 미학"이라는 전통적 역할로 돌아와야 한다고 주장한다.1976:13

2. "거울": 형식주의와 문학비평

역사비평의 문제점은 또 하나의 다른 "길"인 문학비평으로부터 강력한 공격을 받았다. 문학적 관점은 복음서를 크고 작은 지적 정보와 솜씨로 짠 전통들의 패치워크여러 가지 천 조각을 서로 꿰매어 붙여 만든 천가 아니라 내러티브라는 소재로 짠 하나의 원단으로 본다. 문학비평은 텍스트의 배후를 들여다보는 대신, "일련의 다양한 조각이 어떠한 상호 연결을 통해 하나의 통일성 있는 전체를 형성하는지에 대해 살펴본다."N. Petersen 1978:19 이제 텍스트는 더 이상 "창"이 아니라 텍스트 자체의 복잡하고 풍성한 삶을 반영하는 "거울"로 볼 수 있다.

북아메리카 마가복음 연구소장 페린Perrin의 1976년 논문에서 볼 수 있는 것처럼, 이러한 접근은 공관복음, 무엇보다도 마가복음 연구에 지대한 영향을 미치기 시작했다. 그는 편집비평적 분석은 "마가복음 해석에 적합한 비평 방식이 아니다. 왜냐하면 복음서 기자의 문학적 행위를 지나치게 편협한 관점에서 규명하기 때문이다.… 따라서 내적 역동성을 가진 일관성 있는 텍스트로서의 마가복음 본문에 대한 정당한 해석으로 보기 어렵다"는 결론을 내린다.1976:120 1980년대 후반 이후에 출간된 마가복음에 관한 책은 대체로 내러티브 분석에 치중하는 경향이 있다.

완전한 내러티브로서 마가복음 해석의 새로운 입장과 경향을 구성하는 데 큰 도움이 되는 두 권의 비전문적 저서가 있다. 켈버W. Kelbr의 『마가의 예수 이야기』*Mark's Story of Jesus*라는 개론서는 "전통과 편집" 논쟁에 휘말리지 않는 마가복음 해석의 생존가능성을 보여준다.

> 우리가 마가의 이야기를 이해하려면, 어떤 면에서는 마태나 누가나 요한의 이야기를 잊어야 한다. 마가복음 해석은 마가의 텍스트에 대한 한결같은 집중을 요구한다.1979:12

또한 이 책에는 복음서의 구조에 대한 매우 설득력 있는 통찰이 포함되어 있다.

로즈와 미키Rhoads and D. Michie의 『이야기로서 마가복음: 복음서의 내러티브에 대한 개론』*Mark as Story: An Introduction to the Narrative of a Gospel*, 1982은 마가복음의 문학적 특징을 요약한 훌륭한 입문서이다. 나는 이 책을 "서사론"narratology이나 문학적 분석에 대한 개론을 원하는 독자에게 추천한다.

그러나 문학비평적 접근도 한계를 드러내었다. 문학비평은 역사주의를 극복하는 것을 두려워한 나머지, 텍스트를 모든 역사적 지시성으로부터 벗어나게 했다. 대신에 "내러티브 세계"로 언급된 본문에 대해서만 유일하게 초점을 맞추었다. 모든 이야기는 "자체적인 통일성, 자체적인 과거와 미래, 자체적인 가치관 및 자체적인 의미 세계를 갖춘 배타적이고 자기충족적인 세계를 가지고 있다"는 것이다.Rhoads and Michie, 1982:4 따라서 내러티브 세계는 "하나의 내러티브가 시공세계 안에서 행위자나 행위에 대해 함축하고 있거나 표현하고 있는 진술들의 총합"N. Petersen, 1978:40이다. 또한 등장인물, 배경, 플롯 및 가능성을 구성함으로써 이 세계를 "소설화"하는 것조차 문학적 특징이기 때문에, 실제 세계와 일치시키려는 시도는 "지시적 오류"referential fallacy 본문이 지시하는 세계에 대한 오류라는 비난을 받는다.

> 이것은 실제 세계를 내러티브만 존재하는 곳에 잘못 두었다는 점에서 문학적 오류이며, 역사가는 반드시 내러티브 세계의 증거로서의 가치evidential value를 입증해야 한다고 생각한다는 점에서 역사적 오류이기도 하다.앞의 책: 4

오늘날 문학비평은 형식주의로부터 지대한 영향을 받았다. 형식주의는 20세기 중엽, '자율적인 문화적 객체로서 문학적 텍스트'의 지위를 확보하기 위해 격전을 치렀던 운동이다. 이 입장은 문학 이론에 있어서 "심미주의"aeth-eticism라고 불리며, 문학을 기호와 상징의 폐쇄적 시스템이라고 주장한다.기호 이론에 대해서는 N. Petersen, 앞의 책을 참조하라 문학의 구조주의에서 텍스트는 세상에 대한 것이 아니라 통어적 관계 또는 신화적 자기모순Levi-Strauss에 따르면에 대한 것이다.마가복음에 대한 구조주의 해석자인 E. Malbon, 1982의 저서 참조 또 한 명의 지지자는 다음과 같이 주장한다.

> 구조주의 비평은 지시적이라는 인식이 널리 퍼져 있지만, 이러한 인식과는 달리 텍스트의 의미를 비문학적인 것, 즉 역사적, 사회적, 관념적인 것에 대한 지시언급로부터 끌어내지는 않는다. 오히려 구조주의 비평은 축적된 형식적 문학의 가능성을 텍스트가 어떤 식으로 "지시"하는지를 보여준다.… 역사적 분야와 문학적 분야는… 뚜렷이 구별되어야 하며 서로 혼동하지 않도록 주의해야 한

다.Patte, 1976:iv

소위 신비평의 이데올로기는 "역사적인 성향의 비평가조차 형식주의를 넘어서는 것이 어렵다고 생각할 만큼 강력하고 지배적이다."Weimann, 1984:3

역사비평이 텍스트의 내러티브적 순수성을 외면한다면, 문학비평은 텍스트의 역사적 순수성을 외면한다. 확실히 심미주의적인 문학적 분석은 정치적 해석의 가능성을 전적으로 배제한다. 이런 사실은 우리의 사회 형성과정의 신비를 통해 알 수 있다.

> 재현representation에 부정적인 탈구조주의 사상에 의해 제기된 문제들의 시급성을 과소평가해서는 안 된다. 이것은 무엇보다도 수많은 해석 및 재현정치적 상관물을 포함하여이 "사실을 축소하고 억압하며 생략하는 재능의 테크닉"을 형성한다는 사실을 보여줄 때 더욱 그러하다.Weimann, 1984:291 이하

와일더조차 심미주의는 "공적인 영역의 중요한 활동에서 소외된 개인적 경험"의 산물이며… 오늘날의 문화적 위기 및 그것의 텍스트와 연관되어 있다는 사실을 인정한다.1982:18 이런 소외가 성경 텍스트를 산출한 문화와 무관하다는 것은 두말할 필요도 없다. 성경 텍스트는 언어와 내러티브의 지시성을 가정하는 심미주의나 역사주의를 알지 못한다! 이글턴T. Eagleton은 오늘날의 탈구축이론의 기원에 대해, 급진적 정치학이 실패로 끝난 1960년대 후반으로까지 거슬러 올라간다. "탈구조주의는 국가 권력의 구조를 무너뜨리지 못했다. 하지만 그 대신에 언어의 구조를 무너뜨리는 것은 가능하다는 사실을 알았다."1983:142 상세한 내용은 마르크스주의 비평가 윌리엄스R. Williams, 1977:166 이하 및 이글턴1976, 1983의 심미주의 비평을 참조하라.

우리는 오늘날 성경비평의 두 '길'이라고 할 수 있는 문학적 분석과 사회학

적 분석 가운데 어느 한쪽만으로는 정치적 해석에 적합하지 않다는 결론을 내릴 수밖에 없다.

> 전자는 우리를 상상의 세계로 이끄는 자유분방함을 제공한다. 후자는 사실과 주제에 대한 탐구를 통해 이야기 안에서 온전한 의미를 제거한다.Wilder, 1982:32

그러나 두 길 모두 중요한 개선책을 제시한다. 서로 대립적 관점에서 맞서 있는 두 통찰력을 결합할 수는 없는 것일까? 이 질문은 역사비평과 문학비평을 소위 "문학적 사회학"이라는 분야로 결합하는 결과로 이어졌다.

3. 모든 내러티브는 정치적이다: 문학적 사회학

문학적 사회학은 마르크스주의자들의 문화 비평과, 텍스트의 사회적 의미는 물론 텍스트의 생성과 관련된 결정적인 사회적 요소를 찾으려는 그들의 관심으로부터 시작되었다.Laurenson and Swingewood, 1972:78 이하 문학적 사회학은 심미주의에 맞서 비본질적 요소도 간과해서는 안 된다고 주장하고, 텍스트의 생성에 대한 물질적 영향즉, 후원금, 출판 기술, 시장 및 소비과 사회적 영향저술 당시 저자의 사회적 지위와 역사적, 경제적, 이데올로기적 상황을 조사했다. 그러나 골드만L. Goldmann1980을 비롯한 형식주의자들은 문학적 사회학이 장르와 구조, 그리고 이데올로기의 가치관 및 전략을 드러낸 내러티브의 내용에 초점을 맞춘 본질적 비평에 노력을 집중해야 한다고 설득했다.

최근에는 실제 현실 세계속에서 경제적, 사회적 및 정치적 관계를 표현하기 위해 사용하는 텍스트의 심미적 코드를 연구하는, 소위 "유물론적 비평"이 부각되고 있다. 본질적으로, 지시적 오류의 해법은 내러티브 제도가 상징적 담론의 한 형태이기 때문에 그 자체가 이데올로기적 제도라는 사실에서 찾아야 한다. 언어와 마찬가지로, 내러티브는 인간이 자신의 세계를 해석하고 "표현하는" 다양한 기호 체계다. 이런 의미에서 문학 텍스트의 "내러티브 세계"와 저자의 "상징적 세계"나 이데올로기 사이에는 직접적인 상호관계가 존재한다. 이데올로기적 산물로서의 내러티브 시스템은 특별한 사회적 세계관을 표현하며 특정한 사회-역사적 전략을 "기호화"하거나 "의미화"한다.

영국의 마르크스주의 비평가 이글턴Eagleton은 내가 이곳에서 설명하려고 하는 드라마 대본의 "생산"에 대해 의미 있는 추론을 제시한다. 윌리어 스티론William Styron의 소설 『지혜의 선택』*Sophie's Choice*을 예로 들어보자. 이 소설의 주제, 즉 이 소설이 말하고자 하는 것은 나치 강제 수용소와 그곳에서 살아남은 자에 대한 역사적 드라마다. 그러나 확실히 이 소설은 인물묘사, 관점, 플롯화와 같은 창조적 해석과 선택을 통해 역사를 우화적 소설fabulation로 바꾸어 놓는다. 이제 이 소설이 영화 시나리오로 각색되었다고 생각해보라.1980년대에 실제로 영화화되었다 내러티브는 카메라 앵글, 메릴 스트립의 연기력, 무대와 의상 등을 통한 해석이라는 또 한 번의 변신을 거치게 된다. 우리가 보는 화면은 두 차례 변신을 거친 "주제"다. 그것은 포로수용소와 그곳에서 살아남은 자들의 심리에 대한 역사적 사실을 재생산한 소설을 다시금 재생산한 것이다.

이글턴은 이 "생산의 생산"은 역사와 이데올로기와 문학의 관계와 유사하다고 주장한다. 이데올로기는 소설이나 드라마 시나리오와 마찬가지로 사회-역사적 실재에 대한 재생산이다. 문학은 극영화와 마찬가지로 이데올로기에 대한 재생산이다.앞의 책 p. 68

역사/이데올로기 → 드라마 텍스트 → 드라마 생산

역사 → 이데올로기 → 문학 텍스트

이 관계는 역순으로도 연구할 수 있기 때문에 우리는 텍스트에 대한 귀납적 해석을 통해 텍스트의 이데올로기와, 비본질적 관계의 도움으로 텍스트의 생산과 관련된 구체적인 사회-역사적 상황을 역추적할 수 있다.

이제 우리는 이런 식의 분석과 앞서 언급한C, 3 이데올로기적 담론에 대한 "해석" 사이의 상관성을 볼 수 있다. 문학적 사회학과 정치적 해석의 결합은 제임슨이 말한 것처럼 사회적인 상징적 행위로서 "문화적 인공물의 정체를 드러내는 다양한 길을 탐구하는" 방법을 제공한다.

> 그것은 정치적 관점을 오늘날 유행하는 해석을 돕기 위한 대안적 도구나 보충적 수단이 아니라, 모든 읽기와 해석의 절대적 지평으로 인식한 이러한 관점에서 볼 때, 문화적 텍스트 가운데 사회적이고 정치적인 것과 그렇지 않은 것을 구분하는 것은 어떤 오류보다도 더 나쁘다. 즉, 오늘날 삶의 물질화, 사유화 조짐 즉, 자본주의 하에서의 사회적 삶의 경향적 법칙은 … 개별적 주체로서 우리의 존재를 망가뜨리고 시간에 대한 우리의 인식을 마비시키며, 우리를 언어로부터 분리시킬 뿐만 아니라 그 이상으로 확실하게 변화시킨다.… 이러한 제약으로부터 벗어날 수 있는 유일한 길은 '사회적이거나 역사적이지 않은 것은 없다'사실상 모든 것은 "궁극적으로" 정치적이다라는 확실한 인식으로부터 시작한다.1981:17, 20

우리는 오늘날 다양한 형태의 이데올로기적 내러티브에 둘러싸여 있다. 예를 들자면, 뉴스 매체는 언제나 우리에게 '뉴스 생산자프로듀서'의 관점과 '뉴스 소비자'의 요구에 따라 고도의 이데올로기적인 선택 및 편집 과정을 거쳐 신중하게 만들어 낸 이야기라는 형식을 사용해서 세상에 대해 '보도한다.' 홍보용 매체는 정교하게 조작된 이미지나 30초 분량의 광고를 통해 생산품또는 소비자을 "영웅"으로 둔갑시킨다. 위대한 이야기를 만들어내는 TV와 영화가 사회화 및 이데올로기 형성에 중요한 역할을 한다는 것은 당연하다. 우리는 헤게모니와 전복적 요소와 대중의 내러티브 담론이 가지고 있는 각각의 기능을 구별하는 방법을 배워야 한다. 예를 들어 실베스터 스탤론Sylbester Stallone

이 주연한 영웅적인 경찰, 영웅적인 복서, 영웅적인 용병에 대한 영화는 확실히 고도의 개인주의와 광신적 애국주의라는 제국의 두 가지 이데올로기를 정당화하고 찬양하기까지 한다. 그러나 사방에서 볼 수 있는 연애 소설이나 TV 드라마도 이와 마찬가지로 지배적 사회 질서를 아무런 비판 없이 수용하고 규범화함으로써 그것을 정당화하는 역할을 담당한다.

거대 도시의 예술 및 엔터테인먼트의 정치적 규모를 고려할 때 전복적 내러티브는 광범위하게 확산되지 못했지만, 아예 찾아볼 수 없을 정도는 아니다. 현상에 대한 도전이 언제나 직접적인 방법으로 이루어지는 것은 아니다. 그것은 조나단 스위프트Jonathan Swift의 풍자나 최근 남아프리카에서 상연된 "워자 앨버트"Waza Albert에서 볼 수 있는 것처럼 해학과 조롱으로 표현될 수도 있다. 어슐러 르 귄Ursula Le Guin의 페미니스트/평등주의 소설에서 볼 수 있는 것처럼, 우리와 근본적으로 다른 성향의 단순한 소설 속에도 전복적인 힘이 존재한다. 사회 문화적 담론에 대한 이데올로기적 비평의 초기 실천가는 롤랑 바르트R. Barthes다. 그의 책 『신화』*Mythologies*1957는 격투기나 드라마 광고로부터 잡지 표지, 장난감, 음식에 이르기까지 다양한 일상적 상황과 텍스트를 다룬다. 이글턴은 이데올로기 비평에 대해 주장하기를, 고전 수사학 분야와 마찬가지로 "말하기와 쓰기, 시와 철학, 허구와 역사 기술을 포함해야 한다. 즉, 이데올로기적 비평의 지평은 바로 사회 전체의 실제적 현장이며, 그런 실재를 힘과 실행의 형태로 인식하는 데 특별한 관심을 가진다"고 말한다.1983:205

4. 허구, 역사, 그리고 이데올로기적 내러티브

이제 마가복음 해석 작업에 더 가까이 다가가기 위해 이데올로기적 재생산 작업의 결과물로서의 전래 동화와 사실적 소설, 이 두 개의 상이한 문학 텍스트에 대해 간략히 살펴볼 것이다. "옛날 옛적에"라는 구절만큼 허구적인 세계도 없다. 독일의 민요와 전래 동화의 이데올로기에 대한 탁월한 작업을 수행 중인 지페스J. Zipes는 핸젤과 그레텔Hansel and Grretel에 대해 연구했다. 11세기까지 거슬러 올라가는 구전에 기초하고 있는 이 이야기는 역사적 발전의 특정 단계에서 그림 형제brothers Grimm에 의해 텍스트로 형성된다. 이 이야기는 그들의 노력으로 말미암아 오늘날까지도 회자되고 있다. 18세기 후반 자본주의 전 단계의 사회적 상황에 내재된 계급 갈등을 배경으로 이 책을 해석한 지페스는 다음과 같은 결론을 제시한다.

> 핸젤과 그레텔에 묘사된 갈등은 식량과 숨겨놓은 보물로 가득한 저택을 소유한 마녀와 가난이라는 적에게 맞서는 모습으로 나타난다. 이 이야기의 상상력과 주술적 요소들은 18세기 말의 농민과 하층 계급의 독자에게 다시 한번 특별한 의미를 가진다. 당시의 전쟁은 그들에게 종종 광범위한 규모의 기근과 가난을 초래했다. 그리고 이러한 기근과 가난은 봉건제의 몰락으로 이어졌다. 그 결과 농민들은 살아남기 위해 고향을 떠나 극한 상황에 내몰리지 않을 수 없었다. 이러한 극단적 상황에는 약탈, 이주, 자녀 유기 등이 포함된다. 이곳에서 기식하는 마녀는 극단적 상황에 대한 책임이 있는 귀족계급의 탐욕과 잔인성 또는 봉건제도 자체를 상징하는 것으로 해석할 수 있다. 마녀의 죽음은 귀족을 축재자와 압제자로 생각하는 농민의 증오가 실현되었음을 상징적으로 보여준다.1979:32

전래 동화도 사회적 관계, 긴장, 전략을 "기호화"할 수 있다. 이런 이야기들을 재생산한 디즈니Disney의 경우에서 볼 수 있듯이, 이 영역은 훗날에 리메이크되는 데에도 광범위한 제약을 받는다.

물론 전래 동화의 텍스트 자체는 우리에게 해석을 제공하지 않는다. 전래 동화에는 마녀가 귀족계급을 나타낸다는 각주 같은 것이 없다. 텍스트에 접근하는 해석자는 사회-정치적 질문을 제기해야 하며, 동화 내러티브의 기호 체계가 다양한 해석에 열려 있다는 사실을 인식해야 한다. 역사 비평적 해석자가 고도의 상징적 문학에 대해 침묵하는 것은 알레고리와 추측에 대한 의구심 때문이다. 타이센Teissen은 "신화적 상징들로부터의 추론이라고 하는 것은 사회학적 분석에 있어서도 가장 문제가 많은 방법임에 틀림없다"고 불평한다.1982:191

신화에 대한 이와 같은 편견은 신화시대와 멀리 떨어져 있는 서구 문화의 이데올로기적인 표현으로 볼 수 있다. 보다 전통적인 문화는 상징적 내러티브를 보다 깊이 이해하고 또한 관계한다. 그러나 지페스를 실증주의라고 비난해서는 안 된다. 그는 이야기의 사건들이 실제로 일어났다고 주장하지는 않기 때문이다. 오히려 그는 내러티브 안의 요소예를 들면, 농민이 버린 자식들과 부유한 마녀의 대립적 구도가 어떻게 텍스트 밖의 세상당시 봉건제 농민의 상황을 드러내는지를 보여준다. 지페스의 연구는 문학적 사회학이 내러티브에 담긴 이데올로기적 의미에 대한 결정적인 논증까지는 아닐지라도 최소한 설득력 있게 변론하고 있다는 사실은 보여준다.

이제 또 하나의 사례를 위해 현대 소설이라는 다른 유형의 문학적 담론에 대해 살펴보자. 이냐치오 실로네Ignazio Silone의 『떡과 포도주』*Bread and Wine*는 흔히 "역사적 픽션"histoical fiction이라고 불리지만 나는 "사실적 내러티브"realistic narrative라는 이름을 선호한다. 이 책은 이탈리아의 파시스트들에 의해 쫓겨난 피에트로 스피나Pietro Spina가 그때로부터 15년이 흐른 후에 성직자로 위장하여 돌아와 그들과 맞서 싸우는 이야기다. 스피나는 성직자로 살아가는 과정에서 가난한 가톨릭 농민들에게서는 자비와 지혜를 발견하고, 옛 동료들에게는 당파의식을 발견하면서 자신의 종교관과 정치관이 서서히 변화해가는 것을 경험한다.

사실적 내러티브로서의 이 소설은 허구적 인물과 사건을 도입하기는 하지만 배경이나 구조는 충분한 역사적 개연성을 가지고 있는, 거의 자서전에 가까운 책이다. 저자는 비밀 공산주의 조직 결성으로 인해 국가로부터 추방당해 망명생활을 하던 1937년에 이 책을 썼다 따라서 이 책의 서술은 매우 정교하며 문학적 텍스트의 이데올로기적 성향을 쉽게 찾아볼 수 있다. 실로네의 구성과 인물묘사는 동일한 역사적 상황에 대한 두 개의 관점으로부터 생겨난 산물이다. 하나는 1935년 에디오피아에 대한 전쟁을 선포하기 직전의 무솔리니의 이탈리아다. 다른 하나는 1930년대 중반 소련에서 있었던 스탈린주의자들의 숙청에 대한 유럽 공산주의자들의 광범위한 자각이다. 실로네는 공산주의 사상으로 인해 가톨릭 신앙을 버렸지만 나중에는 공산주의자에 대한 교조주의도 똑같이 버리지 않을 수 없었다. 『떡과 포도주』는 인간 상황의 모순들에 대한 근본적인 사색으로서, 이탈리아를 지배하려는 파시스트를 타도하고자 하는 동시에, 파시스트와 싸우는 동료들을 향해서도 공산주의의 양면성과 더불어 공산주의의 부족함을 채워줄 수 있는 농민 가톨릭 신앙의 특징을 직시할 것을 촉구한다.

이러한 사례들은 내러티브 담론, 무엇보다도 내가 일종의 사실적 내러티브로 생각하는 마가복음의 문학적 장르에서, 허구적 서술과 역사적 정확성 사이의 관계라는 문제를 제기한다. 3장 B, 3 참조 "사실성"historicity에 몰두하는 태도는 19세기 합리주의의 산물이다. 오늘날의 역사가는 "엄격한 의미에서 역사는 사건 자체가 아니라 사건에 관한 이야기다.… 그것은 항상 구성되지만, 결코 재구성되지 않는다."N. Petersen, 1986:10는 사실을 인정하기 시작했다. 말리나Malina는 다음과 같이 주장한다.

> 예나 지금이나 역사가는 가십 못지않게 일련의 암시적 의미를 하나의 명시적 이야기로 엮어내야 한다. 그들은 이야기꾼이 역사 영역의 사건들 가운데서 자기가 말하고자 하는 이야기를 선택하듯이, 역사 영역의 요소들을 어떤 방식으로 어느 한 시점의 틀이야기에 끼워 맞출 것인가에 대한 나름의 관점을 가지고 반

드시, 그리고 자연스럽게 선택할 수밖에 없다. 그리고 이러한 선택은 불가피하게 다음의 세 가지 질문이 요구하는 구성의 과정 따르게 된다. 이 사건은 왜 그런 식으로 일어났는가?플롯 구성 이 사건의 초점은 무엇인가?형식적 논증 방식 우리는 저자와 독자로서 이 사건을 어떻게 이해해야 하는가?이데올로기적 함축 방식1984

역사적 담론은 "내러티브화"되며, 따라서 이데올로기적 산물이 된다. 나의 고등학교 시절의 역사 교과서*We The People*이라는 제목으로 기억한다는 역사적 내러티브를 추구하기 때문에 이데올로기적인 책이다.

그러므로 마가복음이 이데올로기적인 책이라고 해서 이 책의 역사성을 의심해서는 안 된다. 독자는 이러한 "픽션"에 대한 논의로 인해 혼동을 일으키지 말아야 한다.

이 상황에서 "픽션"은 단지 이러한 형식적 기법관점, 플롯, 결말이 가능하게 해주는 질서의 구성을 가리킨다. 이런 의미에서 픽션은 질서가 결여된 사실들에 질서를 부여한다. 이러한 사실들은 실제일 수 있지만, 질서는 상상력에 의한 구성이기 때문에 허구적일 수 있다.N. Peterson, 1986:10 이하

마가복음은 "역사적으로 신뢰할 수 있는" 자료인가? 나는 마가와 그의 자료와 예수 사이에는 신뢰할 만한 연속성이 있다고 믿는다. 하지만 이러한 원천들에 대한 역사-비평적 재구성이 둘 사이의 연속성을 확인하는 가장 좋은 방법이라고는 생각하지 않는다.

내가 이 주석에서 형식비평과 편집비평의 문제점에 대해 그다지 관심을 두지 않는 이유는 마가가 마가복음의 모든 이야기를 만들어내기라도 한 것처럼 생각하거나, 마가복음이 이들 원천을 사용한 사실을 부정하기 위해서가

아니다. 오히려 나는 마가복음을, 마가가 가공되지 않은 실제 사건과 말씀과 인물에 대한 전승을 재구성하여 내러티브화 한 것이라고 믿는다. 이것은 "정경비평"의 한 형태와 다르지 않은 입장이다 한 걸음 더 나아가 나는 마가가 예수와 그의 사역의 원래적 이데올로기에 대한 믿을 수 있고 권위 있는 해설자라고 주장한다. 따라서 마가복음에 대한 "해석"은 곧 예수에 대한 해석이다. 여기서 한 가지 중요한 역사비평적 원리가 제시된다. 즉 텍스트는 마가 시대의 "역사적 실재"로부터 나온 직접적 산물이며 예수 시대의 역사적 실재에 대한 간접적 산물이라는 것이다. 그러나 우리가 가지고 있는 과거에 대한 지식은 모두 이런 식이다.

결론적으로, 나는 이 주석을 통해 나사렛 예수에 대해 직접 말하기보다는 마가와 마가의 예수에 대해 말하고자 한다. 이것은 회의론 때문이 아니라 조심성 때문이다. 신앙의 대상은 결국 텍스트가 아니라 그것이 증거하는 강력한 인격이다. 그러나 마가의 텍스트는 우리가 이 인격에 대해 말할 수 있는 것을 확인해주는 동시에 제한한다. 이 주제에 대해서는 아래, 3장 B에서 다룰 것이다 그럼에도 불구하고 나는 결론적 언급에서 역사적 상상력과 전통적인 기독론의 용어를 사용하여 나사렛 예수의 삶에 대해 간략하게 요약하고자 한다. 14장 F 참조

1E. 사회 문학적 해석 전략

이 주석은 마가복음을 당시의 '지배적 사회 질서 및 정치적 대적'과 신화 전쟁을 하는 초기 기독교 제자 공동체가 선포한 이데올로기적 내러티브라는 전제를 가지고서 읽어나가려고 한다. 이 복음서는 명확한 역사적 배경 안에서의 구체적인 사회적 전략과 삶으로부터 나온 산물이다. 이제 나의 해석 전략 방식에 대한 간략한 설명과 함께 이 서론을 마치려 한다. 첫 번째 단계는 비본질적 비평 가운데 하나로, 마가복음의 "세계"가 가지고 있는 지배적인 사회

적 전략과 역사적 및 이데올로기적 배경에 대해 살펴볼 것이다.2장 이 주석의 나머지 내용은 내적 비평 및 텍스트에 대한 귀납적 연구로 이루어지며, 서사론의 세부적인 내용에 익숙하지 않은 독자도 쉽게 이해할 수 있는 정도의 간단한 문학적 분석을 사용할 것이다.개관 및 유익한 참고문헌에 대해서는 Rhoads와 Michie의 "수사학"1982:35 이하를 참조하기 바란다 마가복음의 주요 단원에 대한 주석을 시작하기에 앞서 나는 이 복음서의 구조와 이야기 등의 내러티브적 요소에 대해 살펴볼 것이다. 또한 각 단원은 담론과 의미에 대해 되짚어 보면서 마무리할 것이다. 이들 용어에 대해서는 다음 논의를 통해 규명될 것이다.

다이어그램 1
내러티브 생성의 기본적 요소

내용
- 형식
  - 사건
    - 행위
    - 발생
  - 실재
    - 인물
    - 배경
- 재료: 저자의 문학적 코드에 따른 사람과 사물 등

표현
- 형식: 전달 구조
- 재료: 언어, 시네마, 발레, 팬터마임을 통한 표현

1. 내러티브 분석: 구조 및 이야기

문학적 접근은 마가가 우리에게 무엇을 말하며 어떻게 말하는지에 관심을 가지고 있다. 체트만S. Chatman은 내러티브 생성과 관련된 기본적 요소들을 도식으로 보여준다.다이어그램 1, 1978:26 이 다이어그램을 아래에서부터 위로 올라

가면서 하나씩 살펴보자.

마가복음에서 표현의 재료는 분명하다. 이 재료는 기록된 언어를 통해 전달된다. 그러나 중요한 것은 마가의 이데올로기적 표현에 가장 부합하는 문학적 담론은 무엇인가라는 것이다. 마가는 왜 문화적으로 익숙한 형식보다 문학적 형식을 선택했을까? 이 문제는 "장르의 이데올로기" 서두에서 상세히 다룰 것이다.

표현의 형식 또는 텍스트의 구성은 '이야기 전체, 개별적 요소와 에피소드, 개별적 에피소드 상호 간의 내적 구성'이라는 세 단계로 나누어 접근할 수 있다.1 나는 '에피소드'라는 단어를 '페리코프pericope'라는 학문적 용어보다 선호한다 구성에 관한 연구는 세 단계를 공관적 관점에서 접근할 것이며, 따라서 텍스트에 대한 면밀한 고찰에 이어, 보다 확장된 관점을 위한 발전적 회고와 텍스트에 대한 재고찰이라는 연속적 과정을 밟아나갈 것이다. 먼저 내러티브의 주요 단원과 부수적 내용 및 양자의 상호관계를 정립하기 위해 마가복음의 전반적 구조와 구성에 대해 살펴볼 것이다.3장 C 참조 이어서 독자가 마가복음의 복잡한 내러티브 구조를 쉽게 이해할 수 있도록 "구조"라는 제목 아래 내적 구성에 대한 요약과 함께 각각의 주요 단원을 시작할 것이다.

나는 이 주석 전체를 통해 내러티브 구조의 해석학적 중요성을 강조할 것이다. 개별적 에피소드로부터 시작되는 몇 가지 사례는 나의 의도를 분명하게 드러내 줄 것이다. 제자들을 부르시는 첫 번째 장면막 1:16-20은 이중적 평행a parallel doublet의 형식을 취한다.3장 F, 3 전반적으로 간결한 문체를 선호하는 마가가 이곳및 몇몇 다른 곳에서 유사한 이야기를 두 차례에 걸쳐 반복적으로 사용했다는 사실은 반복된 언급의 내용과 그 이유에 대한 관심을 불러일으킨다.

장소 및 지리적 이동에 대한 기록은 마가가 종종 "장면"처럼 배열하는 내러티브의 단위가 어디서 시작하고 어디서 끝나는지를 이해할 수 있도록 도와

준다. 회당에서 귀신을 쫓아내시는 장면에서, 1:21-29 에피소드는 예수께서 회당에 들어가시는 "무대 등장"에서부터 시작되며 그의 퇴장으로 종결된다. 4장 B, 1 이런 문학적 기법을 인클루지오 또는 틀짜기framing라고 부른다.

마가복음에 나타나는 또 하나의 문학적 기법은 나병 환자를 고치시는 장면1:40-45에서 볼 수 있는 것처럼, 에피소드를 구성하는 핵심 단어나 주제, 또는 어구의 반복anaphora선행 어구 대신 대명사를 사용하는 기법이다. 이 본문에서 "깨끗하게 하다"라는 동사는 네 차례 등장한다. 4장 C, 1 "두 단계 진행"two step progression은 흔히 볼 수 있는 문학적 기법으로서, Rhoads and Michie, 1982:47 이하 미사여구가난한 과부는 "자기의 모든 소유 곧 생활비 전부"를 바쳤다 및 반의적 평행인자는 "섬김을 받으려 함이 아니라 도리어 섬기려"오셨다에서 발견된다. 이러한 문학적 기법은 제자들의 이중적 질문"어느 때에 이런 일이 있겠사오며 이 모든 일이 이루어지려 할 때에 무슨 징조가 있사오리이까" 13:4 으로 시작하여 시간13:5-23과 징조13:24-37라는 두 부분으로 이루어진 대답으로 구성된 예수의 두 번째 설교에 활용된다.

내러티브의 큰 단원을 살펴보면, 에피소드 간의 연결 및 상호관계를 알 수 있다. 편집비평이 오래전에 확인했듯이 에피소드는 종종 고리가 되는 단어나 구를 통해 연결된다. 이러한 사례는 예수의 "갈릴리 사역"1:40-3:6; 아래, 4장 A, 1에 대한 마가의 구성방식에서 찾아볼 수 있다. 마가복음에 자주 사용되는 연결 기법은 5:22-43의 두 개의 치유 기사6장 D, 2에서 볼 수 있는 것과 같은 "삽입" 또는 "개입"이다. 본문에서 마가는 이러한 샌드위치 기법을 사용하여 주제각각 "열두 해 열두 살"로 밝혀진 '여자에 대한 치유'라는 주제를 반복함으로써 상호 참조하게 한다. 또한 마가는 시각장애인 남자에 대한 치유 기사를 "제자도 단원"8:22-10:52; 아래, 8장 A, 1의 시작과 끝부분에 배열하는 틀짜기인클루지오를 시도한다.

끝으로, 우리는 텍스트에 대한 "공시적"연구 즉, 이야기의 시간, 장소, 플롯에 대한 고찰을 통해 광범위한 구조적 패턴을 발견할 수 있다. 예를 들면,

갈릴리 사역 내러티브[1:40-3:6]는 광범위한 동심원 구조[A-B-C-B'-A']를 보여준다. 이 구조는 "핵심"부분[C]에 초점을 맞추게 한다.[4장 A, 1] 나는 마가복음이 각각 서문과 에필로그, 그리고 동일한 기본적 요소를 갖춘 두 개의 "책"으로 구성되어 있음을 보여줄 것이다.[3장 C, 2] 예수께서 촉구하신 십자가의 제자도는 이야기의 구조에서 중간에 위치하며, 내러티브의 축이자 이데올로기의 "축"을 형성한다.[3장 C, 3]

내용의 재료[위 도표에 제시된 분류 참조]는 이야기가 독자에게 세계를 일관성 있고 이해하기 쉽게 표현하는 방식이다. 여기에는 사회-문화적 언어, 의미론적 영역[의미장] 및 문학적 전통 등이 포함된다. 예를 들면, 마가는 독자가 1:6에 나오는 요한의 의상이 엘리야를 상기시킨다는 사실을 알고 있을 것이라고 생각한다.[3장 E, 3] 이러한 요소들에 대해서는 일부 내용을 먼저 살펴본 후[3장 A], 계속해서 나머지 내용에 대해서도 살펴볼 것이다. 내용의 형식은 채트만이 주장하는 "실재"[extents], 즉 내러티브 세계["누가, 어디서"]와, 플롯을 형성하는 "사건"["무엇"]으로 구성된다. 나는 마가복음 내러티브의 새로운 단원이 시작될 때마다 "줄거리"라는 제목 하에 이 부분에 대해 간략히 제시할 것이다.

"사건"[또는 플롯]은 등장인물이 무엇을 하며[행위], 그들[또는 그들의 주변]에게 무슨 일이 일어났는가[발생]를 포함한다. 예를 들면, 예수의 예루살렘 사역과 그 후에 이어지는 사건에서 예수의 행위와 그를 대적하는 당국의 지속적 음모 사이에는 변증법적 긴장이 존재한다.[11:18; 12:34b; 14:1 이하, 10 이하] 두 궤적이 마침내 만나는 지점에서는 중요한 내러티브적 전환이 일어난다. 예수는 겟세마네에서 체포되고[14:43-52], 제자들은 그를 버리고 달아나며, 1:16 이하에서 시작된 제자도 내러티브는 무너져 버린다.

우리는 개별적 에피소드를 읽을 때마다 플롯의 직선적 발전에 대한 주의를 놓치지 말아야 한다. 예를 들면, 이야기의 서두에 예수는 당국과의 갈등을 초래하지만 이 갈등이 그의 목숨을 앗아갈 것이라는 3:6의 암시 이후, 플롯은 새로운 양상을 보인다. 이 플롯은 종종 마가가 사용하는 예기prolepsis와 회상analepsis이라는 문학적 기법에 따라 강화되거나 명료해진다. '프롤렙시스'는 1:14의 요한이 잡혔다는 언급6:14 이하에서 회상 형식으로 제시되지만, 그 전에는 언급되지 않는다처럼, 이야기에서 어떤 일이 일어나기에 "앞서" 무엇인가를 예상하여 언급하는 기법이다. 반면에 '아날렙시스'는 사후에 회상하는 기법이다. 우리는 예수께서 3:27에서 "강한 자"와의 싸움에 대한 비유를 말씀하실 때, 세례요한이 서문에서 예수를 강한 자"나보다 능력 많으신 이"1:7라고 불렀다는 사실을 기억해야 한다. 이러한 기법은 우리를 텍스트 안에서 앞뒤로 반복해서 오가게 만든다.Robbins, 1984:7

실재에 대한 분석은 내러티브 배경의 발전과 기능 및 인물묘사와 관련된다. 마가는 개별적 에피소드 및 주요 내러티브 단원 안에서의 전환을 위해 지리적 이동을 활용한다. 이야기는 광야에서 가버나움으로 이동하며, 4:35-8:21에서는 갈릴리 바다를 지그재그로 나아간다. 이어서 8:27의 북쪽 끝 빌립보 가이사랴에서 출발해서 예루살렘을 향해, 느리지만 분명한 방향성을 가지고 이동한다. 또한 우리는 마가가 내러티브의 여백을 고도의 상징적인 방식으로 활용한다는 사실을 발견하게 될 것이다. 우리는 "길"이라는 공간적 주제가 반복적으로 사용된다는 사실과 제자도 내러티브가 갈릴리에서 시작해서 마지막에는 그곳을 회상하는 장면으로 끝난다는 사실에 주목해야 한다.

등장인물들과 관련하여, 우리는 마가의 인물묘사가 풍자만화와 같은 형식을 취한다고 말할 수 있다. 예수의 대적에 대한 그의 묘사는 전적으로 부정적이다. 반면에 제자들에 대한 우리의 인상은 동정으로부터 시작해서 적대적으로 바뀐다. 예수는 누구신가? 우리는 서두에서 그가 누구신지에 대해 듣지만, 이러한 확신은 나머지 이야기를 통해 등장인물들의 질문예를 들면, 1:27; 4:40 이하과 그들에 대한 예수의 질문예를 들면, 2:9; 3:23,33; 8:21,29에 점점 사로잡히게 됨으로써 약화된다. 실재에 관한 내용은 마가의 사실적 내러티브에 대해 살펴볼 때3장 B, 3 다시 다루게 될 것이다.

2. 사회적 분석: 담론과 의미

사회적 분석은 이데올로기적 의미를 위한 마가복음의 전반적인 "내러티브 전략" 즉, 사회적 전략 및 기호화된 내용들을 연구한다. "모든 텍스트는 관례에 따라 사람의 마음에 파고들 방법을 암시하며, 텍스트를 생산한 방법과 주체 및 대상에 대한 이데올로기를 기호화한다." Eagleton, 1976:48 홀츠너B. Holzner 1972는 이데올로기적 담론을 분석하기 위한 세 가지 과제를 규명한다. 첫 번째 과제는 공유된 문화의 의미 세계 또는 "인식 공동체"자체적 "언어"를 가진 하위 집단 안에서 담론을 이해시키는 "의사소통 영역"에 초점을 맞춘다. 여기서는 앞서 제시한 필자의 문학적 분석 가운데 소위 "내용의 재료"의 사회적 기능에 대해 살펴볼 것이다. 예를 들면, 마가가 복음서를 헬라어로 기록한 것이나 독자가 정결례와 채무에 대해 다룬 문화적 코드와 히브리 성경을 잘 알고 있을 것이라고 가정했다는 점은 마가 자신의 상황 및 전략에 대해 알려준다. 의사소통 영역의 사회적 기능은 대부분 앞부분3장 A에서 논의될 것이다.

홀츠너의 두 번째 과제는 담론의 내적 일관성, 또는 소위 내러티브 패턴의 "이데올로기적 통사론"에 초점을 맞춘다. 하나님 나라에 대한 약속을 갈릴리에서 시작해서 갈릴리에서 마치는 이 내러티브의 사회적 기능은 무엇인가? 다시 말하면 갈릴리를 상징적 중심으로 가진 텍스트를 생산한 이데올로기적 요소들은 무엇인가라는 것이다. 갈릴리는 이 이야기의 '긍정적인 극단positive pole'에 해당하는 중심이다. 그러나 '실제 세계'에서 이 중심은 이야기의 '부정적인 극단negative pole'에 해당하는 예루살렘에 있다 다른 질문들도 유사한 방식으로 제시된다. 무리가 보리떡으로 배부른 것과 배를 타고 바다를 건넌 것에 대한 마가의 이야기가 가지고 있는 사회적 기능은 무엇이고, 마가복음의 중간 부분에 두 가지 사이클의 사역이 제시된 이유는 무엇인가? 마가는 그리스도의 죽음에 대한 3중적 예언의 의미와 8:27-10:44에 제시된 예수의 가르침과의 관계를 통해 무엇을 말하고자 했는가? 예수는 왜 도시를 회피하셨는가? 그리고, 사역과 물러남을 반복하는 전략에 내포된 의미는 무엇인가? 나는 이러한 문제들에 대해 각 단원 끝부분에 제시한 "담론"discourse을 통해 요약하고자 한다.

세 번째 과제는 외적 비평을 통해 밝혀낸 사회-역사적 상황과 내러티브 세계 속에서 찾아낸 사회-정치적 추론 간의 상호관계를 연구함으로써 담론의 "의의" 또는 사회적 의미를 탐구하는 것이다. 마가는 우리에게 1세기 팔레스타인을 보여준다. 마가의 서술은 다른 이들의 묘사, 예를 들면 동시대의 유대작가 요세푸스의 서술과 어떻게 비교, 또는 대조되는가? 마가의 이데올로기적 성향 및 내러티브 전략을 상기할 때, 마가복음이 언급하는 "바리새인"은 유대교 내의 역사적 당파를 가리킬 것이라는 생각을 하지 않을 수 없다. 일반역사와의 이러한 차이야말로 마가의 사회적 전략을 의미한다. 마가의 내러티브에 등장하는 집, 밭, 회당과 같은 배경이나 가난한 무리, 부자 주인, 악한 왕들에 대한 풍자적 묘사는 모두 실제 사회의 산물로서 사회적 의미를 가진다. 마가가 종종 언급하는 의로운 유대인예수, "죄인들" 및 이방인도 마찬가지다. 때때로 마가는 이야기 속에 "편집자의 직접적인 삽입"을 통해 텍스트의 사회-역사적 배경에 대한 단서를 제공하기도 한다.7:3; 13:14 참조

나는 마가복음에 나타난 갈등, 무엇보다도 서기관과 바리새인들에 대한 예수의 오랜 적대감에 초점을 맞출 것이다. 서기관과 바리새인들이 정치적으로 지배하고 있는 사회에서 이런 이야기가 갖는 사회적 기능은 무엇인가? 이런 이야기들은 신화 전쟁에 대한 진술임이 분명하다. 예수의 상징적 담론예를 들면, "인자는 안식일에도 주인이니라"2:28와 같은은 대적들의 담론"저들이 어찌하여 안식일에 하지 못할 일을 하나이까"2:24와 같은과 대립한다. 또한 무장한 무리의 이데올로기를 책망하신 예수께서14:48 그들에게 사로잡혀 두 강도 사이에서 반역자로 처형

당하신15:27 기사의 사회적 기능은 무엇인가? 나는 이런 증거에 대해 각 단원 끝부분에 제시한 "의미"Signification를 통해 살펴볼 것이다. 이어서 14장에서는 내가 묵상한 바를 전반적으로 요약해서 보여줄 것이다.

3. 몇 가지 단서

과제에 들어가기에 앞서 몇 가지 설명이 필요할 것으로 보인다. 피터슨은 바울에 대한 해석에서 나와 매우 유사한 형식의 문학적 사회학을 사용한다. 방법론적 이슈에 관한 한 내 주석보다 더욱 상세한 피터슨의 논의를 참조할 것을 추천한다.1986:1 이하 그러나 그의 저서는 대부분의 북대서양 학자들과 마찬가지로 정치적 해석에 대한 관심이 부족하며, 이 부분에 있어서는 오히려 유물론적 비평이 나의 주장에 근접한다고 생각한다. 내가 사용한 것보다 더욱 엄격한 유물론적 방법론에 대해서는 이글턴의 프로그램을 참조하라.1976:44 이하

나는 앞서 벨로F. Belo의 연구에 빚진 것이 많다는 사실을 인정한 바 있지만 B 1, 부록D에서는 나와 그의 연구의 다른 점에 대해 살펴보려고 한다. 나의 접근 가운데 이데올로기 이론, 이데올로기 비평 작업, 사회의 갈등 모델 등과 같은 핵심적인 요소는 확실히 마르크스의 전통 위에 세워져 있다.2장 A, 2 참조 북대서양 독자들이 이러한 사실을 불편해하는 이유는 대체로 마르크스 전통의 본질을 제대로 알지 못하기 때문이다. 또한 나는 학식 있는 마르크스주의자가 볼 때, 내가 이용하는 마르크스 이론이것은 개신교 분파주의가 한때 보여주었던 것만큼 상호 파괴적인 논쟁이 격렬한 분야이기도 하다은 단순하고 부적합한 것처럼 보일 것이라는 사실을 알고 있다. 그것에 대해서는 변명하지 않겠다. 나는 독자가 잡설이 붙어있지 않은 가장 기본적인 개념으로부터도 광범위한 통찰력을 얻을 수 있다고 생각하기 때문에 굳이 그들 앞에 불필요한 장애물을 놓고 싶지 않았을 뿐이다. 엄격한 마르크스주의적 관점에서 바라본, 유사한 논지의 고도

로 복잡한 논쟁에 관심이 있는 독자는 제임슨F. Jameson 1981의 책을 참조하면 될 것이다.

그러나 내가 사용한 방법은 결코 "유물론자"의 주장이 아니다. 이 부분에서 나와 마르크스주의 전통의 견해는 서로 충돌하기 때문이다. 오늘날 마르크스주의의 문화 비평은 통속적 형태의 경제 결정론을 거부하지만Jameson, 1981:45 참조, 제임슨의 주장처럼 역사적 유물론은 "건널 수 없는 지평"으로 남아 있다. 그에 따르면 역사적 유물론만이 "지금까지 존재한 모든 사회의 역사는 계급투쟁의 역사라고 하는 끝없이 방대한 플롯의 중요한 에피소드로 이해되는… 문화적 과거에 대한 미스터리"를 해석해야 하는 딜레마에 대해 "철학적 일관성과 이데올로기적 설득력을 가진 해법을 제공한다."앞의 책, 19 이하 나는 그가 말하는 "하나의 거대한 집합적 이야기"를 역사적 유물론이 아니라, 마르크스주의의 기원이라 할 수 있는 성경의 해방 내러티브로 본다는 점에서 제임슨과 견해를 달리한다.

성경적 신앙은 "건널 수 없는 지평"인 여호와만이 이 이야기의 저자가 되신다고 주장한다. 나는 이 책에서 "거대한 상징적"논쟁을 다루려는 생각이 없었기에 하나님에 대한 언급을 피하고 싶었다. 하지만 마가가 이 부분을 다루고 있다. 마가는 이 내러티브의 한 부분이다. 복음서의 주장처럼, 선지자들을 통해 "말씀하신" 하나님은 세례요한을 통해, 그리고 마지막에는 나사렛 예수를 통해 말씀하셨다. 또한 제자도가 시행될 때마다, 그리고 제자도가 시행되는 곳마다, 이 이야기는 계속되고 있다. 이 주석에서는 이 이야기를 "성경의 급진주의에 대한 대본"으로 지칭할 것이다. 이것은 여호와께서 만드셨고, 또 계속해서 만들어가고 계시는 이야기다. 여호와는 이 이야기에 개입하실 수도, 침묵하실 수도 있다. 유물론의 위대한 법엔트로피. 즉, 죽음은 이 이야기를 지배하지 못한다.

이 주석의 의미론에 대한 단서는 전적으로 사회 권력 및 지배의 행사와 관련된다. 첫째로, 나는 포괄적 용어를 주로 사용할 것이며, 나의 자료도 가능한 한 포괄적 용어로 바꾸어 사용할 것이다. 사람들이 지금까지 친숙하게 사용해 온 기독교적 용어들에 대체하는 일부 포괄적 용어들에 대해 전적으로 만족하는 것은 아니지만, 어쨌든 일단은 그러한 용어를 사용하기 시작했다는 점이 중요하다고 생각한다. 나는 무엇보다도 마가복음에서 중요한 역할을 하는 "인자"라는 묵시적 호칭에 주목한다. 이것은 전적으로 남성적인 용어 Son of Man 이지만 "전국 교회 협의회"에서 출간한 『포괄적 용어 사전』 *Inclusive Language Lectionary* 1983 에서는 중성적 호칭 human one 으로 바뀌었으며, 나도 이 책에서 이 호칭을 사용할 것이다. 나는 이 호칭이 원래 히브리적 메타포의 의미를 드러낼 뿐만 아니라 마가가 서술하는 진정한 인간으로서 예수를 잘 보여준다고 생각한다.

반면에, 나는 계급적 색채 주인, 왕국 를 이유로 성경의 정치적 의미를 바꾸려고 하는 포괄적 용어 사전의 결정에는 동의하지 않는다. 적어도 마가에 관한 한 그런 결정은 그의 정치적 논쟁의 예리함과 날카로운 역설을 놓치는 결과를 초래할 것이다. 이러한 용어들을 활용함으로써 새로운 내용을 제시하는 것이 마가의 이데올로기 전략이기 때문이다. 나는 여러 가지 이유로 인해 가능한 한 "하나님"이나 "주"라는 헬라어 대신 "여호와"라는 히브리어를 사용했다. 아울러 나는 마가복음의 저자를 남자로 언급할 것이다. 이것은 저자가 여성일 가능성을 배제한다는 것은 아니다. 하지만 나는 이 문제에 관한 한 명확한 입증이 어려운 증거보다 지배적인 전통을 따를 것이다.

이 주석은 1세기 유대 문화를 형성하는 구조와 사회 그룹에 대해 매우 비판적인 관점에서 서술한다. 마가 자신이 그런 식으로 서술하기 때문이다. 독자는 결코 이것을 반유대주의로 해석하지 말아야 한다. 마가의 사회 비평은 구체적인 역사 진술이 분명하지만, 문화적 정치적 구조 전반에 대한 언급이기도 하다. 이것을 후기 제2성전 유대교로 한정하는 것은 핵심논지를 놓치는 것일 뿐만 아니라, 유대인에 대한 이방 그리스도인또는 형식적 그리스도인의 특징적인 태도로서 종종 묘사되어오는 오해와 압제라는 끔찍한 역사적 유산을 영속화하는 것이 되고 만다. 이 주석은 마가복음에 제시된 예수의 대적이 당시 로마와 유대의 지배계층뿐만 아니라 오늘날의 북아메리카인들까지 포함한다는 사실을 묵시적 용어를 통해 분명히 보여준다.

독자들이 이 짧은 개요를 통해 사회-문학적 방법을 완전히 이해할 것이라고는 생각하지 않는다. 그것은 이후에 쓰여질 주석이 할 일이다. 결국 방법론은 바뀌어도 텍스트는 그대로 남게 된다. 옛 성경학자의 말처럼, 성경은 우리의 모든 도구를 연마하는 모루anvil다. 그러나 단기적 관점에서 볼 때, 당대의 정치적 갈등의 와중에서 생겨난 해석자들 간의 오해와 왜곡은 제자도를 촉구하는 텍스트의 힘을 잠재울 수도 있다. 마가복음에 대한 나의 해석이 지나치게 논쟁적이라면, 그것은 '기존의 해석을 거부하고 반박해야 할' 필요성에 대한 강한 인식 때문이다. 성경연구는 오늘날 교회와 세상에서 전개되고 있는 광범위한 이데올로기 싸움의 한 귀퉁이를 차지하고 있지만 없어서는 안 될 필수적인 요소다. 오늘날 우리는 "우상을 제거하는 작업에 사실상 실패한 것이나 마찬가지이기 때문에 성경의 상징에 다시금 새롭게 귀를 기울여야 한다."

후주

1. 확실히 각각의 에피소드는 개별적 문장과 절과 단어라는 더 작은 단위로 구성된다. 언어분석 및 문헌학은 전통적 주석의 영역에 해당하며, 이는 규범적 주석(예를 들면 V. Taylor, 1963)만으로도 충분할 것이다. 통사론 및 텍스트와 관련된 이슈에 대해서는 사회-문학적 분석과 관련이 있는 경우에만 언급할 것이다.

제2장

마가의 예수 이야기의 사회 역사적 현장

역사로 들어서는 중요한 진입로인 고대는… 이데올로기적으로 중요한 시대다. 이 시대를 지배한 아리안의 영웅들은 서구 문명을 세웠으며, 시대마다 고대 역사가들은 그것을 다양하게 재신화화 했다. 고대로부터 들려오는 음성은 대부분 문명화된 소수, 즉 엘리트들의 음성이다. 오늘날 고대의 이야기를 들려주는 음성은 대부분 백인 중산층, 유럽과 북아메리카 남성들의 음성뿐이다. 그들은 제국주의적이고 권위적인 노예 사회를 찬양할 수 있으며, 실제로도 찬양한다. 그들이 말하는 고대의 학식은 종종 실제 세계와 동떨어지거나 건전한 판단에서 벗어난다. 즉, 다른 계층가난한 자의 사람들이 고대에 어떻게 살았는지 알고 있는 95%의 '목소리 없는 대중'의 건전한 가치 판단이 결여되어 있다는 것이다.

- 카니 T. F Carney, *The Shape of the past*(1975:xiv)

고대 문학 가운데 일반 대중을 위한, 그리고 그들에 관한 내러티브는 마가의 예수 이야기가 유일하다. 마가복음은 1세기 팔레스타인의 "나머지 95%"에 해당하는 병든 자, 가난한 자, 공민권을 박탈당한 자의 일상을 통해 그들의 사회적 실존을 보여준다.

이 이야기의 첫 번째 장면에는 무리가 등장하며, 그들은 새로운 질서에 대한 전복적 약속을 선포했던 세례요한을 중심으로 모여든다. 무리는 예수의 사역에 대한 내러티브 전체를 통해 계속해서 예수를 따라다니며 그의 일에 간섭하고 설득한다. 예수의 자비는 언제나 절박한 대중을 향하며, 그들의 요구를 우선한다. 그는 굶주림과 낙심에 빠진 그들의 비참한 상황에 반응하시며 해방에 대한 꿈을 키워가게 하신다. 이 무리는 이야기 말미에도 등장한다. 무리는 그들의 잠재적 반란을 두려워하며 복종을 강요하던 예루살렘 정치가들의 사주를 받아, 예수가 자신들에 대한 약속을 이행하지 못했다고 생각하여 그의 처형을 요구한다.

마가의 예수 드라마는 이 모든 영웅적, 희극적, 비극적 요소들을 통해 1세기 로마 팔레스타인 세계에 대해 '밑바닥에서부터' 서술한다. 이 드라마는 어부와 농부, 다리 저는 자와 나병환자와 같은 가난한 자들을 하나님 나라 복음의 주역이 되게 함으로써 그들의 문화에 견고하게 자리 잡은 "침묵의 카르텔"을 깨뜨린다.Freire

2A. 정치적 시간과 공간 안에서의 복음: 1세기 로마 팔레스타인

이 장은 마가가 살았고 기록으로 남긴 세계의 문화적, 사회적, 경제적, 정치적 구조에 대한 광범위하고 분석적인 서술을 제공한다. 이러한 배경은 이 책의 대부분을 구성하는 귀납적 주석에 있어서 중요한 요소가 된다. 나는 마가복음에 대한 사회-문학적 해석과 관련된 내용에 한정하여 가능한 한 평이하고 비전문가들도 쉽게 이해할 수 있는 내용을 제시할 것이다. 14장의 결론에서는 이러한 배경적 서술로 다시 돌아와서 마가 공동체의 이데올로기와 사회적 전략에 대해 살펴볼 것이다.

1. 예수의 세계와 마가의 세계

우리는 처음부터 중요한 딜레마에 직면한다. 마가의 텍스트는 두 세계를 서술한다. 하나는 그가 서술하는 세계이고, 또 하나는 그가 사는 세계이다. 전자는 후자의 이데올로기적 산물이다. "역사주의의 오류"는 우리가 두 세계가 완전히 일치한다고 생각하지 못하도록 방해한다. 예를 들면, 우리는 마가의 역사적 "시간"이 예수에 관한 이야기의 "시간"과 다르다는 사실을 알고 있다. 두 시대 사이에는 적어도 두 세대의 시간적 괴리가 존재한다. 역사적 "공간"도 마찬가지다. 마가복음은 어디에서로마에서? 이집트에서? 소아시아에서?, 그리고 구체적으로 어떤 사회적 상황에서압제 속에서? 번영 가운데? 생성되었는가?

우리는 어떻게 하면 마가 자신의 진술 외에는 연대나 지리적 출처기원에 대한 신뢰할 만한 외적 증거가 없는 상황 속에서 마가복음을 구체적인 사회-역사적 배경 속으로 옮겨 놓을 수 있을까? 이런 불명확함은 마가복음 학자 막센W. Marxsen이 주장하는 소위 역사적 텍스트를 분석하는 방식의 "순환적 특징"을 보여준다.1969:25 이하 한편으로 사회-문학적 접근은 대체로 귀납적이다. 즉, 텍스트로부터 상황과 관련된 추론을 끌어낸다. 다른 한편으로 우리가 출처에 대해 가지고 있는 전제는 텍스트에 대한 해석에 영향을 미칠 수밖에 없다.

이 문제는 몇 가지 사례로도 충분할 것이다. 나의 접근 방식에 있어서 마가가 공관복음 중에서 가장 먼저 기록되었을 것이라는 가정은 매우 중요하다. 따라서 나의 해석에서 마태나 누가가 마가의 이야기를 어떤 식으로 재사용했는지는 부수적 관심에 불과하다. 작지만 강경한 목소리를 내는 소수 학파처럼, 마가복음의 우선성이 쟁점이 될 경우, 공관복음 상호 간의 관계가 해석의 핵심이 될 수밖에 없다. 마찬가지로 오랫동안 논쟁의 대상이 되어온 마가복음의 작성 연대 및 장소에 관한 가정들도 중요한 쟁점이 될 수밖에 없다. 이곳에서는 웬만한 주석에서도 다루고 있는 주요 논쟁에 대해 다시 요약하기보다는, 어떻게 다양한 입장들이 대립적인 해석을 끌어내었는지를 보여주는 두 가지 사례를 제시하고자 한다.

중요하지만 더 이상 지배적이지는 않은 한 학파는 마가복음이 유대 저자에 의해, 주로 이방인 독자를 대상으로 로마에서 기록되었다고 믿는다. 이런 기원을 믿는 사람들은 텍스트에 나타난 라틴어풍의 스타일을 확실한 증거라고 이해한다. 그들은 마가가 로마의 독자들을 위해 당연히 그 지역의 방언을 사용했을 것이라고 생각한다. 만일 내가 이런 관점에 동의했다면, 이 책도 마가복음의 기원을 헬라 주요 도시의 사회-경제적 상황, 네로54-68년나 그를 계승한 네 명의 황제68-69년 또는 베스파시안69-79년 시대 제국주의 수도의 정치적 상황, 그리고 로마 사회에 적응한 2-3세대 교회의 이데올로기적 상황과 연결했을 것이다.

그러나 나는 몇 가지 이유로해석 과정에서 밝혀지겠지만 마가복음의 생성지를 팔레스타인 북부라고 생각하는 학자들의 주장에 공감한다. 상세한 내용은 이 주제에 대한 키H. Kee의 논의를 참조하기 바란다.1977: 176 이하 따라서 나는 라틴어풍이라는 말의 의미를 다르게 해석한다. 이런 언어적 특색은 식민지화된 팔레스타인 문화에서 예상할 수 있는 사회-경제적, 행정적 영역에 대한 언어적 침투를 보여준다. 확실히 나의 사회-정치적 설명은 팔레스타인 농민의 상황에 초점을 맞추고 있으며, 이것이 도시풍의 헬레니즘과 달랐으리라는 것은 두말할 필요도 없다.

연대 문제는 더욱 어렵지만 매우 중요하다. 마가복음의 기록연대를 주후 70년 전후로 보든 그렇지 않든, 로마가 예루살렘 성전을 함락시켰던 해는 마가의 성전 논박에 대한 해석에 있어서 매우 중요하다. 마가복음의 작성 연대를 주후 70년 이후로 보는 사람들은 대체로 마가가 유대 제의에 대한 기독교 공동체의 신학적 분리를 정당화하려 했다고 생각한다. 마가복음의 로마 기원설을 주장하는 사람들 역시 주후 66년에 시작된 유대 혁명을 진압한 로마의 승리를 간접적으로 승인한 것이라고 본다. 반면에, 나는 주후 70년 이전의 혁명 기간따라서 66년 이후가 될 것이다이 마가복음 내러티브의 정치적 경제적 이데올로기의 일관성에 부합된다고 생각한다. 성전이 이미 함락되었다면 성전과 성전의 경제학에 대한 마가의 엄중한 비판도 필요치 않았을 것이다. 나는 70년 이전 연대설에 대한 학자들의 전반적인 반대가, 텍스트의 신학적 요소를 강조하기 위해 경제적, 정치적 요소를 억누르려는 가현설적 경향을 보여주는 한 사례라고 생각한다.

그러므로 이어질 사회적 서술을 설명하기 위해서는 처음부터 마가복음의 기원에 대한 나의 전제를 밝히지 않을 수 없으며, 이러한 전제는 텍스트에 대한 해석의 배경이 될 수밖에 없다. 나는 마가복음의 갈릴리 기원설을 보다 구체적으로 규명할 수 있는 증거가 존재한다고 믿기 때문에, 이후의 서술은 무엇보다도 북 팔레스타인에 초점을 맞출 것이다. 또한 마가복음의 기록 시기와 관련하여 70년 이전 연대설을 받아들이는 나는 성전이 함락되기 이전의 유대 사회와 관련된 사회, 경제, 정치적 상황에 대해 서술할 것이다. 또한 나는 결론에서 텍스트로부터 끌어낸 증거를 통해 이러한 가정들을 입증할 것이며, 이런 사회적 상황 속에서의 마가 공동체에 대해 역사적인 측면에서 더욱 상세하게 묘사할 것이다.

원래의 주제로 돌아가 보면, 마가의 내러티브 세계와 마가의 실제 세계를 어떻게 연결할 것인가라는 문제는 여전히 남아 있지만, 상당히 단순화되었다. 두 세계 모두 유대 팔레스타인이 로마 점령하에 있었던 제2성전 시대 후기에 위치한다. 마가복음이 "사실적 내러티브"3장 B, 2에 해당한다는 사실은 두 세계 사이의 괴리를 한층 더 줄여준다. 실제로 텍스트의 외적 세계와 내적 세계라는 두 개의 사회적 세계는 대체로 일치한다. 예수와 마가는 역사적으로 같은 "시대"를 살았고, 이 시대는 팔레스타인 사람들의 삶에 있어서 의미 있는 사회-정치적 요소들에 의해 구별된다. 이 시대는 헤롯 대왕의 죽음으로부터 시작한다.주전4년 그가 통치했던 지역은 셋으로 나뉘어졌고, 아켈라오를 추방한 유대 지역은 로마 당국의 직접적인 통치를 받게 되었으며주후 6년, 이후 유대 혁명주후 66년이 일어날 때까지 유대 민족주의자에 의한 사회-정치적 동요가 산발적으로 지속되었다. 이 시대는 혁명의 실패 및 주후 70년에 있었던 로마의 장군 디도에 의한 성전의 함락과 함께 끝난다.

나는 여기서 주후 26-36년까지 재위했던 로마의 총독 빌라도나 주전 4년-주후 39년까지 북 팔레스타인을 다스렸던 유대의 왕 헤롯 안티파스 등 예수 이야기에 등장하는 구체적 인물들이 마가 시대에 교체되었었다는 사실을 간과하지 않는다. 당시에 일어난 사건들은 정치적 환경도 바꾸었다. 예수 시대에 주로 농촌에서 벌어졌던, 로마의 식민지 정책에 대한 산발적 저항은 마가 복음이 기록될 당시에 이르러서는 예루살렘 중심의 대규모 불복종 운동으로 이어졌다. 그런데도 이 시대의 근본적인 사회 구조와 역동성은 크게 변하지 않았다. 선지자 분파와 도적들은 끊임없이 식민지 당국을 괴롭혔다. 혁명이 임박하면서 지역 경제는 요동을 치며 전반적으로 악화되었지만, 토지나 조세 개혁은 어떤 변화도 가져오지 못했다. 복음서에 언급된 주요 사회 그룹은 예수 시대와 마가 시대를 막론하고 대부분 풍자적으로 묘사되며, 한 차례 있었던 전국적 규모의 조직적 저항은 예외적인 사건으로서, 예수 시대에는 존재하지 않았다.

따라서 마가가 예수 이야기를 제시한 세계와 마가 자신의 세계 사이에는, 역사적으로는 정확히 일치하지는 않지만, 구조적으로 중요한 조화를 찾을 수 있다. 이것은 마가가 자신의 시대의 시급한 현안을 예수 이야기에 접목하기 쉽게 해주었다. 이 장은 혁명이라는 구체적 상황은 물론이거니와 이처럼 전반적인 구조적 특징에 대해서도 초점을 맞출 것이다. 따라서 이 책은 인물과 사건의 연대기적 전환에 초점을 맞춘 통시적 서술이 아니라, 제도와 사회적 역동성에 초점을 맞춘 공시적 서술이다.

2. 사회적 세계에 대한 "지도 작성": 필터와 모델

먼저 광범위한 사회적 서술과 관련된 몇 가지 핵심적인 문제에 대한 인식이 필요하다. 상세한 서술을 위해서는 한 장을 전부 할애해도 모자랄 만큼 방대한 작업이 필요할 것이기 때문이다. 따라서 다음에 제시한 당시 로마 팔레스타인의 사회적 특징은 신뢰할 수 있지만, 일반적인 내용에 국한될 것이며, 마가복음 해석과 관련된 구조에 초점을 맞출 것이다. 이러한 서술은 내가 인용한, 이 시기에 대한 여러 가지 포괄적이고 간접적인 자료로부터 수집한 것이다. 더욱 깊은 연구를 원하는 독자는 이 자료를 참고하기 바란다.

앞서 살펴본 대로 모든 형태의 내러티브는 사회적, 이데올로기적인 제약을 받으며, 역사적 담론도 마찬가지다.1장 D, 4 이것은 두 가지 문제를 제기한다. 첫째는 성경외적 자료, 특히 이 시대에 대한 주요 증거자료인 유대 역사가 요세푸스의 편향성과 관련이 있다.Horsley and Hanson, 1985:xix-xx 팔레스타인의 사회적 도적social banditry의적 현상이나 로마에 대한 봉기와 관련된 요소에 대한 요세푸스의 묘사는 바리새인이나 대제사장에 대한 마가의 묘사와 다르지 않다는 것이다.

현대 역사가들은 이러한 자료에 대한 해석학적 의심이 몸에 배어 있지만, 자신의 편향성에 대해서는 동일한 비판적 잣대를 적용하지 않는다. 여기서 두 번째 문제점이 드러난다. 즉, 과거에 대한 "해석과 저술"을 함에 있어서 아무리 과학적이고 냉철하게 접근한 역사가라 할지라도, 반드시 자신만의 "필터"를 사용하여 방대하고 다양한 사실들과 사건들을 체계화하고 해석한다는 것이다. 사회과학적 자료는 일종의 분석적 틀을 통해 접근할 수밖에 없으며, 이러한 틀은 함축적이기는 하지만 역사적 내러티브를 근본적으로 결정한다.Elliott, 1986 카니T. Carney는 고대 사료학에 관한 중요한 연구를 통해, 이러한 요소를 통제할 수 있는 가장 좋은 방법은 '주제와 그것을 분석하는 자의 가치관을 드러내 주는' 모델을 활용하는 것이라고 주장한다.1975:xiv

카니가 주장하는 모델의 특징을 전반적으로 개괄하면, (1) 주요 요소들과 그것들의 우선성에 대해 규명하고 (2) 그것들의 상호관계에 대한 지침을 제공하며 (3) 가변성의 범위를 보여준다는 사실을 알 수 있다. 일반적으로 모델은 특정한 역사적 시대 및 사회 구조하에 있는 낯선 나라의 영토에 대한 일종의 "지도"를 제공한다. 나는 사회-과학적 이론, 특히 마르크스의 상부구조-하부구조 이론의 전문용어에 익숙하지 않은 사람들도 쉽게 다가갈 수 있는 이점을 가진, 크게 복잡하지 않고 비교적 간단한 모델을 사용할 것이다.

나의 서술은 엘리엇J. Elliott이 타이센G Theissen의 1세기 팔레스타인의 구조적-기능주의자의 사회학에 대해 비판하면서 사용했던 전형적 모델을 활용하고자 한다. 엘리엇의 모델은 "다양한 이해 집단분파나 당파가 아니라 팔레스타인의 사회적 드라마에서 핵심 역할을 하는 분명한 이해 집단에 대한 체계적인 비교가 가능하도록 설계되어 있다."1986:20 그는 다음의 네 가지 카테고리를 통해 이들 그룹을 분석한다.

1. 사회-경제적 요소: 그룹의 구성원과 규모, 지리적 위치, 경제적 기반과 직업, 계급과 지위, 조직과 역할, 제도 등
2. 정치-법률적 요소: 유대와 로마의 위상과 역할, 권위의 근거와 시행 방식, 국내 관계와 국제적 관계 등
3. 문화와 신념체계: 핵심적 가치관, 강조된 신앙과 그것에 대한 상징화, 규범과 제재 방식, 사회화와 인격 형성 등
4. 전략과 이데올로기: 그룹의 관심사와 목적, 전술과 관심의 초점, 대적, 동맹, 가까운 관계, 이데올로기앞의 책, 18 이하

이 모델의 약점은 훨씬 유기적이어야 할 사회적 과정 및 그룹을 인위적으로 범주화한다는 것이다. 하지만 이것은 서술적인 사회적 분석에서는 불가피한 작업이다. 우리는 단지 이러한 범주화에 대한 지나친 실증적 사용과 구체

화에 대한 주의를 촉구하는 한편, 그러한 방식을 선정한 이유를 분명히 밝힐 수 있을 뿐이다. 예를 들면, 엘리엇은 "팔레스타인의 물적 기반과 경제적 관계의 중요성을 인식한 후, 그것과 관련된 집단적 행동에 대한 사회적 약속에 이어, 정치적 지배 방식과 상징적 서술을 인식하는" 모델앞의 책, 17에 초점을 맞춘다.나도 마찬가지다

이 모델의 가장 큰 장점은 갈등에 기초한 사회학적 이론에 기초하여 다양한 그룹의 사회 전략을 비교한다는 것이다.중심/변방 메타포도 이 이론으로부터 나온다 이처럼 마르크스 전통에 뿌리내린 접근 방식은 사회 형성이 계층 간, 인종 간, 남녀 간 이해관계의 충돌로 규정된다는 사실을 강조한다.

이와는 대조적으로, 앵글로-아메리칸 학자들 사이에서 지배적인 구조적-기능적 학파의 전제는 다음과 같다.

> 모든 사회는 비교적 지속적이고 안정적이며… 구성원이 조화를 이루고 있는 통합적 구조다. 모든 구성원은 각자의 역할을 가지며, 하나의 제도로서 사회를 유지하는 데 기여한다. 이러한 기능적 사회 구조는 가치관에 대한 구성원의 공감대에 기초한다.Malina, 1981:19

이처럼 정적인 모델은 주어진 사회 형성의 이데올로기적 기구와 지배적 제도의 구조에 대한 묘사에 유용할 수 있다. 그러나 정적인 모델은 사회적 역동성을 전반적인 체제 균형의 유지라는 관점에서 해석하기 때문에, 다른 입장을 가진 그룹의 역할을 주변화할 수밖에 없다. 구조적 기능주의는 저항 세력의 사회 전략을 힘이 약한 그룹의 대처 가능한 반응으로 해석한다. 그들의 정치 활동은 정화를 촉구하는 역할을 할 뿐이며, 기본적으로 건전한 지배적 사회 제도에는 거의 위협이 되지 않는다는 것이다. 그리고 이러한 접근 방식은 원시 기독교 공동체의 "분파적" 특징에 대한 매우 경멸적인 서술로 나타

났다.Theissen, 1978: 아래 E, 4 참조

이데올로기적 대립과 투쟁의 표현으로서 사회적 저항 전략에 관심이 있는 나는 마가 시대 로마 팔레스타인의 적극적 또는 잠재된 갈등으로 표출된, 엘리엇의 네 가지 영역의 사회적 긴장에 초점을 맞추어 서술할 것이다. 먼저 경제적 영역에서는 권리를 박탈당한 대체로 토지가 없는 농부와, 일반적으로 토지를 소유한 소수의 엘리트들 사이의 계층 간 불균형에 초점을 맞출 것이다.2장 B, 2 참조 지리적 영역에서는 헬라 도시주의의 침략적 패턴과 전통적 농경사회 간의 긴장에 주목할 것이다.2장 B, 3 정치적 영역에서는 주후 66-70년의 유대 혁명을 배경으로 중립적 대중과 태생적 지배 계층과 로마 제국주의 간의 삼각관계에 대해 서술할 것이다.2장 C 참조 나는 이곳에서 대중의 사회 저항 운동에 대한 호슬리Horsley와 핸슨Hanson의 탁월한 최근작1985년에 대해 소개할 것이다. 또한 문화와 신념 체계의 영역에 대한 고찰에서는 유대교의 "상징적 질서"에 대한 벨로Belo의 모델로 돌아갈 것이다.2장 D, 1 이 질서 안의 긴장은 브릿지K. Burridge가 말하는 소위 "구원의 도구"1969년에 접근하거나 지배하기 위한 경쟁과 관계가 있다. 나의 분석은 이러한 긴장을 극복한 다양한 사회적 그룹의 이데올로기 전략에 대한 간략한 설명으로 끝난다.2장 E 참조

3. 비교 문화적 영역으로서 역사

성경의 고대성에 대한 역사비평적 연구의 가장 심각한 단점 가운데 하나는 비교문화적 요소를 무시하는 경향이 있다는 것이다. 인류학자는 문화적 제도와 담론에 대한 두 가지 관점, 즉 원주민이 보는 내부자적 관점문화상대주의적 관점과 외부자가 보는 분석적이고 객관적인 관점비교문화적 관점에 대해 언급한다.Pilch, 1985:142 성경 해석은 문헌학과 헬라어에 대한 지식에도 불구하고 텍스트에 대해 외부자적 관점을 적용할 때가 많다. 이러한 사례는 마가복음의 치유 및 귀신을 쫓아내는 내러티브4장 B, 1, 2에서 찾아볼 수 있다. 말리나

B. Malina는 성경연구를 비교문화적 관점에서 보는 법을 배워야 한다고 주장한다. 그것은 고대 지중해 "외국인"의 대화를 "엿듣는 것"과 같으며, "그들이 하는 말이 우리의 의미론을 그대로 구현할 것이라는 생각"은 잘못되었다는 것이다.1981:2

이러한 원리는 사회역사적 분석에도 동일하게 적용된다. 둘 다 외부자적 관점을 가진 오늘날 마르크스주의와 자본주의의 경쟁적인 분석적 패러다임은 대표적인 사례다.

> 마르크스주의와 자본주의는 산업사회의 이윤 극대화 윤리라는 동일한 준거의 틀을 가정하는 경향이 있다. 이 준거는 사상의 시장화예를 들면 "시간은 돈이다", 관계의 화폐화대부분의 재화와 서비스는 판매용이다, 기대치의 상승소비자 지향을 전제또는 거부한다.Carney, 1975:137

시장 거래 모델에 대한 전제는 다원론적 경제구조를 가진 산업화 이전의 로마 팔레스타인과 부합하지 않는다. 그들의 경제는 씨족에 바탕을 둔 "호혜주의 제도"와 중앙 집중식 경제의 "재분배 제도"를 포함한다.2장 B, 1; Malina, 1986b

정치적 담론과 행위를 형성하는 요소에 대한 오늘날의 가정도 마찬가지다. 참여 민주주의나 사회적 이동에 대한 우리의 이데올로기는 사회 정치적 "운동"에 대한 우리의 개념까지 지배할 때가 있다. 우리는 대중이 과두정치를 하는 로마 공화국의 정치적 의사결정에 개입하기는 어려웠으며Carney, 1975:214, 식민지 팔레스타인의 경우는 아예 불가능했다는 사실을 염두에 두어야 한다. 반대 의견은 사회 역사학자들이 "전정치적"prepolitical 형태라고 부르는 것에만 존재할 뿐이다. 그러므로 우리는 정치-경제적 담론을 위해 고차원의 추상적인 개념 대신 로마 팔레스타인의 시골에 사는 가난한 자들에게 초점을 맞춘 마가복음을 들여다보아야 한다. 우리는 상징적 행위에 대한 이야기와 비유가 결코 "전정치적""전과학적"이기는 하지만이지 않으며, 사회 비평의 재료 자체라는 사실을 알게 될 것이다.

비교문화와 관련하여 우리가 염두에 두어야 할 가장 중요한 한 가지 원리는 "거룩한 것"과 "세속적인 것"에 대한 오늘날의 구분이 1세기 팔레스타인의 세계를 그대로 반영하는 것은 아니라는 사실이다.

> 근대 산업 사회와 대조적으로, 당시에는 별도의 제도와 조직과 사회 활동을 수반한 독립적인 종교 영역이 존재하지 않았다. 1세기 팔레스타인에서 종교는 하나의 제도로서 모든 분야에 스며들어 있었다. 엘리엇, 1986:16

교회와 국가, 신앙과 이성이라는 이분법적 필터를 외면하기는 어렵겠지만, 이러한 이분법적 필터가 제2성전 시대의 후기 유대교를 상징하는 질서의 사회적, 경제적, 정치적 기능을 제대로 이해하려는 시도를 무산시켜버렸다는 것은 부인할 수 없는 사실이다. 오늘날 해석가들이 마가복음의 정치적 특징을 인식하지 못한 책임은 일차적으로 외부자적 편견에 있으며, 비교문화적 오역만큼 교회의 삶에 악영향을 미친 것도 없다. Marduro, 1979:54

외부자적 관점이 무의식적으로 가지고 있는 또 하나의 가정은 탈계몽주의가 개인주의에 심취해 있다고 하는 것이다.

> 우리가 1세기 지중해 세계에서 발견하는 것은 개인주의가 아니라 "쌍자론" dyadism이다.… 쌍자론적 인격은 수평적중심에서 변방으로 이어지는, 동일한 지위의 사람들 및 수직적사회적 지위가 높은 자와 낮은 자으로 구별된 일정한 사회적 포지션을 지키면서 자신을 언제나 다른 사람과 관련된 존재로 인식한다. Malina, 1981:55

쌍자론적 인격은 마가복음의 수많은 갈등 및 치유 이야기에 대한 바른 해석 속에 결정적으로 드러난다.6장 D, 1 또한 우리는 개인주의적 인간학을 철저히 극복함으로써, 마가복음에 기록된 예수의 상징적 행위가 사회적 문제를 극적으로 드러내는 행위임을 볼 수 있다.4장 B

정치적 해석학은 비교문화적 분석에 취약한 모습을 보여왔다. 열정적인 정치적 해석학은 성경 세계를 오늘날의 이미지로 바꿈으로써 예수에 대한 "역사적 탐구"가 범했던 실수를 반복할 때가 많았다. 해방신학자 휴고 에체가라이Hugo Echegaray는 이것을 1세기 팔레스타인의 사회적 그룹과 권력 구조를 우리 시대의 그것과 동일시하려는 "일치주의concordism의 유혹"이라고 부른다.1984:xi 이러한 유혹은 무엇보다도 '계급투쟁' 개념에서 찾아볼 수 있다. 아래에 언급된 대중적 동요와 반발에 대한 암시에도 불구하고, "프롤레타리아 인식"과 관련된 어떤 해석의 틀도 시대착오적일 수밖에 없다. 그러나 이러한 경고는 이 책에 제시된 나의 주요한 관심사-즉, 마가의 예수 이야기를 들여다보기 위해 사용하는 "혁명적 비폭력"이라는 나의 "렌즈"- 에도 동일하게 적용되어야 한다.

1세기 팔레스타인에서는 "누구도 폭력이나 비폭력과 같은 추상적 용어에 대해 문제를 제기하지 않았다."1987:319는 호슬리의 지적은 기본적으로 옳다. 폭력/비폭력에 대한 모든 논의와 그러한 논의를 유발한 상황은 명백히 현대적이라는 것은 결코 부정할 수 없는 사실이다. 내가 예수의 행위를 이해하는 "해석학적 열쇠"로서 간디의 비폭력을 언급한 것은 매우 자의식적인 '발견적 방식'에 해당한다. 여기서 발견적 방식이란 분석 중인 데이터에 의한 검증이 가능한지, 데이터에 대한 해석에 도움이 되는지 알아보려고 의도적으로 미리 생각한 모델이나 틀을 가리킨다. 나는 이러한 틀이 마가복음에 부적합하다고 생각하지 않는다.그리고 나는 이 점에서 호슬리와 견해를 달리한다 이 문제에 대한 마가의 접근은 결코 관념적이지 않으며, 그의 내러티브는 확실히 예수의 행위를 조직화 된 폭력적 전략에 호소하지 않는 사회-정치적 혁명으로 제시한다. 그뿐만 아니라 나는 이러한 틀이 마가복음의 텍스트에 암시되어 있으며, 본문해석에도 도움이 된다고 생각한다.

나는 이 문제를 다룰 때, 예수의 비폭력적 방식을 돋보이게 하려는 목적으로 "열심당원"의 무장봉기를 대조적으로 사용하는 것에 반대한 호슬리의 주장을 신중하게 살펴보았다.ibid., 149 이하 동시에 예수 시대에 조직적인 군사적 불복종은 없었다는 그의 주장도 정확한 판단이라고 생각한다. 그러나 마가의 시대에는 이러한 불복종이 있었으며, 따라서 복음서 기자의 공동체가 다른 주요 사회적 그룹 및 활동과 마찬가지로 혁명과 혁명 지도자들에 대해서도 자신의 견해를 밝혔을 것이라고 가정하는 것이 합당하다.상세한 논의는 부록, A 참조 요약하면, 이러한 발견적 틀을 통해 끌어낼 수 있는 결론은 마가의 이데올로기가 오늘날의 비폭력적 혁명과 유사한 형태를 제공한다는 것이다. 나는 이러한 사실을 강력히 주장해야 할 해석학적 긴급성을 느낀다. 어쨌든, 우리가 어떤 프레임을 가지고 이 문제에 접근하든, 예수 이야기는 언제나 당시의 사회-역사적 상황에서 처음 받아들일 시점이 가장 급진적이었을 것이다.

2B. 사회-경제적 긴장

1. 정치적 경제

다음은 이어질 단원에서 자주 인용하게 될 카니의 주장이다.

> 고대의 경제는 경제 인류학자들이 "다원적 사회"라고 부르는 제도를 가지고 있다. 다원적 사회는 가치 체계의 기반이 다른 다양한 공동체로 형성된 사회를 가리킨다.… 이런 경우, 사회와 경제는 엘리트 조직과 엄격한 계급 체계를 통해 결합된다.… 다원주의는 지역적 하위문화와 특정 그룹의 생활양식이라는 두 가

지 요소를 통해 생성된다.1975:193

로마 팔레스타인의 사회-경제적 동인이 되는 유발 인자는 시장 거래에 대한 헬라의 정치적 경제 구조와 벨로Belo가 마르크스를 따라 "준아시아적" 농업 구조라고 부른 것의 복잡한 상호융합을 특징으로 한다. 마르크스가 말하는 "아시아적" 생산 양식의 특징은 다음과 같다.

> 친족 관계가 사회조직에 있어서 중요한 역할을 하는 농촌 공동체를 형성하는 농민층과, 그들의 잉여물을 착취하는 계급제 국가 간의 대립Belo 1981:60

벨로는 팔레스타인을 "준아시아적"이라고 부른다. 왜냐하면 국가로마와 헤롯가 관개수로 시설과 같은 사회간접자본을 통해 농작물 생산을 직접 관리한 것이 아니라 미리 잉여물을 조공으로 거두어갔으며, 상품 거래와 관련된 모든 행위를 주관했기 때문이다.

아시아적 영역에는 경제 인류학이 "호혜주의"와 "재분배"라고 부르는 두 가지 제도가 공존한다. 카니는 호혜주의를 씨족유대인의 경우 지파를 기원으로 한다 중심의 제도로 규정한다.

> 가족 구성원 상호 간에는 재화와 용역이 무상으로 주어진다.완전한 호혜주의 씨족 내 방계 가문에도 혜택이 주어지지만, 그것에 상응하는 반대급부가 기대된다.약한 호혜주의 먼 친족의 경우, 이해타산적 요소는 더욱 커지고 그만큼 답례도 줄어들기 마련이다.균형적 호혜주의 같은 부족이 아닌 경우, 이러한 상호성은 사라진다.부정적 호혜주의1975:167

이스라엘의 지파 동맹의 특징인 이러한 "원시적" 제도는 모세 율법에 나타나며Gottwald, 1979:293 이하, 마가 시대 팔레스타인의 농촌 생활에서도 찾아볼 수 있다. 이것은 그들의 경제적 안정이 대가족이나 친족 제도와 밀접하게 관련되어 있음을 보여준다.

화폐가 없던 시대의 더욱 발전된 또 하나의 제도는 재분배이다. 이것은 부족 제도로부터 '주로 신전이나 성전을 중심으로 이루어지는 보다 안정적이고 중앙집중적인 공동체'로의 역사적 전이에 기초한다.

> 제사장 그룹이 처음으로 노동력을 동원했으며… 그들은 성전 소유지에서 일했다. 성전은 중앙 저장소의 역할을 했다. 수확물은 이 저장소에 비축되었고, 농사 짓는 사람들은 물론 농사를 짓지 않고 성전에서 일하는 사람들주로 베 짜는 여자들이나 기술자에게도 재분배되었다.… 이런 방식의 중앙집중적 농업이 가능해짐에 따라 성전을 중심으로 모인 작은 공동체들은 더 거대하고 복잡한 조직으로 확장되었다.앞의 책, 173

이것은 성벽으로 둘러싸인 도성과 왕족과 군대를 이루게 해 주었다. 우리는 이스라엘을 통해 왕조의 부상과 더불어 이러한 발전을 확인할 수 있다.삼상 8장

재분배 경제는 왕이나 제사장 사회가 주관했다. 그들은 '동등한 교환가치'를 설정하고 무역로를 보호했으며 규모와 인사를 관장했다. 사업은 기업인이 아니라 "왕실에 소속된" 대리인에 의해 시행되었다. 이 제도는 이스라엘의 제1성전과 제2성전의 건축 과정에서도 잘 드러난다.

> 이 제도는 거대한 건축 사업에 필요한 인적 자원, 식량, 물자를 조달하는 병참기지로서의 기능을 발전시켰으며, 거대한 사회적 영향력으로 인해 언제나 정치적이었다. 이 제도가 발전시킨 기능 가운데는 노동 정책…조세, 관료주의, 운송

수단에 대한 통제 등이 있다.앞의 책 174

이처럼 규제를 받는 경제구조 하에서, 동일한 재분배 시스템에 기초하여 내부경영을 하는 대지주의 부상은 통제를 받을 수밖에 없었다.

우리는 로마 팔레스타인에서 거대한 주거단지 및 중앙 저장소가 작동되는 모습을 볼 수 있다. 후자의 대표적 사례는 원래 십일조 제도를 통해 농산물을 재분배했던 예루살렘 성전에서 찾을 수 있다. 이 농산물은 마른 땅관개수로를 통해서가 아니라에서 생산된 곡물이 주를 이루었지만, 약간의 임업, 어업, 축산업 생산물과 함께 마른 열매, 올리브, 포도주, 아마가 포함된다. 갈릴리는 팔레스타인에서 가장 비옥한 농경지다. 정확한 규모는 알 수 없지만, 갈릴리에서는 광범위한 사유지가 외부인의 소유로 넘어가면서 어느 정도 대토지화가 진행되었던 것으로 보인다. 로마는 정복한 나라들의 토지를 자국의 귀족들에게 하사했으며, 헤롯 대왕이 통치하던 시대와 이후 시대주전 37년-주후 4세기에는 토지 소유가 점차 왕실에 집중되었다. 갈릴리에도 가족 소유의 소규모 부동산이 있었다는 강력한 증거가 있지만, 토지를 양도하고 그 토지의 소작농이 되는 경우는 가난한 사람들에게서 흔히 볼 수 있는 광경이었다.

산업화 이전 시대의 모든 사회가 그랬던 것처럼, 팔레스타인 역시 발전을 가로막는 낮은 생산성과 자본 형성 및 전문화의 부족으로 인해 경제가 침체되어 있었다. 시골 사람들의 입장에서 경작은 상업적 목적을 위한 것이 아니라 생계를 위한 것이었다. 그곳에서의 잉여물 거래는 국제 교역이나 국가 독점 사업의 통제를 받았다. 소규모 생산자는 수출시장에 접근하기 어려웠다. 높은 운송비에 대한 부담과 상품을 보관하는 전문적인 기술이 부족했기 때문이다. 영세하기 그지없는 구매력조차 소수의 기능직 임금 노동자의 몫을 제외하면 특권층 지주들에게 집중되었으며, 그나마도 도시 지역으로 몰렸다.

팔레스타인의 고유한 사회적 패턴은 이미 1세기에 헬레니즘과의 교류를 통해 크게 바뀌었다. 이러한 교류는 알렉산더 대왕 이전 시대주전 4세기 중엽부터 시작되었으며 예수 시대에는 더 많은 진전이 있었다. 학자들의 저서가 주로 문화적, 철학적 이슈에 집중되었음에도, 마르틴 헹엘Martin Hengel은 헬레니즘이야말로 가장 중요한 세속적 힘이었다고 주장한다.1974:55-57 로마의 군사문화와 전쟁 기술은 재향 군인들이 팔레스타인으로 대량 유입되어 옴에 따라 이 지역에 특별한 영향을 미쳤다. 그들에 대한 임금이나 연금으로 식민지 영토의 토지가 주어지기도 했다.

로마 헬레니즘의 노예제도에 기반한 경제는 시장 거래 제도를 갖추고 있었음에도 오늘날의 임금 노동자 경제와는 근본적인 차이가 있었다.

> 생산력이 노예의 노동력에 기반을 둔 경제는 모든 관계가 이윤의 극대화보다 권력과 신분에 집중된다는 점에서 정치적 경제라고 할 수 있다.Carney, 1975:102

당시는 생산성보다 군대를 우선했으며, 값싼 노동력을 이용할 수 있었기 때문에 반기술적인 사회 분위기를 형성할 수밖에 없었다. 기업 부문과 관련해서는 국가와 관료주의 기구가 상거래를 지배하는 "천민자본주의"로 요약할 수 있다. 천민자본주의는 대규모 사업 성장을 가로막으며, 상류 사회가 주로 "관료"로 구성되었음을 보여준다.앞의 책, 103, 106

헬라의 행정 관료주의와 엄격한 계급제도는 광범위하게 확산되었으며, 조세 징수 도급제도tax farming의 도입으로 식민지 지역의 이자 부담이 늘어났다. 조세 징수 도급제도에 있어서 통치자는 임차인으로부터 토지 사용료를 미리 받아내기 위해 조세 징수권을 도급했다. 도급을 받은 "세금 징수 대행 농민도급업자"는 세금 징수 과정을 통해 수익을 창출해야 했다. 로마의 통치하에서 공물 징수는 폐지되었으나, 소액 요금이나 관세는 여전히 지방 당국에 의해 징수되고 있었다. 헬레니즘 시대에 수출 무역의 확대를 위해 토지에 대한 강력한 경제적 착취를 시도했다는 증거도 존재한다. 이로 인해 팔레스타인의 로마화는 고도로 상업화된 도시로의 방향성을 가지고 전개되었다. 실제로 데이비드 로즈David Rhoads는 1세기의 "이 도시들은 새롭게 정착할 이주민으로서 유대인보다 비유대인을 선호하였기 때문에, 팔레스타인 인구 비율에 있어 새로운 국면을 불러일으켰다.1976:24 이하 이것은 확실히 문제를 초래할 수 있는 상황이었다"고 주장한다.

마가의 의미론 영역에서 부각되는 라틴어풍 스타일은 헬라의 행정적 영향력을 보여주지만, 호혜주의와 재분배는 마가의 내러티브에서 가장 두드러지게 나타나는 제도이다. 마가의 경제 비판은 제국의 정치적 경제보다 '지역 경제'에 초점을 맞추지만, 전자를 염두에 두기도 한다. 이러한 사실은 비유에 언급된 타국의 지주12:1, 세금 논쟁12:14 이하, 그리고 팔레스타인 땅에 주둔하고 있는 로마 군대에 대한 암시5:9 이하에서 드러난다.

2. 계급 관계

당시의 팔레스타인에는 대다수의 농민 외에도 소수의 자영업 기술자와 관료, 그리고 약 75만 명의 팔레스타인 인구 중에서 0.5%도 되지 않았던 귀족계급이 있었다. 헤롯의 사후, 각 지역을 다스리던 지배계층은 점차 도시를 본거지로 삼았으며, 식민지 통치에 대해 문화적, 경제적으로 받아들이는 경향이 있었다. 한편으로 프레인Freyne이 보여준 것처럼1980년, 갈릴리를 비롯한 시골 지역의 농민들은 헬라화가 진행되는 동안 경제적인 소외와 더불어 문화적인 고립을 경험했다. 사회-경제적 갈등의 핵심은 도시의 소수 지배계층이 경제적으로 취약한 농촌의 소지주들과 소작농들의 삶에 가한 경제적 위협이었다.

호슬리는 팔레스타인의 토지 양도 과정과 그로 인해 계층화된 사회에 대해 다음과 같이 요약한다.

나사렛 예수의 비유를 포함하여, 헤롯 시대에 수많은 대지주가 있었음을 보여 주는 상당한 증거가 존재한다. 이러한 대지주의 성장과 함께 인구 증가가 지속되었다. 일부 지주의 재산은 분할 상속되었으나, 대부분의 경우 장남이 아닌 자는 상속법으로 인해 땅을 소유할 수 없었다. 더구나 빚을 진 다수의 농민은 농촌의 프롤레타리아 계급이 되었으며, 대부분 변방 지역의 일용 노동자로 전락했다. 헤롯과, 일부이기는 하지만 그의 후계자들은 이들을 고용하여 대규모 건축 사업에 투입했다. 자신의 땅에서 영구적으로 쫓겨난 이 노동자들이 잠재적인 사회불안의 원천이 되었다는 사실은 지배 계층에 아무런 영향도 주지 못했다. 따라서 외국의 침략이라는 특수 상황이 없는데도, 일반 대중과 대제사장을 비롯한 지배 계층 사이에는 강력한 적대감이 형성되곤 했다.1981:416 이하

호슬리가 언급했던 대규모 건축 사업 가운데 가장 두드러졌던 것은 헤롯이 시작해서 혁명의 시기까지 이어져 내려왔던 제2성전의 재건축 사업이었다.Theissen, 1976

가난한 자의 사회적 위치는 마가복음 해석의 중심이 될 것이기 때문에, 이제부터는 카니가 묘사했던 농민의 삶에 대해 살펴보고자 한다. 그들의 삶의 "기본적 특징"은 한 마디로 "정치적인 무기력과 궁핍한 경제 상황"이었다.1975:198 농민들은 생산을 위해 세 가지 의무를 다해야 했다. 먼저 그들은 자신과 가축이 충분히 먹을 수 있는 양식과 다음 해의 경작에 필요한 종자를 생산해야 했다. 이어서 호혜주의와 재분배를 위한 잉여물을 생산해야 했다. 그리고 마을 공동체의 차원에서 필요로 하는 어느 정도의 잉여물도 생산해야 했다.

마을 공동체의 차원에서 필요한 잉여물은 철기 도구나 기구를 얻기 위해, 지역 축제에 제공하기 위해, 그리고 필요한 이웃에게 빌려주기 위해 필요했다. 그는 축제에 기여하거나 이웃에게 잉여물을 빌려줌으로써, 자신이 어려움에 처했을

때 이웃에게 도움을 요청할 수 있었다...

-농민의 사회 보장(앞의 책)

그러나 농민의 빈곤 사이클을 고착화한 것은 소수의 엘리트가 잉여를 지배한 경우였다. 갈릴리의 소작농은 수확물의 절반을 세금으로 바쳤다. 소지주들은 헤롯 가문이나 로마의 식량배급제도annona를 위해 토지세나 공물을 바쳐야 했는데, 양쪽 모두 수확의 1/4에서 1/3에 달하는 수준을 요구했다. 유대 당국자를 위한 십일조는 여기에 포함되지 않는다. 십일조는 "안식일과 달리" 로마의 인정을 받지 못했다. 오펜하이머S. Oppenheimer 1977:23 이하에 따르면 랍비 전통에 규정된 십일조의 구성은 다음과 같다.

1. 제사장에게 바치는 제물로서 수확물의 십분의 일
2. 나머지의 십분의 일로서, 레위인에게 바치는 첫 번째 십일조
3. 나머지의 십분의 일로서, 안식년 주기의 첫 번째 해, 두 번째 해, 네 번째 해, 다섯 번째 해에 바치는 두 번째 십일조와, 세 번째 해와 여섯 번째 해에 바치는 가난한 자를 위한 십일조

여기에 덧붙여 소작농에게는 다양한 인두세와 함께 생산물을 시장에 판매에 따르는 세금이 부과됐다.

이러한 세금 부담은 농민들 사이에서 경제적 참정권 박탈의 원인이 되었으며, 농민의 삶을 침체시킨 결정적인 요소가 되었다.

생계유지를 위해… 농민은 자신의 욕구와 생활 수준을 최소화해야 했다. 이러한 "기본적인 욕구에 대한 억제"는 자신을 한껏 치장하기 위해 엄청난 재화를 사용하고 있는 오늘날의 소비자가 산업경제 발전에 매진하고 있는 것과는 완

전히 반대되는 모습을 보여준다. "제한된 재화"라는 농민의 개념도 마찬가지다. 식량, 토지, 명예, 지위와 같은 모든 좋은 것들은 제공할 수 있는 양이 한정되어 있으며 공급은 언제나 부족하기 마련이다. 재화의 양은 늘어나지 않기 때문에 농민이 이처럼 한정된 재화를 더 가져갈 수 있기 위해서는 동료들의 희생이 불가피하다. 이런 생각은 농민 공동체 안에 있던 순수성을 없애버리고 끊임없는 갈등과 의심의 원인으로 작용한다.… 현저한 양의 잉여물이 생산되는 경우, 축제를 통해 소비함으로써 그룹의 갈등을 해소했다.Carney, 1975:198 이하

제한된 재화, 또는 잉여물을 위한 투쟁이라는 개념은 씨 뿌리는 비유에 등장하는 "종말론적 추수"5장 B, 2와, 광야에서 배불리 먹이신 기사에 나타난 "만족의 경제"6장 E와 같은, 마가가 사용했던 상징들의 극적 배경을 형성한다.

확실히 도시민들이나 소규모 기술자 계층의 사람들은 재분배 제도에 대해 그다지 부담을 느끼지 않았다. 이러한 불균형은 극단적인 사회-경제적 긴장을 초래할 수밖에 없었다. 예루살렘 예배에 대한 농민계층의 전통적 충성에도 불구하고, 그들은 토지를 소유한 귀족 사회에 대해 합리적인 의심을 가지고 있었다.

갈릴리의 유대 농민들은 민족적, 종교적 유대감에 의해 자신과 결속된 것으로 생각했던 사람들과 제사장 귀족 사회가 사실은 자신을 압박하는 사회적 압제자가 되어 있는 현실을 발견했다.Freyne, 1980:199

아래에서 살펴보겠지만C 가난한 자들의 저항은 십일조에 대한 비협조적인 태도로부터 시작해서 조직적인 약탈과 국지적인 민중 봉기에 이르기까지 다양하게 표출되었다.

3. 지정학적 갈등

앞서 언급한 대로, 팔레스타인에는 중심-변방 모델도 적용할 수 있다. 헬라의 도시주의가 식민지를 관통하면 할수록, 도시와 농촌 간의 상이한 요구의 대립은 더욱 심화되었다. 이것은 경제적인 갈등인 동시에 문화적 갈등이었다.

> 실소득이 있는 자는 엘리트 그룹에 속한 사람들이나 부유한 상전들뿐이었다. 따라서 상류 계층이 거주하며 대량 소비만 하는 고대의 도시들은 농촌의 단물을 빨아먹는 경제적 기생충이나 다름없었다. 상대적으로 도시는 기술자들이 만들어내는 생산물보다 더 많은 사치품을 소비하고 더 많은 세금을 내며 더 좋은 인상을 풍기는 생산활동에 치중했다.… 따라서 도시와 농촌 사이에는 시간적 괴리뿐만 아니라 뚜렷한 문화적 괴리도 존재했다. 이런 사회에서 각각의 영역에 속한 사람들은 자신의 "세계"와 생활 공간에 대해 상대가 이해할 수 없는 전혀 다른 생각을 가지고 있었다.… 군사적-행정적 엘리트 계층 및 전자와 관련된 토지를 소유한 준엘리트 계층의 사고방식이나 사회적 세계는 농민의 그것과 전혀 달랐으며 명백히 뛰어났다.Carney, 1975:102, 100

이러한 긴장은 광야의 "떡 광주리"가 실제로 신생 헬라 도시에 둘러싸여 있었던 갈릴리에서 더욱 고조되었다.Freyne 1980

지중해변의 프톨레마이스행 21:7의 돌레마이나 헤롯이 갈릴리 해변에 세운 디베랴나 갈릴리 내륙에 세운 세포리스Sephoris는 갈릴리의 농산물에 의존했기 때문에 갈릴리에 대한 지정학적 지배를 유지하려 했다. 요세푸스에 따르면 갈릴리 농촌에는 인구가 밀집하여 도시국가와 유사한 형태의 작은 마을들예를 들면, 가이사랴 빌립보이 생겨났으며, 주변 지역에 대해 통치와 행정의 중심이 되었다.War, III,iii,2; Ant., XX, viii,4 도시의 침투가 지속되면서 도시와 농촌의 공식적 경계는 점차 무너지기 시작했고 많은 사람은 헬라 도시의 시민권을 얻기 위해 씨족 공동체에서 떠나갔다. 마가복음에는 농경생활의 사회 구조가 점차 붕괴하는 모습을 목도했던 농민들의 분노가 잘 나타나 있다.4장 B, 3

또한 마가복음에는 갈릴리와 유대 사이의 사회-문화적 긴장도 나타난다. 예루살렘으로부터 멀리 떨어져서 지리적으로 분리된 가운데 이방 세계와 밀접한 접촉을 가졌던 갈릴리는 예루살렘 고위층으로부터 지속적으로 반란에 대한 의심을 받았다.Freyne, 1980 갈릴리를 혁명적 정서나 활동의 유일한 항구로 인식하거나 "암 하아레츠"랍비 문헌에 등장하는 가난하고 멸시받았던 농민와 전적으로 동일시했던 과거의 역사적 인식은 확실히 사라졌다.Oppenheimer, 1977 그럼에도 불구하고 이 시대의 문학 작품에는 대체로 갈릴리와 같은 북쪽 지역 출신이 하층 계급에 해당한다는 사실을 보여주는 증거가 많이 남아 있다. 요약해서 말하자면, 갈릴리는 이중적 변방에 해당한다고 할 수 있다. 갈릴리는 주변의 헬라 도시들로부터 정치적, 경제적 지배를 받았으며, 상징적으로, 그리고 사회-경제적으로 남쪽 예루살렘의 지배를 받았다. 이것은 예루살렘과 헬라 도시 모두와 긴장 관계에 있었던 갈릴리의 도시와 농촌이 마가의 내러티브에서 이데올로기적 중심에 위치할 수밖에 없었던 배경을 보여준다.

2C. 사회-정치적 긴장과 유대 전쟁

이 시기 팔레스타인의 정치적 상황은 다섯 가지 흐름으로 요약할 수 있다.

1. 본토 왕권의 약화
2. 식민지에 대한 로마 당국의 직간접적 관리
3. 사두개인을 포함한 성직자 계층과 대제사장의 권력
4. 바리새파, 에세네파와 같은 유대의 신생 종파 간의 점진적인 정치적 제휴
5. 다양한 지류의 대중적 저항과 항의

그리고 이러한 요소들은 결국 주후 66년의 혁명으로 이어졌다.

1960년대 후반부터 이어진 사회 정치적 역사에 대한 새로운 연구와 함께 다양한 이슈가 부각되면서 논쟁이 이어오고 있다. 이들 가운데 마가복음 해석과 직접적인 관계가 있는 것으로는 바리새파 운동의 의의와 특징, 그리고 당시의 혁명을 주도한 세력의 기원과 관련된 문제들이다. 이들 이슈에 대해 다룬 탁월한 논쟁으로는 보커J. Bowker의 『예수와 바리새인들』*Jesus and the Pharisees*, 1973, 로즈D. Rhoads의 『주후 6-74년 혁명기의 이스라엘』*Israel in Revolution*, 6-74 C. E., 1976 등이 있다. 그러나 마가복음에 대한 정치적 해석에 중요한 열쇠가 되는 한 가지 흐름은 거의 간과되고 있다. 그것은 지배적 질서에 대한 민중의 사회 정치적 저항이다. 따라서 이 주석에서는 이러한 흐름에 더욱 초점을 맞출 것이다. 관심 있는 독자에게는 호슬리와 핸슨의 『도적, 선지자 및 메시아들: 예수 시대의 대중 운동』*Bandits, Prophets, and Messiahs: Popular Movements; in the Time of Jesus*, 1985을 추천한다.

1. 점령당한 팔레스타인

유대 팔레스타인은 헬라의 통치에 대한 마카비 혁명주전 167-142년 후, 하스몬 왕조Hasmonean dynasty의 통치하에서 약 백 년간의 독립을 누렸으나, 주전 63년에 다시 신흥 로마제국에게 점령당했다. 당시 단기간에 승패가 갈렸던 그 전쟁 이후, 폼페이우스 황제는 히르카누스 2세를 본토의 분봉왕으로 세워 조공을 바치게 했다. 주전 40년에 파르티아 제국이 팔레스타인을 잠시 접수했으나 주전 37년에 로마가 다시 팔레스타인을 정복하여 헤롯을 새로운 분봉왕으로 세우고 장기간에 걸쳐 폭력적인 통치를 이어갔다.

표 1 • 주전 4년-주후 70년의 팔레스타인(표의 연대는 주후)

사두 정치 시대

황제	유대, 사마리아, 이두메	갈릴리와 베레아	북쪽 요단동편	대표적 대제사장
아구스도 → 14년	아켈라오 → 6년	안디바 → 39년	빌립 → 34년	안나스 6-15
디베료 14-37년	빌라도 총독 26-36년			가야바 18-36년
갈리굴라 37-41년				데오빌로 37-41년

로마의 직접 통치 시대

황제	총독	대제사장	정치적 사건
글라우디오 41-54년	파두스 44-46년		드다의 반란, 45년경(?) 행 5:36
	알렉산더/46-48년		기근, 46년경; 유대 반란군 지도자 두 명에 대한 처형
	쿠마누스/48-52년		유대인(그리스도인과 함께?)이 로마에서 쫓겨남; 팔레스타인에서 수 차례 (무력) 충돌
		아나니아 48-58년	
	벨릭스/52-60년		도적, 선지자, 자객의 출현 '애굽' 예언자의 봉기
네로 54-68년	베스도/60-62년		광야 선지자의 처형; 가이사랴에서 유대인과 시리아인의 충돌
	알비노스/62-64년	6명의 대제사장 59-66년	부패와 농민 폭동의 증가 예루살렘 혁명 당파 간의 싸움
	플로루스/64-66년		전반적 쇠퇴: 가이사랴와 예루살렘의 폭동 황제에 대한 제의 중단(66년), 임시 정부
갈바, 3년 황제들, 68-69년		아나누스	열심당 통합, 68년 혁명 진압, 70년
베스파시안 69-79년		피네아스	

> 이스라엘은 로마와 파르티아 제국 사이에서 완충 지대의 역할을 했다. 파르티아 제국은 지중해 세계에서 로마제국의 광범위한 지배에 대해 강력한 위협이 될 수 있는 유일한 나라였다.… 따라서 로마에 있어서는 파르티아 제국과 우호적인 관계 또는 확실한 지배 관계를 유지하는 것이 중요했다.… 무엇보다도 이스라엘이 쉽게 다스릴 수 없는 땅이라는 관점에서 더욱 그러했다.1976:27

앞서 언급했듯이 우리가 관심이 있는 이 시기는 헤롯이 죽은 해주전 4년에 있었던 대중적 폭동과, 주후 66년에 시작된 전국적 혁명 사이에 위치한다.

헤롯의 왕국은 세 지역으로 나뉘어 분봉왕들의 통치를 받았다. 그 가운데 두 곳은 팔레스타인이 다시 한번 통일을 이루었던 아그립바의 짧은 재위 기간주후 41-44년까지 유지되었다. 주후 6년의 혁명으로 아켈라오를 추방했던 세 번째 지역유대, 사마리아 및 이두메은 로마의 직접적인 관할 하에 들어가게 되었다. 주후 44년 이후에는 팔레스타인 전체가 로마의 직접적인 통치를 받게 되었다. 따라서 우리는 아그립바를 기준으로 이 시기를 분봉왕 시대"예수 시대"와 로마의 직접 통치 시대"마가 시대", 이렇게 두 개의 시대로 나눌 수 있다. 각 시대의 중요한 인물 및 사건은 표 1에서 볼 수 있다.

마가의 내러티브는 이 두 시대를 연결한다. 6:14에서 마가는 갈릴리와 베레아요단 동쪽 데가볼리의 남쪽 인접 지역의 분봉왕 헤롯 안디바에 대해 언급한다. 브라운J. Brown은 안디바에 대해 다음과 같이 기록한다.

> 이제 사두 정치는 "네 지역의 통치자"라는 원래적 의미가 사라지고, 일반적인 왕보다 낮은 지위에 해당하는 로마의 섭정을 가리키게 되었다.… 수 차례 바뀐 로마의 정책에 의해… 헤롯은 아구스도와 디베료의 호의를 얻어 통치권을 행사했으나, 후에 갈리귤라에 의해 제거된다.… 우리는 그가 황제에게 조공을 바쳤을 것이라고 확신하지만, 우리가 가진 자료에는 그 구체적인 수치가 나타나

> 있지 않다. 처음 지명되었을 당시… 아구스도는 그에게 베레아와 갈릴리로부터 매년 200달란트의 세금만 거두게 했다. 아마도 이 금액은 그의 개인적 수입이었을 것이며, 행정에 필요한 재정이나 건축 사업이나 조공을 위한 재정은 별도의 세금으로 거두었을 것이다. 1983:360 이하, 363

반대자들에 대한 안디바의 증오는 마가의 세례요한 처형 기사에 잘 나타난다. "헤롯 왕가"에 대한 마가의 내러티브에는 주후 44년 이후 로마의 식민지배에 대한 갈릴리 귀족의 지속적인 협력이 드러난다.

마가는 기사 계급 가운데 하나인 이탈리아의 총독, 빌라도에 대해서도 언급한다. 로마의 행정관은 대체로 헬라의 가치관을 식민지에 심는 일보다는 교활한 식민지 정책을 수행하는 일에 주력했다. 로마는 유대의 엄격한 배타주의에 대해 비교적 관대했다. 로마의 궁극적인 헤게모니를 인정하고 조공을 바치는 한, 어느 정도의 지역 자치권을 향유할 수 있었다. 그러나 로마의 지배는 견고했다. 총독은 유대 정치의 상징적 지도자인 대제사장을 임의로 임명하고 퇴위시킬 권한을 가지고 있었다. 그는 이러한 권한을 사용하여 그들을 효과적으로 지배할 수 있었다. 따라서 로마는 전통적 식민지에서 대외정책 및 식민지 내부로부터의 반발에 대한 절대적인 결정권을 가지고 있었다. 예를 들면, 사형 집행; 아래, 12장 D 참조

제국은 예루살렘 성전 부근에 주둔해 있는 상비군을 통해 저항 세력을 철저히 진압할 수 있었으며, 실제로도 그렇게 했다. 이 시기의 초기와 중기에 나타난 두 차례의 극적인 사례는 폭력적인 저항에 대한 로마의 포악한 보복을 잘 보여준다.

> 주후 4년 헤롯이 죽은 후 세 아들이 로마에 있을 때, 헤롯대왕에게 처형당한 반란군 지도자 에제키아스의 아들 유다가 세포리스의 무기고를 약탈했다.… 시

리아의 총독은… 베이루트의 용병을 이끌고 남쪽으로 진격했다. 아레타스 4세 Aretas IV는 세포리스를 재탈환하고 불태웠으며, 그곳의 주민들을 노예로 삼았다.… 안디바는 곧바로 세포리스를 재건하고 디베랴를 건설할 때까지 그곳을 수도로 삼았다. 나사렛의 목수와 석공들tektones은 그곳까지4마일 날마다 왕래해야 했다.J. Brown, 1983:362

이 사건은 예수께서 탄생하신 시간 및 장소와 매우 근접하기 때문에 역사가의 상상력을 자극했다.

두 번째 사례는 쿠마누스Cumanus, 48-52년 총독에 의해 자행되었던 일련의 폭력적 진압으로서, 보복의 악순환을 극화한다.dramatize 요세푸스, Ant., XX,v,3-4 유월절 기간 중 예루살렘에서 한 로마 병사에 의한 자극적인 행동이 유대 순례객들의 폭동을 불러일으켰다. 질서를 회복하는 과정에서 유대인 몇 사람이 살해당했고, 곧바로 유대 도시의 폭도들이 도시로 들어오는 제국의 관리들을 살해하는 사건이 일어났다. 그러자 쿠마누스의 군대가 성읍 주변을 약탈하고 지역 관리들을 처벌했다. 그곳을 비롯한 몇몇 지역을 장악하지 못했던 쿠마누스는 결국 로마에 의해 축출되었다. 로즈는 쿠마누스의 재위 기간이 식민지 긴장의 전환점이 되었다고 생각한다.1976:70 이하

마가의 내러티브에 대한 정치적 고찰을 위해서는 로마 세력과 그것에 맞선 유대 백성 사이의 대립이 거의 언제나 앞서 언급한 것과 같은 "상징적" 행위를 중심으로 일어났다는 사실을 알아야 한다. 요세푸스가 보도한 잘 알려진 사건으로는 다음과 같은 것들이 있다.

1. 황제에 대한 맹세를 거부하고 로마의 황금독수리를 성전 문에서 제거했던 사건과 관련하여 바리새인들이 보여준 헤롯에 대한 저항
2. 빌라도가 형상을 금한 율법을 어기고 휘장을 예루살렘에 반입함으로써 대중의 분노를 촉발한 사건Ant, XVIII,iii,1-2

3. 칼리굴라 황제가 예루살렘 성전에 자신의 동상을 세우려 한 일로 갈릴리의 농민 반란을 포함해서 광범위한 저항을 받았던 사건Ant, XVIII, viii,3; 아래 참조

그러나 주후 66년 6월 예루살렘 성전에서 황제에 대한 제사를 중단했던 사건보다 더 중요한 상징적 행위는 없었다. 이 사건은 불복종 선포에 해당하며, 내가 마가복음을 기록한 역사적 배경으로 제시하려는 것도 바로 이 전쟁이다.

2. 대중의 저항

호슬리와 핸슨1985년은 이 시대의 규범적인 정치적 역사는 "문학적 유산을 남긴" 사회 그룹에만 초점을 맞춘다는 사실을 비판한다. 그들은 유대 팔레스타인의 정치 문제는 소위 네 부류제사장 귀족, 바리새파, 에세네파, 열심당 사이의 갈등이라는 차원에서만 서술해서는 안 된다고 주장한다. 규범적 "엘리트 역사"는 이들 네 부류의 그룹이 모든 귀족계급과 상류층 기술자 계층을 포함한다고 하더라도 전체 인구의 3%에도 못 미치는 작은 그룹이라는 사실을 간과한다. 그러나 사회 역사가들은 대체로 마가복음을 통해 입증된 사실까지 포함해서 대중의 사회 운동에 대한 증거를 무시하며, 그 증거를 인정한다고 하더라도 그들이 엘리트 그룹에 동조하지 않았다는 이유로 그러한 사회 운동을 "정치와 무관한" 것으로 치부한다.Theissen, 1978 우리는 오늘날 해방 이데올로기의 원형을 찾기보다,이러한 원형은 자동차 내연기관의 원형을 찾을 수 없는 것과 마찬가지로 찾는 것이 불가능하다 사회 권력의 지배적 구조에서 배제된 무식하고 가난한 다수의 대중에게 유용한 정치적 표현 형식을 평가하는 법을 배워야 한다.

민중의 정치적 문화에 관한 연구는 사회학자 에릭 홉스봄E. Hpbsbawm의 저서 『원초적 반란자들』*Primitive Rebels*, 1959에 잘 나타나 있다. 홉스봄은 19세기와, 20세기 초의 농민 운동을 예로 들어, 다양한 사회적 분노의 "원초적" 또는

"고대적" 표출 방식에 대해 살펴본다.

> 로빈 훗 유형의 도적들, 시골의 폐쇄적인 사회 성향, 천년왕국 운동과 같은 부류의 다양한 농민 혁명 운동, 산업화 이전 도시 '폭도들'과 그들이 야기했던 폭동, 일부 종교 분파 및 그들의 제의를 초기 노동 조직 및 혁명 조직에 활용했던 방식 등1959:1

홉스봄의 많은 통찰은 핸슨과 호슬리의 연구를 통해 고대 팔레스타인에 적용된다.

마가복음 시대에 특별히 중요한 대중적 저항의 한 가지 형태는 "사회적 도적"이다.

> 사회적 도적은 지주나 정부가 농민을 착취하는 전통적 농경사회, 무엇보다도 많은 농민이 경제적으로 취약하며 행정이 부패해 있는 상황에서 흔히 찾아볼 수 있다. 경제적 위기 상황이나 전시와 같이 사회 시스템이 붕괴되어 버린 상황에서는 이런 의적이 광범위하게 확산될 수도 있다.… 일반적으로 의적은 지역 농민의 지지를 받는다. 백성은 그들을 잡으려는 당국을 돕기는커녕 오히려 그들을 보호한다. 의적은 농민의 기본적 정의감과 신앙을 공유하고 때로는 상징하며…사회적 도적의적이 농민 반란에 동참하거나 주도적으로 이끌기도 한다.Horsley, 1981:412

요세푸스의 증언은 사회적 도적이 헤롯대왕 시대부터 끊임없이 팔레스타인 식민지 당국의 골칫거리가 되어왔음을 보여준다. 호슬리에 따르면 이들은 주후 66년 혁명의 중요한 지류를 형성한다. 60년 초 도적의 극적인 증가는 점차 많은 사람으로 하여금 기존의 질서에 공개적으로 맞서게 했으며… 사실상

유대 혁명으로 이어졌다. 앞의 책, 427

한 걸음 더 나아가 호슬리와 핸슨은 이스라엘의 유명한 왕 다윗 역시 사회적 도적에 의존했었다는 사실을 지적한다. 다윗은 원래 도적들의 우두머리로서 권좌에 올랐다는 것이다. 1985:93; 삼상 22:2 참조 1세기의 불만이 고조되면서 사회적 도적들은 계속해서 예언적 운동의 정치화를 위한 밑거름이 되었다. 그들은 혁명 전야에 대해 다음과 같이 기록한다.

> 요세푸스는 이제 '대다수 백성' 호이 폴로이은 도적이 되었으며 모든 고을은 폐허가 되었다고 주장한다. 확실히 도적은 상류사회에 큰 피해를 입혔다. 부유층 유대인 가운데 많은 사람이 이방의 안전한 환경을 찾아 자신의 땅을 떠났다. 이러한 무질서에도 불구하고 잃을 것이 별로 없었던 상당수의 백성들은 무법자가 되었다.… 66-67년에 요세푸스가 도착하여 적절한 조치를 취하고자 했으나 이미 대규모 산적떼가 갈릴리의 지배 세력이 되어 갈릴리 전역을 휩쓸고 다녔다. 앞의 책, 69

호슬리와 핸슨은 예루살렘에서 오랫동안 반군의 지도자였던 갈릴리의 가장 유명한 사회적 도적 두목 요한을 전설적인 도적 판초 빌라Pancho Villa에 비유하기까지 한다.

> 기샬라Gischala의 요한의 생애는 1910년 멕시코 혁명 당시 판초 빌라의 생애와 매우 유사하다. 둘 다 지역 도적으로 시작하지만 나중에는 무리의 우두머리가 되며, 사회적 혼란을 틈타 빼앗은 물건을 외국에 팔아넘기고 보호라는 명목으로 부자들을 착취한다. 그들은 대중적 저항 세력의 탁월한 지도자가 된다. 앞의 책, 84

요세푸스가 사회적 도적을 가리키는 전문용어로 사용한 단어헬라어, "레스테스"는 마가복음에 두 차례 나타난다. 두 경우 모두 내러티브의 배경에서 파괴적 행위가 암시적으로 나타난다.14:48; 15:27; 아래, 13장 A, 1 참조 **1**

요세푸스는 또 다른 형태의 폭력적 저항 방식에 대해 언급한다. 그것은 도시에서 정치적 암살을 전문으로 하는 "자객"sicarii을 동원하는 전략이다. 호슬리와 핸슨은 이 무리의 전략을 오늘날 알제리나 팔레스타인의 반식민지 테러리스트의 전략에 비유한다. 우리는 여기서 식민지 상황이 은밀한 단체가 협력자를 제거하기 위한 직접적인 행동에 돌입하지 않을 수 없을 만큼 심각한 상태에 이르렀다는 사실을 볼 수 있다.

> 요세푸스가 언급한 모든 경우에서 "자객"은 로마 군병이나 관리가 아니라 동족 유대인을 겨냥했다는 점에서 차별화된다. 그들은 무엇보다도 세 가지 전략을 채택했다. 1) 선택적, 상징적 암살, 2) 부자나 세력가의 재산에 대한 약탈과 함께 이루어지는 암살, 3) 몸값을 노린 납치앞의 책, 205

이 전략은 사회의 안전과 더불어 지배층의 결속을 무너뜨렸으며, 전쟁 직전과 전쟁 기간 중 점차 로마를 배신한 한 요인이 되었음이 분명하다. 앞으로 살펴보겠지만12장 F, 2, 마가는 바라바를 자객으로 서술한 것으로 보인다.15:7

무장 조직에 의한 폭력 투쟁 말고도, 수없이 많은 자발적 대중 봉기가 일어났다. 이러한 봉기는 우리가 아는 로마의 노예 반란과 다르지 않다. 빌라도가 로마의 휘장을 예루살렘에 들여오는 도발적 행동으로 인해 유대 지도자들의 거센 저항을 받았던 사건에서 볼 수 있듯이, 이런 봉기는 대체로 비폭력적이었다. 요세푸스에 따르면 빌라도가 보낸 군대가 시위자들을 포위하고 죽이겠다고 위협했을 때, 그들은 항복하는 대신 기꺼이 자신의 목을 내어놓으려 했다.Ant., XVIII,viii,2-6 시리아의 로마 총독 페트로니우스Petronius는 예루살렘 성전에 자신의 동상을 세우려는 갈리귤라의 계획을 강행하기 위해 파견되었다. 그리고 그와 같은 계획은 곧 전쟁을 의미하는 것이었다. "수만 명"의 유대인이 페트로니우스를 찾아와 항의했다. 그들은 자신들을 죽이지 않는 한 성전을 더럽힐 수 없을 것이라고 주장했다.

페트로니우스는 일단 갈릴리 디베랴로 물러나서 이 문제를 두고 고민했다. 그때 "수만 명"의 유대인이 다시 그를 찾아왔다. 요세푸스는 당시의 대화를 다음과 같이 기록한다.

> 페트로니우스가 그들에게 말했다. "우리는 전쟁을 할 충분한 준비가 되어 있다. 그리고 너희는 우리보다 약하다. 그런데도 너희는 가이사와 전쟁을 하겠다는 말인가?" 그들이 대답했다. "우리는 결코 가이사와 전쟁을 하지 않을 것입니다. 그러나 우리의 법이 침범당하는 것을 보느니 차라리 죽음을 택하겠습니다." 그리고 그들은 엎드려 목을 드러내고 죽을 준비가 되었다고 말했다.Ant., XVIII,viii,3

이와 같은 저항은 40일이나 계속되었다. 그러나 로마 당국의 관심을 가장 많이 불러일으킨 행동은 이듬해 파종을 거부했던 갈릴리? 농민들의 자생적 시위였다. 로마는 이것이 해변 도시의 식량 공급에 차질을 빚을 뿐만 아니라, 조공 의무 이행에 따른 식민지의 경제난을 가속화할 것이며, 따라서 더욱 많은 수의 농민을 산적이 되게 할 것이라는 사실을 알고 있었다. 결국 페트로니우스는 가이우스에게 생각을 바꾸도록 호소하는 일에 동의했다. 물론 이 위기를 완전히 해소할 수 있는 것은 궁극적으로 황제의 죽음뿐이었다. 존 요더가 이 사건을 "오늘날 간디가 주창한 비폭력 저항 운동의 모든 요소를 갖춘 일치된 행위"로 규정한 것은 과장된 표현일 수 있지만1972:92, 이 사건은 이 시기에 대중의 비폭력적 저항 운동이 실제로 존재했음을 우리에게 생생하게 보여준다.

3. 예언적 운동

호슬리와 핸슨은 무장 조직에 의한 폭력적인 저항과 대중의 자발적 비폭력 저항 외에도 마가복음 해석에 있어서 매우 중요한 세 번째 유형의 저항 방식에 대해 소개한다. 이 저항 방식은 우선적으로 예언적이며 또한 종말론적이다. 핵심적인 문자 지식층바리새인, 제사장, 에세네파은 성경의 예언에 초점을 맞추는 경향이 있다. 반면에,

> 1세기 유대 공동체에는 확연히 구분된 두 부류의 선지자들이 있었다. 개인적으로 신탁 활동을 했던 선지자들은 고전적 신탁 선지자의 전승을 이어받은 것으로 보인다. 반면에 행위 선지자들과 그들이 보여주었던 활동은 모세와 여호수아가 이끌었던 위대한 역사적 해방 운동에 대한 성경적 전승의 영향을 받은 것으로 보인다.1985:186

교육받은 귀족 계급에 속했던 요세푸스는 이러한 활동에 적대적이었으나 그의 경멸적인 서술에도 불구하고 신탁 활동의 대중성 있는 정치적 특징이 어떠했는지는 어렵지 않게 파악할 수 있다. 전통적인 예언의 상징주의를 배경으로 해석할 때 그들에게 전복적 성향이 있음이 드러났다. 그들은 이러한 성향으로 인해 항상 로마의 지배를 받을 수밖에 없었다.

'행위' 선지자, 또는 바넷P. Barnett이 말하는 소위 '표적 선지자'1981년는 해방을 예고하는 상징적 행위를 연출하거나 약속했던 지도자였다. 요세푸스는 이들과 관련된 세 가지의 중요한 사례에 대해 언급한다. 빌라도의 재위 기간 중 사마리아의 한 선지자가 무장한 단체를 이끌고 사마리아의 전통적인 종말론적 회복의 장소인 그리심산으로 향했다. 그는 그곳에서 모세가 묻은 "거룩한

그릇”에 대해 밝히겠다고 약속했다.호슬리와 핸슨, 1985:162 이하 이 행위는 사마리아가 마카비 시대부터 어쩔 수 없이 따라야 했던 예루살렘 성전 중심의 질서로부터 이탈하겠다는 상징적 선포에 해당한다. 이런 사실을 알았던 빌라도는 그들이 산에 도달하기 전에 군대를 보내어 선지자와 추종자들을 진압하려 했다.

20년이 지난 후 파두스 총독 시절에는 드다.행 5:36에 언급라는 선지자가 요단강 물을 가르겠다고 약속하며 활동을 시작했다. 이 운동은 비무장이었음에도 불구하고 로마군의 군사적 탄압을 받았다.앞의 책, 164 이하 드다의 예언적 상징성은 앞으로 살펴볼 마가복음의 예수에게서 볼 수 있는 것처럼 다면적이다. 한편으로 그의 약속은 전복적 예언 운동을 확립할 당시 엘리야의 행위를 상기시킨다.왕하 2:6-8 다른 한편으로 그의 약속은 대적이 다시 한번 둘로 갈라진 물 사이로 수장되기를 기대하는 새로운 노예 해방을 암시한다. 이 운동은 본토 아그립바 왕의 짧은 재위 기간에 뒤이어 로마가 팔레스타인을 식민지로 재합병한 것에 대한 저항과 관련된 것이 분명해 보인다.

세 번째 사례는 벨릭스 총독 시대에, 즉 누가도 언급한 것으로 보아행 21:38 아마도 주후 56년경에 일어난 것으로 보인다. 애굽인으로 지칭된 한 유대 선지자는 예루살렘에 대한 비무장 공격을 준비하기 위해 수많은 군중을 광야로 이끌었다. 그는 감람산에서 예루살렘 성벽을 향해 무너지라는 명령을 할 것이라고 약속했다.앞의 책, 167 이하 한편으로는 여리고에 대한 여호수아의 군사적 전승수 6:15 이하을 상기시키고, 다른 한편으로는 여호와께서 감람산에서 이방 나라들과 싸우실 것이라는 스가랴의 묵시적 전승슥 14장; 아래, 10장 B, 1 참조을 상기시키는 이러한 암시들의 전복적 성격에 대해서는 의심의 여지가 없다. 이런 정보를 입수한 로마는 중무장한 부대를 보내어 그들의 행진을 가로막고 선지자를 따르는 수백 명의 추종자를 살해했다.

우리는 이러한 사례들을 통해 “역사적으로 위대한 구원 행위와 예언 운동이 선포하는 새로운 종말론적 행위 사이의 상징적 일치에 대한 명확한 패턴"을 볼 수 있다. 다시 말하면 그들의 이데올로기 전략은 압제당하고 있는 유대인의 소망에 불을 지른 해방에 대한 전승을 재현하는 것이었다. 마가도 마찬가지다. 그는 광야의 전승 및 여러 가지 출애굽 전승을 상기시키고 예수의 행위를 과거의 위대한 선지자들의 표적에 비추어 서술한다.[6장 E 참조]

"신탁"선지자의 경우, 가장 대표적인 사례는 마가복음의 내러티브에서 결정적인 인물로 부각되는 세례요한이다. 요한은 광야로 피신하여 '개인적 힘과 예언적 사명을 받고 압제 세력에 맞서기 위한 혁명의 대리인으로 자기 백성에게 돌아온'엘리야[왕상 19장]를 모방한 것으로 보인다.[앞의 책, 140] 동시에, 그는 아모스나 호세아와 같은 고전적 신탁 선지자의 전통을 따른다.

> 그들은 농민의 대변인으로서 그들의 이익을 보호하기 위한 언약의 사회-경제적 정책을 주장했다. 농민에 대한 뻔뻔스러운 약탈을 목도했던 선지자들은 언약을 준수하지 못하게 만드는 지배계층에게 맞서기로 결단했다.[앞의 책, 145]

요한은 이전 선지자들과 마찬가지로 지배층에 의해 처형당했다.[7장 B] 마가는 권력에 맞서 비참한 최후를 맞이하는 선지자적 전승에 대한 예리한 인식을 보여주며, 이러한 전승을 예수의 소명을 해석하기 위한 일종의 성경적 "시나리오"로 활용한다.[3장 A, 3]

전쟁 직전, 그리고 전쟁 기간 중에 예루살렘 안팎에서 수많은 묵시적 예언 활동이 있었다. 요세푸스는 하나냐의 아들 예수라는 인물에 대해 언급한다. 농부인 그는 이사야와 예레미야의 전승을 따라 7년 동안 예루살렘에 대한 저주를 선포했다.[앞의 책, 173 이하] 유대 당국은 예수를 고발했으나 총독 알비누스는 그를 고문한 다음, 사형에 처해졌던 나사렛 예수와 달리 그냥 풀어주었다. 요세푸스는 혁명이 시작되자 전쟁에 대한 적극적인 지지와 지원을 촉구하는 예언적 신탁이 확산되었으며, 기적적인 징조가 많이 나타났다고 말한다. 이런 징조들은 각자가 속한 당파에 따라 여호와의 도우심으로 해석되거나 전시 상황을 인정하지 않는 쪽으로 해석되었다. 이 시기에는 묵시적 전승이 이미 광범위하게 확산되어 있었다는 수많은 증거가 존재한다.3장 B, 1, 따라서 전쟁 기간 중에 묵시적 선지자가 모여들었던 현상은 놀라운 일이 아니다. 마가는 묵시적 이데올로기와 행위에 대한 바른 해석을 제공하기 위한 신화 전쟁에 이러한 대중 선지자들을 끌어들인다.11장 A

4. 대중적 왕권에 대한 이데올로기

무장 저항 및 대중의 예언적 운동과 밀접한 관련이 있는 네 번째 유형의 저항은 왕권과 메시아 신앙의 회복을 둘러싼 복잡한 소망이다. 이 부분에 대해서는 많은 혼란이 있다. 그것은 신약성경이 메시아 대망을 성취했다는 신학적 성향 때문이다.

> 사실상 최근의 연구는 기독교 이전 시대에는 "그 메시아"The Messiah에 대한 기대가 없었다는 사실을 분명히 하고 있다. 로마 시대 초기 유대의 메시아 대망은 단일화되어 있지 않았으며 다양하고 유동적이었다.… 메시아라는 이름은 유대의 종말론적 소망의 핵심적인 요소로 볼 수 없다.Horsley and Hanson, 1985:90 이하

이것은 1세기 중엽에는 메시아적 담론에 대해 알려지지 않았다는 의미가 아니다. 단지 마가가 기대어 호소할 수 있는 지배적인 개념이 존재하지 않았다는 것이다. 대신에 유대교에는 왕 이데올로기에 대한 논쟁이 끊이지 않았으며, 이런 사실은 "메시아"라는 호칭에 대한 마가의 조심스럽고 논쟁적인 접근에 잘 나타난다.8장 C

"다윗의 자손"이라는 호칭도 마찬가지다. 그리스도인은 이 호칭을 혈통에

기초한 메시아의 이름으로 받아들인다.

> 그러나 유대 문학에서 이 호칭은 예루살렘이 함락된 후에야 비로소 나타난다.… 당시 유대 사회는 제사장, 특히 대제사장 가문의 계보와 합법적 후손에 대한 관심과는 대조적으로, 다윗의 후손으로 확인된 가문이 존재했는지조차 의심스러운 상황이었다. 중요한 것은 다윗 왕의 이미지가 이 하나님의 대리인이 하려는 일, 즉 고대의 다윗이 그랬듯이 이스라엘을 해방하고 회복하는 일을 상징한다는 것이다. 앞의 책, 91

성전 체제에 대한 마가의 반대는 그가 다윗의 "후손"에 함축된 복고적 이데올로기에 부정적이었던 이유를 설명해준다. 10장 B, 2 및 F, 1

메시아 이데올로기에 대한 갈등은 왕권의 성격과 관련이 있다. 성경 자체의 전승을 보면, 이스라엘의 초기 부족 국가의 대중적, 잠정적, 언약적 왕권과, 다윗의 왕조적, 중앙집중적, 헤게모니적 왕권 이데올로기 삼상 8장 참조 사이에 긴장 관계가 형성된다. 이스라엘의 왕권에 대한 선지자의 비판은 왕권의 합법성에 대한 정치적 의문을 끊임없이 제기한다. 그들은 왕의 권위는 왕조가 보증하는 것이 아니라 "언약적 공의"에 대한 신실함에서 나온다고 주장한다. 이런 의미에서 선지자는 백성의 대변인이었다.

> 예레미야가 예루살렘과 성전의 멸망과 함께 다윗 왕조의 종말과 심판에 대한 여호와의 신탁을 반복적으로 선포했을 때, 그는 부정한 이교도이자 완전한 배신자처럼 보였다.… 압제당하는 농민에게 있어서 다윗 왕조의 몰락은 왕족과 함께 많은 사람이 포로로 잡혀갔던 상류 지배층이 경험했던 것만큼 큰 충격은 아니었다. Horsley and Hanson, 1985:97 이하

따라서 다윗/메시아적 "회복"은 계층에 따라 서로 다른 의미로 다가왔다. 예를 들면, 이스라엘의 왕조를 회복한 마카비 시대에 "하스몬가의 대제사장이 왕이라는 호칭을 취함으로써 지위를 확장했다는 사실은 그들의 대적들, 특히 진정한 왕족인 다윗의 집의 회복을 고대하는 바리새인과 에세네파를 자극했다." R. Brown, 1977:506

마가 시대의 왕권에 대한 대중적 담론은 식민지를 개척한 로마의 입장에서 볼 때 전복적인 활동임이 분명했다. 제사장 귀족들이 이 문제에 조금이라도 관심이 있었다면, 왕권에 대한 주장을 제도적 권력과 특권의 확장이라는 관점에서 보았을 것이다. 일부 혁명 지도자들에게 있어서 왕권의 회복은 마카비 치하에서와 독립 어쩌면 확장된 지역적 헤게모니과 같은 구체적 비전으로 다가왔을 것이다. 그러나 대다수 농민에게 왕권의 회복은 이스라엘의 정의와 평등의 구축을 의미하는 상징이었을 것이다. 마가가 채택한 것은 후자의 관점이다. 그는 메시아의 소명을 지배계층의 왕조적 이데올로기가 아닌 묵시적 저항 이데올로기 및 가난한 자와의 예언적 결속과 동일시했다. 따라서 마가의 메시아사상은 다니엘의 "인자"를 선호하는 동시에, "다윗의 아들"이라는 호칭을 거부한다. 8장 C, 2 및 D, 2

마가의 복음서는 이러한 저항 형식들의 영향을 받은 공동체를 보여준다. 그의 텍스트에는 살해당한 신탁 선지자인 요한으로부터 자객 바라바까지, '거짓' 표적 선지자로부터 참 선지자이신 예수의 예언적 상징까지, 이데올로기적 주요 공간인 광야로부터 정치적 의미를 가진 유월절의 예루살렘까지, 저항 운동의 요소들과 함께 그것을 생성해낸 상황들이 반영되어 있다. 우리는 먼저 내러티브를 관통하는 메시아적 담론과 활동에 대한 논쟁을 살펴볼 것이다.

2D. 마가복음의 역사적 시점: 주후 66-70년의 혁명

위의 관점에서, 우리는 혁명 직전에 팔레스타인에서 활동 중이었던 세력들이 일반적으로 알려진 것보다 훨씬 다양하고 복잡했다는 사실을 알 수 있다. 최근의 역사적 연구는 두 가지 사실을 밝혀냈다. (1) 로마의 지배에 대한 저항은 광범위한 형태로 나타났으며 종종 문자 지식층의 정치와 전혀 무관하게 진행되었다. (2) 전복적 행위는 대부분 유대 팔레스타인 내 계층적 압제 구조를 겨냥한 것이었다. 또한 우리는 더 이상 이 기간 중 일어난 모든 산발적 사건을 "열심당"의 소행으로 돌려서도 안 된다.

> 수십 년의 역사를 가진 통일성 있는 해방전선은… 역사적 증거에 기초하지 않은 현대적 픽션으로 보인다. 이 관점은 오늘날 많은 신학자와 성경학자들의 관심사에서 중요한 역할을 한다. 로마에 대한 폭력적 혁명을 열렬히 추종하는 "열심당원"은 평화주의자로서 예수에 대한 묘사를 돋보이게 하는 역할을 한다.Horsley and Hanson, 1985:xv, xiv

반면에 우리가 팔레스타인의 대중적 저항운동에 대한 담론을 해석하는 법을 배운다면, 마가의 예수가 이러한 대중적 저항의 흐름과 많은 공통점을 가지고 있다는 것과, 역사적 이해는 오직 그런 흐름에 비추어서만 가능하다는 사실을 알게 될 것이다.

앞서 명기한 대로2장 A, 1, 마가복음이 유대 혁명 기간 중 기록되었다는 것은 내가 주장하는 핵심 주제 가운데 하나다. 이 시점이 마가복음 해석과 더불어 이 시대 자체에 대해 가지고 있는 역사적 중요성으로 인해, 이 단원2D에서는 이 시대에 대한 나의 공시적 설명은 잠시 접어두고 전쟁 기간 중 일어났던 사건들을 간략히 소개할 것이다. 나는 로즈의 내러티브와 호슬리와 핸슨의 내러티브[둘 다 요세푸스의 역사에 기초한다]를 통해 4년이라는 짧은 "해방 유다"를 열심당이 부상하기 전 임시 정부 시대와 열심당 동맹이 부상한 후의 시대, 이렇게 둘로 나누어 살펴볼 것이다. 이것은 불복종 저항운동의 내부적 갈등을 부각시키며, 따라서 혁명의 역동성에 대한 단순한 이해와 접근을 어렵게 한다.

1. 처음 2년: 임시 정부

이 기간에는 로마 식민지 행정의 부실한 경제 및 정치 정책과 내부의 부정부패, 유대 상류층과의 결탁을 통한 기만과 착취, 다양한 형태로 분출된 유대 민족주의의 회생 조짐과 농민에게 만연했던 환멸감 등 여러 가지 요소가 혁명을 불가피한 것으로 만들었다. 유대와 로마 사이의 관계는 주후 40년 갈리귤라 황제 치하에서 거의 무너져내린 이후 점차 불안해졌으며, 쿠마누스 총독 시대[주후 48-52년]에는 유대인[아마도 그리스도인을 포함한]이 로마에서 추방당하게 되는 사건으로 인해 더욱 악화되었다. 팔레스타인에서는 주후 6년에 일어난 봉기 이후 처음으로 로마 정규군과 유대 폭도 간의 무장 충돌이 발생했다. 요세푸스는 이어진 세 명의 총독이 팔레스타인을 다스렸던 시대에 전국에서 사회적 강도 집단이 급증했다고 말한다. 결국에는 플로루스 시대[주후 64-66년]에 이르러 농촌 지역의 저항 운동이 유행병처럼 확산되었으며, 무엇보다도 갈릴리에 대한 로마 군대의 진압은 반항심만 키웠을 뿐이다.

66년 봄, 가이사랴 해안 도시에서 유대와 헬라 사이에 전쟁이 일어났으며, 이 지역의 여러 성읍에서 유대인 학살이 자행되었다. 5월에는 플로루스가 네로 황제의 명령으로 예루살렘에 있던 성전 금고를 약탈했다. 그 결과 수많은 시위가 일어났으며, 로마 정규군은 유대인 시위대를 무자비하게 진압하고 성전으로 돌진했다. 종교 지도자들은 급진주의로 돌아섰으며, 아그립바 2세를 통해 로마와의 단교를 취소하려던 시도는 실패로 끝나버렸다. 로즈는 7월에 일어난 사건에 대해 다음과 같이 서술한다.

> 대중의 반란 조짐으로 말미암아, 도시에 대한 통제권은 한 로마 용병의 도움을 받은 대제사장들의 수중에 들어가게 되었으며, 아그립바는 도시에서 추방당했다. 하급 제사장들은 전쟁 선포에 해당하는 조치를 취했다. 아나니아스의 아들이자 성전 수비대장이었던 엘리아살의 지휘와 더불어 혁명 지도자의 지지를 받았던 그들은 로마 제국과 황제를 위해 하루 두 차례씩 바치는 제물을 포함하여 이방인이 주는 어떤 예물이나 공물도 거부하기로 결정했다.1976:74

혁명이 시작되었다.

유대의 반란에 동참하게 된 다양한 분파들은 제대로 된 조직도 갖추지 못했으며 상호 간에 유기적인 협력도 이루어지지 않았다. 농촌의 사회적 도적, 도시의 테러리스트 단체, 상류계층과 문자 지식층의 온건한 동조자들은 서로 다른 이해관계를 드러냈다. 그러나 이것이 다양한 분파 가운데 일어난 단순한 자발적 봉기에 불과했다면, 혁명의 수명은 길지 않았을 것이다. 사실상 예루살렘에는 임시 정부가 수립되었으며, 마가의 공동체를 포함해서 팔레스타인 안팎에 있는 유대의 모든 사회 집단의 중심이 되었다. 이러한 양극화 분위기는 유대의 해방 투쟁과 제국의 법과 질서의 힘 사이에서 중립을 유지하는 것을 점차 불가능하게 만들었다.

그러나 다양한 혁명 주역들에게서 나타나는 모순들이 정치적 균열을 초래함으로써 예루살렘의 임시 정부는 시작 단계에서부터 내부의 권력 다툼에 휩싸였다. 이러한 관점에서 접근할 때, 혁명의 드라마는 로마와의 직접적인 군사적 교전에 대해서와 마찬가지로 도시 안의 파벌 다툼에 대해서도 초점을 맞춘다. 이러한 불복종 운동에는 계급투쟁의 요소가 존재하는 것이 분명하다.

로즈의 사건 재구성에 따르면1976:100 이하, 대제사장을 성전 제의에서 배제시키려던 엘리아살의 시도는 내전을 불러일으켰다. 8월에는 유대에서 온 자객들이 엘리아살과 합류하여 성직자들을 추방함으로써 더 이상 그들이 상부 도시를 다스리지 못하게 했으며, 로마 총독과 왕실에 협력한 자들을 축출해 버렸다. 반군은 곧바로 채무증서들을 불태웠다. 이 행위는 불복종 운동의 성격이 사회-경제적 압제에 대한 저항임을 다시 한번 보여준다. 므나헴이라는 이름의 자객 두목이 헤롯 왕궁을 공격하여 왕위를 찬탈하고 스스로 왕이 되고자 했으나[10장 B, 1], 이 시도는 실패로 끝났다. 그 결과 므나헴은 죽임을 당했으며 그의 군대는 맛사다 부근으로 도피했다. 다시 지도자가 된 엘리아살은 남아 있던 로마 병력과의 협상을 통해 항복을 종용한 후 그들을 학살해버렸다.

66년 10월에는 예루살렘을 포위하여 반란을 진압하려던 로마의 첫 번째 시도가 실패로 끝났으며, 그 결과 제국의 세력에게 공격의 빌미를 주게 된다.[11장 A, 2] 이 예기치 않았던 승리는 일부 귀족들을 반군의 편에 서게 했으며, 전통적 대제사장 계급은 다시 한번 정부와 제의를 장악하게 된다. 시몬의 아들이자 제사장인 또 한 명의 엘리아살은 임시 정부에서 중요한 역할을 맡는다. 그러나 실제로 귀족 사회가 혁명을 어느 정도 인정했는지는 알 수 없다. 아마도 그들은 "향후 로마와 협상할 때까지로마의 공격을 막아낼 준비를 포함하여 혁명 지도자들을 외견상 인정함으로써 반발을 막고 그들과의 대화 채널을 열어두려 했을 것이다."Horsley and Hanson, 1985:43

한편으로 요세푸스는 갈릴리에 있는 반군을 지휘하라는 임시 정부의 명령을 받았다. 그는 다양한 산적 떼를 통솔하고 그들의 신임을 얻는 것이 쉬운 일이 아니라고 불평했지만, 이것은 아마도 혁명에 대한 그의 충성심에 문제가 있었기 때문으로 보인다.

> 자체적인 군사력, 갈릴리 농민에 대한 정치적 영향력, 그리고 다른 반군과의 동맹 관계 등을 고려할 때, 산적떼는 갈릴리에서 가장 중요한 저항 세력을 형성했

> 다. 요세푸스의 실제적 전략은 귀족 사회의 도움을 받아 갈릴리의 상황을 통제하면서, 로마와는 실질적 협상이 가능해질 때까지 직접적인 군사적 충돌을 피하는 것이었다.… 물론 결과는 그의 이중적 계획을 알고 있었음이 확실해 보이는 산적떼와, 반역을 통제하려고 했던 갈릴리 귀족들 사이에서의 고립이었다. 이러한 고립은 로마가 다음 해67년 여름에 갈릴리를 재정복함으로써 끝이 났으며, 요세푸스는 대적에게 전향함으로써 회고록을 쓸 수 있게 되었다.Horsley and Hanson, 1985:80

반군이 진압된 후에도 산발적 약탈은 지속되었으나, 반군의 핵심 세력은 남쪽의 해방된 예루살렘에 집결하여 최후의 항전에 돌입했다.

2. 두 번째 2년

로마는 반군을 진압하면서 무자비한 초토화 정책을 추구했다. 그들은 확실한 협력을 제공한 자들주로 지역 귀족들만 살려주었다. 도망칠 수 없는 자들주로 농민은 살해당하거나 노예가 되었다. 오늘날 미국의 대 게릴라전에서 볼 수 있는 "전략촌"strategic hamlet 작전과 크게 다르지 않은 효과를 거두었다.

> 사실상 로마는 모든 것을 박탈당한 도망자들을 붙잡아, 이제는 로마에 우호적인 당파의 수중에 들어가 버린 옛 영토를 약탈하게 하는 전략의 창시자라고 할 수 있다. 이제 이들 산적떼는 로마의 진격에 맞서 싸울 수밖에 없었다.… 한 번 도망한 자들이, 이미 파괴되었거나 로마로 피신한 부유한 대적의 수중에 들어간 고향 마을로 다시 돌아가는 것은 불가능한 일이었다.… 산적떼는 로마가 완전히 "진압"하지 못한 지역을 찾아 자리를 잡았다. 그러나 로마 병력이 유대 깊숙이 진격함에 따라 산적떼는 결국 요새화된 예루살렘으로 피하지 않을 수 없었다.앞의 책, 222 이하

호슬리와 핸슨은 예루살렘에 열심당 동맹이 득세했던 것은 환멸과 절망에 빠진 농민 반군의 유입 때문이라고 주장한다.

엘리아살 벤 시몬이 이끄는 열심당은 67-68년 겨울의 혁명을 통해 임시 정부를 무너뜨렸다. 그들은 예루살렘에 남아 있던 귀족적 요소에 대해 조직적인 청산을 시작했으며, 요세푸스가 말하는 "공포 정치"를 시행함으로써 경제적 이해관계가 걸려 있던 자들의 대규모 변절을 초래했다.

> 많은 사람은 로마로 피신하려 했으며, 그들 중의 일부는 고가의 소유물을 헐값에 팔고 금붙이를 숨겨두어 반군이 찾아내지 못하게 했다. 로마로 도망했을 때 그들은 모든 재산을 정리해서 빼돌린 뒤였기 때문에 자립할 수단이 충분했다. 디도 장군은 그들에게 교외 어느 곳이든 원하는 장소에 정착할 수 있도록 허락했다.… 그러나 반군과 그들의 지도자들은 로마와 함께 달아난 그들에 대해 경계심을 늦추지 않았다. 조금이라도 의심스러운 자들은 목숨을 내어놓아야 했다.War, V,x,i

요세푸스는 열심당이 숙청하고자 했던 대상은 헤롯의 귀족 사회였으며, 이 일을 통해 그들에 대한 오랜 원한을 풀 수 있었다고 말한다. "비록 로마의 압제에 맞서 싸우고 있는 열심당이었지만 그들에게는 유대 귀족과의 계급투쟁이 무엇보다도 우선적인 일이었다."Horsley and Hanson, 1985:225 이하

열심당 근본주의의 사회적/경제적 영역은 일반 제사장들 가운데 제비를 뽑아 대제사장을 선출함으로써 제사장 귀족 사회에 직접적으로 도전했던 사건에서 잘 드러난다. 그것은 도시 성직자의 성전 지배를 막으려는 반대자들의 운동이었으며, 성전에 대한 보다 민주적이고 대중적인 행정을 확립하려는 시도였다. 이것은 성읍 내에 또 하나의 내전을 야기했으며, 기존의 제사장 무리는 병력을 배치하여 열심당을 성전 경내로 돌려보냈다. 그러자 열심당은

이두메 남쪽 시골 출신 지지자들에게 도움을 요청했으며, 그들은 즉시 예루살렘으로 들어와 열심당을 복권시켰다. 이어서 예루살렘을 로마에 항복시키려 했다는 혐의를 받고 있었던 이것은 아마도 사실일 것이다 임시 정부의 옛 지도자들을 대상으로 더욱 많은 숙청이 진행되었다.

그러나 내적 권력 투쟁은 열심당을 끊임없이 괴롭혔다. 갈릴리 출신의 지도자인 기샬라의 요한은 1인 권력을 원했다. 반면에 또 한 명의 유대 지도자인 시몬Simon bar Giora은 지방에서 엄청난 세력을 끌어모았다. 예루살렘의 나머지 지역 세력은 시몬에게 열심당을 무너뜨리자고 설득했다. 로마의 두 번째 예루살렘 포위 작전이 임박한 69년에는 시몬이 열심당을 공격하여 성전으로 돌려보냈다.

> 한동안 전쟁은 세 방향에서 이루어졌다. 성전 안뜰은 열심당의 본대가 차지했고, 중간 경내에서는 기샬라의 요한과 그의 추종자들이 차지했으며, 성읍의 나머지 지역 대부분은 시몬이 지배했다. 앞의 책, 219

임시 정부가 등장해서 몰락하기까지, 성전은 정치적 지배를 위한 다툼의 중심지였다.

그러나 막상 로마의 디도 장군에 의한 마지막 포위가 시작되자, 모든 세력은 하나가 되었다. 로마가 모든 퇴로를 차단하고 물자 보급을 막자 성내의 자원이 고갈되었고, 성읍에 갇혀 있던 자들에게는 굶주림이 찾아왔다. 로마에 우호적이었던 요세푸스의 기록에 의하면, 디도 장군은 남아 있던 반군에게 항복을 종용하며 성읍과 성전의 황폐화를 면하라고 최선을 다해 설득했다고 한다. War, VI,ii-iii 로마는 성전에 대한 수차례의 공격 끝에 마침내 성전을 완전히 불태워버렸다. 도시는 약탈 당했고 반군의 지도자들은 처형당했으며 대부분의 백성은 노예가 되었다. 이렇게 혁명은 진압되었다.

이 혁명을, 요세푸스와 그의 기록을 믿는 후대의 제국주의적 학자들이 주장하는 것처럼 일부 불평분자들의 잘못된 광신적 행동으로 서술하거나, 대중의 영웅적이고 진보적인 반란으로 서술하는 것은 도움이 되지 않는다. 이 "해방"의 기간은 비교적 짧았고, 주로 유대 지역에 국한되었으며, 모순으로 가득 차 있었다. 그러나 혁명에 적극적으로 가담했든 그렇지 않든, 팔레스타인 전역이 이 전쟁의 영향을 크게 받았다. 가난한 자는 언제나처럼 고통을 받았으며, 특히 갈릴리 농민의 경우는 그 정도가 더욱 심했다. 예루살렘의 세력화와 이데올로기 전쟁의 드라마에서 비켜나 있었던 그들은 로마의 반군 진압 프로그램을 통한 무자비한 보복 앞에 무방비상태로 서 있을 수밖에 없었다. 그들은 한편으로는 로마편에 붙어버렸던 지역 반군 사령관 요세푸스에 의해, 다른 한편으로는 갈릴리를 버리고 예루살렘 전투에 합류했던 요한과 같은 반군 지도자에 의해, 배신당했다. 따라서 마가처럼 갈릴리 빈민의 관점에서 글을 기록하려 했던 사람이 불복종 저항에 대한 희망을 갖기란 거의 불가능한 일이었다는 사실은 쉽게 알 수 있다.

2E. 사회-문화적 긴장: 상징적 질서

로마 팔레스타인에 대한 나의 구조적 서술로 돌아가면, 마가복음에 대한 정치적 해석에 있어서 가장 중요한 것은 사회 형성이며, 사회 형성의 본질적 요소는 팔레스타인 유대교 내의 지배적인 이데올로기적 제도와 그것을 전달하는 수단이라고 할 수 있다. 나는 여기서 엘리엇의 모델과 함께 벨로의 행렬 모델을 추가해서 제시하고자 한다. 벨로는 많은 기여를 했으나 그 가운데 가장 중요한 것은 "상징적 질서"에 대한 분석이다.1981:37 이하 그가 말하는 상징적 질서란 가치관과 규범 -사회적 기호론에서 말하는 "문화적 코드"- 을 의미한다. 가치관과 규범은 둘 다 암시적인 동시에 명시적이며, 사회적 삶과 의미를 규정하고 상징한다. 이 단원에서 나는 벨로의 기본적 통찰력에 대해 살펴본 후, 그의 모델을 수정 및 확장할 것이다. 이 논의에서 독자가 염두에 두어야 할 것은 비교문화적 해석에서 상징적 질서는 이해하기 어렵다는 사실이다. 왜냐하면 상징적 질서의 명확성은 전적으로 우리에게 생소한 의미론적 사회적 영역에 달려 있기 때문이다. 이런 이유로 나는 먼저 인류학적 관점에서 "사회적 상징"에 대한 간략한 해석학적 논의를 시작함으로써 1장에서 살펴본 내용을 확장 및 적용할 것이다.

1. 상징적 질서란 무엇인가?

앞서 살펴본 대로1장, C, 사회 질서의 표현으로서의 상징은 오늘날 사회 각 분야에서 사용되고 있지만 대체로 인정받지는 못하고 있다. 인류학자 더글라스M. douglas는 "상징적 경험과 사회적 경험의 일치"에 대한 최고의 해석자다. 더글라스 여사에 따르면 이것은 인간의 신체와 신체의 지체들 사이의 자연발생적 상징에서 가장 잘 드러난다.1973:16

나 역시 더글라스의 "집단과 격자"라는 사회학적 모델이 지나치게 도식적이라고 생각하지만, 그래도 그의 전반적인 논리는 교육학적 가치가 있다고 생각한다. 즉, 모든 사회는 기본적으로 다음과 같은 방식으로 작동하는 상징적 제도를 가진다는 것이다.

1. 계급 제도나 조직의 상징을 통해 사회적 권력을 규정하고 재생산하는 방식
2. "위험"이나 금기의 상징을 통해 그룹의 경계를 유지하는 방식
3. "전염"이라는 상징을 통해 혼돈된 물질세계에 대한 사회적 의미를 결정하거나 부여하는 방식

따라서 이데올로기적 담론은 구체적인 경제적, 정치적, 사회적 관계를 재생산하고 형성하는 힘인 상징적 질서에 전반적인 일관성과 타당성을 부여한

다.

자본주의의 상징적 질서는, "냉전"의 정치적 이원론이라는 고차원적인 추상적 개념으로부터 "인사이더"와 "아웃사이더"를 경제적 상황에 따라 유동적으로 정의하는 미국 이민법에 이르기까지, 그리고 미국의 중산층이 주방을 정돈하는 방식에까지 이르기까지의 물질자연적이거나 인공적이거나의 구별 없이과 인간의 상대적 가치에 대해 복잡하게 얽혀 있는 가정들의 네트워크다. 모든 국경일과 애국 행사, 모든 행렬과 화려한 제의, 모든 전례적 기념과 선거는 이러한 시스템을 상기시킨다. 그것의 구조와 담론은 계급과 인종과 성이 규정하는 가치관과 한계에 따라 소명을 품도록 개인과 단체를 사회화한다. 사회 인류학자 버릿지K. Burridge는 상징적 질서의 제도적 수단을 "의무의 이행을 가능하게 하는 '구원의 도구'"라고 부른다.1969:6 미국 헌법은 구원의 도구다. 그것은 외견상 개인과 집단의 "권리"를 규정하고 보장하는 역할을 한다. 이 신성한 문서는 "영원한 자유와 정의"의 이데올로기를 나타낸다. 구원의 수단을 다루고 해석하는 일을 맡은 그룹이 상당한 사회적 힘을 가지고 있다는 사실은 쉽게 알 수 있다. 오늘날의 사회에서도 정치인과 법조인은 권력층에 포함된다.토라에 명시된 구원의 수단을 서기관 계층이 지배적으로 규정했던 마가의 팔레스타인의 경우도 다르지 않다; 아래 4 참조

우리는 고대 팔레스타인 유대교의 상징적 질서에 대한 고찰을 통해 "빚"과 "정결"에 대한 담론을 만나게 된다. 빚이라는 문화적 코드는 사회적 조직과 계급 제도를 보여주며, 오늘날의 사회적 형성에 전적으로 낯선 개념은 아니다. 그러나 호혜주의와 선물교환의 관행에 기초한2장 3 참조 이스라엘의 채무 개념과는 달리, 우리의 "빚" 코드채무 규례는 사회적 계약과 시장 거래의 정치적 경제 이데올로기에 기초한다. 따라서 우리는 빚이라는 용어를 접하면 본능적으로 경제적 용어라는 관점에서 생각한다. 고대 팔레스타인에서 사회적 힘은 전적으로 왕권과 계급에 의해 결정되는 반면, 오늘날에는 대체로 물

질적 부에 의해 결정된다. 따라서 "산업계의 거물"은 신체적 힘이나 가문 또는 교육과 같은 전통적 자산보다이런 요소들이 도움이 되기는 하지만 시장과 노동을 지배하는 능력에 의해 특권을 가진다. 그러나 사실상 우리 사회에서 빚은 법적인 의무와 도덕적 의무라는 개념을 포함한다. '시민권'에는 마치 우리가 나라에 빚진 자처럼 국방의 의무를 수행해야 하는 빚이 포함되며, 사회적 계약이라는 이름으로 '당국'에 사회적/정치적 힘을 양도하게 한다.

현대인은 정결이라는 개념을 이해하기 어렵다. 말리나는 이것을 다음과 같이 기술한다.

> 정결은 구체적으로 사회적 시간과 장소에 대한 전반적인 문화적 지도, 그렇게 규정된 공간 안에서의 질서, 무엇보다도 내부자와 외부자를 구별하는 경계와 관련된다. 더럽거나 부정한 것은 그 공간에 부합되지 않는다. 그것은 다른 곳에 속하며, 영역을 침범하기 때문에 일반적으로 인정된 사회 지도의 질서에 혼란을 불러일으킨다.1981:125

정결은 먼저 우리 주변에 있는 물질세계의 질서에 관심을 가진다. 모세의 율법은 정결례에 대한 상세한 규례와 함께 오늘날의 세계관에는 부합되지 않는 것처럼 보인다. 우리 중에는 레위기를 쉽게 이해할 수 있는 사람이 많지 않으며, 레위기로부터 영감을 얻는 사람은 그보다 더 적다. 우리는 금기taboo를 고대 종교에 한정된 요소라고 생각한다. 그러나 만일 내가 교외의 집 거실 카펫에 쓰레기나 거름을 뿌린다면 사람들은 깜짝 놀라는 반응을 보일 것이다.

더글라스는 이런 반응이 상징적 제도 때문이 아니라 "위생학이나 미학"때문이라는 주장을 거부한다.

> 질서가 부적합한 요소에 대한 거부와 관련된 한, 쓰레기는 물질에 대한 체계적

> 질서와 분류로부터 나온 부산물이다. 이러한 쓰레기 개념은 우리를 상징주의 영역으로 인도하며, 정결에 대한 보다 확실한 상징적 제도와의 연결을 기대하게 한다. 우리가 가지고 있는 쓰레기라는 개념은 질서 정연한 제도에서 거부당한 모든 요소를 포함하는 일종의 총괄적 목록을 사용한다. 그것은 관계적 개념이다. 신발 자체는 더러운 것이 아니지만 신발을 식탁 위에 올리면 더러워진다. 음식 자체는 더러운 것이 아니지만 조리 기구를 침실에 두거나 음식물을 옷에 흘리면 더러워진다. 목욕 도구를 거실에 두거나…마당에 있어야 할 물건을 집 안에 들이거나… 속옷을 겉에 입는 것도 마찬가지다. 한 마디로, 우리는 소중하게 간직해온 분류와 모순되거나 혼란을 초래하기 쉬운 대상이나 개념을 더러운 것으로 생각한다.1966:35 이하

더글라스는 굽이 갈라진 짐승 가운데 정한 것과 부정한 것을 구별하는 레위기의 분류에 대해서도 오늘날과 유사한 유추를 제공한다.

물질세계에서 "정한 것과 부정한 것"또는 질서와 혼란이라는 개념은 정치적 통일체에도 적용할 수 있으며, 그룹의 경계와 공동체의 정체성을 확립하고 유지하는 역할을 한다. 우리의 "진보한"사회적 관습은 여전히 신체적, 정신적 장애를 차별하는 경향이 있다. 특정 장소에서 기대되는 복장이나 행동 양식 - 우리는 이것을 "에티켓"이라 부른다- 은 사실상 계급을 구분하는 부르주아의 정결법을 강요하는 역할을 한다. 오늘날 그룹의 경계는 함축적이다. 도시 주변 대로를 활보하는 백인 주부가 흑인 슬럼가를 지날 때는 도망자처럼 불안하게 걷는다. 사실 인종 차별은 정부가 허용하지 않는데도 불구하고 오늘날 미국 전역에서 발견할 수 있는 일상이다. 또한 고대 이스라엘과 마찬가지로 오늘날의 정결법은 사회적 기능은 물론 정치적 기능도 담당한다. 미국의 애국적 이데올로기를 형성한 것과 동일한 "선택받은 존재"에 대한 신화가 신나치Neo-Nazi 백인 우월주의와 남아공의 인종 차별 정책의 꿈을 형성한

다. 안보에 철저한 "성직자"들과 철조망으로 둘러싸인 "성소"와 함께 하는 국가안보국의 사회-상징적 기구는 어떤가?

이 간략한 논의는 복음서에 대한 정치적 이해에 중요한 사회-상징적 코드 개념을 독자에게 더욱 잘 이해시키기 위한 것이다. 확실히 우리의 상징적 질서와 고대 유대교의 상징적 질서 사이에는 차이가 존재한다. 그러나 우리는 양자 간의 유사성을 볼 줄 알아야 한다. 정결에 관한 한 "고대와 현대 사이에 특별한 구분은 없다. 우리는 모두 같은 원리를 따른다."앞의 책, 40 더글라스는 자신의 상징적 질서에 대한 비판적 인식문화적으로 보이지 않는 것을 정교하게 다듬는 작업을 통해서만이 진정한 사회 비평가가 될 수 있다고 주장한다.

> 정교한 코드는 일종의 사회적 과정과 그것에서 나온 기호 체계코드들, 그리고 그 둘과 부합하는 가치관 및 원리들의 가치를 평가하는 수단을 제공한다.… 정교한 코드는 그것을 사용하는 자들에게 그러한 것들 및 그것들이 가진 가치관에 대해 살펴보라고 도전한다.… 이것은 우리가 지혜를 사용하여 우리 자신의 우주론에서 벗어날 수 있는 유일한 방법으로 보인다. 정교한 코드를 선택하면 소외될 수밖에 없다는 사실을 알면서도 의도적으로 그것을 선택하여 자신을 인격적으로 통제하려는 사람은 없다.1973:190

더글라스가 오늘날 신학이 이러한 비평 역할에 실패한 사실에 대해 특히 비판적이라는 것은 흥미로운 사실이 아닐 수 없다. 그는 "보다 정확하고 의미 있는 범주의 사상을 제공해야 할 신학자가 반전례주의자의 입맛에 맞는 도구를 사용하여 무의미한 전례를 파괴하는 데 열중하고 있다."앞의 책, 188고 주장한다. 이것은 신학의 바른 사명이 탈신화화가 아니라 사회-상징적 담론에 대한 비판과 창조와 회복이라는 나의 주장1장 C, 3을 확인해준다.

2. 고대 유대교의 상징적 질서: 행렬 모델

이제 팔레스타인 유대교의 지배적인 상징적 질서에 대한 벨로의 모델에 대해 살펴보자. 앞서 언급한 대로 그는 상호침투적이며 서로를 강화하는 "빚"과 "정결오염"이라는 두 가지 제도를 중심으로 상징적 질서의 모델을 구축한다.

빚에 대한 코드채무 규례는 사회적 권리 침해를 규제하고, 십계명과 사회-윤리적 법률을 포함한 여호와와의 언약 패러다임의 기초를 형성한다. 그것은 원래 원시 농민의 호혜주의적인 정치적 경제로부터 발생했으며, 공동체 내의 정의와 공의를 촉구하기 위한 것이었다. 벨로는 다음과 같이 설명한다.

> 인간이 경작하고 가축과 함께 주거하는 땅은 풍성함을 위해 내리는 비를 받아들일 뿐이다. 따라서 풍성한 복의 원천은 베풂이다. 이 기본적인 사실은 베푼다는 개념에 담긴 확장의 원리를 설명한다. 그것은 여호와께서 인간에게 주신 것은 그것을 필요로 하는 이웃에게 나누어주어야 한다는 것이다.… 여호와께 바친 희생제물과 십일조, 그리고 백성이 노동을 중단함으로써 여호와께 드리는 시간은 베풂이야말로 노동과 식탁의 풍성함의 원천이라는 사실을 분명하게 보여준다.… 동시에 인간의 베풂은 다른 사람의 소유물과 삶과 복의 풍성함을 탐낼 필요가 없게 한다. 따라서 이러한 베풂은 이웃과 형제에 대한 폭력을 사전에 방지한다. 사람과 주거공간의 평등은 확장의 원리가 추구하는 목적이다. "너희 중에 가난한 자가 없으리라"신 15:41981:50

정결에 대한 코드정결 규례는 그들의 주변 문화 및 그들과 반대편에 서 있는 우상적 사회 관습과 구별되는 "거룩한"백성으로서 이스라엘에 이데올로기적 기반을 둔다. 따라서 다양하고 복잡한 모든 전례는 본질상 동일한 목적을 위해 기능한다. 다양한 전례의 목적은 그룹의 영역경계선을 강화하는 것이다. 동시에, 앞서 살펴보았듯이 사회-상징적 금기는 내적 질서를 유지하는 역할을 한다. 이것은 예수의 상징적 행위에 대해 살펴볼 때4장 B 중요한 개념으로 다루어질 것이다.

벨로는 이 두 가지 제도가 "식탁"예를 들면, 상품의 생산과 소비, "가정"예를 들면, 친척이나 공동체, "성소"예를 들면, 성전 제의 및 제사장직라는 세 가지 기본적 사회 영역 또는 "현장"에서 작동한다는 사실을 보았다. 나는 마가복음에 자주 등장하는 내러티브 장소와의 연결을 위해 이 영역을 땅/식탁, 마을/가정, 회당/성소로 확장할 것이다.4장 B, 3 참조 다이어그램 2에서 보듯이 우리는 레위기 법전의 모든 요소를 이 행렬 속에 담을 수 있다.

다이어그램 2 • 레위기 법전의 요소들

	오염/정결	빚/기부
땅/식탁	음식 규례 레 11, 17장	십일조/기부 레 23, 25, 27장
마을/가정	성적 부정/신체적 문제 레 12-15장	사회-윤리적 법 레 18-20장
회당/성소	우상/신성모독 레 21-23, 24, 26장	전례: 제사 레 1-10장

율법토라과 성전은 상징적 질서가 객관화된, 그리고 권위로 가득한 두 개의 중요한 제도적 '수단'이며, 각각 이스라엘의 하나님의 언약율법과 임재성전를 상징한다. 두 제도는 정치적 통일체에 있어서 구원의 수단으로서, 빚과 부정한 것에 대해 규명하거나율법의 경우 통제한다.성전의 경우, 희생 제사나 기타 상징적 행위를 통해 이센버그S. Isenberg는 로마 팔레스타인 상류사회의 다양한 파벌들이 사회적 정치적 위상을 확대하기 위해 상징적 질서에 대한 영향력과 지배력을 두고 어떻게 다투었는지를 보여준다.1973년 다른 그룹들은 단지 구원적 수

단에 가까이 다가가기 위해 싸우거나, 자신을 지배하는 엘리트의 권위에 맞서기 위해 싸웠다. 제도 전체, 그리고 그것을 사수하는 자들과 싸운 그룹들도 있다. 마가의 경우가 대표적인 사례다. 그러나 마가조차 선택적이었다. 그는 성전 체제는 거부했지만, 토라는 받아들였다. 그러나 그것을 제도로 받아들인 것이 아니라 새로운 해석으로 엘리트계층의 텍스트 해석에 도전하는 방식이었다. 이러한 사회적 긴장의 일부에 대해, 지배적인 이데올로기적 제도와 관련하여 간략하게 살펴보자.

3. 정결과 빚

네이레이J. Neyrey는 더글라스의 인류학으로부터 마가와 관련된 유대인의 "정결"개념에 대한 구체적이고 탁월한 요약을 제시한다.1986년 그는 랍비의 문학을 통해 다양한 사회-상징적 제도를 구축할 수 있다고 말한다. "유대인은 특정한 시간안식일과 특정한 물건음식 및 특정한 신체적 특징할례을 통해 규정할 수 있다."앞의 책, 100 장소의 계급구조는 거룩함의 순서에 따른다.m. Kelim 1:6-9 "이스라엘의 땅은 다른 어떤 땅보다 거룩하다."그 다음은 이스라엘의 거룩한 성읍들, 예루살렘 성내의 공간, 성전산temple mount, 성벽, 여자의 뜰, 이스라엘 백성의 뜰, 제사장의 뜰, 출입문과 제단 사이, 성소, 지성소앞의 책, 95의 순서로 이어진다. 우리는 여기서 이 지도의 중심 구조와, 마가의 세계와 그의 이야기에 담긴 지정학적 함축을 놓쳐서는 안 된다.2장 B, 3

메길라t. Megillah, 2:7는 정결의 정도에 따라 사람을 구분한다. (1) 제사장, (2) 레위인 (3) 이스라엘 백성, (4) 개종자 (5) 자유를 찾은 종, (6) 무자격 제사장제사장의 서출, (7) 성전 노예네틴, (8) 서출맘제르, (9) 내시 (10) 고환이 상한 자, (11) 음경이 잘린 자 등의 순서이다.앞의 책 예수께서 장애인을 어떻게 대하셨는지에 대해 살펴볼 때 이 목록에서 신체적 장애가 있는 자의 서열마지막에 위치한다. 여성은 언급조차 되지 않는다을 상기하면 도움이 될 것이다.4장 B, 2; C 미쉬나의 켈림m.

Kelim 1:3 - 그릇의 정결 여부에 관한 규례에는 사물과의 접촉으로 인한 부정에 대한 상대화가 제시된다. 사체와의 접촉으로 인한 부정은 월경으로 인한 부정보다 중하며, 월경으로 인한 부정은 정액, 소변, 침과 같은 신체적 문제로 인한 부정보다 중하다. 끝으로, 시간에 대해서는 미쉬나 모에드에서 언급한다. 안식일이 가장 거룩한 시간으로 제시되고 유월절, 속죄일, 초막절, 각종 절기, 나팔절의 순서대로 거룩하다.앞의 책, 99

이 다양한 지도는 모두 복음서의 세계 속으로 흡수된다. 복음서의 모든 에피소드는 예수께서 이러한 영역과 경계를 범하거나 비판했다고 진술한다. 오펜하이머는 제2성전 시대 후기에 대한 사회적 역사 연구를 통해 정결법과 관련하여 다음과 같은 중요한 결론을 끌어낸다.

> 제의적 정결 및 부정에 대한 규례의 엄격함, 이 규례에 대한 준수의 어려움, 부정이 사람이나 사물 간에 옮겨갈 위험성과 같은 요소들은 제의적 부정이 유대 공동체를 계급 사회로 나누는 지침이 되는 상황을 형성했다.1977:18

그는 확실히 "지켜야 할 규례가 많다는 것과 그것을 지키는 것이 어렵다는 사실"은 대중을 주변화할 수밖에 없다고 지적한다. 일반인이 이러한 상징적 제도의 요구에 정확히 부응하지 못하는 것은 경제적 이유 때문이다. 특히 농민의 경우, 그들의 일상적 삶과 생업의 환경은 언제든지 감염의 위험에 노출되어 있었으며, 제의적 정결에 필요한 시간이나 돈/재화의 여유도 없었다.

정결이라는 구원의 수단을 통제하고 싶어 했던 다양한 그룹들은 이러한 실제적 어려움을 인식하게 되자 각각 전혀 다른 방향으로 반응했다. 바리새인은 정결법의 준수를 촉진하기 위해 법 적용에 아량을 베풂으로써 이 법을 대중에게까지 확장하려 했다. 그들의 계획은 구두 전승과, 특유의 제의에 자신의 해석을 교묘히 삽입하는 방식에 의존했다. 이것은 엘리트계층이었던 사두개인의 전략과 대조된다. 사두개인은 정결의 요구를 충족시켜줄 수 있는 것은 성직자 계급뿐이며, 또한 마땅히 그러해야 한다고 생각했다. 예상하는 대로, 사두개인은 바리새인의 구두 전승을 인정하지 않았다. 그것은 상징적 질서에 대한 자신들의 배타적 헤게모니에 위협이 된다고 생각한 때문이다.

이 갈등의 배후에 있는 경제적, 정치적 이기주의는 윌리엄 헤르조그William Herzog가 제시한 다음의 사례에 분명하게 나타난다.

> 레위기 11:38에 의하면 물이 종자 위에 떨어지면 부정해진다. 그러나 이 본문은 땅에 심은 종자와 심지 않은 종자를 구분하지 않는다.… 메마른 땅, 가뭄, 전쟁, 메뚜기 떼의 습격 및 열악한 영농방식 등으로 수확이 적은 시기에 이 본문은 논쟁의 원천이 된다. 그 이유가 무엇인가? 그런 불황기에는 애굽에서 농작물을 수입하는데, 애굽은 관개수로 방식종자에 물을 뿌리는 방식으로 경작하기 때문에 종자가 부정해진 것으로 의심할 수 있기 때문이다. 사두개인은 이런 곡식이 부정하며 그것을 먹는 자도 부정해진다고 생각했다. 그들은 공급 부족으로 가격이 급등한 자국 농산물을 기꺼이 구입했다. 사두개인은 그럴 여유가 있었다.… 그들 중에는 대지주가 많았기 때문에, 그들은 불황기에 농작물의 가치가 올라감으로써 더 큰 경제적 혜택을 누렸다. 반면에 바리새인은 오경의 규정이 심지 않은 종자에만 해당된다고 주장했다. 따라서…사람들은 법을 어기지 않으면서도 애굽의 곡식을 구입할 수 있었다.1982:13

사두개인의 엘리트주의적인 입장은 분명하지만, 바리새인의 입장은 모호하다.

위 사례에서 볼 수 있듯이, 확실히 바리새인은 대중의 경건 생활을 가능하게 만들기 위해 노력했으며 그런 점에서는 구원의 수단에 한결 더 가까이 다가갈 수 있게 만들어 준 것으로 볼 수 있다. 그러나 이것은 예루살렘 엘리트

계층에 맞서, 사회-정치적 권력을 위한 지역적, 대중적 기반을 구축하기 위해 농민과 하류층의 비위를 맞추려는 전략으로 볼 수 있으며 실제로도 그러했다. 또한 바리새인은 대안 프로그램을 통해 제도 관리자로서의 특권을 유지했다. 식탁 교제에서의 엄격한 정결 규례 준수에서도 볼 수 있듯이, 바리새인과 가난한 자의 실제적인 사회적 결속은 그리 강하지 않았다. 마가가 복음서에서 바리새인에 대한 부정적 서술을 통해 반대하고자 했던 것은 대중의 신앙을 빙자한 엘리트주의의 재생산이었다.

에세네파 사람들은 세 번째 유형의 반응을 보인다. 그들이 선택한 정결 문제의 해법은 가난한 자들과의 공통분모 찾기나 엘리트주의가 아니라 엄격한 규례 준수를 지속하기 위해 사회적 주류로부터 물러나는 것이었다. 그들은 "자유주의"를 추구하는 바리새인들과 이기적 계급주의를 추구한 사두개인을 비판했다. 그러나 세 부류 모두에게서 나타나는 한 가지 공통점은 정결법 자체에 초점을 맞추었다는 것이다. 그들은 원래 하나님의 백성 사이의 결속과 하나 됨을 위해 제정된 이 법이 사회적 계층 간의 구분을 더욱 심화시켜가는 것을 막지 못했다. 마가는 현재의 제도가 계속해서 유지되는 한, 규례를 지킬 수 있는 능력은 계급에 따라 결정될 것이며 제도는 더욱 강화될 것이라는 사실을 알았다.

채무 제도는 성직자 계급에 속한 영역이었다. 이것은 그들이 제의에서 역할을 맡고 있었기 때문이기도 하지만 그보다는 십일조 징수를 감독했기 때문이다. 앞서 언급한 대로[2장, B, 2] 농사를 짓는 자들은 십일조에 대해 경제적인 부담을 느꼈으며, 이것은 농민들 사이에서 분노의 원인이 되었다. 그들은 모세 시대 원시 단계의 재분배에서 볼 수 있듯이, 십일조를 받는 많은 성직자가 더 이상 그것에 의존하지 않는다는 사실을 알았다. 실제로 많은 경우에 그들은 토지소유주로서, 십일조를 무용지물로 만들어 버렸을 뿐만 아니라 완전히 잘못된 방식으로 재분배했다.

또한 다양한 십일조에 대한 재분배를 누가 감독할 것인가에 대해서도 심한 마찰이 빚어졌다. 대부분의 생산자는 매년 십일조를 가지고 예루살렘으로 갈 형편이 못되었기 때문에 예루살렘의 성직자가 각 지역의 십일조 분배를 주관했다. 그리고 이로 인해, 앞서 예루살렘 권력층에 의해 자신들의 권리를 빼앗겨버린 지방의 레위인과 제사장들이 불이익을 받기도 했다. 요세푸스는 당시의 갈등에 대해, 아그립바 2세 시대에 두 차례에 걸쳐 대제사장의 종들이 찾아와 강제로 곡식 창고에서 십일조를 가져간 사례를 제시한다. 이 사건은 지방의 가난한 제사장들을 더욱 굶주림에 빠트리게 했다. Ant., XX viii 8; ix 2

오펜하이머는 할라카의 전통 바리새인들의 관습에 기초한 초기 랍비 문헌 및 규정이 어떻게 생산자가 십일조의 분배를 결정할 권리를 다시 주장할 수 있게 되었는지를 보여준다. 이것은 바리새인들이 다시 한번 중앙 성직자들의 지배에 맞서 큰 마찰을 빚었음을 의미한다. 그러나 그들의 프로그램은 다시 한번 농민에게 두 가지 상처를 주었다. 바리새인들이 안식일과 안식년에 파종이나 추수를 금하는 안식년 규례를 강제로 시행하려 했고, 이에 대해 농민이 반대했다는 할라카의 증거가 있기 때문이다. 이러한 규제는 어려운 시기에 국가로부터 아무런 도움도 기대할 수 없었던 농민의 생활고를 더욱 가중시켰다.

또 하나는 안식년의 면제 문제였다. 농민은 세금과 십일조를 내기 위해 빚을 내어야 했다.

> 그러나 잠재적 채권자들은 안식년이 되기 수년 전부터는 대출을 꺼렸다. 이것이 헤롯 시대 바리새파의 힐렐이 도입한 프로스불prosbul 제도의 배경과 목적이다.… 힐렐은 안식년에 빚을 면제해주는 율법의 규정을 우회할 수 있는 법적 수단을 고안해내었다.… 이러한 규정의 단기적 효과가 농민의 굶주림과 납세에 도움이 된 것은 분명하다. 그러나 장기적인 면에서는 영구적인 채무자를 양산하는 결과를 초래했다. Horsley and Hanson, 1985:59 이하

바리새인들은 이런 방식으로 예루살렘 성직자들로부터 농민계층에 대한 경제적 지배권의 일부를 되찾아왔다.

4. 토라와 성전

회당 제도의 부각과 함께, 토라는 점차 상징적 질서의 중심이 되었다. 그것은 예레미아스가 말했던 바리새인들과 사두개인 및 높고 낮은 성직자로 구성된 서기관 계급의 영역에 속한다.1969: 10장 서기관은 이스라엘의 최종적 사법적 권위를 가진 산헤드린 공의회를 지배했다. 토라에 관한 연구로 특별한 권리를 누리고 있었던 이 배타적 현자 계급은 상당한 사회적 권력과 특권을 유지했다.오펜하이머, 1977:1

또한 토라에 대한 해석상의 논쟁은 사회적 그룹 간의 갈등의 원천이 되었다.

> 언어로 기록되어 고정된 성경은 해석을 요구한다. 성경에 대한 해석의 권한은 다양한 그룹들 간에 논쟁거리가 되어 있었는데, 성경을 해석할 권한을 가진 사람이 하나님의 권한에 가장 근접할 수 있으며, 이러한 권한은 엄청난 정치적/경제적 권력으로 바뀔 수 있으며 실제로 그러했다는 점에서, 이러한 논쟁은 당연한 것이었다. 바리새인과 사두개인 사이의 기본적인 논쟁은 계시에 대한 해석의 권위에 대한 것이었으며, 에세네파도 그들과 마찬가지로 해석에 대한 배타적 권위를 주장했다는 것은 놀라운 일이 아니다.Isenberg, 1973:31

특별히 관심이 집중되었던 것은 바리새인의 구전이다. 이 구전은 토라와 유사하고 그 기원이 모세로까지 거슬러 올라가기 때문에, 이데올로기적 권위의 경쟁력 있는 토대가 되었다. 이것은 사두개인의 "성경적 보수주의"와 바리새인들의 전통 사이에서 지속적으로 벌어졌던 논쟁에 대한 사회적 기반이 무엇인지를 확인할 수 있게 해 준다.7장 C, 2 참조 반면에, 구원의 수단에서 전적으로 배제되었다고 여겨졌던 묵시 운동은 성경에 대한 심오한 해석과 "비밀한" 계시로 반격했다. 마가가 히브리 성경만 인정하고 나머지 상징적 질서들을 거부했다는 사실은 매우 중요하다. 우리는 마가복음을 통해 그가 서기관과 바리새인들 및 사두개인에 맞섰다는 사실을 알고 있다.

사프라이S Safrai는 비록 회당이 상징적 제도의 분산화를 시작하기는 했으나 회당 예배조차도 사실은 성전에 초점을 맞추고 있었다고 주장한다. 제의는 명백히 상징적 질서의 중심이며, 고대 중동의 모든 사회적 형성에서도 마찬가지로 중요한 역할을 했다.

> 사람들은 성전이 하늘이나 땅처럼 영원히 존재한다고 확신했다.… 성전의 함락으로 우주에 대한 이미지는 손상되고 국가에 대해 가지고 있던 기존의 틀은 무너졌다. Safrai and Stern 1977:906

성전은 하나님이 계신 곳이며, 모든 이데올로기적 질서는 그곳에 닻을 내리고 있고, 그 안에서만 정당성을 인정받는다. 성전은 모든 유대인이 보편적으로 받아들였던, 유일한 거룩한 곳이며, 모든 순례객과 예물이 그곳으로 모여들었다. 정치적으로 성전은 다윗 왕권과 자주국가 시대의 이스라엘에 대한 전승을 끊임없이 상기시켰으며, 그러한 이유로 성전은 로마로부터의 해방에 대한 소망의 중심에 자리잡고 있었다.

룬드퀴스트J. Lundquist는 성전의 건축과 유지가 고대 근동의 "국가 형성"과정에 있어서 본질적 요소임을 보여준다.

> 이스라엘 국가의 형성은 예루살렘 성전 건축과 함께 완성되었으며, 이스라엘은 비로소 온전한 의미에서 "열국과 같은" 나라가 될 수 있었다. 고대 국가에서

> 왕권 이데올로기는 성전 건축 및 성전 이데올로기와 불가불 연결될 수밖에 없었다. 1982:272

그는 이어서 고대근동의 성전에 관한 전승에서 건축학적으로나 제의적으로 재생산된 "원시적 형태"에 공통적으로 나타나는 네 가지 요소를 제시한다. 1) 우주적 산, 2) 창조의 수면으로부터 처음 나타난 태고의 언덕, 3) 혼돈과 구원을 상징하는 생명의 샘, 4) 생명나무. 앞의 책, 274 고대 동양의 상징적 담론에서의 이러한 요소들은 이스라엘에 의해서도 동일하게 사용되었으며, 마가복음 해석과도 직접적인 관련이 있다. 10장 C 끝으로 룬드퀴스트는 예루살렘 성전이 이스라엘의 상징적 질서의 핵심에 위치했으며, 따라서 결국 국가의 공간적 지리적 중심이었다고 주장한다. 앞의 책, 284 이하

성전은 예루살렘을 경제적으로 지배했으며 유대 전역에 대해서도 상당한 영향력을 발휘하고 있었다. 성전은 원래 재분배 경제의 '중앙 저장고'였으나, 나중에는 거대한 자본축적이 이루어지는 장소가 되었다.

> 제사장과 성전에 바치는 십일조와 각종 헌물로부터 시작해서, 부채 상환금과 이자, 그리고 세계 도처에 흩어져 있던 디아스포라 유대인이 성전으로 보내는 기부금에 이르기까지 엄청난 부가 예루살렘으로 유입되어 쌓였다. 그러나 이러한 부를 가장 가난한 자들에게 전달할 구조적 시스템이 존재하지 않았다.… 오히려 일부 잉여물은 사치품으로 사용되거나 고가의 귀금속 형태로 성전 금고에 쌓아두기만 했다. Horsley and Hanson, 1985:61

성전 교역은 예루살렘의 상거래를 활성화시켰으며, 성읍의 수입과 복지에도 기여했다. 성전 교역의 유지 및 발전은 도시민이 의존할 수 있는 수많은 일자리를 만들어냈다. Theissen, 1976

지배계층이나 대제사장 계급의 주된 영역이었던 성전이 끊임없는 정치적 활동의 무대가 되었다는 것은 두말할 필요도 없는 사실이다. 주후 66년의 혁명적 저항 운동의 첫 번째 조치가 로마를 위한 매일의 제사를 중단하는 것이었던 이유는 쉽게 이해할 수 있다. 반군은 왜 임시 정부 시대에 성전을 장악하기 위해 싸웠는가? 주후 70년에 예루살렘이 로마에 함락되기 전 마지막 남은 곳이 성전산이었던 이유는 무엇인가? 확실히 유대의 모든 사회 그룹들과 그들의 전략은 성전과 관련된 이데올로기적 입장을 제시해야 했다. 예루살렘의 성직자와 사회 질서를 전적으로 부정했던 에세네파 사람들은 성전에 대한 종말론적 정화에 헌신했다. 혁명그룹들이 아무리 성전의 귀족제도를 전복하려는 목적의식을 가지고 있었다고 할지라도, 그들이 성전 자체의 정당성에 대해 근본적인 의문을 가지고 있었다는 증거는 없다.

그러나 마가에게 있어서 성전 체제와 그들의 정치적 경제는 잘못된 지배제도의 핵심이었다. 그가 원했던 것은 제의의 확장이나 지배가 아니라 완전한 폐지였다. 같은 맥락에서 마가는 팔레스타인 독자에게 하나님의 임재가 성전과 직결되지 않는다는 사실을 알리기 위해 노력했다.

2F. 이데올로기와 사회적 전략

사회-역사적 현장에 대한 서술의 마지막 과제는 당시 팔레스타인의 핵심적 사회 그룹들의 전략을 제시하는 것이다. 홀츠너B. Holzner는 다음과 같이 주장한다.

> 특히 새로운 권력이나 적대적 세력에 의해 위협을 받고 있는 그룹이 적극적으로 방어하는 지배적 이데올로기는 공동의 정체성과 그룹의 영역을 강조하는 경향이 있다.… 통합된 사회 체제에서 모든 분파는 지배적 이데올로기와 공동

의 정체성을 받아들여야 한다.1972:157

우리는 무엇보다도 로마 제국에 대한 책무와 이스라엘에 대한 책무를 동시에 요구했던 식민지 질서에 대해 각 분파들이 취했던 입장에 초점을 맞출 것이다. 먼저 지배적 질서에 순응하거나 협조한 그룹들에 대해 살펴볼 것이다. 이어서 홀츠너가 말한 세 가지 유형의 전복적 전략도피주의, 복고적 급진주의, 소외/대결 전략에 대한 고찰을 통해, 질서에 맞서거나 개혁하려고 했던 몇 가지 시도에 대해 살펴볼 것이다.

1. 식민주의와 협력 정책

피어스J. Fears의 연구에 따르면, 첨단 제국 시대 거대 로마의 식민주의 이데올로기 전략은 '다양한 인종 그룹과 그들의 정치 단체를 단일 정부 아래 성공적으로 집결시키는' 것이다. 이러한 전략은 "제국의 지배층과 인적 네트워크에 의한 동맹"을 통해 대부분 성취되었다.1980:98 이하 로마의 선전 기관은 로마가 군사력에 힘입어 세계를 정복하고 시민의 자유를 보장할 것이라는 신적 소명을 받았다고 홍보했다.

> 제국의 이데올로기적인 정당성은 승리의 정치 신학, 또는 소위 명백한 운명Manifest Destiny이라고 불리는 이론에 견고한 뿌리를 내리고 있다.… 따라서 로마 공화국과 제국은 민주주의와 민족주의라는 오늘날 국가의 양대 지주와 유사한 이데올로기적 기초에 의존한다.앞의 책, 99-101

그러나 1세기 무렵, 가이사 이전 옛 로마 공화국 신화는 카리스마적 독재자인 황제에 대한 제의에 빠져있었다. 로마 제국의 군사적, 정치적, 경제적, 법적, 문화적 영역에 대한 요약적 분석에 대해서는 클라우스 벵스트Klaus

Wengst가 『팍스 로마나』를 통해 제시한 이데올로기적 정당성에 관한 연구를 추천한다. 그가 주장하는 것처럼, 로마 변증가들과 선동가들이 구사했던 수사학과, 그 뒤에 숨겨진 잔인한 '실체'에 대한 인식이 없이는 내가 말하고 있는 신약성경에서의 신화 전쟁을 이해할 수 없다는 그의 주장은 사실이다.

제국에 대한 제의는 속주의 입장에서 가장 중요한 이데올로기적 수단이었다.

> 로마 제국의 공식적인 선전 기관은 궤변에 능한 정치적 앞잡이였다. 모든 공적 축제, 지역 행사, 종교 절기, 특히 제국의 기념일이나 행사는 해마다 공적인 칭송과 선포의 장을 제공했으며, 그때마다 농부들은 제국의 미덕을 찬양했다.Fears, 1980:102

유대 팔레스타인에서는 황제 숭배가 공식적으로 시행될 수 없었기 때문에 유대의 절기는 로마에 대한 충성을 확인할 수 있는 좋은 기회였다. 이것은 유대 당국과 로마 식민주의자 사이에 긴장 관계가 고조되면서, 매년 돌아오는 거룩한 절기가 거의 언제나 정치적 긴장 및 잠재적 폭동의 발단이 되었던 이유를 설명해 준다.

식민지에 대한 제한된 자치를 허용했던 로마의 전략은 오늘날 신식민주의의 형성과정에서 볼 수 있는 것처럼, 본토 귀족계급의 협력에 기반을 두고 있다. 하스몬가의 몰락 이후 헤롯 왕조와 대제사장 귀족은 정치적 생명의 유지를 위해 로마의 호의에 전적으로 의존했다. 사실상, "헤롯으로부터 시작해서 유대 혁명에 이르기까지 대제사장 직무를 독점해온 대제사장 가문은 팔레스타인의 유대 가문에도 해당되지 않는, 디아스포라 출신의 힘 있는 가문이었다."Horsley and Hanson 1985:62

이 지배계층의 이데올로기 전략은 그들의 현실주의를 그대로 보여준다.

한편으로 그들은 독자적인 힘을 가지고 있었던 옛 하스몬 왕가 시대에 대한 유대인들의 향수가 가진 힘을 잘 알고 있었으며, 마카비 정서의 폭발을 늘 두려워했다. 따라서 그들은 로마로부터 작은 양보를 얻어냄으로써, 그리고 다윗 왕조에 대한 종말론적 찬사를 늘어놓음으로써, 자신들에 대한 백성의 부정적인 감정을 누그러뜨리려고 했다. 다른 한편으로 이들 귀족 사회는 이스라엘의 독립 시대가 영원히 끝나버렸다는 사실을 인정했다. 로마의 개입이 그들의 허울뿐인 권력의 한계를 드러낼 것이라고 생각한 그들은 총독에게 자신들이 백성을 통제할 능력이 있으며 또한 그렇게 할 것이라는 사실을 이해시키고자 노력했다.

따라서 협력적 지배계급은 백성의 애국심과 제국의 군주 모두를 만족시키기 위해 "협력적 민족주의"라는 이데올로기적 통합을 추구했다. 이 전략은 여러 면에서 반쪽짜리 유대인이었던 헤롯의 모습 속에 전형적으로 나타난다. 그에게는 예루살렘에 유대 성전을 화려하게 재건축할 책임이 있었다. 하지만 그는 "성전 입구에 로마 제국의 상징인 금 독수리를 설치했다. 그리고 이것은 그가 구사했던 전략의 전형적인 사례에 해당하는 것이었다."Rhoads, 1976:25

그러나 금 독수리가 애국적 바리새인들에 의해 철거되었던 사실에서 볼 수 있듯이, 헬레니즘과 유대교의 중간 길을 걸으려 했던 그들의 시도는 역풍을 맞기도 했다. 유대 상류층 내의 상호 파괴적 대립에도 불구하고 로마는 유대인들의 관심이 안정 유지에 있다고 생각했다. 따라서 총독은 그들의 유별난 신학적 논쟁에 별다른 관심을 기울이지 않았다. 지배적 당파의 노예근성은 전반적으로 로마의 강력한 이데올로기적 자산이 되었으며, 식민지 상황에 대한 정치적 합리화의 근거를 제공했다.

동시에 로마는 모든 형태의 반란에 주의를 기울였으며, 체포된 반란자가 십자가에 처형당하는 일은 팔레스타인 전역에서 흔히 볼 수 있는 광경이었다. 완전한 굴종을 받아들이지 않았던 유대의 반란 조직들은, 표적행위 선지자 운동의 결말에서 볼 수 있는 것처럼 그들이 대안으로 제시했던 상징적 주장들이 아무리 로마인들에게 특이해 보이고 해가 없어 보였다고 하더라도, 로마에 의해 잔인하게 진압되었다. 이것은 제국이 베푼 호의에는 한계가 있음을 보여주며, 유대의 지배계층도 이러한 사실을 간과하지 않았다. 60년대에 들어서면서 분열이 심화되고 무자비한 로마의 폭정에 순응하는 전략이 실패를 거듭했지만, 여전히 로마의 보복을 두려워했던 귀족 계층은 혁명에 가담하기를 꺼렸으며 혁명의 대열에서 가장 먼저 이탈하고 말았다.

2. 갱신 운동: 개혁과 뒤로 물러서기

당시의 학식 있는 유대 상류층 안에는 에세네파와 바리새파라는 두 부류의 협력적 개혁 운동이 있었다. 후자는 하스몬 왕조의 억압적 정책에 대한 항거로 전자보다 먼저 유명해졌으며, 전자는 헤롯에 대한 저항으로 인해 유명해졌다. 학자들이 1세기 바리새인에 대한 정확한 정보를 수집한다는 것은 어려운 일이기 때문에, 기독교 복음서에 나타난 바리새인에 대한 편향적이고 전적으로 부정적인 서술, 즉 전통적인 기독교적 해석에 대한 오늘날 유대 학자들의 반발은 타당한 면이 있다. 샌드멜W. Sandmel이 지적한 것처럼, "유대교는 어느 면에서 바리새파의 직계 후손이라고 할 수 있다는 점에서 이러한 논쟁은 그 자체로 변증적일 수밖에 없다.1978:158

합리적 확신과 관련해서 세 가지를 말할 수 있다. 첫째로, 바리새주의는 포퓰리스트대중주의자가 되기 위해 노력한, 엘리트 성직자 계급에 대한 격렬한 도전이었다. 그러나 그들의 전략은 대안적인 정치적 기반에 대한 무관심이 아니라 그러한 토대를 구축하고자 하는 노력이었다. 바리새인들의 구전은 이러한 계획을 위한 정교한 합법적 이데올로기였다. 주후 70년의 예루살렘 함락 이후 랍비가 주도한 회당 유대교가 이뤄냈던 승리는 이러한 전략이 성공했음을 보여준다. 둘째로, 그들의 전략은 확실히 개혁적인 전략이었다. 그들은 지배적 이데올로기 질서가 가지고 있는 구원의 수단을 뒤집어엎기보다는, 그것의 확장을 위해 노력했다. 셋째로, 이 운동은 다양한 방식으로 전개되었으며, 우리는 복음서는 물론이고 랍비의 전승을 통해서도 바리새인들의 위선에 대한 비판을 확인할 수 있다. 와일드J. Wilde는 바우커Bowker를 따라, 마가가 복음서에서 공격했던 것은 바리새인의 분파 가운데 하나인 식탁 교제 페루쉼분리주의자들에게만 해당된다고 주장한다.1974:196 이하

혁명에 대한 바리새인들의 입장은 평가하기 쉽지 않다. 그들에게는 정치적 동맹이 확실히 낯설지 않았다. 한 세기 전, 그들은 하스몬가의 폭정에 맞서고자 로마와 손을 잡았다. 여러 명의 바리새인이 전복을 꾀했다는 이유로 헤롯에 의해 처형당했다. 많은 사람이 불복종에 동참했다는 것은 의심의 여지가 없는 사실이지만 그들의 사회적인 저력은 예루살렘으로부터 나온 것이 아니기 때문에 혁명의 실패에도 불구하고 그대로 살아남았다. 앞으로 살펴보겠지만, 마가의 내러티브는 강력한 이데올로기적 경쟁자임이 분명한 바리새인들의 비합법성을 드러내는 데 관심을 집중한다.

에세네파의 갱신 전략은 개혁과 홀츠너가 말한 현실도피 사이에 위치하며, 뒤로 물러서는 전략으로 지배적 질서와의 갈등을 해소하고자 했다. 이처럼 뒤로 물러서는 이데올로기는 그룹의 비정상적인 행위를 정당화하는 일에 일차적인 초점을 맞추었으며, 지배적인 풍조에 대한 비판은 등한시하는 경향이 있었다. 이 이데올로기에는 "기존의 사회 질서를 바꾸려는 외견상의 절박함"이 없었다.Carlton, 1977:35 이러한 특징은 후기 영지주의는 물론 헬레니즘의 수많은 신비적 제의와 은밀한 철학적 분파들에서도 발견된다. 정치적으로는 뒤로 물러났지만, 개인적으로는 갱신을 추구했던 이 운동은, 오늘날 다수의 서양 종교와 마찬가지로 점성술로부터 시작해서 스토아철학에 이르기까지 당시의 제국 전역에서 번성했다.

에세네파의 수도사적 비전은 유대 협력자와 로마 식민주의를 동시에 비판

했으나, 실제로 행동에 돌입하는 전략을 취하지는 않았다. 알려진 바와 같이, 쿰란의 문헌들은 실제로 이스라엘의 계급 구분을 의식적으로 거부하는 공동체주의와 같은 대안적 사회-정치적 프로그램을 암시하는 특정 요소를 반영한다.Flusser, 1973 그들의 이데올로기는 그들의 행동주의 실천가들과 마찬가지로 지배적인 상징적 질서의 정화전복이 아니라를 요구했다. 그러나 반란군과는 달리, 그들의 호전성은 묵시적 전쟁 두루마리와 같은 문학적 논박에만 한정적으로 나타난다.

3. 복고적 급진주의: 네 번째 철학

홀츠너는 그의 두 번째 전복적 전략의 명칭을 "복고적 급진주의"라고 불렀다. 이것은 전통적 가치를 회복하거나 정화할 목적으로 구조적 변화를 추구하는 전략이다. 앞서 지적한 대로2장, A. 3, 우리는 역사적 과정의 현대적 이데올로기를 가정하는 우리의 "혁명" 개념이 고대성을 특징으로 하는 것이 아니라는 사실을 상기해야 한다. 고전적 "역사 철학"에 대해 말할 수 있는 한, 그것은 최소한의 변화가 바람직하다는 "안정" 개념에 기초한 것이다. 모든 것은 시간이 지나면 퇴보할 뿐이며, "황금기"라는 것은 과거의 이상이지 미래의 이상이 아니다. 따라서 홀츠너는 다음과 같이 주장한다.

> "사회적 변화" 이데올로기는 전통적 제도나 보수적 제도를 활성화하거나 소생시키는 특정 형태와 관련된다. 이런 관점에서 볼 때 복고적 이데올로기는 복잡한 산업화 이전 사회의 중요한 특징이다. 그들은 당연히 고대를 지향하며…미래적이라기보다 회고적이다.1977:45

카니가 말한 것처럼, "사회의 상류층에 속해 있는 구성원이면서 동시에 과거의 위대한 전통만 바라보았던 고대의 정치 사상가들은 당대에 필요한 변화

를 수행할 수 없었다는 사실이 드러났다." 1975:119

이것은 "네 번째 철학"의 주창자들은 물론, 혁명의 배후에 있는 다른 세력들에게도 적용되어야 한다. 그들은 본질적으로 왕정복고주의자이며 회고적이다. 수정주의 역사서가 저항 프로그램의 여러 요소에 함축된 사회적, 경제적 비판을 강조한 것은 반가운 일이다. 앞서 언급한 대로 혁명은 반제국주의적 정서만큼이나 계급 갈등으로 인해 초래된 반발이었으며, 임시 정부의 온건파와 과격파 간의 다툼은 주로 계급 구분에 따른 의식의 차이에서 비롯된 것이다.

> 열심당은 유대의 농민 저항 세력과 전쟁 전 수십 년 동안 대제사장에게 압제당했던 예루살렘의 하위 제사장들로 구성되었다. 시몬 바르 기오라Simon bar Giora를 추종하던 무리는 부자들을 약탈하던 도적들과 노예들이었다. 예루살렘에 들어온 이두메인들조차 즉시 열심당을 도울 만큼 대제사장 귀족을 신뢰하지 않았다. 또한 유대 귀족에 대한 열심당원들과 이두메인들의 보복적 행동은 부유한 전통적 권력에 맞서 누적되어왔던 분노의 표현이라고 할 수 있다.Rhoads, 1976:178

그러나 이것은 우리가 혁명을 오늘날 프롤레타리아 저항의 원형으로 이해한다는 뜻은 아니다.

사실 반군이 추구했던 목적은 1세기의 엘리트 계층이 이끌었던 헬레니즘에 대한 저항 운동과 비교해서 매우 포괄적이었다. 에디S. Eddy는 『왕은 죽었다』The King Is Dead라는, 그의 대표작임에도 불구하고 간과되어온 저서를 통해, 알렉산더 시대부터 헤롯 시대까지 헬레니즘 양식의 저항 문학에 대해 분석한다. 그는 1세기에 일어났던 다양한 운동들 사이에는 세 가지의 공통적인 이데올로기적 특징이 나타난다고 주장한다.

1. 상실한 왕권에 대한 재주장
2. 헬라 식민주의자들의 침략으로 인한 사회-경제적 불만
3. 고유한 법과 사회적 관습 및 문화적 삶을 보존하기 위한 지방의 정치적 통치권 회복에 대한 열망

유대 혁명에서는 이러한 요소들을 찾아보기 어렵지 않다. 묵시주의나 메시아주의가 반란군의 정치적 기대를 얼마나 부풀게 했느냐와 상관없이, "해방된" 미래에 대한 비전이 근본적으로 복고주의가 아니라는 증거는 존재하지 않는다.

호슬레이의 반론에도 불구하고1987:54 이하, 내가 아는 한 가장 급진적인 열심당에서조차도 로마에 협력한 제사장 지도자들을 대체하는 것 이상의 요구는 하지 않았다. 만약 그랬다고 한다면 로마가 절대로 용납하지 않았을 것이다. 반군의 계획 가운데 부나 권력에 대한 체계적 개혁이 포함되어 있었다는 암시는 없다. 따라서 갈릴리 빈민에 대한 마가의 관점에서 볼 때, 혁명은 엘리트주의의 정치적 경제 구조로부터의 어떤 구조적 구원도 약속하지 않았다.

4. 소외, 대결, 반동맹: 가설

홀츠너의 전복적인 사회 전략의 세 번째 지류이자 마가복음 해석에 있어서 가장 중요한 전략은 "소외적/대결적" 태도이다. 그러나 우리는 이 전략을 대하자마자, 트뢸치로부터 현재까지 예외 없이 "분파적" 이데올로기에 대한 경멸적 서술만 제공해오기에 바빴던 오늘날의 주류 역사적 사회학의 편견에 사로잡히게 된다. 이 문제는 윌슨B. Wilson의 천년왕국 분파의 "결정적인" definitive 사회학에 대한 버드S. Budd의 비평을 통해, 해석학적인 문제로 보아야 한다는 바른 진단이 내려졌다. 학자들은 "이 분파의 다름과 구별이라는 인식 세계는…구성원들을 공감하고 완전하게 이해하고자 하는 길에 놓인 가장 큰

함정"이라고 생각했다.[1974:156] 이러한 사회학적 편견은 묵시 문학의 이데올로기에 대한 해석에까지 영향을 주었다. 묵시 문학의 신화적 담론은 "다른 세상"의 이야기라는 이유로 거부당했으며, 그것이 말하는 강력한 사회 비판과 폭력적 이미지는 사회적 개혁의 가능성을 포기하고 사실상 역사적 "책임"을 저버린, 권리를 박탈당한 사회적 그룹의 보복적 미사여구일 뿐이라는 조롱을 당했다.[14장 A, 1]

오늘날 해방 사회학의 선입견적 유형론에 따르면 소외된 그룹은 지배적 사회-정치적 제도에 비판적이지만, 그들이 개혁적 전략을 추구하기를 거부한다면 정치적으로 수동적인 그룹이 될 수밖에 없다. 이 그룹은 "무의식적으로 받아들인" 또는 "상징적으로 전이된" 공격성을 통해 사회적 긴장을 해소하는 집단으로 묘사되었으며, 즉석에서 정치적 문화의 부수적 산물에 불과한 집단으로 일축되었다. 나는 역사적 사회학이 종종 자신의 개념적 감옥에 갇히는 방식에 대한 역사학자 저지E. A. Judge의 비판이 일리가 있다고 생각한다.[1980] 그러나 만일 우리가 1) 철저히 소외되었으나, 2) 그럼에도 불구하고 정치적으로 개입할 뿐만 아니라, 3) 사회적 전략이 개혁적이지 않다는, 적어도 세 가지 요소를 구비한 그룹의 가능성을 제시한다면 어떻게 할 것인가? 나는 앞서 서술한 로마 팔레스타인의 상황이 이런 가능성을 배제하지 않는다고 생각한다.

갈릴리의 소작인에게 공물이라는 영원한 짐, 인근 헬라 성읍의 사회적 압박, 로마 군대의 반복적 보복 행위 등은 깊은 소외감을 심어주기에 충분했을 것이다. 동시에 그들이 지도자가 아니라 지주이자 로마의 협력자로 보았던 본국의 귀족 사회와의 계급적 소외도 있었을 것이다. 이러한 이중적 반감은 지방의 사회적 도적이나 열심당과의 결속을 가능하게 했을 수도 있지만, 실제로 드러난 모든 증거는 그런 경우가 매우 드물었음을 보여준다. 예를 들면, 우리는 갈릴리에서의 조직적 저항이 초기에 진압당했으며, 요세푸스가 그곳에서 저항 세력을 조직화하는 것이 지극히 어렵다고 불평했던 사실을 알고 있다. 도적들의 지도자였던 기샬라의 요한이 예루살렘 방어에 합류한 사실은 예외적인 경우로 보인다. 게다가 그는 파렴치하고 기회주의적인 장사꾼이자 지주였다고 알려져 있다.

프레인Freyne은 토지에 매여 살면서 편협한 사고방식을 가지게 된 갈릴리의 시골 농민 대부분이 혁명에 대해서는 사실상 모호한 정치적 태도를 보였지만, 성전에 대해서는 무척이나 충성스러웠던 자들이었다고 생각한다. 그는 냉담한 갈릴리인에게는 오히려 바리새파 운동이 더욱 매력적이었을 것이라고 주장한다. 갈릴리인에게 바리새파 운동은 도시 지배계층을 대신하는 대안이자 대중화된 신앙을 소유했으며, 무엇보다도 다원적이고 이교적인 갈릴리에서 정결법의 시행을 통해 유대인의 정체성을 강화할 수 있었다. 그러나 프레인의 주장에는 심각한 모순이 드러난다. 제사장과 지주들의 엘리트주의에 반대하는 갈릴리인이라면, 동일한 특권을 주장하는 바리새인들에 대해, 그리고 농사 활동을 제한하는 안식일 규례나 십일조 구별과 관련된 갈등에 대해 모른척하지 않았으리라는 것이다. 더구나 상징적 질서에 헌신적이었던 갈릴리인이라면 예루살렘에 자리 잡은 임시 정부에 대한 애국심을 더욱 고취시켰을 것이 분명하다.

만일 어떤 선지자가 일어나서 로마와 로마에 협력한 귀족들을 동시에 비판하는 전략을 옹호하면서 쿰란 공동체의 도피적인 태도와 바리새인들의 행동주의가 지배적인 상징적 질서 안에서의 압제의 근원에 대해 한마디도 하지 못한 것에 대해 책망한다면 어떻게 할 것인가? 우리는 자신의 불만을 제대로 드러내지 못하는 무식한 농민이 대중적 강연을 통해 백성의 비전을 표출해줄 만한 사람들의 등장을 기대해왔다는 사실을 알고 있다. 이러한 선지자가 정당한 재분배 제도에 대한 신명기적 비전을 촉구하고, 이스라엘에 대한 사회적 비판을 제시했던 위대한 선지자들의 전복적 전승에 호소할 것이라는 상상은 얼마든지 가능하다. 이러한 가르침은 농민에게 예루살렘 권력층의 이기적인 경제적 착취, 그들의 십일조 분배 구조, 안식일 규례 및 성전의 실체를 드러내는 데 큰 도움을 주었을 것이다. 누군가 개혁자들과 반군의 대안으로 등장하여 농민의 불만을 보다 구체적으로 드러내는 일은 없을 것이라고 예단할 필요는 없다. 그리고 참으로 놀라운 일이긴 하지만, 그런 선지자가 억압당한 유대인과 배타적 이방인을 분리하는 인위적 틈을 메우기 위한 도전에 나서는 한, 그가 가난한 자들 가운데 연합의 논리를 제시했을 가능성은 결코 배제할 수 없다.

채무와 정결 규례, 그리고 토라에 대한 지배적 해석과 성전 제의를 통해 권력을 강화한 유대 귀족 사회와 로마의 등장을 동시에 비판하는 전략이 사회적, 경제적, 정치적, 문화적으로 정당하다는 광범위한 증거가 존재한다. 다만 우리는 더 이상의 증거가 없는 한, 주후 60년대 팔레스타인의 명확한 사회 구조가 이러한 "소외, 대결 및 비동맹적" 이데올로기를 이론적으로 가능하게 할 수 있는 상황을 조성했다는 결론만 내릴 수 있을 뿐이다. 이러한 조망이 동시대의 문학으로 생각되는 자료에 나타난다면, 이것은 사회학적 유형론의 비평이 아니라 그 자체로 평가해야 할 독특한 사회 운동에 대한 구체적인 증거로 받아들여져야 할 것이다.

나는 마가복음이 전복적이자 건설적인 민중의 사회적 담론을 분명히 제시하는, 그런 종류의 문헌이라고 믿는다. 이 문헌은 아마도 예루살렘에 대한 1차 포위와 2차 포위 사이, 로마가 갈릴리를 점령했을 당시에 기록된 것으로 보인다.[11장 A, 2] 마가복음을 기록한 동인이 되는 직접적이고 구체적인 이슈는 자신들의 저항 운동에 대한 팔레스타인 주변부의 지지를 얻어내고자 했던 갈릴리 반군 모집책의 동참 권유였다. 그리고 마가의 공동체 역시 그와 같은 권유를 통해 "선택"을 강요받았음이 분명하다. 마가는 반군의 사회-경제적 불만과 정치적 불만에 동조하면서도, 예루살렘 방어에 동참하라는 요구에 대해서는 거부하지 않을 수 없었다. 약 35년 전, 로마에 의해 처형당한 나사렛 선지자의 가르침과 삶에 대한 마가의 이해에 따르면, "해방"전쟁의 수단폭력과 목적왕정복고이 근본적으로 반혁명적이었기 때문이다.

따라서 이제 마가의 사회 운동의 사회-역사적 특징을 밝혀내기 위해, 마가의 텍스트에 관한 연구를 시작할 시간이 되었다. 마가는 이 운동텍스트 자체을 엘리트 계층의 자료에는 나타나지 않는, 살해당한 갈릴리 나사렛 출신 선지자와 동일시한다.

후주

1. 신약성경 저자가 다윗의 후손 예수와 관련된 메시아적 주장을 했다는 것은 이곳에서의 쟁점이 아니다. 마태복음 및 누가복음의 계보와 관련된 문제에 대한 유익한 논쟁에 대해서는 R. Brown(1977:505 이하)을 참조하라.

제2부

마가복음 전반부1:1~8:21 해석

제3장

마가가 사용한 문학적 형식과 전략: 첫 번째 프롤로그 및 제자로 부르심

막 1:1-20

> 보라 내가 내 사자를 보내리니 그가 내 앞에서 길을 준비할 것이요 또 너희가 구하는 바 주가 갑자기 그의 성전에 임하시리니… 보라 여호와의 크고 두려운 날이 이르기 전에 내가 선지자 엘리야를 너희에게 보내리니
>
> 말 3:1; 4:5

마가복음의 첫 장면은 의미 세계를 몇 개의 집약적 이미지로 나누어 놓은 작은 연극 무대의 한 막, 또는 어둡고 희미한 바탕에 생생한 윤곽을 새겨 넣은 부조벽화를 상기시킨다. 이 프롤로그는 무대 뒤에서 들려오는 신적 음성과 무대 중앙에서 부르짖는 인간의 외침에 뒤이어 오래전부터 전해 내려온 진격invasion에 대한 이야기를 들려준다. 선지자의 노래와 긴 침묵, 그리고 갑자기 다시 한번 들리는 노래… 사자가 예고되고, 드디어 세상을 사망의 권세로부터 넉넉히 건져내실 강한 자의 출현이 예고된다. 이 지도자는 역사의 현장에 모습을 드러내며, 극적인 상징적 행위를 통해 자신이 법을 초월한 존재임을

드러낸다. 이에 도전을 받은 권세 잡은 자가 그를 광야로 몰아내면서 그는 잠시 무대에서 사라진다.

1막의 커튼이 내려진 후 다시 무대에 등장한 이 지도자는 무너져버린 전임자의 사역을 계속해서 이어간다. 그는 하나님의 나라그리고 이러한 하나님의 통치에 담긴 공의와 사랑, 평등과 풍성함, 온전함과 하나 됨에 대한 꿈가 가까이 왔다고 담대히 선포한다. 이렇게 시작한 2막의 배경은 1막의 배경과는 멀리 떨어진 곳이며, 이곳에서 지도자는 군사를 모으기 시작한다. 이상하게도 그들은 모두 그 지방에 거주하는 평범한 노동자들이다 그는 그들과 함께 지배 권력을 무너뜨리기 위한 진군campaign을 시작할 것이다. 이 프롤로그에서 마가는 묵시적 상징의 낫을 휘둘러 잡초저자의 메타포를 빌리자면 "가시" 4:7를 제거하는 방식으로 서사 공간을 깨끗이 정리함으로써, 세상이라는 지친 땅에 근본적으로 새로운 질서의 씨앗을 심을 수 있게 한다. 마가는 이러한 전복적 이야기에 "복음"이라는 제목을 붙인다.

3A. "기록된 것과 같이": 텍스트성과 상호 텍스트성

고대 문학에서 내러티브의 첫 번째 문장을 이용해서 다음에 이어질 이야기의 정당성에 대한 '신뢰'를 확보하고자 하는 것은 일종의 관례와도 같은 것으로써, 오늘날 영화의 초반부에 영화감독과 출연진의 명단을 띄우는 것과 유사하다. 이와 같은 신뢰는 작품의 정당성을 곧바로 인정받을 수 있을 만한 문학적, 신화적, 정치적 전승에 호소함으로써 확보할 수 있다. 따라서 서기관 마태의 경우, 예수에 대한 이야기를 유대인의 전통적인 계보로 시작하는 반면마 1장, 헬라역사가인 누가는 서문을 통해 후원자에 대한 감사와 복음서를 기록한 목적을 제시한다.눅 1:1-4 그러나 마가는 "복음의 시작"이라는 제목만 제시할 뿐이다.1:1 그는 그렇게 함으로써 고대의 문학적 관습에 새로운 형식을 도입한다.

나는 1장에서 마가의 내러티브를 그의 이데올로기의 "산물"로서 살펴보겠다고 언급한 바 있다. 이 산물에서 문학적 형식, 내러티브의 구조 및 담론은 내용과 동일한 중요성을 가지고 있는 도구이다. 제임슨의 말처럼, 이러한 형식적 절차는 "작품에서 겉으로 드러나거나 명시된 내용과 구별되는, 이데올로기적 메시지가 스며들어 침전된 내용"으로 다루어야 한다.[1981:99]

따라서 사회-문학적 해석의 첫 번째 작업은 마가의 문학적 관습 및 문체에 대한 이해다. 그는 왜 시적 영창이나 구전 서사, 또는 조형물이 아니라 기록된 텍스트라는 전달 매체를 택했는가? 그는 왜 시나 편지, 또는 희곡과 같은 고전적 장르 대신 이처럼 독특한 문학적 형식을 택했는가? 이야기의 줄거리와는 별개로, 마가의 관용구는 우리에게 무엇을 말해주는가? 이러한 질문들은 저자의 전반적 내러티브 전략의 일부로, 유물론적 비평가들이 소위 말하는 "문학적 양식의 산물"에 해당한다. 나는 이것을 "장르의 이데올로기"라고 부를 것이다. 다시 말하면, 마가가 "복음"이라고 부르는 문학적 현상은 그가 처한 상황 및 사회적 전략에 대해 정확히 무엇을 말하고 있는가? 라는 것이다.

1. 마가와 구전: 예수의 본래적 말씀

우리는 기록된 말씀, 또는 "텍스트성"textuality이라고 하는 가장 기본적인 형식의 단계부터 시작해야 한다. 마가가 기록이라는 형식을 선택했다는 것은 놀라운 사실이 아닐 수 있지만, 고대에는 구전이 지배적 형태였다는 사실을 생각하면 특별한 의미를 부여하지 않을 수 없다. 말spoken word은 교육받은 계층에서조차 담론의 표준으로 여겼다. 유대의 교육은 특히 구두 낭송에 초점을 맞추었다. 글을 쓰는 데 필요한 기술이나 경제적인 부담은 오늘날과 같은 '종이'를 사용하는 기록 문화를 철저히 배제했다. 마가 이후로 13세기가 흘러 위클리프의 출판물이 등장하기 전까지만 해도 텍스트를 통한 의사소통은 상업이나 정부나 행정이나 서기관 등의 영역과 같은 상류층에서나 가능한 일이었다.

텍스트의 이러한 고상한 지위를 생각할 때, 유대인들에게 있어서 텍스트라는 것은 사실상 거룩한 전승이나 마찬가지라고 할 수 있다. 신약성경에서 기록한다는 뜻으로 사용된 동사와 명사는 대부분 "성경"scripture과 관련된다. 오늘날 영어에서 성경을 Bible책이라고 부르는 것도 이러한 경향의 여파로 볼 수 있다. 우리는 마가복음이 시작되자마자 "기록된 것과 같이"1:21:3, kathōs gegraptai카도스 게그랍타이라는 구절을 곧바로 만나게 된다. 이것은 이 구절에 이어 히브리 성경을 인용할 것이라고 알려주는 통상적 관용구이다. 성경은 서기관grammateus, 즉 글을 쓸 줄 아는 자을 통해 보존되고 해석되었다. 이런 관점에서 자신의 이야기를 글로 남기려 했던 마가의 선택은 자신의 텍스트가 유대의 구원역사를 기록한 텍스트와의 연속성을 가지고 있다는 사실을 보여주고자 했다는 점에서 특별히 담대해 보인다.

마가가 실제로 이러한 권위를 주장하고 있다는 것은 그의 프롤로그에서 "복음"이라는 용어를 사용한 데에서 잘 나타난다. 그가 쓴 제목1:1은 복음을 "예수 그리스도""하나님의 아들"은 아마도 후대에 삽입된 것으로 보인다와 동일시한다. 프롤로그의 끝에서 그는 이 복음이 예수 자신에 의해 선포되었으며, "하나님으로부터"이 이야기에서 하나님에 대한 첫 번째 언급이다 나왔다고 주장한다.1:14 끝으로, 이 복음은 신앙의 대상으로 제시된다. "회개하고 복음을 믿으라"는 초청은 독자를 향한 것이다. 그는 우리에게 이 이야기에 귀를 기울이라고 촉구한다.1:15 따라서 마가는 다음과 같은 삼단논법의 내러티브를 제시한다.

> 예수는 하나님으로부터 복음을 얻는다.
>
> 마가는 예수로부터 복음을 얻는다.
>
> 독자는 마가로부터 복음을 얻는다.

마가의 '예수에 관한 이야기'와 '예수의 이데올로기'는 불가분리의 관계에 있으며 둘 다 하나님이 보증하시는 권위를 가진다.

우리는 나중에 모든 제자의 희생적 삶은 예수와 "복음을 위하여"8:35, 10:29, 13:9 이하도 보라 이루어진다는 사실을 읽는다. 다른 복음서 기자들은 "복음을 위하여"라는 명사 형태의 표현을 사용한 적이 없다. 반면에 마가는 누가복음과 바울서신에 자주 등장하는 "복음을 전하다."euangelizomai 유앙겔리조마이 라는 동사 형태를 되도록 피하고자 했다. 따라서 마가는 그의 복음을 "명사화"하는데 특별한 관심이 있는 것처럼 보인다. 즉 명사화된 이 이야기복음는 예수의 제자들에 의해 전달된다.13:10; 14:9 참조 다시 말해서, 복음의 텍스트성은 예수에 대해 결정적인 어떤 것something을 정립하려는 노력을 보여준다는 것이다. 이유는 무엇인가?

베르너 켈버W. Kelber는 원시 기독교 공동체가 예수에 대한 기억을 돕기 위해 사용했던 구전에 대해 마가가 가지고 있었던 회의적인 태도를 그 이유로 제시한다.

> 복음 텍스트는 신앙에 대한 회의, 신앙의 상실에 직면할 때…불확실한 구전 세계에서는 결코 도달할 수 없는 영원한 안정과 신뢰를 복원해 준다. 게다가 "예수 그리스도의 복음의 시작"1:1 으로 돌아가게 해주는 것은 복음의 본질적 기능 가운데 하나다. 이러한 '시작으로의 회귀'는 구전이 본질상 과거에 속한 예수의 권위를 회복함으로써 예수의 현존을 확실하게 하는 일에 실패했다고 본다. 복음 텍스트는 예수의 과거를 회복함으로써 그의 진정한 현존을 확인한다.1980:44 이하

켈버는 초대 교회에서 흔히 볼 수 있는 "그리스도인의 예언" 의식에 대해 구체적으로 언급한다. 이 의식에서 예수의 말씀은 예배나 설교 상황에서 인

용된다. 이 의식은 화자와 화자의 말에 부활하신 현재적 그리스도의 권위를 부여했다.

여기저기 흩어져 있던 기독교 공동체의 네트워크는 하부구조가 거의 구축되어 있지 않고 상호 간의 의사소통 수단이 빈약했기 때문에 예수에 대한 구전은 조작될 가능성이 충분했다. 마가는 이 부분에 주목했다. 즉, 자신의 공동체에서 강론을 하는 상황에서 예수의 말씀을 그대로 상기시키는 것과 전승에 대한 불필요한 남용을 허용하는 것은 완전히 다른 일이다. 오늘날의 상황에서 볼 수 있는 것처럼, 우리는 예수의 말씀을 하나님의 나라를 대적할 목적으로 '인용'할 수도 있다. 2세기의 수많은 외경과 영지주의의 "복음"은 초기 교회의 이러한 경향을 확인해 준다.

이 문제는 사회적 차원에서 접근할 수도 있다. 초기 공동체에는 순회 설교자라고 불리는 계층이 존재했다는 강력한 증거가 있다.Theissen, 1978 가난한 자들의 구전 문화 속에서 이 선지자들은 서기관이 텍스트에 대해 가지고 있었던 것과 유사한 강력한 사회적 권력을 누릴 수 있었으며 실제로도 그랬다. 일부 초기 기독교 문헌은 이런 혜택이 사라졌음을 보여준다. 예를 들면, 바울은 남용에 대한 우려 때문에 사도의 권리라고 생각했던 특권을 사용하는 것을 거부했다.고후 11장 참조, Hock, 1980 2세기의 교리문답은 순회 설교자에 대한 환대에 대하여 제한을 두었다.Didache, 11

마가는 사람들이 구전에 내재 된 예수의 말씀에 손을 대는 것을 막기 위해 복음을 문헌에 국한하는 방식으로 전승을 규범화하기 시작했다.Kelber 1983:94 이하 구전 선지자의 사회적 권력에 대한 마가의 반대는 토라의 텍스트에 드러난 명백한 명령을 자기 정당화의 수단으로 왜곡한 바리새인들을 비판할 때의 반감과 유사한 일면이 있다.7:5 이하; 10:2 이하 그러나 한편으로 마가의 "텍스트화 전략"텍스트성의 정치은 결코 교육받은 엘리트들의 지배를 정당화하기 위한 것이 아니다. 무엇보다 이 이야기에서 예수는 줄곧 서기관들에 맞서 배우지 못한 가난한 자를 옹호하신다. 또한 이 전략은 바울이 "죽게 하는 율법 조문" 고후 3:6 이하이라고 불렀던 법조문에 얽매인 율법주의를 은사적 자발성보다 더 강조하는 것도 아니다. 마가는 설교자에게 전승을 텍스트에 이용할 자유가 주어졌다고 생각한 것이 분명하다. 그는 독창적인 편집 방식을 사용하여 자신의 자료를 복음 내러티브로 생성했기 때문이다. 마가는 단순히 전승을 전달하는 역할만 하는 편집자가 아니라 자신의 자료를 지배했던 저자이다.

따라서 마가의 텍스트성에는 긴장과 역설이 내포되어 있다. 그는 전승을 해석하고 구성하는 동시에 그것을 고정시키려 한다. 이러한 이데올로기 전략은 예수의 현존을 실재화하는 동시에 일정한 간격을 두게 한다. 한편으로, "역사적" 예수와 그의 공동체는 존경의 대상으로서 박제화되지 않는다. 마가는 그들이 품은 비전이 다른 시대적 배경을 다양한 공동체들의 구체적인 상황에 재적용되기를 원한다. 다른 한편으로, 예수는 우리가 어떤 식으로 그를 경험하든 간에, 그것에 매이지 않으신다. 즉, 그는 독자에게 제자도를 요구하고 계신, 이 이야기 안에서의 예수라는 것이다. 마가는 그의 텍스트에서 "한편으로는 열려 있으면서 다른 한편으로는 닫혀 있는" 복음을 제시하며, "살아 있는 전승"에 헌신하는 모든 공동체들에게 중요한 의미를 가진 정경성과 카리스마 사이에 변증법적 관계가 존재함을 확인시켜준다.

2. 마가의 의미론 영역: 언어의 정치

복음서의 텍스트성만큼이나 기본적인 요소는 언어다. 우리가 언어라고 부르는 소위 기호 시스템은 주어진 문화적 형성에서 가장 근본적인 구조이기 때문에 저자의 이데올로기와 역사적 배경에 대해 많은 것을 드러내 준다. 뿐만 아니라, 문화와 하위문화 사이의 언어적 마찰은 필연적으로 정치적이다. 예를 들면, 멜라네시아Melanesia의 혼합어는 원래 서구의 상인들과 토착문화 사이의 접촉을 통해 나온 산물이었으나, 이어진 식민지화 이후로 완전히 동화되는 것을 거부했던 후자의 전략 가운데 하나가 되었다. 또 하나의 사례는 유럽의 언어가 제3세계 국민들의 교육, 즉 지적인 삶을 장악하기 위한 방식에서 찾아볼 수 있다. 해방주의자는 이것을 "정신의 식민화"라고 부른다.

마가복음은 헬라어로 기록되었으나, 언어로서의 결점이 많았던 헬라어는 라틴어와 셈어의 통사론과 관용구를 추가해서 사용해야만 했다. 이것은 헬라어가 마가의 제2외국어였음을 보여준다.Pryke, 1978; Maloney, 1981 따라서 마가가 팔레스타인에서 복음서를 기록했을 것이라는 가정은 전혀 놀랍지 않다. 마가가 헬라어를 사용한 것은 알렉산더 시대 이후 헬레니즘이 그의 고국을 문화적따라서 언어적으로 식민지화했기 때문이다. 따라서 우리는 마가에게서 모국어의 영향을 받은 유대주의Semitism를 기대할 수 있다.[1] 이러한 유대주의는 마가가 예수에 대한 유대인의 자료를 사용했기 때문일 수 있다. 한편으로 마가복음의 라틴 스타일은 전통적으로 마가복음이 로마에서또는 로마로 보내기 위해 기록되었다는 학자들의 증거로 제시되어왔다. 그러나 켈버는 마가복음에 나오는 모든 라틴어는 군사적 영역이나 법적 영역 또는 경제적 영역과 관련이 있음을 보여준다.1973:129 반복해서 말하지만, 이러한 언어적 침투는 로마의 식민지 통치를 받고 있었던 팔레스타인의 상황에서 예상되는 현상과 정확히 일치한다.

마가의 헬라어는 지식인의 수준에는 훨씬 못 미치는 수준이었지만, 헬라의 문학적 관습에 영향을 받은 것을 보면, 헬라 문화에 익숙했던 것이 분명하다. 그렇다면 이것은 "정신의 식민화"에 대한 순응으로 보아야 하는가? 반드시 그렇다고 할 수는 없다. 오히려 이러한 헬라화는 편협한 관심사를 넘어서는, 보다 광범위한 독자를 위한 이데올로기 전략일 수 있다. 헬라어는 그것을 위한 논리적 수단이었을 뿐이다. 오늘날 라틴 아메리카와 아프리카의 저자들이 영어나 불어를 사용하거나, 서구의 소설 문학 장르를 이용하는 것도 이와 유사한 사례로 볼 수 있다. 이것은 한편으로 문화적 식민화에 대한 도전이며,

다른 한편으로는 제국의 영역에서 언어적으로 억압받고 있는 그룹들과의 소통을 위해서다. 마가의 경우에는 다른 이유도 있었을 것이다. 나는 그의 공동체가 이중 언어를 구사했을 뿐만 아니라 유대인과 이방인을 포함하는 다문화적 공동체였을 것이라고 생각한다.

언어는 사회 언어학자들이 주어진 담론의 '의미 영역'이라고 부르는, 사회적으로 의미가 결정되는 복잡한 관용구와 이미지로 가득하다. 예를 들면 오늘날 미국 문화에서 우리는 "스타워즈에 대한 백악관의 적색 경보"와 같은 신문 제목이나 "콜라가 바로 그것이야"코카콜라가 최고야와 같은 광고를 날마다 접하고 있다. 이런 표현들은 미국 사회에서 자라오면서 사고가 형성된 우리에게 있어서는 쉽게 이해할 수 있는 익숙한 표현들이지만, 외국인들에게 있어서는 그들이 설사 영어를 안다고 하더라도 그 사회적 의미까지 이해하지는 못할 만한 표현들이다. 전통적인 사회에서 영창이나 토템이 중요했던 만큼이나, 자본주의 문화의 의미 영역에서는 선정적인 언론이나 소비자에 대한 유혹그것이 아무리 교활하고 자극적인 광고라고 할지라도이 중요하다.

우리는 마가복음에서 1세기 지중해 문화의 의미 세계를 보여주는 의미 영역을 만나게 된다. 오늘날의 독자들은 마가가 사용한 관용구들의 미묘한 차이점들을 알아채기 어렵다.Malina 1981:1 이하의 사례를 참조하라 하지만 그러한 관용구들은 마가복음의 사회적 배경에 대한 핵심적인 단서를 제공한다. 우리는 마가가 자신의 독자가 당연히 알고 있을 것으로 생각했던 내용과 더불어, 그가 설명이 필요하다고 생각했던 내용에 주목함으로써 마가의 의미 영역의 윤곽을 한층 더 정확히 파악할 수 있다. 예를 들면, 마가는 팔레스타인 유대인의 정결법예를 들면 1:40 이하에 나오는 나병환자나 5:25 이하에 나오는 혈루증 환자에 대한 사회적 격리이나 채무2:5의 "죄"나 12:41의 "헌금"에 대한 사회적 규례와 관련된 상징적 질서에 대해 독자가 알고 있을 것이라고 전제한다. 그러나 일부 바리새인들의 관행7:3의 식탁 규례 또는 7:11의 고르반이나 특정 아람어7:34의 에바다에 대해서는 편집자의 설명을 삽입함으로써 그 의미를 분명하게 밝혀 준다. 이러한 설명으로 인해 많은 학자는 마가복음을 기록한 장소가 팔레스타인이 아닐 것으로 생각한다. 그러나 텍스트는 텍스트가 밝힌 내용보다 훨씬 많은 것을 담고 있으며, 팔레스타인 유대교의 의미 영역에 대해서도 체계적인 설명을 제시해주지 않는다. 마가가 가끔씩 제공해주고 있는 도움은 그가 염두에 두고 있었던 독자 사회의 혼합적 성격 때문일 것이다. 공동체 내부와 주변에 있는 이방인은 물론 교육받지 못한 유대 농민조차 광범위한 사회적 관습에 대해 알고 있었으나, 바리새파와 같은 특정 분파의 관행에 대해서는 몰랐을 것이라는 가정은 얼마든지 가능하다.

저자가 주어진 의미 영역을 조작하거나 파괴함으로써 용어나 상징에 전혀 다른 가치를 부여하는 방식 역시 중요하다. 이러한 의미론적 기형변칙은 독자에게 충격적인 방식으로 새로운 인식을 심어주는 역할을 한다. 워싱턴 D. C. 거리의 난로 곁에 쭈그리고 앉아서 가난한 노숙자를 위로하는 미국 대통령의 이미지는 "정상적인" 모습이라고 할 수 없다. 그것은 우리의 사회화된 기대에 대한 도전이다. 우리는 지적 장애가 있는 어른들에게 학술회의를 위한 논문작성을 기대하지 않는다. 이처럼 의미가 파괴된 사례는 대중적 유머, 특히 사회나 정치에 대한 풍자에서 발견할 수 있다. 이런 방식은 비록 간접적이기는 하지만 지배적 질서에 대한 강력한 비판의 수단이 되며, 수많은 '유명인사'들의 본모습을 드러내 준다.

마가복음에는 이런 사례가 많이 나타난다. 메시아가 나병환자의 집에 머무시거나[14:3] 이방 여인의 말에 따르시는[7:29] 이미지는 1세기 유대인에게는 매우 충격적인 장면이었을 것이다. 그가 반복적으로 사용했던 "반의적 경구"[9장 E, 1]는 사회적 권력에 대한 전통적 개념을 허물어 버린다. 또한 마가는 역설의 대가이기도 하다. 그는 부자에 대한 풍자에서 그들이 구원을 받는 것은 "낙타가 바늘귀로 나가는 것"[10:25]만큼이나 어렵다고 말하면서, 즉석에서 신앙과 부와 복의 관계에 대한 일반적 사고방식을 뒤틀어 버린다. 지배계층에 대한 그의 거친 서술은 헤롯 왕과 대제사장과 로마 총독을 비난의 대상으로 삼는다. 이제부터 나는 여러분과 함께 내러티브를 읽어나가면서, 마가가 의미 영역을 어떻게 가정하고 규명하며 의도적으로 파괴하고 있는지를 살펴보고, 또한 그것이 어떻게 그의 이데올로기 전략에 대한 통찰력을 제공하는지 보여줄 것이다.

3. 마가와 기록된 전승: 성경적 급진주의의 "성경"

텍스트 담론의 이데올로기에 접근하기 위한 또 하나의 단서는 '상호텍스트적' 언급, 즉 인용문이나 암시, 또는 다른 문헌에 대한 각색이다. 이처럼 공유된 문화에 대한 표현은 단순한 전승보다 분별하기 쉽다. 그러나 상호텍스트성은 오늘날 학술논문의 각주와 달리 분명하게 제시되지 않는다. 왜냐하면 이러한 언급은 대부분 함축적이기 때문이다. 저자는 자신의 독자가 전승에 익숙하며, 자신이 사용한 암시를 틀림없이 알아차릴 것이라고 가정한다. 예를 들면, 설교자는 자신의 설교 본문에 칼빈이나 웨슬리, 바르트나 틸리히, 도스토예프스키의 소설이나 교황의 회칙을 특별한 설명 없이 인용한다. 우리는 대중문화에서도 이러한 사례를 찾을 수 있다. 나는 어느 날 라디오 광고에서 먼로 독트린Monroe Doctrine이라는 국방외교정책을 암시하는 "우리 국민"We the people이라는 구절을 인용하는 것과, 한 사회 비평가가 통치자를 묘사하면서 영화 "람보"의 주인공을 상기시키는 말을 하는 것을 들었다. 이처럼 상호텍스트성은 일상적 언어와 고급 수사학, 이 두 가지 모두의 재료가 된다. 그러므로 우리는 어떤 본문이 어떤 방식으로 재구성되었는지를 살펴보아야 한다.

마가는 종종 바리새인의 유전7:5 이하, 서기관의 교훈9:11 사두개인의 교리12:18 이하, 로마 화폐에 세겨진 "텍스트"동전에 새겨 놓은 문장, 12:16와 같은 대적들의 말에 대해 언급한다. 또한 비유나 기적 기사와 같은 민간전승에 함축된 구전 "텍스트"도 보여준다. 그러나, 당연한 말이지만 복음서의 상호텍스트성은 히브리 성경에 집중된다. 마가는 처음부터 그의 "새 이야기"의 권위"복음의 시작,"1:11와 "옛 이야기"의 권위"선지자 이사야의 글에… 기록된 것과 같이,"1:2 사이의 근원적인 관계를 인정한다. 마가는 확실히 성경적 전통에 뿌리를 내리는 방식으로 자신의 이야기를 정당화한다. 그러나, 앞으로 살펴보겠지만 마가는 더 많은 것을 암시하고 있다. 즉, 그는 율법과 선지서에 기록된 구원 역사가 나사렛 예수에 대한 이야기를 통해 계속 이어질 것이며 사실상 "새롭게" 될 것이라는 담대한 주장을 한다.3장 E, 1

마가복음의 예수는 자신의 행위에 대해 거듭 히브리 성경에 호소한다. 그는 성경을 공격과11:17 수비를 위해2:2:24 이하 적절히 사용하며, 서기관12:24 이하 및 바리새인들10:2 이하과 해석학적 논쟁을 벌인다. 이데올로기적 맞수들의 텍스트 해석 능력에 대한 예수의 도전은 수사학적 독설을 담기도 한다. "다윗이…한 일을 읽지 못하였느냐"2:25, "너희가 성경에… 읽어 보지도 못하였느냐"12:10, "너희가 모세의 책 중… 읽어보지 못하였느냐"12:26 이것은 마가가 동시대의 다른 사회적 그룹들과 성경의 구원 수단에 대한 논쟁에 깊이 개입했음을 보여준다.다른 관점에서 접근한 유대교 전승의 상호텍스트성에 대해서는 Neusner, 1987을 참조하라

마가는 성경을 수차례에 걸쳐 직접 인용하면서, 주로 70인역으로 알려진 헬라어 역본을 사용했다. 이것은 이 역본이 그의 공동체가 사용한 성경임을 보여준다. 그는 무대에 대한 해설과 지시문에서조차 구약성경에 대해 암시한다. 예를 들면, 마가는 세례요한의 복장에 대한 언급을 통해 엘리야 이야기를 떠올리게 하며, 시간 및 배경에 대한 전환구적 언급을 통해 출애굽-시내산 전승을 떠올리게 한다.9:2 마가는 주로 예언적 전승에 의존한다.

예를 들면, 마가복음 11-16장에서만 57개의 인용구가 나타난다. 그 가운데 토

> 라는 여덟 번 인용되며, 한 번을 제외한 나머지 일곱 번 모두 12장의 논쟁 기사에 나타난다. 그 외에도 역사서에서 2회, 시편에서 12회, 다니엘서에서 12회, 그리고 나머지 21회는 다른 선지서에서 인용된다. 성경, 그리고 성경과 관련된 거룩한 문헌에 대한 암시도 비슷한 경향을 보여준다. 160번의 암시 가운데 절반은 선지서다니엘서 제외가 차지하며, 나머지 절반은 다니엘, 시편, 토라, 기타 비정경적 문헌이 각각 1/4정도씩 차지한다.Kee, 1977:45

이 비율은 마가복음의 나머지 부분에도 그대로 반영된다.

이데올로기 분석에는 인용문의 출처뿐만 아니라 인용 방식도 중요하다. 명시적이든 암시적이든, 마가의 상호텍스트성은 언제나 전복적이며, 전혀 예기치 않은 방식으로 성경을 인용한다. 마가는 두 개의 본문을 합쳐서1:2 이하 잘 알려진 이야기를 새로운 이야기로 바꾸고2:25 이하 십계명에 새로운 명령을 덧붙이며10:19 익숙한 상징을 재정의하기도 한다.11:1 이하 우리는 마가에게서 이러한 전복적 해석을 기대할 수 있다. 왜냐하면 성경은 그가 전적으로 거부할 수만은 없었던 팔레스타인 유대교의 지배적인 상징적 질서의 준거가 되는 유일한 창이기 때문이다. 마가는 경쟁자가 자신과 동일한 텍스트 전승을 사용하여 자신이 공격하려는 제도를 뒷받침하려 했기 때문에 전투적인 해석이 될 수밖에 없었다.

성경의 "해석 방식"에 대한 논쟁은 메시아 이데올로기에 대한 이슈에 집중되며, 마가는 이 논쟁에서 전투적이면서도 비폭력적인 다니엘서의 인자8장 C, 2 및 D, 2라는 표현을 사용하여 대적의 회복주의와 맞서게 한다.12:35-37 여기서 마가는 내가 "성경적 근본주의의 대본script"이라고 부르는 것에 호소한다.8장 E, 2 마가는 그가 주로 의존하는 선지서의 본문들도 선지자의 "대본"- 즉, 시대에 따라 변하지 않는 부르심- 임을 보여준다고 생각하는 듯하다. "참된 선지자"는 기적적 표적으로써는 "입증"되지 않으며13:22; cf. 8:11 이하, 이스라엘의 착취적인 "목자들"에 맞서 얼마나 가난한 자의 편에서 "언약"에 강력히 호소하느냐의 여부를 통해 결정된다.[6장 E, 2] 엘리야로부터 예레미야에 이르기까지 선지자들이 맞이했던 결과는 언제나 동일하게 지배계층의 압제와 선지자의 생명에 대한 위협으로 이어졌다.

이 "성경"[대본]은 포도원 농부에 대한 정치적 비유[12:1-11]에 가장 잘 나타난다. 선지자가 포도원 주인의 "사랑하는 아들"로 불린다고 해서[12:6 이하; cf. 1:11; 9:7] 상황이 달라지지는 않는다. 세례요한이 "대본을 따랐던" 것처럼, 예수도 그래야만 한다.[9:11-13] 따라서 예수의 운명에 대한 세 차례의 예고[8:31 이하; 9:21 이하; 10:33 이하]는 예언이나 운명론으로서가 아니라 성경의 성취를 보여주는 것으로서 이해해야 한다. 마가는 비극적인 수난 내러티브를 통해 독자에게 이러한 사실을 재확인시켜 준다.[14:21, 27, 49]

이 "성경"의 이데올로기적 기능은 이중적이다. 첫째로, 성경은 선지자에 대한 박해와 고통에 특별한 의미를 부여한다. 여호와의 목적은 그런 방해에 조금도 구애받지 않으며, 오히려 신비한 방식으로 더욱 강화되고 발전한다는 것이다. 둘째로, 성경은 예수의 제자들과 복음서의 독자에게 거절의 결과로 인한 냉엄한 현실에 대한 경고와 함께 선지자의 부름에 동참할 것을 촉구한다.[8:34 이하]

끝으로, 마가는 두드러진 상호텍스트적 침묵을 유지한다. 특히 오늘날의 그리스도인 독자들에게 문제가 되는 것은 마가가 "부활하신 예수"에 대한 기사를 회피하는 것처럼 보인다는 것이다. 마가가 바울이 인용한 것과 같은[고전 15:3 이하] 사도적 부활 전승을 몰랐던 것은 아닐 것이다. 확실히 다른 복음서 기자들은 마가의 이야기에 그럴듯한 결말을 덧붙이려 했던 사람들과 마찬가지로, 마가가 "블랭크"로 남겨두었던 부분을 주저 없이 채운다. 그러나 우리는 이처럼 암시적인 상호텍스트적 침묵이야말로 마가의 내러티브 전략의 핵심적 요소임을 보게 될 것이다.[13장 E]

3B. "복음": 장르의 이데올로기

1. 지혜의 경구인가 극적 내러티브인가?

내가 내러티브를 이데올로기적 산물로 보는 관점에 대해 우려하는 바는, 이러한 관점이 이데올로기를 단지 의사소통의 내용이라고 생각하는 잘못된 인식을 심어줄 수 있다는 이유 때문이다. 그러나 제임슨은 이데올로기에 대해 다음과 같이 주장한다.

> 이데올로기는 상징적 산물의 특징이나 성격을 규명하지 않는다. 오히려… 미학이나 내러티브 형식 자체가 이데올로기적 행위이며, 해결되지 않는 사회적 갈등에 대한 공식적 "해법"이나 이미지를 개발하는 역할을 하는 것으로 보아야 한다.1981:79

따라서 우리의 다음 행보는 마가의 문학적 형식의 이데올로기적 중요성에 대해 살펴보는 것이다. 앞서 다루었던 텍스트성에 대한 논의에 비추어 볼 때, 복음서의 가장 두드러진 문학적 요소라고 할 수 있는 극적 내러티브를 간과하는 일은 없어야만 한다.

마가가 복음서를 기록할 때 의존했던 가장 중요한 자료는 예수에 대한 원시 전승임이 분명하다. 그러나 대부분의 형식비평가에 따르면, 이 자료기록이나 구전는 내러티브가 아니라 경구 모음으로써, 이미 형식을 갖추고 있었다. 가설적 "Q"문서R. Edwards, 1976:1 이하나 도마복음주후 140년경도 마찬가지다.

이처럼 유동적인 경구에 정형화 된 텍스트성을 부여하는 것만으로는 마가가 직면한 구전 문제를 해결하기 어려웠을 것이다.3장, A, 1 내러티브의 문맥이 개념 정의를 제공하지 않은 상태에서의 경구는 조작되기 쉽다.

그리고 그보다 더욱 중요한 것은 경구 모음이라는 문학적 형식으로 표현된 이데올로기는 텍스트에 대한 일종의 수동적 인식을 유도하는 역할을 한다는 것이다. 이런 사실은 초기의 헬라화된 유대교의 지혜 문학예를 들면, 잠언이나 후기 영지주의 문헌예를 들면, Thomas에서 찾아볼 수 있다. 헬라의 주지주의는 예수를 소크라테스나 견유학파 전통을 따르는 위대한 현자로 보았으며, 그의 말은 고상한 성찰을 불러일으키기는 하지만 개인의 성품을 향상하라는 요구를 넘어서는 것은 아니라고 이해했다. 사실, 신플라톤주의의 이데올로기는 점차 초기 교회에 영향을 미치기 시작했으며, 4세기에 이르러서는 복음을 제자도로의 부르심이 아닌 하나의 지적, 윤리적 제도로 이해하는 경향이 생겨나게 되었다.

마가는 행위의 내러티브가 없으면 행위의 신학도 없다고 생각했다. 따라서 그는 예수의 사역에 대한 완전한 형식의 드라마를 내러티브의 도구로 사용하기로 했다. 사복음서 가운데 마가복음의 내러티브 비중이 가장 낮다. 그는 확실히 확장된 독백보다 상징적 행위를 선호했다. 실제로 마가의 이야기 구조는 선교와 여행, 그리고 갈등을 중심에 놓은 반면, 마태는 다섯 개의 "설교" 형식의 이야기 구조를 취하며마 7:28; 11:1; 13:53; 19:1; 26:1, 누가-행전과 요한복음은 긴 강화를 강조한다. 마가복음에서 말씀의 능력은 행위의 능력에 종속되며, 마가복음의 제자도 내러티브는 사색적 전승과 달리 실제적 동참 및 반응을 요구한다. 아마도 마가는 "철학자는 지금껏 세상을 해석하기만 했으나, 이제는 그것을 변화시켜야 할 때"라는 마르크스의 유명한 말에 공감할 것이다.

그러나 만일 마가가 극적 내러티브의 형식을 선택했다면, 과연 당시의 문학 장르 가운데 어떤 것을 채택했을까? 키Kee는 이 문제에 관한 철저한 연구 끝에 기존의 헬라 문학 형식 중에는 마가복음과 유사한 장르를 찾을 수 없다는 사실을 발견했다. 그는 고대 수사학 기법 중 하나인 "미메시스"memesis모방에 대한 아우어바흐Auerbach의 고전적 연구의 결론을 저자의 허락을 얻어 인용한다.

> 마가복음은 고대의 시인이나 역사가들이 흉내내기도 어려운 것, 즉 동시대의 모든 일상이 담긴 영적 운동의 탄생을 묘사해 냈다. 따라서 이 복음서는 고대 문학에 있어서 생각조차 할 수 없었던 중요성을 갖게 되었다. 그것은 코미디라기에는 과도하게 진지하고, 비극이라기에는 과도하게 일상적이며, 역사라기에는 정치적으로 지나치게 하찮아 보인다. 또한 복음서의 형식은 고대 문학에서는 유례를 찾아볼 수 없을 정도로 직관적이다.Kee, 1980:65

이것은 마가가 당시의 문학적 관습을 활용하지 않았다는 것이 아니다. 빌지키언G. Bilezikian은 마가가 헬라 비극의 문학적 관습을 활용한 사례에 대한 설득력 있는 연구를 제공한다. 그의 결론은 다음과 같다.

> 마가는 문학사에서 가장 강력한 효과를 거둔 극적 기법을 사용한 자료를 활용함으로써 자신이 제시하고자 했던 주제에 생기를 불어넣었으며… 자신의 목적 달성에 부합하는 원리를 위해 이 고상한 기법의 풍성한 전승을 취하였다.1977:22,21

이러한 빌지키언의 통찰력은 매우 중요하며, 마가의 서문을 이해함에 있어서 특히 유익하다.3장 F, 4

그러나 마가는 주변 문화로부터 자신의 목적에 전적으로 부합하는 문학 장르를 찾지 못했으며, 헬라의 영웅적 서사시도 마찬가지였다. 그는 나사렛 예수가 전례 없는 이데올로기와 그에 부합하는 삶을 시작했다고 믿었으며, 따라서 그의 복음서는 문학적으로 완전히 새로운 것literary novum이어야만 했다. 그러나 로빈스V. Robbins가 지적한 것처럼, "이러한 특수성은 대중의 사회

문화적 영향으로부터의 분리를 전제하지 않는다." 1984:5 마가에게 특히 많은 영향을 준 한 가지 문학적 전승은 유대의 묵시 문학이며, 이 묵시 문학에 대한 이해가 없이는 그의 내러티브 전략을 제대로 이해할 수 없다.

2. 묵시적 내러티브 전략

유대의 저항 문학 소책자인 다니엘서는 헬라의 안티오쿠스 에피파네스4세의 잔인한 박해 하에서 마카비 혁명이 일어나기 직전에 기록되었는데, 이 시점으로부터 묵시 문학이 번창하기 시작했다. J. Collins, 1981:130 이하; 아래, 11장 A, 1 마가 시대에 이르러서는 묵시 문학이 정치적 저항의 담론으로 자리 잡았다. 호슬리에 따르면 묵시 문학의 사회적 기능은 압제당하는 자의 사회-정치적 상상력에 불을 지피는 것이다. 첫째로, 묵시 문학은 옛 상징을 새롭게 하고 히브리 민족의 해방 내러티브를 재적용함으로써 "상기시키는" 역할을 한다. 둘째로, 묵시 문학은 하나님이 온 인류의 공의와 인간성을 회복하실 미래에 대한 "창의적 비전"을 촉구한다. 셋째로, 이원론적 전쟁 신화는 "기존 질서의 가식적 행위를 드러내는 비판적 기능"을 한다.

> 황제는 신성하지 않고 대제사장은 신성불가침의 존재가 아니다.… 묵시적 상상력은 백성의 인내심을 강화할 뿐만 아니라, 저항이나 혁명의 동기를 부여하기도 한다. J. Collins, 1987:144

우리는 확실히 마가복음에서 이러한 묵시문학의 세 가지 기능인 전복적 기억, 비전, 권력과의 신화 전쟁를 모두 볼 수 있다. 유대 반란군 가운데 일부는 이러한 묵시적 담론을 받아들였을 가능성이 크다. 13:6 이하; 아래, 11장 C 따라서 여기서도 마가는 해석학적 전쟁을 한다. 그는 자신의 목적을 이루기 위해 묵시적 전승을 주장하며, 이데올로기적 경쟁자로부터 묵시적 전승을 빼앗기 위해 분투한다.

마가가 묵시 문학에서 차용한 의미론과 상호텍스트에는 귀신을 쫓아내는 이야기 같은 민간전승이나 묵시적 "선전 책자"같은 원시 문학이 포함되어 있다. 11장 A, 1 그러나 키Kee는 다음과 같이 주장한다.

> 마가복음 전체에는 다니엘서에 대한 지대한 관심으로 충만하다.… 구약 성경 가운데 모든 장이 인용된 성경은 다니엘서뿐이다. 그것은 마가복음에 절대적으로 중요한 만큼 신약성경 전체에서도 최고 수준의 중요성을 가진다. 1977:45

마가는 다니엘서 외에도, 선지서 가운데 오늘날 학자들이 후기 예언적 "원시 묵시 문학"이라고 생각하는 텍스트들 이사야 24-27장, 56-66장 제3이사야; 에스겔 38-39장; 요엘 3-4장; 스가랴 9장, 12-14장; 말라기 3-4장 도 집중적으로 인용한다. D. Peterson, 1977: 아래 E, 2 참조

키Kee는 마가가 복음서의 전반부에서는 기적에 초점을 맞추고 후반부에서는 순교에 초점을 맞추는 한편, 개인적, 우주적 계시를 포함함으로써, 본질상 다니엘의 내러티브 전략을 그대로 차용한다고 주장한다. 키의 주장에 동의를 하든 하지 않든, 마가복음에는 적어도 여섯 개의 중요한 묵시적 요소가 발견된다.

첫 번째 요소는 "저자가 문학적, 상징적 방식을 사용하여 자신과 공동체가 처해 있는 위기가 역사의 전 과정과 그 정점에 대한 단서를 제공한다는 사실을 보여주는, 기본적인 역사 서술 형식"이다. Kee, 1977:65 즉, 마가도 다니엘처럼 위기 앞에서의 구체적인 선택, 그리고 충성에 대한 호소를 극적으로 그려내기 위해 과거의 사건과 인물에 대한 이야기를 사용한다.

두 번째 요소는 예수의 새로운 질서 "하나님의 나라"로 서술된 가 서기관의 옛 질서와 근본적으로 대립하는 급진적인 묵시적 이원론이다. 11장 D, 1 참조 마가의

이야기는 와일더가 "세계적 부활의 극장"이라고 부른1982:34, 묵시적 상징의 "새 하늘과 새 땅" 전승에 대한 극적인 해석이다. 마가복음은 "새로운 세상 창조를 지향한다. 옛 질서에는 새로운 의미가 부여되고 새로운 질서는 활기를 띠게 된다.… 성도의 새로운 질서가 출현하고, 공동체는 새로운 질서를 모든 힘과 의미의 원천으로 인식한다. 새로운 제의는 공동체에게 이 거룩한 질서를 상기시킨다."Gager, 1975:11 이러한 이원론은 "새 포도주"와 "낡은 가죽 부대"에 대한 예수의 첫 번째 공식적인 설교에 잘 드러난다.2:19-22; 아래, 4장 D, 1 거룩한 장소, 사회적 지위, 문화/정치적 권위에 대한 개념으로 이루어져 있는 옛 질서는 귀신을 쫓아내는 기사 및 대립적 내러티브를 통해 무너진다. 포용, 평등, 섬김, 인내를 요구하는 새로운 질서는 대화, 기적과 치유, 상징적 행위와 교훈적 가르침에 대한 이야기를 통해 묵상과 사색의 대상이 된다. 예수의 두 편의 긴 강화막 4장 및 13장는 특히 묵시적 '두 시대'를 반영한다.

세 번째 요소는 묵시적 "전쟁 신화"로서, 이원론과 관련이 있다. 예수와 천사들이 사탄과 들짐승에 맞섰던 첫 번째 광야 대결에서부터 확인할 수 있듯이1:12 이하, 예수께서 서기관의 질서와 맞서신 싸움에는 단순히 "눈에 보이는" 이상의 것이 있었음이 분명하다. 이것은 내가 이 책의 제목으로 사용한 강한 자의 집에 대한 묵시적 비유3:23-27에서 볼 수 있는 것처럼, 사탄의 질서와의 싸움이다. 여기에서 질문의 본질은 누가 "집"의 "주인"인가라는 것이다.13:35 "강한 자"로 불리는 권력인가, 아니면 예수인가? 나는 마가복음 13장을 다룰 때 이 전쟁 신화와 함께 "정사와 권세"가 가지고 있는 묵시적 의미에 대해 살펴볼 것이다.11장 D, 2

네 번째 요소는 예수께서 제자들을 가르치신 특별한 방식 및 그들이 예수의 정체를 깨닫지 못했던 일에 대한 마가의 서술에 있다. 이러한 서술은 은밀한 계시에 대한 묵시적 서술 기법과 다르지 않다. 프레인S. Freyne, 1982은 마가의 서술이 다니엘의 "마스킬림"maskilim –즉, 역사적 위기의 순간에 하나님의 사역의 신비를 깨닫기 위해 특별한 교훈을 받은 "지혜자"단 12:3 이하- 을 상기시키기 위한 것이라고까지 주장한다. 그러나 마가복음 4:10 이하를 다룰 때 살펴보겠지만, 이 "신비"는 난해하거나 은밀한 지식이 아니다.5장 A, 2 이 신비는 전통적 지혜와는 다르지만 무식한 농부라도 충분히 이해할 수 있다. 하나님 나라는 인간이 경작하지 않아도 점차 성장하여 가장 큰 나무가 되는 "겨자씨"와 같이4:26-32 역사속으로 들어온다.

의인의 고난은 그 자체로 옛 질서를 무너뜨리고 새로운 질서를 창조한다는 다니엘의 확신단 7:21 이하은 마가의 핵심적이며 역설적인 신비로서, 다섯 번째 묵시적 요소이자 이데올로기적으로도 가장 중요한 묵시적 특징이다. 따라서 마가에게 유일한 종말론적 "표지"는 십자가다. 십자가는 참된 묵시적 의미에서의 "종말"을 의미한다. 권능들은 비폭력적 힘생명을 구원하기 위해 생명을 잃는이 행사될 때라야만 높은 곳에서 떨어질 것이다.13:25 이하

마가는 로마 팔레스타인의 지배적 사회 질서 속에 내포된 특정한 압제 구조로부터의 해방에만 관심이 있었던 것이 아니다. 그의 관심사는 궁극적인 인간성과 인류사 전체에 내포된 지배 정신과 그 행위에 초점이 맞추어져 있다. 이 이야기에는 개인과 단체의 지배욕 및 권력자들과의 싸움이 다양한 방식으로 거듭 진술된다. 이러한 반복적 서술 전략은 마가복음의 여섯 번째 묵시적 요소인 "반복"이라는 내러티브 기법을 보여준다. 첫째로, 다니엘은 그의 기적 기사에서, 그리고 일련의 환상을 통해 다시 한번, 셀루시드 왕조에 대한 저항의 책임 및 가능성이라는 한 가지 주제를 극적으로 그려낸다. 마찬가지로 마가도 십자가의 제자도를 다양한 방식으로 반복해서 재진술한다. 반복은 마가의 구조와 담론에 있어서 핵심 요소이기 때문에 마가복음의 전반적 구조의 논증적 특징에 대한 고찰3장 C, 3에서 상세히 다룰 것이다.

그러나 마가가 이 모든 묵시적 요소를 활용하고 있음에도 불구하고 마가복음은 일반적으로 생각하는 것처럼J. Collins, 1977; 앞의 책, 1981:130 이하 묵시 문학

의 형식과 일치하지 않는다. "묵시적 기법의 관점은…초자연적 세계를 중심으로 공간적인 틀을, 최후의 심판을 중심으로 시간적인 틀을 형성한다.… 이 초월적 세계는 신비적 상징주의나 천상의 지형 또는 양자 모두에 의해 나타낼 수 있다."J. Collins, 1984:32 우리는 마가가 이러한 내러티브 전략에서 어떻게 벗어나 있는지를 살펴볼 필요가 있다. 그는 고전적 묵시 신화의 공간적, 시간적 담론을 자신의 이야기에 선택적으로 사용하지만, 대부분 천상의 이야기를 지상의 이야기로 대체한다. 마가복음에는 다니엘서와 계시록, 그리고 사실상 대부분의 중간기 묵시문학에서 볼 수 있는 것과 같은 특별한 교훈과 환상을 받은 선지자가 등장하지 않는다. 대신에 마가는 바다와 육지 여정, 가족들과의 마찰, 회당, 국가, 교훈과 치유에 관한 이야기 등, 일상적 사건을 중심으로 드라마의 틀을 형성한다. "하늘의 전쟁"은 마가 시대의 실제적 정치 현장으로 들어온다. 유일한 예외는 예수의 세례, 변화산 사건, 죽음이라는 세 가지 사건에 관한 내러티브로, 마가는 이 부분에서 "하늘의" 상징을 이야기에 삽입한다. 그러나 이 에피소드들은 지상의 이야기를 "구원"하려는 것이라기보다는 그것의 의미에 대한 바른 묵시적 해석을 확인하려는 것이라고 보는 것이 정확하다.

마가가 고전적 형식으로부터 벗어나려고 했던 이유는 동시대인이 묵시에 대해 가지고 있었던 두 가지 왜곡된 생각을 우려했기 때문이었던 것이 분명하다. 십자가에 대한 그의 초점은 대적들과의 군사적인 "성전"을 정당화하기 위해 묵시적 상징을 이용하려고 했던 자들과 맞서게 한다. 또한 마가는 제자도에 대한 이야기를 독자의 실제 세계에 뿌리내리게 함으로써, 정치적 투쟁을 피해 영지주의 공동체로 숨어버리는 것을 정당화하기 위해 하늘의 비전을 사용하려고 했던 자들과 맞서게 한다.

3. 사실적 내러티브

마가는 예수에 대한 고정적 전승과 유동적 전승 사이의 긴장을 유지하는 방식의 내러티브 형식을 만들어내었다. 이 내러티브의 극적 구조가 가지고 있는 사실적 묘사로부터 나오는 힘은 지식화를 배제하며, 모든 세대의 독자들을 향해 마가가 진술하는 예수의 삶을 통해 드러난 제자도에 동참할 것을 촉구한다. 그것은 새로운 문학이다. 즉, 마가복음은 평범한 사람들의 삶을 주제로 모든 사람에게, 또한 그들을 위해 전해주는 순수한 대중적 이야기로서, 현실 세계에 기초한 묵시적 드라마다. 마가는 내가 말하고 있는 "사실적 내러티브"를 통해 이러한 긴장을 조성한다.

사실적 내러티브는 문학적 자율성과 역사적 문헌의 개연성을 동시에 주장한다. 그것은 동시대적인 동시에, 독자와 떨어져 있기도 하다. 문학적 자율성이란 저자가 내러티브의 배경과 인물묘사 및 구성에서 "시적 자유"를 활용할 수 있는 창의적 자유를 가리킨다. 마가복음은 사건에 대한 "신문"기사가 아니다. 마가는 그가 가진 전승을 해석하고, 그에 대한 자신의 입장을 밝힌다.Tannehill, 1975:12 참조 역사적 개연성이란 마가의 내러티브에서 두드러지게 나타나는 현실성이라는 특징을 말한다. 내러티브의 배경은 대부분 관계적이다. 즉, 1세기 팔레스타인 세계와 연결된다. 또한 내러티브에 등장하는 사람들은 가공의 인물이 아니며, 대부분의 사건도 판타지가 아니다. 오늘날 일부 비평가들은 이러한 문학적 장르에 대해 앞서 살펴보았던 실로네Silone의 소설과 마찬가지로 "역사적 허구"라는 이름을 붙인다. 그러나 나는 이 이름이 고대성에 대한 적절한 표현이라고 생각하지 않는다. 이 용어는 "사실"과 "허구", "역사"와 "이야기"에 대한 우리의 이데올로기적 구분과 다르다.

마가가 묵시라는 훨씬 우화적인 픽션을 서술함에 있어서도 사실적 내러티브를 선택했다는 사실은 매우 중요하다. 어느 정도는 마가가 창작해냈을 것이라고 생각되는 장면들과 사건들조차도 마치 역사적으로나, 지리적으로나,

사회적으로 실제로 일어났던 일인 것처럼 보인다. 내러티브의 중간쯤에 나오는, 배를 타고 갈릴리 바다를 건너는 장면은 대표적인 사례라고 할 수 있다. 이런 에피소드들은 아무리 역사적 전승에 기초했다고 할지라도, 내러티브 차원의 상징적 기능을 통해 마가가 중요하게 여기고 있는 이야기가 무엇인지를 분명하게 보여준다. 그러나 적어도 팔레스타인 농부의 관점에서 볼 때, 마가복음의 바다에 관한 장면들이 모두 비실제적인 것은 아니다. 갈릴리 바다는 실제로 요단 동편으로 가는 중요한 수송로였다.[5:1; 6:53] 그곳은 어부들의 생업 현장이었으며[1:16], 실제로 갑작스러운 광풍이 몰아쳐 바다를 건너는 자들의 삶을 위협하기도 했다.[4:35 이하; 6:45 이하] 팔레스타인 농부들에게 특별한 상징적 힘을 부여한 것은 이러한 바다 여정과 같은 평범한 장면이다.

마가가 사용한 배경 가운데 불확실하거나[“거라사,” 5:1] 모호한[“광야”] 곳도 많지만, 마가가 이름을 밝힌 마을이나 도시들[가버나움, 가이사랴 빌립보, 여리고 등]은 팔레스타인 독자에게 매우 친숙한 장소였을 것이다. 어떤 무대는 순간적일 만큼 곧바로 구축되고 곧바로 해체되지만, 2:1-4의 마을 주민의 가난에 대한 서술에서 볼 수 있는 것처럼 마가는 종종 “지방색”이 드러나는 상세한 내용으로 우리를 놀라게 한다. 대체로 마가는 시공세계를 통한 논리적 이동보다 상징적 좌표에 더 많은 관심을 보인다.[4장 B, 4] 그러나 마가복음에서 내러티브 안에서의 광범위한 이동 및 구조적 갈등은 지극히 현실적이다. 마가의 독자는 시골의 순회 전도자, 예루살렘 순례객, 선지자의 저항 운동, 그리고 반대자에 대한 정치적 재판에 대해 잘 알고 있었다.

인물묘사와 관련하여, 우리는 마가가 제시하는 사람 가운데 누구도 가공적 인물이라고 생각할 근거가 없다. 그러나 인물에 대한 상세한 묘사는 거의 제시되지 않는다. 마가는 이야기의 주인공인 나사렛 예수의 역사적 실존에 대해서 독자를 설득하려 하지 않는다. 그러나 마가는 예수에 대한 전기작가가 아니다. 그는 예수의 탄생, 어린 시절, 성인이 된 후 요단강에서 갑자기 나타나시기까지[1:9]의 삶에 대해 아무런 정보도 제시하지 않는다. 사실 마가는 예수의 삶의 일부에 대해서만 진술한다. 우리는 예수의 가족에 대해 잘 알지 못하며, 그의 내적 의식이나 개인적 갈등에 대해 마가로부터 거의 아무 말도 듣지 못한다. 이것은 오늘날 내러티브의 극적, 심리적 픽션들과 현격한 대조를 보인다.

마찬가지로 역사적 인물로서 마가 시대에 상당한 지위를 가지고 있었던 세례요한은 이 이야기에서 특별한 관심을 받지 못한다. 사실상 요한은 요세푸스의 역사에서 더 많은 관심을 받는다.[7장 B, 1] 그러나 세례요한은 마가복음에서 단 두 차례의[한 번은 "회상"을 통해] 등장을 통해 인상적인 인식만 심어주었을 뿐이지만, 결코 비중이 없는 인물로 생각되지 않는다. 마가의 내러티브 전략에서 세례요한은 예수의 메시아적 소명과 정체성을 둘러싼 논쟁에서 예수와 대조를 이루는 중요한 역할을 한다.[7장 B, 2] 마가의 선택적 인물묘사는 조연으로 등장하는 인물들을 통해 분명하게 드러난다. 이들에 대해서는 상세한 서술이 제시되지 않는다. 중요한 역할을 하면서도 이름이 언급되지 않거나[5:25-34의 여자], 중요한 에피소드에 단 한 번 등장했다가 사라진 후 다시 나타나지 않는 경우도 있다.[예를 들면, 레위인이나 바디매오]

사실적 내러티브의 이데올로기적 기능은 제자들에 대한 마가의 인물묘사에 두드러지게 나타난다. "열두 제자"는 마가의 독자들에게 제2세대 교회의 지도자들로 잘 알려져 있었을 것이다. 따라서 켈버[W. Kelber]는 제자들에 대한 마가의 부정적인 서술이 그가 예루살렘에 기반을 두고 있는 교회의 지도자들, 특히 베드로, 야고보, 요한과 대립적인 사고를 가지고 있었음을 보여준다고 주장한다.[1979:88 이하] 켈버가 마가의 인물묘사에서 이데올로기적 요소를 발견한 것은 옳지만, 나는 그의 논증 방식에 오류가 있다고 생각한다. 마가복음의 "사도들"에 대한 서술은 매우 부정적이다. 베드로는 다소 둔하기는 하지만 열정적인 제자이다. 그는 방어적이고[8:32], 즉흥적이며[9:5], 자신에 대해서는 메시아의 길에 순종적이고[10:28] 헌신적이라고[14:29] 생각한다. 동시에 그는 완고하고, 미혹되었으며[14:31], 결국에는 사랑하는 자들을 배신한다. 다시 말하면, 베드로는 우리와 마찬가지로 평범한 사람이라는 것이다.

이러한 묘사는 사실상 사도에 대한 존경심을 무너뜨리지만, 독자와 그들과의 거리감을 줄이기 위한 것이다. 다음과 같은 탄네힐의 지적은 옳다.

> 우리는 복음서의 초기 제자들에 대한 긍정적 묘사에서 이러한 동일시를 통해 용기를 얻음으로써, 제자들의 이야기에서 부정적인 측면으로의 변화에 대해서도 자신의 제자도를 재점검하는 계기로 삼을 수 있다. 따라서 마가복음 저자의 목적은 예수에 대한 특정 개념을 제시하거나 독자에게 그들과 다른 그룹에 맞서라고 경고하는 것이 아니라, 독자들이 구체적인 이야기를 통해 자신을 발견하고 변화하도록 인도하는 것이다.[1980:149 이하]

따라서 사실적 내러티브가 가진 개연성의 이데올로기적 기능은 독자가 이야기에 동참하도록 격려하는 것이다. 제자도는 우리와 동떨어진 다른 세상에서 이루어지는 여정이 아니라 실제 역사 속에서 예수를 따르는 것이다.

4. 마가복음은 누구에 "관한" 책인가? : 내러티브 및 역사적 시간

마가의 사실적 내러티브가 타깃으로 삼은 표적이 있다면, 켈버가 주장하는 가설적 예루살렘 지배계층이 아니라 마가의 기독교 독자 전체이다. "이 이야기에 내재된 예수와 제자들 사이의 긴장은 저자가 생각하는 교회와 교회가 지향해야 할 제자도 사이의 외적 긴장을 반영한다."[Tannehill, 1980:150]

마가는 이 이야기에서 살아계신 예수의 존재를 실재화하지만, 예수를 자신의 목적에 따라 조작하려는 자들에 맞서 교회를 보호하려고 하는 목회자가 아니라, 비판자의 입장에 선다. 예수는 교회에 대한 "대답"이 아니라 "질문"

으로 제시된다. 따라서 이 복음서의 정중앙에는 "너희는 나를 누구라 하느냐"[8:29]라는 질문이 제시된다. 이 질문은 고백적 위기[8장 C]에서 다룰 것이다. 마찬가지로 마가는 계속되는 해방 여정에 동참하기만 하면 우리의 모순된 행위에도 불구하고 제자도를 유지할 수 있다는 약속을 제공하는 "해피 엔딩"의 이데올로기를 거부한다.[13장 E]

또한 사실적 내러티브는 주체가 되는 예수의 세계와 객체가 되는 마가의 팔레스타인 독자의 세계를 반영한다는 점에서[2장 A, 1], 마가의 사회-정치적 관심사를 드러내 주는 이상적 수단이 된다. 예수와 유대 지도자들 간의 갈등에 대한 마가의 진술은 그의 첫 번째 독자에게는 실제로 경험하고 있는 현실적 갈등이었다. 서기관과 바리새인 및 제사장은 실제적인 사회적 권력을 가지고 있는 실재의 인물들이다. 쿡M. Cook은 이들 그룹에 대한 마가의 인물묘사가 "당시의 실제 권력층에 대한 전문용어나 정확한 서술이 아니라 단지 일반적인 구조"를 반영하고 있을 뿐이라는 주장에 반대한다.[1978:81] 그의 말 자체는 옳다. 마가의 이데올로기적 내러티브는 역사적 사회학과 정확히 일치하지는 않는다. 그러나 그의 말은 요점에서 벗어났다. 마가는 선입관이 배제된 서술을 의도하지 않았다. 그는 결국 미래의 역사가들이 아니라 이들 그룹에 익숙한 독자를 위해 글을 쓰고 있다. 마가는 하나님 나라의 대적들을 정치적으로 풍자하고 있다. 이러한 풍자화는 누구나 인식할 수 있도록 과장된 서술이 될 수밖에 없다.[12장 D, 2]

이 이야기는 표면상 예수 "시대"가 배경이지만 확실히 마가 시대30-40년이 지난 시점와 더욱 관련이 있는 이슈들을 다루고 있다. 바리새인들의 행위에 대한 도전은 대표적인 사례다. 바리새인들은 예수 시대에, 특히 갈릴리에서 매우 중요한 사회적 그룹이었으며, 예수는 그들과 맞서 싸웠음이 분명하다. 마가가 복음서를 기록할 당시 바리새인들은 성전 함락 이후 유대교의 지배 세력으로 부상할 만큼 세력이 확장되었다. 따라서 마가가 특히 제자 공동체의 삶이 위기에 처했을 때 그들을 적대적으로 서술한 것은 그리 놀라운 일이 아니다.막 2:15 이하; 7:1 이하; 10:2 이하 마가 공동체의 비정상적인 사회적 행위는 먹는 것이 사람을 더럽게 하지 않는다는 포괄적 식탁 규례7:14-23와 안식일 규례에 대한 비판2:23 이하으로 인해 바리새인들로부터 거친 공격을 받았을 가능성이 있다.

2-3세대 그리스도인들의 공동체는 새로운 방식의 공유 경제10:28-31와 같은 사회적 일탈이 예수 자신의 행위에 그 정당성을 두고 있다는 사실을 상기해야 했다. 예수는 과거에도 권위 있게 말씀하셨지만 지금도 현존하시는 분이시며, 복음 이야기에 나타나는 분쟁 상황에서 대적들에 맞서 그들을 보호하신다. 따라서 복음서의 교훈 부분은 주로 마가 공동체를 비판자들로부터 보호하거나 공동체적인 삶을 촉구하는 내용으로 이루어진다. 이런 면에서 마가복음은 예수에 "관한" 책인 동시에 마가 공동체에 "관한" 책이다.

이러한 사실을 인식한 피터슨N. Petersen, 1980, b은 내러티브에서 소위 "이야기의 시간"과 "담론의 시간"을 구분한다. 이야기의 시간은 저자가 사건들을 서술하는 시점의 시간대지평를 가리킨다. 내레이터가 이 지평을 벗어난 사건들, 즉 내러티브에서 "과거"이야기가 시작되기 전나 "미래"이야기가 끝난 후의 사건들에 대해 언급하는 것은 지극히 정상적이다. 예를 들어 마가는 나사렛에 있는 예수의 가족에 대해 언급한 6:3에서 "과거"의 일에 대해 언급한다. 때때로 마가는 이 지평을 넘어선다고 생각되는 사건예를 들어, 1:14의 세례요한의 체포와 관련된 내용에 대해 언급한 다음, 나중에 다시 이 사건을 소급해서 다루기도 한다.6:14 이하 예수의 임박한 죽음에 대한 암시8:31 등는 "미래"시제로 언급되지만, 이야기의 끝에서 이 내용을 다시 소급해서 다룬다. 나는 인자의 강림에 대한 예수의 약속8:38도 내러티브의 영역 안에서 해결되었다고 생각한다.

그러나 마가복음에는 마가가 서술하지 않은 두 가지 중요한 미래적 언급이 나타난다. 첫 번째 언급은 예수의 묵시적 설교의 전반부에 언급된 사건에 대한 것이며13:3 이하, 피터슨이 말하는 소위 "담론의 시간"에 해당한다. 이것은 마가가 자신의 상황을 내러티브로 치환한 가장 분명한 사례다. 로마가 예루살렘을 포위한 "시간"과 예수께서 말씀하고 계신 "시간"은 같은 "순간"으로 합쳐진다.2장 A, 2 두 번째 언급은 복음서 끝에 나오는 청년천사의 새로운 제자도에 대한 약속이다.16:7 이하 독자는 새로운 제자도에 대한 반응을 통해 이 이야기를 "지속"해 나감으로써, 실패한 제자도의 위기를 "해결"하라는 촉구를 받는다. 나는 용어에 대한 혼동을 피하고자 피터슨의 구분에 대해, 텍스트의 "내러티브 시간"과 독자의 "역사적 시간"으로 부를 것이다.

사실 마가복음에는 다음과 같은 세 가지 "시간"이 나타난다.

- "과거"내레이션 시간: 예수와 그 이전 사람들즉, 전임 선지자들에 대한 마가의 이야기
- "현재"기록 시점의 시간: 마가가 당시의 독자에게 말하는 이야기
- "미래"복음서를 읽는 시간: 이어지는 세대에 의해 계속적으로 반복해서 읽혀지는, 텍스트에 고정된 이야기

마가의 우선적인 목표는 "과거"를 자신의 "현재"로 묵상하는 것이다. 앞서 살펴본 대로, 마가는 독자에게 이야기 속의 제자들과 자신을 동일시하라고 권면함으로써, 그렇게과거를 '자신의 현재'로 묵상한다. 그러나 이 전략은 우리를 포함한 "미래"의 독자들에게까지 확장된다. 우리도 마가가 자신의 역사적 상황에 비추어 제시한 예수 이야기를 통해, 우리의 역사적 실존을 판단하라는 요구를 받고 있다.

예수와 마가는 둘 다 우리에게 "과거"에 해당하지만, 우리가 독자로서 이 책에 동참할 때 마가복음의 역사적 탄력성이 이러한 시간적 괴리를 제거한다. 예수께서 제자들을 부르신 것은 곧 독자들을 부르신 것이며, 그들과 논쟁하시거나 그들에 대해 실망하신 것은 곧 독자들에 대한 것이다. 따라서 나는 이 주석 전체에서 예수의 청중을 제자/독자라고 부를 것이다. 마가복음에서

는 베드로나 야고보와 같은 사람들뿐만 아니라 "들을 귀" 있는 모든 자가 제자가 되어야 하기 때문이다. 마가복음에서 예수는 "내가 너희에게 하는 이 말이 모든 사람에게 하는 말이니라" 13:37 고 말씀하신다.

요약하면, 마가가 복음gospel 이라는 새로운 장르를 만들어낸 것은 기존의 문학적 모델들과의 불연속성과 더불어 그러한 것들에 대한 불신을 함축한다. Kelber, 1980:45 그의 사실적 내러티브는 예수의 역사적 행위를 텍스트 전승에 기초하게 하는 동시에, 독자를 예언적 선포와 행위가 가진 실존적인 힘과 연결한다. 이 이야기는 내러티브의 자유를 통해 예수 시대와 첫 번째 독자의 시대를 자유롭게 오가지만, 당시의 독자는 이것을 결코 "공상적" 요소라고 생각하지 않았으며, 이것은 오늘날의 독자에게도 마찬가지다. 아니, 오히려 반대다. 즉, 마가의 사실적 내러티브는 새로운 상황이 벌어질 때마다 항상 예수의 "역사성"과 제자들의 "역사성"을 동시에 확인한다.

마가복음Gospel은 소브리노Salvadoran Jon Sobrino가 "역사적 기독론"에서 주장한 균형을 정확히 유지한다. 해방신학을 위한 소브리노의 주장은 마가의 이데올로기에도 그대로 적용된다.

> 그것은 구체적인 경험과 해방에 대한 헌신적인 믿음의 원리에서 나왔다. 그러므로 그러한 환경에서 그리스도의 보편성은 구체적인 역사 속의 그리스도라는 관점에서만 이해될 수 있다. 역사적 예수는 두 개의 극단적인 관점을 둘 다 만족시킬 수 있는 중간자의 역할을 한다. 즉, 그리스도는 한편으로는 추상적 개념으로도 전환할 수도 있고, 다른 한편으로는 직접적이고 즉각적인 이데올로기적 용례로도 사용할 수 있다는 것이다. 1978:10

마가는 교회 안에서 계속되고 있는 기독론에 대한 이데올로기 논쟁을 통해 예수의 분명한 "역사"를 주장하는 첫 번째 주자로 자리 잡았다. 이 이야기는 독자에게 예수께서 구현하시고 모든 시대의 제자들에게 명령하신 메시아적 삶을 상기시킨다. 무엇보다도 마가복음은 사색적이고 인식적인 믿음보다 행위를 우선한다. 마가복음의 상징적 담론에서 예수는 자신을 비판하는 자들에게 하늘로서 오는 표적을 주지 않으신다.8:12 "표적"은 제자도의 구체적인 삶과 십자가의 도를 통해, 오직 세상 안에서, 그리고 오직 역사 안에서만 일어날 것이다.

3C. 내러티브에 대한 요약: 마가복음의 구조

마가복음 본문을 에피소드별로 읽기에 앞서 내러티브의 일반적 구조구성와 줄거리플롯, 배경, 인물 등를 살펴보는 것이 유익할 것이다. 서두의 이 짧은 개관은 모든 부분적 요소를 '전체적 관점'으로 집약함으로써, 마가복음에 대해 일반적으로 이루어지는 부분적 관점에서의 접근을 극복하는 데 도움을 주게 될 것이다. 마가복음의 구조에 대한 나의 이해는 장과 절에 대한 구분에서 확인할 수 있다. 요약이 끝난 후에는 내적 구성구조 및 전체 플롯이야기을 전개하는 방식에 대한 상세한 고찰과 함께 주요 단락에 대해 주석하기 시작할 것이다.

1. 구조 및 기능

나는 이 장을 텍스트에 대한 문학적 접근 배후에 있는 두 개의 핵심적 가정을 상기시키는 것으로부터 시작하고자 한다. 그 중 하나는 "형식과 내용의 관계는 해석에서 매우 중요한 요소"라는 것이다. 다른 하나는 "모든 세부적 내러티브는 목적을 가지고 있다"는 것이다. 배경이나 플롯, 또는 특정한 구조적 요소의 내러티브적 기능은 곧바로 명확한 형태로 드러나지 않을 수 있다. 하지만 형식비평과 편집비평에서처럼 그러한 요소들을 마가 이전 시대의 자료라고 간단하게 일축해 버려서는 안 된다. 이야기의 모든 요소에는 존재 이유가 있으므로, 우리는 내러티브의 일관성이 드러날 때까지 본문을 오가며 그러한 이유들을 찾아 나갈 것이다.

마가복음의 윤곽에 대해서는 많은 논쟁이 있었다.Kee의 요약 참조, 1977:60 이하 사실 마가 문학의 난해함은 어떤 특정한 구조적 모델로 규정되는 것도 거부한다. 한편으로, 반복이나 동심원 구조와 같은 마가의 문학적 기법은 이야기 전체의 대칭 구조에 관해 탐구하도록 자극한다. 다른 한편으로, 앞으로 부상할 수 있는 어떤 세련된 구조도 마가가 자신의 다양한 이야기 지류를 엮는 방식에 낯설어할 수밖에 없다. 이러한 사실은 다음 사례에서 분명하게 드러난다.

대부분의 주석가는 마가복음이 두 부분으로 나누어진다는 사실에 공감한다. 갈릴리 바다에서 있었던 예수와 제자들 간의 대화8:14-21는 내러티브에 나오는 배나 떡과 같은 상징이나 배경에 대해 재음미하는, "회고를 통한 분석적"analeptic 기능을 한다. 이야기의 전반부는 이런 식으로 마무리된다. 이야기의 후반부는 멀리 떨어진 새로운 배경가이사랴 빌립보, 8:27 이하과, 십자가와 같은 "예기적"proleptic 상징을 소개하는 에피소드예수와 제자들 간에 있었던 또 한 차례의 대화와 함께 시작된다. 마가의 극장의 두 막 사이에는 소경을 치유하는 에피소드가 제시된다.8:22-26 이 장면은 전반부와 후반부를 "연결"하는 전환적 역할을 한다. 한편으로 이 장면은 6:45에 제시된 의도-아직 끝나지 않은 벳새다 여정6:53은 게네사렛에 도착했음을 알려준다- 를 완성하는 "분석적" 본문이다.자세한 내용은 본문 주석을 통해 확인할 것/역주 다른 한편으로 이것은 10:46-52에 제시된 맹인에 대한 또 하나의 상징적 치유를 예시함으로써 영적 무지라는 주제4:12; 8:17를 후반부로 넘기는 "예기적" 본문이다.

동시에 벳새다 에피소드는 마가의 가장 잘 알려진 내러티브 "틀"narrative 'frame'의 첫 부분으로서의 역할을 한다. 후반부의 첫 번째 주요 내러티브 단원인 제자도에 대한 일련의 교훈8:27-10:45은 시각장애인에 대한 치유로 시작해서 시각장애인에 대한 치유로 끝난다. 시각장애인에 대한 두 가지 치유 기사는 상호 보완적 관점에서 해석해야 한다.8장 B, 2; 9장 D, 4 또 하나의 관점에서 볼 때, 시각장애인에 대한 두 이야기는 귀7:31-37; 9:14-29와 눈8:22 이하; 10:46 이하이라는 인식과 관련된 네 차례의 치유 기사 중의 한 부분이다. 마지막에 등장하는 치유 기사는 확실히 제자도의 소명을 깨닫기 위한 분투를 상징한다. 이 본문은 마가복음 전반부와 후반부에 걸쳐 있으며, 따라서 두 부분의 연결을 돕는 역할을 한다.

다이어그램 3 • **벳새다 에피소드의 세 가지 기능**-막 8:22-26

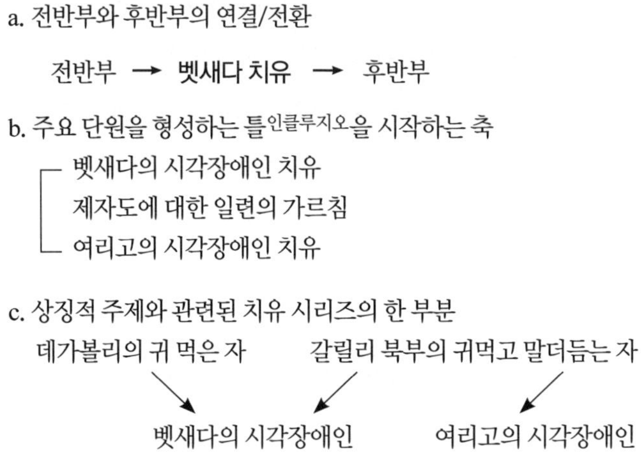

a. 전반부와 후반부의 연결/전환

전반부 → **벳새다 치유** → 후반부

b. 주요 단원을 형성하는 틀인클루지오을 시작하는 축

┌ 벳새다의 시각장애인 치유
│ 제자도에 대한 일련의 가르침
└ 여리고의 시각장애인 치유

c. 상징적 주제와 관련된 치유 시리즈의 한 부분

데가볼리의 귀 먹은 자 → 벳새다의 시각장애인
갈릴리 북부의 귀먹고 말더듬는 자 → 벳새다의 시각장애인, 여리고의 시각장애인

다이어그램 3에서 볼 수 있듯이, 벳새다 에피소드의 세 가지 기능은 마가복음 전체의 내러티브 구조라는 관점에서 규명된다.

구조적 모델 a에서 이 에피소드는 전후반부로 이루어진 구조의 바깥에 위치한다. 구조적 모델 b에서 이 에피소드는 후반부의 첫 번째 주요 단원의 경계어디서 시작하고 어디서 끝나는지를 보여주는 요소들 가운데 하나며, 따라서 후반부의 내적 구조에 매우 중요하다. 또한 구조적 모델 c에서는 이 에피소드가 앞의 두 모델을 가로지르는 일련의 치유 시리즈의 한 부분을 형성한다. 이것은 마가의 내러티브 구조의 복잡성과 함께, 마가복음의 어떤 구조적 모델도 유동적이며 다양한 형태를 가질 수밖에 없다는 사실을 보여준다.

이런 설명에 덧붙여, 내가 이 이야기의 기본적인 구조적 특징이라고 생각하고 있는 것에 대해 살펴보고자 한다. 첫째로, 앞서 언급했듯이 마가복음은 두 부분으로 나누어진다. 전반부는 갈릴리와 그 주변 지역을 중심으로 구성되며, 처음에는 가버나움이, 나중에는 갈릴리 바다가, 내러티브의 중심축을 이룬다. 상징적 "변두리"광야와 "중심부"회당 사이에는 변증법적인 이동이 나타나며, 예루살렘에서 갈릴리로의 이동을 암시하는 장면도 나타난다.[1:5; 3:22; 7:1] 후반부는 전반부의 내러티브 세계에 기초하지만, 전혀 다른 배경과 구성을 보여준다. 이 후반부는 갈릴리에서부터 예루살렘을 향해 나아가는 점진적 여정으로 진행되며, 도시 안에서 "변두리"베다니와 "중심"성전 사이의 변증법적인 이동이 한 차례 나타난다.

그러나 이야기의 말미에서 내러티브는 갑자기 갈릴리로 되돌아간다.[16:7] 이런 결말은 다시 처음으로 돌아가게 함으로써 동심원적인 구조를 보여주며, 전반부에서 비극적 결말로 "막을 내렸던" 제자도 내러티브를 "재개"하는 역할을 한다. 따라서 이 이야기의 두 부분은 주기적 구조사이클를 형성한다. 이 구조는 독자로 하여금 이야기를 다시 읽음으로써 의미를 더욱 깊이 깨닫도록 촉구한다.[8:21] 나는 이제 이 모델을 도식으로 나타낸 다음, 보다 상세한 설명을 덧붙일 것이다.

2. 마가의 두 "책"의 대칭 관계: 공시적 모델

나는 앞서 마가의 사회적 세계에 대한 공시적 서술2장 A, 2에서 했던 것처럼, 복음을 하나의 구조적 모델로 "고착"시킬 수도 있다. 우리가 만일 이 이야기를 도식화할 수 있다면, 무한대를 상징하는 모습처럼 그릴 수 있을 것이다.그림 1 참조 그림 1은 두 개의 주요 내러티브의 사이클을 보여준다. 이 그림에서 x는 이야기의 시작을 나타내고 y는 끝을 나타내며, 화살표는 내러티브의 연대기적 흐름을 보여준다.

그림 1 • 마가복음, 전반부 및 후반부

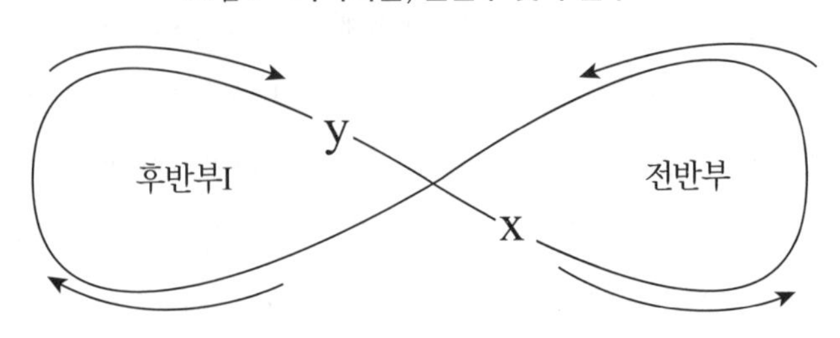

나는 대부분의 주석가와 달리, 마가복음의 전반부와 후반부, 또는 마가복음의 "두 책"이 대체로 대칭을 이루고 있다는 사실은 파악할 수 있다고 생각하며, 이 주석은 이러한 대칭 구조를 반영한다. 내가 "책"이라는 용어를 사용한 것은 두 부분의 자율성을 강조하기 위한 것이 아니라전후반부는 상호 의존적이다 마가의 "반복적 재현"전략을 보여주기 위해서다.다음 단원 참조 각 책은 표 2에서 보는 것처럼 똑같은 구성 요소를 보여준다.

표 2 • 마가복음의 두 책의 구성 요소

내러티브 주제	전반부	후반부
A 프롤로그/제자로 부르심	1:1-20	8:27-9:13
B 직접적 대결	1:21-3:35	11:1-13:3
C 새로운 질서의 구축	4:35-8:10	8:22-26; 9:14-10:52
D 확장된 설교	4:1-34	13:4-37
E "수난"전승	6:14-29	14:1-15:38
F 상징적 에필로그	8:11-21	15:39-16:8

우리는 이 표가 공시적 관점에서 정리된 것이라는 사실을 기억해야 한다. 이것은 이 표의 각 요소들이 반드시 내러티브의 직선적 흐름과 일치하는 순서대로 제시될 필요는 없다는 뜻이다. 나는 그림 2에서 이 요소들이 나타나는 구조적 모델을 다시 제시할 것이다.

두 프롤로그[A와 A'] 는 각 책에 나타나는 중요한 상징적 일치, 인물 및 구조를 소개한다. 아래 3장에서 살펴볼 첫 번째 프롤로그[A]는 내러티브를 생성하며, 이 이야기의 정중앙에 등장하는 두 번째 프롤로그[A']는 이야기를 새로운 방향으로 재생성한다.[8장] 두 프롤로그의 의미론과 상징은 비슷하다. 두 프롤로그는 모두 "길"이라는 상황[1:2 이하, 8:27]에서 발생하며, 예수와 엘리야로서 세례요한과의 관계를 다룬다.[1:6; 8:28; 9:4, 11-13] 두 프롤로그에서 예수는 출애굽 전승[1:2, 13; 9:12]과 묵시적 전쟁 신화[1:12 이하 8:33]에서 끌어낸 상호텍스트적 상징과 연결되며, 하나님의 음성을 통해 메시아임이 확인된다.[1:11; 9:7] 각 프롤로그는 무엇보다도 제자 공동체의 핵심 그룹인 베드로 야고보 요한과 관련하여[1:16, 19; 9:2] 제자도를 촉구한다.[1:16-20; 8:34-36]

두 프롤로그에서 나타나는 차이점들은 마가의 전반부에서 후반부로 넘어가면서 마가의 전략이 바뀌었음을 보여준다. A에서 예수는 세례요한의 강력한 예언적 사역을 이어받아 현행 사회 질서의 구조를 전복하는 일에 동참할 것을 촉구하신다. A'에서 제자들은 이미 "길에" 있지만, 그들이 진정으로 깨달았는지는 의심스럽다. 따라서 예수는 그들을 두 번째로 부르셔야만 했다. 여기서 예수는 나머지 내러티브의 핵심적 상징인 "십자가"를 도입한다. 예수는 요한에게 "강한 자"[1:7"능력 많으신 이"]였으나, 양자의 관계는 "함께 고난 당하는 자"[9:12]로 바뀐다.

이제 일련의 갈등에 대해 다룬 기사로 구성된 소위 "직접적 대결" 내러티브에 대해 살펴보도록 하자.[B와 B'] 갈릴리와 가버나움 주변을 무대로 삼는 B는 지역사회의 생활양식을 결정하는 유대의 상징적 질서에 대한 예수의 도전을 극적으로 그려낸다.[4장] 유대와 예루살렘 주변을 무대로 삼는 내러티브 B'는 권력을 쥐고 있던 성전과 정치 당국이라는 상징적 질서와의 실제적 대결에 대해 진술한다. 두 개의 대립 장면에는 대결적 행위가 포함된다. 내러티브 B에서는 주로 치유 사역과 축귀 사역에 집중하며, 내러티브 B'에서는 언어적 대립과 상징적 행위에 초점을 맞춘다. 두 사이클은 당국자로 하여금 예수를 체포하기 위한 도모를 꾸미도록 도발한[3:6; 12:12] 극적인 "시민 불복종" 행위를 중심으로 형성된다.[2:23 이하; 11:15 이하] 또한 각 사이클은 가난한 자에 대한 조직적 착취를 반대하는 예수의 가르침에서 절정에 달하며[3:1-5; 12:38-44], 예수께서 서기관들과 이데올로기적으로 대립하는 장면으로 끝난다.[3:22 이하; 13:2 이하] 이 대립의 핵심 기능은 지배적 사회 질서의 부당성을 드러내는 것이다.

그림 2 • **마가복음, 전반부 및 후반부의 주제**

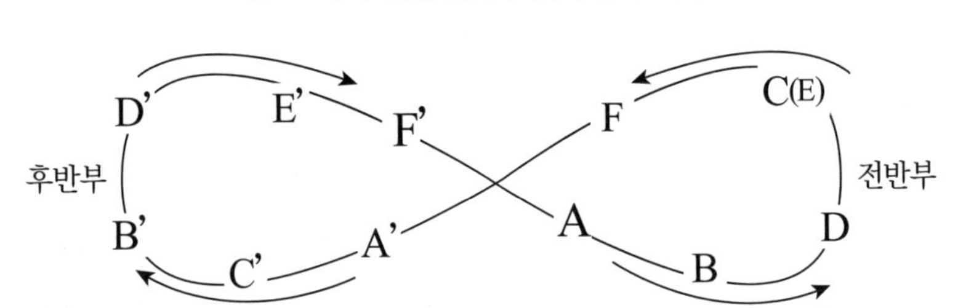

각각의 대립 후에는 갈등 지역으로부터 철수하며, 예수의 확장된 설교[D와 D']가 제시되는, '사색과 조망의 시간'이 이어진다. 내러티브 D[5장]는 무리를 향한 강화로 시작하지만[4:1 이하], 끝에 가서는 제자들에 대한 개인적 설명으로 마친다.[4:10 이하, 34] 반대로, 내러티브 D'[11장]는 엄격한 개인적 계시로 시작하며[13:3 이하], "모든 사람"에게 하시는 말씀으로 마친다.[13:37] 두 설교는 주로 묵시적 담론에 의존하며, 계절과 나무에 대한 비유[4:26 이하; 13:28 이하]와 "조심하라"는 명령[4:12, 24; 13:5, 9, 23, 33]을 포함한다. 두 교훈의 목적은 하나님 나라의 역사

속으로의 도래에 대해 인내와 분별력을 호소하는 것이다.

기존의 질서에 도전하는 두 개의 대립적 내러티브는 제자 공동체의 특징인 대안적 사회의 원모델을 정당화하는 역할을 하는 두 개의 단원에 의해 보완된다. 나는 두 단원을 예수의 "새로운 질서의 구축"C 및 C'이라고 부른다. 두 내러티브에 있어서, 마가는 주로 자신의 내적 구성을 통한 내러티브 반복 기법과 여정 기사에 의존한다. 내러티브 C6장는 유대인과 이방인을 대표하는 상징적 공간을 오가는 여정과 관련된 광범위한 이중적 사이클을 사용한다.치유 기사와 무리를 먹이시는 기사 내러티브 C'9장는 3중적 교훈 사이클을 사용하며, 각각의 사이클은 자신이 예루살렘 당국에 의해 죽을 것이라는 예수의 예기적 진술을 세 차례에 걸쳐 반복한다. 이것은 남쪽의 예루살렘으로 향한 꾸준한 여정과 관련된다. 나는 약간의 교훈7:1 이하과 함께 일련의 극적인 행위를 통해 새로운 질서의 구축에 관해 진술하는 내러티브 C를 "기적 사이클"이라고 부른다. 내러티브 C는 세 가지 유형의 상징적 행위를 중심으로 구성된다.

- 갈릴리를 건너는 여정유대인과 이방인을 분리하는 사회 구조를 극복해야 할 긴급성을 보여준다; 4:35 이하; 6:45 이하
- 사회적으로 소외당한 자들에 대한 치유계급을 구분하는 사회 구조를 극복해야 할 필요성을 보여준다; 5:21-43; 7:24-37
- 광야에서 가난한 대중을 먹이심경제적 분배의 실천을 보여준다; 6:38 이하; 8:1 이하

반면에 내러티브 C'는 몇 차례의 치유 기사예를 들면, 9:14 이하와 함께 주로 예수의 교훈으로 구성된다. 따라서 나는 이것을 "교훈 사이클"이라고 부른다. 그러나 교훈 사이클 역시 사회, 경제, 정치적 지위와 권력 문제에 초점을 맞춘다. 다만 공동체 안에서 일어나는 문제들에 국한된다. 여기에는 그룹의 영역9:30 이하, 가정폭력10:1 이하, 새로운 경제 질서10:17 이하, 그리고 리더십과 지배10:33 이하에 관한 이슈가 포함된다.

내가 제시한 대칭구조에서 가장 큰 예외에 해당하는 경우는 수난 전승이다. 전반부에는 예수의 도피, 체포, 정치적 재판[E'] 에 상응하는 부분이 나타나지 않는다. 이런 이유로 구조적 해석은 언제나 "수난 전승"을 별도로 다루며, 사실상 이 사건에 대한 나의 해석[12장]은 내가 제시한 공식적인 대칭구조의 틀에서 벗어난다. 그럼에도 불구하고 전반부[E]에는 "세례요한의 수난"이라고 부를 수 있는 세례요한의 최후에 대한 기사가 유사한 사례로 남아 있다.[7장 전반부] 마가는 1:14에서 이 사건에 대해 암시한 다음 6:14 이하에서 개략적으로 진술하며, 후반부에서 다시 한번 언급한다.[9:13] 마가는 먼저 6:16에서 요한이 헤롯에 의해 정치적 처형을 당했다는 사실을 암시한 후, 그가 정치적 비판 때문에 감금당한 사실을 회상 형식으로 진술한다.[6:17 이하] 세례요한의 운명은 재판이 아니라 협박에 의해 결정된다.[6:19-29] 궁중에서 벌어지는 지배계층의 음모에 대한 마가의 패러디는 사실상 예수에 대한 재판 기사와 유사한 면이 있다. 그곳에서는 비밀공작과 정치적 누명이 "정의"로 통용된다. 요한의 처형 기사는 예수에 대한 처형 기사와 마찬가지로 시신을 무덤에 장사하는 것으로 끝난다.[6:29]

상징적 에필로그[F와 F']에서는 전체적인 대칭구조가 완성된다. 두 개의 에필로그는 마가의 내러티브 상징을 가장 복잡한 형태로 제시하며, 이를 통해 저자는 자신이 진술한 사건의 의미에 대한 해석을 시도한다. 내러티브 F[7장, 후반부]에서 예수는 제자들에게 던진 질문을 통해 자신의 이전 행동을 상기해보라고 촉구하신다. 마가는 은연중에 독자를 향하여 동일한 질문으로 도전한다. "아직도 깨닫지 못하느냐"[8:21] 그는 우리에게 앞으로 돌아가서 다시 읽어보라고 명령한다. 내러티브 F'[13장]도 예기적 상징을 중심으로 형성되며, 이것에 대한 우리의 깨달음은 우리가 이 이야기의 결말에 대해 이해했는지를 결정한다. 독자와 제자들에 대한 마지막 교훈은 내러티브를 "다시 읽으라"는 것으로써, 이번에는 제자도 여정의 첫 출발을 상징하는 장소인 갈릴리로 다시 돌

아가게 한다.[16:7]

8:21에서와 마찬가지로, 도전에 대한 반응은 모호하며, 궁극적으로 만족스럽지 못하다.[16:8] 이것은 독자가 유추할 수 있는 어떤 승리적 결론도 거부하는 한편, 우리가 보다 적절한 반응을 통해 내러티브의 위기를 해결할 수 있도록 이끌어 주는 역할을 한다.

3. 구조의 강화담론

앞서 벳새다에서의 에피소드에서 살펴보았듯이, 광범위한 대칭적, 이원적, 주기적 모델은 수많은 하부구조와 촘촘히 연결되어 있다. 예를 들면, 전반부에는 슈바이처E. Schweizer가 지적했듯이[1978:388 이하] 제자로 부름 〉 사역 〉 거부라는 패턴이 제시된다. 나는 이러한 패턴을 "생성적 연결고리"로 부를 것이다.[4장 E; 7장 A] 마찬가지로, 묵시적 상징도 시작 부분[1:9 이하], 중간 부분[9:2 이하], 끝부분[15:37 이하], 세 차례에 걸쳐 내러티브로 들어온다. 나는 이것을 "묵시적 시점"이라고 부를 것이다.[3장 F, 1; 8장 E, 1; 13장 B] 주요 단원들 역시 각각의 내적 구조를 가지고 있으며, 특정 에피소드나 에피소드 그룹도 마찬가지다.[1장 E, 1의 마가의 구성 기법에 대한 리뷰 참조] 이 부분에 대해서는 기회 있을 때마다 상세히 살펴볼 것이며. 생생한 구조를 보여줄 것이다. 우리는 주어진 구조가 전체적 리듬과 어울리지 않는 다른 리듬을 반영할지라도 모순된 것은 아니라는 사실을 알아야 한다. 로빈스가 지적한 것처럼, "문헌의 구조에 의해 생성된 전체적인 수사학적 형식은 그 안에 포함된 작은 형식들을 지배한다."[1984:7]

마가복음의 전체적 줄거리에 대한 논의에 들어가기에 앞서, 내가 제시한 구조적 모델의 논증적 요소에 대해 살펴보자. 텍스트의 담론[1장 E, 2]은 "형식의 메시지"이다. 따라서 우리는 텍스트의 의미와 이데올로기가 마가의 수사학적 구조 속에 이미 반영되어 있다는 사실을 염두에 두어야 한다. 나는 두 개의 일반적 관찰을 제시한 다음, 각각의 주요 단원 끝부분에서 해당 내러티브 담론의 내적인 논증적 요소에 대해 구체적으로 살펴볼 것이다.

1. 광범위한 이중적, 대칭적, 주기적 모델은 "반복적 재현"이라는 문학적 기법을 보여준다. 버크K. Burke에 따르면 이 담론은 "하나의 원리를 새로운 방식으로 계속해서 유지하는… 같은 것을 다른 방식으로 재진술하는 기법"Robbins, 1984:10을 포함한다. 콜린스A. Y. Collins가 계시록의 주기적 환상에 대한 분석1976에서 보여준 것처럼, 이것은 특히 묵시적 내러티브 전략의 전형적인 특징이다. 계시록에는 일곱 개의 중복적 환상교회에 보낸 편지, 인, 대접이 순차적으로 진행되는 사건처럼 제시되지만, 사실상 통일성 있는 상징적 틀 속에서 요한의 핵심 주제를 반복적으로 나열하고 있을 뿐이다. 마가가 이러한 논증적 전략을 활용한 것은 앞서 언급한 것처럼 묵시적 전승과의 이데올로기적 유사성을 보여주는 중요한 지표다.

마가는 전반부의 주요 단원에서 몇 가지 핵심 주제에 대해 진술한 다음, 후반부에서 각 주제를 적어도 한 번 이상씩 반복한다. 위 모델을 살펴보면, 내러티브 A는 "여호와의 날"이 가난한 자들 사이에 임한 사실에 대해 언급함으로써 메시아의 개입 및 구원사에 대한 유대인의 일반적 기대를 무너뜨린다. 내러티브 A'는 메시아의 소명을 승리주의가 아닌 고난으로 규정함으로써 이 주제를 재현한다. 내러티브 B는 예수의 길과 로마 팔레스타인의 지배적 사회질서가 양립할 수 없음을 밝혀준다. 내러티브 B'는 이러한 갈등을 확인하고 심화시키지만, 그 배경은 갈릴리가 아닌 예루살렘이 된다. 다른 주제들도 모두 유사한 방식으로 재현된다. 내러티브 C와 내러티브 C'는 메시아 공동체의 사회적 특징을, 내러티브 D와 내러티브 D'는 인내와 분별력의 필요성을, E와 E'는 하나님 나라의 준엄한 결과를 재현한다.

또한 마가는 앞서 언급한 기적C 사이클과 교훈C' 사이클에서와 같이, 특정 단원의 내적 구성에 있어서 반복적 재현 기법을 사용한다. 마찬가지로, 이 이야기의 네 가지 치유 에피소드는 듣지 못함/보지 못함을 극복하게 해주는 주제를 반복하는 것으로 보인다. 예수에 대한 이중적 재판은 메시아와 권력자 간의 대립이라는 주제를 재진술한다. 마가가 재현[재진술]이라는 내러티브 전략을 택한 것은 반복이 교육학적 측면에서 성공의 열쇠라고 생각했기 때문인 것으로 보인다. 급진적 이데올로기를 진술할 방법을 많이 발견하면 할수록 독자는 그것을 이해할 수 있는 더 좋은 기회를 얻게 된다. 그러나 예수의 말씀을 오해한 베드로는 반대의 경우에 해당한다.[8:27 이하] 또한 재현은 독자가 특정 주제를 사소한 것으로 간과하지 못하게 해준다.

2. 이야기 전체의 구조적 "균형"은 "내러티브의 지렛대"가 존재할지도 모른다는 궁금증을 갖게 한다. 내가 제시한 모델은 특별한 의미를 지닌 것처럼 보이는 중간 지점에 초점을 맞춘 것처럼 보일 것이다.

그림 3 • **마가복음, 전반부와 후반부의 결합**

이러한 의문은 이 중간 지점, 즉 첫 번째 에필로그[F]와 두 번째 프롤로그[A']

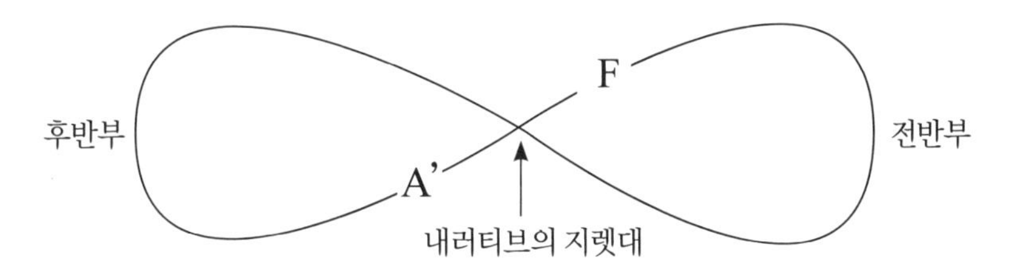

를 살펴봄으로써 해소된다. 앞서 언급한 대로, 이 두 에피소드는 예수와 제자/독자 사이의 대화이다. 그는 이 대화에서 한 가지 질문을 통해 우리에게 직접 도전하신다. 따라서 마가복음의 중심에는 진술이 아닌 도전이 자리 잡으며, 독자를 "방어적인" 입장에 놓이게 한다. "아직도 깨닫지 못하느냐?"

"너희는 나를 누구라 하느냐?"

우리는 이 질문에 제대로 대답하지 못하는 첫 번째 질문에는 침묵하고, 두 번째 질문에는 명백히 잘못된 반응을 보이는 제자들의 무능함에 더욱 당황한다. 이것은 해석학적 위기를 초래하며, 우리로 하여금 제자도를 촉구하는 예수의 두 번째 부르심에 대비하게 한다. 8:34 이하 이 시점으로부터 그동안 드러나지 않았던 것이 갑자기 무대 전면에 등장한다. 이제 예수는 "드러내놓고" 가르치신다. 8:32a; 줄거리 요약 참조 그리하여 십자가로의 부르심은 내러티브의 이데올로기적 중심이 되며, 이야기 전체의 균형을 유지하는 "지렛대"가 된다.

3D. 내러티브 요약: 마가의 이야기

1. 갈릴리 주변: 전반부

로즈Rhoads와 미키Michie는 마가의 이야기 스타일이 보여주는 일반적 특징을 다음과 같이 요약한다.

> 내러티브는 빠르게 진행되며, 특별한 요약 없이 행위를 생생하게 묘사한다. 내레이터는 행위를 직접적으로 "보여주며" 간접적인 언급은 거의 하지 않는다. 에피소드는 대체로 간결하고 장면은 수시로 변하며 조연은 등장했다가 어느새 사라진다.… 독자는 이처럼 빠르게 전개되는 극적인 이동을 통해 곧바로 이야기 속으로 빨려들어 간다. 간결한 형식과 신속한 움직임은 내러티브에 긴급성을 부여한다.… 내러티브 초기에는 사건이 장소를 바꿔가며 빠르게 진행되지만, 여정이 끝나갈 무렵에는 예루살렘이라는 한 장소에서 일어난 일을 일자별로 서술하며, 십자가에서의 처형 장면에서는 시간별로 서술한다. 1982:45

첫 번째 등장인물은 세례요한이다. 그의 목적은 예수를 소개하는 것이며,

그 일을 한 후에는 사라져 버린다.6:14 이하의 회상 장면을 제외하면 예수는 세례를 받으신 후첫 번째 묵시적 순간, 갈릴리로 가서 자신의 사역이 시작되었음을 선포하신다.1:15 그는 먼저 자신의 주변에 공동체를 형성하기 시작하며, 세 명의 핵심 제자이들은 공동체 내 핵심 그룹으로 부상한다가 소개된다.1:16 이하

이어서 마가는 가버나움 회당에서의 첫 번째 공적인 장면으로 이동하며 1:21 이하, 예수의 주요 대적인 서기관들은 그곳에서 간접적으로 등장한다. 귀신과의 대결은 갈릴리 인근에서 병든 자들을 치유하고 귀신을 쫓아내셨던 첫 번째 사역 주기의 서막이 된다.1:32 이하; 2:1 이하 예수는 기존 그룹의 영역을 허물고죄인들과 식탁을 함께 하심, 2:15, 정결 규례를 허물며나병환자와의 접촉, 1:41 이하 및 안식일 규례를 허무는2:23 이하 사회적 포용을 실천하신다. 이것은 서기관1:22; 2:6과 제사장1:43과 바리새인들2:15부터 시작되는 일련의 세 가지 에피소드로 이어지는 그 지역 지배계층과의 갈등을 불러일으킨다. 이야기가 진행되면서 사실상 유대 사회의 모든 지배층이 예수를 대적한다.

첫 번째 사역 활동에는 두 개의 정점이 나타난다. 회당에서의 공적인 도전은 예수를 죽일 음모를 꾸미고 있던 헤롯당갈릴리의 정치적 엘리트과 바리새인의 정치적 동맹이 이루어지는 것으로 끝난다.3:1-6 이어서 정부 당국 감시자들과의 언쟁은 이데올로기 논쟁으로 끝난다.3:22 이하 두 에피소드 사이에서, 예수는 가족과의 관계를 끊으시면서까지3:31 이하 자신의 새로운 공동체를 공고히 세워 가신다.3:13 이하 각각의 대결이 끝난 후 예수는 뒤로 물러나는 전략을 취하신다.1:35; 3:7; 4:1 예수는 내러티브의 진행이 잠시 멈춰있는 가운데4:2 이하 천국의 지상 침투라는 역설에 관한 광범위한 조망을 제공하신다.

예수는 이어서 갈릴리 바다를 배로 건너시는 몇 차례의 여정 가운데 첫 번째 여정을 시작하신다.4:35 이하 이방인 지역에 오신 예수는 귀신을 쫓아내는 극적인 장면과 함께 두 번째로 자신의 사역을 시작하신다.5:1 이하 그는 이어서 상호 연결된 두 개의 치유 에피소드를 위해 유대인의 거주지로 돌아오신

다.[5:21 이하] 고향으로 가신 예수는 더욱 큰 반대에 직면하지만[6:1 이하], 첫 번째 단독 선교를 위해 제자들을 파송하신다.[6:7 이하] 제자들의 출발 장면과 도착 장면[6:30 이하] 사이에 [1:14 이후 지연되어 온] 헤롯에 의한 세례요한의 체포 및 처형 기사[6:14 이하]가 삽입된다.

전반부의 나머지 내용은 여러 차례의 배 여정[6:34 이하; 8:14], 치유사역[7:24 이하], 광야에서 두 차례 무리를 먹이신 장면[6:34 이하; 8:1 이하], 그리고 식탁 교제의 사회적 영역에 대한 바리새인들과의 논쟁적 에피소드를 포함한 상징적 활동이 이어진다. 이 중간 부분에서, 유사한 사역의 사이클 및 "떡"과 관련된 반복적 논쟁은 인류의 가족 내에서 벌어진 최초의 분열을 보여주는 것 같은, 유대인과 이방인 사이에 존재하는 사회적 적개심을 극복하기 위한 싸움을 극적으로 그려낸다. 치유와 짧은 교훈 부분[7:14 이하]은 계급 제도와 계급 장벽에 대한 반대를 보여준다. 전반부는 예수께서 상징적 행위의 실제 의미와 관련하여 제자/독자를 가르치시는 장면[8:14-21]으로 끝난다.

2. 예루살렘을 향하여: 후반부

후반부가 시작되면, 배와 바다라는 장소는 사라지고 새로운 여정이 시작된다. 두 책의 전환점이 되는 벳새다 치유 장면 이후, 내러티브 안에서 최북단에 위치한 가이사랴 빌립보에서 첫 번째 장면이 시작된다. 이 여정은 점차 남쪽 유다를 향해 느린 속도로 이동해 내려온다. 이 시점으로부터 이야기는 곧 있을 예루살렘에서의 최후 대결에 대해 미리 하신 말씀-예수의 첫 번째 예기적 언급에 예시된다[8:31]-이 가진 힘에 의해 이끌려 간다. 두 번째 프롤로그에서는 갑자기 세 개의 중요한 플롯의 전개에 관심이 집중된다.[3장 3 참조] 첫째로, 예수와 제자들 사이에 시작된 갈등은 전면적 대치에 접어들며[8:29 이하], 이러한 내분은 비극적 결말에 이르기까지 점차 증폭될 것이다. 둘째로, 예수의 정체를 둘러싼 미스터리는 그가 베드로의 고백[8:29]을 거부함으로써 더욱 심화된다. 독자인 우리는 이 지점에서 허를 찔린다. 왜냐하면 사실상 우리는 처음부터 예수를 메시아라고 믿었기 때문이다.[1:1] 결국 예수와 당국자들 간의 갈등이 결말에 이르며, 예수는 제자들에게 십자가를 받아들일 것을 요구한다.[8:34 이하] 이러한 이야기의 새로운 방향은 변화산이라는 두 번째 묵시적 순간[9:2 이하]에서 하나님의 음성을 통해 확인된다.

다음 단원은 내가 "비폭력에 대한 제자도 가르침"이라고 부르는 세 개의 사이클로 이루어진다. 예수는 자신이 예루살렘 권력자들에 의해 처형당할 것이라는 사실을 세 차례 말씀하신다. 그때마다 제자들은 깨닫지 못하거나, 받아들이지 못하는 반응을 보이며, 예수는 비폭력과 섬김이라는 사회적 전략을 가르치신다. 이 단원의 어조는 확실히 변증적이며, 공동체의 내부 조직을 대상으로 결혼과 가정, 그룹의 영역, 리더십 및 소유에 대해 말씀하신다. 메시아의 이데올로기에 대한 최후 진술[10:45]과 시각장애인에 대한 두 번째 기사로 단원이 끝나갈 무렵, 놀라고 두려운 마음으로 예수를 따르던[10:32] 순례객들이 예루살렘 외곽[여리고]에 도착한다.

두 번째 직접적 사역은 예수께서 예루살렘을 왕래하는 가운데 전개되는 일련의 연속적 논쟁으로 제시된다. 이 사역은 연극 무대와 같은 행렬[11:1 이하], 상징적 행위[11:12-14, 20-26], 그리고 성전에서 직접 보여준 극적인 행동[11:15-20]으로 시작한다. 예수는 이러한 공격적 행동으로 도전장을 내밀며, 자신이 성전 체제와 다윗 왕권의 이데올로기를 반대한다는 사실을 보여준다. 그는 성전 당국자들과 차례로 수사학적 싸움을 시작하신다. 예수는 성전 권력을 대표하는 대제사장들과 서기관들과 장로들[11:27 이하]에 이어 지역의 식민지 정부의 권력을 대표하는 헤롯당과 바리새인들로부터 도전을 받는다.[12:13 이하] 극단적 보수주의 엘리트[사두개인, 12:18 이하]와의 논쟁을 마친 예수는 마지막으로 서기관 권력과 맞서신다.[12:28 이하] 예수는 모든 논쟁을 지배하며, 결국 대적들을 침묵시키신다.[12:34]

이 단원에서 제자들은 주로 무대 뒤에서 기다리며, 예수께서 성전을 결정적으로 거부하신 이 단원의 정점에서 다시 등장한다.[12:43] 예수의 비판은 성전의 정치경제학, 가난한 자에 대한 착취, 서기관의 이데올로기와 해석학, 그리고 유대-로마의 공동 권력에 초점이 맞추어진다. 예수는 감람산에 앉아 종말론적 인내에 관한 확장된 담론[13:5 이하]을 두 번째로 제시하신다. 그는 제자들에게 성전 해방을 위해 헌신하는 민족주의 애국자의 종말론을 거부하고 세상을 바꿀 수 있는 진정한 혁명적 변화를 추구하라고 촉구하신다.

예수는 마지막으로 외곽에 위치한 베다니로 물러나시며, 그를 체포하려는 음모는 절정에 달한다.[14:3] 이 시점에서 내러티브는 은밀한 음모의 사악한 색채를 띤다. 당국은 비밀리에 제자들 중의 하나와 결탁하여 예수 공동체에 침투하며[14:10 이하], 이에 위협을 느낀 공동체는 지하로 숨어든다. 마가는 숨어서 유월절을 지키는, 의심으로 가득 찬 공동체에 대한 비극적이고 구슬픈 서술을 제시한다.[14:17 이하] 그들의 비겁한 태도에도 불구하고 예수는 그들과 한 몸임을 강조하며[14:22 이하], 그들의 변절이 불가피할지라도 제자도 이야기는 끝나지 않을 것이라고 주장하신다.[14:26 이하] 그의 예언대로, 제자들은 압력에 무너져버리고[14:32 이하], 예수께서 당국의 군대에 잡히시자 달아난다. 이로써 제자도 내러티브는 붕괴되고, 재판 내러티브가 시작된다.

예수에 대한 두 차례의 재판과 고문은 유대의 지배계층과 로마 제국주의자가 그들의 누명을 침묵으로 받아들이신 예수를 대적하는 일에 하나가 되게 했다. 제자들이 부근에서 배회하는 동안[14:66 이하; 15:40 이하], 새로운 인물들이 무대에 등장한다. 그들은 대제사장, 로마의 총독 빌라도, 그리고 바라바라는 죄수다. 내러티브는 점차 무리가 비폭력적 예수를 처형하고 사악한 강도를 살려주라고 부르짖는 역설적 정점을 향해 치닫는다. 의기양양한 대적의 조롱 속에 결국 예수는 십자가에 못 박히고 이야기는 비극적으로 끝나는 것처럼 보인다.

세 번째 묵시적 순간에 해당하는 예수의 죽음은 인자에 대한 마가의 상징적 서술을 절정으로 이끈다. 예수는 그의 대적들이 쳐다보는 가운데 숨을 거두시며, 모든 것이 "끝난다." 그러나 이 일은 "보는 눈"이 있는 자들에게만 계시된다. 반면에 예수에 대한 조롱은 그의 사후 한 유대인과 로마를 상징한 한 백부장을 통해 계속된다. 두 번째 에필로그에서 끝까지 포기하지 않고 예수의 십자가 처형 장면을 목도한 여자들은 합당한 장례를 위해 노력했으며, 진정한 제자로 서술된다. 그들이 무덤에서 "청년"을 만난 것은 제자도를 위한 세 번째 부르심을 의미한다. 여자들은 갈릴리에서 제자도 내러티브가 계속될 것이라는 약속과 함께 예수를 좇아 갈릴리로 가라는 초청을 받는다. 이 이야기는 내러티브의 사이클을 완성하는 새로운 시작과 함께 끝난다.

3. 세 가지 주요 플롯

구조적 서사론은 이야기의 "심층 구조"를 "내러티브 통사론"으로 이해한다. 그레이마스A. J. Greimas는 내러티브의 시스템에 대한 다섯 가지 핵심 요소를 제시한다. 1) 위임 명령, 2) 명령에 대한 수용 또는 거부, 3) 대결, 4) 성공 또는 실패, 5) 결말 또는 원인 분석.Via, 1985:40 이하 이러한 요소들은 예수를 핵심 플롯의 주체로 생각하면 큰 어려움 없이 받아들일 수 있을 것이다. 예수는 세례를 통해 위임 명령을 받으시고, 하나님 나라를 전파하라는 명령을 받아들여 대적과 맞서신다. 십자가가 성공이냐 실패냐 하는 것은 보는 관점에 따라 다르겠지만, 마가의 관점에서는 성공이며 예수가 메시아라는 주장이 사실임을 확인한다.

우리는 이러한 핵심 플롯에 덧붙여 세 가지의 중요한 내러티브 지류 또는 하위 플롯을 추론할 수 있다. 각 지류는 예수가 주인공이라는 가정하에 다양한 주제를 가지며 앞서 제시한 내러티브 통사론의 관점에서 접근할 수 있다. 첫 번째 지류는 예수께서 메시아 공동체를 형성하고 공고히 하시는 사역과 관련되며, 대상은 당연히 제자들이다. 그들에 대한 위임 명령은 하나님 나라의 일을 수행하라는 것이지만[1:17; 3:14; 6:7], 이 명령은 십자가의 방식으로 수행되어야 한다는 것이 드러나면서 거부당한다.[1:17; 3:14; 6:7] 이것은 다양한 대결을 거치며[6:53; 8:17 이하; 8:33 등], 결국 십자가를 지기까지 예수를 따르지 못한 제자들의 실패로 이어진다.[14:50 이하] 그러나 이 비극은 예수께서 다시 살아나심으로써, 제자도 여정이 지속될 수 있다는 약속을 통해 역전된다.[16:6 이하]

두 번째 지류는 예수의 치유와 귀신을 쫓아내심 및 해방을 선포하시는 사역으로, 대상은 마가복음에서 "무리"를 구성하는 가난한 자와 압제당하는 자이다. 위임 명령은 첫 번째 회당에서 귀신을 쫓아내는 장면에 등장하며, 무리는 예수의 권위가 서기관들의 권위를 능가한다는 사실을 인정한다.[1:22] 예수께서 예루살렘에 입성할 무렵에는 무리가 새로운 사회 질서에 대한 그의 명령을 받아들여 그를 왕으로 환영한 것으로 보인다.[11:9 이하] 예수께서 국가적 불복종에 반대하신 것이나[12:13 이하] "모든 사람"[13:37]에 대한 경고에는 대중과의 암시적 대결이 나타난다. 끝으로, 무리는 제자들과 마찬가지로 예수를 거부하며, 바라바를 놓아주고 예수를 처형하라고 부르짖는다.[15:6 이하] 결과적으로 무리는 지배자들의 손아귀에서 벗어나지 못했던 것이다.[15:11]

세 번째 지류는 예수와 지배적인 사회적/상징적 질서와의 대결로써, 대상은 이 질서를 수종드는 서기관, 바리새인, 헤롯당 그리고 예루살렘의 성직자들이다. 예수는 첫 번째 직접적인 사역 활동을 통해 그들에게 여러 차례 명령하시고, 정결 규례와 채무 규례에 대한 권위를 드러내시며[2:10, 18] 권력자가 지배보다 공의와 자비를 택할 것을 촉구하신다.[3:4] 이 명령은 즉각 거부되며[3:6], 이야기 전체를 통해 지속적으로 거부당한다.[6:26; 11:27 이하; 12:133; 14:1 이하] 예수는 두 번째 직접적 사역 내러티브에서 각 지배그룹의 대표자와 만나 그들의 성전을 반대하는 행동을 하시고[11:15 이하] 그들을 침묵시키는 데 성공하신 것처럼 보인다.[12:34] 그러나 결국 유대와 로마 권력은 예수를 제거하는 일에 하나로 결집한다. 그리고 그 결과는 그들이 인자의 강림을 목도하고 부끄러워하는 것으로 드러날 것이며15:29-39; cf. 8:29 이하; 14:62, 십자가 사건은 겉으로 보이는 것과 달리 그들의 운명을 결정할 것이다.15:38

이러한 3중적 지류의 내러티브에 대한 마가의 짜깁기 방식을 이해하기 위해서는 때때로 나의 주석을 통해 텍스트를 헤집고 다닐 필요가 있다. 나는 이 이야기에서 가능한 에피소드의 연대기를 그대로 따라가려고 하겠지만, 때로는 역사를 가로질러 내가 제시한 구조적 모델의 논리를 건너뛰기도 할 것이다. 때에 따라서는, 에피소드 간의 상호관계를 살펴보거나5장 D 에피소드를 그룹으로 묶어 특정 주제를 고찰하는 것이 유익할 것이다. 이 경우, 우발적 이탈을 방지할 수 있을 것이다. 그러나 독자는 나의 마가복음 연구를 통해 진행 방향과 이유에 대해 우선적으로 이해해야 한다. 이제 우리는 첫 번째 프롤로그로부터 시작하는 마가복음 해석에 뛰어들 준비가 되었다.

3E. 전복적 이야기 세계의 형성1:1-8

프롤로그는 "복음"에 대한 서언1:1으로 시작하여 "복음"에 대한 결어1:14로 마친다. 첫 번째 "막"은 극적 행위와 함께 시각적 요소와 청각적 요소에 대한 마가의 탁월한 용례를 보여준다. 처음 장면들은 꼬리에 꼬리를 물고 빠르게 전개되며, 마가의 이야기 시간에서 예언이 하나씩 성취되면서 기대감을 형성한다.F 2 내러티브의 사건들은 대부분 간접적이지만, 예수의 세례는 예외적이며, 따라서 이 단원의 초점이 된다. 프롤로그의 시간대는 명확하지 않으며1:1의 "시작"과 1:15의 "때가 찼고", 역사적으로 대략 세례요한의 사역 및 체포1:14 시점과 연결된다. 프롤로그 배경 역시 모호하지만, 상징적 의미를 가지고 있음이 분명하다.

처음 나타나는 장면들의 빠른 전개는 독자의 관심을 사로잡으며, 최대한 빠른 속도로 예수의 사역에 관한 주된 이야기로 이어진다. 연속된 내러티브 이사야-세례요한-예수-하나님의 나라는 제자들을 부르시는 장면에서 절정에 달하게 되는데, 이 부분은 프롤로그와 함께 다룰 것이다. 이러한 이야기 세계의 지평은 독자의 상징적 세계를 완전히 무너뜨리고, 근본적으로 새로운 이데올로기와 내러티브의 공간을 형성한다. 이 프롤로그의 주제는 하나님 나라의 새로운 질서가 기존의 권력 관계로부터 나오는 것이 아니라 그것과는 무관한 사회의 가장자리로부터 나온다는 것이다.

1. 제목: 로마의 문화 코드에 대한 파괴

마가는 그의 책에 "예수 그리스도의 복음의 시작"아르케 투 유앙겔리우 예수 그리스투, 1:1이라는 간단한 제목을 붙였다.

> 마가복음 1:1의 "아르케"가 창세기 1:1의 아르케70인역와 계열paradigmatic 관계나 비유적 관계에 있다는 것은 분명한 사실이다. 이것은 무엇보다도 마가가 10:6에서 창조의 아르케"창조의 때"에 대해 언급한 사실에서 잘 드러난다.… 피곤한 세계사에도 불구하고 또 하나의 창조가 시작된 것이다.Via, 1985:45

이러한 창세기의 메아리는 세 가지 역할을 한다. 첫째로, 마가는 자신의 이야기가 구속사의 근본적 재개라는 담대한 주장을 한다. 그는 선지서를 인용함으로써 이러한 사실을 확인한다. 둘째로, 이것은 처음부터 마가의 묵시적 담론의 "재생적" 주제를 도입한다. 이것은 이 이야기가 새 하늘과 새 땅에 관한 이야기라는 것이다. 셋째로, 이것은 이야기의 끝부분에서, 제자도 내러티브가 시작된 원래의 갈릴리로 돌아간다는 점에서 특별한 의미가 있다.13장 B 우리는 이 이야기를 다시 읽음으로 제자도 여정의 새로운 시작을 하게 된다는 것이다.

이 이야기의 모든 곳에서, "복음"은 예수와 구분되며, 별도로 제시되지만 1:14 이하; 8:35; 10:29; 13:10; 14:9, 이곳제목에서는 하나로 결합하여 제시된다. 즉, "복음은 예수 그리스도에 '대한' 이야기"라는 것이다. 우리는 마가가 이곳에서 책 Ⅰ의 등장인물들이 예수의 정체에 대해 이해하지 못하고 당황하기만 했던4:41; 6:3 요소들이 무엇인지 알려주는 특권적 정보를 독자에게 제공하고 있음을 알아야 한다. 따라서 후반부의 서두8:29에서처럼즉, 이곳의 언급 후, 그리스도라는 용어가 처음 소개되듯이 "그리스도"라는 용어가 마침내 이야기 세계 속으로 들어온다."예수 그리스도의 세계라" 그러나 안타깝게도 예수는 곧바로 자신이 그리스도임을 부인하시며, 내가 "고백적 위기"고백으로 말미암은 위기라고 부르는 상황을 초래한다.8장 C 이 시점으로부터 메시아는 논쟁의 대상이 된다.12:35; 13:21; 15:32 예수는 다니엘서에 나오는 묵시적 인물인 "인자"라는 3인칭 대신 다른 호칭을 받아들이신 적이 없다.8:31; 14:61

그러나 마가가 자신의 이야기에서 이 메시아적 호칭을 주장할 생각이 없었다면 왜 이 시작 부분에서 이 호칭을 예수에게 적용하였는가? 마가의 내러티브 전략의 다른 많은 요소와 마찬가지로, 이것은 이야기의 순환적 특징과 관련이 있다. 즉, 이 호칭은 복음의 "시작"에 나타나며 끝에서는 빠지지만, 다시 이 책마가복음의 처음으로 돌아오면 다시 나타나며 새로운 관점에서 이해된다. 마가는 메시아적 담론을 전적으로 포기할 생각이 없다. 그것은 결국 초기 교회 신앙고백의 기초가 되었지 않았는가?

한편으로 메시아는 대중적 통치자왕를 상징하는 정치적 호칭이기도 하다. 따라서 특히 왕정주의 반란을 꿈꾸는 자들에 의해 쉽게 왜곡될 수 있었다.11장 C, 4 마가는 처음부터 이 호칭을 확인함으로써, 이것을 어떻게 이해할 것인가에 대한 이데올로기적 싸움을 시작한다. 이 이야기는 우리에게 메시아의 소명이 무엇인지에 대한 분명한 확신을 주는 동시에, 다른 이데올로기에 맞서 싸운다.

나는 앞에서 하나의 권위 있는 텍스트이자3장, A, 1 독특한 문학적 장르로서3장, B "복음"의 중요성에 대해 언급한 바 있다. 그러나 이 용어는 어떤 의미 영역에서 도출되었는가? 오늘날 독자에게 철저하게 종교적이기만 한 이 "복음"이 첫 번째 독자에게는 과연 어떤 의미였을까? 신약성경 신학사전에 따르면, "기쁜 소식"이라는 헬라적 표현은 특히 전장에서 사용되는 "'승리의 소식' 이라는 뜻을 가진 전문용어"에 해당한다. 로마 제국에서 이 단어는 주로 정치 선전과 관련된다. 피어스J. Fears는 "제국의 복음"을 "알레고리와 당시의 현실과 역사적 전형"을 결합한 수사학적 전승이라고 표현한다.1980 그리고 그러한 선전 구호는 로마의 광할한 식민지 전역에서 로마의 부성애적이며 자비로운 이미지를 만들어냈다.Wengst, 1987:7-44

로마의 선전 활동은 시저를 "신적인 인물"로 찬양하는 데 초점을 맞춘다. 이러한 이데올로기 전략은 당시의 주화나 소아시아에서의 황제 숭배에 잘 나타난다. 새로운 통치자의 즉위는 "기쁜 소식"의 근원이었으며, 이러한 일에는 언제나 찬양과 제사가 뒤따랐다.Wengst, 1987: 46 이하

> [황제의 신격화]는 "기쁜 소식"uangelion에 의미와 능력을 부여한다.… 왜냐하면 황제는 보통 사람을 능가하는 존재이고, 그의 법령은 기쁜 소식이며, 그의 명령은 거룩한 문서이기 때문에이다.… 그의 등장은 곧 복음의 선포이며… 첫 번째 복음은 그의 탄생에 대한 소식이다.TDNT, 2:724

한 고대 비문에는 이렇게 기록되어 있다. "신의 탄생은 세상을 위한 기쁜 소식의 시작이다."앞의 책; 위, 2장 F, 1 참조

여기서 마가의 제목과 관련된 또 다른 측면이 부각된다. 그는 이 제목을 통해 자신이 제국의 선전 기관에 도전하고 있음을 알린다. 마가의 극적dramtic 프롤로그그러나 마태나 누가와 같은 탄생 내러티브는 아니다는 "기름부음 받은" 지도자

의 등장을 예고한다. 그는 자신의 신성을 검증받은 후, 한 "나라"를 선포할 것이다. 다시 말하면, 마가는 황제와 황제를 정당화하는 신화에 초점을 맞추어 집중적으로 공격한다. 마가의 문학적 전략은 첫 번째 행부터 전복적인 성격을 드러낸다. 복음은 결코 이 이야기에 부적합한 제목이 아니다. 그러나 마가의 "기쁜 소식"은 로마 군대가 거둔 또 한 차례의 승리에 관한 소식이 아니다. 그것은 제국의 정치 문화에 대한 마가의 선전 포고다.

2. "이사야": 유대의 문화적 코드에 대한 파괴

이 이야기의 1막이 오르기 전에, 우리는 무대 뒤로부터 히브리 성경을 읽는 한 음성을 듣는다.1:2 이하; 위 A, 3 "이사야서"에서 인용한 이 문장은 사실 70인역의 여러 본문에서 가져온 것으로써, 마가의 텍스트 편집은 다시 한번 그의 전복적 의도를 드러낸다.[2] 이 예언의 전반부1:2는 이사야서가 아닌 다른 두 개의 본문을 합쳐놓은 것이다. 첫 번째 구절은 해방을 향한 히브리 백성의 여정을 안내한다.

> 내가 사자를 네 앞서 보내어70인역: 아포스텔로 톤 앙겔론 무 프로 프로소푸 수 길에서앙 테 호도 너를 보호하여 너를 내가 예비한 곳에 이르게 하리니출 23:20

이 길은 선지자 "말라기"가 선포한 여호와의 강림을 위한 길과 동일시된다.

> 만군의 여호와가 이르노라 보라 내가 내 사자를 보내리니70인역: 엑사포스텔로 톤 앙겔론 무 그가 내 앞에서 길을 준비할 것이요호돈 프로 프로소푸 무말 3:1a

두 텍스트는 "길"을 복음서의 제자도에 대한 핵심 모티브로 도입하는 역할을 한다. 이 모티브는 후반부에서 더욱 두드러진다 이 모티브에 대해 다룬 자료는 많지만, 여기서는 길게 다루지 않을 것이다. Best, 1981 참조 그러나 마가가 인용한 텍스트에는 원래 텍스트에 없던 동사 하나가 발견된다. 그는 길의 건설카타스케아세이 "준비하라"에 대해 언급한다. 이것은 이 길이 단순한 길이 아님을 보여주는 첫 번째 표지다.

웨첸H. Waetjen 1982은 이 구절에 대해, 프롤로그의 나머지 내용에 비추어볼 때, 세 가지 방식으로 접근할 수 있는 "놀라울 정도로 모호한 '복합 인용문' composite quotation"이라고 말한다. 본문의 "사자"를 엘리야와 같은 인물에 해당하는 세례요한과 동일시하는 한, 이 문장은 다음과 같이 해석하는 게 가능하다.

"보라 내하나님가 내 사자요한/엘리야를 네예수 앞에 보내노니 그가 네 길을 준비하리라."

그러나 이 이야기의 뒷부분에서 "길에서"제자들 "앞에 서서" 가시는 분은 예수다. 10:32; 14:28 또한 십자가에서15:34 "크게 소리 지르시되" 실제로 큰 소리로 외치는 자도 예수다. 1:3 참조 마가복음을 끝맺는 결론적 약속 "예수께서 너희보다 먼저 갈릴리로 가시나니," 16:7과 이 서두의 예언opening prophecy 사이의 일치는 내러티브의 순환적 역동성을 더욱 강화한다. 이런 면에서 이 문장은 다음과 같이 해석할 수 있다.

"보라 내하나님가 내 사자예수를 네제자들 앞에 보내노니 그가 네 길을 준비하리라"

세 번째 방식은 무엇보다도 마가가 자신이 이 책의 저자임을 강력히 주장한 사실에 비추어 볼 때3장, A, 1, 다음과 같이 해석하는 것이 가능하다.

"보라 내하나님가 내 사자복음서 기자를 네독자 앞에 보내노니 그가 복음서를 기록함으로써 네 길을 준비하리라"

웨첸은 다음과 같은 결론을 내린다.

> 이사야의 글에서 나온, 여러 가지로 해석될 수 있는 의미로 가득한 이 특별한 문장은 복음서 기자가 이사야 40:3을 예수 그리스도의 복음과 관련하여 미드라쉬해석학적으로 사색한 결과로써, 마가복음의 독특한 문학적 구성의 제목이자 핵심적인 키워드가 된다.1982:11

1:2에 대한 또 하나의 설득력 있는 해석학적 영역이 존재한다. 히브리 정경의 마지막 "기록 선지자"writing prophet인 "말라기"에 대한 암시는 무엇보다도 강력하다.

> 적어도 주후 1세기부터, 고대 랍비와 서기관들은 진정한 예언은 학개, 스가랴, 말라기와 함께 끝났다고 주장했다.… 이 주장은 어떤 기록을 권위 있는 경전으로 인정해야 할 것인가라는 "정경적" 사고의 지배적 관점이었다.Horsley and Hnson, 1985:146

마가는 이러한 사실에 대해서는 물론, 동시대 유대인이 이스라엘의 예언적 음성이 중단되었다는 사실에 크게 실망하고 있다는 사실에 대해서도 잘 알고 있었을 것이다. 그는 이곳에서 예언적 음성을 재생함으로써 '여호와의 음성이 다시 한번 선포되고 있음'을 보여준다. 그뿐만 아니라 "말라기"의 신탁은 여호와께서 역사 속에 극적으로 등장하실 것이라는 사실을 구체적으로 예고한다.[3] 오랫동안 기다려온 종말론적 심판이 마침내 다가온 것이다.

이것은 즉시 압도적인 긴장감을 불러일으킨다. 무엇인가 엄청난 일이 벌어질 것이다. 그러나 그것은 과연 무엇인가? 또는 마가에게 더욱 중요한 개념으로서 그것은 어디서 오는 것인가? 말라기는 여호와의 현현의 장소가 예루살렘 성전이 될 것임을 밝힌다. "너희가 구하는 바 주가 갑자기 그의 성전에 임하시리니"말 3:1b 그러나 마가는 이상하게도 신탁의 이 부분을 생략하며, 그 자리에 이사야 40:3을 거의 축어적 방식으로 인용한다. 그를 대신하여 사자가 '광야'에 등장할 것이다.[1:3] 이 광야는 정확히 1막에서 세례요한이 등장하게 될 곳이다.[1:4]

"광야"[또는 사막, 에레모스]는 마가복음의 내러티브에서 두 번째로 중요한 장소에 해당하며, 후반부에서 아홉 번 언급된다. 마가의 팔레스타인 독자에게 광야의 의미 영역은 복합적이며, 이 영역의 모든 요소는 마가와 관련된다. 문학적 관점에서 광야는 사람이 거주하지 않는 불모지로, 가장자리에 위치한다. 요한은 메뚜기와 석청을 먹었으며[1:6] 그곳의 주민들은 굶주렸다.[8:2 이하] 상징적으로, 광야는 공동체의 싸움터나[출애굽 전승에서 볼 수 있는 것처럼], 박해당한 신실한 자가 구원을 기다리는 도피처다.[묵시 문학에서 볼 수 있는 것처럼; 계 12:6, 14] 예수는 이스라엘과 마찬가지로 광야에서 시험을 받으셨으며[1:12 이하], 때로는 그곳에 홀로 계셨다.[1:35, 45] 이런 점에서 예수와 세례요한은 정치 권력에 쫓겨 광야로 피신했던 엘리야에 대한 선지자 "문헌"을 따른다.[왕상 19장] 또한 지정학적으로, 광야는 동시대의 선지자 운동이나 혁명 운동의 발상지들과 동일시된다.[행 21:38; 위 2장 C, 3] 실제로 광야는 예수께서 "대중을 모으신" 장소로, 예수는 그곳에서 무리를 먹이셨다.[6:31 이하, 8:4; 아래, 6장 E] 그러나 프롤로그에 네 차례나 등장하는 광야의 가장 중요한 내러티브적 기능은 이데올로기적 기능이다. 광야는 "변두리"를 상징한다. 마가는 말라기의 성전["중심"을 상징한다] 대신 "광야"를 여호와의 새로운 행위의 장소로 삽입함으로써 전형적으로 대립하는 두 개의 상징적 장소 간의 공간적 긴장을 불러일으킨다. 광야와 성전의 이러한 대립은 마가의 냉소적 언급에 잘 드러난다. 그는 셈어의 전형적인 과장법을 사용하여 "온 유대 지방과 예루살렘 사람"이 광야에 있는 세례요한을 찾았다고 말한다.[1:5] 유대인의 구속사 이해에서 지배적인 위치를 점하고 있었던 민족주의 이데올로기에 따르면, 예루살렘은 언젠가 모든 민족이 나아오게 될 세계적 중심지다.[시 69:35 이하, 사 60:10-14] 마가는 이러한 이동의 "방향"을 거꾸로 돌린다. 무리는 시온을 향한 승리의 순례를 시작하는 것이 아니라 회개를 위해 변두리로 향한다. 마가는 여기서 유대 지배계층의 정치적 문화에 대한 자신의 통찰력을 제시한다. 유대 성전이 가지고 있는 구원의 수단을 독점함으로써 사회적 권력을 장악하고 있었던 제사장/서기관 계층은 이러한 "광야의 부흥회"에 강력히 반대했을 것이다. 마가는 두 번째로, 지배적 문화 코드의 핵심 요소들을 파괴한다. 이야기는 이제 겨우 시작되었을 뿐이다.

3. 종말의 시작: 엘리야로서 세례요한

첫 번째 장면에 나오는 세례요한의 의상은 배경만큼이나 중요하다. 이 장면은 요단에서 회개를 전하는 세례요한과 함께 시작되지만1:4, 마가의 관심은 온통 그가 입은 옷에 쏠려 있는 것처럼 보인다. 왜 그런가? 오늘날 미국 신화에 사회화된 자들에게는 수척한 모습의 수염 난 얼굴과 연통처럼 긴 모자가 에이브러햄 링컨의 이미지를 상기시키듯이, 마가의 독자에게 요한의 의상은 위대한 선지자 엘리야를 떠올리게 해주었을 것이다.왕하 1:8 엘리야와 세례요한에 대한 내러티브적 연결은 마가복음을 공부하는 학생들에게 잘 알려져 있으며, 예수의 신분과 관련된 결정적인 막간6:15, 8:28, 9:4, 11-13, 15:35 이하에 나타난다.

그러나 이러한 묘사에 내포된 정치적 영역은 대체로 간과되고 있다. 히브리 성경에서 엘리야와 그의 제자인 선지자 후보생들은 다음과 같이 묘사된다.

> 그들은 왕과 재판관에 대한 심판을 선언하고 여호와와 맺은 언약을 위반한 불신앙에 대해 판결을 내렸다. 이러한 행위는 이교도의 강력한 문화적 영향에도 일부 기인한다.… 또한 선지자는 여호와의 구원적 행위를 전달하고 외국의 침입이나 지배에 맞서 백성을 보호하는, 전통적으로 사사shophet가 맡았던 역할 가

운데 하나를 수행했다.… 압제에 맞서…엘리야와 엘리사 및 그들을 계승한 "선지자의 아들들"은 아합의 집에 대한 정치적 반역을 도모했다. Horsley and Hanson, 1985:139, 141

우리는 요세푸스를 통해 헤롯의 법정이 요한을 파괴적 위협 인물로 인식했다는 사실을 알고 있으며, 계속해서 그의 회개 이데올로기는 선지자에 대한 대가를 자초했다는 사실을 듣는다. 6:17 이하; 아래, 7장 B 그러나 여기서는 이 모든 것에 대한 암시만 주어진다. 1:14a에 의하면 마가는 요한의 체포에 대해 알고 있다

내러티브적 차원에서, 이곳에 소개된 엘리야에 관한 서술은 백성이 가지고 있었던 기대에 대한 긴장을 극적으로 고조시킨다. 선지자의 음성이 사라지기 전에, 그의 마지막 부르짖음이 무엇이었는가? 그것은 "보라 여호와의 크고 두려운 날이 이르기 전에 내가 선지자 엘리야를 너희에게 보내리니" 말 4:5 라는 말라기의 약속이자 경고였다. 독자는 혼란에 사로잡히게 된다. 이것은 "시작" 1:1 인가 "끝"인가? 그러나 오래 생각할 필요가 없다. 세례요한의 세례 사역-요한의 세례는 나중에 마가가 상당한 권위를 인정했으며, 논쟁거리도 되었다. 11:30-은 이 복음서의 주제가 아니기 때문이다. 세례요한은 하나님 나라의 '사역' 회개와 죄사함의 전파 과 하나님 나라의 '사신'이라는 마가복음의 두 가지 주제를 소개하기 위해 잠시 무대에 등장했을 뿐이다. 따라서 마가복음 1:7에서 세례요한은 "여호와의 날"이 다가왔으며, 그에 앞서 먼저 "능력 많으신 이" 1:7 호 이스퀴로테로스, 더 강한 자 가 와야 할 것이라고 밝힌다.

이것은 무슨 뜻인가? 우리는 나중에서야 이 메타포가 예수께서 "강한 자"와 싸우실 것에 대한 언급 3:27 이라는 사실을 알게 된다. 4장 F, 1 앞으로 오실 분은 요한이 신발 끈도 풀지 못할만한 "신" 휘포데마톤 을 신고 있다. 이 셈어 구절 전승 자료임이 분명하며, 네 번째 복음서 요 1:27에도 나타난다 은 복종을 가리키는 완곡어법으로 보인다. 이 이미지는 마가에게 상징적 의미도 가진다. 이 구절은 6:9에

다시 한번 나타나는데, 예수는 그곳에서 하나님 나라의 사역을 위해 제자들을 보내시며 신만 신으라고 말씀하시기 때문이다.[7장 A, 2] 여기서 신은 요한이 따르고 있는 예수의 제자도를 가리키는 것으로 보인다.

그러나 이어지는 사건은 이러한 해석과 반대되는 것처럼 보인다. 오히려 예수께서 요한에게 세례를 받으시기 때문이다.[1:9] 따라서 독자의 해석이 잘못되지 않았음을 보여주기 위해, 요한의 예언은 자신의 세례가 오실 자의 세례를 암시할 뿐이라는 고백으로 마무리된다.[1:8] 우리는 "성령으로" 베푸시는 세례를 권력과의 대립이라는 관점에서[10:38 이하], 하나님의 인도하심을 받는 제자도의 정치적 현장[13:11]으로 이해해야 할 것이다.[8장 D] 그러므로 기대에 부풀어 있는 요한의 칭송은 하나님 나라에 대한 소명을 요약해서 보여준다. 이러한 사실은 이어지는 이야기에 잘 나타난다. 즉, 더 강한 자가 성령 세례를 통해 권력자들을 무너뜨리는 것이 그의 임무라는 것이다. 이 임무는 "신발"로 상징된다. 그러나 이 책을 처음 읽을 때는 이 모든 상징이 분명하게 다가오지 않는다. 따라서 우리는 첫 번째 장면이 끝나는 시점에서도 여전히 이 "엘리야"가 여호와의 날을 가져올 것인지에 대해 궁금해하는 것이다.

3F. 전복적 사명의 시작[1:9-20]

1. 예수의 세례: 첫 번째 묵시적 순간

1막의 두 번째 장면은 마가의 내러티브 구조를 보여주는 훌륭한 사례가 된다. 이 장면은 예수께서 갈릴리에서 왔다는 언급[1:9a]으로 시작해서, 다시 갈릴리로 돌아가셨다는 언급[1:14b]으로 마친다. 그 사이에 내러티브의 시간과 공간을 가로지르는 이동이 빈번하게 나타난다. 요단에서의 세례와 환상은 광야의 시험으로 배경이 전환되며, 첫 번째 역사적 표지라고 할 수 있는 요한의 체포[1:14a] 시점까지 어느 정도의 시간이 흘렀는지는 규명되지 않는다.

세례요한/엘리야의 예언이 우리의 기대를 지연시켰다면, 이야기의 주인공에 대한 갑작스러운 소개는 우리를 더욱 당황스럽게 만든다. "독자를 극적인 기대감으로 잔뜩 부풀게 한 마가는 예수의 등장에 대해서는 가장 평범하게 서술하는 점강적[용두사미적] 방식을 택한다."[Bilezikian, 1977:57] 예수는 단지 이름 없는 무리 가운데 하나로 세례를 받기 위해 나아오신다. 그가 "갈릴리 나사렛으로부터"[1:9] 오셨다는 사실은 상징적 공간의 전위[중심 이동]를 더욱 강조한다. 우리는 누가나 마태가 그랬듯이, 주인공이 기적적 기원이나 확실한 계보를 통해 자격을 갖출 것이라고 기대한다. 그러나 마가는 예수께서 "나사렛으로부터" 오셨다는 막연한 기원을 강조함으로써 마치 그가 "별로 대단치 않은 어느 도시"로부터 오신 것처럼 소개한다. 지극히 평범한 그의 고향은 고대 문헌 어디에서도 언급되지 않은 도시다. 더구나 이야기 전체에서 마가는 우리에게 "나사렛"이라는 도시의 비천한 기원을 상기시킨다.[1:24; 10:47; 14:67; 16:6]

한편으로 팔레스타인의 북쪽 경계에 위치한 갈릴리는 남부 유대인의 의심과 멸시를 받았던 지역으로 알려진다. 앞서 지적했듯이[2장 B, 3], 헬라 도시에 둘러싸인 갈릴리는 대부분 가난한 이방인으로 가득했으며 지정학적으로는 사마리에 의해 유대로부터 분리되었다. 다시 말하면, 마가는 1:5에 나타나 있는 예루살렘과 광야의 대립구도에 함축된 중심부와 변두리 사이의 공간적 긴장을 확인시켜 준다.

그러나 이처럼 멀리 떨어져 사회적 기원이 의심스러운 이 인물에게 하나님의 은총이 임한다. 지금까지 지상적이고 세속적이었던 내러티브는 1:10에서 갑자기 묵시적 이미지로 바뀐다. 예수께서 요단 물에서 올라오실 때 하늘이 갈라지고 소리가 들린 것은 환상에 의한 것이다. 상호텍스트적 이미지는 다시 한번 선지자의 소망을 상기시킨다.

원하건대 주는 하늘을 가르고 강림하시고

주 앞에서 산들이 진동하기를
불이 섶을 사르며 불이 물을 끓임 같게 하사
주의 원수들이 주의 이름을 알게 하시며
이방 나라들로 주 앞에서 떨게 하옵소서사 64:1-2

이 미지의 나사렛 사람이 이사야의 오랜 소망을 성취할 수 있을 것인가?

이것은 마가가 내러티브 속에 분명한 묵시적 상징을 삽입한 세 차례의 "순간" 가운데 첫 번째이다. 마가복음의 몇 곳에서 발견할 수 있는 땅과 "하늘"을 연결하는 담론에 나타나는 이러한 순간들은 이 이야기의 축을 형성하며, 플롯을 만들고 이데올로기를 정당화하는 데에 매우 중요한 역할을 한다. 이 장면에서 들리는 신적 음성은 1:1에 기록된 주장이 정당함을 입증해준다. 물론 이 음성은 특권적 정보에 해당한다. 왜냐하면 마가는 요단강 주변에서 누구도 이 장면을 보거나 들었다고 말하지 않기 때문이다. 번디W. Bundy는 다음과 같이 주장한다.

> 이것은 역사라는 무대에서 배우의 운명에 실제로 작동하고 있는 보이지 않는 힘을 드러내는 극적 기법에 해당한다. 이 기법은 독자에게 무대의 배후에서 일어나는 장면에 대해 흘깃 보여주며…이야기를 시작하면서 독자에게 감추어 두었던 주인공의 정체를 드러내 주는 일종의 극적 방백dramatic aside에 해당한다.Bilezikian, 1977:122

예수는 "사랑하는 아들"1:11; cf, 9:7; 12:6로 밝혀진다. 이것은 성경에 기록된 두 가지 중요한 전승을 상기시킨다. 하나는 왕적 메시아 시시 2:7로서, 왕은 "세상의 군왕들"을 물리치고 등극한다.2:2, 10 그러나 이 다윗 전승의 승리적 어조는 이사야서의 고난 당하는 종에 대한 또 하나의 암시에 의해 수정된다.

> 내가 나의 영을 그에게 주었은즉
> 그가 이방에 정의를 베풀리라
> 그는 외치지 아니하며 목소리를 높이지 아니하며
> 그 소리를 거리에 들리게 하지 아니하며
> 상한 갈대를 꺾지 아니하며 꺼져가는 등불을 끄지 아니하고
> 진실로 정의를 시행할 것이며사 42:1

그러나 이 장면은 다시 한번 점강적 방식으로 끝나며, 예수는 광야로 물러나신다.1:12 마가는 새 하늘과 새 땅에 대한 묵시적 소망을 단순한 환상에 그치게 하려는 것인가?

예수의 세례를 둘러싼 상징은 사실상 새로운 인간 창조를 나타낸다. 웨첸에 따르면 예수의 세례는 꾸며낸 것이 아니라 실제로 일어난 일이다. 그러나 우리는 그를 1:5에서 요한이 세례를 준 자들과 구별해야 한다.

> 예수는 동료 유대인과 달리이것은 예수와 그들의 실제적 차이점이기도 하다, 요단강 물속에 들어가서 세례를 받으셨다. 이것이 함축하는 것은 유대와 예루살렘으로부터 온 유대인은 강 속으로 들어가지 않았다는 것이다.… 그들은 요한의 세례를 온전히 받아들이지 않았다. 그들은 세례요한이 제공하는 급진적 방식에 완전히 사로잡히지 않았다.1982:6

웨첸은 버릿지가 제시한 '사회적 의무에서 벗어나는 방식의 구원 개념'을 사용하여, 예수께서 세례를 받으신 상징적 행위는 사회적 관점에서 접근해야 한다고 주장한다.

> 이러한 세례는 참된 회개의 행위이다. 그것은 현재의 사회 구조와 가치관에 더

이상 동참하지 않고, 자신이 태어난 도덕적 질서로부터 완전히 떠나겠다는 것이다.… 권력 체제에 의해 유지되는 전체주의적 구원 방식… 유대-로마 사회를 실제로 형성하고 있던 전체성은 끝났다. 이러한 특권층의 권력 질서 및 공공생활 밑에서 발생한 모든 부채는 소멸되었다. 예수는 죽음에 이르는 돌이킬 수 없는 회개의 경험을 통해 모든 채무로부터, 그리고 규범적 방식으로 이행해야 할 의무로부터 벗어났다. 그는 모든 의무에서 완전히 벗어났다.1982:6 이하

새로운 창조는 옛 질서에 대한 포기와 함께 시작한다. 따라서 처음에 점강적 방식으로 보였던 것이 묵시적 상징을 통해 사실상 전복적 방식임이 드러난다. 그러나 마가복음 전체를 통해 확인할 수 있는 대로, 마가의 상징적 행위가 만들어내는 진정한 정치 드라마를 "보는 눈"이 있어야 한다. 예수는 세례를 통해 소위 "무법자"로 선포되신다. 그의 사명은 압제적인 구조의 법과 질서에 도전하는 것이다. 저항의 선포로서 세례와 유사한 오늘날의 사례는 인도차이나 전쟁 당시 징병 영장을 공개적으로 태우는 상징적인 행위를 통해 반전 운동의 "시작"을 알렸던 사건을 들 수 있다. 세례에 대한 이런 식의 해석이 정당하다는 것은 이어지는 사건을 통해 뒷받침된다. 예수는 "해방"을 선포하시자마자 세상 질서의 지배자로부터 도전을 받으신다.1:12 이하 이제 역사는 갈림길에 섰으며, 묵시적 전쟁 신화는 시작되었다!

이처럼 역전된 상징적 공간 개념에 맞추어, 마가는 이 "새로운 사람"의 등장을 특별하게 서술해야 한다는 유혹을 거부한다. 대신에 그는 예수를 무대 밖으로 사라지게 한다. 그리고 광야 깊숙한 어딘가에서 성령의 인도하심을 받는 예수와 사탄의 싸움이라는 또 하나의 묵시적 드라마가 시작된다.

광야에서 사십 일을 계시면서
사탄에게 시험을 받으시며

들짐승과 함께 계시니
천사들이 수종들더라[1:13]

광야의 시험은 이스라엘이 애굽의 바로에게서 해방된 사건을 상기시키지만, 마가의 내러티브에서는 더욱 특별한 의미가 있다. 예수는 중요한 시점에 정치적 대적들로부터 악의적 "시험"을 받았으며[8:11; 10:2; 12:15], 그가 잡히시기 전날 밤 제자들에게 경고하신 것도 바로 이 시험에 지지 말라는 것이었다.[14:38]

이 싸움에서 양 진영은 각자의 신화적 "동지"를 가지고 있다. 예수는 "들짐승"과 함께 계시는 동안 천사들의 도움을 받으셨다. 들짐승[데리온]은 다니엘서[7:3, 7] 와 요한계시록[11:7; 13:1 이하]에서 흔히 볼 수 있는 묵시적 완곡어법이다. 카르구니스[C. Cargounis]의 다니엘서 주석은 마가복음과 밀접한 관계가 있다.

> 다니엘서에 나오는 '짐승'의 개념은 어느 한 왕을 지칭하지 않는다. 그것은 보이지 않는 지배자[아르콘]의 조종을 받는 지상 통치자들의 권력 전체를 가리킨다. 짐승은… 보이지 않는 수호자, 인간의 대표자, 국가 체제 전체가 복잡하게 얽혀 있는 복합체로서, 아르콘의 계획, 즉 국가 정신을 실천에 옮긴다.[1977:159]

우리는 마가복음 13장에서 이러한 정치적 상징으로 다시 돌아올 것이다.[11장 D] 이 에피소드에서, 역사의 거대한 묵시적 전쟁은 이미 시작되었다. 마가는 첫 번째 사역 내러티브 전체에서 예수와 귀신들과의 싸움, 서기관과 바리새인들과 인자의 권위 싸움, 그리고 사탄과 성령이 다시 한번 대립하는 "강한 자"와의 결정적 싸움[3:23-30]을 통해, 이 전쟁 신화를 발전시켜 나갈 것이다.

2. 성취된 때: 구성적 시간의 힘

마가 이야기의 처음 두 장면은 세심하게 배열한 배경과 상징을 통해 마가의 첫 번째 주제를 정립한다. 즉, 예수의 세례를 통해 세상에 들어와 새로운 구속사를 시작하는 이 위대한 '새 묵시'apocalyptic novum는 사회 질서의 중심부가 아니라 변두리에서 일어난다는 것이다. 이 내러티브의 정치적 성향은 프롤로그의 전환적 결론에 의해 더욱 크게 부각된다. 예수는 "요한이 잡힌 후" 1:14 하나님 나라에 대한 선포를 시작하며, 죽은 선지자의 옷을 집어 드신다. 예수는 계속해서 하나님 나라에 대해 선포하고 회개를 촉구하시지만, 곧바로 당국의 체포 대상이 된다.3:6

피터슨1978년은 마가가 프롤로그에서 "이야기 시간"과 "구성적 시간"담론의 시간을 탁월한 방식으로 활용했다는 사실에 대해 지적한다. 전자는 서술할 수도 있고 서술하지 않을 수도 있는, 사건들 사이의 "실제적 시간"이다. 예를 들면, 독자는 요한의 사역, 예수의 세례, 요한의 체포, 예수의 공적 설교와 같은 프롤로그의 사건들이 특정 기간에 일어났을 것으로 생각하지만, 마가는 시기나 기간에 대해 밝히지 않는다. 한편으로 구성적 시간은 저자가 사건에 대한 진술에서 연대기적 시간을 임의로 구성한설정한 시간이다. 이 시간은 저자의 선택에 따라 세례와 같은 사건에서는 특정 순간이 길게 늘어나기도 하고, 예수의 광야 시험과 같은 사건에서는 며칠이나 몇 개월 또는 몇 년까지 생략되기도 한다. 또는 세례요한의 죽음에 대한 기사에서 볼 수 있는 것처럼, 회상 형식을 통해 연대기적 시간이 중단되기도 한다.6:14 이하, 요한의 죽음에 대한 기사

구성적 시간은 일련의 예언들의 성취를 통해 마가의 프롤로그에 극적 긴장을 부여하며 사안의 중요성에 대해 인식하게 한다. 마가는 새로운 시작을 선포한 다음, 즉시 선지자의 음성을 들려준다. "이사야"는 사자가 이를 것이라고 선포하며, 그 곧바로 세례요한이 광야에 나타난다. 이어서 세례요한은

"능력 많으신 이"가 오실 것이라고 선포하며, 갑자기 예수께서 사탄의 지배와 맞서기 위해 무대에 등장하지만, 곧바로 무대 뒤 광야로 사라지신다. 이처럼 마가는 자신이 불러일으킨 기대감을 즉각적으로 충족시켜주지 않는다. 드디어 새로운 질서가 베일을 벗으려는 순간, 점강적 방식의 아쉬운 결말과 함께 장면이 바뀐다.

그리고 마침내 1:15에서 예수는 "때가 찼고"페플레로타이 호 카이로스라는 말씀을 통해, 그토록 고대하던 하나님이 개입하실 순간을 선포하신다. 하나님의 나라가 "가까이 왔다"라는 구절은 신약성경에서 급격한 임박, 심지어 경계선이 맞닿아 있음접점을 의미하는 독특한 표현이다. 그러나 1:16에서 우리는 다시 한번 좌절하게 된다. 하나님의 현현 대신 예수께서 바닷가를 거니시며 평범한 노동자에게 자신과 함께 일할 것을 명령하시는 두 번째 막이 열리기 때문이다. 마가는 확실히 선지자와 묵시적 전승에 호소하는 것의 위험성에 대해 알고 있다. 그것은 유대 민족주의의 종말론적 승리에 대한 기대를 강화하는 데 이용될 수 있기 때문이다. 이러한 이유로 마가는 하나님의 현현과 거룩한 전쟁의 승리를 동일시하는 관점을 좌절시키는 내러티브 전략을 추구한다. 다시 한번 말하지만, 마가의 내러티브 상징에 대한 보다 철저한 해석은 예수께서 사실상 옛 질서에 대한 공격을 시작하신 사실을 확인시켜준다. 이어지는 장면은 이러한 사실을 잘 보여준다.

3. 제자로 부르심: 일상과의 단절

제자로 부르시는 기사는 내러티브 초반에 세 차례 나온다. 세 본문은 "갈릴리 해변"이라는 일반적 구조 및 배경1:16 이하; 19 이하; 2:14에 의해 연결된다. "바다"는 마가복음에서 새롭게 등장한 중요한 상징적 장소이며4장 B, 4, 이곳에서는 제자 공동체의 영역으로 소개된다.3:7; 4:1 이하 첫 번째로 나타나는 두 개의 소명 에피소드1:16-20는 다음 네 가지 행동으로 이루어진 이중적 평행으로 구성된다.

1 예수께서 해변으로 지나가심[1:16a 19a]

2 예수께서 한 어부 가족이 일하는 것을 보심

a 시몬과 그 형제 안드레가 그물을 던짐[1:16b]

b 야고보와 그 형제 요한이 그물을 깁음[1:19b]

3 예수께서 그들에게 자신을 따라오라고 부르심[1:17, 20a]

4 어부가 따르기 위해서 일터를 버림

a 시몬/안드레가 그물을 버림[1:18]

b 야고보/요한이 동료들을 배에 버림[1:19b]

레위에 대한 부르심도 대체로 이 형식과 일치하며, 제자로 부르시는 전형적인 사례로 볼 수 있다.

예수께서 이 노동자들을 "사람을 낚는 어부"[1:17]가 되도록 초청하셨다는 구절만큼 전통적으로 오해가 많은 표현도 없을 것이다. 오랜 전통으로 내려오는 선교적 차원의 해석은 마치 예수께서 즉시 전도자의 지위를 부여하신 것처럼 해석하지만, 이 메타포는 "영혼 구원"을 가리키지 않는다. 오히려 이 이미지는 예레미야 16:16에서 신중하게 선택되었으며, 그곳 본문에서 이 구절이 이스라엘에 대한 여호와의 책망을 상징한다. 다른 곳에서는 이 이미지가 부자[암 4:2]나 권력자[겔 29:4]에 대한 심판을 나타내는 완곡어법으로 사용된다. 예수는 이 명령을 사용하여, 평범한 사람들에게 기존의 권력 및 특권적 질서를 전복하는 싸움에 동참하라고 부르신 것이다.

예레미야의 이미지가 아무리 중의적 표현으로서 그들의 직업에 품위를 부여해준다고 할지라도, 어부들은 그러한 품위를 버리라는 명령을 받는다. 사실 마가는 이 에피소드의 사회적 위치에 특별한 관심을 가지고 있다. 본문은 그들의 직업이 고기를 잡는 어부라는 사실에 대해 명확히 서술한다. 우리는 여기서 품꾼으로 고용되는 일용 노동자와 달리 독립적으로 일하는 숙련공 계층을 볼 수 있다. 오늘날과 비교하면 고대 농촌 사회의 친족 구조는 일터와 훨씬 더 밀접하게 연결되어 있다는 사실을 알아야 한다. 따라서 예수께서 일터를 떠나라고 요구하신 것은 3:31에서 볼 수 있는 대로 경제적 안전장치[직업]는 물론 사회적 보장[가정]까지 포기해야 한다는 뜻이다. 일부 주석가는 이 전승이 예수의 "종말론적 인식"을 반영하고 있다고 주장한다. 즉, 세상이 곧 끝날 것으로 생각하신 예수께서 모든 사회적, 경제적 책임을 포기하고 자신에게 합류하라고 명령하셨다는 것이다. 물론 이 주장이 함축하는 바는 이러한 전형적 개종은 "현실" 세계에서는 일어날 수 없는 일이라는 것이다. 이것은 묵시적 내러티브를 무시하는 부르주아적 해석을 보여주는 또 하나의 사례일 뿐이다. 이 구절의 요지는 예수를 따르기 위해서는 단순한 마음의 동의뿐만 아니라 사회적인 관계와 경제적 관계도 근본적인 재정립이 필요하다는 것이다. 지배적 사회 질서를 버리기 위한 첫 번째 단계는 제자의 "세계"를 바꾸는 것이다. 하나님 나라에서는 모두가 인격적으로나 정치적으로 동등하다. 마가가 나중에 언급한 대로[10:17-30], 부자가 예수의 질문에 대답하지 않았던또는 대답할 수 없었던 이유는 바로 이처럼 분명한 명령 때문이다.[10:17-30] 사실 마가는 제자 공동체의 새로운 질서 안에서 구체적인 사회적, 경제적 책임에 대해 할 말이 많았을 것이다.[3장 9장] 이것은 세상 "밖으로" 나오라는 것이 아니라 대안적인 세상의 대안이 될 수 있는 새로운/역주 사회적 실천으로 들어가라는 것이다.

세 번째이자 마지막 부르심은 세리 레위와 관련되며[2;13 이하; 아래, 4장 C, 3], 그는 사회적으로 소외된 자이지만 제자로 부르심을 받는다. 레위는 앞서의 네 사람과 달리 예수께서 그와 그의 동료들과 함께 잡수신 후에는[2:15] 다시 언급되지 않으며, 3:17-19에 나오는 열두 제자의 명단에도 나타나지 않는다. 이것은 "열두 제자"만이 예수의 유일한 제자가 아님을 보여준다.

슈바이처E. Schweizer 1964년가 지적한 대로, 마가의 "부르심"이라는 패러다임은 전통적인 랍비 입문 방식과 현격한 차이를 보인다. 랍비의 지위를 얻기 위해서는 학생이 스승을 찾아가서 배움을 청하는 것이 일반적이다. 그러나 예수의 부르심은 절대적인 부르심으로, 잠재적 후보생의 생업을 중단시키고 졸업에 대한 기약도 없는 "학교"만 약속하신다. 마가복음에서 이러한 "첫 번째" 부르심은 "일상적 삶과의 단절"을 요구하는 긴급하면서도 일말의 타협의 여지도 주지 않는 초대이다. 제자가 되려는 자들에게 있어서 세상은 종말을 향해 달려가고 있다. 하나님의 나라는 이미 시작되었다. 그리고 그 나라는 제자도의 여정과 동일시된다.

4. 새로운 이데올로기로서 마가복음: 마가의 사회-문학적 전략1:20까지

마가복음의 주요 단원이 끝날 때마다 이런 식으로 하겠지만, 이제 지금까지 읽은 부분에 대한 사회-문학적 의미를 소급해서 살펴보고자 한다. 우리는 먼저 형식이 내포하고 있는 이데올로기또는 담론를 살펴본 다음, 이야기가 가지고 있는 사회적 기능또는 의미에 대해 고찰할 것이다.

프롤로그의 담론은 하나님의 나라와 옛 세계 질서가 대립하는 묵시적 드라마가 태어날 내러티브 세계를 형성한다. 물론, 이 세계의 기본적 요소는 시간과 공간이다. 마가의 사실적 내러티브는 처음부터 역사적 접근과 신화적존재론적 접근을 통해 두 요소를 확실하게 정립한다. 예를 들면, 마가는 독자도 잘 알고 있었을 것이 분명한 세례요한의 사역을 소개함으로써 간접적으로 "역사적 시간"에 의존한다. 대부분의 에피소드가 "카이"그리고로 시작되는 마가의 진술 형식은 예레미아스가 말하는 "기존의 팔레스타인 역사서에 나타나는 전형적인 특징"에 해당한다.Jeremias, 1966:174 그러나 동시에 이 이야기는, 예를 들면 누가복음눅 1:5; 2:1 이하과 달리, "시작", "때가 차매"와 같은 막연하고 신화적인 "이야기 시간"의 틀 속에서 시작한다. 이처럼 분명한 모순은 과

거의 사건을 존재론적 힘으로 접근하려는 마가의 의도와 일치한다. 그러나 나는 마가가 이 내러티브 세계에서 "타락 이전"의 원시 역사로의 상징적 회귀를 의도했다는 비아Via, 1985의 주장까지는 가지 않을 것이다. 오히려, 예수의 강림은 세상 질서가 붕괴된 "순간"을 나타낸다. 이러한 순간은 제자도 내러티브가 현존하는 장소에서, 그리고 현존하는 인물의 삶 속에서 재현될 때마다 반복적으로 일어난다. 이러한 붕괴는 "여호와의 날"에 대한 묵시가 실제로 성취되었음을 보여준다.

마찬가지로, 이 이야기의 장소는 실제적이고 역사적이면서도요단강, 신화적이고 전형적인 공간이다. 갈릴리/광야와의 연결은 이 이야기의 "긍정적 중심축"으로 제시된다. 그곳은 예수와 제자 공동체가 태동한 곳이자 사역의 현장이며3:7; 14:70, 복음서 끝부분에 나오는 "부활"의 장소다.14:28; 16:7 반면에 유대/예루살렘/성전과의 연결은 "부정적 중심축"으로 제시된다. 그곳은 예수를 대적하는 서기관의 기원이 되는 장소이며3:22; 7:1, 예수의 마지막 대결을 위한 사역의 목적지이다.10:32 이하; 11:1, 15

스탠다트B. Standaert는 그리스-로마 비극의 관점에서 마가의 프롤로그에 나타난 논증적 방식을 해석하는 탁월한 사례를 제시한다. 이 비극에서는 한 배우가 무대 앞으로 나아와 독자에게 연극의 내용에 대해 소개한다.

> 이 배우는 때때로 신의 보냄을 받은 사신aggelos의 역할을 수행한다. 그의 독백은 관객에게 연극의 줄거리를 소개한다. 때때로 그는 이야기에 동참하지 않고 소개가 끝난 후 완전히 사라지기도 한다.… 그는 자신만이 알고 있는 정보를 전달하며…반면에…드라마 속의 인물은 나중에 알게 되기 전까지는 계속해서 모르는 상태로 이야기가 전개된다.Stock, 1986:3

세례요한이 마가의 프롤로그에서 이처럼 특별한 역할을 수행한 것은 사실이다. 마찬가지로 예수의 세례나 "첫 번째 묵시적 순간"은 그리스의 비극에서 해설을 위해 등장하는 신"데우스 엑스 마키나" 기중기에 의해 나타난 신의 관점에서 보아야 한다. 신은 이러한 무대 기법을 통해 복잡하게 얽혀 있는 인물이나 플롯을 해결하기 위해 개입한다. 마가의 이야기가 진행될수록 제자들이 예수의 참된 정체를 분별하지 못하고 있다는 사실이 드러난다. 나중에 우리도 이처럼 결정적인 순간에 직면하게 될 때, 이 첫 번째 묵시적 순간을 회상할 필요가 있다. 이 첫 번째 순간은 9:3 이후 두 번째 "순간"을 통해 확인된다. 따라서 요한의 "소개서론" 및 세례의 순간은 둘 다 독자에게 "특권적 정보"를 제공한다. 이것은 예수의 인격과 그의 전복적 사역이 등장인물들의 의심에도 불구하고 신뢰성이 있다는 사실을 입증하는 역할을 한다. 세 번째 묵시적 순간도 같은 역할을 하지만 성격은 많이 다르다. 13장 B

또한 우리는 프롤로그의 신속한 인물 소개에 대한 고찰에서 "예언과 성취"라는 논증적 방식에 대해 살펴본 바 있다. 우리는 여기서 "승계" 이데올로기를 확인할 수 있다. 세례요한/엘리야는 "이사야"를 계승하며, 예수는 체포되어 처형당한 요한을 계승한다. 이러한 내러티브 패턴은 때가 되면 제자들이 체포되어 처형당하신 예수를 계승하게 될 것이라는 사실을 암시한다. 이러한 상호관계성의 매트릭스에는 연대의식이 존재한다. 예를 들면, 나중에 예수는 예루살렘 권력층에 도전하면서 자신의 권위를 세례요한의 권위와 연계하신다. 11:30 예수께서 하나님 나라 사역을 위해 제자들을 파송하려고 하시는 바로 그 시점에 다시 한번 세례요한의 죽음에 대한 기사가 삽입된다. 6:7-31; 아래, 7장 B, 3 이러한 내러티브적 연결세례요한 〉 예수 〉 제자들은 회개의 전파가 정치적 박해와 투옥으로 이어질 수밖에 없다는 마가의 확신을 분명하게 밝혀준다. 이것은 제자들에 대한 예수의 마지막 설교13:9-11에서 드러난 성경적 급진주의의 "대본성경"에 해당한다. 이 대본에 대해서는 위 A, 3을 참조하라

끝으로, 마가의 담론은 독자의 기대를 형성하는 동시에 파괴한다. 엘리야

가 왔으며, 실제로 메시아가 이곳에 계시지만, 세상의 끝은 아직 오지 않았다. 그러나 제자들의 세계는 부르심을 통해 바뀌었으며, 독자의 사회적 세계도 마가가 문화적 코드를 손질함으로써 바뀌었다. 마가는 독자의 허를 찌름으로써 여호와께서 세상에 개입하시는 방식에 대한 전통적 개념을 무너뜨린다. 또한 마가는 궁극적으로 이 이야기의 놀랍고 혼란스러운 결말에 대비하게 하려고, 아직은 모호하게 느껴지기만 하는 제자도에 대해 깊이 씨름하게 한다.

마가의 이야기 세계는 의미론적 영역에 있어서 로마 팔레스타인의 상징적 질서와 완전히 다른 그의 관점을 반영한다. 마가는 철저하게 비제국적인 탁월한 "기쁜 소식"과, 이사야의 예언적 음성이 다시 들려오고 있다는 자신의 주장을 증명하는 데에 있어서, 서기관들이나 로마의 특권층이 자신들의 헤게모니를 정당화하기 위해 사용하는 이데올로기적인 도구를 그들과 똑같은 방식으로 사용해서 그들에게 도전하는 것과 같은 일에 자신의 시간을 쓸데없이 낭비하지 않는다. 세례요한이 엘리야이며, 예수는 사탄과 싸우는 하나님의 "아들"이라는 이중적 묘사는 압제적 지배계층에 맞서 싸우는 전복적 선지자 운동의 정치학을 확인해준다.

마가는 일부 본문을 생략하고, 대신에 다른 내용으로 대체한다. 적어도 마가의 동시대인 가운데 일부는 유대의 해방이 메시아의 정치적/군사적 개입에 달렸다고 생각한 것으로 보인다. 이러한 생각은 마 4:6 및 26:53의 전승에 반영된 것으로 보인다 당시 사람들은 말라기 3:1이 이러한 개입을 약속한 것으로 믿었으며, 로마의 예루살렘 포위가 끝나갈 무렵에는 반군의 대부분이 그렇게 믿었다는 증거가 있다. 따라서 마가가 말라기 본문을 인용하면서 이러한 메시야의 성전현현 부분을 생략하고, 상징적 중심을 예루살렘에서 광야로 옮긴 것은 메시아의 해방적 행위의 의미에 대한 마가의 첫 번째 이데올로기적 개입을 보여준다.

북쪽과 남쪽이라는 공간적 대립은 앞서 언급한 사회생태학적 긴장을 정확히 표현한다.[2장 B, 3] 그러나 마가의 예수가 변두리[중심이 아니라]에 등장하지만 계속해서 광야에만 머물러 계시지는 않았다는 사실은 중요하다. 쿰란의 에세네 공동체도 이사야 40:3이 예수께서 광야로 물러나심을 정당화한다고 믿었다. 그러나 마가는 이런 해석을 반대한다. 프롤로그가 끝나가면서 공간적 배경의 중심이 이동하기 때문이다. 예수는 광야에서 나와 갈릴리로 들어가시며, 얼마 있지 않아 사실상 공간적 질서의 중심인 가버나움의 한 회당으로 들어가신다.[1:21] 이것은 세상으로부터의 도피가 아니라 세상과의 싸움에 관한 이야기다.

예수께서 어부들을 부르신 이야기는 마가가 자신의 사실적 내러티브에서 상징과 사실을 어떤 식으로 결합해 놓았는지를 보여주는 좋은 사례일 뿐만 아니라, 그들의 사회적 지위에 대해 보여주는 지표가 된다. 어업을 생업으로 하는 가족은 사회적 지위가 가장 낮은 계층이 아니다. 우리는 나중에 사실상 예수 자신도 상인 계급[테크톤, 6:3]에 해당된다는 사실을 듣게 된다. 레위와 베드로는 자신의 집에서 예수를 대접했으며, 이 제자들은 나중에 자신의 재산을 내어놓을 수 있는 여유까지 있다.[10:29 이하] 그러나 이 초년병들은 사회 특권층 출신이 아니며, 그들의 사회-경제적 지위는 현재 상황을 바꾸려는 모험을 원하지 않을 만큼 안정적이지도 않다. 그러나 귀족층의 경우 전혀 그렇지 않다. 마가의 관점에서 귀족 사회는 너무 많은 것을 가지고 있어서 제자로의 부르심에 반응하기 어렵다.[10:17 이하] 이것은 놀란[Nolan, 1978]의 주장처럼 "중산층" 운동을 반영하고 있는 것이 아니다. 왜냐하면 마가 시대의 사회에서는 그런 계층이 없었기 때문이다. 그러나 이것은 "순회 전도자"에 대한 타이센[Theissen]의 묘사[1978년]와는 반대되는, 정착된 공동체의 삶에 잘 알려진 사회적 위치를 보여준다.

이 프롤로그는 하나님의 나라가 세상의 변두리 지역에서 시작되었음을 서술한다. 마가는 이 프롤로그에서 압제의 요새에 대한 공격과 해방의 여명을 선언하며 제자도 여정을 시작한다. 그러나 시작 단계부터 이 이야기의 어조는 대립적 상황을 연출한다. 이러한 갈등과 충돌은 가버나움에서 있었던 예수의 첫 번째 공적 행위에서부터 터져 나온다. 다음 장에서는 이 부분에 대해 살펴볼 것이다.

후주

1. 형식비평은 일반적으로 아람어의 흔적이 예수에 대한 전승의 단계를 입증하는 "진정한" 층(strata)을 입증한다고 생각한다.(예를 들어, 11:9, 14:36, 15:34 및 "아멘") 마가의 수사학에 나타난 셈어 특징에 대한 논의는 Taylor, 1963:55 이하를 참조하라.
2. 마 3:3과 눅 3:4-6은 이러한 문제점을 인식하고 있으며, 본문의 인용문이 이사야 40:3만 반영하는 것으로 바꾼다. 그러나 세례요한에 대한 Q 문서의 전승에는 나중에 말라기와 출애굽기의 결합이 다시 나타난다.(마 11:10 = 눅 7:27)
3. 내가 "말라기"를 인용한 이유는 대부분의 학자가 이 작은 책자를 스가랴의 부록으로 받아들이기 때문이다.

> "여호와께서 말라기를 통하여 이스라엘에게 말씀하신 경고"(말 1:1)라는 구절은 끝 부분만 제외하면 스가랴 9:1이나 12:1과 같다. 끝 부분의 "말라기를 통하여"에서 "말라기"는 고유명사가 아니라 3:1에 나오는 "내(my) 사자"의 소유 접미사를 가진 명사이다. 따라서 이 표현은… 책의 배후에 있는 선지자의 이름으로 오해한 데서 비롯된 것이 분명하다.… 이것은 12소선지서의 편집자가 스가랴와 같은 유명한 선지자의 마지막 책에 무명의 선지자가 쓴 세 자료(스가랴 9-11장, 12-14장 및 말라기 전체)를 덧붙였다는 설명이 가능하다. 그는 이 책들에 "여호와께서 말씀하신 경고"라는 제목을 붙였다.(Eissfeldt, 1965:441-440)

중요한 것은 앞서 언급했듯이(3장, A, 3) 마가의 상호텍스트성이 이 세 신탁에 집중되어 있다는 사실이다.

제4장

첫 번째 직접적 사역:
예수께서 가버나움에서 유대의 사회 질서를 공격하심

막 1:21-3:35

> 여호와가 이같이 말하노라 용사의 포로도 빼앗을 것이요 두려운 자의 빼앗은 것도 건져낼 것이니
>
> - 사 49:25

예수께서 가버나움에 들어가시는 순간부터 그의 하나님 나라 계획은 그 지역의 공적 권력 및 그들이 표방하는 사회 질서와 양립하지 못한다는 사실이 명백히 드러난다. "귀신"은 곧바로 예수께 서기관 체제에 대한 그예수의 공격이 정당함을 입증해 보이라고 강력히 요구한다. 예수는 그의 도전을 받아들이지 않으시고, 대신에 치유 사역을 시작하신다. 그는 불쌍한 자들에게 건강과 해방을 주고, 소외당한 자들의 영접을 받아들이시며, 그들과 함께하신다. 예수는 권력층의 분노를 불러일으킬 수 있는 위험성에도 불구하고 제도적인 소외를 제도화하려는 모든 사회적 코드에 대한 비판을 멈추지 않으신다. 뿐만 아니라 예수는 자신의 반대를 극적으로 나타내기 위해 공개적으로

율법을 범하신다. 권력층이 그를 제압하기로 결정한 것은 바로 이 시점부터 이다.

예수는 바닷가로 물러나, 그곳에서 농부의 지혜에 초점을 맞춘 비유를 통해 사람들의 분별력과 인내를 촉구할 자신의 사역에 대해 돌아보실 것이다. 그러나 예수는 바닷가로 물러나시기에 앞서, 당국의 조사관들과 결정적인 논쟁을 통해 자신의 의도를 명확히 드러내신다. 예수는 정치적 양극화뿐만 아니라 가족과 친구들까지 단절할 것을 촉구하는 놀라운 비유를 제시하신다. 예수는 자신을 "강한 자"의 집에 침입하여 세간을 강탈하는 자에 비유하신다. 그는 강한 자와 싸워 결박하고 포로된 자들을 놓아주실 것이다. 또한 예수는 범죄처럼 보이는 이러한 모험에 자신과 함께하시는 분은 오직 성령뿐이라고 주장하신다.

4A. 가버나움 사역의 내러티브적 특징

1. 구조

다음의 두 장에서는 예수께서 거라사의 귀신을 쫓아내신 장면[5:1 이하]까지 마가의 기사에 대해 분석하며 첫 번째 직접적 사역 내러티브와 예수의 첫 번째 설교에 대해 다룰 것이다. 그러나 본 장에서는 지배적 사회 질서의 정당화에 대한 예수의 공격 및 자비와 치유의 사역에 초점을 맞출 것이다. 대부분의 활동은 가버나움과 주변 지역을 중심으로 이루어진다.

마가복음의 이 첫 번째 주요 내러티브의 구조를 규명하는 데에는 두 가지 방법이 있다. 일반적 해석은 이 사역이 회당 에피소드로 시작해서 회당 에피소드로 마친다는 것이다.[1:20-29; 3:1-6] 후자[3:1-6]의 대결이 끝난 후부터 당국은 예수를 죽이려는 음모를 꾸미며, 그를 물러나게 한다. 이 첫 번째 배척이 있고 난 뒤, 내러티브는 제자들의 이름을 열거하고 그들에게 사명을 부여함으로써 이야기의 분위기를 쇄신한다.[3:6 이하] 3:20 이후 새로운 사역 주기가 시작되며, 이 사역은 두 번째 배척 및 제자들을 파송하는 장면[6:1 이하]에서 절정에 달한다. 구조와 관련된 이러한 주장에 대해서는 할 말이 많지만, 앞서 요약한 마가복음의 전반적인 구조[3장 C]와는 일치하지 않는다고 생각한다.

보다 나은 모델은 이 사역의 매개 변수를 갈릴리 해변으로 보고, 사역이 그곳에서 시작되고 거기에서 마치는 것으로 보는 것이다.[1:16; 4:1] 이러한 관점에 따르면 3:22-35는 가버나움 사역에 있어서 일종의 "두 번째 정점"이 되며, 이어지는 4:1 이후의 첫 번째 설교에 의해 "내러티브 휴지"가 이루어진다. 다음 단원으로의 전환은 이 설교가 마치고 해변에서 바다를 건너는 배 여정으로 바뀌는 장면[4:35 이하]에서 이루어진다. 따라서 처음의 요약적 선포[1:15]와 첫 번째 설교[4:1 이하] 사이에 예수께서 직접적으로 활동하신 첫 번째 사역이 제시된다. 이 사역은 광범위한 동심원적 구조를 보여준다.

회당에서 처음으로 귀신을 쫓아내신 장면과, 축귀 사역에 대한 결론적 논쟁 사이에는 주제적 연결이 나타난다. 1:21 이하에 나오는 회당에서, 예수는 서기관 계층을 간접적으로 상징하는 "더러운 귀신"을 쫓아내신다. 3:22-30에서 예수는 같은 서기관 당국에 의해 "더러운 귀신"이 들렸다는 고소를 당한다. 이 두 가지 핵심적 에피소드 사이에 "공동체의 구축" 및 "가족/가정 장면"이 제시된다.[1:16-31; 3:13-35]

A 제자들을 부르심[1:16-20]

　　귀신을 쫓아내심, 서기관들과의 간접적 격돌[1:21-28]

　가정에서, 베드로의 가족과 함께 함[1:29-31]

A 제자들의 목록[3:13-19]

　　귀신 논쟁, 서기관과의 직접적 격돌[3:22-30]

　가정에서, 예수의 가족과 대립함[3:20 이하, 31-35]

이러한 일치는 이 단원의 동심원 구조의 바깥쪽 틀[원]을 보여준다.

동심원의 내부 구조[안쪽 틀]는 예수의 사역을 요약한 두 개의 본문[1:32-39; 3:7-12]으로 구성된다. 두 본문은 예수의 치유 및 축귀 사역의 활동 영역이 지리적 확장을 통해 대중에게까지 미쳤음을 보여준다.[1:33 이하; 3:10 이하]

> 이에 온 갈릴리에 다니시며 그들의 여러 회당에서 전도하시고 또 귀신들을 내쫓으시더라[1:39]
> 갈릴리에서 큰 무리가 따르며 유대와 예루살렘과 이두매와 요단 강 건너편과 또 두로와 시돈 근처에서 많은 무리가 그가 하신 큰 일을 듣고 나아오는지라[3:7-8]

두 장면에서 예수는 제자들에게 무리를 피해 물러나야 할 필요성이 있음을 알려주신다.[1:35 이하; 3:9]

이것은 아래에서 보여주듯이 치유/대립이라는 주된 사이클을 [동심원] 구조의 "핵심"에 둔다.

A 귀신을 쫓아냄/제자 및 가정[1:16-31]
  B 대중을 불쌍히 여기시는 사역[1:32-39]
    C 핵심적 "사역" 내러티브[1:40-3:6]
  B' 대중을 불쌍히 여기시는 사역[3:7-12]
A' 귀신을 쫓아냄/제자 및 가정[3:13-15]

핵심적 내러티브의 에피소드들은 연결고리가 되는 단어나 공통 주제로 상호 연결된다. 이 시리즈는 두 차례의 치유 기사[1:40-2:12], 제자들을 부르시는 전환적 기사[2:13 이하], 바리새인들과의 세 차례 대립 기사[2:15-28], 회당에서의 결정적 대립 기사[3:1-5]로 구성되며, 예수를 죽이려는 음모와 함께 끝난다.[3:6]

아래에 제시한 나의 분석은 이러한 구조적 모델에 따른 것이다. 4B에서는, 마가가 1:20-39에서 예수의 사역에서 나타나는 전형적 특징을 어떻게 체계화하며, 공동체의 설립, 축귀 사역, 정치적 대립[3장 D, 3]이라는 세 가지 핵심 지류를 도입하고 있는지 살펴볼 것이다. 4C와 4D에서는 예수께서 압제적 계급제도의 기초를 형성하고 있는 사회적 코드를 무너뜨리기 위해 싸우시는 사역 내러티브에 대해 살펴볼 것이다. 4E에서는 두 가지 사역의 절정 가운데 첫 번째 사역의 절정에 대해 살펴볼 것이다. 그러나 나는 그곳에서 앞서 언급한 대안적 구조적 모델에 기초한 "배척/회복" 패턴도 제시할 것이다. 나는 이것을 두 개의 "생성적 연결고리"가운데 첫 번째 연결고리로 부를 것이다. 두 번째 연결고리는 이어지는 주요 단원[7장 A]에서 제시된다. 두 번째 사역의 절정은 4F에서 다룰 것이다. 이어지는 5장에서는 예수의 첫 번째 설교에 대해 분석한다. 비유 강화[5A]는 메시아적 사명[5B 및 5C]의 "위상"에 대한 중요한 사색이다. 5D는 마가복음 처음 장들의 담론과 의미에 대한 첫 번째 주요 회상적 요약이다.

2. 줄거리

이 단원의 모든 배경은 가버나움과 주변 지역을 중심으로 형성된다. 이 내러티브는 전형적으로 예수께서 마을로 들어가서 대적과 분쟁하신 후 집이나[1:29, 2:15, 3:20] 바다[2:13, 3:7, 4:1] 등 "안전한" 장소로 물러나시는 패턴을 취한다. 나는 아래에서, 이러한 이동의 이데올로기적 의미와 마가의 주요 내러티브 장소들에 대해 살펴볼 것이다.[B, 3] 이 단원의 끝에는 열두 제자[3:16 이하], 무리[2:4], 예수의 대적인 서기관들[2:6], 바리새인들[2:16], 헤롯당[3:6], 예루살렘 당국[3:22] 등 핵심 인물들이 대부분 등장한다.

예수께서 회당에서 처음 귀신을 쫓아내신 후, 사역에 대한 개괄적 언급과 함께 예수의 본격적[실제적]인 사역이 시작된다. 본격적인 대결은 예수께서 나병환자에 이어 중풍병자를 고치시면서[1:40-2:12] 시작된다. 이들 기사는 예수께서 정결법에 대한 제사장의 지배와 채무 규례[코드]에 대한 서기관의 지배를 무너뜨리시는 모습을 보여준다. 레위를 부르심[2:13 이하]은 이어지는 일련의 사역을 위한 전환점이 되며, 이 일련의 사역에서 예수의 행위는 세 개의 연속된 에피소드[2:15-28]를 통해 바리새인들로부터 비판의 표적이 된다. 이 사역은 극적 갈등[3:1-6] 및 두 진영의 이데올로기적 양극화[3:20-34]라는 이중적 정점까지 점차 고조되는 정교한 점진적 내러티브 기법을 사용한다.

이 단원의 핵심적인 구조적 역동성은 특히 그의 치유와 축귀, 그리고 사회적 약자와 함께하심이라는 예수의 행위가 그를 권력자와의 대결로 이끌어가는 방식에 있다. 전통적으로 형식비평가들과 편집비평가들은 독단적인 주장이라고 일축하지만, 마가는 예수의 대중 사역 초반부에 암시적 대결을 도입한다. 우리는 예수께서 안식일[1:21]이 끝날 무렵[1:32] 공적인 치유 사역을 시작하셨다고 듣는다. 예수는 이미 베드로의 집에서 그의 장모를 고치신 사실이 있음에도 불구하고, 안식일이 끝나기를 기다렸다가 사역을 시작하신다. 따라서 우리는 안식일의 치유가 논쟁이 될 것임을 알게 된다. 이것은 이어지는 내러티브의 기조를 결정한다. 예수의 치유는 2:1에서 채무 규례를 거부하며, 바리새인들은 2:24에서 "저들이 어찌하여 안식일에 하지 못할 일을 하나이까"라고 비난한다. 이러한 율법적 갈등은 3:2에 분명히 드러난다. 예수의 대적들은 그가 안식일에 공개적으로 병자를 고치시는지 주의를 기울여 감시한다.

이 문제는 결국 예수께서 안식일의 의미와 관련하여 대적에게 던지신 신명기의 근본 원리[3:4]와 소위 "극적[theatrical] 시민 불복종"을 통해 고의로 율법을 위반함으로써 문제를 확대하는 치명적인 선택으로 끝난다. 그러나 이러한 구조적 대립을 해결하려는 노력은 예수를 체포하려는 은밀한 계획[3:6]이라는 또 하나의 구조적 대립을 초래했을 뿐이다. 마가는 이러한 발전을 이야기의 초반부에 도입함으로써[예수에 대한 체포는 사실상 14:41에야 이루어진다] 이어지는 내러티브 전체를 정치화한다. 따라서 독자는 이 문제를 조사하기 위해 예루살렘으로부터 당국자가 내려왔을 때와 마찬가지로, 마지막 에피소드에서 대립이 극단으로 치달아도3:21 그다지 놀라지 않는다. 그들의 반격은 예수께 "강한 자" 비유에서 자신의 사명의 정치적 목적을 분명히 드러내시게 하는 구실을 준다. 정확한 구조는 이와 같으며, 예수와 권력층의 대결1:12 이하은 로마 팔레스타인의 정치적 지형 전반에 걸쳐 전개된다. 이 비유를 마친 후, 마가는 비유를 통해 확장된 가르침을 위해 마지막으로 바닷가로 초점을 맞춘다.

4B. 메시아의 사명과 예수의 "상징적 행위"의 의미1:21-39

새로운 "방식"이 선포되었다. 예수는 그것을 강화하기 시작하셨으며, 제자들은 동참을 요구받았다. 이제 내러티브는 예수께서 가버나움에서 시작하신 공적 사역에 초점을 맞춘다. 이어지는 에피소드에서 마가는 메시아 사역의 본질적 특징을 분명히 한다. 우리는 이곳에서 귀신을 쫓아내고 병자를 고치시는 예수의 상징적 행위를 처음으로 만나게 된다.

이러한 "기적" 기사는 중요한 해석상의 문제를 제기한다. 예수는 단지 신체적 질병과 정신적 질환이 있는 환자만 고치셨을까? 그렇다면 어째서 그러한 자비의 사역이 지역 권력자의 분노를 초래하였는가? 예수에 대해 '기적을 행하시는 악의 없는 분'으로 묘사하고 싶어 하는 많은 주석가는 예수에 대한 정치적 반대가 비극적 오해에서 비롯되었다고 주장한다. 이것은 사회적, 역사적 난센스이다. 고대 헬라에는 병 고치는 자와 마술사가 적지 않았고, 자유롭게 활동할 수 있었다. 하지만 예수의 사역은 거의 처음부터 공적인 반대에 직면했다. 이 단원에서 두 차례 나타나는 결정적 장면climax에서, 예수는 치유3:1-6와 축귀 사역3:22-30과 관련하여 정치적인 고소를 당했다. 이들 기사에는 오늘날의 독자가 바로 이해하기 어려운 무엇인가가 있는 것이 분명하다.

1. 권력에 대한 도전: 귀신을 쫓으시는 예수

나는 예수의 첫 번째 "기적"이자 첫 번째 공적 활동이기도 한 가버나움 회당에서의 에피소드부터 살펴볼 것이다. 이것은 이야기의 형식이 어떻게 이야기의 내용을 이해하는 열쇠가 될 수 있는지를 보여주는 좋은 사례가 된다. 마가는 종종 하는 방식대로, 먼저 이야기의 배경을 제시한다. 즉, 마가는 예수께서 가버나움으로 들어가신에이셀돈, 1:21 사실에 대해 언급한다. 이 에피소드는 그의 퇴장엑셀톤테스, 1:29과 더불어 장면이 "해체"됨으로써 마무리된다. 프롤로그는 저자가 상징적 배경을 사용하는 것에 대한 주의를 기울이도록 만든다. 이러한 내러티브 전략은 이곳에서도 계속된다. 마가는 "안식일거룩한 시간에 회당거룩한 장소에"라는 한 문장을 통해 상징적 변두리로부터 유대 지역 사회의 상징적 중심으로 이동한다.

첫 번째 행에서 볼 수 있는 동사의 반복은 이 에피소드가 제기하는 현안이 무엇인지를 보여 준다. "…가르치시매에디다스켄 뭇 사람이 그의 교훈디다케에 놀라니 이는 그가 가르치시는 것이…"1:21 이하

이어서 무명의 "뭇 사람"의 입을 통해 중요한 대결이 드러난다. 그들은 예수의 가르침이 "권위 있는 자와 같고호스 서기관들과 같지 아니"카이 우크 호스" 1:22하다고 말한다. 이 주제는 에피소드의 끝에서 다시 한번 반복된다. "다 놀라 서로 물어 이르되 이는 어찜이냐 권위 있는 새 교훈디다케이로다 더러운 귀신들에게 명한즉 순종하는도다 하더라"1:27

따라서 우리는 이 대결이 귀신을 쫓아내는 이야기의 본론1:23-26의 틀을 형성하며, 이러한 구조는 귀신을 쫓아내는 기사가 예수와 서기관들 사이에 벌어진 권위 대결과 관련이 있음을 보여준다는 사실을 알 수 있다.

극적 행위의 흐름은 이러한 사실을 확인해준다. 예수는 서기관들의 영역으로 인식되는 상징적 공간 속으로 침투하셨다. 예수는 그들의 영역에 들어서자마자 강력한 대적을 만나신다. "마침 그들의 회당에 더러운 귀신 들린 사

람이 있어 소리 질러 이르되"1:23 예수에 대한 귀신의 도전은 헬라어로 보면 매우 특이한 구절이다.티 헤민 카이 소이 테일러Tailor는 이 구절을 "우리가 무슨 공통점이 있나이까우리가 무슨 상관이 있나이까"라고 해석한다. 그는 이 관용구가 여호수아 22:24, 사사기 11:12 및 열왕기상 17:18에서 "왜 우리를 건드리느냐무슨 상관이 있느냐"로 해석되는 히브리어에서 유래했다고 주장한다.1963:174 따라서 이 구절은 귀신이 "나사렛 출신인 당신"이라는 경멸적 어조로 불렀던 적대적 침입자에 대한 도전으로 보아야 한다. 그러나 이 도전은 곧바로 두려움으로 바뀐다. "우리를 멸하러 왔나이까." 귀신은 누구의 편에서 탄원하고 있는가? 그들은 바로 앞서 언급한 대립이라는 주제에서 이미 규명한 바 있는 그룹, 즉 예수께서 사회적 역할과 권력이라는 그들의 영역을 위협하고 계신 서기관 특권층이다.

1세기의 세계관에 대해 일반적으로 기대하듯이, 귀신은 예수의 이름을 부름으로써 그를 지배하려 한다. "하나님의 거룩한 자"는 예수의 선지자적 지위가 엘리사와 같다는 사실을 인정하는 셈어적 호칭이다.왕하 4:9 그러나 귀신은 오히려 준엄한 책망만 듣게 되며1:34, 3:11 및 5:7에서 볼 수 있는 대로, 그 후에는 곧바로 복종하게 된다.1:25 이하 회당의 무리는 이 새로운 전개에 대해 초조한 반응을 보인다.1:27 그들의 반응을 묘사한 구절의 첫 단어와 마지막 단어에크플레소, 담베오마이는 강력한 표현이며, 마가가 예수의 교훈과 관련하여 항상 사용하는 표현이다.6:2; 10:24, 26, 32; 11:18 그들은 단지 못 믿겠다는 반응에서 그친 것이 아니라, 그들이 사물의 질서라고 생각해 왔던 것들의 붕괴로 말미암아 정신적인 공황 상태에까지 빠지게 된 것이다.

이것은 마가복음의 수많은 "기적" 기사 가운데 첫 번째 기적이다. 우리는 과연 이 기적을 어떻게 해석해야 하는가? 우리는 귀신을 쫓아내는 행위를 오늘날 의학적 인류학자들의 담론을 따라 탈신화화 함으로써 간질이나 정신 질환에 대한 치료 행위로 보아야 하는가? 이런 관점은 자연법칙을 초월한 것처럼 보이는 행위에 대해 합리적인 설명이 필요하다고 주장하는 모더니스트의 전형적인 접근 방식이다. 그러나 이런 식의 접근은 가장 조잡한 역사 결정론에 해당하며, 기적 기사의 사회-문학적 기능과는 아무런 관련이 없다. 나는 다음 단원에서 이러한 즉물적 관점, 또는 "문화적 아웃사이더"의 관점[2장 A, 2]에 대해 다룰 것이다. 우리가 어떤 관점에서 접근하느냐에 상관없이, 고대에는 물리적 세계나 영적 세계에 대한 조작 가능성을 크게 문제 삼지 않았다. 그럼에도 불구하고 마가복음의 기적 기사는 독자가 이러한 이야기로부터 예수는 단순한 대중적 마술가라는 결론을 끌어내지 않도록 많은 지면을 할애한다.

따라서 신적인 능력을 발휘하는 이와 같은 행위의 의미를 제대로 이해하기 위해서는, 이러한 행위에 대해 사회적 대결의 상징적인 재생산이라는 관점에서 접근하는 것이 필요하다. 키Kee는 마가복음의 귀신을 쫓아내는 장면에 대한 언어적 연구를 통해 첫 번째 에피소드가 모형적이라는 주장을 제시한다.

> 제시된 상세한 내용은… 치료에 대한 진술과 무관하며 대립적 상황을 드러낼 뿐이다.… 귀신의 말은 이 대결이 일시적인 것이 아니라 보다 광범위한 대결의 한 조각이라는 사실을 분명히 한다. 이 내러티브와 양립하는 그림은… 유대 묵시로부터 하나님의 사자가 나타나 악한 세력과 싸워 오직 명령의 말씀[에피티만]만으로 그들의 권력을 빼앗는다는 것이다. 기적을 행하는 자에 대한 헬라의 이야기에서도 볼 수 있지만, 사람들은 그런 행위를 하는 자를 칭송하려고 하지 않는다. 오히려 그들은 그의 귀신을 쫓아내는 행위가 하나님의 미래적 통치를 준비하는 종말론적 사건인지 아닌지를 규명해야 한다.[1968:243, 244, 255]

그러나 키Kee는 귀신을 쫓아내는 첫 번째 행위가 하나의 상징적 행위로서,

광야에서 시작된 묵시적 대결[1:12 이하]의 정치적 지형을 구체화하기 시작한 사실을 보지 못했다. 회당의 귀신은 유대의 지배적 사회 질서를 뒷받침하는 "권위"를 가진 서기관 체제를 대표한다. 귀신을 쫓아내는 행위는 예수께서 대안적 권위를 주장하신 신화 전쟁의 대결 행위를 나타낸다. 이러한 해석만이 3:22 이하에서 서기관이 예수를 공격할 때 귀신을 쫓아내신 행위가 문제가 되었던 이유를 설명해줄 수 있다.[4장 F, 1]

귀신을 쫓아내는 일은 예수의 메시아 사역에 있어서 중요한 특징 가운데 하나다.[3:15; 6:7] 그것은 권력자들[및 그들의 부하]과 예수[하나님 나라의 사자] 사이의 묵시적 신화 전쟁을 밝히 보여주는 중요한 수단이 된다. 이 이야기에서 예수의 정체는 주요 인물[예를 들면, 제자들]에게 감추어져 있지만, 귀신들은 그가 누구신지 정확히 안다. 현 상황에 대한 예수의 정치적 위협을 정확히 인식한 그들은 그의 이름을 부르려고[즉, 통제하려고] 했다.[1:34; 3:11 이하] 이 묵시적 드라마는 신화 전쟁에서 서기관 권력이 반격의 포문을 열었던 바알세불 논쟁[3:22 이하]에서 더욱 격화되며, 예수께서 역으로 귀신의 이름을 묻는 장면[5:9; 아래, 6장 B]에서 절정에 달한다. 이처럼 마가는 귀신을 쫓아내는 행위의 정치적 특징이 상징적 행위임을 보여준다. 나중에 언급된 귀신을 쫓아내는 두 개의 기사[7:24 이하; 9:14 이하]는 어조가 다소 다르기는 하지만, 두 장면 역시 사회적 세계에서 소외와 권력 구조의 문제에 관심을 가진다. 첫 번째 기사에서 상징적 행위의 진정한 주제는 유대인과 이방인 사이에 존재하는 철저한 균열이며[6장 D, 3], 두 번째 기사의 주제는 하나님 나라의 새로운 질서를 믿게 하려는 노력에 초점을 맞춘다.[8장 E, 3]

2. 건강과 상징적 질서: 치유자 예수

귀신을 쫓아내신 첫 번째 장면 후, 예수는 곧바로 또 하나의 상징적 행위인 치유 사역을 시작하신다.[1:30] 우리는 첫 번째 치유가 개인적인 차원에서 진행되었으며, 공적인 치유는 안식일이 끝난 후1:32의 "저물어 해 질 때에"라는 강조적 반복에서 드러나듯이에 시작된다는 사실에 대해 언급한 바 있다. 이렇게 해서 마가는 향후 중대한 결과를 초래할 안식일 치유 논쟁과 관련된 복합적인 구조를 암시적으로 보여준다. 따라서 예수의 치유 사역은 축귀 사역과 마찬가지로, 처음부터 지배적인 상징적 질서와의 대립과 연결된다.

베드로의 장모에 대한 짧은 기사1:30 이하는 이어지는 모든 치유 에피소드에 적용되는 전형적 행위의 도식을 제시한다.

1. 예수께서 치유하시려는 대상에게 관심을 보이신다.때로는 이곳의 경우에서 볼 수 있는 것처럼, 친구나 친척의 소개로 예수의 관심의 대상이 되기도 한다
2. 예수께서 대상과 만나신다.때로는 대화가 먼저 이루어지기도 한다
3. 예수께서 반응하신다.이곳에서처럼 손을 대시거나 말씀으로 고쳐주신다
4. 예수께서 치유되었음을 선언하신다.때로는 교훈이 주어지기도 한다

집에서 일어난 이 이야기 뒤에는 예수의 치유와 축귀 사역에 대한 마가의 요약들예를 들면, 3:7-13a 및 6:5-7 가운데 첫 번째 요약이 이어진다. 이러한 요약은 가난한 자와 병든 자에 대한 예수의 긍휼을 보여주는 역할을 한다.

이 이야기의 상징적 영역을 이해하기 위해서는 먼저 이 이야기가 내포하고 있는 사회-경제적 성격을 인정해야 한다. 치유자 예수는 처음부터 가난한 대중이 물밀듯 밀려오는 상황을 경험하신다. 1:33에서 마가는 다시 한번 셈어적 과장법을 사용한다 "온 동네가 그 문 앞에 모였더라." 예를 들면, 중풍병자에 대한 치유2:1 이하의 사회적 배경은 극심한 가난이라는 사실을 보여준다. 혈루증으로 앓아온 여자도 마찬가지다.5:25 이하 많은 반대에도 불구하고 예수께서 이들 가난한 백성에게 보이신 반응은 가난한 자를 우선하시는 그의 사역을 극적으로 묘사한다.

마가의 내러티브 세계가 보여주는 이러한 요소들은 자신의 사회적 현실에

대한 직접적 사색이라고 볼 수 있다. 특히 로마-유대 전쟁이라는 지각 변동이 있기 10년 전쯤에 있었던 경제적, 정치적 황폐화는 팔레스타인, 특히 인구가 밀집된 갈릴리 시골 주민에게서 많은 것을 빼앗아 가버렸다. 질병과 신체적 장애는 가난이라는 사슬과 맞물릴 수밖에 없는 요소이다.이런 현상은 현대 의학의 발달에도 불구하고 오늘날도 마찬가지다 일용 노동자의 경우, 질병은 실직과 지속적 가난을 의미한다. "뭇 사람"오클로스은 이야기의 배경을 형성하며, 그들의 사회적 지위에 대한 중요한 단면을 보여준다. 이 단어의 특징에 대해서는 나중에 내러티브에 등장할 때2:4; 아래 C, 3 상세히 살펴볼 것이다. 타이센은 복음서의 기적 전승에는 명확한 사회-경제적 편견이 있다고까지 말한다.

> 이곳에서 기적에 대한 믿음은 빈곤, 정신적 지배, 질병, 굶주림, 실패, 위험과 같은 특별한 상황, 다시 말하면 사회적 그룹마다 다른 강도로 다가오는 상황에 집중된다.… 이런 이야기들의 일반적 특징은 사회적 경제적 지위로 말미암아 다른 출구를 찾을 수 없는 자들이 자신들의 희망을 진술한다는 것이다.… 원시 기독교의 기적 이야기에서 계층 간의 상관관계가 어느 정도 나타나고 있다는 점은 부정하기 어려운 것으로 보인다.1983:252

따라서 예수의 치유 사역은 팔레스타인 사회에서 압제당한 자와 소외당한 자를 풀어주려는 싸움의 중요한 한 부분이다.

그러나 무엇으로부터의 해방인가? 1:34에 사용된 헬라어 동사데라퓨오, 영어의 therapy의 고전적 의미는 "의학적으로 치료하다"라는 뜻이다. 이것은 예수께서 환자를 치료하셨다는 상투적 의미인가? 이 결론을 받아들이기 전에, 우리는 몇 가지 비교문화적 이슈에 대해 살펴볼 필요가 있다. 우선 필치J. Pilch는 최근 이들 에피소드에 대한 의료인류학적 통찰력을 통해 병sickness의 사회적 의미에 대한 두 가지 접근을 구별해서 보여준다.

민속 의학은 병의 문화적 원인을 중요하게 생각한다.… 반대로, 생체 의학은 생물학적 증상과 병원균에 초점을 맞춘다. 의사의 진단을 통해 확인되는 질병disease은 의학적 관점에서 생체 기관계의 비정상적인 구조나 기능에 기인하며, 문화적 인식과는 무관한 병리학적 상태로 보는 것이다. 이 질병은 개인에게 영향을 미치며, 개인적 치료만 가능하다. 본인이 아프다고 느끼는 일반적인 병illness통증은 개인적 인식과 관련된 사회문화적 관점이며, 질병을 포함하여그러나 그것에 국한되지는 않는 사회적 존중을 받지 못한다는 인식을 경험한다. 이러한 병은 가족과 이웃과 지역사회 등 타인에게 영향을 미칠 수밖에 없다.…

구약성경에 나오는 나병처럼 사회에 영향을 미치는 "병"sickness은 단순한 생체 의학적 관점에서의 나병이 아니다. 성경에서 볼 수 있는 것처럼, 이것은 사회문화적 관점에서의 나병이며, 공동체의 순수성과 거룩함을 위협하기 때문에 공동체에서 마땅히 제거되어야 한다.1985:142 이하

필치는 계속해서 병을 규정하고 다루는 사회적 과정은 그 문화의 "보건 제도"를 형성한다고 주장한다. 이 제도는 "전문적 치료사", 예방책, 비전문가의 진단 및 병에 대한 지배적 이데올로기로 구성된다.

필치는 팔레스타인 농촌의 보건 제도 상황에 대해 다음과 같은 결론을 내린다.

예수를 비롯해 당시의 모든 치료사들은 질병이 아니라 병을 다루었다.… 각각의 치유 사례에서 질병에 해당하는 필수적인 증상들은 대부분 무시된다는 사실에 주목하라. 대신에 의미에 대한 지속적 관심이 나타난다.… 예수의 행위는 치료라기보다 치유로 보는 것이 가장 바람직하다. 그는 병으로 말미암아 초래되는 삶의 문제와 관련한 사회적 의미를 제공하신다.앞의 책, 149

1:41부터 시작되는 마가복음의 중요한 치유 에피소드들은 모두 이러한 주제를 보여준다. 유대교의 상징적 질서에 있어서 병은 부정이나 죄와 관련된다. 이것은 정치 체제의 온전한 지위를 누리지 못하는 상태를 가리킨다.

독자는 이 시점에서 신체적 건강과 사회적 건강의 상호관계를 더욱 확실하게 이해하기 위해 사회-상징적 제도에 대한 이전의 논의[2장 E, 1]를 참고할 필요가 있다. 더글라스Douglas는 우리에게 다음과 같은 사실을 상기시킨다.

> 신체적 몸은 하나의 시스템으로서 사회적 시스템에 조직적인 반응을 보일 때만 보편적 의미를 가진다. 그것은 자연스럽게 전체와 부분들의 상호관계를 상징한다. 자연적 상징들은 이러한 전체적 시스템의 차원에서 개인이 사회와 어떤 관계에 있는지를 보여준다.[1973:112]

우리가 만나게 될 첫 번째 "두 가지 치유 에피소드"는 한편으로는 정결 규례와 채무 규례의 관계를 보여주고, 다른 한편으로는 정결 규례와 신체적 온전함과의 관계를 보여준다.[3장 C 참조]

마가복음에서 예수는 언제나 이러한 상징적 질서를 통해, 환자/부정한 자를 거부했던 사회적 온전함을 회복하신다. 이것은 환자/부정한 자에 대한 그의 치유를 사실상 그들과의 사회적 교류와 동일한 개념으로 볼 수 있는 근거가 된다. 그는 한 나병환자에게는 온전함깨끗함을 선포하시고[1:41 이하], 다른 나병환자에게는 식탁 교제의 연합에 대해서만 말씀하신다.[14:3] 이러한 두 가지 행위는 신체적 온전함이 결여된 자들을 차별하는 상징적 질서를 거부하는 동시에, 지배적인 사회적 영역 및 계급적 장벽에 도전한다. 이것이 바로 사람들이 치유자 예수께서 "시민 질서"에 위협이 된다고 생각한 이유이다.

3. 상징적 행위

앞서 살펴본 비교문화적, 인류학적 고찰은 "기적"을 "초자연"과 동일시하는 관점에 대해 경고한다. 이러한 동일시는 특별히 자연을 다루는 능력과 힘을 동일시하는 오늘날의 기계적, 기술적 세계관에 기초한다. 우리는 "초자연"에 대한 담론이 고대에는 특별한 이야기가 아니었다는 사실을 잊고 있다. 헤로도투스나 요세푸스와 같은 역사학자도 자신이 진술하는 사건을 설명하거나 정당화하기 위해 주기적으로 우주적 징조나 기적이고 초인적인 행위에 호소한다. 따라서 당시에는 그만큼 "마술적인" 일이 흔했기 때문에, 마가는 독자가 예수의 사역을 그런 관점에서 이해하지 않기를 바랐던 것이다.

나는 이 주석에서 귀신을 쫓아내시거나 병을 치유하신 예수의 "기적"을 "상징적 행위"로 간주하고 해석할 것이다. 아마도 일부 독자는 나의 이러한 접근 방식에 대해, 이런 사건들이 실제로 일어나지 않았으며 예수는 실제로 병자를 고치거나 귀신을 쫓아내지 않았다는 의미라고 생각하여 당황할 수도 있을 것이다. 그러나 내가 말하는 상징적 행위는 그런 뜻이 아니다. 마찬가지로, 내가 회당에서 귀신을 쫓아내는 장면에서 보여준 것처럼, 이 이야기의 특정 인물이나 내러티브의 요소를 사회-상징적 묘사라고 한 것은 예수께서 실제로는 어려움에 처한 개인을 위해 일하거나 돌보시지 않았다는 뜻이 아니다. 내가 말하는 "상징적 행위"는 구체적이고 역사적인 요소가 배제된 비유적 의미가 아니다. 오히려, 이 행위의 근본적인 의미사실상 능력는 그 행위가 일어난 상징적 질서와 관련해서만 접근할 수 있다는 것이다.

내가 말하려는 의미를 보여주기 위해 두 가지 사례를 들어보겠다. 마틴 루터가 비텐베르크 정문에 자신의 주장을 내걸었던 행위의 의미는 부분들의 총합을 훨씬 넘어선다. 문자적 의미에서 보면, 이것은 한 수도사가 대학 정문에 게시물을 부착한는 행위에 불과하다. 그러나 이것은 아무 문에나 부착하는 평범한 게시물이 아니며, 역사는 그것이 아무 수도사나 할 수 있는 일이 아님을 입증해준다. 사실상 이처럼 강력한 상징적 저항 행위는 실제보다 훨씬 큰 덩치를 가지게 되었으며, 후기 루터파 교회를 형성한 "인과적 신화"가 되었다. 그러나 그것의 진정한 역사적 의미는 루터와 의견을 달리하는 가톨릭 사상의 지배적 형식 안에 있는 세력들이 사회-정치적으로 결속하게 만드는 동인이 되었다는 관점에서만 바르게 이해될 수 있다.

이제 같은 이름을 가진 마틴 루터 킹 주니어에 대해 살펴보자. 킹이 경찰견과 물대포 앞에서 무릎을 꿇고 기도한 행위나, 그의 동료들이 간이 식당이나 도시 버스 앞에 앉아 있었던 것은 모두 상징적 행위에 포함된다. 이러한 행위의 의미는 사회-상징적 "공간"인종 차별의 중심이었던 미국 남부과 "코드"차별법 및 전통라는 요소와 분리해서 해석할 수 없다. 우리는 이러한 사례를 통해 그들의 행동이 "상징적"이라는 이유로 역사적 성격이 절대로 반감되지 않는다는 사실을 확인할 수 있다. 또한 그들의 행위가 초자연적인 것이 아니기 때문에 덜 "기적적"인 것도 결코 아니다. 그들의 "신적 능력"은 자연에 대한 조작에 있는 것이 아니라 압제적인 지배적 질서와의 대결과 대안적 가능성에 대한 증언에 있다.

많은 기독교 해석자들이 "고등 기독론"을 방어하기 위해 예수의 기적은 소위 "신적 이적"이라는 관점에서만 이해될 수 있다고 주장한다. 성경적 전통이라는 관점에서 볼 때 이것은 매우 편향된 논리이다. 여호와께서 세상을 창조하셨으므로 여호와는 당연히 "자연" 세계에 계시되거나 개입하신다는 것이 히브리인의 사고이다. 그러나 이러한 계시나 개입이 반드시 여호와의 주되심을 "입증"하는 것은 아니다. 여호와의 주되심은 여호와께서 나라와 백성, 특히 이스라엘의 흥망성쇠를 주관하시는 방식을 통해 드러난다. 출애굽기사의 기적은 자연 계시와 재앙에 있는 것이 아니라 히브리 백성을 바로의 애굽으로부터 해방시킨 데에 있다. 다시 말하면, 여호와께서 홍해를 가르신 것이 기적이 아니라이것은 여호와의 주되심을 미리 "인정"한다, 애굽의 군사력을 물리

치신 것이 기적이라는 것이다. 이것은 여호와의 주되심을 미리 인정하는 것은 아니다

우리가 예수께서 "초자연적" 힘을 행사하신 사실을 기꺼이 인정한다고 하더라도, 사회 인류학자는 우리에게 이러한 능력의 의미와 효력은 여전히 사회학적으로 규명되어야 한다고 말할 것이다.

> 마법은 모든 사람이 시스템을 인정하고 따를 때 비로소 효력을 발휘하는, 상호 강제성을 가진 협정을 맺게 하는 도구다. 마술사가 자신의 카리스마적 권위만으로 마력을 가진 자로 숭배받으려는 생각은 헛된 것이다. 마법은 이러한 상호적 소통공감대이 이루어진 합법적 시스템 안에서만 효력을 발휘한다. 그것은 고압선을 조심하라고 경고하는 게시판처럼, 이러한 소통의 매체를 보호한다. 지배 시스템에 대한 동의가 철회되면, 그 조직의 지도자들은 신임을 잃고 그의 마법도 힘을 잃게 된다. Douglas, 1973:178 이하

우리는 예수의 사역에서도 이러한 제약을 본다. 마가는 "능력"의 매개체를 예수의 행위의 "대상"에게 둔다. 유대 여자5:34, 이방 여자7:29, 시각장애인 거지10:52는 모두 자신의 주도적 행위, 또는 "믿음"으로 말미암아 온전케 된다. 반대로, "믿지 않는 자" 앞에서는, 예수6:5와 그의 제자들9:18 이하의 치유 행위와 귀신을 쫓아내는 능력이 거부당한다.

예수의 상징적 행위가 강력한 능력으로 나타난 이유는 한 마디로 자연법에 도전했기 때문이 아니라, 실존하는 사회적 체계에 도전했기 때문이다. 더글라스의 말을 빌리면, 예수께서 병을 고치고 귀신을 쫓아내신 것은 지배적인 상징적 질서의 정체를 밝히고, 동시에 이런 지배적 질서가 어떤 식으로 기존의 사회적 관계를 정당화하는지 폭로하는 역할을 한다. 이 질서가 삶을 비인간화하는 한, 예수는 계속해서 그것에 도전하시고 결국 그 체계를 무너뜨리실 것이다. 이것이 바로 그의 "기적"을 모든 사람이 받아들이지는 못하는

이유이다. 사람들은 지배적 질서 안에서 어떤 위치에 있느냐에 따라 이러한 기적이 사회적으로 비정상적이단적이라고 인식하거나, 또는 반대로 해방적이라는 인식을 하게 된다.

이런 이야기들을 상징적 행위로 보게 하는 또 하나의 해석학적 고려사항이 있다. 그것은 병에 대한 오늘날의 정의와 관련된다. 즉, 오늘날처럼 전적으로 생체의학적인 문화도 "건강"을 사회적 의미로 규정한다는 것이다. 오늘날 에이즈를 둘러싼 논쟁은 현대의 의료제도에서도 대중적 신화와 정치적 역학이 지속되고 있음을 보여준다. 마가복음 해석과 직접적인 관계가 있으면서 에이즈보다 나은 사례로는, 사회적 발전을 이룬 오늘날의 자립 생활 운동이, 신체적 정신적 "장애"에 대해 전통적으로 내려온 정의에 맞서 새로운 정의를 내리는 상황을 들 수 있다. 예를 들면, 휠체어에 의지해서 살아가야 하는 사람들은 정상인들과 동일한 사회적 접근을 원하며, 자신들을 사회와 격리된 의존적 존재로 만드는 보호적이거나 억압적인 사회 정책에 반대한다. 마찬가지로 청각 장애가 있는 많은 사람은 수화에 집중된 그들의 독특한 문화도 다른 언어 체계와 똑같은 존중과 대우를 받아야 한다고 주장한다.

다시 말하면, 오늘날 많은 사람은 말을 하거나 걸을 수 있는 것을 해방이라고 생각하지 않는다는 것이다. 그들은 단지 다르다는 이유만으로 끝까지 장애인 취급을 받는 세상에서 온전한 인간으로서 완전한 삶을 살 권리를 주장할 뿐이다. 비신체적인정신적 장애가 있는 독자는 인간에게 무의식적으로 성경의 "치유" 내러티브로 향하려는 성향이 있다는 사실을 반드시 알아야 한다. 건강에 대한 생체의학적 정의를 강조하는신체적 "건강"만 주장하는 해석 가운데는 신체적 장애를 아예 복음의 대상에서 배제하기도 한다. 그러나 만일 우리가 병과 건강에 대한 폭넓은 사회-상징적 의미에 초점을 맞춘다면, 이 이야기들이 우리 모두에게 해당하는 말씀이라는 사실을 알게 될 것이다. 결국 마가복음에서 진정으로 제자도를 방해하는 장애는 신체적 장애가 아니라 정신

적, 이데올로기적 장애와 관련된다. "너희가 눈이 있어도 보지 못하며 귀가 있어도 듣지 못하느냐"8:18

예수의 치유 및 귀신을 쫓아내심을 탈신화화 하려는 자들에게는 이런 내용이 아무런 의미가 없다. 그러나 기적에 대한 문자주의를 고수하며 탈신화화와 싸우는 보수적 해석자들도 마찬가지다. 문제는 이 논쟁의 양 진영 모두 "생체의학을 실재에 대한 유일한 합법적 관점으로 아무런 의심 없이 받아들인다"는 것이다.

> 여기서 출발한 연구는 성경의 사건을 생체의학적 관점에서 접근하거나, 생체의학적 원리에 기초하여 왜 그것이 가능하거나 불가능한지에 대해 설명한다. 반면에 의료인류학은 치료에 사용된 의약품이 약물의 성분과 병원균의 상호작용보다 상황에 대한 유추나 다른 문화적 상징적 이유로 인해 선택되기도 한다는 사실을 알았다. 그러나 인류학자들이 지적한 것처럼, 이렇게 선택된 약물은 실제로 효력을 나타냈다.PIlch, 1985:149

따라서 마가복음의 치유와 귀신을 쫓아내는 기사에 대한 나의 사회-문학적 접근은 사회적 영역과 문화적 영역을 고려한다. 이러한 접근 방식은 저자의 내러티브 전략에서, 압제적인 상징적 제도를 겨냥한 상징적 행위로서 에피소드의 논증적 기능에 초점을 맞춘다. 이것은 마가복음을 모든 사람을 위한 텍스트로 보는 접근 방식을 시작하고 지속하게 하는 동시에, 왜 마가복음의 예수가 기존의 체계를 유지하려는 자들에게 위협이 될 수밖에 없으셨는지에 대해 설명해준다.

4. 상징적 공간: 내러티브의 장소 및 사회적 영역

1:21-38에서 마가는 "전형적인" 24시간짜리 픽션을 통해 예수의 사역을

압축해서 보여준다. 이 장면은 안식일에 시작해서1:21 해질 때를 지나1:32 다음 날 아침까지 이어진다.1:35 마가는 이 단원을 반복적인 요약적 진술1:39로 마무리한다. 이 시놉시스는 우리에게 예수께서 무엇을 행하셨는가치유, 설교 및 귀신을 쫓아내심에 대해서뿐만 아니라 이 사역이 어디서 이루어졌는지도 알려준다. 사실 마가는 14:1의 수난 기사 이전에는 일관성 있는 공간적, 시간적 이동보다 내러티브 공간의 사회적 상징성에 더 많은 관심을 가진다.

이런 사실은 서문에서 살펴보았으나 여기서도 나타난다. 예를 들면, 이 24시간 동안 예수는 가버나움 회당에서 집으로1:29, 이어서 다시 한적한 곳으로1:35 이동하신다. 마찬가지로 나중에 예수는 회당에서3:1 바다로3:7, 산으로3:13, 그리고 집을 거쳐 다시 바다로4:1 가신다. 우리는 이러한 일정을 통해 마가가 시간의 경과에 대해 인식했다는 어떤 암시도 찾아볼 수 없다. 이러한 이동은 무작위적인 것처럼 보이지만, 사실상 중요한 상징적 요소의 목록이 된다. 마가는 우리가 이러한 것들에 대해 알기를 원한다.

첫 번째로 살펴볼 것은 예수의 움직임에는 공적인 흐름과 사적인 흐름이 있으며, 전자는 후자를 지속적으로 압박한다는 것이다. 회당에서 귀신을 쫓아내신 기사는 예수께서 갑자기 "명성"문자적으로는 "그에 대한 소문" 헤 아코에 아우투을 얻으시는 것으로 끝난다.1:28 마가는 예수께서 두 차례에 걸쳐 물러나신 사례를 보여준다. 그는 먼저 제자들의 집으로 물러나셨으나1:29 무리는 곧바로 그곳에 계신 예수를 찾아낸다.1:32 예수는 다시 한적한 곳으로 물러나려 하시지만 그곳에서도 발견된다.1:37 그러나 예수는 다른 마을도 다니시겠다고 선언하신 대로1:38 두 차례 모두 그들의 요구에 응하신다.

따라서 이 요약적 단원은 예수의 지리적 영역의 영향에 대한 확인으로 시작하여 이 영역 전체에서의 사역으로 마친다.

- 예수의 소문이 곧 온 갈릴리 사방에 퍼지더라에이스 홀렌 텐 페리코론 테스 갈릴라이아스, 1:28

- 온 갈릴리에 다니시며…전도하시고에이스 홀렌 텐 갈릴라이안, 1:39

또한 이 공적/사적 흐름은 예수의 공격적 사역 및 철수 전략을 분명히 보여주며, 가버나움 사역 전체에는 이러한 흐름이 곳곳에 반영된다.

사역		물러나심				
나병환자를 고치심	→	동네에 들어가지 못하고 "집"에 계심1:45-2:1				
중풍병자를 고치심	→	바닷가	→	집2:13-15		
회당에서의 논쟁	→	바닷가3:7	→	광야? 3:13	→	집3:20
논쟁[집에서?]	→	바닷가4:1				

이러한 이동은 또 하나의 대결을 보여준다. 이야기가 진행되면서 일부 장소는 "긍정적" 가치나 "부정적" 가치를 부여받는다.

말본E. Malbon 1986 은 구조주의자의 연구를 이용하여 이 대결을 해석한다. 말본 여사가 인용한 레비 스트로스Lévi-Strauss의 신화적 이율배반이 유익한지는 모르겠으나, 마가복음의 내러티브 공간을 지형학, 지정학, 건축학이라는 세 가지 영역으로 규명한 말본의 접근은 타당하다. 말본을 따라, 나는 마가복음의 주요 지형학적 장소를 광야, 강, 바다, 산으로 규명하고자 한다. 이들은 내러티브에서 마지막 두 번부정적 상대어와 함께 제시된다을 제외하면 언제나 긍정적인 좌표에 해당한다. 제자 공동체에게 산은 위임 명령3:13, 홀로 계심6:46 및 계시9:2, 9의 장소다. 그러나 일단 내러티브가 예루살렘으로 이동한 후, 마가는 감람산긍정적, 11:1; 13:3,14; 14:26과 성전 "산"부정적, 11:23의 대립에 대해 서술한다. 앞으로 살펴보겠지만 이것은 이데올로기적 긴장에 해당한다.10장 A, 2 마찬가지로, 전반부에서 갈릴리 바다는 중요한 긍정적 좌표가 되며, 제자도 내러티브는 이곳에서 시작되고1:16; 2:13 이곳에서 공고하게 된다.3:7; 4:1 그러나 바다는 배 여정에서 대결을 상징하기도 하며4:47; 6:48 이하, 5:13, 9:42 및 11:23에서는 파괴를 상징한다.

나는 앞서 마가복음의 중요한 지정학적 대결은 사회적 변두리긍정적와 중심부부정적의 대결이며, 이것은 지배적 코드의 역전이라는 주장을 제시한 바 있다. 이 대결은 프롤로그에서 광야/예루살렘 및 갈릴리/유대의 대립으로 나타난다.3장 E 그러나 이 시작 장면에는 도시와 시골을 배경으로 하는 또 하나의 긴장이 존재한다. 가버나움은 "도시"폴리스, 1:33"동네" 이며, "호수로부터 북동쪽에 위치한 시리아 남부까지 이어지는 대로 가까이 위치한…비교적 잘 알려진 동네"이다.Pearlman and Yanai, 1965 그러나 회당에서의 논쟁과 두 차례의 물러나심 이후 예수는 제자들에게 자신은 도시가 아니라 "가까운 마을들"1:38, 코모폴레이스에서 전도하기 위해 왔다고 말씀하신다. 이 단어는 신약성경에 드물게 나타나는 단어다. 이것은 아마도 씨족들이 생업을 위해 함께 모여 사는 장소로, 프레인Freyne이 말하는 소위 "작은 마을들의 통합"synoecisms을 가리키는 것으로 보인다. 갈릴리에 있는 헬라의 주요 도시들은 원처럼 둘러싸고 있다.갈릴리라는 단어 자체는 "원"이라는 뜻이다; Freyne 1980:146 그러나 반복해서 말하지만, 마가가 이 단어를 사용하여"두루" 예수의 순회 전도큐클로, 6:6b, 36를 서술하고 있다는 사실에도 불구하고 "가까운 마을들"은 시골 촌락코메을 가리키는 것으로 볼 수 있다.

사실 예수는 3:6에서 가버나움에서 쫓겨나신 후 예루살렘에 도착하기까지 다시는 도시에 들어가지 않으신다.예수의 이방 땅 사역을 요약적으로 서술한 6:56은 예외이다 사람들은 도시로부터 오며6:33"모든 고을", 도시에서 그의 기적적 행위에 대해 말한다.5:14"읍내와 여러 마을" 그러나 예수는 확실히 작은 마을을 선호하신다.8:23,27 이 내러티브는 왜 도시를 피하는가? 확실히 이것은 은둔적 수도사의 사회적 전략을 의미하지 않는다. 마가복음의 두 가지 사역 내러티브가 도시에서 일어나기 때문이다. 우리는 첫 번째 치유 에피소드로부터 이에 대한 단서를 얻을 수 있다. 마가는 나병환자와의 사회적 교류에 대한 비난으로 인해 예수께서 "다시는 드러나게 동네에 들어가지 못하시고" 1:45라고 진술한다. 이것은 예수의 급진적 사회적 실천에 대한 도전이 상징적 질서의 중심인 도시에 집중되었음을 보여주며, 마가의 공동체도 같은 경험을 했을 것이다. 내러티브의 성향상, 마가는 헬라의 도시화에 대한 시골 지역의 일반적 의심을 똑같이 가지고 있었을 것이다. 앞서 언급한 대로, 도시화는 팔레스타인 농촌의 삶 및 문화를 위협하고 경제적 환경을 지배했다. 2장 B, 3

그러나 가장 흥미로운 것은 건축학적 영역일 것이다. 이 영역에서 중심이 되는 긍정적 요소는 "집" 오이키아, 오이코스, 10:29 이하; 12:40의 생계 "가산", "전토"와 같은 뜻이다 이다. 제자 공동체에서 집은 "안전한" 장소로 서술된다. 6:10 예수는 그곳에서 소외된 자들과 함께 식사하시며 2:15; 14:3, 무리를 기다리신다. 1:32 이하; 3:20 집은 사적인 가르침 7:17; 9:33; 10:10과 치유 1:29-31; 5:38; 7:24의 장소이다. 집은 단 한 차례, 논쟁의 장소로 사용되는데 3:20 이하, 이 에피소드에서 예수의 가족은 그를 거부한다.

마가복음에서 이러한 내러티브 공간의 중요성을 인식하는 주석가가 많아짐에 따라, 내러티브 공간을 마가 교회의 사회적 배경과 연결하려는 시도가 있었다. 베스트 E. Best는 "물러남, 불신자와의 구별 및 가르침에 대한 세 가지 강조점은 대부분 가정 교회가 초기 그리스도인을 위해 제공했을 것으로 보이는 것들을 가리킨다." 1981:227는 담대한 주장을 한다. 도나휴 J. Donahue는 엘리엇 1981의 책을 인용해서 이에 동의한다. 헬라의 기본적인 사회적 단위인 오이코스는 초기 그리스도인에 의해 채택 및 개선되었으며, 그들을 둘러싼 지배적 문화의 소외에 저항하는 대안적인 사회적 장소가 되었다. Donahue 1983:31 이하

말본은 마가복음에서 집과 회당/성전의 공간적 갈등은 특별한 의미를 가질 수 있다고 주장한다.

> 성전의 함락 13:2과 회당의 거부 13:9로 인해, 기독교 공동체는 "가정 교회"에서

> 모여야만 했다.… 그들이 회당에서 쫓겨난 후 "가정 교회"는 초기 기독교의 제의적 중심지가 되었다는 고고학적 관찰은 마가의 건축학적 도식의 기초에 관한 흥미로운 역사적 의문을 제기한다. 마가복음에서…이러한 건축학적 상징에 대한 내러티브 조작을 통해, 역사적 실재에 대해 의미 있게 반응하는 방식을 제시하는 것이 가능한 일인가?1985:288, 292

이러한 주장은 지적 추측의 수준에서 머물러야 하겠지만, 그들의 주장의 개연성은 가버나움의 원시 가정 교회를 입증하는 흥미로운 고고학적 증거에 의해 강화된다. 나는 마가복음의 생성과 관련된 사회-역사적 상황에 대한 결론적 논의14장 A에서 다시 이 주제로 돌아올 것이다.

또한 우리는 팔레스타인 농촌의 주요 영역을 땅/식탁경제적, 촌락/집사회적, 회당/성전정치적으로 규정하는 상징적 질서의 효과적인 모델에 대해 상기할 필요가 있다.2장 E, 2 이러한 영역들과 마가복음 전체의 내러티브 사이에는 명확한 상관관계가 존재한다. 촌락/집이라는 긍정적 영역과 회당/성전이라는 부정적 영역 사이의 긴장 외에도 식탁 교제가 중요한 갈등의 장소로 부상한다.예를 들면, 2:15 이하; 7:1 이하 "밭"도 대결의 장소이다.2:23 이하 반면에 예수의 비유에서 땅은 긍정적인 영역이 될 수도 있고 부정적인 영역이 될 수도 있는 잠재적 가능성을 가지고 있다.4:1 이하 결국 마가는 사회-상징적 공간에 대한 정교한 활용을 통해, 예수에 대해 그가 해방 사역을 하시는 동안 각각의 사회적 영역에서 지배적인 상징적 질서가 모습을 드러낼 때마다 그들과 맞서 싸우시는 분으로 서술한다.

4C. 대제사장과 서기관의 지배적 이데올로기에 대한 도전1:40-2:15

1:39에서 마가는 예수께서 "온 갈릴리에 다니시며 그들의 여러 회당에서

전도하시고 또 귀신들을 내쫓으시더라" 1:39라는 프로그램적 진술로써 요약적 단원을 마친다. 이 진술은 1:20-28의 핵심적 주제를 반복하며, 메시아의 첫 번째 직접적 사역을 준비한다. 이어지는 일련의 기사는 다양한 문학적 기법을 통해 연결되며, 예수는 유대 팔레스타인의 상징적 질서와 그것을 추종하는 세력의 이데올로기적 헤게모니에 대한 비폭력적 공격을 시작하신다. 그러나 예수는 지배 그룹의 배타성과 사회적 권력에 맞서 싸우시는 가운데 포용성에 바탕을 둔 대안적인 사회적 실제를 보여주신다.

1. 정결 규례에 대한 공격: 나병환자에 대한 치유

첫 번째 에피소드 1:40-45는 앞서 언급한 접근, 호소/반응, 치유/교훈으로 이어지는 치유 사역의 패러다임을 따른다. 이 짧은 이야기는 일견 존중을 받는 것처럼 보이는 정결 규례 자체를 완전히 뒤엎는다. 나병환자에 대한 확장된 규례 레 13:2-14:57의 핵심은 (1) 이 병은 전염되며, (2) 제사장은 제의적 정결을 주관해야 한다는 것이다. 동사의 반복 깨끗이 하다. 카타리제인이라는 동사가 세 번 사용되며, 한번은 깨끗함-투 카타리스무이라는 명사형으로 사용된다 이 보여주듯이, 이 에피소드는 두 가지 원리 모두에 대해 공격한다. 케이브 C. H. Cave는 바이스 J. Weiss를 따라 레위기에서 이 단어의 의미는 "깨끗이 하다"가 아니라 "깨끗함을 선언하다"라는 뜻으로 사용되며, 따라서 나병환자의 요구에 대한 예수의 반응은 토라를 무시하고 제사장의 특권을 부당하게 행사했다고 주장한다. Cave, 1979:246 그뿐만 아니라 마가는 예수께서 나병환자에게 손을 댄 사실을 강조한다. 상징적 질서에 따르면 예수는 전염되어야 했지만, 마가는 오히려 나병환자가 깨끗함을 받았다고 말한다. Belo, 1981:106 이러한 상징적 행위를 통해 상징적 질서의 권력은 무너지고 말았다.

이러한 치유의 결과 1:43-45는 많은 주석가에게 오해를 불러일으켰다. 대부분의 영어 번역은 예수께서 나병환자에게 제사장의 전례를 따르라고 명령했다는 인상을 준다. 이 경우 앞서의 해석은 부정될 것이며, 이 에피소드는 단순한 치유 기적으로 치부되어 더 이상 논쟁거리가 되지 않았을 것이다. 테일러 Taylor의 주장은 전형적이다. "이 명령은… 예수께서 도덕적 이슈가 쟁점이 아닌 경우, 모세의 법레 13:49을 인정하셨음을 보여준다." 1963:190 그러나 테일러의 주장은 이 이야기의 요점을 놓치고 있다. 나병환자는 제사장이 아닌 예수에게 접근하는 것 자체가 상징적 제도를 위반하는 행위임을 알고 있었던 것으로 보인다. 이것은 그가 예수께 거절할 기회를 드린 이유가 된다. 그는 "원하시면 저를 깨끗하게 하실 수 있나이다"라고 말한 것처럼 보인다. 예수는 실제로 원하셨지만, 마가는 예수께서 화를 내셨다오르기스데이스 "불쌍히 여기사," 1:41 고 진술한다. 따라서 예수는 깨끗함을 선언하신 후 분노하시며 "엄히 경고하사" 그를 제사장에게 돌려보낸 것이다.엑세발렌 우리는 이처럼 강력한 감정적 표출에 대해 어떻게 이해해야 하는가?

만일 예수께서 이미 제사장이셨다면, 그래서 어떤 이유가 있어 그의 요구를 거부하셨다면 이해가 된다. 예수는 이 사건을 문제 삼기 위해 나병환자에게 다음과 같은 엄격한 명령을 하신다.

> "삼가 아무에게 아무 말도 하지 말고 가서 네 몸을 제사장에게 보이고 네가 깨끗하게 되었으니 모세가 명한 것을 드려 그들에게 입증하라" 1:44

깨끗함을 받은 나병환자가 해야 할 일은 기적을 알리지 않고 이데올로기적 제도와의 싸움에 힘을 보태는 것이었다. 대상간접목적어로 제시된다의 변화 "제사장"에서 "그들"는 제사장이 주관하고 있는 정결 시스템 전체에 대한 도전을 보여준다. 그는 "그들에게 입증하기 위해" 에이스 마르투리온 아우토이스 예물을 바쳐야 한다. 이것은 마가복음에서 적대적 청중에 대한 입증에 사용되는 전문적 구절이다. 6:11; 13:9

따라서 예수의 분노는 이 사람을 희생시킨 정결법의 상징적 질서를 직접 겨냥한다. 이 제도는 신체적 고통을 받고 있는 자에게 이중적 압제를 가한다. 즉, 그들은 이스라엘에서 약자계층에 해당할 뿐만 아니라, 특별한 예물도 바쳐야 했다. 이 에피소드는 마가가 앞서 프롤로그에서 인용한 "말라기"의 신탁1:2에 대한 일종의 미드라쉬주석에 해당한다. 이어서 이 신탁은 여호와께서 "그들이 공의로운 제물을 나 여호와께 바칠" 때까지70인역, 프로사곤테스 투시안 엔 키다이순네, 말 3:3 레위 자손을 깨끗하게 하실 것이라고 약속한다.70인역, 카타리존 계속해서 여호와께서 제의적 제도를 악용하여 가난한 자와 소외된 자를 압제하는 자들에 맞서 "증인"70인역, 마르투스으로 임하실 것이라는 약속이 이어진다.말 3:5 이 기사에서 깨끗하게 하는 것과 심판은 근접한다.

그러나 예수의 전략은 반대에 부딪힌다. 나병환자는 자신의 사명을 망각하고 자신이 경험한 기적을 대중에게 알렸으며, 예수는 몸을 피하셔야만 했다.1:45 많은 주석가는 여기서도 예수의 피신은 대중에게 알려지는 것을 피하기 위한 것이라고 오해한다. 이에 대한 말리나Malina의 반론은 옳다. 그는 "이제 예수는 나병환자와의 접촉으로 인해 도시에서 살 수 없는 부정한 자로 낙인찍혔다"고 말한다.1981:122 이 첫 번째 상징적 치유 행위는 예수의 해방 운동이 갈등과 대립을 불러일으킬 것이라는 사역의 기조를 보여준다.

2. 채무죄 제도에 대한 공격: 중풍병자에 대한 치유

이 중의적 결말 이후 마가는 예수께서 가버나움으로 돌아가지 못하고 며칠 동안 바깥 한적한 곳에 계시다가 조용히 가버나움으로 돌아가셨다고 말한다. 그러나 그가 돌아오셨다는 소문이 나자 곧바로 사람들이 모여들었으며 이번에 찾아온 자는 병자와 의심하는 자들이었다.2:1 이하 나병환자에 대한 기사의 결론은 몇 개의 "연결고리가 되는 단어"에 의해 중풍병자에 대한 기사의 서두와 연결된다. 마가는 이러한 기법을 통해 두 에피소드를 연결한다. 1:45에서 나병환자는 "말"톤 로곤을 전파하며, 예수도 2:2에서 그렇게 하신다. "도를 말씀하시더니" 또한 우리는 두 절 모두에서 "더 이상 …않다." "호스테 메케티"는 마가복음에서 이곳에만 나타난다라는 구절을 만나게 된다.

이어지는 치유 기사의 내러티브 배경에는 가난한 상황을 뒷받침하는 몇 가지 세부적인 내용이 포함된다.2:4 당시의 거주지는 일반적으로 흙 지붕으로 되어 있었으며, 이것은 중풍병자를 데리고 온 자들이 어떻게 지붕을 뜯어 내고문자적 의미는 "지붕을 벗기고" 한 칸짜리 비좁은 방으로 들어갈 수 있었는지를 설명해 준다. 중풍병자가 누운 "침상"크라바톤은 가난한 자의 침대나 병사의 침구로 사용되는 매트리스를 가리키는 라틴어이다. 이곳의 "무리"오클로스는 마가복음에서 처음 나타난다. 이 용어에 대해서는 다음 단원에서 살펴볼 것이다.

이 에피소드의 내적 구조는 듀이Dewey, 1980에 의해 동심원 구조로 서술된다.

2:1-5	서론무리와 중풍병자
2:6-10a	논쟁서기관들과 예수
2:10b-12b	치유 및 결론무리와 중풍병자

이 형식은 서기관과 구별된, 가난한 자와 예수의 결속을 보여준다.

핵심 구절의 반복은 이 에피소드의 이데올로기적 담론을 다시 한번 드러내 준다. 1:22에서와 마찬가지로, 마가는 예수와 서기관의 대립을 보여준다. 그것은 그의 도랄레오, 2:2, 7와 그들의 "의논"디알로기조마이, 2:6, 8의 대립이다. 따라서 마가는 "죄사함"a과 "네 상을 가지고 걸어가라"b라는 두 구절 사이에 다음과 같은 언어적 방정식을 구성한다.

a 소자야 네 죄 사함을 받았느니라2:5

a 오직 하나님 한 분 외에는 누가 능히 죄를 사하겠느냐2:7

중풍병자에게 다음 가운데 어느 것이 쉽겠느냐

a 네 죄 사함을 받았느니라

b 일어나 네 상을 가지고 걸어가라2:9

그러나 너희에게 인자에 대해 알게 하려 하노라

a 인자가 땅에서 죄를 사하는 권세가 있는 줄…내가 네게 이르노니

b 일어나 네 상을 가지고 집으로 가라2:10 이하

b 그가 일어나 곧 상을 가지고 모든 사람 앞에서 나가거늘2:12

마가는 이전 에피소드와 마찬가지로, 이 등식을 반복함으로써 예수의 치유 행위가 보다 심각한 이데올로기적 문제를 초래할 것임을 강조한다.

2:5에서 이 문제를 다시 한번 거론하신 분은 예수시다. 이번에는 일방적으로 죄채무에 대한 면제를 선언하신다.

> 여기에서 사용된 아피엔타이Aphientai는 "이 순간에 구원받았다"라는 뜻의, 점적인punctiliar한 순간을 가리키는 표현이다. 이 진술은 치유의 말을 기대하는 순간에 갑자기 나온 권위 있는 선언이다.Taylor, 1963:195

예수께서 채무 규례와 관련된 언급을 하신 것은 계급구조가 상징하는 것이 무엇인지를 드러내시기 위함이다. 사람들은 중풍병자가 신체적으로 온전하지 못한 것은 그 자신의 죄 때문이거나, 선천적 장애라면 물려받은 죄 때문이라고 생각했다. 따라서 그는 이스라엘의 정치 체제에서 온전한 지위를 누리지 못했다.4장, B, 2 예수는 그를 곧바로 모든 빚에서 놓아주심으로써, 그의 사회적인 권리를 온전하게 회복시켜 주시는 것을 넘어 그의 인간으로서의 권리까지 모두 온전하게 회복시켜 주신다. 신체적 건강의 회복은 이러한 회복을 의미하는 것이었다. 그는 걸어 다녔으며, 무리는 하나님께 영광을 돌렸다. "몸"신체적/사회적이 회복된 것이다.2:12 무리는 서기관들을 능가하신 예수에 대

해 다시 한번 놀란다.cf. 1:27

서기관이 분노한 데는 그럴만한 이유가 있다. 하나님만이 죄를 사하실 수 있다는 그들의 불평2:7b은 여호와의 주권을 위한 것이 아니라 자신의 사회적 권력 때문이었다. 토라의 해석자이자 상징적 질서를 장악하고 있는 그들은 채무에 대한 결정을 자신들이 주관했다. 그러나 예수는 제사장의 특권을 행사하심으로써, 그들에게서 이러한 권한을 박탈했다. 위기에 직면한 서기관은 예수를 가장 강력한 용어로 고소한다. "참람하도다."2:7a 이것은 결국 이 이야기의 끝부분에서 예수에게 사형을 선고하는 죄목이 된다.14:64 여기에서는 서기관들이 예수를 더 이상 몰아붙이지 않지만, 다음 장면에서 서기관이 예루살렘에서 내려온 조사관으로 등장한다는 것은 결코 우연이 아니다.3:22

마가가 "인자"Human One, "사람"이라는 뜻이지만, 전통적으로 "인자"로 번역된다, 2:10라는 묵시적 인물을 도입한 것은 이처럼 고도로 긴장된 정치적 상황 속에서다. 이 인물은 다니엘의 묵시적 심판 신화에 등장하며단 7:13, 제자도를 위한 두 번째 부르심에서 중요한 역할을 한다. 상세한 설명은 그때 가서 제시할 것이다.8장 D 여기서 주목할 것은 마가가 성경이 인정한 영적인 존재를 통해 "땅에서"특히 채무 규례에 대해 그의 권위를 주장한다는 사실이다. 이것은 1:12부터 시작해서 예수와 서기관 권력을 상징하는 "귀신"의 대결1:23을 통해 확장된 전쟁 신화를 더욱 구체화한다. 정치적 싸움이 시작되었으며, 예수는 서기관들과 제사장들로부터 "땅에 대한 권세"를 박탈하신다.

3. 무리: 죄인과 가난한 자들과 함께 하시는 예수

이어지는 묘사에서는 치유와 건강의 회복을 호소하기 위해 자신을 기다리고 있던 사람들에게 둘러싸인 예수께서 그들의 상처를 싸매주실 뿐만 아니라, 자기들의 압제를 영속화하기 위해 발버둥 치는 체계에 맞서 싸우시는 모습이 그려진다. 마가는 이 가난한 자들의 사회적 위치를 가리키는 특별한 내러티브상의 지표를 가지고 있다. 이 지표는 2:4에서 "무리"호 오클로스로 소개된다. 한국의 해방신학자 안병무는 마가복음에 약 38회 등장하는 이 용어에 대한 통찰력 있는 연구를 제시한다.

> 우리는 일반적으로 백성을 가리키는 말로 "오클로스" 대신 "라오스"가 사용될 것이라고 기대한다. 성경 저자들이 라오스라는 단어를 훨씬 자주 사용하기 때문이다.… 70인역에는 "라오스"라는 단어가 약 2,000번 정도 나타난다.… 신약성경에서 오클로스라는 단어를 처음 소개한 사람이 마가라는 것은 분명한 사실이다.… 헬라어 문헌에는 오클로스가 혼란스러워하는 대중, 또는 부대의 장교가 아닌 일반 병사들을 가리키는 말로 사용된다. 또한 이 단어는 부대에서 허드렛일을 하는 비전투원을 지칭하기도 한다. 우리는 오클로스로 지칭되는 무명의 사람들이 지배계층과 구별된다는 사실에 주목할 필요가 있다.… 70인역은 이 헬라어 단어를 "대중"이라는 일반적 의미로 사용한다.1981:139,149

안병무는 마가가 이 용어를 "암 하아레츠"그 땅의 백성라는 랍비적 표현과 유사한 것으로 이해했다는 결론을 내린다. 포로기 이전 시대에 이 용어는 유대의 지주를 가리켰으나, 포로기와 포로기 이후 시대에는 팔레스타인에 남아 그 땅을 소유하고 있던 평민을 의미했으며, 에스라 시대 이후에는 하층민, 가난한 자, 배우지 못한 자, 법을 모르는 자를 가리키는 말로 사용되었다.

안병무는 마가복음의 내러티브에 나타나는 오클로스로부터 다음과 같은 특징을 끌어낸다.

1. 그들은 예수의 사역 곳곳에서 등장하는 편재적omnipresent 배경을 형성한다.
2. 그들은 죄인과 사회적 약자로 밝혀진다.
3. 그들은 제자들과 다르지만, 예수의 공동체의 일원으로 받아들여진다.3:22 이하

4. 그들은 제자들과 달리 직접적인 비난을 받지 않으며, 특별한 교훈이나 조건이 부여되지도 않는다.
5. 그들은 유대 지도자들과 구별되며, 따라서 그들과 싸우시는 예수를 대체로 지지한다.
6. 그들은 지배계층을 두려워하며, 결국 그들은 지배계층의 회유에 의해 예수를 대적한다.

오클로스를 "암 하아레츠"와 동일시한 안병무가 옳다면, 랍비들이 유대인에게 "암 하아레츠"와 함께 식사를 하거나 여행해서는 안 된다고 가르친 사실은 특별히 주목할 필요가 있다.

이 소명 에피소드2:13 이하는 지금까지 살펴본 정결/빚이라는 이중적 주제와, 이어서 살펴볼 바리새인들과의 3중적 대결 사이에서 전환적 기능을 한다. 소명 에피소드는 세리를 "죄인"으로 규정함으로써2:15 중풍병자 에피소드와 연결되는 반면, 예수는 그들과 함께 잡수심으로써 이어지는 "바리새인들의 반대"에피소드2:16 이하의 배경을 형성한다. 세리 레위는 경제적으로는 안정된 지위를 누렸지만 사회적으로는 소외된 자를 대표하는 계층으로 제시된다. 로마 본토의 세금과 공물을 관리하는 소위 "징세권 보유자"와 구별된 세리는 로마나 헤롯의 행정관에게 고용된 유대인이었다. 그들은 지역 간 수송과 관련된 다양한 세금 및 관세를 담당했다. 따라서 그런 세관은 가버나움과 같은 상업적 요충지에 세워졌다. 가버나움은 "헤롯 필립의 영토에서 헤롯 안티파스의 영토로 경계를 넘은 후 첫 번째로 만나게 되는 마을로서, 식량 수급의 중심지였다."Harrison, 1985:75 이하 세리는 부정직한 행위로 유명하며 압제적인 정치 및 경제 질서의 대표적인 관료라는 사실로 인해 유대교에서 기피하는 부류였으며 기본적인 시민권마저 거부당하기도 했다.Donahue, 1971 어부였던 제자들처럼 세리였던 레위는 자신의 직업을 버리고 예수를 따랐다.[2:14c] 또한 예수는 베드로에게 했던 것처럼[1:29], 새로운 제자의 집에서 함께 잡수셨다. 이러한 관점은 여기서 예수가 이 집의 주인이었을 것이라는 주장보다 훨씬 타당하다. 마가는 한 번도 예수께서 집을 소유했다는 언급을 한 적이 없기 때문이다 마가는 이러한 사람들과의 식탁 교제를 계속해서 서술함으로써, 예수께서 이들 소외 그룹과 친밀한 교제를 나누셨다는 사실을 분명히 한다. "그의 집에 앉아 잡수실 때에 많은 세리와 죄인들이 예수와 그 제자들과 함께 앉았으니 이는 저희가 많이 있어서 예수를 좇음이러라"[2:15]

테일러는 "식탁에 앉다"라는 표현의 의미에 대해 명확히 제시한다.

> 카타케이마이는…14:3에서와 마찬가지로 이곳에서도 왼쪽 팔꿈치를 괴고 비스듬히 누워있는 모습을 가리킨다.… 헬라의 영향을 받은 이 풍습은 원래는 동방의 풍습이었으며, 예수 시대에는 보편화되어 있었다.… 마가복음에서 같은 의미로 사용된 다른 동사로는 "아나케이마이"[6:26; 14:18], "아나클리노"[6:39], "아나핍토"[6:40; 8:6], "수나나카이마이"[이곳 및 6:22] 등이 있다.[1963:204]

마가가 이 장면을 선택하여 "제자들"[토이스 마데타이스]이라는 용어를 제시한 것은 적잖은 의미가 있다. 그는 이곳에서 예수의 제자들이 자유롭게 "죄인들"과 어울렸다는 사실을 강조하고 싶어 하는 것처럼 보인다. 2:17에 나오는 예수의 말씀처럼, 제자도의 길에는 오직 죄인들만 있을 뿐이다. 제자 공동체가 어느 면에서 구별된 것은 사실이지만, 이 그룹의 영역에는 사회적으로 소외된 자들이 포함된다.[9장 A, 3] 이것은 사람을 차별하여 공동체의 일원으로 받아들였던 바리새인들의 방식과는 완전히 다르다.

4D. 바리새인들의 특권적 권력에 대한 도전[2:16-28]

1. 거룩함: 식탁 교제와 금식

예수는 서기관과 제사장이 장악하고 있는 정결 규례 및 채무 규례의 구속 수단을 무너뜨리는 방식으로 그들의 이데올로기적 헤게모니에 도전하셨다. 이것만으로도 이 사역의 프로그램을 이해하기에 충분한 진술이지만, 마가는 여기서 그치지 않는다. 이제 그는 '하나님의 백성의 이데올로기를 유지하기 위해 다른마가의 관점에서는 동일하게 잘못된 방식으로 접근하는 바리새파 운동'을 향한다. 나는 앞서 제사장과 서기관을 포함하는 바리새파가 어떻게 자신은 엄격한 정결 규례를 따르면서 대중에게는 기준을 완화하는 방식으로 상징적 질서의 명령을 확장하는 프로그램을 추구했는지에 대해 살펴보았다.[2장 E, 3, F, 2] 대중적 기반을 구축하려는 그들의 시도는 마가의 공동체와 직접적인 경쟁 관계를 형성했다. 이어지는 세 개의 에피소드에서, 예수의 직접적 사역은 바리새파의 성결 법전의 핵심인 식탁 교제, 공적인 경건, 안식일 준수에 대한 규례와 대결한다.

"바리새인의 서기관들"[2:16]이라는 생소한 구절은 그들과 앞서 등장한 그룹을 서로 연결함으로써 새로운 대적의 등장을 알려주는 역할을 한다. 마가는 이런 형식을 통해 나중에 헤롯당[3:6] 및 대제사장과 장로들[8:31]의 등장을 알려준다. 이러한 내러티브 기법은 모든 분파의 지배층이 궁극적으로 하나님 나라를 대적하기 위해 하나로 뭉친다는 마가의 확신을 보여준다. 와일더J. Wilde는 다음과 같이 주장한다.

> 바리새인 사회는 성전이 함락되기 전까지는 주로 교훈과 식탁 교제를 위해 모였다. 음식 규례와 제의 및 율법적 성향은 주로 공동체적 삶의 정점인 이 식탁 교제에 초점을 맞추었다. 힐렐파와 샴마이파를 비롯한 여러 분파는 식탁 규례

에 대해 논쟁하며 치열하게 다투었으며, 많은 선생이 각자의 관점에 따라 이 문제에 관대하게, 또는 엄격하게 접근했다.1974:196

이 주제가 이슈가 된 데에는 이유가 있다. 고대의 식탁 교제는 사회적 교류의 중요한 수단이었다.

동양에서 모든 식탁 교제는 평화나 신뢰 또는 형제애를 보장한다.… 상징적 행위에 대해 우리보다 많은 의미를 부여하는 동양은 소외된 자들을 예수의 식탁에 받아들이는 것이 죄인들에게 구원과 용서를 베푸는 행위임을 쉽게 이해한다. 따라서 바리새인들의 반대는…그들은 경건한 자는 오직 의로운 자들과만 식탁을 함께 해야 한다고 주장한다.Jeremias, 1966:204

따라서 마가는 2:16의 반복적 수사학을 통해 바리새인들의 식탁에 대한 상징에 대해 상세히 규명함으로써, 그들의 진정한 관심사가 어디에 있는지를 보여준다. 즉, 바리새인들의 관심사는 대중의 복지가 아니라 자신의 지위 보존에 있다는 것이다.

이 짧은 에피소드는 7:1 이하의 "부정한 자"와의 식탁 교제와 관련된, 보다 확장된 대결에 대한 예시일 뿐이다. 우리는 그곳에서 다시 한번 서기관/바리새인의 연결을 볼 수 있다. 2:17에 제시된 예수의 결론적 말씀은 두 얼굴을 가진 바리새인들의 가면을 벗긴다. 거룩함을 모든 이스라엘에게 확산하려는 그들의 수사학에도 불구하고 바리새인들은 "의인"과 "죄인"의 사회적 영역을 엄격히 구분하는 태도를 보인다. 예수는 이러한 영역 구분을 단호히 거부하시며 그것을 허무는 사역에 집중하신다. 예수는 "병든 자"와 "죄인"을 동일시하심으로써, 이 문제를 앞서 다룬 치유 기사의 채무 규례에 대한 공격과 연결하신다. 그러나 광범위한 내러티브적 관점에서 보면 이 말씀에는 강한 비판적 신랄함이 묻어난다. “건강한 자”호이 이스쿠온테스, 3:27 “강한 자” 참조는 “의사”가 쓸 데 없다. 그러나 예수는 자신이 “의롭다.”디카이우스고 생각한 그들의 주장을 겨냥하신다.

두 번째 에피소드는 예수께서 제자들이 금식일을 지키지 않는다는 비난에 맞서 싸우시는 장면이다.2:18-22 이 에피소드가 이전 에피소드와 연결된다는 것은 바리새인들과 요한의 “제자들”의 행위와 대조적인 예수의 “제자들”의 행위에 이야기의 초점이 맞추어진다는 사실에서 알 수 있다. 금식은 바리새인들의 경건을 공적으로 드러내는 중요한 요소였다.

> 율법이 명령하는 유일한 금식은 속죄일의 금식이지만레 16:29; cf. 행 27:9, 바리새인들은 그것에 덧붙여 매주 월요일과 목요일을 금식일로 정해서 지켰다.cf. 눅 18:12... 그들은 역사적 사건을 기념하는 전통적 금식일도 지켰다.Taylor, 1963:209

마가가 바리새인들을 대적으로 서술하지 않고 바리새인들의 사례를 비교의 대상으로 삼은 것은 중요하다. 이것은 마가의 공동체가 바리새파및 아마도 요한의 남아 있는 제자들와 비교되고 있음을 강력히 시사한다.

예수는 도전에 대한 반응으로 묵시적 이미지를 사용하여 지금까지 하신 말씀 가운데 가장 긴 강화를 제시하신다. 금식 자체를 문제 삼은 것은 아니다. 예수는 나중에 “신랑을 빼앗길 그날”에는 금식할 것이라고 말씀하신다.2:20 “신랑”과 “그날”이라는 두 가지 이미지는 묵시적 계열에서 나온 것으로마 25:1 이하 참조, 마가복음 이야기의 핵심이 되는 묵시적 사건, 즉 예수의 죽음에 대한 예기적 암시임이 분명하다. 계속해서 “두 시대”에 대한 전통적 관점의 묵시적 이원론을 진술하는 두 개의 비유가 이어진다.11장 D, 1

1. “생” 베 조각을 “낡은” 옷에 붙이지 않는다.2:21
2. “새” 포도주는 “낡은” 가죽 부대가 아니라 “새” 부대에 넣어야 한다.2:22

"새"카이노스는 일반적으로 종말론적 재창조를 가리키는 용어로 사용된다.1:27 마가는 이곳에서 하나님 나라의 급진적 사회적 실천을 바리새인들의 정결 규례의 위선적인 사회적 경건과 구별한다. "새" 제자도 운동은, 새롭고 발전적인 것처럼 보이지만 실제로는 지배적인 상징적 질서와 근본적으로 일치하는 "낡은" 실천을 따라가서는 안된다. 그렇게 할 경우, 포도주가 부대를 "터뜨려 포도주와 부대를 둘 다 버리게" 될 것이라는 이미지가 보여주는 것처럼, 메시아의 계획이 위기에 처하게 될 것이다. 나중에 마가는 "새" 포도주가 비폭력적 사랑에 대한 진정한 사회적 실천을 의미함을 보여준다.14:24 이하

2. 안식일: 밀밭에서의 시민 불복종

일련의 에피소드 가운데 마지막 에피소드에서 제자도의 실천은 다시 한번 쟁점으로 오른다.2:23-28 그들은 밀밭을 가로지르며 "길을 열기 위해" 곡식을 밟은 것으로 보인다. 그들은 떨어진 이삭의 껍질을 벗기고 먹었다. 바리새인들은 그들이 안식일의 규례를 범했다고 비난했다.2:23 이하 이것은 파종과 추수에 대한 규례는 물론 통행에 대한 규례까지 언급한 것으로 보인다.Derrett, 1977:89 이하 이것은 마가가 바리새인들의 프로그램에 있어서 가장 중요한 요소인 안식일 준수에 대해 다룬 어려운 본문에 해당한다.

예수의 변론은 사무엘상 21:1-6에 호소한다. "읽지 못하였느냐"라는 마가의 냉소적 언급은 우리에게 그의 진솔한 해석을 기대하게 한다. 예수는 다윗이 자기와 및 '함께 한 자들'강조형 헬라어이다이 먹을 것이 없어 시장할 때크레이안 에스켄 율법을 범할 수 있는 왕의 권위를 주장한 전례를 상기시키신다. 데렛Derret은 다윗은 당시에 중요한 전쟁을 하고 있었으며, 병사들을 위해 "징발된" 떡을 먹은 것이라고 지적한다. 마가는 똑같은 용어를 사용하여 예수께서 예루살렘으로 진격하시면서11:3 "필요하실 때" 나귀를 "징발"하시는 장면을 서술할 것이다. 요점은 제자들도 예수와 함께 싸우고 있으므로 이삭을 징

발할 권리가 있다는 것이다. 그는 나중에 다윗보다 높은 자로 드러나실 것이다.12:35 마가는 결정적으로, 인자는 채무 규례에 대한 권리를 행사하실 뿐만 아니라 안식일에도 주인이시라고 단언한다.

그러나 대부분의 주석가와 마찬가지로 이 이야기의 요지를 예수의 "기독론적 특권"이라고 생각하는 것은 잘못된 것이다. 특권"이라는 주장은 잘못된 것이다. 예수의 변론은 랍비가 주장하는 성경적 규례와 일치하지 않지만, 놀랄 필요는 없다.Cohn-Sherbok 1979 자세히 살펴보면 마가는 구약성경 기사에 대한 이미 자유로운 해석에 새로운 내용을 덧붙이고 있다는 사실을 알 수 있다. 즉, 다윗과 그의 부하들이 시장했다는 것이다. 쇼트로프와 슈테게만L. Schottroff and W. Stegemann은 이 본문에 대한 최근의 편집비평을 통해 마가의 첫 번째 해석자인 마태는 마가의 요점이 "제사가 아니라 자비"마 12:7; cf. 호 6:6라는 사실을 명확히 이해했다고 주장한다. "가난한 자의 굶주림은 안식일 준수 의무보다 우선해야 할 이스라엘의 핵심적인 종교적 의무임을 상징적 방식으로 설명한다."1984:125 마가가 이 본문을 택해 "떡"아르톤"진설병", 2:26이라는 용어를 소개한 사실도 중요하다. 이것은 나중의 내러티브 -적어도 광야에서 굶주린 대중을 먹이시는 기사6:33 이하; 8:1 이하- 에서 나누어야 할 것이 무엇인지를 상징적으로 보여준다.

이러한 해석은 마가복음의 광범위한 내러티브 문맥을 통해 확인된다. 바리새인들이 등장하는 세 개의 에피소드에서 마가는 먹는 것과 관련된 요소에 초점을 맞춘다. 첫 번째 에피소드에서 예수는 자신과 제자들이 사회적 약자와 함께 떡을 뗄 권리가 있음을 주장하신다. 이어서 예수는 제의적으로 먹는 것을 금지한 규례를 무시할 자유가 있음을 주장하신다. 그런 경건은 궁극적으로 굶주림이 불가피한 냉엄한 현실인 가난한 자들을 위한 것이 아니라 부유한 자를 위한 사치일 뿐이다. 이제 마가는 더욱 세차게 공격한다. 그는 제자들이 시장할 때 안식일에 이삭을 잘라 먹음으로써 율법을 범한 행위를 정당화한다. 마가는 바리새인들의 정결 규례를 약화시키는 것으로 그치지 않는다. 그는 바리새인들을 "땅과 식탁"에 대한 이슈와 동일시함으로써 은연중에 정치적 비판으로 수위를 높인다.

바리새인들은 팔레스타인의 농작물 생산과 소비 및 분배에 대해 분명한 입장을 취하지 않았다.[2장 E, 3] 한편으로 그들은 하스몬 시대부터 농촌의 십일조를 예루살렘으로 가져가는 중앙집중적 십일조 구조에 대해 지속적으로 비판해왔다. 바리새인들은 지역 제사장의 몫을 보장해주는, 지역 분배 방식을 선호했다. 그러나 농촌의 생산자는 지역이 자체적으로 십일조를 관리함으로써 얻는십일조를 덜 내는 수익만큼, 생산과 소비 측면에서는 손실을 보았다. 할라카 전통은 생산물 시장에 대한 갈릴리 농부와 바리새인들 사이에 긴장이 존재했음을 보여주는데, 이것은 엄격한 정결법에 따라 먹을 수 있는 것과 먹지 못하는 것을 결정하는 권한이 후자에게 있었기 때문이다. 제자들이 이삭을 잘라 먹은 행위에도 이러한 긴장이 존재한다. 일단 거둬들인 소출은 땅에서 분리되며, 따라서 정결 규례에 따라야 한다.[Safrai and Stern, 1977b:830] 또 하나의 대치점은 안식년에 파종을 금한 규례와 관련된다. 이 규례는 농부의 생계에 막대한 지장을 주었기 때문에 받아들이기 어려웠다.

제자들이 안식일 규례에도 불구하고 이삭을 잘라 먹은 행위는 이런 관점에서 팔레스타인 식량 정책에 항의하는 "시민 불복종" 차원의 저항으로 보아야 한다. 예수는 바리새주의의 대안적 성결 법전에 맞서 제자들의 행위를 보호하실 뿐만 아니라 소수 상류층의 배만 불리는 재분배 경제의 이데올로기적 지배와 조작을 공격하신다. 마가는 가난한 자와 함께 하는 것이 압제적 구조를 겨냥한 것이라는 사실을 끊임없이 주장한다. 그들과 함께 하는 것은 율법을 범한다는 의미가 될 수 있지만, 이러한 행위는 인자에 의해 정당화된다. 그는 정결 규례와 채무 규례의 권위를 엎으심으로 독자에게 자신이 "안식일의 주인"일 뿐만 아니라 모든 "집"의 주인이심을 보여준다.[13:35]

4E. 거부와 통합: 첫 번째 "생성적 연결고리"3:1-19

우리는 예수의 비폭력적 운동에 나타나는 두 개의 정점 가운데 첫 번째 정점에 이르렀다. 앞서 언급했듯이A, 1, 전반부의 종속적 내러티브의 패턴 가운데 하나는 "거부와 통합"의 반복이다. 회당에서 쫓겨나신3:6 예수는 물러나셔서 자신의 공동체에게 권한을 위임하신다.3:13-19 6:1-13에는 같은 패턴이 반복된다.7장 A; 일부 주석가는 8:14-26에도 이 패턴이 나타난다고 주장하지만 나는 그렇게 생각하지 않는다 나는 예수의 사역이 위기를 맞아 잠시 후퇴하여 전력을 재정비하는 이 부분을 내러티브의 "생성적 연결고리"라고 부를 것이다.

1. 관객으로서 시민 불복종: 예수의 신명기의 근본 원리

제자들의 안식일 규례에 대한 위반은 곧바로 또 하나의 논쟁 기사3:1-6로 이어진다. 어떤 주석가는 다음과 같이 주장한다.

> 2:24는 혐의에 대한 실제적 기소가 이루어지기 전에 필요한 법적 경고일 수 있다.… 2:28에서 예수는 유대의 법이 받아들일 수 없는 안식일에 대한 권위를 주장하신다. 이어서 3:2에서는 대적이 예수를 법정에 고발하기 위해 안식일을 범하는지 주시한다.… 3:1-6에서 예수가 안식일에 불법적 행위를 하신다면 체포되기 쉬울 것이다. 2:28에 제시된 예수의 주장은 독자에게 3:1-6에서 예수께서 보다 강력한 반대와 큰 위기에 직면할 것임을 보여준다.Dewey, 1980:100

이러한 최종적 결말을 위해, 마가는 우리를 유대의 상징적 질서의 중심부회당/안식일로 데려간다. 이것은 마가가 "요약적" 행위로 구성하려고 하는 여러 개의 에피소드 가운데 첫 번째로, 이전 기사들의 수사학적 요소들을 결합한다. 여기서는 "첫 번째 귀신을 쫓아내심"수사학적 요소: 회당 배경, "나병환자'손 마른 사람'를 깨끗케 하심", "중풍병자" 치유/대결/치유의 구조, "바리새인들과의 일련의 논쟁" 안식일, 그들의 언급을 통해, 3:6 등이 반복된다.

안드레 트로메André Trocmé는 그의 도발적인 저서 『예수와 비폭력적 혁명』*Jesus and the Nonviolent Revolution* 1964을 통해 이 에피소드는 예수의 공생애 사역의 전환점으로서, 정교하게 연출된 정치적 무대라고 주장한다. 예수는 반발을 자극하지 않고 은밀하게 손 마른 자를 고칠 수 있었지만 1:29에서처럼, 다시 한번 강하게 이슈화시키는 전략을 택하신다. 예수께서 "선을 넘기를" 기다리면서 주변을 배회하는 적대적 관리들의 감시하에, 말하자면 매스 미디어의 밝은 조명 아래, 결국 마가는 안식일의 치유와 관련하여 지금까지 끌어온 작은 단락을 종결한다. 1:32 참조 보다 중요한 도덕성 문제를 제기하기 위해 법을 위반하는 것을 허용하는 시민 불복종 운동에서 볼 수 있는 것처럼, 예수는 "선을 넘기" 직전에 청중을 향해 도전하신다. 예수는 가난한 자에 대한 자신의 자비와 공의의 사역과 지배적 질서의 명령을 대조하시면서, 율법 전체의 이데올로기적 교훈에 대해 설명하신다. 그는 신명기적 신앙의 핵심적인 요소에 대해 해석하신다. 신 30:15 이하 "안식일에 선을 행하는 것과 악을 행하는 것…어느 것이 옳으냐"라고 물으신 예수는 이어서 "생명을 구하는 것과 죽이는 것…어느 것이 옳으냐"라는 강력한 질문을 덧붙이심으로 메시아의 계획과 대적의 계획을 대조하신다. 마가는 "아포크테이나이" 죽이다라는 단어를 언제나 정치적 사형 집행과 관련하여 사용한다. 6:19; 8:31; 12:5; 14:1 참조

예상한 대로 권력층은 당연히 대답을 거부하고 예수를 "정치적 재판"으로 몰아갈 궁리를 한다. 마가의 비난은 매우 신랄하다. 예수의 분노를 묘사하는 데 사용된 강력한 언어는 신약성경에 다른 전례가 없다. 3:5 이어서 마가는 '완악함' 문자적 의미는 마음의 완고함이라는 또 하나의 핵심적 내러티브 주제를 도입한다. 그러나 독자는 우쭐할 필요가 없다. 이 장은 결국 제자들도 그들과 같은 수준에 놓기 때문이다. 6:52, 8:17 손 마른 자는 고침을 받았고, 예수는 선을 넘

으셨다. 지역 당국은 곧바로 예수를 죽이려는 "의논"숨불리온에 들어갔다.3:6 바리새인과 "헤롯당"은 쉽게 동맹하기 어려운 사이지만 12:13에 다시 함께 나타날 것이다. 후자는 마가만의 표현으로Bennett, 1975b, 질서 유지에 관심이 있었던 갈릴리 본토의 귀족계층을 가리키는 것으로 보인다. 그들이 이곳에 언급된 것은 헤롯이 요한을 처형하려는6:14 이하 또 한 차례의 살해 음모를 예고한다. 하나의 음모예수께서 안식일에도 병자를 고치실 것인가?가 해결되자마자 또 하나의 음모가 시작된 것이다. 이 음모는 이 동맹의 "의논"이 이 이야기의 끝 부분에서 예수에게 사형을 선고한 산헤드린의 결정을 통해15:1 시행될 때 성취될 것이다.

2. 새로운 시내산: 예수께서 연합체를 결성하심

예수는 이러한 음모에 대해 알고 계셨으며, 제자들과 함께 바닷가로 물러가신다.아네코레센-위기에서 피하다, 3:7 그러나 사역은 계속되며, 마가는 다시 한번 요약적 형식으로 언급한다.3:8-12 내가 이 부분을 "생성적 연결고리"로 부르는 이유는 이러한 흐름의 구성이 제자도 내러티브에 대한 의심을 가지게 하기 때문이다. 제자도 내러티브는 다시 시작되어야 한다. 마가는 바닷가 배경1:16이나 사역에 대한 요약1:32 이하과 같은 첫 번째 장면의 핵심 요소들을 반복함으로써 그렇게 한다. 마가는 그의 복음서 끝에 이 기법을 다시 한번 사용한다.

이 요약은 사역의 성장을 보여준다. 갈릴리에서 "큰 무리"가 예수께 나아온다. "유대와 예루살렘과 이두매와 요단 강 건너편즉 베레아과 또 두로와 시돈 근처에서"3:8라는 구절의 의미는 동서남북 사방으로부터 사람들이 나아왔다는 것이다. 예수의 사역은 "그가 하신 큰 일"을 듣는 자를 예수께로 끌어들였다. 이 표현은 중의적 의미가 있다. 사방에서 나아온 자들 중에는 잠시 후 예수를 조사하기 위해 예루살렘에서 내려올 정치적 대적도 포함되어 있기 때문

이다.[3:22]

3:9에서 마가는 새로운 내러티브 장소를 소개한다. 앞서 예수께서 집으로 밀려드는 무리로부터 잠시 벗어나셨듯이, 여기서는 배에 오르신다. 이곳은 대중을 가르치기 위한 무대를 제공하며[4:1], 잠시 후 배를 타고 그들을 떠나 건너편으로 가실 것을 예시한다.[4:35] 이 새로운 조망으로부터 예수는 치유와 귀신을 쫓아내는 사역을 계속하시며[3:10 이하], 자신의 이름을 부르는 더러운 귀신들을 쫓아내신다.[3:12]

예수는 모세를 따라[9:1], 다음 상징적 행위를 위해 산으로 오르신다.[3:13] 이제 예수는 제자들을 부르셨을 때처럼, 이제 그들의 이름을 지어주심으로써 정체성을 견고히 하신다. 잠시 후 예수께서 혈연에 의한 사회 구조를 거부하신다는 점에서[3:35], 이 결속은 중요한 의미가 있다. 또한 예수는 이 생성적 연결고리에서 메시아의 선포와 대결 사역을 제자들에게 "위임"하신 것처럼, 두 번째 생성적 연결고리에서는 사역을 위해 그들을 파송하실 것이다.[6:7 이하] 예수는 "신랑을 빼앗길 날"[2:20] 후에 자신의 사역을 계속해서 이어나갈 공동체를 준비하고 계시며, 이제부터는 대안적인 사회적 실천을 통해 이 그룹을 훈련시키실 것이다. 이는 "하나님의 비밀"이 그들에게 주어졌기 때문이다.[4:11]

시몬과 야고보와 요한은 이 목록의 맨 앞에 제시되며, "새로운 이름"묵시적 모티브인가? 계 3:12; 22:4를 보라을 부여받는다. 그들은 각각 베드로"반석"와 보아너게마가에 의해 "우뢰의 아들"로 번역된다가 된다. 이 세 사람은 이 이야기에서 공동체의 핵심 그룹일종의 "측근"으로 부상한다. 그러나 이 목록은 배타적 핵심 그룹을 가리키는 것은 아니다. 동일한 부름을 받은 레위는 이 목록에 나타나지 않는다. 거명된 다른 일곱 명빌립부터 시몬까지은 이 이야기에서 더 이상 등장하지 않는다. 이름을 열거한 것은 문학적 픽션을 위한 것으로, 예수께서 대안적 공동체를 형성하신 것으로 볼 수 있다. 사실 핵심 그룹에 대한 마가의 인물묘사는 매우 비판적이다. 또한 마가는 이 잠재적 승리의 공동체 결성의 순간을 냉엄한 현실주의로 가라앉히며, 예수를 죽이려는 음모가 드리운 그늘로 확장한다. 마지막에 이름을 올린 그는 유다로, 예수를 배반할 자이다.

우리가 간과하고 있는 것은 이 상징적 행위의 정치적 영역이다. 예수는 산에 올라 "새로운 시내산" 언약을 재현하심으로써 지배적 질서의 이데올로기적 기반을 공격하신다. 그는 새로운 지도자를 세우셨다. 에포이에센 에포이에센은 70인역에서 제사장왕상 12:31; 13:33; 대하 2:18 및 모세와 아론삼상 12:6; Taylor, 1963:230을 세울 때 사용한 단어다. 열둘을 세우신 것은 이스라엘의 열두 지파 전통을 상기시키는 것이 분명하다. 다시 말하면 예수는 일종의 연합체를 결성하신다.

안타깝게도 우리는 초대교회의 메타포에 대해 "새로운 제사장"과 "새로운 이스라엘"이라는 "종교적" 이해에 사로잡혀 있다. 그러나 마가의 팔레스타인 청중은 이 담론의 정치적 성격을 그냥 지나치지 않았을 것이다. 제사장/서기관의 권위를 공격하신 예수는 이제 일종의 "혁명 위원회", "망명정부"를 결성하신다. 저항 공동체가 세워진 것이다.

4F. 사역의 절정: 예수께서 이데올로기 전쟁을 선포하심3:20-35

예수는 안전한 "집"으로 돌아가시지만, 더 이상 환영을 받지 못하신다. 절박한 무리가 다시 모여들어 식탁 교제를 방해했으며3:20, 이것은 예수께서 사역의 결과와 마주하게 될 두 번째 절정의 시간적 배경이 된다. 마가의 적대적 내러티브의 비약적 발전을 가져올 새로운 대결이 수면 위로 드러난 것이다. 예수의 친족은 그가 미쳤다고 생각하여 사역을 포기하도록 종용했다.3:21 그러나 그들의 만류는 많이 늦었다. 이미 예루살렘 당국에서 보낸 감시자들이 예수를 고발할 준비를 마쳤다.3:22 이 단원은 삽입 기법 또는 "샌드위치" 기법을 사용한다. 이것은 마가가 즐겨 사용하는 형식으로, 이야기를 시작한 후 중간에 다른 이야기를 삽입했다가 다시 원래의 이야기로 돌아오는 방식이다. 이 형식은 두 개의 연결구를 통해 두 요소의 근본적인 관계를 정립한다.

1. 친족들이 말했다: "그가 미쳤다"

2. 서기관들은 말했다: "그가 귀신바알세불 들렸다"

가버나움 사역은 예수에 대한 이 이중적 공격으로 끝난다. 그는 친족에게는 미친 자였으며, 정치적 대적에게는 귀신 들린 자였다.

1. 양극화: 예수와 "강한 자"

샌드위치 구조의 안쪽부터 살펴보자. 우리는 여기서 처음으로 "예루살렘 서기관들"이라는 표현을 만난다. 예수는 자신의 "연합체"를 결성하셨으며, 서기관들은 그가 귀신에 들렸다는 혐의를 앞세워3:22 "반격"을 시작한다. 전통적 사회에서 귀신에 들린 현상에 대한 루이스I. Lewis의 인류학적 연구는 권력자가 "적극적이고 활동적이며 무엇보다도 전투적인" 퇴마사를 공격하는 것은 흔히 있는 일이라고 주장한다.

> 귀신이 들렸다는 고발은 관계를 불신하게 하고 단절하게 하며 부인하게 하기 위한 거리 두기 전략이다.… 이처럼 갑자기 나타나 귀신을 제어하는 자들은 그런 영적 능력으로 인해 그들이 치료하는 동기를 의심받았다.Hollenbach, 1981:577

이것을 정치적 신화 전쟁의 용어로 표현하면, 지배계층이 자신의 헤게모니가 위협을 받는다고 판단하면 상대를 신화의 문화적 우두머리 귀신으로 규정함으로써 그들의 도전을 무산시키려 한다는 것이다. 서기관의 논리는 단순하다. 그들은 자신이 하나님의 대표자라고 믿었기 때문에, 예수의 "이탈"은 사탄에 대한 충성이 분명하다는 것이다. 냉전 시대 이원론의 상징적 규범을 빌리자면, 예수는 "공산주의자"라는 것이다.

서기관들은 사탄에 대해 이중적 완곡어법을 사용한다. 첫 번째는 "바알세불"이다. 이 용어는 "'높은 곳', '처소', '거주지'를 의미하는 히브리어 관용구에서 온 것으로 보인다. 이 이름은 '처소의 주인'Lord of the dwelling이라는 뜻으로, 그의 처소가 된 자나 그의 모습을 가리킨다." Taylor, 1963:239; cf. 마 10:25 두 번째는 "귀신의 왕" 엔 토 아르콘티 톤 다이모니온으로, 신약성경에 전체에서 발견되는 "정사와 권세들" 예를 들면, 고전 2:6; 엡 2:2을 반영한다. 이것은 의미상 묵시적 영역에 속한 것이 분명하며, 따라서 이에 대한 담론은 특별히 정치적이다.

> 우리는 사탄의 왕국에 대해, 세속적 지배에 대한 부정적 경험을 강조하는 상징적 개념으로 이해할 수 있다. 에녹1서 85-90에 나오는 목자의 묵시에 따르면, 이스라엘이 정치적 독립을 상실했을 때 하나님은 그들에 대한 통치를 타락한 천사들, 즉 사탄의 부하들에게 맡기셨다. 이곳의 신화적 사건은 정치적 사건을 반영한다. Theissen, 1977:&6

묵시적 전쟁 신화는 여기서 훨씬 심화된다. 광야로부터 1:12 이하 시작된 이 싸움은 점차 로마 팔레스타인의 정치적 지형의 중심부로 이동한다. 예수는 먼저 회당에서 귀신을 쫓아내었으며, 이어서 상징적 질서에 도전하신다. 2:10, 28 이제 예수는 이 신화 전쟁에서 대적과 대면하여 맞대고 싸우실 것이다.

마가는 이 시점에서 비유를 사용한 담론을 소개함으로써 3:23 첫 번째 설교 4:3 이하에 대비하게 한다. 이 설교는 묵시적 관점에서 이해해야 한다. 그러나 우리는 여기서 "들을 귀" 있는 자는 비유에 귀를 기울이라는 이 설교의 요구 4:9를 적용할 수 있다. 즉, 예수는 수수께끼 같지만 놓쳐서는 안 될 중요한 말씀을 하려고 하신다. 예수의 변론은 이후에 있을 성전에서의 논쟁 11:27 이하에서 완벽하게 구사하실 언어적 반격 형식, 즉 대적의 말을 자신의 논리를 뒷받침하기 위한 질문과 수수께끼로 전환하는 방식을 통해 수세적 입장에서 공세적 입장으로 바뀐다.

> 사탄이 어찌 사탄을 쫓아낼 수 있느냐 에크발레인
> 만일 나라가 스스로 분쟁하면 하나님 나라가 설 수 없고
> 만일 집이 스스로 분쟁하면 그 집이 설 수 없고
> 만일 사탄이 자기를 거슬러 일어나 분쟁하면 설 수 없고 망하느니라 3:23-26

이 일련의 수사학적 진술에는 복잡한 평행 관계와 상호 참조적 이미지가 분명하게 나타난다. 그러나 이것은 무엇을 의미하는가?

에이브러햄 링컨의 유명한 해석에도 불구하고, 이것은 예수께서 서기관들에게 자신은 사실상 공동의 적인 사탄에 맞서 싸우는 동맹임을 확인시켜주시려고 하시는, 마치 체제의 단합을 해치는 내란을 진정시키기 위해 사용하는 것과 같은 상투적 표현이 아니다. 오히려 예수는 그들의 자기중심적인 이데올로기적 이원론의 모순을 드러내어 붕괴시킴으로써 그들과 단절하신다.

> 대적이 전제하는 구조와 맞서기 위해서는…이 구조의 단단한 껍질을 벗기기에 충분한 상상력을 가진 대안적 비전의 각성이 필요하다. 이곳의 비유가 대적의 고소를 이용하여 시도하고자 했던 것은 바로 이것이다.… 그것은 대적이 자신의 세계를 구축한 토대에 쐐기를 깊숙이 박아넣고 싶어 한다. Tannehill, 1975:179,184

다윗 왕조의 중앙집권적 정치 "나라" 3:24와 그것의 상징적 중심인 성전 "집" 3:25과 같이, 신중하게 선택된 "사탄" 3:23,26의 영역을 상징하는 이미지들은 서기관이 지배하는 유대교의 이데올로기적 토대와 놀라운 일치를 보여준다. 이

러한 토대가 위기에 처했으며 더 이상 "지탱하기 어렵다"는 사실은 이 이야기의 뒷부분에서 예수께서 그들의 홈그라운드인 예루살렘에서 서기관들과 맞서 싸우실 때 분명하게 드러날 것이다. 그곳에서 예수는 자신의 "나라"와 다윗의 나라가 같다는 사실을 부인한다.[12:35 이하; 아래, 10장 B, 2; F, 1] 마침내 성전과 만나신 예수는 "기도하는 집"이라는 목적을 "공유한다는" 자들을 "내쫓으신다."[에크발레인 11:15-17] 이어서 두 번째 설교에서 예수는 성전이 더 이상 존속하지 못할 것이며[13:2], 참된 "집 주인"이 와서 자신의 영역을 주장하실 것이라고 예언하신다.[13:35]

이 수수께끼는 이 정도까지 풀렸다. 사탄은 "사탄을 쫓아낼 수" 없으며[3:23], 권력자에 대한 "혁명"은 예수께서 이끄셔야 한다.[3:26] 이것은 예수와 서기관의 이데올로기적 전쟁에 대한 선포이다. 대적의 정체를 드러내신 예수는 의미론적 논쟁을 멈추고 베일에 가린 정치적 비유를 제시한다. 그는 이 비유에서 자신의 사역을 도둑의 침입에 비유한다.

> 사람이 먼저 강한 자를 결박하지 않고는[데 세] 그 강한 자의 집에 들어가 세간을[타 스케우에] 강탈하지 못하리니 결박한 후에야 그 집을 강탈하리라[3:27]

이 구절은 두 개의 중요한 예기적 언급을 도입한다. "세간"은 "세속 사회와 거룩한 곳, 전시와 평상시, 가정과 야외에서 다양한 용도로 사용되는 여러 가지 가재도구"를 가리킨다.[Maurer, TDNT, 8:360] 이 단어는 마가복음의 다른 곳에서는 11:16에만 나타나며, 예수께서 성전에서 들고 다니는 것을 금지하신 제의용 그릇을 가리키는 말["물건"]로 사용된다. "결박"은 귀신을 쫓아내는 다른 본문에 나타나며, 붙들어 맬 수 있는 "힘"을 가진 자가 아무도 없는 "귀신"에 대해 사용된다.[5:3 이하] 이 단어는 요한[6:17]과 예수[15:1] 및 바라바[15:7]에 대한 정치적 구금에 대해서도 사용된다. 다시 말하면, 이 비유는 뒤에 나올 내러티브를 예시하며, 반대의 경우도 마찬가지다.

마가는 자신의 생각을 분명히 드러낸다. 예수요한의 뒤에 오실 "능력 많으신 이"로도 불린다. 1:7는 강한 자1:24에서 귀신으로 서술된 서기관 체제를 가리킨다의 통치를 무너뜨리실 것이다. 이 비유에서 제2이사야의 신탁이 다시 한번 제시된다. 여호와는 강한 자가 빼앗은 자를 놓아주실 것이며 폭군이 사로잡은 자를 구원하실 것이다.사 49:24 이하 언제나 법과 질서의 편에 선 제국주의적 해석학은 당연히 강한 자에 대한 이런 해석이 왜곡되고 공격적이며 충격적이라고 생각할 것이다. 그러나 마가는 이러한 침입 이미지를 가장 오래된 원시 기독교의 종말론적 전통으로부터 가져왔다. 주님은 밤중에 도적처럼 임하신다.마 24:43; 살전 5:2,4; 벧후 3:10; 계 3:3, 16:15

예수는 지금 하신 말의 심각성을 강조하기라도 하시는 것처럼 엄숙한 "아멘""진실로"으로 말씀을 마치신다. 이제 그는 채무 규례에 대해 "일괄 사면"이라는 최후의 일격을 가하신다. 그러나 성령의 사역을 사탄의 사역으로 왜곡하는 자는 사면에서 제외될 것이다. 루이스 세군도Juan Luis Segundo는 다음과 같이 주장한다.

> 잘못된 변증론에 기인한 신성모독은 언제든지 용서받을 수 있다.… 용서받을 수 없는 것은 신학을 이용하여 진정한 인간의 해방을 가증한 것으로 바꾸는 행위이다. 성령을 대적하는 진짜 죄는 목전에서 일어나는 확실한 해방을 "신학적" 확신을 가지고 거부하는 것이다.1979:254

서기관들은 이것을 보지 못했다. 따라서 예수는 자신의 변론의 끝부분에서 전세를 뒤집어 서기관을 완전히 무너뜨리신다. 하나님의 목적을 대적하는 그들의 죄는 결코 용서받을 수 없다. 현 상황에 사로잡히는 것, 비판과 변화를 거부하는 것, 인간화 노력을 잔인하게 억압하는 것, 이런 행위는 하나님의 은

혜를 저버리는 것이다.

2. 분리: 친족의 거부

마가는 다시 한번 가정의 위기를 조장하는 내용으로 돌아감으로써3:31 이 단원을 끝낸다. 이 위기는 그가 미쳤다고 생각한 "예수의 친족"호이 파르 아우투 그에게 속한 자들이 사역을 단념시키려고 찾아오는 장면3:21으로 시작한다. 예수의 가족은 그를 "붙들러" 왔다. 이 단어는 마가복음 다른 곳에서 정치적 구금에 사용된다.6:17; 12:12; 14:1,44,46,49,51 예수의 호전적 선포에 비추어볼 때, 그들의 마음은 더욱 간절했다. 마가는 3:31에서 예수의 어머니와 동생들이 집 밖에서 그를 부르고 있다고 진술한다. 우리는 예수를 침묵시키려는 그들을 이해할 수 있다. 그들로서는 당국에서 요주의 인물로 주목을 받는 자가 당국을 자극하는 행위를 계속하는 것은 미친 짓이나 다름없었기 때문이다. 그는 재앙을 자초하고 있으며, 그의 가족은 가문의 명예와 더불어 그를 보호하려 하고 있다. 이것이 바로 정치적 견해를 달리하는 자들의 진정한 걱정이다.

앞서 언급했듯이, 고대사회에서 가족은 사회적 세계의 축이다. 친족은 인격과 정체성을 형성하고 직업관에 영향을 주며, 무엇보다도 사회화를 촉진했다. 따라서 마가에게 친족은 예수께서 무너뜨리려는 사회 질서의 축이다. 이것은 그가 예수의 족보에 관심이 없었던 이유이기도 하다.마태복음 및 누가복음의 계보와 비교해보라 마가의 특이한 진술은 곧 분리가 있을 것임을 보여준다. 가족은 집 밖에 있고3:31, 무리는 집 안에서 예수를 둘러앉았다.3:32 이것은 새로운 이분법을 말해준다. 쿰란 및 다른 묵시적 내러티브에서 나타나는 "전쟁 신탁"과 달리, 양극화는 집 "안"과 "밖"에 대한 새로운 정의로 끝난다.

예수와 가족의 분리는 상호적이며, 예수는 그들을 만나지 않으신다.3:33 가족이 그의 사명을 받아들일 수 없다면, 예수는 그들을 가족으로 인정하지 않으실 것이다. 따라서 마가는 혈통이나 가문이 아니라 순종에 기초한 새로운 가족 모델을 도입한다.[3:35] 이제 팔레스타인 사회의 전통적 권위 구조에 대한 예수의 도전은 완성되었다. 그는 새로운 질서를 위해 "낡은 옷"[2:21]을 거부하신다. 하나님 나라로 들어가기 위한 "재사회화"의 기본적 단위는 새로운 가족, 즉 제자 공동체가 될 것이다. 이런 말씀과 함께 예수는 자신의 메시아적 사명의 미래를 위해 바닷가로 물러나신다.[4:1]

후주

1. 이 구절은 마가복음에서 다른 방식의 독법이 나의 해석과 특별한 관계가 있는 드문 본문 가운데 하나다. orgistheis(그가 분노하셨다)를 splangchnistheis(그가 불쌍히 여기셨다)로 대체한 대안적 독법을 뒷받침하는 강력한 사본적 증거가 있다. 즉, "예수는 불쌍히 여기셨다"는 것이다. Metzger(1975:76)는 후자의 독법이 더욱 설득력이 있다고 주장한다. 그러나 이 독법은 나의 해석에 영향을 미치지 않는다. 1:43은 전통적 해석에 대한 설명이 필요한 구절로서, 예수의 분노를 가리키고 있는 것이 분명하기 때문이다.
2. 안병무는 오클로스에 대한 이 서술에서, 한국 사회에서 기본적인 권리를 박탈당한 계층인 "민중"이라는 용어와의 상관 관계를 찾는다. 나는 이 책의 결론 부분(14장 E, 1)에서 한국 해방신학의 이와 같이 중요한 기여에 대해 다룰 것이다.
3. "분쟁하는 집"은 예수의 가족이 그를 거부한 사실을 가리킨다는 주장도 가능하다. 이 해석은 샌드위치 구조의 다른 주제와도 일치한다. 그러나 이곳의 정치적 상황과 더불어 11:17("내 집은 만민이 기도하는 집이라 칭함을 받으리라고 하지 아니하였느냐...")과 13:35("깨어 있으라. 집 주인이 언제 올는지...")의 각성을 촉구하는 메시지는 이 구절이 일차적으로 가리키는 것은 성전이라는 사실을 확신하게 해 준다.

제5장

"들으라!" 혁명을 위한 인내에 대한 첫 번째 설교

막 4:1-36

들의 모든 나무가 나 여호와는 높은 나무를 낮추고 낮은 나무를 높이며 푸른 나무를 말리고 마른 나무를 무성하게 하는 줄 알리라

- 겔 17:24

첫 번째 직접적 사역은 양 진영의 분리로 끝났으며, 메시아 공동체는 사회적 주류와 단절되었다. 그러므로 마가복음의 예수가 자신의 사명에 대한 사색을 위해 다시 한번 물러나신 것은 놀랄 만한 일이 아니다. 이 유명한 '비유장'은 마가복음에 나오는 예수의 확장된 설교 두 편 가운데 첫 번째 설교가 제시된다. 이 설교는 농부의 일상적 지혜와 땅에 대한 이미지를 통해, 역경 중에서의 희망을 제시하고 혁명적 역설에 대한 담론을 이야기 속에 도입한다.

5A. 비유를 통한 담론

1. 첫 번째 설교의 구조

마가복음의 설교4:1-34; 13:1-37에 대한 주석 작업은 전통적으로 텍스트의

배후에 존재하는 원자료에 초점을 맞춘 형식비평적 접근 방식의 영향을 받았다.11장 A, 1 마가복음 4장의 비유는 나사렛 시골 출신 선지자의 "참된 음성"을 찾으려는 학자들을 오랫동안 애타게 했다. 헬라어 구절을 다시 아람어 시로 번역하려고 했던 블랙M. Black의 노력1967은 전형적인 사례다. 그럼에도 불구하고 역사비평은 이 비유를 이러한 문학적 상황으로부터 분리했다. 예를 들면, 씨 뿌리는 자 비유4:3-9는 "예수의 원래적 의미로서…그의 진정한 음성을 다시 듣기 위해" 분석되는 반면Jeremias, 1972:22, 마가 자신의 해석4:14-20은 지상 교회의 알레고리적따라서 덜 흥미로운 음성으로 일축된다. 그러나 텍스트를 이런 식으로 쪼개는 것은 내러티브의 일관성, 비유 설교 전체의 의미, 내적 구조, 나머지 본문과의 관계 등에 관심을 가진 사회-문학적 접근에 도움이 되지 않는다.

역사비평은 마가복음의 두 편의 설교 사이의 중요한 대칭과 마가복음 안에서의 내러티브적 기능을 간과해 왔다. 두 차례의 직접적 사역이 끝날 때마다 예수는 대결의 현장에서 벗어나 사역에 대한 확장된 사색에 들어가신다.4:1 이하; 13:3 첫 번째 설교에서 주로 사용되는 논증적 요소는 비유이며, 두 번째 설교에서는 묵시다. 그러나 첫 번째 설교에 묵시적 요소가 나타나기도 하고예를 들면, 4:9-13에서 핵심 측근에 대한 특별한 가르침, 4:22의 빛/어두움 이분법, 4:29의 "추수" 이미지, 두 번째 설교에 비유적 요소가 나타나기도 한다.예를 들면 13:28 이하의 무화과나무, 13:34-36의 문지기 실제로 비유적 형식은 묵시 문학 전통에 의해 픽션으로 제시되기도 한다.Patten, 1983:246 이하

첫 번째 설교는 마가의 내러티브 전략에 중요한 두 가지 주제를 도입한다. 그것은 "들어라"아쿠에인, 4:3와 "삼가라"블레페인, 4:24이다. 두 메타포는 제자/독자가 예수의 삶을 이해하고 따르려는 노력을 나타낸다.7:14; 8:15-20; 9:7 이 첫 번째 설교는 두 단락으로 나뉜다. '첫 번째 단락의 설교'가 "듣다"라는 반복을 중심으로 하는 두 부분으로 구성된 것처럼, '두 번째 단락의 설교'는 "삼가다"

라는 반복을 중심으로 하는 두 부분으로 구성된다.11장 B, 2

비유 설교의 배경이 되는 장소는 바닷가이며, 예수께서 배에서 말씀을 전하시는 장면으로 시작해서 마가가 이 배경을 허무는 것으로4:36 끝난다. 이 설교는 예수의 많은여러 가지 비유와 관련된 두 개의 요약적 진술4:2,33을 양 축으로 하는 구조이며, 두 단락으로 구성된다. 첫 번째 단락은 세 가지 요소를 엮는다.

1. 씨 뿌리는 자 비유4:4-8와 이 비유에 대한 설명4:13-20
2. 비유의 역설적 성격에 대한 마가의 사색: 외인에게는 비밀이지만4:10-12, 드러나기 위해 감추어진 것이다.4:21 이하
3. 들으라는 주제의 반복4:3,9,23

두 번째 단락은 듣는 것에 대해 삼가라는 호소4:24a "너희가 무엇을 듣는가 스스로 삼가라"로 시작하며, 세상적 권력과 특권의 질서를 바꾸려는 노력이 아무 소용이 없다는 "전통적 지혜"4:24b-25의 잠언에 의해 제시된다에 대해 경고한다. 이처럼 냉엄한 현실을 배경으로, 예수는 씨에 관한 두 가지 비유를 더 말씀하신다. 하나는 혁명을 위한 인내를 요구하며4:26-29, 다른 하나는 역경 중에서도 혁명의 비전과 소망을 요구한다.4:30-32 이 두 단락은 등불 비유4:21-23와 잠언4:24 이하에 제시된의 형식적 연관성 및 내용적 연관성을 통해 밀접하게 연결된다.

a 또 그들에게 이르시되

b 사람이 등불을 가져오는 것은 말 아래나…

c. 숨긴 것이 없고For there is...

d 들을 귀 있는 자는 들으라

a´ 또 이르시되

d´ 너희가 무엇을 듣는가 스스로 삼가라

b´ 너희의 헤아리는 그 헤아림으로 너희가 헤아림을 받을 것이며…

c´ 있는 자는…For to the one...

말씀의 구조a = 서론, b = 진술, c = 추론는 물론, 들음d과 "헤아림"b; "말"은 측량 단위다이라는 주제도 유사하다.

2. "들을 귀": 비밀로서 하나님 나라?

이 비유는 공관복음 연구에서 많은 논쟁의 대상이 되었다. 주석의 역사에서 알레고리적 해석은 랍비의 해석학이나 헬라의 해석학 곳곳에 존재하며, 기독교의 초기부터 현대적 성경 비평이 부상할 때까지 기독교 전통을 지배해 왔다.Stein은 이에 대한 유익한 개관을 제시한다. 1978:45 이하 형식비평과 편집비평의 분석은 이 비유를 "본문의 의미를 수 세기 동안 짙은 안개 속에 파묻어두었던 해석 방식"으로부터 해방시켰다는 예레미아스의 주장은 합당하다.1972:13 사실 이 비유의 사회-역사적 성격을 회복하려는 노력 가운데 최고의 시도는 예레미아스 자신으로부터 나왔다. 그는 팔레스타인의 농촌이라고 하는 이 비유의 배경에 대한 우리의 이해를 돕는 데에 크게 기여했다. 그러나 초대교회로부터 "역사적 예수"에 이르기까지 비유를 추적해 나갔던 예레미아스의 형식비평적 연구에서 마가 내러티브의 상황과 사회적 기능이 간과되었다는 사실은 안타까운 일이 아닐 수 없다.1장 D, 1

최근에는 문학적 구조주의와 실존적 해석학이 의미론적 언어유희와 역설에 관한 연구를 위해 비유를 탐구했다. 그들은 이러한 탐구를 통해 청중을 위한 새로운 상황을 만들어내었으며, 그들의 이성적 또는 수용된 의미 구조를 허물어 새로운 가능성을 창조한다. 탄네힐Tannehill은 비유적 담론의 "놀라운 비틀기"에 다음과 같이 말한다.

이러한 비틀기는 독자를 화자가 말하는 것 너머의 세계로 인도한다. 그와 같이

> 두 세계를 연결하는 다리는 문자적 의미에 국한된 공적인 세계, 즉 모든 것을 인간적 상호 교류를 위한 목적으로 수용하는 세계에서는 구축될 수 없다. 이런 공적 세계 자체가 도전을 받고 있기 때문이다. 화자는 메타포의 경우에서 볼 수 있듯이 문자적으로 받아들이면 의미가 왜곡될 수밖에 없는 단어를 사용하여 진리를 드러내어야 한다. 언어가 명백한 문자적 의미를 와해시키기에 충분한 힘을 가진 상상력을 유발할 수 있는 한 성공적이다.1975:183

나중에 "종말론적 추수"에 대한 이미지에서 살펴보겠지만, 마가복음에 등장하는 대부분의 비유는 여기에 해당한다. 그러나 비유가 구체적인 교훈적 역할을 하는 경우도 있다.예를 들면, 7:15 이하 반복되는 말이지만, 비유를 사용한 담론의 실존적 의미에 초점을 맞춘 자들은 사회-문학적 의미에 대한 통찰력을 거의 제공하지 못했다.

텍스트로 형성되기 전의 모습이나 역사가 어떠하든 상관없이, 마가의 비유는 이야기 전체와 긴밀한 관계를 형성하며, 이러한 사실을 부인할 경우 바른 해석은 불가능하다. 나는 마가의 비유 담론에는 네 가지 중요한 요소가 있다고 생각한다.

1. 이러한 비유는 제자/독자가 예수의 삶에 대한 내러티브를 이해하도록 돕는 일종의 거울과 같은 역할을 한다.Belo, 1981:121 마가는 우리에게 씨 뿌리는 비유와 그것에 대한 해석이 다른 해석의 도구crux interpretum가 된다고 진술한다.4:13b 이 부분을 이해하면 다른 모든 비유는 물론 이야기 전체에 대한 이해도 가능하다는 것이다. 따라서 우리는 반복적으로 주의해서 들어야 한다. 왜냐하면 이야기 곳곳에 나타나는 메시아 사역의 운명에 대한 알레고리는 우리가 앞서 읽은 것을 요약하는 동시에 앞으로 올 일을 대비케 하기 때문이다.

2. 예수는 강력한 이데올로기적 충돌에 직면하시면 비유에 의존하신다. 마가는 예수께서 자신의 대적인 서기관들을 공격하시는 문맥[3:23]에서 비유를 소개한다. 이 비유에서 분쟁하는 집과 강한 자라는 이미지는 지배적 질서와 그것을 추종하는 자에 대한 비판을 요약하고 확장한다. 마찬가지로, 7:17 이하의 수수께끼는 바리새인의 경건에 대한 예수의 비판에서 절정에 달한다. 12:1 이하의 비유는 예루살렘의 정치적 계급구조에 대한 비판에서, 그리고 13:28의 이미지는 혁명의 수단과 목적에 대한 부인에서 절정에 달한다.

마가가 채택한 정치적 비판의 수단으로서 비유는 에스겔이 사용한 용어[마샬]에서 가져온 것으로 보인다.

a. "인자야 너는 이스라엘 족속에게 수수께끼와 비유[알레고리]를 말하라"[겔 17:2]

b. "그는 비유로 말하는 자가 아니냐"[겔 20:49]

c. "너는 이 반역하는 족속에게 비유를 베풀어"[겔 24:3]

마가의 씨 비유[그리고 11:13 이하의 마른 무화과나무의 상징적 행위]는 백향목 비유와 해석[겔 17장]을 강력히 반영할 뿐만 아니라, 그 결론의 일부를 자신의 결론으로 채택한다.[막 4:32 = 겔 17:23]

3. 이 담론의 정치적 성격은 "듣기는 들어도 깨닫지 못할 것"이라는 마가의 개념을 규명하는데 큰 도움이 된다. 마가가 4:11에서 이사야의 공격적 잠언[사 6:9 이하]에 호소한 것은 예수께서 "외인"에게 자신의 메시지를 의도적으로 감추셨다는 함축과 함께 오랫동안 주석가들을 괴롭혀 왔다. 많은 사람은 비유[파라볼레]라는 핵심 단어의 의미를 "착각한" 마가가 원래는 비유를 가리키는 것이 아니라 예수의 "말씀 전반"을 가리켰던 이 구절을 예수의 설교 속에 [부당하게] 삽입했다는 예레미아스의 해법[1972:18]을 받아들였다. 그러나 마가의 편집기술에 대한 폄하는 사회-문학적 접근이 받아들일 수 없을 뿐만 아니라,

문제에 대한 해법도 될 수 없다. "외인/측근"이라는 주제는 4:10-12뿐만 아니라 이 설교 전체에 녹아 있기 때문이다.

나는 대부분의 주석가가 이러한 이분법이 묵시적 전통에 나타나는 일반적 픽션이라는 사실을 인식하지 못하는 이유를 알 수 없다. 다니엘의 마지막 부분을 생각해보라. 다니엘은 자신에게 주어진 계시를 "봉함"할 것이라는 말씀을 듣는다.단 12:4,9

a. "내가 듣고도 깨닫지 못한지라"12:8 70인역, 에쿠사 카이 우 디에노에덴

b. 악한 자는 아무것도 깨닫지 못하되 오직 지혜 있는 자문자적으로는 "주의를 기울이는 자"는 깨달으리라12:10b

다니엘과 에스겔도 그들에게 주신 당황스러운 비유/환상을 해석하며, 그들의 설명은 비유에 감추어진 정치적 메시지를 분명히 드러낸다. 마가복음 4장은 단지 이 전통을 따랐을 뿐이다. 따라서 4:12에 인용된 이사야의 글을 완화하거나 대체하려는 주석가들은 이 구절을 삽입한 이유를 놓치고 있는 것이다.Belo, 1981:121 씨 뿌리는 비유는 메시아 사역이 직면한 장애물을 그대로 보여준다. 제자들은 이 사역을 이어받을 것이다.3:13 이하 예수는 나중에 그들을 파송하시면서6:7 이하 반대에 직면할 경우 어떻게 해야 할 것인지에 대해 가르치신다.6:11 마가가 이곳에서 이사야 6장을 인용한 이유는 바로 이 때문이다. 이사야의 본문 역시 "사도성"apostolicity "보내심을 받음" 과 관련되기 때문이다."내가 누구를 보내며,"사 6:8 진리를 감추라는 "명령"은 여호와께서 바로에게 하셨던 것처럼출 7:14,22 외 정치적 대적의 "마음을 완악하게" 하신 전통에 기초한 정치적 픽션이다.

묵시적 전통을 삽입한 마가는 이러한 픽션을 통해 사역을 방해하는 정치적 대적에 대해 밝히고 하나님의 말씀에 의해 초래된 양극화의 이분법을 더욱 강화한다. 이사야가 선포한 메시지에 대한 마가의 편집 방식은 그가 이 메

시지의 판단을 예수의 정치적 대적에게 적용하고 있음을 잘 보여준다. 예레미아스[1972:15]는 마가가 탈굼역을 따라 이사야 6:10을 70인역의 "고침" 대신 "죄 사함"으로 바꾸어 표현했다고 주장하지만, 이렇게 바꾼 내러티브의 목적을 이해하지 못한다. 예수께서 죄사함을 얻지 못할 것이라고 경고한 대상은 누구인가? 예수의 해방 사역을 대적한 서기관들이다.[3:29] 들어도 깨닫지 못하는 자, 성경의 다른 곳에서[마 11:1 이하] 말하는 귀머거리는 바로 그들을 가리킨다.

이사야의 "파송"은 "주여 어느 때까지니이까"라는 부르짖음으로 끝난다. 이 부르짖음에 대한 여호와의 응답은 '장차 엄청난 재앙이 이르기까지'라는 것이다.[사 6:11-13] 이 모티브도 묵시적 운동으로 제시되며[예를 들면, 단 12:6 이하; 계 6:9 이하], 마가에 의해 두 번째 설교에서도 채택된다.[13:4 이하] 이사야는 "거룩한 씨"가 될 "남아 있는 그루터기"에 대한 약속[사 6:13]으로 자신의 신탁을 마친다. 일부 주석가들은 마가의 씨 비유가 바로 이 주제에 대한 미드라쉬[주석]임을 보여준다고 말한다.[Evans, 1985]

마가가 이사야서를 인용한 것과 관련하여 우리가 놀라야 할 것은 그가 "들어도 깨닫지 못하는" 모티브를 묵시적 이분법에 삽입한 방식이 아니라 그가 곧 이러한 깨닫지 못함을 "외인"뿐만 아니라 "측근"에 적용한다는 사실이다. 예수의 제자들이 특별한 보호하심의 혜택을 받자마자 마가는 그들의 깨달음이 얼마나 미약한지를 보여준다.[4:41] 마가복음 전반부가 끝날 무렵에 예수는 이사야서의 말씀을 제자/독자에게 적용하신다.[8:17 이하, 마가는 이곳에서 신 29:4와 일치하는 언어로 바꾸지만] 이러한 내러티브 위기는 듣지 못하는 자와 맹인을 치유하시는 새로운 형식의 비유로 제시된다.[8장 B, 1]

4. 예수의 비유 담론에는 또 하나의 중요한 사회-문학적 요소를 찾아볼 수 있다. 알레고리 전통에 있어서 비유는 오늘날 교회에서 여전히 "영적 의미를

가진 지상의 이야기"로 해석된다. 그러나 이것은 정확히 반대되는 해석이다. 이 비유는 마가의 실제적 내러티브의 전반적 전략과 정확히 일치한다. 이 내러티브의 어떤 묵시적 상징도 지상적인 의미를 가지고 있다. 예수는 "하나님 나라의 비밀"을 전적으로 현세적인, 사실상 농지와 관련된 용어로 진술하신다. 그것은 "이것과 같다"는 것이다. 마가복음의 예수는 한 농부의 좌절과 소망을 서술하면서 지상의 것을 영적인 것으로 승화시키거나 단순하고 평범한 내용을 불가사의한 신비로 가리지 않는다. 오히려 예수는 가난한 자들도 알 수 있는 분명한 담론을 통해 "신학"을 지상으로 가져오신다.

5B. 씨 뿌리는 자: 하나님 사역에 대한 조망4:1-23

1. 남은 씨와 적대적 밭

마가는 이 설교와 그 배경에 접근할 수 있도록 우리를 철저하게 준비시켰다. 그는 3:7-9에서 예수께서 바닷가에 있는 배 위에서 무리에게 말씀을 전하시는 장면을 제시한다. 이어서 예수는 3:23에서 비유를 베푸신다. 그러나 4:1 이하의 철저하게 연출된 장면은 예수와 무리 사이에 조성된 공간적 긴장을 보여준다. 이것은 앞 장면에서 집 "밖"에 있는 예수의 가족과 집 안에 있는 그를 둘러앉은 사람들 사이의 긴장3:31 이하을 반영하는 것으로 보인다. 이 설교가 예수의 핵심 측근에 대한 설명에 초점을 맞추고 있다는 사실을 감안하면4:13 이하, 34, 이러한 무대 배경은 "안에 있는 사람들""바닷가"의 배는 나중에 특별한 가르침의 장소가 된다; 8:13 이하 참조과 "외인""바닷가 육지"에 있는 무리이라는 이분법을 보여준다.

이 설교에서 핵심이 되는 비유는 씨를 뿌리는 이야기다. 마가는 이 비유에 길지만 균형 잡힌 설명을 덧붙인다. 이 비유에 대한 마가의 미드라쉬주석는 히브리 성경으로부터 끌어낸, 적어도 두 가지 주제를 다룬다.Evans, 1985

a. 세 가지 유형의 땅은 마음과 뜻과 힘을 다해 여호와를 사랑하려는 노력을 나타낸다는 쉐마 신 6:5

b. 여호와의 입에서 나간 말씀은 헛되이 돌아가지 않는다는 제2이사야의 주장 사 55:10 이하

씨 뿌리는 자 비유에는 앞서 언급한 에스겔 17장의 요소는 물론, 위 두 가지 요소가 모두 담겨 있다. 그럼에도 불구하고 마가의 관심사는 주로 이 비유를 예수의 나라 실천에 대한 내러티브의 배경으로 제시하는 데 초점을 맞춘다.

비유의 본론은 "들으라" 4:3,9; 아쿠에테 라는 명령을 양 축으로 하는 구조로 형성된다. 이것은 여호와의 백성에 대한 명령 "들으라, 이스라엘아," 신 6:4; 이 구절은 막 12:29에 인용된다 은 물론 제자들에 대한 하늘의 명령 막 9:7 을 반영한다. 마가는 "비밀" 4:11 과 "깨닫지 못함" 4:12 이라는 개념을 도입한 후, 예수께서 은밀히 비밀을 설명하신 것으로 진술한다. 이러한 알레고리적 해석은 씨 뿌리는 자를 천국을 선포하는 자로, 나쁜 땅은 제자도로의 부르심을 방해하는 세 가지 구체적인 장애물로 설명한다. 열매를 맺지 못하는 씨는 각각 "제자가 아닌 자"의 전형을 보여주며, 무엇보다도 마가는 나중에 예수께서 제자들과 문답하는 장면에서 막 8:27 이하 다시 이 주제로 돌아와 각각의 장애에 대해 극적으로 그려낸다.

처음 두 차례의 씨 뿌리는 장면은 "말씀을 듣자마자 곧바로" 넘어지는 자, 말씀이 "뿌리를 내리지 못하는 자"를 가리킨다. 따라서 그들의 제자도는 "일시적" 4:17; 프로스카이로이 "잠깐" 이다.

a) 장애물은 사탄이다. 그의 방해는 잠재적 제자를 "길 위"와 반대되는 "길 가" 4:15; 파라 텐 호돈 에 남겨둔다.

사례: 듣기만 하고 따르지는 않는 무리나, 사탄의 지배를 받는 사회 지도층

의 반대를 들 수 있다. 예수는 8:32 이하에서 베드로를 넘어뜨리려는 사탄과 싸우신다. 바디매오는 눈이 멀어 "길 가"[10:46]에 앉았다가 예수를 만나 "보게 되어" 예수를 "길에서"[10:52 엔 테 호도] 따른 자의 원형으로 제시된다.

b) 장애물은 환난이나 박해[디오그무, 문자적으로는 "추격"]를 가리키며, 제자들을 넘어지게 한다.[4:17]

사례: 고통에 직면한 제자들을 들 수 있다. 메시아 공동체의 열매는 박해를 통해서만 얻을 수 있다.[10:30] 그들은 환난[13:19,24; 들립세오스]을 통해 굳게 서야 한다. "넘어지다."[스칸달리존타이]라는 단어는 제자도를 받아들이거나 유지할 수 없는 상태를 가리키는 전문용어다.[9:42-47, 14:27,29]

그러나 이어지는 두 유형의 사람들은 다르다.[4:18, 카이 알로이 데이신] 앞의 두 "유형"에 비해 이들은 진지하게 "말씀을 듣는다." 그러나 한 유형만 "결실"한다.

c) 장애물은 "세상의 염려와 재물의 유혹과 기타 욕심"[4:19]이다. 이것은 초기 기독교의 윤리적 전통의 일반적 호소와 유사하지만, 마가는 특정 영향[재리]으로 인한 타락을 강조한다.

사례: 마가복음에서 "제자도를 거부한" 이야기, 즉 예수의 요구에 돌아선 부자[10:17-22]를 들 수 있다. 부자의 경건은 의심스러우며[12:41], 하나님의 나라에 대한 전망은 어둡다.[10:25]

마지막 유형만이 말씀을 "환영한다."[파라데콘타이 "받아"] 앞으로 제자들은 하나님의 나라를 "어린아이와 같이"[10:15] 받들어야 한다. 이 "좋은 땅"은 놀랄 만한 결실을 맺는다.[4:20]

긍정적인 결론은 덧붙인 것이라는 시각이 대체적이다. 이 비유의 강조점은 제자도에 대한 장애물에 맞추어진 것이 분명하다. 이 비유는 어째서 많은 사람이 예수의 실천에 대한 내러티브를 거부하는지를 보여주는 해석학적 열쇠를 제공한다는 벨로의 주장은 합당하다. “사람들은 지배적인 사회 질서에서 자신이 차지하고 있는 공간[위치]만큼 복음서를 읽고 이해하며, 그만큼만 반응한다.[1981:123]” 우리가 “듣기만 하고 행하지 않는다면” 말씀의 모호함 때문이 아니라 지배적인[prevailing] 이데올로기에 대한 우리의 헌신 때문이다.

앞서 언급한 대로 “비밀”과 은밀한 설명은 문학적 픽션이다. 마가는 내러티브를 통해 그것을 “드러내기” 때문이다. 그러나 마가는 이것이 명확히 드러났음을 보이기 위해 “등불”이라는 이미지를 덧붙인다.[4:21 이하] 씨 뿌리는 자 비유 뒤에 나오는 이 선언은 씨 뿌리는 자 비유에 이어지는 해석[4:10-12]의 균형을 잡아주고 그 의미를 분명히 하기 위해서다.

마가는 “비밀”이라는 용어가 헬라 사회에서 심원한 의미를 함축한다는 사실을 알고 있었으며, 따라서 이 용어를 사용한다고 해서 비유가 그런 신비한 지식을 간직하고 있다는 뜻은 결코 아니라는 사실을 강조하고 싶어 했다.[1] “등불”은 감추기 위한 것이 아니다.[4:21] 그것은 빛을 비추고 드러내기 위한 가르침이다. 4:22의 반복적 언어유희에는 이러한 사실이 명확히 나타난다.

> 드러내려 하지 않고는[파네로데]
> 숨긴 것이 없고[크륩톤]
> 나타내려 하지 않고는[아포크루폰]
> 감추인 것이 없느니라[엘데 에이스 파네론]

12:1-12의 포도원 비유에서 살펴보겠지만, 이 담론이 양극화를 초래하는 것“있는 자는 받을 것이요 없는 자는 그 있는 것까지도 빼앗기리라. 4:25/역주 은 바로 그것이 듣는 자의 참된 헌신을 드러내기 때문이다. 이 설교의 전반부는 마지막 주제를 담고 있는 후렴[4:23]과 더불어 끝난다.

2. 종말론적 추수: 땅의 이데올로기

아마도 마가의 "사실적 내러티브"가 가지고 있는 힘은 이와 같은 팔레스타인 농촌의 민담에서 가장 확실하게 드러날 것이다. 이 설교의 다른 두 가지 씨 비유와 마찬가지로, 씨를 뿌리는 자에 대한 이야기는 갈릴리 돌짝 밭에서 건지 농법을 통해 생계를 이어가는 농민의 척박한 삶을 생생하게 보여준다. 다음은 예레미아스의 잘 알려진 주석이다.

> 팔레스타인에서는 땅을 갈기 전에 먼저 씨를 뿌린다. 따라서 이 비유에서 씨 뿌리는 자는 쟁기질을 하지 않아 그루터기만 남은 땅을 지나다니는 모습으로 제시된다.… 그는 의도적으로, 사람들이 밭을 밟고 지나다니면서 만든 길에 씨를 뿌린다. 그는 이 길을 씨와 함께 갈아엎을 생각이다. 그는 의도적으로 시든 가시떨기로 가득한 휴경지에 씨를 뿌린다. 그곳도 함께 갈아엎을 생각이기 때문이다. 일부 씨앗이 돌밭에 떨어지는 것도 놀랄 일은 아니다. 살짝 덮인 흙 아래 석회석은 쟁기가 갈아엎기 전에는 거의 모습을 드러내지 않기 때문이다.1972:11 이하

이 비유는 결실하지 못한, 대부분의 씨에 초점을 맞춘다. 이런 씨는 "현금"이나 마찬가지이기 때문에 농부의 관심이 집중되는 것은 당연한 일이다. 그들은 그것으로 가족을 부양하고 소작료와 십일조를 내며 다음 해를 위한 파종을 한다. 무엇보다도 씨가 자라지 못하는 것은 지나친 탐욕 때문이라는 사실은 소작농에게 특별한 의미가 있다. 그것은 당시 대토지의 현실을 반영하기 때문이다. 부유한 지주는 소작농이 땅을 떠날 수 없도록 언제나 많은 양의 수확물을 회수해 감으로써 경제적 자립에 대한 일말의 기대도 남겨두지 않았다.

이러한 배경에서 깜짝 놀랄만한 추수에 대한 약속은 지주가 아니라 씨 뿌리는 자

에게 매우 설득력 있는 호소로 다가왔을 것이다.

> 한편으로 우리는 씨 뿌리는 자의 노력을 헛되게 하는 여러 가지 좌절에 대한 서술을 본다.… 예수는 가라지, 가뭄, 열풍sirocco, 메뚜기, 그리고 그 외에도 씨를 공격하는 여러 대적들에 대해 말씀하실 수 있었을 것이다. 도마복음은 벌레까지 언급한다. 그러나 우리는 여기서 기적이 일어나는 것을 본다. 척박한 휴경지로부터 엄청난 양의 곡물이 자라 모든 기대와 상식을 넘어서는 결실을 맺는다.… 30배, 60배, 100배라는 동양적 표현 방식의 비정상적인 소출량은 인간의 사고를 초월하는 하나님의 온전하신 종말론적 풍성함을 상징한다.Jeremias, 1972:150

벨로는 이것을 "환유"metonymy라고 부른다. 농업이 생산의 지배적인 원천이 되는 사회에서 복은 무엇보다도 풍성한 결실과 그로 인해 포만한 상태의 모습을 취한다.1981:124 이하 다른 묵시적 본문에도 이와 유사한 환상이 반영된다.

> 따라서 그 후에는 모든 땅이 의로 경작될 것이며, 모든 땅은 수목으로 가득하고 복이 넘쳐날 것이다.… 그들은 그 땅에 포도나무를 심을 것이다. 그들이 심은 포도나무는 풍성한 결실을 맺을 것이며, 뿌린 씨마다 천 배를 거두고 모든 감람나무는 풍성한 기름을 제공할 것이다. 그러므로 땅에서 모든 압제와 불의와 죄를 제거할지니라.…그 날에 내가 하늘에 있는 복의 창고를 열고 인간의 수고와 노동에 쏟아부을 것이다.에녹1서 10:18 이하

그러나 이러한 "농지 종말론"은 단순한 기대가 아니라 구체적인 전복적 역할을 가진다.

예레미아스는 팔레스타인 농부가 전형적으로 일곱 배의 소출을 기대했으며 열 배의 수확은 대풍작으로 여겼을 것이라고 말한다. 따라서 이 비유에서의 수확은 농부와 지주 사이의 봉신 관계가 극적으로 무너질 것임을 상징적으로 보여준다. 농부는 이러한 공급을 통해 충분한 양식을 확보하고 소작료와 십일조를 내고 부채를 갚을 뿐만 아니라 땅을 구입하여 사실상 종살이에서 영원히 벗어날 수도 있을 것이다. 예수는 "하나님의 나라는 이와 같다"고 말씀하신다. 이것은 팔레스타인 농부의 사회적 세계의 지평을 결정했던 압제적 생산 관계가 폐지될 것임을 보여준다. 이러한 이미지는 마가가 그 땅의 이데올로기와 그 일을 하는 자들의 혁명적 소망을 분명히 제시하고 있음을 보여준다. 이 모든 요소는, 팔레스타인 농촌의 "지상 이야기"를 낭만적으로 묘사하면서 "영적 의미"를 입증하는 일에 사로잡힌 오늘날의 신학 주석가들에게서는 결코 찾아볼 수 없다.

5C. 목적과 수단의 신비, I4:24-34 2

1. 냉소적 현실주의인가 소망의 씨앗인가?

"들으라"라는 호소와 함께 설교의 전반부를 마친 마가는 갑자기 방향을 바꾸어 "너희가 무엇을 듣는가 스스로 삼가라"4:24a라고 경고한다. 이어서 마가는 주는 것과 받는 것에 관한 추론과 함께 헤아림에 대한 잠언을 제시한다.4:24b 이 진술은 등불을 "말"4:21 이하, 약 9리터 분량의 계량 그릇 아래 두는 부조리에 대한 앞서의 잠언과 유사한 구조로 이루어진다. 마가가 계량과 관련된 두 개의 주제를 앞뒤로 배열한 것은 "언어적 연결"이라는 익숙한 문답 기법을 반영한다.9장 A, 1

24절 이하는 어떤 기준으로도 해석하기 어려운 격언이며, 따라서 대부분의 주석가처럼 피상적인 언급만 하고 넘어가면 편할 수 있다. 그러나 본문의 존재 의미는 분명하며, 우리는 정확한 의미를 밝혀야 한다. 이것은 우리가 두 가지 가능성 있는 의미 가운데 하나를 선택해야 한다는 뜻이다. 이 언급은 특별한 통찰력을 부여받은4:11a, 데도타이 "주었으나" 자들은 더 많이 받지만4:25, 도데세타이 비유를 깨닫지 못하는 자들은 모든 것을 잃는다는, "비밀"에 대한 묵시적 이분법으로 돌아가는가? 이것은 가장 일반적인 해석이다.이 구절을 이사야의 글 앞에 배열한 마태는 그런 구조로 제시한다. 마 13:12 이 경우, "받다/못 받다."에체이라는 모티브는 전반부의 "들을 귀"라는 후렴과 연결된다.4:9, 23 그러나 이 해석에는 문제가 있다. 앞서의 등불에 관한 잠언이 "비밀"에 대한 잘못된 해석을 바로 잡는 것이 목적이라면, 왜 마가는 이곳에서 통찰력의 분배가 매우 부당하고 불공평하게 이루어졌다고 생각할 만큼 이분법을 강조하는, 정반대의 입장으로 돌아서려 하는가?

나는 설교 전체의 이데올로기와 조화를 이루는, 보다 설득력 있는 해석이 충분히 가능하다고 생각한다. 예레미아스는 4:25을 비관적 잠언으로 부르며, "그것이 인생이다. 인생은 불공평한 것"이라고 해석한다.1972:62 그러나 만일 이것이 마가가 반박을 위해 인용한 대중적 속담이라면 어떻게 하겠는가? 이 관점을 지지하는 요소는 두 가지이다. 첫째로, 4:24a의 주의블레페테 "삼가라" 는 마가복음에서 언제나 대적의 이데올로기와 맞선 제자/독자를 경고하기 위해 사용된다. 8:15에서는 바리새인들과 헤롯의 누룩에 사용되고, 12:38에서는 가산을 삼키는 서기관의 위선에 사용된다. 그리고 두 번째 설교에서는 호전적 국가주의의 선전을 책망하는 후렴구로 사용된다.13:5,9,23,33 그렇다면 굳이 4:24a만 예외적으로 해석할 필요가 있는가? 더구나 앞서 언급한 대로 이 설교의 배경이 에스겔 17장이라면, 우리는 또 하나의 평행을 찾아볼 수 있다. 에스겔은 자신의 비유 담론 뒤에 책망하는 내용의 인용문을 제시한다. 그것은 불의를 그치라고 종용하는 상투적 문구이다.겔 18:1 이하

첫 번째 구절은 언어유희에 해당한다. "너희의 헤아리는 그 헤아림으로 너

희가 헤아림을 받을 것이며." 씨 뿌리는 자 비유가 가지고 있는 경제적 의미와 곡물을 계량할 때 사용하는 "말"에 대한 이전 언급을 상기해 보면, 이 잠언은 오늘날 자본주의 이데올로기가 말하는 소위 "시장 결정론"을 가리키는 것으로 보인다. 다시 말하면, 제도에서 살아남기 위해서는 규칙대로 경기를 하는 길밖에 없다는 것이다. 이어서 이러한 제도는 결코 바뀌지 않는다는 주장이 제시된다. 즉, 가진 자는 더욱 부자가 되고 가지지 못한 자는 더욱 가난하게 된다는 것이다.

이런 이미지는 농부가 충분한 "헤아림"을 위해 힘쓰는 것과 관련되며, 실제로 "디도나이"라는 동사는 비유에서 씨의 결실에 대한 묘사4:7 이하에 사용된다. 이러한 "관습적 지혜"는 권력이 아무리 부당하게 보일지라도 그것을 바로잡으려고 애쓰지 말라고 촉구한다. "사회적/경제적 계층 간의 구별은 신이 부여하시는 것이며, 저항은 무익하다"는 것이다. 그러나 예수의 강력한 경고는 이러한 염세적 "현실주의"와 전적으로 반대된다. 예수는 마치 "그 대신 씨와 추수에 대한 기적을 다시 한번 들으라"고 말씀하시는 것처럼, 설교의 마지막 두 가지 비유로 향하신다.

2. 겉모습과 달리 하나님 나라는 크게 성장할 것이다

경제적 "결정론"을 주장하는 체제의 냉소주의에 대해 예수는 하나님 나라의 혁명을 위한 인내와 소망으로 맞서신다. 그것은 "사람이 씨를 땅에 뿌림"과 같다. 그리고 마가는 이 비유를 통해, 앞서 언급한 "씨 뿌리는 자 비유"와 "씨 뿌리는 자 비유"에 나타난 종말론적 추수에 대한 약속으로 우리의 관심을 돌림으로써, "현실주의자들"이 정당화한 불평등을 제거한다. 그러나 이 약속에 대한 농부의 명백하고 시급한 반응은 "어떻게?" 그리고 "언제?"이다. 이 질문은 사실상 두 번째 설교 첫 부분에 제시된다. 13:4 이에 대한 대답으로, 예수는 씨가 추수 때까지 자라는 수수께끼 같은 과정에 초점을 맞춘, 변형된 비유를 제

시한다.[4:29]

마가는 1세기의 미관개 건지농법의 세계관에 대한 정확한 인식을 통해, 뿌려진 씨는 "스스로"4:28, 아우토마테 자란다고 말한다. 그는 "결실"카르포포레이, 열매를 맺되이라는 단어를 다시 한번 사용하여 4:20의 기적적 수확에 대해 묘사한다. 그러나 농부는 "어떻게 그리 되는지를 알지 못한다."4:27 호스 우크 오이덴 아우토스 이것은 그의 경작 노력과 무관하다. 그러나 열매가 익으면 추수 때가 이르렀다는 것이므로, 낫을 댄다.4:29 이 비유는 마가가 요엘 3:13을 인용함으로써 정치화 된다. "너희는 낫을 쓰라 곡식이 익었도다." 이 본문은 선지자의 묵시적 성전 전승을 상기시키며11장 E, 2, 여호와의 날욜 3:14은 여호와께서 열방과 맞서시는 마지막 군사적 대결을 보여줄 것이다.욜 3:9-12; cf. 계 14:14 이하

마가는 이 전승을 인용함으로써 이사야를 패러디한 "너희는 보습을 쳐서 칼을 만들지어다"라는 요엘의 비웃음을 인정하는가? 농부의 곤경에 대한 대답은 무력으로 "혁명적 정의"를 무력으로 구현하기 위해 무기를 드는 것인가? 우리의 대답은 결코 그렇지 않다는 것이다. 그것은 하나님 나라의 성장은 겉으로 드러나지도 않고 통제할 수도 없다는 이 비유의 명백하고도 함축적인 메시지를 부정하는 것이기 때문이다. 제자/독자의 소명은 풍성한 수확그것은 "스스로" 이루어진다을 위한 독려가 아니라 "씨를 뿌림"에 있다. 추수 이미지의 핵심은 듣는 자에게 권력자와 그들의 제도에 대한 여호와의 심판이 실제로 이루어질 것이며, 따라서 변하는 것은 아무것도 없다는 "현실주의자"의 주장이 거짓임을 보여주는 것이다. 그럼에도 불구하고 이 비유는 "때"라는 개념을 도입하며, 두 번째 설교에서는 "추수"의 "시기를 아는 것"13:28-33과 바른 삶의 관계에 대한 깊이 있는 사색에 초점을 맞출 것이다.Pauver, 1987

마가는 겨자씨에 대한 유명한 비유를 통해 마지막으로 땅에 씨를 뿌리는 주제를 확장한다.4:30-32 씨와 다 자란 식물에 대한 대조적 비유는 작고 연약한 제자 공동체에 용기와 희망을 불어넣기 위한 것이라는 데에는 의문의 여

지가 없다. 4:29에서처럼, 덧붙여진 성경 인용문은 확실히 이 비유를 정치적 문맥 안에 둔다. 마가는 에스겔의 백향목 비유의 결론을 자신의 결론에 적용한다. 즉 "여호와께서 심은 연한 가지는 열매를 맺을 것이며, 무성한 가지는 각종 새에게 보금자리를 제공할 것이다." 겔 17:22 이하 후기 성경 문학에서 보금자리를 제공하는 가지는 정치적 헤게모니를 가리키는 일반적 메타포였다. 다니엘은 이 이미지를 느부갓네살에게 적용한다.

> 왕께서 보신 그 나무가 자라서 견고하여지고… 공중에 나는 새는 그 가지에 깃들었나이다 왕이여 이 나무는 곧 왕이시라 이는 왕이 자라서 견고하여지고 창대하사 하늘에 닿으시며 권세는 땅 끝까지 미치심이니이다. 단 4:20,22

그러나 이 나무 이미지는 양날의 검이다. 이것은 에스겔 31장에서 볼 수 있듯이 제국의 오만에 대한 비판에도 똑같이 사용될 수 있기 때문이다. 바로의 애굽을 겨냥한 이 신탁은 겨자씨 비유에서 상호텍스트적으로 제시된다.

> 네 큰 위엄을 누구에게 비하랴 70인역, 티니 호모이오사스, 겔 31:2
> 우리가 하나님의 나라를 어떻게 비교하며 포스 호모이오소멘, 막 4:30

애굽에 대한 에스겔의 서술은 나무/숲 이미지를 제국의 지정학적 메타포로 확장한다.

> 둑의 물이 들의 모든 나무에까지 미치매 그 나무가 물이 많으므로 키가 들의 모든 나무보다 크며 굵은 가지가 번성하며 가는 가지가 길게 뻗어 나갔고 공중의 모든 새가 그 큰 가지에 깃들이며 31:4c-6a

그러나 이 화려한 산문은 애굽의 멸망을 강조하는 풍자적 진술이다. 여호와는 놀라운 이미지 반전을 통해 제국의 나무를 "찍어" 버리시고 "공중의 모든 새가 그 넘어진 나무에 거주"하게 하셨다.31:12 이하

이처럼 신랄한 에스겔의 조망을 인용한 마가는 로마 제국을 염두에 두고 있었던 것이 분명하다. 이스라엘은 단지 "그 그늘 아래에 거주"하는 나라 가운데 하나이며겔 31:6c, 가이사로부터 흘러나온 강물에 의존하는 작은 종속국이었다. 그렇다면 예수께서 하나님 나라의 연합체로 세우신 작은 공동체, 이스라엘의 남은 씨는 어떻게 될 것인가? 숲에서 살아남은 가장 작은 가지가 강력한 로마를 전복시킨다는 개념은 무척이나 불합리해 보인다. 그러나 겨자씨 이미지의 결론은 정확히 그런 불합리한 결말을 제시한다. 여호와께서 "높은 나무를 낮추고 낮은 나무를 높이시며"겔 17:24라는 것은 마가의 묵시적 확신이었다.

마가는 예수께서 이 말씀을 무리가 "알아들을 수 있는 대로" 가르치시고 제자들에게는 특별한 교육을 하셨다는 진술로4:33 이하 첫 번째 설교를 마친다. 하나님 나라의 혁명이 어떻게 역사 속에 파고들 것인가 하는 것은 여기서 말하는 "비밀"에 해당한다. 이 설교는 인내와 소망을 권면한다. 이러한 인내는 3:27에 제시된 예수의 "전쟁 선포"의 묵시적 호전성을 오해하지 않게 한다. 마가는 변화가 급속하고 승리적이 될 것이라는 어떤 환상에 대해서도 냉정한 태도를 취한다. 그것은 오히려 바른 땅을 찾는 문제며, 작은 씨가 결국에는 크게 자랄 것이며4:32 아나바이네이 힘 있는 자는 무너질 것이라는 믿음을 유지하는 문제이다. 우리는 소망을 가져야 한다. 왜냐하면 지금까지의 이야기에 따르면, 예수께서 하나님 나라를 실천하신 결과는 우리를 고무시킬 만한 것이 아니기 때문이다. 그는 가족의 버림을 받고 도시에서 쫓겨났으며 당국의 추적을 당하신다. 따라서 마가는 독자/제자에게 씨가 뿌려졌으며 추수가 확실히 이를 것이라고 격려한다.

이 설교에서 마가는 처음으로 작은 자/큰 자에 대한 역설을 진술하며, 이 역설은 제자도를 위한 예수의 두 번째 부르심8:34 이하에도 나타날 것이다. "씨 뿌리는 자의 길"은 비폭력의 길임이 드러날 것이다. 섬김은 리더십이 되고, 고난은 승리가 되며, 죽음은 생명이 될 것이다. "알지 못하는 농부"가 주는 교훈은 목적을 달성하려는 시도가 하나님 나라의 수단을 손상해서는 안 된다는 것이다.

4:35에서 마가는 예수께서 제자들에게 함께 갈릴리 바다 저편으로 건너자고 초청하시는 모습을 제시한다. 이어서 마가는 이 설교 장면4:1을 해체하며 deconstructs, 제자들은 예수께서 배에 앉아 계신 그대로 모시고 무리에게서 멀리 떨어진다.4:36 여기서 마가의 중요한 내러티브적 전환이 이루어진다. 이 배 여정은 문자적으로나 마가의 전반적 문학적 전략으로나 새로운 출발을 의미하기 때문이다. 이제 이야기는 8:22, 11:1, 14:1 및 16:1에서처럼 새로운 방향으로 전개된다.

5D. 세계의 전복: 4:36까지 나타난 마가의 사회-문학적 전략

1. 담론

나는 마가복음의 첫 번째 "주요 내러티브 단원"의 구조를 소개하면서4장 A, 1 동심원적 구조에 대해 언급한 바 있다. 이 구조의 중심에는 핵심적인 사역 내러티브1:40-3:6가 위치하며, 이 내러티브는 일련의 구체적인 에피소드를 통해 예수의 메시야 사역의 특징을 보여준다. 이 사역은 환자를 고치시는 치유 사역과 권력과 대결하시는 사역을 분리하려는 어떤 시도도 배제한다. 왜냐하면, 한 사역은 반드시 다른 사역으로 연결되기 때문이다. 이 담론의 핵심적인 목적은 지배적 질서 하에 있는 즉, 압제적 지배계층이 다스리는 삶의 사회 구조와 그러한 지배적 질서가 정당화하는 이데올로기와 행위를 무너뜨리는 것이다.

예수의 직접적 행위와 가르침은 1:12 이하의 요약적 진술에 제시된 예수와 권력의 대립이라는 마가의 묵시적 픽션 속에 확실하게 자리 잡고 있다. 각 사역의 끝 부분에는 귀신을 쫓아내시는 예수께서 서기관 권력과 대결한다.[1:20 이하; 3:21 이하] 이 대결은 예수의 사역에 있어서 중요한 두 지점에서 반복되며, 여기서 마가는 다니엘의 인자에 호소한다.

1. 인자는 땅에서 죄를 사하는 권세가 있다.[2:10]
2. 인자는 안식일의 주인이시다.[2:28]

마가는 전쟁 신화를 팔레스타인의 구체적인 정치적 지형에 반영하며, 특히 채무 제도의 구원적 메커니즘에 대해 언급한다. 인자의 전복적 성향을 확인한 마가는 8:31 이하에서 다시 언급할 때까지 인자에 대한 언급을 잠시 보류한다.

치유와 축귀에 관한 담론은 이 단원의 핵심이다. 타이센은 원시 기독교 기적 기사의 사회적 기능에 관한 연구에서, 동시대 헬라의 기적에 관한 기사들은 대부분 귀족계층으로부터 나오며, 고도의 제도화 된 점성술과 마법을 통해 "기존의 질서 및 삶의 유지와 연결된다"는 사실을 지적한다. 다른 이교적 전통의 "마술과 주술은 점증하는 사회적 붕괴에 대한 개인적 반응을 보여준다."[1983:264] 반면에, 복음서의 기적은 사회적 약자의 편에서 급진적인 사회-정치적 변화에 대한 약속과 가능성을 주장한다. 그들은 지배적 질서에 대한 정당화가 아니라, 오히려 그것을 무너뜨리는 역할을 한다.

사역을 통해 생성된 열정은 첫 번째 설교의 사색적 분위기에 의해 누그러진다. 비유 담론은 어떤 점에서 비밀이며[4:11], 어떻게 모든 비유와 이야기 전체에 대한 열쇠를 제공하는가[4:13]? 4:12 이하에서 "듣는 것"은 "깨닫는 것" 및 "아는 것"과 동일시 된다. 이 용어들은 나머지 이야기에서 핵심 개념이 된다.

마가는 상호 교환이 가능한 몇몇 헬라어 용어를 종종 사용한다. 다음의 목록은 "인식"과 관련된 어휘와 비유 사이의 내러티브적 상호 관계를 보여준다.

수니에나이(깨닫다)

4:12: 듣기는 들어도 깨닫지 못하게 하여…

6:52: 떡 떼시던 일을 깨닫지 못하고…

7:14: 너희는 다 내 말을 듣고 깨달으라…

7:18: 너희도 이렇게 깨달음이 없느냐아수네토스?

8:17, 21: 아직도 알지 못하며 깨닫지 못하느냐?

노에인(알다/깨닫다)

7:18: 알지 못하느냐?

8:17: 아직도 알지 못하며 깨닫지 못하느냐?

13:14: 읽는 자는 깨달을진저..

기노스케(알다/이해하다/인식하다)

4:13: 너희가 이 비유를 알지 못할진대 어떻게 모든 비유를 알겠느냐

13:28 이하: 여름이 가까운 줄 아나니… 이른 줄 알라

에이데나이(알다/이해하다)

4:13: 너희가 이 비유를 알지 못할진대 어떻게 모든 비유를 알겠느냐

4:27: 씨가 나서 자라되 어떻게 그리 되는지를 알지 못하느니라

13:32.33.35: 그러나 그 날과 그 때는 아무도 모르나니… 그 때가 언제인지 알지 못함이라 … 너희가 알지 못함이라

우리는 여기서 비유가 마가복음의 광범위한 상징적 담론의 한 부분에 지나지 않는다는 사실을 알 수 있다. 다음 단원의 비유적 행위도 마찬가지다. 이처럼 "신비스러운" 상징은 감추어져 있는 교훈과 무관하며, 오히려 작은 것/

큰 것, 권력/연약함의 역설과 관련이 있다.

이 역설은 먼저 씨 비유를 통해 제시된다. 이 비유는 우리에게 하나님 나라의 임박한 도래에 대한 극적 선포 뒤에 우주적 격변이 아니라 어부를 부르는 장면1:15-20이 이어지는, 프롤로그의 점강법에 대해 설명해준다. 하나님의 나라는 그와 같다. 즉, 옛 질서 가운데 새로운 질서의 씨앗을 심는 이 위대한 일은 평범한 사람을 메시아적 사역으로 부르시는 것으로부터 시작된다는 것이다. 농부의 인내4:26 이하가 보여주고자 하는 것은 권력은 힘으로 찬탈하는 것이 아니라는 것이다. 실제로, 첫 번째 설교의 "들으라"라는 말씀은 두 번째 묵시적 순간에서 예수의 십자가 소명을 확인하는 "그의 말을 들으라"라는 하늘의 음성을 예시한다.9:7 그러나 오해가 있어서는 안 될 것이다. 이 설교의 인내에 대한 권면은 결코 첫 번째 직접적 사역의 비폭력적 호전성을 누그러뜨리지 않는다. 어쨌든, 이어지는 일련의 내러티브는 다시 한번 거라사의 축귀 사역과 함께 시작된다. 이것은 로마 제국주의와의 고도의 정치적인 상징적 대결이다.

마가가 이 설교에서 "측근/외인"이라고 하는 이분법을 사용한다는 것은 사실이며, 이 부분에 대한 규명이 제대로 이루어지지 않는다면, 그의 이데올로기에는 심각한 모순이 드러날 것이다. 예수의 급진적인 사회적 포용주의의 실천이 어떻게 제자 공동체에 대해서만 은밀히 가르치는 배타주의자적 태도와 일치될 수 있겠는가?3:13-19,35 첫째로, 우리는 사회적 모순이라는 선line은 어떤 반대 운동에도 바로 잡을 수 없으며, 오직 선을 새로 긋는 방법뿐이라는 사실을 알아야 한다. 예를 들면, 북아메리카의 지배계층은 오늘날 중앙아메리카나 남아프리카에서 볼 수 있는 갈등의 본질은 자유 진영 대 공산주의 독재의 대결이라고 주장한다. 그러나 평화와 정의를 위해 싸우고 있는 세력들은 이러한 갈등의 존재를 부인하지는 않으나, 동서의 진영 논리가 아니라 북남관계, 즉 빈부의 갈등으로 이해해야 한다고 주장한다.

마찬가지로, 예수는 정결 규례와 채무 규례에 의해 결정된 사회적 계층 구분에 반대하시고, 소외된 자들과 함께하시며, 그를 바알세불에 지폈다고 고소하는 서기관의 이기적인 마니교 사상을 거부하신다. 그러나 예수께서 평범한 사람들 가운데[1:16 이하] 이스라엘의 지도층과 맞서 싸울 대안적 공동체를 세우시자마자[3:13 이하] 새로운 경계선이 그어졌다. 자신의 사역을 가로막는 극렬한 정치적 시련과 박해에 맞서기 위해서는 잘 훈련된 전초부대가 필요하다고 생각하신 예수는 그들에게 "하나님 나라의 비밀"을 가르치신다.[4:11] 그럼에도 불구하고 마가는 이처럼 새로운 "선"을 인식하자마자, 그것을 확장한다. 예수는 자신의 가르침이 은밀한 지식이 아님을 보여주시며[4:22 이하], 다음 단원 전체를 통해 새로운 이분법은 점차 붕괴된다. 마가복음 전반부의 끝에는 깨닫지 못한 "측근"이 "외인"이 된다.

2. 의의

마가의 내러티브 세계에 등장하는 장소가 대부분 팔레스타인 유대교의 주된 사회적 영역[땅과 식탁, 집과 마을, 회당]과 일치한다는 사실은 그의 관심사가 하나님 나라를 대중의 삶 전체에 적용하는 것임을 보여준다. 나는 앞서 이러한 장소들의 사회적 의미에 대해 다루면서, 마가의 내러티브가 헬라의 도시 문화 및 회당 유대교와 떨어져 있다는 사실에 대해 살펴본 바 있다.[4장 B, 4] 마가 공동체의 급진적인 사회적 실천은 그들을 친족과 회당의 권위 구조와 멀어지게 했음이 분명하다. 따라서 내러티브는 메시아 공동체가 대안적 친족/가족 모델이며[3:35] 새로운 정치적 정체성을 지닌 "연합체"임을 강조한다.[3:13 이하]

마가는 자신의 이야기를 공적인 영역에서의 논증과 사적인 물러남을 중심으로 구성한다. 이러한 구분은 첫 번째 설교에도 나타난다. 예수는 일시적으로 피신하실 수밖에 없었지만, 마가는 계속해서 지하에 숨어 지내며 치고 빠지는 식의 게릴라 방식의 전략을 지지하지 않는다.[7장 A] 오히려 예수의 순회 전도에 대한 그의 묘사는 '행동과 사색의 전략'임을 보여준다. 이것은 마가 시대에 활동한 다른 단체들의 사회적 전략에 비추어볼 때 매우 중요하다. 그들의 전략은 수도원적 은둔이나에세네파 은밀한 테러리즘자객이라는 양 극단으로 기우는 경향이 있었다.

우리는 예수께서 지배적 질서에 맞서 싸우실 때 그의 제자들이 거의 언급되지 않는다는 사실에 주목할 필요가 있다. 그러나 그들은 바리새인들의 행위에 대한 세 차례의 논쟁2:15-29에서 직접적으로 등장한다. 일부 학자는 마가가 바리새파 주류 가운데 식탁 교제에 대해 극단적인 입장을 보였던 분파의 행위에 대해 묘사했다고 주장하지만perushim Wilde, 1974:196; 아래 7장 C, 나는 이 일련의 본문이 갈릴리 경제를 지배하고 있는 바리새인들에 맞선 논쟁이라고 주장한 바 있다. 어쨌든, 이처럼 격렬한 대립7:1 이하에 다시 한번 반영된다은 우리에게 마가 공동체와 바리새인들 사이에 치열한 경쟁의식이 존재했음을 보여준다. 그들의 "성결" 프로그램은 마가의 실천과 직접적으로 경쟁한다. 마가는 소외된 계층과의 결속과 사회적 평등을 추구하는 것이 얼마나 어려운 일인지 실감한다. 그는 참된 정의의 가장 큰 장애물은 이데올로기를 정당화하는 행위이며, 예수는 이러한 장애물을 허물기 시작하셨다는 사실을 알고 있다.

마가의 예수 내러티브의 첫 번째 주요 주기cycle에 대한 읽기를 끝낸 우리는 메시아의 사회-정치적 전략과 간디의 무저항주의 사이의 놀라운 유사성에 주목하게 된다. 간디도 인도의 최하층 천민harijan을 차별하는 카스트 제도에 반대했다. 그는 가난한 자와 함께 하는 제자 공동체ashram를 설립했다. 또한 그는 특권과 착취의 제국주의 제도를 형성하고 있었던 경제적/정치적 구조를 공격했다. 간디 역시 가난한 자들과의 견고한 유대로 말미암아 영국은 물론 인도 귀족층의 표적이 되었다.

마가의 내러티브는 무저항주의와 마찬가지로 호전적이고 직접적인 행동을 정당화하지만 동시에 그러한 행위와 역사적 실효성 사이에 어떠한 인과 관계도 존재하지 않음을 분명히 한다. 비폭력적 증거를 통해 씨를 뿌리는 일은 제자/독자에게 달려 있지만, 씨를 자라게 하고 결실하게 하는 일은 하나님께 달렸다. 또한 마가는 인간적 반대에 직면하여서도, 대적을 사람으로 구체적으로 대상화하는 것을 거부함으로써, 마틴 킹이 "사랑의 공동체"라고 부른 또 하나의 중요한 비폭력적 특징을 확인한다. 정의를 위한 싸움은 언제나 미래적 비전을 가지고 대적을 포용할 수 있는 방법을 찾아야 한다. 넘어지지 않는 제자는 없는 것처럼, 우리가 "마음대로 폐기할 수 있는" 대적은 없다.

제자/독자는 이러한 사실을 염두에 두면서 이제 "저편으로" 향하는 예수의 새로운 여정[4:35]에 동참한다. 이 횡단은 어려우며, 사실상 목숨이 걸어야 하는 일이다.[4:38] 예수께서 광풍을 잠잠하게 하신 사건은 단순한 자연의 기적이 아니라 메시아의 길을 보다 깊이 드러낼 새로운 상징적 행위의 사역을 시작하는 축을 형성한다.

미주

1. 이 용어에 대한 그리스도인의 의심은 이 단어가 공관복음에서는 오직 이곳에만 나타나며, 다른 곳에서는 바울의 글 외에는 요한계시록에만 나온다는 사실에서 잘 드러난다. 바울은 "이스라엘의 마음이 우둔하게 된 것"은 "신비"라고 말한다.(롬 11:25) 에베소서 저자는 "계시된 비밀"(1:9; 3:3 이하, 9)이라는 유사한 표현을 사용한다.
2. II = 11장 E.

제6장

예수의 새로운 사회 질서 구축 I[1]: 일련의 기적

막 4:36-8:9

그가 이르되 무리에게 주어 먹게 하라 그 사환이 이르되 내가 어찌 이것을 백 명에게 주겠나이까 하나 엘리사는 또 이르되 무리에게 주어 먹게 하라 여호와의 말씀이 그들이 먹고 남으리라 하셨느니라

- 왕하 4:42-43

마가복음의 두 번째 주요 단원에서 마가의 사회-문학적 전략은 거부의 상징으로부터 재구축의 상징으로 옮겨간다. 예수의 치유와 무리를 먹이심과 여정은 가버나움 사역을 통해 무너뜨린 옛 질서 속에 새로운 질서를 구축하고 계심을 보여준다. 제자/독자는 호전적이지만 비폭력적인 방식으로 권력과 맞서신 예수를 보았으며, 뒤로 물러나 사색하시는 그로부터 혁명을 위한 인내를 배웠다. 이제 우리는 광풍을 잠잠하게 하시며 물 위로 걸으시는 예수, 즉 인간다운 결속의 실현을 막는 사회적, 경제적 장벽을 무너뜨리시는 예수로부터 포용과 긍휼의 대안적 나라에 대한 교훈을 차례로 받을 것이다. 내러티브 담론에서 이러한 발전은 마가가 의견을 달리하는 사회-정치적 운동을 보여주고 있다면 기대할 수 있는 그런 내용이다.

마가복음의 첫 번째 단원의 사회-문학적 기능은 마가가 압제적인 사회적 제도로 인식하고 있던 그것을 정당화한 "거룩한 덮개"를 부수는 것이었다. 그러나 마가는 신화 전쟁이 회심자의 관심을 끌고 유지하기 위해서는 설득력 있는 새로운 상징적 세계를 제공해야 할 때도 있어야 한다는 사실을 알았다. 따라서 우리는 마가복음의 두 번째 주요 단원에서 아모스 와일더Amos Wilder가 말한 "세계적 재생의 극장… 예수께서 초래하신 우주적 변혁의 거대한 실제"1982년를 목도한다.

6A. 이중적 기적 기사의 내러티브적 특징

1. 구조

이것은 내러티브에 나타나는 두 개의 "구축" 기사 가운데 첫 번째로, 두 차례의 직접적 활동 사역과 균형을 이룬다. 내가 "제자도 문답"이라고 부른 두 번째 구축 기사8:27-10:45는 3중적 교훈 주기라는 중요한 내러티브 도구를 통해 구축에 대한 담론을 제시한다.8장 A, 9 그러나 여기서는 이중적 주기의 기적적인 상징적 행위를 통해 보여준다. 주석가들은 소위 마가복음 4:35-8:21의 이중적 기적에 대해 오랫동안 당황스러워했다. 몇몇 평행적 기사의 이중성은 두드러진다. 이곳의 귀신을 쫓아내신 기사5:1 이하는 첫 번째 귀신을 쫓아내신 장면과 매우 유사하며, 바다에서의 구원에 관한 두 차례의 기사4:36-41; 6:47-52와 광야에서 무리를 먹이신 두 본문 역시 중복적 성향을 보인다. 단순한 스타일을 선호하는 저자인 마가가 여기서 갑자기 반복을 사용하는 이유는 무엇인가?

일부 형식비평가는 이 반복이 마가의 자료에서 기원한 것이 분명하다고 주장하지만Achtemeier, 1978, 편집비평은 이러한 평행적 구조가 마가의 손에 의한 것이라고 주장한다.Fowler, 1981:30 이하 최근의 문학적 접근은 마가의 반복적 또는 재개적; 위, 3장 B, 2 담론이 매우 복잡한 내러티브 역할을 보여준다고 말한다.

> 이것은 일반적인 흐름의 통시적 내용 전달에 대한 흥미로운 시적/의미론적 개입을 의미한다. 평행은 독자와 청중이 책을 처음부터 끝까지 직선적으로 읽어 나가는 방식이 아니라 앞뒤로 오가며 읽기를 요구하는 체계적 반복을 통해 내용의 단순한 연속적 흐름에 개입한다. 따라서 평행을 발견하면 순간적이라도 잠시 쉬면서 평행과 평행 사이의 관계를 종합한 후에 진행해야 한다.N. Petersen, 1980a:204

다시 말하면, 이야기의 형식은 자체적 반복을 통해 우리에게 내러티브의 상징에 대한 보다 심층적인 체험을 요구한다는 것이다. 마가가 의도하는 것이 바로 이것이라는 사실은 예수께서 제자/독자를 직접 테스트하시는 그의 첫 번째 에필로그에서의 "회고"8:14 이하; 아래, 7장 C, 3를 통해 확인할 수 있다.

피터슨은 이 단원에 대한 연구를 통해 "지형학적 내용과 반복적 내용의 결합은 형식적 구조에 대한 확실한 열쇠가 된다."1980:194는 결론을 내린다. 이것은 켈버Kelber의 관점이기도 하다. 그는 마가복음의 전반부를 형성하고 있는 두 개의 구별된 사역 주기에 대해 언급한다.1979:30 이하 켈버는 갈릴리 바닷가 "저편"으로 언급된 두 곳은 유대와 이방 영역을 상징하며, 두 차례의 배 여정은 한 쪽에서 다른 쪽으로 건너감을 상징하는 구조임을 보여준다. 그는 마가가 이 구절들을 기술적으로 활용한 사실을 지적함으로써 자신의 주장을 정당화한다.

1. "저편으로"에이스 토 페란, 4:35; 5:1,21; 6:45; 8:13
2. "올라"엠바이네인, 4:1; 5:18; 6:45; 8:10,13
3. "건너가다."디아페란, 5:21; 6:53

따라서 배 여정은 다음과 같다.

"저편으로"의 첫 번째 여정	--〉	4:35-5:1[광풍]
귀환	〈--	5:21[광풍 없음]
"저편으로"의 두 번째 여정	--〉	6:45-53[광풍]
귀환	〈--	8:13,22[광풍 없음]

켈버의 이중적 주기는 다음과 같이 나타낼 수 있다.

사건	유대	이방
귀신을 쫓아내심, 유명해짐	1:21-28	5:1-20
대중적 사역	1:29-39	6:54-56
상징적 치유	5:22-43	7:24-37
광야에서 먹이심	6:32-44	8:1-10
떡을 깨닫지 못함	6:51 이하	8:14-21

우리에게 처음으로 이 광범위한 구조로 눈을 돌리게 한 것은 가버나움과 거라사에서 있었던 귀신을 쫓아내신 장면 사이의 평행이다.[6장 B] 켈버에게 있어서, 바다에서 구원을 받는 두 개의 평행적 기사와 각각의 귀환 장면은 "유대"와 "이방"이라는 두 곳의 바다 저편 사이를 오가는 것을 의미한다.[6장 C] 따라서 각각의 사역 주기는 한 쌍의 치유 에피소드[6장 D]와 거의 동일한 결론으로 구성된다. 무리를 먹이시는 기사 뒤에는 제자들이 "떡"의 의미를 깨닫지 못하는 배 여정이 이어진다.[6장 E]

켈버의 구조는 다른 부분에서는 마가의 평행적 담론을 받아들이는 파울러Fowler의 반박을 받았다. 파울러는 "건너감"바다 서쪽 "유대"로부터 바다 동쪽 "이방"으로이 마가가 인용하는 실제 지형적 요소와 일치하지 않는다고 주장한다. 역사적으로 바닷가 양쪽 지역은 그처럼 명확한 인종적 구분이 없었다는 것이다. 그는 마가가 한 차례 이상 지리적으로 혼동했을 것이라는 결론을 내린다.1981:61 이하 맬번E. Malbon은 이 특별한 논쟁에 대한 유익한 조망을 제공하는 논문을 통해 파울러의 지리적 반론에 대해 수긍하면서도, 유대와 이방의 상징적 개념에 대한 켈버의 기본적 논리를 받아들인다.1984:363 이하 **2)**

그러나 만일 수사학적 표현으로 보는 해석에 의존하는 켈버에게 문제가 있다면, 실제적, 지리적 표현이라고 주장하는 말본 또한 그러할 것이다. 마가는 복음서 전체에서 실제적인 지명보다 내러티브의 상징이라는 관점에서 지리-사회적 "공간" 제시에 더 많은 관심을 가진다. 마가는 의도적으로 "맞은편"이라는 요소를 바닷가의 동서 해안과 실제로 일치하는 문자적 요소와 분리해서 생각했을 가능성도 있다. 바다 내러티브의 지리적 신뢰성에 대한 왜곡된 해석은 그의 첫 번째 독자로 하여금 갈릴리 바다의 수송 수단에 대한 세부적 내용보다그것은 목적이 아니다 "상징적 행위"의 여정이것이 그들의 목적이다에 초점을 맞추게 했을 것이다. 이러한 이유로 켈버의 상징적-수사학적 해석은 가장 설득력이 있다. 지리적 실제가 어떠하든, 바다를 건너는 행위는 유대와 이방의 깊은 괴리를 "연결하는" 노력을 극적으로 구성한 픽션의 역할을 한다.

2. 줄거리

나는 이 단원에 대한 주석을 두 장6장과 7장으로 나누어 살펴볼 것이다. 이 장은 대체로 켈버의 도식을 따라, 이론의 여지가 없는 이중적 주기에 초점을 맞출 것이다. 나는 마가가 사용한 평행 구조에 기초하여, 본문을 연대순으로 배열하지 않고 각 에피소드가 주제나 구조적으로 어떻게 연결되어 있느냐에 따라 일시적으로 본문의 순서를 바꾸어 읽을 것이다. 이것은 내러티브의 상징에 관한 연구에 도움이 될 것이다. 이 단원6장과 7장의 결론 부분막 8:10-21에 대한 논의에는 마가가 이 내러티브의 상징에 대해 제자/독자에게 질문하는 장면에 대해 다룰 것이다.

다음 장에서, 나는 이 평행 구조의 범위에 들지 않는 세 가지 핵심적인 내용으로 돌아갈 것이다. 첫 번째 요소는 내러티브의 중심인 바닷가로부터 벗어난 육지 여정을 나타내는 두 번째 "생성적 연결고리"6:1-13, 30-32이다. 두 번째 요소는 세례요한의 처형에 대한 회상이다.6:14-29 이 "막간"은 마가가 하나님 나라의 사역의 정치적 의미를 유지하기 위해 자신의 이야기를 잠시 중단하고 끼워 넣은, 삽입구에 해당한다는 것이 일반적인 인식이다.7장 B 세 번째 요소는 예수께서 바리새인들의 비난에 맞서 자신의 공동체의 사회적 포용성을 변호하시는 일방적인 대립 에피소드다.6:53-7:20 이 논쟁은 근본적으로 예수의 상징적 행위를 통해 제시된 새로운 사회 모델에 대한 것이다. 왜냐하면 이것은 근본적으로 기독교 공동체의 건설에 저항하는 핵심 이데올로기적 장벽 -식탁 교제를 중심으로 한 정결 규례/음식 규례 -에 대한 내용이기 때문이다. 나는 이어서 마가복음의 전반부를 끝맺는 "해석학적 에필로그"8:10-21; 아래, 7장 D에 대해 살펴볼 것이다.

앞서 켈버/말본의 논쟁을 통해 살펴보았듯이, 이 단원에 나오는 내러티브 배경은 대체로 불확실하다. 예수의 여정은 전반적으로 일관성 있는 순회 여정이 아니며, 사람을 찾아 나서지도 않는다. 주요 내러티브 장소는 바닷가 배 위이며, 이 단원은 이 장소가 제거됨으로써 끝난다.

> 8:13부터 시작된 바다를 건너는 여정은 8:22에서 끝나며, 따라서 배와 바다의 내러티브 안에서의 역할도 끝난다. 8:27-16:8에는 이런 "모티브"가 더 이상 나타나지 않는다. 따라서 바다와 배가 내러티브에서 역할을 하는 4:1-8:26은 이전 내러티브 및 이어지는 내러티브와 명확히 구분된다.N. Petersen, 1980:194

이 단원의 지리적 모호성에도 불구하고 이러한 바다 여정이 얼마든지 일어날 수 있다는 사실적 가능성은 마가의 사실적 내러티브의 특징을 유지한다. 갈릴리 사람이라면 바다 위에서 갑작스럽고도 맹렬한 광풍에 직면하는 위험을 연상할 수 있었을 것이다. 그럴지라도 바다는 배와 마찬가지로 근본적으로 상징적 개념이다. 말본1984:364은 마가가 담수호림네를 "바다."탈라사로 언급한 첫 번째 저자라는 사실을 지적한다. 앞으로 살펴보겠지만 이것은 히브리 성경에서 가져온 이미지이다.

이 단원에는 한 가지 중요한 구조적 발전, 즉 예수와 제자들 사이에 고조되어가는 긴장이 나타난다. 제자들은 이 단원에서 세 명의 이방인 치유/귀신을 쫓아내는 사역만 제외하면 거의 모든 에피소드에 등장한다. 긴장은 첫 번째 기사에서 제자들이 "그가 누구이기에"라며 놀라는 장면4:41에서 시작되며, 마지막 배 여정에서 예수께서 책망하시는 장면8:14 이하에서 절정에 달한다. 마가는 첫 번째 설교에서 이사야의 경고를 통해 제시된 "맹인/귀머거리"라는 주제를 중심으로 이 드라마를 구성한다. 예수의 상징에는 제자들이 깨닫지 못한다는 중요한 내용이 함축된다. 마가는 마가복음의 전반부를 마치면서 제자들이 대답하지 못할 질문을 던지는데 이것은 사실상 독자를 향한 것이다. 그는 우리가 예수의 행위의 의미를 완전히 깨닫기 전까지는 계속해서 이야기를 읽어나가지 말라고 경고한다.

마가복음 주석가들은 대부분 이 단원을 피상적으로 다룬다. 이것은 확실히 우리가 저자의 경고에 귀를 기울이지 않는다는 사실을 잘 보여준다. 마가의 상징은 특별히 난해하고 심오하다는 점에서, 마가복음의 이 부분에 대한 바른 이해는 사회-문학적 해석에 의존해야 한다.

6B. 축귀로 사역을 시작하는 두 번째 장면5:1-21

1. 거라사 귀신

4장 35절 이하에서 제자들은 “저편”으로의 첫 번째 배 여정이 여정에 대해서는 6장 C, 1에서 살펴볼 것이다을 마무리한다. 예수는 “건너편”에 도착하자마자 귀신을 만나신다. 이 만남은 재판 기사가 등장하기 전까지 마가복음의 단일 에피소드 가운데 가장 상세하게 서술된 에피소드다. 예수는 이 이야기에서 해방 사역을 통해 또 한 차례의 강력한 상징적 행위를 시작하신다.

마가가 이 장면의 배경을 “거라사인의 지방”으로 제시한 것은 문제가 있다. 이러한 문제점은 이 텍스트의 다양한 이문을 만들어 냈다 Taylor, 1963:278 이하 거라사라는 도시는 본문이 말하는 바닷가로부터 남동쪽으로 30마일 정도 떨어져 있다. 마가는 “바다 건너편”을 이방인의 사회적/상징적 공간으로 제시하려 했던 것으로 보인다. 따라서 마가는 거라사 지경 전체를 데가볼리라고 부른다.5:20 데가볼리는 헬라인들의 거주지로, “열 개의 성읍”이라는 속명을 가지고 있다. 로마 제국의 동쪽 경계에 해당하는 데가볼리는 상호결속력이 약한 지역으로서, 건너편에는 아라비아 초원지대가 자리 잡고 있다. 그러나 아래에서 살펴보겠지만, 마가가 이 에피소드의 배경을 거라사로 지칭한 데에는 이데올로기적인 면에서 구체적인 이유가 있는 것으로 보인다.

이러한 배경적 요소에는 이방적인 특징을 보여주려는 의도가 분명하게 나타난다. 유대 문화에 따르면사 65:4 이하는 무덤과 돼지를 연결한다, 무덤에 거처하는 귀신이나 산 곁에서 먹고 있는 돼지에 대한 언급은 부정을 상징하는 역할을 한다. 이것은 아마도 헤롯 안티파스가 이 이야기의 배경이 되는 곳에서 멀지 않은 곳에 헬라 도시 티베리아스를 세워 수도로 삼은 사실과 관련이 있을 것이다. 헤롯은 무덤가에 세워져 부정한 곳으로 여겨져 온 이곳에 유대인들을 강제로 이주시켜야 했다.G. A. Smith, 1931:289 이하 귀신이 예수께 절을 했다는 것도 이방적 특징에 해당한다. 1:24에서와는 대조적으로 예수는 "지극히 높으신 하나님의 아들"로 불린다. 이 표현은 신약성경의 다른 곳에서는 히브리서 7:1과 누가의 글9차례, 예를 들면, 행 16:17에서만 나타나는 헬라식 호칭이다.

예수는 귀신을 쫓아내신 장면들 가운데 가장 극적인 장면이라고 할 수 있는 이곳에서, 그의 "이름을 부르려고 하는" 귀신권력의 시도를 무산시키시고 전세를 뒤집으신다. 5:9에서 예수는 이 강력한 귀신들의 무리로 하여금 "군대"라는 이름을 실토하게 하신다. 라틴적인 분위기의 이 용어는 마가의 사회적 세계에서 로마의 군단을 가리키는 단 한 가지 의미로만 사용되었다. 이러한 단서를 통해 짐작한 대로, 확실히 이 이야기의 나머지 부분은 군사적 이미지로 가득하다. "떼"에 사용된 헬라어 단어아겔레, 5:11는 종종 보충병 부대를 가리키는 말로 사용된다. Derrett, 1979:5 데렛Derrett은 "허락하신대"에페트렙센라는 구절이 군사적 명령을 가리키며 돼지가 바다를 향해 내리달았다는 표현오르메센은 주로 군대가 전장으로 달려나가는 모습에 사용된다는 사실을 지적한다. 5:13

적군이 호전적으로 덮친 물에 수장되었다는 것은 자연스럽게 이스라엘의 출애굽 내러티브출 14장를 상기시킨다. 모세의 승전가는 "그가 바로의 병거와 그의 군대를 바다에 던지시니 최고의 지휘관들이 홍해에 잠겼고"출 15:4라고 노래한다.

아마도 선동적인 갈릴리인들이 여러 차례의 폭동을 일으키는 가운데 헤롯의 귀족들을 바다에 수장시켰다는 요세푸스의 기사Ant, XIV, xv, 10는 이 본문과 관련이 있을 것이다. 그러나 본문과 가장 관련이 깊은 것은 유대 혁명 말기에 베스파시안이 팔레스타인 북부 지역을 재정복하는 과정에서 있었던 로마의 보복에 대한 요세푸스의 기사일 것이다.

> 베스파시안은… 루시우스 아니우스에게 기병대와 많은 보병을 거느리고 거라

> 사로 진격하게 했다. 아니우스는 거라사를 점령한 후, 미처 피하지 못한 수많은 젊은이들을 죽이고 그들의 가족을 포로로 잡아갔으며 재물을 약탈했다. 그는 가옥에 불을 지르고 주변 마을을 공격했다. 건강한 사람들은 도망쳤으나 몸이 약한 사람들은 죽었고, 남은 사람들은 화형을 당했다. 이런 식의 전쟁 방식은 산과 들 전역으로 확산되었다.War, IV, ix, 1

이런 관점에서 볼 때 마가가 "거라사인의 지방"을 "군대"와의 상징적 대결의 장소로 선택한 것은 새롭고도 구체적인 정치적 의미를 지닌다.

우리는 여기에서 이러한 이미지가 로마 군대의 팔레스타인 점령 사건을 상기시킨다는 결론을 내리지 않을 수 없다. 서기관들이 지배하는 회당에서 유대 지배계층과 맞서셨던 예수는 이곳에서 "식민지 주권"의 나머지 절반에 해당하는 영역 - 이제 귀신은 로마의 강력한 군사력을 상징한다- 과 만나신다. 예수께서 귀신을 쫓아내시는 상징적 장면에서, 군대는 "그 지방에서 내보내지 마시기를" 간구한다.파레칼레이 아우톤, 5:17 그리고 세 번째 인물인 "귀신에게서 풀려난 자"는 예수께 "배 안에"5:18 함께 있도록 허락해주시기를 간구한다.파레칼레이 아우톤 그러나 아직 보편적 공동체가 형성되기 전이었으며, 따라서 예수는 그에게 데가볼리로 돌아가 기적의 복음을 전파함으로써 많은 사람에게 놀라움을 안겨 주게 하셨다.5:19 이하

2. 정치적 거부로서 귀신을 쫓아내심

귀신을 쫓아내심으로써 사역을 시작하셨던 두 본문1:21 이하 및 5:1 이하을 제외하면, 마가복음 어디에도 예수께서 귀신과 맞서 직접 대화하시는 장면은 나타나지 않는다. 자세히 살펴보면, 회당과 거라사에서 일어난 사건에 대한 이 이야기들은 신약성경 어디서도 발견되지 않는 헬라어 관용구를 공유한다. 다음 페이지의 목록은 구조적/의미적 유사성을 보여준다.

마가는 여기에서 두 기사를 연결하려는 의도를 분명히 보여준다. 두 사건에서 예수는 새로운 상징적 영역으로 들어가자마자 즉시 귀신 들린 사람의 저항에 부딪히신다. 예수는 말씀으로 귀신을 쫓아내심으로써 도전을 파하시고 모든 사람을 놀라게 하신다. 예수는 이 사건을 통해 가난한 자에 대한 광범위한 치유 사역을 시작할 수 있게 된다. 이 사역은 가버나움 부근의 유대인으로부터 시작해서[1:32] 예수께서 바다 건너편으로 되돌아가심으로써[6:53-56] 이방인에게까지 확장된다.

이러한 평행구조를 고려할 때, 상징적 행위로서 축귀 사역에 대한 앞서의 언급[4장 B, 1]은 확장해서 살펴볼 필요가 있다고 생각한다. 홀렌바흐[P. Hollenbach]는 정치적 억압 상태에서의 정신 질환에 대한 프란츠 파농[Frantz Fanon]의 사회심리학적 연구에 기초하여, 거라사 귀신에 대한 흥미로운 주장을 제시한다. 그는 전통적 사회에서의 귀신 들림은 "경제적 착취에 기인한 계급적 대립" 또는 "억압에 대해 사회적으로 용인된 형태의 간접적 저항이나 도피"를 반영한다고 말한다.[1981:573] 파농은 거라사 귀신의 행태는 피지배계층의 전형적인 카타르시스적 반응을 보여준다는 결론을 내린다.

> 압제에 대한 증오심과, 강력한 응징을 모면하기 위해서는 이처럼 격렬한 증오를 억누르지 않을 수 없는 현실 사이의 괴리는 그를 미치게 만들었다.… 그는 로마의 지배에 대해 상징적으로나마 저항할 수 있는 내적 세계로 한 걸음 물러났다.… 예수께서 순응에 길든 사회를 무너뜨리신 것은… 그와 이웃의 압제에 대한 증오심을 표출하게 함으로써 공동체의 파멸을 초래할 수도 있었다.[앞의 책]

홀렌바흐의 접근은 탁월한 통찰력에도 불구하고, 생물 의학과 오늘날의 심리학적 관점을 결합함으로써 정치적 상징들을 철저한 개인적 정신신경증에 국한하고 말았다는 약점을 드러낸다.

준거	회당에서 귀신을 쫓아내심	거라사에서 귀신을 쫓아내심
에피소드의 범위		
들어감	회당으로1:21	바다를 건너5:1
나옴	회당에서1:29	맞은 편으로 건너5:21
상징적 배경	안식일에 회당에서유대	데가볼리이방, 무덤, 돼지부정
귀신에 대한 서술	더러운 귀신 들린 사람	더러운 귀신 들린 사람
상징적/함축적		
대상	서기관	로마 "군대"
대결	권위	식민지 점령
귀신의 도전	소리 질러 나사렛 예수여 우리가 당신과 무슨 상관이 있나이까 … 하나님의 거룩한 자니이다. … 우리를 멸하려 왔나이까	큰 소리로 부르짖어 지극히 높으신 하나님의 아들 예수여 나와 당신이 무슨 상관이 있나이까 원하건대… 맹세하고 나를 괴롭히지 마옵소서. 그들은 예수께 그 지방에서 쫓아내지 않기를 간구했다
예수의 명령	꾸짖어 이르시되 잠잠하고 그 사람에게서 나오라	그에게 이르시기를 더러운 귀신아 그 사람에게서 나오라
귀신의 항복	더러운 귀신이… 큰 소리를 지르며 나오는지라	더러운 귀신들이 나와서
무리의 반응	다 놀라	두려워하더라

압제가 정신 질환을 초래할 수 있다는 사실을 부인하는 것은 아니지만, 사회-문학적 해석은 축귀 사역을 공적인 상징적 행위로 광범위하게 해석한다. 귀신은 로마 제국주의에 대한 집단적 불안감을 나타낸다. 파농이 말한 "정신

의 식민지화"에서 복종에 따른 공동체의 분노는 잠시 억압되었다가 자신을 향하는데, 귀신 들린 자가 자기의 몸을 해치고 있었다는 마가의 진술5:5에는 이러한 상태가 함축된 것으로 보인다.

권력자들이 공동체를 가공할만한 힘으로 사로잡고 있었다는 사실은 서두 5:3-5에 생생하게 서술된다. 마가는 앞서 정치적 의미를 부여했던 문장들을 신중하게 사용한다. 이제는 아무도 그를 쇠사슬로도 맬 수데오 없다. 그는 여러 번 쇠사슬을 끊었기 때문이다. 아무도 그를 제어할 힘이 없다.우데이스 이스추엔, 5:3 이하 이 장면은 능력 많으신더 강한 자이신 예수께서 "강한 자를 결박"하시는 사역과 관련된 또 하나의 핵심적인 에피소드다. 회당에서 귀신을 쫓아내시는 장면에서 귀신은 서기관 부류와 동일시되었으며, 이제는 가이사의 군대와 동일시된다.

타이센은 "외국의 지배층에 의한 '압제'는 법전에서 종종 외국의 망령에 사로잡혀 있는 상황으로 서술된다"는 주장에 동조한다.

> 귀신을 쫓아내는 내용을 포함한 기적 기사는 전적으로 지배하려는 귀신의 마법을 파괴하는 상징적 행위로 이해할 수 있다.… 주후 1세기에 기적을 행한 카리스마적 인물들이 모두 로마의 지배하에 있던 동방 국가에서 나왔다는 사실은 이러한 카리스마적 인물에 대한 믿음을 피지배층인 헬라 문화와 동방 문화의 반응으로 보아야 한다는 가설을 끌어낸다. 정치적으로 열등한 자는 기적적 행위에서라도 자신의 우수성을 선포하고 선전하려 한다는 것이다.1983:256

사실 마가는 잠시 전에 하나님 나라 공동체의 "겨자씨"가 로마의 "큰 나무"를 이길 것이라는 약속을 제시했다. 이제 그는 이 "기적"에 대해 훨씬 더 분명하게 진술한다.

로마의 힘으로부터의 정치적 해방을 가로막고 있는 어려움들을 고려할 때, 제자/독자는 해방의 여부를 의심하지 않을 수 없다. 마가는 아주 분명한 어조로, 고침 받은 자는 다름 아닌 "군대 귀신 지폈던 자"5:15라는 사실을 청중에게 확실하게 각인시킨다. 마가는 지배적 질서의 강력한 힘을 "바다에 던지는" 상징에 대해 다시 한번 언급할 때도 유사한 확신을 제시할 것이다.11:23 이하; 10장 C, 4 마가의 내러티브 전략에서, 회당과 거라사에서의 축귀 사역은 지배 권력에 대한 예수의 도전이 시작되었음을 보여준다. 군사 용어로 바꾸어 말하면, 그것은 로마 팔레스타인의 상징적인 요새에 치명적인 균열이 생겼다는 것이다. 식민지 주권의 두 축인 서기관과 로마 군대의 정치적/이데올로기적 권위가 거부당했다. 유대와 이방에 대한 하나님 나라의 온전한 사역을 위해 내러티브의 공간을 활짝 열었다는 것이다.

6C. 인종적 화해: 두 차례의 위험한 횡단4:35-41; 6:45-53

1. 바다 여정의 담론

여러 차례의 배 여정은 내러티브의 구성을 위한, 그리고 이 여정에 나타난 상징적 행위 및 이 여정 자체의 상징을 보여주기 위한 구조적 기법에 해당한다. 마가는 여섯 차례의 배 여정에 대해 언급하지만 두 차례의 여정에 대해서만 길게 진술한다. 두 차례의 여정은 축귀 사역과 마찬가지로 상호텍스트적인 유사성을 가진다. 아래와 같이 텍스트를 대조해보면 지리적 정확성은 떨어지지만 수사학적 반복이 바다를 건너는 두 장면을 연결한다는 사실을 알 수 있다. 다음에 제시한 구절의 나열 순서는 첫 번째 기사의 시간적 흐름에 따른 것이다

두 여정은 모두 '저녁'이라는 시간과도 관련이 있다. 옵사이스 게노메네스, 4:35 저물 때; 6:47 저물매 날이 저물었다는 표현은 마가가 중요한 흐름을 나타내기 위해 종종 사용하는 시간적 요소이다. 1:32; 11:11,19; 14:17; 15:42 두 장면의 공통된 목적

첫 번째 여정: 어디서? "거라사"로 4:35-5:1	두 번째 여정: 어디서? 벳새다로 6:45-53
제자들에게 이르시되 우리가 저편으로 건너가자 하시니	예수께서 즉시 제자들을 재촉하사… 앞서 가게 하시고
그들이 무리를 떠나	무리를 보내는 동안에…
예수를 배에 계신 그대로	배는 바다 가운데 있고...
모시고 가매	작별하신 후에 기도하러 산으로 가시니라
큰 광풍이 일어나며	바람이 거스르므로
물결이… 배에 가득하게 되었더라	제자들이 힘겹게 노 젓는 것을 보시고
(제자들이 구원을 부르짖음)	(제자들이 두려워 부르짖음)
(예수께서 바람을 꾸짖으심)	(예수께서 배에 올라 그들과 함께 하심)
바람이 그치고 아주 잔잔하여지더라	바람이 그치는지라
어찌하여 이렇게 무서워하느냐	안심하라 내니
너희가 어찌 믿음이 없느냐 하시니	두려워하지 말라
그들이 심히 두려워하여	제자들이 마음에 심히 놀라니
바다 건너편 거라사인의 지방에 이르러	건너가 게네사렛 땅에 이르러 대고

지인 "맞은 편"은 이방 땅으로 가는 길을 나타낸다. 이것은 상징적 장소로의 상징적 전환이며, 미지의 땅, 외국, 인간성의 "다른 편"으로의 여정이다.

나머지 네 차례의 짧은 배 여정 가운데 두 차례5:21 및 8:13는 "건너편"이라는 설명적 구절이 제시되지만, 두 차례의 여정은 그렇지 않다.6:32 이하; 8:10 켈버는 전자5:21 및 8:13의 두 여정이 앞서 언급한 두 차례의 긴 여정으로부터 귀환을 가리킨다는 사실을 규명한다. 6:32는 단순히 무리에게서 벗어나시는 장면으로, 앞서 예수께서 무리에게서 떨어지기 위해 배를 이용하신 장면3:9; 4:1이나 한적한 곳으로 피하신 장면을 상기시킨다는 사실에 대한 공감대가 형성되어 있다. "달마누다"로의 배 여정8:10은 지리적 문제는 제쳐두고라도, 삽입구로 보는 것이 가장 바람직하다. 마가는 8:13-21의 귀환 여정에 대한 진술을 시작했으나, 바리새인들이 표적을 구하는 기사8:11 이하에 의해 중단된다.따라서 14-20절에서 다시 떡 이야기로 돌아간다/역주 따라서 표적을 구하는 이 에피소드의 배경이 동쪽 해변이든켈버 서쪽 해변이든말본, 내러티브의 구성이라는 차원에서 이 부분은 "첫 번째 에필로그"7장 D, 18:10-21의 한 부분으로 보아야 한다.

2. 험란한 여정의 드라마

바다를 건너는 도중에 악천후로 위험에 처한 제자들이 예수의 기적적인 행위로 구원을 받는 두 장면이 의미하는 것은 무엇인가?

첫 번째 여정은 첫 번째 설교가 끝난 후, 예수께서 제자들에게 함께 바다를 건너자고 말씀하심으로써 시작된다.4:35 광풍이 일어났을 때 예수는 배에 계셨으나 그 일에 대해서는 무관심하셨다. 내러티브의 페이소스적 측면이 고조된 결정적인 순간에 제자들은 주무시는 예수를 깨우며 "선생님이여 우리가 죽게 된아플루메다 것을 돌보지 아니하시나이까"라고 부르짖는다. 여정의 목적을 알지 못했던 그들은 버림받음에 대한 근본적인 두려움을 드러내지만, 예수는 광풍과 그들의 믿음 없음을 동시에 꾸짖어 잠잠케 하신다.

이 에피소드의 배경으로 몇 가지 구약성경 전승이 제시된다.

> 배들을 바다에 띄우며 큰 물에서 일을 하는 자는… 이에 그들이 그들의 고통 때문에 여호와께 부르짖으매 그가 그들의 고통에서 그들을 인도하여 내시고 광풍을 고요하게 하사 물결도 잔잔하게 하시는도다.시 107:23, 29
>
> 여호와께서 큰 바람을 바다 위에 내리시매 바다 가운데에 큰 폭풍이 일어나 배가 거의 깨지게 된지라 사공들이 두려워하여 각각 자기의 신을 부르고… 그러나 요나는 배 밑층에 내려가서 누워 깊이 잠이 든지라… 무리가 알고 심히 두려워하여 이르되 네가 어찌하여 그렇게 행하였느냐 하니라욘 1:4 이하, 10

예수께서 바람을 꾸짖으신 것에페티메센 호 아네모스도 시편 104:7"주께서 꾸짖으시니"70인역, 에피티메세오스과 시편 106:9"이에 홍해를 꾸짖으시니"70인역, 에페티메센를 반영한다.

이제 호수를 바다로 언급한 것에 대해 살펴보자. "마가는 히브리 성경을 통해 바다의 개념을 혼돈, 위협, 위험을 의미하는 것으로 전제한다." Malbon, 1984:376

그러나 이 이야기의 중심에는 연속된 두 개의 질문이 분명하게 보여주듯이 깨닫지 못함이라는 모티브가 자리하고 있음이 확실하다.

1. 예수 "너희가 어찌 아직도우포; cf. 8:17, 21 믿음이 없느냐?"
2. 제자들: "그가 누구이기에 바람과 바다도 순종하는가?"4:40 이하

제자들이 놀라워한 것은 1:27의 회당에서 무리가 보인 반응을 그대로 반영하며, 이중적인 의미가 있다. 그곳의 더러운 귀신과 마찬가지로 이곳의 광풍도 예수의 말씀을 듣고 순종하며후파쿠에인, 4:41 "잠잠해진다." 피무스다이, 1:25; 4:39 그러나 같은 명령을 들은 제자들도 순종하는가4:3,9,20?

바다를 건너는 두 번째 장면은 중요한 차이점을 보여주며, 마가는 이러한 차이점을 통해 동일한 주제를 강조한다. 첫 번째 여정이 그들과 함께 계신 예수의 "보호하심" 하에 이루어졌다면, 두 번째 여정에서는 제자들이 스스로 바다를 건너야 한다. 사실 이 에피소드는 긴장의 조짐과 함께 시작한다. 마가는 우리에게 예수께서 "즉시 제자들을 재촉하사에난카센 자기가 무리를 보내는 동안에 배를 타고 앞서 건너편 벳새다로 가게 하셨다"6:45고 말한다. 원래의 목적지는 벳새다이지만, 이 여정에서는 가지 못하고 다음 여정에서 가게 된다.8:22; 아래, 8장 B, 2 한 차례의 위험한 항해를 이겨낸 경험이 있음에도 불구하고 제자들은 같은 여정을 반복하고 싶어 하지 않은 것으로 보인다. 본문은 세 차례에 걸쳐 예수와 제자들 사이의 공간적 대립을 강조한다.6:45-47

1. 예수는 제자들에게 자기가 무리를 보내는 동안에 배 타고 앞서 건너편 벳새다로 가게 하신다.
2. 예수는 무리를 작별하신 후에 기도하러 산으로 가신다.
3. 배는 바다 가운데 있고 예수는 홀로 뭍에 계신다.

끝으로, 예수는 제자들이 바다 먼 곳에서 광풍을 만나 힘겹게 노 젓는 것을 보시고도 밤 사경즉, 새벽이 되기까지 기다렸다가 그들을 도우러 오신다.6:48

그러나 "지나가려고 하시매"6:48c라는 구절을 예수께서 제자들의 위험을 모른 체하신 것으로 이해해서는 안 된다. 플레더만Harry Fledderman 1983은 이 구절은 여호와께서 구원을 위해 나타나심출 33:19,22; 34:6; 왕상 19:11; 암 7:8; 8:2이라는 관점에서 상호텍스트적으로 이해해야 한다고 지적한다. 이러한 사실은 제자들의 두려움구약성경의 현현 장면에 나타나는 일반적 반응이다 및 예수의 안심시키는 말씀으로 알 수 있다. "안심하라 내니 두려워하지 말라"6:49 이하; "에고 에이미"는 70인역 출 3:14에서 여호와께서 자신을 가리켜 말씀하신 "스스로 있는 자"와 일치한다 예수는 다시 한번 바람을 잠잠케 하시지만, 제자들은 깨닫지 못한다. 깨닫지 못하는 제자들에 대한 예수의 판단은 단호하다. 그들의 마음은 대적자와 마찬가지로 완고해졌다.6:52"둔하여졌음이러라" 그들은 바다를 건너는 데 실패하고 게네사렛으로 돌아간다.6:53

이것은 사태 변화의 전조이다. 지금까지의 이야기에 따르면, "마음의 둔하여짐"은 멀어짐의 첫 번째 단계이며, 계속해서 전적으로 듣지 못함/보지 못함의 단계로 이어진다.3:5 --> 4:12 사실 이러한 전개는 이어지는 예수의 책망에서도 반복된다.6:52 --> 8:17 깨닫지 못함이라는 주제에 대해서는 나중에 자세히 살펴보겠지만7장 D, 2, 광풍이 몰아치는 여정 자체의 상징에 대해서는 어떻게 생각하는가?

이처럼 광풍이 부는 바다 이야기는 하나님 나라의 공동체가 유대인과 이방인 사이의 제도화된 사회적 분열을 극복하는 과정에서 만나는 어려움을 극적으로 그려낸 것이다. 제자 공동체는 이러한 비유적 행위를 통해, 이 "여정"을 통합의 길로 만들기 위해 분투한다. 따라서 이러한 어려움은 언제나 이방으로 향하는 통로가 된다 장애물로서 바람과 바다예를 들면 5:13; 9:42; 11:23는 혼돈과 파괴의 우주적 힘을 인격화한 고대 셈족 신화로부터 끌어낸 것이다. 제자들이 꺼린 것은 놀라운 일이 아니다. 기존의 차별적인 "상징적 세계"에 속한 모든 세력은 이 통합의 여정을 반대한다. 이러한 통합 프로젝트에 대한 현실 사회의 적개심은 공동체를 "익사"시키려 한다. 그러나 마가는 예수께서 대적의 바람을 잠잠케 하시고 이 계획을 건져내실 것이라고 약속한다.

이것이 바로 독자가 제자들과 달리 놓치지 않아야 할 의미다. 그러나 이 시점에서는 이런 해석이 의심과 긴장을 불러일으키며 분노하게 하는 알레고리로 생각될 수 있다. 따라서 보다 상세한 관찰을 위해, 이 단원에 제시된 일련의 상징적 행위에 나타나는 다른 요소들을 우선적으로 살펴보려고 한다.

6D. 소외된 자를 먼저 찾아가심: 두 차례의 이중적 치유5:21-43; 7:24-37

나는 먼저 유대와 이방 땅에서 있었던 두 차례의 이중적 치유에 대해 살펴볼 것이다. 이 고도의 원형적 에피소드는 예수께서 세리 및 죄인들과 함께하심으로써 보여주셨던 하나님 나라의 사회적 포용성의 범위를 더욱 확장하고 심화한다. 구체적으로 살펴보면, 혈루증을 앓아온 여자에 대한 치유5:24-34를 중심으로 전개되는 야이로의 딸에 대한 치유 기사5:21-24, 35-43는 오늘날 해방신학이 "가난한 자를 우선하는 선택"이라고 부르는, 유대교 내의 계급 문제를 다룬다. 이어지는 7:24 이하의 치유 기사는 이방 세계의 가난한 자가 이런 성향을 가진 하나님 나라 사역의 대상에 포함된다는 사실을 분명히 제시한다.

1. 명예와 수치의 사회-문화적 역학

이런 본문들의 사회적 역할을 올바로 이해하기 위해 우리는 사회적 지위의 역학에 대한 간략한 비교문화적 배경지식을 통해 도움을 받을 것이다. 고대 헬라의 개인과 그룹에 있어서의 사회적 지위는 구조나 유지적 측면에서 오늘날 서구 사회의 지위와는 근본적인 차이가 있다. 나는 독자에게 이러한 이슈에 대해 다룬 브루스 말리나Bruce Malina의 『신약성경의 세계: 문화인류학적 통찰력』The New Testament World: Insights from Cultural Anthropology 1981을 읽어보기를 권한다. 다음의 내용은 이 책에 기초한다.

1세기 팔레스타인의 유대교는 "명예 문화"로 서술할 수 있다. 말리나는 다음과 같이 요약한다.

> 상징적 관점에서 볼 때, 명예는 개인의 올바른 사회적 지위를 나타낸다. 이러한 지위는 권력, 성별 및 사회적 계층에서 차지하는 위치 등으로 이루어진 영역을 통해 구별된다.… 명예는 사회가 인정하는 가치를 요구한다. 명예의 목적은 사회의 규정된 문화적 코드에 따라 동료, 상급자 및 하급자와 특별한 방식으로 교류할 자격을 개인에게 부여하는 일종의 사회적 평가의 역할을 한다.… 명예는 개인적, 단체적, 집합적 영역을 가진다. 자연적으로 형성된 그룹 내의 관계는 신성하고 혈연적이거나 모든 구성원을 직접적으로 이어주는 순수한 관계다.… 자발적으로 형성된 그룹 안의 관계는 지위와 기능에 초점을 맞춘다. 1981:47 이하

이처럼 형식적인 조직에서 지위는 누구와 어떤 식으로 대화하고 교제할 것인지를 결정하고, 사회적 역할 및 업무를 통제하며 조직 내에서의 이동을 제한한다. 말리나는 우리가 살펴볼 이야기와 특별한 관련이 있는 두 가지 역학dynamics에 초점을 맞춘다. 이 역학은 말리나가 말하는, 조직의 유지와 관련된 "여자"와 "남자"의 역할과 관련이 있다. 남자의 역할은 지위와 권리를 보

호하는 것이며, 여자의 역할은 그룹의 영역 의식 또는 수치를 보존하는 것이다.

> 여기서 말하는 수치는 타인이 자신의 명예에 대해 어떻게 생각하고 말하며 행동하는지에 대한 민감성을 가리키며… 자연적 그룹은 집단적 명예와 수치를 가진다. 그러나 도덕적인 영역에서… 명예와 수치는 남녀 문제에 초점이 맞추어진다. 남자는 집단의 명예와, 집단의 명예에 포함된 여자의 명예를 보호해야 한다. 반면에 여자는 집단의 명예의 수치적 요소를 상징하며, 개인과 그룹의 좋은 평판에 대한 긍정적 민감성을 가진다.앞의 책

당연한 말이지만, 이러한 가부장적 제도는 여자가 개인적으로나 사회적으로 공적인 삶에서 자기주장을 하지 못하게 가로막았다. 나중에 이혼법9장 B, 1 및 수혼법10장 E, 1에 대한 논쟁에서 살펴보겠지만, 이런 관점은 현대인이 말하는 "권리"가 여자에게는 없었다는 사실과 일치한다.

한편으로, 남자의 임무는 개인적/사회적 만남을 통한 도전과 응전의 성격을 결정했으며, 이러한 도전과 응전은 개인이나 그룹의 명예를 보호하거나 더욱 큰 존경을 받게 하는 경쟁의 장이 되었다.

> 부여받은 명예ascribed honor는 출생이나 가족 관계, 또는 탁월한 권력의 기부를 통해 수동적으로 주어진다. 반면에, 획득한 명예acquired honor는 주로 도전과 응전의 사회적 경쟁의 장에서 동료의 희생을 통해 적극적으로 쌓아올린 명예이다.… 타인의 명예가 자신의 명예와 연결된 경우, 그런 개인은 자신과 관련된 모든 사람의 명예를 보호하고 대표해야 한다.앞의 책

우리가 살펴볼 에피소드에서 예수는 팔레스타인의 명예를 존중하는 문화

에서 나온 행위 규례와 기대를 무너뜨리시고 이야기를 듣는 자들을 놀라게 하시며 그들의 사회 질서와 특권에 대한 인식을 허무시는, 그런 사회적 교류 방식으로 묘사된다. 마가복음의 예수는 하나님 나라의 새로운 사회 질서에 대한 상징적 구축 과정에서 인간 공동체의 새로운 가능성을 창조하기 위해 현상을 타파한다.

이러한 형식의 명예 문화는 오늘날 북아메리카인이 이해하기 어려우며, 특히 평등주의 문화가 몸에 밴 자들에게는 더욱 그렇다. 그러나 성경 본문을 읽을 때 제기되는 여러 가지 이슈와 달리, 이 문제는 현대의 비교문화적 사례를 통해 조명될 수 있다. 오늘날 토착민 가운데는 여전히 명예 문화가 지배적 문화로 남아 있기 때문이다. 나는 멜라네시아의 신생 도서국의 정치적 해방을 위한 대표단의 일원으로 겪었던 난처한 순간을 기억한다. 초청자는 우리를 위해 전통적 방식의 환영회를 개최했다. 그들은 우리가 보는 앞에서 돼지를 잡았다. 이러한 풍습은 외국 손님에 대한 존경심을 드러내고 원주민이 믿는 초자연력마나을 보여주기 위한 그들 나름의 교제 방식이었다. 손님과의 교제 분위기를 띄우기 위한 다음 단계는 카와kava를 마시는 의식이었다. 그러나 이 의식은 각 그룹을 대표하는 남자들에게만 허락되었다. 끝으로 손님이 공동체 전체를 상징하는 추장에게 선물을 주는 일종의 "답례" 의식이 있었다. 당연한 말이지만, 서양 대표단의 젊은 진보적 도시인은 이 모든 절차에 어쩔 줄 몰라 했다. 나는 피로 얼룩진 장면에 구역질이 났으며 선물을 가져가지 않았기 때문에 난처했다.

이것은 서양의 산업화 이후 도시 문화에는 명예를 위한 경쟁이 이루어지는 사회적 역할이나 기대, 또는 제의가 없었다는 말이 아니다. 그러나 자본주의 사회에서 지위는 대체로 부자나 배운 자나 대중적 인물이 가진 힘을 드러내 주는 기능을 했다. "고귀함"은 더 이상 물건처럼 물려줄 수 있는 유산이 아니며여전히 영향을 미치지만, 지위를 상징하는 것들비싼 옷, 자동차 및 주택은 그것을 가질 여유가 있는 자들에게나 필요한 것이 되었다. 물론, 물질적 부에 대한 접근은 인종과 성별에 따라 차이가 있었다. 그럼에도 불구하고 전통적 명예 문화가 약화된 것은 분명한 사실이다.

이러한 관점의 목적은 마가복음에 나타난 예수의 행위와 관련하여 사소한 것처럼 보이는 것들-예를 들면, 여자와의 논쟁 허용-이 마가의 원래 독자에게는 문화적 민감성에 대한 근본적인 도전이 되었다는 사실을 독자에게 상기시키는 것이다.

2. 유대의 계급 관계: 두 "딸"의 치유

우리는 예수께서 첫 번째 여정 및 거라사에서 귀신을 쫓아내신 후 유대 영토로 돌아갈 때 이 이야기를 다시 한번 다룰 것이다. 마가는 5:21에서 이 여정 이전의 상태로 배경을 재설정한다.[4:1,36] 예수와 무리는 다시 "바닷가"에 있다. 이 익숙한 내러티브 장소는 이어지는 이야기가 제자/독자에게 특별한 교훈적 가치가 있음을 보여준다.

예수는 유대 지배층 가운데 한 사람의 방문을 받는다. 그는 예수께 자신의 딸을 살려달라고 간구한다. 예수는 그의 간청을 받아들여 함께 가지만 도중에 무리 가운데 나타난 한 여자로 인해 걸음을 멈추신다. 제자들과 달리 예수는 가난에 찌든 여자에게 관심을 보이시지만, 예수께서 지체하시는 동안 딸은 죽는다. 이 이야기의 비극적 결말은 예수께서 아이를 다시 살리시는 놀라운 기적을 통해 반전을 맞는다. 마가는 이곳에서 다시 한번 막간 형식을 사용함으로써 두 에피소드를 연결한다. 두 에피소드는 여러 가지 요소, 특히 열둘이라는 숫자를 통해 수사학적으로도 연결된다. 여자는 열두 해를 혈루증으로 앓았으며, 딸의 나이는 열두 살이다.

이 내러티브의 사회-경제적 지표들은 이곳의 이슈가 계급 사회의 신분에 관한 문제임을 분명히 보여준다. 앞서 살펴본 대로 '무리'는 가난한 자의 사회적 지위를 가리키며, 이 이야기 전반부의 다섯 단계에 모두 등장한다.

1. 바닷가에서 큰 무리가 예수의 주변에 모였다.5:21
2. 그들은 예수를 "따라가며 에워싸 밀"었다.5:24
3. 병든 여자가 무리 가운데 끼어 예수께 나아왔다.5:27
4. 예수께서 아시고 무리를 둘러보셨다.5:30
5. 제자들은 예수께서 무리가 민 것을 손을 댄 것으로 착각하신 것으로 생각했다.5:31

마가는 이 에피소드에서 경제적 지위와 명예라는 관점에서 전형적인 대조를 보이는 두 명의 핵심 인물을 소개한다. 한편으로 회당장 야이로마가의 기사에서 이름이 드물게 나오는 인물 가운데 하나다는 남성 사회의 일원으로 예수께 당당하게 나온다. 이 사람은 가정의 "머리"따라서 딸을 위해 호소한다이자 사회적 그룹의 "머리"회당장, 아르키수나고군다. 그는 예수께 부탁하기 전에 먼저 예수의 발 아래 엎드려 적절한 경의를 표한다.

반면에, 무리에 섞여 예수를 따라와 은밀하게 고침을 받으려 했던 여자는 이름이 없다. 예수께서 그를 찾으시자 제자들은 "무리가 에워싸 미는 것을 보시며 누가 내게 손을 대었느냐 물으시나이까"5:31라고 말하며 단념시키려 한다. 여자는 이름이 없으며, 무리 가운데 속한다. 그는 야이로가 딸을 보호해준 것처럼 자신을 변호해 줄 사람이 아무도 없는 무명인이다. 마가는 그의 궁핍함을 보여주기 위해 네 개의 연속된 분사절을 통해 과장법을 아낌없이 사용한다.

1. 열두 해를 혈루증으로 앓았다.
2. 많은 의사에게 많은 괴로움을 받았다.
3. 가진 것을 다 허비했다.
4. 아무 효험이 없이 도리어 더 중하여졌다.5:25 이하

이 여자는 이중으로 가난하고 이중으로 소외된 자이다. 레위기의 정결 규례에 따르면, 출혈을 멈출 수 없는 신체적 상태에 있는 여자는 영원히 격리되어야 한다. 그는 착취의 희생양이기도 하다. 테일러는 효과 없는 치료에 가산을 허비하는 것은 고대사회의 가난한 자들에게 끊임없이 되풀이되는 문제였다는 사실을 지적한다.1963:290 마가의 삽입구적 기사마태와 누가는 이 본문을 생략한다는 신랄하고 냉소적이기까지 하다. 여자는 많은 의사에게 많은 괴로움을 받았으나폴라 파두사 후포 폴론 이아트론 "아무 효험이 없었다."메덴 오펠레데이사; 7:11; 8:36 그러나 참 의사2:17는 이 여자를 값없이 고쳐주실 것이다.

이 치유 기사는 우리가 예상하는 대로, 몇 개의 단계로 나뉜다. 가정 전면에 부각되는 것은 신체적 건강의 회복이다. 실제로 마가는 이곳에서만 증상과 치유를 모두 강조한다. 이것은 여자와 예수에 의한 이중적 신체적 감지를 통해 극적으로 묘사된다.

1. 이에 그의 혈루 근원이 곧 마르매 병이 나은 줄을 몸에 깨달으니라5:29, 토 사마티 호티 이아스타이

2. 예수께서 그 능력이 자기에게서 나간 줄을 곧 스스로 아시고5:30a

동시에, 나병환자를 고치신 기사에서처럼1:40-45 정결 규례가 이슈로 등장한다. 예수는 다시 한번 "접촉"하프토마이, 손을 대다, 5:27-31에 네 차례 나타난다에 의한 전염 규례를 위반하지만 극복하신다. 영구적으로 소외되었던 여자는 신체적 건강과 함께 사회적 건강도 회복된다. 말라 셀비지M. Selvidge는 이 이야기를 유출병 여자를 소외한 정결 규례에 대한 마가의 항변으로 본다.1984:619 이하

그러나 나는 이 에피소드에 있어서 가장 중요한 차원의 의미는 예수께서 이 여자의 매우 부당한 집요함을 회당장의 정당한 요구보다 우선하신 사실에 있다고 본다. 예수께서 회당장의 딸에게 "손을 얹는" 사역은5:23c 훨씬 불

쌍한 여자에게 "손을 대는" 사역으로 인해 중단되었으며, 이제 여자는 예수 앞에 엎드린 자가 되었다.5:33 이곳에 나타난 가장 중요한 상징적 반전은 이 가난한 여자의 지위다. 가장 존경받지 못하는 여자가 가장 존경받는 지위에 있는 사람의 딸을 위한 중요한 사역에 끼어들었으나, 결론적으로 그는 이 이야기의 중심에서 딸이 되었다. 예수는 "딸아 네 믿음이 너를 구원하였으니 평안히 가라 네 병에서 놓여 건강할지어다."5:34라고 선포하신다. 여자의 온전함이 회복되었을 뿐만 아니라 예수의 "믿음 없는"4:40 남자 제자들보다 우월한 지위를 얻은 것이다. 마가복음 다른 곳에서 이러한 근본적 가치 반전은 또한 명의 가난한 자인 거지 맹인 바디매오에 관한 이야기10:51에서만 찾아볼 수 있다.

그러나 예수의 걸음이 지연된 결과는 원래적 사명의 실패 및 기존의 약속에 대한 위배로 나타났다. "아직 예수께서 말씀하실 때에" 회당장은 딸이 죽었다는 전갈을 받는다. 그러나 예수는 마치 아무것도 달라진 것이 없다는 듯이, 가난한 여자의 본을 따르라고 말씀하신다. "두려워하지 말고 믿기만 하라"5:35 예수는 베드로와 야고보와 요한만 데리고 야이로의 집으로 향하신다. 여기서 마가는 제자 공동체의 핵심 측근을 공식적으로 소개하며 무엇인가 중요한 일이 벌어질 것임을 암시한다. 가정집에서의 장면은 울며 통곡하는 의식에서 알 수 있듯이5:38 이하 초상집의 분위기를 보여준다. "이 아이가 죽은 것이 아니라 잔다"라는 예수의 갑작스런 말씀은 회한을 조롱으로 바꾼다. 마가는 이 집의 믿음이 부족함을 풍자적으로 보여준다.5:40

예수는 아마도 분노하시며 아이의 부모와, 함께 있었던 제자들 외에는 다 "내보내신"에크발론; cf. 11:15 후, 사역을 마무리하신다. 그는 아이의 손을 잡고 일으키신다.5:41 이 명령의 결과는 마가가 "열두 살"이라는 사실을 강조했던 이 소녀가 다시 살아난 것이다. 모이저J. Moiser는 이 이야기의 상징성은 분명하다고 말한다.

> 소녀의 나이는 이스라엘의 열두 지파를 나타낸다. 그는 일시적인 질병으로 쓰러졌다.[5:23] 어떤 사람들은 소녀가 실제로 죽었다고 생각했다.[5:35] 예수는 이 다툼에 개입하지 않으신다. 그는 단지 하나님이 소녀를 일으키실 것이라고만 말씀하신다.[5:39] 예수께서 손을 잡으시자, 소녀는 즉시 일어나 걸어다녔다.[1981:180]

나는 이 이야기에는 상징적 의미가 담겨 있다는 모이저의 주장에 동의한다.

마가는 의도적으로 유대 계급 사회의 양극단을 나란히 제시하는 방식으로 이 이야기를 구성한다. 소녀는 열두 해를 회당장의 딸로서의 특권을 누렸으나, 이제 "죽게" 되었다.[5:23] 마가가 5:23에서 사용한 단어에스차토스 에케이, 문자적으로 "마지막이 가까웠다"는 나중에 사회 질서의 반전에 대한 언급에 사용할 단어"먼저", "나중", 에스차토스, 9:35; 10:31를 희미하게 반영한다. 사실 마가복음의 예수와 관련된 한, 회당장의 유대교가 나타내는 사회 질서는 붕괴 직전의 상태에 있음을 보여준다. 아무런 지위가 없는 여자는 열두 해를 정결 시스템 및 이 시스템에 속한 "의사들" 손에서 궁핍함을 겪었으나, 그럼에도 불구하고 해방을 위한 싸움에서 주도권을 쥐고 있다. 이 실물교육은 유대교가 "구원을 받아 살게" 되기를 원한다면 하나님 나라, 즉 모든 사람이 동등한 지위를 가지는 새로운 사회 질서에 대한 "믿음"을 가져야 한다는 것을 가르친다. 이것만이 소외된 자를 해방하고 "귀족"을 죽음에서 건져낼 수 있다. 따라서 상징적 행위에 대한 마가의 내러티브는 마태복음에서 예수가 유대 지도자들에게 "세리들과 창녀들이 너희보다 먼저 하나님의 나라에 들어가리라"마 21:31고 하신 말씀과 동일한 효과를 얻는다.

끝으로, 마가는 내러티브의 전략적 차원에서 이 에피소드를 통해 마가복음 후반부의 핵심 주제로 부상할 내용에 대해 예시한다. 그는 극적 연출을 통해 계속해서 씨 비유에서 볼 수 있는 것처럼 "나중 된 자가 먼저 된다"라는 교훈과

"작은 자/큰 자"라는 교훈으로 구성된 두 번째 구축 부분의 담론을 준비한다.[10:31,43] 또한 소녀를 일으킨 부활의 상징은 예수께서 가르치시고 구현하신 "삶/죽음"의 역설을 앞서 보여준다.[8:35 이하] 5:23에서 시작된 사역 내러티브는 사실상 "당신의 딸이 죽었나이다"라는 선언을 통해 갑자기 멈추어선다. 그러나 예수는 이 전갈을 무시하고[파라쿠사스 톤 로곤, 5:36 "두려워 하지 말고"] 믿음만 촉구하신다. 독자도 메시아 사역 내러티브의 결말로 제시된 예수의 죽음에 대한 메시지를 무시하고 계속된 여정에 대한 믿음을 보여야 할 것이다. 사실상 이곳에서 소녀의 회복을 목도한 자의 놀라움에 대한 서술[5:42b, 엑스타시스]은 마가복음에서 한 차례 더 나타난다. 즉, 예수께서 죽은 자 가운데서 부활하셨다는 소식을 들은 여자들이 그런 식으로 놀란다.[16:8]

3. 범세계적 공동체: 두 이방인에 대한 치유

이제 우리는 이방인 거주 지역에서 이루어진 일련의 치유 기사[7:24-37]에 대해 살펴볼 것이다. 이 내러티브의 배경은 멀리 떨어진 곳에 위치한 두로 지경[에이스 타 호리아 투루]이다. 두로는 마가의 내러티브에서 지리적 북단을 형성하며[3:8], 사회적인 관점에서는 팔레스타인 유대인의 지평을 훨씬 뛰어넘는다. 이 이야기의 연대기에 따르면, 예수는 이제 막 바리새인들과의 긴 논쟁을 시작하셨으며[7:1-23], 따라서 "한 집에 들어가 아무도 모르게 하시려 하나"[7:24]라는 구절은 시리아 지역을 향한 이 여정의 의도가 사역을 위한 것이 아니라 사색을 위해 잠시 물러나기 위한 것임을 보여준다.[Taylor, 1963:348] 그러나 예수는 물러나시려 할 때마다 방해를 받으시는데, 이번에는 이방 여자로 인한 것이다.

여자가 예수의 발아래 엎드려 자신의 딸을 위해 간구하는 장면은 야이로의 간구와 의도적인 평행을 이룬다.[7:25; cf. 5:22 이하] 마가는 자신의 주장을 입증하기라도 하듯이, 여자가 헬라인이며 수로보니게 족속이라는 사실을 덧붙임으로써 이 여자가 이방인임을 강조한다. 이것은 마가가 그 지역이 헬라화되었음을 보여주는 또 하나의 전형이다. 야이로의 접근과 달리 이 여자의 간구는 예수의 명예로운 지위에 맞서는 무례한 행동이다. 여자가, 그것도 이 유대인을 모를 뿐만 아니라 아무런 관계도 없는 이방 여자가 사적인 공간인 집으로 찾아와 부탁한 것이다. 따라서 예수는 얼마든지 그를 거부하실 수 있었으며, 실제로 예수는 유대인의 집단 명예를 변호하심으로 그의 진입을 차단하신 것처럼 보인다. "자녀로 먼저 배불리 먹게 할지니 자녀의 떡을 취하여 개들에게 던짐이 마땅치 아니하니라"7:27 테일러는 다음과 같이 주장한다.

> 유대인 저자는 이방인을 "개"로 묘사하면서, 그들의 악을 함께 언급하는 것이 일반적이었다. 랍비 엘리에셀은 "우상숭배자와 함께 먹는 자는 개와 함께 먹는 자와 같다"고 말한다.1963:350

테일러는 예수께서 '개'라는 단어에 덧붙이셨던 '작은', 또는 '새끼'라는 의미의 접사에는 이런 의미가 포함되어 있지 않았다고 생각한다. 하지만 나로서는 마가가 이 만남을 극적으로 보여주기 위해 이러한 전통적이고도 모욕적인 표현을 일부러 사용했다고 생각한다. 타이센은 이 이야기가 유대인과 이방인 사이의 윤리적, 문화적, 사회-정치적 적개심을 인정하고 반영했다는 주장에 동의한다.1985:202 이하

여자가 논쟁하고 싶어 했다는 사실은 예수에 대한 여자의 무례함을 더욱 심화시킨다. 그러나 이 이야기의 흐름을 바꾼 것은 여자의 언어적 반격이다. 여자는 개도 부스러기를 먹을 자격은 있다고 말한다.7:28 난데없이 예수께서 귀신을 쫓아내신 사역의 해방적 능력에 대한 자기 백성의 권리를 주장한 것은 여자였다. 상대가 이방인이며 이방인과의 대화는 수치스러운 행위였음에도 불구하고, 예수께서 그의 논쟁을 받아들이신 것은 놀랍다. "귀신이 네 딸에게서 나갔느니라"7:29 더구나 예수는 여자의 믿음 때문이 아니라 그의 주장

때문에디아 투톤 톤 로곤 그의 요구를 들어주신다. 예수께서 대적을 강력한 말씀으로 무찌르신 사실을 생각하면, 이것은 놀라운 반전이 아닐 수 없다. 이 드라마는 지위의 평등함을 보여주는 또 하나의 사례다. 예수는 이 이방 여자를 하나님 나라의 새로운 공동체에 포함시키기 위해 자발적으로 "수치"작아짐를 당하신다. 유대교도 이방인이 동등한 지위를 가진 자들이라는 사실을 받아들이기 위해 자신의 영역집단 명예을 재설정하는 수치를 겪어야 한다.

수로보니게 여자에 대한 이야기는 유대인에 대한 사역 주기에 나타나는 평행적 기사와 유사한 면이 있다. 수로보니게 여자는 유출병을 앓는 여자와 마찬가지로 부당한 독단적 행위를 통해 정당함을 인정받는다. 야이로의 이야기와의 평행은 집에서 고통하는 딸을 위한 간구 이상의 공통점을 가지고 있다. 두 에피소드는 예수께서 광야에서 무리를 먹이신 기사와 연결된다. 야이로의 딸을 극적으로 일으키신 후 예수께서 말씀하신 다소 점강적인 명령은 "먹을 것을 주라"5:43, 도데나이 아우테 파게인는 것이었다. 마찬가지로 예수는 무리를 먹이신 첫 번째 장면에서 제자들에게 "너희가 먹을 것을 주라"6:37, 도테 아우토이스 휘메이스 파게인고 명령하신다. 이곳에서도, 예수는 이방 여자에게 "자녀로 먼저 배불리 먹게 할지니"7:27, 코르타스데나이라고 말씀하신다. 이 배부름은 이미 6:42에 나타난다."다 배불리 먹고", 에파곤 판테스 카이 에코르타스데산 마가는 이런 방식으로 이방인도 배불리 먹게 해 달라는 수로보니게 여자의 간구를 들어주기 위한 준비를 한다. 그의 간구는 곧 이루어질 것이다.8:4,8; 같은 동사가 사용된다

예수께서 수로보니게 여자의 딸에게서 귀신을 쫓아내신 사역이 하나님 나라가 이방인에게 임한 사실을 암시한다면, 이어지는 치유 기사는 이러한 사실을 의심의 여지 없이 명확히 보여준다. "두로 지방"에서 "데가볼리 지방"을 통과하는 예수의 여정은 많은 주석가들이 "불가능"하다고 생각하지만, 랑F. Lang 1978은 초기 그리스도인 사역자들이 사용한 것으로 추정되는, 시돈에서

다메섹을 지나 갈릴리 동쪽 해변으로 가는 길이 있었다고 주장한다. 어쨌든, 이 여정의 내러티브적 목적은 갈릴리 주변의 모든 헬라인을 상징적으로 포용하는 것이다.

예수는 그곳에서 언어적 의사소통이 불가능한 사람을 만나신다.[7:32] 그는 미지의 "사람들"에 의해 그곳까지 이끌려왔다. 그들은 예수께 그에게 안수하여 주시기를 간구했다. 이 치유 기사 역시 야이로의 딸에 대한 치유 기사와 공통점이 있다. 이 치유는 무리 가운데서 이루어지며, 예수는 마가복음의 이곳에서만 특별한 아람어 구절을 사용하신다.[7:34; cf. 5:41]

그러나 이곳에서 다시 한번 정결 규례가 무시된다. 마가는 우리에게 예수께서 치유를 위해 손에 침을 뱉으셨다고 진술하기 때문이다. 스미스[D. Smith 1985]는 침을 배설물과 같이 신체를 오염시키는 것으로 보았다는 사실을 지적한다.[레 15:8 참조] 그러나 1:40 이하의 유대인 나병환자의 경우에서 볼 수 있는 것처럼 전염은 역전되고 이방인은 고침을 받는다. 또한 이곳에서도 무명의 그룹은 예수의 경고에도 불구하고, 이 일을 "전파한다."[에케루손] 이 단어는 마가복음에서 복음 선포에 사용되는 전문용어다.[3:14; 6:12; 13:9; 14:9]

이 이야기의 핵심 요지는 놀란 무리의 반응[“그가 모든 것을 잘하였도다 못 듣는 사람도 듣게 하고 말 못하는 사람도 말하게 한다.” 7:37]에 있다. 이것은 이방인 사역을 가리키는 말인가[5:20의 평행을 찾아보라]? 아마도 그럴 것이다. 그러나 보다 설득력 있는 의미는 마가의 광범위한 내러티브 전략에서 차지하는 위치와 관계가 있다. 이것은 이 단원[6-7장]의 네 가지 치유 기사 주기 가운데 마지막이자 마가복음 전반부의 마지막 기사에 해당한다. 동시에, 앞으로 살펴보겠지만[8장 B, 1], 시각장애인/청각장애인 주제에 관한 또 하나의 네 가지 기사로 이루어진 주기 가운데 첫 번째에 해당한다. 끝으로, 이것은 역설로 가득한 첫 번째 에피소드의 모호함을 예시한다. 예수는 듣지 못하는 이방인을 듣게 하시지만 제자들은 듣지 못한다.[8:18]

우리는 이 두 쌍의 치유 기사를 통해 마가가 내러티브의 행위를 통해 예수께서 구축하시는 새로운 사회 질서의 주춧돌이 되는 포용의 이데올로기를 잘 보여준다는 사실을 알 수 있다. 고대인의 삶에 중요한 지위와 명예의 사회적 역학은 소외된 유대인과 이방인의 길을 열어주기 위해 완전히 바뀌어버렸다. 이제 우리는 마가가 세계적 공동체의 정당성을 확보하기 위한 결정적인 장면으로 사용한 광야에서 무리를 먹이신 기사에 대해 살펴볼 것이다.

6E. 경제적 만족으로서 하나님 나라: 광야에서 무리를 먹이심 6:33-44; 8:1-9

각 사역의 주기는 광야에서 무리를 먹이신 기사로 끝난다. 오스틴 패러 Austine Farrer는 1951년에 발표한 마가복음에 대한 고전적인 원시문학적 연구를 통해, 이들 본문에 대한 상징적 해석을 제시한 바 있다. 패러는 알레고리를 지나치게 강조하는 경향이 있지만, 본문을 통해 마가의 "고도의 상징"과 만날 수 있다는 그의 기본적인 통찰력은 틀리지 않았다. 무리를 먹이신 두 기사에는 마가의 사회-경제적 이데올로기도 만개해 있다.

1. 유대인 무리를 먹이심: 나눔의 경제

무리를 먹이신 첫 번째 기사는 제자들이 사역을 마치고 보고하는 장면 6:30으로 시작한다. 예수는 제자들에게 자신의 습관처럼 1:35 광야로 물러나 사색을 위해 쉬라고 말씀하신다. 이 시점에서 마가는 "오고 가는 사람이 많아 음식 먹을 겨를도 없음이라" 6:31 고 하는 함축적 언급을 통해 이야기가 전환될 것임을 암시한다. 마가의 묘사는 파토스 pathos로 가득하다. 공동체는 지속적인 사역의 압박에서 벗어나려 했으나 다시 한번 무산된다. 6:32 이하 이제 광야까지 가난한 무리로 가득했다. 그러나 예수는 분노하시기보다 그들을 불쌍히 여기시고 문자적 의미는 "내장"을 찢다 저물 때까지 가르치셨다. 6:34

6:36-38에 제시된 예수와 제자들의 대화는 이야기의 핵심이다. 확실히 제자들은 무리를 걱정하여 그들을 보내어 주변6:6 "두루" 촌과 마을로 가서 무엇이든 사 먹게 하자고 말했다. 예수는 그들에게 냉정하게 "너희가 먹을 것을 주라"도테 아우토이스 휘메이스 파게인고 말씀하셨다. 제자들은 이 말씀이 자신들의 돈을 그들에게 주어 음식을 사 먹게 하라는 뜻으로 생각하여 분노했다. 테일러1963:323는 그들의 반응6:37에서 "비난에 가까운 놀라움의 분위기"를 발견한다. 한 제자는 "우리가 가서 이백 데나리온의 떡을 사다 먹이리이까"라고 의심을 드러낸다.Zerwick 및 Grosvenor, 1981:124 그때 예수는 그들에게 떡이 몇 개나 있는지 알아보라고 말씀하신다.6:38 파울러는 우리에게 이 부분의 아이러니를 놓쳐서는 안 된다고 말한다. 그들은 양식이나 돈이나 아무것도 가지지 말라는 명령을 받고 떠난 사역에서 이제 막 돌아온 터였다.6:8, 아래 7장 A, 2 그러나 그들은 둘 다 가지고 있었다!

제자들은 예수께 무리의 굶주림을 해결할 방법은 음식을 "사는 것"뿐이라는 사실을 두 번이나 진언한다.6:36 이하; 마가복음에서 아고라제인이라는 단어가 처음 나타난다 그러나 예수의 해법은 지배적 경제 질서에 동참하는 것과는 무관했다. 대신에 그는 가용한 자원을 파악하여 소비자를 그룹별로 나누어 앉히고6:39 이하 복을 비시며cf. 14:22 가까이 있는 것을 나누어 주신다.6:41 우리는 오천 명을 먹이신 장면에는 "초자연적" 요소가 일어나지 않았다는 사실을 알아야 한다. 단지 그들은 "다 배불리" 먹었을 뿐이다. 유일한 "기적"은 소비 공동체의 나눔 경제가 익명의 시장에서 이루어지는 자율적 소비 경제에 승리를 거두었다는 것뿐이다.

마가는 이곳에서 히브리 성경에서 나온 몇 가지 이미지를 염두에 두고 있다. 이 이야기는 확실히 여호와께서 광야에서 이스라엘을 보호하신 출애굽기사를 상기시킨다. 그러나 마가의 이야기가 직접적으로 반영하고 있는 본문은 엘리사의 기적 사이클에 나타난 에피소드왕하 4:42-44다.

그가 이르되 무리에게 주어 먹게 하라70인역, 도테 토 라오 카이 에스디에토산 그 사환이 이르되 내가 어찌 이것을 백 명에게 주겠나이까 하나 엘리사는 또 이르되 무리에게 주어 먹게 하라 여호와의 말씀이 그들이 먹고70인역, 파곤타이 남으리라 하셨느니라 그가 그들 앞에 주었더니 여호와께서 말씀하신 대로 먹고 남았더라

이 이야기는 두 가지 면에서 통찰력을 제공한다. 첫째로, 음식과 관련한 엘리사의 일련의 기적은 "그 땅에 흉년이 든" 상황에서 일어나며왕하 4:38, 따라서 굶주림의 고통을 늦춘다는 점에서 이곳의 본문과 직접적으로 연결된다. 둘째로, 엘리사에게 가져온 "떡"70인역, 아르투스은 처음 만든 떡이다.왕하 4:42 따라서 마가는 이러한 요소들이 2:38-28에서 진술한 그 땅의 소산을 먹지 못한 굶주림과 십일조 징수 및 분배에 대한 갈등과 연결되기 때문에 이 전승을 상기시키려 했을 것이다.4장 D, 2

구약성경에 대한 세 번째 암시는 "목자 없는 양"6:34이라는 구절이다. 이것은 정치적 비판을 에피소드 속에 삽입하기 위한 것으로 보인다. 이 부분은 무엇보다도 일부 흥미로운 정치적 해석에 영감을 불러일으켰다는 점에서 보다 면밀한 고찰이 필요하다.

2. 목자 없는 양: 정치적 논증?

1960년대 초, 몬테피오레H. Montefiore는 여호수아를 암시하는 이 구절이 군사적 의미를 함축한다고 주장했다.

구약성경의 용례에 따르면, "목자 없는 양"이라는 이미지는 지도자가 없는 회중이라는 뜻이 아니라 "장군이 없는 군대, 국가적 지도자가 없는 나라"라는 뜻이다.… 마가는 아마도 민수기 27:16 이하를 염두에 두었을 것이다. 민수기에 따르면, 이 사건은 광야에서 일어나고, 백성의 출입에 대한 언급이 제시되며, 지

명받은 자의 이름은 여호수아예수이다.1962:136

몬테피오레는 여호수아 6:1-15의 현저한 평행을 통해, 이러한 장면들이 당시 광야에서 시작된 여러 가지 운동과 유사한 정치적 메시아를 추종하는 집단에 대한 역사적 설명이 될 수 있다고 생각한다. 이러한 즉흥적 모임은 음모를 위한 전략적 목적을 위한 것이며, 이 과정에서 무리는 예수를 지도자로 삼으려 했다는 것이다.앞의 책, 135 이하

그러나 대부분의 학자들은 몬테피오레의 가설을 받아들이지 않았다. 사실상 그가 구축한 주석학적 관찰은 대부분 근거가 빈약하다. 무리가 모인 방식으로부터, 떼를 지어 앉은 것은 군사적 대열을 가리킨다는 주장이나, 당시의 계절에 관한 언급 및 마가의 "오천 명"6:45, 안드레스은 군사력을 보여준다는 관찰에 이르기까지, 그의 모든 주장은 설득력이 떨어진다. 나는 몬테피오레의 역사주의적 전제도 거부하지만, 사회-문학적 차원에서도 그의 논리는 불안정하다. 예를 들면, 마가의 본문은 그의 주장을 즉시 무색하게 만든다. 즉, 예수는 무리에게 자신을 메시아로 삼으려는 계획을 버리도록 설명해야 하셨다는 것이다.

실제적 상황 하에서 예수는 자신이 과거의 여호수아와 같은 군사 지도자가 될 수 없다는 사실을 아셨다. "이에 여러 가지로 가르치시더라"막 6:34b 예수는 군중에게 왜 자신이 그들의 원하는 대로 할 수 없는지를 설명하셔야 했다. 마가는 잠시 후 유사한 상황에서 거의 동일한 구절을 비슷한 의미로 사용한다.앞의 책: 136

이 마지막 언급은 예수께서 8:31에서 베드로의 메시아적 승리주의를 거부하신 것을 가리킨다. 또한 몬테피오레는 마가가 이 이야기를 세례요한에 대

한 처형 기사 직후에 위치시킨 사실에서도 정치적 의미를 찾아낸다. 즉, 한 명의 지도자가 살해당했기 때문에 무리는 예수께서 또 한 명의 희생자가 되기 전에 조직을 구축하시기를 원했다는 것이다. 예수께서 광야에서 무리를 이끄신 사실은 헤롯이 요한을 살해한 것이 메시아적 설교의 마법 아래 조직된 무리를 두려워했기 때문이었을 것이라는 요세푸스의 주장에 영향을 주었을 것이다. 요세푸스의 이야기가 마가복음에 영향을 준 경우가 아니라면

또한 마가의 내러티브 흐름은 역사적 연대기를 반영할 의도가 없다. 요한/헤롯의 삽입은 "회상적" 기사에 해당한다.[7장 A] 따라서 이야기의 흐름에서 볼 때, 예수께서 요한의 사역을 승계하신 내용은 1:14 이하로 소급해서 기록되었어야 한다. 이런 요소들은 상징적 내러티브로부터 사건을 재구축하려는 시도에 자연스럽게 따라올 수밖에 없는 문제들이다. 요한/헤롯 에피소드와 이 본문 사이에 관계가 있다면, 그것은 두 에피소드 모두 갈릴리의 급진적인 경제적/계층 간 불평등을 진술하고 있다는 사실이다. 두 에피소드에서, 요한은 자신이 비판한 지배계층에 의해 살해당하며, 예수는 광야에서 배고픈 자들을 먹일 것을 요구하신다.

몬테피오레의 작업 가운데 설득력 있는 내용은 대부분 마가가 예수를 "조직가"로 제시했다는 사실을 확인하는 것이지만, 이는 예루살렘에 대한 군사적 공격을 위한 것이 아니라 가난한 자를 먹이시기 위해서다. 그러나 이러한 사실이 내러티브의 이데올로기를 덜 전복적인 것으로 만들지는 못한다. 사실 이곳에는 정치적 비판이 함축되어 자연스럽게 발견할 수 있다. 이것은 우리가 상호 텍스트성을 여호수아 전승에만 한정하지 않는다면 볼 수 있다. "목자 없는 양" 모티브는 선지자들이 이스라엘의 지도자를 비판할 때 사용한 표현이다. 에스겔 34장은 이 구절을 중심으로 계급 사회를 비난하는 비유를 제시한다. "나 곧 내가 살진 양과 파리한 양 사이에서 심판하리라" 겔 34:20 지배계층은 백성 전체의 번영보다 자신의 특권을 보호함으로써 목자가 아니라 맹수

가 된다.

> 자기만 먹는 이스라엘 목자들은 화 있을진저 목자들이 양 떼를 먹이는 것이 마땅하지 아니하냐 너희가 살진 양을 잡아 그 기름을 먹으며 그 털을 입되 양 떼는 먹이지 아니하는도다.…
> 다만 포악으로 그것들을 다스렸도다 목자가 없으므로 그것들이 흩어지고 흩어져서 모든 들짐승의 밥이 되었도다.겔 34:2 이하

이 모티브는 비슷한 이유로 스가랴 11-12장에 다시 나타난다.

> 사들인 자들은 그들을 잡아도 죄가 없다 하고 판 자들은 말하기를 내가 부요하게 되었은즉 여호와께 찬송하리라 하고 그들의 목자들은 그들을 불쌍히 여기지 아니하는도다.슥 11:5

확실히 광야에서 굶주린 무리를 먹이신 예수를 이 예언적 전승과 연결하는 것은 팔레스타인과 그들을 착취하는 지배계층의 정치적 경제에 대한 비판을 의미한다. 또한 앞으로 살펴보겠지만, 마가는 이 이야기의 끝부분막 14:27; 아래 12장 C, 1에서 다시 한번 스가랴의 비유에 초점을 맞춘다.

3. 이방인 무리를 먹이심: 길을 위한 양식

이방인 사역 주기의 끝부분에 제시된 무리를 먹이시는 두 번째 기사로 돌아가면, 이야기는 훨씬 간결해지고, 이제 제자/독자는 내러티브의 상징을 금방 파악할 수 있을 것처럼 생각한다. 마가는 8:1에서 곧바로 이 장면을 구축한다. 즉, 무리가 먹을 것이 없이 모였으며, 예수는 여기서도 제자들을 향하신다. 그리고 그의 말씀은 다시 한번 상호텍스트적인 이유로 중요한 의미를 갖

게 된다.

> 내가 무리를 불쌍히 여기노라 그들이 나와 함께 있은 지 이미 사흘이 지났으나 먹을 것이 없도다 만일 내가 그들을 굶겨 집으로 보내면 길에서 기진하리라 그 중에는 멀리서 온 사람들도 있느니라8:2 이하

마가는 이곳에서 시편 107편70인역, 106편에 진술된 것처럼 이방인을 여호와의 흩어진 가난한 자라는 용어로 서술한다.

> 그들이 광야 사막 길에서70인역, 엔 테 에레모 방황하며 거주할 성읍호돈길을 찾지 못하고 주리고 목이 말라 그들의 영혼이 그들 안에서 피곤하였도다.70인역, 시 106:4 이하

이곳에서 예수의 관심은 목자에 대한 배신이 아니라6:34의 유대인과 마찬가지로 "멀리서""동서남북 각 지방에서부터", 시 107:3 온 사람들에 대한 양식 문제에 초점을 맞춘다.

이곳에는 과거를 소급하는 "회상"도 나타난다. 예수는 그들을 굶겨서네스테이스, 8:3 집으로 보내시지는 않을 것이다. 이것은 첫 번째 직접적 사역에서 먹는 문제와 관련된 일련의 논쟁에 나오는 에피소드2:18-22를 상기시킨다. 그곳 본문에서 바리새인들의 제의적 금식은 제자들의 실제적 굶주림과 대조된다.2:25 이곳에서 예수의 관심사는 이방인 무리가 "길에서 기진"엔 테 호데하지 않게 하는 것이다. 이것은 마가의 제자도에 대한 메타포다.cf. 2:23에서 제자들은 이삭을 자르며 "길"을 낸다 무리 가운데 굶주림은 엄연한 현실이다. 예수는 다시 한 번 금식보다 인간의 실제적 필요를 채우는 것을 우선하신다.

이번에는 제자들의 반응8:4이 분노가 아니라 실망으로 나타난다. 이 광야

어디서즉, 지배적인 사회 질서 밖에서 굶주린 자들의 배를 채울 떡을 얻을 수 있겠느냐는 것이다. 예수는 다시 한번 가용 자원이 얼마나 되는지 알아보시고[8:5] 무리를 조직하시며 제자들에게 음식을 "나누어주게" "파라티데미" 앞에 놓게; 마가복음에서는 이곳 본문〈8:6 이하에 2차례〉과 6:41에만 나타난다 하신다. 그들은 다시 한번 "배불리" 먹으며[8:8], 예수는 그 후에 그들을 흩어 보내신다.[8:9b] 첫 번째 기사와 마찬가지로 이 기사에서도 풍성한 결과를 낳으며, 남은 음식을 거둔다. 마가는 무리의 경제적 만족과 나눔의 이데올로기에 대한 비전과 함께 상징적 세계 구축의 정점을 다시 한번 제공한다.

미주

1. II, "교훈 주기"= 아래 9장 참조.
2. 문제의 핵심은 켈버의 두 번째 "건넘/귀환"에 있다. 이방 지역으로의 여정(벳새다로, 6:45)은 사실상 지그재그 방향이다. 이 배는 서쪽 해변 어딘가에서 출발하지만 동쪽 해변에 도착하는 대신 가버나움의 아래, 북서쪽 해변가에 위치한 것으로 보이는 게네사렛에 도착한다. 켈버가 말하는 유대 지역으로의 "귀환" 여정(8:13)은 사실상 동쪽으로의 여정이다. 8:10의 항해는 동쪽(데가볼리? 7:31)에서 서쪽 해변 어딘가로 향한다. 달마누다는 미지의 장소이지만, 아마도 막달라를 가리키거나(마 15:39의 이문처럼) 디베랴의 옛 이름이 와전된 것으로 보인다.(Taylor, 1963:360 이하) 이것은 8:13이 서쪽에서 동쪽 벳새다로 향하는 여정임을 보여준다.(8:22)

   Malbon은 6:53에서 제자들이 서쪽 해변으로 되돌아갔다(광풍으로 인해?)고 주장한다. 따라서 동쪽으로 "건너가려는" 시도는 실패했으며, 벳새다라는 목적지는 나중에 8:13, 22의 두 번째 시도에서 도착한다. Malbon은 그럼에도 불구하고 Kelber의 이중적 사역 주기의 중요한 평행은 예수께서 다시 한번(5:1 이하에서처럼) 이방 영역으로 가신 7:24, 31의 "육지 여정"을 통해 보존된다고 주장한다. 따라서 Malbon이 Kelber와 다른 점은 6:53-7:23과 8:11-13이 이방 지역이 아닌 유대 땅에서 일어났다는 것뿐이다. Malbon에 의하면, 이것은 두 에피소드가 바리새인들과의 논쟁을 포함한 이유를 설명해 준다.

제7장

요한의 처형 및 첫 번째 에필로그

막 6:1-32; 7:1-23; 8:1-21

> 너희는 맹인이 되고 맹인이 되라…그러므로 모든 계시가 너희에게는 봉한 책의 말처럼 되었으니
>
> -사 29:9,11

전반부에서 마가복음의 예수는 우리에게 "삼가 바리새인들의 누룩과 헤롯의 누룩을 주의하라"8:15고 경고하신다. 이것은 우리를 구축 주기의 나머지 요소로 인도한다. 6:1-32은 우리에게 예수에 대한 고향 사람들의 배척, 전도하는 제자들에 대한 문전박대, 무엇보다도 세례요한을 처형한 헤롯의 "누룩" 등, 배척과 관련된 세 가지 이야기를 통해, 회개하라는 하나님 나라의 설교가 형성한 사회적, 정치적 반발을 상기시킨다. 바리새인들의 누룩은 정결 규례와 음식 규례에 대한 논쟁에서 드러나며, 새로운 공동체에 동참하기 위한 사회적 시도에 대한 장애물이 된다.7:1-23

끝으로, 이 에필로그는 첫 번째 구축 주기에 나타난 예수의 상징적 행위를 돌아보게 한다.8:10-21 이 에필로그의 목적은 마가가 도입한 구조적 위기에 대한 해법을 제공하는 것이 아니다. 그것은 결코 이 에피소드의 목적이 될 수 없

다. 오히려 이 에피소드의 목적은 갈등을 더욱 심화시키기 위한 것이라고 볼 수 있다. 따라서 마가는 전반부를 제자들에 대한 질문으로 마친다. 이 이야기의 마지막 "결말"에 있어서와 마찬가지로 여기서도 우리가 내러티브를 계속해서 진행할 수 있느냐 하는 것은 마가의 내러티브 상징의 구체적인 요소들을 제대로 이해했느냐의 여부에 달려 있다.

7A. 존경 받지 못하는 선지자: 두 번째 "생성적 연결고리" 6:1-13, 30-32

1. 나사렛에서의 배척: 고향에서 이방인이 되심

예수께서 야이로의 딸을 일으키신 "부활" 상징에 이어, 마가는 두 번째 생성적 연결고리를 삽입한다.4장 E 참조 첫 번째 생성적 연결고리와 마찬가지로, 이곳의 본문도 예수께서 회당에서 배척당하신 후 물러나서 제자들에게 다시 사명을 위임하시는 구조로 이루어진다. 사역과 물러나심의 패턴은 마가복음에서 제자도 사역이 처음 형성된 서두 부분에서 확립된다. 두 개의 연속된 "연결고리"는 배척으로 인해 제자도 내러티브에 의문이 제기된 상태에서 내러티브를 다시 소생시킨다.

제자도를 강화하는 기사	회당/안식일; 대결/거부	물러남과 사역
1. 1:16-20부르심	1:21-28	1:29 이하 --〉 가정
2. 3:13-19호명	3:1-6	3:7 이하 --〉 바다
3. 6:7-13파송	6:2-6	6:6b --〉 촌

이 "연결고리"가 제자/독자에게 상기시키는 것은, 명백한 실패에도 불구하고 내러티브즉, 메시아 사역는 재형성되고 계속될 수 있으며 또한 그렇게 되어야만 한다는 것이다. 이 주제는 물론 이 이야기의 끝부분에서 중요한 내용으

로 다루게 될 것이다. 우리는 그곳에서 제자도 내러티브의 명백한 총체적 붕괴 및 "회복"에 대한 약속과 마주할 것이기 때문이다.

6:1은 예수께서 고향을 방문하시는 여정과 함께 이 이야기를 재개한다. 그곳은 예수께서 안식일의 회당이라는 상징적 공간에 공적으로 등장하는 마지막 장면이 될 것이다. 6:2 많은 사람은 예수의 명성을 의심하며 그의 지혜와 "그 손으로 이루어지는 이런 권능" 6:2c, 하이 두나메이스 토이아우타이 디아 톤 케이론에 대해 의문을 제기한다. 그들에게 예수는 "마리아의 아들 목수" 테크톤, 6:3이며, 사람들은 그의 손에서 세속적인 일을 기대했다. 이곳의 지역 주민은 예수께서 가족에 대한 경제적 부양을 포기했다고 비난하는 것처럼 보인다. 3:34 이하 어머니가 과부라면, 장남에게 의존했을 것이기 때문이다. 우리는 오직 이곳에서만 예수의 직계 가족에 대한 정보를 듣는다. 예수께는 어머니와 남동생들 이름이 언급된다과 여동생들 이름이 언급되지 않는다이 있었다. "마리아의 아들, 목수"라는 구절은 텍스트상의 어려움은 있지만, 외가 쪽 혈통으로 부르는 것은 불법이기 때문에 이 부분에 대해서는 R. brown, 1977:537 이하 및 Taylor, 1963:299 참조 비방하는 말일 가능성이 있다.

이 에피소드의 요지는 예수의 명예가 자기 백성에 의해 실추되었으며 창피를 당했다는 것이다. 예수께서 쌓은 명성은 이웃을 분개하게 만들었으며 상황을 악화시켰다. 6:4 그들의 협력적 믿음이 없이는 6:6 -즉, 새로운 질서에 대해 마음을 열지 않는 한- 예수는 아무 권능 6:5, 우데미안 두나민도 행하실 수 없다. 고향 사람들은 이런 권능에 대해 의심했다. 예수께서 보이신 반응은 친척이라는 사회 구조에 대한 계획적 단절을 보여준다. 이제 예수는 자신의 사명이 고향에서는 친척들에 의해, 그리고 마침내는 가족에 의해, 배척을 받을 것이라는 사실을 아신다. 엔 테 파트리디 아우투 카이 엔 토이스 순게네우신 아우투 카이 엔 테 오이키아 아우투 예수는 자신이 지위와 혈통적 신분을 박탈당한 "존경받지 못하는 선지자"임을 아셔야 했다. 버림받은 예수는 물러나셔서 다시 한번 변두리 마을로 다니시며6:6b, 체리에겐 타스 코마스 쿠클로 순회 사역을 시작하신다.

2. 사역과 영접: 낯선 자들의 환대

3:1에서처럼 이제 예수는 공동체를 불러모으신다.6:7, 프로스칼레이타이 원래 열두 명의 공동체는 두 가지 목적 때문에 형성되었다. "이는 자기와 함께 있게 하시고 또 보내사 전도도 하며 귀신을 내쫓는 권능도 가지게 하려 하심이러라"3:14 이하 마가는 첫 번째 목적교제에 대해 진술했으며, 이제 두 번째 목적에 대해 진술한다. 메시아 사역에서 공동체의 제자 훈련은 끝났으며, 이제 공동체의 구성원은 파송을 받는다. 우리는 그들이 귀신을 쫓아내고 병자를 고치는 사역을 온전히 수행했다는 진술을 듣는다.6:13

그러나 사실상 마가는 내러티브 전략에 있어서의 전환을 시작하고 있다. 그는 이 세 번째이자 마지막 생성적 연결고리에서 세례요한에 대한 회상6:14-29을 삽입한다. 우리는 이 삽입이 예수와 제자들과 세례요한의 사역과 운명 사이에 중요한 내적 관계를 형성하는 역할을 한다는 사실을 보게 될 것이다.7장 B, 2 사실 공동체의 제자 훈련은 이제 막 시작되었을 뿐이다. 그들은 십자가의 제자도를 향한 "두 번째 부르심"을 받았으며8:27 이하; 아래, 8장 D, 이제 하나님 나라와 권력자들 사이의 충돌은 불가피하게 되었다. 이제부터 마가는 우리를 이 공동체의 내적 생활 및 갈등으로 안내할 것이며, 공동체의 인간성과 비극, 그리고 이러한 갈등을 통해 이미 동참한 자신의 사명을 이해하고 참으로 받아들일 것이라는 약속을 보여줄 것이다.

이것은 마가가 예수의 가르침에만 초점을 맞추고 사도들의 사역에 대해서는 요약적 형식으로만 제시하고6:12 이하, 30 특별한 관심을 보이지 않은 이유를 설명한다. 마가가 진술하는 선교적 삶6:8-12은 타이센의 "초기 팔레스타인 기독교의 사회학"1978을 재구성하려는 선구자적 시도에서 핵심 내용으로 다루어진다. 그는 이러한 "순회 전도자들"에 대한 서술이 원시 기독교의 실제적 삶을 반영하지 않는 한 구전 전승에서 살아남을 수 없으므로 특별한 역사적 증거를 가진다고 믿는다. 불행히도 타이센의 책은 형식비평의 여러 가지 역사적 문제점들을 노출하였으며부록 C 참조, 이 텍스트의 사회-문학적 성격을 규명하는 데에도 큰 도움이 되지 않는다. 예수의 명령파렌게일렌 아우토이스이 이 사역에만 한정된다는 암시는 없다. 그것은 "길을 위한"에이스 호돈 "여행을 위하여" 명령이다. 즉, 제자도의 삶의 전형이라는 것이다.6:8 본문은 일부 제자들의 영웅적 금욕주의를 보여주려는 것이 아니라이것은 예를 들면 금식에 대한 예수의 상반된 감정과 배치된다 제자들이 전적으로 영접에만 의존해야 함을 강조한다. 사도이 호칭은 6:30에서 사역을 마치고 돌아온 제자들에게 유일하게 사용된다에게 여행을 위한 도구지팡이와 신는 허락되지만, 양식떡, 전대나 돈, 여분의 옷은 허락되지 않는다. 바꾸어 말하면, 지금 막 고향에서 배척당하신 예수처럼 그 땅에서 나그네로 살아야 한다는 것이다. 우리는 마가의 제자도를 나타내는 "신만 신고"라는 메타포가 마태복음그것을 금한다, 마 10:10과 누가복음신에 대한 언급이 나타나지 않는다, 눅 9:3에는 누락된 사실에 주목해야 한다.

환영의 초점은 집6:10, 에이스 오이키안이다. 내러티브 장소로서 집의 사회-문학적 중요성은 앞서 언급한 바 있다.4장 B, 4 사도들은 "그곳을 떠나기까지 거기 유하라"는 명령을 받는다. 이것은 지역 중심적 선교 전략을 보여준다. 그러나 예수는 일부 지역은 사도들을 "영접하지 아니하고 말을 듣지도 아니 할 것"이라고 말씀하신다.6:11, 메 덱세타이 휘마스 메데 아쿠소신 휘몬 발 아래 먼지를 떨어버리는 상징적 행위는 이러한 장소들에 대한 "증거"가 된다. 이것은 마가가 이 사역을 반대하는 대적을 묘사하기 위해 사용하는 전문용어다. 마가는 영접의 소명을 매우 중요하게 생각한다. 영접하지 않는 집은 다음에도 찾지 않을 것이다.

이러한 교훈은 초기의 이 운동이 실제적인 사회적 전략으로써 사역과 여정을 위한 '안전한 집들'로 구성된 네트워크를 교외에 확보하고자 했다는 추측을 가능하게 한다. 실제적인 사역이 어찌 되었든, 이러한 비폭력적 사역 추진에 대한 명령과 다른 전복적 운동의 전통적인 전략 사이에 유사성과 차이점이 나타난다는 것은 흥미로운 일이다. 예를 들면, 예수의 제자들은 오늘날의 게릴라전에서와 마찬가지로 지역민들이 자신들을 영접할 것인지 아닌지를 분별하기 위해, 그들의 사회적, 정치적 인식에 대해 민감해야만 한다. 그러나 "먹고 달려야 하는" 게릴라전과 달리 그리스도인 전도자들은 은신할 필요가 없다. 그들은 자신을 영접하는 곳에서 지내야 한다. 또한 군사적 활동은 필요한 것을 무력으로 얻지만, 예수는 아무리 필요한 상황이라도 상대가 거부하면 보복하지 못하게 금지하신다. 이것은 전도자를 오직 상대방의 영접에만 의존하게 하며, 자신의 관점을 무력으로 강요하는 것을 금한다.

7B. 존경 받지 못하는 선지자: 헤롯의 "누룩"6:14-29

1. 왕궁에서의 살인: 정치적 패러디로서 요한의 죽음

이 단원에서 마가는 "헤롯의 누룩"8:15이 가지고 있는 위험성에 대해 정확하게 진술하고 있다. 그럼에도 불구하고 이러한 마가의 진지한 충고를 제대로 이해하는 주석가는 별로 많지 않다. 헤롯에 의한 세례요한의 죽음에 대한 기사의 삽입은 갑작스럽다. 마가는 사도들의 사역에 대한 요약6:12 이하이 끝난 후 진부한 장면 전환을 제시하며, 우리는 여기서 갑자기 갈릴리의 왕이 예수와 그의 사역에 대해 알고 있다는 말을 듣는다.6:14a 이어서 "어떤 이는…하고 어떤 이는…하되"카이 엘레곤…알로이 데 엘레곤...라는 구절을 통해 예수에 대한 대중의 인식을 요약해서 보여준다. 이어서 세례요한과 헤롯에 대한 기사가 제시된다.

먼저 이 지엽적 내러티브에 대해, 본문 자체에 나타난 용어를 통해 살펴보자. 많은 주석가는 헤롯즉, 주전 4년-주후 39년, 갈릴리와 베레아의 분봉왕 헤롯 안티파스이 세례요한을 죽인 이유에 대한 마가의 버전이 유대 역사가 요세푸스의 기사 Rivkin, 1983와 현격한 대조를 보인다는 사실에 주목한다. 요세푸스는 요한이 구체적인 정치적 사유로 제거되었다고 주장한다.

> 헤롯은 요한이 유대인에게 의로운 삶을 살며 이웃에게 공의를 베풀고 하나님을 경외하라고 촉구하며 세례를 받으라고 주장한 선한 인물이었음에도 불구하고 그를 처형했다.… 다른 사람들이 요한의 말을 듣고 그의 주변에 모여들자 헤롯은 매우 놀랐다. 그는 많은 백성에게 큰 영향을 미친 요한의 달변을 일종의 선동으로 생각했다. 그들은 모든 행동에서 요한의 가르침을 받는 것처럼 보였기 때문이다. 따라서 헤롯은 그의 사역이 봉기로 이어져 사회가 걷잡을 수 없는 대혼란의 상황에 이를 때까지 기다리기보다 먼저 그를 제거하는 것이 낫다고 판단했다.Ant., XVIII,v,2

따라서 많은 사람은 헤롯의 우유부단함과 동생의 아내를 취한 도덕적 문제와 함께, 마가의 기사를 종교적 전설일 뿐이라고 생각했다.

그러나 우리는 마가의 내러티브가 다큐멘터리가 아니라 이데올로기적 내러티브라는 사실을 상기해야 한다. 본문에는 요한이 헤롯을 책망한 장면의 정확한 역사적 성격이 나타나지 않는다.6:17 이하; 테일러는 이 문제에 대한 요약을 제시한다. 1963:310 이하 그러나 그렇다고 해도 요한의 책망은 두 가지 면에서 정치적이었을 것이다. 첫째로, 우리는 왕궁 내에서 근친결혼은 왕조의 형성 및 강화에 중요한 정치적 문제였다는 사실을 기억해야 한다. 호슬리와 핸슨은 이 문제에 대해 다음과 같이 설명한다.

> 아라비아의 공주와 안티파스의 첫 번째 결혼은 사실상 당시 가장 강력한 고대 근동 국가 중 하나인 나바테아의 왕 아레타스 4세와의 외교적 동맹을 위한 것

이었다. 나바테아는 로마제국의 동쪽 측면을 지키던 안티파스의 영역을 쉽게 공격할 수 있는 위치에 있었다. 안티파스의 두 번째 결혼 및 나바테아 공주의 도피로 국제적 위기가 잠재된 상황에서 유명한 선지자의 책망은 안티파스에게 큰 위협이 되었을 것이다. 요한의 설교가 베레아트랜스요르단의 유대 주민을 자극하여 아랍인과 공동 행동에 나서게 하거나 아레타스가 자신의 딸을 버린 안티파스에게 복수하기 위해 군대를 보낼 가능성은 충분했다.1985:180 이하

아이러니하게도, 안티파스는 실제로 아레타스에게 멸망당한다. 많은 유대인은 이것을 안티파스가 선지자 요한을 처형한 것에 대한 심판으로 해석한다.

둘째로, 당시 팔레스타인의 새로운 식민지 안에서 정치적 권위와 유대 율법의 관계에 대한 문제 역시 폭발 직전에 있었다. 헤롯 왕조의 유대 왕들은 자신에게 정치적으로 유리한 경우에만 토라의 요구를 따랐다. 여기서 요한은 당시 유대의 민족주의 저항 세력과 마찬가지로, 율법을 인정할 때만 유대 백성에 대한 지배가 정당화될 수 있다는 생각을 가지고 있었다. 이러한 갈등은 유대의 배타주의와 헤롯의 헬라적 편의주의 사이에 긴장을 가져왔다. 이 문제는 계속해서 식민지 협정의 걸림돌이 되었으며, 결국 로마가 팔레스타인을 직접적으로 통치하게 만든 배경으로 작용했다.

헤롯 궁정의 음모에 대한 묘사는 이 에피소드에 더욱 큰 신랄함을 더하며, 생일잔치6:21-28는 갈릴리 지배계층에게 살인을 실행할 기회를 제공한다. 셔윈-화이트Sherwin-White의 말을 빌리면, 생일 잔치에 초대받은 자들의 명부6:21는 "강력한 로마의 지배하에 있는 유대 분봉왕의 왕궁 및 제도"를 잘 보여준다.1963:137

1. 대신들토이스 메기스타신

2. 천부장들토이스 킬리아르코이스

3. 갈릴리의 귀인들토이스 프로토이스 테스 갈릴라이아스

마가는 행정부와 군대와 상업적 이해관계자가 밀접한 관계를 맺고 있던 핵심 권력층의 모습을 정확히 서술한다.

그러나 이 모든 권력층 남자들 가운데서 세례요한의 운명을 결정하는 자는 춤을 추고 있는 여자다! 이 이야기의 중심에는 헤롯이 딸에게 한 "맹세"가 자리 잡고 있다. 이 맹세는 극적 강조를 위해 두 차례나 언급된다.6:22 이하 바라바나 무리의 요구에 대한 픽션이 빌라도에게 예수를 죽인 책임을 면제해주기 위한 시도가 아닌 것처럼, 이곳의 픽션 또한 헤롯에게 요한의 처형에 대한 책임을 면제해주기 위한 시도가 아니다.12장 D, 1, 2 맹세가 초래한 딜레마는 왕궁의 체면을 위해 인간의 목숨을 거래하는 상류층의 수치스러운 의사결정에 대한 패러디다. 헤롯은 자신이 술에 취해 내뱉은 맹세를 위해 선지자의 "머리"그의 명예를 상징한다를 거래한다.

세례요한의 처형에 대한 마가의 기사는 결코 비정치적일 수 없다. 가장 통렬한 갈릴리 농부의 손에서 이보다 더 신랄하고 냉소적인 사회적 풍자화는 나올 수 없을 것이다. 이 이야기는 나단과 다윗의 이야기와, 에스더와 아하수에로의 이야기를 결합한 것이다. 무엇보다도 이 이야기는 유대인과 로마 권력이 결탁하여 인자를 재판하고 처형한 사건에 대한 마가의 탁월한 정치적 패러디를 위한 길을 준비한다.

2. 요한의 계승자로서 예수: 하나님 나라 사역의 정치적 운명

이 회상 장면을 사도들의 사역 기사에 삽입한 것이 광범위한 내러티브 속에서 어떤 역할을 하는지에 대해 살펴볼 필요가 있다. 열쇠는 두 기사 사이의 "전환구", 즉 6:14-16에 제시된 예수는 누구신가에 대한 오랜 논쟁에서 찾을 수 있다. 이 논쟁은 이 이야기의 틀과 관련해서 볼 때, 회상적인 동시에 예기적이다. 한편으로, 헤롯이 예수를 부활한 세례요한으로 생각했다는 사실16절

은 세례요한의 처형에 관한 기사를 매끄러운 방식으로 도입한다. 이제 이 기사는 앞서 제시한 요한의 체포1:14에 대한 간략한 언급을 마무리하는 동시에, 예수를 죽이려는 음모에 대한 마무리되지 않은 암시3:6에 대해 새롭고 예기적인 의미를 제공한다. 다른 한편으로, 예수는 누구신가라는 논쟁은 이 이야기의 핵심부8:27 이하에서 예수께서 자신의 죽음을 내다보시는 장면의 서론으로 다시 제시될 것이다.

두 논쟁에서 예수가 누구신가에 대한 세 가지의 지배적인 의견이 제시되며, 각각 예수의 사명에 대한 다른 정치적 해석이 적용된다. 세 가지 진술 가운데 마지막은 "선지자 중의 하나"호스 에이스 톤 프로페톤다른 선지자와 같은 자라는 것이다. 이 표현은 70인역 사사기 16:7, 11에서 가져온 것으로 보인다. 이 본문에서 삼손은 자신의 놀라운 힘이 사라지고 "다른 사람과 같으리라"고 말한다. 이것이 사실이라면 예수는 "존경 받지 못하는 선지자"로 드러났기 때문에6:4 위협이 되지 않는다. 그러나 종말론적 엘리야는 전혀 다른 문제이다. 예수가 엘리야라면 하나님의 심판이 임박했음을 의미하기 때문이다. 그러나 헤롯에 관한 한 최악의 상황은 예수가 "내가 목 벤 요한"인 경우다. 요한즉, 요한의 사역이 다시 살아났다면, 처형으로 상징되는 헤롯의 권력은 무너지게 될 것이다.

마가는 이곳에서 예수/요한/엘리야 사이의 구분선을 의도적으로 흐리고 있다. 한편으로 우리는 1:7 이하를 통해 예수는 요한이 아니라 그보다 "능력 많으신" 분이라는 사실을 알고 있으며, 그가 사실상 종말론적 엘리야라는 진술을 곧 듣게 될 것이다.9:11-13 따라서 예수가 요한일 것이라는 헤롯의 생각은 잘못된 것이다. 그러나 전적으로 틀린 것은 아니다. 요한은 회개를 외친 것특히 헤롯에게 때문에 처형을 당했으며, 예수도 요한이 잡힌 후1:14 이하 사실상 그의 사상과 메시지를 전하고 있다. 더구나 체포와 감금6:17, 처형6:27, 장사6:29, 부활에 대한 암시6:14 등 국가의 손에 달린 요한의 운명에 대한 마가의 서술은 예수의 운명을 미리 보여주고 있다.

예수와 요한을 동일시한 것은 회개와 새로운 질서를 선포한 자들의 정치적 운명은 언제나 동일하다는 것을 보여준다. 이제 우리는 왜 요한의 이야기가 사도들의 사역 기사에 삽입되었는지 이해할 수 있다. 즉, 이러한 사역을 계승하는 한, 그들의 운명도 함께 물려받게 된다는 것이다. 이러한 사실은 8:34에 처음으로 명백히 진술되며 13:9-11에서도 다시 한번 제시되지만, 이미 이곳에서 마지막 생성적 연결고리의 삽입 구조를 통해 암시된다. 따라서 우리는 나중에 예수께서 이곳에 암시된 성경적 급진주의를 명백히 진술하실 때도 12:1 이하 전혀 놀라지 않는다.

7C. 차별의 구조: 바리새인들의 "누룩"6:53-7:23

광야에서 무리를 먹이신 첫 번째 기사6:33-44 및 두 번째 주요 바다 여정 6:45-53 이후 즉시, 예수의 광범위한 "게네사렛" 사역에 대한 요약적 진술6:54-56을 듣는다. 이 장소가 갈릴리 동쪽 해변일 것이라는 추측에도 불구하고 켈버는 이곳을 1:32 이하에 상응하는 이방인 지역으로 본다. 어쨌든, 이 요약적 진술은 예수의 치유 사역이 마을의 시장엔 타이스 아고라이스, 도시나 지방 등 이 지역의 모든 사회적 영역으로 확장되었음을 보여주기에 충분하다.6:56 앞서 5:27-30에서 이러한 모티브를 정립한 마가는 이제 고통을 당하고 있는 자들이 예수의 옷가에라도 손을 내면 병이 나았다고 진술한다. 이 요약 뒤에는 이 주기에서 대립적 내용의 단원이 이어진다. 이 논쟁적 에피소드의 장소가 유대 지역인지Malbon 이방 지역인지Kelber는 중요하지 않다.6장 A, 1 본문의 초점은 공동체를 가로막는 장애물에 맞추어져 있기 때문이다.

1. 배타적 식탁 교제에 대한 공격: 바리새인의 관습

3:22 이하의 강한 자 비유 이후, 예수에 대한 공식적 반대에 관한 직접적 진술은 나타나지 않는다. 따라서 마침내 갈등이 분출될 때, 그곳의 에피소드를 떠 올리는 것은 그리 놀라운 일이 아니다. 우리는 7:1에서 다시 한번 "서기관 중 몇이 예루살렘에서 와서"라는 구절을 만나게 되며, 3:23에서와 마찬가지로 여기서도 마가는 상황과 논쟁을 통해 예수의 가르침을 다시 한번 비유 형식으로 제시한다.[7:17]

이 에피소드는 2:15 이하에서 시작된 바리새파 운동에 대한 마가의 논박을 재개하며, 식탁 교제의 특권을 규정한 정결 규례와 관련된 문제를 다룬다. 적어도 공동체의 포용적 식탁 습관[에스디오]에 대한 바리새인들의 비난이나 바리새인과 서기관이 한 편이 되어 반대한다는, 이 두 가지 요소는 확실히 2:15 이하와 7:1 이하를 이어준다. 이곳의 이슈는 제의적 정결과 음식 규례를 통해 그룹의 영역을 엄격하게 유지하는 것이다.[2장 E, 3] 바리새인들은 정결 규례를 백성의 인종적, 국가적 정체성에 근본적인 요소라고 생각하여 이를 지켜내려고 한다. 예수는 그들의 이데올로기적 기초에 대한 공격을 통해 이러한 배타적 규정을 허물어뜨리신다.

마가의 구조는 다시 한번 해석의 열쇠를 제공한다. 이 논쟁은 세 가지 차원에서 접근할 수 있다.

1. 이 갈등은 바리새인의 손을 씻는 전통과 관련된 짧은 보충설명으로 출발한다.[7:1-5]
2. 예수는 정결 규례 자체가 아니라 바리새인들의 구전에 대한 공격으로 시작하신다.[7:6-13]
3. 예수는 정결 규례의 음식에 관한 규정을 거부하심으로써 원래의 질문으로 돌아온다.[7:14-23]

따라서 첫 번째 요소와 세 번째 요소는 연결되며, 두 요소는 각자의 주제를 반복한다. 즉, 첫 번째 요소는 바리새인들의 반대를 반복하고, 세 번째 요소는 예수의 반박을 반복한다.

1. 7:2 "그의 제자 중 몇 사람이 부정한 손 곧 씻지 아니한 손으로 떡 먹는 것을 보았더라"
2. 7:5 "어찌하여 당신의 제자들은 장로들의 전통을 준행하지 아니하고 부정한 손으로 떡을 먹나이까"
3. 7:16 "사람 안에서 나오는 것이 사람을 더럽게 하는 것이니라."
   7:23 "이 모든 악한 것이 다 속에서 나와서 사람을 더럽게 하느니라."

이러한 구조는 교육학적이며, 문제와 해법을 함께 제시하는 동시에, 중간 부분두 번째 요소을 구별한다. 예수는 이 중간 부분2에서 "장로들의 전통"7:3,5에서 도입된다을 공격함으로써 더욱 심각한 문제, 즉 이데올로기를 정당화하는 문제를 드러내신다. 따라서 나는 먼저 1과 3을 다룬 후 2에 대해 살펴볼 것이다.

이 갈등은 7:1 이하에서 처음 제시된 후, 독자를 위한 설명으로 이어진다.7:3 이하 마가는 식탁에 앉기 전에 깨끗이 씻는 제의적 규례의 세 가지 요소를 제시한다. 그는 이것을 유대인의 보편적인 관습으로 본다.카이 판테스 호이 유다이오이"모든 유대인들"

a. 손을 씻음

b. 시장에서 가져온 음식을 깨끗하게 함

c. 식기를 씻음

실제로 이처럼 엄격한 전통은 극단적 바리새인 분파인 하베림haverim과 제사장들만 지킨 것으로 보인다. 부스Booth는 이곳의 하베림이 2:18 이하와 마찬가지로 자신들의 "특권적"신앙이 진정한 거룩함에 부합한다는 주장으로 마가 공동체를 공격하고 있다고 말한다.1986:130 이하 그러나 마가의 일반화는

모든 유대인이 특권층의 정결 개념에 사로잡혀 있다는 뜻을 함축하고 있다.[1)]

특별히 관심을 모으는 부분은 마가가 6:56에서 언급한 "시장"아고라이다. 이 내러티브 공간은 물론 경제적 영역을 나타내며, 마가는 나중에 이곳을 가난한 자를 억압하는 서기관의 가식적인 경건을 드러내는 장소로 언급한다.12:38 이하 음식물에 "물을 뿌리는"란티손타이 전통은 생산 과정의 특정 단계에서 부정해졌을지도 모르는위생과는 무관하다 농산물의 소비유통를 막으려는 바리새인들의 염려에 대한 언급으로 보인다. 부정은 다음 두 가지 방식 가운데 하나를 통해 전이될 수 있다. 즉, 농부가 안식일 규례나 다른 규례를 위반하고 씨를 뿌리거나 수확하는 행위나, 또는 정확한 십일조를 구분하는 과정을 거치지 않은 열매는 부정해진다. 우리는 앞서4장 D, 2 생산과 분배에 대한 바리새인의 지배가 갈릴리 농부에게 매우 민감한 문제임을 살펴보았다.

우리는 여기서 마가가 2:16에서와 달리 제자들이 떡아르투스을 먹었다는 사실을 두 차례나 강조한다는 사실에 주목할 필요가 있다. 이것은 특히 광야에서 유대인을 먹이신 사건6:37 이하과 제자들이 예수의 말을 오해한 사건6:52과 관련하여, 이곳에서 핵심적 모티브로 부각된다. 이곳에서 마가는 광야에서 이방인을 먹이는 사역에 관한 내러티브를 준비한다. 이 주제는 앞서 살펴본 대로, 이어지는 수로보니게 여자에 대한 기사7:24 이하에서도 계속된다. 바리새인들이 "씻지 않은 손"을 반대한 것은 제자들이 앞서 "이방인과 함께 먹으며 부정한 음식을 나누었기 때문에" 이미 부정해졌다는 사실을 암시하는 것일 수 있다.Booth, 1986:120 이하 이것은 6:14 이하에서 마가가 음식 규례와 관련된 특정 이슈로 돌아간다는 사실을 통해 확인된다. 비유를 통한 가르침은 첫 번째 설교를 상기시키는 방식으로 도입된다. 예수는 무리를 부르시고프로스칼레사메노스7:14 = 3:23, "내 말을 듣고 깨달으라"고 말씀하시며7:15 = 4:2 이하, 12, 끝으로 제자들에게 은밀히 비유를 설명하신다.7:17 = 4:10-13b

이 비유 자체7:15는 "안/밖"의 대조를 통한 언어유희에 해당한다. "무엇이든지 밖에서 사람에게로 들어가는 것은 능히 사람을 더럽게 하지 못하되 사람 안에서 나오는 것이 사람을 더럽게 하는 것이니라."

이어지는 설명은 산만한 중복적 형식으로 제시된다.

a. "무엇이든지 밖에서 들어가는 것이 능히 사람을 더럽게 하지 못함을 알지 못하느냐 이는 마음으로 들어가지 아니하고..."7:18 이하

b. "속에서 곧 사람의 마음에서 나오는 것은 악한 생각… 이 모든 악한 것이 다 속에서 나와서 사람을 더럽게 하느니라"7:21-23

이러한 중복은 7:19b에 제시된 마가의 삽입구적 언급 및 7:22에 제시된 소위 악의 목록의 틀을 형성한다.

모든 음식물을 "깨끗하다 하시니라"카타리존는 "해석에 대한 해석"으로 부상한다. 여기서 마가는 예수께서 1:41 이하에서 나병환자에게 "깨끗함을 받으라"고 선언하심으로 시작하신 정결법에 대한 공격을 절정으로 끌어올린다. 부스Booth는 음식물은 배설물로 빠져나가기 때문에 사람을 더럽게 할 수 없다는 "의학적" 주장은 팔레스타인적이라기보다 헬라적이라는 사실을 지적한다. 왜냐하면 정결은 신체적인 문제가 아니라 상징적인 문제이기 때문이다. 이것은 마가가 이 에피소드를 특히 이방인 청중을 위해 진술하고 있다면 설명이 된다. 정확히 말하면, 마가가 의학적 주장을 인정한 것은 상징적 질서가 정결의 정의를 규정하는 것을 거부하기 때문이다.

그의 이데올로기적 대안은 이러한 사실을 확인해 준다. 마가는 7:19에서 정결/부정의 진정한 "좌소座所"가 어딘지를 보여준다. 즉, 그것은 "몸"이 아니라 "마음"이라는 것이다. 내적 성향은 외적 제의보다 훨씬 엄격한 검증이 이루어진다."마음"은 유대 인간학에서 인격의 도덕적 좌소다 원래 정결 규례의 여러 요소 및 음식 규례는 공동체의 신분 유지를 위해 제정되었으나, 이제 이 공동체 영역은 악의 목록이 보여주듯이 본질상 도덕적인 용어로 새로운 경계선을 긋

는다. 이 목록은 "공식적으로 십계명에 기초한다."Neyrey, 1986:120 이것은 원시 기독교 교리문답으로부터 나온 전통적 자료를 반영한 것으로써, 형식비평가들에게 바울서신고전 6:9-11; 갈 5:19-21; 롬 1:29-31 및 신약성경 다른 곳에 기록된 권면골 3:5,8; 이 부분에 대해서는 Taylor, 1963:345 이하 및 Dodd, 1968:11 이하를 참조하라과의 흥미로운 연결고리를 제시한다.

그러나 마가복음의 리스트는 정치적 색채도 띤다. 이곳의 "악"가운데 세 가지도둑질, 살인, 간음는 이스라엘에 대한 호세아의 책망에 나타난다.호 4:2, 70인역 더구나 이 목록은 마가가 다른 곳에서 예수의 대적에게 적용했던, 권력자의 핵심적인 죄에 초점을 맞춘다.

a. 살인 = 15:7에서 바라바의 죄로 언급된다.

b. 도둑질, 속임 = 14:1에서 대제사장과 서기관의 계획적인 은밀한 행위에 대한 서술에 언급된다."흉계"

c. 비방 = 3:28에서 서기관에 대한 예수의 책망 및 14:64에서 예수에 대한 대제사장의 고소에 사용된다.

이러한 것들은 "마음에서 나오는 악한 생각"7:21에 해당한다. 이 구절은 정확히 예수와의 첫 번째 공식적인 충돌에서 서기관에 대해 두 차례 사용된다.2:6, 8 이 가르침을 통해 정결 규례는 윤리화 및 보편화 되며, 사회적 차별에 대한 정당화는 무산된다.

2. 구전에 대한 공격: 바리새인의 이데올로기

정결 규례에 대한 마가의 공격에는 바리새인들의 권위를 완전히 실추시키는 맹렬한 반격7:6-13이 포함된다. 비판의 대상이 된 이슈는 바리새인들의 구전 또는 할라카이다.

> 바리새인들은 다른 그룹과 마찬가지로 기록된 토라를 해석하는 일을 한다.…

그러나 전승에 대한 특별한 권위를 주장하고 자신들의 고유의 권위로 확장함으로써 자신을 다른 그룹과 구별한다. 그들은 일련의 전승을 시내산에서 토라를 주신 시점으로 소급하며 원래적 계시에 대한 권위 있는 해석의 권리를 주장한다. 그들은 기록된 율법과 구전 율법이 시내산에서 함께 계시되었다는 신화를 주장함으로써 그렇게 한다.… 이와 같은 권위에 대한 주장은 그들을 합법적 권위를 주장하는 다른 그룹들-제사장과 그들의 조력자 및 사두개인 등-과 암묵적 경쟁 관계에 놓이게 했다. 그들이 구전 율법 문제에 대해 충돌했을 것이라는 가정은 합리적이며, 요세푸스의 글과 랍비 문학에는 이러한 가정을 뒷받침할 만한 증거가 있다. 확실히 이 문제는 논쟁의 결과에 따라 유대 팔레스타인의 구원의 수단에 대한 지배권을 가진 자가 누구인지를 결정한다는 점에서 논의할 만한 가치가 있다. Isenberg, 1973:32

따라서 할라카가 모세의 율법을 폐지했다는 마가의 비판은 충분한 논거를 가지고 있으며, 마가만 그런 주장을 한 것도 아니다.

예수의 공격은 이중적이다. 예수는 이사야 29:13에 대한 인용 70인역에 대한 약간의 수정과 함께 으로 시작하신다. 이 구절은 "사람의 계명으로 가르침"을 구체적으로 거부할 뿐만 아니라 7:19의 예수의 가르침에 비추어 볼 때 바리새인들의 "마음"이 하나님에게서 떠나 있다는 사실을 반복해서 언급한다. 7:6 이하; cf. 3:4 마가가 유대 지도자에 대한 비난에 선지자를 인용한 것은 비난의 강도를 더욱 격렬하게 만든다. 왜냐하면 이 구절은 이사야가 앞서 마가가 끌어낸 두 가지 주제를 확장한 신탁의 한 부분이기 때문이다. 첫째는 지도자가 맹인이라는 것이다. 사 29:9; cf. 막 4:12 둘째는 그들이 하나님의 글을 "읽지" 못한다는 것이다. 사 29:11 이하; cf. 막 2:25; 12:10,26 마가는 서기관과 구전 사이의 대조를 반복적으로 진술함으로써 자신의 비판을 충분히 납득시킨다.

1. 7:8 "너희가 하나님의 계명 텐 엔톨렌 투 데우 은 버리고 사람의 전통 텐 파라도신 톤 안

드로폰을 지키느니라."

2. 7:9 "너희가 너희 전통을 지키려고 하나님의 계명을 잘 저버리는도다"

3. 7:10 이하 "모세는… 하였거늘 너희는 이르되"

공격의 두 번째 부분은 예수께서 자신의 반론을 조명하기 위해 선택한 사례에 나타난다. 이것은 얼핏 보기에는 주제와 무관한 것처럼 보이지만, 의도적인 것이다.7:10-13 고르반의 서원은 토지나 재산을 성전에 바치거나 "유언으로 남기는" 관습과 관련이 있다. 이 서원을 하면 개인의 소유는 성전 금고에 귀속되며, 개인이 계속해서 소유하고 있을지라도 실제로는 사용할 수 없다.요세푸스, War, II,ix,4 참조 그러나 예수는 이 "서원"이 "저주"가 되는 상황을 묘사한다. 바로 토라에 따라 부모에 대한 경제적 책임을 다해야 할 의무출 20:12; 21:17; 레 20:9; 신 5:16를 위반하는 경우다. 다음과 같은 고르반의 서원은 이 의무를 저버리는 것이다.

고르반의 서원을 한 아들은 부모를 부양하거나 다른 여러 가지 의무, 예를 들어 부모가 종교적 의무를 수행하도록 돕거나 병들었을 때 보살피는 의무에서 해방된다. 또한 이 경우에는 영리적 거래까지 금지된다.

데렛은 다음과 같이 진술한다.

예수의 말씀의 근원에는 확실히 사회적 요소가 존재한다. 오늘날과 마찬가지로 고대 동양 사회는 남편과 아내, 부모와 자식, 형제와 형제의 상호 결속 위에 세워졌다.… 이 서원은 부양해야 할 부모의 요구를 거부하고, 성경적 부양 의무마저 무용지물로 만들어 파기했다. "공경"은 특히 "그가 가난한 때"에도 유지되어야 하며, "모욕"은 학대하거나 덜 공경한다는 뜻이다. 본문에 나오는 이 아들은 균형을 잃었으며, 그의 서원은 외견상 경건한 것처럼 보이지만 부모를 "학

대"하고 있는 것이 분명하다.1970:365 이하

공동체 안에서 이러한 재정적 도편추방financial ostracism 및 그로 인해 경제적으로 방임상태에 놓인 노인들의 가난은 사실상 하나님의 뜻을 폐기하는 것이었다. 마가가 덧붙인 "또 이같은 일을 많이 행하느니라"7:13c라는 구절은 이어질 바리새인들과의 논쟁 -가정에서의 공의에 대한 이슈를 다룬다.10:1 이하- 을 예고한다.

마가가 고르반에 대한 바리새인의 입장을 부당하게 묘사한다는 반론도 있다. 이 관습은 역사적으로 불분명한 요소가 많다는 것이다. 일부 랍비 자료에 따르면 바리새인들은 상호 가치관이 상호 대립할 경우, 서원의 채무에서 풀어주기도 했음을 보여준다. 그러나 이 증거는 성전중앙집중적 금융 기관이 함락된 이후의 상황에서 나온 것이다. 어쨌든 우리는 다시 한번 대적에 대한 마가의 서술이 풍자적이며, 논박적 내러티브에서 공평한 진술은 기대하기 어렵다는 사실을 기억할 필요가 있다. 그러나 마가는 이곳에서 특별한 이데올로기적 목적을 가지고 있다.

고르반에 대한 호소는 바리새인과 서기관의 결속을 강화한다.7:1 성전 금고일부 문학에서는 "코르바나스"로 불린다는 수입의 상당 부분을 유언과 서원에 의존한다. 이야기 후반부에서 예수는 이 성전 금고"헌금함"와 마주하시며12:37-44, 겉으로 경건한 척하면서 경제적 착취를 일삼는 서기관 부류장로들과 함께를 책망하신다. 따라서 바리새인은 사실상 여러 면에서 서기관 지도자와 대립하는 관계임에도 불구하고, 마가는 전자가 성전을 유대교의 상징으로 고수하는 만큼 후자와 결탁하여 가난한 자를 억압하는 정치적 경제를 주도했다고 책망한다. 마가는 지역의 바리새인들은 예루살렘 당국의 하수인에 불과하다고 주장함으로써, 그들에 대한 갈릴리 청중의 신뢰를 무너뜨렸다.

서기관/성직자 계급에 대한 암시적 비판은 또 하나의 목적에도 기여한다.

즉, 이 비판은 전혀 다른 이유로 바리새인 할라카를 비난하는 무리로부터 마가를 구별하는 역할을 한다. 예를 들어 사두개인은 토라에 대해, 이센버그Isenberg가 말한 "엄격한 해석자"의 입장에서 접근하지만, 이것은 사실상 자기들이 지배하고 있는 구원의 수단에 다른 그룹이 끼어들지 못하게 막기 위해서일 뿐이다.1973:34 즉, 마가의 토라 "보수주의"는 사두개인이 그 속에서 특권을 유지하려고 하는 성직자 제도를 무너뜨린다.

마가는 식탁 교제와 고르반에 대한 비판에 함축된 성전의 정치적 경제에 대한 이슈를 하나로 결합함으로써, 자신이 인식한 상징적 제도의 핵심 기반인 압제 이데올로기의 실상을 보여준다. 이 이야기는 제의적 정결 규례에 의해 배제되어야 할 이방인과 융화하려는 공동체의 실천을 정당화할 뿐만 아니라 가난한 유대인에게 그들의 인종적/국가적 정체성을 "보호"한다는 정결 규례가 사실은 그들을 착취하는 제도라는 사실을 인식하도록 설득한다. 지배적 그룹의 영역에 대해 마가는 착취를 금하고 사회적 약자의 복지를 보장하는 성경 전승의 근본적 요구를 고수하는 새로운 도덕적 공동체의 대항 비전을 대안으로 제시한다.

7D. 예수의 상징 해석: 첫 번째 에필로그8:10-21

우리는 마침내 마가복음의 전반부를 끝맺는 에필로그를 형성하는 세 개의 짧은 논쟁에 이르렀다. 광야에서 굶주린 사천 명을 먹이심으로써8:1-10 이방인 사역 주기를 마친 예수와 제자들은 마지막 배 여정을 위해 떠난다. 마가는 "떡"에 대한 마지막 대화를 통해 제자들이 예수께서 구축하고 계신 새로운 질서에 대한 깨달음이 부족하다는 주제로 돌아와, 그들의 우둔함을 더욱 부각시킨다. 이 에필로그의 목적은 파울러Fowler가 말한 "신뢰할 수 있는 주석"을 통해, 독자/제자에게 이전 내러티브에서 보여준 예수의 상징적 행위의 의미를 이해하는 데 필요한 해석학적 열쇠를 제공한다.

1. 하늘의 표적은 없다: 정치적 주석

마지막 배 여정은 두 단계로 진행된다. 첫 번째 단계는 "달마누다"로 향한 여정이다.[8:10] 마가의 수사학적 지표들에 따르면, 이것은 "맞은편"으로의 여정이 아니다.[켈버] 그러나 달마누다가 디베랴에서 가까운 서쪽 해변으로 확인된다면, 이 여정은 데가볼리에서 유대 영역으로의 갑작스러운 귀환을 의미하며, 여정의 목적은 바리새인들과의 마지막 대결 때문이었을 것이다.[말본] 어느 쪽이든, 대부분의 주석가는 8:11 이하를 독단적이고 갑작스러운 삽입이라고 생각한다. 그러나 나는 마가가 해석학적 에필로그의 한 부분으로 받아들이기를 바라는 마음에서 의도적으로 이 본문을 마지막 배 여정 내러티브 속에 삽입했다고 생각한다. 그렇다면 이 기사는 어떤 단서를 제공하는가?

마가는 2:16부터 예수를 반대하는 갈릴리의 주요 대적으로 서술해온 바리새인들이 예수를 "시험"하고 있다[페이라존테스]는 사실을 강조한다.[8:11] 이것은 중요한 이데올로기적 지표다. 왜냐하면 마가는 프롤로그에서 예수와 권세들의 종말론적 싸움에 대한 자신의 내러티브를 사탄이 광야에서 예수를 "시험"하는 장면으로부터 시작했기 때문이다. 중요한 것은 마가복음에서 예수를 "시험"한 것은 바리새인뿐이라는 사실이다.[이런 사실은 10:2에도 언급되며, 12:15에서는 헤롯당과 함께 시험한다] 이것은 그들이 마가의 공동체에 대한 구체적인 역사적 도전을 보여준다는 사실을 확인한다.

바리새인들은 "하늘로부터 오는 표적"[8:11, 세메이온 아포 투 우라누]을 요구한다. 이에 크게 분노하신["깊이 탄식하시매"] 예수는 점차 "이 세대"에 이러한 표적을 보여주기를 거부하신다.[8:12, 헤 게네아 아우테] 기적적인 광경에 대한 거부는 8:38에서 "이 세대"에 주어질 "하늘의" 징후에 대한 바른 이해에 절대적으로 중요하다.[8장 D, 2] 표적의 의미는 다른 복음서 기자, 특히 요한에게 긍정적 가치를 지닌다. 누가는 사도행전에서 아홉 차례나 "표적과 기사"를 신적 기름 부으심의 증거로 제시한다. 또한 마태와 누가는 "요나의 표적"에 대한 Q 전승을 생산한다.마 12:39; 16:4; 눅 11:29 그러나 마가에게 있어서 표적은 믿지 않는 자들이나 구하는 것이며, 사건의 의미를 제대로 보여주지 못하는 신뢰할 수 없는 지표다.13:4,22 참조 "하늘"에 대한 유일한 반위선적 호소12:25마저 지상의 공의로운 실천을 확인하는 내용이다.6:41; 7:34; 10:21; 11:30 이하

예수께서 바리새인들의 "신학적 입증"에 대한 요구를 거부하신 것이야말로 메시아 사역의 유일한 의미가 공의와 자비에 대한 분명하고 역사적인 헌신에 있다는 마가의 주장을 명확하게 보여준다는 벨로Belo의 해석은 정당하다.

> 예수의 강력한 실천은 하늘에 호소하지 않았다.… 이러한 사실은 예수께서 바리새인들의 요구를 거부하신 이유를 읽을 수 있게 한다.… 너희는 이곳 지상에서의 나의 실천을 통해 충분한 표적을 가지고 있다. 이 표적은 무리도 읽었다.… 그러므로 이러한 지상의 표적을 읽으라. 나의 내러티브의 독자가 되고 기호학자가 되라…더 이상 하늘로부터 오는 표적은 없을 것이다. 이 땅에 표적이 있기 때문이다.1981:147

마가는 마치 하나님 나라의 "표적"이란 모든 사람이 "먹고 배부른" 새로운 질서의 지상적 비전이라고 말하기라도 하듯이, 이 논쟁을 광야에서 무리를 먹이신 두 번째 기사의 끝부분에 삽입한다.

마가는 같은 요지를 반복하듯이, 이 논쟁 뒤에 "떡"에 대한 또 하나의 논쟁을 제시한다. 주석가들은 "떡"에 대한 경고를 8:13에서 예수께서 배를 타고 "건너편"으로 떠나시는 장면으로부터 시작된 배 여정에 "삽입"된 것으로 본다. 그러나 다시 한번 자세히 살펴보면, 이것은 마가가 기록한 것이 분명한

해석의 중요한 한 부분임을 알 수 있다. 떡에 대한 마지막 논쟁은 부자연스러운 것처럼 보이는 방식으로 시작하며8:14의 흥미로운 언급, 예수의 이중적 경고 "삼가… 주의하라"8:15가 제시된다. 앞서 4:24의 논의에서 언급했듯이, 마가복음에서 경고블레페테는 하나님 나라의 정치적 대적이 누구인지를 보여준다.12:38; 13:6 이하를 보라 따라서 "바리새인들의 누룩과 헤롯의 누룩"은 이 내러티브의 정치적 담론에 대한 두 번째 단서를 제시한다.

바리새인들/헤롯의 결탁은 3:6에 처음 나타나며, 12:13-17에서 다시 한번 드러난다.세금에 대한 질문, 로마와의 정치적 결탁을 통한 시험 "누룩"마가복음에는 이곳에서만 나타난다이라는 용어는 확실히 마가가 이곳에서 상징적 담론으로 제시한 "떡"이라는 메타포와 관련해서 나타난다. 마가는 제자/독자에게 유대인과 이방인을 화목하게 하는 하나님 나라의 프로젝트를 반대하는 두 개의 중요한 정치 집단을 상기시킨다. 한편으로 바리새파는 우리가 직전에 살펴본 것처럼, 사회적 영역과 정결을 이유로 통합에 반대한다. 다른 한편으로 헤롯당이 협조한 헬라화 프로그램은 문화적 제국주의와 로마와의 협력에 기초한 형태의 "통합"을 제공한다. 이러한 프로그램에 반대하는 자는, 세례요한의 경우에서 볼 수 있는 것처럼6:14 이하 처형당했다. 어느 쪽 "누룩"이든 "떡 한 개"에 대한 민감한 사회적 실험을 파괴할 것이다.

2. 떡 한 개: 사회적 주석

떡에 대한 논쟁8:14,16-21은 이 단원에서 마가의 상징에 대한 세 번째이자 마지막 단서가 된다. 이러한 사실에도 불구하고 이 단락은 노만 벡Norman Beck의 연구1981에서 보여주듯이, 마가복음에서 가장 제대로 평가되지 못한 본문 가운데 하나다. 노만 벡은 이 단락의 핵심적 의미를 "되찾으려는" 시도를 통해 본문에 대한 해석학적 열쇠는 떡의 복수형인 아르투스artous와 단수형인 아르톤arton 사이의 차이를 구별하는 데 있다는 사실을 지적한다. 대부분의 역본은 이러한 사실을 간과하고 "떡"이라는 한 가지 용어만 사용한다. 본문에 대한 정확한 문자적 해석은 다음과 같다.

> 제자들이 떡아르투스 가져오기를 잊었으매 배에 떡 한 개아르톤밖에 그들에게 없더라… 제자들이 서로 수군거리기를 이는 우리에게 떡아르투스이 없음이로다 하거늘 예수께서 아시고 이르시되 너희가 어찌 떡아르투스이 없음으로 수군거리느냐8:14, 16-17a

예수의 책망을 불러일으킨 것은 한 개의 떡과 여러 개의 떡의 차이를 이해하지 못한 제자들독자의 무능력이다.

8:17b-18에서 예수는 이사야가 비유 설교에서 경고한 완고함4:12을 제자들에게 똑같은 방식으로 적용하셨다. 지금까지 마가는 맹인 모티브 등과 상호참조하는 형태의 복잡한 구조를 형성해왔다.5장 D, 1 그러나 이곳의 책망 형식"마음/눈/귀"은 신명기 29:2-4에서 백성에 대한 모세의 의문을 암시하는 것이 분명하다.

> 여호와께서 애굽 땅에서 너희의 목전에 바로와 그의 모든 신하와 그의 온 땅에 행하신 모든 일을 너희가 보았나니 곧 그 큰 시험70인역, 페이라스무스과 이적70인역, 타세메이아과 큰 기사를 네 눈으로 보았느니라 그러나 깨닫는 마음70인역, 카르디안 에이데나이과 보는 눈과 듣는 귀70인역, 오프탈무스 블레페인 카이 오타 아쿠에인는 오늘까지 여호와께서 너희에게 주지 아니하셨느니라.

중요한 것은 신명기의 "기억"이라는 주제신 32:7, 70인역, 므네스세테가 이곳 8:18에서도 나타난다는 것이다. "또 기억하지 못하느냐?우 므네모뉴에테

모세가 여호와께서 이스라엘을 바로에게서 해방시키시고 광야에서 그들

을 인도하셨음에도 불구하고 여호와를 믿지 않았던 백성에게 분노한 것처럼, 예수도 떡과 그 의미를 "잊어버린"[8:14] 제자들과 마주하고 계신 것이다. 예수도 제자/독자에게 위대한 해방 사역 및 광야에서의 떡을 먹었던 기억을 상기시키신다. 켈버의 말처럼, 예수는 8:19 이하에서 "그들에게 은밀하게 제공된 열둘과 일곱이라는 상징적 숫자를 반복하게 하신다." 노만 벡은 본문과 관련된 상징성을 다음과 같이 요약한다.

> 5라는 숫자다섯 개의 떡으로 오천 명을 먹이심와 12라는 숫자열두 바구니, 그리고 바구니에 해당하는 히브리 단어코피노스는 유대 영역에 해당하며, 7일곱 개의 떡과 일곱 광주리이라는 숫자와 4사천 명라는 숫자, 그리고 광주리에 해당하는 헬라어스피리스는 헬라 영역에 가깝다.… 배 안에 있는 한 개의 떡은 그들에게 필요한 전부이다. 떡을 나누는 행위유카리스틱, 성찬는 유대인에게 필요치 않는 일이었으며… 예수를 따르는 비유대인 신자에게나….[1981:52, 54]

배 여정 및 무리를 먹이신 사건에 대한 마지막 해석학적 열쇠를 제공한 마가는 제자/독자에게로 향하며, 4:12의 "주문"을 깨버리듯이 "아직도 깨닫지 못하느냐"라고 물으신다. 이 도전과 함께 마가복음 전반부가 끝난다.

첫 번째 에필로그에 등장한 바다, 배, 떡이라는 이 단원의 세 가지 중요한 요소는 마지막 장면에서 하나로 결합된 후 무대에서 사라진다. "맞은 편"으로의 바다 여정, 두 차례의 치유 사역 주기, 배타적 식탁 교제에 대한 공격, 그리고 무리를 먹이신 사건은 무엇을 의미하는가? 이러한 요소들은 마가가 제시한, 상호 대립적인 두 개의 사회적 파벌을 하나의 분리될 수 없는 연합체로 만드는 하나님 나라의 새로운 사회 질서를 구축하는 일에 각자의 역할을 했다. 이것은 헬라의 이상주의가 아니다. 이것은 굶주린 자와 압제자가 하나가 되는 것이다. 이 새로운 공동체를 구축하는 작업은 험난한 바다를 건너는 고통스러운 항해와도 같다. 여정에 필요한 떡은 충분하지만, 오직 하나만 있다. 마가복음 이야기 속의 제자들은 이러한 사실을 알고 있는가? 그들은 깨닫지 못하고 있다. 이런 상황에서 마가는 예수께서 맹인의 시력을 회복하시는 기사[8:22-26]와 함께 자신의 복음서의 두 번째 장을 연다.

7E. 세계 구축: 전반부에 나타난 마가의 사회-문학적 전략

1. 담론

이야기의 전반부가 끝났기 때문에 마가의 전반적 내러티브 전략에 대해 살펴보는 것이 좋을 것 같다. 이 이야기는 지금까지 두 개의 지배적인 사회-문학적 노선을 중심으로 전개되었다. "전복적" 노선은 귀신을 쫓으시는 사역, 예수의 갈릴리 사역에서 볼 수 있는 논쟁과 대결이라는 호전적 요소를 통해 구체적으로 드러났다. "구축적" 노선은 구원과 확신에 해당하는 사역의 영역인 공동체 형성과 유지, 치유, 여정, 가르침을 통해 드러났다. 이 구분은 다소 인위적이다. 마가는 이야기 전체에서 두 지류를 밀접하게 짜깁기하기 때문이다. 그러나 우리는 첫 번째 주요 내러티브 단원[1:16-4:35]이 주로 전복적 노선에 초점을 맞춘 반면, 두 번째 주요 내러티브 단원[4:36-8:21]은 대체로 구축적 노선에 초점을 맞춘다는 사실을 살펴보았다.

두 노선은 각각 구조적 위기를 맞으며, 따라서 이중적 흐름의 구조가 나타난다. 전복적 내러티브는 지배적인 사회 질서를 추종하는 자들과 하나님 나라의 프로그램을 가진 예수 사이의 대립을 보여준다. 우리는 이미 이 위기가 예수의 목숨을 노리는 음모를 포함하며[3:6], 이러한 긴장은 두 번째 단원에서 요한이 헤롯의 손에 처형당한 사실을 서술한 막간을 통해 더욱 심화된다는 사실을 알고 있다. 구축적 내러티브에서의 위기는 제자들이 예수의 프로그램을 깨닫지 못한다는 데 있다. 우리는 당연히 이것이 일종의 배신으로 이어질 것이라고 의심한다. 전자의 정치적 위기는 사실상 이야기가 시작할 때부터 모습을 드러낸다. 반면에 후자의 공동체적 위기는 독자에게 점차적으로 제시되는 가운데 그 긴급성을 고조시킨다.

따라서 우리가 읽고 있는 단원6-7장을 지배하는 것은 바로 이 두 번째 내러티브 단원의 복합적 구성이다. 이것은 마가가 이 단원의 대부분에서 나타나는 공동체와 지도자 간의 깊은 친밀함을 유지하는 것처럼 보이는 아이러니를 탁월하게 활용했음을 보여준다. 예수의 핵심 측근은 야이로의 딸을 다시 일으키는 기적에 내밀히 관여한다. 제자 공동체는 바다의 위험에서 두 차례 구원받으며 더 많은 가르침을 받는다.7:17-23 무엇보다도 공동체의 구성원은 첫 사역을 위해 단독으로 파송 받는다. 그럼에도 불구하고 제자들은 예수의 뜻을 깨닫지 못하며, 단원의 끝 무렵에 이르면 양자의 갈등은 더욱 깊어진다. 피터슨N. Petersen은 "그들은 하나님 나라의 신비의 혜택을 받았음에도 불구하고 다른 사람들과 마찬가지로 깨닫지 못했다"고 말한다.1980a:217

마가는 세 개의 "인식" 기관인 눈 귀, 마음을 비유적으로 사용하고 있는 담론을 통해 이 갈등에 대해 진술한다. 먼저 첫 번째 설교에서는, 깨닫지 못함으로 인한 위기가 이스라엘의 지도층과 연결된다.3:6, 4:11 이하 그러나 두 번째 단원의 끝부분에서는 중요한 전환이 이루어진다.

비판		대상
3:5	마음의 완악함	회당의 대적
4:11 이하	모든 것을 비유로 함	외인
	보아도 알지 못하며	
	들어도 깨닫지 못함	
6:52	마음이 둔하여짐	제자들
	깨닫지 못함	

8:17 이하	깨닫지 못함	제자들
	보지 못하는 눈	
	듣지 못하는 귀	
	기억하지 못함	

후반부에서, 이 갈등은 더욱 깊어진다. 제자도 문답[8:22-10:45]에서 길에 대한 오해는 반목과 대립으로 이어지며, 결국 수난기사[14:12-16:8]에서는 변절로 치닫게 된다.

이러한 담론의 사회적 기능은 무엇인가? 지배적 질서의 민족적 기준에 따른 사회적 영역은 무너졌으며 새로운 도덕적 기준 -"하나님의 뜻"[3:35], "깨끗한 마음"[7:20 이하]- 에 따른 영역으로 대체되었다. 이것은 비유 설교를 통해 소개된 측근/외인 모티브와 유사하다.[5장 A, 2] 마가는 혁신적 실천의 모순에 대해 잘 알고 있다. 한편으로 진정한 전복적 운동은 훈련된 "전초 부대"나 믿음의 공동체를 전제한다. 다른 한편으로 "혁신은 언제나 추종자에 의해 배신당한다." 마가는 메시아의 "측근"이 얼마나 쉽게 외인이 될 수 있으며, 외인이 어떻게 측근의 실패로 말미암아 그들을 대신하는지 잘 안다. 오늘날의 용어로 표현하면, 혁명은 반역이 되기 쉬우며, "새로운 이원론"은-계급투쟁에 의한 것이든, 사회주의자의 세계주의에 의한 것이든, "그리스도의 몸"이나 교단에 의한 것이든- 너무나 쉽게 인간을 압제하는 예전 방식을 되풀이할 수 있다는 것이다.

지배적 행위는 언제나 "대적"이라는 존재를 구실로 정당화된다. 따라서 마가의 담론은 자신의 밖에서 "대적"을 객관화하는 것을 금한다. 대적은 내 안에 있다. 대적은 "보지도 못하고 듣지도 못하는 것" 자체이다. 마가는 그런 식으로 새로운 엘리트 의식을 막는다.

마가의 논증적 전략에서 독자의 역할에 대해서도 알아둘 필요가 있다. 마가는 이야기가 시작될 때부터 우리에게 등장인물들이 모르는 이해력을 부여해 주었다. 우리는 이것을 상황을 해석하는 특권이라고 부를 수 있다. 그러나 퀘스넬Quesnell은 마가복음 전반부 끝에 나오는 배에서 나눈 대화가 어떻게 이러한 외견상의 이점을 뒤엎는지를 보여준다.

> 독자는 자신이 정말 이해하고 있는지를 물어야 한다.… 그는 갑자기 무지한 첫 번째 제자들보다 자신이 우위에 있다는 생각이 사라짐을 느낀다. 앞서의 예비적 전개를 통해 생성된 자신감은 약해지고, 무엇보다도 지금 자신을 향하고 있는 그리스도의 심오한 권면에 허를 찔려 당황하는 자신을 발견하게 될 것이다. 그는 자신이 첫 번째 제자들과 동일한 무지에 갇힌 것이 아닌지 솔직하게 자문해보아야 한다.1969:171 이하

제자들에 대한 예수의 질문은 사실상 독자에 대한 마가의 도전이다. 그것은 우리를 갑자기 이야기 속으로 끌어들인다. 우리는 경고를 받는다. 예수의 상징을 이해하지 못하고 이야기를 계속한다는 것은 자신을 "보이지 않는" 내러티브 속에 가두는 것과 같다.

이야기의 이 시점에서 제자/독자가 깨닫지 못하고 있는 대상은 "떡"이다. 마가가 우리에게 두 차례 무리를 먹이신 사건을 "기억"하게 한 것은 이 단원에서 자신의 담론이 내포하고 있는 두 가지 중요한 이데올로기적 주제를 상기시키기 위해서다. 첫 번째 주제는 '사역의 평행 사이클주기 및 배 여정'을 통해 분명히 제시한 대로 이방인과 유대인을 하나 되게 하기 위한 사회적 프로젝트와 관련된다. 이방인 사역 주기에서 우리는 다음과 같은 극적 전개의 담론을 볼 수 있다.

1. 의도: 화목에 대한 상징으로서, 바다를 건넘"떡,"6:52
2. 갈등: 정결법/음식 규례라는 제도에 따라, 모두가 함께 하는 공동 "식탁"을

거부함[7:1 이하]

3. 이데올로기적 해법: 예수의 새로운 가르침[7:14 이하]

4. 갈등: 유대인의 집단적 명예[7:24 이하]

5. 이데올로기적 해법: 풍성한 "식탁"[7:28]

6. 성취된 의도: 이방인을 먹이심[8:1 이하]

이 탁월한 픽션은 통합의 사회적 실천을 정당화할 뿐만 아니라, 이 프로젝트를 가로막는 여러 가지 실제적인 장벽, 즉 사회문화적 장벽[정결법 및 유대인의 집단적 명예], 정치적 반대[바리새인들과 갈릴리의 지배계층], 특히 공동체의 반발[바다의 광풍으로 인한 불신]에 대해 언급한다.

두 번째 주제는 경제적 정의다. 파울러는 "마가복음에는 음식과 먹는 것에 대한 언급-먹고 마시는 행위, 잔, 떡, 음식, 잔치, 연회, 금식, 굶주림, 누룩-이 많다"는 사실을 발견한 소수의 주석가 가운데 하나다.[1981:132] 광야에서 무리를 먹이신 기사를 포함하여 마가복음의 전반부에는 "떡"과 먹는 것에 대한 언급이 적어도 아홉 차례 나타난다. 마가복음의 후반부에서는 이 어휘가 사라진다. 하지만 11:14 및 최후의 만찬에 대한 기사[14:12-22]에만 예외적으로 나타난다. 이러한 사회-경제적 담론이 마가의 사회적 상황을 어떻게 조명하는지 살펴보자.

2. 의미

파울러는 먹을 것에 대한 두 차례의 예기적 지표[5:43; 7:28]에서 볼 수 있는 것처럼, 마가의 음식에 대한 언급의 비유적 성격에 대해 제대로 지적한다. 그러나 이러한 음식 모티브가 지속적으로 마가의 의미론적 세계를 형성한다는 것은 경제적 이슈가 마가복음의 이데올로기적 목적에 매우 중요하다는 사실을 보여준다. 마가가 서술하는 세계는 무리가 공동체에게 먹을 겨를을 주지 않고3:20; 6:31, 무리도 굶주려 있는6:36; 8:2 세계다. 제자들은 이러한 현실에 반응해야 한다.6:37 왜냐하면 예수는 "길에" 먹을 것이 있다는 사실을 알고 계시기 때문이다.

마가는 그의 내러티브에서 제자의 삶의 세 가지 특징을 제시한다. 첫 번째 특징은 자발적 내핍생활이다.

1. 세례요한의 금욕주의1:6; 이것은 그를 처형한 배경이 되었던 6:21 이하의 풍성한 잔치와 대조된다
2. 가족의 경제적 안전보다 제자도를 우선하라는 요구1:16 이하
3. 영접에 의존하는 사역6:8 이하

두 번째 특징은 소외된 자와 하나가 되는 것이다. 이것은 식탁 교제를 중심으로 이루어진다.2:16 이하; 7:2-5 세 번째 특징은 사회-경제적 불평등에 맞선 상징적이고 직접적인 정치적 행동이다.

첫 번째 설교가 하나님 나라를 가난한 소작농의 종말론적 추수라는 관점에서 서술한다면, 광야에서 무리를 먹이신 사건은 여호와께서 백성을 풍성히 먹이신 구약성경의 관점에서 이러한 비전을 재현한다. 그러나 말본과 달리, 나는 여기서 상호텍스트적 상징을 발견한다. 무리를 먹이신 기사에서 "시장" 경제6:36는 거부되고 모든 사람이 풍성하게 누리도록 가용 자원을 나누는 실천이 우선적으로 채택된다. 이것은 도시에 대한 마가의 부정적 서술과 함께 당시 갈릴리의 실제적인 사회-경제적 긴장과 연결된다. 시장은 도시의 이익이 지배하며, 부당한 생산 제도의 고통을 받는 것은 농촌이다. 공동체의 구체적인 경제적 실천이 "나눔으로 배가되는" 광야 모델의 전형을 따라야 한다는 사실은 나중에 10:29 이하에서 분명해진다. 이러한 제자도는 그곳 본문에서 부자가 보여주고 있는 비제자도와 분명한 대조를 보이며, 계급적 차별에 대해서는 두 명의 유대인 "딸"에 대한 이중적 치유 기사5:21 이하에서 확인된다.

마가는 대중의 굶주림이 권력과 특권적 구조의 결과임을 모르지 않았다. 따라서 마가는 고르반 논쟁을 통해 정결 문제를 성전에 기초한 질서의 정치적 경제와 연결한다.[7:8-13] 예수께서 이방인 무리를 "굶겨" 보내지 않으려 하신 것[8:3]은 종교적 금욕주의에 대한 마가의 의심[2:18 이하]을 반복해서 드러낸다. 마가는 다른 사람이 굶는 와중에 혼자 풍족한 삶을 누리는 신앙에 대해 계속해서 비판할 것이다.[10:17-22; 12:34, 38 이하] 빈곤이라는 구체적 문제에 대한 이러한 관심은 마가복음이 일반 대중의 사회-경제적 박탈감이 극심했던 상황에서 생성되었다는 주장에 무게를 더한다. 텍스트의 내러티브 세계는 가난한 자와 부의 재분배에 강력한 초점을 맞춘다.

경제적 정의에 덧붙여 마가는 사회적 화목을 제시한다. 이것은 유대의 사회 구조 안에서 계급적, 성적 압제를 뒤집는 포용성의 실천은 물론 유대인과 이방인의 통합까지 포함한다. 범세계적 공동체의 구축은 배 여정과 광야에서 무리를 먹이신 두 차례의 기사라는 두 가지 방식으로 진술된다. 신학자들은 무리를 먹이신 기사를 "성찬"의 의미로 해석하고 싶어 하지만, 후반부에 한 차례 등장하는 에피소드를 전반부에 나오는 모든 먹는 기사에 적용하는 것은 합당하지 않다. 오히려 최후의 만찬[12장 B, 3]은 마가에게 음식을 나누는 것은 사회적 화목의 시금석이라는 관점에 비추어 해석해야 한다. 타이센은 사도 바울의 성찬 이데올로기에 대한 최근 저서를 통해 원시 기독교의 중요한 행사인 제의적 공동 식사의 사회-경제적 영역을 회복하도록 돕는다.[1982:145 이하]

화목이라는 과업이 제자들에게 있어 힘이 드는 일을 넘어, 상상하기조차 어려운 일이었다는 사실은, 엄청난 광풍에 맞서 "맞은편"으로 가기 위해 분투하는 위험한 배 여정을 통해서 잘 드러난다. 본캄[G. Bornkamm]은 마태복음의 바다에서의 기적에 대한 고전적 연구를 통해, 이 여정에서 배는 교회를 나타낸다는 주장초기 기독교에서 바다 위의 배는 교회를 상징하며 오늘날 WCC 로고에도 남아 있다을 가장 먼저 했다. 오늘날의 독자는 통합에 대한 사회적 제안이 얼마나 대담한 주장인지 잘 모른다. 고대 로마인은 정치와 문화의 모든 면에서 명백히 드러나는 유대인과 이방인 사이의 적개심을 "모든 인간의 적개심의 원형"으로 여겼다.D. Smith, 1973:35 초기 그리스도인이 사회적 차원에서 유대인과 이방인을 화목시키려 했다는 것은 바울과 그의 제자들의 글의 핵심 주제였음에도 불구하고 그것을 철저히 억압한 것은 현대 신학의 비극이 아닐 수 없다.Radar, 1978; Barth, 1959

마가는 바울처럼 하나님 나라의 이데올로기를 밝히 진술하고 사실적 내러티브의 힘을 다시 한번 보여주기 위해 새로운 메타포를 만들어야 했다. 광야에서 무리를 먹인 사건과 배 여정에는 마가가 사용한 상징의 세속성과 더불어, 사실과 같은 픽션이 나타난다. 마가는 바다를 마가복음 전반부의 핵심축으로 삼음으로써 이 호수가 갈릴리 동부 지역민들의 실제적인 삶의 중심에 위치해 있다는 사실을 반영한다. 갈릴리 호수는 그 지역의 매력적인 날씨에 영향을 미칠 뿐 아니라, 가장 중요한 어업은 물론, 농사와 관광 및 해안가 주변 도시들의 성장을 가능하게 한다. 갈릴리의 맹렬하고 갑작스러운 폭풍은 널리 알려져 있다. 마가의 팔레스타인 청중은 전국 곳곳에 추방된 무리가 편재한다는 사실을 잘 알고 있으며, 특히 유대인과 이방인이 완전히 분리된 구조에 익숙하다. 마가는 대안적 질서를 구축하면서 공상이 아니라 변화된 실제를 보여준다. 하나님의 나라는 현실 세계의 인간 제자들이 받아들이기 쉽지 않은 프로젝트였다.

끝으로, 바리새인들과 헤롯의 누룩에 대해 언급할 필요가 있다. 이 부분은 정치적 갈등에 초점을 맞추지는 않지만, 본문의 배경은 결코 이러한 갈등과 무관하지 않다. 바리새인들은 유대 관료의 입이 되어 예수를 비난한다. 이것은 갈릴리 지역의 그리스도인이 실제로 경험한 일상이었을 것이다. 마찬가지로, 디베랴 왕궁에 기반을 둔 헤롯의 귀족들은 마가 공동체에 대해 분노하며 두려워한 것이 분명하다. 예수는 예루살렘에서 처형당했으나 세례요한은 변방 지역에서 처형당한 순교자였다. 요한의 이야기를 제자들의 갈릴리 사역과 나란히 제시한 것은 이 순교가 마가의 그리스도인에게 계속되고 있는 현실이었음을 강력히 시사한다. 이러한 대적들이 마가복음에서 어떤 식으로 풍자화되었든, 그들이 실제 역사에서 통합을 촉구하며 권력자에게 회개를 외쳤던 갈릴리 공동체를 구축하려는 시도를 반대한 자들이라는 것은 분명하다.

마가복음의 전반부에서 마가는 내러티브의 전복적인 요소와 구축적인 요소를 입증하고 하나님 나라의 실천에 대한 사회적, 정치적, 경제적 서술을 제공했다. 이야기의 다음 두 단원에서 마가는 이 두 가지 노선을 강화하며, 내러티브의 결말을 향해 나아가는 작업을 시작한다. 8:22에서 제자들이 벳새다에 도착한 시점에서 배라는 장소는 포기되며, 맹인의 치유라는 희망을 나타내는 상징적 행위와 함께 마가복음 후반부가 시작된다. 이렇게 하여 제자 공동체는 예수와 함께 예루살렘으로 향하는 대담하고 위험한 여정을 시작한다.

각주

1. 마가 시대 바리새인들의 실제적 관습에 대해 정확히 알 수 없는 이유는 대체로 랍비의 전통(할라카(법적 규례)와 학가다(성경 본문에 대한 설교))이 주후 2세기 말에 미쉬나로 통합되었다는 사실에 있다. 이 전승은 주전 200년으로 거슬러 올라가지만, 문제는 정확한 연대를 알 수 없기 때문에 어떤 자료가 성전 함락 이전의 문헌인지를 알 수 없다는 것이다. 토세프다(Toshphta(보충자료, 부록))도 마찬가지다. 이 자료 역시 초기 전승을 포함한 후기의 편집이다. 탈무드의 두 문헌 역시 후기 자료이며, 팔레스타인 탈무드는 주후 400년경에, 바벨론 탈무드는 주후 550년경에 작성되었다.

제3부

마가복음 후반부8:27~16:8 해석

제8장

이야기의 중간: 두 번째 프롤로그 및 제자로 부르심

막 8:22-9:30

모세가 하나님께 아뢰되 내가 누구이기에 바로에게 가며 이스라엘 자손을 애굽에서 인도하여 내리이까 하나님이 이르시되 내가 반드시 너와 함께 있으리라… 이것이 내가 너를 보낸 증거니라 모세가 하나님께 아뢰되 내가 이스라엘 자손에게 가서 이르기를… 그들이 내게 묻기를 그의 이름이 무엇이냐 하리니 내가 무엇이라고 그들에게 말하리이까 하나님이 모세에게 이르시되 나는 스스로 있는 자이니라

-출 3:9-14

우리는 이 이야기의 중간 지점에 이르렀다. 다시 한번, 마가복음의 예수는 제자/독자에게 도전하신다. "너희는 나를 누구라 하느냐"[8:29a] 이 질문은 마가복음 내러티브의 균형을 잡아주는 지렛대이다. 뿐만 아니라, 세상 속에서 기독교의 성격은 우리의 대답에 따라 달라진다. 우리는 우리가 따르고 있는 분이 누구시며 무슨 일을 하려고 하셨는지 알고 있는가? 마가는 예수가 누구신지에 대한 진술로[1:1] 이 이야기를 시작한다. 독자는 기독교 교회와 마찬가지로 이 질문에 대한 "바른 답"을 알고 있다. 따라서 우리는 예수께서 "주는

그리스도시니이다"라는 베드로의 바른 대답을 거부하실 때 충격을 받는다. 이러한 "고백적 위기"와 함께 마가는 그의 복음서의 후반부를 시작한다.

이것은 "두 번째 프롤로그"로, 첫 번째 프롤로그와 마찬가지로 "길에서" 8:27, cf. 1:2 시작한다. 첫 번째 프롤로그에서는 "광야를 지나는 길"에 대해 언급하였으나 두 번째 프롤로그에서는 "예루살렘으로 향하는 길"로 재정의된다. 따라서 이 새로운 여정은 유대와 로마 당국의 손에 달린 예수의 정치적 운명을 예고하는 일련의 "예고"에 의해 잠시 중단된다. 이것은 특별한 정치적 성격을 가지는 "십자가의 길"이며, 공동체의 실천은 제자/독자를 보다 깊은 권력의 역설로 이끈다. 우리는 자신의 목숨을 지켜도 목숨을 구원할 수 없고 자신의 목숨을 버려도 목숨을 잃지 않는다는 말씀을 듣는다. "나중"되려고 하면 "먼저"가 되고 "작은 자"가 되려고 하면 "큰 자"가 된다는 것이다.

두 번째 프롤로그는 비폭력적 삶에 대한 대화와 가르침을 이루어진 두 번째 "구축" 주기로 연결된다. 그러나 이 길이 분명해질수록 제자들의 저항은 더욱 강력해진다. 마가는 이러한 모습에 대해 거의 풍자만화와 같은 과장법을 사용하여 서술한다. 이것은 시각장애인이 보게 되고, 청각장애인이 듣게 되는 드라마다. 우리는 이 드라마를 통해 귀신 들린 아이의 아버지처럼 자신의 신앙과 믿음 없는 것에 대해 깨달아야 한다.9:24

8A. 제자도 문답의 내러티브적 특징

1. 구조

나는 "두 번째 프롤로그"라는 용어 선택의 정당성에 대한 언급으로부터 시작할 것이다. 이 이야기의 시작 부분과 이곳의 새로운 도입 사이의 대략적인 대칭은 다음과 같은 공통적 주제에 잘 나타난다.

주제	첫 번째 프롤로그	두 번째 프롤로그
"길"	1:2 이하	8:27
엘리야로서 요한	1:6	9:11-13
출애굽 상징	1:2,13	9:2
신적 음성	1:11	9:7
제자로 부르심	1:16-20	8:34-36
베드로, 야고보, 요한	1:16,19	9:2
사탄과의 대결	1:12 이하	8:33

두 번째 프롤로그는 제자도를 촉구하는 두 번째 장면과 함께 신화 전쟁을 재개하며, 예수의 새로운 여정이 신적 증거를 받는 두 번째 "묵시적 순간"과, 사탄과의 직접적인 대결을 묘사한 또 하나의 에피소드가 제시된다.

8:22-10:52의 전반적 구조에 대해서는 광범위한 공감대가 형성되어 있으며, 편집비평이 발견해낸 초기 업적 가운데 하나다. 이 단원은 맹인이 시력을 찾는 이야기8:22-26; 10:46-52를 양축으로 하는 양괄식인클루지오 구조로 이루어진다. 가이사랴 빌립보에서 있었던 베드로의 "고백"8:27-30은 3중적 주기를 도입한다. 각 주기는 예수께서 자신의 정치적 운명에 대해 예고하심, 제자들이 길의 의미를 깨닫지 못함"맹인", 비폭력과 섬김의 실천에 대한 예수의 비유적 가르침으로 구성된다. 또한 세 주기는 세 단계의 여정으로 이루어진다. 〈표 3〉은 이 단원을 요약해 제시한다. 예수의 질문에 대한 베드로의 대답으로 시작된 갈등, 즉 메시아적 정치의 의미에 대한 다툼은 주기를 거듭하면서 더욱 심화된다.

첫 번째 주기는 고백적 위기와 근본적인 관계 속에 구성되며, 마가복음의 구조적 중심에 위치한다. 베드로의 "고백"은 첫 번째 예고에 의해 수정되며, 계속해서 두 번째로 제자도를 촉구하시는 장면이 이어진다. 이어지는 두 개의 극적인 상징적 행위는 십자가로 향하는 길을 강조한다. 변모는 마가복음의 세 가지 "묵시적 순간" 가운데 두 번째에 해당하며, 세례와 마찬가지로 정당성을 부여함으로써 새로운 주제를 중심으로 이야기를 재개한다. 이곳에서 다시 한번 하늘의 음성이 내러티브 속으로 들어오며, 목숨을 구원하는 유일한 길은 그것을 잃는 것이라는 엄청난 명제를 뒷받침하는 신적 정당성을 부여한다. 변모에 대한 간략한 "해석적 부연 설명"이 있고 난 뒤, 두 번째 상징적 행위가 이어진다. 말하지 못하고 듣지 못하는 아이에 대한 치유는 예수께서 귀신을 쫓아내신 마지막 사역으로서, 제자들의 신앙적 분투를 해결하는 상징적 재생산의 기능을 한다. 8장에서는 이 첫 번째 주기의 결론까지만 텍스트를 살펴볼 것이다.

〈표 3〉

마가복음 8:22-10:52

1. 맹인에 대한 치유: 첫 번째 단계 8:22-26
2. 베드로의 "고백" 8:27-30
3. 세 주기

장소	예고	"보지 못함"	가르침	역설
가이사랴 빌립보	8:31	8:32 이하	8:34-37	목숨을 구원/목숨을 잃음
갈릴리에서 유대로	9:31	9:33 이하	9:35 이하	먼저/나중
예루살렘으로 향하는 길	10:32-34	10:35-39	10:40-45	큰/작은 자

4. 시각장애인에 대한 치유: 두 번째 단계 10:46-52

9장에서 다루게 될 두 번째 주기와 세 번째 주기는 신앙 공동체 안의 사회적 권력과 공동체의 영역에 관해 다룬 일련의 교훈적 에피소드들로 극적 행위를 대체한다. 두 번째 주기의 긴 교훈은 초기 기독교 문학에 나타나는 다른 문답/권면 전승과 분명한 수사학적 유사성을 보여준다. 세 번째 주기는 가장 간단하며, 새로운 질서의 리더십과 정치적 힘이라는 이슈를 다룬다. 예수께서 제자들에게 자신이 받을 "세례"와 "잔"에 동참하라고 초청하신 것은 "제자도를 위한 두 번째 부르심"을 반복한다. 내러티브의 중간에 등장하는 이러한 요소들은 예수의 사역 이야기의 시작요한의 세례과 끝고난의 잔, 14:23, 36을 연결하는 역할을 한다.

2. 줄거리

마가복음 후반부는 갑자기 바다, 배, 광야라는 내러티브 장소들을 버린다. 바다를 횡단하는 여정은 이제 팔레스타인의 변두리에서 중심부로 향하는 여정으로 바뀐다. 마가복음 세계의 북단가이사랴 빌립보에서 출발하신 예수는 천천히 남쪽을 향하시며, 갈릴리를 지나시는 동안 이전 내러티브의 중심지인 가버나움에 마지막으로 한 차례 머무신 후9:33 유대로 향하신다.10:1 그러나 마가는 예루살렘을 향한 이 새로운 여정을 세 번째 주기에 이르러서야 밝힌다.10:32 이 단원은 예수께서 무리와 함께 "여리고에서 나가실 때"10:46, 큰 성을 향한 내러티브의 이동을 끝마친다.

이 단원은 이야기의 전반부에서와 마찬가지로 이중적 플롯을 발전시킨다. 3:22 이하의 이데올로기 대결 이후, 예수와 당국자의 실제적 대면을 통한 대결은 비교적 드물며7:1 이하; 8:11 이하, 이 단원에서도 중심에서 비켜나 있다.예수의 대적은 9:14; 10:2에서 두 차례만 나타난다 그러나 3:6 이후 잠시 정지되어 있던 예수를 죽이려는 음모는 자신이 그들의 손에 죽임을 당할 것이라는 예수의 세 차례 예고8:31; 9:11; 10:33를 통해 다시 수면 위로 드러난다. 마가는 예루살렘에서 있을 최후의 대결을 앞두고 이러한 음모로 인한 긴장을 다시 고조시킨다.

이 단원에서 가장 직접적인 조명을 받는 것은 예수와 그의 공동체 사이의 긴장이다. 이 제자들은 언제나 무대의 중심에 있으며, 깨닫지 못함이라는 주제는 갈수록 뻔뻔해지는 오해를 통해 더욱 강조된다.

1. 8:31-33에서 베드로는 예수의 정치적 운명을 받아들이기를 거부한다.
2. 9:5-7에서 베드로는 변모 사건에 대해 잘못 해석한다.
3. 9:33 이하에서 제자들이 자기 중에 누가 크냐를 누고 쟁론한다.
4. 10:35 이하에서 야고보와 요한은 예수께 높은 자리를 요구한다.

마가는 제자들에 대해 과장된 방식으로 서술한다. 수제자인 베드로, 핵심 측근, 그리고 모든 공동체가 깨닫지 못함이라는 주제와 연루된다. 그러나 내가 곧 지적하겠지만, 이 당황스럽고 실망적인 내러티브에는 그것과 반대되는 치유의 담론이 포함되어 있다. 이 담론은 제자들의 생각과 마음이 열릴 수 있다는 확실한 희망의 징조를 제공한다.

고백적 위기는 지금까지 암시만 해온 세 번째 구조적 위기, 즉 예수가 누구신가에 대한 논쟁을 수면 밖으로 드러낸다. 베드로는 예수를 메시아로 규명하지만, 세 차례에 걸친 예수의 "죽음에 대한 예고"는 모두, 마가가 "인자"라고 부르는 이 메시아가 청중이 대망하는 그런 메시아가 아니라고 주장한다. 인자는 다윗의 전통적인 정치 지도자로서 고대 왕조를 재건하기 위해 로마와 싸우러 오신 것이 아니며, 사실상 유대인과 로마 권력의 정치적 공모에 의해 죽임을 당하실 것이다. 다시 말하면, "너희는 나를 누구라 하느냐"라는 고백적 위기는 곧바로 "무엇이 진정한 혁명적 리더십인가?"라는 정치적 실천의 위기에 의해 가려졌다는 것이다.

8B. 새로운 상징적 담론: 예수께서 시각장애인과 청각장애인을 고치심8:22-26

1. 희망의 담론으로서 치유

우리는 마가복음 전반부 끝부분에서 제자들이 깨닫지 못하고 예수의 대적과 "외인"이 있어야 할 자리로 내려앉았다는 결론을 내려야만 했다. 8:18의 책망과 함께 시각장애인/청각장애인이라는 주제가 무대 중심을 차지했으며, 나는 이것이 구조적 위기이자 해석학적 위기라고 했다. 우리도 시각장애인인가? 무산된 고백은 독자의 확신을 무너뜨린다. "바른" 대답이 거부당했기 때문이다. 이 이야기는 모순과 비극의 하강곡선이 지속될 것처럼 보이기 시작한다.

이러한 깨닫지 못함의 담론에 반대되는 담론이 예수께서 맹인과 듣지 못하는 자를 고치신 네 가지 에피소드를 통해 제시된다.

귀 먹고 말 더듬는 자에 대한 치유, 7:31-37

맹인에 대한 치유, 8:22-26

말 못하게 하고 못 듣게 하는 귀신을 쫓아내심, 9:14-29

맹인에 대한 치유, 10:45-52

마가복음의 마지막 네 가지 치유 에피소드에 해당하는 이 일련의 기사 역시 마가복음의 전반부와 후반부의 내러티브를 연결한다. 확실한 희망을 보여주는 이러한 반대 담론은 제자도 이야기에 해당하는 바디매오에 대한 치유 기사에서 절정에 달한다.10:46-52

모든 치유는 상호 연결될 뿐만 아니라 특별한 내러티브 기능을 가진다. 첫 번째 에피소드6장 D 3는 마가의 논증에 사용된 치유 "픽션"에 있어서의 전환을 나타낸다. 이 치유 에피소드는 사회적 포용의 이데올로기를 분명하게 진술하는 구축 주기의 네 가지 상징적 치유 에피소드를 마무리하는 마지막 에피소드에 해당한다. 또한 이 에피소드는 공동체의 믿음을 위한 투쟁으로 초점이 바뀐 이 문답 단원을 구성하는 일련의 네 가지 치유 에피소드를 시작한다. 두 명의 시각장애인에 관한 치유 기사는 이 단원의 틀을 형성하며, 문답의 "입구"다음 단원 참조와 "출구"9장 D, 4의 역할을 한다. 나중에 살펴볼 세 번째 치유는 지금까지 예수의 모든 치유에 대한 일종의 요약이다.8장 E, 3 나는 각 에피소드를 통해 이러한 상징적 행위의 진정한 주체가 제자/독자임을 보여줄 것이다.

그러나 이러한 치유 기사들은 깨닫지 못함이라는 구조적 위기를 공식적으로 해결해주지 않으며, 따라서 제자도 내러티브는 완전히 붕괴된다. 오히려 이 에피소드들은 독자에게 계속해서 진행하라고 격려함으로써, 불길하게 진행되고 있는 흐름에도 불구하고 희망의 담론을 제시한다. 또한 이 치유 에피소드들은 이 단원에서 십자가에 대한 예고와 함께 제시된 새로운 주제, 즉 부활에 대한 약속8:31b; 9:9, 31b; 10:34c을 위한 내러티브 공간을 준비한다. 이러한 사실은 5:41에서 살펴보았던 것처럼 9:26 이하의 귀신에 들려 "죽은" 것 같은 아이를 "살리신" 기사에 상징적으로 진술된다. 물론 제자들은 십자가9:32나 부활9:10의 의미를 깨닫지 못한다. 그럼에도 불구하고 이 반대 담론은 독자에게까지 희망을 확장한다. 그것은 시각장애인이나 청각장애인도 고침을 받을 수 있다는 것이다. 내러티브가 끝날 위기에 처했을 때 그것을 다시 시작하게 하는 약속의 "생명선"은 마가복음의 후반부에 나타나는 문학적 전략의 중요한 요소이며, 우리를 당황 시킬 놀라운 결론을 예고한다.

이데올로기적 차원에서 마가는 치유를 메시아 시대의 상징으로 제시한 이사야로부터 귀머거리와 맹인에 대한 치유라는 주제를 채택한다. 이사야 전체에서 찾아볼 수 있는 이 모티브의 사례는 다음과 같다.

1. 그 날에 못 듣는 사람이 책의 말을 들을 것이며 어둡고 캄캄한 데에서 맹인의 눈이 볼 것이며사 29:18

2. 그 때에 맹인의 눈이 밝을 것이며 못 듣는 사람의 귀가 열릴 것이며35:5

3. 눈이 있어도 보지 못하고 귀가 있어도 듣지 못하는 백성을 이끌어 내라43:8

따라서 이 "픽션"은 새로운 질서가 이르렀음을 상호텍스트적으로 확인하는 역할을 한다.

2. 보는 눈: 첫 번째 단계벳새다

예수와 제자들은 바다와 배라는 마지막 내러티브 장소를 떠난 즉시 벳새다에 도착한다. 이 단순한 장소 변화는 마가복음의 전반부와 후반부를 연결한다. 우리는 벳새다가 공동체의 두 번째 주요 바다 여정이 시작된 장소임을 기억한다.6:45 이 여정은 제자들이 깨닫지 못한다는 마가의 첫 번째 비판6:52으로 끝난다. 우리는 또한 이 여정이 성공하지 못했다는 사실을 기억해야 한다. 공동체는 결코 벳새다에 도착할 수 없었다.6장 C, 2 이제 이 "여정"은 이루어졌다. "맹인" 공동체는 결국 벳새다에 도착했으며, 그곳에서 맹인이 고침을 받는다.

불트만은 이 치유 에피소드의 배경에 대한 모호함을 지적한다.1963:64 이하 한편으로 공동체는 벳새다에 도착하지만, 다른 한편으로 마가는 예수께서 맹인을 "마을코메 밖으로"8:23 데리고 나가셨다고 말한다. 문제는 벳새다가 "마을"이 아니라 도시라는 것이다. 원래 요르단 입구의 어촌 마을이었던테일러, 1963:328 이곳은 헤롯에 의해 재개발되어, 벳새다라는 이름의 헬라 도시로 승격했다.요세푸스, Ant., XVIII,ii,1 이러한 혼란은 도시 헬레니즘에 대한 마가의 이데올로기적 반감을 기억하면 사라질 것이다. 마가복음에서 이곳을 가리키는 지명은 하나뿐이다.테일러, 1963:328 도착지점으로서 벳새다는 앞서 언급한 내러티브의 회상이라는 측면에서 필요하다. 예수께서 그를 고치기 위해 밖으로 데려가신 것은 도시에 대한 마가의 "내러티브적 회피"narrative avoidance 때문이다.[4장 B, 4] 벳새다를 마을이라고 칭한 것은 이 지역이 새로 획득한 헬라적 신분을 마가가 거부한 때문이다.

벳새다 치유는 개인적인 치유 및 예수께서 침을 뱉어 고치셨다는 두 가지 극적 요소를 통해 7:31-37의 말 못하고 듣지 못하는 자를 고치신 치유 에피소드와 연결된다. 그곳의 이야기가 "듣는 것"에 초점을 맞춘다면"못 듣는 사람도 듣게 하고", 이곳에서는 "보는 것"에 초점을 맞춘다.

예수: 무엇이 보이느냐?

맹인: 사람들이 보이나이다 나무 같은 것들이 걸어 가는 것을 보나이다.[8:23 이하]

"블레페인"보다이라는 동사는 전반부에서 제자들의 깨닫지 못함에 대한 경고로 네 차례 사용되며[4:12,24; 8:15,18], 후반부에도 계속해서 같은 용도로 사용된다.[12:38; 13:5,9,23,33] 이곳의 "흐릿한 시각"은 "보지 못하는 눈"을 상징한다.

바디매오 에피소드를 회상적 관점에서 이전 에피소드와 대조할 때, 우리는 이 치유가 예수의 시각장애인 치유 프로젝트에서 일종의 "첫 번째 단계"에 해당함을 알 수 있다. 예수의 안수는 부분적인 성공만 거두며, 맹인이 "밝히"보기 위해서는 두 번째 안수가 필요하다. 존슨E. S. Johnson은 이 흐릿한 시야를, 이어지는 고백적 갈등과 제대로 연결한다. 제자들의 보지 못함은 "기독교 제자도의 의미와, 그의 고난과 죽음과 부활에 대한 가르침에 대한 예수의 로고스말씀를 이해할 때 회복될 것이다."[1978b:383] 예수에 대한 베드로의 정의는 어느 면에서 "바르지만" 한편으로는 그 의미를 제대로 이해하지 못했다. 따라서 벳새다에서는 제자도 모티브와 연결되지 않는다. 이 모티브는 문답 단원의 끝에서 맹인 거지 바디매오에 대한 결정적-잠정적이 아닌- 치유와 함께 제시될 것이다. 그럼에도 불구하고, 비록 잠정적이지만 이 내러티브가 알려주는 신호는 독자를 격려하는 권면이 된다. 마지막 배 여정의 대화가 독자에게 "보지 못하는" 해석에 대해 경고하는 "빨간 불"이라면, 벳새다의 치유는 "깨달음"의 탐구를 계속할 수 있다는 "파란 불"이 된다.[8:21]

8C. 고백적 위기[8:27-33]

1. "너희는 나를 누구라 하느냐"

이제 공동체의 여정은 그들을 벳새다로부터 빌립의 영토 깊숙한 곳으로 데려간다.[8:27] 그들은 헬라의 주요 도시, 가이사랴 빌립보 지방에 도착한다. 셰윈-화이트Sherwin-White에 의하면 이곳은 광범위한 지역을 관할하며 화폐를 주조할 수 있는 특권까지 보유했다.[1963:131]

> 가이사랴 빌립보라는 이름은 로마의 해안 행정구역인 가이사랴와 구분하기 위해 붙인 이름이며…고대에는 이 마을을 파네아스Paneas라는 이름으로 불렀다. 파네아스는 로마의 신, 판Pan에게 바친 신성한 동굴이라는 뜻이다. 헤롯은 이 동굴 가까운 곳에 아우구스투스를 기리는 신전을 지었다. 수 세기 전 이곳은 바알 숭배와 관련된 장소였다. 이 도시는 헤롯 빌립에 의해 새로 건설되었으며 그의 이름을 따서 가이사랴라고 불리게 되었다.

팔레스타인 북단에 위치하며 헬라의 영향을 받는 이곳은 정치적 내러티브를 시작하기에 적합한 "소외된" 장소이다.

마가는 "길에서"라는 상징적 표현을 통해, 이곳을 제자도를 위한 진정한 내러티브 장소로 다시 소개한다. 이 길은 이사야가 세례요한을 통해 광야에서 선포한 길이다. 하나님의 나라는 길가에 있지 않고 길에 있다.[4:4,15; cf. 10:46] 제자들은 이 길을 위해 어떤 양식도 소지하지 못한다.[6:8] 예수께서 그것을 공급해주실 것이기 때문이다.[10:17] 길이라는 메타포는 이 단원에서 핵심적인 역할을 하며, 세 가지 주기의 거의 첫 부분에 제시된다.8:27; 9:33 이하; 10:32 길은 이 단원의 두 가지 대조적 소명 기사, 즉 부자의 비제자도에 대한 기사10:17와 거지 맹인의 제자도에 대한 기사10:52의 배경이 되는 장소이기도 하다. 이 길은 곧 예루살렘을 향한 길임이 드러날 것이다.11:8

예수는 갑자기 제자들을 향해 질문을 던지심으로써 사역을 시작하신다. 이것은 앞서 배 여정에서 마가가 독자에게 직접 질문을 던진 것과 같은, 마가의 기법에 해당한다. 두 질문은 예수에 대한 인식과 관련이 있다. 마가는 이 질문을 내러티브 "사람들이 나를 누구라 하느냐,"8:27b와 독자 "너희는 나를 누구라 하느냐," 8:29a를 향해 던진다. 이 질문은 제자들4:41과 대적6:3의 의심을 통해 지속되어 온 예수의 정체성 위기와 관련된 작은 줄거리를 재도입한다. 또한 이것은 첫 번째 프롤로그에서 이사야를 인용한 것처럼, 마가복음의 후반부에 뿌리를 내리기 위해 히브리 성경의 "옛 이야기"로 거슬러 올라간다.

직접적인 인용은 아니지만, "내가 누구냐"라는 질문은 선지자의 시조인 모세와 여호와가 불붙은 떨기나무에서 나눈 위대한 대화를 암시한다.출 3장 이 장면을 상기시키는 이유는 무엇인가? 여기에는 유추가 함축된 것이 분명하다. 모세가 애굽으로 가서 바로에게서 백성을 구하라는 명령을 받은 것처럼, 예수는 권력자와 맞서기 위해 예루살렘으로 향하는 긴 여정을 시작할 준비가 되었다. 마가는 잠시 후 내러티브를 통해 모세를 언급하는데9:7, 이것은 이러한 암시를 확인하기 위해서인 것으로 보인다. 그러나 이것이 사실이라면, 마가는 다시 한번 대담한 상호텍스트적 변형을 시도한 것이다. 한편으로 우리는 예수의 질문을 모세의 분명하지 않은, 사실상 항변에 가까운 태도와 연결할 수도 있다. "내가 누구이기에 바로에게 가며 이스라엘 자손을 애굽에서 인도하여 내리이까"출 3:11 그러나 14:62에 제시된 예수의 자기 증거에 비추어볼 때, 확실히 이 질문은 여호와의 위대한 자기 계시 "나는 스스로 있는 자"I am 출 3:14를 "내가 누구냐"Who am I?라는 질문으로 바꾼 것일 가능성이 높다. 이 질문은 마가의 "도전으로서의 담론"의 핵심을 나타낸다. 첫 번째 질문에 대한 제자들의 대답은 앞서 마가가 헤롯이 세례요한을 처형한 기사를 삽입했던 6:14에서 보여준 마가의 편집적 진술과 거의 일치한다.7장 B, 2 참조

마가의 대답	제자들의 대답
1. 세례요한이 죽은 자 가운데서 살아났도다.…	세례요한
2. 어떤 이는 그가 엘리야라 하고	더러는 엘리야
3. 또 어떤 이는 그가 선지자니 옛 선지자 중의 하나와 같다하니	더러는 선지자 중의 하나

제자들은 예수가 세례요한으로 환생했다고 생각한 헤롯과 같은 결론을 내리고 있는가? 아니다.그러나 예수는 곧 세례요한과의 관계를 명확하게 설명하신다.9:12 이하 베드로의 대답은 훨씬 중요하다. 그의 대답은 처음으로 "메시아"크리스토스라는 정치적 함축이 담긴 용어를 이야기의 세계 속으로 끌어들인다. 예수는 단순히 위대한 선지자가 아니다. 그는 이스라엘의 정치적 운명을 회복하실 왕적 인물이다. 베드로는 혁명이 이르렀다고 말하고 있는 것이다.

2. 첫 번째 예고

1:1을 통해 이 용어를 알고 있는 독자는 베드로가 놀라운 고백을 한 사실을 인정한다. "맹인"의 증거로는 더할 나위 없는 대답이라고 할 수 있다. 그러나 애석하게도 예수는 즉시 베드로에게 침묵을 명하신다. 마가는 예수께서 앞서 귀신에게 침묵을 명하실 때1:25; 3:12; 4:9바람 사용했던 것과 동일한 강력한 명령에페티메센을 사용하심으로써, 8:33에서 엄중한 책망이 이어질 것임을 예고한다. 따라서 마가는 베드로의 승리적 고백에 대한 직접적인 책망을 통해 예수의 정치적 운명에 대한 세 차례의 예고 가운데 첫 번째를 도입한다.

"...할 것을 비로소 그들에게 가르치시되"8:31라는 구절과 함께 모든 이야기는 새로운 방향으로 전개된다. 예루살렘을 향한 먼 여정이 시작된 것이다.

이 예고는 마가의 독자들이 묵시라고 판단했을 것이 분명한 의미론적 영역으로부터 나온다.Kee, 1977:64 이하, 129 이하 첫째로, 베넷에 따르면 예수는 자신의 고난의 "당위성"dei, "살아나야 할 것"을 주장하신다.

> 이런 식의 결정론적 진술은 일반적인 숙명론적 믿음이나 희망으로부터 나올 수 없다. 이것은 묵시론에 해당하는 것이 분명하다.… 이러한 주장의 신학적 강조점은 고난의 때에 신실함을 강화하는 데 있다. 마가복음 13:7과 요한계시록에 나타나는 데이dei있어야 하되의 용례도 이와 같다. 독자는 예수의 고난이 종말론적 드라마의 중요한 부분임을 알아야 한다. 이것은 앞서 있었던 세례요한의 고난에도 적용할 수 있으며, 13장이 명확히 보여주듯이, 마가의 공동체가 겪은 박해와 환난의 때도 마찬가지다.1975a: 128 이하

마가는 우리에게 요한/엘리야가 최고 권력에 도전하여 그들에게 처형당한 것이 "당연한" 것처럼9:12 이하, 예수의 죽음도 하나님이 종/선지자에게 주신 "대본성경"이기 때문에 당연하다고 말한다. 마가는 이러한 사실을 소작농 비유12:1 이하에서 분명하게 제시한다.

둘째로, 예수는 베드로의 메시아라는 호칭 대신 "인자"라는 용어를 사용하신다. 마가는 앞서 자신의 이야기에서 인자를 서기관2:10과 바리새인들2:28의 권위에 도전하는 자로 제시했으며, 나는 이 묵시적 인물이 다니엘서에 기원을 두고 있음을 주장한 바 있다.

> 내가 또 밤 환상 중에 보니 인자 같은 이가 하늘 구름을 타고 와서 옛적부터 항상 계신 이에게 나아가 그 앞으로 인도되매 그에게 권세와 영광과 나라를 주고

모든 백성과 나라들과 다른 언어를 말하는 모든 자들이 그를 섬기게 하였으니

단 7:13 이하

후기 묵시서인 제4에스라에도 나타나는 이 인물은 환상 속에 나오는 "짐승"의 잔인성과 대적하는 "인간" 통치자로 나타난다. 마가는 그보다 2세기 앞서 안티오쿠스 에피파네스4세 치하에서 기록된 성경으로, 헬라 통치자의 제국주의 압제에 대한 유대의 정치적 저항을 보여주는 다니엘서에 호소한다. 다니엘서의 인자에 대한 "궁전 신화"는 제자도를 위한 예수의 두 번째 부르심에서 결정적인 역할을 한다.8장 D, 2 참조

셋째로, 예수는 새롭게 정치적 동맹을 맺은 무리에 의해 정죄와 처형을 당하실 것을 예고하신다. 마가는 이곳에서 새로운 대적장로들과 대제사장을 기존의 대적서기관과 연계하는 전형적인 방식cf. 2:16a, 3:6을 사용한다. 마가의 이야기 세계에서 이러한 동맹은 예수에 대한 처형을 실제로 주도한 예루살렘의 권력 구조에 대해 보여준다.10:33; 11:18,28; 14:1,15,43; 15:1,31 그들에게 "버린 바" 되었다는 표현에 사용된 단어아포도스키마스데나이는 공식적인 법정에서 "시험한 후 버리다"라는 뜻으로 사용된다. 마가는 예수께서 예루살렘 당국을 비난하는 장면에서막 12:10, 시편 118:22를 인용하면서 이 주제로 돌아온다.

이러한 요소들은 이야기에 새로운 묵시적 조망을 설정하도록 돕는다. 이제 신화 전쟁은 권력자의 안마당에서 전개될 것이다. 이러한 "당위성"의 근거는 무엇인가? 마가는 벨로가 불평한 것처럼1981:156 이하, "신학적 숙명론"을 보여주는가? 그렇지 않다. 마가는 신화 전쟁을 통해 정치적 담론의 기존 영역에 도전하고 있다. 베드로의 이해에 따르면, "메시아"는 반드시 이스라엘의 집단적 명예 회복과 왕적 승리를 가져와야 한다. 그러나 이에 대해 예수는 "인자"가 고난을 받아야 할 것을 말씀하신다. 왜냐하면 진정한 공의를 주창하시는 인자는 안식일 규례와 채무 규례에 대한 비판자로서 "장로들과 대제

사장들과 서기관들"8:31과 충돌할 수밖에 없기 때문이다. 바꾸어 말하면, 이것은 숙명론적 담론이 아니라 정치적 필연성이라는 것이다. 예수께서 자신의 정치적 사명을 "드러내 놓고"8:32a, 파레시아, 마가복음에서는 이곳에서만 사용되며 "솔직하게", "담대하게"라는 뜻이다 말씀하셨다는 것은 이런 의미다. 베드로가 권력에 대해 가지고 있는 환상은 현명한 현실주의에 의해 책망을 받아 마땅하다.

3. 3중적 책망과 예수의 "반대 진술"

마가는 마치 예수께서 대적이 자신의 길을 방해할 것이라고 예고한 사실을 입증하기라도 하듯이, 베드로가 예수께 항변했다고 말한다. 그러나 이러한 항변으로 인해 베드로는 공동체 전체를 대표하여 더욱 강력한 경고를 받는다. "예수께서 돌이키사 제자들을 보시며 베드로를 꾸짖어 이르시되" 우리는 이러한 언어적 다툼의 변증법적 상호작용에 주목할 필요가 있다.

베드로: 예수는 메시아시다
예수께서 베드로에게 침묵을 명하심8:30
예수: 인자가 고난을 받아야 함8:31
베드로가 예수에게 침묵을 요구함8:32
예수께서 베드로에게 침묵을 명하심8:33
예수: 베드로는 사탄이다

이 일련의 대화는 베드로의 극적 고백과 함께 시작되지만, 마지막에는 예수의 더욱 강력한 이중적 반대 진술을 통해 빛을 잃는다. 즉, 예수는 메시아가 아니라 인자시며, 베드로는 사탄의 대변인이라는 것이다. 이 놀라운 언급은 3:22 이하에 나오는 예수와 서기관의 극단적 언쟁을 떠올리게 하며, 광야에서 시작된 사탄과의 신화 전쟁을 상기시킨다.1:13 이러한 담론은 확실히 마가의 공동체 안팎에서 메시아 이데올로기를 둘러싼 격렬한 논쟁이 있었음을 보여준다.

또한 이 드라마는 씨 뿌리는 자 비유에 대한 예수의 해석도 상기시킨다.

> 뿌리는 자는 말씀을 뿌리는 것이라 말씀이 길 가에 뿌려졌다는 것은 이들을 가리킴이니 곧 말씀을 들었을 때에 사탄이 즉시 와서 그들에게 뿌려진 말씀을 빼앗는 것이요4:14 이하

우리는 앞서5장 B, 1에서 마가가 씨 뿌리는 자 비유에 대한 예수의 해석을 통해 "말씀"을 가로막는 세 가지 구체적인 장애물을 제시하는 방식에 대해 살펴보았다. 이제 우리는 이 비유가 실제로 어떻게 적용되는지 보게 될 것이다. 마가는 제자도 문답 전체에서 세 가지 장애물에 대해 언급할 것이다. 이곳에서 예수는 드러내 놓고 "말씀"을 전파하시며8:32a, 사탄은 그에게 도전한다.

베드로와의 논쟁은 신적 권위와 인간적 권위 사이의 강력한 대립으로 끝나며, 앞서 7:8 이하에 제시된 바리새인의 이데올로기와 맞서 벌인 논쟁을 반영한다. "네가 하나님의 일을 생각하지 아니하고 도리어 사람의 일을 생각하는도다"라는 구절은 해석하기 어렵다. "생각하다."프로네이스, 마가복음에는 이곳에만 나타나며 바울 서신에는 20회 이상 등장한다라는 동사는 확신이나 헌신이라는 관점에서 이해해야 한다. 급진적 이원론에는 중간 지대가 없다. 이것은 묵시의 정치적 관점에만 해당하는 고유한 주제이다. 피터슨에 따르면 이 절은 내러티브 해석을 위한 두 가지 가능성 있는 "관점"을 나타내며, 그중 한 가지만 "신뢰할 수 있다."1980b: 160 이하 마가는 우리가 이데올로기 전쟁의 핵심에 이르렀음을 알려준다.

8D. 진정한 고백의 장소: 법정과 십자가8:34-9:1

1. 제자도를 위한 두 번째 부르심: 생명/죽음

예수께서 베드로에게서 제자들에게로8:33a, 제자들에게서 무리에게로8:34a 향하셨다는 마가의 언급에서 볼 수 있듯이, 이제 예수는 공개적으로 가르치실 뿐만 아니라 포괄적으로 가르치신다. 이어지는 내용은 개인적 교훈이 아니라 다음 세 가지 명령을 포함한, 제자도로의 공적인 부르심이다.

자기를 부인하라

자기 십자가를 지라

나를 따르라

제자도를 위한 두 번째 부르심은 첫 번째 부르심과 동일한 어휘를 사용한다. 예를 들면, "따를 것이니라" 아콜루세이토: "따라오려거든" 오피소 또한 이 두 번째 부르심에서는 마가의 전복적 내러티브가 공개된다.

이 초청의 정치적 의미는 분명하다. "십자가"는 로마제국에서 한 가지 의미만 가진다. 그것은 다른 주장을 가진 자는 처형을 당한다는 것이다.

> 십자가형은 예전이나 지금이나 정치적, 군사적 형벌을 가리킨다.… 이 형벌은 로마인 가운데 낮은 계층, 즉 노예나 강력범에게 시행되었으며, 무엇보다도 유대처럼 통제하기 어려운 속주의 반란군에게 시행되었다.… 그들은 대체로 권리를 박탈당한 자, 다시 말하면 국가가 법과 질서를 지키기 위한 모든 수단을 동원하여 발전을 가로막았던 그룹이었다.Hengel, 1978:86 이하; H. Reudi-Weber 1975

정확히 이처럼 각별한 정치적 개념 때문에, 일부 학자들예를 들면, Brandon, 1967:57은 마가가 게릴라 활동으로 십자가형을 받았던 유대 반군이 신병을 모집하는 문구를 빌려왔을 것이라고 주장한다.

이러한 주장이 사실이든 아니든, 이 표현은 제국적 로마의 궁극적 헤게모니에 도전할 자들이 맞이할 궁극적 결과에 동참하라는 초청 외에는 다른 의미가 있을 수 없다.

> "십자가를 지고"는 로마의 관습에 해당한다. 반드시 그런 것은 아니지만, 십자가형을 선고받은 자는 자신의 십자가를 지고 사형장으로 가야 했다.Griffiths, 1971:360,62

또한 십자가는 죄인의 수치를 가리키는 상징이기도 하다.

> 십자가 처형을 시행하는 이유는 탁월한 억제 효과 때문이다. 물론 이 처형은 공개적으로 시행되었다. 일반적으로 십자가 형벌을 받는 자에 대해서는 정당하고 당연한 형벌을 받는다고 여겼다.… 그들은 옷을 벗긴 죄수를 사거리나 극장, 높은 곳, 또는 범죄 현장 등 잘 보이는 곳에 매달아 전시함으로써, 수치를 극에 달하게 했다.… 신명기 21:23의 배경은 유대인이 이러한 사실에 대해 알고 있었음을 보여준다.Hengel, 1978:87 이하

오늘날 많은 사적인 해석은 이런 사실을 쉽게 놓치지만, 마가의 첫 번째 독자는 이 말에 담긴 끔찍한 함축을 놓칠 수 없었을 것이다.

"십자가를 지고"의 실제적 선행 조건은 "자기 부인"이다. 이것은 자본주의적 해석이 종종 주장하는 것처럼, 이미 텍스트 안에 들어온 영적화 경향으로 보아야 하는가? 그들은 마치 마가가 십자가를 개인적 금욕으로 규정하기라도 한 것처럼 생각한다. 그러나, 절대 그렇지 않다. 반 예르셀van Iersel이 정확하게 지적한 것처럼, 본문의 의미론적 상황은 법정을 배경으로 한다.

우리는 13:9-13에 서술된 것과 유사한 박해 상황에서 법정으로 끌려간 그리스도인에 대한 호소와 마주하고 있다. 그들은 예수를 고백하거나 부인해야 한다. 전자는 자기 부인을 필요로 하며, 목숨을 걸어야 한다. 1980:25 이하

"자기를 부인하고"라는 말의 정치적 의미를 조명하기 위해, 예수는 분명한 역설을 제시하신다. 8:35 그것은 "누구든지 자기 목숨을 구원하고자 하면 소조 잃을 것이요 아폴루미"라는 것이다. 반대로 읽어도 마찬가지다. "누구든지 나와 복음을 위하여" 자기 목숨을 잃으면 구원할 것이다. 흥미롭게도 후자의 구절은 예수께서 그리스도인에 대한 정치적 재판에 대해 말씀하실 때 다시 언급된다. 13:9

비어즐리Beardslee, 1979:52 이하는 전쟁 전날, 헬라의 장교가 불안한 군사들의 마음을 진정시키기 위해 한 말 가운데 본문과 거의 일치하는 수사학이 나타난다고 주장한다. 그것은 전쟁에서 변절을 막기 위한 것으로, 고귀하게 죽는 자에게 불멸이 약속되고 비겁하게 살기 위해 도망하는 자는 적의 손에 죽는다는 것이다. 그러나 마가는 제자들에게 군사적 영웅심을 자극하려 하지 않는다. 그는 마가복음의 핵심이 되는 역설을 소개하고 있다. 죽음으로 위협하는 것은 국가 권력의 핵심적 방식이다. 이러한 위협에 대한 두려움은 지배적 질서를 유지하도록 도울 뿐이다. 제자들은 이러한 두려움에 맞서 목숨을 걸고 하나님 나라의 실천을 추구함으로써, 역사적으로 죽음을 지배해온 권력을 무너뜨릴 수 있다. 죽음을 국가가 지배한다고 인정하는 것은 생명에 대한 권리를 포기하는 것이다. 마가는 12:27에서 이러한 요지를 다시 제시한다

8:36 이하의 수사학은 법정적 어조에서 경제적 어조로 바뀐다. 이것은 정치적 재판에서 법적 증언으로 인한 구속에서 "구원해주겠다는" 유혹에 대한 일종의 언어유희로 보인다.

1. 자신의 목숨을 구하려고 예수를 부인하는 것은 "나쁜 투자"이다.

2. 왜냐하면 "온 천하"를 "얻고도" "케르데사이" 이익을 얻다, cf. 약 4:13; 딛 1:11 아무런 "유익" "오펠레이," cf. 막 5:26; 7:11 이 없으며,

3. 모든 것을 잃어버릴 것이기 때문이다. "제미오데나이", 신약성경에서는 언제나 경제적 궁핍을 의미한다. cf. 고전 3:15; 고후 7:9; 빌 3:8

이것은 진정한 "이중적 위험"이다. 예수에 대한 헌신에는 대가가 없기 때문이다. 앞으로의 제자도 내러티브에는 이러한 원리가 시행될 것이다. 베드로는 "자기 부인"을 실천하기로 다짐했음에도 불구하고 14:31, 결정적인 순간에 목숨을 "구하기" 위해 달아났다. 14:67 이하 부자는 재물 때문에 예수의 부르심을 거부했다. 10:21 이하 유다는 작은 이익 때문에 예수를 배반하고 당국과 결탁했다. 14:11 모든 사람은 자신의 값을 가지고 있는 것처럼 보인다. 오직 예수만 그렇지 않으시다. 그는 골고다에서 자신의 목숨을 위해서가 아니라, 다른 사람을 "구원"하시기 위해 대적의 손에 수모를 당하셨다. 15:32

제자도를 위한 두 번째 부르심은 다음과 같이 요약할 수 있다. 예수는 자신의 메시아적 소명이 로마제국의 회복이 아니라 그들과의 정치적 대결이 될 것임을 밝히신다. 그를 따르려는 자들은 이러한 전복적 프로그램에 헌신해야 한다. 한 가지 분명한 사실은 제자들이 국가 당국의 철저한 조사를 통해 충성을 검증받게 될 상황에 직면할 것이라는 사실이다. "자기"를 부인하면 십자가를 지게 될 것이며, 이것은 곧 반란 혐의로 처형을 당하게 된다는 뜻이다. 제자들은 이처럼 분명한 선택들 두 개의 반과거 뒤에 계속적 용법의 현재 명령형이 이어지는 8:34의 문법은 복수 형태선택들을 가리킨다 을 통해 "예수를 따를 것이다."

2. 인자: 피고인인가 검사인가?

많은 논쟁이 되고 있는 8:38-9:1은 이러한 선택을 다른 방식으로 진술함으로써 예수의 교훈에 대한 결론을 내린다. 명예를 존중하는 지중해 문화에서

기대할 수 있는 것처럼, 예수의 "말씀"을 부끄러워하면 그에 상응하는 부끄러움을 당할 것이다.8:38; cf. 시 25:1-3 신약성경에서 "에파이스쿠노마이"부끄러워하다라는 동사는 지배적 사회의 역학에 따라 지위를 상실한 사람 또는 상황과 동일시하는 태도에 사용된다.cf. 딤후 1:8,12,16, 이곳에서는 바울의 투옥으로 인한 부끄러움을 가리킨다 앞 절에서 이미 법정적 분위기가 조성되었다는 사실을 고려하면, 마가가 다시 한번 다니엘서에 나오는 신화적 법정 장면을 암시한다는 것은 그리 놀라운 일이 아니다. 인자의 "심판"은 지상 법정과 그것을 주관하는 독재자들의 "심판"과 대조를 보인다. 한쪽 법정에서의 무죄 선고가 다른 쪽 법정에서는 유죄 선고로 나타날 것이다.

우리는 8:38에서 마가복음 후반부에 세 차례 언급된 인자의 "강림" 또는 현현 가운데 첫 번째 강림에 대한 언급을 보게 된다.13:26; 14:62 대부분의 주석가는 오랫동안 묵시적 상징을 이해하지 못했기 때문에, 이 "영광중에 오심"을 전통적 파루시아를 가리키는 것으로 해석해왔다. 그러나 마가가 이 전승을 이 시점에 삽입한 이유를 제대로 제시한 주석가는 거의 없다. 마가는 앞서 언급한 권력의 역설에 대해, 종말론적 보복을 약속하는 방식으로 해결하려고 하지 않는다. 이러한 관점은 단순한 승리주의적 해석학을 통해 십자가 사건을 해결하려는 몸부림에 지나지 않는다. "십자가를 지라. 그리하면 면류관을 쓸 것"이라는 것이다.

그뿐만 아니라 마가는 우리에게 이 묵시적 상징에 대해 왜곡하지 않도록 확실한 내러티브적 단서를 제공한다. 예수는 이 경고"누구든지… 부끄러워하면"를 "이 음란하고 죄 많은 세대게네아"에 전한다. 그러나 이것은 예수께서 앞서 하늘의 표적을 주시지 않겠다고 선언하신 "세대"8:11 이하와 같은 세대이다.이러한 연결은 둘 다 엄중한 아멘 "진실로" 구절과 함께 제시된다는 사실을 통해 더욱 강화된다 "이 세대"는 "하나님의 나라가 권능으로 임하는 것"을 볼 것이다. 그러나 이 세대는 하늘로부터 오는 표적은 받지 못할 것이다. 따라서 이것은 인자의 강림이 하늘에서 일어나는 광경이 될 가능성을 배제한다. 대신에, 우리는 마가가 이것을 십자가의 사건과 동일시하는 것을 보게 된다.11장 D, 1; 13장 B 예수께서 "여기 서 있는 사람 중에" 살아서 그 광경을 볼 자도 있다고 말씀하신 것은 이런 의미이다.9:1

이 언급은 이곳 본문에 나타나는 묵시적 법정 신화의 관점에서 이해해야 한다. 다니엘의 환상에서 "짐승-통치자"는 결국 하나님"옛적부터 항상 계신 이,"단 7:9의 참된 심판대 앞에 끌려갈 때까지 세계와 특히 하나님의 백성을 혼란에 빠트린다. 그때가 되면, 참된 지배권이 성도들에게 주어질 것이다. 다니엘 7장은 이 드라마를 전형적인 묵시적 형태로 세 차례 반복한다.

환상의 내용	I	II	III
짐승들 간의 싸움	2-8절	19-20절	23-24절
성도들에 대한 박해	--	21절	25절
짐승에 대한 심판	9-12절	22a절	26절
성도들에게 나라를 주심	14,18절	22b절	27절

이 환상의 중심에는 인자가 주관하는 "참된 공의의 법정"이 있으며단 7:13 이하, 그를 통해 통치권나라이 하나님의 백성에게 전달된다.단 7:18 제인 쉐버그 J. Schaberg는 이 인자는 사실상 이스라엘 전체를 대표하는 인물이라는 결론을 내린다.1985

마가의 이야기 세계에서 이 신화의 "권력관계"는 반대로 반영된 것처럼 보인다. 8:31에 묘사된, 권력자들과의 필연적 대결에서 법정의 피고인으로 선 자는 인자다. 그는 이 법정에서 재판을 통해 정죄를 받고 사형 선고를 받는다. 이런 의미에서 마가복음의 인자는 박해받는 성도에 더 가깝다. 그러나 8:38 이하에서 인자는 다시 한번 참된 재판장으로 나타나신다. 그는 "천사들다니엘서의 "지극히 높으신 이의 거룩한 백성"과 함께" 와서 나라를 받으신다. 마가는 이 모든 묘사에서, 다니엘의 신화에 영향을 받은 이분법적 현실을 재생산한다. 다니엘서에서 선지자는 역사적 시간을 지배하는 것처럼 보이는 압제적 통치자를 "본다."단 7:2 그러나 이 모습을 더욱 유심히 살펴본"내가 다시 보니", 단 7:9 선지자는 공의를 세우시는 인자를 보게 된다.7:9 따라서 마가복음에서 인자는 피고인이자 검사로 제시된다.법정이 "지상"이냐 "하늘"이냐에 따라 달라진다

우리는 이 변모 장면에서 신화적 담론의 사회적 기능을 볼 수 있다. 원래의 신화에서 성도에 대한 짐승의 분명한 승리는 전적으로 상반된 해석을 통해 반전을 이룬다. 마가복음에서 인자도 마찬가지다. 인자가 패배하고 로마와 산헤드린이 승리한 것처럼 보이지만재판과 처형 기사를 통해 진술된 것처럼, 실제로는 인자의 무죄가 입증되고 로마와 산헤드린이 심판을 받는다. 이러한 신화적 담론은 이 이야기의 결말에 대한 해석을 도와준다. 그것은 우리에게 "인자의 영광"으로서 십자가의 묵시적 순간을 "보는 눈"을 준다. 그러나 더욱 중요한 것은 이 신화가 두 개의 경쟁적 "권위" 및 각각의 "법정"에 대한 우리의 실제적, 역사적 선택을 통해 우리를 가르치는 방식이다. 제자/독자는 자신이 어떤 "실재"를 신뢰할 것인지 선택해야 한다. "다니엘"의 법정에서 무죄는 "유대/로마" 법정에서 정죄가 될 것이며, 반대의 경우도 마찬가지다. 우리는 예수와 함께 "그와 복음을 위해"8:34 이하 자기를 부인하고 생명을 내어놓는 자리에 서거나, 예수와 천사들그와 함께 한, 8:38 이하 앞에서 부끄러움을 당하는 자리에 서게 될 것이다. 이러한 이중적 초점의 현실은 죽음과 생명에 대한 마가의 역설적 담론을 설명해준다.

이 담론은 이러한 도전이 과거다니엘나 이야기예수에 한정되지 않으며, 모든 시대와 모든 장소에서 그리스도인의 실존을 확실하게 보여준다. 신화는 시간과거, 현재, 미래과 공간"하늘"과 "땅"을 하나의 "진리의 순간"으로 집결시킨다.상세한 내용은 아래 11장 D, F 참조 다니엘이 이해한 이 순간은 우리가 십자가의

제자도를 받아들일 때 임한다. 이 순간은 내러티브에서 요한의 죽음과 함께 임했으며, 예수의 재판그는 자신이 인자임을 "고백"하신다. 14:62 과 처형그는 자신을 "구원"하지 않을 것이다. 15:30 에도 임할 것이다. 예수는 독자/제자에게도 반드시 이 순간이 임할 것이라고 말씀하신다. 13:10 "데이", "할 것이니라" 신화는 이 역사적 "순간"을 통해 우리를 가르치고 권능을 주며"그 때에 너희에게 주시는 그 말을 하라 말하는 이는 너희가 아니요 성령이시니라" 13:11 인자와 함께 하는 선택을 하게 한다. 이 선택은 사실상 가장 높고 깊은 권세들을 무너뜨릴 것이다. 13:26 이하

8E. 확인된 십자가: 두 개의 상징적 후속 기사 9:2-29

1. 예수의 변모: 두 번째 묵시적 순간

다니엘이 영광의 옷을 입은 한 사람에 대한 후속 환상을 통해 자신의 법정 환상이 확실함을 입증한 것처럼단 10:5 이하, 마가도 전통적으로 '변모'라고 불리는 에피소드를 통해 그렇게 한다. 다니엘은 이 세마포 입은 사람 앞에서 두려워했으며, 천사들과 짐승들이 싸우는 신화 전쟁에 대한 참된 해석을 받는다. 단 10:13 이하 제자들도 광채가 나는 옷을 입은 예수 앞에서 몹시 무서워하며 십자가에 관한 말씀이 사실임을 확인한다.

여기에는 또 하나의 상호텍스트적 암시가 나타난다. 마가복음 9:2의 상징은 시내산의 모세를 상기시킨다. 출 24:15 이하 예수께서 산으로 데려가신 핵심 제자들은 그곳에서 엘리야와 모세가 예수와 더불어 말하는 일종의 구속사적 정상회담을 목격하며, 이어서 구름이 내려와 그들을 덮고 하늘의 음성이 들린다. 본문에서 모세와 엘리야의 등장은 어떤 의미를 가지는가? 상호텍스트적 관점에서 볼 때, 두 명의 위대한 선지자는 당시의 제자들과 마찬가지로 사역하는 도중에 낙심에 빠진 중요한 시점에 산에서 여호와의 현현을 목도한 자들이다. 엘리야에 관한 기사에서, 이 위대한 선지자는 권력층에 의해 쫓겨

다니며 고통을 당한다. 그는 도피하려 했으나 여호와를 만나 다시 싸움터로 돌아간다.왕하 19:11 이하 모세의 경우, 여호와의 사신인 그는 백성에게 거부당한 후 두 번째로 산에 올라야 했다.출 33:18 이하 두 이야기는 마가복음 내러티브의 이 시점에서 확실한 교훈을 제시한다.

마가 자신의 이야기 차원에서, 이 두 사람의 등장은 놀라운 일이 아니다. 모세"내가 누구냐"라는 예수의 질문에 함축된다와 엘리야세례요한으로 제시된다는 앞서 암시된 바 있다. 끝으로 이데올로기적 정당성이라는 차원에서 그들은 예수께서 지금 하신 말씀에 신뢰성을 부여한다. 이제 십자가는 "율법과 선지자"와 함께 서 있다. 이것은 자신의 이야기가 "옛 이야기"의 계속이라는1:2 마가의 거듭된 주장에 대해 극적으로 확인한다.

우리는 9:3에서 예수의 변형된 "옷"히마티아에 대한 상세한 서술을 듣는다. 그것은 마치 낡은 옷을 버리고 새 옷을 입으라는2:21 일종의 상징적 "변형"처럼 보인다. "새"옷은 매우 "흰"류코스 옷으로 묘사된다.[1] 이 용어는 다시 한번 다니엘의 법정을 상기시킨다.단 7:9; 10:8도 보라 더욱 중요한 것은 묵시적 상호텍스트적 차원에서 흰옷은 순교를 상징한다는 것이다.계 3:5,18; 4:4; 6:11; 7:9,13 또한 우리는 마가복음 끝부분에서 예수가 계셨던 곳에 한 청년이 흰 옷을 입고 있는 장면을 본다.16:5 나중에 살펴보겠지만, 처음 청년은 옷을 벗고 도망하지만14:52, 여기서는 흰 옷을 입고 있다. 우리는 예수의 변모가 십자가에 대한 첫 번째 예고와 가르침에 이어진다는 사실을 통해, 예수의 새로운 옷은 순교자의 흰옷을 상징한다는 결론을 내릴 수 있다.

이 장면에 놀란 베드로는 다시 한번 그룹을 대변하여 간구한다. 그러나 그는 어조를 바꾸어 예수를 "메시아"가 아닌 "랍비"로 부른다.9:5 마가복음에서 나중에 랍비라는 용어가 나타나는 두 본문, 즉 제자들이 예수께서 성전을 버리신 것에 대해 안타까워하는 장면11:21과, 유다가 예수를 대제사장들에게 팔아넘겼음에도 불구하고 인사하는 장면14:45에서 제자들은 예수를 대적하는 유대인의 지배적 이데올로기 편에 선다. 이곳의 본문도 그런 "상황"으로 볼 수 있는가? 그렇게 보인다. 여기서도 베드로는 십자가의 길을 이해하는 대신 찬사만 늘어놓기 때문이다. 그는 "초막절에 가지를 엮어 만든 '초막'과 같은 일시적 처소"레 23:4 이하를 짓자고 제안한다. 테일러, 1963:391 많은 에피소드에서 볼 수 있는 것처럼, 베드로는 또 한번 예수의 담론을 이해하지 못한다. 그리고 이 수제자는 다시 책망을 받는다. 그러나 이번에는 예수가 아니라 하늘의 음성을 통해서다. 9:7 하지만 이 음성은 베드로를 정죄하지 않는다. 또한 하늘의 음성은 상호텍스트적 암시에도 불구하고 새로운 명령을 내리거나 모세, 미세한 음성으로 속삭이거나 엘리야, 전쟁 신화를 설명하지도 않는다. 다니엘 그것은 단지 세례 장면에서 증거한 내용을 반복하며, "그의 말을 들으라" 9:7는 구절을 덧붙인다. 새로운 계시는 필요 없다. "말씀"은 이미 예수의 십자가에 대한 가르침을 통해 전달되었기 때문이다.

1:11에서처럼, 하늘의 음성은 이야기 속으로 들어와 모세와 엘리야보다 높은 권위로 제자도 내러티브의 새로운 국면을 정당화한다. 많은 주석가들이 인정하고 있는 것처럼 예를 들면, Standaert, 1978, 이 두 번째 묵시적 순간은 예수의 세례 장면과 강력한 평행을 이룬다. 두 장면의 배경은 멀리 떨어진 변두리 지역이며, "이는 내 사랑하는 아들이니 너희는 그의 말을 들으라"라는 신적 위임도 거의 일치한다. 예르셀 1980:28 이하은 두 에피소드의 내러티브적 배경을 형성하는 여러 가지 공통적 요소가 나타난다고 말한다.

주제	첫 번째 묵시적 요소	두 번째 묵시적 요소
복음	1:1, 15	8:35
메시아로서 예수	1:1	8:29
길	1:2	8:27
베드로, 야고보, 요한	1:16-18	9:2

하나님의 나라	1:15	9:1
기록된 바와 같이	1:2	9:13
요한 = 엘리야	1:6	8:28; 9:12
따르라는 부르심	1:16	8:34
요한의 운명	1:14	9:13

"능력 많으신 이"로서 예수의 사역이 세례를 통해 입증된 것처럼1:10 이하, 처형당하실 자로서 예수의 새로운 사역이 이곳에서 다시 한번 입증된다. 두 장면에서 신적 증거는 신화 전쟁의 핵심인 예수와 사탄의 대결1:13 = 8:33과 직접적으로 대조된다.

2. 종말론적 비전인가, 성경적 확인인가?

환상이 끝난 후, 마가는 산 위에서 내려왔다는 언급으로9:9a 이 장면을 해체한다. 베드로의 고백 장면에서와 마찬가지로, 예수는 세 제자에게 "인자가 죽은 자 가운데서 살아날 때까지는" 그들이 본 것을 말하지 못하게 하신다.9:9b 이 말씀에 대한 제자들의 반응과 함께, 마가가 예수의 변모 장면에 대한 해석이라고 생각하는 대화가 시작된다.

많은 주석가는 9:10이 이 변모 장면을 그렇지 않았으면 내러티브에 등장하지도 못했을 뻔한 부활하신 그리스도를 미리 보여주는, 일종의 "프리뷰시연"와 같은 장면으로 제시한다고 주장한다. 형식비평은 오랫동안 "원래의 전설은 부활 기사"라고 생각해왔다.불트만, 1963:259 이와 같이 제국의 주석가들은 다시 한번 승리의 내러티브, 십자가와 함께 가는 면류관을 찾고 있다.

그러나 이런 주장이야말로 텍스트가 제자/독자에게 금지하는 내용이다. 그렇다면 9:9 이하가 말하는 진정한 의미는 무엇인가?

1. 그는 제자들에게 그들이 본 것을 아무에게도 이르지디에게손타이 말라고 경고

하셨다.디아스테일라토

2. 인자가 죽은 자 가운데서 살아날 때까지 그렇게 해야 한다.

3. 그들은 이 말씀을 마음에 두었다

4. 그들은 "죽은 자 가운데서 살아나는 것이 무엇일까"라고 서로 물었다

예수의 경고는 강력하다. 이것은 5:43과 7:36에서처럼, 기적을 칭송하는 해석을 금하신다는 의미다. 이 환상 자체는 "선포"의 대상이 아니다.cf. 5:16 왜냐하면 제자들은 "부활"의 의미를 이해하기 전에는 이 장면의 의미를 이해할 수 없기 때문이다. 이것은 이야기의 끝부분에 여기서와 같은 순교자의 옷을 입고 나타나는 무덤 속 청년을 가리키는 마가의 직접적인 내러티브 지표다.

제자들은 지금이나 이야기 끝부분에서나16:7, 부활의 의미를 이해하지 못한다는 것이 분명하다. 그들이 견고히 붙들어야 하는 것"마음에 두며"라는 동사는 신약성경에서 이데올로기적 충성과 연결되는 동사이다. 막 7:3 이하; 살후 2:15; 히 4:14; 계 2:1은 "말씀"로고스이다. 그렇다면 무슨 말씀을 가리키는가? 이 단원에서 확실히 정립한 대로, 그것은 예수께서 가르치신 십자가에 대한 교훈이다.

"드러내 놓고 이 말씀을 하시니"8:32

"누구든지 이 음란하고 죄 많은 세대에서 나와 내 말을 부끄러워하면…"8:28

이 모든 것은 우리가 변모 장면의 환상이나 이어지는 부활의 약속에 대해, 십자가 내러티브를 "구원"해내는 종말론적 표지로 받아들여서는 안 된다는 사실을 분명하게 한다. 우리는 이 복음서의 다소 당황스럽고 갑작스러운 결론에 대해, 예수께서 "죽은 자 가운데서 살아나셨다"는 선언의 "의미"가 무엇인지, "우리 중에서""서로" 묵상해야 한다."문의하되" 비록 완전하게 이해할 수 없다고 할지라도, 우리는 십자가에 대한 "말씀", 즉 새로운 방식의 제자도를 굳게 붙들어야 한다.

이 문제는 예수에 대한 제자들의 질문에서도 중요하게 다루어진다.9:11 중

요한 것은 그들이 예수께 부활의 "의미"에 관해 묻기를 꺼리며, 대신에 부활을 오늘날 제국주의 해석자들처럼 종말론적 승리주의와 관련된 것으로 생각했다는 것이다. 나중에 10:37의 대답에서 드러나듯이 따라서 그들은 "종말론적 시간표"에 따르면 엘리야가 먼저 와야 한다는 서기관의 주장에 대해 묻는다. 제자들의 질문은 지배적 이데올로기주의자들의 주장과 같다. 그들은 다시 한번 요점을 놓치고 있다.

학자들 사이에는 선구자로서 엘리야에 대한 신화가 1세기 유대인의 대중적 메시아 대망에 어느 정도 영향을 주었는지에 대한 논쟁이 지속되고 있다. Horsley and Hanson, 1985:149 **2)** 성경 외적 자료의 증거가 무엇이든, 이 본문은 사실상 말라기 4:5 이하의 전승이 일부 사람들에게 "회복"9:12 아포카티스타네이; Oepke, TDNT 1;3888이 "심판"에 앞선다는 확신을 불러일으켰음을 보여준다. 마가는 이 개념을 서기관의 해석으로 돌린다. 이 개념은 그들에 대한 마가의 이데올로기적 서술과 일치한다. 즉, 말라기 4:5에 따르면 엘리야가 여호와의 저주를 미연에 방지하기 위해 반드시묵시적 "데이"의 반복에 유의하라 먼저 와서 백성의 "마음을 그들의 아버지에게로 돌이키게" 할 것이기 때문에말 4:6, 그들은 종말에 대해 낙관했다는 것이다.

반복되는 말이지만 이것은 승리주의자의 종말론적 "당위성" 대 예수의 정치적 "불가피성"이 맞서는 신화 전쟁이다. 마가복음의 예수는 엘리야가 왔어도 지배층이 그를 무시하고 죽인다면 어떻게 하겠느냐는 것이다. 이것이 바로 이 이야기의 서두에 마가가 말라기 3:1에 호소한 이유이다. 즉, 세례요한은 백성의 마음을 돌이키기 위해 회개를 전파한 엘리야였다는 것이다. 성경적 급진주의의 필연성은"기록된 바와 같이" 선지자가 환영도, 주목받지도 못한 채 죽임을 당했다는 것이다. 따라서 9:12 이하에 제시된 마가의 대안적 해석의 담론은 다음과 같다.

A 어찌 인자에 대하여 기록하기를

B 많은 고난을 받고 멸시를 당하리라 하였느냐

C 그러나 내가 너희에게 이르노니 엘리야가 왔으되

B´ 사람들이 함부로 대우하였느니라 하시니라

A´ 기록된 바와 같이

이 동심원적 구조는 예수가 세례요한을 이어 권력자들에 맞서 증거하시는 정치적 소명의 계승자라는 6:14 이하의 담론7장 B, 2을 재개한다. 여기서는 "상호텍스트적 익명"을 사용하여 재진술된다. 즉, 인자는 엘리야의 계승자라는 것이다.

따라서 종말론 문제는 다시 한번 십자가로 돌아간다. 엘리야 신화와의 연결은 인자의 강림이 예수에 대한 처형과 동일시될 것이라는 나의 주장을 더욱 확고하게 한다. 일반적 기대와 달리, "엘리야의 강림"은 엄청난 종말론적 광경이 아니라 요한의 정치적 사역으로 나타났으며, 결국 그에 대한 재판과 처형으로 끝났다. 마가는 우리에게 인자의 "강림"도 똑같은 방식이 될 것임을 말해주고 있다. 이러한 정체성의 붕괴는 6:14 이하에서 멈추었다가 8:27에서 재개된 일련의 주장을 마무리한다. 예수는 요한인가 엘리야인가8:28, 인자인가8:31? 이것은 한편으로 상관없는 논쟁이다. 성경적 급진주의의 "대본"에 따르면, 모든 참된 선지자는 동일한 정치적 위험에 직면한다. 하늘의 음성이 제자/독자에게 "들으라"고 명령한 것은 바로 이러한 운명에 대한 것이다. 그러나 우리는 과연 "들을 귀"가 있는가?

3. 말 못하고 못 듣는 아이: 믿음의 싸움

첫 번째 문답 주기는 "말 못하고 못 듣게 하는 귀신"을 쫓아내신9:14-29 두 번째 후속 기사네 번째 상징적 치유 가운데 세 번째와 함께 끝난다. 우리는 처음부터 이 이야기가 일종의 개요임을 알 수 있다. 본문은 앞서 벳새다 이전 치유 및 귀신을 쫓아내시는 모든 에피소드에서 적어도 한 가지 이상의 요소에 대해 암시한다.

1. 회당에서 귀신을 쫓아내심[1:26 이하]	=	"더러운 귀신"을 쫓아내심; 무리가 매우 놀람[9:15,17]
2. 나병환자를 고치심[1:41]	=	불쌍히 여기신다는 동사[스플락크니스데이스, 9:22]가 사용됨
3. 중풍환자를 고치심[2:1,6]	=	무리와 서기관의 등장[9:14]
4. 손을 고치심[3:5]	=	손을 잡아 일으키심[9:27]
5. 거라사 귀신[5:3-5]	=	귀신이 어떻게 희생자를 괴롭혔는지에 대해 상세히 설명함[9:18,20,22]
6. 회당장의 딸[5:41 이하]	=	죽은 것 같은 아들을 살리심[9:27]
7. 유출병 여자[5:34]	=	"믿음"으로 치유 받음[9:23 이하]
8. 수로보니게 여자의 딸을 고치심[7: 25 이하]	=	같은 성의 자녀[아버지/아들, 9:17 24]
9. 귀 먹고 말 더듬는 자[7:31 이하]	=	말 못하고 못 듣는 자[9:25]

이처럼 세밀한 회상적 요소들은 우리가 치유를 상징적 행위로도 "해석"해야 함을 상기시킨다.

무리는 예수를 보고 "매우 놀라며"[엑세담베데산] 문안한다.[9:15] 이 표현은 다른 곳에서는 14:33과 16:5 이하에서만 나타나며, 장차 순교할 것이라는 말씀에 대한 반응에 사용된 강조형 동사이다. 예수는 앞서 순교적 인물로 희미하게 암시된 바 있다. 이 무리로부터, 귀신 들려 고통받고 있는 아들을 둔 아버지가 등장한다. 그는 자기 아들을 예수께 데려오고 싶었으나 찾지 못하여 제자들에게 내쫓아 달라 하였으나[9:17 이하] 그들이 "능히 하지 못하였다."[우크 이스쿠산]고 말한다. 테일러는 9:22의 예수에 대한 호소에는 "치유자의 능력에 대한 의심, 불쌍히 여겨 도와달라는 호소, '우리'라는 복수 형태를 사용하여 자신과 가족과 아이를 동일시하는" 매우 사실적인 특징이 나타난다고 말한다.[1963:399] 이 대화는 "내가 믿나이다 나의 믿음 없는 것을 도와 주소서"[9:24] 라는 아이 아버지의 통렬한 부르짖음으로 마무리된다.

예수께서 귀신을 쫓아내신 극적인 장면[9:25-27] 이후, 앞서와 마찬가지로 집이라는 안전한 내러티브 장소에서 제자들과의 대화가 제시된다. 제자들은 그 귀신을 쫓아내지 못한 무능함에 대해 분노한다. 예수는 그들에게 기도하라고만 말씀하신다. 이것은 마가가 제자들과 관련하여 기도에 대해 언급한 첫 번째 사례다.[9:29] 이 에피소드는 이러한 외견상의 점강적 방식에 의해 갑자기 끝난다. 이 이야기의 상징은 해석하기 어려우며, 주석가들이 이 구절을 간과하는 이유이기도 하다. 그러나 이 담론에는 본문에 대한 해석에 중요한 단서를 제공하는 두 가지 암시가 나타난다. 첫 번째 암시는 또 하나의 반지 구조로 이루어진다는 것이다.[cf. 2:1-12]

14-16절　무리와 제자들이 변론함

17-27절　예수와 아이 아버지의 만남, 아이에게서 귀신을 쫓아내심

28절 이하　예수와 제자들의 대화

이러한 구조는 우리에게 이러한 실제적 축귀사역은 제자들의 무능이라는 프레임을 통해 해석해야 한다는 사실을 가르친다.

둘째로, 이 에피소드는 믿음과 의심/불신앙의 변증법을 중심으로 구성된다.

1. 내가 선생님의 제자들에게 내쫓아 달라 하였으나 그들이 능히 하지 못하더이다
2. 믿음이 없는 세대여 내가 얼마나 너희와 함께 있으며
3. 그러나 무엇을 하실 수 있거든 우리를 불쌍히 여기사 도와 주옵소서

4. 할 수 있거든이 무슨 말이냐 믿는 자에게는 능히 하지 못할 일이 없느니라

5. 내가 믿나이다 나의 믿음 없는 것을 도와 주소서

이 담론은 이 에피소드의 핵심 문제를 보여준다. 그것은 믿음의 싸움이다. 초점은 아이에 대한 기적적 치유가 아니다. 이것은 9:27 이후에 어떤 놀라움도 나타나지 않는다는 사실을 통해 알 수 있다. 오히려 관심사는 "우리는 어찌하여 능히 그 귀신을 쫓아내지 못하였나이까"9:28라는 것이다.

이 에피소드를 상징적 행위로 이해하기 위해서는 믿음과 능력의 수사학적 관계에 대한 추적으로부터 시작해야 한다. 본문의 논리적 흐름은 다음과 같다. 제자들은 귀신을 쫓아내는 능력을 부여받았으나6:12 여기서는 이것이 그들을 실패하게 한 것으로 보인다. 우리는 앞서 예수께서 나사렛에서 권능에도 불구하고 "그들이 믿지 않음"디아 텐 아피스티안 아우톤, 6:6a으로 인해 권능을 행하실 수 없었다는 사실을 알고 있다.

이곳에서는 누구의 불신앙이 문제가 되고 있는가? 앞서의 담론에서 무능한 자는 제자들이었다. 회당장과 그의 딸이 이스라엘의 위기를 극적으로 그려낸 것과 마찬가지로 아버지와 아들에 대한 "픽션"은 이러한 제자들의 위기를 극적으로 그려낸다. 아버지는 믿음과 불신 사이에 끼어있다. 이것은 예수를 따르는 제자들의 특징이기도 하다. 제자들은 하늘의 음성을 통해 "들으라"는 명령을 받았음에도 불구하고9:7 예수의 십자가에 대한 가르침을 "듣지 못한다." 마찬가지로, "귀신"은 아이를 말 못하고 못 듣게 한다. 이러한 교훈은 죽음/생명의 역설을 분명히 제시한다. 또한, 이 이야기는 생명을 위협하는 "귀신"을 중심으로 전개된다. 귀신이 나갈 때, 아이는 죽은 것 같이 된다.9:26 그러나 예수께서 개입하셔서 아이를 "일으키신다."아니스테미, 9:9 이하에서처럼 제자들이 궁금해 한 "부활"의 의미는 무엇인가? 그것은 '목숨을 잃음으로써 살아나는 구원보다8:35 살아 있어도 죽은 것 처럼 만드는9:22,' 절름거리는 불신

의 귀신을 쫓아내는 것이 아니고 무엇이겠는가?

나는 이것이 귀신을 쫓아내는 상징적 행위의 의미라고 생각한다. 그러나 제자들은 왜 이 귀신을 쫓아내지 못하였는가[9:28]? 예수는 오직 기도를 통해서만 가능하다고 말씀하신다. 그렇다면 기도란 무엇인가? 예수는 나중에 이 주제로 다시 돌아와[11:23 이하], 기도를 "믿음의 능력"과 분명하게 연결하신다. 기도란 자신과 세계의 변화를 믿는 방법을 배우는 것이다. 이것은 경험적으로는 "산을 옮기는 것"만큼 불가능해 보인다.[11:23] 불신은 귀신의 힘의 지배를 받는 낙심이다. 낙심은 실제로 아무것도 변화시킬 수 없으며, 혁명적 비전과 실천을 불가능하게 한다. 제자들은 기도를 통해 이러한 무능함, 포기하게 하는 유혹과 싸우라는 명령을 받는다. 예수는 나중에 "시험에 들지 않게 깨어 있어 기도하라"고 촉구하신다.[14:38] 귀신을 쫓아내는 "능력"또는 무능은 "깨어 있는 능력"과 연결된다.[14:37] 안타깝게도, 제자들은 예수께서 겟세마네에서 피땀 흘리며 기도하시는 동안 졸음을 이기지 못한다. 그들은 예수께서 권세들과 맞서실 때 도망한다.

마가는 내러티브의 이 단계에서 기도를 도입함으로써, 그가 기도를 "내부의 귀신"에 대한 비판적 성찰의 실천으로 이해한 것은 아닌가[9:22의 "불"과 "물"의 모티브는 다음 단원의 배교에 대한 언급에 다시 나타난다]? 기도는 예수의 길을 불신하게 하고 포기하게 하며 피하게 하는, 낙심과 혼란을 막는 강력한 개인적 투쟁은 아닌가? 우리의 제국주의 문화에 깊이 스며든 이 귀신은 우리를 "어릴 때부터"[9:21] 현 상황의 무력하고 고분고분한 피지배자로 가두어 놓고 있는 것은 아닌가? 그러나 회당장의 딸이 살아나 이스라엘의 "미래"를 예시하듯이, 이 아이도 우리에게 힘을 잃어가는 제자도 내러티브의 미래에 대한 희망을 제공한다. 우리가 자신의 믿음과 불신의 모순에서 헤어나오지 못하고 있다는 사실을 인정하는 것은 치유를 향한 첫 단계이다.

문답 주기는 이렇게 끝난다. 마가의 이야기의 구조적 중심에 위치한 이 단원은 매우 구체적인 용어로 제자도 여정의 의미를 재규명한다. 그러나 얼마나 많은 세대의 해석자들이 십자가를 영적으로 해석하고, 정치적 상징을 종교적 상징으로 바꾸려 했는가? 또한 마가가 인자의 강림과 변모를 십자가와 연결된 한 순간으로 규명했음에도 불구하고, 얼마나 많은 사람이 아직도 이 두 가지 환상 속에 나타난 순교적 요소를 인정하지 않고 거부하고 있는가? 이러한 거부는 메시아의 전복을 추구했다는 혐의로 기소되어 지상 법정에 서본 적이 없는 자들, 자신의 예언적 음성을 잠재우는 귀신과 싸우기보다 죽은 선지자에 대한 초막을 짓기에 여념이 없는 자들이 오랫동안 억압해온 해석학적 음모다. 그러나 억압이 마가의 담론에 담긴 진리를 숨길 수는 없다. 십자가를 지지 않는 제자도는 존재하지 않는다.

미주

1. Culpepper는 "마가복음에서 히마티아에 대한 일련의 언급은 상징적 의미가 있음을 보여준다"고 주장한다.(1983:132) 지금까지의 내러티브에서 예수의 옷은 손을 대는 자가 고침을 받는(5:27-30; 6:56) 긍정적 요소로 제시되었다. 그러나 이곳에서부터 옷은 부정적인 이미지를 가진다. 바디매오는 옷을 내버리고 예수를 따른다.(10:50) 예루살렘 백성은 자신의 옷을 벗어 던지며 예수의 예루살렘 입성을 환영한다.(11:7 이하) 제자들은 전쟁이 일어났을 때, 옷을 가지러 가서는 안 된다.(13:16) 예수의 옷은 군병들의 전리품이 되며, 예수는 벗은 몸으로 십자가에 달리셨다.(14:20,24)
2. 예레미아스는 서기관이 가지고 있는 "지식"의 사회적 힘(14장 B, 1)은 부분적으로 묵시를 포함한 심원한 전승 본문에 기초한다고 주장한다. 그는 일부 묵시 문학을 서기관의 글로 추정한다. 이것은 마가가 엘리야 일정표를 서기관에게 돌린 이유를 설명해준다.(예레미아스 1969:238 이하)

제9장

예수의 새로운 사회 질서 구축 II: 교훈 주기

막 9:30-10:52

> 나의 의로운 종이 자기 지식으로 많은 사람을 의롭게 하며 또 그들의 죄악을 친히 담당하리로다
>
> -사 53:11b

만일 "십자가의 길"이 인간의 고뇌에 대한 신앙적 접근이나 종교적 금욕주의가 아니라 권력에 저항하는 확고한 정치적 선택이라면, 오직 순교를 주장하는 영웅주의와 무엇이 다를까? 그렇다면 이러한 십자가의 길은 곧바로 새로운 엘리트주의를 양산하지 않을까? 무엇보다도 중요한 것은, 어떻게 십자가가 단순한 비극적 실패가 아니라 개혁을 향한 길이 될 수 있을까? 두 번째 "구축 추기"는 이러한 질문들에 대해 명확히 규명한다. 십자가의 제자도는 "모든 삶의 영역에 비폭력을 적용"해야 한다는, 훨씬 어려운 요구를 제시한다. 간디의 말처럼, "다른 사람과의 개인적 관계에서 비폭력을 실천하지 않고, 보다 큰 문제에 비폭력을 시행하기를 바란다면 크게 잘못된 생각이다." 1948: I, 187 진정한 혁명적 변화는 "아래로부터 위로" 전개된다.

첫 번째 구축 주기6장는 기적이라는 상징적 행위를 통해 사회적 화목과 경

제적 정의에 기초한 새로운 질서에 대한 비전을 서술했다. 이제 두 번째 주기는 교훈을 통해 이 새로운 질서를 초래할 실천에 대해 더욱 구체적으로 진술한다. 십자가의 길은 정치적 압제에 저항하는 부정의 길via negativa일뿐만 아니라 마가복음의 예수가 "섬김"이라고 부르신, 참으로 새로운 사회적 조직을 실험하는 긍정적인 길이다. 지배적 관습은 반드시 근절해야 할 만큼 인간관계에 깊이 뿌리를 내렸다. 이에 따라 급진적 비폭력 방식은 우리를 생명과 죽음에 대한 가장 심오한 역설로 이끈다. 따라서 마가는 이 단원 전체에서, 새로운 질서의 작은 "씨"가 크게 성장할 것이라는 첫 번째 설교에 나타난 예수의 담론5장을 암시한다.

9A. 두 번째 주기: 비폭력에 대한 문답9:30-50

두 번째 주기의 수사학과 구조

제자도 문답의 첫 번째 주기8장 A, 1는 두 번째 제자도를 위한 부르심과 이러한 부르심에 대해 두 가지 상징적 기사를 통해 확인하는 내용으로 이루어졌다. 두 번째 주기는 전복적 메시아 실천에 따른 "필연적인" 정치적 결과에 대한 고찰에서 공동체의 삶 속에서 날마다 시행되어야 할 실제적 명령으로, 초점이 전환된다. 이 본문은 비교적 늦게 기록된 신약성경에서 발견되는 소위 가정에 대한 권면적 담론골 3:12-4:6이 고전적 사례다과 유사한 일면이 있다. 우리는 여기서 어린아이9:36 이하; 10:13-16, 부모결혼과 이혼; 10:2-12, 그룹의 영역9:38-41, 그리고 하나님 나라 공동체 안에서의 헌신9:42-50에 대한 교훈을 발견한다. 이 단원은 마가복음에서 유일한 "제자도를 거부한" 기사10:17-22 -이 기사에서 재물이 많은 사람은 예수를 "따르지"않는다- 와, 소유와 공동체의 정체성에 대한 교훈으로 마친다.

이 두 번째 주기의 내적 구조는 집, 남쪽을 향한 여정, 그리고 "길"이라는 상징적 공간 등, 세 개의 내러티브 장소를 중심으로 이루어진다. 이 단원두 번째 주기은 십자가에 대한 두 번째 예고와 함께 갈릴리로 돌아가는 장면9:30-32으로 시작한다. 이어지는 교훈 부분은 "아이"와 "첫째먼저/끝나중"이라는 두 주제가 이중적 틀을 형성하는 두 개의 작은 단원으로 구성된다.아래 〈표 4〉 참조 이 작은 단원 안의 에피소드들은 첫째먼저/끝나중이라는 주제를 조명한다. 그러나 이 논쟁적 패턴은 어린아이를 중요한 사례로 제시하며, 따라서 나는 이 내적 프레임의 처음과 마지막 부분을 함께 다룰 것이다.

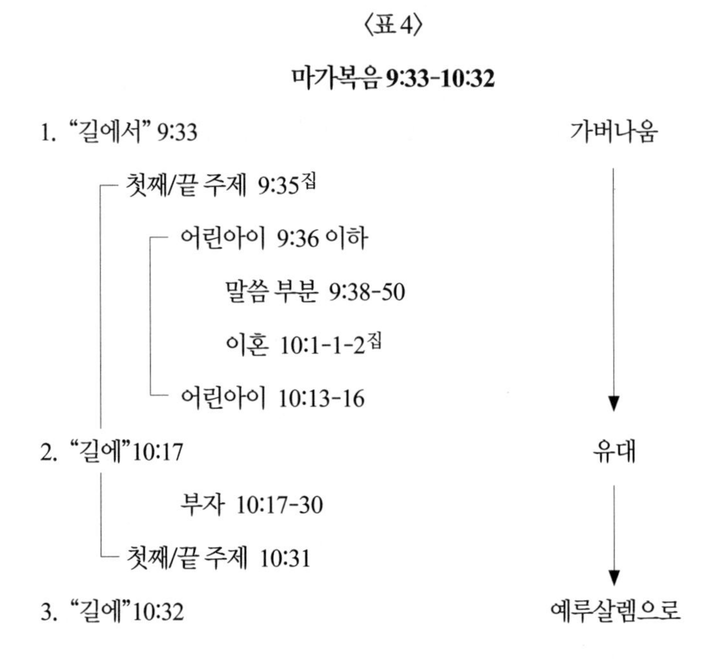

두 번째 주기에는 또 한 가지 주목할만한 수사학적 특징이 나타난다. 그것은 말씀 부분9:37-50의 놀라운 "단어 연결" 기법이다. 이 말씀 주제는 어린아이의 사례를 통해 처음 제시된다. "누구든지 내 이름으로 이런 어린아이 하나를 영접하면"이라는 말씀을 통해 얻을 수 있는 교훈은 두 개의 궤도를 그리며 이슈화된다. 하나는 "작은 자"를 실족하게 하는 문제를 다루며, 또 하나는 그룹의 영역 문제를 다룬다. "내 이름으로" 〈표 5〉에는 이러한 언어적 연결을 볼 수 있다.

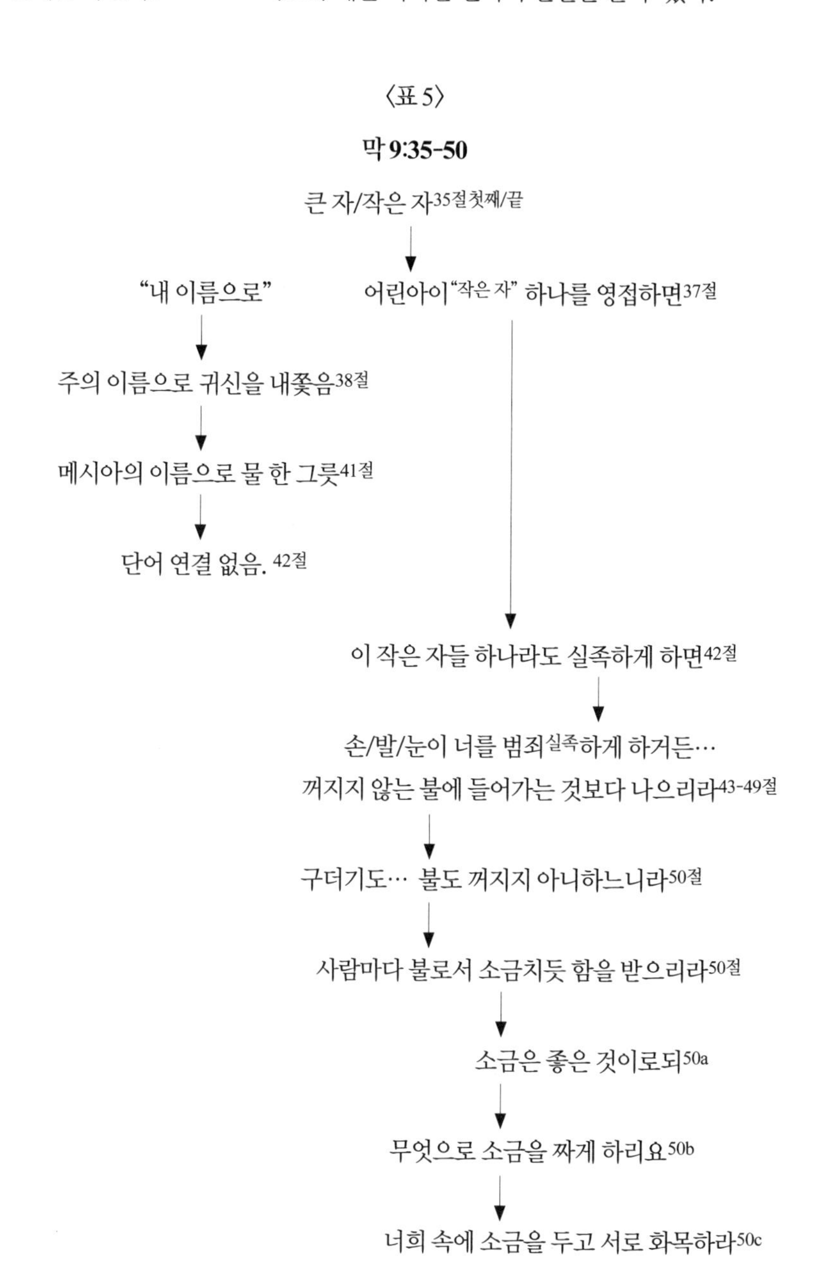

이러한 수사학적 패턴은 마가가 사용한 자료에 나오는 구전 문답의 단어 연상 기법의 영향을 받은 것이라는 형식비평의 지적은 정당하다.[Taylor, 1963:408 이하; Dodd, 1968; McDonald, 1980] 그러나 이것을 저자의 문학적 소양이 부족한 탓으로 돌린 것은 잘못된 주장이다. 플레더만[1981:57 이하]은 마가가 적어도 네 개의 Q 자료에 나오는 전승을 사용하여 자신의 목적에 적절히 활용했다고 말한다. 이 교훈은 사실상 "어린아이를 영접"하라는 구절의 의미를 보여주는, 세밀하고 일관성 있는 주석이다.

2. 두 번째 예고: 첫째/끝

제자 공동체는 갈릴리로 되돌아간다.[9:30] 그곳에서 예수는 더욱 일반화된 형식의 두 번째 예고를 전하신다.[9:31] 마가는 예수에 대한 체포, 재판/처형 내러티브에서 중요한 역할을 할 "넘기다."[파라디도미, cf. 1:14; 3:19]라는 법적-정치적 용어를 사용한다. 독자에게 의문의 여지를 남기지 않도록, 마가는 예수께서 "죽임을 당하실 것"이라는 사실을 두 차례나 강조한다. 쉐버거는 이 예고가 특히 다니엘 7:25 및 12:2와 연결된다고 주장한다. 두 본문은 각각 의인들이 통치자의 손에 넘겨질 것과, 그들이 다시 살아날 것에 대해 언급한다.[1985:210-13] 제자들은 다시 한번 이 "말씀"[레마, 9:32]을 깨닫지 못한다. 다른 복음서에는 이 단어가 자주 등장하는 데 반해 마가복음에는 이 단어가 한 차례만 더 나타나며, 그곳 본문에서 베드로는 자기를 부인할 것이라는 예수의 말씀을 떠 올린다.[14:72] 따라서 마가는 예수의 정치적 운명을 이해하고 받아들이지 못한 것과 그 결과로 인한 배신의 관계를 직접적으로 연결한다.

그들은 이어서 가버나움의 집에 도착한다.[9:33] 공동체가 권력이나 훈련과 관련된 내부적 문제에 대한 교훈을 위해, 남쪽으로 향한 이동을 이곳에서 잠시 멈추었다는 사실은 중요하다. 왜냐하면 가버나움은 마가복음 첫 부분의 축이 되는 장소이기 때문이다.[1:21; 2:1; 위, 4장 B, 4] 이곳은 예수께서 제자들의 권력에 대한 열망을 드러내 보여주기 시작하신 곳이다. 그들은 예수께서 그들을 데려가려는 장소에 대해 깨닫지 못했을 뿐만 아니라, 정반대 방향을 향해 전력을 다해 달렸다. 마가는 최대한의 역설을 사용한다. 즉, 제자들은 "길에서"9:33b, 34a 두 차례 누가 큰 자인지를 두고 논쟁을 벌였다는 것이다. 마가는 예수의 대답을 위해 익숙한 무대를 제공한다.9:35 즉, 앞서 열두 제자를 부르시고3:14; 4:10; 6:7; 10:32; 14:17 예수께서 자리에 앉으시는cf. 4:1; 12:41; 13:3 배경을 설정한 것이다. 이러한 배경 설정은 이어지는 교훈에 귀를 기울이라는 내러티브적 신호에 해당한다.

마가는 이곳에서 첫 번째 문답 주기와 마찬가지로, 탄네힐이 말한 "반의적 경구"를 사용한다.

> 이것은 날카로운 대조를 포함한, 짧고 신랄한 경구이다. 이 경구는 동일한 핵심 단어를 가진 두 부분으로 나뉘며, 부정적인 형식과 긍정적인 형식, 또는 반의적 용어와 함께 사용된다.… 진술이 계속되면서, 화자는 일종의 언어유희를 통해 용어나 개념을 반전시킨다.… 또한 이 경구는 단순성을 통해 설득력을 얻는다. 이 경구의 주장은 압도적이며, 어떤 수식어도 첨가되지 않는다.1975:89

섬김의 리더십이라는 주제9:35b의 도입은 "담론의 초점"이 어디에 맞추어져 있는지를 보여준다.Fleddermann 비폭력의 길이란 가정과 친구들과 이웃 사이에서 사회적 권력과 특권의 실제적 힘에 민감해야 한다는 뜻이다. 예수를 따르는 자는 전복적 삶이 가져올 운명을 예상하지 않을 수 없지만, 십자가에 대한 궁극적 선택은 메시아 공동체의 구체적 삶 속에서 날마다 재생산되어야 한다.

예수는 가까이에 있는 사물을 이용한 실물교육을 통해 "작은 자가 된다"는 의미에 대해 조명하기 시작하신다.9:36 어린아이는 고대 지중해 사회의 사회적, 경제적 지위 및 권리에 있어서 가장 약자의 위치에 있다.

> 연령에 따라 권력과 책임을 차별적으로 부여하는 방식은 위계적이고, 영역의 경계가 분명하며, 영향력이 크다. 권위의 방향은 수직적이며 아래로 향한다. 노인과 전통은 존경을 받고 힘이 있으며… 조기 교육에는 가혹한 징계가 따랐다. 젊은이는 성인이 되기 전까지 가족의 일원으로서 진지한 대우를 받지 못했다.Carney, 1975:92

어린아이는 하찮은 존재로 여겼기 때문에, 예수께서 그들에게 관심을 보이신 것은 놀라운 일이었다. 더구나 예수께서 어린아이를 사회적 프로그램의 모델로 제시한 것은 충격적이었다. 그러나 예수는 나중에 10:13-16에서도 두 차례나 그들에 대해 말씀하신다. 예수는 하나님 나라의 급진적 지위 반전으로 다시 한번 청중의 사회적 세계를 위기에 빠뜨리심으로써, 제자들의 권력욕에 대한 공격을 시작하신다. 어린아이에 대한 주제는 아래B, 2, 3에서 상세하게 다룰 것이다.

3. 사회적 영역: "선한 외부"

마가는 요한의 언급9:38에 대해, 이어지는 장면에서 또 하나의 강력한 풍자적 처방을 주입하는 방식으로 담론의 어조를 고조시킨다. 요한이 단원에서 매우 궁색한 입장에 처하며, 베드로만 예외적으로 실수했을 것이라는 망상을 여지없이 무너뜨린다은 공동체 밖의 외인이 독단적으로 주술을 행하는 활동에 대해 불평한다. 마가는 민수기 11:27-29에 진술된, 모세와 "영을 받지 않고 예언한 선지자들"에 대한 기사를 암시하고 있는 것으로 보인다. 그는 예수의 대답을 모세에 대한 여호수아의 요구와 직접 대조하는 방식으로 제시한다.

"내 주 모세여 그들을 말리소서"민 11:28, 70인역, 콜루손 아우투스

"그를 금하지 말라"막 9:38, 메 콜루에테 아우톤

마가의 에피소드는 상호텍스트적 암시를 통해 "네가…시기하느냐"민 11:29 라는 모세의 대답으로부터 해석학적 조명을 받는다. 모세에게 있어서 이 문제는 공동체의 권력 분배에 관한 문제였으나"여호와께서 그의 영을 그의 모든 백성에게 주사 다 선지자가 되게 하시기를 원하노라", 이곳에서는 "배타성"에 관한 문제로 다루어진다.

요한의 반대가 교만한 이유는 "예수의 이름으로" 긍휼을 베푸는 사역의 영역을 한정하려 했기 때문이다. 그는 귀신을 쫓아내는 행위를 지위와 권력을 얻는 것으로 생각했으며, 이러한 권력에 대한 독점권을 유지하고 싶어 했다. 특히 이러한 태도는, 앞서 살펴본 대로 제자들이 귀신을 쫓아내는 능력이 부족했다는 점에서9:14-29, 비난을 받아야 했다. 더욱 중요한 것은 이러한 태도가 배타성보다 포용성을 촉구한 9:37의 "영접"과 정면으로 배치된다는 것이다. 그러나 가장 중요한 것은, 요한이 이 외인의 활동을 금한 이유가 "우리를 따르지 아니하므로"였다는 것이다. 제자들은 자신이 제자가 되어 따르는 것이 아니라, 다른 사람이 자신의 제자가 되어 따르기를 원했던 것이다. "우리가 누리는 최고 지위"는 누구와도 공유하지 않겠다는 것이다.

그러나 예수는 이러한 깨닫지 못함에 대해 직접 책망하시지 않고, 다만 제자들이 그를 금해서는 안 되는cf. 10:14 이유를 세 가지로 말씀하신다. 첫 번째 이유는 예수의 이름을 의탁하여 능한 일포이에세이 두나민, cf. 6:5을 행한 자가 즉시로 예수를 비방하지 않을 것이기 때문이라는9:39, 매우 실제적인 논리이다. 두 번째 이유는 이러한 논리를 일반적 경험 법칙으로 확장한다. 즉, "우리를 반대하지 않는 자는 우리를 위하는 자"9:40이기 때문이라는 것이다. 여기에는 역설이 담겨 있다. 왜냐하면 베드로는 이야기 끝에, 실제로 예수를 "비방"하며, 지금도 그를 비롯한 제자들은 예수를 위한다고 하면서 점차 그에게서 돌아서고 있기 때문이다.

중요한 것은 세 번째 이유로9:41, 본문의 엄중한 어조이곳에서만 "진실로"라는 표현이 사용된다와, "그리스도"라는 용어가 고백적 상황이 아닌 곳에서는 1:1과 이곳에만 나타난다는 사실에 의해 강조된다. 즉, 예수는 "외인"의 구원적 행위를 반대하지 않으실 뿐만 아니라 "그리스도에게 속한 자"에 대한 간단한 대접물 한 그릇 행위에 대해서도 보상하신다는 것이다. 요한은 경쟁적 세력에 대해 걱정했으나, 예수는 자비와 공의의 사역을 하는 모든 자를 환영하신다. 요한은 "내가 더 거룩하다"는 망상에 빠져 있으나, 예수는 제자들이 때로는 자비를 받는 쪽에 서야 한다는 사실을 지적한다. 즉, 제자들은 치유와 해방 사역을 독점하고 있지 않으며, 따라서 구원 사역을 하는 다른 자들과 편견 없이 함께해야 한다. 바꾸어 말하면, 어떤 식으로든 그리스도인에게 유익을 주는 자는 하나님의 나라에서 합당한 인정을 받게 된다는 것이다.

이것은 칼 라너Kal Rahner가 한때 "익명의 기독교"라고 부른 것을 확인하는 것으로 보인다. 마가는 "고백적 위기"에서 분명히 진술된 이 원리를 확장한다. 하나님의 나라에서 인정을 받는 것은 "바른 이름"이 아니라 "실천"이다. 또한 이 가르침은 믿음의 공동체 주변에 배타적이고 엄격한 사회적 장벽을 치는 것을 금한다. 예수는 '독점의 권력과, 권력의 독점'의 관계를 염두에 두고 계셨던 것으로 보인다. 사회적 지배에 대한 열망을 무너뜨리는 가장 빠른 방법은 궁극적으로 유동적이며 포용적인 "소속" 개념을 유지하는 것이다. 이 주장을 확인하기라도 하듯이, 이제 예수는 외부에서 선한 것이 나올 수 있듯이, 어떻게 "내부"에서 배신이 일어날 수 있는지 보여주신다.

4. 공동체의 결속: "악한 내부"

9:42은 이 단락 안에서만 앞 절과의 언어적 연결이 끊어진다. 42절의 "작은 자"미크론는 "큰 자"9:34, 메이존와 대조를 이루며, 작은 자/어린아이에 대한 원래의 주제로 돌아간다. "또 누구든지 나를 믿는 이 작은 자들 중 하나라도

실족하게 하면"이라는 구절은 공동체 내의 갈등이라는 주제를 갑자기 삽입한다. "실족하게 하다"로 번역되는 동사스칸달리제는 마가복음에서 하나님의 나라에 대한 메시지에 대한 거부나6:3 그 길을 버린다는 뜻으로 사용되는 전문용어다. 이것은 씨 뿌리는 자 비유의 두 번째 사례에 대한 암시이다. "그 속에 뿌리가 없어 잠깐 견디다가 말씀으로 인하여 환난이나 박해가 일어나는 때에는 곧 넘어지는 자요"4:17, 스칸달리존타이

그러나 이런 장애물이 공동체 내부에서 나올 수 있는가? 이 이야기는 그렇게 될 수 있으며, 실제로 그렇게 하고 있다고 말한다. "차라리 죽는 것이 낫다."칼론 에스틴라는 엄격한 말씀은 유다가 정치 권력자와 결탁하여 자신을 배신한 사실에 대해 언급할 때14:21 다시 사용된다.

따라서 이어지는 일련의 말씀9:43-48은 공동체 내의 배교에 대한 문제를 다룬다. 구원/유기는 9:42에서 생명/죽음의 역설을 정립한 후, 손과 발과 눈에 대한 세 가지 평행적 진술을 통해 그 의미를 확장된다. 각 구절은 다음과 같이 형성된다.

만일 네 손/발/눈이 너를 범죄하게 하거든 그것을 제거하라.…

그것과 함께 지옥 곧 꺼지지 않는 불에 들어가는 것보다.…

그것 없이 영생에 들어가는 것이 나으니라.칼론 에스틴…

꺼지지 않는 불게헨나은 항상 불타고 있는 예루살렘의 쓰레기 더미에 대한 일상적 표현일 수 있다.9:43c 그러나 두 번째 게헨나에 대한 언급9:48은 이사야서66:24에 언급된 의미와 가까운, 종말론적 심판을 암시한다. 중요한 것은, 마가가 다니엘서의 법정 신화를 제외하고 종말론적 형식의 "신적 보복"을 암시한 것은 믿음의 공동체의 배교에 대한 언급이 유일하다는 사실이다.[1)]

유대인은 손과 발과 눈을 공격적 행위가 이루어지는 지점으로 생각했다. 따라서 이런 관점에서 이 구절을 "곤란한 지경에 빠질 것이다"라는, 개인의 도덕적 징계와 연결한 전통적 해석은 요점을 놓치고 있다. 아래에서 살펴보

겠지만11장 A, 2; C, 2; 14장 A, 3, 마가의 공동체는 박해에 직면하여 결속이 붕괴될 위기에 처했다. 전쟁의 압박은 일부 지체의 이탈을 초래했으며, 다른 지체믿음을 가진 작은 자들에 대한 배신으로 나타났다. 그렇다면 이곳의 본문은 어떤 관점에서 다루어야 하는가?

데렛은 이곳에서 구체적인 법적 의미를 찾는다.1974:4 이하 그는 1세기에그리고 오늘날 일부 이슬람 사회에서도 실제로 범죄한 신체 부위를 절단하는 처벌이 시행되었다고 주장한다.

1. 손: 절도, 사기 및 문서 위조오른손은 소유권 이전을 상징한다
2. 발: 강도, 상습적 절도, 도망한 노예
3. 눈: 간음, 성적 범죄

데렛은 마가가 세속적 정의 시행에서 잘 알려진 이미지를 끌어왔으며, 공동체 안에서 징계를 시행할 때 관대한 처벌을 촉구했다는 의미로 보아야 한다는 결론을 내린다. 나의 해석에 따르면, 이것은 마가가 내부 사회의 안전을 위해 밀고자와 탈주자를 처형한 "혁명적 정의"를 거부했다는 뜻이다.[2)]

이 구절들은 어떻게 읽어도 해석이 어려우며, 특히 마가의 "절단에 대한 명령"을 문자적으로 받아들이지 않는 경우 더욱 그렇다. 아마도 이 이미지는 교회 내 징계예를 들면, 고전 5장나 "약한 지체"에 대한 존중롬 14장, 특히 "심판"과 "실족케 함"의 관계에 대한 13절과 관련된 바울의 권면과 유사한 내용으로 보아야 할 것이다. 또한 이 말씀은 바울이 공동체를 "몸"에 비유하며 손과 발과 눈에 대해 언급한 본문고전 12장을 상기시킨다. 이것은 지나치게 많은 양이 삽입된 것으로 볼 수도 있다. 그러나 나는 앞서 이 단원이 초기 문답의 전형을 반영한다는 사실을 지적한 바 있으며, "몸" 메타포가 공동체 안에서 흔히 회자되던 주제일 가능성도 있다. 비유적으로 해석하면, 마가의 호소는 "공동체 전체"의 안전을 위해 밀고자/배신자에 대한 추방사형은 아니다을 요구한 것으로 볼 수 있다.

이 해석은 오랫동안 논쟁이 되어왔던 결론적 진술의 의미를 더 잘 이해하게 한다. 즉, 공동체의 모든 지체는 소금과 불로 "단련을 받아야" 한다는 것이다.9:49 이하 데렛은 당시 소금과 불은 절단으로 인한 상처를 봉합하기 위한 용도로 사용되었으며, 모든 담론은 이런 식의 중의적 의미로 가득하다고 말한다. 그러나 플레더만의 주장은 더욱 설득력이 있다.

> "소금을 두고"는 "평화"와 평행을 이룬다. 구약성경에서 소금은 언약의 상징이다. 가장 명확한 본문 가운데 하나는 레위기 2:13b이다. "네 하나님의 언약의 소금을 네 소제에 빼지 못할지니 네 모든 예물에 소금을 드릴지니라." 민수기 18:19에는 영원한 언약을 "소금 언약"으로 부른다.대하 13:5도 보라 이 개념의 배경은 식사할 때 소금을 나누는 행위일 것이다.스 4:14 다른 사람과 소금을 나눈다는 것은 그와의 교제를 의미하며, 따라서 언약 관계에 있는 것이다. 이 담론은 높은 자리에 대한 제자들의 이기적인 욕심으로 인한 갈등과, 귀신을 쫓아내는 외인으로 인한 갈등이라는 두 가지 상황과 함께 시작했다. 본문은 계속해서 공동체 내의 실족에 관한 문제를 다룬다. 마가는 이러한 갈등적 상황들이 모두 언약적 교제의 평화와 배치된다고 말한다.1981:73

마가의 배교에 대한 경고가 메시아 공동체 안에서 갈등을 해소하고 연합과 평화의 재건을 위해 노력하라는 명령으로 끝난다는 관점은 이곳의 비폭력적 문답과 전적으로 조화를 이룬다. 마가는 이 단락 전체에서 공동체의 결속강한 그룹 영역과 비배타성약한 그룹 영역 사이의 복잡한 변증법을 유지한다. "외부"의 선은 인정되어야 하며, "내부"의 악은 잘라내어야 한다. 그러나 후자의 경우와 관련하여, "영접"은 궁극적으로 배신자까지 포함해야 한다. 앞으로 살펴보겠지만 용서는 공동체의 삶의 중심에 위치한다.11:25

9B. 사회 권력 및 가정: 악의 근원10:1-16

1. 결혼과 이혼: 가부장제에 대한 비판

10:1에는 장면 전환이 이루어진다. 이것은 말씀 단원이 끝나고 새로운 가르침비록 관련된 내용이지만이 시작되었음을 보여준다. 이제 독자는 여정의 긴장이 고조되고 있음을 볼 수 있어야 한다. 이 이야기에서 처음으로 예수는 요단을 건너 유대 지방으로 들어서신다.본문의 사본 및 지리적 문제에 대해서는 테일러, 1963:416 이하를 참조하라 마가는 이 드라마를 구성하면서, 점차 남쪽으로 향하는 전개 방식을 택한다. 예수의 죽음에 대한 예고에는 예루살렘이 이 먼 여정의 최종 목적지임이 암시되지만, 마가는 10:32까지 이 목적지를 밝히지 않는다. 10:1에서 "다시"“팔린”라는 단어가 두 차례 사용되고, 무리이곳에만 복수로 나타난다가 다시 등장한 사실, 그리고 "예수께서 다시 전례대로 가르치시더니"라는 구절은 마가복음의 전반부를 상기시키고 우리를 갈등적 에피소드에 대비하게 하는 지문에 해당한다.

예수와 바리새인들의 논쟁10:2-12은 앞서 그들과 논쟁했던 장면7:1 이하과 밀접하게 연결된다. 여기서는 다시 한번 실제적 문제에 대한 합당한 율법적 해석에 관한 논쟁, 토라의 의미를 왜곡하는 바리새인들의 해석, 그리고 제자들에 대한 은밀한 설명이 제시된다. 그러나 이곳의 이슈는 앞선 이슈와 전혀 다르다. 여기서는 이혼안드리 구나이카 아폴루사이 "사람이 아내를 내어버리는 것", 10:2의 법적 근거에 초점을 맞춘다. 당시의 유대 가정에는 여성의 상응하는 권리에 대한 인식이 없었기 때문에, 이 이슈는 랍비들 사이에 남자가 아내를 "버릴" 충분한 근거를 밝히기 위한 논쟁에서만 다루어졌다. 당시 랍비의 두 학파인 힐렐과 샴마이가 이 문제에 대해 치열한 논쟁을 벌였던 사실에 비추어 볼 때, 이 문제에 대한 예수의 관점은 특별한 관심을 끌었을 것이다.

그러나 앞서 고르반 논쟁에서 예수께서 바리새인들의 구전에 맞서 토라를 옹호하신 것과 달리, 여기서는 성경과 성경을 대조하며 창조 언약10:6에 암시된이 모세의 법신 24:1, 10:4에 인용된에 우선한다고 주장하시는 것처럼 보인다. 불트만에 따르면 이런 관례는 "랍비에게서는 전례를 찾을 수 없다. 그들은 종종 명백히 모순된 두 개의 성경 본문으로부터 난제를 끌어냈지만, 상황 해결을 위한 과정이었을 뿐이었다."1963:49 이하 이러한 사실을 잘 알고 있었던 마태는 마가의 논증을 재배열함으로써, 더욱 합리적인 성경적 논리와 일치시킨다.마 19:1-12 그러나 이러한 재배열은 마가의 요점을 놓친 것이다.

예수는 이혼 규례텐 엔톨렌 타우텐"이 명령", 10:5b에 대한 법적 논쟁에 휘말리는 것을 거부하셨다. 대신에 예수는 바리새인들의 결의법이 이혼에 대한 기존의 사회적 관습을 정당화한 방식에 대해 의문을 제기하신다. 피오렌자E. Schüssler Fiorenza가 지적한 것처럼, 문제는 법적 이슈가 전적으로 "남성중심적이며, 가부장제를 기지의 사실로 전제한다"는 것이다.

> 예수는 이혼이 남자의 마음이 완악해졌기 때문에 필요해진 것이라고 말씀하신다. 즉, 남자의 가부장적 태도와 현실이 원인이라는 것이다.… 그러나 예수는 하나님이 가부장제를 의도하지 않았으며, 사람을 남자와 여자로 지으셨다고 말씀하신다. 여자는 남자의 집과 혈통을 유지하기 위해 그의 지배를 받는 존재가 아니다. 가부장적 가정에서 벗어나 "둘이 한 몸이 되어야" 할 사람은 남자다.… 창세기 본문은 "두 사람은 평등한 관계로 창조되었기 때문에 평등한 인간적 삶과 사회적 관계를 형성해야 한다"라는 의미로 해석하는 것이 가장 바람직하다.1985:143

따라서 예수의 결론10:9은 이혼을 절대로 금하는 것은 아니다. 그것은 모세의 법을 뒤집고 법률적 해법으로 돌아가는 것이다. 실제로 이 구절은 이혼아폴루제이라는 용어 대신 다른 단어코리제토, "갈라서다"를 사용한다. 이것은 오히려 결혼 언약이 원래 제시한 연합과 평등을 왜곡시킨 가부장적 관습을 반대한다.[3] 본문의 의미를 제대로 이해한다면, 이 유명한 구절은 그리스도인의 결혼 전례에 포함되는 것이 마땅하다.

가부장제에 대한 원리적 비판은 "공개적으로" 진술되었으며, 이 문제에 대한 공동체의 내적 이해는 다시 한번 "집"이라는 안전한 내러티브 장소에서 제자들에게 사적인 설명 형식으로 제시된다. 10:10; cf. 7:17 이하 예수는 이곳에서 이혼이 이루어지고 있는 현실을 받아들이시지만, 고린도전서 7:10의 유사한 문답 전승에서 볼 수 있는 것처럼 그곳에서도 "갈라서다" 코리조라는 동사가 사용되지만, 재혼을 금하신다. 그러나 10:11 이하의 상호적 금지 구조는 평등의 원리가 유지됨을 보여준다. "누구든지 그 아내를 버리고 다른 데에 장가 드는 자는 본처에게 간음을 행함이요"라는 첫 번째 구절은 이미 유대인의 법을 넘어섰다. 유대 법에 따르면 "그는 상대 여자의 남편에 대해서는 간음을 행한 것이지만 본처에 대해서는 그렇지 않다." 테일러, 1963:419 그러나 두 번째 절은 여자에게 이혼할 또는 "떠날," 테일러, 1963:420 참조 권리를 인정하며, 따라서 남자만 이혼 절차를 시작하고 진행할 수 있도록 규정한 유대인의 법에 직접적으로 배치된다. Kee, 1977:155

이 교훈은 이혼이 영적, 사회적으로 큰 불행이라는 사실을 인식한다. 나처럼 "한 몸"이 찢어지는 고통을 경험한 자는 예수께서 10:9에서 하신 말씀의 무게를 부인할 수 없다.

> 남자와 여자는 행복할 때보다 고난 중에 두 사람이 얼마나 철저하게 연합되어 있는지를 발견할 수 있다. 그들은 결혼생활에 중독되어 각자의 부분적 요소가 사멸되어 가기 때문에, 자신이 더 이상 개인이 아니라는 사실을 발견한다. Tannehill, 1975:97

그러나 이 교훈은 이혼이 현실이며, 그로 인해 정의라는 근본적 문제가 사라져서는 안 된다는 사실도 보여준다. 남자와 여자, 둘 다 주도권을 가지며, 둘 다 결혼생활의 파탄에 따른 책임과 제약을 받아들여야 한다. 마가는 다시 한번, 아무리 "성스러운" 제도라 할지라도 실제적인 권력관계를 간과해서는 안 된다는 사실을 주지시킨다. 이 구체적인 사례에서 '작은 자'에 해당하는 사람은 여자이며, 마가는 우리가 갈등적 상황에서 그들을 객체가 아니라 자신과 동일한 주체로 받아들이기만 하면 얼마든지 그들을 보호할 수 있다는 사실을 공동체에게 구체적으로 제시한다.

2. "어린아이와 같이": 예수와 "가장 작은 자"의 연합

마가가 초점을 "부모"에서 "자식"으로10:13-16 자연스럽게 옮긴 것은 "가정 법전"의 교훈적 전승의 영향 때문일 것이다. 또는, 그때나 지금이나 이혼으로 인해 발생하는 가장 큰 희생자는 자녀라는 사실 때문일 수 있다.고대 사회에서는 자녀가 없는 상태에서 이혼하는 경우가 드물었을 것이다 어쨌든, 마가는 이 단락을 시작할 때와 마찬가지로, 어린아이에 대한 고찰과 함께 이 "처음/나중" 단락을 마친다. 어린아이에 대한 두 개의 삽화는 무대 지시stage direction가 거의 동일하다. 예수는 "그들의 팔을 붙드신다."9:36; 10:16, 에낙칼리사메노스, 신약성경에서 독특한 동사이다 잠시 이전 장면으로 돌아가 보자.

9:37에서 마가는 "영접"데케타이 개념에 기초한 일종의 삼단논법적 주장을 제시한다. "누구든지 내 이름으로 이런 어린아이 하나를 영접하면 곧 나를 영접함이요 누구든지 나를 영접하면 나를 영접함이 아니요 나를 보내신 이를 영접함이니라." 이 등식의 진정성을 깨닫기 위해 독자는 파송을 받았던6:11 제자들을 상기할 필요가 있다. 그들은 그곳에서 상대의 "영접"에만 의존해야 하는, 어떤 의미에서 어린아이처럼 취약한 상태였다. 당시에 주어진 경고는 "어느 곳에서든지 너희를 영접하지 아니하고 너희 말을 듣지도 아니하거

든… 발 아래 먼지를 떨어버려 그들에게 증거를 삼으라"는 것이었다. 이제 이 어린아이는 예수께서 9:35에서 말씀하신 사회적 변화를 받아들이기 영접하기를 거부한 제자들에게 "증거를 삼으려 한다." 따라서 10:15에서는 관계적 순환논법을 끝내고, 삼단논법을 확장한다. "누구든지 하나님의 나라를 어린아이와 같이 받들지 영접하지 않는 자는 결단코 그곳에 들어가지 못하리라."

이 짧은 에피소드에 나타난 긴장의 구조가 보여주는 것은 제자들이 가장 가까운 단계인 가정에서 사회적 권력을 재구축하는 데 실패했다는 것이다. 사람들은 예수께서 만져 주심을 바라고 아이들을 데려왔으나 제자들은 그들을 꾸짖었다. 10:13; 다시 한번 "에페티메산"이라는 강력한 동사가 사용된다 이러한 제자들의 태도는 다시 한번 예수의 분노 10:14, 에가낙테산; 나중에 제자들은 정반대의 이유로 유사한 반응을 보인다. 10:41; 14:4 참조 를 불러일으키게 한다. "신화 전쟁"은 공동체의 중심에서까지 치열하게 전개되고 있다. 예수는 포용성에, 제자들은 배타성에 전념하고 있다. 따라서 예수의 엄숙한 선언은 이 외견상의 작은 전투를 하나님의 나라에 들어가기 위한 분수령이 되는 거대한 도전으로 바꾼다. 10:15 이 에피소드는 예수께서 제자들의 반대에도 불구하고 자신이 뜻한 바를 이루실 것이라는 언급으로 끝난다. 예수는 어린아이들을 안고 그들을 "축복하신다." 10:16, 카테울로게오, 마가복음에서는 이곳에서만 나타난다

이 에피소드는 지위에 대한 일반적인 사회-문화적 가정을 뒤엎고 나중 된 자를 먼저 되게 함으로써, 두 번째로 비폭력의 길을 조명한다. 확실히 어린아이는 "가장 작은 자"를 나타내며, 예수는 일종의 실물교육으로 어린아이들을 새로운 공동체의 변두리에서 건져내어 그들을 "중심부" "그들 가운데," 9:36에 세우시는, 중요한 상징적 행위를 보여주신다. 예수는 반대하는 제자들에 맞서 다시 한번 어린아이들이 오는 것을 "금하지 말라"고 강력히 명령하신다. 10:14 "노하시어 이르시되" 아이들에 대한 이처럼 놀라운 강조는 어떤 배경에서 나온 것인가?

"어린아이가 되라"는 예수의 촉구는 지위 반전을 보여주기 위한 하나의 과장된 사례에 불과한 것은 아닐까? 확실히 우리는 이 말씀을 진지하게 받아들일 생각이 없다. 인생은 어느 단계에 있든, 계속해서 "자랄 수밖에 없다." 마가는 이곳에서 비유적으로 말하고 있는 것이 분명하다. 이러한 논리에 따라, 대부분의 주석가는 이 본문을 심각하게 받아들이지 않는다. 이것은 천진난만한 아이들의 행복에 대한 찬사이거나, 마음속에 내재된 아이child within에 대한 호소, 또는 "어린아이를 사랑하시는 예수"라는 제목의 설교에 합당한 본문이라고 생각한다.Via의 리뷰, 1985:129 그러나 만일 예수의 말씀을 문자적으로 받아들여야 한다면 어떻게 할 것인가?

비아D. Via는 10:15의 촉구를 "원래의 기원"으로 돌아가라는 요구로 보며, 따라서 앞서 살펴본 이혼에 대한 논쟁에서 "원래적 관점"을 확장한다. 비아는 이어서 이곳의 "아이"를 구스타브 융의 원형에 비추어 이해하려고 한다.

> 미래를 위한 잠재적 존재로서 아이의 원형 자체는 안전한 기원을 버리고 온갖 어려움과 위험을 감수하며 성인이 되려 한다. 마가복음에서 어른은 은연중에 아이가 되라는 명령을 받는다.… 어른은 마음이 워낙 완고해져 있어서, 다른 미래를 향해서는 내적 생명의 중심이 되는 좌소를 열지 않는다.… 따라서 사람은 아이로 돌아가 다시 시작해야 한다. 이것은 앞서 버렸던 잠재성을 회복하기 위해 현재 형성된 실존을 포기해야 한다는 뜻이다.1985:130

비아의 심리학적 접근은 틀리지 않지만, 이 원형은 지나치게 뜬구름 잡는 식이다.

왜 아이는 마가복음에서 예수께서 옹호하신 다른 모든 주체들처럼 실제로 착취당한 인간 계층을 나타내지 못하는가? 깨끗하지 못한 자와 가난한 자와 이방인은 실제적인 사회적 소외marginalization를 보여준다. 아이는 왜 예외가 되어야 하는가? 이것은 지배의 실체가 공동체와 가족 관계에서도 나타난다는 이 문답 단원의 이데올로기와도 정확하게 일치한다. 실제로 마가의 내러티브 세계에서 볼 때, 1세기 팔레스타인 사회의 모든 요소는 어린이에게 좋은 상황이라고 할 수 없다. 우리는 마가복음 어디에서 어린이를 만날 수 있는가? 어린이가 등장하는 곳은 모두 질병이나 압제적 상황이다. 회당장의 딸5:21 이하이 그랬고 수로보니게 여자의 딸7:24 이하과 귀먹고 말 못하는 아들9:14 이하이 그랬다. 이 책도 이러한 에피소드를 상징적으로 다루었으나, 지나치게 수단으로 삼는 방식은 피하고 싶다. 이처럼 일관성 있는 내러티브 서술의 사회적 의미는 마가가 아이를 피해자로 이해하고 있음을 보여준다.

비아가 이러한 관점을 가지지 못한 이유는 다른 주석가들과 마찬가지로 어린아이를 이상화하여 "안전한 기원"의 장소로 생각했기 때문이다. 그러나 이런 생각이 낭만적인 환상이라면 어떻게 할 것인가? 어린아이라는 "장소"가 취약하고 속기 쉬우며 의존적이기 때문에 사실상 착취와 폭력의 악순환이 시작되는 출발점이라면 어떻게 할 것인가? 우리는 마가의 담론에 대해, 비폭력적 방식의 삶을 구축하기 위해서는 폭력적 구조와 행위를 발본색원해야 한다는 주장으로 볼 수는 없는가? 비폭력은 인간의 사회적 실존의 가장 기본적인 요소인 가정에 적용되어야 하는 것은 아닐까? 이러한 가능성을 고찰하기 위해, 나는 잠시 주제에서 벗어나 철학자이자 정신분석학자인 알리스 밀러 Alice Miller의 최근 논문에 대해 살펴볼 것이다.

3. 아이, 가족 체계 및 폭력의 근원

오늘날 심리학 분야의 가장 확실한 발견 가운데 하나는 전통적 가족 구조의 붕괴 및 지나친 개인주의로 잃어버린 옛 진리를 되찾은 것이다. 즉, 가족 단위는 그 자체로 하나의 사회적 체계이며, 모든 패턴은 구조적으로 접근해야만 한다는 것이다. 정신병의 기원을 어린 시절에 둔 프로이드의 기본적 통찰력에 기초하여, "가족 제도"에 초점을 맞춘 심리 치료는 한 가지 놀라운 사실을 밝혀낸다. 그것은 아이는 언제나 가정 내 지배적 행위의 주요 희생양이었다는 것이다.

밀러는 "아이로서 우리가 외로움이나 버림받았다는 인식에 어느 정도 노출되어 있었는지 가늠하는 것이 가능한가"라는 질문에 대해 의구심을 제기한다.[1981:5] 밀러는 물질적, 감정적으로 어른에 의존할 수밖에 없는 아이들을 착취하기에 가장 좋은 대상으로 서술한다. "아이가 부모에 대해 가지고 있는 사랑은 부모가 아이에 대한 의식적 또는 무의식적인 정신적 학대 행위를 드러나지 않게 만든다.… 부모에 대한 아이의 인내는 무한하다."[1983:4] 아이들은 어른들의 속임수에 대해 비판적인 인식을 가지지 못한다.

> 어른들은 속거나 무시당하거나 부당한 처벌을 받거나 과도한 요구를 받거나 거짓말을 들으면, 하나님에 대해, 운명에 대해, 권력이나 사회에 대해 마음대로 불평을 쏟아낸다. 아이들은 그들의 신을 비난하지 않으며 부모나 선생에 대해서도 마찬가지다. 그들은 결코 좌절감을 드러내지 않는다. 대신에 그들은 감정적 반응을 억압하거나 부인함으로써 어른이 될 때까지 마음에 쌓아둔다. 그것은 언젠가 분출되지만, 그 대상은 원인을 제공한 자가 아니라 다른 사람을 향한다.[1983:254]

따라서 어린 시절에 수모를 당한 어른은 무의식적으로 이러한 수모를 재생산할 수밖에 없다고 밀러는 주장한다. 신체적 처벌이라는 교육학적 전통은 사실상 어린 시절에 부모에게 박탈당한 권력을 되찾으려는 투쟁을 보여주는 극적 시연이다.[1983:16] 그러나 이러한 어른의 아이에 대한 권력 행사는 광범위한 사회 제도 안에서 대체로 드러나지 않는다. 가정은 "사적인 영역"이다. 따라서 아이의 복종은 광범위한 사회-정치적 지배 구조로 진입하기 위한 사회화의 도구가 된다.

밀러에 의하면, 아이들의 "침묵의 드라마"는 다음과 같은 단계로 구성된다.

1. 아이는 아무도 모르게 상처를 받거나 지배당한다.
2. 아이는 반응을 하거나 분노를 처리하지 못한다.
3. 아이는 부모의 "선한 의도"라고 합리화하거나 이상화함으로써 배신감을 내면화한다.
4. 아이는 결국 고통스러운 기억을 억지로 잊어버린다.
5. 나중에 성인이 된 아이는 무의식적으로 쌓인 분노를 자신이나 다른 사람에게 쏟아낸다.

그 결과 밀러가 말한 "작고 약한 자에 대한 경멸의 악순환"이 되풀이된다. 이러한 지배 패턴은 세대를 이어 유지되며 정신적으로 강요된다.[1981:67] 어른은 어릴 때 쌓인 깊은 상처나 분노를 내면화하거나 분출하기 때문에, 이 드라마의 여파는 심리적 영향과 사회적 영향이라는 이중적 희생으로 나타난다고 할 수 있다. 심리적 희생은 낙심과 다양한 형식의 절망으로 나타난다. 사회적 희생은 압제로 나타나며, 내면의 폭력을 실제적으로 재생산한다. 둘 다 비극이지만, 나의 정치적 해석에서 초점을 맞추고자 하는 것은 후자이다.

사회적 결과 가운데 하나는 어른이 어린 시절에 당했던 것처럼 내면의 자아를 완전히 지배하는 압제 이데올로기와 실천을 수동적으로 받아들이거나, 능동적으로 추구한다는 것이다.[1983:66] 밀러는 나이 많은 사람들의 전쟁을 하려는 청소년의 "영웅적 의지"를 사례로 인용한다. 그들은 이 싸움을 통해 "이전의 굴욕을 갚아 줄 수 있으며, 마음대로 저주해도 처벌받지 않는 분명한 대적이 생긴다면 저주의 대상을 부모로부터 그들에게로 옮긴다."[앞의 책, 170] 히틀러를 기억하는 세대에 해당하는 스위스의 학자 밀러의 특별한 관심 가운데 하나는 어떻게 그 많은 지적이고 비판적인 사람들이 권위주의에 쉽게 순응할 수 있느냐라는 것이다.

> 어떤 남자가 나타나 아버지처럼 말하고 행동한다면, 어른이라도 자신의 민주적 권리를 잊어버리거나 그것을 행사할 생각을 하지 않을 것이다. 그들은 이 남자에게 복종하고 환영할 것이며 그의 조종을 받고 그를 신뢰할 것이다.… 자신이 노예가 된 것도 모른 채앞의 책, 75

우리는 10여 년간 미국의 주류 정치 문화를 철저하게 지배해온 레이건 숭배 사상의 압제적 온정주의와 비교하지 않을 수 없다.

밀러는 또 하나의 결과를 사례로 인용한다. 그것은 식민주의에 대한 역사적 경험을 통해 나온 것으로서, 18-19세기 제국주의 국가의 고전적인 지배 교육이 결국 이처럼 새롭게 "발견한" 문화를 지배하려는 야욕으로 나타났다는 것이다. 밀러는 "식민지가 더 이상 이러한 역할을 하지 않는다면, 나중에 누가 이 모욕적인 대우에 정면으로 맞서려 하겠는가?"앞의 책, 58라고 묻는다. 끝으로, 밀러는 이러한 압박이 결국 오늘날 "세계의 안전과 평화를 위해 거대한 전쟁 산업을 강화해야 할 필요성"으로 발전하지는 않을는지 의심한다.앞의 책, 280

밀러는 "아동 학대 및 이러한 학대의 결과에 대한 민감한 인식과 반응이, 세대를 이어 지속되고 있는 폭력의 영속화를 끝낼 수 있다"고 믿는다.앞의 책, 280 자녀 양육은 사회적 지배와 정치적 폭력의 근원이라는 밀러의 주장은 고려할만한 가치가 있다. 또한 근원적인 구조적 불의에 맞서는 급진적 실천의 한 부분으로서 비폭력은 가족 체계와 함께 시작되어야 한다. 따라서 내가 주장하는 것은 바로 이런 의미에서 "누구든지 하나님의 나라를 어린아이와 같이 받들지 않는 자는 결단코 그곳에 들어가지 못하리라"라는 말씀에 접근해야 한다는 것이다. 압제의 근원을 다루지 않는 한, 그래서 그것을 뿌리 뽑지 않는 한, 새로운 사회 질서는 형성될 수 없다. 반복적 충격의 비극적 특징 가운데 하나는 자신이 어린 시절에 겪었던 것보다 나은 세계를 원하는 자들이 오히려 자신이 바라지 않는 상황을 계속해서 유지하고 만들어간다는 사실이다.

경멸과 폭력의 악순환은 비아처럼 어린이에 대한 이상화를 통해서가 아니라, 원시적 분노의 무의식적 역학에 대한 이해를 통해서 끊을 수 있다. "내면의 정신적 세계의 구조적 변화"는 오직 분노로부터 화해에 대한 탄식으로 옮길 때만이 가능하다.앞의 책, 270 또한 "무의식적인 것이 선포나 금지에 의해 제거되지 않는다면"1981:90, 이곳에 제시된 마가의 담론은 "명령"이 아니라는 사실에 주목할 필요가 있다. 이 단원의 핵심적 삼단논법은 해방을 하나의 초청으로 본다.

> 누구든지 내 이름으로 이런 어린아이 하나를 영접하면 곧 나를 영접함이요 누구든지 나를 영접하면… 나를 보내신 이를 영접함이니라9:37
> 누구든지 하나님의 나라를 어린아이와 같이 받들지 않는 자는 결단코 그 곳에 들어가지 못하리라10:15

이것은 "다가감"과 "받아들임"에 기초한 새로운 가정 체계에 대한 약속이다.

어쩌면 독자는 내가 오늘날 심리학자의 말을 예수의 말씀으로 바꾸었다고 생각할는지 모른다. 그러나 이 해석학적 일탈을 그런 식으로 오해해서는 안 된다. 밀러의 주장은 현대성의 소외에 기초한 것이며, 마가는 고대성에 기초한다. 양자의 직접적인 관계를 끌어내기 위해서는, 가정 압제의 특징에 대한 역사적, 비교문화적 관점에서의 고찰이 필요할 것이다. 나는 1세기 팔레스타인의 엄격하고 계급적인 친족 관계는 밀러의 주장만 확인할 뿐이라고 생각하지만 그러나 나는 이 시점에서 밀러의 주장이 전통적, 이상적 주석이 하지 못했던, 예수의 급진적 가르침에 대한 "듣는 귀"를 제공한다고 생각한다. 마가복음에서 아이는 상징이 아니라 인격이다. 이 인격체를 다룬다는 것은 자신의 억압된 과거, 폭력의 기원, 우리와 우리의 자녀의 변화된 미래의 가능성에 대해 다룬다는 것이다.

9C. 경제적 능력 및 공동체의 실천10:17-31

1 제자가 되지 못한 부자: 계급제도

공동체와 가정 안에서의 사회적 관계에 대한 극적 교훈을 마친 마가는 큰 자/작은 자라는 주제의 마지막 이슈인 경제적 계층 및 특권 문제에 초점을 맞춘다. 부자에 대한 에피소드는 앞서 제시한 두 이야기와 두 가지 면에서 연결된다. 이혼 논쟁과 마찬가지로 율법 문제는 실제적 실천에 대한 고찰에 묻혀버리고, 제자들에 대한 사적인 설명이 이어진다. 또한 어린아이들에 대한 축복과 마찬가지로, 하나님 나라에 대한 선포가 제시된다.10:24b

앞서 살펴본 대로, 이 에피소드는 "길"에 대한 언급으로 시작하고 끝난다.10:17, 32a 행동의 구조는 교훈적이며, 각각 예수께서 보셨다는 언급을 포함하고 있는 세 부분으로 나뉜다.

1. 부자와의 대화10:17-22: "예수께서 그를 보시고"엠블렙사스, 21절
2. 하나님 나라와 재물에 대한 가르침10:23-26: "예수께서 둘러보시고 제자들에게 이르시되"페리블렙사메노스, 23절
3. 공동체와 소유에 대한 가르침10:27-30: "예수께서 그들을 보시며 이르시되"엠블렙사스, 27절

이 에피소드의 통일성은 동심원적 구조로 구성된 담론에서 드러난다.

A 영생에 대한 문제17절

B 재물을 버리고 따르지 못한 부자

C 예수의 설명, 제자들의 반응두 차례

B´ 재물을 버리고 예수를 따른 제자들

A´ 영생 문제에 대한 대답30절

이 이야기는 이 단원의 주제인 "먼저/나중"에 대한 언급으로 마친다.10:31

부자에 대한 비난을 완화하고 싶어 하는 이기적인 사람들이 마가의 공동체 이데올로기에 이처럼 중요한 본문을 왜곡했으리라는 것은 두말할 필요도 없다. 마가복음에 나오는 인물은 "부자 청년 관리"의 이야기로 잘 알려져 있으나 사실상 청년마태이 아니며 통치자누가도 아니다. 우리가 듣는 것은 그가 부자라는 사실뿐이다. 우리는 이 사실을 그가 제자도를 위한 부르심에 부응하지 못하고 돌아선 후에야 듣는다. 처음에는 단지 1:40의 나병환자처럼 예수를 찾아와 꿇어앉아 부탁하는 한 사람으로 서술될 뿐이다. 그러나 그의 첫 마디는 이것이 특별한 대화가 될 것임을 알려준다.

테일러는 "선한 선생님이여"다다스칼레 아가데라는 호칭이 유대 문학에서 찾아보기 어려운 표현1963:425이며, 아첨하는 말로 보인다고 주장한다.10:17b

> 그는 이러한 찬사를 통해 감동을 주고 자신에게도 고상한 호칭으로 대답해주기를 바랐을 것이다. 동양의 문화에서 한 마디 찬사는 두 번째 찬사를 기대한다.… 이것은 텍스트의 긴장감을 조성한다. 예수는 아무런 호칭도 사용하지 않으셨기 때문이다.Bailey, 1980:162

신학자들은 10:18에 나타난 예수의 분명한 자기 겸양에 담긴 기독론적 함축에 대해 고민해왔다. 이 문제는 예수께서 아첨을 원하는 그의 희망을 물리치신 사실을 통해 해소된다. 예수는 선한 분은 오직 "한 분"뿐이시라는 대답으로 그를 책망하신 것이다.

부자의 질문은 "영생"이라는 용어를 사용한다는 점에서 특이하다. 이것은 이 이야기의 담론에 대한 열쇠가 된다. 예수는 얼핏 무미건조해 보이는 대답으로 반응하신다. 그는 아무런 설명 없이 십계명을 인용하신 것이다. 앞서 토라의 일부는 마음의 완악함 때문에 주어졌다고 했던10:5b 마가가, 여기서는 율법에 대한 준수를 재확인하고 있는가? 그런 것으로 보인다. 그러나 자세히 살펴보면, 예수의 인용문에는 다시 한번 변화가 있다는 사실을 보게 된다. 예수께서 열거하신 계명 가운데 하나는 사실상 십계명에 나타나지 않는다. 그것은 "속여 빼앗지 말라"라는 말씀으로, 마태복음과 누가복음에는 생략되어 있다. 이것은 경제적 착취에 관한 말씀임이 분명하다.

> 헬라성경에서 이 동사는 "고용한 사람에게 임금을 주지 않는 행위"라는 의미로 사용되는 반면, 고전 헬라어에서는 담보로 저당잡은 다른 사람의 물건이나 돈을 되돌려주지 않는 행위를 가리킨다.… cf. 출 21:10, 신 24:14테일러, 1963:428

우리의 첫 번째 지적은, 이 이야기에는 이 사람의 개인적 실패 이상의 많은 것이 담겨 있다는 것이다. 즉 이 이야기는 부유층에 대한 심판을 말하고 있다는 것이다.

본문의 부자는 "선한 이가 없느니라"라는 예수의 말씀의 요점을 놓치고 있다. 그는 예수의 말씀에 대해 자신은 율법에 흠이 없다고 주장하기 때문이다.10:20 베일리Bailey는 다음과 같이 말한다.

> 탈무드에서 아브라함, 모세, 아론은 모든 율법을 지킨 것으로 서술된다. 이 부자는 은근히 자신을 고상한 반열에 올려놓는 것처럼 보인다.1980:163

그러나 마가는 우리에게 예수께서 그를 바라보시고 "사랑하사…"라고 진술한다. 우리는 마가복음에서 예수께서 누군가를 사랑하셨다는 언급은 이곳이 유일하다는 사실을 어떻게 받아들여야 하는가? 여기에는 두 가지 내러티브 논리가 있으며, 둘 다 같은 설명을 제공한다.

첫 번째 논리는 이 에피소드와 평행을 이루는 나중의 에피소드, 즉 또 한 부류의 대적인 서기관과의 대화[12:28-34]와 관련된다. 그곳 본문에서의 이슈 역시 율법의 핵심 계명이며, 하나님의 나라에 들어가는 어려움에 대한 말씀이 제시된다. 그러나 그곳 본문의 핵심 주제는 하나님과 이웃을 사랑하라는 것이다.마가복음 다른 곳에서 아가파오라는 단어가 나타나는 유일한 본문이다 이 교훈을 염두에 두고 있는 마가는 10:21a에서 예수께서 십계명에 대해 언급하고 계시지만 사실상 "가장 큰 계명"사랑을 실천하고 계신다는 사실을 조심스럽게 보여준다. 바꾸어 말하면, 이것은 마가가 씨 뿌리는 자 비유에 대한 세 번째이자 마지막 미드라쉬주석를 제시하려 한다는 사실과 관련된다. 부자는 "재물의 유혹"아파테 투 플로오투이 말씀을 막아 결실하지 못하게 된 자를 보여준다.[4:18] 예수의 사랑은 재물 때문에 위기에 빠지는 비극적 사례를 초래하는 "재물에 대한 사랑"과 대조를 보인다.

이 부자는 그가 아무리 경건하다고 해도, 한 가지 "부족한"휘스테리 것이 있다. 예수께서 촉구하신 제자도는 경제적 용어가 포함된 네 가지의 구별된 명령을 통해 "자기 부인"의 의미를 구체적으로 제시한다.

1. 가서휘파게, 일어나라
2. 네게 있는 것을 다 팔아
3. 가난한 자들에게 주라그리하면 하늘에서 보화가 네게 있으리라
4. 그리고 와서듀로 나를 따르라 하시니

첫 번째 명령은 마가의 치유 기사에 자주 등장하며[1:44; 2:11; 5:19,34; 7:29], 이

곳의 초청에도 사용된다. 즉, 재산을 쌓는 죄에서 치유함을 받으라는 것이다. 네 번째 명령은 첫 번째 부르심cf. 1:17을 유사한 형식으로 반복하는 것으로 끝난다. 우리는 두 번째 명령도 평행을 이룬다는 사실을 발견할 수 있다. 예수는 전형적으로 그들의 안전한 직업을 떠나 여정에 동참하라고 부르신다. 이 부자에게10:22 자신의 재산을 내놓으라는 요구는 어부에게 그물을 떠나라는 요구1:18와 다를 바 없다.

예외적인 것은 세 번째 명령이다. 이 사람이 부자라는 것을 아신 예수는 그의 재물을 가난한 자에게 나누어 줄 것을 명령하신다. 지상"가난한 자들에게 주라"과 하늘"그리하면 하늘에서 보화가 네게 있으리라"의 암시적 대립은 묵시적 지위 반전를 보여주는 또 하나의 표현이다.마 6:19-21에 나타난 Q전승을 보라 **4)** 그가 근심하며 물러난 것은 이 말씀 때문이다."에피 토 로고", 이 말씀으로 인하여 그가 "슬픈 기색을 띠고"스투그나사스 물러났다는 마가의 서술은 에스겔서에 나오는 두로의 부자와 권력자에 대한 심판을 상호텍스트적인 관점에서 암시한다. 부자의 "근심"루포오메노스은 배신의 상황에서 열두 제자가 느낄 감정14:19을 미리 보여준다.

이 모든 감정은 "그 사람은 재물이 많은 고로"에콘 크테마타 폴라라는 말씀에 비추어 볼 때 잘 드러난다.

> 재물은 논이나 밭행 5:1 … 복수 형태의 전답이나 부동산 등, 사유재산을 서술하는 데 사용된다.테일러, 1963:430

마가의 팔레스타인의 계급 구조에 대한 논의에서 살펴본 것처럼, 지주는 정치적으로 가장 강력한 사회적 계층이다. 이 말씀과 함께, 마치 이 이야기의 요지가 분명히 드러난 것처럼, 부자에 관한 이야기는 갑자기 사라진다. 마가에게 있어서 이 부자의 재물은 가난한 자에 대한 착취로 모은 것이다. 그는 율법을 "다 지켰나이다"라고 했으나 다 지킨 것이 아니다. 그는 손해배상을 해야 한다. 마가에게 있어서 율법은 경건의 모습이 아니라 오직 구체적인 공의의 행위로만 준수할 수 있다.

2. 바늘귀: 재물

마가는 독자가 이 이야기의 의미를 정확하게 알기를 원하며, 따라서 공동체의 윤리에 중요한 다른 논쟁적 가르침과 마찬가지로, 에피소드의 나머지 부분을 예수의 설명과 제자들의 반응으로 채운다. 예수는 부자가 거부한 사실에 대한 반응앞서 언급한 대로, 아첨이 아니다으로 시작하시며, 부자가 제자가 될 가능성에 대해 회의적으로 말씀하신다. 이 말씀은 두 차례나 제자들을 놀라게 하며10:23-26, 이것이 마가에게 얼마나 중요한 요지인지를 보여준다.

A. 예수께서 둘러 보시고 제자들에게 이르시되 재물이 있는 자는 하나님의 나라에 들어가기가 심히 어렵도다 하시니

B. 제자들이 그 말씀에 놀라는지라에담분토

C. 예수께서 다시 대답하여 이르시되 얘들아 하나님의 나라에 들어가기가 얼마나 어려운지

D. 제자들이 매우 놀라엑세플레손토 서로 말하되…

1. 그런즉 누가 구원을 얻을 수 있는가 하니

서양의 주석은 이러한 반복에 주목하며, 대체로 후자는 전자를 수식한다고 주장한다. 마치 마가가 부자를 일반적인 사람의 전형으로 긴급히 제시한 것처럼 그러나 두 번째 진술현재 직설법은 첫 번째 진술미래 시재의 어조를 완화하지 않으며, 사실상 더욱 강화한다.

낙타와 바늘에 대한 마가의 언어유희10:25는 무엇보다도 "양심을 억누르려는 부르주아 주석가들의 노골적인 왜곡"에 시달렸다. José Miranda "바늘귀"

는 낙타가 무릎을 꿇어야 겨우 들어갈 수 있는 고대 예루살렘의 작은 문을 가리킨다는 중세의 유명한 해석은 이 메타포에서 계급구조에 대한 비판적 힘을 빼앗으려는, 확실한 방법 가운데 하나일 뿐이다. 그런 전제는 사실상 불가능하다. 베일리는 바벨론 탈무드에 바늘귀로 들어가는 코끼리에 대한 유사한 과장법이 나타난다는 사실을 지적한다. 그는 "코끼리는 메소포타미아에서 가장 큰 동물이며 낙타는 팔레스타인에서 가장 큰 동물이다."1980:166라고 말한다. 오히려 마가의 날카로운 풍자는 뷰크너F. Beuchner의 현대적 해석에 잘 드러난다. 부유한 북아메리카인이 하나님 나라에 들어가는 것은 "넬슨 록펠러가 퍼스트 내셔널 씨티은행의 야간 예금 투입구를 통과하기보다 어렵다." 1977:63

마가는 10:15에서처럼 다시 한번 "하나님의 나라에 들어가는 것"에이스 텐 바실레이안 투 데우 에이셀테인에 대한 진술을 통해, 자신의 대안적 이데올로기를 강조한다. "작은 자"와의 연합은 가정 체계로부터 경제적 제도로 확장된다. 제자들의 불신10:26이 보여주는 것은, 사회적 지위가 가장 높은 자의 경건함이 인정을 받지 못한다면 과연 누가 구원을 얻을 수 있겠느냐는 것이다. 이러한 가정은 "재물은 하나님의 축복"이라는 지배적 이데올로기로부터 나온 것이다. 예수께서 거부하신 것은 이런 이유 때문이다. 그는 부자가 구원을 얻는 유일한 길은 부의 재분배, 즉 계급적 압제를 제거하는 방법뿐이라고 주장하신다. 나중에 이와 유사한 방식으로 부자에 플루시안, 10:25와 가난한 자프토코이스, 10:21를 함께 제시한 성전 에피소드12:41-44에서는, 이처럼 "지배적 이데올로기가 상징적 질서를 정당화하는 방식"이 예수님의 직접적인 공격을 받는다.

마가의 내러티브에서 사회적 세계는 다시 한번 역전되었다. 그러나 이러한 지위 반전은 실제로 실현되었는가? 예수는 이야기 전체에 스며 있는 이 가혹한 문제에 대해 처음으로 대답하신다. "사람으로는 할 수 없으되 하나님으로는 그렇지 아니하니 하나님으로서는 다 하실 수 있느니라"10:27라는 것이 예수의 대답이다. 이 말씀은 가난한 자를 착취하는 예루살렘 성전의 정치적 대적과의 직접적 대결을 거듭 예시한다. 왜냐하면 성전을 정화하신 후, 예수는 제자들에게 이 하나님께서 "불가능한 것을 가능하게" 하실 것이라는 사실을 다시 한번 상기시키시기 때문이다.11:23

3. 소유 공동체: 재물

마지막 희망의 메시지는 에피소드의 완전한 결론이 되어야 하겠지만, 마가는 아직 끝나지 않았다. 부자의 비제자도에는 "해결되지 않은" 내러티브가 남아 있다. 즉, 그렇다면 영생을 얻기 위해 무엇을 해야 하느냐는 것이다. 이 에피소드의 세 번째 작은 단락은 제자들이 부자가 하지 못했던 것을 했다는 베드로의 주장으로 시작한다. 그들은 제자도를 위한 "경제적 조건"을 받아들였다. "우리가 모든 것을 버리고 주를 따랐나이다"라는 구절은 부정과거/완료시재이다 예수는 베드로의 주장을 시인도 부인도 하지 않으신 채, "진실로"라는 구절을 사용한 엄숙한 문장을 통해 이 조건의 의미에 대해 더욱 깊이 조명하신다.10:29

예수의 대답은 두 가지로 나뉜다. 하나는 "현세"눈 엔 토 카이로 투토이고, 또 하나는 "내세"엔 토 아이오니 토 에르코메노이다. 여기서 씨 뿌리는 자 비유의 마지막 상황에 대한 설명이 제시된다. 지금까지의 이야기는 이 길을 가로막는 장애물, 사탄과 박해의 두려움, 그리고 부의 착취에 대한 드라마였다. 이제 좋은 땅의 결실에 대해 살펴보자. 잃어버린 집, 전토, 가족은 "백 배"cf. 4:20나 되찾을 것이다. 베일리에 따르면 이러한 것들은 "중동 사람들이 생명보다 귀한 것으로 여겨 헌신하는 대상"이다, 1980:169 그러나 "종말론적 추수"는 "현세"에 일어난다. 하늘로부터 오는 표적은 없지만, 이 땅에 하나님의 나라가 이루어진다는 것이다. 광야에서 무리를 먹이신 기사에 함축된 '나눔을 통한 배가'의 기적은 공동체의 새로운 경제적 실천을 통해 시행된다.

제자 공동체의 여정에서 안식처가 되었던 "집"과 전통적 사회에서 매우 중요한 삶의 원천이었던 "땅"에 대한 언급은 단순히 신앙 공동체가 모은 재산을 가리킬 수 있다. 우리는 가족에 대해 열거한 구절에서 앞서 있었던 교훈의 영향을 볼 수 있다. 이 구절은 사실상 일종의 요약에 해당한다. "재구성된" 가족 구조3:35에서 옛 가족은 물러났다는 남녀가 평등하며, "형제와 자매와 어머니와 아버지" 자녀를 포함한다. 확실히 본문의 사회적 기능은 공산적 삶의 실천을 정당화한다. 나는 이 시점에서 미란다José Miranda의 반가운 논쟁적 주장을 인용하지 않을 수 없다. "막시즘은 예수께서 시작하신 공산적 삶의 역사에서 일어난 하나의 에피소드에 불과하다."

> 후세대의 교리적 배신은… 이러한 공산 사상을 그리스도인이 되는 단순한 사실로 본 것이 아니라 "완전을 향한 길"로 해석하려 했다. 그러나 이러한 해석은 예수께서 재산에 대한 포기를 "하나님의 나라에 들어가기 위한"조건으로 제시하신 사실과 충돌하면서 산산이 조각나고 말았다.1982:18

마가는 언제나처럼 현실적 경고를 덧붙인다. 이 새로운 질서 및 경제적 질서는 맹렬한 반대에 부딪힐 것이며, 오직 박해디오그몬, cf. 4:17를 통해서만 실현될 것이다. 그는 "나와 복음을 위하여"라는 박해에 관한 구절을 삽입한다.cf. 8:35 및 13:9 이것은 "버림"이 자발적인 포기뿐만 아니라 강제적인 박탈에 대한 언급이기도 하다는 사실을 보여준다. 그런 후에야 두 번째 보장이 제시된다. 즉 영생을 받는다는 것이다.10:30c 우리는 이곳에서 마침내 원래의 질문에 대한 예수의 답변을 듣는다. 그것은 값비싼 제자도에 반응할 수도 없고 반응하지도 않았던 부자가 아니라, 믿음을 실천하기 위해 싸우는 자들에게 주어진다. 이어서 마가는 이 단원의 "먼저/나중"이라는 후렴을 경제적 의미와 함께 사회적/정치적 의미를 담아 특유의 어조로 진술한다.10:31 이것으로 두 번째 주기가 끝난다.

9D. 정치 권력 및 공동체의 리더십: 세 번째 주기10:32-52

1. 예루살렘을 향하여: 세 번째 예고

첫 번째 주기의 가르침은 십자가의 정치적 소명을 도입한다. 두 번째 주기는 이것을 공동체 내의 사회적, 경제적 윤리에 적용한다. 이제 세 번째 주기는 두 가지를 종합하여 리더십 문제로 연결한다. 이 마지막 주기에는 다른 주기와 마찬가지로 반의적 경구"크고자 하는 자/섬기는 자"10:43 이하로 진술된 핵심 주제가 나타난다. 이 마지막 주기는 두 번째 주기와 마찬가지로 "길"에 대한 언급10:32,46을 양 축으로 하며, 이 길은 결국 "예루살렘으로" 향하는 길임이 드러난다. 이 길을 가는 그룹에 대한 마가의 서술은 현실적 비애감으로 가득하며, 이 장면은 세 가지 요소로 제시된다.

1. 예수께서 그들 앞에 서서프로아곤 가시는데
2. 그들이 놀라고에삼분토
3. 따르는 자들은 두려워하더라에포분토

중간 요소인 "놀라움"은 이 장면을 앞 장면10:24과 연결한다. 첫 번째와 세 번째 요소는 당면한 예루살렘 내러티브를 지나 이 이야기의 끝을 가리킨다. 예수께서 죽임을 당하신 후 그와 함께 "예루살렘에 올라온"15:41 일부 제자는 예수께서 살아나셨으며 그들보다 "먼저"프로아곤 갈릴리로 가신다는16:7 말씀을 듣고 무서워한다.16:8, 에포분토 이 암시를 이곳에 삽입한 이유는 이야기의 끝부분에서 다시 이 장면을 만날 때, 이러한 "두려움"이 예수를 "따름"의 구조적 요소임을 상기시키기 위해서다.

세 번째이자 마지막 예고10:33 이하는 예수에 대한 재판과 처형에 관한 가장 구체적인 내용이다. 마가는 예수의 "수난" 내러티브에서 다룰 핵심 요소들을 소개한다.

1. 배신: "인자가 대제사장들과 서기관들에게 넘겨지매"

2. 이중적 재판: "그들이 죽이기로 결의하고 이방인들에게 넘겨 주겠고"

3. 고문: "그들은 능욕하며 침 뱉으며 채찍질하고"

4. 처형: "죽일 것이나"

5. 부활: "그는 삼 일 만에 살아나리라"

제자들은 이제 이러한 교리를 이해했는가? 이어지는 에피소드는 그들이 여전히 이해하지 못했음을 보여주며, 내러티브의 신뢰성에 긴장을 초래할 만큼 신랄한 풍자가 이어진다.

2. 정치적 영역에 대한 비판: 큰 자/섬기는 자

야고보와 요한의 요구10:35-37는 제자들이 여전히 예수의 예고에 "귀를 막고 있으며", 인자의 "영광"엔 테 독세 수, cf. 8:38을 일종의 메시아적 혁명으로 이해하고 있다는 사실을 보여준다. 자신의 지도자가 정권을 잡을 것이라고 믿은 그들은 벌써 새로운 정부의 요직을 염두에 두고, "내각의 첫 번째 및 두 번째 서열의 자리"를 위해 로비 중이다. "좌우편에 앉는" 이미지는 시편 110:1에 대한 암시이거나아래 참조, 메시아의 승리 연회에 참석하거나 보좌에 앉는다는 암시일 수 있다.Q 자료에 의해 삽입된 본문에서 볼 수 있는 것처럼; 마 19:28; 눅 18:28-30 어느 쪽이든 정치적 완곡어법이 분명하다.

우리는 사회적 권력에 대한 비판적 교훈이 이제 막 끝난 시점에서, 세베대의 두 아들의 요구를 들으신 예수의 허탈함과 분노를 예상할 수 있다. 예수는 특유의 반문을 통해10:38, 자신과 관련된 두 가지 완곡어법을 제시하신다. 내러티브의 구조에 있어서 두 가지 요소는 이야기 전체의 상징들을 결합한다. 즉, "세례"는 강림의 시작과 연결되는 반면1:8 이하, "잔"은 제자도 내러티브의 극적 정점에 해당하는 최후의 만찬과 겟세마네 동산을 예시한다.14:23, 36 그들은 예수께서 가시는 길을 갈 의지와 능력이 있는가10:38,39b에 나타난 현재 직설법의 의미다? 이것은 물론 수사학적 질문이지만, 빈정대는 어투가 분명하다. 야고보와 요한은 당연한 듯이 할 수 있다고 대답한다.

예수는 잔과 세례는 줄 수 있다고 말씀하신다. 제자들은 때가 되면 실제로 권력자들 앞에 설 것이다.13:9 이하 참조 그러나 그들이 원래 요구한 자리에 대해서는 "누구를 위하여 준비되었든지 그들"알 호이스 에토이마스타이, 10:40이 얻을 것이다. 최고의 아이러니는 "좌편, 우편"이라는 구절은 예수와 함께 십자가에 못 박힌 자들에 대한 언급에 나타난다는 것이다.15:27 십자가를 진 자는 반역자이며, 제자들이 아니다.13장 A, 2 어쨌든, 이곳에서 예수는 지도자의 소명을 부인하지 않으며, 그것은 행정적인 양도로 이루어지지 않는다고 말씀하신다. 지도자는 비폭력의 길을 배우고 따르는 자들에게만 해당된다. 그들은 지배가 아니라 예수를 위해 고난받고 섬길 "준비가 되어 있는" 자들이다.

이 에피소드는 10:41에서 내용이 고조된다. 다른 제자들이 "화"를 낸 것은 세베대의 두 아들의 요구 자체 때문이 아니라, 부당한 경쟁 태도 때문이다. 따라서 모든 공동체가 권력 투쟁에 사로잡혀 있으며, 이는 보다 강력한 프로그램적 비난을 유발한다. 10:42에 나타난 예수의 반감은 이스라엘의 장로들이 "다른 나라들처럼 우리에게도 왕을 세워"달라는 요구에 직면한 사무엘을 어렴풋이 반영한다.삼상 8:4-20 우리는 이 구절에 나타난 "정치적 일상"에 대해 예수께서 어떤 심정으로 책망하셨는지를 파악할 수 있다.

> "소위 이방인의 집권자들이 그들을 임의로 주관하고
> 그 고관great ones 큰 자들이 그들에게 권세를 부리는 줄을
> 너희가 알거니와 너희 중에는 그렇지 않을지니"

여기서 예수는 나중에 자신을 처형할 정치적 세력톤 에스논; 로마의 식민지 지배자, 10:34을 정면으로 공격하신다. "소위"호이 도쿤테스 집권자들은 예수께서 반대하신 지배적 철학을 시행한다. 집권자들은 그들을 "주관한다."카타쿠리유우

신 마가는 강조를 위해 "고관들"호이 메칼로이큰 자들이 권세를 부린다카텍스우시아주신라고 반복한다. 마가는 가장 강력한 용어를 위해 이러한 강조적 동사 형식을 찾았을 것이다

이러한 예수의 반박에는 강력한 신랄함을 찾아볼 수 있다. 이것은 세베대의 두 아들의 원래적 요구와 현격한 대조를 보여준다. 그들은 자신이 구하는 것을 "알지 못하지만"10:38, 지배계층의 실상에 대해서는 "알고 있다."10:42 마찬가지로 예수는 메시아적 시편을 암시한다.

> 세베대의 암시: "여호와께서 내 주에게 말씀하시기를…
> 너는 내 우편에 앉으라 하셨도다."시 110:1
> 예수의 암시: "주는 원수 중에서 다스리소서"70인역, 카타쿠리유, 시 110:2

이것은 예루살렘 단원에서 제시될 다윗의 메시아주의의 의미에 대한 맹렬한 이데올로기적 싸움의 서막이며, 마가는 시편을 두 번 더 인용한다.12:36 이하; 14:62 예수는 이 시편의 비전을 거의 거부하신다. 그것은 다윗 제국의 회복주의 전통에 대한 대중의 왜곡된 인식 때문이다. 결론적 언급10:43a은 일반적으로 명령형으로 해석되지만, 현재 직설법우크 후토스 데 에스틴은 "오, 그러나 너희 중에는 이런 일이 없구나"라는 풍자적 의미로 해석해야 함을 보여준다.

마가는 권력 비유에 대한 마지막 요약과 함께, "정치적 일상"에 대한 프로그램적 비난을 마친다. 제자들이 "큰 자"가 되기 위해서는 섬기는 자10:43b, 디아코노스가 되어야 한다. "섬기는 자"라는 단어는 이곳과 9:35에만 나타나며마지막 두 주기를 인클루지오 구성으로 묶는다, 앞으로 살펴보겠지만 공동체 내 여성의 지도자 역할과 구체적으로 연결된다. 마가는 이어서 요지를 다시 한번 진술한다. "으뜸"두 번째 주기를 반영한다."첫째" 이 되고자 하는 자는 모든 사람의 종10:44, 둘로스이 되어야 한다. "종"은 순교의 정치적 소명을 가리키는 완곡어법으로, 예수는 나중에 이스라엘의 지도층을 공격하는 격렬한 비유에서12:2,4 이 사실

을 다시 한번 상기시키신다.

마가는 결론적으로 인자를 비폭력의 삶을 구현한 자로 제시한다. 이것은 이곳 문답의 초점을 형성한다.10:45 인자의 온 것은 섬기기 위해서이며여기서는 "디아코네오"라는 동사 형식을 취한다 자기 목숨을 살리는 것을 거부하고 내어주시기 위해서이다. "많은 사람의 대속물루트론로 주기 위해서"라는 구절은 "종"에 대한 암시로 보인다. 대속물은 포로를 되찾기 위한 "값"이나 고용된 종을 풀어주는 값을 가리킨다. 따라서 예수는 "섬김"의 길이 인자에 의해 해방의 길이 될 것이라고 약속하신다.

키Kee는 이사야 53장에 대한 암시는 "발전된 속죄 교리"를 반영하지 않으며, 그보다는 예수의 죽음이 성경에 따른 것임을 보여주기 위한 목적이 크다고 주장한다.1977:135, 그러나 아래, 12 C, 3을 보라 이사야의 고난의 종과 인자의 겸손한 길은 베드로가 이 단원의 서두에서 "그리스도"라고 고백할 때 염두에 둔 이미지와 다르다. 그러나 마가는 그것이 바로 메시아의 사역이라고 선포한다. 간디의 말처럼, 비폭력의 길은 말과 논쟁을 통해 시행되지 않는다. "그것은 결과와 상관없이, 오직 비폭력적인 삶을 실천하는 자들을 통해 이루어진다."1948:1,122

문답 단원이 주장하는 내용을 이런 식으로 요약한 마가는 제자들의 길을 "보는 눈"을 받는 두 번째 이야기와 함께 이 에피소드 및 전체 단원을 마친다.

3. 가부장제와 지배: 진정한 지도자로서 여자

계속해서 진행하기 전에, 이 문답에서 나타나는 중요한 내러티브적 추론에 대해 되돌아볼 필요가 있다. 마가는 정치적 지배, 가부장제, 가족 제도라는 세 가지 제도의 권력에 대해 비난한다. 세 가지 권력 모두 여자에 대한 남자의 지배와 관련된다. 마가는 이에 맞서, 여자가 결혼 약속에서 동등한 권리를 가져야 한다고 주장했다. 그는 나중에 가부장적 이데올로기에 맞서 다시 여자를 옹호한다.12:18 이하 우리는 이러한 점에서, 기혼 부부는 마가의 이야기 단계에서 두 가지 사소한 사례하나는 야이로와 그의 아내이며 5:40, 또 하나는 헤롯의 불법적 결혼 6:17 이하이다를 제외하면 전적으로 제외된다는 사실에 주목할 필요가 있다. 여자는 언제나 남편 없이 등장한다. 가부장제는 여자를 2류 시민으로, 결혼하지 않은 여자는 3류 시민으로 여겼기 때문에, 여기서 마가가 전복적 내러티브 전략을 구사하고 있다는 것은 확실하다. 이것은 어떤 사회적 의미를 가지는가?

그러기 위해서는 먼저 이 문답에 나타난 가부장제와 지배에 대한 마가의 미묘한 주장에 대해 살펴볼 필요가 있다. 그는 이 단원에서, 무엇보다도 리더십과 권력에 대한 야망과 관련하여9:34; 10:35, 의도적으로 남자 제자들을 불신한다. 그러나 예수는 "섬김"의 이데올로기에 함축된 리더십의 소명을 주창하며 구현한다. 내가 지적한 대로, 마가복음에서는 처음부터1:31 끝까지15:41 여자들만 섬김의 소명을 성취한다. 남자 제자와 여자 제자에 대한 마가의 서술의 불균형은 그의 결론을 통해 더욱 강화된다. 예수를 따르는 일이 정치적 위기에 이르자 남자들은 예수를 버리고 도망하나, 여자들은 십자가까지 따라가며 끝까지 떠나지 않는다. 그러므로 부활을 증거하는 자는 여자들이다.13장 C, 3, D

이러한 내러티브 서술의 사회적 기능에 대해서는 네 가지 해석이 가능하다. 켈버는 마가가 이것을 베드로, 야고보, 요한, 그리고 예수의 가족이 인도하는 예루살렘 교회에 맞선 논증으로 사용한다고 주장한다.1979:90 그러나 이것은 지나친 추측이다. 또 하나의 대안은 마가가 모든 형식의 리더십을 불신하고 싶어 했다는 것이다. 그러나 나는 마가가 리더십에 대한 소명을 부인한 것이 아니라 재규명했다는 점에서 이 해석 역시 억지라고 생각한다. 나는 "지도자가 없는 그룹"은 모더니즘의 환상이라고 생각한다. 더욱 신뢰성 있는 주장은 세 번째 해석으로, 공동체에서 지도자를 맡은 자들의 중요한 책임감을 일깨워주기 위한 이야기라는 것이다. 남자 제자들에 대한 부정적 서술은 후대의 리더십 소명에 대해 상대화와 인간화의 교훈을 준다. 왜냐하면, 이러한 서술은 지도자가 공동체 전체에 대해 실수할 수 있으며 실제로 실수한다는 사실을 상기시킬 뿐만 아니라, 어떤 사회적 그룹이든 권력에 대한 헛된 망상은 불가피하므로 주의해야 한다고 촉구하기 때문이다. 그러나 나는 이 내러티브가 실제로 이러한 역할도 하지만, 그것이 주요 기능은 아니라고 생각한다.

네 번째 가능성은 철저한 가부장적 사회-문화적 질서에서는 여자들만 섬김의 리더로서 행동하기에 적합하다는 것이다. 이러한 논리적 결론은 키Kee의 반박을 받았다. 그는 다음과 같이 주장한다.

> 이들 본문에서 여자가 마가 공동체의 지도적 위치에 있었다는 추론은 끌어내기 어려우며, 단지 그들이 수행했던 작은 일은 칭찬받을만하고 하나님의 목적과도 부합한다.1977:91

이것은 얼마나 남성 중심의 해석인가? 사실 마지막 해석을 거부할 사회-문학적 근거는 없다.Munro, 1982와 달리; Selvidge 1983 참조 남자를 권력욕에 사로잡힌 자로 서술하고 여자를 섬김의 모범으로 서술한 본문에 대해, 여성의 리더십을 정당화하는 것 외에 무슨 다른 해석이 있겠는가?

이것은 마가복음에서 여자들이 "비의존적" 태도를 보인다는 사실에 대한 설명이 된다. 마가는 리더십에 대한 소명을 거부하지 않듯이, 결혼에 대해서도 거부하지 않는다. 그러나 그는 이 땅에서 독재자에게 힘을 실어 주고 가정에서 여자들을 복종하게 만드는 가부장제의 모든 사회적 제도는 바뀌어야 한다고 생각한다. "나중이 먼저 되는" 혁명의 첫 번째 구체적인 단계는 여자의 리더십을 인정하는 것이며, 그러기 위해서는 그들의 합당한 사회적 역할아내로서, 임산부로서에 대한 엄격한 규명 자체를 허물어야 한다. 이것이 바로 마가의 이야기가 맡은 역할이다.

4. 보는 눈; 두 번째 단계: 바디매오

이제 공동체는 예루살렘의 지배계층으로 다가간다. 마가는 시각장애인에 대한 이 두 번째 기사를 첫 번째 기사와 같은 방식으로 시작한다. "그들이 여리고에 이르렀더니"카이 에르콘타이 에이스; 8:22 참조 마가는 예루살렘 순례 경험이 있는 자라면 누구나 알 수 있는 장소를 이 에피소드의 배경으로 제시한다. 여리고는 다윗성으로 들어가는 마지막 기착지이다. 이 마을 밖의 길은 순례자 여정의 마지막 15마일 구간이 되며, 구걸하는 자들이 많이 사는 대표적인 마을이다. 순례객은 자선을 베풀 마음과 여유를 가지고 있을 가능성이 크다. 예수와 제자들과 무리는 그곳에서 불쌍한 거지 바디매오를 만난다.

이것은 "맹인/귀머거리" 시리즈와 마가복음 전체에 나타나는 마지막 치유 기사다. 벳새다 에피소드와 달리, 이 상징적 진술은 결정적이다. 이 본문은 제자도에 대한 전형적 기사로 잘 알려져 있다.Achtemeier 그러나 사회적, 정치적 영역은 종종 무시되어 왔다. "다윗의 자손 예수"10:47라는 호칭을 사용한 것은 바디매오이며, 대중적 왕권의 이데올로기에 대한 임박한 싸움을 예시한다. 또한 5:21 이하에서 유출병을 앓는 여자와 회당장 사이에 계급적 대조가 나타나듯이, 바디매오의 제자도와 부자의 비제자도 사이에도 동일한 대조가 나타난다. 이 이야기들에는 몇 차례의 공통적인 인물묘사가 제시된다.Johnson, 1978a

1. 무리가 방해하는 역할cf. 10:48과 5:31
2. 믿음에 대한 칭찬, 두 경우 모두 "헤피스티스 수 세소켄 세"5:34와 10:52이라는 표현을 사용한다.
3. 제의적 부정; 유출병을 앓는 여자와 "부정한 아들"이라는 뜻의 바디매오

바디매오는 부자와 마찬가지로 "길에서" 예수를 만난다.10:17, 46 부자는 자신의 재물을 청산할 수 없었지만, 가난한 바디매오는 그의 유일한 생계 수단인 겉옷을 내버렸다.거지는 겉옷을 바닥에 깔고 구걸했다 사회적 계급의 꼭대기에 있는 자는 직접적인 부르심을 거부했으나, 가장 바닥에 있는 자는 부르심을 기다리지도 않고 뛰어 일어나 "예수를 길에서 따랐다."10:52 바디매오 이야기의 사회적, 경제적, 정치적 구조의 의미는 예루살렘 입성 전날 명확히 드러난다. 가난한 자는 지배적 이데올로기 질서에 대한 마지막 공격에 합류하며, 부자는 슬그머니 사라진다. 먼저 된 자가 나중 되고 나중 된 자가 먼저 된 것이다.

이 에피소드의 구조는 예수의 행위나 가르침이 아니라 변덕스러운 무리와 맞서 눈을 뜨기 위해 노력하는 바디매오의 분투에 초점을 맞춘다.

1. 바디매오가 소리 지른다.
2. 그가 더욱 크게 소리 지른다
3. 무리가 그를 불러 이르되 "안심하고 일어나라 그가 너를 부르신다"하매
4. 바디매오가 겉옷을 내버리고 뛰어 일어나 예수께 나아간다

부정한 여자와 마찬가지로 "작은 자"는 역경에도 불구하고 믿음의 주도권을 쥐었기 때문에 고침을 받은 것이다.

마가는 거지의 주도권과 제자들의 야망 사이에 나타나는 현격한 대조를 보여준다. 야고보와 요한이 나아왔을 때, 예수는 그들에게 "너희에게 무엇을 하여 주기를 원하느냐"10:36고 물으셨다. 거지의 요구에 대해서도 예수는 정확히 같은 질문을 하셨다. 그러나 요구의 내용은 얼마나 다른가? 제자들은 지위와 특권을 구했으나 거지는 단지 "보기"를 원했다. 예수는 제자들의 요구는 들어주실 수 없었으나 거지의 요구는 들어주셨다. "안심하라"다르세이라는 말을 들은 것은 바디매오였다. 그것은 제자들이 앞서 바다를 건너는 위험한

항해 중에 들었던 말씀이다.6:50 그리고 예수를 따른 자는 거지이다. 내러티브의 희망적 담론은 이제 이 마지막 제자도/치유 에피소드에서 분명해졌다. 제자/독자가 듣지도 못하게 하고 말하지도 못하게 만드는 내면의 귀신을 대적하기만 하면, 우리가 권력욕을 버리기만 하면, 한 마디로 우리가 시각장애인이라는 사실을 인정하고 진정한 시력을 되찾기 원하는 한, 제자도 여정은 계속될 수 있을 것이다.

9E. 아래로부터의 혁명: 10:52까지 나타난 마가의 사회-문학적 전략

1. 담론

이 단원의 중요한 논증적 특징은 반복과 요약이다. 후자는 네 개의 치유 기사와 계시/오해/교훈이라는 세 차례의 주기를 통해 명확히 진술된다. 이 사이클은 핵심 주제를 보여준다. 즉, 인자는 제자들이 메시아적 실천을 거부한다는 사실을 드러내신다. 각 주기의 교훈 부분이 공동체의 삶에서 섬김/비폭력의 의미를 확장하고 깊이 파헤치듯이, 치유는 제자들의 깨닫지 못함에 대한 실망과 치유에 대한 희망을 극적으로 그려낸다.

나는 앞서 마가가 묵시적 내러티브, 특히 다니엘서를 인용하는 방식에 대해 언급한 바 있다. 마가가 제자에 대한 묘사에서 풍자를 사용하는 방식은 특별하다. 묵시 문학에서 계시를 받는 자가 의심하거나 질문하는 것은 드문 일이 아니지만, 마가는 극단적으로 활용한다. 세 차례의 주기는 베드로와 예수의 격론을 통해 도입되며 인자와 사탄의 묵시적 전쟁에 상응하는 지상의 대립을 보여준다. 세 차례의 주기는 예수와 '야고보와 요한' 사이의 권력에 대한 심각한 논쟁으로 끝난다. 마가는 이러한 이야기로 단원을 형성하면서 그의 제자 공동체를 불신하는 전략을 지속한다. 여기서는 특히 "핵심 측근"베드로, 야고보, 요한; 5:37; 9:2; 14:33에게 초점을 맞춘다. 앞으로 살펴보겠지만, 이러한

"반-영웅적" 모티브는 마가 특유의 이데올로기적 기능이다.

반복되는 담론은 더욱 구체적인 교훈적 기능을 가지며, 독자를 향한 일련의 두 가지 조건절로 구성된다. 첫 번째 일련의 조건절은 반의적 경구로 구성되며, 청중의 정돈된 세계관을 혼돈에 빠트리는 전복적 담론이다. 두 개의 간단한 조건/명령적 진술에이 티스 델레이누구든지...하려면은 비폭력의 핵심적 요소인 십자가의 정치적 소명과 섬김의 사회적 소명을 이 단원의 이중적 주제로 삼는다.

8:34 누구든지 나를 따라오려거든 자기를 부인하고 자기 십자가를 지고...
9:35 누구든지 첫째가 되고자 하면 뭇 사람의 끝이 되며 뭇 사람을 섬기는 자가 되어 야 하리라

"미래적 조건"A가 일어나면··· B가 확실히 따른다으로 제시된 두 개의 연속된 진술은 의미를 더욱 확장한다.[5)]

8:35 누구든지 자기 목숨을 구원하고자 하면 잃을 것이요. 누구든지 나와 복음을 위하여 자기 목숨을 잃으면 구원하리라
10:43 이하 너희 중에 누구든지 크고자 하는 자는 너희를 섬기는 자가 되고 너희 중에 누구든지 으뜸이 되고자 하는 자는 모든 사람의 종이 되어야 하리라

이 반의적 진술은 각 주기의 세 가지 "주제"를 나타내며, 부재물를 하나님의 축복으로 믿거나 권력을 안전으로 믿는 지배적 사회 질서의 정당성에 도전한다. "혁명적 인식"이 사회적 가능성에 대한 일련의 새로운 가정을 요구하는 한, 이곳의 경구는 지배적 사회 정통성의 이데올로기적 압박을 허무는

경계성liminality을 촉구한다.

역설의 담론은 이 단원에 제시된 다른 함축적또는 재현된 대조에 의해 강화된다.

맹인/보게 됨8:22 이하; 10:45 이하

믿음/불신9:24

함께/분열10:9

가난한 자/부자10:21 이하

어린아이/어른10:13-15

그러나 이곳의 역설은 오늘날 탈구축 이론에서 볼 수 있는 단순한 언어 게임과 무관하다. 이 역설은 독자를 무력화시키는 것이 아니라 도전한다. 교리문답은 반박적 실천만이 지배적 질서를 정복할 수 있으며, 진정한 새로운 질서를 창출할 수 있다고 말한다. 이러한 사실은 일련의 대위법으로 얽혀 있는 두 번째 조건절을 통해 확인된다. 이것은 대립적 진술이나 종말론적 징벌이 아니라 단지 본질적인 결과일 뿐이다.

8:38 누구든지 나와 내 말을 부끄러워하면…부끄러워하리라

9:37 누구든지… 하나를 영접하면 곧 나를 영접함이요

9:41 누구든지… 물 한 그릇이라도 주면…결코 상을 잃지 않으리라

9:42 누구든지… 이 작은 자들 중 하나라도 실족하게 하면 차라리죽는 것이 낫다

10:11 누구든지 그 아내를 버리고 다른 데에 장가 드는 자는… 간음을 행함이요

10:15 누구든지 하나님의 나라를 어린아이와 같이 받들지 않는 자는 결단코 그 곳에 들어가지 못하리라

이곳의 명령형은 조건을 포함하지만, 이 조건절에는 "누구든지…할 것이

다"라는 초청이 담겨 있다. 히브리 성경의 위대한 교훈적 전승과 마찬가지로, 이 교리문답은 도전과 약속의 변증법에 기초한다.

끝으로, 앞서 살펴보았던 것처럼 이 담론은 첫 번째 설교를 상기시키며, 네 종류의 씨에 대해 조명한다.

1. 길가, 사탄의 방해 4:14 = 8:33
2. 돌밭, 환난이 넘어지게 한다. 4:16 이하 = 9:42
3. 가시떨기, 재물의 방해 4:18 = 10:22
4. 좋은 땅, 백 배의 결실 4:20 = 10:30

비폭력이 변화를 초래하는 방식은 "신비"에 해당하며, 이 신비의 핵심에는 십자가의 "능력"으로 권세를 무너뜨릴 수 있다는 마가의 확신이 자리 잡고 있다.

2. 의미

문답은 당국과의 대결을 향한 여정을 중심으로 구성된다. 이 여정은 정치적 소외 지역 가이사랴 빌립보 으로부터 시작해서 맞은편 끝 예루살렘 에서 마친다. 갈릴리로 향한 여정이 아무리 "역사적"이라고 할지라도 나는 역사적 정확성을 의심할 만한 어떤 이유도 찾지 못했으나, 어쨌든 이것은 본 연구에 중요한 문제가 아니다, 이 여정은 원칙적으로 구조와 이데올로기적 긴장을 유지하기 위한 내러티브 픽션에 해당한다. 이 여정의 강조점이 교훈에 있다는 것은 사실이지만, 이 여정 내러티브의 매개물은 예수의 두 개의 긴 설교와 대조를 이룬다. 설교는 예수께서 "앉아" 수동적 청중에게 말씀을 전하는 형식이지만, 이곳의 문답은 청중과 열띤 논쟁이 이루어지는 일종의 "길거리 학교"이다. 따라서 이 문답은 마가복음 전체와 마찬가지로, 단순한 지혜의 말씀이 아니라 실물교육 및 상징적 행위로 가득한 드라마다. 실제로 이 단원의 하부구조는 마가복음 전체의 내러티브 전략을 대충 요약한다.

마가복음의 이야기-구조	이 단원의 하부구조
첫 번째 제자도로 부르심	시각장애인에 대한 첫 번째 치유
예수의 강력한 실천	예수의 예고
제자들의 실패	제자들의 깨닫지 못함
마지막 제자도로 부르심	시각장애인에 대한 마지막 치유

이곳의 비극과 희망 사이의 변증법을 이해하는 것은 마가복음 전체를 이해하는 것이다. 서두의 "고백을 위한 분투"는 마가가 억눌러 왔던 "메시아의 은밀성"이라는 주제 하에 오랫동안 연구되었다 예수가 누구신가에 대한 하부구조를 수면위로 드러낸다. 예수를 아들로 규명한 하늘의 음성은 예수만 들으셨으며 1:11, 귀신의 "고백"은 제지당하고 1:34 및 3:12, 제자들은 심히 두려워한다. "그가 누구이기에" 4:41 예수의 공적 신분 문제는 6:14-16에 와서야 헤롯에 의해 공식적으로 언급된다. 귀신이 예수의 이름을 부름으로써 그를 장악하려 했던 것처럼 정치 권력도 마찬가지다 8:27에는 예수의 직접적인 하문이 나타나며, 이후 마가의 전략은 갑자기 바뀐다. 그러나 베드로의 대답은 불안한 대결을 통해 거듭 "제지당한다." 이 갈등적 내러티브의 목적은 분명하다. 그것은 독자에게 베드로의 고백에 대한 불확실한 상태, 즉 양면성을 가지게 하는 것이다. 독자로서 우리가 처음부터 1:1, 11 가진 예수에 대한 특권적 정보는 의문에 빠졌다. 예수께서 로마의 십자가에 달려 돌아가실 때, 백부장의 부르짖음을 포함하여 사실상 마가복음 어디에도 분명한 "고백"이 제시되지 않는다. 마가복음에서 고백의 현장은 제자도를 위한 부르심에 의해 빛을 잃으며, 마가복음의 중심에 위치한다.

마가는 이러한 작업 과정에서 전통적 종교 제도의 이데올로기적 초석이 되는 교리에 이의를 제기한다. 마가에게 있어서 신학적 정통 "예수는 그리스도" 은 정치적 정통십자가를 지라과 연결되지 않는 한, 아무런 의미가 없다. 따라서 이 내러티브의 중심축은 교리"예수는..."가 아니라 모든 세대를 향한 질문"너희는 나를 누구라 하느냐"이다. 이것은 오직 예수의 정치적 소명을 붙드는 자만이 대답할 수 있는 질문이다. 예수의 십자가와 자기 부인에 대한 초청에 나타난 생명과 죽음에 대한 선택은 고상한 종교적 메타포가 아니라, 마가복음에서 가장 직접적인 정치적, 전복적 담론이다. 십자가와 자기 부인의 구체적인 의미는 예수의 체포, 재판 처형에 대한 내러티브를 통해 극적으로 그려질 것이다. 예수는 권력자들 앞에서 자신이 그 인자시라는 신실한 고백을 통해 생명을 "잃으셨다." 베드로는 예수를 부인함으로써 자신의 생명을 "구원"하려 했으며 14:66 이하, 유다는 예수를 배반하고 정치 당국에 팔아넘김으로써 그의 목숨에 "값을 매겼다."

이 이야기의 사회적 기능은 정치적 상황을 제쳐 놓은 "고백"의 정당성을 허무는 것이다. 이 이야기에서는 제자들이 "자신의 십자가를 지고 예수를 따르지" 않지만, 마가는 독자에게 그들이 희생적 고백을 하게 될 것이라고 약속한다. 13:9-13 아직도 사순절에 "식사를 거르는" 경건한 태도를 "자기-부인"으로 생각하고 있는 첫 번째 세계 그리스도인에게는 이러한 요소를 찾아볼 수 없다. 확실히 십자가의 의미는 오늘날 세계 도처의 억압적 체제하에서 정의와 해방을 위해 애쓰고 있는 형제자매들이 제대로 해석하고 있다. 동료의 이름을 불어라는 보안대의 심문과 고문을 직접 겪은 자들은 "목숨을 부지하려는" 유혹이 주는 강력한 심리적, 영적 트라우마가 어떤 것인지 잘 알고 있다.

그러나 마가의 십자가 이데올로기는 우파는 물론 좌파 해석자까지 왜곡하고 있다. 그들은 예수의 운동이 전복적이라는 사실을 규명하지만, 그가 제자들에게 칼이 아니라 십자가를 들게 하셨다는 사실은 뒤로 하고 있다. 비폭력의 길은 마카비의 영웅주의와 혁명적 정복을 꿈꾸는 것이 아니라 처형을 각오하는 것이다. 간디는 비폭력에서 "용기는 죽이는 것이 아니라 죽는 것"

1948:I, 265이라고 했다. 그러나 마가의 십자가는 해방신학이 주장하는 것처럼 전복적 실천의 결과만 보여주지 않는다. 그것은 오직 비폭력만이 세상의 권력과 지배의 원초적 구조를 무너뜨리고 새로운 질서의 여명을 밝힐 수 있다는 확신을 품은 정교한 혁명적 전략이다. 이러한 명제는 정치적 효율성, 사회적 권력, 그리고 경제적 안전에 대한 모든 전통적 개념을 뒤엎는다. 사실 이것은 이 이야기는 물론, 기독교 역사 전체를 통해 예수의 제자들이 가장 받아들이기 어렵다고 생각하는 것이다.

두 번째 주기는 비폭력을 일상적인 권력의 시행에 적용한다. 이곳의 문답이 공적인 소명만큼 "내면의" 윤리에 관심을 가진다는 사실은 성숙을 보여준다. 십자가의 영웅적 저항으로 부르심을 받은 그들은 공동체의 작은 자들을 위해 헌신하라는 부르심을 받는다.9:35-37 메시아 공동체는 결코 인간적 권력 기반이나 사교 단체가 아니다. 공동체의 영역은 열려 있으며, 불쌍히 여기는 사역을 실천하는 다른 사람들을 인정해야 한다.9:38-41 마가는 에세네파와 바리새파의 배타적 이데올로기를 바라보는 눈과 함께, 이러한 "에큐메니칼 정신"을 발전시키고 있는 것이 분명하다.

비폭력이 시행되어야 하는 가장 중요한 장소는 가정이다. 결혼생활에는 평등의 원리가 시행되어야 하며, 이러한 원리는 가정불화라는 비극적 상황에서도 유지되어야 한다. 우리는 아이들이 가장 큰 희생양임을 알고, 하나님의 나라를 어린아이처럼 받아들이라는 예수의 명령에 따라 가족 제도의 "경멸의 고리"를 근절해야 한다. 예수의 비가부장적, 비계급구조적 사회 프로그램을 충실히 실천하려는 공동체의 분투가 문화적 혁신을 가져올 것이라는 사실은 상상하기 어렵지 않다. 그들이 특히 가정 문제에 대해 외압을 경험했다는 사실은 바리새인들의 경쟁적 이데올로기의 도전을 통해 알 수 있다.10:1-12; cf. 7:9-13

부자가 제자도를 거부한 기사10:17-22와 바디매오가 제자도를 받아들인 기사는 사회의 양극단을 보여주며, 두 기사의 대조는 "계급구조"에 대한 마가의 인식을 보여주는 또 하나의 지표다. 이 이야기의 결론은 제자 공동체를 나눔에 기초한 대안적 경제 질서와 동일시한다. 독자는 첫 번째 구축 주기, 특히 광야에서 무리를 먹이신 기사를 통해, 계급 비판 및 공산적 해법에 대비해 왔다. 이 기사에서, 손에 들린 작은 것이 나눔의 실천을 통해 "풍성"하게 변했다. 이러한 상징적 행위는 재산을 나누고 가족을 확장하는 새로운 공동체로 구체화 된다.[10:28-31] 마가는 오직 자선에 의존해야 하는 "전도자들의 가난"이나 훌륭한 중산층"십일조"이데올로기의 경제적 이데올로기에 대해 말하고 있는 것이 아니다. 마가가 말하는 것은 나눔에 초점을 맞춘 생산과 소비 공동체이다.

그러나 제자들은 경제적 계층의 지배적 질서는 하나님의 뜻이 아니라는 예수의 말씀에 놀란다.[10:23-27] 이것은 모든 율법을 지켰다는 부자의 주장으로 요약되는, 정치의 지배적인 특권 경제가 누리고 있는 압도적 정당성을 보여준다. 그러나 예수는 그들의 주장과 착취적 행태를 전면 거부하시며, 공동체를 향해 대안적 경제의 실천을 계속할 것을 권면하신다.[10:29] 이 이야기의 기능은 목회적이자 예언적이며, 마가의 사람들 사이에 일정 형태의 공산적 질서가 자리 잡았음을 보여준다.

세 번째 주기는 개인적 비폭력과 정치적 비폭력의 최종적 종합으로, 공동체의 리더십 소명을 십자가의 정치적 "도제 정신"과 연결한다.[10:42-45] 공동체는 권력의 패턴을 스스로 재생산하는 한, 권력의 지배에 항거할 수 없다. 혁명은 아래로부터 위로 전개되어야 하며, 사회적 압제의 기본적 장소인 가정과 경제적 실존으로부터 시작되어야 한다. 간디는 아래에서 실천된 비폭력은 역으로, "아이나 여자나 병약한 노인이 거대한 정부와 맞설 수 있는 대중적 무기"가 된다고 말한다.[1948:II,41]

마가의 공동체가 이처럼 새로운 질서를 구현하는 데 어려움을 겪었다는 것은 분명하다. 이러한 사실은 제자들이 끊임없이 "보지도 못하고"9:1 "듣지도 못했다."9:7는 사실에 잘 나타난다. 제자들이 서기관의 이데올로기 앞에서 자기 회의에 빠진 것은9:11,14 정치 권력이 종종 그들을 두려워하게 했음을 보여준다. 마가를 에세네파와 같은 윤리와 구별하게 하는 것은 그들의 엄격한 내부적 비판 때문이다. 마가는 외부의 대적을 구체적으로 설정하는 방식으로 공동체의 결속을 도모하지 않았다. 쿰란 공동체와 달리 마가는 공동체 밖의 "빛의 자녀"와 공동체 내의 "어둠의 자녀"를 인정한다. 배교에 대한 역사적 경험은 마가에게 공동체의 순수성과 징계라는 어려운 문제를 제기했다. 포용성은 다른 신자를 당국에 밀고한 자까지 포함할 수는 없다. 그러나, 그럴지라도 신체적 "절단"의 상처는 치료받아야 했다.불, 소금 메시아적 화목의 실천은 세상에서는 물론 공동체 안에서도 시행되어야 한다.

"내면의 귀신"과 싸우는 이 전쟁은 마가복음 후반부에 유일하게 등장하는 귀신을 쫓아내는 기사에 잘 나타난다. 본문에 나오는 귀신 들린 "아들"처럼, 제국의 영역에 사는 모든 사람은 사실상 "어린 시절부터" 사회화된 지배적 계층의 강력한 이데올로기에 의해 "말문이 막힌" 상태이다. 그것을 무너뜨리지 않으면, 우리가 파괴될 것이다.9:22 귀신 들린 아이의 아버지가 부르짖었던 것처럼, 우리의 믿음도 불안하다.9:24 우리는 우리의 치명적 대적이 내면에 있다는 사실을 알아야 한다. 우리는 오직 기도를 통한 자기 성찰에 의해서만 이러한 대적을 극복할 수 있다. 우리는 오직 이 길을 통해서만, 자만심"할 수 있나이다."10:39 과 낙심"우리는 어찌하여…못하였나이까"10:28 이라는 양극단 사이를 오가는 근본적으로 고장 난 상태를 바로잡을 수 있다.

요약하면, 이 단원은 우리에게 대안적 이데올로기에 대한 가장 직접적인 통찰력을 제공한다. 이것은 "고백"*confessio*에 대한 것이 아니라 "닮음"*imitatio*에 대한 문답이다. 예수의 비폭력 방식은 실제적 법정과 실제적 공동체, 그리고 가정의 갈등에 적용된다. 이 문답의 역설적 담론구원하다/잃다, 첫째/끝, 먼저/나중, 큰 자/종은 꼭대기부터 시작하는 사회적 변화의 일반적 전략을 뒤엎는다. 비폭력적 혁명은 권력을 잡는 프로그램이 아니라, 관계의 변화를 초래하는 프로그램이다. 간디, 1948:II,8 이 프로그램은 중요한 사회적, 경제적 지배 패턴에 대한 근원적 해결을 위해, 조직적 관계로부터 인간적 관계에 이르는 모든 형태의 관계를 포함한다. 이것은 역사를 통해 "낡은 부대 안에서 새로운 사회를 건설하기 위해" 애쓰는 모든 사람, 민중으로부터 위로 향한 혁명을 위해 일하는 모든 사람을 위한 문답이다. Dorothy Day

예루살렘 여정은 두 부류의 사회적 "힘"의 현격한 대조를 분명히 보여준다. 이 여정에는 제자들이 스스로 재생산하고 싶어 하는 "소위 집권자들"의 힘과, 그것에 맞선 예수의 무저항 불복종 운동satyagraha의 대안적 힘이 나타난다. 이것은 제자 공동체가 그들의 정치 권력과 근본적으로 단절하지 않으면 결코 권력의 정치를 무너뜨릴 수 없음을 보여준다. 이러한 비전으로 무장한 예수는 신화 전쟁의 최후 결전을 위해 예루살렘으로 입성하신다.

미주

1. 물(9:42b)과 불(9:44)의 형벌과, 앞서 귀신을 쫓아내는 본문에서 귀신이 (물과 불로) "아들"을 죽이려 한 행위(9:22)의 유사성에 주목하라. 두 경우 모두 "믿음"을 위한 싸움이 나타난다.(9:24, 42a) 이곳의 물과 불은 배교로 이끄는 불신앙의 고통을 상징하는가? 그러나 Derret 1985를 참조하라.
2. 요세푸스는 로마로 넘어가려는 Justus와 또 한 명의 반군 지도자를 설득한 이야기를 기록한다. 이 상황에서 그는 일부 갈릴리 반군이 문서를 위조한 Justus의 동생의 손을 절단한 사건을 암시한다. 그것은 분명히 "혁명적 정의"의 시행이었다.(Life, 35) 헤롯은 다른 곳에서 선동을 주동한 갈릴리인을 산채로 불태운 것으로 전해진다.(Ant., XVII,vi,4)
3. D. D Via는 마가의 이야기 시간 및 그의 "시작"(1:1)에 비추어 창세기 인용문에 대해 상세

히 다룬다. "이 시작은 원시 아르케에 대한 무언의 회복이며… 이 구성의 중간 부분 역시 태초의 시작과 연결된다. 그러므로 마가의 중간 부분이 어느 시점에서 계속해서 타락 이전 상태를 반영하는 것처럼 보이는 것은 결코 놀라운 일이 아니다. 이러한 사례는 결혼에 대한 마가의 진술(10:2-9)에서 찾아볼 수 있다."(Via, 1985:47) 나는 Via가 "중간기 윤리"이론에 대한 복잡한 문학 구조적 재순환 외에도 마가의 "시간"과 마가의 "윤리"의 관계에 대한 선입견으로 인해 본문의 요점을 놓치고 있다고 생각한다. 이곳에 제시된 마가의 주장은 바리새인들의 인간적 교훈이 하나님이 명하신 진정한 공의의 원리를 뒤집었다는 앞서의 주장(7:6 이하)과 다르지 않다.

4. 우리는 여기서 이 이야기의 계급 비판을 명확히 이해하고 있는 2세기 버전의 동일한 전승의 일부를 인용할 필요가 있다. 다음은 오리겐이 히브리인의 복음("the Gospel according to the Hebrews")에서 인용한 잘 알려진 본문이다.

> 그러나 부자는 자신의 머리를 긁적거리기 시작했다. 그 말씀이 마음에 들지 않았기 때문이다. 주께서 그에게 말씀하셨다. "너는 어떻게 네 이웃을 네 몸과 같이 사랑하라고 기록된 율법과 선지서를 다 지켰다고 말하느냐? 보라, 네 형제들, 아브라함의 자손은 낡은 옷을 입고 굶어 죽어가고 있는데 네 집은 온갖 좋은 것들로 가득하지 않으냐? 너는 왜 그들에게 나누어 주지 않는가?"

5. 이것은 소위 "보다 생생한 구조의 미래"(호스 + 안 + 가정법 + 미래 직설법)에 해당한다. 우리는 이 시리즈에 10:29 이하의 반의적 조건절("… 버린 자는 … 받지 못할 자가 없느니라(우데이스 에스틴 호스 아페켄 … 디안 메 라베)")과 10:31의 직설법("먼저 된 자로서 나중 되고 나중 된 자로서 먼저 될 자가 많으니")을 포함해야 할 것이다.

제10장

두 번째 직접 사역: 예루살렘에서 예수와 권력의 최후 대결

막 11:1-13:3

> 그들의 모든 악이 길갈에 있으므로 내가 거기에서 그들을 미워하였노라 그들의 행위가 악하므로 내 집에서 그들을 쫓아내고 다시는 사랑하지 아니하리라 그들의 지도자들은 다 반역한 자니라 에브라임은 매를 맞아 그 뿌리가 말라 열매를 맺지 못하나니
>
> -호 9:15 이하

예수는 순례객으로서 성전에 대한 헌신을 보여주시기 위해서가 아니라, 대중적 왕으로서 지배계층에 대한 비폭력적 공격을 위해 예루살렘에 오셨다. 이제 마가는 두 번째 직접적 사역의 내러티브를 시작한다. 팔레스타인이라는 사회적, 상징적 "변두리"로부터 "중심부"를 향한 긴 여정이 끝났다.이 여정은 광야와, 가버나움에서의 첫 번째 직접적 사역으로 시작된다 예수는 지배적 질서의 심장부에 도착했으며, 신화 전쟁의 최후 대결을 위한 시간이 이르렀다. 이제 이 이야기의 서두에서 말라기가 예언한 대로1:12b, cf. 말 3:1 이하, 주께서 성전에 임하셨다. 우리는 그의 사역을 통해, 간디가 "역사상 가장 공격적인 저항가로 알려진, 탁월한 비폭력주의자"로 언급한 인물에 대해 증거할 것이다.1948:II,16

10A. 예루살렘 대립 주기의 내러티브적 특징

1. 구조

마가복음의 나머지 부분은 예루살렘을 중심으로 일어나며 내러티브 전체는 세 단원으로 구성된다. (1) 이 장의 주제인 대립 주기[11:1-13:3], (2) 예수의 두 번째 설교[13:3-37, 아래 11장], (3) "수난 내러티브"[14:1-16:8; 아래 12장 및 13장] 두 개의 사역 내러티브[1과 3]는 각각 한 쌍의 상징적 에피소드로 형성되며, 각 에피소드는 주요 단원을 연결하는 내러티브 "교량"의 역할을 한다. 이 에피소드 쌍은 다음과 같이 구성된다.

1. "전형적인"제자 이야기[10:45-52 = 14:3-9]
2. 철저하게 연출된 메시아 극장[11:1-9 = 14:12-25]

두 교량의 평행에 대해 간략히 살펴보자

예루살렘 대립 주기를 도입하는 쌍은 앞서 살펴본 바디매오 이야기와 함께 시작된다. 바디매오 기사는 선행하는 제자도 단원과 연결된다. 이 시각장애인은 제자들의 반대에도 불구하고 예수로부터 고침을 받고 다윗성까지 그를 따른다. 이것은 전형적인 제자도 에피소드다. 바디매오의 믿음은 부분적으로 "보지 못하는" 다른 제자들의 제자도와 현격한 대조를 보인다. 이 이야기 뒤에는 예루살렘에 대한 예수의 비폭력적 공격이 시작되는 장면이 이어진다. 제자들은 나귀를 타신 예수의 제왕적 입성을 준비하라는 명령을 따르며, 이어지는 행렬은 강력하면서도 역설적인 메시아적 상징을 극적으로 묘사한다. 예수는 자신이 거부하는 다윗의 나라를 가져오신 분으로 환영받는다. 가난한 시각장애인 제자와 낮아지신 왕에 대한 한 쌍의 에피소드는 독자에게 대립 주기의 특징이 될 강력한 정치적, 계급적 대립을 준비하게 한다.

수난 기사를 도입하는 쌍은 한 여자가 예수님과 직접 만나 그의 머리에 향유를 붓는 에피소드로 시작하며, 다시 한번 제자들의 반대에 직면한다. 여자는 이 일을 통해 죽음에 직면한 예수의 헌신을 받아들이고 동참한다. 이 행동 역시 예수의 죽음을 앞두고 그를 버리고 달아난 다른 제자들과 대조를 보인다. 마가는 제자도 패러다임과 일치하는 여자의 행위에 대해 독자의 특별한 관심을 촉구한다.[14:9] 이어서 제자들은 다락방 은신처에서의 유월절 만찬을 준비하기 위해 다시 한번 보냄을 받는다. 최후의 만찬은 역설로 가득한 또 하나의 메시아 극장을 제공한다. 식사는 제자 공동체의 가장 친밀한 순간을 나타내지만, 동시에 배신에 관한 내러티브를 도입한다. 이 에피소드 쌍은 독자에게 예수의 마지막 십자가 여정을 준비하게 한다.

두 번째 직접적 사역의 축이 되는 두 가지 내러티브 "교량"을 확인했으니, 이제 예루살렘 사역 자체의 구조에 대해 살펴보자. 가버나움에서의 첫 번째 직접적 사역과 마찬가지로, 예루살렘에서의 사역도 일련의 대결[11:11-13:3] 뒤에 확장된 설교[13:4-7]가 이어지는 구조로 형성된다. 대립 주기의 구성은 다음과 같다.

A. 성전 체제를 향한 상징적 공격

예루살렘 입성: 메시아의 나라는 다윗의 나라인가?

성전 입성: 무화과나무에 대한 저주/성전 정화

[11:27, 예수께서 성전에서 거니심]

B. 정치 권력에 대한 3중적 교훈

누구의 세례인가? 유대 당국

포도원 비유: 농부로서 지도층

누구의 동전인가? 로마 당국

C. 이데올로기적 권위에 대한 이중적 권면

너희가 오해하였도다: 성경 해석자로서 사두개인

네가 멀지 않도다: 성경 해석자로서 서기관

[12:35 예수께서 성전에서 가르치심]

D. 성전 체제에 대한 거부

메시아의 나라는 다윗의 나라가 아니다

경건과 이익 추구에 대한 교훈: 부자 서기관과 가난한 과부;

성전에서 나가심

첫 번째와 마지막 단락A 및 D은 다윗의 메시아사상 및 성전의 정치적 경제를 비판한다.

A. **메시아와 다윗**: 행렬에 대한 환호

예수는 "우리 조상 다윗의 나라"를 가져오셨는가? 11:10

성전: 무화과나무/성전 샌드위치 구조

기도의 집이 아니라 강도의 소굴이 된 성전

D. **메시아와 다윗**: 메시아는 다윗의 후손이 아니다.12:35-37

예수는 다윗의 통치 회복을 알리러 오신 것이 아니다

성전: 부자 서기관과 가난한 과부12:38-44

성전에서의 기도는 착취의 다른 면이다.

이 구조는 직접적 사역의 중요한 관심사를 보여준다. 즉, 예수는 유대 성전을 거부하신다는 것이다.

이러한 틀 속에 예수께서 대적과 공세적, 수세적으로 맞서 싸우시는 대립 내러티브의 나머지 내용이 담겨 있다. 이 시리즈는 예수께서 성전에 들어가셨다는 유사한 "무대 지문"11:27 = 12:35으로 시작하고 끝난다. 나는 이 시리즈를 두 개의 작은 단위로 구분했다.개요의 B와 C 첫 번째 그룹은 정치적 비유를 중심에 두고 양 끝에 정치적 권위에 대한 두 개의 논쟁이 위치한 동심원적 구조를 형성한다.[11:27-12:17] 이 세 가지 에피소드는 함께 유대와 로마 당국의 신뢰성을 공격한다. 두 번째 그룹은 예수의 대적인 사두개인과 서기관의 질문으로 구성되며[12:18-34], 예수는 둘 다 거부하신다. 두 에피소드는 토라에 대한 해석을 지배하는 자들의 신뢰성을 공격한다.

예루살렘 대립 단원의 두 번째 부분은 혁명적 인내에 대한 예수의 두 번째 설교의 담론으로 확장된다. 이 단원은 지상에 서 있는 성전이 끝날 것이라는 예수의 말씀[13:3]에 대한 징조를 묻는 제자들의 질문[13:4]과 함께 시작한다. 예수는 설교가 끝날 무렵[13:32-37]까지 그들의 질문에 직접적인 대답을 하지 않으신다. 이 설교의 내적 구조는 아래[11장 B]에서 상세히 제시될 것이다.

2. 줄거리

두 번째 직접적 사역에는 제자들의 활동이 첫 번째 직접적 사역 때보다 확연히 약화된다. 그들은 예수께서 성전을 거부하신 이유를 설명하실 때만 등장한다.[11:14,21; 12:43; 13:1,3 이하] 그러나 이러한 카메오 출연은 "시각장애인" 내러티브를 간신히 이어간다. 그들은 제자도 문답에서 비폭력의 길과 십자가에 대한 예수의 가르침을 거부했듯이, 이곳에서는 성전과 연결되지 않는 정치적 질서를 믿지 못한다. 예수께서 성전을 거부하신 직후, 그들의 성전에 대한 찬사와 그 앞에서 느끼는 경외감[13:1]은 앞서 높은 자리를 차지하기 위해 다투었던 장면[10:35 이하]과 마찬가지로 희비극적이다.

한편으로 예수는 이 드라마의 주인공으로 영웅적인 활동을 하신다. 예수는 처음 세 가지 상징적 행위[입성, 무화과나무에 대한 저주, 성전 정화] 후, 자신의 투옥과 처형을 주도할 정치적 결탁 세력[대제사장, 서기관, 장로들11:27]과 처음으로 마주하신다. 이 대면 이후, 예수께서 탁월한 대답과 반문을 통해 상대를 제압하시는 일련의 논쟁이 이어진다.[11:29; 12:16,24,34] 예수는 이 단원 전체에서 모든 지배계층에 대해 공격적인 태도를 보이시며, 유일한 동조자의 질문에 대해서도

미온적인 반응을 보이신다.12:34 이러한 호전적 태도로 인해, 그동안 잠복되었던 체포 음모가 재개된다.11:18; 12:12; 14:1 또한 이러한 음모의 중요한 변수가 되었던 예루살렘 순례객 무리의 정치적 분위기도 드러난다.11:32

예루살렘 장면에 들어오면서 마가는 내러티브의 속도를 늦추어 하루하루의 일정에 초점을 맞추며, 이러한 전략은 수난 기사에서도 반복된다. 예루살렘 진격의 서두는 사흘간 이어진 세 차례의 성전 방문으로 구성된다.

1) 11:1-11, 2) 11:12-19, 3) 11:20ff

성전 방문은 갈수록 길어지고 중요해진다. 첫 번째 방문은 단순한 답사이며, 두 번째 방문은 성전 정화, 그리고 세 번째 방문은 긴 주기의 가르침/대결로 이루어진다.이 구조에 대해서는 Telford, 1980:39 이하를 보라 두 번째 설교가 진행되는 동안 신화적 시간 및 장소를 위해 내러티브는 잠시 중단된다.

첫 번째 직접적 사역 및 두 번째 직접적 사역이 특별한 내러티브 장소를 중심으로 전개되는 방식에는 밀접한 평행이 나타난다. 첫 번째 직접적 사역은 갈릴리와 가버나움 회당을 중심으로 이루어지며, 두 번째 직접적 사역은 마주 보는 두 개의 산, 감람산과 성전산을 중심으로 이루어진다.

첫 번째 직접적 사역

1:16 예수께서 바다에 도착하심첫 번째 방문

1:20 예수께서 중요한 대결/귀신을 쫓아내시는 사역을 위해 첫 번째로 가버나움 회당에 들어가심

[대립 기사의 핵심 주기]

3:7 예수께서 회당에 대한 거부의 표시로 가버나움 회당을 마지막으로 떠나 바다로 물러나심

4:1 예수께서 바닷가에 앉아 오랫동안 설교하심

두 번째 직접적 사역

11:1 예수께서 감람산에서 가까운 베다니에 도착하심첫 번째 방문

11:11 예수께서 중요한 대결/귀신을 쫓아내시는 사역을 위해 첫 번째로 성전에 들어가심

[대립 기사의 핵심 주기]

13:1-3 예수께서 성전에 대한 거부의 표시로 마지막으로 성전을 떠나 감람산으로 물러나심

13:3 예수께서 감람산에 앉아 오랫동안 설교하심

베다니는 적대적 도시에서 벗어난 "안전한" 은신처로 사용되며, 이 단원은 그곳에서 시작하고[11:1] 마친다.[14:3] 이러한 장소들은 본문의 담론에서 "긍정적" 요소와 "부정적" 요소를 나타낸다.

10B. 거룩한 성을 향해: 상징적 행렬[11:1-10]

이 에피소드에 붙여진 "승리의 입성"이라는 대중적 제목은 잘못된 것이다. 이 행렬은 확실한 "승리"도 아니고 실제로 예루살렘에 들어간 것도[11:11까지는] 아니기 때문이다. 정교하게 연출된 가두극장과 유사한 이 에피소드는 메시아의 대결 분위기를 보여주기 위한 의도적 설정이다.

1. 나귀를 타신 해방자? 정치적 가두극장

마가는 그 도시에서 다윗과 같은 환호를 받는 이러한 행진 이미지가 첫 번째 독자에게는 승전한 국민적 영웅의 군사적 행군을 의미한다는 사실을 잘 알고 있었다. 사실, 마가는 상호텍스트적 암시를 통해 이러한 사실을 확인한다. 그는 이 행진이 "감람산"에서 시작되었다고 말한다. 이곳은 초기 묵시적

전승에서 예루살렘을 지키기 위해 이스라엘의 대적과 싸운 마지막 전장을 연상시킨다.

> 내가 열국을 모아 예루살렘과 싸우게 하리니 성읍이 함락되며 가옥이 약탈되며… 그 때에 여호와께서 나가사 그 열국을 치시되 이왕 전쟁 날에 싸운것 같이 하시리라 그 날에 그의 발이 예루살렘 앞 곧 동편 감람산에 서실 것이요 슥 14:2-4

그렇다면 마가는 예수께서 "전장에 나가시는" 모습을 염두에 두고 있는가?

실제로 이 행진 자체는 승리의 반군 지도자 시몬 마카비가 "종려나무 가지를 들고 환호하며… 칭송하는 노래와 함께" 예루살렘으로 들어가는 군사적 입성을 상기시킨다. 마카비 1서 13:51 우리는 혁명 초기에 행렬을 이끌고 예루살렘에 입성했던 자객 두목 므나헴에 대한 요세푸스의 기록도 살펴볼 필요가 있다. 요세푸스는 반군이 성전산을 차지하기 위해 싸웠다고 기록한다.

> 므나헴은 잘 알려진 몇 사람을 데리고 맛사다로 돌아갔다. 그는 그곳에서 헤롯의 무기고를 탈취한 후 자기 편은 물론 다른 폭도들에게도 무기를 나누어주었다. 그는 "왕처럼 예루살렘으로 귀환했으며," 반군의 지도자가 되어 계속적인 포위공격을 명령했다. Wars, II xvii,8

호슬리 1985년에 따르면, 이것은 폭도들 사이에서 회자되었던 두 가지 에피소드 가운데 하나라는 것이다. 다른 에피소드에 대해서는 아래, 13장 A, 1을 참조하라 그는 므나헴의 행렬에 대해, 예루살렘을 로마로부터 해방시키려는 주후 66년의 성공적 투쟁를 통해 조성된 강력한 낙관주의에 영감을 받았을 것이라고 추측한다.

호슬리는 예수의 사역에 대한 정치적 해석의 표본으로서 반역적 메시아사상을 지나치게 과장하려는 오늘날 학자들의 경향에 대해 경고하지만, 다음과 같은 사실을 인정한다.

> 맛사다에서 예루살렘에 이르는 므나헴의 "왕 같은" 행렬과 그가 성전에서 보여준 메시아와 같은 태도는 예수의 "승리적 입성"과 "성전 정화"에 대한 해석에 도움이 되는 놀라운 비교 자료로 보인다.… 66년에 자객들 사이에 회자되었던 짧은 "메시아적" 에피소드는 복음서 기자들이 특정 전승을 형성하는 방법을 보여주는 좋은 자료이다.1985:311

어쨌든, 므나헴의 행렬이 있은 지 불과 수년 후에 작성된 예수의 예루살렘 입성에 대한 마가의 내러티브는 정치적 색채가 훨씬 더 농후하다.

그러나 이러한 호전적사실상 군사적 상징에도 불구하고 내러티브의 다른 요소들은 정반대의 방향을 향한다. 이 에피소드의 절반 이상은 예수께서 이 행렬을 준비하기 위해 "두 제자"를 보내시는 명령11:1-7에 초점을 맞춘다. 이것은 모든 과정이 계획에 따라 연출된 것임을 보여주며, 따라서 "가두극장"과 같다는 느낌을 준다. 예수는 이 행진에 필요한 것2:25에 제시된 다윗의 군사적 진격에 언급된 "먹을 것이 없어" 크레이안 에케인, "핍절되어" 참조을 조달하신다. 다른 한편으로, 예수께서 조달하신 것은 한 마리의 "나귀 새끼"이다. 확실히 마가는 이 행렬이 스가랴의 전혀 다른 요구를 충족시킬 것이라는 사실을 강조하고 있다. 시온에 임하실 메시아는 "겸손하여서 나귀를 타시나니 나귀의 작은 것 곧 나귀 새끼"를 타신다.슥 9:9 이하 1)

이 본문은 예루살렘-해방 전승에도 해당되지만, 확실히 반군사적 어조를 나타낸다. 예수는 성전을 위해 싸울 생각이 없으며 감람산은 심판의 목적을 위해 사용될 것이다.13:3 따라서 이 행렬은 모순적 지표들로 가득하며, 군사적 해방주의자들에 대한 풍자를 의도한 것처럼 보인다.

빌레지키안Bilezikian은 이 행렬의 내러티브 기능과 "특히 비극배우 소포클레스Sophocles가 시행했던 드라마 관행hyporcheme"사이의 흥미로운 유사성에 주목한다.

> 이것은 합창과 같은 요소들을 포함한 흥겨운 장면으로 구성되고, 춤과 행렬 또는 확신과 행복을 표현하는 서정시의 형식을 취하며, 연극의 비극적 절정 직전에 일어난다. 이러한 관행hyporcheme은 비극적 사건의 파괴적 충격을 대조적 방식으로 강조한다. 그것은 갑작스러운 기쁨의 분출이자 어느 정도 몽환적이며, 실제 상황으로 받아들일 필요는 없다.1977:127

이러한 관점에서 볼 때 이 행렬의 연출은 예수의 십자가 운명과 제자/무리/독자의 대중적 메시아 대망을 대조하는 일종의 패러디로 보인다.

2. 다윗의 나라? 메시아에 대한 환호

제자들은 나귀 위에 겉옷을 얹어 놓았으며, 사람들은 겉옷을 벗어 길에 폈다.11:7 이하 "들에서"에크 톤 아그론 벤 나뭇가지를 편 사실은 주석가들의 주목을 받지 못했다. 텍스트의 담론을 통해 확인한 반도시적 성향을 염두에 둔다면, 마가가 이처럼 세밀한 내용을 포함한 것은 다시 한번 시골 사람들과 도시의 상류층을 대조하기 위해서라는 추측이 어렵지 않다. 예수를 예루살렘으로 안내한 것은 자신이 가진 유일한 선물무기?을 펼친 농부들이다. 이야기 끝부분에서 예수와 함께 도시 밖으로 나오는 자도 농부다.15:21 "시골로부터 와서" 무리의 기쁜 찬송은 한편으로는 잠시 후 도시의 지배계층으로부터 받을 냉대11:27 이하와, 다른 한편으로는 길에서 두려워하던 제자들의 반응과 대조를 이룬다. 마가는 11:9a에서, 예루살렘으로 접근하는 공동체에 대한 서술에 사용했던 것과 동일한 무대 지문“앞에서 가고 뒤에서 따르는”을 사용한다.

11:9 이하의 환호는 “호산나”라는 전통적 인사를 양축으로 하는 구조이다. 테일러는 호산나라는 음역의 출처에 대해 다음과 같이 설명한다.

> 시편 118:25에서 하나님에 대한 부르짖음의 의미는 “우리를 지금 구원하소서”이다. 사무엘하 14:4 및 열왕기하 6:26에서 이 단어는 왕에게 말할 때 사용된다. 이 시편은 초막절과 유월절에 전례용으로 사용되었다. 따라서 “호산나”Hosanna는 순례객이나 유명한 랍비에게 말할 때 사용되었을 것이다. 그러나 도움을 구하는 부르짖음이 아니라 인사나 환호의 의미로 사용된 것으로 보인다. 초막절에는 가지를 흔들며 “호산나”hosannahs라고 외칠 만큼 대중에게 익숙한 용어가 되었다.[1963:456]

호산나에는 마가의 이야기와 관련된 다른 아이러니도 찾아볼 수 있다. 즉, 이곳의 부르짖음은 십자가의 길을 홀로 가기로 결심하신 예수를 하나님께서 “보호”해 달라는 부르짖음이라는 것이다. 이 이야기에 나타난 무리의 다양한 부르짖음에크라존이 내러티브 안에서 보여주는 상호작용은 이러한 아이러니를 강조한다. 바로 앞 기사에서 바디매오는 예수를 “다윗의 후손이여”라고 부르며 두 차례나 “부르짖었다.”[10:47,49] 이 부르짖음은 이곳의 행렬에서 “오는 우리 조상 다윗의 나라”에 대한 기대로 고조된다. 사실 예수는 이러한 회복주의 이데올로기를 거부하신다. 따라서 예수께서 잡히신 후, 무리로부터 다른 부르짖음이 터져나온다. 그들은 “진정한” 혁명가, 바라바의 석방을 요구하고 혁명을 사칭한 예수에 대한 처형을 요구한다.[15:13]

이 행렬은 메시아의 정치의 특징에 대한 논쟁의 서막을 연다. 이 부르짖음은 “우리 조상 다윗의 나라”에 성전을 재건하려는 지배적 정통을 분명히 밝힌다. 이 단계에서 마가는 서문에서와 마찬가지로 이러한 열정을 직접적으로 거부하는 대신, 점강법적 내러티브 기법을 사용하여 간접적으로 거부한다. 사실 예수는 행렬이 끝날 때까지 예루살렘에 들어가지 않으신다. 더구나 예수께서 성전에 "나타나심"은 대중의 메시아 대망이 기대하는 극적 개입이 아니다. 예수는 단지 성전에 들어가 둘러보신 후 베다니로 물러나신다.[11:11] 많은 사람은 이 구절에 당황하며, 이것은 내러티브에 아무런 의미도 주지 않는다고 말하지만, "아무 일도 일어나지 않았다"는 사실 자체에 의미가 있다. 마가는 독자를 전통적인 메시아적 상징으로 이끌었으나 갑자기 끝낸다. 이것은 예수의 성전 "개입"이 회복이 아니라 체제 전복을 위한 것임을 알았을 때 우리가 받을 충격에 대비하게 한다.

10C. 거룩한 장소를 향하여: 상징적 행위[11:11-26]

이어지는 세 가지 에피소드는 가장 잘 알려진 마가복음의 삽입구에 해당하며, 말라버린 무화과나무에 대한 탁월한 픽션은 성전 정화 사역의 틀을 형성한다. 이 "샌드위치" 구조의 각 요소는 유대의 사회 질서의 상징적 중심인 성전에 대한 예수의 비판을 분명히 보여준다. 일부 독자는 성전의 배경에 대해 살펴보고 싶을 것이다.[2장 E, 4] 나의 논의는 주로 이곳에 나타난 마가의 비유적 이미지의 배경에 대한 텔포드[W Telford]의 상세한 연구[1980년]에 기초할 것이다.

1. 열매 없는 무화과나무: "그들은 열매를 맺지 못하나니"

대결 사역을 시작하시기 위해 베다니에서 예루살렘으로 가시던 예수는 무화과의 "때"[카이로스]가 아니어서 배고픔을 채워주지 못한 무화과나무를 저주하신다.[11:13 이하] 제자들은 이 저주를 들은[11:14b] 다음 날, 나무가 마른 것을 확인한다.[11:20 이하] 텔포드는 히브리 성경이 동시대의 유대 문학 및 기독교 문학과 함께, 이 이상한 마술적 이야기의 의미 영역에 대해 어떻게 규명하는지 증거한다. 그는 무화과나무 이야기가 성전 정화와 나란히 제시되지 않았다고 해도 무화과나무 이미지는 성전을 중심한 국가와 문화를 가리키는 비유로 인식되었을 것이라고 말한다.

구약성경에 "비상징적인 나무에 대한 언급은 거의 나타나지 않는다"는 사실을 지적한 텔포드는 다섯 개의 주요 본문렘 8:13; 사 28:3 이하; 호 9:10,16; 미 7:1; 1:7,12과 여러 개의 보충적 본문을 조사한 후, 다음과 같은 결론을 내린다.

> 무화과나무는 평화와 안전 및 번영을 상징하며, 과거와 현재와 미래의 이스라엘 역사의 황금기에덴동산, 출애굽, 광야, 약속의 땅, 솔로몬, 시몬 마카비 및 장차 올 메시아 시대에 대한 서술에 나타난다. 이 나무는 선지서에 두드러지게 나타나며, 주로 종말론적 본문에 등장한다.…

무화과나무가 꽃이 피고 열매를 맺는다는 것은 여호와께서 자기 백성에게 축복으로 임하시는 본문에 나타나는 요소이며, 무화과나무가 시들어 죽거나 열매를 맺지 못하는 것은 여호와께서 자기 백성이나 대적을 심판하신다는 이미지로 제시된다. 심판이라는 주제는 선지서에서 더욱 부각되며… 제의적 배교… 타락한 성전 제의, 제사 제도와 연결된다. 때때로 무화과나 무화과나무는… 국가 자체를 상징하기도 한다.… 그렇다면 무화과를 상징으로 알고 있는 마가의 독자에게 예수의 무화과나무에 대한 저주가 특별한 의미를 부여했을 것이라는 사실을 누가 의심하겠는가1980:161 이하?

이러한 상호텍스트적 증거는 후기 유대 자료, 특히 할라카와 학가다에서 더욱 확실하게 드러난다. 텔포드는 자신이 발견한 사실을 다시 한번 요약한다.

> 우리는 무화과나무가 팔레스타인의 일상에 얼마나 중요한지, 나무 가운데 가장 많은 열매를 맺는 무화과나무에 대한 탁월한 평가…그리고 무화과 열매가 성소로 가져가는 최고의 첫 열매 가운데 포함된다는 사실에 대해 살펴보았다. 랍비의 이미지와 상징에서… 좋은 무화과는 선한 사람, 또는 집합적 의미로 하나님의 의로운 백성을 가리키며, 무화과를 찾으시는 장면은 이스라엘의 하나님이 자기 백성을 찾으심을 비유적으로 보여준다.…
> 유대 학가다를 통해…우리는 마가의 이야기 배경에서 관념화의 세계화를 발견했다. 오늘날 독자에게 문제가 되는 이야기 요소들은 인간사 및 인간의 본성에 대한 학가다의 관점과 일치한다는 사실이 드러났다. 이 이야기에서 피조계는 인간적 특성을 부여받았다. 나무는 도덕적 영역에 민감하다. 나무는 말을 걸 수 있으며, 인간의 필요에 따라 계절과 상관없이 열매를 주기도 하고 거두어들이기도 한다. 나무가 꽃을 피우거나 시드는 것은 도덕적, 상징적 의미가 있다. 학가다의 세계에서 랍비의 저주는 이론의 여지가 없는 효력을 가진다.
> 우리는 유대인의 사고에 존재하는 나무의 결실과 성전 정화 사역의 관계에 대해서도 주목할 필요가 있다. 1-2세기 랍비들에 따르면, 성전이 함락되자 나무의 열매가 맛을 잃었다. 그러나 이러한 상황은 메시아 시대에 회복될 것이다.… 마가는 이 이야기를 예수께서 성전을 방문하신 상황과 나란히 제시함으로써 성전 제도와 관련하여 기대했던 풍성함이 거짓임을 극적으로 보여준다. 그런 무화과나무는 말라버려야 한다. 그것도 뿌리까지. 에크 리존! 1980:193-96

이런 식의 해석학적 의미는 마가복음 곳곳특히 포도원 비유, 12:1 이하에 영향을 미친다.

사실 "뿌리까지 마른" 이미지는 앞서 씨 뿌리는 자 비유4:6에서 소개된 바 있다. 따라서 예수께서 무화과나무를 저주하신 상징적 행위는 호세아 9:16에 대한 미드라쉬[주석]와 마찬가지로, 마가가 학가다 방식을 빌려 진술한 이야기다.[아래 참조] 이 에피소드의 내러티브적 기능은 성전 중심적 사회 질서를 전복하려는 예수의 이데올로기적 계획을 시작하게 하는 것이다. 이 단원의 끝부분에 제시된 묵시적 비유[13:28-32]에서 무화과나무가 다시 등장한다는 것은 이러한 사실을 확인해 준다. 두 번째 설교에서, 잎이 우거진[즉, 열매가 없는] 무화과나무는 "종말"의 징조로 제시된다. 종말로 향하고 있는 세상은 이처럼 성전에 기반을 둔 체제가 지배하는 세상이다.[11장 E, 2]

2. 정화된 성전: 내 집에서 그들을 쫓아내고

우리는 복음에 대한 정치적 해석에 종사하는 자들이 즐겨 호소하는, 소위 성전 정화라는 본문에 이르렀다. 안타깝게도 우리는 역사적 사건을 재구성하려는 무익한 추구에 지나친 관심을 보이고 있다. 이러한 관심은 예수의 행위가 폭력적인지 아닌지, 또는 예수의 저항이 열심당을 지지하는 것인지 반대하는 것인지를 따지는 논쟁의 빌미만 제공할 뿐이다. 그러나 나는 배후에 있는 역사적 전승이 무엇이든, 성전 사건에 대한 마가 내러티브의 이데올로기적 요소에 초점을 맞출 것이다. 이런 관점에서 볼 때, 이 에피소드는 성전의 정치적 경제에 대한 마가의 끊임없는 비판의 핵심 부분이라고 할 수 있다. 예수는 가난한 자를 착취하는 성전 제도를 공격하신다.

앞서 언급한 대로 예수의 첫 번째 성전 방문은 "답사"에 해당하며[11:11], 점강적 방식을 사용하고 있다. 마가는 예수께서 단지 "둘러보시고" 나가셨다고 진술한다. "둘러보다"에 사용된 헬라어 동사 "페리블렙사메노스"는 신약성경에서 마가복음에만 나타나며, "평가하다"라는 뜻이 있다. 마가는 다른 본문에서 이 동사를 중요한 질문이나 계시의 서두에 사용한다.[3:5,34; 5:32; 9:8; 10:23] 이어서 예수는 "시간이 너무 늦었기 때문에"[옵세 "때가 이미 저물매," 11:19] 베다니로 물러나신다. 무슨 시간이 늦었다는 것인가? 이 긴장은 곧 해소된다.

예수는 다음 날 성전에 도착하자마자 자신이 "평가한" 결과에 따라 행동하신다.11:15-17 예수의 행동은 네 부분으로 나눌 수 있다.

1. 성전 안에서 매매하는 자들을 내쫓으시며
2. 돈 바꾸는 자들의 상과 비둘기 파는 자들의 의자를 둘러 엎으시며
3. 아무나 물건을 가지고 성전 안으로 지나다님을 허락하지 아니하시고
4. 그들을 가르치셨다.

이제 각 구절에 대해 살펴보자.

예수의 첫 번째 타깃은 바깥 이방인의 뜰에 위치한 것으로 보이는 성전 시장이다. 예수는 사는 자와 파는 자를 모두 "내쫓으셨다."에크발레인 10:15a 우리는 이곳에서 이스라엘의 지배계층에 대한 호세아의 판단호 9:15, 70인역에 대한 마가의 두 번째 미드라쉬주석를 볼 수 있다.

> 내 집에서 그들을 쫓아내고
>
> 에크 투 오이쿠 무 에크발로
>
> … 그들의 지도자들은 다 반역한 자니라
>
> 판테스 호이 아르콘테스 아우톤 아페이둔테스

이 예언은 마가가 지금까지 이야기에서 구축한 의미 영역과 정확히 일치한다. 이것은 예수께서 유대 지도자와 맞서 가버나움에서 첫 번째 직접적 사역을 시작하실 때 귀신을 쫓아내신 장면을 상기시킨다.1:21 이하 중요한 것은 이 구절이 "강한 자의 집"에 대한 비유와 연결된 몇 가지 중요한 예기적 진술 가운데 첫 번째 진술을 끌어온다는 것이다. 예수는 "사탄이 어찌 사탄을 쫓아낼 수 있느냐"라고 물으셨다.3:23 이하

테일러는 다음과 같이 주장한다.

"파는 자"는 성전 제사에 사용될 제물과 술, 기름 및 소금을 파는 자이며, "사는 자"는 제의를 위해 이러한 것들을 필요로 하는 순례객이다.1963:462

기독교 주석가들은 일반적으로 예수께서 기도하고 예배하는 장소에서 장사하는 것을 보고 놀랐다는 식의 해석을 제시한다. 그러나 이것은 오늘날의 차별적인 사회적 관점에서 "세속적"인 것과 "거룩한"것에 대한 가정을 텍스트에 주입한 왜곡된 해석으로, 앞서 지적한 대로 텍스트의 세계와는 전혀 판이한 관점이다. 사실 상업 행위는 고대 제의에서 지극히 정상적인 행태이다. 예루살렘 성전은 예레미아스가 말한 것처럼1969:25 이하 "근본적으로 경제적인 제도"이며, 사실상 도시의 경제적 삶을 지배했다. 매일 시행되는 제의는 커튼 제작자, 이발사, 향 제조업자, 금세공업자, 인장 새기는 자의 일자리와 직결되었다. 이것은 경제적 갈등을 충분히 예상할 수 있는 상황이다. 예레미아스는 급여 인상 투쟁을 위해 나섰던 진설병 굽는 자에 대한 사례를 인용한다. 많은 랍비는 성전에서 이루어지는 거래의 정당성에 관심을 기울였으며, 수시로 협잡꾼을 막기 위해 노력했다. 예수의 분노는 성전에서 장사가 이루어지는 상황을 발견한 사실 자체 때문이 아니다.

그렇다면 무엇이 그를 분노하게 하였는가? 우리는 호세아의 예언이 이스라엘의 "지도자들"을 향한 것이라는 사실을 기억해야 한다. 예레미아스는 상업적 이윤에 대해 다음과 같이 말한다.

이런 이익은 대제사장의 가문에 돌아갔다. 우리는 여기서 요세푸스의 말을 상기할 필요가 있다. 그는 대제사장 아나니아스주후 47-55년까지 재직를 "엄청난 부를 끌어모은 자"라고 불렀다.… 사람들은 성전을 탐욕과 서로 간의 증오로 인해 파멸될 것이라고 생각했다.1969:49

예수께서 공격하신 것은 성전 시장의 교역을 주도했던 지배 세력이다.

이 공격의 두 번째 요소는 이러한 사실을 확인한다. 마가는 예수의 파괴적 행위의 구체적인 표적이 된 두 부류의 상인에 대해 언급한다.10:15b 먼저 돈 바꾸는 자에 대해 살펴보자.

> 이들은 테이블이나 창구에 앉아 순례객이 가진 그리스나 로마 화폐를 유대 동전이나 두로의 동전으로 바꾸어주었다. 유대나 두로의 동전은 성전 세로 납부할 수 있는 유일한 화폐였다.테일러, 1963:462

예레미아스는 이들이 일반적 환전상을 겸했을 것이라는 사실을 덧붙인다. 예루살렘은 지중해 전역에 흩어져 있는 디아스포라 유대인으로부터 수입이 들어오는 국제적 도시라는 사실을 고려할 때, 환전상은 상당한 힘을 가진 세력으로 추측할 수 있다. 마가는 이들 환전상이야말로 자신이 그처럼 대적했던 압제적 금융 제도의 상징이라고 생각했다.

"비둘기 파는 자"는 가난한 자가 의존하는 중요한 성전 물품을 가리킨다. 비둘기는 주로 "여자의 정결"레 12:6, 눅 2:22-24, 나병환자 치유레 14:22, 그리고 기타의 다른 목적레 15:14,29에 사용되었다.테일러, 1963:462 제의적 의무가 특히 가난한 자에게 부담을 주었다는 인식이 있었다는 것은 예레미아스가 인용한 랍비의 사례에 잘 나타난다.

> 우리는 유대 전쟁 당시 산헤드린의 공회원으로 영향력 있는 가말리엘1세바울의 스승, 행 22:3의 아들 시므온이 가격 상한제를 간접적으로 시도했다는 증거를 가지고 있다.
>
> 한번은 비둘기 한 쌍이… 금 두 데나리온에 팔렸다. 그러자 가말리엘의 아들 랍비 시므온은 "나는 이것이 은 한 데나리온에 팔릴 때까지 오늘밤 이 처소성

> 전을 뜻한다에 머물지 않을 것이다"라고 했다. 뜰로 나간 그는, 경우에 따라서는 다섯 가지의 엄선된 예물 대신 한 가지만 바칠 수 있다고 말했다. 그는 대제사장이 가난한 자가 아무 제물이나 바치지 못하게 막을 것을 염려했다 그날 비둘기 한 쌍의 가격은 은 반 데나리온으로 떨어졌다.[M. Ker.i,7]
>
> 미쉬나에 따르면, 당시 금 한 데나리온은 은 25데나리온의 가치가 있었기 때문에 이날 산헤드린의 조치로 비둘기는 원래 시세에서 99퍼센트가 내린 값에 거래되었다.[1969:34]

그러나 마가는 가난한 자를 위한 가격 인하나 공정한 경제 관행에 초점을 맞추지 않았다. 예수는 앞서 정결 및 부채 제도와 나병환자[1:41 이하]나 여자[5:25 이하]에 대한 소외를 거부하셨다.

따라서 예수는 두 그룹의 상을 "둘러 엎으신"카테스트렙센 행위로 상징되는 모든 제의적 제도의 종결을 요구하신다. 두 부류는 가난한 자와 부정한 자를 이중으로 착취한 정치적 경제의 압제를 나타내는 구체적인 구조를 가리킨다. 가난한 자와 부정한 자는 2등 시민으로 인식되었을 뿐만 아니라, 제의는 그들의 낮은 지위에 대해 제물을 통한 배상을 부과했으며, 상인들은 그것을 통해 이익을 챙겼다. 이곳에 나타난 예수의 행동은 "약자"와 "죄인"을 차별했던 사회-상징적 조직의 거짓을 드러내었던[2:17] 첫 번째 직접적 사역과 전적으로 일치한다.

세 번째 행동 및 마지막 행동은 이 파괴적 조치의 목적이 성전 제도를 완전히 끝내는 것임을 보여준다.[11:16] 그는 "아무나 물건스쿠오스, 이곳의 의미는 제의에 필요한 그릇이나 물품이라는 뜻이다을 가지고 성전 안으로 지나다님을 허락하지 아니"하셨다. 이 구절에는 강한 자 비유에 대한 두 번째 언급이 나타난다. "그 강한 자의 집에 들어가 세간을타 스케우 아우투 강탈하지 못하리니"[3:27] 예수의 행동은 당일은 더 이상 장사를 할 수 없게 막는 조치였다. 중요한 것은 예수께서 어떻게 이러한 조치를 시행할 수 있었는가에 대한 의심이 아니라, 내러티브가 이러한 직접적 조치의 시행에 부여한 정당성을 어떻게 이해할 것인가라는 것이다.자세한 내용은 아래, 11장 F,2 참조 이처럼 대담한 행동은 확실히 강력한 정당성을 요구하며, 이러한 정당성은 성전에서의 마지막 행동인 예수의 가르침 11:17에서 찾을 수 있다.

3. 강도의 소굴: "그들의 지도자들은 다 반역한 자니라"

예수는 예루살렘 사역 전체를 통하여 성경에 기초한 공격/수비에 의존하신다. 그러나 마가는 호세아 본문으로 다시 돌아가는 대신 두 명의 위대한 선지자 이사야와 예레미야의 글을 인용한다. 마가의 첫 번째 청중은 그의 상호텍스트적 주장을 곧바로 이해했을 것이다. 그러나 오늘날 독자는 정확한 요지를 파악하기 위해 인용문을 살펴보아야 한다. 첫 번째 인용문은 70인역 이사야 56:7이다. 이 구절은 구약성경 가운데 이스라엘의 포용성에 대해 가장 완전하게 진술된 신탁의 절정에 해당한다. 오늘날 학자들이 "제3이사야서"라고 부르는 자료의 서문에 해당하는 찬양인 이사야 56:1-8은 외국인과 사회적 약자에 대한 여호와의 약속56:3,6에 대해 진술한다. "성산"에 세워진 "기도하는 내 집"56:7은 쫓겨난 자 모든 자에게 기쁨의 장소가 될 것이다. "이스라엘의 쫓겨난 자를 모으시는 주 여호와가 말하노니 내가 이미 모은 백성 외에 또 모아 그에게 속하게 하리라 하셨느니라."마가는 이 구절을 인용함으로써 성전이 무엇을 구현하려 하는지를 보여준다. 성전은 무엇보다도 "외인"이 다가갈 수 있는 공동체, 포용성을 구현한다.

그러나 마가는 그것의 실상"너희는… 만들었도다"을 설명하기 위해 또 하나의 전혀 다른 전승을 끌어온다. 많은 사람은 이곳의 "강도"레스톤라는 언급이 "사회적 도적"social bandit을 암시하며14:48 및 15:27에서처럼, 따라서 예루살렘 권력 및 성전 제의를 찬탈한 혁명 정부에 대한 은밀한 비판으로 보아야 한다고 주장한다. 이것은 사실이다. 마가에게 있어서 가난한 자를 "착취"하는 자는 성전이기 때문이다. 이 진술의 표면 바로 밑에는 제사 제도를 "도둑질"에 비유하여 비판한 말라기의 예언이 있다.

> 내가 심판하러 너희에게 임할 것이라… 품꾼의 삯에 대하여 억울하게 하며 과부와 고아를 압제하며 나그네를 억울하게 하며 나를 경외하지 아니하는 자들에게 속히 증언하리라[70인역, 마르투스] … 사람이 어찌 하나님의 것을 도둑질하겠느냐[프테르니에이] 그러나 너희는 나의 것을 도둑질하고도 말하기를 우리가 어떻게 주의 것을 도둑질하였나이까 하는도다.… 너희의 온전한 십일조를 창고에 들여 나의 집에 양식이 있게 하고[말 3:5,8,10]

이 전승은 계급구조적 압제로 끝난 중앙집중식 저장소 재분배라는 옛 농업 경제 제도에서 "도둑질"한 자를 책망하는 내용이 분명하다.[2장 B,1] 성전을 공의가 아닌 경제적 계층 기구로 서술한 "서브텍스트"는 마가복음의 제의 비판 전체에 나타난다.

말라기가 본문의 배경은 될 수 있겠지만, "강도의 소굴"은 예레미야 7:11에서 직접 인용한 구절이다. 이 전승은 이사야 텍스트와 대조적으로 히브리 성경에서 성전 체제에 대한 가장 신랄한 공격 가운데 하나다. 이 신탁은 유다에 대한 경고로 시작한다.

> 너희는 이것이 여호와의 성전이라… 하는 거짓말을 믿지 말라[렘 7:4]

예레미야는 이스라엘이 이방인과 고아와 과부에게 정의를 행하며 무죄한 자의 피를 흘리지 않는 한, 그들에게 처소를 허락할 것이라는 여호와의 언약을 전한다.[7:5-7] 우상숭배와 착취를 일삼으면, 실로의 처소처럼 성전은 파괴

될 것이다.[7:9-15]

마가가 예수의 행위를 옹호하기 위해 이 전승을 가져왔다는 것은 중요하다. 우리는 앞서 스가랴에 대한 암시를 고려할 때, 마가가 스가랴 14:21의 "그 날에는 만군의 여호와의 전에 가나안 사람이 다시 있지 아니하리라"라는 구절을 인용할 것이라는 예상도 할 수 있다. 그러나 복음서 기자 요한은 "주의 전을 사모하는 열심이 나를 삼키리라"는 시편 69:9를 인용한다. 마가에게 문제가 된 것은 이러한 전승이, 그리고 적어도 이 문제에 관한 한 호세아나 말라기의 "서브텍스트"까지도, 본질상 제의적 태도에 대한 개혁을 다룬다는 것이다. 그러나 예레미아의 경우, 만일 가난한 자에 대한 착취를 멈추지 않는다면 성전이 파괴될 것이라는 더욱 급진적인 최후통첩을 제시한다. 또한 성전에서 장사하는 자들에 대한 예수의 책망에 따르면, 당시에는 이러한 착취가 만연하고 있었다. 마가는 나중에 성전 안에서의 마지막 에피소드를 통해 이러한 사실에 대해 분명히 보여줄 것이다. 과부는 가난한 자로서 성전 헌금함에 자신이 가진 전부를 넣었다.[12:41 이하] 이 장면을 목도하신 예수는 성전에서 나가면서 성전의 멸망을 예고하신다.

대제사장들과 서기관들은 예수께서 말씀하신 요지를 분명하게 알아들었다. 마가는 제자들이 예수의 무화과나무에 대한 저주를 들었듯이[11:14], 대제사장들과 서기관들도 그의 교훈을 들었다고 말한다.[11:18] 자신의 마음을 드러내신 예수는 물러나신다. 이제 상대의 성경과 관심사를 안 지배계층은 자신들의 패를 보이기 시작한다. 그들은 예수를 제거할 방법을 찾았다. "어떻게 죽일까 하고 꾀하니"[에제툰 포스]라는 구문은 예루살렘 내러티브 전체에서 정치적 음모를 가리키는 말로 사용된다.[12:12; 14:1,11,55] 그러나 이야기의 이 시점에서, 그들의 음모는 무리가 보인 예상치 못한 헌신적 반응에 대한 두려움 때문에 다시 한번 억제된다.

성경적 가르침은 강한 자 비유의 세 번째이자 네 번째 예기적 언급을 보여준다. 즉, 성전을 기도하는 "집"으로 서술한 이사야의 메타포가 그것이다. 지금쯤이면, 독자가 예수께서 3:24 이하에서 예루살렘에서 내려온 서기관들과의 이데올로기 전쟁을 선포하실 때 희미하게 암시하신 비유가 지금 성취되고 있다는 결론을 내려도 무방할 것이다. "분쟁하는 집"은 성전이며, 착취를 일삼는 정치적 경제는 성전의 소명을 짓밟았다. 그런 성전은 결코 "설 수 없다." 예수는 "사탄을 쫓아내셨으며" 집의 "물건"에 대해 금지하셨다. 이것은 강한 자와 싸워 그의 집을 강탈하는 묵시적 전쟁이다.

4. 산을 움직이는 믿음: 정치적 상상력

11:19-21에서 예수는 저녁에 성전을 떠나 예루살렘 밖으로 나가시며, 마가는 다시 무화과나무 이야기로 돌아와 간략히 언급한다. 마가는 성전 장면과 무화과나무에 대한 저주 기사를 결합함으로써, 말라기와 호세아 전승을 해석학적 키로 활용할 것임을 알려준다. "온 나라"가 부패한 성전 제사 및 십일조 제도를 통해 여호와의 것을 "도둑질"했으며말 3:9, 그로 인해 "악을 행하는 자"가 "번성"하게 되었다.말 3:15 이스라엘은 "복"을 받기 위해 회개하라는, 즉 경제적 정의를 회복하라는 촉구를 받는다.말 3:10-12 그렇지 않으면 여호와께서 "선지자 엘리야"를 보내시어, "내가 와서 저주로 그 땅을" 치지 않도록 마지막으로 회개를 촉구할 것이다.말 4:5 무화과나무가 마른 것은 바로 이 저주에 해당한다. 열매를 맺지 못한 에브라임은 뿌리가 말라버렸다."뿌리가 말라 열매를 맺지 못하나니" 호 9:16

"무화과나무/성전"의 "저주/사탄을 쫓아내심"은 정치적 저항 이상이다. 마가는 이것이 자신의 내러티브에서 "예기적" 징조가 되기를 원한다. 나중에 예수께서 두 번째 설교를 통해서 성전 체제의 종말에 대해 말씀하실 때, 마가는 "보라"이데라는 표현을 사용함으로써 우리를 이 장면으로 데려온다.

11:21 "랍비여 보소서 저주하신 무화과나무가 말랐나이다."

13:3 "선생님이여 보소서 이 돌들이 어떠하며 이 건물들이 어떠하니이까."

제자들이 나무를 본 것과 성전을 본 것 사이의 직접적인 내러티브 연결은 앞서 살펴보았던 법정 신화의 이중적 실재8장 D, 2와 유사하다. 독자는 어느 실재를 믿어야 할지를 선택해야 한다. 뿌리까지 마른 성전인가종말에 이른 제도를 상징한다 실제보다 커 보이는 성전인가끝나지 않을 것처럼 보이는 제도를 상징한다; 아래 F, 3 다시 말하면, 두 번째 설교에서 볼 수 있는 것처럼 내러티브의 이 시점에서 마가는 혁명 기간 중 성전 체제를 사수하는 일에 동참할 것인지 거부할 것인지를 결단해야 하는 역사적인 기로에 서 있는 원래 독자들에게 교훈을 준다는 것이다.11장 A, 2 이것이 바로 11:21에서 베드로가 상징적 행위를 기억한아남네스데이스 "생각이 나서", 14:72 이유이다. 마가는 자신의 독자도 역사적 분별력이 요구되는 순간에 이러한 상징적 행위를 "기억"하기를 원한다.

이제 예수는 제자들에게 성전에 기초한 사회 질서는 무너질 수 있을 뿐만 아니라 그것과 구별된 집단의 상징적 삶을 재구성해야 한다는 사실을 확인시키는 일을 하신다. 지금은 믿음에 관한 짧은 설교를 하기에 가장 적합한 시점이다. "하나님을 믿으라"11:22라는 말씀은 얼핏 보면 상투적 권면 같지만 그렇지 않다. 오늘날 독자들은 1세기 중동의 사회적 세계에서 성전은 신의 존재와 밀접한 관계가 있다는 사실을 알아야 한다. 유대인의 경우는 특히 그러했다. 그들은 세상에서 여호와의 임재와 관련된 가장 궁극적인 위기가 초래되지 않는 한, 성전을 부인할 수 없었다. 예수는 이러한 공감대에 직접 도전하신다. 그는 성전에 대한 믿음을 포기하는 것은 하나님에 대한 신앙을 포기하는 것이 아니라고 주장하신다. 이어지는 두 가지 엄숙한 말씀은 하나님의 임재와 활동이 믿음이라는 강력한 도구를 통해 지속적으로 세상을 변화시켜 나갈 것이라고 선언한다.

산에 대한 흥미로운 말씀은 원래 "산마다 낮아지며"사 40:4; 이 구절의 흥미로운 전승 역사에 대한 텔포드의 논의 참조; 1980:117라는 이사야의 약속을 염두에 둔 종말론적 전승이었던 것으로 보인다. 그러나 마가의 내러티브적 상황에서 "산"은 성전을 가리킨다. 텔포드는 다시 한번 이 단어의 해석에 필요한 의미론적 배경을 제공한다.

> 유대 사회에서 산이나 뿌리까지 뽑힌 나무와 관련된 이미지는 법적, 전설적, 신비적, 종말론적 상황에서 발견되며, 랍비, 왕, 영웅, 마술사, 또는 메시아를 따르는 자들과 관련하여 사용된다. 법적 상황에서, "뿌리까지 뽑힌 산" 이미지는 특정 의미를 가리키는 전문적 용어로 사용된다. 이 이미지가 왕특히 헤롯에게 적용될 경우, 헤롯이 성전을 무너뜨린 예외적 성격에 대한 법적 주장을 뒷받침하는 중의적 구문으로 사용될 수 있다.… 그러므로 우리는 마가의 편집이 종말론적 "산의 이동"이 지금 일어나고 있다는 사실을 선포하는 역할을 한다고 믿는다. 사실, 들어 올려질 산은 가장 출중한 산인 성전산이다. 유대인에게 "집의 산"이나 "이 산"으로 알려진 성전은 기대와 달리 높이 추앙받는 것이 아니라 바다에 던져질 것이다.1980:118 이하

따라서 "성전에 계시지 않는 하나님"에 대한 믿음은 제자들이 성전 체제를 거부해야 한다는 뜻이기도 하다. 바다에 던지라는 명령은 앞서의 거라사 귀신에 대한 기사에 진술된 상징적 행위를 상기시킨다. 불가능해 보이겠지만, 마가는 제자들이 새로운 질서의 가능성을 믿기만 하면 로마의 "군대"와 유대의 "산"은 둘 다 최후를 맞이할 것이라고 주장한다. 말하자면, 믿음은 정치적 상상력, 즉 권력이 지배하지 않는 세상을 보는 능력을 필요로 한다는 것이다.

11:23과 11:24의 평행은 두 구절을 함께 해석할 필요가 있음을 보여준다.

내가 진실로 너희에게 이르노니	그러므로 내가 너희에게 말하노니
누구든지 이 산더러…하며	무엇이든지 기도하고…
이루어질 줄 믿고…	받은 줄로 믿으라
그대로 되리라	그리하면 너희에게 그대로 되리라

후자는 전자를 일반화하며, 마치 "이 산이 움직이면 어떤 일도 일어날 수 있다"라고 말씀하는 것 같다. 세상은 바꿀 수 있다. 그러나 두 번째 구절은 독자에게 이 믿음에 대한 도전이 기도에 달려 있다9:29에서처럼고 주장한다.

이어지는 기도에 대한 말씀11:25은 텍스트상의 문제가 있으며, 텔포드는 정밀한 분석을 통해 이 구절은 11:26과 마찬가지로 이차적 삽입에 해당한다는 결론을 내린다. 그러나 대부분의 역본은 11:25을 포함시키기 때문에, 나는 이 구절이 마가의 원래 내러티브라고 생각한다. 기도라는 주제는 이미 11:17의 이사야서 인용문을 통해 도입되었기 때문에, 이곳의 문학적 구조는 이상이 없다. 또한 이 이데올로기는 본문의 정황과도 일치한다. 기도와 성전 경건/이익 추구의 연결은 마가의 제의에 대한 비판에 중요하기 때문이다. 그는 나중에 지배계층의 기도 관습에 대한 신랄한 풍자를 통해12:39 이하, 이 주제로 다시 돌아온다. 그러나 무엇보다 중요한 것은 용서라는 새로운 실천이 성전 제의에 대한 필연적 대안이 된다는 것이다.

이 말씀은 강력한 "주기도문" 전승을 반영하는 것이 틀림없으며, 특징이 없는 어휘"하늘에 계신 아버지여"처럼를 설명한다. 따라서 예수의 성전에 대한 공격은 버려진 "기도의 집"을 대체할 새로운 기도의 "장소"에 대한 언급과 함께 끝난다. 이 새로운 장소는 지리적이거나 제도적인 것이 아니다. 그것은 공동체 안에서 서로 용서해야 한다는, 어렵지만 긴급한 실천이다. 제자들과의 문답에서 살펴본 것처럼, 불평등 문제는 권력과 특권을 버리고 화목을 실천할 때만이 해결될 수 있다. 공동체의 용서의 실천은 성전의 구속적/상징적 채무 제도를 대체한다. 공동체는 참으로 "만인 제사장직"을 구현하는 "만민이 기도하는 집"이다.

10D. 식민지 지배의 정치적 권위와의 대결 11:27-12:17

이제 마가의 관심은 제의에 대한 비난에서 그것을 통해 이윤을 추구하는 지배계층으로 향한다. 마가는 도전/반격의 다섯 단계 내러티브 구조로 이루어진 두 개의 대조적 에피소드를 제시한다. 11:27-33; 12:13-18

1. 정치적 대적이 예수께 나아옴
2. 그들이 권위와 관련된 질문을 함
3. 예수께서 반대 질문을 통해 그들 자신의 나라에 대해 진술하게 함
4. 대적이 대답함
5. 예수께서 그들의 대답에 따라 원래적 질문에 대답하심

두 에피소드 사이에 그들이 정당화하는 이데올로기적 신화를 공격함으로써 정치 지도자에게 도전하는 비유12:1-11가 삽입된다.

1. 누구의 세례인가? 유대의 권력

예수께서 다시 예루살렘에 들어가시자 곧바로 대제사장들과 서기관들과 장로들이 나아온다. 이 그룹은 역사가들이 제사장 귀족의 세 지류로 구성되었다고 말하는 예루살렘 공회의 권위를 나타낸다. 예레미아스는 이 산헤드린 공회에 대해 다음과 같이 주장한다.

> 산헤드린은 원래 그 땅의 첫 번째 권위이며, 따라서 산헤드린의 권한은 유대 사회 전반에 미쳤다.… 주후 6년에 유대가 로마의 속국이 되자 산헤드린은 로마를 대리하는 최고의 정치적 기구가 되었다. 산헤드린 공회는 로마가 분할한 유

대 열한 개 지역의 재정을 관장했다. 또한 당시 산헤드린은 그 지역의 재판을 관할하는 첫 번째 법정이었으며, 결국 유대 전체의 최고 법정이 된다.[1969:74]

마가복음에서 이러한 결탁은 유대 국가의 전형을 보여준다. 그들은 예수께서 예고하신 대로[8:31] 그의 처형을 시도할 것이다.[14:43,53; 15:1]

예수께서 성전에서 하신 행동 및 그들이 "들은" 가르침에 대한 도전[11:28]은 그들이 느끼는 극도의 불안을 보여주기 위해 되풀이해서 진술된다.

무슨 권위로 이런 일을 하느냐
누가 이런 일 할 권위를 주었느냐

자신을 "하늘로부터" 인정을 받은 "지상의" 성전을 대표하는 권위로 생각하는 산헤드린은 예수께 무슨 자격으로 권위를 행사하느냐고 도전한다. 예수는 반대 질문을 통해, 요한의 세례 사역을 예로 제시하며 이러한 대립"하늘로부터"/"사람으로부터"을 드러내신다. 마가에 따르면 요한의 사역은 대단한 능력이 있었으며, "요한이 잡힌 후" 예수는 더욱 큰 능력으로 그의 일을 수행하고 계신다.[1:7-15] 따라서 예루살렘 지도자들이 요한을 어떻게 생각하는지는 곧 예수에 대해 어떻게 생각하는지를 보여줄 것이다. 요한은 회개를 외치는 설교에 위협을 느낀 정치 권력에 의해 처형당했기 때문에, 그들의 질문에는 함정이 있으며 예수의 대답은 문제가 될 수 있었다. 예수는 선지자의 행동은 현재의 사회 질서 "안"이나 "밖"에서 인정을 받기 때문에, 산헤드린이 예수의 권위를 인정하지 않는다면 하나님으로부터 온 권위가 틀림없다고 주장하신다. 예수의 정치적 우회 공격을 인지한 지도자들은 서로 "의논"한다.디엘로기존토, 11:31 "디엘로기존토"는 마가가 이데올로기적 혼돈을 서술할 때 즐겨 사용하는 단어로, 대답을 얼버무린다는 뜻을 가지고 있다.[2:6,8; 8:16 이하; 9:33]

산헤드린이 "백성을 두려워한" 사실을 다시 언급한 것은 선지자 운동의 사회적 힘에 대한 공회원의 취약성을 보여준다. 이 담론은 무리호클론, cf. 11:18 및 11:32의 호응으로 동일한 정치적 위협이 되고 있는 두 선지자, 즉 살아 있는 선지자 예수와 죽은 선지자 요한에 대한 두려움의 평행을 보여준다. 이곳 본문에서 마가의 목적은 "대중"에 대한 낭만적 서술이 아니라이 이야기에서 그들 역시 예수를 배반한다 유대 지도자들의 정치적 고립과 백성에 대한 두려움을 보여주는 것이다. 이 에피소드는 무승부로 끝난다. 지도자들은 공개적 표명을 원하지 않았으며, 예수는 그들의 추궁을 따돌렸다.

2. 농부로 서술된 지도층: 중심에 위치한 정치적 비유

첫 번째 직접적 사역에서처럼, 이데올로기의 권위 문제에 대한 충돌3:22-27은 예수로 하여금 비유 담론에 호소하게 한다.12:1 = 4:2 앞서 씨 뿌리는 자 비유에서처럼4:3-20 이 포도원 비유12:1-10의 담론은 명백히 알레고리적이다. 그러나 이 비유는 팔레스타인 농촌의 실제적인 삶을 반영하며, 소작농과 지주의 사회적 관계를 전복하려는 의도가 담겨 있다. 예수는 이곳에서 사실상 부재지주의 토지를 소유한 부류에 해당하는 예루살렘 지도자들이 부재지주, 즉 여호와의 소작농으로 나타나는 이야기를 들려준다.

예레미아스1972:70 이하는 마가가 이 비유에서 알레고리와 사회적 실제를 혼합한 방식에 놀란다. 이 비유는 70인역 이사야 5:1 이하의 텍스트와 유사한, 나무를 심고 울타리를 두르는 서술과 함께 이사야의 포도원의 노래사 5:1-7에 기초한다. "포도원"은 율법의 울타리에 둘러싸인 이스라엘을 가리키는 메타포로 잘 알려져 있다. 그러나 "농부들에게 세로 주고 타국에 갔더니"라는 사실적 언급은 마가의 서술이다. 당시 북 팔레스타인의 대토지화에 주목한 예레미아스는 이 덧붙인 서술에서 "갈릴리 농부들의 외국 지주에 대한 혁명적 태도"를 발견한다. 팔레스타인의 토지 정책에 대해 잘 알고 있었던 마가의 청중은 지배계층을 폭력적 소작농으로 전락시킨 역할 반전에 대해 환호했을 것이다.

이 알레고리는 12:2에서 "때가 이르매"토 카이로 cf. 1:15 "소출 얼마를 받으려고"톤 카르폰, cf. 4:7 이하; 11:14 "한 종을 보내니"아페스테일렌…둘론, cf. 10:44와 같은 상징적 담론 구절을 통해 재확인된다. 주인은 여러 차례 사람을 보내었으나 점점 심해지는 농부들의 폭력에 의해 쫓겨난다.12:2-5 이것은 박해받는 선지자 계열에 대한 대중적 전승예를 들면, 마 23:29-35을 표현한 것으로 보인다. 마지막으로 "사랑하는 아들"후이온 아가페톤이 보냄을 받는다. 이 아들은 마가복음에서 예수로 제시된다.1:11; 9:7

유산을 차지하려는 농부들의 계획은 현실주의로 돌아간다.12:7 예레미아스는 이 전략은 소유권을 인정하는 역사적 법률에 기초하여 설명할 수 있다고 말한다.

> 유일한 상속자를 죽이기만 하면 아무런 방해 없이 재산을 차지할 수 있을 것이라는 농부들의 생각은12:7 참으로 어리석은 가정이지만, 만일 주인이 먼 외국에 살고 있다면 설명은 간단해진다. 그들은 주인이 없는 재산에 대한 상속이라는 특별한 경우를 염두에 두었을 것이다. 이 경우 누구든지 먼저 도착한 자가 소유권을 주장할 수 있다는 조항이 있다. 농부들은 아들이 온 것은 주인이 죽었기 때문에 유산을 상속하기 위해 온 것이라고 착각했을 것이다. 따라서 그를 죽이면, 포도원은 주인 없는 재산이 되고 그들은 현장에 가장 먼저 도착한 자가 되는 것이다.1972:70

마가는 지배계층의 탐욕에 대한 암시를 어렴풋이 제시한다. 이사야의 포도원의 노래 역시 그들을 비난한다.사 5:8 그들은 "포도원"즉 성전 제의을 제대로 관리하지 못했을 뿐만 아니라 그것을 차지하려 했다.즉, 사리사욕을 챙기는 시장으

로 바꾸었다

아들은 죽임을 당해 버려졌다. 정당한 장례 절차도 없이, 가장 수치스러운 모욕을 당한 것이다. 예수도 예루살렘 영문 "밖"으로 던져질 것이다 이러한 사실에도 불구하고 이 비유는 농부들이 진멸 당할 것이며, 포도원은 다른 사람에게 넘어갈 것이라고 위협한다.[12:8 이하] 이 마지막 장면에 나타나는 폭력에 맞선 폭력은 이사야의 저주에도 잘 나타난다.

> 무릇 만군의 여호와의 포도원은
> 이스라엘 족속이요
> 그가 기뻐하시는 나무는
> 유다 사람이라
> 그들에게 정의를 바라셨더니
> 도리어 포학이요
> 그들에게 공의를 바라셨더니
> 도리어 부르짖음이었도다.[사 5:7]

아무리 주인의 복수를 알레고리적으로 해석한다고 해도, 이 구절은 확실히 토지가 없는 팔레스타인 사람들에게 매우 익숙한 지주의 분노를 반영하고 있다.

예수는 이 비유를 마치면서 진술의 정당화를 위해 다시 한번 성경에 호소하며, 70인역 시편 118:22[12:10 이하]을 축어적으로 인용하신다. 마가는 시편 118편을 메시아 신화 전쟁의 중심으로 가져온다. 대부분의 랍비 문헌은 다윗을 시편의 "버린 돌"로 본다. 그러나 하나님은 다윗을 왕으로 회복시키셨다. 따라서 무리는 예수를 이 약속의 회복자로 환호했다.[11:9 이하] 그러나 마가는 다른 초기 기독교 전승과 함께 신약성경에서 가장 자주 인용되는 이 구절을 예수께 적용한다. 유대 지도자들에 의해 "버린 바" 된 것은 예수시며[8:31], 따라서 그는 성전 체제의 회복 이데올로기를 무너뜨리실 것이다. 이곳의 "건축자들"과 "머릿돌"은 나중에 예수께서 성전이 "돌 하나도 돌 위에 남지 않고" 무너질 것을 예언하는 장면[13:3] 및 사람들이 성전을 헐고 다시 짓겠다는 말을 들었다며 그를 고소하는 장면[14:58]에서 중요한 역할을 한다.

마가는 이 부분을 보다 확실하게 하려고 산헤드린이 예수의 비유가 자기들을 가리켜 말씀하심인 줄 알았다고 말한다.[12:12] 이 비유의 전복적 담론이 드러나자 예수를 체포하려는 또 한 차례의 시도가 이어진다. 그러나 세 번째 시도[11:18,32 참조] 역시 무리에 대한 두려움 때문에 실패한다. 이것이 정치적 알레고리라면 독자들의 마음에는 이런 의문이 남는다. 유대의 체제가 무너지면 이스라엘의 사회적 실험의 청지기직을 넘겨줄 "다른 사람들"[12:9]은 누구인가? 기독교 주석가들은 즉시 "이방인"이라고 말한다. 이것이 마가의 입장이라면, 이 시점에서 마가는 로마의 식민지 통치하에서 팔레스타인의 헬라화를 확인함으로써 이러한 사실을 뒷받침해야 할 것이다. 확실히 다음 에피소드에 대한 해석은 마가의 이데올로기 이해에 중요한 요소가 된다.

3. 누구의 동전인가? 로마의 국가 권력

유대의 사회 질서에 대한 가장 강경한 비판을 보류해 두었던 것이 분명한 마가는 이제 로마의 식민지 통치 문제와 직접 맞선다. 확실히 "협조"는 66년 혁명 기간 중 수많은 마가의 동시대인이 택한 대안이 분명하다. 요세푸스는 불복종을 지지했다가 실망을 느끼고 결국 "이것이 이스라엘을 위한 최선의 선택이라는 확신 하에" 로마의 편에 선 가장 잘 알려진 사례다.[2장 F, 1] 마가도 같은 입장이었는가?

이 에피소드는 산헤드린과 함께 시작한다. 그러나 그들은 메시아에 호의적인 대중을 의식하여 예수를 체포하지 못하고 새로운 계획을 세운다. 공회원은 바리새인들 및 헤롯당과 새로운 동맹을 맺으며 예수의 말씀을 책잡기 위해아그류소신 그들을 보낸다.12:13 이 동사는 신약성경에서 이곳에만 나오지만, 70인역과 세속적 헬라어에는 덫으로 잡거나 고기를 잡는다는 뜻으로 사용된다. 예수는 이것이 사탄과의 싸움1:13과 바리새인들의 공격8:11; 10:2을 상기시키는 "시험"페이라제테, 12:15임을 아신다. 마가는 정치적 드라마의 긴장을 고조시킨다. 예수는 수배자가 되신 것이다.

나는 아래4에서 마가의 이데올로기적 상황에서 함정에 빠트리기 위해 세금에 대한 질문이 필요한 이유를 정확하게 제시할 것이다. 여기서는 드러난 사실에 대해서만 간략히 확인할 것이다. 이것은 혁명을 등에 업은 전복적 세력으로부터 협조자를 분리하는 충성시험이다. 왜 이 도전이 바리새인들과 헤롯당 동맹의 입에서 나왔는가? 이 동맹은 마가의 내러티브 지도상에 이미 나타난다. 우리는 갈릴리 회당에서의 대결이 끝난 후, 두 그룹이 예수를 죽일 기회를 엿보기 위해 "정치적 결탁"을 맺은 3:6에서 이들을 만난다. 마가의 내러티브 세계와 역사 세계에서 바리새인들은 예수를 가장 집요하게 추적했던 갈릴리의 대적이며, "헤롯당"은 세례요한을 처형하는 기사에서 잔인성을 극적으로 드러낸 "왕당파"를 가리킨다.6:17-29 우리는 앞서 8:15에서 마가의 상징이 주장한 "하나의 떡" 또는 통합된 공동체를 위협하는 그들의 "누룩"에 대해 경고받은 바 있다. 따라서 이 대적들은 메시아의 프로그램을 대적하기 위해 손을 잡았기 때문에 민감한 세금 문제에 대한 예수의 입장을 드러낼 수 있는 적임자였다.

10:17의 부자처럼, 그들은 아첨하면서 접근한다.12:14 이것이 그들의 거짓을 드러내는 역할을 한다고 주장하는 주석가들은 그들의 함정 전략을 놓친 것이다. 간교한 찬사는 동심원적 중복으로 구성된다.

> 선생님이여 우리가 아노니 당신은 참되시고알레데스 아무도 꺼리는 일이 없으시

니 이는 사람을 외모로 보지 않고 오직 진리로써알레데이아스 하나님의 도를 가르치심이니이다

여기서 예수의 "정직"은 얼버무리지 않고 기탄없이 밝히는 태도와 동일시된다. 라이트푸트Lightfoot의 지적처럼, 예수는 "결과와 상관없이 사실을 말하는" 태도로 칭찬을 받는다. 사실상 그들은 이러한 부추김으로 예수께서 그들이 파놓은 정치적 함정에 빠지도록 충동질하고 있다. 마가가 그들의 "외식"을 지적한 이유는 이 때문이다.12:15 그러나 그들의 도전에는 마가 공동체의 진정한 제자도 문제가 포함된다. 이 결정적인 질문은 어떤 방식으로 그들에게 도전하는가?

그들이 말하는 세금은 대중적 지탄을 받는 인두세켄손, 라틴어 census에 대한 헬라어 번역이다다. "가이사에게 세금을 바치는 것이 옳으니이까엑세스틴 옳지 아니하니이까"라는 그들의 첫 번째 질문은 앞서 헤롯6:18과 바리새인들2:24,26; 3:4; 10:2이 등장하는 율법 논쟁을 상기시킨다. 두 번째 질문은 이 딜레마가 이론적인 문제가 아니라는 사실을 보여준다. "우리가 바치리이까 말리이까?"이 "우리"는 예수를 포함하는가? 데나리온 하나를 가져다가 보이라는 예수의 요구는 그렇지 않다는 사실을 분명히 보여준다. 예수는 데나리온을 가지고 있지 않으며, 그의 대적들은 가지고 있다. 데나리온은 6:37 및 14:5에서 제자들에 의해 언급되지만, 예수께서 그것을 사용하라고 말씀하신 적은 없다. 어쨌든 그것은 예수의 것이 아니라 그들의 것이며, 따라서 소유권은 그들에게 있다. 마가는 예수를 동전과 그것이 함축하는 결탁의 정치로부터 조심스럽게 분리시킨다. 이제 동전은 이 이야기의 극적 중심이 되었다.

예수는 대적에게 "동전의 담론"을 생각해보라고 촉구하신다. 예수는 이중적 질문을 하신다. "이 형상과 이 글이 누구의 것이냐?" 마가의 청중은 잘 알고 있었겠지만, 동전에는 당시 황제의 얼굴과 함께 그를 추앙하는 "아우구스

투스와 신의 아들"이라는 문구가 새겨져 있었다. 이 "형상"아이콘 자체는 유대 애국자들에게 문제가 되었을 것이다. 그들은 이 화폐의 통용을 우상적 행위로 생각했다. 브랜든Brandon은 유대 애국자들이 "땅에 떨어진 동전을 줍지 않았으며, 그것을 가지고 다니거나 쳐다보거나 형상을 만들지 않았다"고 말하는 고대 자료를 인용한다.1967:45 그러나 마가의 내러티브에서 보다 중요한 것은 동전에 새긴 "글"에피그라페이다. 이 단어는 마가복음 다른 곳에 한 차례 더 나타난다. 그것은 예수의 십자가에 새겨진 "유대인의 왕"15:26이라는 죄목이다. 이처럼 문제가 되는 "형상"과 "글"에 대한 인식은 예수의 최후 선언에 대한 해석을 위해 반드시 필요하다.

예수의 대적은 "하나님"의 도와 "가이사"의 세금에 대한 논쟁을 시작한다. 예수는 이 논쟁을 두 가지 주장으로 끝내신다. 일반적으로 "바치라"는 뜻으로 번역되는 명령아포도테은 신약성경에서 부채의 상환이나 보상이라는 의미로 사용되지만 마가복음에서는 이곳에만 나타나며, "되갚다"라는 해석이 가장 정확하다. 따라서 이 구절의 의미는 "네가 빚진 자에게 되갚으라"는 것이다. 탄네힐은 12:17을 반의적 경구 형식으로 본다.

> 예수의 대답은 두 개의 반절로 이루어진 짧은 강조구이다. 두 반절은 같은 구문을 사용하여 동일한 관계에 대해 언급하며 유일한 차이는 두 번째 절에서 "가이사"대신 "하나님"이라는 단어를 사용한 것뿐이다. 이런 점에서 두 반절은 상호 연결된다.… 따라서 두 반절은 각 부분이 상호 밀접하게 연결된 한 단위로 볼 수 있다. 우리의 관심은 같은 패턴으로 나타나는 두 개의 고유명사로 향하며, 따라서 두 절의 관계에 대해 살펴보지 않을 수 없다. 대부분의 반의적 경구에서 볼 수 있는 것처럼, 예수의 대답은 간결하며… 혼란하게 하거나 수식할 의도가 없다.1975:173

다시 말하면 어떤 유대인도 이스라엘이 여호와께 진 빚과 다른 인간의 요구 사이에 정당한 유추를 인정하지 않는다는 것이다.

많은 자본주의 주석가들의 해석과 달리, 예수께서 대적에게 세금 납부를 권하신 것으로 볼 수 있는 근거는 없다. 예수는 그들의 충성에 따라 행동할 것을 요구하셨다. 예수는 다시 한번 그들의 도전을 되돌려주신다. 즉, 이 문제에 대한 그들의 입장은 무엇이냐는 것이다. 이것은 대적이 예수의 대답에 대해 매우 놀랍게 여기는엑세다우마존, 신약성경에는 이곳에만 나온다 반응을 끌어낸다. 그것은 "순종적 시민"에 대한 어떤 탁월한 교훈도 끌어낼 수 없는 반응이었다.

이 에피소드와 권위에 대한 산헤드린의 도전 사이의 평행은 분명하며, 하나님/인간의 대조는 특히 두드러진다.

요한의 세례가 하늘로부터냐 사람으로부터냐?

가이사의 것은 가이사에게, 하나님의 것은 하나님께 바치라

이것은 신적 영역과 인간적 영역의 근본적인 대립을 보여주는 묵시적 이원론이다. 마가의 초점은 마지막 세 에피소드를 하나로 결합하면 분명히 드러난다. 포도원 비유에는 "하나님의 것"이 무엇인지에 대해 명확히 기록된다. 즉, 모든 지도자는 소작농에 지나지 않는다는 것이다. 브랜든의 주장처럼, 12:17은 "사실상 어느 열심당도 인정할 수밖에 없는 말씀이다.… 이스라엘 땅이 가이사의 것이 아니라 하나님의 것이라는 사실은 누구도 의심하지 않는다."1967:347 따라서 마가는 로마와의 정치적 결탁이라는 대안을 분명한 어조로 반대하며, 가이사와 그의 "동전"의 권위를 거부한다. 이것은 유대 지도자들에 대한 마가의 정치적 거부가 로마에 동조하고 협력한 자들의 손을 잡게 했다는 접근 방식이 잘못되었음을 보여준다.

4. 마가의 비동맹과 정치적 "함정"

독자는 12:13-17이 복음서 가운데 가장 남용된 본문 가운데 하나라는 사실을 잘 알고 있다. 대부분의 주석가는 이 에피소드가 명백히 정치적이라는 사실을 간과했다. 그들은 다른 곳이 아닌 이곳의 본문에서 마가의 담론은 로마의 식민 지배와 혁명이라는 역사적 상황에 대한 충분한 이해가 없이는 해석하기 어렵다고 말한다. 이곳의 문제점 가운데 하나는 본문을 나머지 내러티브와 분리해서 다룬다는 것이다. 본문에만 초점을 맞출 경우, 이야기의 "미묘함"은 사라지고 "모호함"만 남게 될 것이다.

예를 들어 12:17에 제시된 예수의 선언을 추상적인 일반 원리로 받아들일 경우 의미가 변질될 수 있다. 이 구절의 근본적인 대조는 탁월한 평행으로 간주되며, 개혁주의자의 "두 왕국" 이론에 열중한 자들에 의해 왜곡되었다. 이것은 "교회와 국가"또는 "그리스도인 시민의 책임"이라는 제목의 설교 본문으로 사용된다. 이것은 텍스트의 이데올로기가 아니라 주석가의 이데올로기적 헌신을 드러내는 잘못된 해석이다. 마가복음은 정치적 담론과 무관하다고 생각하는 주석가들은 이 본문을 통해 얼마든지 자신의 생각을 집어넣을 수 있다. 사회-문학적 접근은 이 본문 뿐만 아니라 마가복음 전체를 정치적으로 읽기 때문에, 이러한 이데올로기적 문제나 문학적 "탈상황화" 문제를 피할 수 있다.

마가의 이데올로기적 입장을 이해하기 위해서는 세 이야기를 함께 해석해야 한다. 예수는 세례요한에 대한 질문을 통해 자신의 행동에 대해 판단하는 산헤드린의 권위를 거부하신다. 유대 지도자들은 예수께서 그들의 정치적 정당성을 전적으로 거부하신다는 사실을 정확히 알고 있다. 그들은 "함정에 빠트릴 계략"을 세운다. 마가는 독자들이 세금 문제가 왜 특별히 위험하고 위태로운지 알고 있을 것이라고 생각한다. 그러나 우리는 이 논쟁의 사회-역사적 상황을 살펴보아야 한다.

제국의 조공에 대한 부담은 헤롯 시대부터 느끼고 있었다.

> 그는 세금으로 가난한 대중을 갈취했다.… 로마가 거둬들인 조공은 막대했다. 헤롯의 세입은 엄청난 규모였으며, 거대하고 화려한 건축 사업이나 자신의 궁전과 군대를 유지하는데 사용했다. 세금은 큰 금액이었으며, 헤롯이 백성의 환심을 사기 위해 상당한 액수의 상환금을 두 차례나 유예해줄 수 있을 만큼 넘쳐났다.… 헤롯이 죽은 후주전 4년 잘 알려진 폭동이 여러 차례 일어났다. 예루살렘 대중은 세금 인하와 관세 폐지, 그리고 죄수 석방을 요구했다.Rhoads, 1976:24 이하

요세푸스의 글에 나타난 대로, 세금은 주후 6년 로마의 직접 통치하에서 유다가 최초로 일으킨 단기간의 반란 당시 핵심 이슈였다.

> 아켈라오의 영토는 이제 지방으로 축소되었으며, 아우구스투스의 위임을 받은 로마 기사단의 코포니우스Coponius가 사형 집행 등 전권을 받아 총독으로 부임했다. 그의 통치하에서, 유다라는 갈릴리 사람이 시골 사람들에게 폭동을 선동하고 하나님을 주로 섬기면서도 로마에 조공을 바치며 인간 주인을 섬기는 비겁자라고 비난했다.War, II,viii,1

수십 년간 조공을 바쳐온 농부들의 부담은 시골의 사회적 도적의 중요한 원인이다. 조공을 바치지 못할 경우, 땅을 빼앗기기도 했다.호슬리와 핸슨, 1985:52 이하

식민지 팔레스타인에서 적개심이 커지고 양극화가 깊어지면서, 식민지 지배의 정치적 경제를 보여주는 지표가 되는 세금 문제에 대한 의식화 운동도 확산되었다. 혁명 직전의 상황은 매우 좋지 않았다. 알비누스 총독 시대주후 62-64; War, II,xiv,1에 제국의 세금은 훨씬 올랐고 경제적 붕괴는 가속화되었다.

예루살렘에서 로마와 불화가 있었을 당시 미납된 세금이 남아 있었다. 반란은 세금을 중단시킴으로 이 문제를 해결했다. 반란 기간 중 "해방된" 예루살렘을 위한 일련의 동전이 주조되어 팔레스타인 전역에 통용되었다. 예레미아스는 다음과 같이 말한다.

> 주후 70년의 예루살렘 포위 기간 중 세금 거부는 전쟁을 유발한 유일한 원인이었다.… 물론 정확한 것은 아니지만, 이것은 당시 백성의 삶에서 세금이 어떤 역할을 했는지 보여준다는 점에서 의미가 있다.[1969:126]

따라서 유대의 해방 운동에 의해 촉구된 정치적 충성의 위기로 말미암아, 납세에 대한 질문은 "함정"이 될 수 있는 도전이었다. 앞서 언급한 대로, 이 도전이 바리새인들과 헤롯당이라는 어울리지 않는 동맹예루살렘 내러티브에서는 이곳에만 언급된다으로부터 나왔다는 것은 이것이 마가의 갈릴리 공동체에 대한 매우 교활한 질문이었음을 보여준다.

내러티브 세계라는 관점에서 볼 때, 세금 문제를 거론한 그들의 전략은 간교하다. 예수께서 어느 쪽을 택하든 몰락을 촉진할 수 있었다. 납세를 거부할 경우 식민지 정부에게 공격의 빌미를 제공할 것이며, 납세에 협조할 경우 유대 지도층으로부터 그를 보호하고 있는 대중의 지지를 잃게 될 것이다. 이것은 마가의 공동체가 직면한 딜레마에 대한 정확한 유추가 된다. 전시 상황에서 정치의 양극화라는 관점에서 보면, 그들의 입장에서 세금 문제는 혁명에 동참하겠다는 선언을 하라는 압력 가운데 하나였다. 그러나 이 세 가지 에피소드의 담론은 로마의 식민지와 혁명을 모두 거부하는 "비동맹"의 이데올로기를 확실히 보여준다. 예수는 정치적 도전을 대적에게 넘김으로써 이 함정에서 벗어난다. 예수는 그들이 입장을 밝히지 않는 한, 또한 그렇게 하기 전까지는, 자신을 완전히 드러내지 않으실 것이다. 이 전략은 "쫓기는" 공동체의 정치적 위기상황을 반영한다. 따라서 우리는 이 단원에서 예수의 묵시적 설교에 나타난 경고와 유사한, 특별한 역사적 삽입이 내러티브 속에 이루어진 것을 찾아볼 수 있다.11장 A, 2

10E. 서기관 계층의 이데올로기적 권위와의 대결12:18-3-4

1. 사두개인의 궤변: 종말론과 가부장제

논쟁적 단원은 계속되지만, 12:18부터는 수사학적 속도가 바뀐다. 이어지는 두 논쟁적 에피소드는 매우 직접적인 하나의 도전/반응 구조로 바뀐다. 이 논쟁에 뛰어든 지배층의 세 번째 부류는 사두개인이라는 새로운 대적이다. 주석가들은 본문을 제대로 이해하지 못했으나, 페미니스트 해석학은 사소한 내용으로 묻힐 뻔한 이 이야기를 구해냈다. 피오렌자E. Schüssler Fiorenza는 이 이야기의 핵심은 겉으로 보이는 것과 달리, 추상적인 신학적 이론부활이 아니라고 주장한다. 오히려 예수는 하나님의 나라가 여성에 대한 가부장적 객체화라는 지배적 질서를 전복한 또 하나의 방식을 보여준다.

이 대적사두개인과 "부활"아나스타시스이라는 용어는 둘 다 마가복음에서는 이곳에만 나타난다.12:18 예레미아스는 사두개인이 혁명 기간에는 정치적 영향력이 쇠퇴했으나 땅을 소유한 부유한 귀족이었다고 말한다. 그들은 대제사장, 장로들, 성직자와 평신도 귀족을 포함한 구별된 단체로, 매우 보수적인 자체적 신학을 가르쳤다.1969:230 요세푸스는 "사두개인은 부자들만의 자신감이 있었으나, 대중은 그들을 따르지 않았다."Ant., XIII,x,6고 빈정댄다. 그들의 토라 보수주의와 바리새인들의 구전 해방주의 사이의 논쟁 중에는 부활 교리도 있었다.행 23:6-8 따라서 마가의 내러티브가 이 문제를 다룬 것은 놀랍지 않지만, 그의 관심사는 지배계층의 압제적 이데올로기에 초점을 맞춘다.

그들의 명성에 걸맞게, 사두개인은 부활 개념에 대한 싸움을 걸어왔다. 그들은 부활이 모세의 율법과 일치하지 않는다고 주장했다.[12:19-23] 그들은 서기관의 논쟁 방식을 따라 텍스트를 인용한다.

> 그들의 인용문은 신명기 25:5 이하에 대한 매우 자유로운 번역으로, 무엇보다도 조건절"형제들이 함께 사는데"과 후손에 대한 언급이 나타나지 않는데, 이것은 본문의 원래적 초점이 가정 내의 재산 소유권 유지에 맞추어져 있음을 보여준다.[테일러, 1963:481]

그들은 계속해서 랍비의 전형적인 이야기를 이어간다. 그들은 귀류법을 통해 만일 수혼제가 사후에 혼란을 일으킨다면, 모세는 이 제도의 실천을 규정하지 않았을 것이라고 주장한다.

그러나 피오렌자는 사두개인의 "숨은" 가정에 대해 지적한다.

> 그들은 가정 내의 재산과 상속권을 보장함으로써 가부장제의 지속을 가정한다.… 중요한 것은 수혼제가 "집"의 가부장적 구조를 보호하고 영속화한다는 것이다.[1985:144]

즉, 도덕적 혼란은 이슈가 아니라는 것이다. 중요한 것은 일곱 아들의 계승을 통한 사회-경제적 지위의 유지이다. 그들은 확실히 아이를 갖지 못하고 수치심에 빠진 가난한 여자에 대해서는 관심이 없다. 그들은 사후에 여자가 누구의 아내가 될 것인가에 초점을 맞춤으로써 여자를 객체화한다.

마가는 예수의 대답을 예수 자신의 수사학적 질문을 양축으로 하는 구조로 제시한다.

> 너희가…오해함이 아니냐?[플라나스데; 12:24]

> 너희가 크게 오해하였도다.12:27

사두개인은 토라에 대한 문자주의적 해석 때문에, 성경이나 성경이 입증하는 자의 능력을 알지 못한다. 다시 말하면, 그들은 이론과 실천에 있어서 잘못되었다는 것이다. 예수는 본문에서 부활을 정적인 교리가 아니라 세상의 변화에 대한 살아 있는 소망으로 생각하시며, 이것은 그가 사두개인이 사용한 "아나스타시스"부활라는 용어를 "아나스토신"사람이 살아날 및 "호티 에게이론타이"살아난다는 것로 바꾼 사실에서 잘 드러난다. 한편으로 사두개인은 그들이 지배하고 있는 현재 외에는 어떤 세상도 부인한다.

예수의 대답은 대적이 부인하는 "세상이 변화할 것이라는 종말론적 비전" 12:25에 대한 확인으로 시작한다. 예수께서 제시하신 "결혼이 없는 천국" 개념은 많은 주석가를 당황하게 했다.

> 이 개념은 하나님의 "세계"에는 성적 개념이나 구별이 없다는 뜻이 아니라 "더 이상 가부장적 결혼이 없다"는 것이다. 왜냐하면 가부장제의 경제적, 종교적 구조를 유지하고 지속하는 기능은 더 이상 필요 없기 때문이다.피오렌자, 1985:144

두 번째 주장12:26 이하은 이 흐름을 이어간다. 이것을 대부분의 주석가가 생각하는 것처럼 부활 교리를 입증하기 위한 것이 아니다. 키Kee의 주장처럼, 그러기에는 너무 빈약한 논증이기 때문이다.1977:156 이하

> 오히려 이 언급은 가부장제를 지속하는 문제에 대한 직접적 대답이다. 불타는 가시나무 떨기 가운데 나타나신 하나님은 족장들과 그들의 후손에게 약속과 복을 주신 하나님이시다. 이스라엘의 "집"은 가부장적 결혼 구조를 통해서가 아니라 이스라엘에게 생명을 주시는 권능의 하나님의 약속과 신실하심을 통해

> 유지된다. 가부장제와 그것이 보장하는 것들의 하나님은 "죽은 자의 하나님"이며, 이스라엘의 하나님은 "산 자의 하나님"이시다. 하나님의 세계에서 여자와 남자는 더 이상 가부장적 지배와 의존의 관계가 아니라 살아계신 하나님 앞에 존재하는 산 자들이다.… 사두개인은 가부장제 구조도 당연히 하나님의 세계일 것이라는 "큰 오해"를 한다. 따라서 그들을 계승한 그리스도인은 모두 압제적 가부장제를 지속하는 잘못을 범하고 있다.피오렌자, 1985:145

이것은 앞서 이혼에 대한 질문에서 살펴본 가부장제에 대한 이데올로기적 반응과 유사하다.9장 B, 1; D, 3

이 이야기에서 마가는 가부장제와 특권이 사라질 공동체의 새로운 평등세계를 향한 종말론적 소망을 통해, 오직 계급 승계에만 관심이 있는 권력자들의 노골적인 물질주의와 맞선다. 또한 이 이야기는 사두개인의 해석 능력에 대해 가장 강력한 용어로 공격한다.

> 너희가 성경도… 알지 못하므로 오해함이 아니냐?
> 말씀을 읽어보지 못하였느냐?

이것은 지배계층의 해석학적 권위, 말하자면 이데올로기적 권위에 대한 마가의 정면 공격이다.

2. 서기관의 경건: 정통만으로는 충분하지 않다

이어지는 에피소드는 이전 이야기의 핵심적 요소를 상기시키는 "요약"에 대한 또 하나의 사례다. 이것은 랍비의 토라 논쟁이라는 점에서 전후 에피소드와 연결된다. "계명"에 대한 논의는 앞서 있었던 바리새인들과의 대결7:8 이하; 10:5을 상기시키며, 예수께서 부자를 거부하신 이야기와 밀접한 유사성을 보여준다. 그러나 이 이야기는 세 가지 면에서 독특하다.

1. 이것은 예수께서 성전에서 행한 일련의 논쟁의 절정에 해당한다.
2. 이것은 예수와 서기관의 대화가 적대적이지 않은 유일한 본문이다.
3. 이것은 "가장 큰 계명"이라는 핵심적인 이데올로기적 이슈에 대해 다룬다.

이것은 사실상 예수께서 체포되어 고소당하시기 전, 대적과의 마지막 직접적 대결이며, 예수는 이 대화를 통해 그들이 다시는 묻지 못하도록 침묵시키신다.

마가는 이 대화를 다소 모호한 형태로 구성한다. 한편으로 우리는 갈등적 이야기를 기대한다. 그가 주 대적인 서기관이었기 때문이다. 우리는 앞서의 이야기에 기초하여, 그의 아첨"선생님이여 옳소이다," 12:32, 12:14 참조은 틀림없이 거짓일 것이라고 생각한다. 다른 한편으로, 예수께 나아온 서기관은 예수의 변론을 "듣고" 그가 잘 대답하신 줄을 "안다." 12:28 이러한 내러티브 신호는 그가 듣지 못하고 보지 못하는 자가 아닌 예비 제자가 될 수 있음을 보여준다. 더구나 그는 자신의 질문에 대한 예수의 대답이 옳다는 사실을 인정하며, 예수에게 깊은 인상을 심어준다. 12:34 그러나 이러한 호의적 어조는 정확하게 단정할 수 없다. 앞으로 살펴보겠지만, 예수의 대답의 미묘함은 12:38 이하에 제시된 서기관 계층에 대한 노골적인 책망을 위한 발판을 마련한다. 또한 예수의 마지막 언급은 제자도로의 초청은커녕 칭찬으로 보기도 어렵다.

"모든 계명 중에 첫째"에 대한 그의 질문은 랍비의 논쟁에서 일반적인 주제이지만, 예수의 정치적 입장을 드러내기 위한 또 하나의 시도로 해석할 수 있다. 예수의 대답 12:30 이하은 일견 정통에 주의하신 것처럼 보인다. 그는 70인역 본문을 약간 수정한 쉐마 신 6:4 이하를 인용하신다. 그러나 예수는 갑자기 이웃에 대한 의무를 진술한 레위기 19:18을 덧붙이며 "이보다 더 큰 계명이 없느니라"라는 결론으로 마치신다. 이것은 사실상 놀라운 대답이다.

> **이것은 두 개의 분리된 명령을 연결한 것이다.… 두 구절 모두 랍비가 즐겨 사용하는 구절이지만, 이 두 가지 규범적 원리를 하나로 결합하여 인간의 의무로 요약한 것은 예수밖에 없다.** 테일러, 1963:488

마가가 이 대담한 결합을 통해 제시하려는 요지는 그의 이데올로기와 일치한다. 즉, 하늘은 땅으로 내려와야 한다는 것이다. 이웃에 대한 사랑 없이 하나님에 대한 사랑도 없다.

레위기의 전승은, 착취를 금한다는 관점에서 이웃에 대한 사랑을 규정한다는 점에서 특별한 관심을 끈다. 예수께서 인용하신 구절은 "이스라엘의 약자와 가난한 자에 대한 압제와 착취를 금하라"는 명령 레 19:9-17 의 정점에 해당한다. 이 명령에는 다음과 같은 요소가 포함된다.

1. 거류민을 위하여 밭의 이삭을 남겨두라 9절 이하
2. 도둑질하거나 속이거나 하나님의 이름을 욕되게 하지 말라 11절 이하
3. 이웃을 억압하거나 착취하거나 장애인을 차별하지 말라 13절 이하
4. 불의를 행하거나 편파적인 재판을 금하고 이웃을 비방하거나 거짓 증거하지 말라 15절 이하

그러나 마가의 내러티브에 따르면, 이러한 요소들은 정확히 유대를 지배하는 특권층, 특히 서기관이 일상적으로 범하는 계명이다.

놀랍게도, 이 서기관은 예수의 평가에 전적으로 동의할 뿐만 아니라 12:32 이하, 성전 제의보다 순종을 우선하는 성경 전승을 인용함으로써 더욱 강조한다. 호 6:6; 삼상 15:22 예수는 이 서기관이 "지혜 있게" 누네코스; 헬라어 성경에는 이곳에만 나타난다 대답했다고 말씀하신다. 그러나 이 형용사 어원은 "누스", 마음 는 서기관이 예수의 말씀을 지적으로만 이해했음을 보여준다. 예수는 그에게 자신을 따르라는 말씀을 하지 않으신다. cf. 10:21 "멀지 않도다"는 다시 한번 정통만으로는 충분하지 않음을 보여준다. 정통은 이웃에 대한 정의의 실천이 따라야 한다. 마가는 서기관의 제자도에 대한 가능성을 거부하는 것처럼 보인다. 왜

그런가? 그들은 성경의 요구를 아무리 잘 알아도 압제적 제도에 충성하는 자들이기 때문이다. 이러한 제도를 거부하기 위해서는 제도 안의 서기관이 되어서는 안 될 것이다.

예루살렘 내러티브의 논쟁 부분은 예수의 "승리"에 대한 선언에 가깝다. 마가는 그 후에 감히 예수에게 묻는 자가 없었다고 말한다.[12:34c] 예수는 성전에서 장사꾼들의 특수 이익을 쫓아내시고, 그곳에서 선생으로 가르치셨다. 그는 도전을 받을 때마다 탁월한 수사학적 기법으로 물리치셨다. 예수는 정치 지도자들, 지식인들과 얼굴을 맞대셨으며, 그들이 특권과 착취에 기초하는 한, 그들의 소명의 정당성을 문제 삼으셨다. 마침내 예수는 사회적, 정치적 대적을 그들의 본고장에서 침묵시키신다. 다시 말하면, 예수는 "강한 자를 결박"하고, 그들의 집을 탈취한 것으로 보인다.

10F. 사역의 절정: 예수께서 성전에 대한 심판을 선언하심[12:35-13:3a]

예루살렘의 갈등 내러티브의 드라마는 첫 번째 직접적 사역에서처럼 격렬한 이데올로기적 전쟁을 통해 절정에 도달한다. 그런 후 이 논쟁은 사회적 삶의 근본적 구조인 가족과 결렬하는 것으로 끝난다.[3:31-35] 이제 예수는 정치적 및 이데올로기적 삶의 핵심 구조인 성전과 더욱 극적인 단절을 초래하실 것이다. 이것은 마가가 서기관의 유대교의 지배적 이데올로기를 불법화한 기사의 절정에 해당한다.

1. 예수의 역공: 다윗의 나라에 대해

12:35은 내러티브의 전환을 보여준다. 예수는 여전히 성전에서 서기관 계층에 대한 공격을 계속하신다. "어찌하여 서기관들이…하느냐"[12:35]라는 예수의 질문은 9:11의 제자들의 질문을 떠올리게 한다. 그러나 제자들의 관심

사는 메시아와 엘리야의 관계인 반면, 예수의 관심사는 메시아와 다윗의 관계에 초점을 맞춘다. 마가는 이곳에서 거룩한 성으로의 행렬이 시작될 때부터 끌어온 문제의 핵심, 즉 예수의 메시아 정치와 다윗의 나라의 회복으로 돌아간다.[12:35-37]

이곳의 "자손"은 메시아가 다윗의 후손인가라는 문제와 전혀 무관하다.[2장 C, 4] 이것은 정치적 이데올로기의 문제이다. 마가는 메시아의 정치가 무리가 부른 승리의 찬가에 반영된 다윗의 나라의 회복에 대한 신화를 확인한다는 가정을 공격한다.

> 호산나 찬송하리로다 주의 이름으로 오시는 이여
> 찬송하리로다 오는 우리 조상 다윗의 나라여

마가는 이제 이 이데올로기가 전적으로 거부되었음을 알린다.

예수는 메시아의 권위가 다윗의 권위보다 "선재"한다는 사실을 보여주기 위해 또 하나의 핵심적인 메시아 시편 110편에 호소한다. 마가는 앞서 10:37에서 시편 110편을 인용한 바 있으며[9장 D, 2], 예수께서 산헤드린 앞에 서시는 장면[14:62]에서 다시 한번 인용할 것이다.[14:62] 예수는 계보가 아니라 이데올로기에 대해 논쟁하신다. 다윗의 후손이 된다는 것은 회복주의자의 비전을 품는다는 것이며, 성전 체제를 다시 한번 정당화하는 것이다. 따라서 예수는 자신의 해석을 통해 메시아가 다윗의 후손이 아님을 명확히 하시고[12:37], 앞서 있었던 메시아에 대한 두 차례의 환호[10:47 이하 및 11:9 이하]를 거부하신다. 예수는 옛 제국의 비전을 회복하지 않으실 것이며, 사실상 다윗의 전승은 예수의 권위에 종속되어야 한다.

다음 두 구절[12:37b, 38a]에서 미완료 시제로의 변화는 예수께서 계속해서 성전에서 가르치고 계심을 보여준다. 독자는 마가가 사람들의 기대를 허물고 있다면 어떻게 "많은 사람"호 폴루스 오클로스이 예수의 말씀을 "즐겁게"헤데오스 들었다고 서술하는지 궁금해할 수 있다. 그러나 마가는 같은 표현을 사용하여 헤롯이 세례요한이 선포한 번민케 하는 메시지에 매력을 느낀 것으로 6:20"달갑게" 서술한다. 마가는 무리의 언행에 모순이 있다는 사실을 알지만, 마치 무리가 예수의 지배층에 대한 공격을 즐거워한 것이 그의 메시아적 비정통을 상쇄하는 것처럼 보이게 한다. 예수는 대중의 지지에 의존하지 않으시지만, 그들이 서기관 계층의 권위를 탈신화화 할 필요가 있다고 생각하여 "서기관들을 삼가라"12:39고 가르치신다.

2. 양극화: 부자 서기관과 가난한 과부

주석가들은 이어지는 "서기관의 기도"12:38-40와 과부의 "마지막 남은 전부"12:41-44라는 두 개의 "과부" 에피소드 사이의 수사학적 연결을 오래전부터 인식해 왔다. 그러나 자본주의 해석가들은 성전의 정치적 경제에 대한 마가의 비판을 읽지 못하고, 두 에피소드의 공통적 주제를 서기관의 종교적 위선과 가난한 여자의 참된 신앙에 대한 대조로 서술한다. 다행히도 최근의 저서는 이러한 주석 전통을 바꾸었다. Dejrrett, 1972; Wright, 1982; Fledderman, 1982

예수는 무리블렙테에게 네 가지 요소로 구성된 서기관의 행위를 조심하라고 경고하신다. 이 경고는 앞서 8:15에서 바리새인들과 헤롯당에게 적용된 바 있다

> 긴 옷을 입고 다니는 것과
> 시장에서 문안 받는 것과
> 회당의 높은 자리와
> 잔치의 윗자리를 원하는 것12:38b-39

마가는 서기관을 모든 삶에서 특별한 권리와 지위를 부여받고 싶어 하는

자로 서술한다. 이러한 지위와 특권은 지중해 존경 문화에서 사회적 권력을 획득하기 위해 가장 중요한 요소이다. 이런 태도는 물론 공동체가 "나중 된 자"와 "섬기는 자"가 되어야 한다는 예수의 교훈과 반대된다. 우리는 이제 12:34에서 서기관에 대한 예수의 양면적 태도를 이해하게 된다. 모든 계층은 제자도에 부적합한 자로 판명된 것이다.

이것은 그들에 대한 부정적인 서술이지만, 부정의 강도는 더욱 높아진다. 서기관이 쌓은 엄청난 부는 "과부의 가산을 삼키며 외식으로 길게 기도하는" 12:40 행위의 결과다. 이처럼 신랄한 완곡어법에 대한 해석은 두 가지이다. 데렛1972은 마가가 서기관을 과부의 재산신탁인으로 서술하고 있음이 틀림없다고 주장한다. 여자는 죽은 남편의 재산을 관리하기 어려웠을 것이다 서기관은 경건과 신뢰성에 대한 공적 명성을 통해 그들은 "외식으로 길게 기도하는"자들이다 재산을 관리할 법적 권리를 얻었을 것이다. 그들은 그에 대한 보상으로 재산의 일부를 챙겼다. 이 관행은 횡령과 남용으로 유명하다. 이곳의 경우 문제점은 7:9-13에서 예수께서 반대하신 고르반 제도와 유사하다. 유대인의 토라는 "고아와 과부에 대한 보호"를 명령하지만, 사회적 약자는 경건이라는 미명하에 착취를 당했으며, 서기관 계층은 더욱 많은 재산을 축척했다.

한편으로 플레더만1982은 마가의 내러티브가 보여주는 "기도"와 "가산을 삼킴"의 대립에서 설명을 찾을 수 있다고 믿는다. 서기관이 기도한 장소는 성전이며, 이 성전을 위해 지출하는 비용은 가난한 자의 가산을 삼킨다. 성전 정화를 통해 이러한 착취를 반대하고 새로운 기도 처소를 요구하신 예수는 과부의 "전 재산"에 대한 비극적인 이야기를 사례로 드신다. 이 해석은 내러티브에 대한 분석으로 인해, 보다 설득력 있는 해석으로 보인다. 그러나 어느 쪽이든 마찬가지다. 서기관의 경건은 경제적 기회주의와 착취를 가린 위장이라는 사실이 드러났다. 마가는 이러한 남용에 대한 전적인 책임을 물으며, 가장 가혹한 표현을 사용하여 그들에 대한 하늘의 판결이 더욱 심할 것이라고 선

언한다.[cf. 9:42]

성전에서 일어난 마지막 에피소드는 성전 제의에 충실함으로써 가난한 자가 된, 한 과부의 이야기다.[12:41-44] 이 본문은 오랫동안 가난한 자의 탁월한 경건에 대한 아름다운 장식으로 잘못 이해해왔으나, 라이트[Wright]는 예수의 말씀은 "인정이 아니라 솔직한 거부"로 이해해야 한다고 주장한다.

> 이 이야기는 앞 단락의 경건한 서기관의 행위에 대해 일반적으로 생각하는 신앙적 대조를 제공하지 않는다. 이 이야기는 상류층 신앙의 병폐에 대한 또 하나의 사례다. 예수의 말씀은 예물에 대해 평가하는 날카로운 통찰력이 아니다. 그것은 한탄이다.… 예수는 여자의 행위의 동인이 된 가치 제도를 정죄하며, 그렇게 만든 자들을 정죄하신다.[1982:262]

이 에피소드는 예수께서 성전 헌금함을 "대하여"[카테안티] 앉으시는 것으로 시작하신다.[12:41] 이 무대 지문은 심판을 예시한다. 왜냐하면, 예수는 곧 성전의 멸망을 선포하기 위해 성전산을 "마주 대하여" 앉으실 것이기 때문이다.[13:3] 본문의 상황은 다음 두 가지 가운데 하나였을 것이다.

> "여자의 뜰"[Court of Women] 담벼락을 따라 위치한 13개의 나팔 모양의 상자들 속으로 사람들이 헌금을 던져넣는 상황이거나… 또는 헌금을 넣는 자가 책임을 맡은 제사장이 들을 수 있도록 금액을 말하고 구경하는 자들은 열린 문으로 그 장면을 모두 보고 들을 수 있는 상황일 것이다.[테일러, 1963:496]

예수는 이 장면을 유심히 지켜보신다.[에데오레이]

마가는 이곳에서 일어난 일에 관한 서술에서, 극단적 대조를 통해 다시 한 번 그의 계급 인식을 드러낸다.[cf. 10:21]

여러 부자는 많이 넣는데 한 가난한 과부는 와서 두 렙돈 곧 한 고드란트를 넣는지라

과부가 바친 렙돈은 "후기 헬라에서 통용되는 가장 작은 단위의 동전"을 가리키는 용어로 사용된다. 테일러, 1963:497 이 시점에서 마가는 11:27부터 침묵했던 제자들을 다시 등장시킨다. "제자들을 불러다가" cf. 3:13라는 구절 및 "진실로"는 중요한 교훈이 이어질 것임을 말해준다. 12:43 예수는 다시 한번 놀라운 대조를 제시하신다.

그들은 다 그 풍족한 중에서 넣었거니와 이 과부는 그 가난한 중에서 자기의 모든 소유 곧 생활비 전부를 넣었느니라

성전은 이 여자에게서 생활비 전부를 빼앗았다. 12:44 서기관 부류와 마찬가지로, 성전은 더 이상 과부를 보호해주지 않으며, 그들을 착취한다. 예수는 마치 진저리나듯이 마지막으로 성전을 나가신다. 13:1a

3. 균열: 성전에 대한 거부

성전이라는 내러티브 장소는 버림당했다. 우리가 기대하듯이, 제자들은 다시 한번 예수의 실물교육의 요점을 놓친다. 오늘날 대부분의 주석가도 마찬가지다 그들 가운데 한 명은 예수께서 직전에 비판하신 성전의 웅장함에 놀라기 시작한다. "선생님이여 보소서 이 돌들이 어떠하며 이 건물들이 어떠하니이까" 13:1b 실제로 성전의 구조는 인상적이었으며, 유대교의 사회-상징주의에서 실제보다 크게 자리 잡고 있었다. 성전에 대한 제자들의 놀라움은 시골 순례객이 예루살렘에 와서 받았을 압도적인 인상을 잘 보여준다. 마가가 복음서를 기록한 때는 헤롯이 한 세기 전에 시작한 성전이 완성되고 얼마 지나지 않

은 시점이었다.

요세푸스처럼 세련된 저자도 성전에 대해 경탄할 뿐이었다.

> 이제 정면에서 바라본 성전의 겉모습은 사람이 상상하거나 눈으로 볼 수 있는 가장 놀라운 광경이었다. 성전은 두꺼운 금판으로 덮였고 태양이 떠오르면 엄청난 장관을 연출했다. 성전을 쳐다보는 자들은 태양 광선을 바라볼 때처럼 얼굴을 돌려야 했다. 그러나 이방인이 멀리서 바라볼 때 이 성전은 눈 덮인 산처럼 보였다. 금을 입히지 않은 부분은 흰색으로 빛났기 때문이다. 어떤 돌은 길이가 45규빗이고 높이가 5규빗이며 폭이 6규빗이었다.War, V,v,6

따라서 이 성전의 합법성을 부인하는 것은 결코 작은 문제가 아니었다. 이 하나님의 집을 벗어난 세계를 누가 믿을 것인가?

예수는 전적으로 상반된 평가를 담은 수사학적 질문으로 제자들에게 되묻는다. "네가 이 큰 건물들을 보느냐 돌 하나도 돌 위에 남지 않고 다 무너뜨려지리라"13:2 내러티브 차원에서, 이 성전이 무너질 것이라는카탈루데 선언은 예수를 체포한 산헤드린이 그를 괴롭히는 장면14:58과 예수께서 십자가에 달리셨을 때 조롱하는 장면15:29에서 결정적인 역할을 한다. 이데올로기적 담론의 차원에서, 이 성전이 역사적으로 불에 탔다.돌 하나도 돌 위에 남지 않은 것이 아니라는 사실은 마가복음의 작성이 주후 70년에 있었던 로마의 승리보다 앞선다는 나의 주장을 뒷받침하는 가장 강력한 논거 가운데 하나가 된다.

예수는 두 번째 설교를 위해 성전을 마주 "대하여" 앉으신다.13:3 예수는 이와 같은 마지막 극적 행위를 통해 성전 체제, 즉 유대교의 사회-상징적 질서 전체를 전적으로 거부하신다. 예수의 반대는 오직 이 체제가 가난한 자를 착취한다는 한 가지 준거에 기초한다. 이제 예수는 제자들에게 성전을 사수하기 위한 메시아 전쟁을 시작하려는 자들에게 동참하지 않도록 경고하신다.13:14 "산"은 회복할 것이 아니라 "이동해야" 한다. 이제 예수는 성전에 기초한 세계의 종말 및 지배 권력을 무너뜨린 새로운 질서의 여명에 대한 비전을 제시하신다.

미주

1. 테일러는 3세기 랍비(Joshua ben Levi)의 말을 인용하여 스가랴의 전승은 나중에 이스라엘에 대한 심판을 의미하는 것으로 해석되었다고 주장한다. "보라 인자가 '하늘 구름 위에서' 그리고 '낮아져서 나귀를 타고' 오신다. 만일 그들(이스라엘)이 합당하다면 '하늘 구름 위에' 함께 할 것이며, 합당치 않다면 '낮아져서 나귀를 타게' 될 것이다."(1963:452)
2. 시편 110편은 118편과 마찬가지로 초기 교회의 기독론에 중요하며, 신약성경에서 수십 차례 인용된다. 무엇보다도 이 시는 1-4절의 각 구절 첫 글자를 연결하면 그의 이름이 되는 이합체시로(테일러, 1963:491), 대제사장 시몬 마카비에 대한 언급과 함께 마카비 시대에 기록되었을 가능성이 있다.(마카비1서 13:36; 14:41) 마가가 이 시를 선택한 것이 이러한 마카비의 어조 때문인지는 알 수 없지만, 어쨌든 고대에는 이 시의 저자를 다윗으로 알고 있었다. 뿐만 아니라 예수는 다윗이 성령에 감동되어 친히 말했다고 말씀하신다.(12:36)
3. 마가는 이 동전을 로마의 고드란트라고 설명한다. 이 편집적 삽입은 마가복음이 로마에서 기록되었음을 보여준다는 주장이 오래전부터 제기되었다. 왜냐하면 동방에는 고드란트가 통용되지 않았기 때문이다. 그러나 테일러가 경고한 것처럼, 이러한 인식은 식민지 상황에서는 설득력이 떨어진다.

   > 이 이야기의 신뢰성은 결코 헬라와 로마의 동전이 언급된 사실에 영향을 받지 않는다.… 이런 요소들은 *Scherflein, das ist ein Hellr*가 독일에서 작성되었음을 보여주지 않듯이 이 내러티브가 예루살렘에서 멀리 떨어진 곳에서 작성되었다는 것을 보여주지 않는다.

제11장

혁명을 위한 인내에 대한 두 번째 설교

막 13:4-37

> 땅이 취한 자 같이 비틀비틀하며…그 날에 여호와께서 높은 데에서 높은 군대를 벌하시며 땅에서 땅의 왕들을 벌하시리니
>
> -사 24:20 이하

가버나움에서의 첫 번째 직접적 사역을 마치신 예수는 바닷가로 물러나 비유들로 이루어진 설교를 통해 자신의 사역에 대해 조망하셨다.4:1 이곳에서는 예루살렘에서의 두 번째 직접적 사역을 마치신 후 다시 한번이번에는 감람산으로 물러나신다. 성전 체제와의 근본적인 단절 후에 "세상 끝"에 대한 고찰이 이어지는 것은 적절하다. 이것은 정확히 유대인이 예수께서 상징적 중심을 거부하신 것에 대해 해석하는 방법이기 때문이다. 이 두 번째 설교에서 예수는 제자들에게 이러한 "종말"을 어떻게 분별하며 견딜 것인가에 대해 가르치신다. 예수는 메시아 혁명의 진정한 전복적 지지자로 드러나셨다. 그러나 그의 이데올로기와 실천은 마가복음을 기록한 역사적 순간과 어떻게 연결되는가? 팔레스타인에는 이미 칼로 로마를 쫓아냄으로써 이스라엘을 회복할 수 있다고 약속하는 불복종이 시행되고 있었다. 마가의 공동체는 이러한 반

군과 합세해야 하는가?

이 시점까지 예수는 권력을 장악함으로서 권력을 무너뜨리려는 유혹을 경고해왔으며, 제자/독자에게 가장 결정적인 순간에, 예레미야의 전승을 통해 예루살렘 사수를 포기하라고 가르치셨다. 대신에, 예수는 근원적 혁명을 시작하기 위해서는 역사를 더욱 깊이 들여다보아야 한다고 말씀하신다. 따라서 예수는 역사적 경계심을 요구하는 묵시적 조망과 함께 자신의 설교를 마치신다.

1A. 권면적 담론으로서 설교

1. 두 번째 설교의 묵시적 상호텍스트성

"공관복음에는 마가복음 13장만큼 오늘날과 관련하여 많이 언급되는 본문도 없을 것"이라는 가스톤L. Gaston의 주장은 합당하다.1970:8 본문을 어디까지 공식적인 묵시 문학으로 볼 것인가에 대해서는 논의가 계속되고 있지만, 학자들은 이 어려운 설교를 "작은 묵시서"라고 부른다.Laws, 1975 사회-문학적 해석은 본문의 "배후"에 대한 재구성에는 관심이 없지만, 일부 요소는 이 설교의 특징적 상호텍스트성에 대한 이해에 도움이 된다고 생각한다. 마가복음 13장의 문학적 배경에 대한 세 가지 대안은 다음과 같다.

1. 마가는 유대 자료나 유대-그리스도인 자료를 재가공했으며, 1세기에 있었던 여러 차례의 정치적 위기 가운데 한 시점에 회자되던 "묵시적 유행"을 인용했다.
2. 마가는 다른 구약성경 및 예수의 전승으로부터 다니엘 7장과 9장 및 11장에 대한 미드라쉬를 작성했다.
3. 마가는 묵시적 및 전통적 초기 문답 자료를 활용하여 권면을 작성했다.

각각의 가설에 대해 살펴보자.

"묵시적 유행" 가설Wilde, 1974의 최근 주장이다은 에녹1서, 제4에스라, 모세승천기 및 쿰란의 전쟁 두루마리와 마가복음의 설교 사이의 유사성에 초점을 맞춘다. 제2성전 후기 유대교에서 묵시 문학 전승은 확실히 텍스트 상호간의 이동이 자유로웠다. 모세승천기는 고대의 묵시적 본문을 역사적 상황이 다른 본문에 이식하는 것을 인정받았던 대표적인 사례다. 모세승천기는 원래 안티오쿠스 에피파네스4세의 박해에 대한 반응으로 기록된 책으로, 마카비 시대 및 대략 다니엘과 동시대의 자료이다.주전 165-150년경, Nickelsburg, 1980:80 이하 그러나 헤롯의 죽음으로 인한 사회적, 정치적 격변기주전 4년에 모세승천기의 내용은 수정되었다. 이 책은 "하스몬 왕조"를 "권력을 찬탈한 왕들이 자신을 지극히 높으신 이의 제사장으로 부르고 지성소에 부정한 일을 했다"고 비난한다.A. M. 6:1

이 자료는 계속해서 로마의 팔레스타인 정복으로 하스몬 왕조가 무너졌다고 업데이트하며주전 63년, 헤롯이 로마의 지역 분봉왕으로 권력을 잡은 후 그들의 영향력은 삭제된다.헤롯은 하스몬가에 협력한 45명의 사두개인 귀족을 처형한다

> 한 거만한 왕이 그들을 계승할 것이다. 그는 제사장 가문을 잇지 않는 대담하고 뻔뻔한 왕이 될 것이다.… 그는 칼로 그들의 우두머리들을 죽일 것이며…그에 대한 두려움이 온 땅에 가득할 것이다.앞의 책, 6:2,5

끝으로, 이러한 변화에 수반된 유대의 대중 혁명과 함께 헤롯의 죽음 및 그의 자식들에 의한 나라의 분열이 보도되며, 이 반역은 로마의 총독 바루스Varus에 의해 진압되고, 그의 부하들은 성전의 일부를 태운다.

> 그는 자신을 계승하여 짧은 기간 통치할 자식을 낳을 것이다. 그들이 나뉘고… 서양의 한 강력한 왕이 나타나 그들을 정복할 것이다. 그는 그들을 사로잡아가

고 성전의 일부를 불태울 것이며, 식민지 주변의 사람들을 십자가에 못 박아 처형할 것이다.앞의 책, 6:7-9

이러한 역사적 조명은 곧바로 묵시로 삽입되었다. 이것은 묵시 문학이 당시 헬라 시대의 사건들을 해석하는 도구가 되는 전형적인 과정이었다. 그러나 마가복음 13장을 이러한 대중적 유행의 하나로 보는 관점은 키Kee, 1977:43 이하와 하트만Hartman, 1966의 미드라쉬 이론과 배치된다. 이 미드라쉬 관점은 마가가 다른 후기 예언적 "원시 묵시"전승과 함께 다니엘서에 초점을 집중한 것으로 본다.D. Peterson, 1977; R. MIller, 1976 우리는 마가와 가까운 시대에 다니엘서에 대한 재작업이 이루어진 사례들을 찾아볼 수 있다.

제4에스라에는 한 묵시적 공동체가 보존해온, 로마에 의한 예루살렘 멸망에 직면한 언약의 백성에게 소망을 주는 자료가 담겨 있다. 이 자료의 진술 방식은 다니엘서, 특히 다니엘 7장의 환상에 기초하되 일부 내용을 개작하는 형식이다.12:10-13 당시의 악인은 셀류시드가 아니라 독수리로 상징되는 로마이다.11:1 이하 독수리를 제압한 사자는11:37 이하 다윗의 후손, 메시아로 선포된다.12:31 이하 그는 "마지막 날까지 봉함"된다.Kee, 1977:129

따라서 마가가 동일한 방식으로 다니엘서나 다른 묵시적 자료를 사용했을 가능성을 의심할 이유는 없다. 그의 분명한 암시는 다음과 같다.

a. 멸망의 가증한 것13:14: 단 9:27; 11:31; 12:11; 마카비1서 1:54

b. 환난의 날13:19: 단 12:1

c. 인자13:26: 단 7:13 8장 C, 2

d. 묵시적 질문, "얼마나…"13:4: 단 12:6

e. 우주적 격변13:24 이하: 암 8:9; 욜 2:10 이하; 겔 32:17; 사 13:9-13; 24:18-23

우리는 앞서 마가가 이러한 묵시적 전승을 다니엘의 법정 신화 및 말라기의 엘리야 강림이라는 형태로 제시했음을 살펴보았다. 이제 마가는 그의 묵시적 토대에 대해 설명한다.

막셴1969:164 이하과 비슬리-머레이1983: 414 이하가 주장한 것처럼, 소위 종말론적 권면의 영향을 부인할 이유는 없다. 예를 들면, "깨어 기도하라"는 전승13:33-37은 신약성경 전체에서 다양한 형태로 나타나는 문답적 요소가 분명하다.11장 E, 3 이러한 문학 이전 전승을 형식비평적 방식으로 분리하는 것은 무익한 일이다. 이러한 요소는 마가의 내러티브 속에 철저히 녹아들었기 때문이다. 오래전에, 라이트푸트1950는 이 설교와 이 복음서의 나머지 부분 사이의 다양한 내러티브 연결에 대해 지적한 바 있다. 다음 사례를 살펴보자.

1. 박해 부분13:9-13은 예수/요한/제자 복합체의 한 부분이다.7장 B, 2
2. "깨어 있는 문지기" 비유13:33-37는 겟세마네와 예수님의 재판을 예시한다.
3. 인자의 강림 및 우주적 어둠13:26은 8:38을 회고하며, 십자가를 예시한다.cf. 14:62; 15:33; 아래 E, 1

이 설교는 하나의 문학적 단위로서 통일성을 갖추고 있지만, 대부분의 주석가처럼 마가의 내러티브 전체와 분리해서 다루어서는 안 된다.

묵시적 전승의 힘은 그것이 근본적으로 상황적이며 유동적이라는 사실에 있다. 그것의 핵심적 신화는 언제든 새로운 상황에 재삽입될 수 있다. 이곳에 나타난 마가의 상호텍스트성과 관련하여 이데올로기적으로 중요한 한 가지 사실은 마가가 독자들이 이미 헬레니즘에 맞선 정치적 저항에 대한 전승으로 받아들인 문학적 자료에 직접 호소하는 방식을 택한 것이다. 그러나 만일 마가가 전승을 "업데이트하는 중"이라면 당시 묵시적 담론의 상황은 어떤 것인가?

2. 내러티브와 역사적 "시점": 마가와 혁명

많은 주석가는 이 설교에서 마가의 내러티브 스타일이 바뀐다는 사실에 당황했다. 그레이스톤Grayston은 이 단원의 내적 수사학적 구조에 대한 예리한 분석을 통해 이 설교가 마가복음에 삽입된 것으로 생각한다. 그러나 내가 앞서 언급했듯이, 이러한 관점은 본문의 회고적, 예시적 역할을 고려하지 않은 것으로, 두 번째 설교는 마가복음의 전반적 구조와 밀접하게 연결되며, 첫 번째 직접적 사역 내러티브의 사색적 후기와 균형을 이룬다.

켈버는 대안적 입장을 취한다. 그는 이 설교를 삽입으로 보지 않고 교훈적 목적을 위한 역사적 삽입에 해당하는, 의도적인 "내러티브의 단절"로 본다.

> 예수의 말씀, 무엇보다도 첫 부분13:5-23에 드러나는 것은 이것이 예수의 이야기라기보다 초기 그리스도인의 이야기라는 것이다. 예수에 대한 이야기가 중단된 이유나 이 시점에서 중단된 이유는 마가와 독자의 생애에 일어난 문제를 다루는 시점에 이르렀기 때문이다.1979:67

이것은 무엇보다도 이 설교가 독자에 대한 직접적 진술이라는 점에서 설득력 있는 주장이지만, 역사주의로의 후퇴를 고무할 위험이 있다. 묵시를 통해 내러티브의 세계와 역사적 사건들의 단순한 상호 관계를 규명하려는 유혹은 대부분 문학적 남용으로 이어졌다. 그러므로 나는 마가가 이 단원의 직접적 교훈을 위해 내러티브의 세계를 포기했다는 켈버의 주장에 동의하지 않는다. 인용했을 가능성이 가장 큰 문구들예를 들면, "멸망의 가증한 것"이나 "거짓 선지자"까지 마가의 내러티브적 상징으로 확실한 자리매김을 하고 있다. 뿐만 아니라 이 설교의 이데올로기는 이 이야기 전체의 광범위한 담론을 떠나서는 이해할 수 없다.

피터슨은 내러티브 안에서 소위 "이야기의 시간"과 "담론의 시간"을 구별함으로써 켈버의 통찰력을 발전시킨다.1980: 위, 3장 B, 4 나는 앞서 "내러티브적 순간"과 "역사적 순간"으로 구분한 바 있다. 이러한 구분은 특히 이곳의 본문에서 중요하다. 실제로 두 요소는 이 설교에서 신화가 붕괴된 순간에 거의 결합되어 있기 때문이다.11장 D, 1 예수의 직접적 사역이 끝난 시점은 내러티브에서 중요한 순간이다. 우리는 독자로서 예수의 공적 사역의 끝14:1 이하에서 예수는 겉으로 드러나지 않는다과 십자가를 향한 여정수난 내러티브의 시작 사이에 균형을 유지한다. 이 시점은 권력자들을 무너뜨리기 위한 예수의 비폭력적 싸움의 의미에 대한 규명을 요구한다. 한편으로, 앞으로 살펴보겠지만 역사적 순간 역시 유사한 규명을 요구한다. 마가 공동체는 로마-유대 전쟁에서 충성을 선언하라는 강력한 압력을 받고 있기 때문이다. 마가는 두 "시점"을 가장 잘 다룰 수 있는 것은 설교라고 믿지만, 마가복음 전체의 틀과 픽션 속으로 통합한다.

따라서 내가 텍스트와 관련하여 언급하는 인용이나 암시는 마가의 내러티브 세계를 나가는 문의 역할을 하는 것이 아니라 그곳으로 들어가는 역사적 창의 역할을 한다. 다시 말하면, 마가는 그의 이야기 세계를 중단한 것이 아니라 그의 이야기 세계가 언급하고 있는 사회-정치적 상황을 가능한 잘 보여주기 위해 특별한 내러티브 도구를 사용하고 있다는 것이다. 이것은 어떤 상황인가? 유대-로마 전쟁이 본문의 직접적인 배경을 형성한다는 사실에 대해서는 거의 보편적인 공감대가 형성되어 있다. 성전의 멸망에 대한 예수의 예언은 진정한 예언인가 사후적 예언인가, 즉 이 텍스트의 기록연대가 혁명의 비극적 결말 이전인지, 이후인지는 논쟁 중이다.14장 A, 2 앞서 언급한 대로2장 A, 1, 나는 마가복음이 주후 69년경에 기록되었다는 와일더의 주장1974:281이 가장 설득력 있는 주장이라고 생각한다.

독자는 유대의 혁명적 임시 정부가 들어서 있는 동안 일어난 중요한 사건들에 대한 요약을 원할 것이다.2장 D 이 혁명은 66년 6월에 예루살렘에서 시작되었으며, 곧바로 이두메, 베레아, 갈릴리 전 지역으로 확산되었다. 66년 11

월에 로마의 시리아 총독 갈루스Cestus Gallus는 저항군을 진압하기 위해 예루살렘으로 진격했다. 그는 북쪽 지역을 점령하였으나 성전산은 점령하지 못하고 돌아섰다. 유대의 게릴라군이 해변까지 추격하자 놀란 갈루스는 심각한 타격을 입고 황급히 퇴각했다. 갈루스는 로마로 긴급 전갈을 보냈으며, 예루살렘은 승리의 기쁨에 도취해 있었다. 팔레스타인은 해방되었다! 반군은 군사력에 있어서 병역의 규모나 무기의 열세에도 불구하고 역경을 극복하고 압제자들을 물리쳤다.

그러나 예루살렘 임시 정부는 내부의 권력 투쟁으로 인해 내전에 휩싸였다. 해방의 기쁨은 잠깐이었다. 당시 로마의 가장 위대한 장군이자 곧 황제가 될 베스파시안이 팔레스타인을 평정하기 위해 나섰다. 그는 이집트와 시리아에서 용병을 모집하여 갈릴리를 지나 예루살렘으로 진격했다. 곳곳에 흩어진 게릴라 부대의 영웅적 저항에도 불구하고 베스파시안은 빠른 시간 안에 갈릴리, 베레아, 서부 유다를 재탈환했다. 68년 6월, 베스파시안은 예루살렘을 점령할 준비를 하고 있었다. 그러나 다시 한번 예기치 않은 사건이 발생했으며, 예상했던 포위는 무산되었다. 로마가 내란으로 봉쇄되었다는 소식이 당시 예루살렘의 권력을 잡고 있던 헤롯당의 귀에 들어가기 시작했다. 네로는 죽었으며, 네 명의 후보자가 황제 자리를 계승하기 위해 각축을 벌였다. 베스파시안은 로마로 긴급히 소환되었다. 유대 반군은 피할 수 없는 일전을 앞두고 거의 일 년 반 가까운 시간을 벌었다. 거룩한 성을 구원하기 위해 두 차례나 기적을 베풀 수 있는 분은 오직 여호와뿐이시다.

그럼에도 불구하고 모든 사람은 시온에 마지막 시간이 다가오고 있다는 사실을 알았으며, 실제로 그랬다. 로마의 권력 투쟁에서 승리한 베스파시안은 티투스를 보내어 팔레스타인 반군을 진압하려 했다. 티투스는 70년 4월에 예루살렘을 포위하기 시작했으며, 5개월간 이어진 치열한 전투 끝에 예루살렘은 함락되고 성전은 불타버렸다. 그러나 주후 69년의 평화로운 기간 동안, 유대는 여호와의 개입하심을 믿을 이유가 충분했다. 이 기간 중 반군 지지자들이 팔레스타인 전역에 마지막 전쟁을 위한 헌신을 독려했을 것이라는 사실은 특별한 역사적 상상력이 없이도 충분히 짐작할 수 있다. 그들은 지배적 이스라엘의 전승 및 다윗의 회복 신화를 상기시키면서 전쟁을 메시아 시대의 확실한 징조로 서술했을 것이다. 모든 참된 유대인은 예루살렘 방어에 나서야 한다는 것이다.

11B. 인도하심을 위한 간구 13:3 이하

1. 이중적 질문

와일더는 이 역사적 시나리오는 마가복음 13장에 명확히 반영된 긴급한 분위기에 대한 설명이 된다고 주장하며, 이것을 하나의 가설로 받아들인다고 해도 텍스트의 이데올로기적 담론을 통해 입증된다는 것이 나의 생각이다. 이러한 정치적 상황은 공동체를 진퇴양난에 빠지게 했을 것이다.

> 한편으로, 유대를 공격하기 위해 동원된 로마 군대는 성전을 공격할 준비를 했다.… 다른 한편으로, 열심당은 유대에서 혼란스러워하는 예수의 제자들 가운데 군사를 모집하고 그들에게 전쟁 준비는 고대 메시아적 대망이라는 관점에서 중요하며 전시 협력은 사실상 하나님의 뜻이라고 설득했다. 이러한 운동 및 그것이 공동체에 미칠 정치적 파장을 염려한 마가는 자신에게 도움을 바라는 예수의 제자들을 위해 기록으로 남겨야 할 동기를 부여받았다. Wilde, 1974:100 이하

마가복음에 혁명에 동참한 그룹의 이름이 나타나지 않는다는 것은 마가가 로마의 사회적, 정치적, 경제적, 압제에 대한 그들의 저항에 깊이 공감했을 것

이라는 사실을 보여준다. 한편으로, 마가가 반군의 징병 요구를 거부할 필요를 느꼈다는 것은 공동체의 일원이 이미 해방 전쟁에 가담했거나 유혹을 느끼고 있음을 보여준다. 누가 애국주의를 거부할 것이며, 여호와께서 이스라엘을 입증하실 최후의 전쟁에 대한 오랜 예언적 약속이 성취될 이곳을 포기할 수 있겠는가? 이러한 순간에 반군에 합류하라는 설득력 있는 요구를 충족시킬 수 있는 음성은 하나뿐이다. 그것은 살아계신 예수의 가르침이다. 따라서 제자들은 이 예수에게 역사적 순간의 의미에 대해 명확히 밝혀주시기를 요구했다.

이 설교의 배경은 감람산이다.13:3 이것은 우리에게 에스겔의 전승에서 예루살렘의 역사적 순간에 메시아의 개입이 이루어지는 장소를 상기시킨다.10장 B, 1 요세푸스에 따르면, 유대의 반군은 혁명이 실패로 끝날 때까지 성전을 수호할 수 있을 것이라는 확신을 버리지 않았다고 한다. 따라서 그들은 여호와께서 그들을 구원하러 오실 것이라고 믿었다. 요세푸스는 반군이 하나님의 징조라고 말하는 몇 가지 자연 현상과 함께, 임박한 여호와의 개입을 예언한 선지자들에 대해 언급한다.Horsley and Hanson, 1985:182 이하 마가는 감람산이 공간적으로 성전과 마주보고 있다는카테난티, 12:41 참조 사실을 통해, 스가랴의 상징에 대한 적용을 거부한다. 예수는 그곳에서 개입이 아니라 완전한 멸망을 선포하신다.13:2 예수께서 그들이 압도당했던 성전의 함락을 선언하시자 당황한 제자들은 예수께 "조용히"카트 이디안 다가왔다. 마가는 예수께서 비유나 문제를 설명하실 때 이 무대 지문을 사용했다.4:34; 6:31 이하; 7:33; 9:2,28

그들의 질문은 이중적이었다. 어느 때에 이런 일이 있겠습니까? 이 모든 일이 이루어지려 할 때에 무슨 징조가 있겠습니까?

"이런 일"타우타은 11:28에서 예수에 대한 지도층의 도전에서와 마찬가지로 예수의 성전에 대한 심판을 가리킨다. 제자들의 "보소서"에 대한 예수의 "네가… 보느냐"블레페이스, 13:2와 "주의하라"블레페테, 13:5의 수사학적 상호작용은 성전을 전쟁과 연결한다. 내러티브적 순간에서, 제자들은 압도적인 위용과 합법적인 성전이 멸망할 것이라는 예수의 예언을 의심한 것으로 보인다. 의심은 11:23에서 "믿음의 부족"과 연결된다 그러나 역사적 순간에서, 그들의 불안한 질문은 임박한 로마의 예루살렘 함락의 결과에 대한 공동체의 염려를 드러낸다. 그럼에도 불구하고, "징조"세메이온에 대한 요구는 그들을 바리새인들8:11 이하과 같은 선상에 두게 한다. 다시 한번 예수는 하늘의 개입에 대한 약속 대신 "이 땅의 징조"를 어떻게 해석할 것인가, 즉 역사적 순간에 대한 정치적 분별력에 대한 설교를 제시한다.

2. 두 번째 설교의 내러티브 구조

이중적 질문에 대한 답변으로서 이 설교는 두 부분으로 나눌 수 있다. 설교의 전반부는 전쟁의 시간"어느 때"이 종말의 시간이 아니라는 설명이다. 후반부는 종말의 "징조"가 무엇인지에 대해 진술한다. 마가는 "주의하라"블레페테, 5,9,23,33절라는 반복적 명령을 중심으로 이 설교를 구성한다. 이 후렴구는 첫 번째 설교의 "들으라"를 보완하는 역할을 한다. 5장 A, 1

전반부는 "주의하라"는 명령A과 거짓 선지자들의 현혹적인 징병 슬로건에 대한 경고B 및 때를 나타내는 절C로 구성된 중요한 경고로 이루어진다.

A 너희가 사람의티스 **미혹**을 받지 않도록 **주의하라**

B 많은 사람이 내 이름으로 와서 이르되 내가 그라 하여 많은 사람을 **미혹하리라**

C 난리와 난리의 소문을 들을 때에

C´ 그 때에 어떤 사람이티스 너희에게 말하되 보라 그리스도가 여기 있다 보라 저기 있다 하여도 믿지 말라

B´ 거짓 그리스도들과 거짓 선지자들이 일어나서… 할 수만 있으면 택하신 자들을 **미혹하려** 하리라

A´ 너희는 **삼가라** 내가 모든 일을 너희에게 미리 말하였노라13:21-23

전반부의 담론은 두 부분으로 구성된다. 각각 때를 나타내는 절로 시작하며 구원과 인내에 대한 언급으로 마친다.

1. 난리 소문을 들을 **때에**...13:7
   끝까지 견디는 자는 **구원을 받으리라**13:13
2. 멸망의 가증한 것이…**보거든**13:14
   그 날들을 감하지 아니하셨더라면 모든 육체가 **구원을 얻지** 못할 것이거늘

첫 번째 부분은 묵시적 "데이"must의 반복을 중심으로 구성된다.

1. 이런 일이 **있어야** 하되13:7
2. 복음이 먼저 만국에 전파**되어야** 할 것이니라13:10
3. 서지 **못할** 곳에 선 것을 보거든13:14

이 담론은 전쟁, 무엇보다도 임박한 로마의 예루살렘 함락의 분위기를 서술하며, 마가의 공동체가 어떻게 대처해야 할 것인지에 대해 제시한다.

13:23부터 시작되는 이 설교의 후반부는 전통적으로 "매우 묵시적인" 상징으로 돌아간다. 후반부는 세 부분으로 나뉘며 경계블레페테, 그레고레이테에 대한 명령을 중심으로 형성된다.

1. 우주적 격변23-27절; 삼가라, 13:23
2. 무화과나무 비유, 그 날과 그 때13:28-33, 주의하라, 13:33
3. 문지기에 대한 비유13:34-37, 깨어 있으라, 13:35, 37

설교의 후반부 끝에는 제자들의 원래적 질문에 대한 답변이 제시되지만, 매우 비유적인 징조와 때를 알지 못한다는 평범한 대답이 주어진다. 더구나 이 문제는 특별한 계시에 대한 은밀한 간청으로 시작되었으나 보편적 권면으

로 마친다. "내가 너희에게 하는 이 말은 모든 사람에게 하는 말이니라."13:37

11C. 혁명은 하나님의 나라가 아니다.13:4-23

1. "들을 때에": 마가와 반군의 징병 모집책

"너희가 사람의 미혹을 받지 않도록 주의하라"13:5라는 구절은 바리새인들과 헤롯당8:15과 서기관12:38과 사두개인12:24,27에 대한 유사한 경고를 상기시킨다. 여기서는 또 하나의 사회적 그룹을 이 "길"의 대적으로 소개한다. 그들은 메시아의 신임장을 제출하기 때문에13:6; cf. "내 이름으로,"9:37-41 많은 사람을 미혹할 수 있다. 메시아를 자처하는 이들은 대담하게 "내가 그라"에고 에이미고 주장한다. 이것은 "너희는 나를 누구라 하느냐"8:29라는 예수의 표현과 대비된다. 마가복음의 예수는 언제나 겸손하게 말씀하시며, 간접적인 용어로 메시아이심을 밝히시거나 인자라는 3인칭을 사용하신다.

많은 주석가는 이 "거짓 선지자들"나중에 13:22에서 그렇게 불린다이 기적을 행하는 능력을 가진 자들이라고 말하지만, 마가는 그들이 메시아의 이름으로 치유하고 귀신을 쫓아내는 행위에 대해 염려하지 않는다.9:38-40 설교의 전반부에서 때를 나타내는 네 개의 절 가운데 첫 번째인 "들을 때에"13:7는 미묘하지만 확실한 방식으로, 이 선지자들을 로마-유대 전쟁과 연결한다. 그들은 메시아의 권위에 대해 말하며, 제자들은 "난리와 난리의 소문"을 듣는다.13:7 따라서 이 텍스트의 담론은 마가가 반군 모집책에 대해 진술하고 있다는 와일더의 가설을 뒷받침한다. 와일더는 마가가 그들을 대중의 왕권 이데올로기에 대한 치열한 신화 전쟁으로 끌어들인다고 말한다.11장 4

마가가 13:7 이하에서 사용한 전쟁, 기근, 지진이라는 이미지는 사실상 묵시 문학에 해당한다. 우리는 요한계시록, 제4에스라, 모세승천기, 쿰란의 전쟁 두루마리와 같은 동시대 묵시 문학을 살펴볼 필요가 있다. 동시에, 이런 사건들은 동시대 역사와 관련될 수 있다. "난리의 소문"은 주후 68-70년의 변화무쌍한 정치적 사건들에 대한 소식이 팔레스타인으로 흘러 들어가는 방식에 대한 서술이다. 포위 공격이 다가오고 있는가? 로마는 철수하고 있는가? "나라가 나라를 대적하여 일어나겠고"는 계속되는 내전과 파르티아인의 침공에 대한 두려움으로 가득했던 67년 당시 로마의 불안정한 정세를 반영한다. 50년대 초의 기근특히 팔레스타인의 피해가 컸다이나 라오디게아와 폼페이를 덮쳤던 61-62년의 지진이나 화산 폭발과 같은 중요한 자연재해는 당시 역사의 한 부분이었다. 마가와 그의 대적은 둘 다 자신의 주장을 위해 이러한 묵시적 상징의 다중성에 호소할 수 있었으며, 실제로 그렇게 했다.

마가와 반군의 다른 점은 반군은 이처럼 가공할 만한 정치적, 자연적 사건들을 "종말"과 연계했다는 것이다. 마가는 그들이 이러한 논리를 그들의 "메시아" 전쟁을 뒷받침하기 위한 군사를 모집하는 수단으로 사용했음을 암시한다. 13:7 이하의 수사학적 구조는 민감한 이슈에 대해 풍자적으로 접근하며, 그들이 주장하는 "끝"이 "시작"에 지나지 않는다고 말한다.

A 난리와 난리의 소문을 들을 때에…

B … 아직 끝은 아니니라

a 나라가 나라를 대적하여 일어나겠고…

b … 이는 재난의 시작이니라

마가는 반군의 동원령에 맞서, 청중에게 "두려워하지 말라"메 스로에이스데고 가르친다. 이것은 허둥대는 행위를 피한다는 의미로 사용되는 매우 드문 단어다.cf. 살후 2:2-4 마가는 이러한 사건들이 신실한 유대인을 혁명에 가담하게 해서는 안 될 것이라고 주장한다. 실제로 "이런 일은 있어야 한다."다시 한번 묵시적 "데이"가 사용된다 마가는 징병에 반대하며, 유대인을 "최후의 전쟁"을 위해 징집하는 근거에 도전한다.

그렇다면 전쟁을 둘러싼 충격적인 역사적 사건들의 의미는 무엇인가? 예수는 그것을 "재난오디온의 시작"이라고 부른다. 이것은 선지서에서 가져온 이미지로사 26:17; 렘 22:23; 호 13:13; 마 4:9 이하, 해산의 고통살전 5:3이나 죽음행 2:4을 의미할 수 있다.

마가는 이러한 메타포와 함께 독자에게 혁명의 승리주의에 대한 담론이 아니라 고난과 환난의 담론을 제시할 것이다. 마가는 반군의 종말론에 대해 비폭력의 정치와 자신의 내러티브 상징의 생명/죽음 역설로 맞설 것이다.

2. 구원을 받으리라: 제자들의 정치적 운명

다음 단락13:9-13은 "법정 제자도"에 대한 담론을 도입한다. 이번에는 전쟁에 협조하지 않았기 때문에 받는 정치적 압력에 대한 구체적 언급이다. 우리는 여기서 다시 한번 "조심하라"는 경고와 때를 나타내는 절"사람들이…넘겨 줄 때에", 그리고 묵시적 "데이"13:10가 나타나는 것을 볼 수 있다. "너희는 스스로 조심하라"재귀용법, 블레페테 데 후메이스 헤아우투스, 13:9는 구절은 공동체에게 정치적 박해가 올 것임을 경고한다. 이 역사적 순간에, 제자들은 성경적 급진주의를 통해 "종들"12:2 이하과 정치적 운명을 함께 해야 할 시간이 왔다. 요한1:14과 예수9:31, 10:33가 권력자들에게 "넘겨진"파라디도미 것처럼, 제자들/독자도 그렇게 해야 할 것이다. 마가는 이러한 사실을 세 차례 이상 강조한다.

1. 사람들이 너희를 공회에 넘겨 주겠고13:9
2. 사람들이 너희를 끌어다가 넘겨 줄 때에13:11
3. 형제가 형제를… 내주며13:12

제자들은 팔레스타인 법정에서 온갖 박해를 당할 것이라는 말씀을 듣는다.

1. 너희가 공회와 회당에서 매질당할 것이다.
2. 너희가 권력자들헤게모논과 임금들 앞에 설 것이다.
3. 나를 위한 증인이 될 것이다.

전쟁을 반대한 공동체는 지역 및 국가의 유대 당국자는 물론 로마의 총독과 심지어 가이사까지 분노를 초래하게 할 것이다.

두 번째 묵시적 "데이"는 이전의 "데이"와 긴장 관계에 놓이며, 마치 논쟁을 하고 있는 양측의 논리적 결론을 보여주는 듯하다. 반군의 무장 투쟁은 전쟁예루살렘 포위을 불가피하게 할 것이며, 마찬가지로 제자들의 비폭력적 저항은 "만국"에 대한 선교로 이어지리라는 것이다. 일반적으로 이러한 사역적 격려는 특별한 근거 없이, 그리고 아마도 마태복음 28:19 이하의 말씀에 따라, 교회가 박해를 견디며 이방인 선교를 지속할 것이라는 사실에 대한 언급으로 해석된다.Thompson, 1971 그러나 이런 해석은 마가의 담론과 일치하지 않을 뿐만 아니라, 마가가 반대하고 있는 해석, 즉 제자들은 예수를 섬기는 자들이기 때문에 살아남을 것이라는 사실을 보여준다.

성경적 급진주의의 논리에 따르면9:11-13에서 분명히 제시된 "기록된 대로", 반대로 해석하는 것이 타당하다. 단서는 이 논리를 상기시키는 "먼저"라는 시간 표시에 있다.9:11은 이곳 외에 "프로톤 데이", 먼저…해야가 나타나는 유일한 곳이다 요한/엘리야의 사역의 중요성사실상 당위성은 그가 "넘겨지는" 것을 막지 못했으며, 메시아의 사역도 그를 죽지 않게 할 수 없다. 따라서 제자들의 사역은 그들을 살리지 못할 것이다. 마가가 제자들이 공회에 넘겨질 수밖에 없는 불가피성에 대한 두 차례의 진술 사이에 복음의 당위성에 대한 언급을 삽입한 것은 이러한 사실을 확인하는 논증적 기능 때문이다. 전쟁이 종말을 불러오는 것이 아니라 단지 시작에 불과하듯이13:7, 정치적 박해도 끝이 아니라 실제적 제자도 사역의 시작일 뿐이라는 것이다.

제자도를 위한 두 번째 부르심8장 D에서 볼 수 있는 것처럼, 이 선포의 중요한 장소는 법정이다. 이 장소에서 사역이 성취될 것이다.13:10, 부정과거 수동태, "케루크데나이"의 의미다 13:11의 때를 나타내는 절은 체포가 반복될 것임을 보여준다.가정법 현재, "호탄 아고신" 마가는 신자들에게 그 "때에" 염려할프로메림나

테, 마가가 합성한 단어로 보인다 필요가 없다고 말한다. 성령께서 할 말을 주실 것이기 때문이다. 우리는 이 성령이 예수의 사역을 거룩하게 하신 사실과 1:8 서기관에게 거부당하신 것을 3:29 기억한다. 예수께서 공회 앞에 서실 때에 드러나겠지만, 지상 법정은 권력자들과 성령이 대결하는 "하늘의 전쟁"을 보여준다. 14:58; 아래 D, 2

지금 쫓기는 것은 제자 공동체이지만, 마가는 13:12에서 함정이 공동체 안에도 있을 것임을 강조한다. 가족 간의 다툼은 상호텍스트성을 통해 확인할 수 있는 묵시적 장면에 해당하며 미 7:6; 제4에스라 6:24, 자식이 부모를 대적한다는 것은 "집이 스스로 분쟁하면 그 집이 설 수 없고"라는 강한 자 비유 3:25 이하의 또 하나의 어두운 의미를 드러낸다. 그러나 이곳에도 지시성 referentiaity 이 있다는 것이 나의 생각이다. 왜냐하면, 전쟁을 하는 동안 양극화된 분위기와 강력한 헌신은 실제로 가족 간의 극심한 분열을 초래했기 때문이다. 마가가 이곳에서 "형제, 아버지, 자식" 10:30의 새로운 가족에 대한 서술 참조에 대해 언급한 것은 그의 공동체가 내적 갈등은 물론 배신으로 고통당할 것임을 보여준다. 수난 기사에서 예수께서 "가족"에 의해 배신당하신 것처럼, 전쟁의 압력은 "형제가 형제를 죽는 데에 내주는" 고통을 겪게 할 것이다. 14장 A, 3

전쟁 기간 중 반군으로 의심받은 자들은 로마에 의해 처형당했으며, 로마에 협조한 자로 의심받은 자들은 열심당에 의해 처형당했다. 마가는 누구든지 예수의 길에 선 자들은 디아 토 오노마 무, 내 이름으로 말미암아, 13:13 모든 사람에게 미움을 받을 것이라는 단호한 진술로 이 단락을 끝맺는다. 모든 사람으로부터의 정치적 반대를 받을 것이라는 마가의 예고는 반군과의 논쟁에서 주장한 "비동맹 급진주의"의 어려움과 희생을 확실하게 보여준다. 마가는 단지 고전적인 묵시적 약속을 인용하는 것으로 위로한다. "끝까지 견디는 자는 구원을 받으리라" cf. 제4에스라 5:9 이것은 물론 예수의 법정/십자가 담론에서만 이해될 수 있다. "나와 복음을 위하여" 자기 목숨을 잃으면 구원하리라 13:9 이하 =

8:35

3. "보거든": 예루살렘 방어를 포기하라는 요구

다음 단락은 또 하나의 시간 절13:14과 함께 시작한다. 제자들이 반군 모집책으로부터 소문을 "들을 때" 주의하라는 경고를 받은 것처럼, 그들은 멸망의 가증한 것을 "볼 때"에도 동일하게 강력한 경고를 받는다. 다니엘 11:31, 12:11 및 마카비1서 11:54에 나오는 이 유명한 묵시적 완곡어법은 원래 성전을 황폐케 한 안티오쿠스 에피파네스4주전 168년를 가리키는 표현이었다. 마가는 왜 이 시점에서 이 구절을 다시 사용하며, 비밀스러운 의미를 부여하는가"읽는 자는 깨달을진저"? 마가는 종종 편집적 언급을 사용하지만예를 들면, 7:3,11,19; 14:9, 한 번도 "읽는 자"호 아나기노스콘에 대해 직접적으로 언급한 적은 없다. 이것은 확실히 역사적인 시점에 중요한 사건과 관련이 있음을 보여주는 것이 분명하다. 포드D. Ford는 철저한 연구를 통해1979:158 이하 "멸망의 가증한 것"브엘루그마 테스 에레모세오스이 "서지 못할 곳에 선 것"호푸 우 데이; 여기서 데이는 부정적 형태이다이라는 구절에 대한 여섯 가지 해석에 대해 살펴보았다. 그는 이 구절이 우상으로 성전을 더럽힌 한 가지 행위뿐만 아니라 군대에 의한 도시 전체의 황폐화를 가리킨다는 결론을 끌어낸다. 그것은 "로마 군대에 우선적으로 적용되는 포괄적 용어"1979:163라는 것이다.

설교의 이 부분은 구체적으로 예루살렘에 대한 포위를 가리킨다. 13:2에서와 마찬가지로 이곳에서도 많은 묵시 문학의 특징인 사후적ex eventu 예언을 발견한다는 공통된 주장에 대해서도 한마디 할 필요가 있다. 이러한 주장에 대해 자세히 살펴본 로빈슨J. A. T. Robinson은 이 인용은 철저하지도 않고 정확하지도 않다는 결론을 내린다. 우리는 예루살렘이 함락된 후 같은 전승에 대한 누가의 편집눅 21:20 이하을 살펴보기만 하면 된다. 나는 "첫 번째 질문과 예수의 대답 사이에 '상호관련성'이 부족하다는 것은 이 담론이 잘 알려진 주후

70년의 사건에 대한 회고적 기록이 아님을 보여준다"는 로빈슨의 결론에 동의한다. 1976:16; Reicke, 1972 참조

본문은 로마가 갈릴리를 지배하던 주후 68년과 70년 사이의 상황을 보여준다는 것이 마가가 독자에 대한 권면을 삽입한 것에 대한 설득력 있는 설명이 될 수 있다. 이 구절의 기능은 다음과 같다.

> 희미한 암시일수록, 그리스도인의 눈에는 단서가 되고 다른 사람들 -아마도 제국의 권력자들- 에게는 수수께끼가 되는 것처럼, 정확한 언어일수록 정치적인 위험을 초래할 수 있다. 테일러, 1963:512

마가는 여기서 다니엘서나 요한계시록처럼 박해의 시기에 기록된 고전적 묵시 문학의 특징인 "드러나지 않은" 은밀한 정치적 담론에 가장 가까이 다가간다. 그는 단지 로마의 군사적 활동에 대해 직접적으로 말하지 못할 뿐이다. 그렇게 하는 것은 저항을 주장하는 공동체에 대한 배신이 될 수 있기 때문이다. 따라서 마가는 유대인에게 포위가 시작되면 "산으로 도망하라"고 권면한다. "토테"그 때에는 일시적 상황을 가리킨다 와일더는 이 본문을 유대 그리스도인 공동체그리고 아마도 갈릴리 독자들에 대해 예루살렘 수호에 동참하지 말라는 구체적인 조언으로 본다. 애국주의의 논리를 거부한 예레미야의 전승렘 21장을 통해, 마가는 예루살렘과 회복 프로젝트를 실패한 목표라고 생각하여 버린다.

마가는 13:15-18에서 이 긴급한 호소에 대해 다룬다. 지붕"도마토스,"잠을 자거나 망을 보는 용도로 사용되는 시골집의 평평한 지붕 위에 있는 자와 밭에 있는 자호 에이스 톤 아그론에 대한 서술은 그들이 갑작스러운 우주적 개입세대주의가 주장하는 "휴거"처럼에 놀랄 것이라는 의미가 아니다. 이것은 단지 마가가 "교외시골에서 바라보는 관점에서" 서술하고 있음을 보여줄 뿐이다. 테일러, 1963:513 물건을 가지러 갈 틈도 없이 도망해야 한다는 개념은 전쟁 난민의 상황에서 현실적인 판

단이다. 이러한 추론은 아이 밴 자들에게 화가 있을 것이라는 언급이나, 이 일이 겨울에 일어나지 않게 기도하라는 명령13:17 이하을 통해 더욱 확실해진다.

이 마지막 관점에 대해, 주석가들 사이에는 역사적 관련성에 대한 회의감이 팽배하다. 가스톤L. Gaston, 1970은 이 "시점"을 갈리굴라 황제가 예루살렘을 파괴하겠다고 위협한 주후 40년 겨울의 위기와 동일시한다. 사워스S. Sowers는 이것을 유대 혁명 직후 많은 그리스도인이 펠라Pella로 대거 이주한 주후 66년의 역사적 전승유세비우스를 통해 알려졌다에 대한 암시로 본다. 그는 폭우로 물이 불어난 요단강으로 인해 펠라로 가는 길이 막혔기 때문에, 이 도피는 겨울에 일어나지 않았을 것이라고 주장한다.1970: 305 이하 이러한 주장들은 아무리 흥미롭다고 해도 지나친 문자주의에 해당한다. 마가의 호소는 마카비1서 2:28의 긴급히 산으로 피신하는 장면을 염두에 둔 것으로 보인다. 그러나 마가는 다시 한번 원래적 담론을 수정한다. 즉, 마카비는 사람들에게 예루살렘을 더럽히려는 헬라군에 맞서 산 속에 주둔한 저항군에게로 가라고 촉구한 반면, 마가는 다윗의 성을 포기하라고 촉구한다.

우리가 도망하라는 명령을 아무런 역사적 추론을 동반하지 않은 엄격한 묵시적 메타포로 보더라도 텍스트의 담론은 여전히 유지된다. 벨로는 다음과 같이 주장한다.

> 유대와 예루살렘과 성전은 유대인 사회의 핵심 요소이다. 유대 법전에 따르면 이러한 것들의 황폐화는 최악의 재앙이다. 유대인의 상징적 영역이 무너진 이상, 사람들은 그것을 포기하고 도망해야 한다. 그것은 더 이상 복을 보장할 수 없기 때문이다.자녀를 낳고 양육하는 것이 불행한 것은 그 때문이다 한 마디로 이 황폐화는 현재의 법전에 대한 파괴이며, 상징적 영역과 그것을 기록한 모든 규례를 붕괴시킨다.1981:198

이것은 사실상 마가복음 전체에 나타나는 마가의 입장이다. 마가는 처음부터[1:5] 우리를 예루살렘 "밖으로" 인도해 왔다.

4. "믿지 말라": 반군과 메시아 왕권

설교의 전반부는 다니엘 12:1[cf. 에녹1서 80:2,4; 제4에스라 4:26]의 환난에 기초한 또 한 차례의 인내에 대한 촉구[13:19 이하]로 결론에 도달한다. 13:13에서는 인내가 구원을 이루나, 이곳에서는 고통이 극심하여 그 날들을 감하지 않으면 구원을 얻지 못할 정도이다. 마가는 이와 함께 설교의 후반부 등장할 두 가지 주제, 즉 우주적 고통의 시대[하이 헤메라이 에카이나이 딜립시스; cf. 13:24]와 "택하신 자"[13:24] 개념을 소개한다.

마지막 시간 절["그 때에 어떤 사람이 너희에게 말하되"]은 메시아의 신임을 위장한 반군의 문제로 돌아가며, 그들을 결코 믿어서는 안 된다고 말한다.[13:21] 마가는 "이적과 기사"[세메이아 카이 테라타]가 "거짓 선지자"[13:22]의 수단이라고 주장한다. 예수는 앞서 그러한 표적에 대해 경고한 바 있다.[8:11] 설교의 중간 지점인 이곳에서 마가는 예수께서 제자들의 징조에 대한 요구를 어떻게 다루실 것인지에 대해 보여준다. 예수는 분명한 징조를 보여주지 않은 채 설교를 마치실 것이다. 그는 참 선지자이기 때문이다. 그럼에도 불구하고 "택하신 자들을 미혹"하는 것이 가능하다고[13:22b] 인정한 것은 공동체 내에 전쟁파에 설득당한 자들이 있음을 보여준다.

거짓 그리스도와 예언 활동은 1세기 팔레스타인 전역에서 볼 수 있는 현상으로, 헬레니즘 및 본토의 귀족층에 대한 대중적 반발을 보여준다.[2장 C, 3] 반면에 호슬리는 공식적인 메시아주의가 반군 이데올로기의 일시적, 예외적 특징일 뿐이라고 주장한다. 그러나 그는 요세푸스가 반군이 왕권을 자처한 두 가지 이상의 사례를 제시한다는 사실을 지적한다. 하나는 내가 예수의 예루살렘 행렬과 비교하기 위해 언급한 자객 우두머리 므나헴에 대한 에피소드

다.10장 B, 1

> 두 번째이자 보다 광범위한 메시아 운동은 혁명 후 거의 2년이 지난 시점에 유대 농부들에게서 찾아볼 수 있다. 이 운동은 나중에 예루살렘에서 유대 사령관이 된 시몬 바르 기오라Simon bar Giora에 초점을 맞춘다.… 지역 게릴라 지도자였던 시몬이 상당한 규모의 군대와 더불어 수많은 사람이 왕처럼 따르는 인물이 되었다는 요세푸스의 이야기를 통해, 우리는 고대의 대중적 왕권 전승의 원형인 다윗의 등극과 유사한 일면을 발견할 수 있다.Horsley and Hanson, 1985:119,121

시몬은 다윗이 등극할 때처럼, 헤브론을 점령한 후 예루살렘으로 진격한다. 전쟁 3년 차에, 시몬은 열심당 동맹의 지배를 무너뜨리기 위해 예루살렘으로 입성한다. 요세푸스는 그가 "시민들로부터 구원자와 수호자로 환영받았으며" 계속해서 자신의 권력을 강화했다앞의 책, 123고 말한다. 그러나 나중에 예루살렘이 티투스에 의해 점령당할 때, 시몬은 로마로 잡혀갔으며 그곳에서 패전국 왕에 대한 로마의 관행에 따라 처형당했다.앞의 책, 126 이하; 아래, 13장 A, 1 따라서 반군의 메시아주의의 정확한 성격은 알 수 없지만, 이러한 사례들은 마가의 경고가 근거가 없는 것이 아님을 보여준다. 이 설교는 제자들에게 십자가의 길을 따르라고 명령한 마가복음의 예수와 유대인에게 로마에 맞서 저항의 칼을 들라고 외친 반군 사이에 벌어진 메시아의 신화 전쟁에 대해 구체적으로 진술한다.

설교의 전반부는 "삼가라"고 하는 세 번째 경고12:23와 함께 끝난다. "내가 모든 일을 너희에게 미리 말하였노라"라는 편집적 언급의 기능은 예수의 말씀에 대한 역사화이다. 즉 내러티브적 순간을 역사적 순간과 결합한다는 것이다. 실제적인 문제는 "종말의 때"가 아니라 전쟁의 사건들을 분별하라는 명령이다. 공동체는 반군 회복주의자와 로마 침략자 둘 다와 맞서야 한다. 그러나 만일 마가가 어느 쪽과도 "역사적 동맹"을 맺지 않는다면, 만일 혁명이 하나님 나라가 아니라면, 제자도 실천의 구체적인 정치적 모습은 무엇인가? 비동맹은 비폭력을 의미하는가?

11D. 신화적 담론으로서 설교

마가는 예수의 두 번째 직접적 사역에서 호전적군사적 저항의 실천에 대해 진술했으나, 전쟁을 주장하는 반군을 거부하는 진술로 선회한다. 이런 입장에 일관성을 부여할 수 있는가? 마가는 예수의 메시아적 정치가 반군의 정치적 메시아주의보다 혁명적이라고 생각하는 이유를 보여주기 위해 소위 "고등 묵시"로 선회한다. 설교의 후반부에서 그의 문학적 상징의 어조는 고전적인 신화적 특징을 보여준다. 그러나 이 새로운 담론은 우리에게 이중적 문제를 제시한다. 첫째로, 이 담론은 "환난 후"13:24에 일어날 일들에 대한 경고로부터 시작되는 일종의 종말론 시간표를 제시하는 것처럼 보인다는 것이다. 둘째로, 다가올 우주적 격변에 대한 예수의 서술은 "하늘로부터 오는 표적"을 상기시키는 것처럼 보인다는 것이다. 다시 말하면, 마가는 정확히 설교가 엄격히 금하고 있는 그 일13:32, 즉 "종말"에 대한 추측과, 징조에 의존하는 행위를 하고 있는 것처럼 보인다는 것이다.

실제로 마가의 신화적 담론은 이러한 추측을 권장하지 않고 단념시킨다. 그러나 이러한 사실을 이해하기 위해서는 묵시적 신화의 시간적/공간적 영역에 대해 보다 세밀하게 들여다보아야 한다. 그렇게 하지 않을 경우, 이 문학에 대한 조작과 남용의 가장 큰 원인이 될 수 있다. 나는 이 책을 통해 계속해서 이러한 이슈들에 대해 언급해왔으며, 이제 이 문제를 본격적으로 다룰 시간이 되었다.

1. "세상의 끝": 변혁

우주적 격변에 대한 마가의 이미지는 "새 하늘과 새 땅"에 의해 "옛" 질서가 무너지는 "부활"에 대한 전통적인 묵시적 신화로부터 온다. 이러한 이원론적 세계 질서는 두 "시대"라는 시간적 용어로 표현된다. 그러나 신화적 시간은 연대기적크로노스 개념이 아니라 원형적카이로스 개념이다. 두 시대는 인간의 역사에 "선"과 "악"으로 공존하며, 각자의 과거와 미래가 있다. 신화의 기능은 교훈적이며, 이원론은 청중에게 근본적으로 다른 사회적 비전 간의 역사적 싸움에서 헌신의 향방을 분명히 하라고 촉구한다. 나는 앞서 이것을 실재에 대한 "이중적 초점"의 관점이라고 불렀다.[8장 D, 2] 이 관점은 일원론적 선적 역사를 지배적 역사와 해방의 역사라는 경쟁적 역사 사이에서 선택해야 하는 정치적 "순간"으로 빨려 들어간다. 이 순간은 요한과 관련되든, 예수와 관련되든, 제자들과 관련되든, 동일하다. 인자는 이 순간에 피고인 또는 기소자로 지배하신다. 신화가 내러티브적 순간과 역사적 순간의 구별을 확산하기도 한다. 이것은 이 설교가 독자에게 이야기의 구조 이상의 할 말이 있음을 보여준다.

그러나 성경적 믿음에서 크로노스가 반드시 카이로스로 융합되는 것은 아니다. 여호와의 뜻은 "마침내" 온 세상에 확산될 것이다. 묵시적 이원론은 정적이지 않고 역동적이며, 타락한 세상은 이미 "사라지고 있으며" 새 시대가 도래하고 있다고 말한다. 신자들에게 진정한 역사를 위한 투쟁에 동참하라고 촉구하는 것은 이 새로운 질서가 "이미, 그러나 아직"의 상태에 있다는 확신 때문이다. 그러나 신학자 브라아텐C. Braaten의 말처럼, 급진적 이원론은 전적인 혁명이라는 정치적 이데올로기를 주장한다.

> 다가오는 새로운 세상에 대한 묵상은 옛 것에 대한 부정, 즉 그것으로부터 벗어남으로써 가능하다.… 하나님은 현재로부터 미래를 구축하려는 모든 역사를

거부하시는 미래적 힘이시다.[1972:911]

이 이데올로기는 옛 모델 위에 새로운 질서를 "재건"하려는 반군의 귀족적 급진주의를 반대하며, 유대인의 개혁적 갱신 운동도 반대한다. 두 관점은 오늘날의 "발전" 이론과 마찬가지로, 근본적으로 잘못된 "제도"를 보는 눈이 없다. 그러나 나타난 증상 대신 근본적 원인을 보는 마가의 "근본적 비판"은 상징적 질서와 지배적 정치 경제뿐만 아니라 정통적 정치 문화에 영향을 미치는 지배적 이데올로기 자체의 심각한 구조적 결함을 드러낸다. 따라서 마가는 해결되지 않은 현재적 질서 대신 "전적인 타자"의 새로운 질서의 실천에 전념한다.

그러므로 묵시적 담론에서 연대기적 의미를 찾으려는 시도는 잘못된 것이다. 예를 들면, 이 설교는 "종말의 시점"날, 시간, 때, 시기, 이 세대 등 다양한 완곡어법으로 표현된다을 식별할 수 있으며, "큰 환난"으로 나타날 것처럼 보인다.cf. 13:17,19,20,24의 "그 날", "그 날들" 그러나 마가는 제자들이 "그 때가 언제인지" 알지 못할 것이며[13:33] 사실상 무엇을 찾는지도 모른다. 그 순간의 특징은 신비이기 때문이다. "그러나 그 날과 그 때에 관해서는 아무도 모르나니."[13:32] "세상 끝"은 제국적이며 역사적인 사건인가? 우주적이며 정치적인 격변에 대한 마가의 언급은 그것을 인정하는 것처럼 보인다. 그러나 그렇다면 왜 "주의하라"고 경고하는가? 결국 해와 달이 빛을 내지 않으면, 모든 사람이 알 것이 아닌가?

마가의 확장된 내러티브 세계는 "시간"에 대한 언급이 언제나 문자적으로 받아들일 수 있는 것은 아니라는 사실을 보여준다. 중요한 "순간"은 다양한 방식으로 서술된다.

1. 카이로스는 예수께서 하나님 나라를 선포하심으로 세상에 들어온다.[1:15]
2. "그 날"은 "신랑의 손님들"이 실제로 금식해야 할 때를 가리킨다.[2:20]

3. 제자 공동체가 이미 새로운 방식의 삶을 실천하고 있는 것은 현재적 카이로스이다.[10:30]

4. 지금은 "무화과나무"에서 열매를 기대할 카이로스때가 아니다.[11:13]

5. 주인이 종을 보내어 농부들을 점검하게 한 것은 카이로스에 해당한다.[12:2]

6. 성령께서 제자들에게 법정에서 할 말을 주시는 것은 "그 때"이다.

7. 예수의 겟세마네 투쟁은 "이 때"이다.[14:35,41]

마가의 내러티브가 "언제"호탄when 와 "그때"토테then 라는 용어를 사용한 경우, 유사한 모호함이 나타난다. 묵시적 설교에서 두 표현은 구체적인 사건의 전개를 함축하며, 제자들은 상황에 따라 분별하고 반응해야 한다.[호탄: 13:4,7,11,14,28 이하; 토테: 13:14,21,26 이하] 그러나 나머지 이야기에서 두 용어는 훨씬 광범위한 "순간"을 가리킨다.

1. when신랑을 빼앗길 날이 이르리니 then그 날에는 금식할 것이니라

2. when강한 자를 결박한 후에야 then그 집을 강탈하리라

3. 말씀을 들었을 때when[4:15 이하]

4. 하나님 나라의 추수 때when[4:29,31 이하]

5. 인자가 영광 중에 오실 때when[8:38]

6. 인자가 죽은 자 가운데서 살아날 때까지until[9:9]

7. 사람이 죽은 자 가운데서 살아날 때when[12:25]

8. 예수께서 하나님 나라에서 새 것으로 마시는 날when[14:25]

이 연구는 "종말"의 시간적 특징이 전혀 명확하지 않음을 보여준다. 마가의 용어는 유동적이며 하나님 나라가 다가옴, 그것이 초래하는 정치적 갈등, 예수나 제자들의 고난, 온 세상의 환난, 마지막 "부활"그리고 하나님 나라의 "승리"를 의미한다.

메타포로서 시간은 정확히 실제적 시간 개념을 뒤엎으며, 따라서 "종말론적 시간표"를 불필요한 것으로 만든다. 묵시적 담론을 결정론적으로 보는 자

들은 이러한 사실을 이해하지 못한다. 왜냐하면, 신화적 싸움의 본질은 열린 역사를 강조하기 때문이다. 메이H. May는 다음과 같이 말한다.

> 묵시는 신자들의 코 앞에 영원이라는 당근을 내미는 것과 무관하다.… 묵시가 존재하는 정확한 이유는 임박한 손쉬운 승리를 거부하고, 유대인과 그리스도인에게 역사의 고뇌, 창조의 진통을 받아들이게 하기 위함이다.… 뒤로 물러나기만 하는 성취의 지평은 좌절 가운데 참된 희망을 제공하는 총체적 효과를 가진다.… 성숙한 신앙은 역사적 존재에 요구되는 인내의 싸움을 받아들인다. 신약성경 문학 형식의 모든 묵시는 "역사 속으로 떨어진" 인간의 고통을 분명히 인식하고 있음을 보여준다.… 그들은 종말을 하나님의 신실하신 약속의 성취로 받아들이며 갈구하지만, 동시에 역사의 모호한 얼굴에 모든 관심을 기울인다.… 참된 묵시는 언제나 인간의 추정에 대해 경고하는 역할을 수행해왔다.1972:17-21,32

앞서 살펴보았듯이 예수께서 "징조"를 거부하신 것은 이러한 추정을 거부하신 것이다. 마가는 운명론이나 도피주의를 거부하며, 정치적 경계와 분별력을 항상 요구하는 "역사의 변화"에 대한 혁명적 헌신을 주장한다.

2. "하늘의 전쟁": 저항

마가복음의 묵시적 담론의 "공간적 영역"을 살펴보면, 이 담론이 구체적인 역사와 연결된 사실을 확인할 수 있다. 묵시의 특징인 "수직적" 이미지는 하늘의 권세들 간의 싸움을 서술한다.

> 수직적 이미지는 각 나라가 그들을 다스리는 천사의 "군주"가 있다는 옛 개념에 기초한다.… 우리는 땅의 영역과 하늘의 영역에서 동시에 사건이 일어나는

복층 세계를 다루고 있다.1974:32 이하

이러한 세계관이 헬라 사회의 실제적 사회 구조의 중요한 토대였다는 사실은 신약성경의 "통치와 권세"에 관한 연구를 통해 오래전에 확립되었다.Morrison 1960; Caird, 1956 **1)**

최근에는 콜린스A. Y. Collins가 묵시 문학에서 "전쟁 신화"의 역할에 대한 탁월한 연구를 수행했다. 예를 들어 콜린스는 요한계시록에서 나오는 짐승과 양의 싸움은 네로 황제에 대한 정치적 풍자라고 주장한다.

> 전쟁 신화는 종종 왕권 다툼과 관련된다.… 모든 단계에서 중요한 것은 궁극적 힘과 균형 잡힌 인식이다. 따라서 이러한 싸움에 직면할 때 사람들은… 어느 한 쪽의 편에 서야 한다.… 성도들과의 전쟁은 위협이며, 혼돈의 짐승이 권력을 탈취하려는 반역 행위이다.1976:184

콜린스의 책에서 마가복음 연구와 특별한 관련이 있는 것은 마가의 인자 신화의 모체가 되는 다니엘서에 대한 유사한 주장이다.

> 독자는 다니엘 12장에서 미가엘과 그의 천사들이 안티오쿠스의 군대와 싸우는 거룩한 전쟁에서 선택을 요구받는다. 이것은 내면의 영적 싸움이 아니다. 안티오쿠스와 그의 군대는 정치적 세계의 실제적 요소이다. 다니엘서의 독자는 안티오쿠스에 저항하라는 도전을 받으며, 전쟁의 결과에 대한 묵시적 비전은 이러한 결정의 기초를 제공한다.1977:213

내가 주장한 이중적 영역의 싸움은 제자도를 위한 두 번째 부르심에서 일어나는 일과 정확하게 일치한다.8장 D

묵시적 완곡어법은 종종 신비적이며, 저항과 박해의 상황에서 지하 문학에 적합한 어법이다. 우리는 앞서 마가의 "멸망의 가증한 것"에 대한 용례에서 이러한 사실에 대해 살펴본 바 있다. 1세기 중동에서 "하늘의 전쟁"은 오늘날 정치적 수사학이 말하는 "마음과 생각의 정신적 싸움"과 내가 1장에서 언급한 "신화 전쟁"을 가리킨다. 세 차례의 묵시적 순간과 별도로, 마가는 그의 내러티브에서 전쟁 신화에 대한 암시를 여러 차례 제공한다.

1. 성령의 세례와 천사들의 수종을 받는 예수께서 "들짐승"의 도움을 받는; 1:10-13 사탄의 시험을 받으심1:10-13
2. 강한 자 비유에서 바알세불에 대해 논쟁하는 예수와 서기관3:22-30
3. "군대" 귀신을 쫓아내시는 사역에 나타난 예수와 로마의 대결5:1 이하
4. 베드로의 "고백"을 통해 나타난 예수와 사탄의 대결8:32
5. 법정 신화와 피고인/기소자로서 인자8:34-38
6. 예수와 산헤드린 공회14:62

그러나 이 설교에서 전쟁 신화가 가장 분명히 드러나는 곳은 예수의 강림과 "별들이 하늘에서 떨어지며 하늘에 있는 권능들이 흔들리리라"하이 두나메이스 하이 엔 토이스 우라노이스, 13:25 이하라는 구절이 나란히 제시된 본문이다.

윙크Wink는 창조 구조 자체에서 권세들이 하는 역할에 대한 1세기 유대 철학자 필로Philo의 이해로부터 다음과 같은 계시적 본문을 인용한다.

> 우리 주변의 모든 것은 보이지 않는 권세들아오라토이스 두나메신에 의해 하나로 묶여 있다. 이것은 단단히 묶은 것은 풀 수 없다고 생각한 조물주가 땅끝에서 하늘 끝까지 이르기 위해 만든 것이다. 우주의 권세들하이 두나메이스 투 판토스은 끊어지지 않는 사슬로 묶여 있다.1984:160

이것은 필로가 가지고 있는 우주적 "법과 질서"의 "가장 높고 가장 깊은" 구조에 대한 보수적 헬라인의 믿음을 잘 보여준다. 그러나 혁명가 마가는 이런 이데올로기에 공감하지 않는다. 마가는 필로가 "끊어질 수 없다"고 믿은 것이 산산이 조각날 것이라고 주장한다.

마가는 밧모섬에 갇힌 정치범 요한처럼 이러한 예언적 급진주의를 소위 이사야의 묵시로 보았다.R. Moller, 1976 이 환상은 하늘과 땅사 24:18,21, 그리고 "높은" 제국의 도시와 낮은 시골의 가난한 자사 25:2,4; 26:5 이하라는 두 개의 이원론 사이에 흥미로운 등식을 제공한다. 이사야의 묵시에서 "위에 있는 문이 열리고 땅의 기초가 진동"할 때24:19는 하늘의 광명이 빛을 잃고 "땅의 왕들이 옥에 갇히게 될 때"24:22 이하이다. 따라서 마가는 예루살렘의 멸망과 하늘의 권능들이 흔들리는 것을 직접적으로 연결할 수 있다. 권능들은 높은 곳에서 끌려 나올 것이며, 인자는 "땅 끝으로부터 하늘 끝까지" 택하신 자들을 모아 새로운 세상을 만들 것이다.13:27

요약하면, 설교의 후반부는 묵시적 신화를 통해 제자/독자를 역사의 가장자리에 서 있는 옛 질서와 새 질서 사이에서 선택해야 하는 "역사적 순간"으로 들어가게 한다. 이것은 확실히 전쟁의 순간이지만, 이러한 역사적 위기는 마가로 하여금 더욱 깊이 들여다보게 한다. 그는 왜 반군을 돕고 지원하지 않았는가? 그것은 압제적 권력의 주체만 바뀌는 반역의 쳇바퀴일 뿐이기 때문이다. 역사를 보다 깊이 들여다보고, 세상의 지배적 통치를 영속화하는 것이 아니라 그것을 끝내는 정치적 실천이야말로 "깨어 있으라"는 마가의 마지막 경고의 의미다. 그것은 권력에 대한 비폭력적 저항으로의 부르심이다.

11E. 목적과 수단의 신비, II[13:24-37]

1. 인자의 강림과 권능들의 몰락

심판의 상징인 우주적 전조는 묵시 문학의 공통적 요소로에녹1서 80:4-7; 제4 에스라 5:4; A.M. 5:50, 후기 예언적 전승에서 가져온 것이다. 하늘의 세 광명에 대한 마가의 언급[13:25]은 이사야 13:10cf. 겔 32:7 이하; 암 8:9; 욜 2:10에 기초한 것이다. 그러나 이사야의 전승이 해와 달과 별이 어두워질 것이라고 언급한 반면, 마가는 이사야 34:4에서처럼 별들이 "떨어진다"고 말한다. 윙크는 "별들"호이 아스테레스, cf. 단 8:10을 묵시적 권능들의 한 부분으로 보아야 한다고 말한다.

> "하늘의 군대 = 천사들 = 별들 = 신들"이라는 등식은 70인역 시대부터 자리 잡고 있었다. 그곳에서 별들은 그 자체로 권능들이며, "의식을 가진" 존재로 여겨진다. 한편으로 에녹 문학의 앞 부분에는 별들의 이동을 통제하는 통치자들을 세움으로써 하나님의 유일한 주권이 완화된다.[1984:162]

하늘에서 "떨어진"또는 쫓겨난 권능들의 통치자인 사탄의 신화는 신약성경 곳곳에 나타나는 전승이다.눅 10:18; 요 12:31; 계 12:9 마가는 역사에서 가장 높은 권력 구조의 "몰락"에 대해 암시하고 있다. 이 일은 어떻게 이루어질 것인가? 두 번째로, 마가는 구름을 타고 오실 인자에 대한 묵시적 신화로 선회한다.[13:26 이하]

이 강림은 "그 때에… 또 그 때에"카이 토테라는 평행구조를 통해 제시되는 두 가지 사건을 수반할 것이다. 첫째로, 떨어진 권능들은 그가 "큰 권능과 영광으로 오는 것"을 볼 것이다. 나는 앞서 이 사건이 마가의 내러티브 안에서 예수를 처형하는 "세 번째 묵시적 순간"을 가리킨다는 사실에 대해 언급한 바 있다. 앞으로 살펴보겠지만[13장 B], 그곳에는 로마와 유대 권력의 대표가 함께 구경하며, 해가 빛을 잃을 것이다.15:31-33,39 이것은 사실상 "하나님의 나라가 권능으로 임하는 것"9:1 으로 언급된 순간이다.

둘째로, 인자는 천사들을 보내어 자기가 택하신 자들, 즉 환난을 견딘 자들13:20과 권력에 맞선 자들을 모으실에피수낙세이; cf. 살후 2:1 것이다.13:22 "사방에서"와 "땅 끝으로부터 하늘 끝까지"라는 구절은 독특하다. 이것은 흩어진 여호와의 백성예를 들면, 슥 2:6과 그들의 귀환 약속에 대한 상호텍스트적 전승이다.

> 네 쫓겨간 자들이 하늘 가에 있을지라도앞 아크루 투 우라누 헤오스 아크루 투 우라누 네 하나님 여호와께서 거기서 너를 모으실 것이며 거기서부터 너를 이끄실 것이라 순악세이, 신 30:4, 70인역

모으는 범위는 피조세계의 한쪽 끝에서 다른 쪽 끝까지이다. 이제 권능들이 무너졌기 때문에 마가는 우주 만물의 회복, 새로운 세계의 도래를 염두에 두고 있다.

인자의 강림이 십자가 사건으로 진술된다면, 부활에 대한 비전은 그의 이야기 세계와 어떻게 연결되는가? 나는 이야기의 끝부분에 함축된 다시 모으는 장면이 이러한 역할을 한다고 생각한다.13장 D "청년"앞으로 살펴보겠지만, 또 하나의 묵시적 모티브이다은 제자들을 갈릴리, 즉 제자도 내러티브의 "시작"으로 보낸다. 그렇다면 마가의 이야기는 어떻게 시작하는가? "복음의 시작이라"1:1 이것은 새로운 창조이다. "시작"은 "끝"과 마찬가지로 예표적이며, 세상에서 정의를 위해 싸우는 제자도 여정에 새롭게 동참하라는 초청을 나타낸다.

2. 무화과나무 비유: 마가의 정치적 상징의 절정

이것은 하늘의 "징조"인가? 이런 관점을 거부하기라도 하듯이 마가는 곧

바로 "무화과나무의 비유를 배우라" 13:28, 마데테 텐 파라볼렌고 말한다. 이것은 마가복음에서 "제자"마데테스; "실천을 통해 배우는 자"라는 단어가 파생된 "만다네인"이라는 동사가 사용된 유일한 구절이다. 마가는 예수의 설교의 결론으로 향하며, 여러 개의 짧은 경구로 이루어진 단락을 마친 후 "종말"에 대한 원래의 질문으로 돌아온다. 이것은 확실히 중요한 비유이며, 우리가 앞서 만난 무화과나무 이미지와 관련된다.

13:28 이하의 평행은 대조적인 쌍이다.

A. 무화과나무의 비유를 배우라 그 가지가 연하여지고 잎사귀를 내면호탄 에데 여름이 가까운 줄엔구스 아나니게네타이

B. 이와 같이 너희가 이런 일이 일어나는 것을 보거든호탄 인자가 가까이엔구스 곧 문 앞에 이른 줄 알라기노스케테

마가는 왜 이 시점에서 무화과나무 이미지를 다시 삽입하는가? "문 앞에 이르렀다"는 것은 무엇을 의미하는가?

상호텍스트적인 면에서, 마가가 직전에 언급한 우주적 격변의 전조에 이어 무화과나무에 대해 언급한 것은 이사야의 전쟁 신화의 또 하나의 버전사 34:4, 70인역에 대한 인용이다.

하늘들이호 우라노스 두루마리 같이 말리되
그 만상의 쇠잔함이판타 타 아스트라 페세이타이
포도나무 잎이 마름 같고
무화과나무 잎이 마름 같으리라호스 핖테이 풀라 아포 수케스

그러나 마가는 이사야의 글을 무화과나무에 대한 자신의 내러티브 윤곽에

맞게 바꾼다. 무화과나무의 잎은 떨어지지 않고 잎사귀를 낸다. 마가는 자신의 성전 학가다[11:13]를 상기시킨다.

텔포드[Telford]는 13:28에서 잎사귀가 난다는 것은 11:20 이하에서 무화과나무가 시든 것과 대조를 이룬다고 말한다.[1980:217] 즉 마가는 예루살렘에 대한 저주와 대조적으로 기독교 공동체에 대한 복을 암시한다는 것이다. 그러나 두 나무의 내러티브적 관계는 대조가 아니라 연속성을 보여준다. 11:13 이하에서 예수께서 저주하신 나무도 잎사귀가 있었다. 사실, 마가는 그것이 "잎사귀 외에 아무 것도 없더라"[우덴 휴렌 에이 메 퓔라]는 사실을 강조한다. 마가는 이제 우리에게 이 "비유"를 통해 배우라고 말한다. 우리는 첫 번째 나무에서 무엇을 배웠는가? 예수께서 잎사귀만 무성한 나무를 저주하신 것은 그가 성전을 버리실 것을 보여주는 첫 번째 암시였다. 이것은 성전 정화를 통해, 그리고 예수께서 성전을 떠나시고 그것에 대한 멸망을 예언하심으로[13:1 이하] 분명히 드러났다. 앞서 언급한 대로 13:20부터 이 담론은 "이런 일"[타우타]이라는 완곡어법을 사용한다.

따라서 두 번째 무화과나무 비유가 "이런 일"을 가리킨다면, 우리는 마가가 이러한 내러티브 유추를 통해 우리를 삼단논법적 추론의 사이클로 인도했음을 깨닫는다.

만일 "잎사귀 있는 무화과나무"가 "저주받아야 할 성전"이며
"성전의 멸망"은 "종말"**이라면**
그렇다면 "잎사귀 있는 무화과나무"는 "성취되어야 할 종말"이다.

"멸망의 가증한 것"을 "보거든"이라는 구절은 이곳에서 13:29의 "보거든"과 연결된다. 추론의 순환은 이렇게 완성되며, 독자는 무화과나무의 교훈을 배워야 한다. 그것은 성전 중심의 사회 질서의 세계는 새로운 질서의 도래를 위해 끝날 수밖에 없다는 것이다.[11:20-26] 이것은 반군 모집책의 말과 정확히 반대된다.

마가는 자신의 비유들을 요약하는 비유를 제시하고 있다. 잎사귀 있는 무화과나무는 "열매 맺을 때카이로스가 아님"을 나타내며, 압제적인 성전 체제를 상징하는 것은 "나쁜 땅"씨 뿌리는 자 비유, 4:16 이하 참조이다. 그것은 열매를 "시들게" 하는11:21 원인이 된다. 마찬가지로, 잎사귀 있는 무화과나무는 이 "여름"또는 "추수"; 토 데로스, 13:28이 임박했음을 보여준다. 마가는 최후 심판을 상징하는 "여름 과일"에 대한 아모스의 신탁암 8:1 이하이나, 13:27에서 거두어들이는 모습으로 제시된 심판의 추수에 대한 묵시적 모티브cf. 욜 3:13; 계 14:14 이하를 염두에 두었을 수 있다. 이것은 4:26-29의 씨 비유에서 제시된 바 있다. 천국의 씨는 보이지 않게 자라지만, 열매를 내면 "추수"호 데리스모스를 위해 "낫"을 보낼 것이다.아포스텔레이 전쟁은 "진리의 순간"이 공동체를 위해 "문 앞에" 와 있음을 의미한다.13:29

이 해석은 13:30의 "이 세대가 지나가기 전에 이 일이 다 일어나리라"라는 예수의 엄중한 확인에 의해 강화된다. 때를 나타내는 절, "전에"우 메와 "이 세대"에 대한 언급은 인자의 강림에 대한 예수의 예언8:38-9:1을 상기시킨다. "추수"는 십자가의 묵시적 순간이다. "이 세대"는 무저항의 힘이 드러날 때까지 지나갈 수 없다. 그 후에 "이런 일"지배적 질서가 와해되고 성전 체제가 붕괴되며 권력이 무너짐이 성취될 것이다.13:4 옛 질서가 지나간다는 것은 사회적 세계의 근본적 구조가 제거된다는 것이다.13:31에는 "천지는 없어지겠으나"라는 진정한 묵시적 형식으로 제시된다 "없어지지 않는 것"은 예수의 "말씀"이다. 이것은 마가가 실제로 우리에게 징조 대신 비유를 제시했음을 보여준다. 예수의 "말씀"막 8:32,38; 위 8장 D, 1은 오직 십자가의 길을 제시하며, 제자/독자는 이 말씀을 기억해야 한다.9:10

마가는 이 순간이 추측적 시간표와 무관하다는 사실을 마지막으로 반복함으로써 이러한 사실을 확인한다.

그러나 그 날과 그 때는 아무도 모르나니우데이스 오이덴

하늘에 있는 천사들도, 아들도 모르고 아버지만 아시느니라

주의하라 깨어 있으라

그 때카이로스가 언제인지 알지 못함이라우크 오이다테 13:32 이하

이것은 씨 비유에 대한 마지막 암시이다. 씨가 어떻게 자라는지 "아무도 알지 못한다."4:27 물론 이 설교마가복음 전체의 요지는 때가 되면 우리가 그 "순간"을 안다는 것이다. 즉, 우리는 십자가는 패배하지 않는다는 사실과 인자의 강림, 그리고 권세들의 무너짐을 "보는 눈"을 가지게 될 것이다.

따라서 "주의하라"블레페테라는 이 설교의 마지막 후렴구가 제시된다. 이어서 13:4의 제자들의 질문에 대한 답변이 주어진다. 그들이 제국의 정보를 자세히 들여다본다면 무엇이 잘못되었는지 찾을 수 있을 것이다. 이 담론은 모든 면에서 분명하다. 신화적 "순간"은 십자가와 동일시되어야 한다. 그것은 역사의 중심이며, 마가에게는 모든 참된 정치적 분별력의 핵심이다. 이제 마가는 설교를 마치면서 독자에게 진정한 분별력을 촉구하는 동시에 "겟세마네"라는 새로운 메타포를 제공한다.

3. "깨어 있으라": 겟세마네의 세계

마가는 자신의 묵시적 담론에 대한 "탈구축"을 통해 설교의 결론에 이른다. "하늘에 있는 천사들도 아들도"그들은 "추수"를 위해 올 것이다 13:26 이하 제자들과 마찬가지로 모른다. 그러나 예수께서 모른다는 사실이 십자가의 길을 방해하거나 제자들을 멈추게 하지는 못할 것이다. "주의하라"는 촉구는 이제 동의어인 "졸지 말라"아그룹네이테, 13:33"깨어 있으라" 라는 명령으로 바뀐다. 이것은 "깨어 있는 것"과 "졸음" 사이의 싸움이라는 매우 현세적인 새로운 주제를 도입하는 것처럼 보인다. 이제 예수는 마지막 비유를 제시하신다. 설화적

요소가 거의 제거된 이 비유는 마가의 이데올로기적 담론의 핵심을 드러낸다. 우리는 이 비유를 통해 수난 내러티브에 대한 예기적 반영과 마가복음의 두 가지 중요한 정치적 비유에 대한 회고적 반영을 찾아볼 수 있다.

이 이야기는 "~과 같으니"13:34, 호스; cf. 4:31라는 비유적 표현으로 시작된다. 서론은 확실히 "포도원" 비유를 암시한다. 알려지지 않은 "때"카이로스 = 12:2는 타국에 간아포데모스 = 아포데데신, 12:1 한 사람= 12:1과 같다. 그러나 포도원 비유와의 대조는 이곳의 비유가 예수의 정치적 대적이 아니라 제자 공동체에 대한 것이라는 사실을 분명히 한다. 사무를 맡은 자들은 "농부"가 아니라 "종들"종의 책임자, 둘로이스 = 12:2이며, 땅을 "임대"한 것이 아니라 "권한"을 받았다. 마가는 계속해서 모든 종이 각각 "사무"를 맡았다고 말한다. 특별한 것은 "문지기"두로로스에 대한 명령이다. 그는 "문 앞에"두라이스, 13:29 무엇이 있는지 살펴야 한다.

"졸지 말라"는 이제 또 하나의 동의어인 "깨어 있으라"그레고레, 13:35,37로 대체된다. 마가는 종들이 "오는" 시간을 모를 것이라는 사실을 반복한다. 그러나 타국으로 간 "사람"은 이제 "집 주인"즉, "포도원 주인,"12:1,9으로 불린다. 포도원 비유와 강한 자 비유가 섞여 있다. 오는 자는 다윗 계열의 왕11:9 이하이 아니라 다윗의 주12:36이시며, 강한 자의 집의 주인이시다!

제자들은 사경으로 구분된 로마의 밤 "시간"마다 깨어 있으라는 명령을 받는다. 이 시간들이 수난의 각 순간들과 일치한다는 사실을 처음 발견한 사람은 라이트푸트Lightfoot이다.

1. 저물 때옵세: 최후의 만찬 시간14:17옵시아이자 십자가 처형이 끝난 시간15:42이다.
2. 밤중메소눅티온: 밤눅스은 일반적으로 베드로가 부인한 시간이다.14:30
3. 닭 울 때알렉토로포니아스: 베드로가 부인한 특정 시간알렉토르이다.14:30,72
4. 새벽프로이: 예수께서 로마인에게 넘겨진 시간이다.15:1

그러나 수난 기사에 대한 어떤 언급도 "자는" 것을 보지 않게 하라는 경고만큼 예기적인 언급은 없다. 마가는 예수의 마지막 "시간"에 대한 "겟세마네"이야기를 바로 이 주제를 중심으로 구축할 것이다.14:35

마가의 이야기 시간에서 비극적인 것은 이 에피소드에서 제자들이 겟세마네에서 예수와 함께 "깨어" 있지 못하고 잔다는 것이다. 그들은 마지막 날 밤 모든 시간마다 그를 배신하고 버렸다. 그들은 십자가로의 부르심을 깨닫지 못했기 때문이다. 그러나 깨어 있으라는 부르심은 독자의 역사적 실존을 향한다. 깨어 있다는 신화적 순간은 아무리 으스스하고 실체가 없는 것처럼 보일지라도 초기 그리스도인이 광범위하게 깨달았던 담론이다. 그것은 역사의 언저리에 있는 종말론적 실제에 대한 초기 교회의 중추적 통찰력이었으며, 신약성경 문답/교훈 전승 가운데 가장 강력한 증거를 받는 내용일 것이다.cf. 마 24:43-51; 눅 21:34-36; 살전 5:2-8; 롬 13:11-13; 골 4:2; 벧전 5:8; 계 3:2 마가에게 이 담론은 혁명적 인내에 대한 예수의 설교의 정점이다. 제자 공동체는 세상을 겟세마네로 받아들이라는 권면을 받는다. 그들은 역사의 어두움 가운데 깨어, 십자가의 정치를 고수해야 한다. 목적과 수단의 혁명, 비폭력 투쟁은 지배적 역사에 맞서 승리할 것이다. 왜냐하면 강한 자는 참된 "집 주인"이 아니기 때문이다. 우리는 그런 식으로 강한 자를 결박한 후 그의 영역을 해방하는 싸움에 동참할 수 있다.

11F. 우리는 "집 주인"의 "내규"를 따르는가?: 13:37까지 마가의 사회-문학적 전략

1. 담론

마가복음 11-13장 전체의 담론은 무엇보다 "사역/사색조망"의 담론이다. 내러티브는 가장 구체적인 정치적 개입으로부터 가장 "신화적인" 묵시적 설교로 이어진다. 사역/사색 모델이 '익숙한 교육학적, 정치적 수단'인 사람들에게는 이러한 방식이 놀랍지 않을 것이다. 그러나 대부분의 현대 묵시 문학 주석가들에게는 묵시 문제에 대한 새로운 해법처럼 보일 것이다. 왜냐하면, 성경학자들은 우리에게 오랫동안 묵시 문학은 대체로 정치 현실에 대해 수동적이고 심지어 도피적인 성향을 보인다고 가르쳐왔기 때문이다. 이러한 관점의 대표적인 사례는 핸슨P. Hanson이다. 그는 "예언적 종말론은 우주적 비전을 세속적 현실의 영역으로 바꾸는 작업을 버리는 순간에 묵시가 된다"고 주장한다.1971:469 이러한 성향은 마가복음 13장에 대한 해석에도 나타난다. 본문에 나오는 "하늘의 전쟁"과, 반군과의 동맹을 거부하고 "주의하라"는 명령에 귀를 기울이라는 권면은 마가가 하나님이 개입하셔서 모든 정치적 모순을 해결해주시기를 기다리는 어정쩡한 수동적 태도를 의미하는 것으로 왜곡되었다.와일더, 1974, 보다 상세한 내용은 아래, 14장 A, 1를 보라

그러나 이 묵시적 설교의 경고와 인내는 지금까지 제시된 일련의 성전 갈등의 호전성과 직접적인 연결을 통해 해석되어야 한다. 그렇게 하지 않을 경우, 마가의 담론은 전혀 일관성없는 내용이 되고 말 것이다. 어쨌든 마가는 내러티브 전체를 메타포와 행위, 그리고 비유적 행위의 상호작용을 중심으로 구성한다. 따라서 하나의 의미는 다른 의미를 통해 계시되고 재생산된다. 이것은 두 차례의 직접적인 사역을 통해 잘 드러난다. 두 내러티브는 가버나움첫 번째 직접적 사역과 예루살렘두 번째 직접적 사역이라는 정치적 상황을 배경으로 일련의 논쟁과 대결을 통해 구성된다. 두 내러티브는 상호간의 거부감을 강력히 드러내는 장면에서 절정에 달하며, 그 시점에서 예수는 실제로 "앉아서" 제자들과 함께 사역의 의미에 대해 조망하신다.

첫 번째 직접적 사역은 하나님 나라의 복음에 대한 예수의 핵심적 선포1:14 이하와 함께 시작된다. 병자를 불쌍히 여기지 않는 회당에서 "나와"3:6 이하 서기관 계층과 이데올로기적으로 단절하신3:22-27 예수는 4:1 이하에서 이 사역

의 구체적인 방향에 대해 조망하신다. 이 설교의 전반부는 비유"비밀," 4:11라는 원묵시적protoapocalyptic 기법과 주석을 통해 하나님 나라의 사역을 비유적으로 재생산한다. "그것은 씨 뿌리는 자와 같다." 이 비유는 이야기 속의 예수의 사역과, 마가의 공동체를 통해 지속될 사역에 대한 것으로, "종말론적 추수"에 대한 약속과 함께 제자도를 가로막는 여러 가지 장애물에 대해 명확히 밝힌다. 따라서 설교의 후반부4:24 이하는 "성공에 대한 가시적 징조는 없지만, 목적과 수단에 대한 혁명을 통해 하나님의 나라는 계속해서 성장하여 전 세계로 확산될 것"이라는 중요한 이데올로기적 역설을 보여주는 이미지들을 도입한다.

마찬가지로, 두 번째 직접적 사역은 행렬입성과 성전 정화를 통해11:1 이하 메시아적 정치의 기조를 보여준다. 가난한 자를 착취하는 성전에서 나와12:41 이하 다윗의 나라의 이데올로기와 단절하신12:35 이하 예수는 13:3 이하에서 또 한 차례의 설교를 통한 조망을 제시하신다. 설교의 전반부는 환난에 대한 묵시적 메타포를 통해 참된 메시아적 정치를 위한 싸움을 재현하신다. 그것은 예수와 성전 체제와의 대결을 로마-유대 전쟁 당시 제자들의 싸움으로 전환한다. 설교의 후반부는 다시 한번 묵시적 신화를 통해 성전에 토대를 둔 사회 질서가 무너질 것이라는 사실을 구체적으로 진술하는 긴 조망을 제시한다. 여기서도 성공에 대한 가시적인 징후는 없지만, 모든 권세들은 십자가의 비폭력적 힘에 의해 무너질 것이라는 사실이 명확히 제시된다.

두 사역에서, 실제적 행동은 내러티브의 정치를 구현하고, 설교는 해석학적 역할을 한다. 두 설교 모두 예수의 호전적 비폭력을 승리적 힘의 정치와 동일시하는 시각에 대해 경고한다. 인내하는 농부 비유와 은밀한 가운데 자라는 씨 비유의 강조점은 무화과나무 비유 및 문지기 비유를 통해서도 확인된다. 예수께서 개혁적인 사회적 전략을 가진 무리를 떠나신 것은 사실이지만, 이제 그는 호전적이지만 애국적 급진주의인 반군의 전략과도 단절하신다. 예수께서 생각하시는 하나님 나라의 새로운 질서는 권력을 잡는 방식으로 역사에 등장하지 않는다. 간디의 말처럼 무저항 불복종 운동은 역사적 수단에 초점을 맞추며, 역사적 열매는 하나님의 손에 맡긴다.

이 단원의 담론에는 "함정을 피하는" 내러티브 드라마와 같은 요소들도 있다. 당국은 예수께서 성전에 처음 나타나신 순간부터 그를 죽일 음모를 꾸민다. 그들은 예수의 상징적 행위와 비유의 의도를 완벽히 파악했기 때문이다. 그러나 예수는 그들이 파놓은 함정을 피해 가시며, 그때마다 대적을 제압하시고 그들의 위선과 이중성을 드러내신다. 이것은 전쟁의 압박에 사로잡혀 있는 마가 공동체에게 힘이 된다.

이야기의 이 부분에는 세 곳의 내러티브 "장소"가 제시된다. 이것은 초기 여정의 급속한 장면 전환과 대조를 이룬다. 각 장소의 의미는 다음과 같다.

1. 예루살렘/성전 = 지배적 제도
2. 베다니 = "안전한" 장소
3. 감람산 = 대결적 메시아 담론

처음에는 세 장소 간의 공간적 긴장이 조성된다.[11:1] 이어서 예수는 마치 그 도시에서는 하룻밤도 더 묵을 수 없다는 듯이, 베다니에서 예루살렘으로 왕래하신다. 예수는 경건한 순례자들과 달리 "세상의 중심"을 방문하지 않으시며, 마치 기습작전처럼 시골에서 가까운 기지에서 압제적 권력의 중추를 급습하신다. 감람산과 성전산의 마지막 대결[13:3]은 메시아의 개입이 전혀 예상외의 방식으로 이르렀다는, 이 단원의 주제를 단적으로 보여준다.

메시아적 담론은 처음에 바디매오가 다윗의 자손 예수를 외치고, 무리가 다윗의 나라를 환호하면서 확립되었다. 이것은 예수께서 메시아적 계시의 마지막 장소인 성전에 오시면 어떻게 할 것인가에 대한 독자의 기대를 자극한다. 그러기에 예수의 성전 정화는 충격이었다. 마가는 자신이 시편 110편이나 118편처럼 잘 알려진 고도의 정치적 상징을 잘못 다룰 경우 오해의 소지가 있을 것이라는 사실을 잘 알고 있었다. 그는 이들 시편 본문을 통해 예수가 메시아라는 사실을 입증한 것이 아니라이 부분은 이야기의 서두에 제시한 바 있다, 메시아의 정치적 특징이 예수의 십자가의 길과 일치함을 보여주고 다윗의 회복주의 및 성전 체제에 대한 전제를 거부하는 방식으로 그것에 대해 재규명한다.

성전 체제와 지도자들에 대한 거부는 그들의 압제적인 정치적 경제에 근거한다. 이러한 사실은 예수의 직접적 사역에 명확히 제시되며, 반 성전적 틀의 두 번째 부분에서 재확인된다. 12:18-13:7의 담론을 살펴보자..

A 서기관과 그들의 위선에 대해 삼가라블레페테12:38

B 그들은 과부의 가산을 삼키며 외식으로 길게 기도하는 자들이다.12:40

C 부자는 풍족한 중에서 바쳤으나 과부는 가난한 중에서 바쳤다.12:44

B´ 과부를 착취한 성전은 멸망할 것이다.13:2

A´ 거짓 메시아와 그들의 전쟁을 주의하라블레페테13:5-7

이 담론은 성전의 정치적 경제를 메시아 전쟁을 요구하는 자들과 연결한다. 마가가 반군과 단절한 것은 놀라운 일이 아니다.

두 번째 설교는 마가가 성전이라는 이데올로기적 장소를 버릴 것을 주장하는 정치는 반드시 "종말"이라는 관점에서 언급해야 한다는 사실을 알고 있음을 보여준다. 고도로 발전된 사회적 세계의 상징적 중심을 제거하기 위해서는 완전한 붕괴밖에 없다. 이러한 묵시적 설교는 두 가지 무화과나무 비유를 통해 성전 정화 사건과 연결된다. 이 담론은 각각의 비유에서 끌어낸 내러티브적 유추 및 삼단논법의 흔적을 추적하는 방식으로 해석할 수 있다.

잎사귀만 있는 무화과나무11:13b

열매 맺을 때가 아님11:13b

영원토록 열매를 맺지 못함11:14

뿌리째 마름11:20

산을 바다에 던짐11:23

믿음으로 기도하라11:24

잎사귀 있는 무화과나무13:28a

여름추수이 다가옴; 문 앞에 이름13:28b

이런 일이 일어나는 것을 보거든13:29

이 세대가 지나가기 전에 일어날 것임13:30

천지는 없어질 것임13:31a

내 말은 없어지지 아니할 것임13:31b

두 경우, 잎사귀 있는 나무 비유는 임박한 성전 함락을 가리킨다. "산을 바다에 던짐", "이런 일" 성전 이후의 삶은 존재하는가? 이 담론은 그렇다고 강조한다. 제자들은 여전히 기도해야 한다. 하나님은 성전에 계신 것이 아니라 "믿는" 자들 가운데 계시기 때문이다. 그들은 사회적 세상이 해결하지 못할 때 걱정할 필요가 없다. 예수의 말씀은 없어지지 않을 것이기 때문이다.

이 모든 상징의 내적 지시성은 이적과 기사에 대한 반군의 갈증과 대조하기 위해서다. 마가는 표적을 약속하는 것은 거짓 선지자의 "표적"이며, 전쟁은 "끝"이 아니라 환난의 "시작"일 뿐이라고 풍자한다. 반군은 옛 질서를 무너뜨리고 새로운 질서를 시작할 수 없다. 그들은 무화과나무의 비유를 모르기 때문에 고난을 가중할 뿐이다. 권력이 다스리는 옛 질서는 오직 오실 인자의 묵시적 순간 -즉, 십자가의 정치- 을 통해서만 정복할 수 있다. 마가는 이와 같은 메타포, 신화, 비유 및 교훈을 함께 묶음으로써 그의 "묵시적 시간성"은 십자가 사건의 "때"13:32; cf. 15:33 이하와 예수와 권세들의 싸움의 절정 및 제자들이 동일한 싸움을 해야 할 전쟁의 "때"13:11 사이를 자유롭게 오간다. 따라서 두 개의 "순간"은 이런 식으로 결합된다. 전쟁을 "통한" 길은 십자가의 길이다.

2. 의미

나는 앞서 이 내러티브에서 제자들의 역할은 비교적 부수적이라고 언급한 바있다. 제자 공동체는 이미 예수의 사회-경제적 프로그램을 시행하고 있는 것으로 서술되지만[예를 들면, 10:29 이하], 권세들과의 싸움은 시작하지 않았다. 그러나 이러한 사실에서 제자들이 예수의 정치적 실천을 따르지 않으려 했다는 결론을 끌어낸다면 잘못된 것이다. 이것은 두 "때"가 하나로 결합하는 신화적 융합의 시점이다. 그러나 제자들의 고난은 "미래"의 일이며, 지금은 충분한 믿음이 부족한 것처럼 보인다.[11:22] 이것은 공동체가 너무 비겁하거나 정치적 대안에 지나치게 흔들리고 있음을 보여준다. 공동체의 지체들은 여전히 서기관의 이데올로기를 두려워하지만[11:35; cf. 9:11], 반군 모집책의 강한 압박도 받고 있다. 그들이 성전과 단절하고 예수를 "따르기" 위해서는 보수적-개혁적 이데올로기와 애국적 급진적 이데올로기를 둘 다 거부해야 한다. 그러기 위해서는 대안적 사회 질서를 품을 수 있어야 한다.

오늘날 독자는 성전의 세계가 끝났다고 "믿는" 것이 얼마나 어려운 일인지 이해하기 위해 역사적으로 공감해보아야 한다. 마가는 원래적 독자에게 많은 것을 요구하고 있지만, 그의 입장은 명확하다. 그들은 "마음의 의심"을 근절하고[11:23] "믿어야" 한다. "급진적이지만 비동맹적인" 메시아 정치의 새로운 이데올로기는 이해하기 어려울 뿐만 아니라 전쟁 상황에서는 위험하다. 마가복음이 전쟁이 끝나갈 무렵에 갈릴리나 그 부근에서 작성되었다면, 아마도 마가는 재탈환한, 그러나 완전히 평정하지는 못한, 영토에서 기록했을 것이다. 역사적 유추를 발휘해보면, 공동체의 상황은 오늘날 엘살바도르나 앙골라에서 게릴라전과 정규전이 끊이지 않는 지역의 주민들과 크게 다르지 않을 것이다. 공감을 형성했다고 하더라도[마가처럼], 동맹에 대한 공개적 거부는 양쪽 진영 모두에서 배교로 간주되었을 것이다.

우리는 세금 논쟁을 다룬 에피소드에서 이 "함정"이 가장 분명하게 드러난 사실을 안다.10장 D, 4 공동체는 예수를 책잡으려 했던 갈릴리의 대적인 바리새인들과 헤롯당의 올무에 쉽게 "걸려들 수" 있었을 것이다. 마가는 틀림없이 자신의 경제적 이데올로기에 기초해서 제국의 조공을 거부했을 것이다. 그러나 거부 의사를 공개적으로 드러내는 것은 공동체를 자신들이 원하지 않는 회복주의 혁명과 동일시하는 결과를 초래할 것이다. 따라서 예수는 로마에 굴복하거나 함정에 빠지지 않으신다. 실제로 마가복음 전체에서 로마에 대한 마가의 비판은 적절히 가려져 있다. 티투스의 군대가 이미 갈릴리를 지배하고 있었기 때문이다.

반면에, 마가는 성전 체제에 대해서는 공개적으로 비난한다. 내러티브적 의미의 차원에서 성전에 대한 예수의 직접적인 거부 행위는 붕괴 정치에 대한 정당화로 이해해야 한다. 그러나 우리는 여기서 많은 주석가들이 손을 들었던, 실제적 모습을 추측하려는 역사적 유혹에 대해 언급할 필요가 있다.Brandon, 1967:9 그들은 예수께서 어떻게 이러한 장애물을 제거하였으며, 어떻게 성전수비대의 군사적 개입 없이 그 자리를 모면할 수 있었는지 의심한다. 그러나 이러한 감질난 추측은 상징적 행위를 진술하려는 마가의 의도를 놓친 것이다. 마가는 성전 운영의 갑작스럽고 극적인 폐쇄를 그의 저주/거부 담론의 광범위한 상징적 구조의 일부로 서술함으로써, 성전에 기초한 질서의 종말을 상기시킨다.전승에 의하면 제의는 단 하루도 중단될 수 없다

감히 유추하건대, 예수께서 성전을 "폐쇄"한 것은 미국의 국방성에 대한 비폭력적 직접 공격, 예를 들면 진입로를 막고 군산복합체를 "폐쇄"하는 행동에 해당한다. 상징적 행위는 지속적인 비폭력적 저항 운동을 통해서만 역사적 실제가 될 수 있다는 의도를 드러낸다. 예루살렘의 갈등을 다룬 단원 전체는 이러한 착취적 사회-경제적 제도에 대한 호전적, 직접적 행위를 정당화하며, 두 번째 설교가 주장하듯이 이러한 행위가 참으로 진정한 혁명이 되기 위해서는 비폭력을 유지해야 한다. 제자/독자가 무화과나무 비유를 배울 수

있다면[13:28] 우리의 저항 사역을 실천할 힘을 얻을 것이다. 우리는 더 이상 지배층이 명령하는 "내규"에 따라 살 필요가 없으며, "집주인"을 따라 전복적인 동시에 건설적인 메시아적 삶을 실천할 수 있을 것이다.

마가가 두 번째 설교의 전반부 전체를 반군 모집책의 주장을 반박하는데 할애한다는 사실은 그들이 공동체에서 상당한 신뢰를 받는 이데올로기적 경쟁자였음을 보여준다. 예루살렘 단원이 전통적인 대중적 왕권에 대한 상징적 코드를 빼앗아 오고 전복하려 했던 것은 그런 이유 때문이다. 마가는 사실상 묵시적 저항 문학의 전승을 인용하면서 혁명적 정치의 성격에 대한 논쟁을 통해 반군과 맞선다.

마가가 반군을 성직자 계급과 밀접하게 연결한 것이 역사적으로 정당한가에 대해서는 의문이 제기되었다. 그러나 반군도 예루살렘 계급 사회에서 자신의 계급적 특권을 위해 싸웠다는 강력한 증거가 제시되었다. 이 문제에 대해서는 아래에서 살펴볼 것이다.[14장 B, 4] 두 진영이 아무리 많은 공통점이 있다고 해도 로마를 대적하는 부분에서만 그럴 뿐, 성전 문제에서는 전혀 다른 견해를 가지고 있었다. 반군은 성전의 "정화"를 위해 싸워야 한다고 주장한 반면, 마가의 "성전 정화"는 성전의 붕괴에 초점을 맞추었다. 따라서 마가는 목적과 수단에 있어서 그들과 견해를 달리했다. 예수의 성전 정화 행위를 포함하여 "무화과나무 비유"는 진정한 새로운 사회 질서에 대한 헌신의 시금석이 되었다.

마가는 서기관 체제와 열심당 및 헬라에 협조한 자들을 거부한 자신의 "비동맹 급진주의"가 그를 역사적 순간에서 외톨이가 되게 했다는 사실을 알고 있다. "너희가 내 이름으로 말미암아 모든 사람에게 미움을 받을 것이나"[13:13] 따라서 그는 "겟세마네"라는 미지의 어두움에 의해 재판을 받는 고독한 메타포를 택한다. 마가는 제자 공동체에게 깨어 있는 눈으로 역사를 살며, 권력을 위해 경쟁하는 자들의 대결적 요구를 거부하고 현재의 사건들을 깊이 관찰하라고 촉구한다. 하나님 나라의 도래는 승리주의와 무관하다. 그것은 아래로부터 오며, 어두운 고난의 밤을 보내는 가족과 함께한다. 이 세계는 겟세마네이며, 우리는 이 어둠의 밤을 지새우는 "불면의 역사"로 부르심을 받았다.

미주

1. "권세들"이라는 용어에 대한 학문적 논쟁은 전후 시대의 많은 문학을 생성했다. 최근의 요약 및 분석은 W. Wink의 *Naming the Powers: The Language of Power in the New Testament*, vol. 1(Philadelphia: Fortress, 1984)이다.

제12장

권력자들에 의한 예수의 체포 및 재판

막 14:1-15:20

내가 만군의 하나님 여호와께 열심이 유별하오니 이는 이스라엘 자손이 주의 언약을 버리고 주의 제단을 헐며 칼로 주의 선지자들을 죽였음이오며 오직 나만 남았거늘 그들이 내 생명을 찾아 빼앗으려 하나이다

-왕상 19:10

호주로 망명한 한 과테말라 미술가가 라틴 아메리카의 정치적 상황을 배경으로 최후의 만찬을 서술한 그림이 있다. 연기로 자욱한 방에 예수가 계신 인상적인 장면이다. 열두 제자 주위로 장군들이 고급 창녀와 함께 흥청거리고, 부자 지주는 돈을 뿌리고 다니며, 게릴라 용병들은 은밀히 속삭인다. 농부 부부는 영양실조에 걸린 자식을 돌보고, 한 성직자는 미사를 집전하고 있으며, 농지개혁 조직책이 자경단원의 공격을 받는 가운데, 식탁 아래에는 불구자로 가득하다. 예수 주변에는 어떤 경건한 광채도 보이지 않는다. 그는 세상 정욕과 음모와 삶의 고통 가운데 꼼짝없이 갇혀 있는 것 같다.

나는 지금까지 마가의 예수 이야기의 마지막 날의 분위기를 이보다 정확하게 포착한 그림을 본 적이 없다. 그의 그림은 음모를 위한 밀실 거래, 부정

한 재판과 은밀한 죄수 거래, 고문과 즉결 처형으로 가득한 강력한 정치 드라마다. 이러한 주제들은 오늘날 정치적 내러티브의 특징이지만, "수난주간"에 대한 규범적 해석에는 등장하지 않는다. 수 세기 동안의 제의적, 신학적 재생산에 길든 우리는 "마가의 다락방"을 당국의 권력에 의해 결속이 무너진 채 숨어 있는 도망자 공동체의 갈등으로 가득한 마지막 시간이 아니라 고상한 성찬의 순간일 것이라고 생각한다. 우리는 겟세마네를 전복적 실천의 결과를 받아들이기 위한 지도자의 깊은 내면적 고뇌로 보기보다 예정된 구속사의 섭리에 대한 순종으로 본다.

마가의 "수난극"은 정확히 이러한 비극과 현실주의, 그리고 풍자로 가득한 정치적 정경이다. 마가는 예수의 비폭력적 상징적 행위와 권력자들의 정보기관 사이의 최후 대결, 혁명적 열정으로 가득한 반군, 그리고 유대와 로마의 법정과 감옥과 피고석이라는 현실 극장에서 상영되고 있는 "하늘의 전쟁"을 극적으로 그려낸다. 이 수난극에는 이야기의 중심부에 위치한 "제자도를 위한 예수의 부르심"8:34 이하에 나타나는 억제할 수 없는 정치적 요소가 상세히 진술되며, "자기 부인"과 "십자가를 짐"과 "목숨을 잃는 자가 구원을 받는" 현장이 최종적으로 무대에 오를 것이다. 우리는 이곳에서 벌어질 체포, 재판, 고문에 대한 내러티브가 오늘날 세계 곳곳에 존재하는 정치범에 의해 실천되고 있다는 사실을 잊어서는 안 된다.

12A. 수난 기사의 내러티브적 특징

1. 구조

수난 내러티브는 마가복음 어느 곳보다 역사적 전승에 대한 서술이 많이 나타난다. 이것은 가장 회의적인 형식비평가들까지 인정하는 사실이다. 그러나 이것은 최근의 편집적 연구에서 드러난 것처럼Juel, 1977; Matera, 1982, 마가의 내러티브 전략이나 상징적 담론이 덜 반영됐다는 말은 아니다. 이 내러티브는 대체로 세 번째 예고[10:33 이하]에서 정립된 "대본"[성경]을 따른다. 예수는 제자들로부터 대제사장들과 서기관들에게 넘겨질 것이며, 산헤드린으로부터 이방인에게로, 빌라도에게서 사형 집행자에게로 넘겨질 것이다. 모든 시간과 상황과 행위는 이 복음서의 대단원과 놀라운 결말을 향해 긴장을 고조시키는 방식으로 세심하게 구성된다.

마가복음의 결론 부분은 세 단원으로 나뉜다.

1단원. 공동체가 예수와 함께 한 마지막 날들[14:1-52]

2단원. 두 차례의 재판 내러티브[14:53-15:20]

3단원. 예수의 처형과 "두 번째" 에필로그[15:21-16:8]

1, 2단원은 이 장에서 다루고 3단원은 13장에서 다룰 것이다. 앞서 언급했듯이[10장 A, 1], 예루살렘 내러티브의 후반부는 베다니에 있었던 "향유를 부음"과 유월절 식사 준비라는 두 에피소드에 의해 도입된다. 두 에피소드는 각각 바디매오의 제자도 패러다임 및 메시아 행렬을 위한 준비[10:45-11:10]와 평행을 이루며, 이 한 쌍의 에피소드는 갈등 주기를 형성한다.

1, 2단원[1과 2]은 각각 중요한 주제를 도입하는 일련의 틀을 통해 밀접하게 연결된다. 첫 번째 주제는 "음모"로, 예수를 죽이려는 당국의 계획을 보여준다. 이것은 베다니에서 일어난 첫 번째 에피소드의 틀을 형성한다.

a. 지도층이 예수를 흉계로 잡아 죽일 방도를 구한다.[14:1]

b. 지도층이 유다를 첩보원으로 고용한다.[14:10]

이 음모는 두 번째 주제[배신]로 이어지며, 공동체가 자신을 버릴 것이라는 예수의 두 차례의 예언은 "유월절 식사" 단락의 축을 이룬다.

a. 예수께서 한 사람이 자신을 버릴 것이라고 말씀하신다.[14:18-21]

b. 예수께서 제자들이 다 자신을 버릴 것이라고 말씀하신다.[14:27-31]

따라서 공동체가 예수와 함께한 마지막 날들은 음모와 배신이라는 두 가지 주제로 밝혀진다. 이것은 공회 앞에서 첫 번째 심문의 축을 형성하는 "베드로의 부인" 장면을 통해 "재판" 에피소드와 연결된다.

a. 베드로가 예수께서 심문당하시는 곳까지 따라간다.14:54

b. 베드로가 예수를 부인한다.14:66-72

우리는 이것으로부터 이 내러티브가 실패한 제자도와 음모에 대한 비극적 내용이 될 것임을 알 수 있다.

아래에서 살펴보겠지만D, 1, 두 차례의 재판 에피소드는 평행을 이루며, 두 가지 기법을 통해 예수에 대한 처형 기사와 연결된다. 하나는 대략 24시간이라는 시간적 영역을 통해서다. 예수에 대한 체포와 재판은 밤에 일어나며, 예수는 다음 날 저녁에 죽어 장사되신다. 또 하나의 기법은 3중적 조롱이다.

a. 유대의 경비병에 의해14:65

b. 로마의 군인들에 의해15:16-20

c. 십자가에 모인 무리에 의해15:29-32

앞으로 살펴보겠지만, 각각의 조롱은 아이러니하게도 예수의 선지자, 메시아, 왕의 소명과 일치한다.

이 이야기의 절정은 세 번째 묵시적 순간으로, 두 차례의 우주적 전조와 두 차례의 예수의 부르짖음15:33-38을 통해 밝혀진다. 예수께서 십자가에서 돌아가신 후, "두 번째 에필로그"또는 후기가 시작된다. 이 후기는 예수의 죽음에 대한 세 가지 반응을 보여준다. 그들은 처형을 주관한 로마 군인과, 예수에게 사형을 선고한 산헤드린의 공회원, 그리고 예수를 따르는 여자들이다. 마가복음의 마지막 장은 며칠 후 무덤에서 시작된다. 이 장면은 여자들과 한 "청년"의 대화로 구성된다. 이 결말은 예수에 대한 내러티브를 다시 시작하는 역할을 하며무덤을 봉인한 돌이 "굴려진"것처럼, 독자에게 이야기의 처음으로 되돌아갈 것을 지시한다.

그 외 다른 반복은 이 내러티브의 사건들 사이의 관계를 강조한다. 제자들이 세 차례 잠든 겟세마네 장면은 베드로가 예수를 세 차례 부인한 장면과 연결된다. 또한 중복은 재판/처형 내러티브에 생동감을 준다. 심문 절차는 두 차례의 고소로 이어지며, 예수는 그 중 한 차례의 고소에 대해서만 대답하신다. 십자가에서의 조롱이 두 차례 제시되고, 예수는 두 차례 크게 소리 지르시며, 구경하는 자들은 그가 엘리야를 부른 것에 대해 두 차례 언급한다. 마가는 행위와 장면의 전환을 위해 종종 시간적 언급에 의존한다.예를 들면 14:1,12,17; 15:1; 16:1 그러나 마가의 가장 놀라운 문학적 기법은 이야기를 마치는 방식이다. 마가복음은 이 내러티브가 계속될 것이라는 약속과 함께 마친다.16:6 이하 마가는 이러한 결말에서, 독자에게 "청년"의 약속에 대한 반응을 통해 마가복음 읽기를 "완성"할 것을 촉구한다.13장 E

2. 이야기

이야기의 대단원에 걸맞게, 모든 부수적 줄거리들은 이 단원에서 결론에 도달한다. 앞서 언급한 두 가지 주제는 예수와 당국의 관계음모와, 예수와 제자들의 관계배신라는 내러티브의 두 가지 핵심 노선과 연결된다. 갈릴리에서 시작된 전자음모는 첫 번째 회당에서의 대결1:21 이하과 함께 정치적 음모의 발판으로 이어졌으며3:6, 이제 예수의 목숨을 노리는 공식적인 적개심을 가차없이 드러내며 한밤중의 무장한 매복을 통해 절정에 달한다. 제자들의 깨달음이 부족하다는 암시와 함께 시작된 후자배신의 위기는 예수께서 그처럼 원하셨던 공동체와의 결속이 완전히 붕괴되는 것으로 끝난다. 물론, 두 구조는 유다가 은밀한 역할을 맡는 시점에서 하나로 합쳐지며, 예수께서 체포되고 제자들이 달아나면서 완성된다.

마가는 이러한 비극을 일련의 비통한 예언을 통해 구체적으로 제시하며, 모든 예언은 이 이야기 안에서 이루어진다.

1. 예언: 한 사람이 배반할 것이다.14:18 이하

2. 성취: 유다의 입맞춤14:44 이하

3. 예언: 모든 제자가 다 배반할 것이다.14:27

4. 성취: 제자들이 다 도망함14:50

5. 예언: 베드로가 예수를 부인할 것이다.14:30

6. 성취: 베드로가 예수를 부인함14:67-71

동시에, 마가는 희망적 "징후"의 역담론적 내러티브를 명시적, 암시적으로 제시한다.

1. 고난을 받은 목자"내가 목자를 치리니"가 공동체에 "앞서" 다시 갈릴리로 갈 것이라는 약속14:28

2. 한 "청년"이 벗은 몸으로 도망하는 상징적 장면14:51 이하

두 가지 요소는 이 이야기 끝부분에서 옷을 입은 "청년"의 재등장으로 "성취"된다. 그는 예수께서 실제로 제자들에 "앞서" 갈릴리로 가고 계신다고 전한다.16:5-7 부수적 줄거리의 암울한 상황 속으로 들어온 이러한 암시들은 비록 제자도 내러티브는 붕괴되었으나 이야기가 끝난 것이 아님을 보여주며, 독자에게 계속해서 읽어야 할 이유와 희망을 제시한다.

예수께서 체포되시고 제자들이 달아난 후, 독자의 관심은 권력자들 앞에 서신 예수에게 집중된다. 그러나 배신 내러티브는 두 차례의 재판 에피소드를 통해 계속된다. 첫 번째 심문은 베드로가 예수를 부인하는 장면으로 마친다. 마찬가지로 두 번째 심문의 절정에서 무리는 바라바를 놓아주고 나사렛 사람을 죽이라고 요구함으로써 예수를 "부인"한다.

마가는 예수의 마지막 "순간"에 자신의 정치적 드라마에 나온 모든 등장인물-로마와 유대 당국, 무리, 제자들배경으로 등장한다, 반군바라바와 두 명의 사회적 도적 "강도"으로 제시된다-을 한 곳에 모은다. 이 장면은 이야기 전체의 축소판이자, 독자에게 십자가의 길을 대적하며 은밀한 동맹을 추구해온 사회적 전략 대신 인자의 이데올로기를 선택하라는 마가의 마지막 호소다.

마가는 시간과 공간을 세밀하게 배합하여 예수의 마지막 날들에 대한 드라마의 긴장감을 고조시킨다. 마가는 자신의 이야기 세계의 시간적 영역으로 다시 돌아감으로써, 두 번째 설교의 묵시적 담론이 조성한 “신화적 순간”을 마친다. “이틀이 지나면 유월절과 무교절이라”[14:1] 마가는 갑자기 현실적 시간과 공간으로 이동하는 전개 방식을 통해 독자를 유대인의 상징적 삶의 가장 깊숙한 곳, 즉 예루살렘의 가장 거룩한 날들 속으로 몰아넣는다. 우리는 앞서 로마의 지배를 받는 팔레스타인에서 이러한 절기는 언제나 메시아 대망론과 정치적 소용돌이의 불을 지폈다는 사실을 살펴보았다. 따라서 마가가 이 상황에서 예수에 대한 음모를 재도입한 것은 그리 놀라운 일이 아니다. 이어지는 상황은 나병환자의 집과 예루살렘의 다락방, 감람산과 동산, 법정과 뜰, 그리고 “골고다”와 무덤에 대한 짧은 삽화로 이루어진다. 이 이야기의 긴장은 제자 공동체와 대적들의 은밀한 움직임을 통해 더욱 고조된다. 쫓고 쫓기는 ‘고양이와 쥐’ 게임은 당국의 침투 전략을 불렀으며, 이러한 전략은 결국 공동체의 결속을 무너뜨리는 비극을 불러일으킨다.

예수의 생애 마지막 날들은 밤과 낮 “시간”을 중심으로 구성된다. 체포와 재판 내러티브는 집주인에 대한 묵시적 비유에서 네 차례의 밤 시간을 모두 언급한다.[11장 E, 3] 이들 가운데 마지막 언급[“새벽에”, 15:1]은 마가가 처형 내러티브에서 숫자를 세고 있는 첫 번째 낮시간이 된다. 제삼시에 예수께서 십자가에 못 박히시고[15:25], 제육시에 어둠이 임하며[15:33], 제구시에 예수께 엘리야를 부르시고 운명하시며[15:34], 저물었을 때[15:42] 시체를 내려 장사한다. 마지막 무덤 장면은 며칠이 지난 후, 해 돋을 때 일어난다.

두 번째 에필로그는 첫 번째 에필로그와 마찬가지로, 마가복음 후반부 내러티브의 상징에 대해 해석한다. 이 해석의 핵심은 내가 지금 막 언급한 제자도 내러티브의 붕괴의 중요한 단계에 삽입된 두 가지 예기적 암시다. 이것은 이 이야기를 “해피앤딩”으로 마무리하지 않는 저자의 비범함을 잘 보여준다.

실제로, 이 이야기는 여자가 청년의 메시지를 저버리고 "도망"하는 것으로 끝난다.16:8 마가는 독자에게 갈릴리에서의 새로운 시작에 대한 약속만 남긴다. 이것은 이야기를 다시 시작하라는 초청이기도 하다. 즉, 제자도를 다시 따르라는 것이다. 이처럼 독특한 문학적 성격의 결말은 그곳 본문에서 상세히 다룰 것이다.13장 E

12B. 친밀함과 배신: 공동체의 마지막 날들14:1-25

1. 메시아의 "기름 부음": "나의 장례"

예수 이야기의 마지막 장은 다시 한번 예루살렘 밖 베다니에서 시작되는 또 하나의 "제자도 패러다임"에 대한 기사로 시작한다. 이 에피소드는 우리에게 "시몬"이라는 이름과 향유의 정확한 가격 등에 대한 세밀한 서술을 제공하면서도 여자의 이름은 밝히지 않는, 은밀함을 보여준다는 점에서 흥미롭다. 이 장면은 나병환자의 집 식탁에서 일어난다. 이것은 예수의 제자도 실천이 어떤 식으로 지배적 질서의 사회적 영역에 대한 도전을 계속하는지를 떠올리게 하는 내러티브다. 이것은 전복적 내러티브를 시작하는 "나병환자에 대한 치유"1:41 이하와 연결되는 몇 가지 내러티브 중 첫 번째다.

식사는 한 여자의 사실상 대담한 접근에 의해 중단된다. 여자는 예수의 머리에 향유를 붓는다. 이 구조는 앞서 제시된 수많은 갈등 에피소드예를 들면, 2:1 이하의 중풍환자, 10:13 이하의 어린아이들에 나타나는 특징이다. 즉, 이런 에피소드들에서 예수의 관심은 주제에서 대적으로, 대적에서 다시 주제로 옮긴다. 이 "기름 부음"은 마가의 전복적 메시아 이데올로기를 재개한다.삼상 10장, 16장 참조

구약성경의 선지자는 유대 왕의 머리에 기름을 부었기 때문에, 예수의 머리에

> 기름을 부은 것은 예수에 대한 선지자의 인정을 보여주는 것으로 해석해야 한다.… 그러나 선지자의 표적 행위를 통해 예수에게 다가온 자는 여자다. 이것은 정치적으로 위험한 이야기다.피오렌자, 1985:xiv

따라서 이 이야기는 마가의 "페미니스트 담론"을 강화한다. 여자의 행위를 반대한 자가 누구인지는 알 수 없지만14:4 그들이 화를 낸 것아가낙툰테스과 그들에 대한 예수의 꾸짖음"가만 두라,"아페테, 14:6은 제자들이 예수로부터 어린아이를 물리치려 한 사실10:14을 떠올리게 한다. 따라서 여기서도 그곳 본문에서처럼 여자의 행위는 칭찬을 받는다. 이것은 "작은 자"여자가 "큰 자"선지자적 기름 부음의 자리를 차지할 것이라는 사실을 보여주는 또 하나의 정치적인 사례다.

이 에피소드의 "서브텍스트"는 경제다. 외견상 부유해 보이는이것은 "값진" 폴류텔레스 향유다, 딤전 2:9 이 여자는 '가난한 자의 필요'에 비추어볼 때 너무 낭비적이라는 책망을 듣는다. 여자의 편을 든 예수는 기존 내러티브의 계급적 성향과 반대되는 입장을 취하신 것처럼 보인다. "가난한 자들에게 주는 것"디도미 토이스 프토코이스은 예수께서 부자들에게 하신 명령이 아닌가10:21? 예수는 12:42에서 부자들의 위선적 행위에 대해 책망하지 않으셨는가? 아마도 예수는 여기서 자신을 가난한 자 가운데 하나로 생각하신 듯하다. 그는 죽음을 향해 가고 계신, 나병환자의 손님이다. 어쨌든 예수는 그러한 관심을 제기한 그들이 계속해서 가난한 자에 대한 책임이 있음을 확인한다.충분한 자선으로 의무를 다할 수 있다는 그들의 주장은 인정하지 않았지만 예수의 주장은 구조적인 문제와 개인적인 행위를 구분하신다.14:6-9 예수는 이 여자가 "행한 일"에르곤 에르가사토의 정당성에 대해 그것이 예수 자신에게 한 일이기 때문이라고 말씀하신다.14:6 이것은 2:19 이하를 상기시킨다. 손님들이 일시적으로 금식을 중단했던 것처럼 이곳에서는 신랑을 위해 좋은 선물을 준비해두었다는 것이다.

그러나 우리는 왜 이곳에서 "따른다"는 모티브가 없는데도 불구하고 여자의 행위를 전형적인 제자도 기사로 보아야 하는가? 그것은 이 메시아적 기름 부음이 승리적 통치의 시작을 위한 준비가 아니라 장례를 위한 것이기 때문이다.[14:8] 여자는 제자들과 달리 예수의 "장례를"[에이스 톤 엔타피아스몬] "미리 준비"[프로엘라벤]했다. 여자는 "힘을 다하여" 그렇게 함으로써, 십자가의 길과 하나가 되는 이데올로기적 결속을 보여준다. 이것이 그가 14:9에서 칭찬을 받은 이유이다. 여자는 "복음"을 깨달았기 때문에, 이제부터 복음은 그와 하나가 될 것이다. 여기서 나는 여자가 무명의 "영웅"으로 남아야 할 이유가 있다고 생각한다. 그는 여성의 전형이다. 마가복음에서 여자는 "섬김"[9장 D, 3]과 십자가를 "견디는" 능력[13장 C, 3]을 구현한다. 끝으로, 여자가 예수의 몸을 보살핀 것은 이어질 "메시아의 연회"에서 공동체의 새로운 상징적 중심이 될 '몸'을 예시하는 역할을 한다.[12장 3; 13장 F, 1]

2. 도망자 예수: 은밀한 당국, 공동체의 잠행

거룩한 절기에 대한 언급은 3:6에서 시작되고 예수의 세 차례 예고에서 암시되며 예루살렘 내러티브에서 반복된[11:18; 12:12] 음모 내러티브로 돌아왔음을 보여준다. 당국은 다시 한번 예수를 "잡아"[크라테산테스] 죽일 방도를 구했으나[에제툰], 이번에는 은밀한 방법을 쓰기로[엔 돌로 "흉계로"] 했다. 이유는 예측할 수 없는 무리 때문이며[11:32 및 12:12에서처럼], 무엇보다도 절기에 취약할 수밖에 없는 정치적 분위기로 인한 폭동의 가능성을 고려했다.

이 은밀한 전략은 공동체가 잠적한 경우에만 이해가 된다. 주석가들은 이런 함축을 억누르지만, 이어지는 내러티브들은 이러한 사실을 확인한다. 당국이 목적을 달성하기 위해 "내부의 도움"을 필요로 한 이유는 공동체의 움직임을 감시하기 위한 목적밖에는 없는 것으로 보인다. 아무튼 14:10에서 그들은 그런 협력자를 찾았다. 유다는 그들이 공동체가 눈치채지 못할 "적절한 때" 유카이로스 "기회" 에 대중의 방해를 받지 않고 예수를 체포할 수 있게 도울 것이다. 앞으로 살펴보겠지만, 한밤중의 겟세마네는 이러한 요소들을 충족시키는 상황으로, 예수께서 묵시적 순간에서 강조했던 "경계의 때"와 아이러니한 대조를 보인다.

유다의 배신은 그리 놀라운 일이 아니다. 우리는 앞서 3:19에서 그에 대한 경고를 받았기 때문이다. 그러나 마가는 그것을 설명하기 위해 누가나 요한처럼 "사탄의 영감"이론에 호소하지 않는다. 예수를 넘겨주는 거래는 금전상의 조건으로 진술된다. 우리는 이제 예수께서 향유 에피소드에서 경제성을 따지는 주장에 "냉담한 반응"을 보인 이유를 알 수 있다. 공동체의 사역에서 가장 개인적인 신뢰와 충성이 요구되는 시점에, 여자는 아무런 대가 없이 예수와 그의 길을 깨닫고 연합한 반면, 유다는 돈을 위해 예수를 "판다."이 모든 비극에서 계속해서 반복되는 언급은 유다가 "열둘 중의 하나"라는 사실이다. 14:10,20,43에서 세 차례 반복된다 배신 넘겨준다는 뜻으로 번역된 "파라디도미"는 일곱 차례 제시된다 은 공동체 내부에서 일어났다.

절기가 다가오면서 공동체는 예루살렘에서 유월절 음식을 준비하며, 전통에 따라 성전에서 양을 잡는다. 14:12 여기에는 몇 가지 놀라운 요소가 있다. 첫째로, 예수께서 성전을 공격하셨다면, 왜 중요한 제의에 동참하시는가? 대답은 그가 이 절기를 지키는 방법에서 찾을 수 있다. 둘째로, 두 제자에 대한 예수의 명령은 왜 성내로 들어감에 있어서 조심성을 요구하는가? 이것은 두 가지로 대답할 수 있다. 첫 번째 대답은 상호텍스트적이며, 나는 앞서 11:1-6의 두 제자에 대한 명령과의 평행에 대해 언급한 바 있다. 테일러, 1963:536 그곳 본문은 스가랴의 나귀에 대해 암시했으며, 이곳에서는 희미하게나마 사무엘이 사울에게 "사울에 대한 기름 부음이 여호와께서 그를 지도자로 삼았음을 입증한다"고 언급한 사실 삼상 10:1 이하 을 암시한다.

두 번째 대답은 마가가 당국의 은밀한 활동으로부터 공동체의 잠행으로 우리의 관심을 돌린다는 것이다. 즉, 익명의 연결망이 성내에서 공동체의 용이한 움직임을 위해 협력하고 있다는 것이다. 물 한 동이를 가지고 가는 남자 14:13는 혼잡한 성에서 그를 찾는 자들의 눈에 띄기 쉬운 "신호"이다. 물동이를 드는 것은 여자들의 일이다 그는 제자들을 미리 준비해둔 다락방이 있는 "안가"로 데려갈 것이다. 공동체는 그곳에서 원래의 유월절 방식을 따라 "도망하는 사람처럼" 출 12:11 "급히" 음식을 먹었다.[1)]

3. 메시아의 "연회": "흘리는 나의 피"

예수와 유다를 포함한 열두 제자는 어두워진 후에 집으로 온다. 14:17 우리는 그곳에서 음식 자체에 대한 서술을 기대하지만 유월절 음식 "준비"는 세 차례나 언급된다 대화에 대한 묘사만 나타난다. 소위 최후의 만찬 내러티브는 "그들이 먹을 때에" 카이 에스디온톤, 14:18, 22라는 구절로 시작하는 두 개의 단락으로 나뉜다. 대조적인 두 개의 삽화는 각각 예수와 제자들 간의 결속이 부족함과, 결속을 재확인하는 장면을 보여준다.

첫 번째 단락에서 "은밀함"과 "잠행"이라는 부수적 줄거리는 이러한 침투에 대해 알고 계신다는 예수의 말씀 속에 통합된다. 예수의 선언 14:18은 시편 41:9의 애가를 인용함으로써 배신의 상처가 얼마나 깊은지 강조한다.

> 내가 신뢰하여 내 떡을 나눠 먹던 나의 가까운 친구도
> 나를 대적하여 그의 발꿈치를 들었나이다

공동 식사가 가장 친밀한 교제의 형태를 보여준다면 "나와 함께 그릇에 손을 넣는 자" 14:20라는 완곡어법에 의해 강조된다, 첩보원 노릇을 한 것은 가장 큰 배신이 될 것이다.

공동체가 결속에 실패한 것은 예수의 질문에 대한 제자들의 대답에 잘 나

타난다. 그들은 먼저 근심하였으며 루페이스타이, 부자가 예수에게서 돌아설 때의 모습이다! 10:22, 이어서 자신과의 관계를 부인한다. 14:19 인자의 운명에 대한 예수의 결론적인 이중적 선언 14:21은 체념이나 운명론에 대한 진술이 아니라 선택의 결과일 뿐이다. 예수에게 있어서, 성경의 급진주의에 대한 헌신 "기록된 대로"의 대가는 그를 향한 공식적인 음모이다. 유다에게 있어서, 예수를 넘기는 수지맞는 계약의 대가는 참으로 놀랍다. 그것은 "차라리 나지 아니하였더라면 자기에게 좋을 뻔" 했다는 것이다. 14:21b 이것은 앞서 예수의 경고를 반복한다. "사람이 만일 온 천하를 얻고도 자기 목숨을 잃으면 무엇이 유익하리요 사람이 무엇을 주고 자기 목숨과 바꾸겠느냐." 8:33 이하

식사 에피소드는 "성찬" 전승인 두 번째 단락에서 철저한 배신으로부터 철저한 교제로 전환된다. 이 전승에 대한 예레미아스의 고전적 연구는 14:22-25의 보다 정형화된 어조에 대해 설명한다.

> 마가의 평범한 내러티브 형식이 분사와 정형 동사로 가득한 엄숙하고 양식화된 언어로 바뀌고, 마가가 다른 본문에서 거의 사용하지 않는 단어와 구조가 갑자기 등장한다. 이 모든 것에 대해서는, 최후의 만찬의 어떤 언급도 이 시점에서는 정형화된 제의적 문구로 돌아갈 수밖에 없었다는 사실로 간단히 설명할 수 있다. 이 문구의 어법은 오랫동안 정형화되었으며, 제의적 용례를 통해 확실하게 자리 잡았다. 1966:97

이 문구가 얼마나 제도화되었든, 마가는 이것을 자신의 내러티브 상징 속으로 완전하게 접목한다.

예수의 행동과 말씀은 중요하다. 이곳의 이중적 축복은 형식에 있어서 평행을 이룬다.

떡을 가지사/ 축복하시고/ 떼어 제자들에게 주시며/ 이르시되…

잔을 가지사/ 감사 기도 하시고/ 그들에게 주시니/ 이를 마시매/ 이르시되

이러한 축복과 나눔의 행위는 그 자체로 특별한 것은 아니며, 식사 시간의 식탁 교제를 상징한다.

> 매일의 식사 시간에 가장은 이 떡을 위해 축복하며…떡을 떼어 각자에게 한 조각씩 나누어준다. 이러한 행위의 의미는 "이것을 먹음으로 복을 받는 자가 되었다"는 뜻이다. 공동의 "아멘"과 공동 식사는 공동체 전체를 식탁 교제로 묶는다. "축복의 잔"도 마찬가지다. 회중에게 잔을 돌릴 때, 그것은 은혜를 머금은 포도주잔이 되며, 이 잔을 마심으로써 축복에 동참하게 된다. 예레미아스, 1966:232

마가의 내러티브 세계에서 이처럼 떡을 떼고 복에 동참하는 것은 매우 "회고적"이며, 광야에서 무리를 먹이신 사건6:41; 8:6을 상기시킨다. 그러나 이곳에는 현저한 차이가 있다. 제자들은 전과 달리 이 떡을 무리에게 "나누어주라"는 명령을 받지 않는다. 이것은 그들을 위한 떡이다.

잔도 그들을 위한 것이다. 우리는 예수께서 자신의 잔을 제자들에게 약속하신 사실을 기억한다.10:39 예수는 그것을 세례로 규정하신다.요한이 약속한 "세례,"1:8 마가는 이 "잔"이 권력자들의 손에 의한 고난을 증거한다는 사실을 분명히 보여줄 것이다.14:36 이 "한 잔"은 공동체의 새로운 상징적 삶의 중심이 될 것이다. 세례와 성찬은 예수께서 구현하신 십자가의 길과 하나가 되어 동참한다는 점에서 같은 의미다. 마가는 모든 제자가 "다" 이 잔을 마셨다고 말한다.14:23 이야기의 흐름에서는 제자들 가운데 누구도 예수의 고난에 동참하지 않았다는 사실은 아이러니가 아닐 수 없다. 그러나 앞서 살펴보았듯이, 이 이야기는 그들이 각자의 역사적 실천을 통해 이 잔에 동참할 것이라고 약속

한다.[13:9-13]

이 음식의 특별한 의미는 그것에 대한 예수의 해석에서 나온다. 유대 독자는 예수께서 축복하신 후에 일종의 전통적인 유월절 설교가 이어질 것으로 기대했을 것이다.

> 이 설교의 핵심은 출애굽 사건이라는 관점에서 그들이 먹었던 음식에 대한 해석이다. 일반적으로 누룩 없는 떡은 그들이 겪은 고난을 상징하며, 쓴 나물은 노예 생활을 상징하며, 진흙과 유사한 과일즙은 강제노동을 상기시키며, 유월절 어린 양은 하나님이 자비를 베풀어 이스라엘을 "넘어가심"을 가리킨다. 동시에 이들 요소에 대한 다른 해석, 무엇보다도 종말론적 해석도 존재한다.[예레미아스, 84 이하; 206 이하 참조]

그러나 예수께서 가르치신 교훈은 전혀 다르다. 그는 대담하게도 이 상징을 자신과 자신의 소명에 비추어 해석하신다. "길에서" 굶주린 대중을 먹였던 떡은[8:2 이하] 이제 예수의 몸이 되었다. 이 몸은 조금 전 장례를 위한 준비를 마쳤다. 잔은 예수께서 흘리실 피로 비준될 새 "언약"[디아데케, 마가복음에는 이곳에만 사용된다]을 상징한다.[14:24]

상호텍스트적으로, 이것은 이사야 53:12 및 출애굽기 24:8[슥 9:11 참조]의 "언약의 피"를 암시한다. 우리는 이 이야기를 통해 인자의 "대속물"을 생각한다.[10:45] 두 본문 모두 마가가 예수를 "종말론적 어린 양"으로 서술하고 있다는 결론을 내리지 않을 수 없게 한다.

> 예수는 고난받는 종으로서, 그의 죽음은 많은 사람의 죄를 위한 대속적 죽음이다. 그것은 최종적 구원의 시작이자 하나님과의 새로운 언약을 시행하게 한다.[예레미아스, 1966:231 이하]

벨로는 이 새로운 메타포를 통해 이곳의 정치적 내러티브가 "유월절의 신학적 담론"으로 왜곡된 것에 대해 불평한다.1981:210 그는 이것이 유대인의 상징적 영역에 대한 마가의 최종적 공격이라는 사실을 잊고 있다.

우리는 갑자기 예수께서 성전 중심의 유월절을 따르고 있지 않다는 사실을 깨닫는다.마가는 그들이 양을 먹었다는 언급을 하지 않는다는 사실에 주목하라 예수는 자신의 새로운 신화를 진술하기 위해 유월절의 상징적 담론제의적 음식을 이용하신다. 그것은 백성을 위해 자신의 생명을 내어주신 인자의 신화이다. 뿐만 아니라 예수는 정결 제도에 대한 또 한 차례의 공격을 가하신다.

> 그의 피는 "많은 사람을 위하여 흘리는" 속죄의 피다.14:24 마지막 아이러니는 가장 부정한 죽음이 예수의 제자들의 정결의 원천이 된다는 것이다.Neyrey, 1986:115

우리는 이야기의 끝부분에 나오는 예수의 시신에 대한 기사에서 이러한 상징적 영역의 반전에 대해 살펴볼 것이다.13장 C, D

이러한 전복적 목적은 14:25의 "진실로"라는 구절을 통해 확인된다. 예수는 절기를 금식으로 바꾸신다. 그는 "포도나무에서 난 것"포도주를 가리키는 유대인의 완곡어법이다을 하나님 나라에서 "새 것"카이논으로 마시는 날까지헤오스 테스 헤메라스 에케이네스 다시 마시지 않을 것이라고 선언하신다. 이것은 앞서 생베/새 포도주에 대한 말씀을 떠올리게 한다.2:21 이하 이제 신랑이 떠나면서 시작될 "금식의 날"이 다가온 것으로 보이며, 신랑 자신이 금식을 선포하신다. 예레미아스는 예수의 서원에 대해, 이 서원은 자신과 견해가 다른 유대인의 전승을 따른 것으로, 잘못한 사람들을 위한 절제와 중보기도로 이루어진다고 주장한다.그는 이 기도를 겟세마네에서 발견한다 그는 초기 교회가 유대인을 위해 기도하기 위해 유월절에 금식했다는 사실을 증거로 제시한다. 따라서 초기의 교리문답인 디다케는 "너희를 박해하는 자를 위하여 금식하라"고 진술한다.예레미아스, 1966:218 이 가설이 옳든 그르든, 이것은 예수의 서원의 저항적 성격을 보여준다. 출애굽의 해방을 상기시키는 유대인의 금식의 날에 즈음하여, 예수는 절제를 요구하신다. 해방을 위한 싸움은 과거의 기억이 아니라 우리의 영원한 미래적 과업이다.

그리스도인 독자는 이러한 마가복음의 "성찬"이 "기념"에 대한 서술이 아니라는 사실을 인식하는 것이 중요하다. 그것은 회고적이 아니라 미래지향적이다. 예수는 식탁 교제의 상징적 행위를 통해 제자/독자에게 자신의 임박한 체포, 고문, 처형에 동참하도록 초청하신다. 이 에피소드에서 마가는 그의 새로운 상징적 중심을 진술하며 지배적 질서의 상징적 권위의 최후 보루인 유월절을 전복하신다. 예수는 성전 제의 대신 자신의 "몸"을 바친다. 그는 삶과 죽음을 통해 메시아의 삶을 실천하신 것이다. 예수의 처형 내러티브를 형성하는 것은 이러한 "성소/몸"의 대립이다.

12C. "때가 왔도다": 제자도 내러티브의 붕괴14:26-52

배신 내러티브는 일련의 급격한 변절을 통해 마침내 절정에 이르렀다. 예수는 전통적 유대인의 상징적 행위를 당국의 손에 의한 임박한 죽음기름 부음과 식사이라는 관점에서 두 차례나 재해석하신다. 예수는 공동체 가운데 하나가 자신을 배신할 것이라고 예언하셨다.14:18 이제 모든 공동체가 완강한 부인에도 불구하고 자신을 버릴 것이라는 예수의 예언을 통해, "하나"는 "다"가 된다.14:27-31 예수께서 자기 회의로 고뇌에 빠지신 동안 제자들은 역시나 잠을 잔다.14:32-41 그들은 무장한 자들이 예수를 잡으러 오자 도망한다.14:43-49 결국 모든 제자가 달아나는 시점에 이르자 마가는 새로운 전조 및 이야기의 미래를 약속하는 부수적 줄거리를 삽입함으로써 독자에게 희망을 품게 한다.

이 희망은 부수적 줄거리의 시작예수의 갈릴리에 대한 약속, 14:28과 끝한 "청년"에 대한 교훈적 에피소드에 제시된다.

1. 예수의 마지막 예고: 흩으짐과 다시 모임

마가는 독자에게 이 이야기가 비극이 아님을 보여주기 위해 이러한 사건들이 성경적 급진주의의 "대본성경"에 따른 것이라는 사실을 후렴을 통해 제시한다. "성경의 성취"라는 주제는 이곳에서만 세 차례 이상 진술되며, 모두 예수께서 제자들의 배신을 인식하는 지점-유다의 배신14:21, 제자들의 배신14:27, 예수께서 잡히실 때 모두 달아난 장면14:49-에서 제시된다. 이 담론은 인간의 실패에도 불구하고 메시아의 사명은 영향을 받지 않는다는 사실을 확인한다.아래 후기에 제시한 나의 설명 참조

찬미로 식사를 마친 후, 예수는 13:3에서처럼 성을 떠나 감람산으로 가신다.14:26 이곳에는 예수께서 처음 예루살렘에 들어가실 때 시작된11:1; 위, 10장 B, 1, 승리주의자의 메시아 사상에 대한 마가의 마지막 공격이 나타난다. 감람산은 스가랴 14장에 함축된 것과 같은 군사적 승리의 현장이 되기는커녕, 예수께서 성전의 몰락과 함께13:3 자신의 공동체의 몰락을 예언하시는 장소가 된다. 예수는 "너희가 다 나를 버리리라"14:27a고 말씀하신다. 이것은 예수의 마지막 예고로, 여기서는 당국이 아니라 제자들에게 초점을 맞추신다. 해석을 위한 본문처럼, 마가는 스가랴 13:7의 명령을 하나의 예언으로 바꾼다. "내가 목자를 치리니 양들이 흩어지리라"14:27b 마가는 여기서 6:34에서 암시한 목자 비유에 대한 미드라쉬해석를 제시한다.6장 E, 2 참조 그러나 여기서는 이 비유의 다른 면에 호소한다. 이스라엘의 부패한 지도자들에게 실망한 선지자는 스스로 "잡혀 죽을 양 떼의 목자"가 되기로 한다.슥 11:7 이어서 마가는 상징적 행위를 통해, 언약을 위반한 이스라엘을 극적으로 그려낸다.11:10 이하 **2)** 마가는 이러한 전승에 비추어 예수를 이해한다. 언약은 사실상 파기되었으나 예

수의 피를 통해 새롭게 될 것이다. 따라서 "제물이 된 양"은 "맞은 목자"목자를 치리니가 된다.

에스겔의 목자 비유 역시 흩어짐에 대해 말하지만, 다시 모을 것에 대해서도 약속한다.겔 34:11-16,23 이하 마가도 마찬가지다. 예수는 부활하신 후 제자들이 모이기에 앞서 먼저 시작하실 것이다.14:28 이야기 끝의 첫 번째 희망적 징후는 마가복음 후반부에서 가장 중요한 내러티브 표지가 분명하며, 마가가 독자에게 던지는 일종의 "문학적 생명선"이다. 이 약속은 나중에 무덤에 있는 "청년"에 의해 확인되며, 독자에게 제자도 여정이 시작된 갈릴리라는 장소를 상기시킨다. 그곳에서 재구성된 공동체는 새로운 화평의 언약을 맺을 것이다.겔 34:25 다시 말하면, 제자들의 실패는 제자도 이야기의 끝을 의미하지 않는다. 우리가 예상하는 대로, 예수의 예고는 곧바로 베드로의 반박을 받는다.14:29 수제자가 자신은 예외가 될 것이라고 장담하자, 예수는 그가 세 차례나 배신할 것이라고 말씀하신다.14:30 베드로의 강력한 항의14:31는 예수의 제자도 부르심의 의미를 완벽히 보여준다.8:34 예수 편에 선다는 것은 사실상 자신을 부인하고 예수의 죽음에 동참한다는 것이다.데안 데이 메 수나포다네인 소이 그러나 이 이야기에서 그의 실제 행위는 정 반대의 모습을 보인다.14:66-72 "모든 제자도 이와 같이 말하니라." 그러나 그들 역시 베드로처럼 실패한다. 마가의 담론은 베드로나 유다뿐만 아니라 모든 제자가 예수의 길에 대한 공동체의 헌신에 실패했음을 보여준다.

2. 겟세마네: 제자들이 잠들다

그러나 제자들은 최악의 모습을 보인다. 겟세마네라는 "곳"코리온"동산" 으로의 장면 전환은 새로운 에피소드를 도입한다. 예수는 여러 번 기도하러 가시지만, 마가는 세 번째 기도하시는 장면에 대해서만 서술한다. 이 삽화들은 예수의 사역의 시작1:35과 중간6:46, 그리고 끝부분과 대체로 일치하며, 항상 늦은 시간에 한적한 곳으로 가신다. 앞서 두 에피소드가 예수께서 피곤해서 물러나신 상태라면, 이곳의 에피소드는 심한 내면적 혼란을 보여준다. 14:33의 언어는 매우 강력하다. "심히 놀라시며 에크담베이스다이 슬퍼하사. 아데모네인" 테일러는 이것을 "마가복음의 가장 중요한 진술 가운데 하나"라고 부른다. 이 구절의 의미를 해석하기 위한 다양한 시도에 대해 그가 연구한 내용은 음미해볼 필요가 있다.

> 로흐메이 Lohmeyer: "이곳의 헬라어 단어는 극도의 공포와 고통에 대한 서술이다."
> 롤린슨 Raulinson: "몸서리치는 두려움을 연상시킨다."
> 스웨테 Swete: "그의 첫 번째 감정은 두려움이며… 큰 충격과 고통이 이어진다."
> 모팟 Moffat: "오싹함과… 불안으로 가득하다."
> 라이트푸트 Rightfoot: "이 구절은 혼돈과 불안, 산만한 상태를 서술하며, 슬픔, 수치심, 실망 등 정신적 혼란이나 신체적 고통에 의해 초래된다."

예수는 사색적 초연의 상태가 아닌 진정한 인간적 공포에 직면해 있다. 순교에는 낭만이 없으며, 순교자만 있을 뿐이다.

예수는 시편기자의 절망적 애가 시 42:6 를 인용하시며, 제자들에게 자신이 심히 고민하여 죽게 되었다고 토로하신다. NEB는 "나의 마음이 슬픔으로 찢어질 것 같다"고 번역한다. 이런 상황에서 예수께서 핵심 그룹 베드로, 야고보, 요한; cf. 5:37; 9:2 에 대해 다시 한번 결속을 요구하신 것은 놀랍다. 제자들에게 여기 머물러 "깨어 있으라"고 명령하신 예수는 14:34 "아버지" "아빠"는 마가복음에서 유일하게 나타나는 표현이다 께 나아가 땀 흘려 기도하신다. 그의 간구는 두 개의 중요한 상징적 요소를 연결하기 위해 두 가지 형식의 "파레르코마이" 지나가다, 옮기다 를 사용하여 반복적으로 진술한다.

14:35 "될 수 있는 대로 이 때가 자기에게서 지나가기를 구하여"

14:36 "모든 것이 가능하오니 이 잔을 내게서 옮기시옵소서"

우리는 이제 두 번째 설교에서 언급한 "때"호라가 이야기 시간에서 가까이 이르렀으며, 십자가로 밝혀질 것이라는 사실을 이해한다. "깨어 있음"그레고레이테과 "잠"카데우데이스; 13:35-37이 싸우는 신화적 순간이 바야흐로 상연되려고 한다. 과연 제자들은 권력의 핵심과 맞서기 위한 여정에서 힘을 얻기 위해 어둠의 중심에서 기도하시는 예수와 함께 할 수 있을 것인가?

그들은 실패한다. 마가는 이 사실을 세 차례나 강조한다. 그는 내러티브의 이 미묘한 시점에서조차 세 "지도자"에 대한 비판을 멈추지 않는다. 예수께서 돌아오사 제자들이 자는 것을 보신 첫 번째 장면에서, 예수의 반응은 연민과 상징으로 가득하다.

> 시몬아 자느냐 네가 한 시간도 깨어 있을 수 없더냐 시험에 들지 않게 깨어 있어 기도하라 마음에는 원이로되 육신이 약하도다914:37 이하

여기서 예수는 제자도를 위임하신 장면3:16 이전의 베드로의 이름을 부르신다. 이것은 조금 전 용기와 각오를 자랑하던 자14:31에 대한 냉정한 풍자이다. 베드로에게는 시험페이라스몬 -즉, 길을 파괴하거나 손상하려는 세력cf. 1:13; 8:11; 10:2; 12:15-과 싸우는 이 묵시적 전쟁에 동참할 힘이 없다. 또한 귀신을 쫓아내신 마지막 장면에서처럼9:29, 예수는 기도를 촉구하신다. 이곳에 나타난 예수와 베드로의 차이는 베드로의 마음이 원하지 않는다거나 예수의 육신이 약하지 않다는 것이 아니라, 예수도 죽음의 공포를 느끼신다 예수께서 기도를 통해 "내면의 귀신"과 싸우고 계신다는 것이다.

두 번째 오셨을 때14:40, 제자들은 잠들어 있었다. "그들의 눈이 심히 피곤

함이라." 그들의 눈은 아직도 보지 못하고 있다! 8:18 마가는 "그들이 예수께 무엇으로 대답할 줄을 알지 못하더라"라는 구절을 덧붙인다. 앞서 변화산에서 그들이 보인 혼란한 모습에도 이와 동일한 표현이 사용된다.9:6 이 이야기는 예수께서 세 번째 돌아오신 후, 분노의 음성14:41 이하; 이 구절은 번역하기 어렵다과 함께 절정에 달한다. 테일러는 이 구절의 회의적 분위기에 대해 다음과 같이 밝힌다.

> 아직도 자고 있느냐? 아직도 쉬고 있느냐? 아직도 끝이 멀었다고 생각하느냐? 때가 되었다. 보라 인자가 죄인의 손에 팔리느니라 일어나라 함께 가자 보라 나를 파는 자가 가까이 왔느니라1963:557

제자도 내러티브는 무너지기 직전에 와 있다. 그러나 예수는 그의 사역이 시작된 후부터 흐르고 있는 배경 음악으로 향하신다.

3. 체포: 제자들이 흩어짐

식사 후에 기습을 위한 계략을 꾸미기 위해 빠져나간 것으로 보이는 유다가 갑자기 찾아왔다.14:43 이어지는 장면은 반역자에 대한 당국의 전형적 대응 방식을 보여주는 과잉진압의 냄새를 풍긴다. 은밀한 군호, 밤중의 기습 공격, 중무장한 무리는 모두 당국이 군사적 저항을 예상하였음을 보여준다. 무리에 대한 명령은 혐의자를 잡아 가장 안전한 방식으로아스팔로스 "단단히" 끌어가라는 것이었다.14:44 이것은 확실히 그들이 두려워하는 대중의 원성을 염두에 둔 것으로 보인다. 더욱 신랄한 마가의 아이러니는 예수를 식별하는 방법을 친밀한 포옹으로 제시한 것이다.14:45 작전은 계획에 따라 전개되고, 무장한 무리는 예수께 "손을 대어" 잡는다. 예수의 손은 이야기 전체에서 치유 사역과 귀신을 쫓아내신 일밖에 한 것이 없다.

그러나 "곁에 서 있는" 자 중의 하나가 충돌을 일으켜 대제사장의 종에게 상처를 입힌다.[14:46 이하] 흥미롭게도, 마가는 이 자발적 폭력에 대해 비난하지 않는다.[마 26:52 이하 및 눅 22:51과 달리] 그를 반드시 제자로 볼 필요는 없다. 테일러는 "헤이스 데 티스"라는 구절이 "어떤 자[우리가 알고 있는]"를 의미한다는 주장에 대해 의심한다.[1963:559] 어쨌든, 마가는 이 사건을 예수께서 체포 작전의 비열함을 지적하시는 계기로 삼는다. 예수께서 비난하신 것은 기습작전 자체에 대한 것으로, 모든 폭력적 행위의 책임은 공격하는 자들에게 있다고 주장한다. 그는 그들의 무기에 주목하면서 냉담하게 말씀하신다.

> 너희가 강도를 잡는 것 같이 검과 몽치를 가지고 나를 잡으러 나왔느냐
> 내가 날마다 너희와 함께 성전에 있으면서 가르쳤으되 너희가 나를 잡지 아니하였도다. 그러나 이는 성경을 이루려 함이니라[14:48 이하]

예수는 당국의 무장 행위는 테러리스트를 제압하기 위한 것이라고 정당화하려는 시도를 책망하신다.

우리는 여기서 강도[호스 에피 레스텐]라는 단어를 처음 만난다. 우리는 요세푸스를 통해 이 단어가 사회적 도적을 가리키는 말로 사용되었음을 알고 있다.[2장 C, 2] 잠시 후 사회적 도적과 함께 십자가에 못 박히시는 장면["강도 둘을 예수와 함께," 15:27; 아래 13장 A, 2]에서도 나타나듯이, 예수를 시골의 저항을 대표하는 자로 여겼다는 것은 중요하다. 예수는 무장한 저항을 거부하지만, 그것을 이해하신다. 예수의 책망은 자신의 도발을 "예방" 차원이라고 속이는 당국의 폭력에 대한 것이다. 마가는 이곳에서만 "체포하다"라는 뜻의 일반적 용어인 "크라테오"[여덟 차례 제시된다]를 "술람바노"로 바꾼다. 이것은 예레미야에 대한 체포를 암시하는 것으로 보인다.[렘 36:26; 37:13 70인역 = 43:26; 44:13] 예수는 이어서 그들의 음모는 정치적 무능함을 드러낼 뿐이라며 당국을 비난한다. 그들은 공개적으로 할 수 없는 일을 은밀히 하고 있다는 것이다.[14:49] **3)**

끝으로 예수는 대적의 면전에서 보다 고상하고 깊은 권위인 "성경"을 제시하신다. 마가는 모든 성경의 급진주의를 염두에 두고 있는 것처럼 특정 본문을 인용하지 않으신다. 이 성경은 이제 "성취되었다."플레로도신; 이곳과 1:15에만 나타난다 예수의 사역의 시작이 "때"카이로스가 찼음을 가리킨 것처럼1:15, 체포도 "때"가 되었음을 가리킨다.14:41 지도자들은 이 성경을 이해할 수 없었으며cf. 12:10,24, 제자들은 따르지 않았다. 후자가 예수께서 성경에 헌신을 버리지 않을 것이라는 사실을 알았을 때, 그들은 살기 위해 달아났다.14:50 양들은 흩어졌으며, 제자도 내러티브는 붕괴되었다.

4. "청년": 다시 모일 것을 암시함

우리는 여기서 종말에 대한 두 번째 예고를 만난다. 그러나 이 예고는 우리가 그곳에 이를 때까지 분명히 드러나지 않을 것이다. 이것은 약속/예언의 형식을 취하지 않고 한 "청년"이 "옷"을 벗고 달아나는14:51 이하 흥미로운 상징적 형식을 취한다. 일부 주석가는 이 장면에 대해, 저자가 그의 사역을 상징적으로 보여주는 단절된 에피소드라고 주장한 반면, 다른 사람들은 이 장면이 실제로 목격한 생생한 묘사라고 주장한다. 이러한 임의적 주장은 복음서의 문학적 통일성을 무시한 것이다. 마가가 이야기의 흐름이 극적인 절망으로 흐르는 이곳에 이 카메오 장면을 삽입한 데에는 목적이 있었다. 이 목적을 살리는 것은 내러티브의 분석에 달려 있다. 이 부수적 줄거리의 모호함은 우리에게 이 상황이 해결될 수 있다는 기대감을 안겨주며, 제자들이 예수를 버린 것으로 모든 것이 끝나는 해석이 되지 않게 한다.

이 짧은 에피소드는 "청년"네아니스코스과 "세마포"신돈라는 두 개의 새로운 용어를 도입한다. 두 단어는 두 번째 에필로그에서만 다시 등장한다. 공회원 요셉은 예수의 시신을 세마포로 감쌌다.15:46 네아니스코스청년는 예수의 무덤에 나타난다. 우리는 이야기의 종말이 이 복잡한 상징을 완전히 진술할 때까지 기다려야 하지만13장 D, 이 정도는 암시할 수 있다. 당국이 예수와 함께 그를 잡으려 하자 달아난에푸겐 청년은 지금 막 모두 도망한14:50 제자 공동체 전체를 상징한다. 그는 벗은 몸으로굼노스 도망했다. 이것은 수치를 가리키며, 그가 벗은 옷은 예수의 "장례를 위한 세마포"가 되었다.

이 이야기의 끝부분은 청년을 다시 등장시킨다. 그는 그곳에서 흰옷을 갖춰 입고 "우편에 앉은" 모습으로 등장한다. 흰옷은 죽음으로 세상을 이긴 순교를 상징한다.cf. 9:3 청년이 첫 번째 등장과 두 번째 등장 사이에 옷을 "갈아입은" 것은 앞서 변화산에서 예수의 옷이 희어진 것처럼 암시적 약속과 변화를 나타낸다. 제자 공동체는 비록 배신을 했으나 회복할 수 있다는 것이다. 첫 번째 "청년"은 "목숨을 건졌으나 사실상 그것을 잃었음"을 상징하며 두 번째 "청년"은 "목숨을 잃었으나 그것을 구원했음"을 보여준다. 그러나 이야기의 결말을 알지 못하는 이 단계에서, 청년에 대한 에피소드는 신비를 나타낸다. 이 시점에서 우리가 아는 전부는 모든 것이 악화될 것이라는 사실이다. 지금까지의 역사에서 반복적으로 드러났듯이, 제자 공동체는 무장한 무리 앞에 무너졌으며 새로운 질서에 대한 꿈은 권력의 엄연한 현실 앞에 산산이 조각났다. 이제 혼자 되신 예수는 어떤 정의도 기대할 수 없는 엉터리 법정에 홀로 서셨다. 그곳에서 예수와 권력의 마지막 대결이 이루어질 것이다.

12D. 예수에 대한 두 차례의 재판: 역사와 패러디

1. 평행적 재판: 마가의 변증?

예수의 체포와 처형에 대한 내러티브가 비교적 믿을 수 있는 중요한 역사적 전승에 기초하지 않았다는 주장에 반박할 준비가 된 학자는 별로 없다. 어쨌거나 저자가 이 전승을 자신의 문학적/이데올로기적 목적에 따라 임의로 구성했다는 것은 분명한 사실이다. 그러나 그의 목적이 무엇인지에 대해서는 논쟁 중이다. 우리는 사회-문학적 해석을 계속해서 진행하기 전에 가장 영향력 있는 주장에 대해 살펴볼 필요가 있다. 그것은 마가가 예수를 정죄함에 있어서 로마의 책임은 가능한 축소하고 유대 당국의 역할은 극대화하려 했다는 주장이다.

이 관점은 브랜든S .Brandon에 의해 가장 강력히 제시되었다.1967:221 이하 그는 마가복음 전체가 로마인에 대한 변증이라고 말한다. 이 주장에 따르면 마가는 빌라도가 예수를 살리려 했으나 유대 지도층의 압력으로 어쩔 수 없이 사형을 선고한 것으로 서술한다. 브랜든은 마가복음이 로마의 교회를 위하여 기록되었으며, 로마 교회는 예수가 반역자로 로마인의 손에 죽었다는 개념을 원하지 않았을 것이라고 생각한다. 브랜든은 역사적 예수는 그런 반역자였으나, 마가가 그 사실을 덮었다고 주장한다. 다른 학자들은 그의 변증의 논지는 받아들이면서도, 예수는 사실상 전복적 행위와 무관하므로 마가는 아무것도 덮으려 하지 않았다고 주장한다.

만일 마가의 의도가 내키지 않는 총독이 잘못 정죄한 "정치와 무관한" 예수를 서술하는 것이라면, 나의 모든 해석은 무너질 것이다. 그러나 이 주장은 많은 사람이 받아들임에도 불구하고, 전혀 문학적 분석이나 역사적 개연성에 근거하지 않은 일반적 가설일 뿐이다. "유대인에게 책임을 돌리려는" 이데올로기 전략은 텍스트에 기초한 것이 아니라, 전통적으로 서구 교회 안에서 발견된다. 그들은 역사적으로 반유대주의를 정당화했을 뿐만 아니라, 제국의 권위를 옹호함으로써 오늘날의 제국주의 형성에 기여했다.

이제 이 단원 전체의 중심부에 위치한, 두 차례의 재판에 대한 고찰로 시작할 것이다. 두 재판이 마가의 내러티브 구조라는 사실은 공회 앞에서의 심문과 빌라도 앞에서의 심문의 평행을 통해 입증된다.

14:60-62	**15:4 이하, 2**
대제사장이	빌라도가
예수에게 물어 이르되	또 물어 이르되
“너는 아무 대답도 없느냐	“아무 대답도 없느냐? 그들이
너를 치는 증거가 어떠하냐 하되”	얼마나 많은 것으로 너를 고발하는가?”
침묵하고	아무 말씀으로도
아무 대답도 아니하시거늘	대답하지 아니하시니
대제사장이	빌라도가
다시 물어 이르되	묻되
“네가 찬송 받을 이의	“네가 유대인의 왕이냐”
아들 그리스도냐”	
예수께서 이르시되	예수께서 대답하여 이르시되
내가 그니라	네 말이 옳도다

두 번째 재판이 질문/대답의 순서를 바꾼 것을 제외하면, 두 본문은 거의 일치한다. 두 차례의 심문 뒤에는 일종의 “협의”가 따른다. 첫 번째 심문 뒤에는 대제사장과 공회의, 두 번째 심문 뒤에는 빌라도와 “무리”의 대화가 이어진다. 각 재판은 선고에 이어진 조롱과 고문의 장면으로 끝난다. 이러한 평행적 담론은 예수에 대한 정치적 누명의 책임이 어느 한 편에 있는 것이 아니라 식민지 통치 기구의 두 당사자에게 공동 책임이 있음을 강력히 암시한다. 브랜든을 비롯한 학자들은 패러디와 아이러니의 중요한 기능을 놓쳤기 때문에 마가의 내러티브 전략을 오해했다. 마가의 풍자는 정치적 풍자만화와 유사하다.

유대의 최고 법정은 정당한 절차를 내팽개치고 불법적 심문을 자행했다. 그들은 자신이 의심했던 군중에 대해 광기 어린 공작은 물론, 위증자를 고용하여 거짓 증언을 사주하는 파렴치한 행위를 서슴지 않았다. 또 다른 아이러니도 있다. 예수께서 성소를 대적했다는 혐의는 사실이며, 그의 메시아성에 대한 고소도 마찬가지다. 결국 예수는 인자의 전복적 고백을 통해 자신을 정죄한 것이다. 마찬가지로 두 번째 심문에서 이것을 유대의 왕권 문제로 제대로 밝힌 자는 로마 총독이다. 이곳의 패러디는 그가 판결과 선고를 위해 유대의 무리와 "협의"했다는 것이다. 그러나 빌라도의 질문은 "유대인의 왕"이라는 구절과 마찬가지로 경멸적이고 조소적이다. 변덕스러운 대중도 풍자적이다. 예수의 말을 "즐겁게 듣던"12:37 그들은 며칠 사이에 그를 죽이라고 소리친다. 이러한 문학적 과장은 유대 지도층뿐만 아니라 식민지 통치의 모든 정치-사법적 절차를 비난한다. 독자는 이러한 사실에 놀라서는 안 된다. 예수는 자신을 정죄한 제도를 이데올로기적으로 이미 버리셨다. 그러나 이 정치적 풍자에서 신랄한 현실주의는 정반대로 인식한다. 예수께서 자신을 무너뜨리려 했다고 생각한 권력자들은 그에게 누명을 씌워 정죄하려 했으며, 정치적 재판에서 정의는 유죄 판결을 위한 요식행위로 전락하고 말았다.

그러나 정치 풍자는 그것이 과장하는 만큼 유사성도 인식할 수 있어야 효력을 발생한다. 이것은 변증 이론에 대한 또 하나의 반론을 제기한다. 즉, 이 풍자는 확실히 마가가 사람들이 믿지 못할 것이라고 생각하는 방법으로 모든 절차를 서술했다는 사실을 가정한다는 것이다. 다시 말하면, 그는 이 시점에서 실제적 내러티브로부터 철저히 떠난다. 제국의 영역에 사는 누구도 지역 사법부가 약하고 우유부단한 로마의 총독에게 법적, 정치적 행동 방침을 지시했다면 믿지 않을 것이다. 총독이 마음대로 대제사장을 세우고 폐하는 팔레스타인의 권력관계에 대한 실상을 아는 자들에게 이것은 공상에 불과하다. 무엇보다도 완고함과 분노와 폭력으로 악명높은그리고 입증된 빌라도의 경우라면 더욱 그랬을 것이다.

브랜든은 "마가복음의 저자가 설명하고 싶어 했던 방식은… 예수께서 어떻게 유대 혁명가로서 십자가형을 당했느냐는 것이다.… 이것은 역사적 근거도 빈약하고 내재적 가능성도 없기 때문에 믿을 수 없다."1967:262라는 결론을 내려야 했는데, 이것은 자신의 이론을 뒤집는 진술이다.

마가복음의 신뢰성 부족을 정당화한 그의 주장 역시 터무니없다.

> 이 이야기는 큰 위안을 제공한다. 왜냐하면 이것은 믿음의 창시자가 유대 혁명가로 처형당한 황당한 사실에 대한 매우 설득력 있는 설명이기 때문이다. 우리는 이 이야기가 로마에 거주하는 가난하고 교육받지 못한 자들을 위해 기록했다는 사실을 기억해야 한다. 그들은 약 40년 전에 유대 땅을 다스리던 로마의 행정에 대한 지식이 거의 없었으며, 그처럼 곤란한 문제를 해결할 만큼 극적인 에피소드의 진실성 여부에 대해서는 어떤 감흥도 느끼지 않았다.1967:258

브랜든은 속기 쉬운 청중이 맡았던 미심쩍은 내러티브를 우리에게 떠넘기려 한다. 이것은 우리가 지금까지 마가복음의 내러티브와 이데올로기 전략에서 발견한 지식을 전적으로 무시하는 태도이다. 그러므로 우리는 역사적 개연성도 충분하고 풍자 문학의 특성과도 일치하는 해석을 추구해야 한다.

2. 재판 내러티브의 역사적 개연성

재판 내러티브의 신뢰성은 오늘날 역사비평에서 오랫동안 논쟁이 되어왔다. 나는 지금까지 피해왔던 문제를 이곳에서 제기하면서, 이것이 예수께서 반역자로 십자가에서 처형당하셨다는, 이론의 여지가 없는 역사적 사실에 부정적인 영향을 줄 수도 있다는 사실을 알고 있다. 그러나 나는 마가의 내러티브를 사건에 대한 상세한 기록이라는 "사실성"의 관점에서가 아니라 역사적 "개연성"이라는 관점에서만 살펴볼 것이다.

첫 번째로 제기할 문제는 마가는 왜 이교적 유대 법정에 의해 유죄 판결을 받은로마 팔레스타인의 사회-정치적 기준에서 "국내"범죄이다 예수를 로마 당국에 넘겨진 것으로 보도하느냐는 것이다. 또한 예수의 혐의가 공회 앞에서는 "이단"으로, 빌라도 앞에서는 "선동"으로 바뀐 이유에 대해 어떻게 설명할 것이냐는 것이다. 이 논쟁의 핵심은 실제로 산헤드린이 국내에서 발생한 중범죄에 대한 사법권이 있느냐라는 역사적 의문에 있다.

유대의 최고 법정은 사형 집행에 앞서 총독의 승인을 받아야 했는가? 이 문제는 야고보를 돌로 쳐 죽인 사건에 대한 요세푸스의 진술에 암시된다.Ant., XX,ix,1; cf. 스데반에 대해서는 행 6:8 이하 참조 아니면, 식민지법은 사형에 해당하는 모든 사건은 로마 법정으로 이관해야 한다고 명령하는가? 브랜든은 이 문제에 대한 성경 외적 증거는 결정적이지 않다는 사실을 인정하고 있는 것이 분명하다.1967:253 이하 그러나 어느 쪽이든, 마가의 이중 재판에 대한 설명은 필요하다. 유대가 이단을 처형하는데 로마의 승인을 필요로 하지 않았다면, 마가가 두 번째 재판을 기록한 것은 독자에게 예수께서 로마에 의해서도 선동 혐의로 수배 중이었음을 보여주기 위한 것이 된다. 로마의 승인이 필요했다고 해도, 예수가 유대인의 사형 형벌이 아니라 로마의 방식대로 십자가형을 받았느냐는 문제가 남는다. 한 가지 사실은 역사적으로 분명하다. 그 지방에서 십자가형은 제국의 대적에 대한 형벌이었다는 것이다.cf. 위, 8장 D, 1 따라서 총독은 예수를 정죄할 근거가 있었다. 이중적 재판을 역사적 개연성에 비추어 어떻게 해석하든, 우리의 결론은 동일하다. 즉, 마가의 내러티브는 예수가 선동의 혐의로 로마의 정치-법적 절차에 의해 정죄당하신 것으로 서술한다는 것이다.

심문 자체의 개연성은 어떤가? 마가가 기록한 공회 앞에서의 심문에 대한 역사적 문제는 잘 알려져 있다.테일러, 1963:644 이하 가장 문제가 되는 것은, 내러티브의 상황이 심문과 판결이 밤중에 시행된 것으로 암시하지만 우리가 아는 한 이것은 랍비의 법에 배치된다는 것이다. 마가는 공회의 소집에 대해 반복적으로 언급하고 예수에 대한 공식적인 기소가 새벽에 이루어진 것으로 진술함으로써 이 문제를 인식하고 있는 듯한 모습을 보인다. 어쨌든 밤중에 이루어진 심문은 마가의 이데올로기적 풍자라는 관점에서 설명할 수 있다. 심문 절차를 수정한 것은 예수를 중립화하려는 은밀한 전략의 일부다. 마가는 이것을 법적 구속에서 벗어난 정치적 재판으로 서술하고 싶어 한다.

우리는 두 번째 심문에서, 마가가 로마 총독을 수동적으로 서술했다는 변증 이론에 대해 들여다보아야 한다. 로마 기수단의 일원이자 주후 25-36년 유대의 지역 총독인 본디오 빌라도는 요란한 행정으로 잘 알려져 있다. 동시대인은 그를 "융통성이 없고 무자비하며 완고한" 인물로 서술한다.[테일러, 1963:578] 그러나 마가는 이 가공스러운 인물을 아무런 설명도 없이 단지 "빌라도"로 부른다. 다시 말하면, 마가는 이름만 밝히면 독자가 그의 평판에 대해 알 것으로 생각한 것으로 보아야 한다는 것이다. 빌라도에 대한 마가의 인물묘사는 로마에 유리한 정치적 계략이라면 적극적으로 나설 것이라는, 어떤 총독에 대한 인물평과 일치한다. 마가의 내러티브는 변증 이론과 상반된 관점에서 보면 가장 이해하기 쉽다. 즉, 마가의 빌라도는 예수의 정치적 행위를 위협으로 생각했으며, 그를 제거할 것을 승인하고 그것을 위해 정치적 테러리스트[바라바]를 기꺼이 풀어주는 인물이라는 것이다.

이 대안적 해석을 살펴보기 위해, 우리는 먼저 로마 관리와 유대 귀족층, 그리고 충성의 방향을 바꾼 대중 사이의 역사적인 "권력의 3각 관계"에 대해 상기할 필요가 있다.[10장 D, 4] 성직자의 지배계층과 로마의 철저한 결탁은 역사적으로 확인되는 사실이다.[2장 F, 1] 다음으로 염두에 두어야 할 것은 로마가 제국 시대 내내 속국의 잠재적 왕권 운동의 위협에 대해 경계해 왔다는 사실이다. 로마는 유대 명절이 되면 반역적 요소를 찾아내어 고소할 뿐만 아니라, 가이사에 대한 충성을 시험하고 촉구하는 기회로 삼았다. 무엇보다도 팔레스타인에서 절기 기간 중 대중의 정치적 감정은 언제든지 폭발할 수 있었다는 사실은 식민지의 당국의 가장 큰 안보 관심사였다.

이런 배경하에서, 14:1에 제시한 상황과 함께 시작되는 내러티브의 개연성에 대해 살펴보자. 식민지 당국은 특별한 반역자를 제거하고 싶어 하지만, 유대 절기의 정치적 미묘함과 그를 지지하는 대중을 의식하여 그렇게 하지 못하고 있다. 이 경우, 두 가지 전략을 추구할 수 있다. 첫째로, 예수에 대한 체포작전은 갈등의 폭발이나 대중의 방해를 피해 은밀하게 시행되어야 한다. 사실 "불규칙적인"법적 절차는 모두 이러한 전략에서 나온 것이다. 우리는 앞서 마가의 체포/재판 내러티브를 통해 이러한 요소들에 대해 살펴보았다. 둘째로, 반역자에 대한 대중의 지지는 완화되거나 와해되어야 한다. 그렇지 않을 경우, 일단 법적 구조가 작동되면 피고인은 "정치범"으로 부각될 수 있다. 이 전략은 대중의 눈에 비슷하게 보이는 인물을 석방하는 식의 선전 책략을 통해 완수할 수 있다. 오늘날 냉전시대의 "스파이 교환"은 유사한 사례가 될 수 있다. 국가는 장단기 안보에 도움이 되는 정치적 교환을 시도해야 한다. 이러한 전략은 바라바에 대한 석방 조치에 잘 나타난다. 이 조치는 대중의 불만이 구체화할 가능성을 최소화하려는 실용적 정책에 근거한 것이다.

유대 명절에 선택적으로 사면하는 특별한 정책막 15:6의 암시처럼에 대해, 메리트R. Merrit, 1985는 고대 헬라의 유사한 관습을 감안하면 사실일 가능성이 높다고 주장하지만, 역사적으로 입증하기 어렵다. 그러나 혁명 직전의 총독들이 정치범을 거래했다는 증거가 있다. 요세푸스는 알비누스주후 62-64년가 "자객들"에게 정치범을 풀어주라는 협박을 받았으며ant.l, XX,xix,3, 나중에는 정기적인 소탕 작전에서 검거된 사회적 도적을 풀어주는 조건으로 정기적인 상납을 받았다고 말한다.

> 당시 예루살렘에서 선동적 활동은 엄청났다. 그들 중 핵심적 인물은 알비누스에게 돈을 내고 선동 행위를 계속할 수 있는 허락을 받았다. 반면에 소란을 원

> 하는 자들 편에서는 알비누스와 친분이 있는 자들에게 합류했다. 따라서 이 모든 악한 무리는 강도떼에 둘러싸여 있었다. War, II,xiv,1

우리는 이러한 진술에서 이름 있는 반역자의 석방은 다른 반역자의 처형에 대한 대중의 반발을 무마하기 위한 것이며, 정치적 분위기가 고조된 상황에서는 이런 일이 개연성을 넘어 충분히 가능했을 것이라는 사실을 알 수 있다.

바라바에 대한 석방을 비롯하여 빌라도 앞에서의 재판에 대한 마가의 내러티브는 총독의 실용주의가 작동되고 있는 상황에 대한 서술로 보면 가장 이해하기 쉽다. 무리에 대한 빌라도의 농담은 대중을 유대의 애국심과 맞서게 하는 일종의 심리전으로 볼 수 있다. 대제사장의 무리에 대한 충동15:11은 마가의 내러티브 픽션이 분명하지만, 총독과 제사장 계층이 죄수 교환을 통해 결탁했음을 보여준다. 이 반역자가 각자의 정치적 안정에 실제적인 면이나 사상적인 면에서 위협이 될 수 있다는 공감대가 형성되었을 것이라는 사실을 생각하면, 이러한 협력은 얼마든지 가능했을 것임을 알 수 있다. 가장 가능성이 희박한 것은, 유대인 무리가 유대인이 로마의 십자가형을 받는 것을 좋아했다는 주장이다. 그러나 우리는 이곳에서 다시 한번 마가의 풍자적 역할을 찾아볼 수 있다. 앞으로 살펴보겠지만 무리가 "소리 지른" 것은 귀신의 필사적인 부르짖음을 반영한다. 이것은 그들이 이 악한 순간에 권세들에게 "사로잡혀"있음을 보여준다.

재판 내러티브에 대한 이런 해석은 역사적인 개연성이 높을 뿐만 아니라, 앞서 살펴본 팔레스타인의 정치에 대한 저자의 이데올로기적 관점과도 일치한다. 또한 이 해석은 주요 정치적 세력에 대한 마가의 서술에 나타난 풍자와 현실주의의 결합에도 민감하다. 우리는 마가의 문학적 구조와 이데올로기적 담론이 식민지 통치의 두 세력이 마가의 예수를 매우 파괴적이고 위험한 인물로 인식했음을 보여준다는 결론을 내릴 수 있다.

12E. 유대 권력 앞에서: "네가 그리스도냐"14:53-15:1

1. 공회 앞에서의 심문

앞서 살펴본 내용을 염두에 두면서 본문을 살펴보자. 첫 번째 재판 내러티브는 베드로의 두 차례의 부인14:54,66-72 사이에 위치함으로써, 베드로뜰 밖와 예수피고석 사이의 공간적 긴장을 형성한다. 심문은 네 부분으로 구성된다. 이 심문은 온 공회가 계속해서 예수를 칠 증거를 "찾는" 장면으로 시작한다. 그들은 정의를 위해서가 아니라 "그를 죽이려고"에이스 토 다나토사이; cf. 13:12증거를 찾았다. 이어서 조작된 증거가 제시된다.14:56-59 절정은 대제사장과 피고인 사이에 있었던 공방이다.14:60-64 공방이 끝나고 원하는 판결을 성공적으로 얻은 후에는14:64b, 짧은 고문 장면이 이어진다.

마가는 증인이 "서로 일치하지 않는"이사이 우크 에산, 14:56 이하, 59 "거짓 증언"엡슈도마르투룬을 했다는 사실을 강조를 위해 두 차례 진술한다. 제자들이 법정에 설 때 증거해야 할 참된 증언13:11과 대조적으로, 이곳에는 거짓 선지자나 거짓 그리스도13:22와 같은 거짓 증인들만 있다. 그들의 증언의 요지는 예수께서 "사흘 동안에"성전"톤 나온,"제의적 기구 전체에 대한 언급이다; 14:58을 헐고 새로 짓겠다고 약속했다는 것이다. 예수께서 성전 체제를 공식적으로 거부하신 것과 예수의 죽음과 부활에 대한 예고를 풍자적으로 결합한 이 구절은 두 가지 이유에서 중요한 혐의로 제시된다. 첫째로 이것은 예수의 대적의 사회적 인식에서 성전에 대한 공격은 곧 그들의 삶의 핵심에 대한 공격임을 보여주기 때문이다. 타이센1976년은 성전의 역할을 거부하는 어떤 강령도 경제적으로 성전에 의존하는 자들사실상 예루살렘 인구의 대부분에 해당한다에게 달가울 리 없었을 것이라는 사실을 지적한다. 확실히 "건축자들이 버린 돌"12:10이 될 것이며 성전이 "돌 하나도 돌 위에 남지 않고" 무너질 것이라는 예수의 말씀[13:2]은 거대한 건축/회복 프로젝트에 관련된 수많은 사람의 분노를 일으켰을 것이다.[2장 E, 4] 따라서 예수의 "처형" 장면에서 무리가 이 혐의를 반복했다는 것은 그리 놀라운 일이 아니다.[15:29]

둘째로, 14:58의 혐의는 "손으로 지은" 성전과 "손으로 짓지 아니한" 성전 사이의 근본적 대립을 보여준다. 여기서 예수의 대적은 무의식적으로 예수와 성전 사이의 핵심적인 이데올로기적 싸움을 정확하게 진술한다. 마가는 이 고소를 이용하여 예수의 몸이 새로운 상징적 중심으로서 성전을 대체할 방법을 위한 내러티브적 준비를 한다. 이 사실은 이미 최후의 만찬의 상징을 통해 알려졌으나, "세 번째 묵시적 순간"을 통해 분명히 드러날 것이다. 마가는 그곳에서 예수의 몸의 "파괴"를 성소 휘장의 "파괴"와 나란히 제시한다.

14:60의 무대 지시는 이 심문을 절정으로 이끈다. 이것은 첫 번째 직접적 사역 내러티브에 대한 또 하나의 회고적 언급이다. 가버나움 사역이 끝날 무렵 예수는 회당의 결정적 대결에서 손 마른 사람을 "한 가운데"로[에이스 토 메손] 부르시며, 대적은 그의 질문에 "잠잠"해진다.[에시오폰 3:3-5] 이곳에서는 역할 반전이 이루어진다. 대제사장이 "가운데"로 가서 서며, 예수는 그의 질문에 대해 "침묵"하신다.[14:60 이하] 마가는 예수의 비협조적인 태도를 반복적으로 강조한다.

"너는 아무 대답도 없느냐"

"아무 대답도 아니하시거늘"

이러한 형식은 빌라도 앞에서의 심문에서도 반복된다. 이것은 예수께서 법적 혐의를 인정하기를 거부하신다는 사실을 보여준다. 예수는 이것이 법률적 논증이 필요 없는 정치적 재판이라는 사실을 알고 계신다.

예수는 자신의 소명에 대한 질문을 받으실 때만[말하자면 "성격 증인"으로서만] 침묵을 깨신다. 대제사장은 여호와에 대해 전통적으로 사용하는 간접적 언급을 통해 매우 경멸적인 어조로, "네가 찬송 받을 이의 아들 그리스도냐"라고 묻는다.14:61 이하 예수의 솔직한 대답"내가 그니라" 에고 에이미 은 특색이 없다. 그러나 텍스트적 고찰은 가능하다.

> 에고 에이미에 대해 마태복음 26:64는 "수 에이파스"네가 말하였느니라로, 누가복음 22:70은 "후메이스 레게테 호티 에고 에이미"너희들이 내가 그라고 말하고 있느니라로 제시한다. cf. 막 15:2 = 마 27:11 = 눅 23:3, "수 레게이스"네 말이 옳도다. 빌라도에 대해 14:62에서 마가가 "수 에이파스 호티 에고 에이미"로 기록했을 것이라고 생각할 이유는 충분하다. 왜냐하면 이 해석은 입증될 뿐만 아니라… 마태복음과 누가복음에 대한 설명이 될 수 있으며, 마가복음에 자주 등장하는 메시아성에 대한 언급이 될 수 있기 때문이다.… 예수의 대답은 긍정적이지만cf. 14:64, 해석상의 차이를 제시한다. "그것은 네 말이다."

이러한 관점에서 대안적 번역이 더 적절해 보인다. 즉, 예수는 대제사장의 조롱에 대해 "내가?"라고 반문하신다는 것이다.

8:38 이하의 법정 신화에 따르면 이곳은 인자의 고백을 위한 타당한 "장소"이다. 예수는 성전 체제를 대표하는 자 앞에 서서 인자를 "부끄러워"하지 아니하시고 제자들의 본이 되신다.cf. 8:38 이것은 자신의 "강림"에 대한 세 번째이자 마지막 예언이다. 마가는 이 구절을 통해 여호와의 우편에 계신 메시아에 대한 시편110:2의 환상막 12:36과 인자에 대한 다니엘7:13의 환상막 8:38; 13:26이라는 두 가지 상호텍스트적 이미지를 하나로 결합한다. 예수는 유대 지도층이 이 광경을 "보리라"고 말씀하신다. 이것은 사실상 그들이 장차 십자가의 발아래 있을 것임을 보여준다.15:31

대제사장에게 그가 찾고 있던 구실을 준 것은 바로 이 고백이다. 내러티브 세계에 따르면, 그는 인자를 따를 수 없다. 왜냐하면 예수는 채무 규례2:10와 안식일[2:28]의 상징적 질서를 거부하셨기 때문이다. 화가 난 대제사장은 자신의 옷을 찢었다.

> 원래 '격렬한 슬픔'을 나타내었던[창 37:29], 옷을 찢는 행위는 대제사장의 경우, 탈무드에서 미세하게 수정된, 공식적인 법적 행위이다.[테일러, 1963:569]

대제사장은 예수의 대답이 신성모독이라고 주장한다. 그는 증인[정상적인 기능도 할 수 없었겠지만]을 요구할 필요도 없다고 말하며, 나머지 공회원에게 동의를 구했다.[14:64]

예수는 사형에 해당하는 죄를 범했다는 판결을 받았다.[14:64, 카테크리난 아우톤 에노콘 에이나이 다나투 "예수를 사형에 해당하는 자로 정죄하고"] 우리는 예수께서 첫 번째 직접적 사역의 절정에서 예루살렘 서기관들에게 "누구든지 성령을 모독하는 자는… 영원한 죄가 되느니라"[3:29]고 말씀하신 사실을 기억한다. 그는 나중에 이 성령께서 법정에서 피고인을 대신하여 말씀하실 것이라고 주장하신다.[13:11] 따라서 함축적으로, 산헤드린은 피고인 예수를 신성모독으로 고소함으로써 성령을 고소한 것이다. 다시 말하면, 신화 전쟁은 상호 저주로 끝났다.

예수께서 기대하신 대로, 유대 법정은 그를 정죄했다. 이제 남은 것은 그를 이방인에게 넘기는 것이다.[10:33] 그러나 마가는 먼저 평행을 위하여, 남용과 학대에 대한 짧은 에피소드를 포함하며, 예수는 여전히 유대인의 손에 있다. 어떤 사람은 법정에서 예수께 침을 뱉었으며, 주먹으로 쳤다. "권능으로 오실 인자"가 지금은 아무런 힘이 없으시다. 그들은 그를 조롱하며 "선지자 노릇"을 하게 했다. 이것은 역설적으로 진리를 말한 조롱의 첫 번째 사례다. 예수의 말씀은 대적의 입을 통해서라도 성취된다. 실제로 베드로가 세 번 배신할 것이라는 예수의 예언은 다음 에피소드에서 이루어진다. 그러나 진정한 예언적 소명은 사건에 대한 예언이 아니라 성경적 근본주의에 대한 헌신이다. 따라서 예수는 하인들에게 손바닥으로 맞는다. 이것은 이사야의 고난의 종라피스마신, cf. 사 50:6, 70인역에 대한 암시이다. 자기 백성에게 수치를 당하신cf. 6:4 예수는 참 선지자셨다.

2. 베드로의 부인: 배신 내러티브의 결론

베드로의 부인에 대한 이야기는 14:54에서 시작된다. 그곳에서 수제자는 "아랫사람들"톤 후페레톤과 함께 앉아 불을 쬔다. 베드로는 대제사장의 "뜰"아울렌까지 몰래 들어갔는가? 본문에는 나타나지 않는다. 요지는 베드로가 자신이 맹세한 대로 예수를 끝까지 "따르려고" 했느냐는 것이다.비록 "멀찍이"나마 아포 마크로텐; cf. 15:40의 여자들 물론 이 시도는 그의 정체가 드러나자마자 실패하고 만다.

마가는 산헤드린의 심문이 끝난 후, 같은 장소에서 베드로의 이야기를 다시 시작한다. 하인들은 이제 막 예수를 때린 후 돌아왔으며14:65b, 베드로는 여전히 그곳에서 불을 쬐고 있다.14:66 이 에피소드는 세 단계로 전개된다.

1. 불 곁에서: 여종, "너도 나사렛 예수와 함께 있었도다."
2. 문 옆에서: 여종, "이 사람은 그 도당이라."
3. 조금 후에: 곁에 선 자들, "너도 갈릴리 사람이니 참으로 그 도당이니라."

우리는 주인이 심문과 고통을 당하는 장소의 바로 바깥에 있는 베드로가 자신이 피고인과 같은 도당으로 밝혀지는 것을 두려워한 것에 대해 충분히 공감할 수 있다. 그는 이 위험한 상황에서 가능한 눈에 띄지 않게 황급히 피하려 했으나, 그의 억양이 발목을 잡았다. 그의 주인은 나사렛 사람이고 그는 갈릴리 사람이라는 고소자들의 경멸은 세밀하게 의도된 진술이다. 이것은 이 운동을 북쪽의 시골과 동일시하는 또 하나의 내러티브 표지다. 이것은 예루살렘 도시 사람들이 가지는 반감과 의심의 근거가 된다.

베드로는 두 번이나 배신함으로써 8:34의 명령을 범했으며 스스로 한 맹세[14:31]도 지키지 못했다. 그러나 그의 세 번째 부인에 사용된 어휘는 놀라울 만큼 강력하다.[14:71] 그는 저주하고 맹세까지 하며[cf. 헤롯의 맹세, 6:23] 예수를 모른다고[우크 오이다] 잡아뗀다. 여기에는 또 하나의 역설적 진리가 있다. 베드로는 예수를 따르는 내내 실제로 예수가 누구신지 "알지" 못했다.[귀신도 알고 있었다, 1:24,34] 그때 닭이 울었으며, 베드로는 예수께서 하신 말씀[레마, cf. 9:32]을 떠올린다.[아넴네스데; cf. 11:21] 베드로는 무너져내렸으며, 배신 내러티브는 예수의 첫 번째 부르심을 받았으나 이제는 시간적, 공간적으로 멀리 떨어져 있는 것처럼 보이는 수제자의 통곡으로 끝난다.

15:1은 공회의 재판을 요약하고 두 재판 내러티브를 연결한다. 시간을 가리키는 "새벽에"[프로이]는 전환구이다. 이것은 집주인에 대한 묵시적 비유[13:35]에 나오는 마지막 시간을 가리키는 회고적 표현이자, 예수의 마지막 날의 첫 번째 시간을 가리키는 예기적 표현이다. 마가는 정규 시간을 새벽, 제삼시[예를 들면, 오전 9시, 15:25], 제육시[15:33], 제9시[15:34], 저녁[15:42]으로 나눈다. 공회의 "의논"[숨불리온]은 유사한 "의논"[3:6]으로 시작된 음모라는 부수적 줄거리를 끝낸다. 마가의 이전 상징의 마지막 반전으로, 예수는 "결박"당한 채 로마 당국으로 끌려가신다. 그가 결박할 것이라고 약속하신 강한 자[3:27]는 여전히 자신의 "집"을 확고히 지키며 남아 있다.

12F. 로마의 권력 앞에서: "네가 왕이냐?"[15:2-20]

1. 빌라도 앞에서의 재판

죄수는 로마 법정으로 넘어갔다. 두 번째 재판은 총독이 명절에 일시 기거했던 헤롯 궁에서 있었던 것으로 보인다. 마가는 나중에 "브라이도리온"[15:16]이라고만 언급한다. "넘겨주다"[15:1,15]라는 단어로 인클루지오 구조를 형성한 두 번째 심문은 첫 번째 심문의 패턴을 따른다. 이 장면은 빌라도의 놀라운 고소와 함께 시작하며15:2, 이 주장은 나중에 무리의 입에서 나온 것으로 제시된다.15:12 마가복음 15장에서 적어도 다섯 차례 이상 언급된 이 혐의는 최고의 역설적 "고백"으로 부상한다. 그것은 황제를 대신하는 자가 예수께 합당한 지위를 부여한 것이지만 어디까지나 그를 선동 혐의로 처형하기 위한 것일 뿐이다.15:26 그러나 빌라도에게 "유대인의 왕""이스라엘의 왕"과 대조적인, cf. 15:32 이라는 냉소적 호칭은 경멸의 표현이다. 총독은 이러한 분봉왕 헤롯의 호칭을 통해R. Brown, 1977:170, 유대인은 자신의 땅에 대한 주권이 없다는 사실을 상기시킨다.15:18

예수는 전과 마찬가지로 자신을 호명한 것에 대해서만 대답하신다. 예수의 대답은 빌라도의 회의적 조롱을 되돌려준다.15:2

> 빌라도: "네가 유대인의 왕이냐"
>
> 예수: "네가 그렇게 말했느니라네 말이 옳도다"

대제사장의 고발이 계속되었으나15:3, 이 기소에 대한 빌라도의 관심은 오직 왕권 문제에만 집중되었다. 그는 예수께서 그들의 고발 내용에 대해 알고 있는지 물었으나, 예수는 전과 같이14:61 아무 대답도 하지 않으신다.15:4 그의 침묵은 이사야의 고난의 종을 암시하며, 따라서 스가랴의 목자 비유를 확장하는 것처럼 보인다.

> 마치 도수장으로 끌려 가는 어린 양과
>
> 털 깎는 자 앞에서 잠잠한 양 같이
>
> 그의 입을 열지 아니하였도다.53:7

예수의 법적 공방에 대한 무시, 유죄협상이나 변론에 대한 거부, 그리고 로마 권력에 대한 도전은 빌라도를 "놀라게" 했다.15:5; cf. 12:17 총독은 어떤 사람이 국가의 사형 위협에 그처럼 결연하게 맞설 수 있는지 이해할 수 없었으며, 그가 죽은 후에도 이상히 여긴다.15:44

내러티브는 바라바 사건15:6-15으로 전환된다. 이 부분은 잠시 후 다시 간략히 다룰 것이다. 15:15에서 판결이 선언된 후, 첫 번째 재판에서처럼 "뜰"에 대한 후기가 이어진다.15:16 = 14:66 예수는 다시 한번 이번에는 로마 "군대"에 의해 고문과 조롱을 당하신다. 이제 인자는 유대인에게 당하셨듯이, 로마인에게도 침뱉음을 당하신다.15:19 = 14:65 벨로의 주석은 통렬하다.

> 우리는 군인들이 마음대로 예수의 옷을 갈아입힘으로 군대가 지배하는 영역에서의 무기력함에 초점을 맞춘 이 장면을 통해 사육제에 대한 패러디를 본다.… 이 장면은 엄격한 군사 훈련을 받은 자들이 자신을 죽일 수도 있었던 적군에게 분노를 표출하는 모습을 보여준다. 우리는 이런 사례를 질 낮은 경찰이 정치범을 잔인하게 다루는 장면에서 찾아볼 수 있다.1981:224,330-31

마가가 로마 당국을 동정적인 관점에서 기록하려 했다면 이런 서술이 나올 수 없었다는 것은 두말할 필요도 없다.

군인들은 조롱을 시작했으며, 다시 한번 진리에 대한 역설적 진술이 제시된다. 그들은 예수에게 자색 옷을 입혔다.15:17; 황제를 조롱하는 고대의 유사한 전승에 대해서는 테일러, 1963:646 이하를 보라 마가는 여기서 그들이 입었던 로마 외투군대나 황제의 권력 등, 죄수가 거부하는 모든 것을 상징한다 중 하나를 가리키는 것으로 보인다. 아니면, 패배한 왕으로서 로마에 항복한 반군 지도자 시몬 바르 기오라와 같은 자들이 입었던 망토를 염두에 두었을 수도 있다.Horsley and Hanson, 1985:126 희롱을 다 한 그들은 자색 옷을 벗기고 원래 입었던 옷을 다시 입힌다.15:20 그들은 잠시 후 이 옷을 다시 벗겨 나누어 가질 것이다.15:24 따라서 이 패러디는 예수의 옷을 벗기는 행위로 시작하고 옷을 벗기는 행위로 끝남으로써, 수치를 강조한다.

조롱은 이중적 평행으로 이루어지며, 머리존엄의 상징에 대한 고통스러운 모욕과 왕에 대한 패러디로 이루어진다.

가시관을 엮어 씌우고

경례하여 이르되

유대인의 왕이여 평안할지어다 하고

갈대로 그의 머리를 치며

침을 뱉으며

꿇어 절하더라15:18-19

이곳에는 가시로 만든 "관"과 "황제에게 합당한 문안카이레 "평안할지어다"", 그리고 황제 숭배에 합당한 경배 등 황제에 대한 제의가 암시된다. 마가는 예수와 로마 제국의 양립할 수 없는 적대감을 보여준다.

2. 예수와 바라바: 진정한 혁명가는 누구인가?

15:6으로 돌아가면, 마가는 명절에 죄수 한 사람을 "그들"즉, 무리15:8,10에게 넘겨주는 것이 당시의 전례라고 말한다. 바라바에 대해서는 예수처럼 "체포"된 자라고 소개한다.15:1,7, "데오" 구금되었다는 의미다 그의 이름을 번역하면 "아버지의 아들"이라는 뜻이다. 그렇다면 그는 사기꾼에 불과하지만, 정치범 예수의 상대역으로 등장하는 내러티브적 인물로 보아야 하는가? 그렇다고 해도, 마가는 그를 시카리우스자객처럼 역사적 의미를 가진 인물로 서술한다. 마가는 사실상 그를 "민란을 꾸미고 그 민란 중에 살인하고"메타 톤 스타시

아스톤…호이티네스 엔 테 스타세이 포논 페포이에케이산 체포된 반군의 핵심 인물로 제시한다. 이것은 마가가 혁명에 대한 직접적 표현을 사용한 유일한 사례다.스타시스"민란을 꾸미고"는 누가행전에 일곱 차례 나타난다 당시 예루살렘에는 저항 활동이 끊이지 않았기 때문에, 마가는 여기서도 독자들이 특정인이나 사건에 대해 알고 있다는 사실에 호소하고 있는 것으로 보인다. 마가가 말하는 "살인"cf. 포노스, 7:22은 자객이나2장 C, 2 정치적 암살로 유명한 "단검을 소유한 자"의 전형적 수법을 가리킬 것이다. 따라서 마가의 내러티브는 이곳에서 비폭력과 폭력이라는 근본적으로 다른 유형의 혁명을 대표하는, 예수와 바라바에 대한 선택을 극적으로 그려내며, 둘 다 임박한 처형을 앞두고 있다.

무리의 재등장과 함께15:8, 우리는 마가가 팔레스타인의 정치적 스펙트럼의 모든 주요 세력을 최후의 결전을 위한 무대로 모으고 있다는 사실을 알 수 있다. 이곳에는 로마와 유대 당국, 그리고 반군 지도자가 있으며, 무리는 대중을 나타낸다. 이곳에는 공동체로부터 버림을 받고 혼자가 되신 예수도 계신다. 이 장면은 경쟁적 이해 당사자들의 미시적 영역을 보여주는 잘 짜인 무대이다. 예수의 "생사"에 대한 문제뿐만 아니라 첫 번째 직접적 사역 내러티브의 결정적 무대에서처럼3:1-6, 유대 국가의 사회적 프로젝트 전체의 미래가 이 대결의 결과에 달려 있다. 아이러니하게도, 열광적인 무리에 대한 총독의 마지막 질문을 통해 신명기의 근본 원리에 대한 진술이 제시된다. "무슨 악한 일을 하였느냐."15:14, 티 가르 에포이에센 카콘; cf. 카코포이에사이, 3:4 동시에, 이 선택은 더 이상 유대교의 상징회당이나 성전에서가 아니라 로마의 영역"브라이드리온," 15:16에서 이루어진다. 따라서 마가는 이 장면을 이교도에 대한 "상호텍스트적" 전승, 즉 콜로세움의 검투사들 간의 대결전쟁 포로나 사형수들이 포함된다을 암시하는 풍자로 제시한다. 경기가 끝나면 무리는 "패한 검투사를 죽일 것인지 살릴 것인지에 대한 결정권"을 부여받는다.Merrit, 1985:68

"목자 없는 양"6:34과 같은 무리는 대치 중인 두 개의 혁명적 주장, 즉 예수의 그 "나라"에 대한 비전과 바라바와 반군이 주장하는 회복주의 비전 사이에 갇혀 있다. 그러나 이것은 외견상의 선택일 뿐이다. 왜냐하면, 사실상 이 대결을 중재하는 자들은 현재 권력을 잡은 자들이며, 그들은 이 권력을 절대 놓을 생각이 없기 때문이다. 결국 둘 다 그들의 죄수들이다. 마가는 무리가 빌라도의 조롱과이것은 우리가 충독과 무리의 "의논"이라고 해석해야 하는 이유를 보여준다 대제사장의 광적인 배후 로비 사이에서, 기존의 권력에 휘둘리고 있음을 보여준다. 대중이 악한 구조에 빠져드는 한, 그들의 지배는 확실히 계속될 것이다.

이 내러티브는 원리적 프레임 속에 있는 두 진영의 억제된 긴장을 통해 전개된다.

무리가 빌라도에 전례대로 하여 주기를 요구한다.

1. A 빌라도가 그들에게 대답했다. "너희는 내가 유대인의 왕을 너희에게 놓아 주기를 원하느냐"15:9

B 그는 대제사장들이 시기로 예수를 넘겨 준 사실을 알고 있다: 대제사장들이 무리를 충동했다...15:10 이하

A 빌라도가 그들에게 대답했다. "그러면 너희가 유대인의 왕이라 하는 이를 내가 어떻게 하랴"15:12

2. B 그들이 소리 질렀다. "그를 십자가에 못 박게 하소서"15:13

A 빌라도가 말했다. "어찜이냐 무슨 악한 일을 하였느냐"15:14a

B 그들이 더욱 소리 질렀다. "십자가에 못 박게 하소서"15:14b

빌라도는 무리에게 만족을 주기 위해 바라바를 놓아 주었다.

이 드라마는 무리가 빌라도에게 한 죄수를 놓아달라고 요구하는아이테이스타이, 이 단어는 6:24에서 살로메가 헤롯에게 세례요한의 목을 요구할 때 사용된다 장면으로 시작한다. 첫 번째 부분은 빌라도가 계속해서 이것을 유대 민족의 왕권 문제로 규명한다는 사실을 보여준다."너희가 유대인의 왕이라 하는 이" 마가는 대제사장의 "충

동"아나세이오을 그들의 "시기"로 서술한다.[15:10 이하] 마가가 그들을 경멸한 것은 분명하다. 제사장 계층은 그들의 사회적 권력에 실제적인 위협이 되는 유일한 존재인 예수만 제거할 수 있다면 그가 자객이든, 무리든, 총독이든 누구와도 손잡을 것이다.

우리는 두 번째 프레임을 통해, 최근까지 서기관을 공격하는 예수를 지지했던[12:38] 무리의 헌신이 돌변하여 폭력적으로 바뀐 사실을 볼 수 있다. 그들이 두 차례 소리 지른크라조 것은 예수께서 그들의 정죄를 받아 십자가에 달리실 때 두 차례 소리 지르신 것을 예시한다.[15:39] 예수를 죽이라는 그들의 날카로운 외침은 한편으로는 예수께서 앞서 대결하셨던 귀신의 부르짖음을[1:23; 3:11; 5:5,7; 9:26], 다른 한편으로는 권력과 이데올로기에 압제당한 자의 부르짖음을[9:24; 19:47 이하; 11:9] 반영한다. 그것은 무리를 사로잡고 있는 귀신의 부르짖음이자 절망의 부르짖음이다. 빌라도는 마침내 덜 혁명적인 자를 풀어주고 진정한 반역자는 채찍질프라겔로산, 라틴어이다한 후 넘겨줌으로써, 무리에게 "만족"을 준다.토 히카논 포이에사이, 또 하나의 라틴어이다 재판 내러티브는 이렇게 끝난다.

권력자와 백성은 예수의 전복적 주장을 살펴본 후 사형을 선고했다. 그는 마지막으로 성 밖으로 끌려 나가신다.[15:20] 예수는 자신을 부인하셨으며, 인자를 부끄러워하지 않으셨다. 이제 십자가를 지실 때가 되었다.

미주

1. 마가의 서술과 당시의 실제적 유월절 음식 관습 사이의 차이는 오랫동안 논쟁이 되어왔다. 마가가 이 음식을 유월절 음식으로 생각하지 않았다는 주장으로 모순을 해결하려는 자들의 주장(예를 들면, 테일러, 1963:664 이하)은 텍스트와 배치될 뿐만 아니라, 마가가 다른 방식으로 진술한 이데올로기적 요점을 놓치고 있다.(예레미아스, 1966:15 이하를 참조하라)
2. 14:10의 유다의 배신은 스가랴 11:13 이하를 암시하는 것일 수 있다. 마태는 이 예언을 예레미야의 것으로 돌린다.(마 27:9 이하)
3. D. Senior(1987)는 이 에피소드가 로마의 권력 남용에 대한 마가의 비판을 제시한다는 주장에 동의하지만, 이것이 로마 기원설에서 비롯된 것으로 믿는다.

제13장

예수에 대한 처형 및 "두 번째" 에필로그

막 15:21-16:8

> 나를 보는 자는 다 나를 비웃으며 입술을 비쭉거리고 머리를 흔들며 말하되 그가 여호와께 의탁하니 구원하실 걸, 그를 기뻐하시니 건지실 걸 하나이다
>
> \- 시편 22:7 이하

광야의 길을 예고함으로 시작된 이야기는 이제 십자가의 길에서 끝난다. 이 십자가는 종교적 아이콘이 아니라 로마의 주권에 도전하는 자들을 멈추게 하는 궁극적 제동 장치이다. 십자가 형틀에 의한 사형은 끔찍하고 비인간적이며, 주전 63년에 책을 저술한 키케로는 이런 제도는 불법이 되어야 마땅하다고 주장한다. Weber, 1975:1

> 우리가 죽음의 위협을 당하면, 자유롭게 죽기를 원한다. 처형하는 자는 얼굴을 가려야 하며 십자가라는 이름 자체를 몸에서, 로마 시민의 삶에서, 그들의 생각과 눈과 귀에서, 지워버려야 한다.

고대 인문주의자에 의하면 십자가는 참을 수 없을 만큼 잔인한 형벌이다.

예수의 제자도 부르심에 따르면, 십자가는 하나님 나라의 해방 사역의 구체적인 결과이다. 마가복음 이야기의 묵시적 상징에 따르면, 해가 빛을 잃고 권력자들이 무너지며 세상이 끝나는 신화적 순간이다.

마가는 얼마나 비극적인 장면을 서술하고 있는가? 이 로마의 형틀 아래, 예수의 모든 대적이 모여 그를 조롱하고 있다. 배후에는 몇 명의 여자 제자들이 공포에 떨며 이 장면을 지켜보고 있다. 우리는 어떤가? 우리는 이 비참한 마지막 장면에서 어디에 서 있는가? 우리에게는 이곳에 등장하는 어떤 인물이 잠재되어 있는가? 남자 제자들처럼, 첫 번째 대결에서 예수를 버리고 달아나 이 장면에서 빠져 있지는 않은가? 여자 제자들과 함께 깨어 의심과 슬픔 가운데 이 광경을 바라보고 있지는 않은가? 안전한 무리 가운데 섞여, 고난의 종이 되신 이 "왕"을 조롱하고 있지는 않은가? 결과가 이런 식으로 끝난다면, 과연 누가 믿겠는가?사 53:1

우리 가운데 "곁에 선 자들"의 말을 믿어 주자. 압제가 종식되기를 바라는 순수한 마음이 이곳에서 분노로 바뀌어, 새로운 세상을 약속만 하고 실제로 가져오지는 않은 그에게 퍼부을 수밖에 없었다는 변명은 아무리 작을지라도 진실일 수 있지 않겠는가? 우리가 엘리야의 마지막 순간의 개입을 그토록 바랐던 것은 끊임없이 좌절된 희망으로 인한 상처 때문일 수 있지 않겠는가? 이것은 무슨 변명이든 이야기가 잘 되는 쪽으로 긍정적으로 받아들이자는 것이다. 역사에 대한 제국의 해머록반칙 기술이 와해되기를 간절히 바라듯이 "마음을 다하고 지혜를 다하고 힘을 다하여"12:33 여호와의 정의를 간절히 구한다면, 우리는 역사의 회랑을 메아리치는 "어느 때까지니이까?"라는 탄식을 토로하는 모든 사람들산 자, 죽어가는 자, 순교자과 함께 이 십자가 앞으로 합법적으로 나와 해명을 요구할 수 있을 것이다.계 6:9 이하

예수께서 십자가에서 내려오시기만 하면 믿을 것이다!15:32 우리 가운데 누가 그곳에 남아 그가 보여주시는 해방의 길을 받아들일 준비가 되었으며,

이 순간에 권능들이 떨어지고 하나님 나라가 권능과 영광으로 임한 사실을 알 수 있겠는가? 우리가 여자 제자들과 함께 적어도 "멀리서"라도 이 광경을 이해한다고 해도, 누가 그 사건이 우리의 삶에 가지는 함축을 깨달을 수 있겠는가? 만일 우리가 여자 제자들처럼, 이 길을 새롭게 따르라는 순교자/메신저의 초청을 받는다고 해도, 우리 역시 도망하고 무서워하여 아무에게 아무 말도 못 하지 않겠는가?

13A. 십자가의 길 15:21-32

1. 로마의 승리적 기쁨

로마 군인들이 고문을 마치자, 예수는 성 밖에 있는 처형 장소로 끌려 나가셨다. 15:20 비아돌로로사의 드라마는 복음서 내러티브의 다른 많은 요소처럼 교회 전승에서 자학으로 가득한 개인적 고통의 경건 훈련 신심 행위 이 되었다. 진정한 의미는 사라지고 승리한 제국의 정치 극장이 되고 말았다. 전쟁에서 패한 적에 대한 로마의 가두 행렬 관행은 문헌으로 남아 있다. 바울의 신화 전쟁에도 암시된다. 골 2:15 요세푸스는 예루살렘 함락 당시 반군 지도자이자 자칭 왕인 시몬 바르 기오라가 로마로 이송되어 처형되기 전에 이러한 정치적 수치를 겪은 사실에 대해 기록한다.

> 승리의 행렬은 쥬피터 카피톨리누스 신전에서 끝났다. 그곳에서… 다른 죄수들과 함께 퍼레이드에 참여했던 시몬 바르 기오라는 올가미를 쓴 채 강제로 광장 바닥으로 끌려 나왔으며, 그 모든 과정에서 고문을 당했다. 그곳은 로마법이 흉악범을 처형할 장소로 지정한 광장이었다. 사형이 선고되자 모두가 환호했고 도살이 시작되었다. Wars, VII,v,6

속국의 낮은 “왕들”이 사형집행인의 형틀까지 가는 공개적 행렬은 무소불위의 제국에서 동일한 교훈을 주기에 충분하다.

일반적 로마 관습은 죄수에게 자신의 형틀을 메고 가게 했다. 그렇다면 왜 “구레네 사람 시몬”중요한 단역을 맡은 또 한 명의 시몬에게 예수의 십자가를 억지로 지고 가게앙가류우신 했는가15:21? 그것은 예수께서 고문으로 너무 허약해지신 때문이라고 추측할 수 있다. 어쨌든 예수는 생각보다 빨리 돌아가신다.15:44 이하 그러나 보다 중요한 의미는 이 에피소드가 제공하는 내러티브적 역설로, 마가의 문학 구성에는 “우연한”요소가 없음을 보여준다.

첫 번째 역설적 어조는 시몬이 “들에서즉 시골에서 왔다.”에르코메톤 아프 아그루는 것이다. 우리는 예수께서 예루살렘으로 향하시는 메시아 행렬에 도시의 무리가 함께한 사실을 상기한다.그들은 “들에서” 벤 나뭇가지를 길에 폈다.11:8 이제 마가는 이 장면을 부정적인 이미지로 재현한다. 즉, 예수는 강제적으로 합루한 한 명의 시골 사람과 함께 로마식 퍼레이드를 하며 예루살렘을 나가신다. 이 장면은 두 가지 역할을 한다. 하나는 예루살렘 내러티브에 대한 역설적 결말을 제공하는 것이다. 이 장면은 우리에게 마가가 끝까지 이용하고 있는 도시/시골과, 중심부/변두리라는 공간적지리적 긴장을 다시 한번 상기시킨다.

둘째로, 이 에피소드는 강력한 제자도 어조를 보여준다는 것이다. 당시 구레네 사람 시몬은 그 길을 “지나가고 있었다.”파라곤타 이 동사는 마가복음 다른 곳에 두 차례만 등장하며, 둘 다 예수께서 제자로 부르시는 장면에서 이동하시는 모습을 서술한다.1:16; 2:13 예수께서 첫 번째로 부르신 사람의 이름 역시 시몬이지 않은가? 이 첫 번째 시몬은 다른 제자들과 함께 “십자가를 지라”아라토 톤 스타우론 아우투, 8:34는 명령을 받고도 이 부르심을 저버리지 않았는가? 따라서 마가의 역설은 다른 시몬이 “십자가를 졌다.”히나 아레 톤 스타우론 아우투는 것이다. 그러나 그 역시 외부자다.시몬은 알렉산더와 루포의 아버지이다. 우리는 이 이름들을 통해 그가 이방인이었을 것이라는 추측을 할 수 있다 아무리 부지중에 일어난 일이라 할지라도 어쨌든 그는 십자가로의 부르심에 응답했다. 그러나 열두 제자는 찾아볼 수 없다.

이제 마가는 자신의 진술을 역사적 현재 시제로 바꿈으로써, 우리를 이 끔찍한 사건에 대한 목격자가 되게 한다.테일러, 1963:588 예수는 해골의 곳골고다으로 향하신다.15:22 이하 이곳은 처형장으로 적합한 섬뜩한 장소이다. 웨버H. R. Weber는 우리에게 고대 자료에서 나온 십자가 처형에 대한 묘사를 제공한다.

> 때때로 죄인은 유죄 선고의 사유causa pena가 적힌 명판을 목에 걸었다. 그는 처형 장소까지 십자가의 가로 막대파티불룸를 지고 갔다. 그는 그곳에서또는 그 전에 옷 벗김과 고통을 당했다. 고대 관습에 따르면 사형집행인은 풍습에 따라 죄인의 옷을 나누어 가졌다. 일반적으로 처형 장소에는 수직 기둥스티페스 또는 팔루이 미리 설치되어 있었다.… 사람들은 죄수를 눕혀 양 팔뚝이나 손목을 가로 막대에 묶거나 못을 박았으며, 그 상태로 막대와 함께 세웠다. 죄수를 멀리서도 볼 수 있게 하려면 높은 십자가가 사용되었다. 그러나 일반적으로 수직 기둥은 7피트를 넘지 않았다. 이것은 들짐승이 십자가에 달린 자를 물어 찢을 수도 있다는 뜻이다. 죄수의 발은 7세기 이후 기독교 문학이 서술한 것처럼 발판을 딛고 선 것이 아니라 막대에 묶이거나 못을 박아 고정했다. 일반적으로 죄수는 막대의 중간에 고정된 돌기세딜레 또는 코르누에 의지했으며…점차 질식해서 죽었다.1975:6

이것은 오늘날 독자가 "십자가에 못 박고"15:24라는 마가의 간단한 언급이 당시 독자들에게 떠올리게 했을 생생하고 끔찍한 이미지를 이해하는 데 도움을 줄 것이다.

두 가지 상징적 제스처는 사형집행인의 행위에 구약적 색채를 가미한다.

예수는 잠언 31:6의 권면에 따라 고통을 줄이기 위해 몰약을 탄 포도주를 받으신다. 그러나 예수는 포도나무에서 난 것을 마시지 않겠다는 약속에 따라 14:25 거부하신다. 이어서 군인들은 그의 옷을 제비 뽑는다. 한때 백성을 치유했던 그의 옷은 5:27 이하; 6:56 옷 주인처럼 힘을 잃는다. 이것은 처형 내러티브에서 시편 22편에 대한 세 차례의 인용 가운데 첫 번째이다.

2. 유대인의 조롱

예수는 마가의 세 차례 "십자가의 시간" 가운데 첫 번째 시간에 해당하는 "제삼시" 오전 9시경에 십자가에 못 박히셨다. 15:25 마가는 이제 독자의 시선을 땅에서 공중으로 옮긴다. 가장 먼저 나타나는 것은 비문이다. 우리는 예수를 정죄한 공식적인 죄목인 "유대인의 왕" 15:26 다섯 차례 언급 가운데 첫 번째을 새긴 죄패 헤 에피그라페를 만난다. 빌라도가 이긴 것처럼 보인다. 로마의 권위에 도전한 예수는 처형당했다. 그렇게 함으로써 세금 에피소드 12:16에 함축된 여호와 사상과 제국주의 간의 신화 전쟁은 결정적으로 드러났다. 제국과 동맹한 자들은 가이사의 비문에 따라 세금을 바쳐야 하고, 하나님 나라와 동맹한 자들은 십자가의 비문에 따라 세금을 바쳐야 한다.

이어지는 장면에서 마가는 팔레스타인의 정치적 삼각관계를 다시 한번 재현한다. 12장 F, 2 하나님 나라와 가이사 사이에는 분명한 대립이 있다. 유대는 어떤가? 조롱 에피소드 15:27-32는 이중적 틀을 통해 정교하게 구성된다. Matera, 1982: 57 이하

> 강도 둘을 예수와 함께 십자가에 못 박으니…
> 지나가는 자들은 자기 머리를 흔들며 예수를 모욕하여 이르되
> "아하 성전을 헐고 사흘에 짓는다는 자여
> 네가 너를 구원하여 십자가에서 내려오라 하고"

그와 같이 대제사장들도 서기관들과 함께 희롱하며 서로 말하되
"그가 남은 구원하였으되 자기는 구원할 수 없도다
이스라엘의 왕 그리스도가 지금 십자가에서 내려와
우리가 보고 믿게 할지어다 하며"
함께 십자가에 못 박힌 자들도 예수를 욕하더라15:27c-32

빌라도 앞에서 심문을 받을 때처럼 마가는 예수의 길의 마지막 대결을 위해 유대의 정치 영역을 대표하는 모든 자, 즉 반군과 협력자와 무리를 모은다. 각 세력에 대해 살펴보자.

마가는 예수께서 두 "강도"15:27; 듀오 레스타스; 위 2장 C, 2 사이에서 십자가에 못 박히셨다고 말한다. 이것은 당국이 예수를 "사회적 도적"으로 인식했음을 보여주는 마가의 두 번째 언급이다.14:48 참조 예수는 여기서 다른 두 강도와 함께 로마 군인들에 의해 처형당하신다. 두 강도가 예수 곁에 선 것은 그리 놀라운 일이 아니다. 정치적 파괴분자만이 이런 처형을 받았기 때문이다. 그러나 예수의 체포로부터 처형에 이르기까지 예수께서 사회적 도적으로 오해받았다는 마가의 주장은 어떤 사회적 역할을 가지는가?

마가는 사회적 도적을 "혁명가" 바라바와 구별한다. 그는 확실히 도시의 시카리우스파를 대표한다. 반면에 사회적 도적은 주로 시골에서 활동한다. 예루살렘을 사수하기 위해 사병을 끌고 온 도적 떼의 지도층-기샬라의 요한과 시몬 바르 기오라-은 임시 정부에서 중요한 역할을 수행했다.Horsley and Hanson, 1985:77 이하; 위, 2장 C, 2 마찬가지로 예수도 시몬 바르 기오라처럼 메시아의 이름으로 시골에서 활동하다 도시로 왔다. 이 진술이 아무리 역사적이라고 할지라도, 마가는 이곳에서 매우 중요한 이데올로기적 진술을 제시하고 있다. 마가는 두 번째 설교에서 분명히 예수를 반군의 수단과 목적으로부터 분리시켰다. 그러나 이제 예수는 로마와 기존의 사회-경제적 상황에 대한 공

동의 대적으로서 같은 운명에 처하게 되신 것이다. 예수는 자객시카리우스으로 추적당했으며 사회적 도적으로 인식되었다. 마가는 예수를 팔레스타인의 모든 분파 가운데 이들 곁에 위치시킨 것이다.

이러한 사실을 강조하기라도 하듯이, 마가는 우리에게 두 강도가 “하나는 그의 우편에, 하나는 좌편에” 있다고 진술한다.15:27 두 자리는 앞서 제자들이 경쟁적으로 다투었던10:37 “존경”의 자리이다. 이것의 함축은 분명하다. 예수의 메시아적 비폭력으로의 부르심은 반군의 요구 이상의 것을 요구하지 않는다는 것이다. 이곳에 나타난 역설은 기꺼이 당국의 손에 죽음의 “세례”를 받겠다는 용기를 보인 것은 아이러니하게도 자신의 제자가 아니라 무장한 저항군이라는 것이다.cf. 10:39 이하 마가의 예수는 자신이 거부하는 반군과 함께 서계신다고 말할 수 있는 것은 바로 이러한 사실 때문이다. 사실 반군은 다른 사람들과 함께 그의 길을 조롱한 자들이다. 나는 메시아의 비폭력의 제자들을 위한 교훈이 여전히 유지된다고 생각한다. 즉, 우리의 저항은 “범죄자 중 하나로 헤아림을”사 53:12의 음조로 말하면 받을 만큼 진지해야만 그들이 진지한 대안으로 받아들일 수 있다는 것이다. 마가는 폭력적 투쟁을 선택한 자들이 무저항 불복종 운동을 실천하는 자들보다 십자가를 지는 존경스러운 자리에 설 때가 많다는 사실을 인정해야 한다고 말한다.

이제 지나가는 자들에 대해 살펴보자. 이들은 헌신하지 않는 무리를 대표한다. 그들은 “자기 머리를 흔들며” 모욕했는데 이것은 애가 2:15에 나오는 타락한 이스라엘의 비웃음을 암시한다. 또한 이 구절은 시편 22편에 대한 두 번째 인용이기도 하다.

> 나를 보는 자는 다 나를 비웃으며
> 입술을 비쭉거리고 머리를 흔들며 말하되
> 그가 여호와께 의탁하니

구원하실 걸…하나이다.시 22:7 이하

무리는 14:58의 혐의를 반복한다. 마가는 이를 통해 독자에게 "성소"와 예수의 "몸"의 마지막 대결이 있을 것임을 보여준다. 이 대결은 세 번째 묵시적 순간을 통해 극적으로 그려질 것이다. 그들은 예수에게 십자가에서 "내려와" "너를 구원"하라는 도전또는 호소으로 조롱을 마친다.15:30

두 주제는 마지막 그룹인 대제사장과 서기관의 동맹을 통해 더욱 강화된다. 그들은 로마 군인들과 마찬가지로15:20 예수의 실패한 정치적 열망을 "희롱"함으로써엠파이존테스, 평행을 유지한다. 그들은 예수를 공회가 신성모독으로 정죄한 메시아라는 혐의뿐만 아니라 빌라도가 주장한 "왕"이라는 혐의도 덧붙여 조롱한다.15:32 그들은 빌라도의 모욕15:9을 수정하였으나, 로마와의 결탁만 드러내었을 뿐이다. "그가 남은 구원하였으되 자기는 구원할 수 없도다"라는 아이러니한 진술은 다시 한번 대적의 입을 통해 메시아에 대한 핵심적인 진리가 드러난 사례다. 예수는 실제로 생명을 "구원"하는 일에 전념했으며3:4, 제자들에게 자신의 목숨을 구원하고자 하면 잃을 것이라고 경고하셨다.8:35 이 이야기의 비극은 아무도 이 역설을 이해하지 못했다는 것이다. 그의 대적은 그것을 조롱했으며, 제자들은 그것을 버렸다.

이 장 서두에서 언급했듯이 그들의 마지막 도전에는 절망감도 배어 있다.

지금 십자가에서 내려와
우리가 보고 믿게 할지어다.15:32b

예수의 대적은 그에게 십자가를 거부하라고 간청하고 있다. 이곳에 구조주의자가 말하는 "서브텍스트"가 존재한다면, 예수를 비난하는 자들에게서 나타나는 이 비극의 보다 나은 결말을 위한 은밀한 희망일 것이다. 그들은

"만일" 예수께서 승리주의의 내러티브를 구해낼 수 있다면 믿을 준비가 되어 있다는 것이다. 실제로 마지막 순간의 개입에 대한 이 기대는 결국 한 사람의 탄식으로 나타날만큼 강력한 것이었다.

> 보라 엘리야를 부른다[15:35]
>
> 엘리야가 와서 그를 내려 주나 보자[15:36]

이것은 마가의 이야기의 특징이 되는 믿음을 위한 투쟁에 대한 비극적 절정에 해당한다.[cf. 9:24] 로마의 십자가에 달리신 예수가 어떻게 이스라엘의 왕이 될 수 있는가? 강도들이 그들의 조롱에 합류했듯이[15:32c], 마치 팔레스타인의 정치적 문화 전체가 예수의 길을 거부한 것처럼 보인다. 오늘날의 사정도 크게 다르지 않다.

13B. 예수께서 십자가에 못 박히심: 세 번째 묵시적 순간[15:33-38]

1. 세상의 끝

마가는 예수의 생애 마지막 장면을 동심원구조로 제시한다.

첫 번째 심판: 세 시간의 어둠

  첫 번째 크게 소리 지르심: 시편 22:1

    곁에 섰던 자: "보라 그가 엘리야를 부른다"

    신 포도주를 준 자: "엘리야가 와서…보자"

  두 번째 크게 소리 지르심: 예수께서 돌아가심

두 번째 심판: 성소 휘장이 찢어짐

여기서 마가의 신화 전쟁은 두 차례의 심판 모티브를 통해 절정에 달한다.

첫째는 온 땅에 세 시간 동안제육시부터 제구시까지, 십자가의 두 번째 및 세 번째 시간 어둠이 임한 것이다. 이것은 출애굽기 10:22에서 온 것이다. 그곳 본문에서 여호와는 바로와의 신화 전쟁을 통해 애굽에서 삼 일 동안 해를 가림으로 태양신 라Ra를 숭배하는 제국의 질서를 거부하셨다. 이 모티브는 이곳에서 13:24에 언급된 묵시적 "때"가 실현되었음을 보여주는 첫 번째 표지다. 우주적 힘 또는 세계 질서의 파괴는 지배적 세계 질서의 멸망을 상징한다.11장 D, 1 참조

계속해서 제구시에는 두 개의 극적인 외침사실상 "죽음의 소리" 가운데 첫 번째가 이어진다. 이 "큰 소리"는 시편 22편에 대한 세 번째이자 마지막 암시이다. 마가는 시편 22:1의 아람어 인용문을 히브리어로 번역한다.15:34 예수를 시편의 고난받는 의인으로 서술할 때의 강조점은 철저히 버림받았다는 고통에 있다.

> 예수의 부르짖음은 시편 전체를 암시한다. 왜냐하면 구약성경과 랍비의 용례에서 책이나 기도의 첫 마디를 인용한다는 것은 책이나 기도 전체를 가리키는 것이기 때문이다.… 그러나 십자가에 못을 박는 내러티브에서, 마가가 이 서술의 처음과 끝부분에 인용한 구절22:7 및 18절과 함께, 예수께서 첫 마디만 인용하시고 이 시편의 신뢰의 표현이나 결론적 찬양은 인용되지 않았다는 사실은 놀랍다.Weber, 1975:38 이하

하늘을 향한 이 고통스러운 항변에 대한 응답은 없다. 이전의 두 묵시적 순간과 달리, 하늘의 음성은 침묵한다.

곁에 선 자들은 예수께서 엘리야를 부르신다고 생각했으며13:35, 테일러는 당시에 잘 알려진 "위기의 순간에 엘리야가 와서 경건한 자들을 구원할 것"이라는 믿음을 인용한다. 예수에게 신 포도주를 마시게 한군인들의 일반적 관례이다 자는 긴장을 더욱 확장한다.15:36 과연 엘리야가 와서 예수를 죽음의 문턱

에서 건져낼 것인가? 위대한 선지자 엘리야에 대한 호소와 함께 엘리야 내러티브는 끝난다. 예수께서 크게 소리를 지르신 것에보에센 포네 메갈레은 이 이야기의 처음에 이사야가 말한 광야에서 외치는 소리1:3; 포네 분토스를 상기시킨다. 이 소리는 엘리야의 화신인 세례요한이 구현한다.1:6 그러나 이제 요한/엘리야는 어디 있는가? "엘리야가 왔으되 기록된 바와 같이 사람들이 함부로 대우하였느니라 하시니라."9:13 다시 말하면 제십일시마 20:6에서 나오는 표현으로 "마지막 순간"이라는 뜻이다-역주의 구원은 없다는 것이다. 포도원의 모든 농부가 집주인 앞에서 동일한 운명에 처해 있기 때문이다.12:1 이하

무리는 기적을 "보고"싶어 했다. 그러나 그들이 "본" 것은 인자의 계시이다. 예수께서 "큰 소리"포네 메갈렌와 함께 숨지시자 그들의 추측은 끝났다. 귀신들이 예수의 두 차례 축귀 사역에서1:27; 5:7 쫓겨나갈 때 지른 소리가 이 소리다. 독자는 이 시점에서 전율을 느낄 것이다. 이것은 가장 깊은 어둠의 반전인가? 권력자들이 예수에게서 귀신을 쫓아냈는가? 결국 마가가 대안으로 제시한 상징적 영역은 이렇게 붕괴되고 말았는가? 예수는 과연 점차 악화하는 배신과 패배 내러티브의 마지막 희생자인가? 증거는 압도적인 것처럼 보인다. 엘리야는 오지 않았고 하늘은 침묵했다. 결박당한 자는 강한 자가 아니라 예수시며, 멸망한 것은 성전이 아니라 예수시다. 이제 그는 죽었으며, 이야기는 여기서 멈추어버린 것처럼 보인다.

우리가 이 항거할 수 없는 내러티브의 논리를 받아들일 수 없는 것처럼, 마가는 곧바로 이야기를 극적으로 뒤집는다. 그 순간 "성소 휘장이카타페타스마 투 나우 위로부터 아래까지 찢어져 둘이" 되었다.15:38 테일러는 70인역에서 카타페타스마는…성소와 지성소 사이에 있는 휘장을 가리키지만출 26:31-37, 성소의 출입문을 가리는 휘장을 가리키기도 한다."1963:596는 사실을 지적한다. 이제 성전의 권위와 효력에 대한 마가의 상징적 내러티브는 종결되었다. 예수의 죽음은 "낡은 옷"의 "해어짐"이 돌이킬 수 없는 지점까지 왔음을 보여준

다.[2:21] 성소의 핵심적인 상징적 질서는 무너졌다. 따라서 이것은 "세상 끝"에 대한 두 번째 상징이다. 강한 자는 승리하지 못했으며, 그의 "집"은 탈취당했다. 그러나 어떻게 그럴 수 있는가?

2. 인자의 강림

마가가 어떻게 이런 주장을 할 수 있었는지 이해하기 위해서는 먼저 세 가지 "묵시적 순간"을 공관적 관점에서 살펴볼 필요가 있다. 세 순간은 마가복음 이야기의 시작예수의 세례과 중간예수의 변모과 끝에 위치해 있다. 내러티브적 차원에서 각 순간은 구조의 재생에 중요하다. 세례는 하나님 나라에 대한 전복적 사역을 시작하며, 변모는 두 번째 제자도 부르심을 확인함으로써 그것을 더욱 심화시킨다. 골고다는 세례[10:38]에 따르면 정치적 사형을 가리키는 메타포이다와 "십자가"[8:34]를 통해 두 순간을 구현하는 "실천"이다.

세 순간은 네 가지 구성적 요소를 공유한다. [a] 일종의 하늘의 징조마가가 다른 곳에서는 피하는, [b] 음성, [c] 예수를 하나님의 아들로 규명함, [d] 엘리야와의 관계.

세례	변모	십자가
(a) 하늘의 갈라짐	옷이 매우 희어짐	성소의 휘장이 찢으짐
비둘기가 내려옴	구름이 내려옴	어둠이 임함
(b) 하늘의 음성	하늘의 음성	예수의 큰 소리
(c) 너는 내 사랑하는 아들이라	이는 내 사랑하는 아들이라	이 사람은 진실로 하나님의 아들이었도다
(d) 엘리야로서 세례요한	엘리야와 함께 나타나신 예수	보라 엘리야를 부른다

세 순간 사이의 내러티브적 요소를 염두에 둘 때, 이데올로기적 의미의 차

원에서 세 번째 순간의 의미는 인자의 강림으로 이해해야 한다는 사실을 볼 수 있다.

예수는 이 이야기 전체에서 "메시아"와 "하나님의 아들"이라는 호칭을 거부하셨으며[3:11; 5:7; 8:29], 대신에 "인자"라는 완곡한 3인칭 표현을 즐겨 사용하셨다. 예수는 이 인자가 종으로서 고난 당하시고 죽으실 것이라고 말씀하신다. 앞서 언급했듯이, 인자라는 표현은 다니엘 7:9-14에서 나왔으며, 이 신탁은 골고다에서 일어나고 있는 신화 전쟁을 분명히 한다. 다니엘의 환상에서 "짐승"이 승리한 것처럼 보이는 그 때[단 7:3-8], 갑자기 다른 비전이 모든 것을 뒤집는다. 짐승은 하늘 법정에 서며, 다른 나라들과 함께 권세를 박탈당한다.

> 인자 같은 이가 하늘 구름을 타고 와서 옛적부터 항상 계신 이에게 나아가 그 앞으로 인도되매 그에게 권세와 영광과 나라를 주고[단 7:13-14]

이곳에서 마가의 묵시적 상호텍스트성은 13:14에서처럼 분명한 정치적 색채를 띤다. 그는 다시 한번 로마-유대의 공동 주권을 새로운 짐승인 안티오쿠스 에피파네스4세로 대체한다. 시대의 통치자들을 무너뜨린 인자의 신화는 지배적 질서에 대한 항거를 정당화하고 그것의 몰락을 약속하는 혁명가이다.

전통적 신학은 두 번째 묵시적 순간의 경우 다니엘서에 대한 암시를 인정하지만, 세 번째 묵시적 순간에 대해서는 인정하지 않는다. 언제나 제국의 승리적 이데올로기에 집착하는 그들은 메시아의 첫 번째 강림과 두 번째 강림을 분리함으로써 십자가의 예수와 변모산의 예수를 구분한다. 그러나 마가는 우리에게 모든 묵시적 순간을 십자가라는 한 가지 사건과 연결하는 내러티브적 단서를 제공한다. 우리는 예수께서 자신의 청중이 인자의 강림을 "보게"될 것이라는 사실을 세 차례-제자들[9:1], 권세자들[13:25], 공회원[14:62]- 예언한 것을 기억한다. 이제 우리는 예수의 처형 내러티브가 실제로 그의 말씀을 이룬 사실을 깨닫는다. 십자가 현장에는 제자들 가운데 일부15:40의 멀리서 "바라보는"여자들와 모든 정치 권력공회원을 포함하여이 모습을 드러낸다. 그들은 십자가에서 인자의 강림을 "보고 있다." 이것이 8:29 이하 및 13:24 이하에서 말하는 순간이라는 것은 두 차례의 묵시적 전조를 통해 확인된다. 해가 어두워지고우주적 상징 성소의 휘장이 둘로 찢어졌다.정치적 상징 세상 질서가 와해되고 권능들이 무너졌다.13:24 이하

다니엘의 심판과 "등극"신화는 마가의 세 번째 묵시적 순간십자가을 통해 재진술된다. 그것은 예수와 유혹/사탄의 싸움1:13 = 8:33 = 14:38을 통해 이 땅에서 재현되고 있는 "하늘의 전쟁"에 대한 결론이다. "영광"의 신화적 순간에 권세들에 대한 통치권을 부여받은 인자는 죽음의 신화적 순간에 "자기 목숨을 많은 사람의 대속물로 주시는" 인자이다. 대립하는 두 개의 이데올로기적 제도 사이의 신화 전쟁은 이곳에서 절정에 달한다. 그것은 여호와와 바로의 태양신 "라"의 대결이자, 천사장 미가엘과 바사 왕국 군주의 대결단 10:12 이하과 같은, 예수의 "몸"과 성전의 대결이다. 이것을 알면 예수의 죽음과 부활에 대한 예언과 "사흘 안에" 성전을 헐고 다시 지을 것이라고 말했다는 대적의 주장14:58 사이의 상관성을 이해하게 된다. 첫 번째 주장은 성취되었다. 예수는 그들의 손에 "넘겨져 죽었으며", "손으로 지은 성전"은 상징적으로 파괴되었다.휘장이 찢어짐 이제 남은 것은 이 내러티브가 어떻게 "손으로 짓지 아니한" 새로운 성전을 짓느냐는 것이다.

13C. 후기: 예수의 죽음에 대한 세 가지 반응15:39-47

우리는 이제 두 번째 "에필로그"에 이르렀다. 이곳에서는 첫 번째 에필로그와 마찬가지로, 마가복음 후반부의 상징들이 해결될 것이다. 인자가 십자

가의 “권능과 영광”으로 오시는 장면은 예수와 함께 일을 도모한 자들과 예수에 대해 음모를 꾸민 자들이 함께 보았다. 이제 마가는 이러한 세 부류의 “증인”-백부장, 공회원 및 여자 제자들- 에 대해 간략히 진술한다. 세 개의 삽화는 모두 두 부분으로 구성되며, 시간적으로 정교히 연결된다.

예수의 죽음의 증인으로서 백부장15:39

여자 제자들이 죽음을 “바라본다.”40절 이하

요셉이 예수의 시체를 달라고 호소한다.42절 이하

예수의 죽음의 증인으로서 백부장44절 이하

요셉이 예수를 장사한다.46절

여자 제자들이 장사를 “바라본다.”47절

이 “후기”의 기능은 내러티브를 제자도 이야기가 재생성되는 무덤에서의 최종적 만남과 연결하는 것이다. 이 에필로그를 통해 예수의 “시체”는 계속해서 내러티브의 중심을 유지함으로써, 죽음이 끝이 아님을 보여준다.

1. 백부장: 로마가 예수를 이겼다

예수의 죽음에 대한 첫 번째 반응은 15:39에 제시된 로마 백부장의 유명한 “고백”이다. 그의 말은 전통적 주석에서 마가복음의 “절정”에 해당하는 것으로 광범위하게 인식되며, “메시아 은닉성”에 대한 내러티브적 그리고 신학적 해결을 제공한다. 사람들은 마가의 기독론은 오직 “십자가 밑”에서만이 예수의 “아들 되심”을 정당하게 찬양할 수 있음을 보여준다고 말한다. 슈바이처Schweizer도 마찬가지다.

> 예수에게서 하나님의 전능하신 행위를 깨달은 자의 첫 번째 고백을 끌어낸 자는 기적을 행하는 자가 아니라 십자가에 못 박히신 자이다. 하나님의 치유나 구원의 특별한 능력을 경험한 자들도 진정한 믿음으로 이어지지 못했으나, 영적

> 으로 빈곤한 한 이방인이 예수께서 지금까지 행하신 모든 것은 자신에게 생명의 길을 열어주기 위함이었음을 깨닫는다.[1978:396]

이러한 전통적 관점은 십자가를 예수에 대한 진정한 고백을 위해 존재하는 것으로 인식하는 한, 사실이라고 할 수 있다. 그러나 이것은 이미 8:27 이하의 첫 번째 고백을 통해 분명히 구현되었다.[8장 C] 어쨌든 이것은 이곳의 쟁점이 아니다. 진정한 고백이 예수의 처형 현장에 있던 자 가운데 하나인 로마 군인 "백부장"은 라틴어이다 의 입을 통해 구현되었다는 해석은 그에게 지나친 신뢰성을 부여할 뿐만 아니라, 제국적 성향을 드러낸 것임을 보여준다. 이것은 신학을 위해 정치적 담론을 억제하려는, 또 하나의 시도에 지나지 않는다.

마가의 급진적 내러티브의 반전적 성격을 고려할 때, 이론적으로 백부장의 "회심"에 대한 전통적 관점은 불가능한 것은 아니다. 그러나 자세히 들여다보면 이러한 해석이 불가능하다는 사실을 알 수 있다. 본문에는 몇 가지 내러티브 단서가 제시된다. 첫째로, 마가는 이 장면에 대해 백부장이 십자가에 달리신 예수를 향하여 서 있는 호 파레테코스 엑스 에난티아스 아우투 모습으로 제시한다. 마가복음에서 이러한 공간적 긴장은 일반적으로 결속이 아니라 대립 에난티오스, 6:48 을 보여준다. 둘째로, 이 백부장은 잠시 후 예수가 죽었다는 사실을 확인하고 빌라도에게 보고하기 위해 다시 등장한다. 그가 빌라도에게 충성하는 로마 군인의 역할에서 벗어나지 못했다는 사실은 마가가 이것을 제자도 기사로 간주하지 않고 있음을 보여준다. 놀라운 것은, 모든 고백에는 반드시 제자도가 필요하다고 강조해온 슈바이처 같은 학자가 이곳에 이러한 제자도가 빠져 있다는 사실을 모르고 있다는 것이다.

셋째로, 이 "고백" 자체에 단서가 있다. 많은 사람은 헬라어로 "이 사람은 진실로 하나님의 아들이었도다"라는 백부장의 말은 일반적 존경의 진술로 해석될 수 있다는 사실을 지적한다. 그의 진지함 "진실로", 알레도스 도 특별한 의미를 담고 있지 않다. 마가는 앞서 두 차례나 이 감탄을 제자 공동체의 대적에게 부여한 바 있기 때문이다.[12:14; 14:70] 그러나 우리가 이것을 고백으로 받아들인다고 해도 정당성을 보장할 수 없으며, 신학자들도 우리가 그렇게 추측해야 할 타당한 근거를 제시하지 못한다. 어쨌든 예수가 "하나님의 아들"이심은 앞서 마가를 통해 이야기 첫 부분에서 "합법적으로" 진술되었으며[1:1], 첫 번째 두 묵시적 순간에 하늘의 음성을 통해[1:11; 9:7] 확인된 바 있다. 예수와 관련하여 "아들"이라는 다른 모든 묘사는 귀신이나 정치적 대적을 통해서다.[3:11; 5:7; 6:3; 14:61] 다시 말하면, 이 호칭은 "고백"으로 제시되기보다 예수의 이름을 부름으로써 지배하려는 적대적 반응으로 제시되었다는 것이다. 그렇다면 이 관점이 지금까지 마가의 정치적 담론에 더 적합하지 않은가? 로마는 나사렛에 승리하였으며, 그의 죽음을 확인한 자가 "그의 이름을 불렀다"는 것이다.[15:44 이하]

백부장의 외침과 귀신이나 대제사장의 외침 사이의 유일한 차이는 예수가 죽었기 때문에 그를 침묵시키거나 거부하지 않았다는 것이다. 따라서 독자의 분별력이 요구된다. 우리의 가장 중요한 단서는 세 번째 묵시적 순간과 이전 두 묵시적 순간의 불일치이다. 엘리야는 세례요한을 통해와 변모환상을 통해에서 등장했으나, 십자가에서 엘리야를 부른 자는 예수를 조롱한 자들이다. 하늘긍정적인 내러티브 요소의 전조는 성소의 휘장이 찢어지는 지상부정적인 내러티브 요소의 전조로 대체된다. 또한 이곳에는 구름 속에서 들린 "믿을 수 있는 증거"도 침묵한다. 이 모든 요소를 고려할 때 백부장의 말을 신뢰할 수 있는가? 그렇다면, 우리는 이야기 전체의 가장 두드러진 교훈 가운데 하나를 배우지 못한 것이다. 즉, 권력자는 사실상 "예수가 누구신지 알고 있으면서"그를 파괴하려 하지만, 정작 예수를 따르는 자들은 종종 그가 누구신지 모름에도 불구하고 예수를 믿으려 한다는 것이다. 결국, 십자가 처형 이후 예수에 대한 믿을 수 있는 "증인"은 "청년"뿐이다. 그는 여자들에게 예수께서 살아나셨으며 제자도 여정은 계속될 것이라고 말한다.

2. 요셉: 산헤드린은 예수를 물리쳤다

여자들의 카메오 등장은 잠시 제쳐두고15:40, 우리는 예수의 죽음에 대한 "압제자의 반응"에 대한 또 하나의 이야기를 살펴보자. 아리마대 사람 요셉은 단역으로 등장하는 마지막 인물이다. 이 에피소드 역시 모호하며, 많은 주석가에 의해 오해되고 있다. 이 에피소드는 "저녁"옵시아스 게노메네스이라는 끝에서 두 번째로 제시된 시간을 가리키는 표현으로 시작한다. 예수에 대한 정죄와 죽음의 긴 하루가 끝나고 있다. 이제 그의 시신을 십자가에서 제거하는 일만 남았다. 마가는 지금이 안식일 저녁이라는 사실을 조심스럽게 언급한다. 여기에는 두 가지 이유가 있다. 첫째로, 이것은 예수의 사역 기사에 내러티브적 균형을 제공한다. 예수의 사역 기사는 안식일과 관련하여 시작되며1:21, 그의 공적 치유 사역은 "저물어 해 질 때"옵시아스 데 게노메네스, 1:32 시작된다. 따라서 이 사역은 안식일 저녁에 끝난다. 둘째로, 안식일 문제는 이야기 전체에서 상호 간의 충돌이 이루어지는 지점이며, 마지막으로 중요한 역할을 할 것이다.

대부분의 주석가는 요셉의 행위를 일종의 "니고데모 모티브"에 해당하는, 회개한 유대 지도층의 자비로운 행위로 칭찬한다. 그러나 이 관점 역시 자세히 들여다보면 그렇지 않다는 사실을 알 수 있다. 요셉은 부자다.유스케몬"존경받는": 파피루스 고문서는 이 단어가 부유한 지주를 가리킨다는 사실을 분명히 보여준다. 예레미아스, 1969:96 또한 그는 산헤드린 공회원불류테스이기도 하다.15:43 다시 말하면, 요셉은 백부장과 마찬가지로 예수의 처형 과정에 깊이 연루된 자라는 것이다. 마가는 요셉을 "하나님의 나라를 기다리는 자"로 제시함으로써 그를 구별한다. "호스 카이 아우토스"이 사람은라는 강조형은 "그러나 그는 다른 사람들과 달리"라는 뉘앙스를 가진다. "기다리다"라는 동사프로스데코메노스는 "하나님 나라의 포용성"6:11; 9:37; 10:15이라는 마가의 이데올로기에 중요한 "에케스다이"

라는 호의적 동사에서 나온 것이다. 그러나 마가복음에서 하나님의 나라에 가장 근접한 서기관이 "네가 하나님의 나라에서 멀지 않도다"12:34라는 말씀을 들었다는 사실에 비추어볼 때, 이 언급에 대한 정확한 판단을 하기는 어렵다.

공회원이 빌라도에게 시신을 달라고 한 요구가 "당돌"했다고 표현한 것은, 당시 로마의 총독이 얼마나 막강한 권한을 가지고 있었는지를 풍자적으로 보여준다. 그러나 이 장면 역시 유대 지도층이 백성의 저항이 있기 전에 모든 문제를 신속히 처리하기에 급급했다는 인상을 준다. 어떤 사람들은 요셉의 행위를 위엄 있는 행위로 본다. 그는 십자가형의 희생자들에게 종종 일어나는 일처럼 시체프토마, 두 차례, 15:43, 45를 들짐승의 밥이 되도록 버려두지 않고 정상적으로 무덤에 안치했다.15:46 그러나 마가는 요셉이 공식적인 장례식이나 유대 법의 장례 절차를 따랐다는 언급을 하지 않는다. 따라서 이것은 마지막 무례를 범했음을 보여주는, 급한 장례로 해석할 수 있다. 테일러는 요셉이 시신을 "싸서"15:46, 에네일레센라는 동사마저 "죄수를 속박하다.… 사람을 그물로 사로잡다.…"라는, 주로 부정적인 의미로 사용된다는 사실을 지적한다.1963:601

이 해석은 나중에 16:1 이하에서 여자 제자들이 향품을 가지고 무덤으로 간 사실에 의해 확인된다. 즉, 그들은 시신에 대한 합당한 마지막 절차를 시도했다는 것이다. 풀러R. Fuller는 다음과 같이 말한다.

> 제자들 가운데 아무도 주인에 대한 마지막 예를 갖추지 못했다는 것은 수치였을 것이다.… 예수의 시신을 합당한 장례 절차도 없이 대적의 손에 맡겼다면, 여자들이 예수에게 합당한 장례를 위해 무덤으로 가지 못할 이유가 없다.1971:55 이하

풀러에 따르면, 이것은 마가가 요셉의 행위를 안식일이 다가온 사실과 연결한 이유를 설명해준다. "산헤드린은 예수의 장례를 대행한 자"였기 때문에 그들은 "시체를 십자가에 걸어둠으로써 안식일을 더럽히지 않으려고 급한 장례"를 시행했다는 것이다.앞의 책 다시 말하면, 요셉은 단지 제의적 정결 문제에만 관심이 있었을 뿐이라는 것이다. 결국, 산헤드린은 상징적 질서에 대한 예수의 도전을 성공적으로 물리쳤다. "안식일의 주인"2:28을 자처한 자는 안식일의 질서를 위해 비정상적인 매장이라는 궁극적 수치를 당했다.

끝으로, 이 이야기에는 비극적 비애감도 나타난다. 요셉은 예수를 무덤에 넣어 두었다.에데켄 아우톤 엔 엠네마티 이것은 세례요한의 처형 장면에서 요한의 제자들이 보였던 행위를 상기시킨다.6:29, 에란 토 프토마 아우투 카이 에데칸 아우토 엔 엠네메이오 요셉은 시체를 "세마포"에 쌌는데 이것은 공동체가 겟세마네에서 예수를 버린 사건을 암시한다.14:50-52; 청년은 베 홑이불을 버리고 달아났다 예수의 제자들은 죽음의 순간에도 요한의 제자들만큼 신실하지 못했다. 그들은 그곳에서 "십자가를 지지" 않았으며, "시체를 가지고" 가지도 않았다.cf. 14:22 이 에피소드는 요셉이 돌을 굴려 무덤을 막는 장면으로 끝난다.15:46 이 행위는 상징적으로 예수의 내러티브를 끝낸다. 모든 것이 진압되었다.

"회개한 백부장"의 "고백"과 "은밀한 공회원 제자"의 "자비로운 행위"에 감탄한 자들의 주장과 달리, 이 후기는 희망과 소망으로 가득한 새로운 내러티브 전망을 제시하지 않는다. 오히려 이 이야기는 매우 모호하며, 예수의 대적이 마지막으로 할 수 있는 말처럼 보인다. 예수를 처형한 자는 그의 이름을 불렀으나, 이것은 예수께서 그의 이름을 부인한 제자14:66 이하를 인도하신 사실과 대조를 보인다. 예수를 내린카다이레오, "십자가에 달린 사람을 옮기다"라는 뜻의 전문용어다," 테일러, 1963:595 자는 엘리야가 아니라15:36 공회원이다.15:46 그는 예수를 무덤 속에 봉인했다. 예수를 그곳에 두기 위해 합세했던 권력자들이 내러티브를 넘겨받았다. 제자 공동체는 사라지고, 여자들만 남았다.

3. 여자들: 진정한 제자도

죽음/장사라는 이중적 드라마의 각 단계 마지막에서 마가는 이 장면을 "보고 있는" 여자들에 대해 언급한다.15:40,47 이렇게 보는 행위 자체는 중요하지 않다. 인정이 많은 예루살렘 여자들이 십자가 처형에 관심을 가지는 것은 흔히 있는 일이었다. 그러나 마가는 곧바로 우리에게 이 여자들이 예루살렘 사람이 아니라 갈릴리에서 예수를 따르던 제자들이라는 사실을 밝힌다.15:41 마가는 거기서 멈추지 않고 그들이 제자들의 귀감이 되는 전형적 그룹이라는 결정적인 진술을 제시한다. 그들은 갈릴리 사역부터 예수를 "따르며"에콜루둔, 뿐만 아니라 "섬기던" 자들이다. 이곳 마지막 장면에서 마가는 처음 장면과 마찬가지로1:31 여자들이 섬겼다고 말한다. 이것은 마치 진정한 리더십디아코니아, 9:35; 10:43의 소명을 깨달은 자는 여자들뿐이라고 말하는 것 같다. 둘째로, 이 여자들은 예수와 함께 예루살렘으로 올라왔으며수나나바사이 아우토, 그가 죽을 때까지 함께 머물렀다. 바꿔 말하면, 겟세마네에서 모든 사람이 예수를 버린 것은 아니라는 뜻이다. 지금 여자들은 제자도 내러티브를 잇는 "생명선"이 되고 있다.

여자들은 공동체의 남자들이 할 수 없는 두 가지 일을 했다. 그들은 섬기는 자가 되었으며 예수께서 잡히시고 처형되신 후까지 계속해서 그를 따랐다. 이 여자들은 누구인가? 세 명의 이름이 제시된다. 그 가운데 한 사람은 예수의 어머니로 보인다.만일 "야고보와 요세의 어머니 마리아"와 6:3의 "야고보와 요셉과 유다와 시몬의 어머니"가 같은 사람이라면 이것은 3:31에 서술된 예수의 어머니의 태도와 관련하여, 이야기에 진술되지 않은 반전을 암시한다. 그러나 이런 관점을 배제할 근거는 없다. 더구나 그는 이곳에서 "어머니"가 아니라 제자로 서술된다. cf. 3:34 어쨌든, 세 여자가 누구든, 마가는 그들을 이전 핵심 제자였던 세 사람베드로, 야고보, 요한에 대한 대안으로 제시한다.

이것은 마가의 내러티브가 사회적 정통의 규범을 무너뜨린 마지막 사례며, 매우 조직적인 당시 남녀의 역할 구분을 생각하면 가장 급진적인 사례이기도 하다. 가장 높은 정치 권력부터 가장 깊은 문화적 패턴에 이르기까지 세계 질서는 무너지고 새로운 공동체 안에서 시작될 것이다. "나중된" 자로 "먼저"될 자는 이 여자들이며, 그들은 부활의 메시지를 맡을 것이다. 그러나 여자들이 새로운 공동체의 진정한 지도자로 부상하는 것이 내러티브의 추론이라고 할지라도, 이 드라마의 마지막 장에서 살펴보겠지만 이곳에서조차 그들에 대한 마가의 서술은 근본적으로 낭만적이지 않으며, 결국 모호함만 남긴다.

13D. 제자도 내러티브의 재개16:1-7

테일러와 같은 역사주의자 해석가조차 "극화"되었다고 인정하는 에필로그의 마지막 장면은 신격화를 위해 정교하게 구성되어 있으며, 대답은 없고 의문만 남아 있는 내러티브 상징으로 가득하다. 그러나 이 짧은 기사를 통해, 이야기는 비극적이고 미지근한 결말에서 회복된다. 이것은 모든 것이 해결된 "해피엔딩"은 아니지만, 제자도 내러티브는 새로운 시작을 부여받는다.

1. 여자들과 "청년"

여자들에 의한 진정한 자비의 사역16:1-3은 아리마대 요셉의 행위와 직접적인 대조를 보인다. 공회원은 안식일 전에,

1. 세마포를 사서아고라제인
2. 예수의 시체를 부당한 방식으로 싸서
3. 예수를 한 무덤에 넣어 두고
4. 돌을 굴려 무덤 문을 막았다

내러티브는 끝났다. 안식일 후 여자들은,

1. 향품을 사서에고라산

2. 그 무덤으로 가서

3. 예수께 정당한 방식으로 향품을 바르기 위해

4. 누가 무덤 문에서 돌을 굴려 줄 것인지 의논한다

여자들은 수사학적으로, 어떻게 닫힌 무덤이 다시 열릴 수 있을 것인지 묻는다. 독자도 이야기 자체에 대해 똑 같은 생각을 가진다. 그들은 "결말"에 대한 봉인이 제거된 것을 발견한다. "어떻게"에 대해서는 들을 수 없다 이것은 독자에게 아직도 내러티브가 살아 있다는 희망의 불씨를 되살린다.

여자들은 무덤으로 "가며" "결말"을 무시한다. 그들은 그곳에서 예수가 아니라 한 "청년"을 만난다.16:5, 네아니스콘 이 시점에서 마가의 내러티브 상징은 급증하기 시작한다. 첫째로, 이 청년은 "우편에" 앉아 있다. 이 위치는 앞서 핵심이 되는 남자 제자들이 서로 차지하겠다고 다툰 자리이며10:37, 시편 기자가 메시아에게12:36, 예수께서 인자에게14:62, 그리고 강도들에게15:27 주어진 자리이다. 이것은 연합의 참된 힘을 상징한다. 둘째로, 그는 "흰옷을 입었다." 페리베블레메논 첫 번째 청년도 베 홑이불을 둘렀다. 페리베블레메노스14:51 이것은 예수를 쌌던 세마포이다. 예수는 더 이상 무덤에 계시지 않는다. 그러나 지금 청년은 흰류켄 옷을 입고 있다. 이 옷은 예수께서 변화산에서 입고 계셨던 옷과 같은 색이며9:3; 위, 8장 E, 1, 요한계시록 7:9, 13의 순교자가 입은 옷에 대한 묘사에도 같은 구절이 사용된다. 끝으로, 여자들은 "매우 놀란다." 16:6, 에크담베데산 이 동사는 마가복음 다른 곳에 두 차례만 등장한다. 9:15에서는 예수의 변모 후 십자가에 대한 공적인 가르침을 본 무리의 반응에 대한 묘사에 사용되며, 14:33에서는 예수께서 자신의 처형을 받아들이기 위해 갈등하시는 모습에 대한 묘사에 사용된다. 이러한 묵시적 상징들은 모두 여자들이 "영광스러운"순교적 인물의 임재를 인식하고 있다는 결론을 내리게 한다.[1]

이제 마가는 무기력한 내러티브에 대한 반전을 시작한다. 여자들은 그들이 예수를 "찾는"[제테이테] 것을 알고 있는 청년의 꾸중을 듣는다. 내러티브 전체를 통해[1:24; 10:47; 14:67] 예수를 찾았던 자들, 즉 무리[1:37]와 예수의 가족과 공동체[3:32; 14:11]와 당국[11:18; 12:12; 14:1]은 모두 마지막에 그를 배신했다. 그러나 예수는 더 이상 단순한 "나사렛 사람"이 아니시며 "사랑하는 아들"조차 아니시다. 청년은 그를 "십자가에 못 박히신" 자로 규명한다. 이것이 "변화된 제자"의 고백이다. 끝으로, 이 예수는 요셉이 안치한 곳에 계시지 않는다. 어쨌든 당국은 어떤 권리도 주장할 수 없다. 예수는 "살아나셨다."[에게르데, 16:6] 이 단어는 앞서 치유 에피소드[에게이레인, 여섯 차례 나타난다]를 떠올리게 한다.

2. 제자도를 위한 세 번째 부르심: 다시 시작하는 이야기

반전은 청년의 지시를 통해 계속된다. 그는 여자들에게 "가서 그의 제자들과 베드로에게 이르기를 예수께서 너희보다 먼저 갈릴리로 가시나니 전에 너희에게 말씀하신 대로 너희가 거기서 뵈오리라 하라"[16:7]고 명령한다. 풀러는 이진술에 대해, 고린도전서 15:5["게바에게 보이시고 후에 열두 제자에게"]에 재생산된 "사도적 부활 전승"을 가리킨다고 말한다. 이러한 역사주의자적 관점은 "종결된" 제자도 이야기의 재개로서 메시지에 대한 내러티브적 역할을 놓치고 있다. 공동체는 제자들의 도망에 이어지는 베드로의 부인이라는 두 단계에 걸쳐 붕괴된다. 따라서 마가는 공동체를 두 단계로 재구축하고 있다. "그의 제자들과 베드로에게 이르기를"이라는 구절은 이러한 사실을 보여준다. 회복된 공동체와 함께 예수를 따르는 여정도 다시 시작된다. 그는 앞서 가신다. 14:28의 예언을 성취한 이 새로운 여정은 내러티브의 방향을 되돌린다. 그들이 예수를 따라 "예루살렘으로 올라"갔듯이[10:32], 이제 그들은 그를 따라 갈릴리로 돌아가야 한다.

제자들은 그곳에서 예수를 만날 것이다.["뵈오리라"] 로마이어[Lohmeyer], 라이트푸트, 막센과 같은 주석가들이 오래전에 지적했듯이, 이 미래 동사["옵세스데"는 마가복음의 다른 곳에서 두 곳13:26; 14:62에만 나타난다. 따라서 주석가들은 마가가 갈릴리를 인자의 파루시아재림가 이루어지는 장소로 제시한다고 주장한다.막센, 1969:75 이하, 111 이하 다른 주석가예를 들면, 테일러 및 풀러는 이것을 부활의 현현을 가리키는 언급으로 본다. 그러나 인자의 강림은 이미 십자가에서 이루어졌으며, 마가는 부활하신 그리스도의 현현에 대해 진술하고 있지 않다. 나는 마가가 자신의 내러티브 세계 "너머"를 가리키고 있지 않다고 생각한다. 이곳의 "미래" 준거점은 "과거" 준거점과 동일한 "갈릴리"이다. 갈릴리가 어디인가? 그곳은 "제자들과 베드로"가 처음 부르심을 받고, 파송을 받았으며, 예수로부터 가르침을 받은 곳이다. 다시 말하면, 제자/독자는 끝난 줄 알았던 내러티브가 다시 시작된다는 말을 듣고 있는 것이다. 이야기는 순환되고 있다!

인자에 대한 완전한 계시의 결말은 제자들이 바랐던 것처럼 공동체의 승리도, 반군이 바랐던 것처럼 회복된 다윗 왕국도, 독자가 두려워하는 것처럼 비극적 실패나 패배도 아니다. 그것은 메시아 사역의 회복 이상도 이하도 아니다. 우리가 인자의 강림을 "보는" 눈이 있다면, 예수가 여전히 우리 앞에 가시는 것을 "볼" 수 있을 것이다. 청년을 통해 "그를 따라 갈릴리로 가라"고 말씀하신 예수의 "초청"은 제자도를 위한 세 번째 부르심이자 마지막 부르심이다. 그는 희망과 두려움을 동시에 일깨워준다. 희망은 옷을 벗고 달아난 수치에 동참했던 자가 새 옷을 갈아 입고 있다는 것이며, 두려움은 그의 새 옷이 순교자의 옷이라는 것이다.

제자/독자도 이런 변화를 경험하고자 하는가? 이곳에는 마가의 사실주의와 탁월함이 전적으로 드러난다. 그만큼 마지막 내러티브 징조는 모호함으로 가득하다. 여자들은 무덤에 들어갈 때처럼 급히 나와 도망했다.에푸곤 그들은 "떨며"트로모스 "무서워하였다."엑스타시스 이것은 죽은 줄 알았던 자와의 만남에 적합한 서술이다.cf. 5:42 이어서 마가는 여자들이 무서워하여 "아무 말도

하지 못하더라”16:8라는 진술로 갑자기 내러티브를 끝낸다. 이 장면이 일종의 “치유”를 상기시킨다면여자들에게 “가라” 휘파게인는 명령은 예수의 치유 사역에 등장하는 명령이다.1:44; 2:11; 5:19,34; 7:29; 10:52 담론은 역전된다. 전에는 침묵하라는 명령을 받았음에도 불구하고 나가서 알렸으나1:44; 7:36, 여기서 여자들은 말하라는 명령을 받았음에도 불구하고 침묵한다. 우리는 갑자기 독자의 노선에서 얼어붙는다. 이것은 새로운 약속 후의 마지막 배신인가?

13E. “부활의 의미”16:8

1. 침묵과 두려움: 우리는 어떻게 반응할 것인가?

이처럼 갑작스러운 마가복음의 결말은 많은 놀라움을 준다. 실제로 많은 테일러를 포함하여 주석가들은 진정한 결말은 사라졌을 것이라는 가설을 세운다.이 가설은 Fuller, 1971:64 이하에 요약된다 오늘날 이런 추측은 강제로 종료된 책은 없다는 문법-문학적 반론에 따라 설득력을 잃었다. 예를 들면, 빌레지키안은 고대 비극이 새로운 출발에 대한 암시로 끝나는 경우가 종종 있었다고 말한다.

> 마가복음의 마지막 절과 같은 급한 종결도 마찬가지다. 등장인물이 갑자기 사라지고 텅 빈 무대만 남는 것도 비극의 결말로 받아들일 수 있는 관례였던 것으로 보인다.… 마가가 이런 비극에 영감을 얻어 마가복음을 구성했다면, 급속한 출발이라는 생생한 서술의 극적 효과가 의미심장한 결말을 가져올 수 있다는 사실을 놓치지 않았을 것이다.1977:135 이하

따라서 16:8의 문제는 저자에게 원인이 있는 것이 아니라 “이러한 문학적 결말에 대한 독자의 반응의 결과”로 제기된다는 피터슨의 주장은 합당하

다.1980b:152

그렇다면 저자는 우리가 어떤 반응을 보이기를 원하는가? 피터슨은 이러한 결말이 초래하는 "내러티브의 결말" 문제에 대한 유익한 분석을 제기한다.

> 16:7에 제시된 기대를 16:8의 치명적 좌절과 나란히 제시한 것은 독자에게 이처럼 분명한 부조화와 내레이터의 메시지의 의미를 이해하기 위해 지금까지 읽은 것을 다시 한번 음미해보라는 요구이다.… 내레이터가 독자에게 끝나지 않은 문제를 사려 깊은 상상력을 발휘하여 완성하라는 임무를 남겼다면, 텍스트의 결말은 책의 결말이 아닌 것이다.… 내레이터는 기대를 조성한 후 그것을 꺼버림으로써 독자에게 왜 그가 먼저 기대를 조성했는지 의문을 가지게 한다.… 이런 이유로 독자는 깊은 사색적 질문을 통해 두 구절 가운데 하나 또는 모두를 따라야 한다. 우리는 16:8의 관점에서 이전의 모든 내용을 조망하거나 16:8을 이전의 모든 내용에 비추어 조망해야 한다.

피터슨은 첫 번째 대안을 텍스트에 대한 "문자적 해석"으로, 두 번째 대안을 "역설적" 해석으로 부른다.

위든T. Weeden, 1971은 전자의 접근을 주장한다. 그는 여자들이 부활하신 예수와 갈릴리에서의 만남에 대해 그 후로 아무에게도 말하지 않았기 때문에, 우리는 이 이야기가 실제로 다시 시작했다는 생각을 할 수 없다고 말한다. 이것은 마가가 서술한 것처럼 제자들을 신뢰할 수 없다는 관점과도 부합된다. 그러나 피터슨은 "예수와 내레이터의 신뢰성을 오염시키는 '전염 효과'"를 지적한다. 이것은 일종의 "도미노 효과"를 통해 이전 내러티브의 신뢰성을 모두 잠식하게 된다는 것이다.1980:161 이 경우, 내가 말한 "배신"내러티브는 승리로 탈바꿈할 것이며, 독자까지 배신당할 것이다. 그렇게 된다면 이 이야기는 고통스럽고 냉소적인 비극이며, 결코 "기쁜 소식"이 될 수 없을 것이다.

피터슨은 두 번째 대안을 위해 이러한 독법을 거부한다. 즉 마가의 진술은 "원래의 의도가 아니라"는 것이다.

> 그는 무대 밖 이야기의 중간 지점, 그리고 무대 위에서 상상력을 통해 전개될 또 하나의 내레이션을 시작하기 전에, 내레이션을 중단한다. 따라서 마가복음 16:6-7은 독자에게 상상력을 동원하여, 예수와 열한 제자가 갈릴리에서 만날 것이라는 예고를 통해 형성된 기대를 충족함으로써 내레이터의 이야기에 합당한 결말을 부여하라고 명령한다. 실제로, 내레이터는 이 만남에 대해 알고 있기 때문에그는 등장인물을 통해 이러한 사실을 예고한다 만남의 결과를 서술할 수 있었다. 그러나 16:8의 아이러니는… 뻔한 결말에 대한 정교한 대안을 형성한다.

피터슨의 통찰력은 가치가 있지만, 나는 마가가 독자에게 이 그림의 마지막 마무리를 하라는 초청 이상의 의미를 담고 있다고 믿는다. 16:8의 개방성/모호성은 "심미적"으로 해결될 수 없으며, 오직 실천을 통해서만 가능하다는 것이다.

우리는 여자들이 "두려움"에 사로잡혔다는 사실에 놀라서는 안 된다. 제자들은 배를 타고 바다를 건너는 두 차례의 장면4:41; 6:50, 변모9:6, 처형에 대한 예고9:32, 예루살렘으로 올라가는 여정10:32 등 예수와 함께 하는 여정 가운데 여러 차례의 중요한 단계에서 "두려워한"포베이스다이 것으로 서술된다. 이 마지막 장면은 가장 어려운 여정이 아닌가? 이곳에는 순교자적 인물이 제자들에게 새로운 해석을 위해 이야기의 처음으로 돌아가는 새로운 여정을 명령한다. 우리가 진지하게 받아들인다면, 청년의 초청에 전율하게 될 것이다. 본회퍼가 『제자도의 대가』*Cost of Discipleship*에서 마가복음 8:34에 대해 해석한 것처럼, "그리스도께서 사람을 부르실 때, 그는 그들에게 와서 죽으라고 명령하신다."

두 번째 에필로그는 첫 번째 에필로그8:21와 마찬가지로, 독자에게 해결되지 않은 질문을 던지는 것으로 끝난다. 우리는 "도망"할 것인가, 그를 "따를" 것인가? 이것은 내러티브적 순간에서는 해결될 수 없으며, 오직 독자의 역사적 시점에서만 해결될 수 있다. 우리가 실제로 예수를 다시 한번 "볼 수" 있을 것인지는 제자/독자가 여정에 대한 헌신을 새롭게 할 것인지의 여부에 달려 있다. 9:10의 "그들이 이 말씀을 마음에 두며 서로 문의하되 죽은 자 가운데서 살아나는 것이 무엇일까"라는 신비로운 언급을 상기해야 할 때는 바로 지금이다. 우리는 이야기가 끝나는 이곳에서 그들과 정확히 같은 위치에 서 있음을 발견한다. 우리는 "부활"이 무엇을 의미하는지 완전히 이해하지는 못하지만, 이 이야기를 이해했다면 우리가 실제로 알고 있는 그것을 "굳게 붙들어야" 할 것이다. 우리가 아는 것은 예수께서 우리 앞서 가시며 우리에게 십자가의 길을 명령하신다는 것이다. 그것은 가장 힘든 결말이다. 그것은 비극도 아니고 승리도 아니며 우리가 다시 한번 따라가야 하는, 끝나지 않은 도전이다. 그렇기 때문에 우리는 반드시 반응해야 한다.

2. 묵시적 결말: "제국주의의 다시 쓰기"에 대한 고찰

교회는 초기 시대부터 마가의 예수 이야기를 받아들이지 못하는 사람들이 많았다. 마가복음에는 확실히 혼란스러운 요소들이 있다. 무엇보다도 마가복음은 첫 번째 사도들에 대한 부정적인 서술이 두드러진다. 마가복음의 요구는 매우 강력하다. 그러나 무엇보다도 가장 받아들이기 힘든 것은 마가의 결말이 해피엔딩이 아니라는 사실이다. 사본 전승에서 이 책의 보다 유연한 결말을 위해 내용을 덧붙이려는 두 차례의 시도가 있었으며, 대부분의 RSV역 권말 주석에는 둘 다 나타난다. 나는 이 부분에 대한 주석의 가치를 느끼지 않는다. 상세한 내용은 테일러, 1963:610 이하 참조 그러나 이 고찰은 복음을 "고쳐 쓰는” 방식으로 그것을 배신하는 오랜 신학적 전통의 첫 번째 사례라는 관점에서 필요한 작업이다.

이 이야기의 결말을 길게 늘인 위전은 마가복음을 심오한 내러티브와 이데올로기적 헌신으로부터 “구해내는” 뻔뻔스러움을 보여준다. 결말의 딜레마야말로 정확히 마가가 우리를 위해 해결을 거부한 이유이다. 그는 우리가 여자들말하자면 우리 자신이 무덤에서 갈릴리의 시작을 선포하기 위해 두려움을 극복할 것인지에 대해 씨름하기를 원한다.[16:8] 내러티브에 “산뜻한 결말”을 제공하는 것은 결국 독자를 수동적 입장에 남아 있게 할 것이다. 이 이야기는 그 자체로 충분하며, 독자의 반응을 필요로 하지 않는다. 현재의 제자도 내러티브는 독자가 메시아적 소명을 실천할 때만 재개될 수 있으며, 이러한 반응은 예수가 계속해서 “우리를 앞서 가신다”는 사실을 통해서만 가능하다. 마가는 이와 같은 “조건적 결말”을 통해 이 이야기가 교리적 통일성이나 추상적 의미를 추구하는 “신학적” 해석 전략이나 헌신을 거부하는 “학문적” 해석 전략에 아무런 의미나 유익을 주지 못할 것이라는 사실을 분명히 한다.[1장 B, 1]

한편으로 길어진 결말은 16:8의 의미를 깨닫지 못한 자들의 작품임을 보여준다. 그들은 이 구절이 예수를 버린 사실을 합당한 방식으로 해결할 때만이 반응할 수 있는 초청이라는 사실을 모른다. 우리는 인간적 투쟁과 모호함을 반영한 혼란스러운 질문 대신 정확한 대답을 가지고 있다. 나는 이 주석을 시작할 때[1장 A, 1] 텍스트의 “취약성”을 상기시킨 바 있으나, 이처럼 길어진 결말에 대해서는 의미의 회복이 아니라 강도질을 통한 해석의 능력을 본다.

우리는 논증을 위해, 이 긴 결말을 마가복음에 대한 “제국주의적 다시 쓰기”로 부를 것이다. 제국적 영역의 삶은 절대절명의 순간에 나타난 할리우드 방식의 구조, 기병대의 도착, 그리고 “해피엔딩”과 같은 승리적 내러티브에 의존한다. 이런 결말은 우리에게 자신과의 대결이나 우리의 실수나 연약함을 피하게 한다. 베트남 전쟁에 관한 이야기는 왜 아름답게 포장된 채 고등학교 역사서에 등장하는가?

소위 조금 짧은 결말은 베드로가 공동체의 지도자로 회복되고 예수께서 공동체를 다시 만나 그들을 세계적 사도의 소명을 위해 파송하신다는 사실을 분명히 보도함으로써 "해피엔딩"을 살린다. "산뜻한 결말"은 남성 지배와 승리적 열망을 회복한다. 그러나 가장 대담한 제국적 수정은 "긴 결말"이다. 그들의 목표는 다른 복음서 기자의 부활 기사에서 가져온 주제들을 단순히 삽입하는 것보다 훨씬 많은 작업마가와 근본적으로 다른 결말이지만 그들만의 내러티브 및 이데올로기적 관점에서는 통일성을 갖춘을 시도하는 것이다. 이것은 지배적 기독교와 "정통"이데올로기와 함께 "급진적 제자도"해방신학자들이 말하는 정행orthopraxy의 이데올로기를 파괴하기 위한 세 가지의 다른 시도를 보여준다.

그들의 첫 번째 배신은 마가의 이야기의 핵심적 갈등인 "제자들의 '믿음'을 위한 분투"를 억누르려는 묵시적 결말이다. 따라서 마가복음 전체에 세 차례밖에 등장하지 않는 "믿지 않음"[6:6; 9:19, 24]이 긴 결말의 불과 열한 절 가운데 세 차례나 등장한다.[16:11, 14, 16] 확실히 예수는 마가복음에서 세상의 "불신"과 싸우신다.[6:6; 9:19] 그러나 마가는 새 질서가 제시될 때 인간의 마음이 옛 질서로부터 벗어나는 것이 얼마나 어려운 일인지에 대해 공감한다. 따라서 그의 복음서의 진정한 고백은 "변증법적" 고백이다. "내가 믿나이다 나의 믿음 없는 것을 도와 주소서."[9:24] 이것이 실패로 가득한 제자들에 대한 서술의 핵심이다. 제국주의가 수정한 내용은 그렇지 않다. 즉, "믿는"그리고 세례받은 자는 구원 받고 "믿지 않는"마가복음에는 "아피스테인"이라는 동사는 나타나지 않으며 명사 및 형용사 형태로만 나타난다 자는 정죄당한다[16:14]는 것이다. 이 이데올로기는 "우리를 반대하지 않는 자는 우리를 위하는 자니라"[9:40]라는 마가의 주장과 배치될 뿐만 아니라, 인간을 기독교와 이교도로 재분류하는 역사로 나타난다. 제국주의 교회가 "심판"을 전용하여 십자가를 칼로 바꾼 것은 마가복음에 대한 가장 심각한 역사적 배신이라는 것은 두말할 필요도 없다.

두 번째 배신은 믿음의 보증으로서 마술기적적 행위를 되살렸다는 것이다. "믿는 자들에게는 이런 표적이 따르리니"16:17 이러한 "신학적 증거"는 정확히 8:11에서 마가복음의 예수가 바리새인들과 논쟁하실 때 금하신 것이다.7장 D, 1 이 구절에 영감을 받아 오늘날까지 내려오는 뱀을 집는 행위나 신유 행위 등 "기독교 마술"의 여러 시도들에 대해서는 어렵지 않게 비판할 수 있다. 그러나 그들의 배신은 그런 행위에 있는 것이 아니라, 그리스도인이 가시적 능력을 나타내어야 한다는 광범위한 인식에 있다. 이 개념은 북아메리카에 있어서 복음의 성공에 중요하다. 그들은 "긍정적 사고"와 "성공주의"를 주장할 뿐만 아니라, "택한 백성" 사상은 제국주의가 아니라 그것에 대한 거부와 섬김이라는 사실을 전적으로 거부한다. 마가복음이 제시하는 유일한 "표적"은 고난 당하신 인자이며, 제국주의 기독교를 지배하는 "가시적 표적"에 대한 추구로부터는 어떤 것도 기대할 수 없다.

끝으로, 세 번째 배신은 예수를 "땅"에서 "하늘"로 옮긴 것이다.16:19 이 부분에 대해서는, 승천 기사를 기록한 누가조차 제한적으로 언급한다.눅 24:51; 행 1:6-11 마가는 임재의 장소를 옮길 의도가 없다. 예수는 제자들에 앞서 제자도 실천의 장소인 갈릴리로 떠나셨다.16:7 아마도 마가는 제국주의 교회를 다스리는 하늘의 군주로서"금 면류관을 쓰신" 예수로 인한 역사적 대혼란을 염두에 두었을 것이다. 서구 기독교의 역사 기록은 대부분 이와 유사한 수정으로 이루어진다. 우리는 아직도 십자가에 못 박히신 예수를 받아들일 준비가 되어 있지 않다. 우리는 "서서 하늘을 쳐다보고 있는"행 1:11 방식이 아니라 세상에서 제자도를 실천함으로써 그를 만날 수 있다.

마가복음의 힘은 궁극적으로 제자/독자에게 무엇을 말하고 있느냐가 아니라 무엇을 요구하고 있느냐에 있다. 제자도 내러티브는 "나를 따르라"는 명령으로 시작한다. 첫 번째 "에필로그"에서 마가는 예수의 상징적 행위의 의미를 깨달았는지 묻는 것으로 이 이야기의 전반부를 끝낸다. "아직도 깨닫지 못하느냐?" 8:21 이야기의 정중앙에서 마가는 여호와의 위대한 자기계시적 전승출 3:14, I am을 질문으로 옮긴다. "너희는 나를 누구라 하느냐?" 막 8:29, Who am I 그리고 이 이야기는 마지막 부분에서 우리에게 다시 한번 따르라고 초청한다. "예수께서 너희보다 먼저 갈릴리로 가시나니." 마가복음의 예수는 특히 우리가 잘못된 질문을 했을 때 많은 대답을 하지 않으신다. 그러나 질문자로서 예수는 우리의 입장을 드러내게 하신다. 우리가 반응하기를 원하면, 예수는 오직 십자가와 그 길에서의 교제에 대해서만 말씀하신다. 우리가 대답하지 못하면, 예수도 더 이상 대답하지 않으신다. 이 경우, 모든 이야기는 대제사장에 대한 에피소드처럼11:33 사실상 비헌신으로 끝난다.

예수의 부활에 대한 기독교 교리를 뒷받침하려는 기독교 변증가들은 비평가들에 대해 많은 글을 쏟아냈다. 이러한 변증법적 관심은, 보다 많은 "정통" 결말을 마가복음에 덧붙이고 싶어 하는 자들의 바람이기도 하다. 물론 신자들이 질문의 초점을 흐려 배신하는 방식으로 이야기를 수정하는 것을 막을 수는 없다. 마찬가지로, "불신자"에게 추상적 명제로서 부활을 강요할 수도 없다. 마가는 적어도 어떤 "증거"도 제시하지 않는다. 우리는 그런 증거를 찾지 못했다. 마가에게 부활은 대답이 아니라 마지막 질문이다. 부활하신 예수에 대한 참된 증언은 하나뿐이다. 그것은 제자도를 통해 그를 따르라는 것이다. 오직 이 길에서만 부활의 진리를 보전할 수 있다.

13F. 목숨을 잃는 자는 구원할 것임: 16:8까지 마가의 사회-문학적 전략

1. 담론

마가의 내러티브 전략에는 네 가지 논증적 패턴이 나타난다. 나는 사회적 기능이라는 관점에서 이 패턴에 대해 살펴볼 것이다. 첫 번째 패턴은 예수와 제자들 사이의 결속이 점차 무너진다는 것이다. 마지막 날의 교제와 배신 사이에는 변증법적 긴장이 나타난다. 제자들에게 자신의 생명과 죽음에 함께하라는 예수의 권면14:22-25은 그들이 예수를 버릴 것이라는 예언14:18-21, 27-31에 둘러싸여 있다. 예수는 전율과 공포의 순간에 제자들에게 "깨어 함께 기도"할 것을 요구하시지만, 그들은 잠든다.14:32-42 또한 유다는 입맞춤으로 예수를 배신하며, 제자들은 도망한다.14:43-52

이 담론을 자세히 살펴보면 와해되고 있는 공동체의 결속을 볼 수 있다. 모든 지체는 오직 자기만 생각하며, 이것은 결국 그들의 집단 이탈을 불가피하게 만든다.

14:18 너희 중의 한 사람이 나를 팔것이다

14:19 하나씩 하나씩 나는 아니지요 하고 묻는다

14:20 열둘 중의 하나다

14:27 **다** 나를 버리리라

14:29 **다** 버릴지라도 나는 그리하지 않겠나이다

14:30 네가 세 번 나를 부인하리라

14:31a 내가 결코 주를 부인하지 않겠나이다

14:31b 모든 제자도 이와 같이 말하니라

또한 우리는 이 담론에서 "배신"파라디도미으로부터 "버림"스칸달리조, "부인"아파르네오마이이라는, 더욱 확장된 내러티브로 점차 이동한다는 사실을 볼 수 있다. "배신"또는 "넘겨주다"은 세례요한1:14과 예수13차례와 전도자13:9-12의 정치적 운명을 가리킨다. "버림"은 박해의 결과이며, 씨 뿌리는 비유4:17와 제자도 문답에서의 엄격한 경고9:42-47에 나타난다. 최악의 경우는 자신의 목숨을 구하려고 인자를 "부인"하는 것이다. 이것은 제자도를 위한 두 번째 부르심에서 핵심적인 경고이다.8:34 이 담론의 사회적 기능은 공동체에 대해 자신의 인간성 및 실패를 상기시키고, 자만하지 않게 조심시키며, 상존하는 배교

유혹에 대해 경고한다.

두 번째 논증적 패턴은 십자가 사건에 대한 마가의 3중적 언급이다. 예수께서 제자도 문답을 통해 예고하신 자신의 죽음에 대한 세 차례 예고8:31 이하; 9:31 이하; 10:33 이하와 별도로, 우리는 처형 내러티브 자체에서 시편 22편에 대한 세 차례의 인용과 예수께서 돌아가시기까지 세 단위로 구분된 시간세삼시, 제육시, 제구시을 발견한다. 여기에 덧붙여서, 나는 이 이야기에서 여러 개의 3중적 패턴을 발견한다. 이것은 인자가 십자가에 못 박히신 것은 메시아 왕국의 소명의 실패가 아니라 성취라는 어려운 주제를 강조하기 위한 반복 전략이다.

우리는 인자의 강림에 대한 세 차례의 예고에서도 이러한 담론을 찾아볼 수 있다. 세 차례의 예고는 아래에 제시된 것처럼, 예수의 정체성에 대한 정치적 다툼의 상황에서 제시된다.

I	II	III
너희는 나를 누구라 하느냐티나 메 레게테 에이나이 8:29a	많은 사람이 내 이름으로 와서 이르되 내가 그라레곤테스 호티 데고 에이미13:6	내가 그니라에고 에이미1462a
베드로가 대답하여 이르되 주는 그리스도시니이다 하매8:29b	어떤 사람이 너희에게 말하되 보라 그리스도가 여기 있다 보라 저기 있다.13:21	대제사장이 다시 물어 이르되 네가 찬송 받을 이의 아들 그리스도냐14:61
인자도 아버지의 영광으로 거룩한 천사들과 함께 올 때에…권능으로 임하는 것을 볼 자들도 있느니라8:38 이하	그 때에 인자가 구름을 타고 큰 권능과 영광으로 오는 것을 사람들이 보리라…천사들을 보내어…하늘 끝까지13:26 이하	인자가 권능자의 우편에 앉은 것과 하늘 구름을 타고 오는 것을 너희가 보리라 하시니14:62b

이것은 마가복음에 나타난 메시아의 나라의 의미에 대한 세 차례의 중요한 대결을 보여준다. 세 차례의 담론 모두 "메시아"를 "인자"로 대체한다. 이처럼 새로운 메시아에 대한 정의는 제자들의 저항을 받고[I], 유대 당국자의 조롱을 받으며[III], 왕권에 대해 종말론적 승리주의를 주장하는 반군 모집책에 의해 거부당한다.[II]

이것은 메시아의 소명에 대한 예수의 정치적 이해의 새로운 급진주의로, 마가가 반복해서 설명해야 할 만큼 일반적 관점과 너무 다르다. 3중적 패턴은 예수 = 하나님의 아들 = 메시아 = 인자라는 일종의 "기독론적 방정식"을 완성하는 역할을 한다. 지상의 예수와 부활하신 그리스도라는 이분법이나 초림, 부활, 강림이라는 3분법에 의해 이 등식이 무너질 경우, 기독교와 윤리 모두에 재앙적 결과를 초래할 것이다. 마가에게 예수는 한 분이며, 그는 여전히 길에서 우리를 제자도로 부르고 계신다.

세 번째 논증적 특징은 복음서의 마지막 단원에서 예수의 시체에 대한 초점으로, 향유를 부음으로 시작하고[14:8], 시체에 대한 장사[15:45 이하]로 마친다. 두 본문 사이에 여러 개의 핵심 요소들이 있다. 예수는 성찬을 통해 자신의 몸-말하자면, 공의의 실천과 죽음을 받아들임-을 성전 제의 대신 새로운 상징적 중심으로 내어주시며, 유월절 식사를 통해 정당화하신다.[12장 B, 3] 그가 고난 당하시는 동안 다른 사람에게 생명을 준 그의 몸은 힘을 잃고 남용 당한다. 이 단원의 정점에서 그의 시체는 다시 한번 찢어진 성전 휘장과 나란히 제시된다.[15:37 이하] 후기에서 예수의 시체는 내러티브 속에 "남아 있으며" 무덤으로 들어가 보이지 않지만, 갑자기 사라진다.[16:6]

이 "시체 담론"의 사회적 기능은 무엇인가? 나는 벨로의 주장이 옳다고 생각한다. 그는 한편으로 유대의 상징적 질서의 중심으로서 성전은 예수의 몸으로 대체되었으며, 다른 한편으로 예수의 몸은 제자도의 실천으로 대체되었다고 말한다.[1981:211] 다시 말하면, 오래된 제의는 새로운 제의로 대체된 것이 아니라 실천으로 대체되었다는 것이다. 시체에 대한 초점은 마가가 역사적 세계에 기초한 담론에 전념하고 있음을 보여준다. 이러한 사실은 세 번째 묵시적 순간과 앞의 두 묵시적 순간의 불일치를 통해 잘 드러난다. 세례와 변모의 묵시적 순간에만 "하늘에서 지상으로"의 담론이 나타난다. 세 번째이자 마지막 묵시적 순간에는 하늘의 모든 요소들이 침묵하며, 지상의 요소들로 대체된다. 구름으로부터의 음성은 없으며, 오직 하나님으로부터 버림받은 예수의 부르짖음만 있다. 찢어진스키조 것은 하늘이 아니라 지상의 성전 휘장이다. 예수는 모세나 엘리야가 아니라 두 강도 사이에 계신다. 예수를 "하나님의 아들"로 인정한 것은 하늘의 음성이 아니라 대적인 백부장이다. 이 이야기는 몸과 관련하여 재생성된다. 그는 다시 살아나셨다. "부활" 모티브는 하늘이 아니라 지상에서의 실천의 장소인 갈릴리에서 형성된다.

끝으로, 우리는 완성된 순환적 논증 패턴에 주목해야 한다. 이 이야기는 광야에서 외치는 "소리"[1:2]와 함께 시작하며, 나중에 강한 자를 결박할 것이라고 약속된 더 강한 자능력 많으신 이를 찬양한다. 더 강한 자는 결박당해 끌려가고 그의 "소리"는 십자가에서 사라짐으로써 끝날 위기에 처하지만, 무덤에 있는 청년의 선언으로 이 이야기는 갈릴리에서 다시 한번 시작된다. 그러나 이 새로운 명령에 순종하는 자는 누구나 십자가의 길을 따를 것이라는 보장이 있는가? 세례요한과 예수의 "음성"은 우리에게 다음과 같은 보장을 제시한다.

1. 그는 우리에게 성령으로 세례를 베풀 것이다.[1:8]
2. 너희는 내가 받는 세례를 받을 것이다.[10:39]

이 두 가지는 내러티브에서 믿을 수 있는 음성이다. 확실히 예수는 선지자들에게서 요한으로, 요한에게서 예수께로 넘어온 성경적 급진주의의 소명이 제자들에게로 전해질 날을 바라보고 계신다. 그들도 권력자들과 임금들 앞에 끌려갈 것이며 복음은 온 세상에 전파될 것이다.[13:9] 예수의 십자가는 권세들을 무너뜨렸으며, 갈릴리에서의 새로운 시작은 참으로 새로운 창조이다.

2. 의미

우리는 마가 공동체의 실천을 통해 무엇을 얻는가? 나는 이 단원의 여자들에게 주어진 역할에 대한 함축으로 돌아갈 것이다. 이것은 내러티브의 중심에서 그들과 함께 시작하고 마친다. 비폭력 문답에서 제자들의 핵심 그룹에 대한 묘사가 부정적이었다면[9장 E, 2], 이곳에서 예수를 버린 남자들과 예수께 헌신한 여자들의 대조는 확실히 논증적이다. 문로[M. Munro, 1982]의 주장처럼, 마가복음에서 여자들은 "눈에 보이지 않는" 것이 아니라 진정한 제자로 나타난다. 이런 식으로 마가는 새로운 공동체에서 여자들의 지도자적 역할을 정당화한다. 마가복음에서 여자들과 천사들 사이에는 특별한 유사성을 발견할 수 있다.

1. 여자들이 맡았던 예수를 섬기는 역할[1:31; 15:41]은 다른 곳에서는 천사들에게 맡겨진다.[1:13]
2. 여자들의 종말론적 삶은 천사들의 삶과 비교된다.[12:25]
3. 예수는 "천사들"이 인자의 강림에 함께 할 것이라고 말씀하신다.[8:38] 여자들은 십자가에 모습을 드러낸다.
4. 예수는 인자가 택하신 자들을 모으기 위해 천사들을 보낼 것이라고 말씀하신다.[13:27] 무덤의 "청년"은 여자들을 보내어 다른 제자들을 모으라고 말한다.[16:6 이하]

남성 학자들은 마가복음의 이러한 현상에 대해 언급해야 하며, 높이 평가해야 한다. 물론 여자들도 마지막에는 전하는 사명에 실패한다. 그들 역시 인간이다. 그러나 나는 마가가 이곳에서 지배적 질서는 물론 자신의 공동체 내의 가부장제와 남성 지배 구조, 그리고 무례함과 신화 전쟁을 하고 있다는 분석이 결코 과하다고 생각하지 않는다.

수난 기사는 마가의 정치적 이데올로기에 대해 많은 것을 말한다. 예루살렘에서의 마지막 날들에 대한 이야기는 공동체가 숨어 지내는 삶에 대해 알고 있음을 보여준다. "안가"와 은밀한 이동은 당시 기독교 운동의 일부였다. 물론 당국에 의한 공동체의 삶 속으로의 실제적 침투[유다 이야기]도 마찬가지다. 그것은 공동체의 결속은 물론 친밀한 교제에 위협이 된다. 한편으로, 재판과 처형 내러티브는 유대 상류층과 로마 통치자 및 반군의 정치적 삼각관계에 대한 인식을 분명히 보여준다. 나는 마가가 식민지를 공동지배하는 두 당사자의 협력을 강조하는 방식으로 예수에 대한 재판과 처형 내러티브를 구성하고 있다는 사실을 지적한 바 있다.[12장 D] 유대와 로마는 함께 재판하고 "의논"하며, 고문과 조롱 및 승리의 사후 확인에 협력했다. 이러한 담론은 마가가 식민지 공동 주권에 대한 거부를 분명히 하고 있음을 보여준다.

그러나 유대 반군의 경우, 마가는 훨씬 미묘한 접근을 보인다. 예수를 자객과 맞바꾼 사실이 가지는 사회적 기능은 무엇인가? 빌라도의 법정에서 테러리즘의 정치적 전략과 비폭력적 혁명 전략이 마주치자, 마가는 유대 반군에게 예리한 질문을 던진다. 바라바가 "덜" 위협적이고 예수가 "유대인의 왕"이라고 주장한 총독은 그들[반군]이 모르는 무엇을 알고 있었는가? 이 에피소드에서 권력의 조작에 취약함을 드러낸 예루살렘 대중은 정치적으로 얼마나 의존적인 존재인가? 우리는 이곳의 변덕스러운 대중이 임시 정부의 통치 아래에 있는 도시의 특징을 보여주는 내란과 정치적 폭동에 대해 어느 정도 비판적 인식을 하고 있었는지에 대한 의문을 가진다. 어쨌든 마가의 관점에서 무리는 어리석게도 대제사장들의 바라바를 위한 로비를 지지함으로써 생명[치유자, cf. 3:4]보다 죽이는 것[살인자]을 택한 서기관들과 같아진다. 예수는 마가복음 전체에서 무리에 호의적이었으나 결국 그들은 예수의 편에 서지 않았다.

이것은 대중 운동의 진정한 의도에 대한 마가의 의심을 보여준다.

예수께서 사회적 도적으로 체포되고 십자가에 못 박히신 사실은 어떤가? 마가는 반군의 전략을 반혁명적이라고 비난하지만, 전복적 그리스도인이 무장한 반군으로 "오해받을 수 있다"는 사실을 굳이 숨기지 않는다. 마가는 혁명적 팔레스타인의 정치적 현실에 초연하지 않으며, 소위 무관심이라는 제3의 길도 주장하지 않는다. 재판 및 처형 내러티브는 그가 모든 영역에 대해 동일한 잣대를 적용하고 있지 않음을 보여준다. 한편으로, 그의 평행적 담론은 로마와 유대 당국에 대한 가차 없는 비판을 형성한다. 다른 한편으로 반군 역시 이러한 비판의 범주에서 벗어나지 않지만, 사실상 예수와 같은 죄수로 함께 교수대를 진 모습으로 나타난다. 마가는 정치적 초당파가 아니다. 그는 비동맹이지만 결코 중립적이지 않다.

마가복음 끝부분의 "암시적 부활"은 공동체의 메시아적 실천의 지속을 정당화하는 역할을 한다. 동시에, 그것은 독자의 결단을 요구하며, 따라서 공동체를 수동적으로 만드는 승리적 영광의 기독론의 가능성을 일축한다. 빈 무덤은 성경적 급진주의에 대한 이야기가 모든 시대 제자들의 삶과 죽음을 통해 지속될 수 있음을 의미한다.[후기 A] 부활은 순교자의 피가 신원함을 받고 세상의 고통이 치유되며 역사적 불면으로의 부르심을 입증할 것이라는 묵시적 소망을 보여준다. 이러한 소망은 과테말라 난민 줄리아 에스퀴벨Julia Esquivel의 "그들은 우리를 부활로 위협했습니다"라는 제목의 시에 잘 나타난다. 다음은 그의 시에서 발췌한 내용이다.

우리 안에는 무엇인가가 있습니다
우리를 잠들지 못하게 하고,
쉬지도 못하게 하며
우리의 심장 깊은 곳을 요동치게 하는 그것은

남편을 잃은 인디언 여자들이
소리 없이 흘리는 뜨거운 눈물입니다

눈을 감고 누웠으나 마음이 저려
날마다 불면의 날을 보내는
우리의 눈동자에서 사라질 줄 모르는 그것은
기억 너머 저편을 응시하는
아이들의 한 없이 슬픈 눈빛입니다

우리가 잠들지 못하는 것은
그들이 부활로 우리를 위협하기 때문입니다
1954년부터 이어지는 끝없는 죽음의 명단은
밤마다 우리를 아프게 하지만
우리는 계속해서 생명을 사랑하고
그들의 죽음을 인정하지 않기 때문입니다

…왜냐하면 이 희망의 마라톤에는
언제나 우리를 돕는 자들이 있어서
죽음 저편에 있는 목적지에 도달할 수 있도록
우리에게 용기를 주기 때문입니다

불면의 밤을 함께 하면 알 것입니다
꿈을 꾼다는 것이 무엇인지,
부활의 위협을 즐기는 삶이 얼마나 놀라운 일인지,
깨어 있으면서 꿈을 꾸고

꿈속에서도 깨어 있으며

죽어가면서도 살아 있다는 것,

이미 부활한 자신을 발견하는 기쁨이 어떤 것인지를!

1982:59 이하

미주

1. 테일러는 이 용어가 천사의 임재를 서술한 중간기 문학에서 발견된다고 말하지만, 곧바로 마가의 서술은 상상력에서 나온 것이라고 한발 물러선다.(1963:606 이하) 그러나 다른 세 복음서에는 "청년"(네아니스코스)이라는 표현이 빠지고, 천사를 가리키는 전통적 표현으로 대체된다.(특히 마 28:2; 요 20:12 참조) 마가가 이 용어를 선택한 것은 특이하며, 중요한 내러티브적 역할을 한다.

제4부

마가와 급진적 제자도

제14장

요약: 마가 공동체의 이데올로기와 사회적 전략

주께서 성읍을 돌무더기로 만드시며
견고한 성읍을 황폐하게 하시며
외인의 궁성을 성읍이 되지 못하게 하사
영원히 건설되지 못하게 하셨으므로
강한 민족이 주를 영화롭게 하며
포학한 나라들의 성읍이 주를 경외하리이다
주는 빈궁한 자의 요새이시며
환난 당한 가난한 자의…
이 산에서 모든 민족의 얼굴을 가린 가리개와 열방 위에 덮인 덮개를 제하시며 사망을 영원히 멸하실 것이라 주 여호와께서 모든 얼굴에서 눈물을 씻기시며

-사25:2-4, 7 이하

오늘날 북아메리카 세대는 묵시적 이미지에 의해 제국적 환상에서 벗어나고 있다. 히로시마 원폭 이후, 우리의 삶을 덮고 있는 지배적인 잠재의식의 그림자는 핵 시대의 아이콘인 버섯구름이다. 아무리 억제하고 싶어도, 쿠바 미

사일 위기로부터 6일 전쟁과 페르시아만 전쟁으로 이어지는 악몽은 끊임없이 우리의 역사적 표면의식을 뚫고 나온다. 그러나 묵시적 이미지가 설득력을 얻으면서, 궁극적인 "종말" 이미지는 줄어들었다.

1975년 사이공 함락의 참상을 보여주는 한 장면을 예로 들어보자. 베트콩 탱크가 시내로 진입하고, 험상궂은 얼굴의 해병대와 외교관들과 관료들이 수년간의 신식민지 자료와 군사 행정 문서를 서둘러 챙기거나 파기하는 급박한 상황에서, 방송을 통해 중계된 미국 대사관 지붕의 마지막 탈출 장면을 잊을 사람이 누가 잊겠는가? 그들의 비명 소리, 공산주의자에게 목숨을 맡긴 채 두려움에 떨고 있는 남베트남 집단, 포화가 쏟아지는 어두운 창공으로 사라지는 헬리콥터에 필사적으로 매달린 자들의 모습을 어떻게 잊을 수 있겠는가? 앞바다에 정박한 항공모함에 난민을 실어나르는 수백만 달러짜리 헬리콥터가 갑판에 떠밀려 바다로 추락하는 처참한 장면은 이 비극적 드라마의 대미를 장식한다. 제국주의자들에게는 참으로 기억하기도 싫은 "지옥의 묵시록"이 아닐 수 없다.

그러나 묵시적 이미지의 변증법적 특징은 역사적 관점이나 지역에 따라, 멸망이나 구원, 어느 쪽으로도 해석할 수 있다는 것이다. 따라서 동일한 사건과 이미지가 국제적 공산주의와의 성전거룩한 전쟁에서 패배해본 적이 없는 애국적 북아메리카인에게는 큰 충격을 주었으나, 그것을 사이공의 "해방"으로 해석하는 자들에게는 긍정적인 영향을 미친다. 미국의 헬리콥터가 남중국 해안에 침몰하는 순간에도 베트콩은 거의 메시아적 환호를 받으며 시가행진을 벌이고 있었다. 오랜 전쟁은 끝났다. 불만으로 가득한 워싱턴의 찡그린 표정은 버클리 거리의 축하 행진과 대조를 보였다. 묵시를 "종말"로 볼 것이냐 "새로운 시작"으로 볼 것이냐는 전적으로 신화 전쟁의 어느 편에 서 있느냐에 달려 있다.

주후 69년, 마가복음의 저자가 직면한 광경을 상상해보라. 그가 본 광경은 선지자 이사야가 본 것과 완전히 달랐다. 마가는 이사야처럼 "모든 민족의 얼굴을 가린" 제국의 가리개가 제거되는 장면이 아니라, 로마 군대가 갈릴리를 향해 남진하면서 약탈과 방화로 마을과 농지를 쑥대밭으로 만들고 유대 반군을 십자가에 매달아 진열한 끔찍한 장면을 보았다. 마가는 이 군대가 어디로 향하는지 알고 있었다. 모든 백성의 꿈과 희망이 있는 시온, 세계의 중심지인 다윗성이 그들의 목표였다. 이러한 묵시적 순간에 직면하여 적어도 위기에 처한 팔레스타인 유대의 입장에서 볼 때, 불과 수십 년 전에 로마의 십자가에 달려 처형당한 한 유대 선지자에 관한 이야기를 쓰거나 그것을 "기쁜 소식"이라고 부를 상황은 아닌 것처럼 보였다.

자신이 처한 역사적 상황을 명확히 보고 그 고통을 인식한 마가는 자신의 입장을 분명히 정했다. 그에게는 이 묵시적 순간이 해방이자 멸망이며, 시작이자 마지막이었다. 그러나 이러한 이해는 당시 로마에 대한 협력을 주장하던 자들이나 유대 반군의 생각과 근본적으로 달랐다. 주후 69년은 사실상 매우 어렵고 중요한 선택의 기로에 놓인 시기였다. 말하자면, 지금이야말로 나사렛 예수에 대한 복음을 기록해야 할 시점이었던 것이다.

14A. 마가복음을 기록한 역사적 상황

이 장의 목적은 마가복음에 대한 나의 해석을 통해 끌어낸 사회-문학적 증거를 요약하고, 마가 공동체에 대한 짧은 서술로 구성하는 것이다. 나는 마가가 기록한 역사적 "시점"에 대한 재고찰로 시작해서, 이 주석의 서두에 진술한 가설[2장 F]로 돌아갈 것이다. 나는 그곳에서 마가 시대 로마 팔레스타인의 확고한 사회적 형성이 지배적 질서로부터 소외된 사회적 그룹의 가능성을 허용한다는 가정을 제시한 바 있다. 이 집단은 급진적인 대안적 실천을 주장하며, 정치적 개입은 하되 주요 사회-정치적 집단과 동맹은 하지 않았다. 그러나 이 가설에 대한 재고에 앞서, 마가 공동체에 대한 정확하고 공감이 가는 서술을 가로막는 해석학적 장애물에 대해 언급할 필요가 있을 것이다.

1. 묵시적 담론과 분파적 사회학의 성향

최근 성경학자들 사이에는 천년왕국 공동체들에 대한 사회-인류학적 연구를 통해 구축한 개념적 틀에 비추어 묵시 문학을 이해하려는 공감대가 형성되어 있다. Kee의 저서, 1977 및 Gager, 1975를 보라 이러한 접근 방법에 대해서는 할 말이 많다. 예를 들면 버리지K. Burridge의 『새 하늘과 새 땅』New Heaven, New Earth은 이러한 운동들이 우리가 마가복음에서 관찰한 내용과 매우 유사하다는 결론을 내린다.

> 그들은 새로운 가설, 새로운 구원의 방편, 새로운 정치-경제적 틀, 인간성에 대한 새로운 측정 방식, 새로운 도덕성, 새로운 공동체에 대한 채택과 관련이 있다.… 선지자란 이 새로운 가설을 체계화하고 그것을 정확하게 제시하는 자다. 이 선지자는 사람들의 인정을 받으며, 사람들은 그의 말을 듣는다. 그의 계시는 권위를 가진다.1969: 13 이하

그러나 버리지는 이 새로운 가설과 이데올로기와 구원의 방편을 사회적 판타지로 풍자화하려는 오늘날 해석가들의 경향에 대해 경고한다. "그들이 기괴한지 아닌지는 전적으로 주관적인 판단에 달려 있다."앞의 책, 8

그러나 트로엘취의 고전적 종교 사회학으로 거슬러 올라가는 역사 사회학은, 소위 분파적 사회-이데올로기 전략에 대해 대체로 경멸적인 태도를 유지해왔다. 성경 분야에서도 마찬가지다. 비어즐리Beardslee는 묵시를 연구하는 학자들이 "묵시에 담긴 내면의 영과 거리를 둘 때만, 묵시를 명확히 파악할 수 있었다"고 주장한다.1971:421 그러나 적어도 이 책에서 주장하는1장 A 해석

학적 주기 모델에 따르면, 이러한 객관화는 텍스트에 대한 진정한 정치적 이해를 가로막는 가장 큰 장애물이다.

분파적 사회학과 성경 묵시에 관한 연구를 연결하는 일종의 순환적 논리가 존재한다. 예를 들면, 나는 후기 유대 예언"원형적 묵시"이 마가의 상호텍스트성에서 결정적인 역할을 한다는 사실을 보여준 바 있다. 그러나 히브리 성경 학자 핸슨P. Hanson은 이러한 전승들에 대해 다음과 같이 진술한다.

> 다니엘서의 사회학적 배경은… 제3이사야, 이사야 묵시, 제2스가랴의 배후에 있는 공동체처럼 외견상 여호와의 대적의 손에 떨어진 것처럼 보이는 세계에서 압제당하는 중에서도 비전을 잃지 않고 사는 소수의 집단으로, 기존의 질서에서는 더 이상 여호와의 약속에 대한 성취를 기대할 수 없다고 생각한다. 다니엘 공동체는 그들의 비전을 포기하지 않은 채, 오직 여호와의 개입하심만 기다리고 있었다.… 비전과 현실 사이의 변증학은 와해되었으며… 정치-역사적 현실과의 연결은 사라졌다. 따라서 인간 공동체나 어떤 인간 대행자도, "사람의 손으로 말미암지 아니하고"단 8:25 승리로 끝나게 될 이 싸움에 개입하지 않을 것이며, 또한 성도들에게 주어지는 나라는 세상과의 어떤 연결도 드러내지 않을 것이다. 그들은 이 땅의 질서 밖으로 벗어나 비전 속의 우주적 영역으로 들어감으로써 구원받는다.1971:473,476

이것은 주류 해방신학자들이 어떤 식으로 묵시적 상징을 "염세적이고" 현실 도피적인 내용이라고 일축해버렸는지를 잘 보여준다. 이런 식으로 풍자화된 묵시가 마르크스주의자나 해방/개혁 해석자 모두에게 관심을 받지 못한 것은 당연한 일이었다.

이러한 경향은 불가피하게 마가복음 연구로 넘어왔다. 따라서 마가가 다니엘서의 요소를 반영하고 있다는 사실을 제대로 변증한 키Kee도 "마가는 하시딤의 수동적 전승을 따라, 예수께서 정치적 권력에 맞서는 어떤 주도적 행위도 거부하신 것으로 서술한다"는 결론을 내린다.1977:146 천년왕국 공동체로서 마가복음에 대한 와일더의 보다 상세한 연구도 유사한 특징을 보여준다. 와일더는 마가복음의 "비동맹" 담론을 사회적/정치적 양립을 주장하는 입장과 동일시한다. 와일더는 신뢰할 수 없는 "이상적 유형론"에 기초하여, 마가가 영향력 있는 윌슨의 분파-사회학에서 규정하는 "혁명가" 유형에 대해 진술한다고 주장한다.

> 그것은 가까운 장래지금이 아니라에 우주적 차원지역적 차원이나 개인적 차원이 아니라의 초자연적 대행자인간이 아니라가 와서 근본적으로 이질적인 사회적 세계를 파괴하고 재창조변화할 것을 기대한다. 그러므로 현재 세계의 압제에 직면한 사람은 기본적으로 힘이 없고 연약하지만, 오직 신적 대행자를 통해 다가올 재앙에서 구원을 받음으로써 권력과 희망에 접근할 수 있다.1974:61 이하

와일더는 이처럼 "완전한" 유형은 절대적이기 때문에 거의 일어나지 않는다는 사실을 인정하지만, 그럼에도 불구하고 이 유형은 마가의 근본주의를 해석할 수 있는 렌즈라고 주장한다.

와일더의 사회학적 풍자에서 핸슨의 신학적 풍자를 반영한 거울 이미지를 발견하기는 어렵지 않다. 더욱이 우리는 그의 서술에서 슈바이처의 "철저한 종말론" 주제를 한 단계 끌어올린 버전을 볼 수 있다. 그는 예수께서 실제로 임박한 종말을 기대하셨기 때문에 모든 정치적 역사적 책임을 버리셨다는, 기껏해야 비현실적인 "중간기 윤리"에 불과한 주장을 한다. 이러한 개념적 구속은 할 린지Hal Lindsey의 원초적 문자적 해석이나 토마스 알티저Thomas Altizer의 존재론적 심리 분석1971년에 비하면, 묵시적 상징의 진리에서 더욱 벗어난다는 것이 내 생각이다. 분파에 대한 그들의 고정 관념은 마가복음에 나

타난 예수의 호전성, 권력과 맞선 부단한 정치적 도전, 그리고 결국 그들의 손에 처형당하신 사실에 대해 어떤 설명도 할 수 없다. 그들은 이야기의 중심부에 자리 잡은 실천적 제자도 이데올로기를 제대로 다룰 수 없다. 마가는 옛 세계의 종식과 새로운 세계의 시작을 고대하지만, 이러한 변화를 시작하게 하는 것은 마가가 구체적인 사회적 실천 및 정치적 동참과 동일시하는 제자도이다.

마가의 이데올로기는 우리가 역사적 기록을 통해 알고 있는, 여호와의 개입을 기다리기 위해 물러나는 전략을 택한 에세네파의 이데올로기와 다르다. 나의 해석은 마가복음의 예수는 정치 권력에 대해 결코 "수동적"이 아니었으며, 그의 이데올로기는 사회적으로 결코 내성적이지 않다는 것이다. 따라서 분파-사회학과 묵시 문학에 대한 관점은 해석학적 문제를 안고 있다. 이것은 오늘날 합리론자들은 사회-정치적 관점에서 내러티브의 상징을 이해할 수 없다는 것이다. 다행한 것은, 다니엘이나 요한계시록과 같은 성경의 묵시 문학을 독재에 저항하는 비폭력적 운동의 정치적 선언으로 해석하는 학자들이 비록 소수이지만 나타나기 시작했다는 사실이다.J. Collins, 1977; A. Y. Collins, 1977 이 주석은 마가복음도 이러한 문학에 해당한다는 사실을 보여줄 것이다.

2. 마가복음은 성전의 멸망을 변증하기 위한 책인가?

"비동맹 급진주의"의 문헌으로서 마가복음에 대한 나의 가설을 입증하기 위해서는 먼저 기원에 관한 문제로 돌아갈 필요가 있다. 나는 제2장에서 마가복음이 유대 혁명 마지막 몇 년 동안 갈릴리에서 기록되었다는 주장을 제시했다. 우선 이 연대 문제부터 살펴보자. 브랜든1967년과 켈버1973년는 마가복음에 대한 전혀 다른 접근과 결론에도 불구하고, 한 가지 사실에 공감했다. 그것은 마가 문학의 참신성은 주후 70년 로마에 의한 성전의 완전한 파괴에 기인한다는 것이다. 그러나 켈버는 다음과 같이 자문한다.

> 마가복음은 로마의 승리에 따른 새로운 기독교 상황을 정당화하는 회고에 지나지 않는가? 마가는 단지 성전 함락 이후의 사실을 인정하기만 하는가? 그러나 마가복음은 확실한 사실을 확인하는 작업이 아니라, 과거에 대한 창의적 재구성을 통해 마가의 현재 상황에 직접적인 도움을 주는 책이다.1973:131

켈버는 마가복음의 기원과 관련하여, 70년 이후 연대설의 문제점 가운데 하나를 지적한다. 그의 주장을 요약하면, 성전의 붕괴가 기정사실이라면 마가가 성전을 반대하는 논증을 굳이 시작할 필요가 있었겠느냐는 것이다.

켈버가 진술하듯이, 일반적인 대답은 마가가 성전 함락의 신학적 정당성을 제공하기 위해서라는 것이다. 사람들은 예수께서 성전의 완전한 파괴를 인정하신 13:2의 예언이 사후 예언에 해당한다고 주장한다. 사후 예언은 묵시 문학의 일반적 기법이기 때문에 마가가 이 방식을 사용하는 것은 당연하다. 그렇다면 마가는 왜 13:2에서 누가처럼 사건들에 대한 보다 정교한 서술을 하지 않는가?Reicke, 1972 다니엘의 역사 개관이 사후적이라고 믿는 콜린스의 판단은 이곳에도 적용된다. 그는 다니엘 11:1-39에 기록된 사건들은 헬라의 전쟁 역사, 즉 다니엘의 동시대 인물 안티오쿠스 에피파네스의 생애로 전환되는 11:40 이후의 사건들에 기초할 때만 이해할 수 있다고 주장한다.

> 우리는 다니엘서가 기록된 시점을 알 수 있다. 왜냐하면 특정실제로 기록된 시점을 지나면 "예언"이 더 이상 성취되지 않기 때문이다.… 안티오쿠스는 곡Gog과 같은 북방 왕이다. 그는 실제로 이스라엘을 침략할 것이며, 그곳에서 죽을 것이다. 그러나 이 부분에서 안티오쿠스가 실제로 최후를 맞이하는 과정과 다르다. 따라서 우리는 이 예언이 그가 실제로 죽은 주전 164년 이전 기록임을 알 수 있다.J. Collins, 1981:105,107

다시 말하면, 사후 예언은 역사적 조망, 동시대의 해석, 임박한 사건들에 대한 예언을 임의로 혼합한다. 같은 논리를 마가복음에 적용하면, 성전이 돌 하나도 돌 위에 남지 않고 멸망할 것이라는 예수의 "예언"은 성전이 실제로 화재로 사라지기 전에 기록된 것이다.

마가가 그리스도인의 상징적 삶은 반드시 '성전 중심의 질서'를 떠나서 재구성되어야 하며, 또한 그렇게 될 수 있다는 사실을 확신시키려 한 것은 사실이다.[10장 C, 4; 아래 E, 2] 그러나 마가가 이러한 주장을 굳이 성전이 무너진 후에 할 이유는 없다. 사실 그의 내러티브는 정반대의 상황을 가리킨다. 13:1에서 제자들의 질문은 성전이 매우 활기차고 웅장한 건물임을 보여준다. 이러한 사실은 "파괴"에 대한 마가의 상징적 담론, 특히 11:23과 5:13의 상호관계에 잘 나타난다. "아무도 그를 쇠사슬로도 맬 수 없게"된 "군대"귀신[5:3 이하]은 상징적으로 팔레스타인에서 나와 "바다로" 들어간다.[5:9-13] 마찬가지로, 성전에서 영리를 추구하는 정신[귀신]을 쫓아내신[성전 정화] 예수는 오직 믿음만이 산을 들어 바다에 빠트릴 수 있다고 말씀하신다.[11:23] 로마 군대와 성전산이 가리키는 역사적 힘은 둘 다 움직일 수 없다는 것이다. 두 차례의 "귀신을 쫓아내시는 사역"은 바로 이처럼 막강한 힘을 제거함으로써, 사람들이 "있을 수 없는" 일이라고 생각할 만큼 놀라운 사건이 된 것이다.[5:15-20; 11:24]

성전에 대한 마가의 비판은 성전 중심의 재분배 제도가 시행한 착취적인 정치적 경제에 대한 것으로[10장 C, F], "신학적" 고찰에 기초한 것이 아니다. 따라서 성전 제도가 로마에 의해 무너지고 나면 필요 없는 비판이다. 주후 70년 이후 빠르게 사라진 서기관과 성직자에 대한 마가의 맹렬한 공격도 마찬가지다.[마가복음을 편집한 마태복음이 70년 이후 사회의 지배적 그룹이었던 바리새인들에게로 초점을 옮긴 사실에 잘 나타난다] 혁명이 실패한 후에 반군에 대한 마가의 비판[11장 C]이 무의미하다는 것은 두말할 필요도 없다. 한편으로, 두 번째 설교의 전반부[13:5-23]는 전쟁 후기, 즉 예루살렘 포위 기간이나 직전 상황을 배경으로 해석하면 의미가 완전해진다.

마가가 신학적으로 성전 함락을 인정한다고 주장하는 많은 사람은 이것이 대체로 로마를 지지하는 변증서 중의 하나라고 생각한다.[12장 D, 1] 이것은 있을 수 없는 가설은 아니다. 우리는 일부 유대인이 민족주의자들의 혁명을 거부했으며, 나중에는 로마의 승리를 정당화했다는 사실을 알고 있다. 더욱이, 우리는 요세푸스의 글에 이러한 이데올로기적 입장이 나타난다는 사실도 알고 있다. 그러나 마가와 요세푸스의 주장에는 현격한 차이가 있으며, 둘 다 동일한 역사적 상황에 직면했다는 사실을 고려하면 둘 사이의 대조는 더욱 두드러진다.[요세푸스는 전쟁 중간에 로마로 돌아서기 전까지 갈릴리의 반군 지도자였다] 마가는 유대의 저항은 조만간 엄청난 로마의 군사력에 의해 무너질 것이라는 요세푸스의 생각에 공감했을 수 있다. 그러나 공감은 거기까지이다. 유대 귀족인 요세푸스는 반군을 격렬히 비난했으며, 성직자들에게는 호의적이었다. 마가는 반군에 동의하지 않지만, 그럼에도 불구하고 그들을 직접 비난하지 않았다. 반면에, 유대 지배계층에 대한 공격은 집요했다. 마찬가지로, 요세푸스는 로마를 공개적으로 지지했지만, 성전의 멸망에 대해서는 슬퍼했다. 마가는 성전과 군대의 묵시적 몰락을 원했다.

마가가 요세푸스처럼 자신을 로마의 지지자로 드러내고 싶어 했다면, 그처럼 쉬운 일도 없었을 것이다. 반 헬라적 모티브에 기초한 묵시적 내러티브, 제국의 힘에 대한 간접적 거부[6장 B; 10장 D, 3; 11장 C, 3], 빌라도에 대한 풍자[12장 D, F]와 같은 마가의 서술은 결코 로마의 비위를 맞추려는 태도가 아니다. 그러나 마가의 내러티브 전략에 해당하는 이러한 요소들은 다른 목적, 즉 로마의 감시와 군 정보기관을 피하기 위한 암호화된 저항 담론에 부합된다. 우리는 마가가 여전한 힘을 행사하고 있는 성전과 성직자 귀족층을 비판했으며, 로마에 대해서는 점령지 백성으로서 신중한 태도로 공격했을 것이라는 결론을 내려야 한다. 다시 말하면, 지배적 사회 질서와 그것을 정당화하는 이데올로기와의 싸움은 "명백한 사실을 확인하는 수사학적 작업"이 아니라 실제적인 신화 전쟁이라는 것이다.

3. "형제가 형제를 내주며": 마가와 전쟁

마가복음이 전쟁 후에 기록되었다는 주장에 대한 또 하나의 반론은 고난과 순교에 대한 마가의 담론이다. 이것은 가장 확실한 이유에 해당하는 것으로, 만일 마가가 반군을 반대하고 로마를 지지한 요세푸스의 행보에 동의했다면, 어떻게 "십자가를 지라"는 부르심을 제자도 이데올로기의 기초로 삼을 수 있겠느냐는 것이다. 그러나 이러한 이미지는 마가 공동체가 전복적 행위로 박해를 받는 상황이라면 정확히 부합한다. 반 예르셀B. van Yersel이 순수한 문학적 차원에서 주장한 것처럼, "마가복음은 독자나 청중이 언제든지 체포될 수 있는 실제적 박해 상황이라면 가장 의미심장한 내용이 될 수 있는 책이다."1980:15 그러나 전쟁이 끝난 상태라면, 성전의 멸망이라는 위기는 계속해서 "신학적" 위기로 남을 수 있겠지만 정치적인 위기는 될 수 없을 것이다. 전쟁이 계속되는 동안 그리스도인 공동체는 양쪽의 박해를 받았을 것이며, 이것은 정확히 텍스트가 반영하고 있는 상황이다.10장 D, 4; 11장 C

마가의 담론에는 이러한 박해의 압제가 갈릴리 공동체 깊숙이 침입했음을 보여주는 증거가 있다. 전쟁이 길어질수록 정치적 상황은 다양해졌을 것이다. 로마의 갈릴리 재정복과 공격적 반군의 군사 동원이라는 이중적 압력은 공동체의 잠행을 초래했을 것이다. 또한 박해를 경험한 소수의 그룹과 마찬가지로 마가 공동체도 밀고자에 대한 의심, 심문에 의한 비밀 누설, 명백한 이탈 및 당국에 의한 배신 등으로 공동체의 결속이 흔들리는 것을 막기 위해 노력했을 것이다.

사실 마가의 제자 공동체에 관한 서술에는 처음부터 이러한 긴장이 나타난다. 열두 제자를 세우시는 "동맹"의 순간에 배신자의 그림자가 드러나고

3:19, 문답의 순간에는 배교의 문제가 구체적으로 드러난다.9장 A, 4 제자들의 "보지 못함"이라는 구성적 주제는 변절을 예고한다.12장 C, 3 사실 예수의 마지막 날들은 은밀한 음모로 가득하며, 공동체는 자기 회의에 빠져있다.12장 B 그러나 예수의 두 번째 설교만큼 역사적 압박이 통렬하게 반영된 곳도 없다.

> 형제가 형제를, 아버지가 자식을 죽는 데에 내주며 자식들이 부모를 대적하여 죽게 하리라 또 너희가 내 이름으로 말미암아 모든 사람에게 미움을 받을 것이나13:12 이하

제자들은 정치 재판을 받아야 할 뿐만 아니라 "가족"의 배신이라는 고통스러운 상황을 감내해야 한다. 가족은 친척과 공동체를 의미한다.우리는 전쟁이 실제로 친족을 갈라놓았다는 사실을 알고 있다 배신의 심각성은 마가복음의 종말론적 심판의 위협이 이러한 배신과 관련해서만 제시된다는 사실에 잘 드러난다.9:42; 14:21

마가가 자신의 복음서를 제자들의 실패라는, 본질적으로 비극적인 내러티브를 중심으로 구성했다는 것은 공동체가 박해당하고 있었던 실제 역사에 비추어 설명할 수 있다. 그러나 "배신"이라는 요소도 무시할 수 없지만, "용서"라는 똑같이 강력한 반대 담론이 존재한다. 이 이야기에서 공동체의 결속이 무너지는 순간에도 예수는 자신과의 연합을 확인하신다.14:22 이하 마가는 박해와 배교의 "불" 가운데도 화목의 "소금"이 지배할 것이라고 진술한다.9:49 이하 이것은 용서의 실천이 공동체의 삶의 중심에 자리할 때만 가능한 일이다.11:25 이야기의 끝부분에서 명확히 드러나듯이, 예수에 대한 가장 철저한 "부인"이나 가장 뻔뻔한 변절조차 제자도 여정을 멈추게 하지는 못한다. 왜냐하면, 예수는 우리 "앞서" 가시며16:7, 제자도 여정에는 언제나 새로운 출발이 있기 때문이다.

요약하면, 마가복음이 작성된 직접적 배경은 로마에 맞선 혁명으로 인해 초래된 유대 성전의 위기와, "비동맹적"입장을 견지한 마가 공동체에 대한 박해 때문이라는 것이다. 이것은 Kee, 1977:100 이하의 결론이기도 하다 우리는 전쟁을 전후하여 동일한 역사적 상황에 대해 다양한 반응을 보인 집단들의 텍스트를 가지고 있다. 앞서 언급한 대로 요세푸스는 자신의 변절을 정당화하고 승리자의 관점에서 전쟁을 진술한 역사적 기록을 남겼다. 후기 랍비 문헌은 바리새인들의 전략을 암시적으로 반영한다. 바리새인들은 민족주의적 요소가 빠진 유대인의 차별성을 유지하여 유대인의 정체성과 실천을 재인식하는 방식으로 전쟁의 패배에 대해 반응했다. 쿰란은 마지막 순간에 일부 구성원이 성전을 지키기 위한 싸움에 나섰을 가능성은 있으나, 뒤로 물러나 은둔하는 수도원적 텍스트를 생산했다. 반군의 경우, 유대가 해방을 누리는 동안 찍어낸 주화와 맛사다에서의 잊을 수 없는 항쟁에 대한 텍스트만 남았다. 그리고 이들 못지않게 중요한 텍스트는 전쟁의 희생양이 된 수많은 사람의 침묵의 증거일 것이다. 많은 사람에게 혁명의 실패는 해방이나 보다 나은 삶에 대한 희망을 무너뜨리고 역사에 대한 냉소주의만 확인시켜주었을 것이다. "권력은 언제나 이기며, 반대의 경우는 결코 일어날 수 없다."그런 사람들은 텍스트나 구전이나 기록을 남기지 않았다. 그들은 새롭게 할 말이 없기 때문이다. 우리는 얼마나 많은 가난한 농부들이 체념하고 다시 한번 긴 역사적 침묵으로 들어갔는지 알 수 없다.

예수의 제자 마가는 전쟁이 끝나갈 무렵 묵시적 순간을 경험하고 씨름하면서 나사렛 예수와 그의 제자들에 대해 기록한 이야기로 반응했다. 그것은 변절이나 물러남이나 개혁적 사고방식의 중용이나 마카비의 승리주의나 권력의 지배를 받는 세상의 절망적 포용을 정당화하지 않는다. 마가의 담론은 "강한 자"의 통치에 대한 저항과 급진적 제자도의 실천이라는 새로운 세계의 창조를 요구한다. 이 이야기는 광야의 길을 예고하며 전쟁을 준비하게 한다.

그러나 이 길은 십자가의 길이다. 그것은 로마에게는 제국적 헤게모니의 상징이며, 마가에게는 하나님 나라의 임재의 표적이다.

4. 마가 공동체는 가버나움 근처에 있었는가?

마가복음이 기록된 장소는 기록된 시점과 마찬가지로, 사회-문학적 분석이 개연성을 확인할 뿐 결정적인 증거는 제시할 수 없다. 마가복음의 로마 기원은 여전히 지배적 논리이지만, 이러한 논리를 반대하는 키Kee의 요약은 내가 텍스트에 대한 해석을 통해 발견한 사실을 확인해준다.

> 마가복음에 보존된 지중해 동쪽 시골의 문화적, 언어적 특징은 로마 기원설을 배격한다. 그러나 이방인 청중을 위한 복음서를 기록한 누가는 이런 요소를 제거하거나 수정한다. 막센Marxsen은 로흐메이Lohmeyer와 라이트푸트Lightfoot가 발전시킨 추론의 흔적을 따라, 갈릴리 기원을 주장한다. 최근 그곳에서 발굴된 고고학적 증거는 회당을 비롯하여 공적인 비문에 헬라어가 광범위하게 사용되었음을 보여준다. 따라서 마가가 주후 60년대에 갈릴리에서 기독교 문헌을 기록했다는 막센의 주장은 불가능한 주장이 아니다. 농업, 주택, 고용, 토지 소유, 조세 등, 그 기간 중 시리아-팔레스타인 지역의 일반적 특징을 보여주는 요소들과 관계된 정확한 실제적 반영은 갈릴리라는 방대한 지역이 이 책을 기록한 장소가 될 수 있음을 강력히 시사한다.Kee, 1977:102

라이트푸트와 막센이 주장한 대로, 이 복음서에서 갈릴리로 향하려는 "내러티브적 성향"은 이 지역이 마가 공동체가 거주한 장소라는 사실을 확인한다. 마가복음의 지리적 모호성의 원인을 마가가 이 지역에 익숙하지 않기 때문이라고 생각한 키Kee는 마가복음의 기록 장소로서 갈릴리보다 시리아를 선호하지만, 나는 이러한 모호성을 사회-문학적 관점에서 설명할 수 있다는 사실에 대해 언급한 바 있다. 나는 마가복음의 기원이 내러티브의 중심인 갈릴리가 될 수 없다는 어떤 설득력 있는 근거도 찾지 못했다. 이것은 역사주의가 아니라 텍스트의 이데올로기로부터 나온 판단이다.

이러한 일반적 결론이 잘못될 수도 있지만, 나는 적어도 구체적인 가능성에 대해 언급할 가치가 있다고 생각한다. 갈릴리가 내러티브의 무게 중심이라면, 가버나움은 전반부에서 갈릴리 내러티브의 중심이다.[9:33 참조] 해리슨은 가버나움을 비교적 부산한 해변 마을로 서술한다.

> 당시 가버나움은 대략 150,000제곱 야드의 넓이에 5천-6천 5백 명 정도의 주민이 거주하는 마을이었다. 가버나움의 주민은 대부분, 또는 절대적으로, 유대인으로 보인다.… 이 마을의 도로는 동서와 남북으로 규칙적으로 배열되어 있으며, 각 구역은 담을 공동으로 사용하는 3-4가구로 구성된다.… 주거지는 흑백의 비교적 초라하고 단순한 구조였다.[1985:74,76]

사회적 장소에 대한 마가의 가장 상세한 서술은 어부의 일터[1:16-20], 소박한 주거지[2:1-4], 농사와 관련된 비유[4:1 이하], 갈릴리 바다의 폭풍[4:35 이하], 그리고 사회적 관습에 대한 바리새인들과의 논쟁[2:16 이하] 등, 가버나움 내부나 주변에 대한 진술이다.

이 논리를 조금 더 확장해보자. 우리는 앞서 가정은 다른 지역에서와 마찬가지로[7:17,24; 9:28; 10:10; 14:3] 가버나움에서도[1:29; 2:1,15; 3:20; 5:38; 9:33] 내러티브의 중심이라는 사실에 대해 살펴본 바 있다. 마가는 이러한 요소들이 원래적 청중의 실제적 삶에 익숙하고 중요하기 때문에, 자신의 현실적 내러티브를 채색하기 위해 이러한 삶의 요소들을 강조했는가? 보다 구체적으로는, 마가 공동체의 가정들은 가버나움 근처에 있었는가? 이러한 추측에 부채질한 것은 오늘날 텔 훔[Tell Hum]이라는 아랍어 이름을 가진 장소에서 이루어진 고고학적 발견 때문이다. 이 탐사는 두 개의 중요한 유적지를 찾아내었다. 하나는 5세기의 회당이며, 또 하나는 한 구역 떨어진 곳에 위치한 동시대 비잔틴 교회이다. 이 교회는 또 하나의 신성한 장소로 보이는 거주지를 중심으로 세워졌다.

> 이 아름다운 교회 밑에는 4세기경의 교회로 보이는 단순한 형태의 사각 건물의 폐허가 있었다. 이 건물은 그 구역 한 가구의 가장 큰 방 주변에 세워졌다.… 개인 주택의 방 하나가 어떻게 교회의 중심이 되었는가? 발굴단은 가장 낮은 층이 예수께서 거주하셨던 베드로의 집이며, 큰 방은 그 지역 유대-그리스도인 공동체의 공식적인 예배 처소였다며 기뻐했다. 이곳은 1세기 중엽 이후부터 사용되어왔으며, 부유하고 강력한 비잔틴 제국의 그리스도인들이 들어와 이곳에 건물을 세운 4-5세기까지 계속되었다. 이것이 사실이라면, 가버나움은 예수께서 계셨던 당시로부터 수십 년이 지난 시점부터 존재한, 아마도 지금껏 발견된 가장 오래된 기독교 성지일 것이다.… 순례객이 그곳을 찾은 것은 4세기 말부터이며, 그들은 베드로의 "가정 교회"를 방문했다는 기록도 남아 있다.해리슨, 1985:79

이 유적지에서는 석고 유물 위에 헬라어와 아람어와 히브리어로 기록된 그리스도인의 낙서, 예수와 베드로에 대해 언급한 기도문, 아그립바 재위 당시의 주화, 그리고 헤롯의 등불과 낚시 고리 등이 발견되었다.Corbo, 1969 가장 오래된 지층에는 서민층 주거지의 흔적이 발견되었다. 다듬지 않은 돌 사이에는 흙반죽이나 모르타르가 발견되지 않았는데, 이것은 이 건물이 석조 천정을 지탱할 수 없는 구조로 되어 있었음을 보여준다. 따라서 지붕은 들보와 잔가지와 흙/진흙의 혼합물로 이루어졌을 것이다. 이것은 마가복음 2:4에 기록된 형태와 정확히 일치한다.Corbo, 1969

마가가 지역 건축물을 상세히 서술한 데에는 의미가 있는 것이 분명하다.

이 건축물은 13:15에서 "지붕"도마에 대한 언급과 함께 다시 나타나는데, "도마"는 팔레스타인 시골집에서 흔히 볼 수 있는, 잠을 자거나 망을 보기 위해 만든 평평한 지붕을 가리킨다. 우리는 이러한 세부적 내용이 마가의 이야기에서 차지하는 내러티브적 기능을 외면해서는 안 된다. 이런 요소들은 마가복음의 생성과 관련된 사회적 배경을 가리키는 표지다. 이것은 마가 공동체가 갈릴리에 있었다는 것은 아니며, 가버나움에 있었다는 것은 더더욱 아니지만, 확실히 마가복음이 구체적인 것은 아니지만 대체로 팔레스타인 촌락을 배경으로 생성되었을 것이라는 나의 가설에 힘을 실어준다.

14B. 사회-정치적 비판으로서 마가복음

이 장의 나머지 내용은 제2장에서 제시한 사회-역사적 배경이라는 콘텍스트 안에서 내러티브의 이데올로기를 요약할 것이다. 사회 구조, 집단, 인물에 대한 마가의 서술에 대해 논의할 때, 우리는 그의 세계의 역사적 설명을 제공하는 것이 그의 목적이 아니라는 사실을 염두에 두어야 한다. 마가는 자신의 독자들이 알고 있다고 생각하는 세계에서 대적과 치열한 이데올로기적 싸움을 하며, 요약적 방식과 풍자적 묘사를 사용한다.

1. "소작농의 멸망": 유대 지배계층

마가복음에서 유대 지배계층은 헤롯당과 서기관, 그리고 예루살렘 성직자 귀족대제사장, 장로들, 사두개인이라는 세 그룹으로 나뉜다. 세 집단은 이야기 전체에서 똑같이 예수를 대적한다. 헤롯당은 유대인의 혈통이 섞인 헤롯 가문의 옛 귀족을 가리키며, 그들이 가진 정치적 힘은 대부분 로마의 직접적인 식민지 통치로 넘어갔다.그러나 재물이나 특권은 넘어가지 않았다 예레미아스는 헤롯 대왕 당시 헬라인을 비롯한 외국 귀족들의 존재감과 그들의 강력한 영향력, 그리고 막강한 군사력을 예루살렘 궁전의 세 가지 특징으로 제시한다. 파견된 이방인의 영향력은 헤롯의 통치 영역이 유대임에도 불구하고 자신의 권력과 정체성 및 정치 스타일을 헬라에 의존한 사실에서 잘 나타난다. 헤롯의 국가적 부는 공적 건축 프로젝트를 통해 드러났으며, 개인적 부는 화려한 왕궁을 통해 알 수 있다. 랍비 문헌은 헤롯 궁정의 한 과부가 서기관이 하루 지출 금액을 금 400데나리온으로 한정하자 불평을 늘어놓았다고 기록한다.예레미아스, 1969:95 끝으로, 왕은 대규모 사설 경비병을 유지했으며, 이들은 외부의 반대자는 물론 궁 안의 눈 밖에 난 자들에게 악랄한 고문을 가한 것으로 유명하다.요세푸스, War, I,xxiv,7-8

마가 시대 왕궁의 귀족들은 주로 갈릴리에 거주했다. 이곳은 갈릴리 해변의 헬라 도시 디베랴에 속한 가버나움 남쪽에 위치해 있다. 마가의 독자들은 "헤롯당"이라는 말만 들어도 이 왕조의 남용, 특히 팔레스타인의 헬라화와 잔인한 압제 행위를 상기했을 것이다. 그러나 헤롯에 대한 마가의 비판에 구체적인 소재가 된 것은 헤롯 안티파스가 요한을 처형한 사건에 대한 회고다. 이 에피소드7장 B, 1는 왕궁 귀족들이 보여준 변덕에 대한 신랄한 풍자이다. 그들의 혼인을 통한 동맹은 유대 율법을 무시하는 태도이며, 그들의 정치적 결정은 음주 연회에서 이루어진다. 그러나 헤롯 안티파스에 대한 마가의 삽화는 헤롯을 출애굽기 1-2장의 살인자, 바로로 제시한 마태의 비판적 패러디마 2장보다 훨씬 개연성이 높다.

두 이야기는 헤롯 가문에 대한 계급적 적대감을 보여준다. 그러나 마가의 이야기는 안티파스가 유명한 선지자 요한을 처형한 사건에 대한 갈릴리인의 기억에 남아 있는 폭력적 일화를 구체적으로 반영한다. 젊은 유대 여자가 귀족을 위해 춤을 추는 풍습을 포함하여 갈릴리의 모든 지배층이 동석한 왕궁 연회에 대한 그의 기억은 매우 사실적이다.예레미아스, 앞의 책: 362 이 장면은 왕궁의 내연 관계와 함께, 동양의 가부장적 왕실에서 여자는 부를 나타내는 표지 가운데 하나라는 사실을 보여준다.[앞의 책, 93] 우리는 헤롯에 대한 마가의 직접적 경고[8:15]와 바리새인들과의 공모적 관계에 대한 묘사[3:6]를 통해, 무엇보다도 전쟁 기간 중 로마에 협력한 주동 세력인 헤롯 왕가가 갈릴리에 있는 마가의 급진적 공동체에 지속적인 위협이 되었을 것이라는 추론을 도출할 수 있다.[12:13 이하]

서기관은 이 이야기에서 예수에 대한 가장 큰 대적이자 예루살렘에서 보낸 정부 조사관이다.[3:22; 7:1] 그들은 전반부와 후반부I에서 예수를 대적하는 정치적 음모를 연결한다. 예레미아스는 서기관에 대해, 제사장이나 귀족을 포함하지만 직무를 독점한 것은 아니라고 말한다. 그들은 1세기 무렵 전통적으로 세습적 제사장 귀족이 지배해온 사회적 권력을 대부분 차지했으며, 학문적/법적 전문 지식에 기초한 대안적 권력을 구축했다.

> 이런 지식과 권위를 가진 학생이나 "학자"에게는 행정과 교육을 통해 정의를 시행할 수 있는 핵심적인 자리가 주어졌다. 대제사장과 귀족을 제외하면, 서기관은 대법정인 산헤드린의 회원이 될 수 있는 유일한 사람들이었다.… 공동체가 일반인과 서기관 가운데 장로나 "회당장"이나 재판장을 선출할 경우, 반드시 서기관을 택했다. 이것은 지금까지 중요한 자리는 주로 제사장이나 평신도 고관이 차지했으나 주후 1세기에는 대부분 서기관의 손에 넘어갔음을 보여준다. 1세기 초에는 일반적인 존경의 의미를 담고 있던 "랍비"라는 명칭이 서기관을 가리키는 배타적인 용어로 전환되었다.[예레미아스, 1969:236 이하]

따라서 마가는 "바리새인들의 서기관들"[2:16]이라고 정확히 말하며, 그들이 공회와 연결되어 있다는 사실[14:1; 15:1]과 그들이 누리는 엄청난 특권[11:38-40]에 대해 언급한다. 마가의 비판은 이중적이다. 그는 서기관을 지배적 이데올로기의 입안자로 보며, 그들의 높은 위상이나 권위는 마땅히 거부되어야 한다는 사실을 정확히 인식한다.[9:12; 12:35] 따라서 마가는 복음서를 시작하자마자 예수의 가르침이 그들과 다름을 언급하며 그들에게 공격의 초점을 맞춘다.[1:22; 2:6; 12:35] 또한 마가는 그들의 사회적 지위가 경제적 착취와 권력 확장의 구실이 되는 방식에 대해 날카로운 공격을 한다.[10장 F, 2] 마가는 서기관의 제자도가 가능한지에 대해 회의적인 시각을 보일 만큼, 그들에 대해 부정적이다.[10장 E, 2]

끝으로, 마가는 모든 예루살렘의 전통적 권력 구조를 거부한다. 예레미아스는 “장로들”을 평신도 귀족으로 서술하며, 그들은 포로 시대에 권력을 얻어 포로기와 포로기 이후 시대에 백성의 정치적 대표로 행동했다고 주장한다. 이 지도층 귀족 가문의 부와 권력은 대부분 지주로부터 나오며, 가까운 혈육을 통해 세습된다. 로마는 이 세력에 대해 알고 있었으며, 그들을 식민지 구조에서 권력을 행사할 수 있는 자리에 앉혔다.[앞의 책, 228] 사두개인의 경우, 마가는 그들의 보수적 이데올로기가 어떻게 가부장적 통치를 정당화하는지를 보여주기 위해 단 한 차례 언급한다.[10장 E, 1] 마가가 서기관과 바리새인들의 사회적 권력에 더 많은 초점을 맞춘 것은 사두개인의 영향력이나 공회원의 숫자가 현저히 줄어든 당시의 상황을 정확히 반영한 것이다.

마가는 제사장 귀족에 대해 다루면서, 사독 계열이 아닌 제사장의 합법성에 관한 문제나, 지배계층 간의 심각한 정치적 갈등처럼 하스몬 왕조 시대부터 내려온 뿌리 깊은 논쟁에 대해서는 전혀 관심을 두지 않는다. 마가에게 제사장 권력은 혈통적인 것이 아니라, 성전 제의를 지배함으로써 형성된 경제적 계급 기능이었다. 예레미아스는 대제사장이 “가문의 영향력을 통해 성전 행정에 대한 권리를 얻었으며”이러한 족벌주의는 성전 금고에 대한 지배권을 행사하게 했다고 주장한다.[앞의 책, 198] 그들이 예수의 성전 정화에 분노했다는 마가의 진술에는 이런 상황이 직접적으로 반영된다.[11:27; 10장 C, 2, 3; C, 1]

마가의 재판 및 처형 내러티브에는 이러한 예루살렘의 계급 구조에 대한 평가가 분명히 드러난다. 한편으로, 마가는 이들이 자신이 조작해온[15:11] 대중의 불만을 무시하면서도 두려워했다고 서술한다.[11:32; 14:2] 다른 한편으로, 마가는 산헤드린이 로마의 팔레스타인 행정에 전적으로 협력했다고 말한다. 그들은 두 차례의 재판을 통해[12장 D, E] 제국의 "정의"구조를 흉내 냈으며, 예수를 처형한 후 합당한 장례 절차도 거부했다.[13장 C, 2] 식민지 질서를 유지하려는 그들의 이기심은 메시아적 왕권에 대한 어떤 암시도 용납하지 않았다.[14:61; 15:32] 그들은 자신들의 지위가 유지되는 다윗의 나라만 인정했으나, 마가는 그것을 명백히 반대한다.[10장 E, 2]

마가는 지배 계층에 대한 자신의 반대를 포도원 비유를 통해 요약한다.[10장 D, 2] 예수는 고전적 선지자 전승을 통해 이스라엘의 지도자들을 공격한다. 그들은 종임에도 불구하고[레 25:55], "포도원"의 "주인"처럼 행세한다. 마가의 관점에서 이러한 타락은 경제적, 정치적 권력의 불가피한 결과로, 지배계층으로 하여금 그들이 죽인 선지자의 메시지[따라서 선지자의 경전]를 듣지도 보지도 못하는 "귀머거리와 소경"이 되게 만든다. 그러나 예수의 비유에 나타난 전복적 담론은 모든 것을 뒤엎는다. 통치자들은 집주인에게 불순종에 대한 엄격한 처벌을 받을 단순한 소작농으로 서술된다. 집주인의 입장에서, 그들은 뿌린 대로 거둔 것이다. 마가는 이런 부류의 사람들을 정죄하며[12:40], 그의 마음에는 이들과 새로운 사회 질서와의 양립은 불가능하다는 인식이 확실하다. "포도원 주인이 어떻게 하겠느냐 와서 그 농부들을 진멸하고 포도원을 다른 사람들에게 주리라"[12:9] 이 구절은 마가복음에서 가장 엄격하고 가장 혁명적인 말씀이다.

2. "내 이름은 군대니이다": 로마의 제국주의

마가는 로마 식민주의에 대해서도 똑같이 강경한 태도를 취한다. 전쟁 후기에 재점령된 갈릴리라는 당시의 정치적 상황을 고려할 때, 마가는 확실히 로마에 대해 직접적인 언급을 하지 않는다. 따라서 그는 유대인의 묵시적 저항 전승과 문학적 패러디 기법이라는 두 가지 형태의 은밀한 담론에 의존한다. 외국 제국주의의 실재에 대한 언급은 여섯 곳에만 나타나지만, 모두 로마의 사회-정치에 대한 마가의 확고한 반대 입장을 분명히 보여준다.

첫 번째 사례는 그의 이야기의 주제로서 "복음"의 전복적 강탈이다. 복음이라는 용어는 이 이야기가 로마의 군사적 승리를 칭송하며 또 하나의 내러티브가 될 것임을 암시하며, 겉으로 보기에는 내러티브가 실제로 그런 식으로 흘러가는 것처럼 보인다. 로마는 자신에게 협력적인 본토 귀족을 대행자로 내세워 대중의 왕권을 갈망하는 전복적 선지자를 성공적으로 체포하여 처단한다. 그러나 예수는 재판 내내 로마의 제국적 권력에 굴하지 않음으로써 총독을 "놀라게" 한다.[다우마제인; 15:5,44] 마가의 담론에서, 로마의 승리로 여겨지는 순간, 즉 십자가에서, 묵시적 상징을 통해 사실상 로마의 패배가 드러난다.

복음을 통해 진술된 진정한 전쟁은 가이사와 같이 "강한 자들"에 의해 조종되는, 사탄의 영역과 인자이신 예수 사이의 싸움이다. 예수는 회당에서 귀신을 쫓아내시는 상징적 행위를 통해 유대 지도층과 처음 부딪치신 것처럼[4장 B, 1], 거라사 귀신에 대한 이야기를 통해 로마 제국주의자들에게 알리신다.[5장 D, 2] 마가복음 5:9 이하만큼 정치적 상상력이 풍부하게 드러나는 곳은 없다. 이 곳에서 예수는 자신의 "정체"에 대해 귀신의 도전을 받으신다.

> 이에 물으시되 네 이름이 무엇이냐 이르되 내 이름은 군대니 우리가 많음이니이다 하고 자기를 그 지방에서 내보내지 마시기를 간구하더니[5:9 이하]

마가는 로마 반군을 포함하여, 로마의 군대 귀신을 "아무도 제어할 힘이 없는"[5:4] 현실을 인정하는 것처럼 보인다. 그러나 마가는 돼지 "떼"를 통해 탈출하는 기사를 상징적으로 재현함으로써, 자신의 혁명적 입장을 명백히 제시한다. 신적 명령을 통해 제국 세력은 바다에 빠진다. 이 행위의 결과로 무리가 빌라도가 그랬던 것처럼 "놀랍게" 여긴다우마제인; 5:20 것은 우연이 아니다.

이어지는 서구 역사에서 볼 수 있는 것처럼, 위대한 출애굽 해방 기사를 떠올리는 것은 혁명적 소망의 불길을 타오르게 한다.Walzer, 1986 그러나 마가는 이것이 또 하나의 식민주의자의 멍에를 벗어던지는 것으로 끝나지 않는, 훨씬 심각한 문제임을 알았다. 어쨌든 성경 역사 자체는 이스라엘이 언제나 주변 제국의 압력과 유혹과 위협에 시달려 왔다는 사실을 입증한다. 셀류시드 왕조에 맞서 일어난 마카비 혁명은 결과적으로 압제적 권력을 본토 왕조의 손을 통해 재생시켰다. 그들 역시 새로운 제국 로마 권력의 희생양이 되었다. 따라서 예수께서 강한 자와 싸우신 의미는 단순히 식민지 통치로부터 팔레스타인의 해방그것도 포함되지만으로만 생각해서는 안 된다. 그것은 지배 세력의 근본적 "정신"귀신 및 정치와의 싸움이다. 마가는 헬라 제국의 "지배층"을 통해 이러한 사실을 분명히 보여준다.10:42

마가는 식민지를 다스리는 공동 주권의 두 당사자가 이 "정신"에 사로잡혀 있다고 믿으며, 따라서 각각에 대해 정확히 같은 용어로 표현한다. "평행적" 담론은 귀신을 쫓아내는 두 차례의 서론적 사역에 반영되며, 나중에 예수에 대한 이중적 재판에서도 다시 한번 등장한다. 그곳에서 빌라도는 대제사장들과 함께 예수를 정죄하기 위한 음모를 꾸민다. 유대인의 정치적 주장을 무시하기로 유명한 무자비한 총독은 유대인 무리와 "의논"하는 것처럼 풍자되지만12장 F, 1, 예수 대신 테러리스트 자객을 석방할 만큼 교활하다.

우리는 예수의 두 번째 직접적 사역을 통해 같은 담론을 찾아볼 수 있다. 12:1-12에 제시된 중요한 정치적 비유의 앞뒤 본문에는 예수의 대적이 그에게 이데올로기적 헌신을 드러내라고 도전하지만, 자신의 이중성만 드러나는 대결 기사가 제시된다. 그들은 성경적 공의에 대한 헌신을 진술하고 싶어 하지 않는 반면[11:27 이하], 로마에 대한 헌신을 은밀히 드러낸다.[동전을 통해, 12:13 이하] 세금에 관한 질문으로 예수에 대한 정치적 "함정"을 판 것은 마가가 전쟁의 압박을 예민하게 느끼고 있음을 보여준다.[10장 D, 3, 4] 왜냐하면, 마가가 마음만 먹었더라면 로마와 협력하려는 독자에게 분명하게 가르칠 좋은 기회이기 때문이다. 그러나 11:33에서와 마찬가지로, 12:17에서도 예수는 함정에 빠지지 않으신다. 예수는 마가복음 전체에서 그렇게 해 오신 것처럼, 가이사의 거짓 주장에도 불구하고 진정한 "집주인"이신[13:35] 여호와의 주권에 호소한다.

그러나 여호와는 참으로 주권자이신가? 이 주장은 세금이 아니라 십자가를 통해 자신이 생명의 지배자임을 보이려는 가이사의 시험을 이겨야 한다. 사람을 사형시킬 수 있는 가이사의 권한은 그의 백성들을 고분고분하게 만든다. 따라서 예수는 제자도를 위한 두 번째 부르심을 통해, 가이사의 "주권"과 정면으로 맞서신다.[8장 D] 마가는 로마 사형집행인의 형틀보다 제국주의에 대한 반대를 더 명확하게 보여주는 이미지를 찾지 못했다. 십자가를 지라는 예수의 말씀의 의미는 그런 것이다. 마가는 공동체가 유대 법정에서뿐만 아니라 로마 법정에서도, 예수를 "따라" 정치 재판을 받을 것이라는 사실을 분명히 보여준다. "너희가 권력자들[헤게모논]과 임금들 앞에 서리니"는 총독과 가이사를 가리킨다.

마가는 십자가를 패배와 수치의 상징이 아니라 해방의 길로 재규명함으로써 제국의 권위를 근본적으로 무너뜨린다. "목숨을 구원하는 것"과 "목숨을 잃는 것," "정죄"와 "무죄," "가이사에 속함"과 "하나님께 속함"의 의미는 권력자들이 지배하는 죽음의 권세가 무너질 때 완전히 역전될 것이다. 그러나 이러한 사실을 이해하기 위해서는 십자가가 하나님의 권능이라는 사실을 "보는 눈"을 가지고 있어야 한다. 그것만이 출애굽의 해방 기사를 재생시킬 수 있으며, 그것만이 압제적 성전과 압제적 군대를 "바다에"빠트릴 수 있다.

3. "하나님의 명령에 대한 거부": 개혁 운동

나는 제2장에서 마가 시대 유대 지식인 사이에서 나타나는 개혁 노력은 두 가지 노선으로 전개되었다고 언급한 바 있다. 첫 번째 전략은 채무와 정결에 대한 상징적 질서의 요구에 보다 철저하게 부응하기 위해 사회적 주류로부터 물러나는 방법이다. 이 전략은 에세네파 운동을 통해 나타났다. 마가가 이 운동에 대해 직접적인 언급을 전혀 하지 않았다는 것은 마가가 이데올로기적 경쟁자에 대해 크게 인식하지 않았음을 보여준다. 광야의 세례요한에 대한 마가의 서술과, 나중에 세례요한의 제자들의 관습과 바리새인들의 관습을 동일시했다는 것은2:18 요한의 제자들 중 일부가 쿰란으로 기울었음을 암시하는 것일 수 있다. 마가가 이사야 40:3을 인용한 것은 주목할 만하다. 이 구절은 에세네파 공동체가 사막에서의 수도원적 삶을 정당화하기 위해 사용한 본문으로 보이기 때문이다. 반면에 마가복음의 내러티브 이동은 광야에서 시작하지만, 그곳에 머무르지 않고 변두리에서 중심으로 신속히 이동한다.

마가는 상징적 질서의 요구에 대한 철저한 준수를 기반으로 하는 에세네파의 엘리트주의 사회적 전략에 동의하지 않을 뿐만 아니라, 빛의 자녀와 어둠의 자녀 사이의 마지막 전쟁에 관해 기술한, 소위 전쟁 두루마리에 반영된 그들의 정치적 종말론에 대해서도 동의하지 않는다. 고고학적 증거는 쿰란에서 발견된 공동체 유적지는 전쟁 기간 중 폐기되었음을 보여주며, 쿰란의 저서들은 맛사다에서 발견된다.Sandmel, 1978:163 이하 따라서 예루살렘에 대한 포위가 시작된 후 에세네파는 예루살렘 수호를 위해 반군과 합세한 것으로 보인다. 이것은 반군 모집책이 주후 69년 팔레스타인 전역에서 활동하였으며 많은 지원군을 성공적으로 모집했음을 보여준다.

개혁과 갱신을 위한 또 하나의 노선은 상징적 질서를 보다 많은 사람에게 확산하는 전략을 추구했다. 이것은 바리새파 운동을 통해 나타난다. 그들은 갈릴리에서 훨씬 강력한 경쟁자였다. 마가의 서술은 공동체에 대한 바리새인들의 오랜 적대감을 강력히 암시한다. 바리새인들은 언제나 예수에 대한 공격적인 모습으로 제시된다. 갈등의 초점은 바리새인들의 경건을 보증하는 행위, 즉 엄격히 구별된 식탁 규례2:16 이하, 금욕주의2:18 이하, 안식일 준수2:23 이하, 음식과 관련된 제의적 정결7:1 이하 등에 맞추어진다. 각 경우에 대해 예수는 상징적 질서에서 가난한 자의 위치와 관련된 보다 심층적인 이슈를 제기하심으로써 바리새인들의 반대를 물리치신다. 이것은 마치 마가가 바리새인들의 상징적 전략에 영향을 받은 자들에게, 그것은 대중적 대안이 아니라 압제적 성직자 계급제를 감추기 위한 대안일 뿐이라는 사실을 설득시키려는 것 같다.

바리새인들에 대한 마가의 비판은 한 가지 중요한 예외를 제외하면 모두 유대교 내에서의 사회적 관계와 관련된다. 예외는 7:1 이하의 손 씻는 행위에 대한 논쟁이다.7장 C, 1 이곳의 문제는 이러한 정결 위식이 유대인과 이방인이 함께 하는 식탁 교제에 장애가 된다는 것이다. 제자들의 손이 부정한 이유는 그들이 부정한 음식을 먹었기 때문이다. 이것은 이 에피소드가 모든 음식은 "깨끗하다"라는 예수의 선언으로 끝난다는 사실을 통해 확인된다. 예수는 1:44에서 나병환자를 "깨끗하다"고 선언하신 것처럼 다시 한번 정결 규례를 무너뜨리신다. 그러나 마가는 바리새인들의 제의적 관습을 부정하는 것에서 멈추지 않는다. 마가는 이 정결 규례 중간에 고르반에 대한 논쟁을 삽입함으로써 바리새인들의 이데올로기적 심장인 할라카를 공격한다.7:6 이하

할라카는 상징적 질서의 요구를 일반 백성이 접근하기 쉽게 만든 것이다. 그러나 마가는 이 법이 사실상 전적으로 엘리트주의적이라고 주장한다. 공동체 내의 약한 자에 대한 "하나님의 명령"을 무시하거나 뒤엎는 것여기서는 장로들에 의해은 바로 상징적 질서이 경우, 성전 금고에 대한 충성이라는 것이다.7장 C, 2 할라카에 대한 마가의 다른 언급, 즉 이혼 규례에 관한 질문10:2 역시 같은 이슈가 문제가 된다. 여기서도 바리새인들은 부부의 평등이라는 성경의 원래적

의미에 대한 관심은 물론, 약자여기서는 여자를 위하는 마음이 전혀 없다는 사실이 다시 한번 드러난다.[9장 D, 3] 따라서 바리새인들의 할라카는 가부장제든 성전의 정치적 경제든, 기존의 체제를 유지하기 위한 역할만 할 뿐이라는 것이다.

마가의 포용적 공동체는 바울 공동체와 마찬가지로 바리새인들의 격렬한 비난에 직면한다. 마가에게 정결에 대한 바리새인들의 관심사는 유대교의 사회적 영역을 지키기 위한 것일 뿐, 영역 내 사회적 평등에 무관심한 그들만의 규례는 결코 대중을 위한 헌신이 될 수 없다. 이방인, 가난한 자, 부정한 자와의 분리는 모든 사람을 위한 진정한 공의를 요구하는 "하나님의 명령"을 제대로 지킬 수 없다. 마가는 이런 상징적 질서와 그것을 뒷받침하는 어떤 집단도 계급과 인종 차별에서 벗어난 진정한 인간에 대한 여호와의 비전을 결코 성취할 수 없다는 결론을 내린다. 따라서 마가는 물러나거나 동참하는 전략을 취한 개혁 그룹들을 거부한다.

4. 두 강도 사이에서 십자가에 못 박히심: 반군

마가복음이 유대 혁명 기간 중 기록된 한, 마가가 반군에 대한 직접적인 언급을 하지 않았다는 것은 매우 큰 의미가 있다. 그러나 그의 암시는 예수께서 혁명과 거리를 두고 싶어 하신다는 사실을 분명히 보여준다. 예수는 명확히 비군사적인 대중의 왕으로 예루살렘에 입성하시는 것으로 서술된다.[10장 B] 그는 테러리스트 자객, 바라바와 대조되며[12장 F, 2], 메시아 전쟁을 싸워야 한다고 주장하는 모든 반군을 거부한다. 무엇보다 인상적인 것은 마가가 유대 백성에게 예루살렘을 수호하는 전략을 버리게 한 것이다.[11장 c, 3]

그러나 우리는 마가가 수난 기사 속에 "결속"이라는 분명한 어조를 삽입하고 있다는 사실을 인정해야 한다. 예수는 먼저 체포되신 후[14:48] "사회적 도적"강도으로 십자가에 못 박히신다.[15:27] 마가는 자신이 반대한 상황에 대해,

로마와 예루살렘 지도층이 합세하여 농민을 압박했으며 그 결과 많은 갈릴리 애국자들이 사회적 도적이 되었으며, 나중에는 게릴라로 혁명을 지원하게 되었다고 평가한다. 내가 앞서 언급했듯이, 적어도 반군의 일부는 계급 문제를 해결할 기회가 있었다.[2장 D] 예루살렘으로 진격하여 통치권을 탈환한 일부 반군은 왕가와 대제사장에 대한 일련의 공격을 시작했다.[Rhoads, 1976:94 이하] 채무 증서를 보관한 기록물 보관소를 불태운 것은 확실히 과중한 세금과 십일조로 땅을 잃고 가난하게 된 자들을 위한 행위로 볼 수 있다. 또 한 가지 주목할 만한 시도는 66-67년 내전 기간 중 대제사장직에 대한 민주화와 귀족의 성전에 대한 지배권을 박탈한 것이다. 이처럼 귀족제도에 맞선 행위는 반군이 된 사회적 도적과 마가 사이에 여러 면에서 유사성이 있음을 보여준다.

그러나 이 모든 사실에도 불구하고, 그리고 마가의 로마 식민지주의에 대한 분명한 반대에도 불구하고, 마가는 그들과 동맹을 맺지 않았다. 왜 그런가? 예수의 두 번째 설교 후반부에 따르면[11장 E], 실제적 혁명은 목적과 수단에 있어서 보다 심오한 차원에서 진행되어야 한다는 마가의 주장과 관련된다. 수단과 관련하여, 마가는 칼이 아닌 십자가만이 권력자들의 역사적 지배를 무너뜨릴 수 있다고 확신한다. "사탄이 어찌 사탄을 쫓아낼 수 있느냐"[3:23] 목적도 마찬가지다. 반군은 결국 성전에 대한 지배와 정화와 수호를 위한 싸움을 한다. 마가는 이런 전략을 절대로 지지하지 않는다. 다윗의 나라를 회복하려는 시도는 지배의 정치로 돌아가는 것이며, 따라서 반혁명적이다.[10:42 이하] 그러므로 마가는 성전의 붕괴가 해방의 "징조"가 될 것이라고 생각한 반면[13:28-31], 반군은 재앙과 패배, 즉 "종말"의 징조로 보았다.[13:7]

주후 69년경 일시 회복된 갈릴리에 대한 마가의 관점을 통해 그가 예루살렘 임시 정부 내의 권력 투쟁에 대해 어느 정도 인식할 수 있었는지는 정확히 알 수 없다. 어쨌든, 마가의 우선적 관심사는 남쪽에서 일어난 사건들이 아니라 그의 공동체에 대한 반군 모집책의 도전이었다. 마가의 대답은 군사 동원에 대한 반대이다. 반군은 예루살렘으로 사람들을 불렀으나 마가복음은 갈릴리로 가라고 명령한다.16:7 마가는 로마에 대한 저항을 가리키는 거대한 상징을 이용한다. 예수의 십자가 제자도는 제자들뿐만 아니라 "무리"를 향한 것이며8:34, 여기에는 반군도 해당된다. 예루살렘 포위를 배경으로 읽어보면, 예수께서 바벨론이 예루살렘을 포위할 당시 예레미야가 했던 것처럼렘 21장 복종을 요구하지 않았다는 사실은 중요하다. 그러나 그는 로마의 "강한 자"를 군사적으로 이기려는 반군의 노력에 대해 의문을 가지고 계신다.

그렇다. 마가는 반군에게 이렇게 말하고 있다. 우리의 운동은 당신들처럼 로마에 저항하는 입장이며, 결국 우리의 지도자는 당신들 가운데 두 명과 함께 십자가에 못박혔다.15:27 우리의 비폭력적 저항은 당신들의 게릴라 전쟁과 마찬가지로 죽음을 각오하라고 요구한다. 그러나 우리는 그 이상의 것을 요구한다. 우리는 강한 자의 방식대로 싸우지 않는다. 우리는 그의 근본을 공격해야 한다. 우리는 우리의 삶을 지배하는 그들의 뻔뻔스러운 통치권을 무너뜨려야 한다. 당신들은 십자가를 패배의 징조로 보지만, 우리는 그것을 그들에게 비폭력적 저항의 혁명적 힘을 보여주는 "증거"로 생각한다.13:9b 따라서 폭력과 압제의 악순환을 종식시키고 여호와의 나라를 임하게 하는 우리의 싸움에 동참하라.9:1

14C. 사회-경제적 비판으로서 복음

1. 선을 행하는 율법에 대한 반대?: 상징적 질서

전반부에서, 마가는 그 지역에서 드러난 지배적 이데올로기 질서에 대해 언급한다. 그는 가버나움을 중심한 예수의 첫 번째 직접적 사역에서 정결 규례와 채무 규례를 거부하는 데 시간을 낭비하지 않는다. 이 사역은 일상과 관련된 세 가지 사회적 장소에 대한 논쟁을 포함한다.2장 E, 2

1. 집/식탁: 집에서 중풍병자를 고치심2:1 이하, "죄인들"과의 식탁 교제2:16 이하

2. 마을/육지: 밀밭에서의 시민 불복종2:23 이하

3. 회당/성전: 회당에서의 충돌3:1 이하

이 사역에서 제시된 세 가지 중요한 선언, 즉 두 차례에 걸친 인자의 말씀2:10,28과 신명기의 근본 원리3:4는 모두 같은 요지의 말씀이다. 그것은 문화적 제도는 인간의 삶을 축소하는 것이 아니라 확장하고 해방시키는 것이어야 한다는 것이다. 오늘날 언어로 표현하면, "효율성이 아니라 사람을 위한" 역할을 해야 한다는 것이다. 마가는 고전적 선지자의 전승을 통해 상징적 질서의 원래적 의도가 거부당했다고 주장하며, 문화적 의무보다 정의와 긍휼을 요구한다.

앞서 언급했듯이 마가의 관심사는 한편으로 정결 제도와 채무 제도가 어떻게 사회-경제적 계층을 만들어내는지에 초점을 맞추며, 다른 한편으로는 이러한 제도가 어떻게 유대인과 이방인에 대한 사회적 분리를 강조하는지에 초점을 맞춘다. 이러한 제도를 무시하신 예수는 병든 자/부정한 자, 이방인과 자유롭게 교제하며, 제자들에게도 그렇게 하라고 가르치신다. 마가의 비판에는 존경과 지위에 대한 지배적 문화 코드가 포함된다. 이러한 요소들 역시 사회적 분리를 가속화 한다. 마가는 첫 번째 구축 단원에서 지위의 계급구조에서 "먼저"와 "나중"을 형성하는 것 과 소유에 대한 문화적 가정을 무너뜨린다. 예를 들면, 예수는 회당장의 요구보다 부정하고 가난한 여자를 먼저 돌보시며, 이방인 여자와 논쟁을 허락하신다.6장 D 마가는 두 번째 구축 사이클에서도 계속해서 사회 질서를 무너뜨린다. 이번에는 예수의 가르침을 통해서다. 예수는 부자와 "큰 자"보다 어린아이들과 여자를 우선하신다. 시각장애인 거지는 제자도의 모델로 서술된다.

두 번째 직접적 사역 내러티브에서 예수는 상징적 질서의 핵심인 성전과

맞서신다. 예수는 그곳에서 하나님의 집의 목적에 대한 또 하나의 예언적 경구를 제시하신다.[10장 C, 3] 채무 규례와의 결정적 단절은 공동체가 용서를 실천함으로써 가능하다.[11:25] 예수께서 십자가에서 돌아가신 때, 권능들이 그들의 권좌에서 쫓겨났을 뿐만 아니라[해가 어두워짐], 상징적 질서 자체가 무너졌다.[성전 휘장이 찢으짐] 휘장을 친 지성소는 제사장 특권층의 이데올로기적 정당성을 상징한다. 여호와는 배타적이고[세상에서 물러나신], 백성과 "멀리 떨어져 홀로"거하시며, 제사장이 중재한다. 백성을 여호와와 분리한 그것은 백성과 백성 사이를 분리한다. 제사장 역시 "멀리 떨어져 홀로" 거한다. 따라서 휘장이 찢어진 것은 이러한 질서가 무너진 것을 상징한다.[14장 E, 2] 산헤드린을 대표하는 자가 안식일을 더럽히지 않으려고 예수의 시체[첫 번째 부정]를 제거한 것처럼, 이 이야기는 상징적 질서가 지배하는 것처럼 보이는 것이 사실이다. 그러나 가장 결정적인 것은 예수의 몸이 무덤에서 "사라진" 것이다. 그의 시신은 존중과 정결에 대한 요구에 따라 합당하게 장사될 필요가 없었다. 이미 새로운 질서가 시작되었기 때문이다. 더구나 이 "몸"은 성찬을 통해 새로운 질서의 중심이 되었다. 성찬에 참예하는 자는 예수의 전복적 기억에 "감염"된 것이다.

내러티브의 지정학은 메시아 공동체가 지배적 질서의 영역 밖에서 살아야 한다는 마가의 주장을 강조한다. 광야[변두리]에서 출발할 때부터 하나님 나라 운동은 "중심부"[유대/예루살렘이든 헬라의 도시이든]와 공간적 긴장을 유지한다. 마가복음의 예수는 팔레스타인 북쪽 전역을 순회하시는데, 이것은 마가 공동체의 사역 범위를 가리키는 것일 수 있다. 전반부에서 내러티브는 마지막 대결을 위해 남쪽 극단인 예루살렘을 향해 서서히 남하한다. 그러나 이 사역이 끝나자마자 마가는 즉시 갈릴리로 되돌아간다.[16:7] 이것은 제도와 장소에 있어서 유대의 지배적인 상징적 질서와 전적으로 상반된 이데올로기의 절정에 해당한다.

2. "과부의 가산을 삼킴": 정치적 경제

나는 앞서 마가가 성전 제의를 비판한 것은 성전 함락에 대한 신학적 합리화를 위해서가 아니라 성전이 본질적으로 압제적 정치적 경제에 기초한 때문이라고 언급한 바 있다. 우선 마가는 굶주림과 소외가 확산된 세계를 서술한다. 이것은 팔레스타인 전쟁 당시 그가 경험한 실제와 정확히 일치하는 상황이다. 나는 전반부가 어떻게 먹는 것과 먹지 못하는 모티브에 초점을 맞추었는지에 대해 언급한 바 있다.[7장 E, 2] 우리는 이야기 전체에서 만날 수 있는 경제적 박탈, 또는 "충분하지 않음"과 관련된 다양한 표현에 대해 살펴볼 것이다.

1. 요한의 광야 음식, 1:6
2. 금식해야 하는가? 2:18 이하
3. 제자들이 곡식을 징발함, 2:26
4. 예수께서 무리로 인해 음식 먹을 겨를이 없음, 3:20, 6:31
5. 예수께서 야이로의 딸에게 먹을 것을 주라고 명하심, 5:43
6. 예수께서 양식이나 돈을 갖지 말고 전도하라고 명하심, 6:8
7. 수로보니게 여자가 부스러기를 요구함, 7:28
8. 예수께서 시장하심, 11:12
9. 과부의 가난, 12:40,44
10. 기근, 13:8

마가에게 경제적 빈곤, 토지 이전, 사회적 붕괴에 대한 경험은 성전에 기초한 재분배 경제가 와해되었음을 보여주는 충분한 증거가 된다. 이 제도는 원래 이스라엘 백성 및 함께 사는 거류민이 "풍족히" 먹을 수 있게 하는 제도였다.[25:35 이하] 그는 공동체를 풍성하게 먹일 수 있는 제도의 회복을 염두에 두고 있다.[14장 E, 2]

마가는 유대 공동체 내의 계급 차이에 따른 경제적 불균형을 비난하는 것으로 끝나지 않는다. 그는 이러한 구별을 지속하는 구조에 대해 알고 있다. 예를 들면, 헤롯당은 자신의 부와 권력을 유지하는 식민지 제도에 깊이 연루되어 있다. 바리새인들과 협력하여 제국의 세금에 대한 예수의 입장을 끌어내려 했던 자들이 헤롯당이다.[12:13 이하] 바리새인들은 농부의 관점에서 그들의 가장 취약한 부분, 즉 농산물의 생산 및 분배를 지배하려는 시도에 대해 공격당한다. 마가는 이러한 지배의 각 요소에 대해 직간접적으로 암시한다. 그들의 정결 규례에 대한 지배[2:16 이하; 7:1 이하]는 십일조의 적정량을 결정했으며, 채무 의무[즉, 고르반, 7:6 이하]에 대한 사법권과 안식일 법의 적용은 농부의 생산량에 영향을 미쳤다.[2:23 이하]

토지소유의 패턴은 소작농과 부재지주에 대한 마가의 암시에 반영된다. 그러나 마가의 비판의 초점은 이 정치적 경제의 중심 구조에 해당하는 성전에 맞추어진다. 장사하는 시장이 된 성전에 대한 예수의 공격적 행위와, 그러한 행동에 대한 성경적 정당화는 이 제도에 대한 분명한 거부를 나타낸다.[10장 C] 12:41 이하에 나타난 가난한 과부에 대한 예수의 탄식에서 볼 수 있듯이, 가난한 자는 그들이 충족시킬 수 없는 제의적 의무에 의해 직접적인 압제를 당한다.[10장 F, 2] 재분배 제도는 이스라엘 공동체 내의 사회-경제적 정의와 평등의 유지라는 목적을 달성하지 못했다. 대신에 성전과 금고에는 많은 재산이 축척되었으며, 가난한 자들에게서 탈취한 토지 소유권은 이 제도를 통해 특권을 누린 기득권자들의 손에 집중되었다. 성전이 "강도"의 소굴이라는 주장[11:17]은 부자가 가난한 자를 "착취"하여 부자가 되었다는 주장과 같다.[10:18-21]

마가복음 전체에는 한편으로 상징적 질서를 대표하는 자와, 다른 한편으로 가난하고 소외된 자 사이에 일관성 있는 내러티브 사이의 대립이 나타난다.

1. 제사장[정결]과 나병환자[1:41 이하]

2. 서기관채무과 중풍병자2:1 이하

3. 바리새인들채무과 장로들7:6 이하

4. 서기관채무과 박탈당한 과부12:40

모든 중요한 사회적 집단이 비판을 받았지만, 가장 악한 범법자로 드러난 집단은 서기관 그룹이다. 그들은 이 착취적인 정치적 경제의 이데올로기적 변증가이자 경제적 수혜자이다. 마가복음의 예수는 "이웃을 자기 자신과 같이 사랑하는 것이 전체로 드리는 모든 번제물과 기타 제물보다 낫다"라는 선지자의 주장을 말로만 확인하는 것에 감동하지 않으신다.12:34 사실 서기관이 장악하고 있는 제도 자체는 이스라엘의 계급구조를 강화할 뿐이다.

바꾸어 말하면, 마가는 구조적 불의의 본질을 이해하고 있으며, 이러한 이유로 개혁 전략을 거부한다. 그러나 제자들은 두 차례나6:37; 14:5 시장에서의 구매력을 활용하여 가난한 자에 대한 예수의 관심을 충족시킬 수 있을 것으로 생각함으로써, 이러한 본질을 제대로 깨닫지 못하고 있음을 보여준다. 그들이 시각장애인이 된 것은 "제도는 정의의 목적을 향한 방향 재설정이 불가능하다"는 사실을 보지 못했기 때문이다. 예수는 제도의 완전한 붕괴를 요구하시며13:2, 그 대신 평등한 재분배의 진정한 실천을 주장하신다.9장 C, 3

14D. 새로운 정치적 실천

1. "너희 중에는 그렇지 않을지니": 건설적 정치

마가는 하나님의 나라가 대격변을 통해 오는 것이 아니라 적대적 토양에 심긴 작은 씨를 통해 서서히 자란다고 믿었다. "아래로부터의 혁명"9장 E을 주장하는 마가복음의 담론은 전복적이며 건설적인 요소를 포함한다. 마가는 현재의 질서를 무조건 비난하는 것이 아니라 제자 공동체의 중심이 될 새로운 질서의 구축에 대한 가르침을 제시한다. 마가복음은 이 공동체를 지배적 정치에 대한 대안을 제시할 정치적 "연합체"로 합법화한다.[3:13 이하; 4장 E, 2]

이 공동체는 어떻게 조직되었는가? 또한 공동체의 권위는 어떻게 행사되었는가? 이 내러티브는 어떤 절대적 지도자의 이데올로기도 허문다. 공동체의 지도자는 실패자로 서술된다. 나는 켈버의 주장처럼[1979:88 이하] 남자 제자들에 대한 마가의 관점을 예루살렘의 그리스도인 지도자에 대한 "정치적 논박"으로 서술하지 않을 것이다. 그러나 마가복음의 냉소적 어조는 마가의 백성이 이러한 권위주의에 대한 야심을 경험적으로 알고 있음을 암시한다. "너희 중에는 그렇지 않을지니"라는 예수의 꾸짖음은 로마의 식민주의를 통해 익히 알고 있는 지배적 행위를 가리키는 것으로, 권력을 향한 열망에 대해 경고하는 역할을 한다.[9장 D, 2] 또한 진정한 지도자인 예수를 따르는 영원한 상태로서 "제자도"는 학생 자신이 선생이 되는 랍비 학파와 대조적으로, 공동체 내에서 계급구조가 재생산되는 것을 반대한다.

마가의 대안은 지도자를 없애는 것이 아니지만, 지도자는 반드시 공동체에서 가장 작은 자가 되어야 한다. "섬김의 리더십"이란 구체적으로 무엇을 말하는가? 우리의 해석은 가문이나 친척 관계, 또는 혼인 생활에 있어서 팔레스타인의 전통적인 가부장적 구조와의 근본적 단절이라고 규정한 바 있다. 새로운 "가정"은 부부관계든 공동체 형태이든 평등해야 하며, 전통적으로 조직의 가장 약한 지체인 여자와 아이들에게 중심적인 자리를 내어주어야 한다. 마가는 결혼생활과 관련하여 이혼 문제 외에는 많은 말을 하지 않는다.[9장 B, 1] 마가복음에 등장하는 여자들에 대한 개요는 돕는 자라는 전통적 역할에서 벗어나 완전한 인격체로 고려되어야 함을 보여준다. 또한 나는 앞서 가부장제에 대한 마가의 비판이 여자가 남자보다 섬김의 리더십에 적합하다는 사실을 강력히 암시한다는 증거가 있다고 주장했다.[9장 D, 3]

고대 지중해 상황에서 이처럼 유례를 찾아볼 수 없는 이데올로기와 실천은 아무리 강조해도 지나치지 않다.

> 당시 유대인과 헬라인 및 로마의 가정생활에 대한 인식은 매우 보수적이다. 가정의 강력한 유대관계는 사회적 압력뿐만 아니라, 결혼과 상속, 그리고 대가족의 다른 식구들과의 관계에 관한 수많은 법령의 뒷받침을 받는다. 가장파트리아 포테스타스의 권한은 사실상 가정의 법이다. 따라서 가정에 대한 충성보다 하나님의 뜻을 행하는 것이 중요하다는 예수의 말씀을 지키고, 사실상 아버지가 통치하지 않는 새로운 가정을 촉구하며, 일반적인 가정을 지배하는 상호관계의 구조를 거부하는 기독교 공동체는 자연적으로 의심과 박해를 초래했을 것이다. Donahue, 1983:45 이하

도나휴Donahue는 계속해서, 기독교에 대한 로마 저자들의 초기 공격은 주로 사회적 상궤를 벗어난 공동체의 생활방식에 초점을 맞추었다고 주장한다. 타이센의 "순회 전도자"이론에 반대하는 나는 마가 공동체가 대가족 모델이 유지되는 정착 공동체였을 것이라고 생각한다. 그러나 이곳의 가정은 지배적인 사회-문화적 패턴을 양산하는 본거지가 아니라 그것을 거부하는 장소이며, 지하 활동을 위한 피난처의 기능도 하는 것으로 볼 수 있다. 공동체는 박해를 받는 가운데 내적 규율에 대한 문제로 고심한 것으로 보인다. 9장 A, 4 그러나 마가복음은 배교한 자에 대해 관용과 이해를 촉구한다. 화목과 용서의 실천은 공동체의 삶에 중요하다. 마가는 영역의 경계를 엄격하게 제한하지 않는 "열린" 공동체를 주장한다. 가난한 자와 소외된 자에 대한 문은 언제나 열려 있어야 하며, 정의와 긍휼을 베푸는 불신자에 대해서도 열어 두어야 한다. 9장 A, 3

2. "안식일의 주인, 집주인": 전복적 정치

대체로 마가복음은 건설적 정치보다 전복적 정치에 초점을 맞춘다. 이것은 아마도 유대인과 로마 당국의 압박이 이러한 문제에 대한 명확한 입장을 요구하기 때문일 것이다. 예수는 처음부터 경쟁적 권위로 제시되며, 지배적 정치 질서를 지배하는 권력의 헤게모니에 도전하신다. 이 질서에 대해 "무법자"로 선포되신[1:10 이하; 위, 3장 F, 1] 예수는 정결 규례를 장악하고 있는 제사장의 권위[1:43]와 채무 제도를 장악하고 있는 서기관의 권위[2:10], 그리고 안식일 규례를 장악하고 있는 바리새인들의 권위를 박탈하신다. 나중에 예수께서 당시의 가장 큰 권위인 성전 체제를 공격하심으로써 갈등은 더욱 고조된다. 예수는 이러한 제도들이 원래적 목적을 훼손했다고 주장하신다. 마가는 계속해서 예수께서 "안식일"의 주인일 뿐만 아니라 "집"의 주인이심을 보여준다.[13:35] 말라기가 경고한 대로[말 3:1 이하; cf. 막 1:2], 그는 성전 공동체를 공의로 심판하기 위해 오신다. 이 모든 것은 공동체의 저항 활동을 정당화하는 역할을 한다.

저항 이데올로기는 예수의 "강한 자"에 대한 언급 속에 명확히 진술된다. 이 언급의 목적은 옛 질서를 무너뜨리고, 그 속에 갇힌 자를 해방시키는 것이다.[4장 F, 1] 앞서 살펴본 대로, 저항 활동은 하나님 나라에 대한 선포, 치유와 귀신을 쫓아냄, 비폭력적 대결이라는 세 가지 요소로 구성된다. 예수는 공동체에게 이러한 메시아적 소명의 각 요소에 대해 가르치시고 위임하신다.[3:13; 6:7]

공동체의 정치적 전략은 오늘날 대부분의 혁명 운동과 마찬가지로 "민중" 또는 대중적 영역을 대상으로, 옛 질서는 무너져야 하며 새로운 질서를 받아들여야 한다는 이중적 명령을 설득하는 시도로부터 시작한다. 개종을 위한 공동체의 설득은 "안전한 집"[안가]이 될 수 있는 네트워크를 형성하는 방식으로 이루어지는 것처럼 보인다.[6:7 이하; 위, 7장 A, 2] 그러나 제자들은 사회적 도적이 혁명세를 강요하는 것처럼, 하나님 나라를 강요해서는 안 된다. 대신에 선교는 전적으로 사람들의 영접에 맡겨야 한다. 따라서 먹을 것을 소지해서는 안 되며, 상대의 영접이 강조된다. 이러한 선교 전략만이 제자들을 권위와 맞서게 할 수 있다. 세례요한과 헤롯에 대한 기사를 본문과 나란히 제시한 이유도 그 때문이다.7장 B 위험에도 불구하고, 해방의 "복음"은 압제적 유대인뿐만 아니라 모든 사람에게 널리 확산되어야 한다.13:9 이하

선포는 새로운 질서에 대한 구체적인 표현을 수반해야 한다. 그것은 주술적 "이적과 기사"8:11 "표적" 이하가 아니라 주린 자를 먹이고6:37 병든 자를 고치며6:13 사회적으로 소외된 자2:16와 이방인7:1 이하과의 교제를 확장하고 무엇보다 귀신을 쫓아내는, 정의와 자비의 실천이다. 정치 당국에 가장 위협적인 활동으로 서술되는 예수의 축귀 사역은3:22 이하 마가가 유대와 로마의 정치-군사적 헤게모니에 대항하는 이데올로기를 분명히 제시하는 담론이 된다. 새로운 질서란 서기관의 지배와 군사적 제국의 식민지로부터의 해방을 의미한다. 그러나 귀신을 쫓아내는 사역은 단순한 상징적 선포가 아니다. 예수께서 성전의 장사꾼들을 "쫓아내신" 것은 이 질서의 매우 구체적인 성격을 보여준다.10장 C 이 에피소드는 축귀를 직접적인 상징적 행위의 정치와 연결한다.

첫 번째 사역과 두 번째 사역에서 예수는 오늘날 말하는 소위 "시민 불복종" 방식을 택하신다. 그의 제자들의 첫 번째 공적인 활동은 율법에 어긋나는 행위를 하는 것이다.2:23 이하 이어서 예수는 "테스트"를 통해 율법의 진정한 의도에 대해 말씀하신다.3:4 7:1 이하에는 동일한 패턴의 범법 행위와 변론이 제시된다. 그러나 예수의 직접적인 상징적 행위의 절정은 감람산에서의 행렬과 성전 정화이다. 이러한 행렬과 저주와 정화는 공들여 만든 정치 드라마의 각본에 따른 행동이지만, 우리는 이러한 요소들이 특별히 파괴적인 모습으로 서술되었다는 사실을 잊어서는 안 된다. 마가는 "고전적" 시민 불복종뿐만 아니라안식일의 경우에서 보듯이 부당한 법은 지키지 않아도 된다 호전적인 직접적 행동도

정당화한다.

제자들은 귀신을 쫓아내는 직접적 행위를 자신의 권력적 기반을 위한 수단으로 이용해서는 안 된다.[9:38 이하] 사실상 능력은 "믿음"과 연결된다. 이것은 안팎에 존재하는 귀신의 "이름"을 불러 쫓아내는 능력은 물론, 지배적 구조와 패턴에서 벗어난 새로운 인간성과 새로운 세계를 품는 능력을 의미한다.[9:14 이하; 위, 8장 E, 3] 이런 믿음만이 현재의 질서라는 "산"을 던질 수 있다.[11:23 이하] '정치적 상상력으로서 믿음'을 위한 제자들의 투쟁은 마가복음의 핵심 주제 가운데 하나로, 예수의 강력한 실천과 매우 대조적인 모습으로 진술된다. 이것은 마가의 공동체가 메시아적 소명의 가능성에 대한 의심에 빠져있음을 보여주며, 역사적 상황을 고려할 때 그들의 입장을 충분히 공감할 수 있다. 어쨌든 그들의 눈에 보이는 가시적인 영향력은 적었다. 아마도 바리새인들과 반군이라는 경쟁자들의 주장은 그들에게 큰 압박을 주었을 것이다. 그러나 마가는 진정한 전복적 정치는 개혁이나 반군에게서 찾을 수 없다는 믿음을 고수한다.

3. "자기 십자가를 지라": 혁명적 비폭력

정치의 방법에 대해 언급하면서, 마가는 독자에게 두 가지 핵심적인 이미지를 제시한다. 그것은 겨자씨의 "기적"과 십자가의 "역설"이다. 씨는 우리에게 아래로부터 위로의 혁명은 지배의 근원이 점진적으로 드러나고 변화되는 과정이라는 사실을 상기시킨다. 그것은 인내와 믿음을 요구한다. 왜냐하면, 역사적 변화란 마치 새로운 질서가 위로부터 부여되는 것처럼 명확하게 드러나지 않기 때문이다. 인자에 대한 "진정한" 공의의 법정을 믿는 것은 겨자씨가 "공중의 새들"이 그늘에 깃들일 만큼 큰 나무로 자랄 수 있다고 믿는 것과 같다. 십자가는 권력이 군사적 방식으로 무너지지 않는다는 사실을 상기시킨다. 그러나 마가초기 그리스도인가 십자가는 권력에 패한 것이 아니라 승리했다고 믿는 이유는 무엇인가?

나는 마가가 이야기 전체에서 묵시적 상징이라는 복잡한 구조를 설계하고 있음을 보여주었다. 광야에서의 전쟁 신화는 "강한 자를 결박하고 세간을 강탈하라"는 비유[3:27]를 통해 재진술된다. 그것은 예루살렘 성전에서 예수의 직접적인 행위를 통해 구현되며, 재판에서 권세들과의 마지막 대결 및 죽음을 통해 절정에 달한다.[14:62] 이 순간에 "종말"의 묵시적 징조가 나타나며[15:33-39], 인자는 하늘의 징조들을 보좌에서 끌어내린다.[13:26 이하] "강한 자"는 서기관 계층이나 그것의 정치적 동맹, 성전, 또는 제국주의 로마의 "멸망의 가증한 것"이라는 간단히 설명으로 규명되지 않는다. 마가의 묵시적 담론은 문제의 핵심을 드러낸다. 예수는 지배적 정치 자체에 대해 도전하신다.

윙크W. Wink는 신약성경의 "권능들"에 관한 담론에 대한 연구를 통해 이 묵시적 완곡어법의 의미를 정확히 파악했다는 것이 나의 생각이다. "영적 권능들은 구별된 천상의 존재들이라는 의미가 아니라 물질적, 가시적 권력의 내적 요소"로 해석해야 한다는 그의 주장은 인용할 만한 가치가 있다.

> 우리는 주로 물질적, "지상적" 실제에 대한 언급에서, 이러한 실제의 가장 내적인 본질에 해당하는 그들을 만날 수 있다. "권능들"이라는 표현은 더 이상 영적인 세력을 지칭하는 특별한 영역으로 남아서는 안 되며, 한편으로는 신체적이거나 제도적인 실체화, 다른 한편으로는 그들의 내적 본질이나 정신이라는 두 가지 국면으로 구현된 모든 권력을 아우르는 총칭적 언급으로 보아야 한다. 대중의 입장에서 이러한 권력의 영역에 해당하는 모든 현상을 "관계 당국"존재하는 권력이라고 부르는 것은 정확하다. 이 모든 경우에서 하늘의 사건과 지상의 사건의 동시성은 이러한 사건들이 겉으로 보이는 것 이상이라는 신화적 인식을 보여준다. 신체적 행위자와 제도는 영향력을 위해 싸우는 모든 영역의 권세들의 외견적 시현일 뿐이다.[1984:104,105,107]

따라서 마가에게 지배적 행위는 어떤 반역도 불가능할 만큼 인류 역사에 깊이 내재되어 있다.

진정한 혁명은 모든 폭력과 착취 및 비인간화와 함께 기존의 규범화 된 권력정치와의 근본적 단절을 요구한다.

> 우리는… 제도의 정신에 반대하며, 그것을 뒷받침하는 이데올로기와 메타포와 정당화를 반대하며, 그들에게 활기를 불어넣는 욕심과 탐욕을 반대하며, 권력자들이 쉽게 유혹하는 개인적 이기주의를 반대하며, 일시적인 유익을 영원한 전체적 유익과 맞서게 하는 우상숭배를 반대한다.[앞의 책, 144]

옛 질서의 수단으로는 결코 새로운 질서의 목적을 달성할 수 없다. 호전적 비폭력적 저항의 정치가 아닌 것은 진정한 혁명이 아니며, 옛 세상을 다시 반복할 뿐이다. 마가복음의 예수는 수단과 목적이 일치하는, 보다 근본적인[철저한] 사회적 변화를 요구한다. 나는 이 주석 여러 곳에서 십자가는 "제자도의 대가"라는 정치적 의미를 상기시킬 뿐만 아니라, 간디의 무저항 불복종 운동과 유사하다는 사실을 언급한 바 있다. 이 주제에 대해서는 나의 결론적 언급[후기, C]을 통해 간략히 설명할 것이다.

14E. 새로운 사회-경제적 질서의 실천

1. "한 떡": 가난한 자 및 이방인과의 결속

마가복음은 인간의 하나 됨을 위한 기존의 사회적 경제적 영역을 정당화한다. 이러한 포용적 실체의 우선적 대상은 가난한 자와 소외된 자이다. 이러한 사실은 "무리"에 대한 예수의 사역과, 특별히 장애인[2:1 이하; 10:45 이하], 제의적으로 부정한 자[1:45 이하; 5:25 이하], 사회적으로 소외된 자[2:15 이하; 7:24 이하], 여자와 어린아이10:1 이하에 대한 에피소드에 전반적으로 잘 나타난다. 이 결속은 수난 기사의 첫 번째 에피소드에 가장 잘 드러난다.12장 B, 1 이 에피소드에서 예수는 나병환자의 집에 머무시며, 그곳에서 한 여자가 보여준 자비의 행위가 제자들의 위선적인 신실함보다 낫다고 가르치신다.14:3-9

마가복음에 대한 정치적 해석에서 자주 제기되는 질문에 대해 언급할 필요가 있을 것 같다. 마가의 이야기는 예수를 "대중 운동"의 창시자로 서술하는가? 이 질문이 제기되는 것은 예수께서 언제나 팔레스타인의 가난한 자들을 "우선"하신다는 사실 뿐만 아니라 내러티브의 분명한 계급적 성향 때문이다. 광야에서 무리를 먹이신 사건이나6장 D, 2, 예루살렘을 향한 행렬과 같은 예수의 "대중적" 행위에 대해 대중을 조직하기 위한 목적으로 해석하는 사람들도 있다. 그러나 우리는 마가의 제자도 내러티브가 소수의 "정치적 소명"이라는 분명한 전략을 제시한다는 사실을 염두에 두어야 한다. 즉, 예수는 대중이 "혁명의 객관적 조건"에 대해 어떻게 반응할 것인지와 상관없이 메시아의 길을 포용하기를 기대하는 공동체를 창설하신다는 것이다.

그렇다면 우리는 예수와 가난한 자와 결속을 어떻게 이해할 것인가? 한국에서 일하는 해방신학자들은 그들의 문화적 및 역사적 경험을 통해 이 문제를 조명한다. 민중신학자 김용복은 "민중"이라는 용어에 대해 다음과 같이 규정한다.

> 왕국, 왕조 및 국가는 세워지고 무너지지만, 민중은 역사에 구체적으로 남아 있다.… 권력은 민중에 기반을 둔다. 그러나 정치적 권력으로 나타난 권력은 민중에 속하지 않는다. 이 권력은 자신을 유지하고 싶어 하며, 민중을 통치한다. 1981:183

김용복은 그들을 "역사적 드라마의 주역"이라고 부르지만, 마르크스의 프롤레타리아에 대한 엄격한 사회-경제적 이해로부터 나온 민중이라는 정치-문화적 정의와 구별한다.

> 전자는 역동적이고 변화하는 개념이다. 남성의 정치적 지배를 받는 여자는 민중에 해당한다. 인종적으로 다른 집단의 정치적 지배를 받는 집단은 민중이다. 또 하나의 강력한 민족의 지배를 받는 민족은 민중이다. 군사적 권력 엘리트에 의해 압제 받는 지식인은 민중이다. 물론 노동자와 농민은 민중이다. 앞의 책, 185

또 한 명의 한국인 안병무는 민중을 마가의 "무리" 오클로스; 위, 4장 C, 3와 유사한 개념으로 본다.

마가복음에서 민중은 유대의 지배적 그룹 밖에 있으며, 가난한 자와 세리와 부정한 자를 포함한다. 1981:150 이하 그러나 그는 다음과 같은 결론을 내린다.

> 오클로스는 불의한 자와 권력자가 두려워하지만, 그들은 권력 집단을 형성하지 않는다. 그러므로 우리는 그들을 정치적 세력으로 여겨서는 안 된다. 오히려 그들은 본질상 무리로 보아야 한다. 그들이 민중인 것은 공동 운명체이기 때문이 아니라 단지 소외되고 버림받고 약하기 때문이다.… 예수는 오클로스를 세력화하겠다는 의도가 있었다는 인상을 주지 않는다. 그는 그들의 운동을 위한 프로그램을 제시하지 않으며 그의 운동의 대상으로 삼지도 않으신다. 예수는 그들에게 아무 것도 강요하지 않으신다. 그는 그들의 통치자나 우두머리가 되기를 요구하지 않으신다. 예수는 "수동적으로" 그들의 편에 서신다. 예수와 민중의 관계는 형성되고 깨어진다. 그들은 아무런 조건 없이 예수를 따른다. 그들은 그를 받아들이지만 배신하기도 한다. 앞의 책, 151

마가는 예수께서 치유와 직접적인 상징적 행위를 통해 가난한 자와 소외된 자의 대변자가 되심을 명확히 서술한다. 안병무가 결속을 "수동적"이라고 한 의미는 예수께서 팔레스타인 민중을 혁명 과정에서의 역할에 비추어 객관화하지 않았으며, 따라서 "민중이라는 이름이 정치적 독재를 정당화하는 데 이용되지 않게 하셨다"는 의미다.Kim, 1981:185

대신에 마가는 "수용성"이라는 이데올로기를 제시한다. 즉, 나병환자, 죄인, 여자, 어린아이는 모두 하나님 나라의 백성으로 받아들인다는 것이다. 예수는 제자들에게 그들과 함께 살며 그들의 관점에서 삶을 바라보라고 가르치신다. 이러한 수용성은 가난한 자의 내재적 선 때문이 아니라 여호와께서 그들을 민중으로서 아무런 조건 없이 받아들이신다는 것이다. 마가에게 수용성 이데올로기는 구약적 히브리인의 호혜주의에 입각한 것으로 보인다. 토지는 여호와께 속한 것이며, 그곳에 거하는 모든 사람은 은혜로 사는 것이며, 동등한 자격을 가진다. "이스라엘 자손은 나의 종들이 됨이라 그들은 내가 애굽 땅에서 인도하여 낸 내 종이요 나는 너희의 하나님 여호와이니라."레 25:55

인간에 대한 메시아적 재창조의 두 번째 대상은 이방인이다. 호혜성과 수용성을 유대 백성 너머로 확장한 것은 마가의 가장 급진적인 주장이다. 마가가 추상적 이론이 아니라 구체적인 통합의 실천을 주장했다는 것은 이방인과의 사회적 교류가 배제된 "정결 규례 및 음식 규례"를 통합의 실현에 가장 걸림돌이 되는 요소로 다룬다는 사실에서 잘 드러난다. 신약성경에는 이것이 초기 교회, 특히 바울과 누가의 글에서 가장 곤란한 이슈였다는 광범위한 증거가 있다.7장 E, 2

마가복음의 이방인 주기의 담론7:1-8:10은 사실상 사도행전 10장에 제시된 누가의 담론과 매우 유사하다. 둘 다 통합의 정당성을 위해 내러티브 픽션이라는 도구를 사용한다. 마가복음 7장의 경우, 공동의 식탁 교제를 상징하는 "떡"에 초점을 맞춘다.

1. 정결 규례를 위반하고 떡을 먹는 행위에 대한 바리새인들과의 논쟁
2. 예수께서 바리새인들의 외식을 지적하심
3. 예수께서 모든 음식은 깨끗하다고 선언하심
4. 예수께서 "아이들이 먹던 부스러기"를 요구하는 이방 여자와의 논쟁을 허락하심
5. 예수께서 이방인 무리를 먹이심

이방인 주기를 시작하면서 이방인과 식탁을 함께 하는 연합은 음식 규례로 인해 위험에 빠지지만, 교훈에 이어지는 상징적 행위귀신을 쫓아내심를 통해 극복된다. 원래의 목적은 결국 광야에서 무리를 먹이신 사건을 통해 충분히 달성된다. 이 장면은 마가가 이스라엘이 광야에서 배불리 먹은 경험을 이방인 무리에게 재현한 것이다.

사도행전 10장의 픽션은 이중적 환상이다.

1. 이방인 고넬료가 환상을 통해 베드로와 만나라는 지시를 받음
2. 시장한 베드로가 환상을 통해 각종 짐승을 음식으로 먹어도 된다는 말씀을 들음10:9-13
3. 베드로가 부정한 음식이라고 항변하나 모든 음식은 깨끗하다는 선언을 들음10:14-16
4. 베드로와 고넬료의 만남10:17-33
5. 이방인이 말씀과 성령과 세례를 받음10:34-48

연합에 대한 약속은 다시 한번 위험에 빠지지만, 선언과 가르침으로 회복된다. 이 환상은 결국 이방인 가운데 성령을 부어주셨다는 기사를 통해 완전히 성취된다.

따라서 마가는 다른 초기 기독교 저자들처럼 연합에 대한 급진적인 사회

적 경험을 정당화한다. 그의 공동체는 통합을 이루었는가? 나는 내러티브가 그러한 사실을 암시한다고 믿는다. 마가는 "하나의 떡"만 있다고 말한다.[8:14, 17] 공동체가 이러한 경험 때문에 많은 압제를 받았다는 사실은 바다 "건너편"으로 가기 위한 배 여정에서 가공할 바람과 파도를 만난다는 극적 픽션을 통해 상세히 진술된다. 예수는 제자들로 인해 맞은 편으로 가려는 계획을 완수하지 못하지만 사역이 실패할 위기에 처하면 구하실 것이라고 약속하신다. 예수께서 로마의 지배와 서기관의 "귀신"을 침묵시키신 것처럼, 그는 인간에 대한 재창조를 반대하는 압도적 세력을 잠잠케 하신다.[4:39-41] 이것이 바로 불가능해 보이는 사회적 경험을 가능하게 하는 원동력이다.

2. "다 배불리 먹고": 공동체와 새로운 경제적 상징적 질서

마가는 팔레스타인의 경제적 결핍에 대한 서술과 대조적으로 풍성한 비전을 주장한다. "풍성함"이라는 이미지와 관련된 요소는 다음과 같다.

1. 종말론적 추수, 4:8
2. 유대인 무리가 광야에서 배불리 먹음, 6:44
3. 모든 음식은 깨끗하다고 선언 됨, 7:19
4. 이방인 무리가 광야에서 배불리 먹음, 8:8
5. 남은 것이 풍성함, 8:19 이하
6. 공동체의 풍성함, 10:30

이러한 이미지들은 실패로 끝난 성전에 기초한 경제적 재분배에 대한 새로운 실천을 함축한다. 이것은 원래적 이스라엘의 생산과 소비 공동체에 대한 비전으로 회귀한 협력적 나눔의 실천이다.

물론 옛 제도는 지속될 것이며, 전도하는 제자들은 그것에 취약성을 드러낼 것이다.[6:8] 그들은 식량을 차출하는 행위의 정당성을 인정받을 것이다.[2:23]

이하 마가는 금욕주의즉, 금식를 진짜 배고픈 자에게 상처가 되는 부유한 자의 특권으로 생각하여 반대하는 것처럼 보인다. 그러나 마가의 이데올로기의 핵심은 첫 번째 무리를 먹이신 기사에서 예수와 제자들이 나누었던 대화에 나타난다. 마가의 담론의 변증법적 대화에 주목해 보라.6:36-38

제자들: 무리를 보내어 두루 촌과 마을로 가서 무엇을 사 먹게 하옵소서

예수: 너희가 먹을 것을 주라

제자들: 우리가 가서 이백 데나리온의 떡을 사다 먹이리이까

예수: 너희에게 떡 몇 개나 있는지 가서 보라

제자들은 지배적 경제 안에서 시장의 부족만 생각할 수 있다. 이에 대해 예수는 그들이 가진 것에 대해 언급함으로써 대안적 경제를 촉구하신다. 마가가 제시하는 하나님 나라의 "풍성함"은 제자들이 가용 자원을 조직하고 나누는 법을 배울 때 실현될 수 있다. 이것이 광야에서 무리를 먹이신 기사에 진술된 "기적"이다. 그로 말미암아 아무도 "길에서 기진"하지 않을 것이다.8:3

공동체의 나눔의 경제 모델은 10:29-31에 진술된다.9장 C, 3 그곳에는 가난한 자를 착취하여 부자가 된 지주의 지배적 질서10:19-22와의 긴장이 나타난다. 공동체는 재분배 제도를 재창조한다. 사유지와 집은 협력적 경제를 위해 포기해야 한다는 것이다. 이 모델은 협력적 풍성함을 유발하기 위한 것이 아니라 가난한 자에게 잉여를 제공하기 위해서다. 내러티브는 마가 공동체가 사실상 일종의 공동체 모델을 실천하고10:28, 그로 인한 사회적 반대를 경험했음을 강력히 시사한다. 쿰란의 수도승이 광야에 홀로 지내며 일종의 공동체 경제를 실천하는 것과 적대적 경제 제도 안에 머물면서 그것을 실천하는 것은 별개의 사안이다.

그러나 10:30에 제시된 "박해"에는 특별한 관점을 부여할 수 있다. 마가

공동체의 유대인 지체들은 성전에 대한 십일조와 다른 의무에 대한 협력을 거부했는가? 직접적인 증거는 없지만, 확실히 이러한 입장은 밀밭에서의 시민 불복종, 예수의 성전 정화[11:15 이하], 헌금하는 자에 대한 비판[12:41 이하], 그리고 성전의 멸망에 대한 예언[13:2] 등 다양한 에피소드의 토대로 삽입되었을 수 있다. 뿐만 아니라 세금에 대한 질문은 일부 경제적 저항이 공동체의 실질적인 문제였음을 보여준다.[12:13 이하] 도시를 반대하는 마가의 내러티브 성향은 공동체가 지배적 제도하에서 고통받고 있는 시골 생산자들의 편이며, 바리새인들과 같은 당국이 전복적이라고 생각하는 대안적 재분배 모델을 촉구해왔음을 암시한다.

지배적 질서에 대한 마가의 정치적, 사회적 및 경제적 대안의 중심에는 인간의 필요를 우선으로 하는[3:4] 급진적인 새로운 상징적 제도가 있다. 예수는 정결 규례 대신 착취에 대한 도덕적 명령을 촉구하시며[7:21 이하; 위, 7장 C, 1], 채무 규례 대신 공동체의 용서를 실천하라고 명령하신다.[11:25] 예수의 가르침은 전통적 상징적 질서를 윤리화하고 민주화하며, 그것을 중재하는 자들인 제사장, 서기관, 바리새인들의 부당성을 드러내신다. 마가는 여호와께서 백성 가운데 거하시기 위해 성전이 필요하지 않다는 대담한 주장을 한다. 여호와께 기도하기 위해 반드시 제도적으로 거룩한 장소가 있어야 하는 것은 아니다. 그 장소는 믿음이다.[11:24] 이런 사실은 예수께서 돌아가시는 순간에, 성전 휘장이 찢어진 사실에 극적으로 드러난다. 예수의 메시아적 "희생"은 백성과 여호와, 그리고 백성 상호 간에 화목을 가져왔으며, 따라서 제사장 조직을 쓸모없는 기구로 만들었다. 여호와는 더 이상 지성소에 갇혀 계시지 않으며 공동체 가운데 거하신다.

마가의 사회적, 경제적 실험에서 식탁 교제의 중요성을 고려할 때 예수께서 이 장소를 공동체의 새로운 상징적 질서의 중심으로 택하신 것은 결코 그리 놀라운 일이 아니다. 예수의 "몸"에 동참한다는 사실을 나타내는 식사가 성전을 대체한 것이다.[14:22-25; 위, 12장 B, 3] 그러나 "거룩한" 것은 몸이 아니라 식사이다. 전자는 이야기 끝에 나타나지 않기 때문이다. 따라서 우리에게 남은 것은 제의가 아니라 식탁 교제라는 사회적 사건이다. 유월절의 위대한 해방을 상징하는 이 식사는 공의를 위한 메시아의 모든 프로그램과, 그것에 대한 헌신의 대가를 상기시킨다. 그러나 이것은 도피하는 중인 공동체, 정확히 말하면 진정한 중심인 예수를 따르는 공동체를 위한 식사이다. 예수는 제도화될 수 없다. 그는 언제나 이 길에서 우리를 앞서 가시기 때문이다.[16:7]

공동체의 상징적 삶에 대한 마가의 재구축에는 한 가지 요소가 더 있다. 그것은 말씀의 우선적 지위이다. 예수의 가르침은 그가 가신 후뿐만 아니라 모든 역사의 중심에 위치한다. "천지는 없어지겠으나 내 말은 없어지지 아니하리라"[13:31] 이 말씀은 어떻게 중재되는가? 물론, 마가의 이야기를 통해서다. 마가복음은 예수와 떨어져 있는 공동체의 상징적 중심의 중요한 요소이다.[3장 A, 1] 제자들은 예수와 복음서를 위해 옛 질서를 버리고 새로운 질서를 택하며[10:29], 그것에 수반된 대가를 치른다.[8:35] 새로운 이야기는 옛 이야기와 연결되기 때문에 공동체는 "보는 눈"과 "듣는 귀"를 가지고 계속해서 히브리 성경을 읽는다.

결론적으로, 마가복음이라는 새로운 문학은 마가복음을 유대 전쟁에 의해 조성된 역사적, 이데올로기적 위기에 대한 반응으로 생성되었다. 이 묵시적 순간에, 공동체는 로마 군대, 유대 지배층 및 반군 모집책에 대한 비폭력적 저항을 유지하는 한편, 실천과 선교를 통해 새로운 혁명적 질서의 씨앗을 뿌리기 위해 분투했다. 확실히 주후 69년은 급진적 사회적 실험에 적합한 시기가 아니었다. 아마도 이것은 이 이야기의 시급성과 앞으로 닥칠 고난 및 실패와 새로운 출발의 이데올로기에 대한 이유가 될 수 있을 것이다. 마가 공동체의 모습은 분파 사회학의 구조와 일치하지 않으며, 천년왕국 집단에 대한 풍자도 아니다. 우리는 이 이야기 자체를 구별된 사회-정치적 전략이자 사실상 우리 시대가 귀를 기울여야 할 실천적 이데올로기로 진지하게 받아들여야 한다.

14F. 나사렛 예수는 누구인가? 정치적 기독론에 대한 주석

독자는 이 주석을 통해 내가 "역사적 예수"보다 마가의 입장에 초점을 맞추어 텍스트의 이데올로기에 조심스럽게 접근한 사실을 알게 될 것이다. 이것은 예수의 말씀이 마가복음에 어느 정도 반영되었느냐에 대한 판단과 무관하다. 그것은 역사비평의 관심사이지 사회-문학적 주석의 관심사는 아니다. 이 텍스트는 마가의 사회적 전략에 대한 직접적 증거이며, 예수의 사회적 전략을 간접적으로 보여준다. 내가 나사렛 예수에 대한 특별한 분석에 치중하지 않은 것은 마가가 예수를 정확히 서술했는지에 대해 의심했기 때문이 아니라, 그가 예수의 실천 및 비전에 대한 신실한 해석자라고 믿었기 때문이다. 처음에 언급한 대로, 마가복음에 대한 "해석"은 곧 예수에 대한 "해석"이다.

그러나 역사적 겸양은 마가가 과거의 선지자이자 새로운 질서의 상징적 중심인 살아 있는 지도자로 서술한 나사렛 예수께서 발산하는 향기를 억제하지 않는다. 확실히 마가는 이 "길"을 선포한 분이 실제로 그런 삶을 경험하지 못했다면 그처럼 철저하게 구체적이고 역사적인 제자도 이데올로기를 주장할 수 없었을 것이다. 따라서 우리는 마가의 이야기에 기초하여, 이 유대 급진주의자 나사렛 사람에 대해 부가적으로 살펴볼 필요가 있다. 다음은 역사적 재구성이 아니라 마가가 호소하는 성경의 급진주의 전통의 계속성에 기초한 창의적인 부연설명이다. 선지자, 제사장, 왕이라는 고전적 기독론의 범주는 이 고찰에 적합하다.

1. 성경의 급진주의 전통에 있어서 선지자, 제사장, 왕

청년 예수가 이 장의 서두에 인용한 이사야서와 같은 예언적 본문을 읽고 큰 감동을 받았을 것이라는 역사적 상상은 어렵지 않게 할 수 있다. 이 시골 나사렛 사람의 세계는 가난과 압제로 가득한 세계였을 것이다. 나이 많은 사람들은 그에게 무자비한 헤롯 왕에 관한 이야기를 들려주었을 것이다. 어쩌면 그들 가운데 일부는 헤롯이 죽은 후 유다라는 갈릴리의 사회적 도적이 왕궁 무기고를 습격하여 탈취하고 반란을 일으킬 때 직접 혁명에 가담했을는지도 모른다. 그에 대한 보복으로, 로마 군대는 나사렛에서 불과 4마일 떨어진 세포리스를 공격했다.

예수께서 선지자 이사야를 통해 들은 것은 갈릴리에서 본 것과 정반대였다. 외인의 궁성이 그를 포위했으며, 요새는 빈궁한 자의 피난처가 아니라 부자의 피난처였다. 로마는 열방 위에 덮개를 덮었으며 가난한 자를 위한 대변자는 없었다. 그는 주변에서 죽음의 눈물을 보았다. 그들은 굶주려 죽고 십자가 형틀에 매달려 죽었다. 그럼에도 불구하고 이사야의 비전은 그의 뇌리에서 떠나지 않았다. 이 비전은 여호와께서 가난한 자의 편이시라고 주장한다. 이사야의 비전은 유대 백성뿐만 아니라 온 세상의 해방을 예언한다. 그것은 로마의 멸망 이상의 것을 약속하는 것처럼 보인다. 이사야의 비전은 권세들의 몰락, 사실상 사망 자체의 멸망을 예고한다.

이사야서에는 나사렛 사람의 상상력을 자극한, 또 하나의 말씀이 있었을 것이다. 그것은 여호와께서 누군가 새롭게 비전을 선포할 자를 찾으신다는 것이다.사 6:8 이미 모든 사람이 벙어리요 맹인이라면6:9, 그 일은 결코 매력적인 사역이 아니다. 그러나 이미 무엇인가 이루어졌으며, 따라서 이 비전은 죽지 않을 것이다. 그리하여 예수는 말씀이 육신이 되게 하는, 지금까지 많은 선지자가 거쳐간 길에 뛰어드신 것이다.

따라서 예수는 이스라엘의 급진주의 전승에서 첫 번째 "선지자"가 되셨다. 그는 엘리야나 엘리사와 같은 유명한 선지자들처럼 백성의 완악한 지도자들에 대해 여호와의 언약적 고소로 맞서셨다. 이 소송의 원고는 공동체에서 온전한 지위를 인정받지 못하고 있는 가난한 자들이다. 이스라엘의 정치 형태의 대중적 기원을 재확인한 그는 권력을 찬탈한 자들의 지배를 거부하고 다른 사람들에게도 같은 일을 하라고 촉구하셨다. 충성은 오직 여호와께만 해야 한다. 고전적 신탁 선지자들처럼 예수는 가난한 자를 억압하는 지배적 질서의 구조 및 그것을 집행하는 자들의 정체를 가차 없이 드러내셨다. 그는 아모스의 흔적을 좇아 권력자들에게 신랄한 신탁을 제시하셨다. 그는 예레미야의 발자국을 따라 자신의 메시지를 상징적 행위로 극화하셨다. 그리고 그는 "제2이사야"를 통해 진리를 전하고 백성에게 비전에 대한 책임을 지게 한 대가를 아셨으며, "멸시와 버림을 받았으며 질고를 아는 자"사 53:3가 되기 위한 준비를 하셨다.

나사렛 예수는 여호와의 치유를 가난한 자와 소외된 자에게 중보한다는 점에서 제사장이기도 하다. 그는 상징적 질서에 의해 이중적으로 압제 받는 자들을 위해 일방적으로 희년을 선포하셨다. 부정한 자는 깨끗하게 되고 빚진 자는 탕감 받는다는 것이다. 이어서 예수는 지성소에 갇힌 여호와의 임재를 풀어놓고 그가 백성 가운데 거하심을 선포하신다. 이제 백성은 새로운 나눔과 용서의 공동체의 협력을 통해 채무에서 벗어난다. 그들은 부정한 자를 받아들이고 병든 자에게 기름을 바르며 귀신을 쫓아낸다. 제사장으로서 예수의 역할은 제사장직을 폐지하고 이스라엘을 근본적으로 민주화하는 것이다. 성전 사역자들이 주관하는 희생 제물은 더 이상 "속죄의 피"가 될 수 없다. 유일하게 합당한 제물은 사람들을 섬기고 압제에 저항하기 위해 흘리는 자기 자신의 피이다. 따라서 예수께서 품은 제사장의 소명은 통치를 위한 것이 아니라 "범죄자 중 하나로 헤아림"을 받고 결국 "자기 영혼을 버려 사망에 이르게" 하는 것이었다.사 53:12

예수는 "왕"이지만, 이스라엘의 혁명적 왕권의 전승을 따른 것이 아니다. 그는 제국의 지배적 정치를 거부하기 때문에 다윗의 왕권을 승계한 것이 아니다. 오히려 예수는 새로운 공동체를 새로운 약속의 땅으로 인도하기 위해 세움을 받은 "진정한 목자"다. 다윗 왕권 전승은 사무엘이 가장 두려워했던 군사주의와 경제적 지배와 노예제도로 나타났으며삼상 8:10-18, 결국 내부에서 썩어 붕괴되고 말았다. "집이 스스로 분쟁하면 그 집이 설 수 없고." 마카비의 회복도 더 나은 상황을 만들지 못했다. 따라서 예수는 스가랴의 비전슥 9:9 이하을 자신에게 적용시키신다. 이 구절은 말과 병거의 발전된 군사력을 더 많이 보유한 시대 이전의 부족 이스라엘의 지도자 이미지를 상기시킨다.Horsley and Hanson, 1985:100 "보라 네 왕이 네게 임하시나니 그는 공의로우시며 구원을 베푸시며 겸손하여서 나귀를 타시나니 나귀의 작은 것 곧 나귀 새끼니라"슥 9:9 그는 반군의 왕으로 죽을 것이다.

2. 인자: 새 하늘과 새 땅으로 향한 길

예언적-묵시적 전승은 이 비전에 적합한 새로운 창조를 약속했지만, 예수는 자신의 역사적 경험을 통해 어디에서도 이런 조짐을 발견하지 못했다. 그러나 예수는 이러한 저항 문학, 특히 다니엘서에 관한 연구를 통해 권력자들은 오늘날 우리가 말하는 "비폭력"의 힘을 통해서만 물리칠 수 있다는 가장 혁명적인 통찰력에 이르게 된 것이 아닐까? 죽는 것이 사는 것이라는 역설적 진리를 받아들이지 않는 한, 세상의 지배적 질서는 계속될 것이다.

다니엘은 이 역설이 어떻게 시행될 것인지에 대해 언급하지 않고 그것을 통해 여호와의 통치가 임할 것이라고만 밝힌다.단 7:14 따라서 예수는 권력자들을 무너뜨릴 묵시적 공동체를 세우셨다. 그것은 비밀 집단이 아니라 생명과 죽음의 길이요, 부활의 소망이며, 장차 신원해 주실 것에 대한 묵시적 약속이다.단 12:2 이하 예수는 그의 성경의 족장적, 언약적, 예언적 담론으로부터 해방의 실천을 따랐으며, 그것을 다른 사람들에게 가르치셨다. 갈릴리에서 예수는 여호와의 통치에 대한 비전을 실현할 순간이 왔다고 선포하기 시작하신다. 랍비로서 그는 작은 제자 집단을 형성했으며 그들에게 역설을 통해 부지런히 가르치고 그것을 삶의 모든 영역에 적용했다. 예수는 다른 랍비들과 논쟁했으며 여러 회당에서 쫓겨난다. 그는 계속해서 갈릴리 주변을 순회하며 가르쳤던 치유자이자 귀신을 쫓아내는 분이며 가난한 자의 친구가 되셨다. 그는 제자들이 자신의 역설을 이해했을 것이라는 확신을 갖지 못했으며, 결국 자신의 몸을 통해 그것을 드러내셨다. 따라서 그는 예루살렘으로 가셨다. 최후의 대결은 끔찍했으나 예수는 자신의 비전을 실행했으며, 제자들은 달아났다. 예수는 홀로 가장 높고 강력한 세상 권력과 마주했으며 그들에게 정당하게 패하신다. 예수는 제국의 역사에 총독과 대제사장이 몸에서 뽑아낸 또 하나의 가시로 기록되었다.

제자들은 어떻게 되었는가? 그들은 죽음이 처형당한 나사렛 사람을 가두어 둘 수 없었다는 확신을 가지게 된 무엇인가를 경험한 것으로 보인다. 예수는 부활했는가? 나는 기독교 운동의 발생을 부활이 아닌 다른 무엇으로도 설명할 수 없다는 그들의 주장에 동의한다. 그러나 빈 무덤과 함께 놀라운 깨달음이 찾아왔다. 그것은 예수의 급진적 역설이 입증되었다는 의미이기 때문이다. 이제 제자들은 나사렛 사람을 사로잡았던 비전에 사로잡혀 있다. 그들은 예수의 말과 행동, 그리고 그가 설명했던 텍스트를 묵상하기 시작했다. 그들은 성경적 급진주의의 비전을 살아 있는 예수와 동일시했다. 하나님 나라의 역설에 대한 설명과 실천은 그들에게 달려 있다. 아마도 그들은 예루살렘에 남은 자들도 있었겠지만, 갈릴리로 돌아가 그곳에서 첫 번째 공동체를 세웠을 것이다.

마가복음이 기록될 당시 이 운동은 소규모였으며 인상적이지 않았다. 열방 위에는 덮개가 더욱 철저히 덮였고 사망은 여전히 왕 노릇 했다. 그러나 하나님 나라의 씨는 이 땅에 뿌려졌으며, 마가는 그것에 대한 이야기를 작성하고 복음이라고 불렀다.막 4:3 이하

그때로부터 이 세상은 비유에 나오는 농부처럼 밤낮 자고 깨고 하는 중에 씨가 어떻게 싹을 내고 자라는지 알 수 없었다.막 4:27 역사는 역설과 신비에 친절하지 않다.

오늘날 됫개는 올가미가 되었으며, 죽음은 한 순간에 모든 피조물을 삼킬 수 있다는 위협으로 이 비전을 조롱한다. 가난한 자는 권력의 바깥에서 곤궁에 처해 있다. "주인"은 멀리 가서 돌아오지 않았으며, 그의 종들은 대부분 잠들어 있다.13:34-36 그러나 그는 우리에게 새 하늘과 새 땅에 들어갈 수 있는 열쇠를 남기셨다.

후기

성경의 급진주의 내러티브의 지속

> 나는 괴물 안에 살았으며 그것의 내장을 알고 있다. 나의 무기는 다윗의 물맷돌 뿐이다.
>
> - 호세 마르티 José Marti(1975:3)

나는 최근 로스앤젤레스에 있는 한 엘살바도르 난민의 나무 조각품에 대해 알게 되었다. 친절하고 겸손하며 진지한 전도사 에드가Edgar는 주변의 삶에 대한 진실을 알고 있다. 그의 아내와 자녀, 그리고 여러 명의 친척은 그가 산살바도르의 학생일 때 모두 우익 암살단의 손에 희생되었다. 그렇지 않았으면 그가 고향을 떠나 북쪽으로 갈 일은 없었을 것이다. 대도시에 정착하여 가구 공장에서 일을 시작한 에드가는 나무 조각을 통해 자신의 고통의 음성을 발견했다. 국가적 관심을 얻기 시작할 만큼 강렬하고 탁월한 예술품인 그의 "민속적 리얼리즘"은 라틴계 가톨릭 성상과 오랫동안 세찬 고통을 겪은 살바도르 농민의 얼굴을 결합한 인물을 표현한다. 무엇보다도 내가 소장하고 있는 그의 작품은 이 책의 배후에 있는 질문을 잘 표현하고 있다. 한 어린 소년이 나무를 대충 깎아 만든 목재 의자에 앉아 있다. 마치 소년 예수가 마리아의 무릎에 앉아 있는 듯하다. 그의 오른손은 하늘이 아니라 땅을 가리키고 있다. 우리의 관심은 그의 발을 향한다. 그곳에는 반쯤 땅에 묻힌 USAF미국공군 마크가 찍힌 폭탄 옆에 꽃 한 송이가 자라고 있다. 우리는 그의 얼굴을 돌아본다. 평온하면서도 고뇌에 찬 얼굴이다. 그의 날카로운 시선은 우리를 향해 고정되어 있다.

그는 마치 "아직도 깨닫지 못하느냐"고 묻는 듯 하다.

A. 빈 무덤, 끝나지 않은 이야기

우리는 마가복음 해석을 마쳤으며, 1세기 팔레스타인의 유대 전쟁 기간 그의 공동체가 삶을 통해 실천하려 했던 묵시적 이데올로기와 사회적 전략을 마가의 내러티브가 어떻게 반영하는지 살펴보았다. 그러나 그것은 우리의 세계와 판이하게 다른 세계였다. 이 이야기는 우리의 세계에 대해 할 말이 있는가? 그렇다면 우리는 그것을 "들을 귀"가 있는가?

마가복음 끝부분에 제시된 빈 무덤은 그의 이야기가 예수와 마찬가지로 끝나지 않고 살아 있음을 보여준다. 마가가 수 세기 전으로 되돌아가 히브리 예언의 급진주의를 나사렛 예수에 대한 새로운 이야기로 소생시킨 것처럼, 그는 수 세기를 앞질러 우리에게 "갈릴리로 돌아감"으로써 이야기를 계속하라고 도전한다.[16:7] 그러나 이 이야기를 "다시 읽으라"는 초청이 어떻게 전복적인 정치가 될 수 있는가? 내러티브의 반복은 사실상 독자를 실천에서 멀어지게 하고 현실 세계의 문을 닫게 하며 상상 속에서만 존재하는 것으로 유혹하는 것은 아닌가? 이것은 확실히 묵시적 내러티브의 픽션을 소외된 자들의 꿈이라고 생각하여 일축하는 자들이 우리를 믿게 하려는 주장이 분명하다.

복음서를 읽는 행위가 독자에게 생명력을 줄 것인지의 여부에 관한 문제는 오늘날 독일의 소설가 미하엘 엔데Michael Ende의 『끝나지 않은 이야기』*The*

Neverending Story 1983에 가장 잘 나타난다. 톨키엔Tolkien이나 루이스C. S. Lewis의 전승에 나타나는 고도의 픽션처럼, 엔데의 이야기는 "공상"에 대한 책의 내러티브 세계에 몰입함으로써 현실을 도피하려고 애쓰는 바스티안Bastian에 초점을 맞춘다. 그는 자신을 책의 등장인물과 동일시하지만, 그들이 위기를 해소하기 위해 그의 도움을 요구하는 것처럼 보이기 시작하면 무서워했다. "공상" 속 드라마가 끝날 무렵, 바스티안은 자신이 읽고 있는 이야기는 그의 능동적 개입을 부르짖을 때 반응하지 않는 한 끝날 수 없다는 사실을 알았다. 그가 두려움에 얼어붙어 주저하고 있을 때, 이야기는 텍스트에 바스티안의 이름이 들어 있다는 사실 외에는 아무것도 해결하지 못한 채 다시 처음으로 돌아가려 했다. 따라서 바스티안은 결국 내러티브 속으로 "뛰어들어" 이야기를 새롭게 시작했다. 많은 모험을 통해 자신의 자아에 대해 깊이 배운 바스티안은 현실 세계로 돌아와 변화된 사람으로 살았다.

마찬가지로, "보지 못함"으로 인해 비극적으로 붕괴되는 마가의 제자도 내러티브도 우리가 바스티안처럼 실제로 이야기 속의 등장인물이라는 사실을 깨달을 때, 계속될 수 있다. 마가는 엔데의 소설처럼 내러티브의 "미래"를 독자의 손에 맡긴다. 마가가 그렇게 할 수 있는 것은 이 이야기의 주제가 "죽은 과거"가 아니라 "살아 있는 현재"라고 믿기 때문이다. 그러나 우리는 어떻게 마가복음 속으로 "뛰어들어"자신의 것으로 만들 수 있는가? 마가복음의 독자의 위기는 단순한 상상력의 도약으로 해결되는 것이 아니라, 오직 "십자가를 지고" 따를 때만 해결할 수 있다. 새로운 이야기는 우리가 더 이상 독자가 아니라 행위자가 될 때 가능하다.

따라서 우리의 "대본"성경은 성경 급진주의의 대본이 된다. 그러나 마가는 이 대본이 실제적인 세상의 혁명적 변화의 실천 지침이 될 것으로 생각했을까? 그리고 이것이 1세기 팔레스타인의 상황에서 구체적인 사회-정치적 전략이었다고 해도 오늘날 시대에도 그럴 수 있을까? 오늘날처럼 모호하고 복잡한 시대에, 마가의 비판은 너무 범주적이고 그의 묵시적 이원론은 지나치게 마니교적이지 않는가? 그의 건설적 해법은 사실상 불가능한 이상주의에 불과한 지나친 요구가 아닌가? 특히, 오늘날 정치의 가공할 폭력성과 복잡성에 비추어 볼 때, 어떻게 "십자가의 길"이 실제적이고 긍정적인 실천이 될 수 있는가? 그것은 단지 오랜 혁명적 투쟁의 힘들고 "지저분한" 작업을 부인하거나 포기하는 것은 아닌가? 이러한 질문은 매우 현실적이다. 많은 사람은 마가의 성경적 급진주의 대본을 내가 반대하는 바로 그 이유, 즉 소외된 분파주의나 유토피아적 꿈으로 생각하여 일축하기 쉽다.

우리의 세계는 비전을 가진 자들에게 우호적이지 않다. 여기에는 이유가 있다. 이곳은 엉터리들이 판을 치는 세상이기 때문이다. 복음의 급진주의는 기독교 현실주의의 지배적 이데올로기에 의해 서구 대도시에서 여전히 거부당하고 있다. 그러나 많은 사람은 다시 생각하고 있다. 왜냐하면 "현실주의"는 우리를 실패로 이끌었기 때문이다. 제국주의, 군사주의, 경제적 착취, 환경적 반란이라는 네 가지 묵시적 말계 6:2-8은 현실주의라는 이름으로 세상을 마음껏 짓밟고 있다. 사회 비평가 밀스C. W. Mills가 『기독교 성직자에 대한 이교도의 설교』*Pagan Sermon to a Christian Clergy*에서 주장했던 것처럼, 우리의 세계는 "필요성"과 "현실주의"가 도덕적 상상력의 부족을 감추는 방법이 되지 않았는가1960:165? 아마도 그럴 것이다. 따라서 마가는 때가 된 그의 길을 제시한다. 그러므로 나는 마지막으로 1장에서 소개한 급진적 제자도의 두 가지 주제, 회개와 저항에 대해 살펴보고자 한다. 이 사상은 이 프로젝트에 이어질 연구에서 다룰 오늘날 급진적 제자도에 대한 보다 상세한 논의에 대한 예시일 뿐이다.

B. 회개

마가의 이야기는 우리의 이야기가 될 수 있는가? 나는 서두에 이 주석을 집필할 때, 가장 근본적인 가정은 마가복음이 "제국주의적 현장"locus imperium 에 있는 우리에게 중요한 할 말이 있다는 것이라고 언급한 바 있다.[1장 A, 2] 또한 나는 그곳에서 마가의 이야기는 그때나 지금이나 가난한 자에게 일차적인 초점을 맞춘다고 언급한 바 있다. 대도시의 특권 계층인 우리는 부차적인 주제에 해당한다. 따라서 우리가 마가의 이야기에 나오는 등장인물 가운데 한 명과 동일시한다면, 부자[10:17-22]와 서기관[12:32-34]일 것이다. 우리 북아메리카인은 전자처럼 "영생"의 종교적 번영에 사로잡혀 있으며, 따라서 제자도를 필요로 한다. 특권에서 벗어나 가난한 자에 대한 공의를 회복하라는 예수의 요구도 우리에게 특별한 도전이 된다. 또한 우리는 이것은 정확히 부자가 실천하기 어렵다고 생각한 그 일이라는 사실을 주목해야 한다. 또는 우리는 어쩌면 서기관처럼 윤리적인 관심이 많아서 "가장 큰 계명"의 성격에 대해 열심히 탐구하고 있는지 모른다. 그러나 우리가 대답을 안다고 생각한 순간, 우리는 여전히 "하나님의 나라에서 멀지 않은" 상태에 있는 것이다. 특권층은 알면서 행하지 않은 경우가 많다. 우리에게 해방의 실천을 향한 길은 유혹과 설득력 있는 우회로로 가득하다.

우리 북아메리카인은 마가가 시작한 곳, 즉 회개[메타노이아, 1:4, 15]의 부르심으로부터 시작해야 한다. 제자도 내러티브의 다른 모든 요소는 이 부르심에 대한 우리의 반응에 달려 있다. 물론 이 회개는 죄의식을 전제한다. 회개는 인격적 고뇌나 죄책감이라는 우리의 현대적 인식이 아니라, 역사적 불의와의 결속을 인정하는 히브리적 인식에 기초해야 한다. 대도시에서 제국의 미덕이라는 겉치레를 벗겨내어야 한다. 즉, 해링턴M. Harrington이 말하는 "우리가 지속적으로 범하고 있는 잘못을 보지 못하게 막는 잔인한 결백"으로부터 벗어나야 한다는 것이다. 우리는 "미국의 꿈"을 거부하고 "문밖의 실제 세계"에드가의 세계를 만날 때만이 이 꿈의 어두운 면을 볼 수 있다. 그것은 가난한 자에게 악몽이다. 세계의 2/3의 삶의 지평은 부푼 기대나 상승 지향에 대한 약속에 의해서가 아니라, 초강대국의 경제적, 군사적 지배의 불가피한 결과로 나타나는 폭력과 가난의 혹독한 악순환에 의해 결정된다.

우리는 승리주의의 정치적 문화에 맞서 "부정을 경험하는 복음"을 회복하고 "토착화된 십자가 신학"을 발전시켜야 한다.Hall, 1976 이것은 우리가 세상의 권리를 박탈당한 자에게 고난을 부과하는 제도로부터 유익을 얻을 수 있는 방법을 설명하는 구조적 분석을 채택한다는 뜻이다. 오늘날 세계 열강의 배열은 결코 성실한 노력이나 행복한 우연이나 백인의 짐The white man's burden이나 신적 소명에 의한 것이 아니다. 첫 번째 각성은 우리의 번영이 약탈과 지배에 의한 것이라는 사실이다. 윌리엄스W. A. Williams의 말처럼, 메타노이아 *metanoia* 회개가 "평소의 일상"과의 단절을 의미한다면3장 F, 3, 회개란 제국에 대해 "아니오"라고 말하는 것이다. 그러나 그는 다음과 같이 질문한다.

> 우리는 제국에 대해 "아니오"라고 말할 상상력이나 용기를 가지고 있는가? 그것은 우리의 책임이다. 그것은 우리가 어떻게 살고 어떻게 죽을 것인가라는 문제와 직결된다. 문화의 일부로서 우리는 더 이상 즐길 제국의 놀이가 없다.1980:213

나는 급진적 제자도 운동에 대한 경험을 통해1장 A, 3, 구체적인 회개 과정을 위해서는 사회적, 경제적 관계에서 보다 많은 공의와 자비를 실험할 수 있는 의도적인 공동체와 생활양식을 필요로 한다는 사실을 알았으며, 마가복음도 이러한 사실을 확인한다고 생각한다.Kavanaugh, 1983; Finnerty, 1977; Herzog 1980 그러나 우리는 치명적 소비 및 부와 함께 자본주의 문화에서 벗어나는 것으로 끝나서는 안 되며, 국내외적으로 착취와 지배를 당하는 자들에게로 향해야 한다. 히브리서 13:10-13을 의역하면, 그들은 오늘날 대도시 문화에 의해 강제로 "성문 밖"으로 쫓겨난 자들이다. 그러나 예수는 그곳에서 그들과 함께 사시고 죽으셨으며, 우리도 예수를 만나기 위해서는 그곳을 찾아야 한다.

그러나 "추상적 가난"을 통해서는 예수를 만날 수 없다. 착각과 망상, 그리고 부르주아 문화의 허구에 의해 더욱 강력히 사로잡혀 있는 우리의 잘못된 판단은 제국주의 실상이 명백히 드러나는 실제 희생자의 얼굴과 음성을 만날 때 비로소 해소될 수 있다. 그러나 미국의 중산층은 구조적으로 가난한 자와 단절되어 있다. 도시 외곽을 두르고 있는 변두리, 그리고 캘커타와 나이로비와 산티아고에 마치 풍요의 섬처럼 솟아 있는 서방의 호텔들은 이러한 사실을 잘 보여준다. 더구나 가난한 자의 역사는 제국의 언론을 통해 체계적으로 억압받고 왜곡되며 대상화된다. 할리우드, 6시 TV 뉴스, 자발적 검열을 거친 신문은 그것을 위해 존재한다고 해도 과언이 아니다. 따라서 회개는 대도시 거주자를 압제의 역사적 경험만 가진 자들과 분리하는 장벽을 무너뜨리는 싸움이라고 할 수 있다.[Neal, 1977] 우리가 정말 그들의 증언을 보고 들으려 한다면, 그들과 함께할 준비를 해야 한다. 압제당한 자와의 진정한 결속은 대리 만족이 아니라, 제국 자체와의 고통스러운 만남으로 이어질 것이기 때문이다.

C. 저항

예수와 함께 "어부"가 된다는 것은[1:17] "강한 자를 결박하는"[3:27] 그의 싸움에 동참한다는 것이다. 예수께서 전복적 실천을 통해 권력자들과 싸우신다면, 우리는 우리의 상황에서 똑같이 의미 있고 분명한 일을 해야 할 것이다. 오늘날 상징적 질서에 대한 도전은 확실히 제국적 지배와 폭력의 제도적 거짓말과 숨은 죄를 드러내고 그것에 저항한다는 의미다. 두 번째 각성은 이것이다. 즉, 착취 제도를 유지하고 정당화하는 정치와 이데올로기는 결국 "요새화 된 미국"을 만든다는 것이다. 이 요새의 주춧돌은 한편으로 비극적 경제이며, 다른 한편으로는 핵전쟁이다. 둘 다 인류를 위협하는 다모클레스의 칼이며, 치명적인 묵시적 특성을 이 시대에 부여한다. 그들이 보여주는 역사적 최후통첩은 "묵시가 없으면 백성-사실상 오늘날의 피조세계 자체-이 방자히 행하거니와"잠 29:18라는 성경 말씀의 진리를 드러낸다.

그러나 우리는 어떻게 지극히 순진한 주류의 낙천주의나 똑같이 파탄 난 종말론적 낭만주의에 '물들지 않고 남아 있는' 자들에게 소망을 전할 것인가? 우리는 어떻게 하면 사회 심리학자들이 말하는 "정신적 무감각"이라는 절망적 상태에 빠지지 않고 그들이 가진 다양한 형태의 잠재적 가능성과 겉으로 드러나는 철저한 무기력증을 꿰뚫어 볼 수 있을까? 한 마디로, 어떻게 하면 세상에서 가장 깊게 뿌리 박힌 지배 제도가 더 이상 "발전하지 못하도록 막아야 한다"는 말을 신뢰할 수 있게 하느냐는 것이다. 이런 상황에서 "반응 능력"은 쿠바 미사일 위기의 침울한 시대에 토마스 머튼Thomas Merton이 말한 "말로 표현할 수 없는 상황에 직면하여 뻣뻣하게 얼어붙어"있기를 거부하는 그리스도인의 믿음에 달려 있다. 저항의 실천은 도덕적 정치적 상상력의 회복으로부터 시작된다. 이 일은 제국주의 현장에서는 가공할만한 작업이다.

대도시는 사실상 정치적 담론이 거의 전적으로 와해된 사회적 형성을 제시한다. 현실정치의 경영상의 합리주의는 미국 제국주의에서 자명의 운명설과 냉전의 국가적 신학이 명백히 진술하는, 신권divine right적 옛 신화에 대한 안전한 재진술밖에 없다. 외교 정책지의 학술논문이든, 방송망의 뉴스를 통한 해설이든, 고도의 수사학적 선거 연설의 메타포든, 주류 정치적 담론의 목적은 동일하다. 그것은 대외적으로는 지정학적 지배를, 대내적으로 집단적 특권을 정당화하는 것이다.

이러한 정치적 상상력의 위기를 염두에 두면서, 급진적 제자도 운동은 그 시대에 상응하는 "도덕적 위기"를 촉구하는 비폭력적인 직접적 행동에 대한 담론에 기대를 걸어왔다.Douglass, 1980 예수의 상징적 행위에 영감을 받은 비폭력적 저항가들은 간디Mohandas Gandhi와 마틴 루터 킹Martin Luthr Kingm Jr.의 정치적 전승에 기초하여, 성경적 상징으로 국가 정보 당국의 허상에 맞섬으로써 신화 전쟁을 고조시켰다. 이 운동은 칼을 들 의도가 없음을 보여주는 비무장 행렬을 상징적으로 시작하는 "보습"행위에서 가장 명확히배타적인 것은 아니지만 드러난다. 그리스도인은 많은 곳에서 고도의 보안 지역을 뚫고 목수의 망치를 두드림으로써, 티탄Titan 미사일, 트라이덴트 탑재 잠수함, 그리고 핵무기 판테온의 반신 괴물들과 같은 살인적 핵무기의 종식을 알렸다.Berrgan, 1984

이러한 비협력적 저항 형태는 정확히 "공적인 제의"에서 찾아볼 수 있다. 대도시 상황에서의 교회 예배는 저들에게 아무런 위협이 되지 않는다. 말하자면 로메로 대주교가 미사를 집전하던 중 살해당한 사건이나, 한국의 장로교 목사 박형규가 정보 당국에 의해 강단에서 수시로 끌려 내려온 상황과는 많이 달라졌다는 것이다. 따라서 "직접적인 활동"은 예배 장소를 "금속의 신들"의 성지, 가시철조망에 둘러싸인 군수 공장, 그리고 미사일 격납고의 신성한 장소로 옮기는 시도를 한다. 상징적 행위에 대한 우리의 실천은 세계 도처의 다른 반대자나 혁명가들이 겪는 고초에 비할 바 못 된다. 이 글을 쓰는 동안에도 기독교 저항가들은 20년 가까운 형을 선고받고 미국 감옥에 갇혀 있다.

이러한 비폭력적 저항 노력은 예비적이고 소심하지만, 카마라Helder Camara 대주교가 말한 "폭력의 악순환"을 저지하라는 보다 깊은 역사적 명령1971년에 근거한 것이다. 물론 지난 30년간 에큐메니칼 진영에서는 오늘날 혁명적 정치의 폭력과 비폭력의 윤리에 대한 많은 논쟁이 있었다.Swomley, 1972 불행히도 이 대화는 제1세계를 통해 학문적 방향으로 치우쳤으며, 양 진영을 통해 상투적인 말과 풍자로 가득한 논쟁이 되고 말았다. 나는 우리의 운동의 입장을 제시할 뿐이며, 이 어려운 이슈에 대한 논쟁을 급진적 제자도에 대해 다룬 자매편에 넘길 수밖에 없다. 세계적인 대도시의 지원을 받는 군사 제도의 구조적 특징에 대한 우리의 분석에 의하면, 무장 혁명 전략은 단기적으로는 정치적 여지를 넓힐 수 있지만, 장기적으로는 오히려 지배 제도 전체와 집권자를 강화할 뿐이다. 해방신학의 경제적 유추를 활용하면, 이것은 제3세계 문제를 다시 한번 자본주의의 "발전"에 초점을 맞추는 방식으로 해결하려는 것과 같다. 이런 방식은 증상을 근본적으로 해결할 수 없는 개혁적 전략으로서, 결국 국제적 자본주의 제도를 강화할 뿐이다. 마찬가지로 오늘날 역사는 우리에게, 근본적으로 군사적인 성격의 해방 운동은 군사 엘리트에 의해 세워지고 유지되는 압제적 제도의 인프라를 제거할 수 없음을 보여준다. 군사주의의 논리에 의해 지배되는 세계에서 무장 투쟁은 반혁명적이 될 수밖에 없다.

이런 입장을 견지하는 우리의 목적은 구조적 불의에 대한 폭력적 반응을 정죄하거나 해방 전쟁에서 우리보다 훨씬 위협적인 상황에서 총을 잡을 수밖에 없는 자들을 비판하려는 것이 아니다. 또한 마가의 입장과 유대 반군에 대한 서술에서 "비동맹 급진주의"라는 용어를 사용한 것도 오늘날 우리가 동맹을 해서는 안 된다는 의미로 받아들여서는 안 된다. 오히려 그 반대이다. 우리는 자본주의와 군사주의를 근원적으로 공격할 수 있는 정치적 실천을 찾아야 한다. 우리는 마가의 십자가의 묵시적 정치를 통해 그렇게 해야 한다. 마가가 요구하는 목적과 수단의 일치는 마르크스 이론과 실천에 없는 요소로, 간디의 비폭력에서 찾을 수 있다고 믿는다. 간디의 "스와라지"해방, 독립에 대한 이해는 오늘날 해방신학의 모든 중요한 주제를 반세기 앞서 예상한다.Jesudasan, 1984 그러나 간디는 다음과 같이 주장한다.

가난한 자가 자신의 무기로는 거대 권력과 성공적으로 싸울 수 없다. 결국 여러분은

> 핵무기를 넘어설 수 없다. 우리가 구시대적 폭력적 혁명 대신 새로운 방식으로 제국주의의 모든 지류와 싸우지 않는 한, 압제자에게 소망은 없다.1948, II:8

간디의 비폭력은 제1세계의 대변자들의 주장과 달리, 상황에 추상적인 윤리적 절대성을 부여한 특권층의 도덕주의와 동일시해서는 안 된다. 간디의 무저항 불복종 운동에 대한 실험은 제국의 지배적 상황에서 구축되었으며, 오늘날 제국의 현장에서 계속되고 있다. 어쨌든 우리의 비폭력적 헌신의 진리는 복음과 마찬가지로 오직 실천을 통해서만 가능하다. 우리는 이곳 제1세계에서 무저항 불복종 운동의 실천은 우리와 의견을 달리하는 자들이 그것을 혁명적 대안으로 진지하게 받아들이지 않는 한, 갈 길이 요원하다는 사실을 알고 있다.

마가복음을 반복적으로 읽는 것은 제국주의 현장에서 회개와 저항을 촉진하고 실천하는 지속적인 싸움으로 우리를 더욱 깊숙이 인도한다. 필립 베리간Philip Berrigan은 이 싸움을 성경의 요나 이야기에 비유한다. 우리는 대부분 고민에 쌓인 요나처럼, "큰 성읍을 향해 외치기"를 거부하고욘 1:1 달아난다. 우리는 거대 도시라는 "배"를 포기할 때나 배 밖으로 던짐을 당할 때만 "물고기 배 속"에서 제국주의의 실상을 깨닫는다. 그리스도인은 오직 그곳에서만, "거짓되고 헛된 것을 숭상하는 모든 자"욘 2:8에 대해 깨닫는다. 우리가 해야 할 일은 19세기 쿠바의 반제국주의 저자 마르티José Martí의 주장처럼 "괴물 안에 살며 그 속을 꿰뚫어 보는 것"이다.

그러나 마르티가 성경의 메타포를 바꾼 것은 적절하다. 우리는 사실상 제국주의라는 골리앗과 마주하고 있기 때문이다.삼상 17장 오늘날 대도시는 치명적인 칼을 들고 철저하게 무장한 거인 골리앗처럼, 역사의 언덕 위에 서서 하나님의 백성을 모욕하고 있다.17:4-11 그러나 오늘날 칼의 원리는, 그리고 복음은, 우리의 힘으로는 이 거대한 골리앗과 싸워 이길 수 없다고 말한다. 사울의 군복은 "힘을 발휘하지 못한다."17:39 우리의 무기는 오직 "다윗의 물맷돌뿐이다."

그러나 이것은 "하나님 나라의 비밀"에 해당할 만큼, 기적 같은 일이다.막 4:30-32

D. 제자도와 실패: "너희가 다 나를 버리리라"

수년 전, 내가 호주에 있었을 때의 일이다. 나는 아프리카에서 열린 국제 초교파 회의를 마치고 막 돌아온 한 급진적 제자도 지지자와 대화를 나누었다. 그는 "교회 성장"을 주장하는 보수주의 설교자가 제시한 "급진적 교회는 지구상에서 급속히 사라지고 있다"는 말에 분개했다. 그는 고개를 저었으나, 잠시 후 분노가 가라앉자 "물론 그 설교자가 옳을 수도 있다. 어쩌면 우리 운동이 끝난 것인지 모른다"고 말했다.

당시 그의 말은 어느 때보다 강하게 우리의 급소를 찔렀다. 나는 당시 공동체가 붕괴되는 쓰라린 고통과 가정을 잃은 상실감에서 회복 중이었다. 나는 십자가가 이런 모습을 취할 것이라는 예상을 미처 하지 못했다. 이 책의 독자가 여전히 이것을 상상력이 풍부한 이상주의에 대한 연습이라고 생각한다면, 마가의 비전이 나에게 살이 되었으며, 나의 상처와 시든 곳을 회복시켜 주었다는 사실을 알아야 할 것이다. 나는 부르심을 받는 카이로스의 순간에 모든 일상이 갑자기 중단되고 급진적 제자도 공동체의 비전이 실현되는 경험을 했다. 무엇보다 중요한 것은, 나는 이러한 꿈들이 사라지는 것을 보았으며 온전한 소망의 조직을 형성하려는 최상의 계획이 무너지는 것과 좋은 사람들이 떠나가는 경험을 했다는 것이다.

오늘날 급진적 제자도 운동은 고통을 당하며 시들어가고 있다. 따라서 목회와 예언, 인격과 정치, 저항과 묵상, 사역과 재창조, 사랑과 공의를 통합하기 위해 최선을 다했던 많은 공동체가 붕괴되었다. 개인적, 사회적 소외의 강력한 원심력은 우리를 찢어 놓았다. 제국 문화의 유혹, 지극한 평범함, 치명적인 순종의 규범이 끌어당기는 "중력"구심력은 우리의 열망을 곤두박질치게 했다. 마찬가지로 우리의 경제적 정치적 노력은 포위당했다. 반대 운동을 와해하고 흡수하는 대도시의 능력은 무궁무진했다.

나는 우리보다 훨씬 어려운 상황에서 같은 비전을 위해 목숨을 걸고 일하는 많은 제3세계 행동가, 용기 있는 형제자매들을 알고 있다. 그들 역시 유사한 느낌을 받고 있다. 권력을 차지한 자들이 혁명을 배신하는 것을 목도한 사람들도 있다. 다른 사람들은 자주적으로 결정된 온건한 시도가 대도시의 지원을 받는 군사적, 경제적 파괴 활동에 의해 뒤집히는 사례를 보기도 한다. 따라서 많은 해방신학자의 핵심 주제는 엑소더스에서 추방으로 바뀌고 있다. 제국은 국내외에서 그들의 영역을 벗어난 어떤 형태의 새로운 삶에 대해서도 포위하여 질식시키고 있다.

우리의 실패는 우리가 잘못했다는 결론을 내리도록 회유한다. 오늘날 교회와 문화는 이러한 결론에 대해 기뻐 뛰며 찬성하는 분위기이다. 사실상 그들은 우리에게 "정신차리라"고 촉구하며, 우리가 이상주의로부터 냉소주의와 "이기적 현실주의"를 쉴 새 없이 왔다 갔다 하는 이피-여피yippie to yuppie, 일종의 강남 좌파-역주 시계추라고 주장하며 거들먹거린다.오늘날 1960년대는 향수일 뿐, 결코 전복적 기억을 자극하지 않는다 그러나 우리는 주류 안에서 삶을 재구성할 기회를 환영하지 않는다. 우리는 혼란만 경험하고 있을 뿐이다. 미국 중산층의 품으로 되돌아가는 것은 결코 행복한 재사회화가 아니다. 우리는 거짓된 삶을 살기에는 너무 많은 것을 알고 있기 때문이다. 급진적 제자도는 분명히 실패, 붕괴, 와해, 패배, 절망의 경험임에도 불구하고 오늘날처럼 붕괴된 시대에 그것만큼 설득력 있는 대안도 없다는 것은 안타까운 일이 아닐 수 없다.

친구는 말했다. "형제여, 우리가 할 수 있는 일이 죽음의 열매밖에 없다고 한들 어떤가?" 사실상, 떨치기 어려운 의심이다. 복음의 요구는 지나친 것이 아닌가? 우리는 이처럼 약한 데 반해, 세상은 너무나 압도적이지 않은가? 비전 때문에 깨어진 우리에게 "기쁜 소식"은 무엇인가? 모든 것을 버린 후에 자신이 버림 당한 것을 깨닫고 괴로워하는 우리에게, 이 길은 사실상 막다른 길이 아니냐고 물을 자격이 있는 우리에게, 복음은 무엇을 의미하는가? 우리는 처음부터 잘못되었는가? 그래서 마침내 그것을 깨닫고 "현실 세계"의 삶을 다시 시작해야 하는가? 제대로 "비용을 계산"할 만한 정신이 없었는가? 우리는 너무 많은 실수를 했거나, 너무 이상적이었거나, 아니면 규모를 축소해서 진행했어야 했는가? 혹시 일을 제대로 해야 한다는 강박관념에 시달리지는 않았는가? 오 하나님이여, 부디 그런 것이 아니길 원하나이다! 실패에도 불구하고 선한 믿음으로 최선을 다한 형제자매들에게 해줄 말이 빈손으로 떠나라는 말뿐인가? 더 해줄 말이 있다. 너무나 많은 위험이 기다린다는 것이다. 민속학자 하우스Jonah House가 말한 것처럼, "모든 것 중에서 가장 사도적인 의미는 상호 격려하는 것"이다.

내가 이 주석을 집필할 때, 마가복음을 반복해서 읽으면서 발견한 가장 놀라운 사실은 이 모든 고뇌가 복음서에 예시되어 있다는 것이다. 마가는 하나님 나라가 임하는 순간뿐만 아니라 실패와 환멸의 순간도 염두에 두었다. "너희가 다 나를 버리리라"14:27 따라서 나의 주장은 어떤 제자도 내러티브에서든지 이러한 버림은 불가피하며, 우리도 마찬가지라는 것이다. 다시 말하면, 실패는 내러티브의 지평 밖에 있는 것이 아니라 핵심적 요소라는 것이다.

마가복음의 예수는 확실히 제자들의 배신과 함께 제도의 노골적 권력에 포위당하셨다. 그러나 그는 죽음의 고귀함을 부인함으로써 유한성을 포기하는 고대의 방법을 사용하지 않으셨다. "목숨을 잃으면 구원하리라"8:35는 예수의 말씀은 가미가제 영웅주의가 아니라 정치적 패배의 모욕, 개인적 실패의 모욕에 직면하라는 것이다. 이것은 마치 우리가 죽음을 직면할 때만이 역사와 세계와 우리의 삶을 장악하고 있는 죽음의 해머록에서 벗어날 수 있다고 말하는 것 같다. 오직 그럴 때만, 제자도 이야기는 이상주의가 아닌 은혜 위에서 새롭게 시작할 수 있다.

오늘날 많은 급진주의자가 예수를 잘못 이해한 것으로 생각하는 사도 바울은 이 점에서 그를 온전히 이해했으며, 진리를 위해 목숨을 걸었다. 우리는 바울이 자신의 사역이 산산이 부서져 무위로 끝나는 것을 목도한 사실을 잊고 있다. 물론, 바울은 이데올로기적 대적과 맞서 자신의 비전을 지키기 위해 싸웠다. 또한 그는 기울어진 곳을 바로 세우고 깜빡이며 꺼져가는 불씨를 다시 살리기 위해 분투했다. 그의 서신서로 판단해볼 때 이러한 사역은 곳곳에서 만날 수 있다. 그러나 사실 바울은 처음 10년간은 공동체를 구축하는 사역을 성공적으로 수행했으나 그 후에는 쇠퇴하기 시작했으며, 자신도 그러한 사실을 알았다. 바로 오늘날 우리처럼 말이다.

바울의 위대한 사도적 부르심은 마가의 제자도를 위한 두 번째 부르심과 놀랍게 닮았다. "우리가 항상 예수의 죽음을 몸에 짊어짐은 예수의 생명이 또한 우리 몸에 나타나게 하려 함이라" 고후 4:10 이것은 십자가를 생각하고 있는 자의 말이다. 이것은 우리를 "죽어가는 운동"이라고 비난하는 것에 대해 전혀 다른 관점을 부여한다.

복음의 역설에 따르면, 급진적 제자도는 죽어가는 조망이다. 우리는 이 조망에 대해 살펴볼 필요가 있다. 첫째로, 나는 가난한 형제자매들의 순교적 사역에 대해, 이 괴로운 세상에서 "예수의 생명을 나타나게 하기 위해" 목숨 바쳐 싸우는 모든 자에게 확실히 말한다. 이 현장에 로맨티시즘은 없다. 오히려 고통과 굶주림, 추방, 학살만 있을 뿐이다. 둘째로, 우리는 실제로 죽어가고 있다. 우리의 꿈은 중력에 의해 좌절되고, 우리의 비전은 엔트로피에 의해 붕괴되었으며, 실패를 통해 우리의 유한성만 드러났다. 그러나 이것이 곧 사는 길이다.

끝으로, 우리가 이 성경적 급진주의에 대한 이야기를 수행할 수 있는 길, 죽어야 사는 이 길, 새 하늘과 새 땅에 들어가는 길을 찾을 수 있느냐의 여부는 자신의 실패의 비극과 소망을 이해하고 받아들이느냐에 달려 있다. 왜냐하면 우리의 제자도가 참으로 끝나는 곳도 참으로 시작하는 곳도 그곳이기 때문이다.

부록

복음을 지상으로: 예수 이야기의 사회-정치적 해석에 대한 리뷰

새로운 대답은 새로운 자료로부터 나오는 것이 아니라 새로운 질문으로부터 나오며, 새로운 질문은…새로운 이론과 새로운 가설 및 새로운 가정으로부터 나온다

- 존 제거 John Gager(1982:260)

1960년대 중반 이후 복음서및 다른 성경를 새로운 사회-정치적 관점에서 읽는 다양한 노력이 시도되었다. 나는 앞선 저자들의 도움을 많이 받았으며, 그들의 장점은 살리고 약점은 피하려 했다. 따라서 나는 가장 중요하다고 생각하는 몇 권의 책에 대해 간략히 살펴보고자 한다. 이 분야에 대해서는 많은 저서가 쏟아져나오고 있으며, 따라서 가능한 대표적이라고 생각하는 책을 선택할 수밖에 없다. 나는 이 작업을 네 개의 영역으로 나누어 접근하고자 한다. 이 구분은 다소 인위적이지만, 일반적 성향과 해석 전략을 잘 보여준다.

A. 주제별 정치적 해석학

독자에게 익숙한 영미의 정치적 해석학은 오늘날 교회 생활과 직결되는 특정 윤리적 이슈에 대한 연구를 목적으로 텍스트에 접근하는 경향이 있다. 따라서 "주제적"접근으로 볼 수 있다. 성경의 "경제"에 초점을 맞춘 많은 연구예를 들면, Gnuse, 1985; Pilgrim, 1981, Malina의 경고, 1986b 참조를 사례로 들 수 있다. 아마도 오늘날 단일 주제 가운데 폭력과 비폭력에 대한 도덕적 이슈특히 예수 이야기와 관련된만큼 많은 연구의 대상이 된 주제도 없을 것이다. 이것은 주로 1960년대 초에 시작된 이 문제에 대한 에큐메니칼 진영의 열띤 논쟁에 대한 반응으로 나타난 현상이다.

이 논쟁적 대화 가운데 가장 잘 알려진 부분은 브랜든S. G. F. Brandon의 『예수와 열심당』*Jesus and the Zealots*, 1967과 이 책에 대한 반응이다. 브랜든은 역사적 예수가 실제로 정치 혁명가이며, 아마도 유대 폭도와 손을 잡은 것으로 보인다는 논제를 대중화했다. 브랜든의 이론에서 마가는 이 예수의 진정한 정치적 성격을 덮은 최초의 그리스도인으로서 그의 복음은 브랜든의 이론에 결정적인 역할을 했으며, 그로부터 로마를 위한 변증서라는 이름을 얻었다.1967:221 이하; 위, 12장 D, 1 이러한 브랜든의 주장에 역사가와 신학자들이 반응을 보였으며, 대표적 인물로는 쿨만1970년과 헤겔1973년이 있다. 에드워즈G. Edwards의 『예수와 폭력의 정치』*Jesus and the Politics of Violence*, 1972는 브랜든의 마가복음 해석에 나타난 특정 이슈에 대해 다루었으나, 정치에 무관심한 예수에 대한 그의 해석은 큰 영향을 미치지 못했다.

이 논쟁은 유대 혁명의 기원과 성격에 관한 역사적 연구가 진행되면서 다시 한번 불붙었다. 호슬리와 핸슨이 정확히 지적한 것처럼, 불행히도 이러한 연구들은 폭력 문제와 관련된 이데올로기적 아젠다로 말미암아 대부분 왜곡되었다. "유럽과 미국의 많은 학자는 국내의 저항 운동과 제3세계의 민족 해방 운동에 대한 반응으로, 예수와 열심당에 대한 비교를 통해 그가 기존 질서에 대한 적극적 저항을 주장했다는 어떤 함축도 거부했다."1985:xiv; 아래 C 최근에는 "열심당"과 관련된 역사적 픽션이 뒤집혔다. 예수 시대에는 조직적 혁명 운동이 없었을 뿐만 아니라, 주후 66년 혁명의 원인이나 지류가 지금까지 생각해왔던 것보다 훨씬 복잡하고 다양하다는 것이다. 요세푸스에 대한 새로운 재해석은 무엇보다도 유익한 자료로 드러나고 있다.앞의 책; Rhoads, 1976

그러나 마가복음이 로마를 위한 "변증"이라는 브랜든의 주장이 아무리 잘못된 생각이라고 해도, 그의 가설은 정치적 해석에 관심을 가진 많은 사람에게 마가복음을 피하게 했다. 따라서 이어진 정치적 주제에 대한 책은 요한복음이나예를 들면, F. Herzog 1972; Miranda, 1977 특히 누가복음Cassidy, 1978 alc 1983; J. M. Ford, 1984에 초점을 맞추었다. 이 책들은 확실히 오늘날 사회적 경험에서 나온 중요한 새로운 질문을 들고 텍스트에 접근했다. 그러나 그들은 새로운 해석 전략을 발전시키지 못하고 역사비평적 방법에만 머물렀다. 대부분의 학자가 편집적 분석을 사용했으나, 마투라T. Matura, 1984는 형식비평을 통해 예수의 말씀의 "급진적" 요소를 뽑아내었다.

요더John H. Yoder의 신기원적 저서 『예수의 정치』*The Politics of Jesus*, 1972는 특별히 언급할만한 가치가 있다. 이 책은 미국의 모든 세대의 급진적 그리스도인에게 영향력을 미쳤기 때문이다. 요더의 저서는 실제로 비록 정확한 주석보다 이론에 더 중요한 작업이지만 조직적인 해석학적 재구축을 시도한다. 요더는 성경적 관점에 있어서 오늘날 자유주의 개신교의 사회적 윤리의 전통적 지혜에 대해 광범위한 공격을 시도한다. 그의 핵심적 관점은 신약성경에 대한 해석은 "경제 정의"나 "인간의 존엄성"과 같은 광범위한 윤리적 정치적 원리를 제시해야 한다는 것이다. 그러나 오늘날 사회적 제도에서 이러한 목적을 어떻게 달성할 것인지에 대한 실제적 교훈은 기대할 수 없다. 성경을 통한 어떤 직접적 활용도 고지식하다는 말을 들을 것이기 때문이다. 이것은 사실상 신약의 고상한 추상적 내용을 실제로 현대적 명령으로 "전환"하는 작업은 사회적 도덕가에게 달려 있다는 의미다. 이것은 역사비평가들이 텍스트에 대한 탈신화화를 통해 현대인의 지성을 위해 중재하는 것과 다르지 않다. 실제로 두 "전문가"의 접근은 매우 실제적인 협력을 통해 이루어지고 있다.

요더에게 이 문제의 핵심은 예수의 "평화주의" 실천이다. 자유주의 학자들은 평화에 대한 신약성경의 증거는 인정하면서도, 오늘날의 상황과는 무관하다고 일축한다. 예수의 비폭력 명령은 역사에 대한 잘못된 종말론소위 중간기 윤리에 기초한 "특별한" 섭리이거나, 실제적 정치 세계에서 혼란만 초래하는, 의도는 좋지만 잘못 인식된 완전주의니버의 "리얼리즘"라는 것이다. 물론 단순한 의미로부터 이런 "정신"을 최대한 끌어내는 사람들도 있다. 예를 들면, 우리는 대적을 죽일 수 있지만, 우리가 그들을 사랑하는 한에서만 그렇게 할 수 있다는 것이다. 해방신학이 대체로 이러한 논쟁의 흔적을 따랐다는 것은 주목할 만한 가치가 있다. 즉, 예수께서 폭력을 거부하신 것은 "상황적"이라거나 따라서 구속력이 없다, 무장 혁명은 계급적 대적에 대한 자비의 마음을 가지고 시행되어야 한다는 뜻이라는 것이다.

이러한 접근에 대해, 요더는 성경적 해석학 안에서 원리를 실천으로부터 분리하거나 목적을 수단으로부터 분리하는 행위에 해당하며, 따라서 기독교 교회의 재앙이라고 주장한다. 따라서 그는 이 가정을 근본적으로 바꾸었다. 한편으로, 예수 이야기는 수단 문제에 대한 정확한 규범이나 실천이 되며, 사회적 갈등이나 인간관계에 대한 구원적, 비폭력적 접근의 패러다임을 제공한다. 그러나 다른 한편으로, 목적에 대해서는 메시아 신앙이 해줄 말이 거의 없다. 그 부분에 대해서는 하나님의 손에 맡겼기 때문이다. 또한 요더는 비폭력적 "예수의 정치"는 신약성경 곳곳의 중요한 지류에 사용되었으며, 따라서 기독론 및 기독교 윤리의 주변적 내용이 아니라 핵심적 요소라고 주장한다.

요더에게 폭력-비폭력 문제의 배후에는 심오한 질문이 자리 잡고 있다.

즉, 정치적 해석은 "십자가를 지라"는 부르심에 명확히 제시된 예수의 실천을 진지하게 다룰 생각이 있느냐는 것이다. 또 한 가지 중요한 문제는 오늘날 긍정주의의 지적 유산과 정신의 특징이 되는 정치적 효율성의 지배적 이데올로기역사의 이데올로기를 조작하라는 프로메데우스의 명령에 대한 요더의 강력한 해석학적 의구심이다. 성경적 전통은 평등과 자비의 사회적 패턴을 구축하기 위한 역사적 헌신을 요구한다. 그러나 이것은 헌신의 유일한 길이 마르크스주의와 자유주의 민주적 자본주의가 공유하는 가정, 즉 권력을 잡아 "자신의 운명의 건축가"가 되는 방법뿐이라는 의미인가? 나는 이 핵심적인 문제에 대해 아래 "평가"부록 E에서 다시 다룰 것이다.

불행히도 요더의 약점은 심각하다. 그는 제1세계의 관점에서, 폭력이라는 윤리적 문제를 반응적 폭력카마라가 말하는 폭력의 악순환의 두 번째 폭력1971년이라는 용어로 개념화하는 경향을 보인다. 따라서 그는 대안을 제시하기보다 예수께서 무장을 통한 저항을 거부한 사실을 입증하는 데 관심을 가진 것처럼 보인다. 요더가 제시한 비폭력적 저항의 사례들은 예수에게서 나온 것이 아니라 요세푸스에게서 나온 것이다.Yoder, 1972:90 이하 사회학적/문학적 분석과 마찬가지로, 예수 이야기의 정치적 세계에 대한 구조적 진단도 부족하다. 한 마디로 요더는 자신이 주장하는 예수의 분명하고 구체적인 정치적 실천을 보여주는 데 실패했다. 요더 자신이 호전적 비폭력이나 상징적인 직접적 행동을 주장하는 자가 아니기 때문에, 예수의 사역 기사에서 그런 요소들을 발견할 수 없었던 것이다. 그는 우리를 단지 '더 이상 대화를 발전시켜나갈 수 없는' 도덕화된 보편성으로 인도하였을 뿐이다.

주제적 해석의 방향을 바로 잡은 것은 리차드 호슬리Richard Horsley다. 1세기 팔레스타인의 저항 운동에 대한 그의 사회-역사적 연구는 사회적, 정치적 전복적 운동에 관한, 오랫동안 속박당한 개념적 틀을 무너뜨렸다. 호슬리는 열심당에 대한 역사적 조각과 윤리적 박편이 "폭력 문제와 예수에 대한 담론으로부터 제거된다면… 우리는 예수의 사역과 그가 일하신 환경에 대한 새로운 분석을 시작해야 할 것"이라는 결론을 내린다. 호슬리는 『예수와 폭력의 악순환: 로마 팔레스타인에서 유대의 대중적 저항』*Jesus and the Spiral of Violence: Popular Jewish Resistance in Roman Palestine*, 1987:xi에서 이러한 주장을 제시한다. 나의 원고가 완성되기 직전에 나온 것으로 보이는 이 책은 중요한 배경적 설명과 탁월한 통찰력으로 가득하며, 나의 저서에 대한 대안적 접근으로 기꺼이 권하는 바이다. 사실 호슬리와 나는 많은 점에서 공감하기 때문에 이곳에서는 중요한 차이점만 간략히 요약할 것이다.

호슬리는 공관복음 전승에 대한 통합적 접근을 선택하기 때문에 그의 결론은 요더와 마찬가지로, 주석학적으로 통합하려는 경향이 있다. 또한 그의 프로젝트는 일반적으로 역사비평적 방법에 의존하기 때문에, 그에 따른 부수적인 문제를 안고 있다. 나의 부록 C를 보라 호슬리의 역사적 사회학적 틀은 이전 저서들보다 훨씬 탁월하지만, 그의 해석 전략은 큰 발전을 보여주지 않는다. 그럼에도 불구하고 묵시적 저항 문학14장 F, 2에 대한 그의 작업은 해석학적 번역까지 나와 거의 평행을 이룬다. 아이러니하게도, 이 연구의 서두에서 폭력-비폭력 문제를 제기한 호슬리는 카마라의 폭력의 악순환 모델까지 같은 뉘앙스를 보이지만앞의 책, 20 이하, 결론 부분에 이르러 이 문제에서 한 발짝 비켜난다.

"평화주의자로서 예수"의 이미지를 반박하고 싶어 했던 호슬리는 예수께서 반응적 폭력을 주장하지 않았지만 구조적 폭력에 대한 저항에 적극적으로 개입했다고 말한다. 예수는 혁명가이지만 사실상 수단의 문제에 대해 생각하지 않으셨다는 것이다. 예수는 무장 반군 조직에 관심이 없으셨다. 왜냐하면 그의 묵시적 관점은 권력에 대한 폭력적 전복의 과업을 하나님께 맡겼기 때문이다. "그의 소명은 사회적 혁명을 추진함으로써 하나님의 예기적 통치를 통해 정치적 혁명의 완성을 내다보며 사회적 관계의 변화를 시작하는 것이다."앞의 책, 324 그러나 "종말론적 폭력"개념에 의존하는 것은 여러 가지 의문만 양산할 뿐이다. 이러한 결정적 신적 개입은 역사적으로 해석해야 하는가, 아니면 단순한 묵시적 "환상"인가? 만일 역사적이라면 이 일은 언제, 그리고 어떻게 일어날 것인가? 역사적이 아니라면, 반 혁명적 망상이 아닌가? 또한 그런 통찰력은 폭력적 저항의 사용을 간접적으로 정당화하는 것이 아닌가? 이런 의문은 제기되지 않았으며 대답도 마찬가지다.

안타깝게도, 호슬리는 비폭력을 마가복음에 대한 "비정치적" 해석과 동일시 하는 것처럼 보인다.

> 예수는 폭력을 반대했으나, 멀리서는 아니다. 그는 평화로운 공존을 위해 폭력을 피하려는 시도를 하지 않았다. 그는 오히려 폭력적 상황에 적극적으로 개입했으며, 갈등을 악화시켰다.앞의 책, 319

이것은 부분적으로 호슬리의 해석이 예수의 저항 프로그램보다 내가 말한 사회경제적 대안에 대한 예수의 "구축" 프로그램에 더 많은 관심을 가진 이유를 설명해준다. 호슬리는 후자에 대해 예루살렘에서의 갈등-특히 성전 정화-에 대한 기사만 다루며, "건물뿐만 아니라 성전 체제에 대한 하나님의 임박한 심판적 파괴를 상징하는 예언적 행위"라고 말한다.앞의 책, 300 호슬리의 탁월한 연구는 호전적 비폭력에 대한 적절한 개념의 부족과 혁명의 수단 문제를 비켜 감으로써, 결국 예수께서 역사적 "폭력의 악순환"을 어떻게 종식하며 오늘날 우리는 어떻게 그렇게 할 것인가라는 질문에 대한 대답에 실패한다.

B. 해방신학적 해석학

예수 이야기에 대한 두 번째 정치적 접근은 나의 해석에 강력한 영향력을 미쳤으며, 제3세계 해방신학자들라틴 아메리카 신학자들은 C. Bussmann, 1985:35 이하에 요약된다로부터 온다. 존 소브리노Jon Sobrino의 『교차로에 선 기독교』*Christology at the Crosssroads*는 몇 안 되는 체계적 작업 가운데 하나이기 때문에 무엇보다도 중요한 자료이다.

> 해방신학은 역사적 예수를 신학 안에 회복시켰다. 한편으로 해방신학은 조작의 여지가 있는 그리스도에 대한 고도의 추상적 개념을 극복했다. 다른 한편으로 해방신학은 이 역사적 예수를 따르는 삶에서 그리스도인의 존재 의미를 찾았다.1978:6

이것은 해방신학적 해석의 두 가지 중요한 기여를 정확히 반영한다. 즉, 사회적, 경제적, 정치적 영역에서 "예수의 역사적 실천"에 대한 강조와, 해방의 원리로서 오늘날의 제자도에 대한 촉구이다.

영어권 독자에게는 예수에 대한 잘 알려진 해방신학적 해석이 제시되었다. 여기에는 알버트 놀란Albert Nolan의 『기독교 이전 예수』*Jesus Before Christianity*, 1978, 조지 픽슬리George Pixley의 『하나님의 나라: 성경 연구 지침』*God's Kingdom: A Guide for Biblical Study*, 1981, 에체가라이Hugo Echegaray의 『예수의 실천』*The Practice of Jesus*, 1984 등이 있다. 이런 책들은 평신도 공부에 매우 유익한 자료로, 예수의 사회-정치학적 세계에 대한 탁월한 요약을 제시한다.

해방신학자들은 예수의 싸움은 정치적인 것이 아니라 신앙적이라는 전통적 주장에 대해 제대로 논박한다.

그들은 예수 시대 이스라엘의 정치적 삶은 로마 제국과 그 구조보다 서기관이나 바리새인과 같은 집단에 만연한 "신학"에 더 많이 의존했다는 사실을 잊은 것처럼 보인다. 유대 시민의 삶을 체계화하고 그들의 지위와 위상을 결정하며 그들이 할 일을 지정해주고 그들을 압제하는 것은 주로 이 "신학"이다.… 그런 이유로 예수의 신학에 대한 반대는 당시 로마에 대한 어떤 진술이나 행위보다 훨씬 정치적이다.Segundo, 1979:252 이하

광범위한 사회-역사적 상황에서 경쟁적 사회 집단에 대한 이데올로기적 담론으로서 예수 이야기에 대한 합당한 정치적 해석의 길을 닦은 것은 바로 이러한 통찰력이다. 그러나 아쉽게도 이 저자들의 주석 작업은 부족한 부분이 많으며, 성경학자들이 진지하게 다루기에는 내용이 깊지 못하다. 그들의 본문 선택은 매우 선별적이며, 한 복음서 기자에서 다른 복음서 기자로 이동하는 방식은 거의 "복음서를 조화시키는" 방식으로 이루어진다.

아이러니한 것은 해방신학적 해석의 장점이 오히려 방법론적 문제에 빠져들게 했다는 것이다. 그들은 서구 성경학자들의 실존화적existentializing 해석을 제대로 거부했으나 "역사적 예수를 다시 살리려는"그들의 시도는 기존의 역사적 연구의 실수를 되풀이하는 모습을 보여준다.

대신에 우리의 관심사는 복음서 내러티브에 기록되어 있는 예수와 그의 갈릴리 운동에서 시작된 역사적 프로젝트에 초점을 맞춘다.그렇게 함으로써 예수의 죽음에 대한 신학적 정당화의 덮개를 벗길 것이다 역사적 프로젝트를 발견하는 방법은 내러티브를 통해 다음과 같은 요소를 찾는 것이다. 1) 이 운동의 전략, 2) 제자 그룹을 위한 조직 원리, 3) 이 운동을 방해하는 대적들.Pixley, 1981:72

역사적/비평적 공관복음 학자들은 한 세기에 걸쳐, 정확히 이러한 역사적

"탐구"가 실패한 프로젝트임을 분명히 보여준다. 그러나 우리는 해방신학자 가운데 "옛" 탐구자와 "새로운" 탐구자를 찾을 수 있다.

"옛 탐구자"는 현재의 사복음서가 예수 자신의 역사적 실천이나 전략에 대한 직접적 증거로서의 가치를 신뢰하기 어려울 만큼 초기 교회의 이데올로기적 관심사가 이미 확고하게 반영되었다는 인식에 기초한다. 소브리노의 탁월한 해방신학적 해석이 침몰한 것은 바로 이 문제 때문이다. 그는 예수께서 갈릴리 사역 중 "위기"에 처했으며, 그 후 예수는 정치적 성공을 포기하고 순교자가 되기로 결심했다고 주장한다.1978:365 이와 같이 예수의 공생애를 둘로 나눈 것은 역사적으로 정확할 수도 있고 그렇지 않을 수도 있지만, 우리가 확실히 아는 것은, 이것이 마가복음과 함께 시작된 내러티브의 구조라는 것이다. 그러나 소브리노는 마치 우리가 그 안에서 예수의 내적 투쟁에 접근할 수 있는 것처럼, 이 마가의 픽션을 믿는다. 소브리노는 차라리 그것이 마가의 내러티브 전략 안에서 수행하는 훨씬 명백한 이데올로기적 기능에 대해 모르는 것이 다행일 수 있다.

"새로운 탐구"는 "케리그마"를 "역사"로부터 엄격히 분리하는 방식으로 역사적 재구성을 시도한다. 그러나 신약성경은 케리그마가 없는 역사에 관심이 없다. 그러므로 그들은 오늘날 사료학에서 가져온 인위적인 준거를 부과하는 것이 정당하지도, 적절하지도 못하다는 사실을 인정하지 않을 수 없었다. 그러나 세군도처럼 영민한 학자는 그의 『공관복음의 역사적 예수』*The Historical Jesus of the Synoptics*를 통해 실패한 프로젝트를 계속한다.

> 이것은 신뢰성의 준거를 찾는, 또는 보다 정확히 말하면 진술된 사실들에 대한 신뢰성 가운데 우선해야 할 대상을 찾는 작업이다.… 논리적으로 복음의 증거 자체에 근거하여, 보다 확실한 주장으로 보이는 것은 수난과 죽음과 부활에 대한 "언급이 빠진" 예수의 말씀이다.1985:47

세군도는 픽슬리처럼 유월절 이전 전승과 유월절 이후 전승을 구별하는 벨로Fernando Belo의 주장을 확인하는 새로운 모습의 새로운 탐구이다.

역사주의의 문제는 역사에 기반을 두고자 하는 정치적 해석에 중요하지만, 해방신학은 어떤 실제적인 해법도 제시해주지 못했다. 내가 이 주석에서 주장한 대로, 최근의 문학 비평은 역사비평 방식이 계속해서 내러티브 텍스트를 배후에 있는 "역사적 전통"으로 인도하는 한, 결국 붕괴될 수밖에 없다는 사실을 보여주었다.[1장 D] 해방신학의 정신은 예수 이야기를 정치적으로 해석하는 작업 이상의 것을 원하지만, 그들의 해석 전략은 너무 빈약하다. 동시에 제3세계 그리스도인의 장점은 가난한 자와 소외된 자라는 구체적인 해석 현장에 있다. 결국 우리처럼 "교육받은" 계층의 지루하고 장황한 지적 조직보다 기본적인 공동체를 형성한 농부들의 자연스럽고 직관적인 성경 해석이 훨씬 복음과 친밀한 해석이 될 수 있다는 것이다.

C. 사회학적 주석

사회-정치적 해석학의 세 번째 접근은 역사 방법론의 문제점에 대한 날카로운 인식을 보여주며, 사회-과학 분야의 학문에 대한 엄격한 활용을 통해 원시 교회의 사회적 배경을 밝히려는 자들 가운데 나타난다. 안타깝게도 대부분의 사회학적 주석은 신약성경 가운데 내러티브 형식이 아니라 텍스트에 초점을 맞춘다. 이러한 자료로는 엘리엇Elliott의 『베드로전서에 대한 탁월한 연구』1981년, 믹스W. Meeks의 『바울의 헬라 도시 교회에 대한 서술』1983년, 호크R. Hock의 『사회적 입장 및 전략으로서 바울의 사역 형태에 관한 연구』1980년 및 피터슨N. Petersen의 『빌레몬서를 통해 추론한 사회적 세계에 관한 연구』1986년 등이 있다. 복음서를 들여다본 사회학적 주석은 형식비평의 원래적 목적, 즉 텍스트에 내재된 전승의 "삶의 정황" 및 텍스트 전수 과정의 구체적인 사회적 상황에 대한 탐구로 돌아갔다.

독일의 학자 타이센Gerd Theissen은 그의 유명한 저서 『초기 팔레스타인 기독교의 사회학』*Sociology of Early Palestinian Christianity*, 1978을 필두로, 이러한 방식을 개선하기 위해 최선을 다했다. 그는 이 책에서 가장 "급진적인" 예수의 말씀을 구분한다. 그는 이런 자료가 가장 믿을 수 있는 "진정성 있는" 전승이라는 형식비평의 믿음을 받아들인다. 타이센은 만일 어떤 집단이 이 말씀즉, 가정과 소유를 버리라는 메시지을 실제로 실천했다면 구전으로 내려왔을 것이라는 가설을 제시한다. 그는 계속해서 이 집단은 지역 공동체의 뒷받침을 받아 예수의 급진적, 비사회적인 삶을 산 "순회 전도자"wandering charismatics라는 특별한 계층이었다고 주장한다. 타이센은 이 이론을 1세기 중엽 팔레스타인의 사회-경제적, 정치적 상황에 대한 사회학적 서술과 연결한다. 타이센은 최근1984년, 기적 이야기 전승에 대한 사회학적 연구를 통해 자신의 방법을 보다 광범위한 텍스트 위에서 검증한다.

타이센의 가설은 앞서 언급한 두 가지 접근보다 훨씬 복잡하지만 의심스러운 방법론적 토대 위에 세워진 것이다. 특정 구전을 규명된 사회적 그룹의 실제적 실천과 연결할 수 있다는 그의 가정은 구전의 역동성에 대한 의문을 제기하게 한다.켈버, 1983의 반박 참조 또 하나의 문제점은 "진정성"에 대한 독단적 준거와, 초기 교회의 삶에 중요한 것과 중요하지 않은 것에 대한 자의적 판단이다. 또한 앞서 지적한 것처럼, 형식비평은 내러티브를 전체적 관점에서 고려하지 않음으로써, 우리가 유일하게 가지고 있는 구체적인 역사적 증거, 즉, 현존하는 텍스트를 외면한다. 타이센은 무작위로 선택한 다양한 텍스트를 통해 예수 운동에 대한 복합적 서술을 제공한다. 그는 하나의 복음서 내러티브에서 충분히 발전된 이데올로기적 진술을 통해 자신의 서술을 검증하지 않는다.

타이센의 사회학적 방법론에도 문제가 있다. 슈테게만W. Stegemann, 1984년은 초기 그리스도인의 "방랑자 급진주의"에 대한 타이센의 서술은 헬레니즘 냉소적 운동Cynic movement의 사회적 실천의 영향을 과도하게 받았다고 주장한다. 엘리엇1986년은 사회적 변화의 원인을 설명하기보다 주어진 사회에서 각 집단이 어떻게 지배적 이데올로기에 적응하는지에 초점을 맞춘 타이센의 구조적 기능주의의 심각한 한계를 지적한다. 타이센은 주로 "유대교 안에서 부상한 회복 운동이 고조된 긴장을 극복하기 위해 사용하는 다양한 수단"에 관심을 가진다.1978:98 따라서 팔레스타인 유대교 안의 온건하고 평화적인 성향의 예수 운동은 사회적 공격성을 띤 공격적 집단으로 바뀌었다. 앞서 언급했듯이, 전복적 운동에 관한 연구에는 갈등에 초점을 맞춘 사회학적 모델이 훨씬 유익하다는 것이 나의 생각이다.2장 A, 2

보다 바람직한 접근 방법은 예수에 대한 사회적 서술이나 구전 공동체에 대한 서술이 아니라, 복음서 기자 자신의 "사회적 세계"에 대한 서술로 보는 것이다. 사회학적 분석과 편집비평적 해석을 결합한 마가복음 연구는 두 곳에서 찾을 수 있다. 와일더의 『마가복음에 반영된 공동체에 대한 사회적 서술』*A Social Description of the Community Reflected in the Gospel of Mark*, 1974은 주로 마가복음 13장과 귀신을 쫓아내는 기사에 초점을 맞춘 귀중한 연구이다.책자로 발간되지는 않았지만 이 연구는 복음 텍스트의 직접적인 역사적 배경에 대한 확고한 통찰력이 담겨 있다. 나는 그의 주장에 대부분 동의한다. 와일더의 문제는 편집비평가로서 마가복음의 전반적인 내러티브 전략을 파악하지 못한 채, 선택적인 텍스트만 다룬다는 것이다. 그러나 더 큰 문제점은 그의 연구의 사회학적 영역에 있다. 와일더는 윌슨B. Wilson의 분파적 종교 운동의 사회학에서 가져온 "구성적 유형론"의 도식적 활용에 전적으로 의존한다.와일더, 1978 구조적-기능주의가 전반적인 체계적 적응이라는 관점에서 사회적 일탈을 다룬다면, 분파-사회학은 그것을 본질적인 사회적 환타지나 현실도피로 다룬다.14장 A, 1

키Kee의 『새 시대의 공동체』*Community of the New Age*, 1977는 마가복음 연구와 관련된 다양한 문학적, 역사-비평적 질문에 대한 가장 유익한 해설 가운데 하나로, 이 책의 내용을 보완하기에 적합한 자료로 적극 추천한다. 아쉬운 점은 마가복음에 반영된 공동체에 대한 피상적인 사회학적 일반론만 제공하고 문학적 증거로부터 사회-역사적 서술에 이르기까지의 과정에 대한 방법론적 문제에 대해서는 실제적인 관심을 두지 않는다는 것이다. 그럼에도 불구하고 나는 그가 주장한 몇 가지 주제, 즉 묵시 문학 장르의 중요성, 공동체 내의 사회적 권력 문제, 그리고 도시를 회피한 마가의 "내러티브"에 반영된 시골과 도시 사이의 지정학적 긴장을 확장하고자 했다.

그러나 역사-비평적 방법과 구조적 기능주의 사회학의 한계에도 불구하고, 사회학적 주석의 가장 심각한 결점은 정치적 해석의 부족에 있다. 이러한 문제점은 이처럼 탁월한 책이 제1세계 학자들의 특권적 해석 장소에서 다루어지고 있다는 사실에 의해 어느 정도 설명이 된다. 남미의 흑인 신학자 모살라I. J. Mosala는 "문제는 우리 사회에서 이러한 비판적 방법론이 정치적, 사회적으로 누구의 관점에서 다루어지고 있느냐는 것이다."1986:22라고 주장한다.

D. 유물론적 비판

내가 언급할 마지막 접근 방식은 "유물론적 비판"이다. 나는 이 방식이 다른 세 접근 방식의 문제점을 바로잡는다는 점에서 가장 중요하다고 생각한다. 첫째로, 유물론적 접근은 마르크스주의에서 유래했기 때문에 정치적 해석의 우선성을 받아들인다. 둘째로, 이 방법은 근본적으로 텍스트 전체에 대한 문학적 분석을 받아들인다. 따라서 원칙적으로 앞서 살펴본 주제적 접근이나 역사비평적 전략의 부분적 접근을 거부한다. 그러나 문학적 심미주의에 초점을 맞춘 형식주의와 달리, 유물론적 비판은 텍스트를 "일종의 이데올로기적 산물"로 본다.

> 다른 모든 이데올로기적 산물과 마찬가지로, 문학적 산물은 기초와 상부구조의 관계 및 계급투쟁에 의해 결정된다.… 유물론적 문학 이해는 텍스트의 유형 및 장르를 문학적 형식에 대한 사회적 결정의 변이로 보며, 종교적, 정치적, 법정적 및 다른 주제들을 기능적 관점에서 분석한다.

다시 말하면, 유물론 이론은 문학적 개념을 "사상과 영감"으로 보는 대신, 문학을 일종의 문화적 표현으로 규명하는 구체적인 사회-경제적 및 역사적 의미를 찾는다는 것이다.따라서 '창조'라는 용어 대신 '산물'이라는 표현을 사용한다. 위 1장 D, 2

이 주석 서두에 언급했듯이1장 B, 3, 성경 텍스트를 다루는 유물론 방식 가운데 가장 인상적인 사례는 포르투갈의 마르크스주의자 벨로의 마가복음 해석이다. 벨로는 내러티브 전체를 샅샅이 뒤지면서 형식비평과 편집비평이 외면한 세밀한 의미를 찾아낸다. 예를 들면, 눈과 손 및 발에 대한 마가의 내러티브 상징은 벨로에게 "강력한 신체적 실천"을 나타낸다. 이것은 공동체의 전략이자 실천의 물리적 현장이다.1981:244 이하 불행히도, 마가복음의 다양한 사회적 문학적 코드의 이데올로기적 의미를 해석하기 위해 구조주의 비평가 알튀세르L. Althusser의 '마르크스주의'와, 소쉬르F. de Saussure, 롤랑 바르트R. Barthes, 데리다.J. Derrida의 '언어와 사회적 기호학 이론'을 결합한 벨로의 서사론은 문장이 난해하다. 마르크스주의나 구조주의의 의미론과 개념적 세계에 익숙하지 않은 대다수 북아메리카 독자에게는 이 귀한 책의 가치가 상당 부분 반감될 것이다. 독자는 벨로에 대한 끌레브노M. Clevenot의 요약과 재해석이 훨씬 접근하기 쉽다는 사실을 알 것이다. 우리가 어려운 전문용어를 잘 파헤친다면, 벨로와 끌레브노가 텍스트로부터 매력적인 사회-역사적 추론을 많이 추출한 사실을 발견한 것이다.

그러나 벨로가 그의 유물론적 방법을 적용한 방식에는 심각한 오류와 불일치가 나타난다. 예를 들면, 벨로는 팔레스타인에 대한 사회적 서술에 많은 시간을 할애한 후 1세기 팔레스타인의 이데올로기적 영역에 대한 그의 구조적 분석은 가장 큰 기여일 것이다. 위, 2장 E, 2, 마가복음은 로마에서 기록되었다고 말한다. 그러나 벨로는 텍스트가 로마에서 생산된 사회-정치적 상황에 대해서는 거의 언급하지 않는다. 또한 벨로의 사회적 분석이 아무리 뛰어나고 마가의 이데올로기적 담론에 대한 그의 통찰력이 아무리 예리하다고 해도, 그의 혼란스러운 코드 배열과 함께 그의 문학적 분석은, 우리가 마가의 네러티브 세계와 전략에 대한 통찰력을 거의 얻을 수 없을 만큼, 전적으로 구조주의적 담론에 의해 결정된다. 우리가 마가복음의 풍성한 내러티브적 특징을 완전히 파악할 때까지 우리의 사회-정치적 분석은 본질적인 것이 될 수 없을 뿐만 아니라, 자칫하면 잘못 인도될 수 있다. 나는 벨로가 몇 가지 중요한 부분에서 오류를 범한 것이 이 때문이라고 생각한다.

그러나 가장 큰 실망은 벨로가 텍스트 안의 담론의 "지층"을 결정하려는, 역사비판적 유혹에 빠졌다는 것이다. 더구나 그는 여러 곳에서 이러한 "탈구축"을 통해 텍스트에 대한 자신의 이데올로기적 어려움을 해결한다. 무엇보다도 그는 마가의 "신학적 담론"을 제거할 결심을 한다.

> 우리는 유월절 이전이라고 부르는 텍스트를 생산한 저작과 첫 번째 문서의 일부를 제거하고 유월절 기사를 담은 소위 유월절 이후 텍스트를 생산한 저작이라는 이중적 저작의 그림을 놓아야 한다.[1981:238]

벨로가 "신학적 담론"을 텍스트 속으로 들여온 지점은 소브리노가 예수의 생애에 나타난 "인식론적 단절"이라고 부른 지점, 즉 예수께서 "십자가를 지라"는 명령을 통해 자신의 의도를 드러내신 순간이라는 사실은 흥미롭다. 앞서 언급한 대로[부록 B], 픽슬리와 세군도는 벨로를 따라 유월절 이전/유월절 이후 담론과, 교회 이전/교회 이후 담론을 구분한다.[세군도, 1985:47 60] 벨로는 이 "신학적 담론"을 로마 교회가 사회-정치적으로 무력해진 시점에 생산된 산물로 규명한다.[1981:285] 벨로는 다른 이름으로 해체적인 역사적 비판을 실천함으로써, 텍스트의 "실재물"에 헌신하겠다는 자신의 고백을 위배한 것으로 보인다. 그는 텍스트를 목적에 이르는 수단으로 사용함으로써 문학 사회학의 작업을 배신한다. 대신에 우리는 역사적 유물론을 통한 "탈신화화"의 새로운 프로젝트를 가지고 있다.[앞의 책, 287] 정치적 해석은 텍스트 전체의 온전한 이데올로기를 진지하게 받아들이는 접근을 취하는 한, 외톨이로 남을 수밖에 없다.

E. 평가: 십자가는 정치적 해석에 걸림돌인가?

마가복음에 대한 사회-정치적 해석을 간략히 제시한 이 책은 이 분야가 많은 문제점과 주장으로 가득하다는 사실을 보여준다. 첫 번째 두 가지 접근은 내가 바르다고 생각하는 질문을 통해 관점을 형성하지만, 텍스트를 분석할 분명한 전략이 없다. 그들은 텍스트 안에서 무엇을 찾을 것인가에 대해 제시하지만, 그것을 어떻게 읽을 것인가에 대해서는 언급하지 않는다. 나중의 두 가지 접근은 더욱 체계적인 방법론을 제시하지만, 사실상 유사한 문제점을 드러내고 있다. 내가 생각하는 가장 바람직한 방법은 해방신학에 내재된 정치적 해석을 유지하되, 사회학적 주석을 통해 입증된 사회과학적 도구를 역사 연구에 적절히 사용하면서 유물론적 비판이 제시하는 이데올로기적 담론으로서 텍스트에 대한 분석을 시도하는 것이다. 이 모든 과정에서 내러티브 전체에 대한 일관성 있는 문학적 접근을 유지해야 하는 것은 물론이다.

선입견을 품은 자나 정치적 당파성이 분명한 자는 텍스트를 지배하거나 무시할 수 있는 자격이 주어지면 안 된다는 것이 나의 생각이다. 텍스트는 역사비평가또는 문학적 "해체주의자"가 그것을 해체하기로 마음먹는 순간, 가장 취약해진다. 그렇게 하는 것은 텍스트의 음성을 영원히 침묵시키는 것이며, 해석은 대화가 아니라 독백이 되고 말 것이다. 정치적 해석을 가장 발전시킬 수 있는 분야에서 문제가 발생하는 것은 이 때문이다. 사실상 모든 마르크스-지향적 해석 전략이 공유하는 당황스러운 경향은 마가의 예수 이야기의 이데올로기적, 내러티브적 축이 되는 십자가 "전략"을 회피하거나 억누른다는 것이다.

벨로에게서 보았듯이, 십자가를 피하는 한 가지 방법은 그것을 "신학적 덮개"로 여겨 무시하는 것이다. 어느 면에서 이것은 마가의 내러티브는 진정한 급진적 예수를 "가린다"는 브랜든의 주장을 재생한다. 오늘날 예수께서 실제로 팔레스타인의 무장 반군과 동맹했다는 브랜든의 주장을 옹호할 사람은 거의 없다.무엇보다도 그런 운동 자체가 없었다고 생각하기 때문에! 그것은 "혁명적" 분위기가 한창이던 1960년대의 로망일 뿐이다. 그것은 단지 예수께서 그런 동맹을 거부하신 선택에 함축된 의미를 반대하는 것이다. 예수께서 정치적 반대자로 처형당하신 것은 그에 대한 전승 가운데 역사적으로 가장 믿을 수 있는 요소임이 분명하다. 이러한 사실에 대해서는 마르크스주의자도 동의한다. 그들이 제거하고 싶어 하는 것은 이 역사적 사건에 대한 해석을 통해 드러난 초기 교회의 "신학적 담론"이다.

그러나 만일 역사비평적 회의론이 밝혀낸 분명한 결과가 있다면, 그것은 신약성경의 모든 원시적 전승 가운데 가장 확실하게 내재된 것은 십자가의 "의미"에 대한 사색이라는 것이다. 이 지류는 신약성경 전체의 이데올로기적 구조를 부인하지 않는 한 제거할 수 없다.해석이 없는 역사는 존재할 수 없다! 그러므로 정치적 해석학은 원시 기독교의 자기 이해의 핵심을 무시하거나 억제하거나 제거하는 방식으로는 결코 발전할 수 없다. 우리는 신약성경에 대한 단순한 이용이 아닌 해석을 계속하기 위해서는 그 사실을 다루어야 한다. 우리는 복음서가 예수에 대해, 비폭력적 저항 전략을 택하심으로 유대 지배층과 로마 제국주의의 폭력에 맞서 지켰던 자신과 제자들과 압제당한 가난한 자를 결국 보호하지 못한 것으로 서술한 정치적 및 역사적 의미를 이해해야 한다.

따라서, 십자가와 관련하여 보다 믿을 수 있는 방법은 예전의 "중간기 윤리"에 대한 호소로, 예수의 정치적 실천을 어느 정도까지 적용할 것인지를 가늠할 수 있게 한다. 이것은 소브리노의 "인식론적 단절"에 대한 해법이 된다. 예수는 순교를 결심하셨다.

> 왜냐하면 그는 임박한 역사의 종말, 하나님의 나라의 임박한 도래를 기대했기 때문이다. 파루시아의 오랜 연기는 그리스도인을 예수와 근본적으로 다른 상황에 처하게 했다.…우리는 종말이 임박한 것처럼 보이지 않는 상황에서, 따라서 하나님 나라로 가기까지의 역사를 체계화하기 위해 온갖 종류의 분석이 요구되는 역사적 시점에서, 예수를 따른다는 것에 대한 설명을 해야 한다.1978:306

확실히, 사회-정치적 효율성의 영역에서 사역하시는 예수갈릴리에서 하나님 나라를 위한 사역와 십자가를 위해 정치를 포기하신 예수예루살렘 여정의 구분은 또 다른 "비종말론적" 상황에 처한 우리에게 전자를 선택하게 한다. 픽슬리는 그의 솔직함에 있어서 더 정직하다.

> 대중이 예수와 바라바 사이에 선택을 해야 하는 상황은 예수와 열심당 사이의 두 가지 사회적 분석 및 두 가지 해방 전략의 차이를 극적으로 보여준다. 복음서에 등장하는 무리는 둘 사이의 선택을 강요받았을 때 열심당을 택했다. 그들이 옳은 선택을 했는지는 예수의 전략의 역사적 가능성이라는 관점에서 열린 질문

으로 남아야 한다.1981:388

미란다José Miranda는 같은 맥락에서 예수의 비폭력은 단지 압도적인 로마의 군사력 앞에서 정치적 현실주의를 택한 "전략적" 성격이 있다고 주장한다.1982:57 이하 여기서 해방신학자는 상황성의 해석학적 원리에 충실한다는 사실에 주목해야 한다. 즉, 예수의 선택은 역사의 구속을 받으며, 우리의 선택도 마찬가지라는 것이다. 따라서 비폭력에 대한 예수의 역사적 헌신은 그의 제자인 오늘날의 우리를 강제하지 않는다.

문제는 이것이 우리에게 자유주의 개신교의 "이상주의적" 원리로 돌아가게 한다는 것이다. 즉, 복음서는 오직 일반적 원리만 제공하며이 경우 "해방" 구체적인 역사적 의미에 대한 고찰에는 아무런 쓸모가 없다는 것이다. 요더가 지적한 대로, 원리는 실천을 통해 나온다. 더구나 이러한 상황 논리는 우리가 역사적, 문화적 구속을 당한 상태에서 무엇을 버릴 것인가와 대조되는, 예수 이야기를 통해 어떤 모범을 받아들일 것인가라는 문제에 대해 교묘하게 피해 간다. 예를 들어, 미란다가 주장하는 것처럼 예수께서 정치적 전략에서 군사적 싸움을 시작하기를 거부하는 신중함을 실천하셨다면, 이와 똑같은 현실주의가 그의 사회적 전략에도 영향을 미치지 않겠느냐는 것이다. 미란다는 예수께서 로마 팔레스타인의 사회경제적 이익에 깊이 관계된 집단 전체와 맞서 농민을 조직하고 있었다고 주장한다. 그의 성공 확률은 로마 군대와의 군사적 대결보다 이곳이 더 승산이 있지 아니한가? 좀 더 노골적으로 말하면, "이곳의 텍스트는 나와 맞지 않다거나 나는 이 텍스트에 동의하지 않는다"라고 말함으로써 텍스트와의 갈등을 해결하는 것이 오히려 솔직한 태도가 아니냐는 것이다. 그러나 이 경우, 우리는 이러한 입장의 해석학적 결과를 받아들여야 할 것이다. 즉, 이것은 해석학 전장의 이데올로기적 대적들에 대해 똑같은 일을 할 수 있게 허락한다는 것이다.

소브리노는 예수께서 해방 원리의 규범적 모델이 되신 '제자도 신학'을 회복하기 위해 많은 노력을 했다. 그렇다면 그는 왜 예수께서 "권력보다 사랑"을 선택한 시점에서 자신의 논리를 포기했는가? 해방신학자들은 왜 가난한 자와 함께 하는 시점에서는 "예수에 대한 역사"의 권위를 원하면서, 십자가 전략이라는 중요한 시점에서는 그렇게 하지 않는가? 대답은 그들이 예수의 십자가에 대한 선택을 정치적 포기로 보았기 때문이다. "예수는 그의 삶 및 소명과 전적으로 단절된 채 죽으셨다."소브리노, 1978:218 복음 이야기 가운데 논의의 여지가 없는 가장 명백한 정치적 사실이 해방신학자들에 의해 정치적 색채를 벗어버렸다는 것은 아이러니가 아닐 수 없다.

우리의 결론은 마르크스주의자의 정치적 해석과 십자가의 상반된 관계는 비폭력적 전략이 진정한 혁명적 정치가 아니라는호슬리의 관점이다, 전혀 다른 이유에 의해 이미 결정되었다는 사실을 보여준다는 것이다. 만일 이것이 단순한 선입견즉, 해석자가 텍스트로 가져가는 비판적 인식이 아니라 타협할 수 없는 전제즉, 텍스트가 반드시 따라야 하는 제약라면, 복음서를 길들인 부르주아 신학을 비판할 수 없을 것이다. 해방신학은 성경의 하나님은 아무나 원하는 대로의 하나님이 아니라 가난한 자의 하나님이라고 주장한다. 그러나 만일 복음서의 예수가 우리가 원하는 정치적 예수가 아니라 십자가의 예수라면 어떻게 할 것인가? 만일 우리가 예수의 십자가를 원하지 않는다면, 왜 그를 바라보는가? 그런 자들이 "십자가를 통하지 않으면 그를 알 수 없다"고 주장하는 텍스트를 통해 예수께 다가가려는 행위가 정당화되겠는가?

내가 십자가의 정치적 성격을 정면으로 드러내는 마가복음에 대한 해석을 제공한 것은 이런 이유 때문이다. 자유주의든 급진주의든, 해석학에 있어서 수단과 목적을 분리하는 것은 예수 이야기에 대한 배신이라는 요더의 말은 옳다. 마가복음은 실제로 혁명적 실천을 어떻게 규명할 것이냐는 딜레마와, 이 이야기가 우리 자신의 역사적 상황과 연관되어 있다는 사실을 말해준다.

그러나 우리가 올바른 정치적 해석학이 없다면, 어떻게 메시아의 소명과 "불일치"하는 행위가 아니라 역사적 세계의 가장 높고 깊은 압제 제도를 무너뜨리는 싸움과 완전히 일치하는 십자가의 복음을 들을 수 있는가? 내가 우리는 호전적 비폭력적 투쟁, 즉 간디가 말하는 무저항 불복종 운동을 통해 이 해석학을 찾을 수 있다고 주장한 것은 이러한 사실을 염두에 두고 한 말이다.

마르크스주의와 해방신학에 대한 비판은 혁명과 폭력의 도덕적, 정치적 복잡성과 양면성을 얼버무리고 넘어가려는 의도가 아니다. 무저항 불복종 운동은 마가복음의 십자가와 마찬가지로 대답보다 질문이 많다. 그러나 벨로가 칠레와 포르투갈의 실패한 혁명에 대한 경험을 반영하여 말한 것처럼, "오늘날 여러 면에서 교착상태에 빠진 마르크스주의에 대해 더 많은 경계심을 가져야 하며…메시아의 능력에 대해 더 많은 강조를 해야 할 것이다." 1981:xiv 예수께서 비폭력적 투쟁을 선택하신 것은 첫 번째 제자들에게 걸림돌이 되었다는 사실은 우리에게 위안이 된다. 그러나 신약성경 저자들은 그것을 받아들이는 법을 배웠다. 나는 우리도 그래야만 한다고 믿는다. 정치적 해석은 더 이상 신약성경이 머릿돌이라는 함축을 피할 수 없다. 예수는 하나님의 공의로서 십자가에 달리셨다.

체드 마이어스의 연구 실적

단독 저술

2008/1988 *Binding the Strong Man: A Political Reading of Mark's Story of Jesus*. Maryknoll: Orbis Books. 20th anniversary edition has new front matter. 1989 Catholic Press Association Book Award in scripture.(Brazilian edition: *O Evangelho de Sao Marcos, Grande Comentario Biblico series*, translated into Portuguese by I.F.L. Ferreira & H. Dalbosco. Sao Paulo:Edicoes Paulinas, 1992; online at www.slideshare.net/rosangelaborkoski/o-evangelho-de-so-marcos-ched-myers.)

2001 "*…and distributed it to whoever had need.*" *The Biblical Vision of Sabbath Economics*. Washington, DC:Tell the Word, Church of the Savior. (German ed.: *Genung fur alle: Vision Sabbat-Okonomie*, translated and edited by Peter Liltner, 2014.)

1996 *Proclamation 6, Year B, Pentecost 1*. Minneapolis:Augsburg/Fortress.

1994 *Who Will Roll Away the Stone? Queries for First World Christians*. Maryknoll:Orbis Books.

공동 저자 및 편집자

2020 *Healing Haunted Histories: A Settler Discipleship of Decolonization*. With Elaine Enns. Eugene, OR:Cascade Books.

2016 *Watershed Discipleship: Reinhabiting Bioregional Faith and Practice*. Editor and contributor. Eugene, OR:Cascade Books. (Costa Rican abbreviated edition: *Discipulado de la Cuenca*, translated into Spanish by Karoline Mora Blanco, San Jose:Universidad Biblica Latinoamericana, 2017.)

2012 *Our God is Undocumented: Biblical Faith and Immigrant Justice*. With Matthew Colwell. Maryknoll:Orbis Books. (Swedish abbreviated edition: *Gud Är Papperslös: Bibils Tro och Rättvisa för Invandrare*, translated by Carolina Klintefelt, Varberg:Argument Förlag, 2016.)

2011 *Liberating Biblical Study: Scholarship, Art and Action in Honor of the Center and Library for the Bible and Social Justice*. Edited with Laurel Dykstra. Eugene, OR:Cascade Books.

2009 *Ambassadors of Reconciliation, Vol. I: New Testament Reflections on Restorative Justice and Peacemaking*. With Elaine Enns. Maryknoll:Orbis Books.

Ambassadors of Reconciliation, Vol. II: Diverse Christian Practices of Restorative Justice and Peacemaking. With Elaine Enns. Maryknoll:Orbis Books.

1996 "*Say to This Mountain*": *Mark's Story of Discipleship*. With Stuart Taylor, Cindy Moe-Lobeda, Joseph Nangle and Marie Dennis. Maryknoll:Orbis Books. (Costa Rican edition: Fe Que Mueve Montanas: El Discipulado en el Evangelio de Marcos, translated into Spanish by E. Horne, San Jose, Costa Rica:SEBILA, Universidad Biblica Latinoamericana, 2013. Korean abbreviated edition translated by Jinah Im, Seoul: Daejanggan Publishing, 2018.)

1991 *The American Journey, 1492-1992: A Call to Conversion*. With Stuart Taylor, Cindy Moe-Lobeda, and Marie Dennis. Eerie, PA: Pax Christi Press.

1990 *Resisting the Serpent: Palau's Struggle for Self-Determination*. With Robert Aldridge. Baltimore: Fortkamp Press.

챕터, 논문, 서문Chapters, Articles, Forewords

2020 "Nature against Empire: Exodus Plagues, Climate Crisis and Hard-Heartedness." Direction 49:1 (Spring), pp. 5-17.

"Christian Mission Disrobed: The Road Not Taken (Luke 9:1-6)." *Geez*, Winter.

2019 "Jesus' Risen, Mutilated Body: The Traumatic Somatic." *The Christian Century*, Sept 3.

"Reconnecting Seminary, Sanctuary, Streets and Soil: Curating Alternative Spaces for Theological Education." In Reginald Blount and Virginia Lee, eds. *Let Your Light Shine: Mobilizing for Justice with Children and Youth*, Friendship Press.

Review of Sylvia Keesmaat & Brian Walsh, *Romans Disarmed*, *The Christian Century*, May 13.

"Healing Political Bodies and the Body Politic." In Vivian and George Johnson, eds, *Silence is Not the Answer*, Summit Run Press, pp. 71-80.

"Neither Shy nor Retiring: Reflections on Jeff Dietrich." *The Catholic Agitator*. January.

2018 "A Shaman Appeared in Ventura: Jesus' Baptism in Ventura River Watershed (Mark 1)." In Steve Heinrichs, ed, *Unsettling the Word: Biblical Experiments in Decolonization*. Winnipeg: CommonWord Press, pp. 190-94.

"What Christianity and Anarchy Have in Common." *Sojourners*, August.

"Baptism into the Watershed." *Holden Village Voice*, August.

Foreword to Stan Goff, *Mammon's Ecology: Metaphysic of the Empty Sign*. Eugene: Cascade.

2017 "Prophetic Visions of Redemption as Rehydration: A Call to Watershed Discipleship." *Anglican Theological Review*, Winter (100:1) 2018, pp 61-77.

Foreword to Bob Haverluck, *When God Was Flesh and Wild: Stories in Defense of Earth*, Liturgical Press.

2016 Foreword to David Benjamin Blower, *The Ballad of Jonah*. Eugene:Wipf & Stock.

"Watershed Discipleship: Re-Imagining Ecological Theology & Practice." *Geez*, Spring (41), 8-9.

"Healing from the 'Lies that Make Us Crazy': Practices of Restorative Solidarity." With Elaine Enns, *Intotemek* (Fall-Winter), pp 138-142.

"From Naboth to the Declaration: Protecting *Nahala*." In S. Heinrichs, ed. *Wrongs to Rights: How Churches Can Engage the United Nations Declaration on the Rights of Indigenous Peoples*, special issue of *Intotemek* (Winnipeg, Mennonite Church Canada), pp 89-91.

2015 Foreword to Bill Doulos, *The Christian Radical*. Eugene:Pickwick Publications.

Foreword to Bob Haverluck, *When God was Flesh & Wild: Stories in Defense of the Earth*, Winnipeg, MB: Centre for Christian Studies.

2014 "From 'Creation Care' to 'Watershed Discipleship': Re-Placing Ecological Theology and Practice", *Conrad Grebel Review*, 32:3 (Fall), pp 250-275.

Foreword to Osvaldo Vena, Jesus, *Disciple of the Kingdom: Mark's Christology for a Community in Crisis*. Eugene: Pickwick Publications.

"Reinhabiting the River of Life (Rev 22:1-2): Rehydration, Redemption, and Watershed Discipleship", *Missio Dei: A Journal of Missional Theology and Praxis 5*, no. 2 (August).

"What about Jesus and the Fig Tree? Jesus Talks to Plants: Agrarian Wisdom and Earth Symbolism." In T. York and A. Alexis-Baker, eds., *A Faith Encompassing All Creation: Addressing Commonly Asked Questions about Christian Care for the Environment*. Eugene:Cascade Books, pp. 100-110.

"A Watershed Moment." Sojourners, May, pp. 20ff.

2013 "From Garden to Tower (Genesis 1–11): Re–Visioning Our Origins." In Steve Heinrichs, ed., *Buffalo Shout, Salmon Cry: Conversations on Creation, Land Justice and Life Together*. Harrisburg, PA:Herald Press, pp. 109–121.

"Biblical Interpretation as Political Practice." In J. Nowers and N. Medina, eds., *Theology and the Crisis of Engagement: Essays in Honor of Lee Cormie*. Eugene:Pickwick Publications.

Foreword to Laurel Cobb, *Mark and Empire: Feminist Reflections*. Maryknoll: Orbis Books.

2012 "From Capital to Community: Discipleship as Defection in Jesus' Parable about a 'Manager of Injustice' (Lk 16:1–13)." In *Radical Christian Voices & Practice: Essays in Honour of Christopher Rowland*. Ed. By Z. Bennett and D. Gowler, London:Oxford University Press, pp. 51–68.

"Everything Will Live Where the River Goes: A Bible Study on Water, God, and Redemption." *Sojourners*, April.

"Introduction to Part VI: Confronting the Powers." In *Eerdmans Reader in Contemporary Political Theology*, ed. by W. Cavanaugh and C. Hovey, Eerdmans, pp. 337–341.

"Sea–Changes: Jesus' Call to Discipleship as Resistance to Colonizing Economics" and "Re–Imagining Exodus Liberation as an 'Exorcism' of Imperial Militarism." In *Challenging Empire: God, Faithfulness and Resistance*. Ed. By N. Ateek, C. Duaybis and M. Tobin. Jerusalem:Sabeel Ecumenical Liberation Theology Center, pp. 107–125.

"The Gospel and the Politics of Food." *Conspire*, Fall, pp 28–31.

Foreword to Mark Van Steenwyck, *That Holy Anarchist: Reflections on Christianity & Anarchism*. Minneapolis:Misseo Dei.

2011 "Land Sunday." In *The Season of Creation: A Preaching Commentary*. Ed. by N. Habel, D. Rhoads, H. Santmire. Minneapolis: Fortress Press, pp 83–99.

Introduction to *Widening the Circle: Experiments in Christian Discipleship*. Ed. by J. Shenk, Harrisonburg, PA:Herald Press.

"Transfiguration Sunday, Years A, B and C." In R. Allen, D. Andrews and D. Ottoni–Wilhelm, eds., *Preaching God's Transforming Justice: A Lectionary Commentary*, Minneapolis:Westminster John Knox Press.

"Exodus Midrash in the Gospel." With Russell Powell. In *Freedom Journeys: The Tale of Exodus and Wilderness Across Millennia*. Ed. by A. Waskow and P. Berman, Philadelphia:Jewish Lights, pp. 203–210.

"A People Who Remember." *Intotemak/My Friends* (Mennonite Church Canada), November.

2010 Review of Richard Horsley, ed., *The Bible and Empire*. *Theology Today*, April (67:1).

Review of Jim Douglass, *JFK: Why He Died and Why It Matters*. *Tikkun*, November–December.

"Spoils of the Poor: Isaiah 3." *Conspire*, Summer, (2:3), pp 36–38.

"If a Bible Story Could End a Culture War: John 8 and Prop 8." B*rethren Life and Thought*, Winter (54:4).

2009 "Pay Attention to the Birds: A Bible Study on Luke 12, Ecology and Economics." *Sojourners*, Dec (38:11), pp 29–31, 53. Repr. in P. and S. Jung, eds., *Moral Issues & Christian Responses* (8th ed). Minneapolis:Fortress Press, 2012.

"Hope is Where Your Ass Is: My Journey with Peace and Justice Work." *Just Faith Engaging Spirituality Series*.

" 'Ambassadors in Chains' : Evangelizing the Powers–Ephesians 2–3 and M.L. King's Letter from Birmingham City Jail" ; and "Women Clothed with the Sun: Sophia Facing the Beast." With Elaine Enns. *The Conrad Grebel Review* (Fall, pp 4–44).

"The Radical Nonviolent Witness of Jesus." *Friends Journal* (55:5, May), pp 8ff.

2008 "Sociopolitical Criticism." In *Searching for Meaning: An Introduction to Interpreting the New Testament*, ed. by Paula Gooder, Westminster John Knox/SPCK, pp 160–163.

"Jesus and the Prophetic Vision of Shalom." In *Leitfaden für ein künftiges Engagement für gerechten, levensförderlichen Frieden–Optionen zur Umstezung der Beschlusse von Freising und Porto Alegre*, ed. by Ulrich Duchrow and Martin Gück, Kairos Europa.

Foreword to Daniel Berrigan, Exodus: Let My People Go, Eugene, OR:Cascade Books.

2007 "'The Cedar has fallen!' The Prophetic Word vs. Imperial Clear–cutting." In *Earth and Word: Classic Sermons on Saving the Planet*, ed. by David Rhoads, Continuum, pp 211–223.

"Epiphany Under Empire." *America*, Jan 1–8, pp 16ff.

2006 "Easter Faith and Empire: Recovering the Prophetic Tradition on the Emmaus Road." In *Getting on Message: Challenging the Christian Right form the Heart of the Gospel*, ed. by Peter Laarman, Boston:Beacon Press, pp. 51–67.

"Mark 13 in a Different Imperial Context." In *Mark, Gospel of Action: Personal and Community Responses*, ed. by John Vincent, London:SPCK.

Foreword to James W. Douglass, *The Nonviolent Cross*, Wipf & Stock (new ed.).

"Baptism and Dying: In Memory of Jeanie Wylie Kellermann." *Sojourners*, July.

"The Blood of the Martyrs: Tom Fox's Nonviolent Witness." *Sojourners*, June.

"'A House for All Peoples'? A Bible Study on Welcoming the Outsider." *Sojourners*, March.

"Two Martyrs Reflect on Anger and Justice." In *Tom Fox was My Friend*, ed. by Chuck Fager. Fayetville:Kimo Press.

2005 "The Gospel of the Cross Confronts the Powers." In *Consuming Passion: Why the Killing of Jesus Really Matters*. Ed. by Simon Barow and Jonathan Bartley, London:Darton, Longman and Todd.

Foreword to Ross and Gloria Kinsler, eds. *God's Economy: Biblical Studies from Latin America*. Maryknoll:Orbis.

"Was Jesus a Practitioner of Nonviolence? Reading Mark 1:21–3:19 and Martin Luther King." *Bible in TransMission* (U.K.), September.

"The Disciple's Prayer as Roadmap for a Liberative Faith and Practice." *Catholic Agitator*, March, pp. 3,6.

2004 "'To Serve and Preserve': The Genesis Commission to Earth Stewardship." *Sojourners*, March (33:3), pp 28–33.

"'All ate and were satisfied': Fasting, Feasting and Food Politics in the Practice of Jesus." *Priests and People* (England), May.

"The Fall." Entry in *The Encyclopedia of Religion and Nature*. Ed. by Bron Taylor. NY: Continuum, pp 634–36.

"Anarcho–Primitivism and the Bible." Entry in *The Encyclopedia of Religion and Nature*. Ed. by Bron Taylor. NY:Continuum, pp 56–59.

"Review of Thomas Yoder–Neufeld's Ephesians." *Conrad Grebel Review*.

"The Manna Story: A Challenge to Affluenza." *Memphis Theological Seminary Journal*.

2003 "All the Words of the Scroll: A Eulogy for Daniel Berrigan." *Catholic Agitator*, November.

"'As a Child': Jesus' Solidarity with the Least of the Least (Mk 10:13–16)." *The Living Pulpit*, Oct–Dec.

"Estranged Relatives: Mediation and Nonviolent Direct Action." With Elaine Enns. *Conciliation Quarterly* (Mennonite Conciliation Services, Akron, PA), Winter (22:1).

"Why Sabbath Economics?" *The Living Pulpit*, April–June.

2002 "Mark's Gospel: Invitation to Discipleship." In *The New Testament: Introducing the Way of Discipleship*, ed. by Sharon Ringe and Wes Howard Brook. Maryknoll:Orbis

"Seek First the Kingdom: The Life and Death of Ladon Sheats." *Catholic Agitator*, November. (Revised and reprinted as "Caretaking the Gift: A Journey of Hospice" in L. Dykstra, ed., Bury the Dead: Death and Dying on the Radical Christian Left, Eugene:Cascade Books.)

"Word and World: A People's School." *The Clergy Journal*. September, 2002, 8ff.

"Pentecost as New Economy." In *Colloquium 2000: Faith Communities and Social Movements Facing Globalization*. Ed. By Ulrich Duchrow. Geneva, World Alliance of Reformed Churches, 2002.

"Tearing Down the Walls of Our Own House: Theological Reflections on Structural Racism." *Priests and People*, May.

"Praise the Mutilated World: Reflections on the War." *The Catholic Agitator*, Feb.

"The Gift Must Always Move: An Interview with Ched Myers on Sabbath Economics." *Inward/Outward* (Church of the Savior, Washington D.C.), Winter, pp 1ff.

"Proclaiming Good News in Hard Times: Reflections on Evangelism and the Bible." In *Prophecy and Passion: Essays in Honour of Athol Gill*, ed. by David Neville. Adelaide:Australian Theological Forum.

2001 Foreword to R. Stoltzfus, I. de-Leon Hartshorne and T. Shearer, *Set Free: A Journey Toward Solidarity Against Racism*. Scottdale:Herald Press.

"Beyond the 'Addict's Excuse': Public Addiction and Ecclesial Recovery." In S. Nelson and A. Sung Park, eds. *The Other Side of Sin*. NY:SUNY Press.

"Mixed Blessing: A Biblical Inquiry into a 'Patriotic' Cant'." *The Other Side*, December.

"Are they Bombing Disneyland?" *Catholic New Times* (Toronto), 10/21/01, p. 9.

"A Few of My Favorite Things." Sojourners, Sept/Oct, p. 54.

"Between the Seminary, the *Sanctuary* and the Streets: Reflections on Alternative Education." *Ministerial Formation* (Geneva:WCC), July.

"A Transforming Circle of Story: Recovering Economic Justice in Luke's 'Wilderness Feeding'." *Celebration* (National Catholic Reporter), June.

2000 "Reclaiming the Marketplace: Tim Corney and Dave Collis Interview Ched Myers." *Zadok* (Australia), summer, pp 11ff.

"The Church, Stories and 'Lower Education'," and "Embodying the Great Story: An Interview with James W. McClendon." *The Witness*, December. Reprinted in R. Newson and A. Wright, eds, *The Collected Works of James Wm. McClendon, Jr., Vol I* (Baylor Univ. Press, 2014), pp. 307-314.

"Nothing From Outside Can Defile You." *Priests and People* (England), May.

"Stories to Live By: Reading the Bible in the New Millennium." *Sojourners*, March-April.

"Pulpo en su tinta." *The Other Side*, March-April.

"Seventy Times Seven: A Theology of Reconciliation." In *Mediation and Facilitation Training Manual*, 4th ed., Mennonite Conciliation Services, Akron, PA. With Elaine Enns.

1999 Foreword to Ross and Gloria Kinsler, *The Biblical Jubilee and the Struggle for Life*. Maryknoll: Orbis Books.

Foreword to Joanna Manning, *Is the Pope Catholic? A Woman Confronts Her Church*. Toronto: Malcolm Lester Books, Crossroads Press.

"Power, Gender and Conflict." In *Making Peace with Conflict: Practical Skills for Conflict Transformation*, ed. By C. Schrock-Shenk & L. Ressler. Herald Press/Pandora Press. With Elaine Enns.

Advent/Christmas 1999 Sunday Reflections. Eerie: Pax Christi USA.

"The Quest for Faith: Reflections on the Life of Dom Helder Camara." Sojourners, Nov.

"Behold, the Treasure of the Church: A Bible Study on the Churches and Welfare Reform." Sojourners, Sept-Oct.

" Towering Trees and 'Talented Slaves'." The Other Side, May-June. With Eric Debode. Published in Japanese: Tr. By Makoto Kidaka-Shimura, in *Gospel & World* 12 (2008), pp 50–59.

"'It is an Issue of Equality…' Biblical Reflections on Wealth and Poverty." *Priests and People* (England), May.

1998 "The Bible and Earth Spirituality." *The Witness*, October.

"Neither Authoritarian nor Diffident: Conversing about Biblical Differences." *Uniting Church Studies* (Melbourne, Australia), 4:2, August.

"Balancing Abundance and Need: Paul and Jubilee Tradition." *The Other Side*, Sept–Oct.

"'God Speed the Year of Jubilee': The Biblical Vision of Sabbath Economics." Two part series, *Sojourners*, May–June and July–August.

"Jesus' New Economy of Grace: The biblical vision of Sabbath economics", *Sojourners*, July–August.

"Can Our Churches Have a Different Conversation about Sex?" *The Witness*, May.

1997 "A Biblical Vision of Justice." *Priests and People* (Cambridge, England), May.

1996 "The Way the Book Invites." In John Dear, ed. *Apostle of Peace: Essays in Honor of Daniel Berrigan*. Maryknoll: Orbis Books.

Foreword to Robert Beck, *Nonviolent Story: Narrative Conflict Resolution in the Gospel of Mark*. Maryknoll: Orbis Books.

"Our ancestors all passed through the sea: Biblical Sea Stories and Baptism." *Accent/Good Courage*. December.

"Body Politics: Elections, Democracy and the Way of Jesus." *The Other Side*, Sept–Oct.

"'And I saw no Temple in the City': The Biblical Suspicion of Imperial Architecture." *Catholic Agitator*, two–part series, August and November.

"Family History as Political Therapy." *The Witness*, July–August.

1995 "'Who then can be saved?' The Kingdom of God and Redistributive Justice." *Christian* (Guildford, England), November.

"Outsiders Cannot Defile: A Biblical Reflection" *The Other Side*, March–April.

"Singing for the Wiliwili Tree" (interview). *The Witness*, April.

1994 Foreword to Wes Howard–Brook, *Becoming Children of God*. Maryknoll: Orbis.

"'I will ask you a question': Interrogatory Theology." In *Theology Without Foundations: Religious Practice and the Future of Theological Truth*, ed. by Stanley Hauerwas, Nancey Murphy and Mark Nation, Nashville: Abingdon.

"Captivated by Pretensions." *The Witness*, November.

"Song of the Land: How Shall We Describe the Great Economy?" *The Other Side*, Jul–Aug.

"A People's Culture of the United States." *Sojourners*, June.

"Who Will Roll Away the Stone? A Meditation on Mark's Easter Story." *Sojourners*, April. [Reprinted in Liguorian, May–June 2009; translated in Vida y Pensamiento (San Jose, Costa Rica), 14:2.]

1993 "The Ideology and Social Strategy of Mark's Gospel." In *The Bible and Liberation: Political and Social Hermeneutics*, revised ed., edited by N. Gottwald and R. Horsley, Orbis Books.

"The Wilderness Temptations and the American Journey." In *Richard Rohr: Illuminations of His Life and Work*, edited by A. Ebert and P. Brockman, NY: Crossroads, pp. 143–157. [Reprinted in The Other Side, April, 1993.]

"The Earth and the Great Economy." *The Witness*, June.

"In the Courtyard with Peter on the Anniversary of the L.A. Uprising." *The Witness*, April.

1992

"Keeping the Peace, Looking for Justice: Los Angeles Four Months after the Rebellion." *Sojourners*, October.

"Framed in Black and White: To Live and Die in a City of Angels." *Sojourners*, July.

1991 "We're All in the Same Boat: A Reflection on Gospel Journeys and the Quincentenary." *Sojourners*, October. [Reprinted in Caribbean Contact (Barbados), May, 1992.]
"Unmasking Our Pain: Therapeutic Politics." *The Witness*, September.
"Gethsemene Awakening: Gospel Discernment in the Apocalypse of War." *Sojourners*, April 1991.

1989 "Homing I Keep You: A Tribute to Libby Radcliffe." *Sojourners*, October. [Reprinted in Pilgrims and Seekers: Sainst Without Pedestals. Eerie: Pax Christi, 1995.]

1987 "Obedience and Upheaval: The Gospel of Mark." *Sojourners*, six part series.
"Baby Jesus, Refugee: The Hope of Advent." *The Catholic Agitator* (Los Angeles, CA), December. [Reprinted in Radical Grace (Albuquerque, NM), December, 1990 and Seek (Minneapolis, MN), December, 1991.]

1986 "The Cross and the Cold War: The Ephesian Gospel of Peace." *Sojourners*, November.
"The Eye of a Geopolitical Storm: Nuclear Politics in the South Pacific." *Sojourners*, March.
"Deadly Paradises: Encounters with War and Love in the Pacific." *National Outlook* (Sydney, Australia), January.

1985 "The Church Works for a Non-violent Revolution in New Caledonia." *National Outlook*, July.

1983 "The Wind that Diverts the Storm: The Nuclear Free and Independent Pacific Movement." *Sojourners*, August.
"By What Authority? The Bible and Civil Disobedience." *Sojourners*, May. [Reprinted in-The Rise of Christian Conscience, San Francisco: Harper and Row, 1987.]
"Nuclear Holocaust and the Nonviolent Imperative." Sojourners, June-July.

1981 "Storming the Gates of Hell: Reflections on Christian Evangelism in Nuclear Security Areas." *The Christian Century*, Sept 16. [Reprinted in Border Regions of Faith: An Anthology of Religion and Social Change, Edited by K. Aman, NY: Orbis Books, 1987.]

1980 "Armed With the Gospel of Peace: The Vision of Ephesians." *Theology News and Notes* (Fuller Theological Seminary), March.
"Vision from a Blind Man: The Naming of Bartimaeus Community." *Sojourners*, March.

색인 인명 및 주제어

ㄴ

ㄷ

ㄹ

ㅁ

ㅂ

ㅅ

ㅇ